外国知识产权法律译丛

外国专利法选译（上）

国家知识产权局条法司◎组织翻译

知识产权出版社
全国百佳图书出版单位

图书在版编目（CIP）数据

外国专利法选译／国家知识产权局条法司组织翻译．—北京：知识产权出版社，2014.4（2021.7 重印）

（外国知识产权法律译丛）

ISBN 978-7-5130-2679-6

Ⅰ.①外…　Ⅱ.①国…　Ⅲ.①专利法-研究-国外

Ⅳ.①D913.04

中国版本图书馆 CIP 数据核字（2014）第 063577 号

内容提要

本书汇集了较有代表性和影响力的 20 多个国家和地区的专利法（包括实用新型法、外观设计法）或者地区性专利条约，由国家知识产权局条法司组织多位知识产权法律工作者翻译。希望本书能够满足企业了解其贸易或者投资目标国知识产权法律制度的迫切需求，更好地服务于我国企业"走出去"战略；同时为我国立法机关参考和借鉴外国专利制度，以及为知识产权教育与研究人员拓宽视野、了解和研究外国专利制度，提供较为全面的背景资料。

责任编辑：李　琳　龚　卫　　　　**责任校对**：董志英

封面设计：张　冀　　　　　　　　**责任印制**：刘译文

外国知识产权法律译丛

外国专利法选译（上）

国家知识产权局条法司　　组织翻译

出版发行：知识产权出版社 有限责任公司　　**网　　址**：http：//www.ipph.cn

社　　址：北京市海淀区气象路50号院　　**邮　　编**：100081

责编电话：010-82000860 转 8541　　　　**责编邮箱**：wangyumao@cnipr.com

发行电话：010-82000860 转 8101/8102　**发行传真**：010-82000893/

　　　　　　　　　　　　　　　　　　　　　　　　　82005070/82000270

印　　刷：北京建宏印刷有限公司　　　　**经　　销**：各大网上书店、新华书店

　　　　　　　　　　　　　　　　　　　　　　　　　及相关专业书店

开　　本：880mm×1230mm　1/32　　　**总 印 张**：62.50

版　　次：2015 年 1 月第 1 版　　　　　**印　　次**：2021 年 7 月第 2 次印刷

总 字 数：1800 千字　　　　　　　　　**总 定 价**：220.00 元（全三册）

ISBN 978-7-5130-2679-6

出版说明

　　知识产权出版社自成立以来一直秉承"为知识产权事业服务、为读者和作者服务、促进社会发展和科技进步"的办社宗旨，竭诚为知识产权领域的行政管理者、高校相关专业师生、法律实务工作者以及社会大众提供最优质的出版服务。

　　为满足国内学术界、法律实务界对相关国家（地区）知识产权法律的了解、学习及研究需求，知识产权出版社组织国内外相关法学知名学者翻译出版了这套"外国知识产权法律译丛"，涉及的外国法律主要包括美国、法国、德国、日本等国家的最新专利法、商标法、著作权法。陆续出版的相关法律（中文译本）包括：《外国专利法选译》《日本商标法》《日本著作权法》《法国知识产权法典》《美国专利法》《美国商标法》《美国著作权法》《德国著作权法》《德国商标法》等，其他具有代表性的国家或洲际的知识产权法律中文译本也将适时分别推出。

　　真诚期待各位读者对我们出版的本套丛书提出宝贵意见。

知识产权出版社有限责任公司

前　　言

　　21 世纪以来，我国经济社会快速发展。2009 年，出口量跃居全球第一，2010 年经济总量跃居全球第二，我国已成为"经济大国"。专利申请量作为经济实力和科技创新能力重要指标之一，从一个侧面印证了"经济大国"地位：2010 年，我国单位和个人向国家知识产权局提出的发明专利申请为 29.3 万件，居世界第二；2012 年，该申请量为 53.5 万件，居世界第一。2012 年美国国民在美国提出的发明专利申请为 26.9 万件，日本国民在日本提出的发明专利申请为 28.7 万件。在一定程度上，我国进入了"专利大国"的行列。

　　但是，应当清醒地看到，判断一个国家是否为"专利大国"或者"专利强国"，判断该国专利制度对其经济社会发展的作用大小，不仅要看该国国民在本国的发明专利申请量、授权量与技术领域的分布情况，而且更重要的是该国国民在外国的发明专利申请量、授权量与技术领域的分布情况，以及该国国民专利的转化实施率和对经济增长的贡献率等因素。

　　据统计，2012 年我国向美国、欧洲专利局、日本和韩国提交的发明专利申请分别为 4 581 件、2 871 件、1 241 件和 766 件，共为 9 459 件。同年，日本、美国、德国、韩国、法国、荷兰、瑞士、英国等在我国提出的发明专利申请量分别为 42 128 件、29 404 件、12 632 件、

8 943 件、4 310 件、2 606 件、2 917 件、1 860 件，共为 104 800 件，是同期我国国民向美国、日本、欧洲专利局和韩国提出的发明专利申请量的 11 倍左右。这就是说，在发明专利申请量上，我国与这些主要发达国家之间存在高达 11 倍的"逆差"。这与出口量全球第一和经济总量全球第二的地位极为不称。

2013 年我国每万人口发明专利拥有量达到 4.02 件，提前实现了《国民经济和社会发展"十二五"规划纲要》中所提出的 2015 年我国每万人口发明专利拥有量为 3.3 件的战略目标。随着科教兴国战略、人才强国战略和知识产权战略的深入实施，我国自主创新能力将不断提升，我国国民尤其是企业在国内外申请专利的意愿和能力也将大大增强，尤其是外贸发展方式的加快转变以及"走出去"战略的加快实施，我国企业进入和占领国际市场将更多地依靠创新和品牌，必将有更强的意愿在境外申请和获得专利等知识产权。因此，这些企业迫切要求了解其贸易或者投资目标国的专利等知识产权法律制度。

在中国专利法的制定和三次修改中，立法机关都在一定程度上对外国专利制度作了参考和借鉴，国家知识产权局配合立法机关就外国专利制度提供了一些背景资料，但这些资料仅仅涉及某一专门问题或者某一方面，无法反映外国专利制度的全貌。因此，从全面了解外国专利法律制度、为我国专利法律制度的完善提供参考的角度，有必要系统翻译外国专利立法。

随着《国家知识产权战略纲要》的颁布和实施，我国知识产权事业得到蓬勃发展，知识产权教育与研究队伍日益壮大，他们也迫切需要开拓视野，了解和研究外国专利制度。

为适应前述各方面对了解和研究外国专利制度的需求，国家知识产权局组织各方面的力量，历时近3年，翻译了20多个国家和地区的专利法（包括实用新型法、外观设计法）或者地区性专利条约。

在选择目标国家或者地区的时候，我们参考了以下因素：一是我国与这些国家或者地区的贸易量；二是这些国家在所在洲的影响力；三是这些国家与我国在地缘上的关系。基于以上考虑，最后我们选择了美国、日本、德国、英国、法国等主要发达国家，俄罗斯、巴西、印度、南非等发展中大国，以及与我国贸易量较大的东盟部分国家。遗憾的是，由于无法找到能够翻译西班牙语系专利法律的合适人员，我们未能翻译西班牙、阿根廷或者其他西班牙语系国家的专利法。

读者需要注意的是，我们在寻找翻译文本的时候，尽了最大努力从这些国家的专利局或者知识产权局（或者司法部）网站上寻找其官方语言的最新版本。但由于语言的关系，部分国家（例如瑞典、荷兰、巴西）的译文是以该国专利局或者世界知识产权组织网站上的英译本为基础进行翻译的。此外，由于全部译文的翻译历时较长，而部分国家的法律修改频繁，因此有可能个别国家的专利法在本书收录的版本之后进行了修改（例如日本、美国），我们尽可能将这些修改体现在译文中或者通过注释简要说明修改内容。对于美国专利法，我们除保留原译本外，还单独翻译了2011年的《Leahy-Smith美国发明法案》，供广大读者比较阅读。

需要说明的是，对于那些采用知识产权法典或者工

业产权法典的立法模式的国家（例如法国、意大利、巴西、菲律宾），我们选择了其中的专利法、外观设计法以及部分普遍适用的章节进行了翻译。

同时还需要说明的是，我们在组织翻译的过程中，严格尊重了各翻译依据文本结构、序号等表达方式，有些专业术语在原文未作统一表述的情况下我们也采取保留原貌的基本做法。这些不符合编辑规范的情况希望得到广大读者的理解。

尽管译者、校对者、统稿者和编辑付出了万分努力，但由于水平有限，译文难免有疏漏或者错误之处，敬请广大读者批评指正。

总 目 录

日本专利法❶

(1959 年 4 月 13 日第 121 号法律
2008 年 4 月 18 日第 16 号法律最后修改❷)

目　　录

---

❶　根据日本总务省行政管理局网站（http：//law. e-gov. go. jp/cgi-bin/idxsearch. cgi）上提供的日文版翻译。翻译：张湘丽、钱孟姗、冯振、章勇；校对：郝庆芬、双田飞鸟。

❷　《日本专利法》于 2011 年 6 月 8 日进行了修改，主要包括申请人自己公开不丧失新颖性、对被许可人的保护、私自将共有发明申请专利的处理、订正审判与法院诉讼的衔接、不同人以同一事实和理由请求无效的处理、中小企业年费的减免、国际检索费的上限等。因时间关系，本译文未作翻译更新。——译者注

第一章　总　　则

第一条　目的

本法之目的在于通过保护和应用发明，以鼓励发明，进而推动产业的发展。

第二条　定义

本法所称之"发明"是指利用自然法则作出的具有一定高度的技术思想创作。

本法所称的"专利发明"是指已获得专利权的发明。

本法所称的发明之"实施"是指下述行为：

一、就产品（包括程序等，下同）的发明而言，是指该产品的生产、使用、转让等（转让等指转让及出租，当该产品为程序等的，包括通过电信线路提供程序等的行为，下同）、出口、进口或者许诺转让等（包括以转让为目的的展示，下同）行为；

二、就方法发明而言，是指使用其方法的行为；

三、就生产产品的方法发明而言，除前项所列内容之外，还指使用、转让等、出口、进口或者许诺转让等以该生产方法生产的产品的行为；

本法所称的"程序等"是指程序（为能获得一个结果而被编制成的针对计算机的指令。本项下述亦同），以及相当于程序的供电子计算机处理之用的信息。

第三条　期限的计算

本法或者基于本法所制定的法令所规定的期限，按下述规定计算：

一、期限之第一日不计算在期限内。但其期限从零点起始的，不在此限；

二、以月或者年来规定期限的，根据日历来计算。期限的起算并非从月或者年的起始日开始的，以最后一月或者年的相应日之前一天为期限届满之日。但最后一月无相应日的，以该月最后一日为期限届满日。

当专利申请、请求及其他专利相关手续（下称"手续"）期限的最后一天为《关于行政机构休息日之法律》（1988 年第九十一号法律）的第一条第一款各项中所列之日期的，以该日的第二天为期限的最后一天。

第四条 期限的延长等

特许厅长官可应请求或者依职权，为偏远地区或者交通不便地区者延长第四十六条之二第一款第三项、第一百零八条第一款、第一百二十一条第一款或者第一百七十三条第一款所规定的期限。

第五条

特许厅长官、审判长或者审查员依照本法之规定指定了应当履行手续之期限的，可以应请求或者依职权延长该期限。

审判长依照本法之规定指定了日期的，可以应请求或者依职权变更该日期。

第六条 非法人社团等履行手续的能力

指定有代表或者管理人的非法人社团或者财团可以以其名义履行下述手续：

一、请求实质审查；

二、请求专利无效审判或者延长登记无效审判；

三、依照第一百七十一条第一款之规定，对专利无效审判或者延长登记无效审判的生效审判决定提出重审请求。

非法人社团或者财团的代表或者管理人明确的情况下，可以以其名义就专利无效审判或者延长登记无效审判的生效审判决定提出重审请求。

第七条 未成年人、被监护的成年人等履行手续的能力

未成年人及被监护的成年人未经法定代理人不能履行手续。但未成年人已能独立进行法律行为的，不在此限。

被保护人履行手续，须征得保护人的同意。

法定代理人履行手续，当有监护监督人的，须征得其同意。

被保护人或者法定代理人，就对方请求的审判和重审履行手续的，前二款规定不适用。

第八条 在外者的专利管理人

在日本国内无住所或者居所（法人为营业所）者（下称"在外者"），除政令有规定之情形外，如不经在日本国内有住所或者居所的专利代理人（下称"专利管理人"），则不能履行手续，不能对行政机构依照本法或者基于本法制定之法令的规定所作出的处理提出不服之诉。

专利管理人可代理本人履行一切手续，以及对行政机构依照本法或者基于本法制定之法令的规定所做的处理提出不服之诉。但当在外者对专利管理人的代理权限范围做了限制的，则不在此限。

第九条 代理权的范围

接受在日本国内有住所或者居所（法人为营业所）的履行手续者之委托的代理人，未获特别授权，不能变更、放弃或者撤回专利申请，不能撤回延长专利权期限的登记申请，不能撤回请求、要求或者动议，不能主张或者撤回第四十一条第一款所规定的优先权，不能根据第四十六条之二第一款的规定提出依据实用新型登记的专利申请，不能提出公开申请的请求，不能提出不服驳回审查决定的审判请求，不能放弃专利权或者选任复代理人。

第十条 已删除

第十一条 代理权的不消灭

因履行手续者的委托而产生的代理人之代理权，不因本人死

亡或者由于作为本人的法人之合并而消灭，不因本人作为受托者完成信托任务、法定代理人的死亡、其代理权的变更或者消灭而消灭。

第十二条　代理人的个别代理

履行手续者有两名以上的代理人的，各人均对特许厅代理本人。

第十三条　代理人的更换等

特许厅长官或者审判长认为履行手续者不适合办理其手续的，可令其通过代理人办理手续。

特许厅长官或者审判长认为履行手续者的代理人不适合办理其手续的，可令其更换代理人。

在前两款的情形下，特许厅长官或者审判长可下令由专利代理人作为代理人。

特许厅长官或者审判长依照第一款或者第二款之规定下达命令后，可不予受理第一款规定的履行手续者或者第二款规定的代理人向特许厅办理的手续。

第十四条　多名当事人的相互代表

两人以上共同履行手续的，除变更、放弃及撤回专利申请，撤回延长专利权期限的登记申请，撤回请求、要求或者动议，主张及撤回第四十一条第一款所规定的优先权，提出公开申请请求及不服驳回审查决定审判请求手续之外，有关其他手续，每一当事人均代表所有成员。但确定了代表者并向特许厅申报了的，不在此限。

第十五条　在外者的审判地

对于在外者的专利权及其他有关专利的权利，有专利管理人的，专利管理人的住所或者居所作为民事诉讼法（1996年第一百零九号法律）第五条第四项中规定的财产所在地；无专利管理人的，将特许厅所在地视为其财产所在地。

第十六条 无能力履行手续时的追认

对未成年人（已能独立履行法律行为者除外）或者被监护成年人办理的手续，法定代理人（本人获得履行手续能力的，为本人）可以追认。

对无代理权者履行的手续，可由具有履行手续能力的本人或者法定代理人予以追认。

对被保护人在未经保护人同意的情况下办理的手续，被保护人可经保护人同意后予以追认。

在有监护监督人的情况下，对法定代理人未经其同意办理的手续，可由监护监督人同意的法定代理人或者由获得履行手续能力的本人予以追认。

第十七条 修改

履行手续者的修改仅限于案件尚在特许厅处理之中的情况下进行。但除下一条至第十七条之四所规定的能够修改的情形之外，不能就申请书所附的说明书、权利要求书、附图或者摘要，或者第一百三十四条之二第一款之订正或者订正审判之请求书所附的已经订正的说明书、权利要求书或者附图进行修改。

第三十六条之二第二款所规定的外文书面申请的申请人，尽管有前款正文之规定，也不能就该条第一款之外文书面文件及外文摘要进行修改。

当下述情形时，特许厅长官可指定相应的期限，命令其办理修改手续：

一、其手续不符合第七条第一款至第三款或者第九条之规定的；

二、其手续不符合本法或者依本法所制定的法令所规定的形式的；

三、没有支付其手续所需的第一百九十五条第一款至第三款所规定的应当支付的手续费的。

办理修改手续（支付手续费除外）应当提交手续修改书，下条第二款所规定的情形除外。

第十七条之二 申请书所附说明书、权利要求书或者附图的修改

在授权的审查决定副本送达之前，专利申请人可对请求书所附的说明书、权利要求书或者附图进行修改。但在收到第五十条所规定的通知之后，修改仅限于下述情形：

一、在第一次收到根据第五十条（包括准用于第一百五十九条第二款（包括准用于第一百七十四条第一款的情况）及第一百六十三条第二款的情况，本款下同）的规定发出的通知（在本条中，下称"驳回理由通知"）时，在根据第五十条之规定所指定的期限内进行修改的；

二、在收到驳回理由通知后又收到根据第四十八条之七所规定的通知时，在根据该条规定所指定的期限内进行修改的；

三、在收到驳回理由通知后又收到驳回理由通知的情况下，在最后收到的驳回理由通知中根据第五十条之规定指定的期限内进行修改的；

四、提出不服驳回审查决定审判请求时，在请求该审判的同时进行修改的。

第三十六条之二第二款中的外文书面申请之申请人以订正误译为目的，根据前款之规定对说明书、权利要求书或者附图进行修改的，必须提交记载其理由的误译订正书。

根据第一款之规定对说明书、权利要求书或者附图进行修改的，除提交误译订正书进行修改之外，必须在请求书最初所附的说明书、权利要求书或者附图〔若为第三十六条之二第二款中的外文书面申请的，则是根据该条第四款之规定视为说明书、权利要求书及附图的该条第二款中所规定的外文书面译文（提交了误译订正书，对说明书、权利要求书或者附图进行了修改的，则为译文或者该修改后的说明书、权利要求书或者附图）。第三十四条之二第一款以及第三十四条之三第一款相同〕的范围内进行。

除前款规定之外，在第一款各项所述情形下就权利要求书进行的修改的，在该修改前收到的驳回理由通知上认定为不能被授

予专利权的发明和该修改后的权利要求书记载的事项所限定的发明必须符合满足发明之单一性要件的一组发明。

除前二款规定之外，在第一款第一项、第三项及第四项所述情形下（在该款第一项之情形下，仅限于与驳回理由通知同时收到第五十条之二所规定的通知的情况）就权利要求书进行的修改，仅限于下述目的：

一、删除第三十六条第五款所规定的权利要求；

二、缩减权利要求（根据第三十六条第五款之规定，为了确定权利要求所记载的发明而限定必要的事项，仅限于修改前权利要求中所述的发明与修改后权利要求中所述的发明在产业上的应用领域及其所要解决的课题相同的情况）；

三、订正误记；

四、解释不清楚的记载（仅限于对驳回理由通知书中驳回理由提及事项的解释）。

第一百二十六条第五款准用于前款第二项的情况。

第十七条之三　摘要的修改

专利申请人从专利申请日（当该专利申请根据第四十一条第一款之规定主张优先权时则为该款所规定的在先申请的申请日，当该专利申请根据第四十三条第一款或者第四十三条之二第一款或者第二款的规定主张优先权时则为首次申请的申请日、根据巴黎公约（是指1900年12月14日于布鲁塞尔、1911年6月2日于华盛顿、1925年11月6日于海牙、1934年6月2日于伦敦、1958年10月31日于里斯本、1967年7月14日于斯德哥尔摩进行了修改的有关工业所有权保护的1883年3月20日之巴黎公约，以下同）第四条C（4）之规定被视为首次申请的申请日或者根据第四条A（2）之规定被承认为首次申请的申请日，当该专利申请根据第四十一条第一款、第四十三条第一款或者第四十三条之二第一款或者第二款之规定主张两个以上优先权时则为该优先权主张之基础的申请日中最先之日。在第三十六条之二第二款正文和第六十四条第一款中亦同）起三个月之内

（在提出公开申请请求之后的除外）可以就请求书所附的摘要进行修改。

第十七条之四 与订正涉及的说明书、权利要求书或者附图的修改

专利无效审判的被请求人仅限在根据第一百三十四条第一款或者第二款、第一百三十四条之二第三款、第一百三十四条之三第一款或者第二款或者第一百五十三条第二款之规定所指定的期限内，可以对第一百三十四条之二第一款所述的订正请求书所附的经过订正的说明书、权利要求书或者附图进行修改。

订正审判的请求人仅限在收到根据第一百五十六条第一款之规定所发出的通知之前（根据该条第二款之规定进行重新审理的，则为此后根据该条第一款之规定所发出的通知之前），可以就订正审判的请求书所附的说明书、权利要求书或者附图进行修改。

第十八条 手续的不予受理

根据第十七条第三款之规定被命令进行修改者在根据该款规定所指定的期限内未进行修改的，或者接受专利权的审定登记的人在第一百零八条第一款所规定的期限内未缴纳专利费的，特许厅长官可不予受理该手续。

根据第十七条第三款规定通知专利申请人缴纳第一百九十五条第三款所规定的手续费，专利申请人在根据第十七条第三款规定所指定的期限内未缴纳手续费的，特许厅长官可不予受理该专利申请。

第十八条之二 不合法手续的不予受理

凡属不合法手续且不能修改的，特许厅长官不予受理该手续。

根据前款规定不予受理的，必须对手续办理人通知理由并指定相应的期限给予提出记载有辩解之书面文件（下称"辩解书"）的机会。

第十九条 提交请求书等的生效时间

依照本法或者基于本法制定的法令之规定应当在限定期限内向特许厅提交的请求书、文件及其他物件，通过邮局或者《关于通过民间企业送达书信的法律》（2002年第九十九号法律。本条中称为"书信便法"）第二条第六款所规定的一般书信送达企业等向特许厅提交的，当邮寄物的收据证明了其请求书、文件或者物件在邮局寄出的时间时，则将这一时间视为抵达特许厅之时间；当邮寄物上的通信邮戳明确表明了时间时，则将这一时间视为抵达特许厅之时间；当邮寄物上的通信邮戳所显示的时间只有日期清晰，而时刻不清晰时，则将所显示之日的晚上十二时视为抵达特许厅的时间。

（仅与日本法律相关的部分省略——译者注）

第二十条 手续效力的继受

专利权及其他专利权相关权利的手续对该专利权及其他专利权相关权利的继受人有效。

第二十一条 手续的恢复

当案件正在特许厅处理过程之中，专利权及其他专利相关权利发生转移的，特许厅长官或者审判长可以对专利权及其他专利相关权利之继受人继续案件相关手续。

第二十二条 手续的中断或者中止

特许厅长官或者审判员对在决定、审查决定或者审判决定的副本送达之后对于中断手续的恢复所提出的动议，必须作出是否准许恢复的决定。

前款决定必须以文件形式作出，且要附加理由。

第二十三条

当应当恢复者对已中断的审查、审判或者重审程序疏于恢复的，特许厅长官或者审判员必须依动议或者职权指定相应的期限，命令其恢复。

应当继承者在前款规定的指定期限内不继承手续的，特许厅长官或者审判员可视其为在该期限届满之日已经继承。

特许厅长官或者审判长依前款规定将其视为已经继恢复的，必须将该意思通知当事人。

第二十四条

民事诉讼法第一百二十四条（第一款第六项除外）、第一百二十六条、第一百二十七条、第一百二十八条第一款、第一百三十条、第一百三十一条及第一百三十二条第二款（诉讼程序的中断及中止）的规定，准用于审查、审判或者重审程序。准用时，民事诉讼法第一百二十四条第二款的"诉讼代理人"改读为"审查、审判或者重审之委任的代理人"；该法第一百二十七条的"法院"改读为"特许厅长官或者审判长"；该法第一百二十八条第一款及第一百三十一条的"法院"改读为"特许厅长官或者审判员"；该法第一百三十条的"法院"改读为"特许厅"。

第二十五条 外国人享有的权利

在日本国内无住所或者居所（法人为营业所）的外国人，除符合以下各款之一的情形之外，不得享有专利权及其他与专利有关的权利：

一、其所属国根据与该国国民相同的条件，承认日本国民享有专利权及其他与专利有关的权利的；

二、其所属国做了下述规定的：如日本承认其国民享有专利权及其他与专利有关的权利的，则根据与该国国民相同的条件，承认日本国民享有专利权及其他与专利有关的权利；

三、条约有专门规定的。

第二十六条 条约的效力

条约对专利有专门规定的，则依该规定。

第二十七条 在专利登记簿上登记

下述事项须登记在特许厅保存的专利登记簿上：

一、专利权的设定、存续期限的延长、转移、因信托而产生的变更、消灭、恢复或者处分限制；

二、专用实施权或者通常实施权的设定、保留、转移、变更、消灭或者处分限制；

三、以专利权、专用实施权或者通常实施权为标的的质权之设定、转移、变更、消灭或者处分限制；

四、临时专用实施权或者临时通常实施权的设定、保留、转移、变更、消灭或者处分限制。

专利登记簿的全部或者部分可用磁带（包括比照此方法能将一定事项切实记录保存之介质，下同）制作。

除本法规定之外，有关登记的必要事项由政令规定。

第二十八条 专利证书的发放

当专利权的设立已经登记的，或者请求书所附说明书、权利要求书或者附图的应予订正的审判决定已经生效、已经登记的，特许厅长官向专利权人发放专利证书。

关于专利证书的再次发放，由经济产业省令规定。

第二章　专利及专利申请

第二十九条 专利的要件

作出了产业上可以利用之发明之人，除下述发明之外，均可就其发明获得专利权：

一、申请专利之前在日本国内或者外国已公知的发明；

二、申请专利之前在日本国内或者外国已被公开实施的发明；

三、申请专利前在日本国内或者外国所发行的刊物上已有记载的发明或者公众通过电信线路可获知的发明。

申请专利之前，具备该发明所属技术领域的普通知识者根据前款各项中的发明能容易作出发明的，尽管有前款正文之规定，也不能获得专利权。

第二十九条之二 专利申请所涉及的发明，与在其申请日前提出的，并且在其申请日后根据第六十六条第三款的规定刊载该款事项的专利刊载公报（下称"专利公报"）的发行或者申请公开，或者根据实用新型法（1959年第一百二十三号法律）第十四条第三款的规定发行的刊载该款事项的实用新型公报（下称"实用新型刊载公报"）上公布的其他专利申请或者实用新型登记申请的请求书最初所附的说明书、权利要求书，或者实用新型权利要求书或者附图（第三十六条之二第二款规定的外文申请的，该条第一款的外文书面文件）中记载的发明或者实用新型（公报的发明或者实用新型的发明人与本发明的发明人为同一人的除外）相同的，不拘前条一款之规定，该发明不能获得专利。但是，当申请专利时，其申请人与上述其他专利申请或者实用新型登记申请的申请人为同一人的，则不受此限。

第三十条 丧失发明新颖性之例外

获得专利的权利的持有人通过进行试验、在刊物上发表、通过电信线路公布，或者在特许厅长官指定的学术团体所举办的研讨会上以书面方式发表等行为，导致发明落入了第二十九条第一款各项之一的，当就该发明在落入之日起六个月以内提出专利申请的，在适用该条第一款各项之规定时，其发明视为不落入该条第一款各项之规定。

违背获得专利的权利持有人之意图，导致发明落入第二十九条第一款各项之一的，获得专利的权利的持有人就该发明在落入之日起六个月以内提出专利申请的，该条第一款及第二款的适用也与前款相同。

获得专利的权利的持有人在政府或者地方公共团体（下称"政府等"）举办的博览会或者特许厅长官指定的非政府等举办的博览会上展出，在巴黎公约缔约国或者世界贸易组织成员境内由其政府等或者得到其政府等的许可者举办的国际性博览会上展出，或者在特许厅长官指定的非巴黎公约缔约国、非世界贸易组织成员境内由其政府等或者得到其政府等的许可者举办的国际性博览会上展出，从而导致发明落入了第二十九条第一款各项规定之一的，其在落入之日起六个月以内提出专利申请时，该条第一款及第二款的适用也与第一款相同。

想适用第一款或者前款之规定者必须在专利申请的同时向特许厅长官提交要求适用之文件，并且应当在专利申请之日起三十日之内向特许厅长官提交落入第二十九条第一款各项之一的发明可以适用第一款或者前款规定的证明文件。

第三十一条 已删除

第三十二条 不能授予专利权的发明

有害于公共秩序、善良风俗或者公共健康的发明，尽管有第二十九条之规定，也不能获得专利权。

第三十三条 获得专利的权利

获得专利的权利可以转移。

获得专利的权利不得作为质权的标的。

当获得专利的权利为共有的，各共有人未经其他共有人同意，不得转让其所有部分。

当获得专利的权利为共有的，各共有人未经其他共有人同意，不得对依该获得专利的权利而应取得的专利权设定临时专用实施权或者对他人许可临时通常实施权。

第三十四条

专利申请之前的获得专利的权利的继承，如该继承人不申请专利，则不得对抗第三人。

当在同一天依从同一人处继承的同一获得专利的权利提出了两件以上的专利申请的，专利申请人协商确定的人以外的人的继承，不得对抗第三人。

如由同一人继承了同一发明及实用新型，就这一获得专利的权利以及获得实用新型登记的权利在同一天提出了专利申请及实用新型登记申请的，与前款相同。

申请专利后的获得专利的权利之继承，除继承及其他概括继承之外，如不向特许厅长官申报，则不产生效力。

在发生获得专利的权利的继承及其他概括继承的情况下，继承人不得延迟，必须立即向特许厅长官申报。

在同一天依由同一人继承的同一获得专利的权利的继承提交了两个以上的申报的，继承申报人的协商确定的人以外人的申报不产生效力。

第三十九条第七款及第八款的规定，准用于第二款、第三款及前款。

第三十四条之二　临时专用实施权

有权获得专利的人，对于依该获得专利的权利而应取得的专利权，在该专利申请的请求书最初所附的说明书、权利要求书或者附图所记载的事项范围内，可以设定临时专用实施权。

临时专用实施权所涉及的专利申请进行了专利权的设定登记的，视为在该临时专用实施权的设定行为规定的范围内，就该专利权设定了专用实施权。

仅限于临时专用实施权与该专利申请所涉及的发明的实施的业务一起转移的情况，得到有权获得专利的人承诺的情况，或者继承及其他概括继承的情况，临时专用实施权可以进行转移。

临时专用实施权人，仅限在得到专利申请人承诺的情况下，对于依该临时专用实施权而应取得的专用实施权，对他人许可临时通常实施权。

根据第四十四条第一款之规定就临时专用实施权所涉及的专利申请进行了分案时，视为在该临时专用实施权的设定行为规定的范围内，就依该分案所涉及的新的专利申请的权利而应取得的专利权设定了临时专用实施权。但是，对该设定行为有规定的，则不受此限。

临时专用实施权所涉及的专利申请进行专利权的设定登记的，该专利申请被放弃、撤回或者被不予受理的，或者就专利申请作出的驳回审查决定或者作出的审判决定生效的，该临时专用实施权随之消灭。

有本条第四款或者下条第六款规定的临时通常实施权人的，仅限于得到这些人的承诺的情况，临时专用实施权人可以放弃该临时专用实施权。

第三十三条第二款至第四款的规定，准用于临时专用实施权。

第三十四条之三　临时通常实施权

有权获得专利的人，对于依该获得专利的权利而应取得的专利权，在该专利申请的请求书最初所附的说明书、权利要求书或者附图所记载的事项范围内，可以对他人许可临时通常实施权。

就依前款规定的临时通常实施权所涉及的专利申请进行了专利权的设定登记的，视为在该临时通常实施权的设定行为规定的范围内，对享有该临时通常实施权的人（在许可该临时通常实施权的人与该专利权人不相同之情形下，仅限于享有登记的临时通常实施权的人），就该专利权设定了通常实施权。

关于根据前条第二款的规定视为就依该条第四款规定的临时通常实施权所涉及的临时专用实施权被视为设定了专用实施权时，在该临时通常实施权的设定行为规定的范围内，对享有该临时通常实施权的人（在许可该临时通常实施权的人与该专用实施权人不相同之情形下，仅限于享有登记的临时通常实施权的人），设定了通常实施权。

仅限于临时通常实施权与该专利申请所涉及的发明的实施的业务一起转移的情况，得到专利申请人（系依临时专用实施权而应取得的专用实施权的临时通常实施权的，为获得专利的权利人及临时专用实施权人）承诺的情况，或者继承及其他概括继承的情况，临时通常实施权可以进行转移。

根据第四十四条第一款之规定就临时通常实施权所涉及的专利申请进行分案的，视为在该临时通常实施权的设定行为规定的范围内，对享有该临时通常实施权的人（在许可该临时通常实施权的人与该专利申请所涉及的专利申请人不相同之情形下，仅限于享有登记的临时通常实施权的人），就依该分案所涉及的新的专利申请的权利而应取得的专利权，设定了临时通常实施权。但是，对该设定行为有规定的，则不受此限。

根据前条第五款正文的规定，视为就依该款规定的新的专利申请的权利而应取得的专利权设定了临时专用实施权（本款下称"新的专利申请所涉及的临时专用实施权"）的，对享有依临时专用实施权（指依该新的专利申请的原专利申请的权利而应取得的专利权所涉及的临时专用实施权，本款下称"原专利申请所涉及的临时专用实施权"）而应取得的专用实施权所涉及的临时通常实施权的人（在许可该临时通常实施权的人与享有该原专利申请所涉及的临时专用实施权的人不相同之情形下，仅限于享有登记的临时通常实施权的人），视为在该临时通常实施权的设定行为规定的范围内，就依该新的专利申请所涉及的临时专用实施权而应取得的专用实施权设定了临时通常实施权。但是，对该设定行为有规定的，则不受此限。

许可了临时通常实施权的专利申请进行专利权的设定登记的、该专利申请被放弃、撤回，或者被不予受理的，或者就专利申请作出的驳回审查决定或者作出的审判决定生效的，该临时通常实施权随之消灭。

除前款规定的情况外，前条第四款规定或者第六款正文规定的临时通常实施权，当该临时专用实施权消灭时，随之消灭。

第三十三条第二款及第三款的规定，准用于临时通常实施权。

第三十四条之四　登记的效果

临时专用实施权的设定、转移（继承及其他概括继承除外）、变更、消灭（混同或者第三十四条之二第六款规定的除外）或者处分的限制，不进行登记则不产生效力。

前款的继承及其他概括继承的情况必须立即报告给特许厅长官。

第三十四条之五

临时通常实施权进行了登记时，对在其后取得该临时通常实施权涉及的专利申请权或临时专用实施权，或者该临时通常实施权涉及的专利申请权相关的临时专用实施权的人也有效。

临时通常实施权的转移、变更、消灭或者处分的限制，若不进行登记则不能对抗第三人。

第三十五条　职务发明

当从业者、法人的干部、国家公务人员或者地方公务人员（下称"从业者等"）就其性质上属于使用者、法人、国家或者地方公共团体（下称"使用者等"）的业务范围，并且属于履行在使用者等处工作的从业者等现在或者过去职务的发明（下称"职务发明"）获得了专利的，或者是继承了就职务发明获得专利的权利而获得了专利的，使用者等对该专利权拥有通常实施权。

对于从业者等作出的发明，除其发明为职务发明外，事先规定使用者等继受获得专利权的权利或者专利权，或者规定为使用者等设定临时专用实施权或者专用实施权的合同、工作规章及其他规定无效。

从业者等根据合同、工作规章及其他规定，就职务发明让使用者等继受获得专利的权利或者专利权，或者为使用者等设定了专用实施权的，或者根据合同、工作规章及其他规定，就职务发明为使用者等设定临时专用实施权的情况下，依第三十四条之二第二款的规定被视为设定了专用实施权的，有权获得相应的对价。

在合同、工作规章及其他规定中规定前款的对价时，制定用于规定对价的基准的，应当考虑使用者等与从业者等双方间的协商状况、所制定基准的公开状况、就对价的计算听取从业者意见的状况等，根据其规定所支付的对价不得有不合理之处。

就前款的对价未做规定或者根据其规定所支付的对价按照该款规定被认为不合理的，第三款中的对价额度要考虑使用者等基于该项发明应该能获得的利润额、使用者等就该项发明所承担的负担、所作出的贡献及给予从业者等的待遇及其他情况来决定。

第三十六条 专利申请

欲申请专利者必须向特许厅长官提交记述有下述载事项的请求书：

一、专利申请人的姓名或者名称，以及住所或者居所；

二、发明人的姓名，以及住所或者居所。

请求书必须附有说明书、权利要求书、必要的附图及摘要。

前款的说明书必须记述有下述事项：

一、发明的名称；

二、附图的简单说明；

三、发明的详细说明。

上述第三项中的发明之详细说明的记载要符合下述各项规定：

一、应当根据经济产业省令的规定，记载明确而充分，使该发明所属技术领域具有一般知识的人员能够实施；

二、申请专利者在申请专利时，如知道与该发明相关的文献公知发明（即第二十九条第一款第三项所述的发明，本项下同），应写明登载该文献公知发明的刊物名称及其他与该文献公知发明相关信息的出处。

第二款所述权利要求应分项，在各项权利要求中必须记载专利申请人为确定所希望获得专利的发明的所有必要事项。在此情况下，一项权利要求所涉及的发明与其他权利要求所涉及的发明为实质相同发明的记载并无妨碍。

第二款所述之权利要求书的记载必须符合下述各项规定：

一、希望获得专利的发明是发明的详细说明中所记载之发明；

二、希望获得专利的发明明确；

三、各项权利要求的记载简明；

四、应当根据其他经济产业省令之规定来记载。

第二款所述之摘要必须记载说明书、权利要求书及其附图所记载的发明之概要以及其他经济产业省令所规定的事项。

第三十六条之二

申请专利之人可以在请求书上附上用外文记载的书面文件，

以代替前条第二款所述的说明书、权利要求书、必要的附图及其摘要。外文记载的书面文件包括用经济产业省令所规定之外文记载的、写有根据前条第三款至第六款之规定需在说明书或者权利要求书上记载之事项和必要的附图说明的文件（下称"外文书面文件"），以及用外文记有根据前条第七款规定需在摘要中记载之事项的文件（下称"外文摘要书面文件"）。

根据前款之规定提出了请求书上附有外文书面文件和外文摘要书面文件之专利申请（下称"外文书面申请"）的申请人必须在专利申请日起一年两个月内向特许厅长官提交外文书面文件和外文摘要书面文件的日文译文。但在该外文书面申请为根据第四十四条第一款之规定对专利申请进行分案而形成的新的专利申请，或者根据第四十六条第一款或者第二款之规定转换申请而形成的专利申请，或者是根据第四十六条之二第一款之规定基于实用新型登记提出的专利申请的，即使正文的期限已过，只要在该专利申请的分案、申请的转换或者基于实用新型登记提出专利申请之日起两个月以内，可以提交外文书面文件和外文摘要书面文件的日文译文。

未在前款规定之期限内提交外文书面文件（附图除外）之该款所规定的译文的，该专利申请视为被撤回。

第二款所规定的外文书面文件之译文视为根据前条第二款之规定附于请求书上提交的说明书、权利要求书及其附图，第二款所规定的外文摘要书面文件之译文视为根据前条第二款之规定附于请求书上提交的摘要。

第三十七条

两个以上的发明为经济产业省令所规定的技术上相关、满足发明之单一性要件的一组发明的，可以用一份请求书申请专利。

第三十八条　共同申请

获得专利的权利为共有的，如各共有者不与其他共有者共同申请，则不能申请专利。

第三十八条之二 专利申请的放弃或者撤回

就专利申请存在享有临时专用实施权或者登记的临时通常实施权的人的，专利申请人仅限在得到他们同意的情况下才可以放弃或者撤回该专利申请。

第三十九条 先申请

对于同一发明，在不同日期提出两项以上的专利申请的，只有最先提出专利申请的人才能就其发明获得专利权。

对于同一发明在同一日期提出两项以上的专利申请的，只能由专利申请人协商决定一个专利申请人获得专利。如协商不成立，或者不能协商，各方均不能获得专利权。

当专利申请涉及的发明与实用新型登记申请涉及的实用新型相同，该专利申请和实用新型登记申请不是同一日提出的，只有当专利申请人先于实用新型登记申请人提出申请的情况下，才能就该发明获得专利权。

当专利申请涉及的发明与实用新型登记申请涉及的实用新型相同〔根据第四十六条之二第一款之规定，基于实用新型登记提出专利申请（包括根据第四十四条第二款（包括第四十六条第五款准用的情况）之规定视为在该专利申请时已提出的申请）的，发明与其实用新型登记申请涉及的实用新型相同的情况除外〕，该专利申请与实用新型登记申请为同一日的，只有通过申请人协商决定的一位申请人可以获得专利权或者实用新型登记。若协商不成立，或者不能进行协商，专利申请人不能就此发明获得专利权。

专利申请或者实用新型登记申请被放弃、撤回，或者被不予受理，或者就专利申请作出的驳回审查决定或者作出的审判决定已生效的，关于第一款至前款规定的适用，则视该专利申请或者实用新型登记申请自始不存在。但当该专利申请因与第二款后段或者前款后段之规定相符而生效驳回审查决定或者驳回审判决定的，则不在此限。

既不是发明人，也不是获得专利的权利或者获得实用新型登记的权利之继承人提出了专利申请或者实用新型登记申请的，关于第一款至第四款规定之适用，将该申请不视为专利申请或者实用新型登记申请。

在第二款或者第四款之情形下，特许厅长官必须指定相应的期限，命令申请人进行第二款或者第四款规定之协商，并申报结果。

在根据前款之规定所指定的期限内没有提交该款所规定的申报的，特许厅长官可将其视为第二款或者第四款之协商未成立。

第四十条 已删除

第四十一条 以专利申请等为基础的优先权主张

希望获得专利的人，除下述情形之外，针对其专利申请所涉及的发明，基于其先期提出的其拥有获得专利权的权利或者获得实用新型登记的权利所涉及的专利申请或者实用新型登记申请（下称"在先申请"）的请求书最初所附的说明书、权利要求书或者实用新型权利要求书以及附图（在先申请为外文书面申请时则为外文书面文件）所记述的发明，可主张优先权。但是，在先申请存在享有临时专用实施权或者登记的临时通常实施权的人，仅限于在专利申请提出时已得到他们同意的情况：

一、该专利申请并非是在先申请之申请日起一年内提出的申请的；

二、在先申请为根据第四十四条第一款之规定对专利申请进行分案而形成的新的专利申请，或者根据第四十六条第一款或者第二款所规定的申请转换所涉及的专利申请，或者是根据第四十六条之二第一款之规定基于实用新型登记提出的专利申请、根据实用新型法第十一条第一款准用本法第四十四条第一款之规定而对实用新型登记申请进行分案而形成的新的实用新型登记申请、根据实用新型法第十条第一款或者第二款所规定的申请转换所涉及的实用新型登记申请的；

三、在先申请在该专利申请提出时已被放弃、被撤回或者不被受理的；

四、在先申请在该专利申请提出时审查决定和审判决定已生效的；

五、在该专利申请提出时，已就在先申请进行实用新型法第十四条第二款所规定的设定登记的。

根据前款规定主张优先权的专利申请所涉及的发明中，其发明为主张该优先权之基础的在先申请的请求书最初所附的说明书、权利要求书或者实用新型权利要求书或者附图（该在先申请为外文书面申请时则为外文书面文件）所记载之发明［该在先申请为根据该款或者实用新型法第八条第一款之规定主张优先权或者根据第四十三条第一款或者第四十三条之二第一款或者第二款（包括实用新型法第十一条第一款所规定之准用）之规定主张优先权之申请的，作为该在先申请主张优先权之基础的申请所涉及的申请文件（仅限于相当于说明书、权利要求书或者实用新型权利要求书或者附图的文件）所记载的发明除外］的，为适用第二十九条、第二十九条之二正文、第三十条第一款至第三款、第三十九条第一款至第四款、第六十九条第二款第二项、第七十二条、第七十九条、第八十一条、第八十二条第一款、第一百零四条［包括第六十五条第六款（包括第一百八十四条之十第二款所规定之准用）所规定之准用］及一百二十六条第五款（包括第十七条之二第六款以及第一百三十四条之二第五款所规定之准用）、实用新型法第七条第三款及第十七条、外观设计法（1959 年第一百二十五号法律）第二十六条、第三十一条第二款及第三十二条第二款和商标法（1959 年第一百二十七号法律）第二十九条、第三十三条之二第一款以及第三十三条之三第一款（包括商标法第六十八条第三款所规定之准用）之规定在目的，将该专利申请视为在该在先申请时提出。

在根据第一款之规定主张优先权的专利申请之请求书最初所附的说明书、权利要求书或者附图（外文书面申请时则为外文书面文件）所记载的发明中，对于该优先权主张之基础的在先申请之请求书最初所附的说明书、权利要求书或者实用新型权利要求书或者附图（该在先申请为外文书面申请时则为外文书面文件）所记载之发明〔（该在先申请为根据该款或者实用新型法第八条第一款之规定主张优先权或者根据第四十三条第一款或者第四十三条之二第一款或者第二款（包括实用新型法第十一条第一款之准用）之规定主张优先权的申请的，作为该在先申请主张优先权之基础的申请所涉及的申请文件（仅限于相当于说明书、权利要求书或者实用新型权利要求书或者附图的文件）所记载之发明除外）〕，为适用第二十九条之二正文或者实用新型法第三条之二正文的规定之目的，将对该专利申请发行专利刊载公报或者申请公开时间视为对该在先申请的申请公开或者发行实用新型刊载公报之时间。

拟根据第一款之规定主张优先权者必须在专利申请的同时向特许厅长官提交写有优先权主张及在先申请的书面文件。

第四十二条　在先申请的撤回等

根据前条第一款之规定作为主张优先权基础的在先申请，视为申请日后一年三个月时撤回。但是，该在先申请被放弃、被撤回或者不被受理的，就该在先申请已生效审查决定或者审判决定的，就该在先申请已做了实用新型法第十四条第二款所规定的设定登记的，或者基于该在先申请的所有优先权均已被撤回的，则不在此限。

根据前条第一款之规定主张优先权的专利申请的申请人，自在先申请之日起已过一年三个月后，其主张不能撤回。

根据前条第一款之规定主张优先权的专利申请，自在先申请之日起一年三个月内被撤回的，其优先权主张视为同时撤回。

第四十三条　根据《巴黎公约》主张优先权之手续

根据《巴黎公约》第四条D（1）之规定，对于其专利申请拟主张优先权者，必须在提出申请的同时向特许厅长官提交写有优先权主张以及提出首次申请或者提出依该条C（4）之规定被视为首次申请的申请或者依该条 A（2）之规定被承认为已提出首次申请的巴黎公约缔约国国名及申请年月日的书面文件。

依前款之规定主张优先权者，必须将写有提出首次申请或者提出依巴黎条约第四条 C（4）之规定被视为首次申请的申请或者依该条 A（2）之规定被承认为已提出首次申请的巴黎公约缔约国的认证的、记载申请年月日的书面文件，以及申请之时的文件副本，或者相当于说明书、权利要求书或者实用新型权利要求书及附图的文件副本，或者由该缔约国政府发行的具有与这些文件同样内容的公报或者证明书，自下述各项所规定的日期之最先日起至一年四个月以内向特许厅长官提交：

一、该首次申请或者依巴黎公约第四条 C（4）之规定被视为首次申请之申请或者依该条 A（2）之规定被承认为首次申请的申请日；

二、其专利申请是根据第四十一条第一款之规定主张优先权的，作为该优先权主张之基础的申请之申请日；

三、其专利申请是根据前款或者下条第一款或者第二款之规定主张其他优先权的，作为该优先权主张之基础的申请之申请日。

根据第一款之规定主张优先权者，必须将写有首次申请或者依巴黎公约第四条 C（4）之规定被视为首次申请或者根据该条 A（2）之规定被承认为首次申请的申请号的书面文件连同前款所规定的文件一并提交给特许厅长官。但是，在提交该款所规定的文件之前无法得知该号的，须提交写有理由的书面文件以替代写有申请号之文件，当得知该号时，必须立即提交写有该号的书面文件。

根据第一款之规定主张优先权者，未按第二款所规定的期限提交该款所规定之文件的，其优先权主张失去效力。

在经济产业省令有规定的情况下，以电磁方式（是指电子方式、磁带方式等人的知觉不能认知的方法）在巴黎公约缔约国政府或者关于工业所有权的国际机构之间交换记载第二款所规定的事项的场合，根据第一款之规定主张优先权者在第二款所规定的期限内向特许厅长官提交写有为了进行交换的申请号以及其他必要的事项等经济产业省令规定的事项的书面文件的，适用第二款规定时，视其为已提交第二款所规定文件。

第四十三条之二 根据巴黎公约之例主张优先权

下表左栏所述之人可根据巴黎公约第四条所规定之例，以在下表栏之国家提出的申请为基础，就专利申请主张优先权。

日本国民或者巴黎公约缔约国之国民（包括根据巴黎公约第三条之规定被视为缔约国之国民者。下款亦同。）	世界贸易组织成员
世界贸易组织成员之国民（指设立世界贸易组织的马拉喀什协定附属书一 C 第一条 3 中规定的成员国之国民。下款亦同。）	巴黎公约缔约国或者世界贸易组织成员之国民

既非巴黎公约缔约国也非世界贸易组织成员的国家的任一个（是指允许日本国民以与日本相同的条件主张优先权的国家，但仅限于特许厅长官指定的国家。本款下称"特定国家"）国民以及日本国民或者巴黎公约缔约国之国民或世界贸易组织成员之国民，可以根据巴黎公约第四条所规定之例，以在特定国家提出的申请为基础就其专利申请主张优先权。

前条规定准用于根据前二款规定主张优先权的。

第四十四条 专利申请的分案

仅限于下述情形，专利申请人可将包含了两项以上发明的专利申请之一部分作为一项或者两项以上的新的专利申请提出：

一、可以对请求书所附的说明书、权利要求书或者附图进行修改的时候或者期限内；

二、从授权审查决定（根据第一百六十三条第五款准用第五十一条之规定而作出的授权审查决定和对于进行第一百六十条第一款所规定的审查的专利申请作出的授权审查决定除外）的副本送达之日起三十日内；

三、自首次驳回审查决定的副本送达之日起三个月内。

前款之情形下，新的专利申请可视为在原专利申请时提出。但是，新的专利申请属于第二十九条之二所规定的其他专利申请或者实用新型法第三条之二所规定之专利申请的，以及第三十条第四款、第四十一条第四款、第四十三条第一款（包括前条第三款之准用）之规定的专利申请者则不在此限。

提出第一款所规定的新的专利申请时，关于第四十三条第二款（包括前条第三款之准用）之规定的适用，第四十三条第二款中"最先日起至一年四个月以内"则为"最先日至一年四个月或者从新的专利申请之申请日起至三个月这两个期限中的最迟日"。

提出第一款所规定的新的专利申请时，原专利申请提交的书面文件或者文件中，根据第三十条第四款、第四十一条第四款或者第四十三条第一款、第二款（包括前条第三款之准用）之规定必须提交的文件被视为在该新的专利申请提出同时向特许厅长官提出。

当根据第四条或者第一百零八条第三款之规定，该条第一款所规定的期限得以延长的，第一款第二项所规定的三十日之期限以被延长的期限为限，视为被延长。

当根据第四条之规定，第一百二十一条第一款所规定的期限得以延长的，第一款第三项所规定的三个月之期限以被延长的期限为限，视为被延长。

第四十五条　已删除

第四十六条　申请的转换

实用新型登记申请人可将其实用新型登记申请转换为专利申请。但自实用新型登记申请之日起超过三年后，则不在此限。

外观设计登记申请人可以将其外观设计登记申请转换为专利申请。但自驳回该外观设计登记申请的首次审查决定之副本送达之日起超过三个月后或者自外观设计登记申请之日起超过三年（驳回该外观设计登记申请的首次审查决定之副本送达之日起至三个月以内这一期限除外）后，则不在此限。

当根据在外观设计法第六十八条第一款准用的本法第四条之规定，外观设计法第四十六条第一款所规定的期限得以延长的，前款但书所规定的三个月之期限以被延长的期限为限，视为被延长。

根据第一款或者第二款之规定对申请做了转换的，原申请则视为撤回。

第四十四条第二款至第四款准用于依第一款或者第二款之规定转换申请。

第四十六条之二　基于实用新型登记的专利申请

实用新型权人除下述情况之外，可以根据经济产业省令之规定依自己的实用新型登记提出专利申请；提出申请时必须放弃实用新型权：

一、自其实用新型登记所涉及的实用新型登记申请之申请日起已超过三年的；

二、实用新型登记申请人或者实用新型权人，已就其实用新型登记所涉及的实用新型登记申请或者其实用新型登记请求实用新型法第十二条第一款所规定的实用新型技术评价报告（下项只称"实用新型技术评价报告"）的；

三、非实用新型登记申请人或者非实用新型权人已就其实用新型登记所涉及的实用新型登记申请或者其实用新型登记请求实用新型技术评价报告，并已收到根据实用新型法第十三条第二款之规定作出的首次通知之日起已超过三十日的；

四、该实用新型登记已被提出实用新型法第三十七条第一款之实用新型登记无效审判请求，且对于这一请求，根据该法第三十九条第一款之规定首次指定的期限已届满的。

根据前款规定提出的专利申请，只要其请求书所附的说明书、权利要求书或者附图所述事项是在作为该专利申请之基础的实用新型登记之请求书所附的说明书、实用新型权利要求书或者附图所述事项的范围之内，则视其为在该实用新型登记申请之时提出了申请。但是，该专利申请属于第二十九条之二所规定的其他专利申请或者实用新型法第三条之二所规定的专利申请，以及第三十条第四款、第三十六条之二第二款但书、第四十一条第四款、第四十三条第一款（包括第四十三条之二第三款之准用）、第四十八条之三第二款规定的专利申请者则不在此限。

根据第一款之规定拟提出专利申请之人，因不能归咎其责任的理由在该款第三项所规定的期限内不能提出该专利申请的，尽管有该项规定，也可以在其理由消除之日起十四天以内（在外者为两月），且在上述期限超过后六个月之内提出该专利申请。

存在专用实施权人、质权人或者实用新型法第十一条第三款中准用的本法第三十五条第一款、实用新型法第十八条第三款中准用的本法第七十七条第四款或者实用新型法第十九条第一款之规定的通常实施权人的，仅限于得到这些人的承诺的情况，实用新型权人可以根据第一款之规定提出专利申请。

第四十四条第三款及第四款准用于根据第一款之规定提出专利申请之情形。

第三章　审　查

第四十七条　审查员的审查

特许厅长官必须令审查员审查专利申请。

审查员的资格由政令规定。

第四十八条　审查员的除斥

第一百三十九条第一项至第五项及第七项准用于审查员。

第四十八条之二　专利申请的审查

专利申请的审查须待就该专利申请请求实质审查后再进行。

第四十八条之三　实质审查的请求

对于专利申请，任何人均可就该专利申请，在自申请之日起三年内向特许厅长官请求实质审查。

对于根据第四十四条第一款之规定对专利申请进行分案而形成的新的专利申请、根据第四十六条第一款或者第二款所规定的申请转换所涉及的专利申请，或者第四十六条之二第一款之规定基于实用新型登记提出的专利申请，即使前款的期限已过，只要在该专利申请的分案、申请的转换或者基于实用新型登记提出专利申请之日起三十日以内，均可请求实质审查。

实质审查请求不得撤回。

未在第一款或者第二款之规定的请求实质审查的期限内请求实质审查的，视为撤回该专利申请。

第四十八条之四

拟请求实质审查者，必须向特许厅长官提交写有下述事项的请求书：

一、请求人的姓名或者名称，以及住所或者居所；

二、实质审查的请求所涉及的专利申请之表示。

第四十八条之五

在申请公开之前提出实质审查的请求的，特许厅长官要在申请公开时或者公开后立即将此事刊登于专利公报上；在申请公开后提出实质审查的请求的，特许厅长官要立即将此事刊登于专利公报上。

专利申请人以外的人提出了实质审查的请求的，特许厅长官必须将此事通知专利申请人。

第四十八条之六　优先审查

确认专利申请人以外的人在申请公开后以经营活动为目的实施了专利申请所涉及的发明的，必要时，特许厅长官可以令审查员优先于其他专利申请对该专利申请进行审查。

第四十八条之七　关于文献公知发明相关信息记载的通知

当审查员认为专利申请未满足第三十六条第四款第二款之规定的，审查员应将此内容通知专利申请人，并可以指定相应的期限，给予提出意见书的机会。

第四十九条 驳回审查决定

专利申请落入以下各项之一的，审查员必须就该专利申请作出驳回审查决定：

一、就该专利申请之请求书所附的说明书、权利要求书或者附图所做的修改未满足第十七条之二第三款或者第四款所规定的要件的；

二、根据第二十五条、第二十九条、第二十九条之二、第三十二条、第三十八条或者第三十九条第一款至第四款之规定，该专利申请所涉及的发明为不能授予专利权的发明的；

三、根据条约之规定，该专利申请所涉及的发明为不能授予专利权之发明的；

四、该专利申请未满足第三十六条第四款第一项或者第六款或者第三十七条所规定的要件的；

五、根据前条之规定发出了通知，该专利申请虽然就说明书进行了修改或者提出了意见书，却仍然不能满足第三十六条第四款第二项所规定之要件的；

六、该专利申请为外文书面申请，该专利申请之请求书所附的说明书、权利要求书或者附图所记载的事项不在外文书面文件所记载事项范围之内的；

七、当该专利申请人并非发明人，而又没有继受该发明的获得专利权权利的。

第五十条 驳回理由的通知

审查员拟作出驳回审查决定的，必须将驳回理由通知专利申请人，并指定相应的期限，给予提出意见书的机会。但是，在第十七条之二第一款第一项或者第三项之情形（在该款第一项之情形下，仅限于与驳回理由通知同时发出了下一条所规定的通知的情况）下，根据第五十三条第一款之规定要作出不予受理决定的，则不在此限。

第五十条之二　与通知过的驳回理由相同的通知

在审查员依前款规定就专利申请通知驳回理由的情况下，该驳回理由与对其他专利申请（仅限于该专利申请和该其他专利申请中至少一方适用第四十四条第二项的规定而被视为与该专利申请同时提出的专利申请）依前款〔包括第一百五十九条第二款（包括第一百七十四条第一款的准用）和第一百六十三条第二款的准用〕规定发出的通知（该专利申请的申请人在就该专利申请请求实质审查前不可明知其内容的情况除外）的驳回理由相同的，必须将此一并通知。

第五十一条　专利审查决定

审查员就专利申请未发现驳回理由的，必须作出授权的审查决定。

第五十二条　审查决定之形式

审查决定必须以文件形式作出，并应当附有理由。

审查员作出了审查决定的，特许厅长官必须将审查决定副本送达至专利申请人。

第五十三条　修改的不予受理

在第十七条之二第一款第一项或者第三项所示情形（在该款第一项之情形下，仅限于与驳回理由通知同时发出了第五十条之二所规定的通知的情况）下，在授权审查决定之副本送达之前已被确认对请求书所附的说明书、权利要求书或者附图所进行的修改违反第十七条之二第三款至第六款之规定的，审查员应当以决定的形式不予受理其修改。

依前款规定作出的不予受理决定，必须以文件形式作出，而且应当附有理由。

对于依第一款之规定作出的不予受理决定，不得申诉不服。但在请求不服审查决定的审判中，不在此限。

第五十四条　与诉讼之关系

在审查中，如认为必要，可中止程序直至生效审判决定或者诉讼程序完结。

　　当有人提出诉讼或者申请临时扣押或者临时处理命令的，法院在认为必要时，可中止诉讼程序直至生效审查决定。

第五十五条　已删除

第五十六条　已删除

第五十七条　已删除

第五十八条　已删除

第五十九条　已删除

第六十条　　已删除

第六十一条　已删除

第六十二条　已删除

第六十三条　已删除

第三章之二　　申请公开

第六十四条　申请公开

　　当专利申请自申请之日起满一年六个月的，除已发行了专利刊载公报的专利申请之外，特许厅长官必须公开该专利申请。当申请人提出下条第一款所规定的公开申请请求时亦同。

　　申请公开是将下述事项刊登于专利公报。但当特许厅长官认为将第四项至第六项之事项刊登于专利公报可能有害公共秩序或者善良风俗的，则不在此限：

　　一、专利申请人的姓名或者名称，以及住所或者居所；

　　二、专利申请号及年月日；

　　三、发明人的姓名，以及住所或者居所；

　　四、请求书所附的说明书及权利要求书上记载的事项及附图的内容；

　　五、请求书所附的摘要所记载的事项；

　　六、该专利申请为外文书面申请的，外文书面文件及外文摘要书面文件所记载的事项；

七、申请公开号及年月日；

八、除上述各项以外的必要事项。

当特许厅长官认为请求书所附的摘要的记载不符合第三十六条第七款之规定的，以及有其他必要的，可将自行写成的事项刊登在专利公报上，以代替前款第五项摘要所记载的事项。

第六十四条之二　提出公开申请请求

专利申请人除下述情形之外，可向特许厅长官就其专利申请提出申请公开请求：

一、其专利申请已被公开；

二、其专利申请为根据第四十三条第一款或者第四十三条之二第一款或者第二款之规定主张优先权的专利申请，尚未将第四十三条第二款（包括第四十三条之二第三款之准用）所规定的文件以及第四十三条第五款（包括第四十三条之二第三款之准用）所规定的文件提交给特许厅长官；

三、其专利申请为外文书面申请，尚未将第三十六条之二第二款所规定的外文书面文件译文提交给特许厅长官。

公开申请之请求不得撤回。

第六十四条之三　拟提出申请公开请求的专利申请人必须向特许厅长官提交写有下述事项的请求书：

一、请求人之姓名或者名称，以及住所或者居所；

二、公开申请请求所涉及的专利申请之表示。

第六十五条　申请公开的效果等

专利申请人在申请公开后出示记载有专利申请所涉及的发明内容的书面文件提出警告的，则可以向在该警告后到专利权的设定登记前以经营活动为目的实施了该发明的人，请求支付如同该发明为专利发明时许可实施该发明应该支付之金额的补偿金。即使在未提出该警告的情况下，对于已知其为已公开的专利申请所涉及的发明而在专利权的设定登记之前以经营活动为目的实施该发明之人，亦可同样处理。

前款所规定的请求权，必须在专利权的设定登记之后才能行使。

对临时专用实施权人或者临时通常实施权人在设定行为规定的范围内实施该专利申请所涉及的发明的，专利申请人不得请求支付第一款规定的补偿金。

第一款所规定的请求权之行使，不妨碍专利权的行使。

专利申请在申请公开后被放弃、撤回或者不被受理的，或者就专利申请生效驳回审查决定或者审判决定的，或者根据第一百一十二条第六款之规定，专利权视为自始不存在的（根据第一百十二条之二第二款之规定将专利权视为自始存在时除外），或者除第一百二十五条但书情形之外的专利无效审判决定生效的，第一款之请求权视为自始未发生。

第一百零一条、第一百零四条至第一百零五条之二、第一百零五条之四至第一百零五条之七、第一百六十八条第三款至第六款以及民法（1896 年第八十九号法律）第七百一十九条、第七百二十四条（侵权）之规定，准用于依第一款规定行使请求权之情形。在此情形下，拥有该请求权之人得知在专利权的设定登记前实施该专利申请所涉及的发明之事实及其实施人的，民法第七百二十四条的"被害人或者其法定代理人得知损失及加害人时"改读为"该专利权的设定登记之日"。

第四章　专利权

第一节　专利权

第六十六条　专利权的设定登记
专利权依设定登记而产生。

当缴纳了第一百零七条第一款规定的第一年至第三年各年专利费的，或者给予免除或者宽限的，应当进行专利权的设定登记。

进行前款登记时，必须在专利公报上记载下述事项。但是，在该专利申请已经被公开的，第五项所列事项不在此限：

一、专利权人的姓名或者名称，以及住址或者居所；

二、专利申请的申请号及申请年月日；

三、发明人的姓名，以及住址或者居所；

四、请求书所附的说明书、权利要求书所记载的事项及附图的内容；

五、请求书所附的摘要中的记载事项；

六、专利号及设定登记的年月日；

七、除上述各项之外的必要事项。

第六十四条第三款准用于依前款规定将记载于该款第五项摘要中的事项登载于专利公报的情况。

第六十七条　存续期限

专利权的存续期限，自专利申请日起二十年终止。

对于专利发明的实施必须接受以确保安全性等为目的的法律规定的许可及其他处分，并且从该处分的目的和程序等方面看，正确地作出该处分需要相当的时间，因为必须接受政令规定的处分而产生不能实施专利发明的期间的，根据办理延长登记的请求，可以延长专利权的存续期限，以五年为限。

第六十七条之二　存续期限的延长登记

凡拟办理专利权存续期限的延长登记的人，必须向特许厅长官提出记载有下述事项的请求书：

一、申请人的姓名或者名称，以及住所或者居所；

二、专利号；

三、请求延长的期限（限五年以下期限）；

四、前条第二款政令规定的处分内容。

在前款的请求书中，必须随附记载有依经济产业省令之规定延长理由的资料。

办理专利权存续期限的延长登记的，必须自收到第六十七条第二款政令规定的处分之日起在政令规定的期限内提出。但是，该条第一款规定的专利权存续期限届满后不得提出申请。

专利权共有的，各共有人不同其他共有人一起则不得提出办理专利权存续期限的延长登记请求。

有办理专利权存续期限的延长登记请求的，存续期限视为被延长。但是，就该申请已生效驳回审查决定的或者已经进行了专利权存续期限延长登记的，不在此限。

有办理专利权存续期限的延长登记请求的，第一款各项所列事项及该申请的申请号、申请年月日必须登载于专利公报上。

第六十七条之二之二

凡拟办理专利权存续期限的延长登记的人，截至第六十七条第一款规定的专利权存续期限届满前六个月的前一天，预计不会受到该条第二款政令规定的处分的，必须在当日前向特许厅长官提出记载有下述事项的书面文件：

一、拟提出申请者的姓名或者名称，以及住所或者居所；

二、专利号；

三、第六十七条第二款政令规定的处分。

不提出依前款规定应当提出的书面文件的，在第六十七条第一款规定的专利权存续期限届满前六个月以后，不得办理专利权存续期限的延长登记的申请。

提出第一款规定的书面文件后，必须将该款各项所述事项登载于专利公报。

第六十七条之三

专利权存续期限的延长登记请求落入下述各项之一的，审查员必须就该请求作出驳回审查决定：

一、不认为该专利发明的实施必须接受第六十七条第二款政令规定的处分的；

二、专利权人或者对该专利权享有专用实施权或者登记的通常实施权的人未受到第六十七条第二款政令规定的处分的；

三、请求延长的期限超过了不能实施专利发明的期限的；

四、请求人不是专利权人的；

五、申请未满足第六十七条之二第四款规定的要件的。

审查员对办理专利权存续期限的延长登记请求没有发现驳回理由的，应当作出准予办理延长登记的审查决定。

有准予办理专利权存续期限延长登记的审查决定或者审判决定的，可以进行专利权存续期限的延长登记。

进行前款登记的，必须在专利公报上登载下述事项：

一、专利权人的姓名或者名称，以及住所或者居所；

二、专利号；

三、专利权存续期限的延长登记请求的请求号及请求年月日；

四、办理延长登记的年月日；

五、延长的期限；

六、第六十七条第二款政令规定的处分内容。

第六十七条之四

第四十七条第一款、第四十八条、第五十条及第五十二条准用于专利权存续期限的延长登记请求的审查。

第六十八条　专利权的效力

专利权人专有以经营活动为目的实施专利发明的权利。但是，在其专利权上设定专用实施权的，专用实施权人专有的实施专利发明的权利范围，不在此限。

第六十八条之二　存续期限延长时专利权的效力

专利权存续期限已延长的（包括依第六十七条之二第五款规定被视为延长的情况），该专利权的效力不涉及成为办理延长登记的理由的、第六十七条第二款政令规定的处分对象物（在处分中，如规定使用该对象物的特定用途的，用于该用途的对象物）的实施专利发明的行为以外的行为。

第六十九条　专利权的效力不涉及的范围

专利权的效力不涉及为了试验或者研究而实施专利发明。

专利权的效力不涉及下述对象：

一、仅仅是通过日本国内的船舶、航空飞机或者它们所使用的机械、器具、装置等；

二、专利申请时日本国内已有。

通过混合两种以上的药品（指为了人类疾病的诊断、治疗、处置或者预防而使用的药品。本款下同）而制造的药品发明，或者通过混合两种以上的药品来制造药品的方法发明的专利权的效力，不涉及根据医师或者牙科医师的药方来调剂的行为及根据医师或者牙科医师的药方来调剂的药品。

第七十条 *专利发明的技术范围*

专利发明的技术范围必须依请求书所附的权利要求书记载的范围而定。

在前款情况下，考虑请求书所附的说明书的记载及附图，来解释权利要求书所记载的用语的意思。

在上述两款中，不考虑请求书所附的摘要的记载。

第七十一条

对专利发明的技术范围，可以请求特许厅判定。

在依前款规定提出请求的情况下，特许厅长官必须指定三名审判员进行判定。

第一百三十一条第一项、第一百三十一条之二第一款正文、第一百三十二条第一款及第二款、第一百三十三条、第一百三十三条之二、第一百三十四条第一款、第三款及第四款、第一百三十五条、第一百三十六条第一款及第二款、第一百三十七条第二款、第一百三十八条、第一百三十九条（第六项除外）、第一百四十条至第一百四十四条、第一百四十四条之二第一款及第三款至第五款、第一百四十五条第二款至第五款、第一百四十六条、第一百四十七条第一款及第二款、第一百五十条第一款至第五款、从第一百五十一条至第一百五十四条、第一百五十五条第一款、第一百五十七条及第一百六十九条第三款、第四款及第六款准用于第一款的判定。在这种情况下，第一百三十五条的"审判决定"改读为"决定"；第一百四十五条第二款中的"前款规定审判以外的审判"改读为"判定的审理"；该条第五款但书的"可能有害公共秩序或者公序良俗时"改读为"审判长认为必要时"；第一百五十一条中的"第一百四十七条"改读为"第一百四十七条第一款及第二款"；第一百五十五条第一款的"在审判决定生效前"改读为"直到判定的副本送达为止"。

对于依前款改读后准用的第一百三十五条规定作出的决定，不得申诉不服。

第七十一条之二

法院对专利发明的技术范围委托进行鉴定的，特许厅长官必须指定三名审判员进行鉴定。

第一百三十六条第一款及第二款、第一百三十七条第二款及第一百三十八条准用于前款的鉴定委托。

第七十二条　与他人的专利发明等的关系

专利发明的实施将利用专利申请日前的申请所涉及的他人的专利发明、登记实用新型、登记外观设计或者与其类似的外观设计的，或者当专利权与专利申请日前的申请所涉及的他人的外观设计权或者商标权相抵触的，专利权人、专用实施权人或者通常实施权人不得以经营活动为目的实施该专利发明。

第七十三条　共有专利权

专利权共有的，各共有人未经其他共有人同意不得转让所持份额或者以所持份额为标的设定质权。

专利权共有的，除合同有特别约定外，各共有人可以不经其他共有人的同意而实施该专利发明。

专利权共有的，各共有人未经其他共有人同意，不得对专利权设定专用实施权或者对他人许可通常实施权。

第七十四条　已删除。

第七十五条　已删除。

第七十六条　无继承人时专利权的消灭

在民法第九百五十八条的期限内，无人主张继承人的权利的，专利权消灭。

第七十七条 专用实施权

专利权人可以就专利权设定专用实施权。

专用实施权人在设定行为规定的范围内专有以经营活动为目的实施专利发明的权利。

仅限在与实施的业务一起转移、得到专利权人承诺和继承及其他概括继承时，专用实施权可以转移。

仅限在取得专利权人承诺的情况下，专用实施权人可以在专用实施权上设定质权或者对他人许诺通常实施权。

第七十三条准用于专用实施权。

第七十八条 通常实施权

专利权人可以就专利权对他人授予通常实施权。

通常实施权人在依本法规定或者设定行为规定的范围内享有以经营活动为目的实施专利发明的权利。

第七十九条 先使用的通常实施权

因不知专利申请所涉及的发明内容而自己进行了该发明，或者因不知专利申请所涉及的发明内容而从作出发明人处得知发明，且在专利申请时已经在日本国内以实施该发明为业务的人或者正在准备进行该项业务的人，在已经实施或者准备实施发明及业务的目的范围内，就专利申请所涉及的专利权享有通常实施权。

第八十条 无效审判请求登记前基于实施的通常实施权

落入下述各项之一者，在专利无效审判请求登记前，不知道专利落入第一百二十三条第一款各项之一所规定的要件，且在日本国内以实施该项发明为业务的人或者准备从事该项业务的人，在其实施或者准备实施发明及业务的目的范围内，对专利无效时的专利权或者届时存在的专用实施权享有通常实施权：

一、在相同发明的两个以上的专利中，其中之一被无效时的原专利权人；

二、专利无效后，就相同发明将专利给予合法权利人时的原专利权人；

三、在前两项情况下，专利无效审判请求登记时，对已经无效的专利所涉及的专利权享有专用实施权的人，或者对该专利权或者专用实施权享有第九十九条第一款之效力的通常实施权的人。

专利权人或者专用实施权人享有从依前款规定具有通常实施权的人处接受相应的对价的权利。

第八十一条 外观设计权存续期限届满后的通常实施权

在专利申请日前或者与之同日提交的外观设计登记申请所涉及的外观设计权与专利申请所涉及的专利权相抵触的情况下，该外观设计权存续期限届满时，原外观设计权人在原外观设计权的范围内，就该专利权或者外观设计权存续期限届满时所存在的专用实施权享有通常实施权。

第八十二条

在专利申请日前或者与之同日提交的外观设计登记申请所涉及的外观设计权与专利申请所涉及的专利权相抵触的情况下，该外观设计权存续期限届满时，在届满时就该外观设计权享有专用实施权的人，或者就外观设计权或者其专用实施权享有准用于外观设计法第二十八条第三款的本法第九十九条第一款之效力的通常实施权的人，在原权利范围内，对专利权或者外观设计权存续期限届满时已经存在的专用实施权享有通常实施权。

该专利权人或者专用实施权人享有从依前款规定具有通常实施权的人处获得相应的对价的权利。

第八十三条 不实施时通常实施权的设定裁定

连续三年以上在日本国内未适当地实施专利发明的，凡拟实施该项专利发明的人均可向专利权人或者专用实施权人就通常实施权的许可请求协商。但是，自该专利发明的专利申请日起未经过四年的，不在此限。

前款协商不成立或者无法进行协商的，该专利发明的拟实施人可以请求特许厅长官的裁定。

第八十四条　答辩书的提出

接到前条第二款之裁定请求的，特许厅长官必须将请求书的副本送达与该请求有关的专利权人或者专用实施权人及登记了的对该专利享有权利的其他人，并指定相应的期限，给予提出答辩书的机会。

第八十五条　听取审议会的意见等

拟作出第八十三条第二款之裁定的，特许厅长官必须听取审议会〔指国家行政组织法（1948 年第一百二十号法律）第八条规定的机关〕等政令规定的有关方面的意见。

当没有适当地实施专利发明是有正当的理由时，特许厅长官不得作出设定通常实施权的裁定。

第八十六条　裁定的方式

第八十三条第二款的裁定必须以文件形式作出并附上理由。

设定通常实施权的裁定必须规定下述事项：

一、设定通常实施权的范围；

二、对价的额度及其支付的方法和日期。

第八十七条　裁定副本的送达

作出第八十三条第二款之裁定的，特许厅长官必须将裁定副本送达当事人及当事人以外的、对于该专利享有已登记的权利的人。

对当事人送达依前款规定设定通常实施权的裁定副本的，可视为当事人之间按照裁定中的条件已经达成协议。

第八十八条　对价的提存

应当支付第八十六条第二款第二项之对价者，在下述情况下必须提存其对价：

一、接受对价者拒绝领取或者无法领取的；

二、就其对价，提起第一百八十三条第一款之诉的；

三、为该专利权或者专用实施权为标的设立质权的。但是，得到质权人的承诺的，不在此限。

第八十九条 裁定的失效

凡拟接受通常实施权设定者，截至第八十三条第二款裁定规定的支付期限不支付或者不提存对价（可定期或者分期支付对价时，为首付的部分）的，设定通常实施权的裁定失效。

第九十条 裁定的撤销

依第八十三条第二款规定作出设定通常实施权的裁定后，当由于裁定理由的消灭及其他事由维持该裁定不再合适的，或者通常实施权设定接受人不适合实施该专利发明的，特许厅长官可依利害关系人的请求或者依职权撤销裁定。

第八十四条、第八十五条第一款、第八十六条第一款及第八十七条第一款准用于依前款规定的裁定撤销，第八十五条第二款准用于通常实施权设定接受人不适合实施该专利发明时的依前款规定的裁定撤销。

第九十一条

当撤销依前条第一款规定的裁定的，通常实施权随即消灭。

第九十一条之二 不服裁定的理由限制

根据行政不服审查法（1962年第一百六十号法律），对依第八十三条第二款之规定作出的裁定提出申诉的，不得将对裁定确定的对价不服作为对该裁定不服的理由。

第九十二条 为实施专利发明而设定通常实施权的裁定

当专利发明落入第七十二条的规定的，专利权人或者其专用实施权人可以请求与该条的他人就给予实施专利发明或者实用新型权、外观设计权的通常实施权进行协商。

被请求进行前款协商的第七十二条中规定的他人，对于要求进行协商的专利权人或者其专用实施权人，可以请求在这些人希望通过协商获得专利发明或者实用新型权、外观设计权的通常实施权而拟实施的专利发明的范围内，获得这些人给予通常实施权进行协商。

第一款的协商不成立或者无法进行协商的，专利权人或者专用实施权人可以请求特许厅长官进行裁定。

当第二款的协商不成立或者无法进行协商的情况下，有前款之裁定请求时，第七十二条的他人，仅限在特许厅长官依准用于第七款的第八十四条之规定作为提出答辩书的期限而指定的期限内，可以请求特许厅长官裁定。

在第三款或者前款的情况下，当设定通常实施权将不正当侵害第七十二条的他人或者专利权人或者专用实施权人的利益时，特许厅长官不得作出设定通常实施权的裁定。

除前款规定的情况外，在第四款的情况下，当对第三款的裁定请求没有作出设定通常实施权的裁定时，特许厅长官不得作出设定通常实施权的裁定。

第八十四条、第八十五条第一款及第八十六条至前条准用于第三款或者第四款的裁定。

第九十三条 为公共利益设定通常实施权的裁定

当实施专利发明对公共利益非常之必要时，拟实施该专利发明的人可以就通常实施权的给予向专利权人或者专用实施权人请求协商。

当前款协商不成立或者无法进行协商时，拟实施专利发明的人可以请求经济产业大臣裁定。

第八十四条、第八十五条第一款及第八十六条至第九十一条之二准用于前款裁定。

第九十四条 通常实施权的转移等

除依第八十三条第二款、第九十二条第三款或者第四款或者前条第二款、实用新型法第二十二条第三款或者外观设计法第三十三条第三款裁定的通常实施权外，仅限与实施的业务一起转移的情况、得到专利权人（系专用实施权的通常实施权时，为专利权人及专用实施权人）承诺的情况或者继承及其他概括继承的情况，通常实施权可以进行转移。

除依第八十三条第二款、第九十二条第三款或者第四款或者前条第二款、实用新型法第二十二条第三款或者外观设计法第三十三条第三款裁定的通常实施权外，通常实施权人仅限在得到专利权人（系专用实施权的通常实施权时，为专利权人及专用实施权人）承诺的情况下，可以就通常实施权设定质权。

依第八十三条第二款或者前条第二款裁定的通常实施权，仅限与实施的业务一起转移的情况下，可以进行转移。

依第九十二条第三款、实用新型法第二十二条第三款或者外观设计法第三十三条第三款裁定的通常实施权，当专利权、实用新型权或者外观设计权与实施的业务一起转移时，该权随之转移；当专利权、实用新型权或者外观设计权与实施的业务分开转移或者消灭时，该权随之消灭。

依第九十二条第四款裁定的通常实施权，随专利权、实用新型权或者外观设计权转移而转移，当专利权、实用新型权或者外观设计权消灭时，该权随之消灭。

第七十三条第一款准用于通常实施权。

第九十五条　质权

以专利权、专用实施权或者通常实施权为标的设定质权的，除合同另有约定的外，质权人不得实施该项专利发明。

第九十六条

以专利权、专用实施权或者通常实施权为标的的质权，对于因专利权、专用实施权或者通常实施权获得的对价，或者因专利发明的实施而专利权人或者专用实施权人应当接受的金钱及其他物品，均得以代位行使。但是，在支付或者交付前必须进行扣押。

第九十七条　专利权等的放弃

存在专用实施权人、质权人或者第三十五条第一款、第七十七条第四款或者第七十八条第一款规定的通常实施权人时，仅限于得到这些人的承诺的情况，专利权人可以放弃其专利权。

存在质权人或者第七十七条第四款规定的通常实施权人时，仅限于得到这些人的承诺的情况，专用实施权人可以放弃其专用实施权。

存在质权人时，仅限于得到其承诺的情况，通常实施权人可以放弃其通常实施权。

第九十八条　登记的效果

下述事项不进行登记则不产生效力：

一、专利权的转移（继承及其他概括继承除外）、因信托而产生的变更、因放弃而产生的消灭、处分限制；

二、专用实施权的设定、转移（继承及其他概括继承除外）、变更、消灭（混同或者专利权消灭的除外）、处分限制；

三、以专利权或者专用实施权为目的的质权的设定、转移（继承及其他概括继承除外）、变更、消灭（混同或者担保债权消灭的除外）、处分限制。

前款各项的继承及其他概括继承的情况下，必须立即报告给特许厅长官。

第九十九条

通常实施权进行了登记时，对在其后取得该专利权或者就该专利权的专用实施权的人生效。

依第三十五条第一款、第七十九条、第八十条第一款、第八十一条、第八十二条第一款或者第一百七十六条之规定的通常实施权，即使不进行登记也具有前款的效力。

通常实施权的转移、变更、消灭、处分限制，或者以通常实施权为标的的质权的设定、转移、变更、消灭、处分限制，若不进行登记则不能对抗第三者。

第二节　侵　权

第一百条　停止侵害请求权

专利权人或者专用实施权人，对于侵害本人专利权或者专用实施权的人或者有侵害之可能的人，可以请求停止侵权或者请求预防侵权的发生。

专利权人或者专用实施权人在进行依前款规定之请求时，可以请求销毁构成侵权行为之产品（在生产产品的方法专利发明中，包括因侵害行为而生产的产品。第一百零二条第一款相同），清除用于侵权行为的设备，及请求其他预防侵权所必要的行为。

第一百零一条 视为侵权的行为

下述行为视为侵害专利权或者专用实施权的行为：

一、专利为产品的发明时，以经营活动为目的，仅能用于该产品的生产之产品的生产、转让、进口、许诺转让等行为；

二、专利为产品的发明时，当该产品的生产所用之产品（在日本国内广泛且普遍地流通的除外）对解决该发明的课题必不可少时，明知该发明是专利发明且明知该产品用于实施该项发明，却仍以经营活动为目的，生产、转让、进口、许诺转让等行为；

三、专利为产品的发明时，以经营活动为目的，为了转让等或者出口而拥有该产品的行为；

四、专利为方法发明时，以经营活动为目的，仅能用于该方法的使用之产品的生产、转让、进口、许诺转让等行为；

五、专利为方法发明时，当该方法的使用所用之产品（在日本国内广泛且普遍地流通的除外）对解决该发明的课题必不可少时，明知该发明是专利发明且明知该产品用于实施该项发明，却仍以经营活动为目的，生产、转让、进口、许诺转让等行为；

六、专利为生产产品的方法发明时，以经营活动为目的，为了转让等或者出口而拥有以该方法生产之产品的行为。

第一百零二条 损害额的推定等

在专利权人或者专用实施权人向由于故意或者过失侵害其专利权或者专用实施权的人请求赔偿其由于侵权所受到损失的情况

下，该人转让构成侵权行为之产品的，对于所转让产品的数量（以下在本款中称为"转让数量"），可以将如果没有侵权行为专利权人或者专用实施权人可以销售产品的每单位数量的利润相乘后所得到的数额，在不超过符合专利权人或者专用实施权人的实施能力的限度内，作为专利权人或者专用实施权人所受损害的数额。但是，当存在转让数量的全部或者部分为专利权人或者专用实施权人所不能销售的事由的，应当扣除相当于该事由的数量的数额。

在专利权人或者专用实施权人向由于故意或者过失侵害其专利权或者专用实施权的人请求赔偿其由于侵权所受到损失的情况下，该人因侵权行为获利的，该获利数额推定为专利权人或者专用实施权人所受损害的数额。

对由于故意或者过失侵害专利权或者专用实施权的人，专利权人或者专用实施权人可以将相当于实施专利发明所应当获得的数额的金钱，作为本人所受损害的数额请求赔偿。

前款规定不妨碍超过该款规定数额的损害赔偿请求。在这种情况下，侵害专利权或者专用实施权的人如无故意或者重大过失的，法院在决定损害赔偿额时可作为参考。

第一百零三条 过失的推定

侵害他人专利权或者专用实施权者，推定其对侵害行为有过失。

第一百零四条 生产方法的推定

当生产产品的方法发明被授予专利，该产品在专利申请日前在日本国内不是公知之产品时，则推定与该产品相同的产品是用该方法生产的。

第一百零四条之二 具体形态的明示义务

在侵犯专利权或者专用实施权的诉讼中，对方否认专利权人或者专用实施权人所主张的构成侵权行为的产品或者方法的具体形态时，应当明示自己行为的具体形态。但是，对方有不能明示的充分理由时，不在此限。

第一百零四条之三 专利权人等行使权力的限制

在侵犯专利权或者专用实施权的诉讼中，如果该专利通过无效审判将被认为无效，专利权人或者专用实施权人不得向对方行使权利。

对于依前款规定的攻击或者抗辩的方法，如果被认为是以不正当推迟审理为目的而提出时，法院可以依动议或者依职权作出不予受理的决定。

第一百零五条 文件的提出等

在侵犯专利权或者专用实施权的诉讼中，为了对侵权行为进行举证或者为了计算侵权行为所造成的损害，法院依当事人的申请有权命令当事人提供必要的文件。但是，文件持有人有正当理由拒绝提出时，不在此限。

法院认为有必要判断是否有前款但书规定的正当理由时，可以让文件持有人出示该文件。在这种情况下，任何人不得请求公开所出示的文件。

在前款情况下，就是否有第一款但书规定的正当理由，法院认为有必要公开前款后段所述的文件而听取意见时，可以向当事人等〔当事人（法人时，为其代表人）或者当事人的代理人（诉讼代理人及其助手除外）、使用人及其他从业人员。下同〕、诉讼代理人或者其助手公开该文件。

前三款规定准用于为了在侵犯专利权或者专用实施权的诉讼中就被控侵权行为进行举证所必要的以查证为目的的出示。

第一百零五条之二 计算损害的鉴定

在侵犯专利权或者专用实施权的诉讼中，法院依当事人的申请而命令为了计算侵权行为造成的损害而就必要事项进行鉴定的，当事人必须就鉴定的必要事项向鉴定人进行说明。

第一百零五条之三 相应损害额的认定

在侵犯专利权或者专用实施权的诉讼中，在被认为已经造成损害的情况下，为了举证损害额而举证必要的事实，而该事实在性质上极为困难时，法院可以根据口头辩论的整个内容及证据调查的结果认定相应的损害额。

第一百零五条之四　保密命令

在侵犯专利权或者专用实施权的诉讼中，当事人保有的商业秘密〔指反不正当竞争法（1993 年第四十七号法律）第二条第六款规定的商业秘密，下同〕有证明同时落入下述事由的，法院可依当事人的动议作出决定，命令当事人等、诉讼代理人或者其助手不得将该商业秘密用于该诉讼目的以外的目的，或者不得向该商业秘密所涉及的接受本款规定命令的人以外的人公开。但是，该动议提出之前，当事人等、诉讼代理人或者其助手已经通过查看下述第一项规定的书面准备文件或者调查证据之外的方法获得或者持有该商业秘密时，不在此限：

一、在已经提出或者必须提出的书面准备文件中记载有当事人保有的商业秘密，或者在已经调查或者应当调查的证据（包括依第一百零五条第三款规定公开的文件或者依第一百零五条之七第四款的规定公开的书面文件）内容中包括有当事人持有的商业秘密；

二、为了防止由于前款商业秘密在完成本诉讼目的以外的目的中使用或者被公开，而给当事人基于该商业秘密的业务活动可能带来障碍，必须限制该商业秘密的使用或者公开。

前款规定的命令（下称"保密命令"）的动议，必须提出记载有下述事项的书面文件：

一、应接受保密命令的人；

二、确定应成为保密命令对象的商业秘密的足够的事实；

三、落入前款各项事由的事实。

发送保密命令时，必须将决定书送达接受保密命令的人。

保密命令自向接受保密命令的人送达决定书时起生效。

对不予受理保密命令动议的裁判，可即时提出上诉。

第一百零五条之五　保密命令的撤销

提出保密动议的人或者接受保密命令的人对保存诉讼记录的法院（没有保存诉讼记录的法院时为发出保密命令的法院），可以以缺少或者已缺少前条第一款规定的要件为理由，提出动议撤销保密命令。

就撤销保密命令动议作出裁判时，必须将决定书送达申诉人及对方。

对撤销保密命令动议的裁判可即时提出上诉。

撤销保密命令的裁判尚未生效的，则不发生效力。

在作出撤销保密命令裁判的情况下，除撤销保密命令的动议人或者对方当事人外，在作出保密命令的诉讼中如有正在接受该商业秘密所涉及的保密命令的其他人时，法院应当立即将撤销保密命令的裁判通知该人。

第一百零五条之六　阅览诉讼记录等的请求通知等

在发出保密命令的诉讼（撤销一切保密命令的诉讼除外）所涉及的诉讼记录中有民事诉讼法第九十二条第一款的决定的情况下，当事人有阅览该款规定的记载秘密部分等的请求，且该手续的请求人是在诉讼中未接受保密命令的人时，在请求提出后，法院书记员必须立即将有请求的情况通知该款规定的提出动议的人（已经请求的除外，第三款相同）。

在前款情况下，法院书记员从有该款请求之日时起两周的时间内（对办理请求手续人的保密命令的动议如果是那天或者那天之前提出的，到对动议的裁判生效为止），不得让办理请求手续的人阅览该款中记载保密的部分。

关于让第一款的请求人阅读该款的记载秘密部分事宜，当民事诉讼法第九十二条第一款规定的提出动议的人全都同意时，则前二款的规定不适用。

第一百零五条之七　停止公开询问当事人等

侵犯专利权或者专用实施权诉讼的当事人等，对作为判断是否侵权之基础的事项落入当事人所保有的商业秘密范围内的，作为当事人本人或者法定代理人或者证人受到询问时，如果法院的全体法官一致认为当事人等在公开的法庭上陈述该事项将明显地妨碍基于该商业秘密的当事人的业务活动，因此不能对该事项进行充分的陈述，而且缺少该陈述只用其他证据的，又不能作出以该事项为基础的专利权或者专用实施权是否受到侵害的公平裁判时，可以作出决定不公开寻问该事项。

法院在做前款决定时，必须事先听取当事人等的意见。

在前款情况下，法院认为有必要时可以让当事人等出示记载有陈述事项要点的书面文件。在这种情况下，任何人不得请求公开所出示的书面文件。

法院认为有必要公开前款后段的书面文件以便听取意见的，可以对当事人、诉讼代理人或者其助手公开该书面文件。

法院依第一款规定不公开进行该事项的询问时，在公众退庭前必须说明该意思连同理由。该事项的询问结束后再让公众进庭。

第一百零六条　恢复信用的措施

对故意或者过失侵害专利权或者专用实施权而损害专利权人或者专用实施权人业务信誉的人，依专利权人或者专用实施权人的请求，法院有权命令为恢复专利权或者专用实施权人业务上的信誉而采取必要措施，以取代损害赔偿或者在给予损害赔偿的同时采取必要措施。

第三节　专利费

第一百零七条　专利费

进行专利权的设定登记的人或者专利权人，其专利费从专利权的设定登记日起至第六十七条第一款规定的存续期限（依该条第二款规定延长时，加上延长期限）届满为止的每一年，每件专利必须按下表左栏的区分按件缴纳该表左栏中的金额。

年份的区分	金　　额
从第一年到第三年	每年二千三百日元，并按每一个权利要求增加二百日元
从第四年到第六年	每年七千一百日元，并按每一个权利要求增加五百日元
从第七年到第九年	每年二万一千四百日元，并按每一个权利要求增加一千七百日元
从第十年到第二十五年	每年六万一千六百日元，并按每一个权利要求增加四千八百日元

国有专利权不适用前款规定。

第一款的专利费，在专利权为国家或者与依第一百零九条规定或者其他法令规定享受专利费减轻或者免除（以下本款中称"减免"）的人共有的情况下，当规定有所持份额时，尽管有第一款的规定，国家以外的各共有人就该款规定的专利费的金额（有减免者时为减免后的金额）乘以所持份额比例后折算所得的数额，作为国家以外各共有人必须缴纳的数额。

依前款规定计算出的专利费的金额出现不满十日元的尾数时，舍其尾数。

第一款规定专利费的缴纳，根据经济产业省令的规定必须使用专利印花。但是，经济产业省令另有规定时，根据经济产业省令的规定也可以使用现金缴纳。

第一百零八条　专利费的缴纳期限

前条第一款规定的第一年到第三年的专利费，从授权审查决定或者审判决定的副本送达之日起三十日内必须一次缴纳。

前条第一款规定的第四年以后的每年的专利费必须在上一年内缴纳。但是，允许专利权存续期限延长登记的审查决定或者审判决定的副本送达日（本款以下称"副本送达日"）在如果没有允许延长登记的专利权存续期限届满日所属年的最后一天的前三十日以后的，从副本送达日所属年（从副本送达日到副本送达日所属年的最后一天的天数不满三十日的，为副本送达日所属年的下一年）起的各年专利费必须自副本送达日起三十日内一次缴纳。

特许厅长官依交费者的请求可以三十日以内为限，延长第一款规定的期限。

第一百零九条 专利费的减免或者宽限

特许厅长官认为下列人员缺乏财力，具有政令规定的要件，缴纳专利费困难的，有权依政令的规定减轻或者免除第一百零七条第一款规定的从第一年到第三年的每年的专利费，或者宽限缴纳：

一、专利发明的发明人或者继承人；

二、专利发明是第三十五条第一款规定的从业人员等进行的职务发明，根据合同、工作规则及其他规定关于使用者等继受获得专利的权利的约定，从从业人员等处继受获得专利的权利的使用者等。

第一百一十条 由利害关系人缴纳专利费

利害关系人可以违背应缴纳人的意愿缴纳专利费。

依前款规定已缴纳专利费的利害关系人可以在应缴纳人实际所得利益的限度内请求偿还其费用。

第一百一十一条 已缴纳专利费的返还

限下述各项，依缴费人的请求返还已缴纳的专利费：

一、多缴、错缴的专利费；

二、从专利无效审判决定生效当年的下年开始计算的专利费；

三、从专利权存续期限的延长登记无效审判决定生效当年的下年以后的专利费（仅限没有延长的登记时存续期限届满日所属年起的第二年以后的专利费）。

前款规定的专利费的返还，该款第一项的专利费自缴纳之日起一年后，该款第二项及第三项的专利费自审判决定生效之日起六个月后，不得请求。

第一百一十二条 专利费的补缴

在第一百零八条第二款规定的期限或者第一百零九条规定的宽限缴纳的期限内未缴纳专利费的，即使超过了该期限，在超过期限后的六个月以内仍可补缴专利费。

依前款规定补缴专利费的专利权人，除依第一百零七条第一款之规定缴纳必须缴纳的专利费外，还应缴纳与专利费等额的加价专利费。

根据经济产业省令的规定，缴纳前款规定的加价专利费必须使用专利印花。但是，经济产业省令另有规定时，根据经济产业省令的规定也可以缴纳现金。

在第一款规定的可以补缴专利费的期限内，专利权人不缴纳在第一百零八条第二款正文规定的期限内应当缴纳的专利费及第二款规定的加价专利费的，该专利权视为在追溯到该条第二款正文规定的期限届满时消灭。

在第一款规定的可以追缴专利费的期限内，专利权人不缴纳第一百零八条第二款但书规定的专利费及第二款规定的加价专利费的，该专利权视为在追溯到该没有延长登记的专利权存续期限届满日所属年届满时消灭。

在依第一款规定的可以补缴专利费的期限内，专利权人不缴纳第一百零九条规定的宽限缴纳的专利费及第二款规定的加价专利费时，该专利权视为自始不存在。

第一百一十二条之二　通过补缴专利费恢复专利权

依前条第四款或者第五款的规定已被视为消灭的专利权或者依该条第六款的规定已被视为自始不存在的专利权的原专利权人，由于不可归责的理由在该条第一款规定的可以补缴专利费的期限内没有缴纳该条第四款至第六款的专利费及加价专利费时，自该理由消除之日起十四日（在外者为两个月）以内，以期限超过六个月以内为限，可以补缴专利费和加价专利费。

根据前款规定补缴专利费及加价专利费的，该专利权视为在追溯到第一百零八条第二款正文规定的期限届满时或者在追溯到存续期限届满日所属年届满时专利权继续存在或者专利权自始存在。

第一百一十二条之三 恢复专利权之效力的限制

依前条第二款规定恢复专利权的，该专利为产品的发明时，该专利权的效力不涉及第一百十二条第一款规定的补缴专利费的期限届满后在专利权恢复登记前进口或者在日本国内生产或者取得的该产品。

依前条第二款的规定恢复的专利权的效力不涉及第一百一十二条第一款规定的补缴专利费期限届满后在专利权恢复登记前的下述行为：

一、该发明的实施；

二、专利为产品的发明时，为该产品的生产之用的产品的生产、转让、进口、许诺转让等行为；

三、专利为产品的发明时，为了转让等或者出口而拥有该产品的行为；

四、专利为方法发明时，为该方法的使用所用之产品的生产、转让、进口、许诺转让等行为；

五、专利为生产产品的方法发明时，为了转让等或者出口而拥有以该方法生产之产品的行为。

第五章　[已删除]

第一百一十三条至第一百二十条　已删除

第六章　审　判

第一百二十一条　不服驳回审查决定审判

收到驳回审查决定的人，对该审查决定不服的，可自审查决定副本送达之日起三个月以内请求不服驳回审查决定审判。

不服驳回审查决定审判的请求人由于不可归责的理由在前款规定的期限内不能提出请求的，尽管有该款的规定，仍可在其理由消除之日起十四日（在外者为两个月）以内，以期限届满后六个月以内为限，提出请求。

第一百二十二条 已删除

第一百二十三条 专利无效审判

当专利落入下述各项之一的，可以请求专利无效审判，以宣告该专利权无效（对于两项以上的权利要求可分别提出请求）：

一、专利的授予基于不符合第十七条之二第三款规定的要件而进行了修改的专利申请（外文书面申请除外）的；

二、专利的授予违反第二十五条、第二十九条、第二十九条之二、第三十二条、第三十八条或者第三十九条第一款至第四款之规定的；

三、专利的授予不符合条约的；

四、专利的授予基于不符合第三十六条第四款第一项或者第六款（第四项除外）规定的要件的专利申请的；

五、外文书面申请所涉及的专利的请求书所附的说明书、权利要求书或者附图上所记载的事项不在外文书面文件记载事项的范围内的；

六、专利的授予基于非发明人且对发明没有继受获得专利权的权利的人提出的专利申请的；

七、授予专利后，专利权人成为不能依第二十五条之规定享有专利权之人时，或者专利不符合条约的；

八、专利的请求书所附的说明书、权利要求书或者附图的订正违反第一百二十六条第一款但书或者第三款至第五款（包括准用于第一百三十四条之二第五款的情况）或者第一百三十四条之二第一款但书之规定的。

任何人都可以请求专利无效审判。但是，以专利落入前款第二项（仅限专利违反第三十八条之规定时）或者落入该款第六项为理由的，仅限利害关系人有权提出请求。

即使在专利权消灭之后也可提出专利无效审判请求。

当有专利无效审判请求时，审判长必须通知该专利权的专用实施权人及其他对专利享有登记了的权利的人。

第一百二十四条 已删除

第一百二十五条

专利无效的审判决定生效时，专利权视为自始不存在。但是，在专利落入第一百二十三条第一款第七项的情况下，专利无效的审判决定生效时，专利权视为自具有该项规定的情况之时起不存在。

第一百二十五条之二 延长登记无效审判

延长专利权存续期限的登记落入下述各项之一时，可以就其延长登记的无效事宜请求延长登记无效审判：

一、该延长登记基于专利发明的实施不是必须受到第六十七条第二款政令规定的处分的申请的；

二、该延长登记为专利权人或者对专利权具有专用实施权或者登记的通常实施权的人未受到第六十七条第二款政令规定的处分的申请的；

三、经该延长登记延长的期限超过了不能实施专利发明的期限的；

四、该延长登记基于非专利权人的申请的；

五、该延长登记基于不符合第六十七条之二第四款规定的要件之申请的。

第一百二十三条第三款及第四款准用于延长登记无效审判的请求。

延长登记无效的审判决定生效时，该延长登记带来的存续期限的延长视为自始不存在。但是，在延长登记落入第一款第三项的情况下，超过不能实施专利发明期限的延长登记无效审判决定生效时，该超过期限视为没有延长。

第一百二十六条 订正审判

专利权人可以就请求书所附的说明书、权利要求书或者附图的订正请求订正审判。但是，该订正仅限以下述事项为目的：

一、限制权利要求；

二、订正误记或者误译；

三、解释不清楚的记载。

从专利无效审判在特许厅审理到生效审判决定的期间内，不得请求订正审判。但是，从对专利无效审判的审判决定提出诉讼之日起九十日的期限（案件在有依第一百八十一条第一款规定的撤销审判决定的判决或者依该条第二款规定的撤销审判决定的决定的情况下，判决或者决定生效后的期限除外）不在此限。

第一款规定的说明书、权利要求书或者附图的订正必须在请求书所附的说明书、权利要求书或者附图（在以该款但书第二项记载的事项为目的进行订正的情况下，为请求书最初所附的说明书、权利要求书或者附图（专利以外文书面申请时，为外文书面文件））所记载的事项范围内。

第一款规定的说明书、权利要求或者附图的订正不得实质上扩大或者变更权利要求。

以第一款但书第一项或者第二项记载的事项为目的的订正，其根据订正后的权利要求书记载的事项所确定的发明，必须是在申请专利时可以单独获得专利的发明。

订正审判在专利权消灭后也可以请求。但是，专利被专利无效审判无效后不在此限。

第一百二十七条

在有专用实施权人、质权人或者根据第三十五条第一款、第七十七条第四款或者第七十八条第一款规定的通常实施权人的情况下，专利权人仅限在得到他们同意的情况下才可请求订正审判。

第一百二十八条

请求书所附的说明书、权利要求书或者附图的应予订正的审判决定生效的，视为根据订正后的说明书、权利要求书或者附图已经进行了专利申请、申请公开、作出授权审查决定或者审判决定及专利权的设定登记。

第一百二十九条 已删除

第一百三十条 已删除

第一百三十一条 请求审判的形式

审判请求人必须向特许厅长官提出记载有下述事项的请求书：

一、当事人及代理人的姓名或者名称，以及住所或者居所；

二、审判案件的表示；

三、请求的内容及理由。

请求专利无效审判时前款第三项的请求理由必须具体地确定无效专利所根据的事实，并且，必须记载每一个需要举证的事实与证据之间的关系。

请求订正审判的，必须在请求书中随附订正的说明书、权利要求书或者附图。

第一百三十一条之二 审判请求书的修改

对根据前条第一款规定提出的请求书的修改不得变更其要旨。但是，在请求专利无效审判之外的审判中就该款第三项规定的请求理由进行修改的，或者得到下款规定的审判长的许可的，不在此限。

请求专利无效审判的，对前条第一款第三项规定的请求理由的修改变更其要旨的，审判长判明该修改不会无端地延长审理，并且，有落入下述各项之一的事由的，可以以决定的形式允许修改：

一、专利无效审判有第一百三十四条之二第一款规定的订正请求，根据该订正请求有修改请求理由之必要；

二、除前项情况外，对审判请求时的请求书中没有记载修改的请求理由有合理的理由，被请求人同意该修改。

在第一百三十四条第一款规定的请求书副本送达前已经提出手续修改书的，不得许可前款之修改。

对第二款的决定不得申诉不服。

第一百三十二条 共同审判

对同一专利权，有两人以上请求专利无效审判或者延长登记无效审判时，可以共同请求审判。

对共有的专利权请求审判时，必须将全体共有人作为被请求人提出请求。

专利权或者获得专利的权利的共有人对共有的权利请求审判的，必须全体共有者共同提出请求。

在依第一款或者前款规定请求审判的人或者依第二款规定被请求审判的人当中有一个人有中断或者中止审判程序的原因的，该中断或者中止对全体人员有效。

第一百三十三条 违反形式时依决定作出不予受理

请求书不符合第一百三十一条规定的，审判长必须指定相应的期限，命令请求人对请求书作出修改。

除前款规定的情况外，审判案件所涉及的手续落入下述各项之一的，审判长可以指定相应的期限命令修改：

一、手续不符合第七条第一款至第三款或者第九条的规定的；

二、手续不符合本法或者基于本法的命令所规定的形式的；

三、在手续上没有缴纳依第一百九十五条第一款或者第二款的规定应当缴纳的手续费的。

根据前两款规定就审判案件的相关手续命令其修改的，被命令人没有依这些规定在指定的期限内进行修改，或者修改不符合第一百三十一条之二第一款规定时，审判长有权以决定的形式不予受理该手续。

前款决定必须以文件形式作出并附上理由。

第一百三十三条之二 不合法手续的不予受理

对于审判案件的手续（审判请求除外），凡属不合法手续且不能修改的，审判长有权以决定的形式不予受理该手续。

依前款规定不予受理的，必须对手续办理人通知理由并指定相应的期限给予提出辩解书的机会。

第一款的决定必须以文件形式作出并附上理由。

第一百三十四条　答辩书的提出等

当有审判请求时，审判长必须将请求书的副本送达被请求人，并指定相应的期限给予提出答辩书的机会。

审判长依第一百三十一条之二第二款的规定允许修改请求书的，必须将与手续修改书的副本送达被请求人，并指定相应的期限给予提出答辩书的机会。但是，在认为没有必要给予被请求人提出答辩书之机会的特殊情况的，不在此限。

审判长收到第一款或者前款正文的答辩书的，必须将副本送达请求人。

关于审判，审判长可以审询当事人及参加人。

第一百三十四条之二　专利无效审判中订正的请求

专利无效审判的被请求人仅限在前条第一款或者第二款、下条第一款或者第二款，或者依第一百五十三条第二款规定的指定的期限内，可以请求订正请求书所附的说明书、权利要求书或者附图。但是，该订正仅限以下述事项为目的：

一、限制权利要求；

二、订正误记或者误译；

三、解释不清楚的记载。

审判长受理前款规定的订正请求书及所附的已订正说明书、权利要求书或者附图的，必须将其副本送达请求人。

订正请求不以第一款但书各项记载的事项为目的或者不符合在第五项中改读后准用的第一百二十六条第三款至第五款的规定的，审判长也可以审理当事人或者参加人没有申诉的理由。在这种情况下，如果审判长不认为依该理由可以请求订正，则必须将审理的结果通知当事人及参加人，并指定相应的期限给予申诉意见的机会。

在提起第一款订正请求的情况下，在该审判案件中如有在先订正请求的，则该在先请求视为被撤回。

第一百二十六条第三款至第六款、第一百二十七条、第一百二十八条、第一百三十一条第一款及第三款、第一百三十一条之二第一款及第一百三十二条第三款和第四款准用于第一款的情况。在这种情况下，第一百二十六条第五款的"第一款但书第一项或者第二项"改读为"尚未请求专利无效审判的权利要求所涉及的第一款但书第一项或者第二项"。

第一百三十四条之三　撤销判决等情况时的订正请求

依第一百八十一条第一款规定的撤销专利无效审判决定（仅限没有审判请求理由的情况）的法院判决已生效，并依该条第五款的规定开始审理的，仅限从该判决生效之日起一周以内被请求人提出申诉的场合，审判长可以向被请求人指定旨在请求订正请求书所附的说明书、权利要求书或者附图的相应期限。

依第一百八十一条第二款规定的撤销审判决定的法院判决已生效，并依该条第五款规定开始审理的，审判长必须对被请求人指定旨在请求订正请求书所附的说明书、权利要求书或者附图的相应期限。但是，审理开始时，在第一百二十六条第二款但书规定的期限内对于该案件请求的订正审判的审判决定已经生效的，不在此限。

专利无效审判的被请求人在第一百二十六条第二款但书规定的期限内请求订正审判的情况下，在依前二款规定指定的期限内提出前条第一款的订正请求的，可以援引订正审判的请求书所附的订正后的说明书、权利要求书或者附图。

在第一百二十六条第二款但书规定的期限内提出订正审判请求的情况下，在第一款或者第二款规定指定的期限内提出前条第一款的订正请求的，该订正审判请求视为被撤回。但是，请求订正时，已经生效订正审判的审判决定的，不在此限。

在第一百二十六条第二款但书规定的期限内提出订正审判请求的情况下，在第一款或者第二款规定指定的期限内没有提出前条第一款的订正请求的，视为在该期限的最终日，已经提出了对订正审判请求书所附的订正后的说明书、权利要求书或者附图依第三款规定援引的该条第一款的订正请求。但是，在该期限的最终日已经生效订正审判的审判决定的，不在此限。

第一百三十五条 不合法的审判请求依审判决定不予受理

属不合法的审判请求且不能修改的，可以不给被请求人提出答辩书的机会，作出审判决定将其不予受理。

第一百三十六条 审判的合议制

审判由三名或者五名审判员组成的合议庭进行。

前款规定的合议庭的合议以过半数决定。

审判员的资格由政令规定。

第一百三十七条 审判员的指定

特许厅长官对各审判案件（在依第一百六十二条的规定提出审判请求的案件中，仅限于已经作出第一百六十四条第三项规定之报告）必须指定组成前条第一款合议庭的审判员。

依前款规定指定的审判员中有不便于参加审判的审判员的，特许厅长官必须解除指定并由其他审判员进行补充。

第一百三十八条 审判长

特许厅长官必须在依前条第一款规定指定的审判员中指定一人为审判长。

审判长总管审判案件的事务。

第一百三十九条 审判员的除斥

落入下述各项之一者，审判员应从执行的职务中除斥：

一、审判员或者其配偶或者曾是其配偶者是或者曾是案件的当事人或者参加人的；

二、审判员是或者曾是案件当事人或者参加人的四代以内的血亲、三代以内的姻亲或者共同生活的亲属的；

三、审判员是案件当事人或者参加人的监护人、监护监督人、保护人、保护监督人、辅助人或者辅助监督人的；

四、审判员是案件的证人或者鉴定人的；

五、审判员是或者曾是案件的当事人或者参加人的代理人的；

六、审判员曾作为审查员参与过对被申诉的不服案件的审查的；

七、审判员与案件有直接的利害关系的。

第一百四十条

当有前条规定的除斥原因时，当事人或者参加人可以申诉审判员除斥。

第一百四十一条　审判员的回避

审判员有妨碍审判公正之事由时，当事人或者参加人可以要求回避。

当事人或者参加人就案件向审判员书面或者口头陈述后则不能要求审判员回避。但是，不知道有回避的事由或者回避的事由发生在此之后的，不在此限。

第一百四十二条　除斥或者回避的申诉形式

除斥或者回避的动议人必须向特许厅长官提出写明其原因的书面文件。但是，审理时可以采用口头方式。

必须自前款的动议提出之日起三日内阐明除斥或者回避的原因。前条第二款但书所列事实也同样处理。

第一百四十三条　关于申诉除斥或者回避的决定

有除斥或者回避动议的，由该动议所涉及的审判员以外的审判员依审判作出决定。但是，与动议有关的审判员可以陈述意见。

前款决定必须以文件形式作出并附上理由。

对第一款决定不得申诉不服。

第一百四十四条

有除斥或者回避动议的，必须中止审判程序直至就其动议作出决定。但是，情况紧急时不在此限。

第一百四十四条之二 审判书记员

特许厅长官必须为各审判案件（在依第一百六十二条的规定提出审判请求的案件中，仅限已经作出第一百六十四条第三款规定之报告者）指定审判书记员。

审判书记员的资格由政令规定。

依第一款规定指定的审判书记员有妨碍参与审判之事由的，特许厅长官必须解除其指定而指定其他审判书记员。

就审判案件，审判书记员除担任与制作笔录及送达相关的工作外，还要受命于审判长，担任其他工作。

第一百三十九条（第六项除外）、第一百四十条至前条准用于审判书记员。在这种情况下，与除斥或者回避动议相关的审判书记员不能参与除斥或者回避的审判。

第一百四十五条 审判的审理形式

专利无效审判及延长登记无效审判应当进行口头审理。但是，审判长依当事人或者参加人的动议或者依职权可以进行书面审理。

前款规定审判以外的审判进行书面审理。但是，审判长依当事人的动议或者依职权可以进行口头审理。

依第一款或者前款但书规定进行口头审理的审判，审判长必须规定日期和地点，对当事人及参加人进行传唤。

民事诉讼法第九十四条（日期的传唤）准用于前款的传唤。

依第一款或者第二款但书规定的口头审理公开进行。但是，可能有害公共秩序或者善良风俗的，不在此限。

第一百四十六条

民事诉讼法第一百五十四条（翻译人列席等）准用于审判。

第一百四十七条 笔录

依第一百四十五条第一款或者第二款但书规定进行口头审理的，审判书记员必须按日期制作记载有审理要旨及其他必要事项的笔录。

就前款笔录的制作或者变更接到审判长的命令的，如果审判书记员认为其制作或者变更不合适的，可以加上本人的意见。

民事诉讼法第一百六十条第二款及第三款（口头辩论笔录）准用于第一款的笔录。

第一百四十八条　参加

依第一百三十二条第一款规定可以请求审判的人至审理终结可以作为请求人参加该审判。

依前款规定的参加人，即使在被参加人撤回审判请求之后仍可继续进行审判程序。

与审判的结果有利害关系的人，为了辅助一方当事人可以参加审判直至审理终结。

依前款规定的参加人，可以办理一切审判手续。

依第一款或者第三款规定的参加人，如有中断或者中止审判程序的原因的，该中断或者中止也对被参加人发生效力。

第一百四十九条

凡申请参加人必须向审判长提出参加申请书。

当有参加申请时，审判长必须将参加申请书的副本送达当事人及参加人，并指定相应的期限，给予陈述意见的机会。

当有参加申请时，由申请人拟参加的审判的审判员依审判程序作出是否允许参加的决定。

前款决定必须以文件形式作出并附上理由。

对第三款的决定不得申诉不服。

第一百五十条　证据调查及证据保全

关于审判，可以依当事人或者参加人的动议或者依职权进行证据调查。

关于审判，在审判请求前依利害关系人的动议，在审判中依当事人或者参加人的动议或者依职权，可以进行证据保全。

前款规定的审判请求前的动议，必须向特许厅长官提出。

有第二款规定的审判请求前的动议的，特许厅长官应指定参与证据保全的审判员及审判书记员。

根据第一款或者第二款的规定依职权进行证据调查或者证据保全后，审判长必须将其结果通知当事人及参加人，并指定相应的期限给予申诉意见的机会。

第一款或者第二款的证据调查或者证据保全，可以委托该事务处理地的地方法院或者简易法院进行。

第一百五十一条 第一百四十七条及民事诉讼法第九十三条第一款（日期的指定）、第九十四条（日期的传唤）、第一百七十九条至第一百八十一条、第一百八十三条至第一百八十六条、第一百八十八条、第一百九十条、第一百九十一条、第一百九十五条至第一百九十八条、第一百九十九条第一款、第二百零一条至第二百零四条、第二百零六条、第二百零七条、第二百一十条至第二百一十三条、第二百一十四条第一款至第三款、第二百一十五条至第二百二十二条、第二百二十三条第一款至第六款、第二百二十六条至第二百二十八条、第二百二十九条第一款至第三款、第二百三十一条、第二百三十二条第一款、第二百三十三条、第二百三十四条、第二百三十六条至第二百三十八条、第二百四十条至第二百四十二条（证据）及第二百七十八条（取代询问等的书面文件的提出）准用于前条规定的证据调查或者证据保全。在这种情况下，该法第一百七十九条的"在法院当事人供认的事实及显著事实"改读为"显著事实"；该法第二百零四条及第二百一十五条之三的"最高法院规则"改读为"经济产业省令"。

第一百五十二条 依职权审理

即使当事人或者参加人在法定或者指定期限内不办理手续或者未依照第一百四十五条第三款规定在决定的日期和地点出庭，审判长仍可进行审判程序。

第一百五十三条

在审判中，也可就当事人或者参加人未陈述的理由进行审理。

审判长依前款规定就当事人或者参加人未陈述的理由进行审

理的，必须将审理的结果通知当事人及参加人，并指定相应的期限给予申诉意见的机会。

在审判中，不得就被请求人没有救济进行审理。

第一百五十四条 审理的合并或者分开

对当事人的双方或者一方为同一人的两个以上的审判，可以将其合并审理。

依前款规定合并审理后，也可再度分开审理。

第一百五十五条 审判请求的撤回

在审判决定生效前，可以撤回审判请求。

在第一百三十四条第一款的答辩书提出后，若没得到对方的同意则不能撤回审判请求。

在有两个以上权利要求的专利中就两个以上的权利要求请求专利无效审判的，该请求可以按权利要求逐项撤回。

第一百五十六条 审理终结的通知

当案件成熟到可以作出审判决定时，审判长必须将审理终结通知当事人及参加人。

即使依前款规定发出通知后，有必要时，审判长仍可依当事人或者参加人的动议或者依职权进行重新审理。

审判决定必须自发出第一款规定的通知日起二十日内作出。但是，案件复杂或者有其他不得已的理由的，不在此限。

第一百五十七条 审判决定

审判决定作出后，审判终结。

审判决定必须以记载下述事项的文件形式作出：

一、审判的号码；

二、当事人、参加人及代理人的姓名或者名称，以及住所或者居所；

三、审判案件的表示；

四、审判决定的结论及理由；

五、审判决定的年、月、日。

审判决定作出后，特许厅长官必须将审判决定的副本送达当事人、参加人及申请参加审判而被拒绝的申请人。

第一百五十八条　不服驳回审查决定审判的特别规则

审查阶段办理的手续，在不服驳回审查决定审判中依然有效。

第一百五十九条

第五十三条的规定准用于不服驳回审查决定的审判。在这种情况下，第五十三条第一款的"第十七条之二第一款第一项或者第三项"改读为"第十七条之二第一款第一项或者第三项或者第四项"；"修改"改读为"修改（在该款第一项或者第三项的情况下，不服驳回审查决定审判请求前进行修改的除外）"。

第五十条及第五十条之二的规定准用于在不服驳回审查决定审判中发现了与审查决定的理由不同的驳回理由的情况。在这种情况下，第五十条但书的"在第十七条之二第一款第一项或者第三项之情形（在该款第一项之情形下，仅限于与驳回理由通知同时发出了下一条所规定的通知的情况）"改读为"第十七条之二第一款第一项（仅限于与驳回理由通知同时发出下一条所规定的通知的情况，在不服驳回审查决定审判请求前进行修改的除外）、第三项（在不服驳回审查决定审判请求前进行修改的除外）或者第四项的情况"。

第五十一条及第六十七条之三第二款准用于不服驳回审查决定审判的请求成立的情况。

第一百六十条

在不服驳回审查决定的审判中，撤销审查决定的，可以作出再次进行审查的审判决定。

作出前款规定审判决定对该案件审查员有约束力。

作出第一款的审判决定的，不适用前条第三款的规定。

第一百六十一条

第一百三十四条第一款至第三款、第一百三十四条之二、第一百三十四条之三、第一百四十八条及第一百四十九条的规定不适用于不服驳回审查决定的审判。

第一百六十二条

在有不服驳回审查决定审判请求的情况下，该请求涉及的专利申请的请求书所附的说明书、权利要求书或者附图有修改的，特许厅长官必须令审查员审查该请求。

第一百六十三条

第四十八条、第五十三条及第五十四条准用于依前条规定进行的审查。在这种情况下，第五十三条第一款的"第十七条之二第一款第一项或者第三项"改读"第十七条之二第一款第一项或者第三项或者第四项"；"修改"改读为"修改（在该款第一项或者第三项的情况下，不服驳回审查决定审判请求提出前进行修改的除外）"。

第五十条及第五十条之二准用于在前条规定的审查中发现了与审判请求所涉及的审查决定理由不同的驳回理由的情况。在这种情况下，第五十条但书的"第十七条之二第一款第一项或者第三项之情形在该款第一项之情形下，仅限于与驳回理由通知同时发出了下一条所规定的通知的情况"改读"第十七条之二第一款第一项（仅限于与驳回理由通知同时发出下一条所规定的通知的情况，在不服驳回审查决定审判请求提出前进行修改的除外）、第三项（在不服驳回审查决定审判请求提出前进行修改的除外）或者第四项的情况"。

第五十一条及第五十二条准用于在依前条规定进行的审查中审判请求的理由成立的情况。

第一百六十四条

在依第一百六十二条规定进行的审查中，审查员作出授权审查决定的，必须撤销审判请求所涉及的驳回审查决定。

除前款规定的情况外，审查员不得作出依准用于前条第一款的第五十三条第一款规定的不予受理决定。

除第一款规定的情况外，审查员不必就审判请求作出审查决定，而是向特许厅长官报告审查结果。

第一百六十五条 关于订正审判的特别规则

订正审判请求不以第一百二十六条第一款但书各项所记载事项为目的或者不符合该条第三款至第五款的规定的，审判长必须将其理由通知请求人，并指定相应的期限给予提出书面意见的机会。

第一百六十六条 第一百三十四条第一款至第三款、第一百三十四条之二、第一百三十四条之三、第一百四十八条及第一百四十九条的规定不适用于订正审判。

第一百六十七条 审判决定的效力

专利无效审判或者延长登记无效审判的生效审判决定登记后，任何人不得就同一事实和同一证据请求审判。

第一百六十八条 与诉讼的关系

在审判中认为有必要时可以中止审判程序，直至其他审判的审判决定生效或者诉讼程序完结。

当有人提出诉讼或者申请临时扣押或者临时处理命令的，法院在认为必要时可中止诉讼程序，直至生效审判决定。

当存在关于专利权或者专用实施权的侵权诉讼的，法院应当将该情况通知特许厅长官；诉讼程序完结的，也应当将该情况通知特许厅长官。

特许厅长官接到前款规定的通知后，应当将有无与该专利权有关的审判请求情况通知法院。如有审判请求书的不予受理决定、审判决定或者撤回请求的情况的，也应通知法院。

依前款规定接到该专利权存在审判请求的通知后，在该诉讼中，记载有依据第一百零四条之三第一项规定的攻击或者抗辩方法的书面文件在该通知前提出或者在该通知后第一次提出的，法院应将该情况通知特许厅长官。

接到前款规定的通知后，特许厅长官可以要求法院提供在该诉讼的诉讼记录中审判员认为审判所需要的书面文件的复印本。

第一百六十九条 审判费用的负担

关于专利无效审判及延长登记无效审判费用的负担，当审判由审判决定终结的，由审判决定确定；当审判没有通过审判决定终结的，以裁定的形式依职权确定。

民事诉讼法第六十一条至第六十六条、第六十九条第一款及第二款、第七十条及第七十一条第二款（诉讼费用的负担）准用于前款规定的审判费用。在这种情况下，该法第七十一条第二款的"最高法院规则"改读"经济产业省令"。

不服驳回审查决定的审判和订正审判的费用由请求人负担。

民事诉讼法第六十五条（共同诉讼时的负担）准用于依前款规定请求人所负担的费用。

审判费用的额度，依请求，在审判决定或者裁定生效后由特许厅长官决定。

有关审判费用的范围、额度、缴纳以及因审判程序上的行为所必要的费用，只要不违反其性质，可依据与民事诉讼费用等有关的法律（1971年第四十号法律）中与之相关的规定（第二章第一节以及第三节规定的部分除外）的规定决定。

第一百七十条 费用额度决定的执行力

就有关审判费用额度的生效的裁定，具有与有执行力的债务相同的效力。

第七章　重　审

第一百七十一条 重审的请求

当事人或者参加人对生效的审判决定可以请求重审。

民事诉讼法第三百三十八条第一款及第二款以及第三百三十九条（重审的理由）的规定，准用于前款的重审请求。

第一百七十二条

审判的请求人及被请求人以共谋而危害第三人的权利或者利

益为目的使审判决定成立时，该第三人可以对该生效的审判决定请求重审。

前款的重审，必须将原请求人和被请求人作为共同被请求人提出请求。

第一百七十三条　请求重审的期限

重审必须自请求人在审判决定生效后、知道重审理由之日起三十日以内提出请求。

请求重审者由于不可归责之理由不能在前款规定的期限内提出其请求时，尽管有该款之规定，自其理由消除之日起十四日（在外者为两个月）以内，并以不超过该期限经过六个月为限，可以提出请求。

请求人以根据法律的规定未被代理为理由请求重审时，第一款所规定的期限为自请求人或者其法定代理人根据送达得知审判决定之日的次日起算。

从审判决定生效之日起经过三年之后，不得请求重审。

重审的理由在审判决定生效后产生时，前款所规定的期限，自产生其理由之日的次日起算。

第一款及第四款的规定，不适用于以该审判决定与在先的生效的审判决定相抵触为理由的重审请求。

第一百七十四条　审判规定等的准用

第一百三十一条第一款、第一百三十一条之二第一款正文、第一百三十二条第三款及第四款、第一百三十三条、第一百三十三条之二、第一百三十四条第四款、第一百三十五条至第一百四十七条、第一百五十条至第一百五十二条、第一百五十五条第一款、第一百五十六条至第一百六十条、第一百六十八条、第一百六十九条第三款至第六款以及第一百七十条的规定，准用于针对不服驳回审查决定审判的生效审判决定的重审。

第一百三十一条第一款、第一百三十一条之二第一款正文、第一百三十二条第一款、第二款及第四款、第一百三十三条、第一百三十三条之二、第一百三十四条第一款、第三款及第四款、第一百三十五条至第一百五十二条、第一百五十四条至第一百五十七条、第一百六十七条、第一百六十八条、第一百六十九条第一款、第二款、第五款及第六款以及第一百七十条的规定，准用于专利无效审判或者延长登记无效审判的生效审判决定的重审。

第一百三十一条第一款及第三款、第一百三十一条之二第一款正文、第一百三十二条第三款及第四款、第一百三十三条，第一百三十三条之二、第一百三十四条第四款、第一百三十五条至第一百四十七条、第一百五十条至第一百五十二条；第一百五十五条第一款、第一百五十六条、第一百五十七条、第一百六十五条、第一百六十八条、第一百六十九条第三款至第六款以及第一百七十条的规定，准用于订正审判的生效审判决定的重审。

民事诉讼法第三百四十八条第一款（审理的范围）的规定，准用于重审。

第一百七十五条 通过重审恢复的专利权的效力限制

被判无效的专利权或者与被判无效的存续期限延长登记的专利权通过重审恢复的，或者对于已作出驳回审判决定的专利申请或者专利权存续期限延长登记申请通过重审进行专利权设定登记或者延长专利权存续期限登记的，当该专利为产品的发明时，专利权的效力不涉及该审判决定生效后重审请求登记前善意地进口或者在日本国内生产之产品或者已取得之产品。

被判无效的专利权或者与被判无效的存续期限延长登记的专利权通过重审恢复的，或者对于已作出驳回审判决定的专利申请或者专利权存续期限延长登记申请通过重审进行专利权设定登记或者延长专利权存续期限登记的，专利权的效力不涉及该审判决定生效后重审请求登记前的下述行为：

一、该发明的善意实施；

二、专利为产品的发明时，为该产品的生产之用的产品的生产、转让、进口、许诺转让等善意的行为；

三、专利为产品的发明时，为了转让等或者出口而善意地拥有该产品的行为；

四、专利为方法发明时，为该方法的使用所用之产品的生产、转让、进口、许诺转让等善意的行为；

五、专利为生产产品的方法发明时，为了转让等或者出口而善意地拥有以该方法生产之产品的行为。

第一百七十六条

被判无效的专利权或者被判无效的存续期限延长登记的专利权通过重审恢复的，或者对于已作出驳回审判决定的专利申请或者专利权存续期限延长登记申请通过重审得以进行专利权设定登记或者延长专利权存续期限登记的，在审判决定生效后重审请求的登记前善意地在日本国内以实施该发明为业务的人，或者准备从事这一业务的人，在其实施或者正在准备的发明及业务的目的的范围内，拥有该专利权的通常实施权。

第一百七十七条　已删除

第八章　诉　讼

第一百七十八条　对审判决定等的诉讼

对审判决定的诉讼，及对审判请求或者对重审请求不予受理决定的诉讼，属于东京高等法院专属管辖。

前款的诉讼，仅限于当事人、参加人，或者申请参加该审判或者重审而被驳回该申请的申请人才可以提出。

第一款的诉讼，自送达审判决定或者决定的副本之日起超过三十日则不得提出。

前款的期限为不变期限。

对偏远地区或者交通不便地区者，审判长可依职权就前款的不变期限规定附加期限。

关于可以请求审判的事项的诉讼，若不属于针对审判决定的内容，不得提起。

第一百七十九条 被告资格

关于前条第一款的诉讼，必须以特许厅长官为被告。但是，对于专利无效审判或者延长登记无效审判，或者根据第一百七十一条第一款针对这些审判的生效审判决定的重审时，必须以该审判或者重审的请求人或者被请求人为被告。

第一百八十条 出庭通知

当有前条但书规定的诉讼的，法院必须立即将其要旨送达特许厅长官。

第一百八十条之二 撤销审判决定诉讼中特许厅长官的意见

法院在有第一百七十九条但书中规定的诉讼的，可以向特许厅长官就与该案件相关的本法的适用和其他的必要事项征求意见。

特许厅长官在有第一百七十九条但书中规定的诉讼时，在征得法院的许可后，可以向法院就与该案件相关的本法的适用及其他的必要事项阐述意见。

特许厅长官可以令指定的特许厅工作人员阐述对前两款的意见。

第一百八十一条 审判决定或者决定的撤销

在有第一百七十八条第一款的诉讼的情况下，法院认为该请求理由成立的，必须撤销该审判决定或者决定。

在有针对专利无效审判的审判决定的第一百七十八条第一款之诉的情况下，法院认为在专利无效审判中需要对该专利判为无效进行进一步审理，且专利权人就与该诉讼有关的专利在提起诉讼后请求或者拟请求订正审判的，为了将案件发回给审判员，可以决定的形式撤销该审判决定。

法院根据前款的规定作出决定时，必须听取当事人的意见。

第二款的决定对于审判员及其他第三人也都具有效力。

第一款规定的撤销审判决定或者决定的判决，或者第二款规定的撤销审判决定的决定生效的，审判员必须重新审理并作出审判决定或者决定。

第一百八十二条　裁判正本的寄送

对于第一百七十九条但书所规定的诉讼，在诉讼程序完结时，法院必须立即向特许厅长官送交各审级的裁判正本。

第一百八十二条之二　合议庭的组成

对于第一百七十八条第一款所涉及的案件，由五名法官组成合议庭，进行审理及裁判的决定。

第一百八十三条　对价数额之诉

收到第八十三条第二款、第九十二条第三款或者第四款或者第九十三条第二款裁定的人，对该裁定所定的对价数额不服的，可以提出诉讼要求增减金额。

自送达裁定副本之日超过六个月后，不得提起前款之诉讼。

第一百八十四条　被告资格

关于前条第一款的诉讼，必须以下述人为被告：

一、关于第八十三条第二款、第九十二条第四款或者第九十三条第二款的裁定，为通常实施权人或者专利权人或者专用实施权人；

二、关于第九十二条第三款的裁定，为通常实施权人或者第七十二条的他人。

第一百八十四条之二　不服申诉与诉讼的关系

关于要求撤销依本法或者基于本法之法令所规定的处理（第一百九十五条之四所规定的处理除外）的诉讼，只能在经过对该处理提出的异议申诉或者审查请求作出决定或者裁决以后，方可提出。

第九章　关于以《专利合作条约》为基础的国际申请的特例

第一百八十四条之三　通过国际申请的专利申请

关于已认可依据 1970 年 6 月 19 日于华盛顿制定的《专利合作

条约》（以下本章中称为"《条约》"）第十一条（1）或者（2）（b）或者第十四条（2）规定的国际申请日的国际申请，在《条约》第四条（1）（ii）的指定国里包括日本（限于有关专利申请）的，可视为在该国际申请日提出的专利申请。

对于依照前款规定被视为专利申请的国际申请（以下称为"国际专利申请"），不适用第四十三条（包括第四十三条之二第三款中准用的情况）的规定。

第一百八十四条之四　用外文撰写的国际专利申请的译文

用外文撰写国际专利申请（下称"外文专利申请"）的申请人，自《条约》第二条（xi）规定的优先日（下称"优先日"）起两年六个月（下称"国内书面文件提出期限"）以内，必须向特许厅长官提出在前条第一款规定的国际申请日（下称"国际申请日"）时提出的《条约》第三条（2）所规定的说明书、权利要求书、附图（仅限于附图说明）及摘要的日文译文。但是，对于国内书面文件提出期限届满前两个月到届满日为止的期间内提出了下条第一款规定的书面文件的外文专利申请的（在该书面文件的提交日已提出了该外文专利申请的译文除外），在该书面文件的提交日起两个月（以下称为"译文提交特例期限"）以内，可以提出该译文。

在前款的情况下，外文专利申请的申请人已根据《条约》第十九条（1）之规定进行修改的，可以提出修改后的权利要求书的译文以替代该款规定的权利要求书的译文。

国内书面文件提出期限（若为第一款但书中的外文专利申请，则是译文提出特例期限。下款中相同）内未提出第一款规定的说明书的译文及前两款规定的权利要求书的译文的，该国际专利申请视为被撤回。

依第一款规定提出权利要求书译文的申请人，已根据《条约》第十九条（1）之规定进行修改的，仅限于国内书面文件提出期限届满日（在国内书面文件提出期限内，申请人请求实质审查的，为其提出请求时。下称"国内处理基准时"）为止，可以再次提出该修改后的权利要求书的日文译文。

第一百八十四条之七第三款正文准用于第二款或者前款规定的译文没有被提出的情况。

第一百八十四条之五　书面文件的提出及修改命令

国际专利申请的申请人须在国内书面文件提出期限内向特许厅长官提出记载下述事项的书面文件：

一、申请人的姓名或者名称，以及住所或者居所；

二、发明人的姓名，以及住所或者居所；

三、国际申请号及其他经济产业省令规定的事项。

特许厅长官在下述情况下，可以指定相应的期限，命令进行手续的修改：

一、未在国内书面文件提出期限内提出依前款规定应提出的书面文件的；

二、依前款规定的手续不符合第七条第一款至第三款或者第九条的规定的；

三、依前款规定的手续不符合经济产业省令规定的形式的；

四、未在国内书面文件提出期限（若为前条第一款但书的外文专利申请的，则是译文提出特例期限）内提出前条第一款规定的应提出的摘要的译文的；

五、依第一百九十五条第二款的规定在国内书面文件提出期限内未缴纳应缴纳的手续费的。

当依前款的规定被命令进行修改手续者在依该款的规定所指定的期限内未进行修改的，特许厅长官有权不予受理该国际专利申请。

第一百八十四条之六　关于国际申请的请求书、说明书等的效力

国际专利申请所涉及的国际申请日的请求书，视为依第三十六条第一款之规定提出的请求书。

以日文撰写的国际专利申请（下称"日文专利申请"）的国际申请日的说明书，以及外文专利申请的国际申请日的说明书的

译文，视为依第三十六条第二款的规定提出的请求书所附的说明书；日文专利申请的国际申请日的权利要求书，以及外文专利申请的国际申请日的权利要求书的译文，视为依该款之规定提出的请求书所附的权利要求书；日文专利申请的国际申请日的附图，以及外文专利申请的国际申请日的附图（附图说明除外）及附图说明的译文，视为依该款规定提出的请求书所附的附图；日文专利申请的摘要，以及外文专利申请摘要的译文，视为依该款规定提出的请求书所附的摘要。

根据第一百八十四条之四第二项或者第四项的规定，提出基于《条约》第十九条（1）之规定的修改后的权利要求书的译文的，尽管有前款规定，该修改后的权利要求书的译文被视为依第三十六条第二款之规定提出的请求书所附的权利要求书。

第一百八十四条之七　日文专利申请的、基于《条约》第十九条的修改

日文专利申请的申请人，已根据《条约》第十九条（1）的规定进行修改的，到国内处理基准时所属日为止，须向特许厅长官提出根据该条（1）的规定提出的修改的复印本。

依前款的规定提出修改的复印本时，根据其修改的复印本，视为就请求书所附的权利要求书进行了依第十七条之二第一款规定的修改。但是，根据《条约》第二十条的规定在前款规定的期限内向特许厅送达修改的，可视为根据修改进行了修改。

在第一款规定的期限内未由日文专利申请的申请人进行该款规定的手续时，可视为未进行根据《条约》第十九条（1）的规定的修改。但是，前款但书中规定的情形，不在此限。

第一百八十四条之八　根据《条约》第三十四条的修改

国际专利申请的申请人，已根据《条约》第三十四条（2）（b）的规定进行修改的，到国内处理基准时所属日为止，有关日文专利申请的修改须将根据该条（2）（b）的规定提出的修改的复印本、有关外文专利申请的修改须将该根据该条（2）（b）的规定提出修改的

日文译文向特许厅长官提交。

依前款的规定提交修改的复印本或者译文的，视为请求书所附的说明书、权利要求书或者附图根据该修改的复印本或者手续修改书的译文进行了依第十七条之二第一款规定的修改。但是，有关日文专利申请的修改，根据《条约》第三十六条（3）（a）的规定在前款规定的期限内向特许厅送达修改时，可视为根据其手续修改书进行了修改。

在第一款规定的期限内未由国际专利申请的申请人进行该款规定的手续时，视为并未进行根据《条约》第三十四条（2）（b）的规定的修改。但是，前款但书中规定的情形，不在此限。

就依第二款的规定外文专利申请的请求书所附的说明书、权利要求书或者附图视为进行了依第十七条之二第一款规定的修改的，该修改被视为根据该条第二款提出的误译订正书的修改。

第一百八十四条之九 国内公布等

关于依第一百八十四条之四第一款之规定提出了译文的外文专利申请，除已发行了含有该专利的专利刊载公报的外，经过国内书面文件提出期限（若为第一百八十四条之四第一款但书的外文专利申请时，则是译文提出特例期限。下同）后［在国内书面文件提出期限内申请人请求实质审查的国际专利申请中，就进行了《条约》第二十一条规定的国际公开（下称"国际公开"）的国际专利申请而言，为在请求实质审查之后］，特许厅长官必须立即进行国内公布。

国内公布，须将下述事项登载于专利公报上：

一、申请人的姓名或者名称，以及住所或者居所；

二、专利申请号；

三、国际申请日；

四、发明人的姓名，以及住所或者居所；

五、第一百八十四条之四第一款规定的说明书及附图说明的译文所记载的事项、该款中规定的权利要求书的译文（提出该条第二款规定的译文的，为该译文）及该条第四项所规定的译文中记载的事项，以及附图（附图说明除外）的内容及摘要的译文所记载的事项（特许厅长官认为登载在专利公报上可能有害公共秩序或者善良风俗的事项除外）；

六、国内公布的号码及年、月、日；

七、除上述各项所登载的内容之外的必要事项。

第六十四条第三款的规定，准用于根据前款的规定在专利公报登载该款第五项的摘要的译文中记载的事项的情况。

第六十四条的规定，不适用于国际专利申请。

关于国际专利申请，第四十八条之五第一款、第四十八条之六、第六十六条第三款但书、第一百二十八条、第一百八十六条第一款第一项及第二项以及第一百九十三条第二款第一项、第二项、第六项及第九项中的"申请公开"，对于日文专利申请则为"第一百八十四条之九第一款的国际公开"，对于外文专利申请则为"第一百八十四条之九第一款的国内公布"。

关于外文专利申请的证明等的请求，第一百八十六条第一款第一项中的"或者第六十七条之二第二款的资料"为"1970 年 6 月 19 日于华盛顿制定的《专利合作条约》第三条（2）所规定的国际申请的请求书、说明书、权利要求书、附图或者摘要（已经进行专利权的设定登记的国际专利申请或者已经国际公开的除外）"。

关于国际专利申请须登载于专利公报的事项，第一百九十三条第二款第三项的"申请公开后请求书所附"为"进行了国际公开后的国际专利申请的请求书所附的"。

第一百八十四条之十　国际公开及国内公布的效果等

日文专利申请在国际公开之后、外文专利申请在国内公布之后，国际专利申请的申请人提示记载了有关国际专利申请的发明内容的书面文件进而提出了警告的，对于在该警告后专利权的设定登记之前以经营活动为目的实施该发明的人，可以请求其支付如同该发明是专利发明时实施该发明应支付的金额的补偿金。即使未提出警告，关于日文专利申请，在得知为已经进行了国际公开的国际专利申请的发明后至专利权的设定登记之前，关于外文专利申请，在得知为已经进行了国内公开的国际专利申请的发明后至专利权的设定登记之前，对于以经营活动为目的的实施该发明的人，也同样适用。

第六十五条第二款至第六款的规定，准用于依前款之规定行使请求权的情况。

第一百八十四条之十一　在外者的专利管理人的特例

作为国际专利申请的申请人的在外者，到国内处理基准时为止，尽管有第八条第一款之规定，可以不委托专利管理人而履行手续。

前款规定中的申请人，在国内处理基准时所属日后至经济产业省令规定的期限内，必须选任专利管理人并向特许厅长官申报。

前款规定的期限内没有申报专利管理人的选任的，视为撤回该国际专利申请。

第一百八十四条之十二　修改的特例

尽管有第十七条第一款正文的规定，关于日文专利申请在办理第一百八十四条之五第一款规定的手续并且依第一百九十五条第二款规定缴纳必须缴纳的手续费之后，关于外文专利申请在办理第一百八十四条之四第一款及第一百八十四条之五第一款规定的手续并且缴纳依第一百九十五条第二款规定必须缴纳的手续费之后，并且还应当在国内处理基准时之后，方可进行手续的修改（第一百八十四条之七第二款及第一百八十四条之八第二款所规定的修改除外）。

关于外文专利申请的说明书、权利要求书或者附图的可以修改的范围，第十七条之二第二款的"第三十六条之二第二款的外文书面申请"为"第一百八十四条之四第一款的外文专利申请"；有关该条第三款的"在请求书最初所附的说明书、权利要求书或者附图〔若为第三十六条之二第二款中的外文书面申请的，则是根据该条第四款之规定视为说明书、权利要求书及附图的该条第二款中所规定的外文书面文件译文（提交了误译订正书，对说明书、权利要求书或者附图进行了修改的，则为译文或者该修改后的说明书、权利要求书或者附图）〕"为"第一百八十四条之四第一款的国际申请日（以下本项中称'国际申请日'）的第一百八十四条之三第二款的国际专利申请（以下本项中称'国际专利申请'）的说明书或者附图（限于附图说明）的第一百八十四条之四第一款规定的译文、国际申请日的国际专利申请的权利要求书的该款规定的译文（关于根据该条第二款或者第四款的规定的根据1970年6月19日于华盛顿制定的《专利合作条约》第十九条（1）的规定修改后的权利要求书的译文被提出的情况，为该译文）或者国际申请日的国际专利申请的附图（附图说明除外）（以下本项中称'译文等'）（关于提出误译订正书对说明书、权利要求书或者附图进行修改的情况，译文等或者该修改后的说明书、权利要求书或者附图）"。

尽管有第十七条第三款之规定，国际专利申请的申请人仅限于自优先权日起一年三个月以内（根据第一百八十四条之四第一款的规定，在提交了译文的外文专利申请之中，就在国内书面文件提出期限内由申请人请求了实质审查并且进行了国际公开的国际专利申请而言，在请求实质审查之后的除外），可以就请求书所附的摘要进行修改。

第一百八十四条之十二之二　在专利登记簿上登记的特例

尽管有第二十七条第一款第四项的规定，关于日文专利申请在办理第一百八十四条之五第一款规定的手续并且依第一百九十五条第二款规定缴纳必须缴纳的手续费之后，关于外文专利申请在办理第一百八十四条之四第一款及第一百八十四条之五第一款规定的手续并且缴纳必须依第一百九十五条第二款规定缴纳的手续费之后，还必须在国内处理基准时之后，才能获得临时专用实施权或者临时通常实施权的登记。

第一百八十四条之十三　专利要件的特例

关于第二十九条之二规定的其他专利申请或者实用新型登记申请为国际专利申请或者实用新型法第四十八条之三第二款的国

际实用新型登记申请时第二十九条之二规定的适用，该条中的"其他专利申请或者实用新型登记申请"为"其他专利申请或者实用新型登记申请（根据第一百八十四条之四第三款或者实用新型法第四十八条之四第三款的规定被视为撤回的第一百八十四条之四第一款的外文专利申请或者实用新型法第四十八条之四第一款的外文实用新型登记申请的除外）"；"申请公开或者"为"申请公开"；"发行的刊载该款事项的实用新型公报（下称"实用新型公报"）"为"发行的刊载该款事项的实用新型公报（下称"实用新型公报"），或者 1970 年 6 月 19 日于华盛顿制定的《专利合作条约》第二十一条规定的国际公开"；"在请求书最初所附的说明书、权利要求书，或者实用新型权利要求书或者附图"为"第一百八十四条之四第一款或者实用新型法第四十八条之四第一款的国际申请日的国际申请的说明书、权利要求书或者附图"。

第一百八十四条之十四 丧失发明新颖性的例外的特例

拟希望适用第三十条第一款或者第三款规定的国际专利申请的申请人，可以将记载其主旨的书面文件及证明落入第二十九条第一款各项之一的发明为可以适用第三十条第一款或者第三款规定的发明的书面文件，不拘于该条第四款之规定，在国内处理基准时所属日后至经济产业省令规定的期限内向特许厅长官提出。

第一百八十四条之十五 基于专利申请等的优先权主张的特例

有关国际专利申请，不适用第四十一条第一款但书、第四款及第四十二条第二款的规定。

关于第四十一条第三款的规定对日文专利申请的适用，该款的"或者申请公开"为"或者根据 1970 年 6 月 19 日于华盛顿制定的《专利合作条约》第二十一条规定的国际公开"。

关于第四十一条第三款的规定对外文专利申请的适用，该款的"专利申请之请求书最初所附的说明书、权利要求书或者附图"为"第一百八十四条之四第一款的国际申请日的国际申请的说明书、权利要求书或者附图"，"或者申请公开"为"或者根据1970 年 6 月 19 日于华盛顿制定的《专利合作条约》第二十一条规定的国际公开"。

关于第四十一条第一款的在先申请为国际专利申请或者实用新型法第四十八条之三第二款的国际实用新型登记申请时第四十一条第一款至第三款及第四十二条第一款规定的适用，第四十一条第一款及第二款的"请求书最初所附的说明书、权利要求书或者实用新型权利要求书或者附图"为"第一百八十四条之四第一款或者实用新型法第四十八条之四第一款的国际申请日的国际申请的说明书、权利要求书或者附图"；该条第三款的"在先申请之请求书最初所附的说明书、权利要求书或者实用新型权利要求书或者附图"为"在先申请的第一百八十四条之四第一款或者实用新型法第四十八条之四第一款的国际申请日的国际申请的说明书、权利要求书或者附图"；"对该在先申请的申请公开"为"对该在先申请的根据1970 年 6 月 19 日于华盛顿制定的《专利合作条约》第二十一条规定的国际公开"；第四十二条第一款的"从申请日起至一年三个月时"为"第一百八十四条之四第四款或者实用新型法第四十八条之四第四款的国内处理基准时或者自第一百八十四条之四第一款或者实用新型法第四十八条之四第一款的国际申请日经过一年三个月时的二者中最迟的时间"。

第一百八十四条之十六　转换申请的特例

依实用新型法第四十八条之三第一款或者第四十八条之十六第四款的规定被视为实用新型登记申请的国际申请转换为专利申请的，该法第四十八条之五第四款的日文实用新型登记申请必须依该款第一项的规定办理手续，或者该法第四十八条之四第一款的外文实用新型登记申请必须依该款及该法第四十八条之五第一款的规定办理手续，并在缴纳依该法第五十四条第二款的规定应缴纳的手续费之后（就依该法第四十八条之十六第四款的规定被视为实用新型登记申请的国际申请而言，在该款所规定的决定之后）方能进行。

第一百八十四条之十七　请求实质审查的时间限制

国际专利申请的申请人必须在日文专利申请依第一百八十四条之五第一款的规定办理手续，或者外文专利申请依第一百八十四条之四第一款及第一百八十四条之五第一款的规定办理手续，并且缴纳依第一百九十五条第二款的规定应缴纳的手续费之后，非国际专利申请的申请人必须在国内书面文件提出期限（若为第一百八十四条之四第一款但书的外文专利申请时，则是译文提交特例期限）经过之后，方可就国际专利申请请求实质审查。

第一百八十四条之十八　驳回理由等的特例

关于外文专利申请的驳回审查决定及专利无效审判，第四十九条第六项及第一百二十三条第一款第一项及第五项的"外文书面申请"为"第一百八十四条之四第一款的外文专利申请"；第四十九条第六项及第一百二十三条第一款第五项的"外文书面文件"为"第一百八十四条之四第一款的国际申请日的国际申请的说明书、权利要求书或者附图"。

第一百八十四条之十九　订正的特例

关于依据就外文专利申请进行第一百三十四条之二第一款规定的订正及订正审判请求，第一百二十六条第三款的"外文书面申请"为"第一百八十四条之四第一款的外文专利申请"；"外文书面文件"为"第一百八十四条之四第一款的国际申请日的国际申请的说明书、权利要求书或者附图"。

第一百八十四条之二十　依决定被视为专利申请的国际申请

根据《条约》第二条（vii）提出国际申请的申请人，对《条约》第四条（1）（ii）的指定国中包括日本的国际申请（限于专利申请）由《条约》第二条（xv）的受理局进行《条约》第二十五条（1）（A）所规定的否决或者该条（1）（A）或者（b）所规定的宣言，或者由《条约》第二条（xix）的国际局进行《条约》第二十五条（1）（A）所规定的认定的，在经济产业省令规定的期限内，根据经济产业省令的规定，可以向特许厅长官提出旨在要求做该条（2）（A）所规定的决定的申诉。

就用外文撰写的国际申请提出前款规定的申诉的人，申诉时必须向特许厅长官提出说明书、权利要求书、附图（限于附图说明）、摘要及其他由经济产业省令规定的有关国际申请文件的日文译文。

当有第一款规定的申诉时，特许厅长官必须将该申诉有关的否决、宣言或者认定与《条约》及《专利合作条约实施细则》的规定进行对照，作出正当与否的决定。

依前款的规定特许厅长官将该款的否决、宣言或者认定与《条约》及《专利合作条约实施细则》的规定进行对照，作出其为不正当之决定的，该决定所涉及的国际申请应被认为是在未被否决、宣言或者认定的情况下承认为国际申请日提出的专利申请。

关于依前款之规定被视为专利申请的国际申请的申请公开，第六十四条第一款的"申请之日"为"第一百八十四条之四第一款的优先日"；该条第二款第六项的"外文书面文件"为"用外文撰写的国际申请"；"外文书面文件及外文摘要书面文件"为"第一百八十四条之二十条第四款规定的、在被承认为国际申请日之日提出的专利申请的说明书、权利要求书、附图及摘要"。

第一百八十四条之三第二款、第一百八十四条之六第一款及第二款、第一百八十四条之九第六款、第一百八十四条之十二至第一百八十四条之十四、第一百八十四条之十五第一款、第三款及第四款和自第一百八十四条之十七至前条的规定，准用于依第四款之规定被认为是专利申请的国际申请。在此情况下，与这些规定的准用有关的必要的技术改读，由政令规定。

第十章　杂　则

第一百八十五条　关于两项以上权利要求所涉及的专利或者专利权的特别规则

关于两项以上权利要求所涉及的专利或者专利权的第二十七

条第一款第一项、第六十五条第五款（包括准用于第一百八十四条之十第二款的情况）、第八十条第一款、第九十七条第一款、第九十八条第一款第一项、第一百一十一条第一款第二项、第一百二十三条第三款、第一百二十五条、第一百二十六条第六款（包括准用于第一百三十四条之二第五款的情况）、第一百三十二条第一款（包括准用于第一百七十四条第二款的情况）、第一百七十五条、第一百七十六条或者第一百九十三条第二款第四项或者实用新型法第二十条第一款的适用，视为按每项权利要求授予专利或者拥有专利权。

第一百八十六条 证明等的请求

任何人都可向特许厅长官请求出具与专利相关有关的证明、文件的副本或者摘抄本，查阅或者摘抄文件，或者出具记载了专利登记簿中磁带制作部分所记录的事项的文件（在第三款中称为"证明等"）。但是，关于下述文件，特许厅长官认为有必要保密时，不在此限：

一、请求书、请求书所附的说明书、权利要求书、附图，或者摘要，或者外文书面文件或者外文摘要书面文件，或者与专利申请审查有关的文件（已经进行专利权的设定登记或者已被申请公开的除外），或者第六十七条之二第二款的资料；

二、有关不服驳回审查决定审判的文件（关于该案件的专利申请已经进行专利权的设定登记或者已被申请公开的除外）；

三、当事人或者参加人申诉的、记载了该当事人或者参加人保有的商业秘密的、与专利无效审判或者延长登记无效审判或者对这些审判决定的重审所涉及的文件；

四、可能有害个人的名誉或者生活安定的文件；

五、可能有害公共秩序或者善良风俗的文件。

关于前款第一项至第四项所述文件，特许厅长官认定该款正文之请求合理的，必须通知该文件的提交者，并说明理由。

除第一款但书规定的情况外，该款正文的请求所涉及的文件或者专利登记簿当中用磁带制作部分所记录的事项中包括有临时专用实施权或者临时通常实施权所涉及的信息，并且对于通常实施权进行公开可能危害专利权人、专用实施权人或者通常实施权人的利益的、落入政令规定之信息；对于临时通常实施权进行公开可能危害获得专利的权利人、临时专用实施权人或者临时通常实施权人的利益的、落入政令规定之信息的，可不进行证明等。但是，与通常实施权或者临时通常实施权有利害关系的人就有利害关系的部分请求的并落入政令规定之场合的，则不在此限。

有关专利的文件及专利登记簿中用磁带制作的部分，不适用《有关行政机关所保有的信息的公开的法律》（1999 年第四十二号法律）的规定。

有关专利的文件及专利登记簿中用磁带制作的部分中记录的保有个人信息〔是指《有关行政机关所保有的个人信息的保护的法律》（2003 年第五十八号法律）第二条第三款规定的保有个人信息〕，不适用该法第四章的规定。

第一百八十七条 专利表示

专利权人、专用实施权人或者通常实施权人，根据经济产业省令之规定，必须努力在产品的专利发明中的该产品，或者生产产品的方法的专利发明中通过该方法生产之产品（下称"专利所涉及之产品"）或者在该产品的包装上，附上该产品或者方法的发明为专利的表示（下称"专利表示"）。

第一百八十八条 禁止虚假表示

任何人不得进行下述行为：

一、未获得专利之产品或者其包装上附上专利表示或者容易与之混淆的表示的行为；

二、对在产品或产品的包装上附上专利表示或容易与之混淆的表示的未获得专利之产品进行转让等或者以转让等为目的的展示行为；

三、为使他人生产或者使用，或者为转让等未获得专利之产品，在广告上作出该产品的发明与专利有关的表示，或者容易与之混淆的表示的行为；

四、为使他人使用未获得专利的方法发明，或者为转让、出租未获得专利的方法发明，在广告上作出该方法的发明与专利有关的表示，或者容易与之混淆的表示的行为。

第一百八十九条　送达

送达的文件，除本法所规定的以外，由经济产业省令规定。

第一百九十条

民事诉讼法第九十八条第二款、第九十九条至第一百零三条、第一百零五条、第一百零六条、第一百零七条第一款（第二项及第三项除外）及第三款及第一百零九条（送达）的规定，准用于本法或者前条由经济产业省令规定的文件的送达。在这种情况下，将该法第九十八条第二款及第一百条的"法院书记员"改读为"特许厅长官指定的职员或者审判书记员"；该法第九十九条第一款的"邮政或者执行官"改读为"邮政"；该法第一百零七条第一款的"在某种情况下为法院书记员"改读为"在必须送达关于审查的文件的情况下，为由特许厅长官指定的职员或者审判书记员"；"最高法院规则"改读为"经济产业省令"。

第一百九十一条

无法得知被送达人的住所、居所及其他须送达场所的，或者根据前条中准用的民事诉讼法第一百零七条第一款（第二项及第三项除外）的规定无法进行送达的，可以公示送达。

有关公示送达以在官报及专利公报上登载应随时交付给被送达人的送达文件，并同时在特许厅的布告牌上登出的方式进行。

公示送达自登载于公报之日起经过二十日生效。

第一百九十二条

在外者有专利管理人的，必须送达该专利管理人。

在外者没有专利管理人的，可将文件用航空挂号邮件等（作为挂号邮件或者书信邮寄业务中相当于挂号邮件的业务在经济产业省令有规定的，下同）发送。

依前款规定用挂号邮件等发出文件的，发送时视为已送达。

第一百九十三条 专利公报

特许厅应当发行专利公报。

在专利公报上，除本法所规定的以外，必须登载下述事项：

一、在申请公开后的驳回审查决定或者专利申请的放弃、撤回或者不予受理或者专利权存续期限延长登记申请的撤回；

二、在申请公开后获得专利的权利的继承；

三、申请公开后依第十七条之二第一项之规定请求书所附的说明书、权利要求书或者附图的修改（依该款但书各项规定者，仅限于根据提出的误译订正书的修改）；

四、专利权的消灭（存续期限已满和第一百十二条第四款或者第五款规定的除外）或者恢复（仅限于依第一百十二条之二第二项的规定）；

五、审判或者重审的请求或者撤回；

六、审判或者重审的生效的审判决定（仅限于已进行专利权的设定登记或者已被申请公开者）；

七、订正后的说明书及权利要求书中记载的事项及附图的内容（仅限于有认可订正的生效的决定或者有生效的审判决定）；

八、裁定的请求或者撤回或者裁定；

九、关于第一百七十八条第一款之诉的生效判决（仅限于已进行专利权的设定登记或者已被申请公开者）。

第一百九十四条 文件的提出等

特许厅长官或者审查员有权要求当事人提出为处理有关审判或者重审程序以外的程序所必要的文件及其他物件。

特许厅长官或者审查员可以向有关行政机关或者学校及其他团体委托进行审查上必要的检索。

第一百九十五条 手续费

下述人员必须缴纳政令根据实际成本规定的手续费：

一、依第四条、第五条第一款或者第一百零八条第三款之规定，期限延长或者依第五条第二款之规定的日期变更的请求者；

二、专利证书的再发放请求者；

三、依第三十四条第四款规定，申报继承的申请者；

四、请求依第一百八十六条第一款规定的证明的请求者；

五、请求依第一百八十六条第一款规定，出具文件副本或者摘抄本的请求者；

六、依第一百八十六条第一款规定，请求查阅或者摘抄的请求者；

七、依第一百八十六条第一款规定，请求出具记载专利登记簿中磁带制作部分所记录事项的文件的请求者。

在附表各栏列举的、必须各自在该表右栏所列举的金额范围内缴纳按政令规定的手续费者。

非专利申请人请求实质审查后，根据该专利申请的请求书所附的权利要求范围进行的修改增加了权利要求的数量的，关于增加的权利要求，依前款规定须缴纳请求实质审查的手续费的，尽管有该款之规定，必须由专利申请人缴纳。

当根据这些规定应缴纳手续费者为国家的，前三款的规定不适用。

当专利权或者获得专利的权利为国家和国家以外者共有，在所持份额确定的情况下，国家和国家以外者就自己的专利权或者获得专利的权利根据第一款或者第二款的规定应缴纳的手续费（限于请求实质审查的手续费以外的根据政令规定的手续费），尽管有这些规定，所规定的手续费的金额与该国家以外者所持份额的比例相乘所获的金额，为该国家以外者必须缴纳的金额。

获得专利的权利为国家和包含根据下条的规定或者其他法令规定的请求实质审查的手续费的减轻或者免除（在以下本项中称为"减免"）者共有，所持份额确定的情况下，这些人就自己的获得专利的权利根据第二款的规定应缴纳请求实质审查的手续费，尽管有这些规定，国家以外的每个共有者按该项所规定的请求实质审查的手续费金额（接受减免者为该减免后的金额）与所持份额的比例相乘所获的金额之合计，为国家以外者必须缴纳的金额。

根据前两款的规定计算出的手续费的金额中有不满十日元的尾数的，舍去该尾数。

第一款至第三款的手续费的缴纳，根据经济产业省令的规定，必须以专利印花缴纳。但是，在经济产业省令另有规定的情况下，根据经济产业省令的规定，可以用现金缴纳。

请求实质审查后至下述命令、通知或者审查决定副本送达中任一项的期间内，该专利申请被放弃或者被撤回时，依根据第二款的规定已缴纳了应缴的请求实质审查费的缴费者的请求，返还政令所规定的金额：

一、依第三十九条第七款规定的命令；

二、依第四十八条之七规定的通知；

三、依第五十条规定的通知；

四、依第五十二条第二款规定的审查决定副本的送达。

依前款规定的手续费的返还，自专利申请被放弃或者被撤回之日起经过六个月之后，不得提出请求。

依缴纳者之请求，返还多缴或者错缴的手续费。

依前款规定之手续费的返还，自缴纳之日起超过一年之后，不得提出请求。

第一百九十五条之二 请求实质审查的手续费的减免

特许厅长官认为下述贫困的、落入政令规定之要件者，在缴纳请求实质审查的手续费有困难时，根据政令规定，有权减轻或者免除本人专利申请中依前条第二款规定应缴纳的请求实质审查的手续费：

一、该发明的发明人或者其及继承人；

二、该发明为第三十五条第一款的从业者等的职务发明，合同、工作规章及其他规定中预先规定使用者继受获得专利的权利的情况下，从该从业者等继受获得专利的权利的使用者等。

第一百九十五条之三 行政手续法的适用除外

有关本法或者根据本法的法令的规定的处理，不适用行政手续法（1993 年第八十八号法律）第二章及第三章的规定。

第一百九十五条之四 根据行政不服审查法，对不服申诉的限制

关于审查决定、审判决定，及审判请求或者重审请求的不予受理决定以及依本法规定被定为不得申诉的处理，不得根据行政不服审查法提出不服申诉。

第十一章 罚 则

第一百九十六条 侵害罪

侵害专利权或者专用实施权的人（进行依第一百零一条规定被视为侵害专利权或者专用实施权的行为的人除外），判十年以下徒刑或者处一千万日元以下罚金，或者两者并判。

第一百九十六条之二

进行依第一百零一条规定被视为侵害专利权或者专用实施权的行为人，判五年以下徒刑或者处五百万日元以下罚金，或者两者并判。

第一百九十七条 诈骗行为罪

因诈骗行为而获得专利、专利权存续期限延长登记或者审判决定者，判三年以下徒刑或者处三百万日元以下罚金。

第一百九十八条 虚假表示罪

违反第一百八十八条规定者，判三年以下徒刑或者处三百万日元以下罚金。

第一百九十九条 伪证等罪

依本法的规定进行宣誓的证人、鉴定人或者翻译人向特许厅或者受其委托的法院作出虚假的陈述、鉴定或者翻译时，判三个

月以上十年以下徒刑。

犯有前款之罪者在案件的判决书副本发送或者审判决定生效之前坦白的，可以减刑或者免刑。

第二百条　泄密罪

特许厅的职员或者在其岗位者泄漏或者盗用因其职务得知的专利申请中关于发明的秘密的，判一年以下徒刑或者处五十万日元以下罚金。

第二百条之二　违反保密命令罪

违反保密命令的人，判五年以下徒刑或者处五百万日元以下罚金，或者两者并判。

对前款之罪，如无起诉不能提起公诉。

第一款之罪，适用于在日本之外犯有该款之罪者。

第二百零一条　两罚规定

法人的代表人，或者法人或者公民的代理人、使用人及其他从业者，就该法人或者公民的业务作出下述各项规定的违反行为的，除对行为者进行处罚外，对该法人判处按该各项规定的罚金，对该公民判处本条各项的罚金刑：

一、违反第一百九十六条、第一百九十六条之二或者前条第一款的规定的，判处三亿日元以下的罚金；

二、违反第一百九十七条或者第一百九十八条的规定的，判处一亿日元以下的罚金。

在前款的情况下，对该行为者依前条第二款的起诉对该法人或者公民也有效，对该法人或者公民的起诉对该行为者也有效。

依第一款的规定就第一百九十六条、第一百九十六条之二或者前条第一款的犯罪行为对法人或者公民判处罚金的时效期限依据对这些规定的罪的时效期限。

第二百零二条　罚金

依准用于第一百五十一条（包括准用于第七十一条第三款及第一百七十四条第一款至第三款的场合）的民事诉讼法第二百零七

条第一款的规定进行宣誓者，向特许厅或者受其委托的法院作出虚假陈述的，判处十万日元以下罚金。

第二百零三条

依本法规定接到特许厅或者受其委托法院的传唤的人，无正当理由而不出庭，或者拒绝宣誓、陈述、证言、鉴定或者翻译的，判处十万日元以下罚金。

第二百零四条

关于调查证据或者保全证据，依本法规定被特许厅或者受其委托的法院命令提出或者出示文件及其他物件者，无正当理由而不服从该命令的，判十万日元以下的罚金。

附　则

本法的施行日期，以法律另行规定。

附表（与第一百九十五条有关）

	必须缴纳手续费的人	金　　额
一	提出专利申请（下项所列内容除外）之人	一万六千日元/每件
二	提出外文书面申请之人	二万六千日元/每件
三	根据第一百八十四条之五第一款之规定应进行手续者	一万六千日元/每件
四	第一百八十四条之二十第一款之规定提出申诉的人	一万六千日元/每件
五	提出办理专利权存续期限的延长登记的申请的人	七万四千日元/每件
六	请求实质审查的人	十六万八千六百日元/每件，并增加每一个权利要求四千日元
七	提交误译订正书，对说明书、权利要求书或附图进行修改的人	一万九千日元/每件

	必须缴纳手续费的人	金　额
八	根据第七十一条第一款之规定请求判定的人	四万日元/每件
九	请求进行裁定的人	五万五千日元/每件
十	请求撤销裁定的人	二万七千五百日元/每件
十一	提出审判请求或重审请求（下项所列内容除外）的人	四万九千五百日元/每件，并增加每一个权利要求五千日元
十二	对专利权存续期限的延长登记的驳回审查决定提出审判请求的人、对专利权存续期限的延长登记提出无效审判请求的人、对其审判的生效的审判决定提出重审的人	五万五千日元/每件
十三	请求订正说明书、权利要求书或附图的人（因提起该订正请求而根据第一百三十四条之三第四款之规定该订正审判请求视为被撤回的情况除外）	四万九千五百日元/每件，并增加每一个权利要求五万五千日元
十四	申请参加审判或重审的人	五万五千日元/每件

日本实用新型法❶

（1959 年 4 月 13 日第 123 号法律，
2008 年 4 月 18 日第 16 号法律最后修改）

目　　录

---

❶　根据日本总务省行政管理局网站（http：//law. e-gov. go. jp/cgi-
bin/idxsearch. cgi）上提供的日文版翻译。翻译：范立岩；校对：郝庆芬、
双田飞鸟。

第一章 总 则

第一条 目的

本法之目的在于通过保护和应用与物品的形状、构造或者组合相关的实用新型，以鼓励实用新型，进而推动产业的发展。

第二条 定义

本法所称之"实用新型"是指利用自然法则作出的技术思想创作。

本法所称的"登记实用新型"是指已获得实用新型登记的实用新型。

本法所称的实用新型的"实施"，是指实用新型所涉及的物品的制造、使用、转让、出租、出口、进口、许诺转让或者许诺出租（包括以转让或者出租为目的的展示，下同）的行为。

第二条之二 手续上的修改

就实用新型登记申请、请求或者其他与实用新型登记有关的手续（下称"手续"）者，仅限于所申请案件尚在特许厅处理之中的情况下可以进行修改。但是，自实用新型登记申请的日期起超过政令规定所规定的期限后，不能就请求书所附的说明书、实用新型权利要求书、附图或者摘要进行修改。

根据前款正文之规定对说明书、实用新型权利要求书或者附图进行修改的，必须在请求书最初所附的说明书、实用新型权利要求书或者附图的范围内进行。

尽管有第一款之规定，与第十四条之二第一款的订正有关的订正书上所附的说明书、实用新型权利要求书或者附图不可以修改。

当下述情形时，特许厅长官可指定相应的期限，命令其办理修改手续：

一、手续不符合根据第二条之五第二款准用的专利法（1959年第一百二十一号法律）第七条第一款至第三款或者第九条之规定的；

二、其手续不符合本法或者依本法所制定的法令所规定的形式的；

三、没有支付其手续所需的第三十二条第一款所规定的应当支付的手续费的；

四、没有支付其手续所需的第五十四条第一款或者第二款所规定的应当支付的手续费的。

办理修改手续（支付登记费以及手续费除外）应当提交手续修改书。

第二条之三 手续的不予受理

根据前条第四款、第六条之二或者第十四条之三之规定被命令进行修改手续者在根据该款规定所指定的期限内未进行修改的，特许厅长官可不予受理该手续。

第二条之四 非法人的社团等办理手续的能力

指定有代表或者管理人的非法人社团或者财团可以以其名义履行下述手续：

一、请求第十二条第一款中规定的实用新型技术评价；

二、请求审判；

三、对生效审判决定提出重审请求。

非法人社团或者财团的代表或者管理人明确的情况下，可以其名义就生效审判决定提出重审请求。

第二条之五 专利法的准用

专利法第三条及第五条准用于本法所规定的期限及日期。

专利法第七条至第九条、第十一条至第十六条以及第十八条之二至第二十四条准用于相关手续的办理。

专利法第二十五条准用于实用新型权及其他与实用新型登记有关的权利。

专利法第二十六条准用于实用新型登记。

第二章　实用新型登记和实用新型登记申请

第三条　实用新型登记的要件

作出了产业上可以利用的，与物品的形状、构造或者组合相关的实用新型之人，除下述实用新型之外，均可就其实用新型获得实用新型登记：

一、实用新型登记申请之前在日本国内或者外国已公知的实用新型；

二、实用新型登记申请之前在日本国内或者外国已被公开实施的实用新型；

三、实用新型登记申请前在日本国内或者外国所发行的刊物上已有记载的实用新型或者公众通过电信线路可获知的实用新型。

实用新型登记申请之前，具备该实用新型所属技术领域的普通知识者根据前款各项中的实用新型能极其容易作出实用新型的，尽管有该项之规定，也不能获得实用新型登记。

第三条之二

实用新型登记申请所涉及的实用新型，与在其申请日前提交的，并且在其申请日后在根据第十四条第三款的规定刊载该款各项事项的实用新型公报（下称"实用新型刊载公报"）的发行或者根据专利法第六十六条第三款的规定刊载该款各项事项的专利公报的发行或者申请公开公布的其他实用新型登记申请或者专利申请的请求书最初所附的说明书、实用新型权利要求书，或者专利权利要求书或者附图（该法第三十六条之二第二款规定的外文书面申请的，该条第一款的外文书面文件）中记载的发明或者实用新型（公报的发明或者实用新型的发明人与本实用新型的发明人为同一人的除外）相同的，不拘前条之规定，该实用新型不能获得实用新型登记。但是，当实用新型登记申请的，其申请人与上述其他实用新型登记申请或者专利申请的申请人为同一人的，则不受此限。

第四条 不能授予实用新型登记的实用新型

有害于公共秩序、善良风俗或者公共健康的实用新型，尽管有第三条第一款之规定，不能获得实用新型登记。

第五条 实用新型登记申请

欲申请实用新型登记者必须向特许厅长官提交记述有下述事项的请求书：

一、实用新型登记申请人的姓名或者名称，以及住所或者居所；

二、发明人的姓名，以及住所或者居所。

请求书必须附有说明书、实用新型权利要求书、附图及摘要。

前款的说明书必须记述有下述事项：

一、实用新型的名称；

二、附图的简单说明；

三、实用新型的详细说明。

前款第三项中的实用新型的详细说明，应当根据经济产业省令的规定，记载明确而充分，使该实用新型所属技术领域具有一般知识的人员能够实施。

第二款所述实用新型权利要求应分项，在各项权利要求中必须记载实用新型登记申请人为确定所希望获得实用新型登记的实用新型的所有必要事项。在此情况下，一项权利要求所涉及的实用新型与其他权利要求所涉及的实用新型为实质相同实用新型的记载并无妨碍。

第二款所述之实用新型权利要求书的记载必须符合下述各项规定：

一、希望获得实用新型登记的实用新型是实用新型的详细说明中所记载之实用新型；

二、希望获得实用新型登记的实用新型明确；

三、各项权利要求的记载简明；

四、应当根据其他经济产业省令之规定来记载。

第二款所述之摘要必须记载说明书、实用新型权利要求书及其附图所记载的实用新型之概要以及其他经济产业省令所规定的事项。

第六条

两个以上的实用新型为经济产业省令所规定的技术上相关、满足实用新型之单一性要件的一组实用新型的，可以用一份请求书提出实用新型登记申请。

第六条之二　修改命令

实用新型登记申请满足下列各项之一规定的，特许厅长官可指定相应的期限，命令申请人对请求书所附说明书、实用新型权利要求书或者附图进行修改：

一、该实用新型登记申请的实用新型与物品的形状、构造或者组合无关的；

二、该实用新型登记申请的实用新型，根据第四条的规定不能进行实用新型登记的；

三、该实用新型登记申请不符合第五条第六款第四项或者前条规定的要件的；

四、该实用新型登记申请所附请求书的说明书、实用新型权利要求书或者附图没有记载必要的事项，或者该记载的内容极其不明确的。

第七条　在先申请

对于同一实用新型，在不同日期提出两项以上的实用新型登记申请的，只有最先提出实用新型登记申请的人才能就其实用新型获得实用新型登记。

对于同一实用新型在同一日期提出两项以上的实用新型登记申请的，各方均不能获得实用新型登记。

当实用新型登记申请涉及的实用新型与专利申请涉及的发明相同，该实用新型登记申请及专利申请非同一日提出的，实用新型登记申请人只有在较专利申请人提交申请的日期在先的，该实用新型才能予以实用新型登记。

实用新型登记申请或者专利申请被放弃、撤回，或者被不予受理的，关于第三款规定的适用，则视该实用新型登记申请或者专利申请自始不存在。

就专利申请作出的驳回审查决定或者审判决定已生效的，关于第三款规定的适用，则视该专利申请自始不存在。但该专利申请因与专利法第三十九条第二款后段之规定相符而生效的审查决定或者驳回审判决定驳回的，则不在此限。

既不是发明人，也不是获得实用新型登记的权利或者获得专利的权利之承继人提出了实用新型登记申请或者专利申请的，关于第一款至第三款规定之适用，将该申请不视为实用新型登记申请或者专利申请。

专利法第三十九条第四款的协商不成立或者不能进行协商的，该实用新型登记申请人不能获得该实用新型的实用新型登记。

第八条 以实用新型登记申请等为基础的优先权主张

希望获得实用新型登记的人，除下述情形之外，针对其实用新型登记申请所涉及的实用新型，基于其先提出的其拥有获得实用新型登记的权利或者获得专利的权利所涉及的实用新型登记申请或者专利申请（下称"在先申请"）的请求书最初所附的说明书、实用新型登记权利要求书或者专利权利要求书以及附图（在先申请为专利法第三十六条之二第二款规定的外文书面申请时则为该条第一款的外文书面文件）所记述的实用新型，可主张优先权。但是，当就在先申请有享有临时专用实施权或者登记的临时通常实施权的人的，仅限于在实用新型登记申请提出时已得到他们同意的情况：

一、该实用新型登记申请并非是在先申请之申请日起一年内提出的申请的；

二、在先申请为根据第十一条第一款准用的专利法第四十四条第一款之规定而对实用新型登记申请进行分案而形成的新的实用新型登记申请，或者根据本法第十条第一款或者第二款所规定的申请的转换所形成的实用新型登记申请，或者根据该法第四十四条第一款之规定对专利申请进行分案而形成的新的专利申请，或者根据该法第四十六条第一款或者第二款所规定的申请的转换所涉形成的专利申请，或者是根据该法第四十六条之二第一款之规定基于实用新型登记提出的专利申请的；

三、在先申请在该实用新型登记申请提出时已被放弃、被撤回或者不被受理的；

四、在先申请在该实用新型登记申请提出时已生效审查决定和审判决定的；

五、在该实用新型登记申请提出时，已就在先申请进行第十四条第二款所规定的设定登记的。

根据前款规定主张优先权的实用新型登记申请所涉及的实用新型中，其实用新型为主张该优先权之基础的在先申请的请求书最初所附的说明书、实用新型登记权利要求书或者专利权利要求书或者附图（该在先申请为专利法第三十六条之二第二款规定的外文书面申请的，则为该条第一款规定的外文书面文件）所记载之实用新型〔该在先申请为根据前款或者该法第四十一条第一款之规定主张优先权或者根据该法第四十三条第一款或者第四十三条之二第一款或者第二款（包括第十一条第一款所规定之准用）之规定主张优先权之申请的，作为该在先申请主张优先权之基础的申请所涉及的申请文件（仅限于相当于说明书、实用新型登记权利要求书或者专利权利要求书或者附图的文件）所记载的实用新型除外〕的，为适用第三条、第三条之二正文、前条第一款至第三款、根据第十一条第一款准用的该法第三十条第一款至第三款、第十七条、根据第二十六条准用的该法第六十九条第二款第二项、该法第七十九条、该法第八十一条、该法第八十二条第一款、该法第三十九条第三款及四款、该法第七十二条、外观设计法（1959年第一百二十五号法律）第二十六条、第三十一条第二款及第三十二条第二款和商标法（1959 年第一百二十七号法律）第二十九条、第三十三条之二第三款以及第三十三条之三第三款（包括该法第六十八条第三款所规定之准用）之规定之目的，将该实用新型登记申请视为在该在先申请时提出。

在根据第一款之规定主张优先权的实用新型登记申请之请求书最初所附的说明书、实用新型登记权利要求书或者附图所记载的实用新型中，对于该优先权主张之基础的在先申请之请求书最初所附的说明书、实用新型登记权利要求书或者专利权利要求书或者附图（该在先申请为专利法第三十六条之二第二款规定的外文书面申请时则为该条第一款规定的外文书面文件）所记载之实用新型〔该在先申请为根据第一款或者该法第四十一条第一款之规定主张优先权或者根据该法第四十三条第一款或者第四十三条之二第一款或者第二款（包括第十一条第一款之准用）之规定主张优先权的申请的，作为该在先申请主张优先权之基础的申请所涉及的申请文件（仅限于相当于说明书、实用新型登记权利要求书或者专利权利要求书或者附图的文件）所记载之实用新型除外〕，为适用第三条之二正文或者该法第二十九条之二正文的规定之目的，将对该实用新型登记申请发行实用新型刊载公报时间视为对该在先申请的发行实用新型刊载公报或者申请公开之时间，适用。

拟根据第一款之规定主张优先权者必须在实用新型登记申请的同时向特许厅长官提交写有优先权主张及在先申请的书面文件。

第九条　在先申请的撤回等

根据前条第一款之规定作为主张优先权之基础的在先申请，视其为申请日后一年三个月时撤回。但是，该在先申请被放弃、被撤回或者不被受理的，就该在先申请的审查决定或者审判决定已生效的，就该在先申请已做了第十四条第二款所规定的设定登记的，或者基于该在先申请的所有优先权均已被撤回的，则不在此限。

根据前条第一款之规定主张优先权的实用新型登记申请的申请人，自在先申请之日起经过一年三个月后，其主张不能撤回。

根据前条第一款之规定主张优先权的实用新型登记申请，自在先申请之日起一年三个月内被撤回的，其优先权主张视为同时撤回。

第十条　申请的转换

专利申请人可以将其专利申请［根据专利法第四十六条之二第一款规定基于实用新型登记的专利申请（包括该法第四十四条第二款（含该法第四十六条第五款准用的情况）的规定视为该专利申请的申请的）除外］转换为实用新型登记申请。但是，自驳回该专利申请的首次审查决定之副本送达之日起超过三个月后或者自申请之日起经过九年六个月后，则不在此限。

外观设计登记申请人可以将其外观设计登记申请［根据外观设计法第十三条第六款准用的该法第十条之二第二款的规定，被视为在根据专利法第四十六条之二第一款之规定基于实用新型登记提出的专利申请时提出的外观设计登记申请（包括根据外观设计法第十条之二第二款之规定被视为在该外观设计登记申请时提出的外观设计登记申请）除外］转换为实用新型登记申请。但自驳回该外观设计登记申请的首次审查决定之副本送达之日起超过三个月后或者自外观设计登记申请之日起超过九年六个月后，则不在此限。

根据前二款规定转换申请的，该实用新型登记申请可视为在原专利申请或者外观设计登记申请时提出。但是，该实用新型登记申请落入第三条之二所规定的其他实用新型登记申请或者专利法第二十九条之二所规定之实用新型登记申请时，为适用这些规定：第八条第四款、下条第一款准用的该法第三十条第四款、第四十三条第一款（包括准用于下条第一款的该法第四十三条之二第三款之准用）之规定的，则不在此限。

根据第一款或者第二款的规定进行申请转换的，关于下条第一款准用的《专利法》第四十三条第二款（包括下条第一款准用的该法第四十三条之二第三款之准用的情况）之规定的适用，该法第四十三条第二款的"最先日起至一年四个月以内"则为"最先日至一年四个月或者从与根据实用新型法第十条第一款或者第二款的规定的转换申请的实用新型申请之日起至三个月这两个期限中的较迟日"。

根据第一款或者第二款之规定对申请做了转换的，其专利申请或者外观设计登记申请则视为撤回。

根据专利法第四条之规定，该法第一百二十一条第一款所规定的期限得以延长的，第一款但书所规定的三个月之期限以被延长的期限为限，视为被延长。

当根据外观设计法第六十八条第一款准用的专利法第四条之规定，外观设计法第四十六条第一款所规定的期限得以延长的，第二款但书所规定的三个月之期限以被延长的期限为限，视为被延长。

提出第一款所规定的转换申请的，就原专利申请提交的书面文件或者文件，根据第八条第四款、下条第一款准用的专利法第三十条第四款或者第四十三条第一款、第二款（包括下条第一款准用的该法第四十三条之二第三款之准用的情况）之规定必须提交的文件，被视为在该新的实用新型登记申请提出的同时向特许厅长官提出。

专利申请人，就该专利申请有享有临时专用实施权或者登记的临时通常实施权的人的，仅限于得到这些人的承诺的情况，可以根据第一款之规定进行申请转换。

第八款准用于第二项规定的申请转换的情况。

第十一条 专利法的准用

专利法第三十条（丧失发明新颖性之例外）、第三十八条（共同申请）、第四十三条至第四十四条（根据巴黎公约主张优先权之手续等及专利申请的分案）的规定，准用于实用新型登记申请。

专利法第三十三条第一款至第三款及第三十四条第一款、第二款及第四款至第七款（获得专利的权利）的规定，准用于获得实用新型登记的权利。

专利法第三十五条（职务发明）（临时专用实施权所涉及的部分除外）的规定，准用于从业者、法人的干部、国家公务人员或者地方公务人员所完成的实用新型。

第三章　实用新型技术评价

第十二条　实用新型技术评价的请求

对于实用新型登记申请或者实用新型登记，任何人都可向特许厅长官请求第三条第一款第三项及第二款（限于有关该项所涉及的实用新型）、第三条之二及第七条第一款至第三款及第七款规定所涉及的、有关该实用新型登记申请所涉及的实用新型或者登记实用新型的技术性评价（下称"实用新型技术评价"）。此时，对有两项以上权利要求的实用新型登记申请或者实用新型登记，可以就各个权利要求分别提交请求。

前款规定的请求，即使在实用新型权消灭后也可以提交请求。但是，经实用新型登记无效审判被无效后，不在此限。

除了前二款的规定，基于该实用新型登记进行了专利法第四十六条之二第一款规定的专利申请后，不能提出第一款规定的请求。

特许厅长官接到根据第一款规定提交的请求的，应该令审查员制作该请求所涉及的实用新型技术评价的报告书（下称"实用新型技术评价书"）。

专利法第四十七条第二款的规定，准用于实用新型技术评价书的制作。

第一款规定的请求提交后不得撤回。

实用新型登记申请人或者实用新型权人以外的人根据第一款的规定请求后，基于该请求所涉及的实用新型登记（包括根据该款的规定就实用新型登记申请提出请求过的情况下的该实用新型登记申请所涉及的实用新型登记），根据专利法第四十六条之二第一款的规定提交了专利申请的，视为没有提交过该请求。在这种情况下，特许厅长官应该将该情况告诉申请人。

第十三条

在实用新型刊载公报发行前如果有实用新型技术评价的请求，特许厅长官必需在实用新型刊载公报发行时或者其后尽快，实用新型刊载公报发行后若有实用新型技术评价的请求则随后尽快，将该情况公开在实用新型公报中。

特许厅长官在接到实用新型登记申请人或者实用新型权人以外的人提交的实用新型技术评价请求的，应该将该情况告知实用新型登记申请人或者实用新型权人。

已制作完成实用新型技术评价书的，如果申请人是实用新型登记申请人或者实用新型权人，特许厅长官应将其副本送达申请人；如果申请人不是实用新型登记申请人或者实用新型权人，特许厅长官应将其副本送达申请人以及实用新型申请人或者实用新型权人。

第四章　实用新型权

第一节　实用新型权

第十四条　实用新型权的设定登记

实用新型权依设定登记而产生。

已提交实用新型登记申请的，除该实用新型登记申请被放弃、撤回或者不予受理情形外，应进行实用新型权的设定登记。

进行前款登记时，必须在实用新型公报上记载下述事项：

一、实用新型权人的姓名或者名称，以及住所或者居所；

二、实用新型登记申请的申请号及申请年月日；

三、发明人的姓名，以及住所或者居所；

四、请求书所附的说明书和实用新型权利要求书所记载的事项及附图的内容；

五、请求书所附的摘要中记载的事项；

六、登记号及设定登记的年、月、日；

七、除上述各项之外的必要事项。

专利法第六十四条第三款准用于将依前款规定记载于该款第五项摘要中的事项登载于实用新型公报的情况。

第十四条之二 说明书、实用新型权利要求书或者附图的订正

实用新型权人，除了下述情形外，可以对请求书所附说明书、实用新型权利要求书或者附图进行仅限一次的订正：

一、根据第十三条第三款的规定，最初的实用新型技术评价书的副本送达之日起超过两个月；

二、根据第三十九条第一款的规定，实用新型登记无效审判超过最初指定的期限。

前款的订正，仅限于以下述事项为目的的情况：

一、限制实用新型权利要求；

二、误记的订正；

三、解释不清楚的记载。

第一款的订正必须在请求书所附的说明书、实用新型权利要求书或者附图（在以前款第二项记载的事项为目的进行订正的情况下，为请求书最初所附的说明书、实用新型权利要求书或者附图）所记载的范围内。

第一款的订正不得实质上扩大或者变更实用新型权利要求。

专利法第四条的规定，准用于第一款第一项规定的期限。

进行第一款规定的订正的人，因不能归咎其责任的理由在该款第一项所规定的期限内不能进行订正时，尽管有该项规定，也可以在其理由消除之日起十四天以内（在外者为两月），且在上述期限超过后六个月之内进行订正。

实用新型权人，除了进行第一款订正的情形，仅限于以删除权利要求为目的才可以订正请求书上所附的说明书、实用新型权利要求书或者附图。但是，实用新型登记无效审判正在特许厅处

理过程之中，根据第四十一条准用的专利法第一百五十六条第一款规定的通知发出后（根据该条第二款的规定再次审理的，其后再根据该条第一款规定在通知后），不能订正请求书所附的说明书、实用新型权利要求书或者附图。

第一款以及前款的订正，在实用新型权消灭之后也可以进行。但是，经实用新型登记无效审判被无效后，则不在此限。

进行第一款或者第七款的订正时，应该提交订正书。

进行第一款的订正时，应该在订正书上附上所订正的说明书、实用新型权利要求书或者附图。

在进行第一款或者第七款的订正后，视为根据该订正后的说明书、实用新型权利要求书或者附图进行实用新型登记申请及实用新型设定登记。

在进行第一款或者第七款的订正后，如是第一款订正，则将所订正过的说明书及实用新型权利要求书上记载的事项及附图的内容，如是第七款订正则将其情况在实用新型公报上公开。

专利法第一百二十七条及第一百三十二条第三款的规定，准用第一款及第七款的情形。

第十四条之三　与订正相关的修改命令

特许厅长官在接到订正书（仅限于与前条第一款的订正有关的订正书）后，如果该订正书所附的订正的说明书、实用新型权利要求书或者附图的内容属于下述各项的任何一种情形，可指定相应的期限，命令就该订正书所所附的订正的说明书、实用新型权利要求书或者附图进行修改：

一、订正书所附的订正的实用新型权利要求书记载的事项所限定的实用新型与物品的形状，构造或者组合无关的；

二、订正书所附的订正的实用新型权利要求书记载的事项所限定的实用新型根据第四条的规定不能进行实用新型登记的；

三、订正书所附的订正的说明书、实用新型权利要求书或者附图的记载不能满足第五条第六款第四项或者第六条规定的要件的；

四、订正书所附的订正的说明书、实用新型权利要求书或者附图上没有记载必要事项或者该其记载非常不明确的。

第十五条 存续期限

实用新型权的存续期限，自实用新型登记申请日起十年终止。

第十六条 实用新型权的效力

实用新型权人专有以经营活动为目的实施登记实用新型权。但是，在其实用新型权上设定专用实施权的，专用实施权人专有的实施登记实用新型的权利范围，不在此限。

第十七条 与他人的登记实用新型的关系

登记实用新型的实施将利用实用新型登记申请日前的申请所涉及的他人的登记实用新型、专利发明、登记外观设计或者与其类似的外观设计的，或者实用新型权与该实用新型登记申请日前的申请所涉及的他人的外观设计权或者商标权相抵触的，实用新型权人、专用实施权人或者通常实施权人不得以经营活动为目的实施该登记实用新型。

第十八条 专用实施权

实用新型权人可以就实用新型权设定专用实施权。

专用实施权人在设定行为规定的范围内专有以经营活动为目的实施该登记实用新型权。

专利法第七十七条第三款至第五款（转移等）、第九十七条第二款（放弃）及第九十八条第一款第二项及第二款（登记的效果）之规定，准用于专用实施权。

第十九条 通常实施权

实用新型权人可以就实用新型权对他人授予通常实施权。

通常实施权人在依本法规定或者设定行为规定的范围内享有以经营活动为目的实施登记实用新型的权利。

专利法第七十三条第一款（共有）、第九十七条第三款（放弃）及第九十九条（登记的效果）的规定，准用于通常实施权。

第二十条　无效审判请求登记前基于实施的通常实施权

落入下述各项之一者，在专利法第一百二十三条第一款的专利无效审判（以下在本款中称"专利无效审判"）请求登记前，不知道专利落入该款各项之一所规定的要件，在日本国内以实施该项发明为业务的人或者准备从事该项业务的人，在其实施或者准备实施发明及业务的目的范围内，对专利无效时的实用新型权或者届时存在的专用实施权享有通常实施权：

一、当实用新型登记涉及的实用新型与专利涉及的发明相同，专利被无效时的原专利权人；

二、专利无效后，就与其发明相同的实用新型将实用新型登记给予合法权利人时的原专利权人；

三、在前两项情况下，专利无效审判请求登记时，对已经无效的专利所涉及的专利权享有专用实施权的人，或者对该专利权或者专用实施权享有专利法第九十九条第一款之效力的通常实施权的人。

实用新型权人或者专用实施权人享有从依前款规定具有通常实施权的人处接受相应的对价的权利。

第二十一条　不实施时通常实施权的设定裁定

连续三年以上在日本国内未适当地实施登记实用新型的，凡拟实施该项登记实用新型的人均可向实用新型权人或者专用实施权人就通常实施权的许可请求协商。但是，自该登记实用新型的登记申请日起未超过四年的，不在此限。

前款协商不成立或者无法进行协商的，该登记实用新型的拟实施人可以请求特许厅长官的裁定。

专利法第八十四条至第九十一条之二（裁定手续等）规定，准用于前款的裁定。

第二十二条　为实施登记实用新型的通常实施权设定的裁定

当登记实用新型落入第十七条的规定时，就给予实施登记实用新型的通常实施权或者专利权、外观设计权的通常实施权，实用新型权人或者专用实施权人可以请求与该条的他人进行协商。

被请求进行前款协商的第十七条的他人，对于要求进行协商的实用新型权人或者专用实施权人，可以在这些人希望通过协商获得通常实施权或者专利权、外观设计权的通常实施权而拟实施的登记实用新型的范围内，请求这些人给予通常实施权进行协商。

当第一款的协商不成立或者无法进行协商时，实用新型权人或者专用实施权人可以请求特许厅长官进行裁定。

当第二款的协商不成立或者无法进行协商的情况下，有前款之裁定请求时，第十七条的他人依第七款准用的专利法第八十四条之规定，在特许厅长官指定的提出答辩书的期限内，可以请求特许厅长官裁定。

在第三款或者前款的情况下，设定通常实施权将不正当侵害第十七条的他人或者实用新型权人或者专用实施权人的利益的，特许厅长官不得作出设定通常实施权的裁定。

除前款规定的情况外，在第四款的情况下，当对第三款的裁定请求没有作出设定通常实施权的裁定的，特许厅长官不得作出设定通常实施权的裁定。

专利法第八十四条、第八十五条第一款及第八十六条至第九十一条之二（裁定程序等）规定，准用于第三款或者第四款的裁定。

第二十三条　为公共利益设定通常实施权的裁定

当登记实用新型的实施对公共利益非常之必要时，拟实施该登记实用新型的人可以就通常实施权的给予向实用新型权人或者专用实施权人请求协商。

当前款协商不成立或者无法进行协商的，拟实施登记实用新型的人可以请求经济产业大臣裁定。

专利法第八十四条、第八十五条第一款及第八十六条至第九十一条之二（裁定程序等）规定，准用于前款的裁定。

第二十四条 通常实施权的转移等

除依第二十一条第二款、第二十二条第三款或者第四款或者前条第二款、专利法第九十二条第三款或者外观设计法第三十三条第三款裁定的通常实施权外，仅限通常实施权与实施的业务一起转移的情况、得到实用新型权人（系专用实施权的通常实施权时，为实用新型权人及专用实施权人）承诺的情况或者继承及其他概括继承的情况，可以进行转移。

除依第二十一条第二款、第二十二条第三款或者第四款或者前条第二款、专利法第九十二条第三款或者外观设计法第三十三条第三款裁定的通常实施权外，通常实施权人仅限在得到实用新型权人（系专用实施权的通常实施权时，为实用新型权人及专用实施权人）承诺的情况下，可以就通常实施权设定质权。

依第二十一条第二款或者前条第二款裁定的通常实施权，仅限与实施的业务一起转移的情况下，可以进行转移。

依第二十二条第三款、专利法第九十二条第三款或者外观设计法第三十三条第三款裁定的通常实施权，当通常实施权人的实用新型权、专利权或者外观设计权与实施的业务一起转移时，该权随之转移；当实用新型权、专利权或者外观设计权与实施的业务一起分开转移时或者消灭时，该权随之消灭。

依第二十二条第四款裁定的通常实施权，随通常实施权人的实用新型权、专利权或者外观设计权转移而转移，当实用新型权、专利权或者外观设计权消灭时，该权随之消灭。

第二十五条 质权

以实用新型权、专用实施权或者通常实施权为标的设定质权的，除合同另有约定的外，质权人不得实施该项登记实用新型。

专利法第九十六条（物上代位）的规定，准用于以实用新型权、专用实施权或者通常实施权为目的的质权。

专利法第九十八条第一款第三项及第二款（登记的效果）的规定，准用于以实用新型权或者专用实施权为目的质权。

专利法第九十九条第三款（登记的效果）的规定，准用于以通常实施权为目的的质权。

第二十六条 专利法的准用

专利法第六十九条第一款及第二款、第七十条至第七十一条之二（专利权的效力不涉及的范围及专利发明的技术范围）、第七十三条（共有）、第七十六条（无继承人时专利权的消灭）、第七十九条（先使用的通常实施权）、第八十一条、第八十二条（外观设计权有效期期满后的通常实施权）、第九十七条第一款（放弃）以及第九十八条第一款第一项和第二款（登记的效果）的规定，准用于实用新型权。

第二节 侵 权

第二十七条 停止请求权

实用新型权人或者专用实施权人，对于侵害其实用新型权或者专用实施权的人或者有侵害之可能的人（下称"侵害人等"），可以请求停止侵权或者请求预防侵权的发生。

实用新型权人或者专用实施权人在进行依前款规定之请求时，可以请求销毁构成侵权行为的之产品（包括程序等是指专利法第二条第四款规定的程序等，在下条规定中相同，下同），清除用于侵权行为的设备及请求其他预防侵权所必要的行为。

第二十八条 视为侵权的行为

下述行为视为侵害实用新型权或者专用实施权的行为：

一、以经营活动为目的，仅为登记实用新型所涉及的物品的制造所使用之产品的生产、转让（转让等指转让及出租，当该产品为程序等时，包括通过电信线路提供程序等的行为，下同）、进口、许诺转让（包括以转让为目的的展示，下同）行为；

二、当登记实用新型所涉及的物品的制造所使用之产品（在日本国内广泛且普遍地流通的除外）对解决该实用新型的课题必不可少时，明知该实用新型是登记实用新型且明知该产品用于实施该项实用新型，却仍以经营活动为目的，生产、转让、进口、许诺转让等行为；

三、以经营活动为目的，为了转让、出租或者出口登记实用新型所涉及的物品的行为。

第二十九条 损害额的推定等

在实用新型权人或者专用实施权人向由于故意或者过失侵害其实用新型权或者专用实施权的人请求赔偿其由于侵权所受到损失的情况下，该人转让构成侵权行为的物品时，对于所转让物品的数量（以下在本款中称为"转让数量"），可以将如果没有侵权行为实用新型权人或者专用实施权人可以销售物品的每单位数量的利润相乘后所得到的数额，在不超过符合实用新型权人或者专用实施权人的实施能力的限度内，作为实用新型权人或者专用实施权人所受损害的数额。但是，当存在转让数量的全部或者部分为实用新型权人或者专用实施权人所不能销售的事由的，应当扣除相当于该事由的数量的数额。

在实用新型权人或者专用实施权人向由于故意或者过失侵害其实用新型权或者专用实施权的人请求赔偿其由于侵权所受到损失的情况下，该人因侵权行为获利的，该获利额度推定为实用新型权人或者专用实施权人所受损害的数额。

对由于故意或者过失侵害实用新型权或者专用实施权的人，实用新型权人或者专用实施权人可以将相当于实施登记实用新型所应当获得的数额的金钱，作为本人所受损害的额度请求赔偿。

前款规定不妨碍超过该款规定数额的损害赔偿请求。在这种情况下，侵害实用新型权或者专用实施权的人如无故意或者重大过失的，法院在决定损害赔偿额时可作为参考。

第二十九条之二 实用新型技术评价书的提示

在提供其有关登记实用新型的实用新型技术评价书并警告之前，实用新型权人或者专用实施权人不能对侵害其实用新型权或者专用实施权的侵害人等行使其权利。

第二十九条之三　实用新型权人等的责任

实用新型权人或者专用实施权人对侵害人等行使其权利或者提出警告的，如果生效的审判决定宣告实用新型登记无效的（因第三十七条第一款第六款列举的理由的除外），其应当承担赔偿因行使权利或者其警告给对方造成的损失的责任。但如果是基于实用新型技术评价书的实用新型技术评价（该实用新型登记申请所涉及的实用新型或者登记实用新型被评价为根据第三条第一款第三项及第二款（仅限于与该款所列的实用新型相关的）、第三条之二及第七条第一款至第三款及第七款的规定不能进行登记的除外）行使其权利或者提出警告的，或者其他的相当谨慎的行使权利或者提出警告的除外。

前款准用于：就实用新型登记申请的请求书中所附的说明书、实用新型权利要求书或者附图依据第十四条之二第一款或者第七款进行的订正，超过了实用新型权设定登记时实用新型权利要求书所记载的实用新型的范围的实用新型权行使或者进行警告的情况。

第三十条　专利法的准用

专利法第一百零四条之二至第一百零六条的规定（具体形态的明示义务、专利权人等行使权利的限制、文件的提出等、计算损害的鉴定、相应损害额的认定、保密命令、保密命令的撤销、阅览诉讼记录等的请求通知等、停止公开询问当事人等以及恢复信用的措施）准用于实用新型权或者专用实施权的侵害。

第三节　登记费

第三十一条　登记费

进行实用新型权的设定登记的人或者实用新型权人，其登记费从实用新型权的设定登记日起至第十五条规定的存续期限届满为止的每一年，每件登记必须按下表左栏的区分按件缴纳该表下栏中的金额。

年份的区分	金　额
从第一年到第三年	每年二千一百日元，并按每一个权利要求增加一百日元
从第四年到第六年	每年六千一百日元，并按每一个权利要求增加三百日元
从第七年到第十年	每年一万八千一百日元，并按每一个权利要求增加九百日元

国有实用新型权不适用前款规定。

第一款的登记费，在实用新型权为国家或者与依第三十二之二条规定或者其他法令规定享受登记费减轻或者免除（以下本款中称"减免"）的人共有的情况下，当规定有所持份额时，尽管有第一款的规定，国家以外的各共有人就该款规定的登记费的金额（有减免者时为减免后的金额）乘以所持份额比例后合算所得的数额，作为国家以外各共有人必须缴纳的数额。

依前款规定计算出的登记费的金额出现不满十日元的尾数时，舍其尾数。

第一款登记费的缴纳，根据经济产业省令的规定必须使用专利印花。但是，经济产业省令另有规定时，根据经济产业省令的规定也可以使用现金缴纳。

第三十二条　登记费的缴纳期限

前条第一款规定的第一年到第三年的每年的登记费，应在实用新型登记申请的同时（根据第十条第一款或者第二款的规定转换申请或者根据第十一条第一款准用的专利法第四十四条第一款的规定分案申请的情形下，与申请的转换或者分案同时）一次缴纳。

前条第一款规定的第四年以后的每年的登记费必须在上一年内缴纳。

特许厅长官依缴费者的请求可以三十日以内为限，延长第一款规定的期限。

第三十二条之二　登记费的减免或者宽限

当根据第三十一条第一款规定应缴纳第一年至第三年登记费

的缴费者是该实用新型登记申请所涉及的实用新型的发明人或者其继承人时，特许厅长官如果认定该缴费者因贫困而无能力缴纳登记费的，可以根据政令的规定，减轻或者免除登记费，或者宽限缴纳。

第三十三条　登记费的补缴

在第三十二条第二款规定的期限或者前条规定的宽限缴纳的期限内未缴纳登记费的，即使超过了该期限，在超过期限后的六个月以内仍可补缴登记费。

依前款规定补缴登记费的实用新型权人，除依第三十一条第一款之规定缴纳必须缴纳的登记费外，还应缴纳与登记费等额的加价登记费。

根据经济产业省令的规定，缴纳前款加价登记费必须使用专利印花。但是，经济产业省令另有规定时，根据经济产业省令的规定也可以缴纳现金。

在第一款规定的可以补缴登记费的期限内，实用新型权人不缴纳第三十一条第一款规定的第四年以后的每年的登记费及第二款的加价登记费的，该实用新型权视为在追溯到第三十二条第二款规定的期限超过时消灭。

在依第一款规定的可以补缴登记费的期限内，实用新型权人不缴纳宽限缴纳的前条规定的登记费及第二款的加价登记费的，该实用新型权视为自始不存在。

第三十三条之二　通过补缴登记费恢复实用新型权

依前条第四款的规定已被视为消灭的实用新型权或者依该条第五款的规定已被视为自始不存在的实用新型权的原实用新型权人，由于不可归责的理由在该条第一款规定的可以补缴登记费的期限内没有缴纳该条第四款或者第五款的登记费及加价登记费的，自其理由消除之日起十四日（在外者为两个月）以内，以期限超过六个月以内为限，可以补缴登记费和加价登记费。

完成前款规定的登记费及加价登记费的补缴的，该实用新型权视为在追溯到第三十二条第二款规定的期限届满时实用新型权继续存在或者实用新型权自始存在。

第三十三条之三 恢复实用新型权之效力的限制

依前条第二款规定恢复实用新型权的,该实用新型权的效力不涉及按第三十三条第一款规定可以补缴登记费的期限届满后在实用新型权恢复登记前进口或者在日本国内制造或者取得的该实用新型所涉及的物品。

依前条第二款的规定恢复的实用新型权的效力不涉及按第三十三条第一款规定可以补缴登记费期限届满后在实用新型权恢复登记前的下述行为:

一、该实用新型的实施;

二、用于登记实用新型所涉及的物品制造之产品的生产、转让、进口、许诺转让等行为;

三、为了转让、出租或者出口而拥有实用新型所涉及的物品的行为。

第三十四条 已缴纳登记费的退还

限下述各项,依缴费人的请求返还已缴纳的登记费:

一、多缴、错缴的登记费;

二、实用新型登记申请被给予不予受理的处分生效的情况下的登记费;

三、宣告实用新型权无效的审判决定生效当年以后每年的登记费;

四、实用新型权存续期限届满日所属年以后的每年的登记费。

前款规定的登记费的返还,该款第一项的登记费自缴纳之日起一年,该款第二项及第三项的登记费分别自处分或者审判决定生效之日起六个月,该款第四项的登记费从实用新型权设定登记之日起一年后,不得请求。

第三十五条 已删除

第三十六条 专利法的准用

专利法第一百一十条（由利害关系人缴纳登记费）的规定，准用于登记费。

第五章 审 判

第三十七条 实用新型登记无效审判

当实用新型登记落入下述各项之一的，可以请求实用新型登记无效审判，以宣告该实用新型登记无效（对于两项以上的权利要求可逐项分别提出请求）：

一、该实用新型登记基于不符合第二条之二第二款规定的要件而进行了修改的实用新型登记申请的；

二、该实用新型登记不符合第二条之五第三款准用的专利法第二十五条、第三条、第三条之二、第四条、第七条第一款至第三款或者第七款或者第十一条第一款准用的该法第三十八条之规定的；

三、该实用新型登记不符合条约的；

四、该实用新型登记基于不符合第五条第四款或者第六款（第四项除外）规定要件的实用新型登记申请的；

五、实用新型登记基于非发明人且对该实用新型没有继承获得实用新型登记的权利的人提出的实用新型登记申请的；

六、实用新型登记后，实用新型权人成为根据第二条之五第三款准用的第二十五条之规定不能享有实用新型权之人，或者实用新型登记不符合条约的；

七、实用新型登记请求书所附的说明书、实用新型权利要求书或者附图的订正违反第十四条之二第二款至第四款之规定。

任何人都可以请求实用新型登记无效审判。但是，以实用新型登记落入前款第二项（仅限实用新型登记不符合第十一条第一款准用的第三十八条之规定）或者落入前款第五项为理由的，仅限利害关系人有权提出请求。

即使在实用新型权消灭之后也可提出实用新型登记无效审判请求。

当有实用新型登记无效审判请求时，审判长必须将该情况通知该实用新型权的专用实施权人及其他对实用新型登记享有登记了的权利的人。

第三十八条 请求审判的方式

审判请求人必须向特许厅长官提出记载有下述事项的请求书：

一、当事人及代理人的姓名或者名称，以及住所或者居所；

二、审判案件的表示；

三、请求的内容及理由。

前款第三项的请求理由必须具体地确定无效实用新型登记所根据的事实，并且，必须都要记载每一个需要举证的事实与证据之间的关系。

第三十八条之二 审判请求书的修改

根据前条第一款的规定提出的请求书的修改不得变更其要旨。但是，得到下款规定的审判长的许可的，不在此限。

前条第一款第三项规定的请求理由的修改变更其要旨的，审判长判明该修改不会无端地延长审理，并且，有落入下述各项之一的事由的，可以以决定的形式允许修改：

一、存在第十四条之二第一款的订正，根据该订正有修改请求理由之必要；

二、除前项情况外，对审判请求时的请求书中没有记载修改的请求理由有合理的理由，被请求人同意该修改。

有关修改的手续修改书在下条第一款规定的请求书副本送达前已经提出的，不得许可前款之修改。

对第二款的决定不得申诉不服。

第三十九条 答辩书的提出等

当有审判请求时，审判长必须将请求书的副本送达被请求人，并指定相应的期限给予提出答辩书的机会。

审判长依前条第二款的规定允许修改请求书的，必须将与修改有关的手续修改书的副本送达被请求人，并指定相应的期限给予提出答辩书的机会。但是，在认为没有必要给予被请求人提出答辩书之机会的特殊情况时，不在此限。

审判长收到第一款或者前款正文的答辩书的，或者实用新型登记无效审判在特许厅审理中有第十四条之二第一款或者第七项的订正的，必须将副本送达请求人。

审判长关于审判可以寻问当事人及参加人。

当有实用新型登记无效审判的请求时，审判长在该请求后有基于该实用新型登记的、根据专利法第四十六条之二第一款规定的专利申请的，应当将该情况通知请求人和参加人。

第三十九条之二 审判请求的撤回

在审判决定生效前，可以撤回审判请求。

在前条第一款的答辩书提出后，若没得到对方的同意则不能撤回审判请求。

审判请求人接到前条第五款规定的通知的，尽管有前款之规定，在接到该通知之日起三十天内，可以撤回该审判请求。

专利法第四条准用于前款规定的期限。在这种情况下，该条的"特许厅长官"改读为"审判长"。

审判请求人由于不可归责之理由不能在前款规定的期限内撤回其请求的，尽管有该款之规定，自其理由消除之日起十四日（在外者为两个月）以内，并以不超过该期限经过六个月为限，可以撤回请求。

在有两个以上权利要求的实用新型登记中就两个以上的权利要求请求实用新型登记无效审判的，该请求可以按权利要求逐项撤回。

第四十条 与诉讼的关系

在审判中认为有必要时可以中止审判程序，直至其他审判的审判决定生效或者诉讼程序完结。

在当有人提出诉讼或者申请申诉临时扣押或者临时处理命令时，法院在认为必要的，可中止诉讼程序直至生效审判决定。

当存在关于实用新型权或者专用实施权的侵权诉讼的，法院应当将该情况通知特许厅长官；诉讼程序完结的，也应当将该情况通知特许厅长官。

特许厅长官接到前款规定的通知后，应当将有无与该实用新型权有关的审判请求情况通知法院。如有审判请求书的不予受理决定、审判决定或者撤回请求的情况的，也应通知法院。

依前款规定接到该实用新型权存在审判请求的通知后，在该诉讼中，记载有依据第三十条准用的专利法第一百零四条之三第一款之规定的攻击或者防御方法的书面文件在该通知前提出或者在该通知后第一次提出的，法院应将该情况通知特许厅长官。

接到前款规定的通知后，特许厅长官可以要求法院提供在该诉讼的诉讼记录中审判员认为审判所需要的书面文件的复印本。

第四十一条 专利法的准用

专利法第一百二十五条、第一百三十二条至第一百三十三条之二、第一百三十五条至第一百五十四条、第一百五十六条、第一百五十七条、第一百六十七条、第一百六十九条第一款、第二款、第五款及第六款以及第一百七十条的规定，准用于审判。

第六章　重审及诉讼

第四十二条 重审的请求

当事人或者参加人对生效的审判决定可以请求重审。

民事诉讼法（1996 年第一百零九号法律）第三百三十八条第一款及第二款以及第三百三十九条（重审的理由）的规定，准用于前款的重审请求。

第四十三条

审判的请求人及被请求人以共谋而危害第三人的权利或者利

益为目的使审判决定成立的，该第三人可以对该生效的审判决定请求重审。

前款的重审，必须将原请求人和被请求人作为共同被请求人提出请求。

第四十四条 通过重审恢复的实用新型权的效力限制

在通过重审恢复了与被判无效的实用新型权的情况下，实用新型权的效力不涉及该审判决定生效后重审请求登记前善意地进口或者在日本国内制造的或者已取得的该实用新型登记所涉及的物品。

被判无效的实用新型权因重审而恢复的，该实用新型权的效力不及于该审判决定生效后重审请求登记前存在的下述行为：

一、该实用新型的善意实施；

二、用于制造登记实用新型所涉及的物品的产品的生产、转让、进口、许诺转让等善意的行为；

三、为了转让、出租或者出口而善意地拥有登记实用新型所涉及的物品的行为。

第四十五条 专利法之准用

专利法第一百七十三条（请求重审的期限）、第一百七十四条第二款及第四款（审判规定等的准用）及第一百七十六条（重审请求登记前实施而获得的通常实施权）的规定，准用于重审。在这种情况下，将该法第一百七十四条第二款中"第一百三十一条第一款、第一百三十一条之二第一款本文"改读为"实用新型法第三十八条第一款、第三十八条之二第一款本文"，"第一百三十四条第一款、第三款以及第四款"改读为"第三十九条第一款、第三款及第四款"，"第一百六十八条"改读为"该法第四十条"。

专利法第四条的规定，准用于前款中准用的该法第一百七十三条第一款中规定的期限。

第四十六条 已删除

第四十七条 对审判决定等的诉讼

对审判决定的诉讼，及对审判请求或者对重审请求不予受理决定的诉讼，属于东京高等法院专属管辖。

专利法第一百七十八条第二款至第六款（起诉期限等）、第一百七十九条至第一百八十条之二（被告资格、出庭通知及撤销审判决定诉讼中特许厅长官的意见）、第一百八十一条第一款及第五款（审判决定或者决定的撤销）、第一百八十二条（裁判正本的寄送）及第一百八十二条之二（合议庭的组成）的规定，准用于前款诉讼。

第四十八条 对价数额之诉

收到第二十一条第二款、第二十二条第三款或者第四款或者第二十三条第二款裁定的人，对该裁定所定的对价不服的，可以提出诉讼要求增减金额。

专利法第一百八十三条第二款（起诉期限）及第一百八十四条（被告资格）之规定，准用于前款诉讼。

第四十八条之二 不服申诉与诉讼的关系

专利法第一百八十四条之二（不服申诉与诉讼的关系）之规定，准用于要求撤销依本法或者基于本法之法令所规定的处理（第五十五条第五款所规定的处理除外）的诉讼。

第七章 关于以《专利合作条约》为基础的国际申请的特例

第四十八条之三 通过国际申请的实用新型登记申请

关于已认可依据 1970 年 6 月 19 日于华盛顿制定的《专利合作条约》（以下本章中称为"《条约》"）第十一条（1）或者（2）（b）或者第十四条（2）规定的、被认可了国际申请日的国际申请，在条约第四条（1）（ii）的指定国里包括日本（限于有关实用新型登记申请）的，可视为在该国际申请日提出的实用新型登记申请。

专利法第一百八十四条之三第二款（通过国际申请的专利申请）的规定，准用于前款规定中视为实用新型登记申请的国际申请（下称"国际实用新型登记申请"）。

第四十八条之四　用外文撰写的国际实用新型登记申请的译文

用外文撰写国际实用新型登记申请（下称"外文实用新型登记申请"）的申请人，自《条约》第二条（xi）的优先日（下称"优先日"）起两年六个月（下称"国内书面文件提出期限"）以内，必须向特许厅长官提出在前条第一款规定的国际申请日（下称"国际申请日"）时提出的条约第三条（2）所规定的说明书、权利要求书、附图（仅限于附图中的说明）及摘要的日文译文。但是，对于国内书面文件提出期限届满前两个月到届满日为止的期间内提出了下条第一款规定的书面文件的外文实用新型登记申请的（在该书面文件的提交日已提出了该译文的外文实用新型登记申请的除外），在该书面文件的提交日起两个月（下称"译文提交特例期限"）以内，可以提出该译文。

在前款的情况下，外文实用新型登记申请的申请人已根据《条约》第十九条（1）之规定进行修改的，可以提出修改后的权利要求书的译文以替代该款规定的权利要求书的译文。

国内书面文件提出期限（若为第一款但书中的外文实用新型登记申请的，则是译文提出特例期限，下款中相同）内未提出第一款规定的说明书的译文及前两款规定的权利要求书的译文的，该国际实用新型登记申请视为被撤回。

依第一款规定提出权利要求书译文的申请人，已根据《条约》第十九条（1）之规定进行修改的，仅限于国内书面文件提出期限届满时（在国内书面文件提出期限内，申请人提出根据条约二十三条（2）或者四十条（2）的规定的请求（下称"国内处理的请求"）的，为其提出国内处理的请求时（下称为"国内处理基准时"）所属之日为止，可以再次提出该修改后的权利要求书的日文译文。

专利法第一百八十四条之七第三款本文准用于第二款或者前款规定的译文没有被提出的情况。

第四十八条之五　书面文件的提出及修改命令等

国际实用新型登记申请的申请人须在国内书面文件提出期限内向特许厅长官提出记载下述事项的书面文件：

一、申请人的姓名或者名称，以及住所或者居所；

二、发明人的姓名，以及住所或者居所；

三、国际申请号及其他经济产业省令规定的事项。

特许厅长官在下述情况下，可以指定相应的期限，命令进行手续的修改：

一、未在国内书面文件提出期限内提出依前款规定应提出的书面文件的；

二、依前款规定的手续违反第二条之五第二款准用的专利法第七条第一款至第三款或者第九条的规定的；

三、依前款规定的手续违反经济产业省令规定的形式的；

四、未在国内书面文件提出期限（若为前条第一款但书的外文实用新型登记申请的，则是译文提出特例期限）内提出前条第一款规定的应提出的摘要的译文的；

五、依第三十二条第一款的规定在国内书面文件提出期限内未缴纳应缴纳的登记费的；

六、依第五十四条第二款的规定在国内书面文件提出期限内未缴纳应缴纳的手续费的。

专利法第一百八十四条之五第三款的规定，准用于根据前款规定的命令进行的修改。

国际实用新型登记申请的申请人必须在以日文撰写的国际实用新型登记申请（下称"日文实用新型登记申请"）依第一款的规定、外文实用新型登记申请依该款及前条第一款的规定办理手续，并且缴纳依第三十二条第一款的规定应缴纳的登记费及第五十四条第二款的规定应缴纳的手续费之后，方可就国际实用新型登记申请提出国内处理的请求。

第四十八条之六 关于国际申请的请求书、说明书等的效力

国际实用新型登记申请所涉及的国际申请日的请求书，视为依第五条第一款之规定提出的请求书。

日文实用新型登记申请的国际申请日的说明书，以及外文实用新型登记申请的国际申请日的说明书的译文，视为依第五条第二款的规定提出的请求书所附的说明书；日文实用新型登记申请的国际申请日的权利要求书，以及外文实用新型登记申请的国际申请日的权利要求书的译文，视为依该款之规定提出的请求书所附的实用新型权利要求书；日文实用新型登记申请的国际申请日的附图，以及外文实用新型登记申请的国际申请日的附图（附图说明除外）及附图说明的译文，视为依该款规定提出的请求书所附的附图；日文实用新型登记申请的摘要，以及外文实用新型登记申请摘要的译文，视为依该款规定提出的请求书所附的摘要。

根据第四十八条之四第二项或者第四项的规定，提出基于《条约》第十九条（1）之规定的修改后的权利要求书的译文的，尽管有前款规定，该修改后的权利要求书的译文被视为依第五条第二款之规定提出的请求书所附的实用新型权利要求书。

第四十八条之七 附图的提交

国际实用新型登记申请的申请人，在提交国际申请的国际申请日中没有包含附图的，在国内处理基准时之日前，需向特许厅长官提交附图。

特许厅长官对于未能根据前款规定在国内处理基准时之日前提交附图的情形，对提交国际实用新型登记申请的申请人，可以指定相应的期限，令其提交附图。

特许厅长官对收到命令应根据前款规定提交附图的人员没有在指定的相应之期限提交的，可以不予受理该国际实用新型登记申请。

根据第一款规定或者第二款规定的命令提交附图（所提交的附图如果附有附图的简单说明，应提交该附图及该说明）的，视为根据第二条之二第一款规定的修改手续。此情形中，不准用该款但书的规定。

第四十八条之八 修改的特例

根据第四十八条之十五第一款规定准用的专利法第一百八十四条之七第二款及第一百八十四条之八第二款规定，视为根据第二条之二第一款规定的修改，不适用第二条之二第一款但书的规定。

国际实用新型登记申请中根据《条约》第二十八条（1）或者根据第四十一条（1）规定的修改，不适用第二条之二第一款但书的规定。

关于外文实用新型登记申请中说明书、实用新型权利要求书或者附图可以修改的范围，第二条之二第二款的"请求书最初所附的说明书、实用新型权利要求书或者附图"为"第四十八条之四第一款规定中国际申请日的国际申请的说明书、权利要求书或者附图"。

专利法第一百八十四条之十二第一款的规定，准用于国际实用新型登记申请中根据实用新型法第二条之二第一款本文或者条约第二十八条（1）或者根据第四十一条（1）规定作的修改。此时，该法第一百八十四条之十二第一款中的"第一百九十五条第二款"改读为"实用新型法第三十二条第一款规定中应缴纳登记费及该法第五十四条第二款"；"缴纳的手续费之后并且还应当在国内处理基准时之后"改读为"缴纳的手续费之后"。

第四十八条之九 实用新型登记要件的特例

第三条之二规定的其他实用新型登记申请或者专利申请为国际实用新型登记申请或者专利法第一百八十四条之三第二款的国际专利申请时，关于第三条之二规定的适用，该条的"其他实用新型登记申请或者专利申请"为"其他实用新型登记申请或者专利申请（根据第四十八条之四第三款或者专利法第一百八十四条之四第三款的规定被视为撤回的第四十八条之四第一款的外文实用新型登记申请或者该法第一百八十四条之四第一款的外文专利申请的除外）"；"发行或者"为"发行"；"或者申请公开"为"或者申请公开或者1970年6月19日于华盛顿制定的《专利合作条约》第二十一条规定的国际公开"；"在请求书最初所附的说明书、实用新型权利要求书或者专利权利要求书或者附图"为"第四十八条之四第一款或者该法第一百八十四条之四第一款的国际申请日的国际申请的说明书、权利要求书或者附图"。

第四十八条之十 基于实用新型登记申请等的优先权主张的特例

有关国际实用新型登记申请，不适用于第八条第一款但书、第四款及第九条第二款的规定。

关于第八条第三款的规定对日文实用新型登记申请的适用，该款的"发行实用新型刊载公报"为"发行实用新型刊载公报或者根据1970年6月19日于华盛顿制定的《专利合作条约》第二十一条规定的国际公开"。

关于第八条第三款的规定对外文实用新型登记申请的适用，该款的"实用新型登记申请之请求书最初所附的说明书、实用新型权利要求书或者附图"为"第四十八条之四第一款的国际申请日的国际申请的说明书、权利要求书或者附图"；"发行实用新型刊载公报"为"发行实用新型刊载公报或者根据1970年6月19日于华盛顿制定的《专利合作条约》第二十一条规定的国际公开"。

第八条第一款的在先申请为国际实用新型登记申请或者《专利法》第一百八十四条之三第二款的国际专利申请时，关于第八条第一款至第三款及第九条第一款规定的适用，第八条第一款及第二款的"请求书最初所附的说明书、实用新型权利要求书或者专利权利要求书或者附图"为"第四十八条之四第一款或者专利法第一百八十四条之四第一款的国际申请日的国际申请的说明

书、权利要求书或者附图";该条第三款的"在先申请之请求
书最初所附的说明书、实用新型权利要求书或者专利权利要求
书或者附图"为"在先申请的第四十八条之四第一款或者专利法
第一百八十四条之四第一款的国际申请日的国际申请的说明书、
权利要求书或者附图";"申请公开"为"根据 1970 年 6 月 19
日于华盛顿制定的《专利合作条约》第二十一条规定的国际公
开";第九条第一款的"从申请日起至一年三个月时"为"第
四十八条之四第四款或者专利法第一百八十四条之四第四款
的国内处理基准时或者自第四十八条之四第一款或者专利法
第一百八十四条之四第一款的国际申请日经过一年三个月时的二
者中较迟的时间"。

第四十八条之十一 转换申请的特例

依专利法第一百八十四条之三第一款或者第一百八十四条之
二十第四款的规定被视为专利申请的国际申请转换为国际实用新
型登记申请的,该法第一百八十四条之六第二款的日文专利申请
必须依该法第一百八十四条之五第一款的规定办理手续,或者该
法第一百八十四条之四第一款的外文实用新型登记申请必须依该
款及该法第一百八十四条之五第一款的规定办理手续,并在缴纳
依该法第一百九十五条第二款的规定应缴纳的手续费之后(就依
该法第一百八十四条之二十第四款的规定被视为专利申请的国际
申请而言,在该款所规定的决定之后)方能进行。

第四十八条之十二 登记费缴纳期限的特例

关于国际实用新型登记申请第一年至第三年间各年份登记费
的缴纳,第三十二条第一款的"在实用新型登记申请的同时"修
改为"在第四十八条之四第一款规定的国内书面文件提出期限内
(提出该条第四款规定的国内处理的请求的,为提出该国内处理
的请求之前)"。

第四十八条之十三 实用新型技术评价请求期限的限制

关于国际实用新型登记申请的实用新型技术评价的请求,第

十二条第一款的"任何人"修改为"在第四十八条之四第四款规定的国内处理基准时后，任何人"。

第四十八条之十三之二　订正的特例

关于外文实用新型登记申请的第十四条之二第一款规定的订正，该条第三款的"请求书最初所附的说明书、实用新型权利要求书或者附图"为"第四十八条之四第一款的国际申请日的国际申请的说明书、权利要求书或者附图"。

第四十八条之十四　无效理由的特例

关于与外文实用新型登记申请有关的实用新型登记无效审判，第三十七条第一款第一项的"该实用新型登记基于不符合第二条之二第二款规定的要件而进行了修改的实用新型登记申请的"修改为"第四十八条之四第一款规定的与外文实用新型登记申请有关的实用新型登记的请求书中所附的说明书、实用新型权利要求书或者附图所记载的事项没有在该款规定的国际申请日中提交的国际申请的说明书、权利要求或者附图所记载事项的范围内的"。

第四十八条之十五　专利法之准用

专利法第一百八十四条之七（日文专利申请的、基于《条约》第十九条的修改）及第一百八十四条之八第一款至第三款（根据《条约》第三十四条的修改）的规定，准用于国际实用新型登记申请中根据条约的修改。此时，该法第一百八十四条之七第二款及第一百八十四条之八第二款的"第十七条之二第一款"修改为"实用新型法第二条之二第一款"。

专利法第一百八十四条之十一（在外者的专利管理人的特例）的规定，准用于国际实用新型登记申请的相关手续。

专利法第一百八十四条之九第六款及第一百八十四条之十四的规定，准用于国际实用新型登记申请。

第四十八条之十六　依决定被视为实用新型登记申请的国际申请

根据《条约》第二条（vii）提出国际申请的申请人，对《条约》第四条（1）（ii）的指定国中包括日本的国际申请（限于实用新型登记申请）由《条约》第二条（xv）的受理局进行《条约》第二十五条（1）（a）所规定的否决或者该条（1）（a）或者（b）所规定的宣言，或者由条约第二条（xix）的国际局进行条约第二十五条（1）（a）所规定的认定的，在经济产业省令规定的期限内，根据经济产业省令的规定，可以向特许厅长官提出旨在要求做该条（2）（a）所规定的决定的申诉。

就用外文撰写的国际申请提出前款的申诉的人，申诉时必须向特许厅长官提出说明书、权利要求书、附图（限于附图说明）、摘要及其他由经济产业省令规定的有关国际申请文件的日文译文。

当有第一款的申诉时，特许厅长官必须将该申诉有关的否决、宣言或者认定与《条约》及《专利合作条约实施细则》的规定进行对照，作出正当与否的决定。

依前款的规定特许厅长官将该款的否决、宣言或者认定与条约及《专利合作条约实施细则》的规定进行对照，作出其为不正当之决定的，该决定所涉及的国际申请应被认为是在未被否决、宣言或者认定的情况下承认为国际申请日提出的实用新型登记申请。

关于依前款之规定被视为实用新型登记申请的国际申请中有关手续的修改，第二条之二第一款但书的"实用新型登记申请的日期"为"根据第四十八条之十六第四款规定的决定之日"。

第四十八条之六第一款及第二款、第四十八条之七、第四十八条之八第三款、第四十八条之九、第四十八条之十第一款、第三款及第四款、第四十八条之十二至第四十八条之十四及专利法第一百八十四条之三第二款、第一百八十四条之九第六款、第一百八十四条之十二第一款及第一百八十四条之十四款的规定，准用于依第四款之规定被认为是实用新型登记申请的国际申请。在此情况下，与这些规定的准用有关的必要的技术修改，由政令规定。

第八章 杂 则

第四十九条 在实用新型登记簿上登记

下述事项须登记在特许厅保存的实用新型登记簿上：

一、实用新型权的设定、转移、因信托而产生的变更、消灭、恢复或者处分限制；

二、专用实施权或者通常实施权的设定、保留、转移、变更、消灭或者处分限制；

三、以实用新型权、专用实施权或者通常实施权为标的的质权之设定、转移、变更、消灭或者处分限制。

实用新型登记簿的全部或者部分可用磁带（包括比照此方法能将一定事项切实记录保存之介质，下同）制作。

除本法规定之外，有关登记的必要事项由政令规定。

第五十条 实用新型登记证书的发放

当实用新型权的设定已经登记，或者已经作出第十四条之二第一款的订正的，特许厅长官向实用新型权人发放实用新型登记证书。

关于实用新型登记证书的再次发放，由经济产业省令规定。

第五十条之二 关于两项以上权利要求所涉及的实用新型登记或者实用新型权的特别规则

对于两项以上权利要求所涉及的实用新型登记或者实用新型权，关于本法第十二条第二款，本法第十四条之二第八款，根据本法第二十六条准用的专利法第九十七条第一款或者第九十八条第一款第一项，本法第三十四条第一款第三项，本法第三十七条第三款，根据本法第四十一条准用的专利法第一百二十五条，根据本法第四十一条（或者第四十五条第一款准用的专利法第一百七十四条第二款）准用的专利法第一百三十二条第一款，本法第四十四条，根据本法第四十五条第一款准用的专利法第一百七十六条，根据本法在第四十九条第一款第一项或者第五十三条第二款准用的专利法第一百九十三条第二款第四项规定的适用，视为按每项权利要求授予实用新型登记或者拥有实用新型权。

第五十一条 实用新型登记表示

实用新型权人、专用实施权人或者通常实施权人，根据经济产业省政令规定，必须努力在登记实用新型所涉及的物品或者在该物品的包装上，附上该物品为登记实用新型的表示（下称"实用新型登记表示"）。

第五十二条 禁止虚假表示

任何人不得进行下述行为：

一、在非登记实用新型物品或者其包装上附上实用新型登记表示或者容易与之混淆的表示的行为；

二、未获得实用新型登记的物品或者物品的包装上附上实用新型登记表示或者容易与之混淆的表示，转让、出租，或者以转让或者出租为目的的展示该物品的行为；

三、为使他人制造或者使用，或者为转让或者出租未获得实用新型登记等的物品，在广告上作出该物品与登记实用新型有关的表示，或者容易与之混淆的表示的行为。

第五十三条 实用新型公报

特许厅应当发行实用新型公报。

专利法第一百九十三条第二款（限于第四项至第六项，第八项及第九项之相关部分）之规定，准用于实用新型公报。

第五十四条 手续费

下述人员必须缴纳按政令根据实际成本规定的手续费：

一、根据第二条之五第一款准用的专利法第五条第一款的规定，本法第三十二条第三款的规定，或者根据本法第十四条之二第五款、第三十九条之二第四款、第四十五条第二款或者下条第五款准用的专利法第四条之规定请求期限延长的人，或者根据本法第二条之五第一款准用的专利法第五条第二款之规定请求变更日期的人；

二、依第十一条第二款准用的第三十四条第四款规定，申报继承的申请者；

三、实用新型登记证书的再发放请求者；

四、请求依第五十五条第一款准用的专利法第一百八十六条第一款规定的证明的请求者；

五、请求依第五十五条第一款准用的专利法第一百八十六条第一款规定，发给文件副本或者抄本的请求者；

六、依第五十五条第一款准用的专利法第一百八十六条第一款规定，请求阅览或者摘抄的请求者；

七、依第五十五条第一款准用的专利法第一百八十六条第一款规定，请求发给记载实用新型登记簿中用磁带制作部分所记录事项的文件的请求者。

在附表各栏列举的、必须各自在该表右栏所列举的金额范围内缴纳按政令规定的手续费者。

当根据这些规定应缴纳手续费者为国家时，前二款的规定不适用。

当实用新型权或者获得实用新型登记的权利为国家和国家以外者共有时，在所持份额确定的情况下，国家和国家以外者就自己的实用新型权或者获得实用新型登记的权利权根据第一款或者第二款的规定应缴纳的手续费（限于请求实用新型技术评价的手续费以外的根据政令规定的手续费），尽管有这些规定，所规定的手续费的金额与国家以外者所持份额的比例相乘所获的金额，为国家以外者必须缴纳的金额。

实用新型权或者获得实用新型登记的权利为国家和包含根据第八款的规定或者其他法令规定的请求实用新型技术评价的手续费的减轻或者免除（在以下本项中称为"减免"）者共有时，所持份额确定的情况下，这些人就自己的实用新型权或者获得实用新型登记的权利根据第二款的规定应缴纳请求实用新型技术评价的手续费，尽管有这些规定，国家以外的每个共有者按该项所规定的请求实用新型技术评价的手续费的金额（接受减免者为该减免后的金额）与所持份额的比例相乘所获的金额，为国家以外者必须缴纳的金额。

根据前两款的规定计算出的手续费的金额中有不满十日元的尾数的，舍去该尾数。

第一款及第二款的手续费的缴纳，根据经济产业省令的规定，必须以专利印花缴纳。但是，在经济产业省令另有规定的情况下，根据经济产业省令的规定，可以用现金缴纳。

当就自己的实用新型登记申请所涉及的实用新型或者登记实用新型请求实用新型技术评价的人是该实用新型登记申请所涉及的实用新型或者登记实用新型的发明人或者其继承人时，特许厅长官如果认定该请求实用新型技术评价的人因贫困而无能力缴纳根据第二款的规定应缴纳请求实用新型技术评价的手续费时，可以根据政令的规定，减轻或者免除该手续费。

第五十四条之二　手续费的返还

请求实用新型技术评价后，根据第十二条第七款的规定该请求被视为没有提出的，该请求人根据前条第二款规定所缴纳的实用新型技术评价请求手续费返还该人。

第三十九条之二的三款或者第五款规定的期限（该条第三款规定的期限根据该条第四款准用的专利法第四条的规定延长的，其延长后的期限）内该实用新型登记无效审判请求被撤回的，该请求人根据前条第二款规定所缴纳的审判请求手续费返还该人。

在从实用新型登记无效审判请求被撤回之日起超过六个月后，不能根据前款的规定请求手续费返还。

实用新型登记无效审判的参加人从接到第三十九条第五款规定的通知后起三十日以内撤回其所参加的申请时，该参加人根据前条第二款规定所缴纳的参加申请之手续费，也可以应该人的请求予以返还。

《专利法》第四条准用于前款规定的期限，在这种情况下，该条的"特许厅长官"改读为"审判长"。

实用新型登记无效审判的参加人因不可归责之理由在第四款规定的期限内无法撤回其所参加的申请时，从其理由消除之日起十四天内（在国外者，两月内），在其期限过后六个月以内撤回申请的，不受此款规定的限制，该请求人根据前条第二款规定所缴纳的参加申请的手续费返还该人。

从参加人撤回其所参加的申请之日超过六个月后，不能请求根据第四款及前款规定的手续费返还。

实用新型登记无效审判的参加人没有撤回其所参加的申请，在第四款或者第六款规定的期限（第四款规定的期限根据第五款准用的专利法第四条的规定延长的，其延长后的期限）内该实用新型登记无效审判请求被撤回的，该参加人根据前条第二款规定所缴纳的参加申请手续费应该人的请求返还。但按照第四十一条准用的该法第一百四十八条第二款规定接着进行审判程序的除外。

从撤回实用新型登记无效审判请求之日起超过一年后，不能根据前款的规定请求手续费返还。

依缴纳者之请求，返还多缴或者错缴的手续费。

依前款规定之手续费的返还，自缴纳之日起经过一年之后，不得提出请求。

第五十五条 专利法的准用

专利法第一百八十六条（证明等的请求）准用于实用新型登记。在此情况下，将该条第三款中的"通常实施权或者临时通常实施权"改读为"通常实施权"，将"对于通常实施权可能危害专利权人、专用实施权人或者通常实施权人的利益的、落入政令规定之信息，对于临时通常实施权可能危害获得专利的权利人、临时专用实施权人或者临时通常实施权人的利益的、落入政令规定之信息"改读为"可能危害实用新型权人、专用实施权人或者通常实施权人的利益的、落入政令规定之信息"。

专利法第一百八十九条至第一百九十二条（送达）准用于本法规定的送达。

专利法第一百九十四条准用于手续。在该情况下，该条第二款的"审查"修改为"实用新型法第二十条第一款规定的实用新型技术评价"。

专利法第一百九十五条之三规定准用于本法或者基于本法的命令规定的处理。

专利法第一百九十五条之四（根据行政不服审查法，对不服申诉的限制）准用于根据本法进行的审判决定及审判请求或者重审请求不予受理的决定，以及根据本法不能进行不服申诉的处理。

第九章　罚　则

第五十六条　侵害罪

侵害实用新型权或者专用实施权的人，判五年以下徒刑或者五百万日元以下罚金，或者两者并判。

第五十七条　诈骗行为罪

因诈骗行为而获得实用新型登记或者审判决定者，判一年以下徒刑或者一百万日元以下罚金。

第五十八条　虚假表示罪

违反第五十二条规定者，判一年以下徒刑或者一百万日元以下罚金。

第五十九条　伪证等罪

依本法的规定进行宣誓的证人、鉴定人或者翻译人向特许厅或者受其委托的法院作出虚假的陈述、鉴定或者翻译的，判三个月以上十年以下徒刑。

犯有前款之罪者在案件的判决书副本送达或者审判决定生效之前坦白的，可以减刑或者免刑。

第六十条　泄密罪

特许厅的职员或者在其岗位者泄漏或者盗用因其职务得知的实用新型登记申请中关于实用新型的秘密的，判一年以下徒刑或者五十万日元以下罚金。

第六十条之二　违反保密命令罪

违反第三十条准用的专利法第一百零五条第一款规定的命令的人，判五年以下徒刑或者五百万日元以下罚金，或者两者并判。

对前款之罪，如无起诉不能提起公诉。

第一款之罪，适用于在日本之外犯有该款之罪者。

第六十一条　两罚规定

法人的代表人，或者法人或者公民的代理人、使用人及其他从业者，就该法人或者公民的业务作出下述各项规定的违反行为的，除对行为者进行处罚外，对该法人判处按该各项规定的罚金，对该公民判处本条各项的罚金刑：

一、违反第五十六条或者前条第一款的规定的，判处三亿日元以下的罚金；

二、违反第五十七条或者第五十八条的规定的，判处三千万日元以下的罚金。

在前款的情况下，对该行为者依前条第二款的起诉对该法人或者公民也有效，对该法人或者公民的起诉对该行为者也有效。

依第一款的规定就第五十六条或者前条第一款的违反行为对法人或者公民判处罚金的时效期限依据对这些规定的罪的时效期限。

第六十二条　罚金

依照本法第二十六条准用的专利法第七十一条第三款、本法第四十一条，或者本法第四十五条第一款准用的专利法第一百七十四条第二款分别准用的该法第一百五十一条准用的民事诉讼法第二百零七条第一款的规定进行宣誓者，向特许厅或者受其委托的法院作出虚假陈述的，判处十万日元以下罚金。

第六十三条　依本法规定受到特许厅或者受其委托法院的传唤的人，无正当理由而不出庭，或者拒绝宣誓、陈述、证言、鉴定或者翻译的，判处十万日元以下罚金。

第六十四条 关于调查证据或者保全证据，依本法规定被特许厅或者受其委托的法院命令提出或者出示文件及其他物件者，无正当理由而不服从该命令的，判十万日元以下的罚金。

附 则

本法的施行日期，以法律另行规定。

附表（与第五十四条有关）

	必须缴纳手续费的人	金 额
一	提出实用新型登记申请之人	一万四千日元/每件
二	根据第四十八条之五第一款之规定应进行手续者	一万四千日元/每件
三	第四十八条之十六第一款之规定提出申诉的人	一万四千日元/每件
四	请求实用新型技术评价的人	四万二千日元/每件，并增加每一个实用新型权利要求一千日元
五	对说明书、实用新型权利要求书或附图进行订正的人	一千四百日元/每件
六	根据第二十六条准用的根据第七十一条第一款之规定请求判定的人	四万日元/每件
七	请求进行裁定的人	五万五千日元/每件
八	请求撤销裁定的人	二万七千五百日元/每件
九	提出审判请求或重审请求的人	四万九千五百日元/每件，并增加每一个实用新型权利要求五千五百日元
十	申请参加审判或重审的人	五万五千日元/每件

日本外观设计法[1]

(1959 年 4 月 13 日法律第 125 号，
2008 年 4 月 18 日第 16 号法律最后修改)

目　录

第一章　总　则

第一条　目的

本法之目的在于通过保护和应用外观设计，以鼓励外观设计

---

[1]　根据日本总务省行政管理局网站（http：//law. e-gov. go. jp/cgi-bin/idxsearch. cgi）提供的日文版翻译。翻译：韩艳梅、蒋春霞；校对：郝庆芬、双田飞鸟。

创作，进而推动产业的发展。

第二条 定义等

本法所称"外观设计"，是指能够引起视觉上美感的物品（含物品的构成部分，除第八条外，下同）的形状、图案、色彩或者其结合。

在前款中，物品的构成部分的形状、图案、色彩或者其结合包括用于物品的操作（仅限于为了使该物品可发挥其功能的状态进行的操作）并且在该物品上或者在与该物品一体使用的物品上的表示的图像。

本法所称的外观设计的"实施"，是指外观设计所涉及的物品的制造、使用、转让、出租、出口、进口、许诺转让或者许诺出租（包括以转让或者出租为目的的展示，下同）行为。

本法所称的"登记外观设计"是指已获得外观设计登记的外观设计。

第二章 外观设计登记和外观设计登记申请

第三条 外观设计登记的要件

作出了可以在工业上利用之外观设计的人，除下述外观设计之外，均可就其外观设计获得外观设计登记：

一、外观设计登记申请之前在日本国内或者外国已公知的外观设计；

二、外观设计登记申请前在日本国内或者外国所发行的刊物上已有记载的外观设计或者公众通过电信线路可获知的外观设计；

三、与前两款所列外观设计类似的外观设计。

外观设计登记申请之前，具备该外观设计所属技术领域的普通知识者根据在日本国内或者外国已公知的形状、图案、色彩或者其结合能容易地作出该外观设计的，尽管有前款正文之规定，也不能就其外观设计（前款各项所列者除外）获得外观设计登记。

第三条之二

外观设计登记申请所涉及的外观设计，与在其申请日前提交的，并且在其申请后根据第二十条第三款或者第六十六条第三款的规定在外观设计公报上刊载的其他外观设计登记申请（在本条中，下称"在先外观设计登记申请"）的请求书的记载及请求书所附的图片、照片、模型或者样品所表现的外观设计的一部分相同或者类似时，不拘前条第一款的规定，不能获得外观设计登记。但是，当外观设计登记申请的申请人与上述在先外观设计登记申请的申请人为同一人、根据第二十条第三款的规定刊载在先外观设计登记申请的外观设计公报（依该条四款的规定刊载该条三款四项事项的除外）的发行日前提出该外观设计登记申请的，则不受此限。

第四条　外观设计新颖性丧失的例外

违背有权获得外观设计登记的人之意图，造成外观设计落入第三条第一款第一项或者第二项时，有权获得外观设计登记的人就该外观设计在落入之日起六个月以内提出外观设计登记申请的，在适用该条第一款及第二款时，其外观设计视为不落入该条第一款第一项或者第二项之规定。

因有权获得外观设计登记的人的行为，造成外观设计落入第三条第一款第一项或者第二项时，有权获得外观设计登记的人就该外观设计在落入之日起六个月以内提出外观设计登记申请时，该条第一款及第二款的适用也与前款相同。

欲适用前款之规定者必须在外观设计登记申请的同时向特许厅长官提交要求适用之文件，并且应当在外观设计登记申请之日起三十日之内向特许厅长官提交落入第三条第一款第一项或者第二项的外观可以适用前款规定的证明文件。

第五条　不能授予外观设计登记的外观设计

下列外观设计，尽管有第三条之规定，也不能获得外观设计登记：

一、有害于公共秩序或者善良风俗的外观设计；

二、有与他人业务相关物品发生混淆之虞的外观设计；

三、仅由为确保物品功能而不可欠缺的形状构成的外观设计。

第六条 外观设计登记申请

欲申请外观设计登记者，必须向特许厅长官提交记述有下述事项的请求书，并附以记载有欲获得外观设计登记的外观设计的图片：

一、外观设计登记申请人的姓名或者名称，以及住所或者居所；

二、外观设计创作者的姓名，以及住所或者居所；

三、外观设计涉及物品。

在经济产业省令有规定时，可以提交表现外观设计的照片、模型或者样品，以此替代前款规定的图片。在此情况下，必须在请求书中记载照片、模型或者样品的类型。

具有该外观设计所属领域的普通知识者，通过对第一款第三项的外观设计涉及物品的记载，或者请求书中所附的图片、照片或者模型，不能理解该外观设计涉及物品的材质或者大小，从而不能识别该外观设计的，必须在请求书中记载该外观设计涉及物品的材质或者大小。

外观设计涉及物品的形状、图案或者色彩因该物品具有的功能发生变化的，就变化前后该物品的形状、图案或者色彩或者其结合申请外观设计登记的，应在请求书中记载该情况及物品功能的说明。

在依第一款或者第二款的规定提交的图片、照片或者模型上附有该外观设计的色彩时，白色或者黑色的部分，可以省略着色。

依前款规定省略着色的，应在请求书中记载该内容。

在依第一款规定在提交的图片上记载外观设计，或者依第二款规定在提交的照片或者模型上表示外观设计的，如果该外观设计涉及物品的全部或者部分是透明的，应在请求书中记载该内容。

第七条 一外观设计一申请

外观设计登记申请，必须按照由经济产业省令确定的物品的分类，就每一外观设计分别提出。

第八条 成套物品的外观设计

构成同时使用的两个以上且符合经济产业省令规定的物品（下称"成套物品"）所涉及的外观设计，作为成套物品的整体，可以作为一项外观设计提出申请获得外观设计登记。

第九条 在先申请

对于相同或者类似的外观设计，在不同日期提出两项以上的外观设计登记申请的，只有最先提出外观设计登记申请的人才能就其外观设计获得外观设计登记。

对于相同或者类似的外观设计，在同一日期提出两项以上的外观设计登记申请的，只能由外观设计登记申请人协商决定的一个外观设计登记申请人获得外观设计登记。如协商不成立，或者不能协商，各方均不能获得外观设计权。

外观设计登记申请被放弃、撤回，或者被不予受理，或者就外观设计登记申请作出的驳回审查决定或者作出的审判决定已生效的，关于前二款规定的适用，视为该外观设计登记申请自始不存在。但当该外观设计登记申请因落入前款后段之规定，驳回审查决定或者审判决定生效的，则不在此限。

既不是外观设计创作者也不是获得外观设计登记的权利之承继人提出了外观设计登记申请的，关于第一款或者第二款规定之适用，将该申请不视为外观设计登记申请。

在第二款之情形下，特许厅长官必须指定相应的期限，命令申请人进行该款规定之协商，并申报结果。

在根据前款之规定所指定的期限内没有提交该款所规定的申报的，特许厅长官可将其视为第二款之协商不成。

第九条之二 请求书的记载或者图片等的修改及要旨变更

对请求书的记载（第六条第一款第一项及第二项记载的事项以及该条第二款规定的记载事项除外，第十七条之二第一款及第二十四条第一款中亦同）或者请求书所附的图片、照片、模型或者样品所作的修改变更了其要旨，而在外观设计权登记后被认可的，其外观设计登记申请视为就修改提交手续修改书时提出。

第十条 关联外观设计

与从自己申请登记的外观设计中或者从自己的登记外观设计中选择出的一项外观设计（下称"本外观设计"）类似的外观设计（下称"关联外观设计"），仅在该关联外观设计的外观设计登记申请日〔若是依第十五条准用的专利法（1959 年第一百二十一号法律）第四十三条第一款或者第四十三条之二第一款或者第二款规定，主张优先权的外观设计登记申请的，该申请日是最初申请或者依 1900 年 12 月 14 日于布鲁塞尔、1911 年 6 月 2 日于华盛顿、1925 年 11 月 6 日于海牙、1934 年 6 月 2 日于伦敦、1958 年 10 月 31 日于里斯本及 1967 年 7 月 14 日于斯德哥尔摩修改的关于保护工业产权的 1883 年 3 月 20 日巴黎公约第四条 C（4）规定视为最初申请的申请，或者依该条 A（2）规定认定为最初申请的申请之日，以下本款亦同〕在本外观设计的外观设计登记申请日以后，并且在根据第二十条第三款的规定刊载该本外观设计的登记申请的外观设计公报（根据该条第四款的规定刊载该条三款第四项事项除外）的发行日之前的情况下，才可不受第九条第一款或者第二款规定的限制，可以获得外观设计登记。

当就本外观设计的外观设计权设定了专用实施权时，本外观设计的关联外观设计，不拘前款之规定，不能获得外观设计登记。

仅与按第一款的规定可以获得外观设计登记的关联外观设计类似的外观设计不可以获得外观设计登记。

本外观设计有两个以上的关联外观设计的，对于这些关联外观设计，不适用第九条第二款的规定。

第十条之二　外观设计登记申请的分案

仅限于审查、审判或者重审在特许厅处理之中的情况下，外观设计登记申请人可将包含了两项以上外观设计的外观设计登记申请之一部分作为一件或者两件以上的新的外观设计登记申请提出。

有依前款规定的外观设计登记申请的分案申请时，新的外观设计登记申请可视为在原外观设计登记申请时提出。但是，第四条第三款、第十五条第一款准用的专利法第四十三条第一款及第二款（包括第十五条第一款准用的该法第四十三条之二第三款准用的情况）规定的适用，则不在此限。

提出第一款所规定的新的外观设计登记申请时，原外观设计登记申请提交的书面文件或者文件中，根据第四条第三款、第十五条第一款准用的专利法第四十三条第一款及第二款（包括第十五条第一款准用的该法第四十三条之二第三款准用的情况）之规定必须提交的文件被视为在该新的外观设计登记申请提出同时向特许厅长官提出。

第十一条　已删除

第十二条　已删除

第十三条　申请的转换

专利申请人可以将其专利申请转换为外观设计登记申请。但是，驳回该专利申请的审查决定副本送达之日起经过三个月后的除外。

实用新型登记申请人可以将其实用新型登记申请转换为外观设计登记申请。

当根据专利法第四条之规定，该法第一百二十一条第一款所规定的期限得以延长的，第一款但书所规定的期限以被延长的期限为限，视为被延长。

根据第一款或者第二款之规定对申请做了转换的，原申请则视为撤回。

专利申请人，当就该专利申请有享有临时专用实施权或者登记的临时通常实施权的人时，仅限于得到这些人的承诺的情况，可以根据第一款之规定进行申请转换。

第十条之二第二款及第三款准用于依第一款或者第二款之规定转换申请时。

第十三条之二 与基于《专利合作条约》的国际申请有关的申请转换的特例

关于依专利法第一百八十四条之三第一款或者第一百八十四条之二十第四款的规定被视为专利申请的国际申请转换为外观设计登记申请，只能在依照该法第一百八十四条之六第二款的日文专利申请依该法第一百八十四条之五第一款的规定办理手续，或者该法第一百八十四条之四第一款的外文专利申请依该款及该法第一百八十四条之五第一款的规定办理手续，并缴纳依该法第一百九十五条第二款的规定应缴纳的手续费之后（就依该法第一百八十四条之二十第四款的规定被视为专利申请的国际申请而言，在该款所规定的决定之后）方能进行。

关于依实用新型法（1959年第一百二十三号法律）第四十八条之三第一款或者第四十八条之十六第四款的规定被视为实用新型登记申请的国际申请转换为外观设计登记申请，只能在依照该法第四十八条之五第四款的日文实用新型登记申请依该条第一款的规定办理手续，或者该法第四十八条之四第一款的外文实用新型登记申请依该款及该法第四十八条之五第一款的规定办理手续，并缴纳依该法第五十四条第二款的规定应缴纳的手续费之后（就依该法第四十八条之十六第四款的规定被视为实用新型登记申请的国际申请而言，在该款所规定的决定之后）方能进行。

第十四条 秘密外观设计

外观设计登记申请人可指定自外观设计权的设定登记之日起三年以内的期间，请求在该期间内对其外观设计保密。

欲提出前款规定的请求者，必须在提交外观设计登记申请的同时或者在缴纳第四十二条第一款规定的第一年登记费的同时，向特许厅长官提出记载下列事项的书面文件：

一、外观设计登记申请人的姓名或者名称，以及住所或者居所；

二、请求保密的期间。

外观设计登记申请人或者外观设计权人，可以请求延长或者缩短第一款规定的请求保密的期间。

特许厅长官在存在以下各项之一的情形时，应向外观设计权人以外的人出示依第一款规定已请求保密的外观设计：

一、已得到外观设计权人的许可的；

二、对于该外观设计或者与该外观设计相同或者类似的外观设计的审查、审判、重审或者诉讼的当事人或者参加人提出请求的；

三、法院提出请求的；

四、利害关系人通过向特许厅长官提交记载外观设计权人的姓名或者名称以及登记号的书面文件及其他由经济产业省令确定的书面文件从而提出出示请求的。

第十五条 专利法的准用

专利法第三十八条（共同申请）、第四十三条第一款至第四款（根据《巴黎公约》主张优先权之手续）及第四十三条之二（根据《巴黎公约》之例主张优先权）的规定，准用于外观设计登记申请。在这种情况下，该法第四十三条第二款的"自下述各项所规定的日期之最先日起至一年四个月"改读为"自外观设计登记申请之日期起至三个月"。

专利法第三十三条第一款到第三款与第三十四条第一款、第二款及第四款至第七款（获得专利的权利）的规定，准用于获得外观设计登记的权利。

专利法第三十五条（临时专用实施权所涉及的部分除外）（职务发明）的规定，准用于从业者、法人的干部、国家公务人员或者地方公务人员所做的外观设计。

第三章 审 查

第十六条 审查员的审查

特许厅长官必须令审查员审查外观设计登记申请。

第十七条 驳回决定

当外观设计登记申请落入以下各项之一时，审查员必须就该外观设计登记申请作出驳回审查决定：

一、根据第三条、第三条之二、第五条、第八条、第九条第一款或者第二款、第十条第一款至第三款、第十五条第一款准用的专利法第三十八条、第六十八条第三款准用的专利法第二十五条的规定，外观设计登记申请所涉及的外观设计为不能授予外观设计权的外观设计的；

二、根据条约之规定，外观设计登记申请所涉及的外观设计不能获得外观设计登记的；

三、外观设计登记申请不符合第七条所规定的要件的；

四、外观设计登记申请人并非外观设计创作者，而又没有继承该外观设计的获得外观设计登记的权利的。

第十七条之二 修改的不予受理

对请求书的记载、请求书所附的图片、照片、模型或者样品所做的修改变更了其要旨时，审查员应当以决定的形式不受理其修改。

依前款规定作出的不予受理决定，必须以文件形式作出，而且应当附上理由。

依第一款的规定作出不予受理决定的，自决定的副本送达之日起至经过三个月的期间，不得对该外观设计登记申请作出审查决定。

外观设计登记申请人对第一款规定的不予受理决定请求不服修改不予受理的审判的，审查员必须在不服修改不予受理审判的审判决定生效之前，中止对外观设计登记申请的审查。

第十七条之三 对于修改后的外观设计的新申请

外观设计登记申请人，在前条第一款规定的不予受理决定副本送达之日起三个月以内，对其修改后的外观设计提出新的外观设计登记申请的，该外观设计登记申请视为在就其修改提出手续修改书时提出。

根据前款之规定提出新的外观设计登记申请的，原申请视为撤回。

只有在提出外观设计登记申请的同时，外观设计登记申请人就第一款规定的新的外观设计登记申请，向特许厅长官提交记载欲适用该款规定的书面文件的情况下，前两款的规定方可以适用。

第十七条之四

特许厅长官可应请求或者依职权，为偏远地区或者交通不便地区者延长前条第一款所规定的期限。

审判长可应请求或者依职权，为偏远地区或者交通不便地区者延长准用于第五十条第一款（包括第五十七条第一款所规定之准用的情况）的前条第一款所规定的期限。

第十八条 外观设计登记的审查决定

审查员就外观设计登记申请未发现驳回理由的，必须作出授权的审查决定。

第十九条 专利法的准用

专利法第四十七条第二款（审查员的资格）、第四十八条（审查员的除斥）、第五十条（驳回理由的通知）、第五十二条（审查决定之形式）及第五十四条（与诉讼之关系）的规定，准用于外观设计登记申请的审查。

第四章　外观设计权

第一节　外观设计权

第二十条 外观设计权的设定登记

外观设计权依设定登记而产生。

当缴纳了第四十二条第一款第一项规定的第一年的登记费时，进行外观设计权的设定登记。

进行前款登记时，必须在外观设计公报上刊载下述事项：

一、外观设计权人的姓名或者名称，以及住所或者居所；

二、外观设计登记申请的申请号及申请日；

三、登记号及设定登记的年、月、日；

四、请求书及请求书所附的图片、照片、模型或者样品的内容；

五、除上述各项之外的必要事项。

对于依第十四条第一款的规定请求进行保密的外观设计，在第十四条第一款规定的指定期限经过后，不拘该款之规定，及时刊载前款第四项中所列事项。

第二十一条 存续期限

外观设计权（关联外观设计的外观设计权除外）的存续期限，自设定登记之日二十年终止。

关联外观设计权的存续期限，自本外观设计的外观设计权的设定登记之日起二十年终止。

第二十二条 关联外观设计的外观设计权的转移

本外观设计与关联外观设计的外观设计权，不能分开转移。

本外观设计的外观设计权依第四十四条第四款的规定消灭时、无效审判决定生效时，或者被放弃时，该本外观设计的关联外观设计的外观设计权，不能分开转移。

第二十三条 外观设计的效力

外观设计权人专有以经营活动为目的实施登记外观设计及与其类似的外观设计的权利。但是，在其外观设计权上设定专用实施权时，专用实施权人专有的实施登记外观设计及与其类似的外观设计的权利范围，不在此限。

第二十四条 登记外观设计的范围等

登记外观设计的范围，必须根据请求书的记载及请求书所附的图片中记载的，或者由请求书所附的照片、模型或者样品表现的外观设计确定。

登记外观设计与其他外观设计是否类似的判断根据需要者的视觉引起的美感进行。

第二十五条

对于登记外观设计及与其类似的外观设计的范围，可以请求特许厅判定。

在依前款规定提出请求的情况下，特许厅长官必须指定三名审判员进行判定。

专利法第七十一条第三款及第四款的规定，准用于第一款的判定。

第二十五条之二

法院委托对登记外观设计及与其类似的外观设计的范围进行鉴定的，特许厅长官必须指定三名审判员进行鉴定。

专利法第七十一条之二第二款的规定，准用于前款的委托鉴定。

第二十六条　与他人的登记外观设计等的关系

当登记外观设计的实施将利用外观设计登记申请日前的申请所涉及的他人的登记外观设计或者与其类似的外观设计、专利发明或者登记实用新型的，或者其外观设计权中的登记外观设计所涉及的部分与外观设计登记申请日前的申请所涉及的他人的专利权、实用新型权、商标权或者其外观设计登记申请之日前产生的他人的著作权相抵触的，外观设计权人、专用实施权人或者通常实施权人不得以经营活动为目的实施该登记外观设计。

当与登记外观设计类似的外观设计的实施将利用外观设计登记申请日前的申请所涉及的他人的登记外观设计或者与其类似的外观设计、专利发明或者登记实用新型的，或者其外观设计权中的与登记外观设计类似的外观设计所涉及的部分与外观设计登记申请日前的申请所涉及的他人的外观设计权、专利权、实用新型权、商标权或者其外观设计登记申请之日前产生的他人的著作权相抵触的，外观设计权人、专用实施权人或者通常实施权人不得以经营活动为目的实施与该登记外观设计类似的外观设计。

第二十七条 专用实施权

外观设计权人可以就外观设计权设定专用实施权。但是，对本外观设计或者关联外观设计的外观设计权设定专用实施权时，只有就本外观设计和全部关联外观设计的外观设计权对同一人同时设定的，方可以设定。

专用实施权人在设定行为规定的范围内专有以经营活动为目的实施登记外观设计或者与登记外观设计类似的外观设计的权利。

本外观设计的外观设计权依第四十四条第四款的规定消灭的、无效审判决定生效的，或者被放弃的，该本外观设计的关联外观设计的外观设计权的专用实施权，只有就全部关联外观设计的外观设计权对同一人同时设定的，方可以设定。

专利法第七十七条第三款至五款（转让等）、第九十七条第二款（放弃）与第九十八条第一款第二项及第二款（登记的效果）的规定，准用于专用实施权。

第二十八条 通常实施权

外观设计权人可以就外观设计权对他人授予通常实施权。

通常实施权人在依本法规定或者设定行为规定的范围内享有以经营活动为目的实施登记外观设计或者与其类似的外观设计的权利。

专利法第七十三条第一款（共有）、第九十七条第三款（放弃）及第九十九条（登记的效果）的规定，准用于通常实施权。在此情况下，该条第二款的"第七十九条"改读为"外观设计法第二十九条或者第二十九条之二"。

第二十九条 先使用的通常实施权

因不知外观设计登记申请所涉及的外观设计而自己创作出该

外观设计或者与其类似的外观设计，或者因不知外观设计登记申请所涉及的外观设计而从创作出该外观设计或者与其类似的外观设计的人处得知，在外观设计登记申请时〔根据第九条之二的规定或者依第十七条之三第一款（包括第五十条第一款（包括第五十七条第一款中准用的情况）中准用的情况）的规定，该外观设计登记申请视为提交手续修改书时提出的，为原外观设计登记申请时或者提交手续修改书时〕已经在日本国内以实施该外观设计或者与其类似的外观设计为业务的人或者正在准备进行该项业务的人，在已经实施或者准备实施外观设计及业务的目的范围内，就外观设计登记申请所涉及的外观设计权享有通常实施权。

第二十九条之二 因在先申请产生的通常实施权

因不知外观设计登记申请所涉及的外观设计而自己创作出该外观设计或者与其类似的外观设计，或者因不知外观设计登记申请所涉及的外观设计而从创作出该外观设计或者与其类似的外观设计的人处得知该外观设计，在外观设计权的设定登记时已经在日本国内以实施该外观设计或者与其类似的外观设计为业务的人或者正在准备进行该项业务的人（符合前条规定者除外），仅在符合下列各项规定之一的情况下，在已经实施或者准备实施外观设计及业务的目的范围内，就外观设计登记申请所涉及的外观设计权享有通常实施权：

一、在该外观设计登记申请日前，自己就外观设计或者与其类似的外观设计进行外观设计登记申请，而以实施该外观设计登记申请所涉及的外观设计为业务的人或者正在准备进行该项业务的人；

二、就前项自己提交的外观设计登记申请，因外观设计登记申请所涉及的外观设计落入第三条第一款各项之一的规定而予以驳回的审查决定或者生效审判决定的人。

第三十条 无效审判请求登记前基于实施的通常实施权

落入下述各项之一者，在外观设计登记无效审判请求登记前，不知道外观设计登记落入第四十八条第一款各项之一所规定的要件，在日本国内以实施该项外观设计或者与其类似的外观设计为业务的人或者准备从事该项业务的人，在其实施或者准备实施外观设计及业务的目的范围内，对外观设计权或者外观设计登记无效时已经存在的专用实施权享有通常实施权：

一、在同一或者类似的外观设计的两个以上的外观设计登记中，其中之一被无效时的原外观设计权人；

二、外观设计登记无效后，就同一或者类似的外观设计将外观设计登记给予合法权利人时的原外观设计权人；

三、在前两项情况下，外观设计登记无效审判请求登记时，对已经无效的外观设计登记所涉及的外观设计权享有专用实施权的人，或者对该外观设计权或者专用实施权享有第二十八条第三款准用的专利法第九十九条第一款之效力的通常实施权的人。

外观设计权人或者专用实施权人享有从依前款规定具有通常实施权的人处获得相应的对价的权力。

第三十一条 外观设计权等存续期限届满后的通常实施权

外观设计登记申请日前或者与之同日提交的另一外观设计登记申请所涉及的外观设计权（与该另一登记外观设计类似的外观设计所涉及的部分）与该外观设计登记申请所涉及的外观设计权相抵触的情况下，该另一外观设计权存续期限届满时，该另一外观设计权人在该另一外观设计权的范围内，就该外观设计权或者该另一外观设计权存续期限届满时已存在的对该外观设计权享有的专用实施权，享有通常实施权。

在外观设计登记申请日前或者与之同日提交的申请所涉及的专利权或者实用新型权与该外观设计登记申请的外观设计权相抵触的情况下，该专利权或者实用新型权存续期限届满时，准用前款的规定。

第三十二条

在外观设计登记申请日前或者与之同日提交的另一外观设计

登记申请所涉及的外观设计权（与另一登记外观设计类似的外观设计所涉及的部分）与该外观设计登记申请所涉及的外观设计权相抵触的情况下，该另一外观设计权存续期限届满时，就该另一外观设计权拥有专用实施权或者就其他外观设计权或者专用实施权拥有第二十八条第三款准用的专利法第九十九条第一款效力的通常实施权的人，在原权利的范围内，对于该外观设计权或者该另一外观设计权存续期限届满时已存在的对该外观设计权享有的专用实施权，享有通常实施权。

在外观设计登记申请日前或者与之同日提交的申请所涉及的专利权或者实用新型权与该外观设计登记申请的外观设计权相抵触的情况下，该专利权或者实用新型权存续期限届满时，准用前款的规定。

外观设计权人或者专用实施权人享有从依前两款规定具有通常实施权的人处接受相应的对价的权力。

第三十三条　通常实施权的设定裁定

当登记外观设计或者与其类似的外观设计落入第二十六条的规定时，就授予实施登记外观设计或者与其类似的外观设计的通常实施权或者专利权、实用新型权的通常实施权，外观设计权人或者专用实施权人可以请求与该条的他人进行协商。

被请求进行前款协商的第二十六条的他人，对于要求进行协商的外观设计权人或者专用实施权人，在这些人希望通过协商获得通常实施权或者专利权、实用新型权的通常实施权而拟实施的登记外观设计或者与其类似的外观设计的范围内，可以请求就通常实施权的许诺进行协商。

当第一款的协商不成立或者无法进行协商时，外观设计权人或者专用实施权人可以请求特许厅长官进行裁定。

当第二款的协商不成立或者无法进行协商的情况下，有前款之裁定请求时，第二十六条的他人依第七款准用的专利法第八十四条之规定，仅限特许厅长官指定的提出答辩书的期限内，可以请求特许厅长官裁定。

在第三款或者前款的情况下，通常实施权的设定不正当地侵害第二十六条的他人或者外观设计权人或者专用实施权人的利益时，特许厅长官不得作出设定通常实施权的裁定。

除前款规定的情况外，在第四款的情况下，当对第三款的裁定请求没有作出设定通常实施权的裁定的，特许厅长官不得作出设定通常实施权的裁定。

专利法第八十四条、第八十五条第一款及第八十六条至第九十一条之二（裁定的手续等）准用于第三款或者第四款的裁定。

第三十四条　通常实施权的转移等

除依前条第三款或者第四款、专利法第九十二条第三款、实用新型法第二十二条第三款裁定的通常实施权外，仅限通常实施权与实施的业务一起转移的情况、得到外观设计权人（系专用实施权的通常实施权时，为外观设计权人及专用实施权人）承诺的情况或者继承及其他概括继承的情况，可以进行转移。

除依前条第三款或者第四款、专利法第九十二条第三款、实用新型法第二十二条第三款裁定的通常实施权外，通常实施权人仅限在得到外观设计权人（系专用实施权的通常实施权时，为外观设计权人及专用实施权人）承诺的情况下，可以就通常实施权设定质权。

依前条第三款、专利法第九十二条第三款或者实用新型法第二十二条第三款裁定的通常实施权，当通常实施权人的外观设计权、专利权或者实用新型权与实施的业务一起转移时，该权随之转移；当外观设计权、专利权或者实用新型权与实施的业务分开转移时或者消灭时，该权随之消灭。

依前条第四款裁定的通常实施权，随通常实施权人的外观设计权、专利权或者实用新型权转移而转移，当外观设计权、专利权或者实用新型权消灭时，该权随之消灭。

第三十五条　质权

以外观设计权、专用实施权或者通常实施权为标的设定质权的，除合同另有约定的外，质权人不得实施该项登记外观设计或者与其类似的外观设计。

专利法第九十六条（物上代位）的规定，准用于以外观设计权、专用实施权或者通常实施权为标的的质权。

专利法第九十八条第一款第三项及第二款（登记的效果）的规定，准用于以外观设计权或者专用实施权为标的质权。

专利法第九十九条第三款（登记的效果）的规定，准用于以通常实施权为标的的质权。

第三十六条　专利法的准用

专利法第六十九条第一款及第二款（专利权的效力不涉及的范围）、第七十三条（共有）、第七十六条（无继承人时专利权的消灭）、第九十七条第一款（放弃）以及第九十八条第一款第一项和第二款（登记的效果）的规定，准用于外观设计权。

第二节　侵　权

第三十七条　停止侵害请求权

外观设计权人或者专用实施权人，对于侵害本人外观设计权或者专用实施权的人或者有侵害之可能的人，可以请求停止侵权或者请求预防侵权的发生。

外观设计权人或者专用实施权人在进行依前款规定之请求时，可以请求销毁构成侵权行为之产品（包括程序等是指专利法第二条第四款规定的程序等，在下条规定中相同。同下），清除用于侵权行为的设备及请求其他预防侵权所必要的行为。

根据第十四条第一款的规定要求进行保密的外观设计的外观设计权人或者专用实施权人，在就该外观设计出示经特许厅长官证明的记载第二十条第三款各项中所列各项内容的书面文件并提出警告之前，不能提出本条第一款规定的请求。

第三十八条 视为侵权的行为

下述行为视为侵害外观设计权或者专用实施权的行为：

一、以经营活动为目的，仅为登记外观设计或者与其类似的外观设计涉及物品的制造所使用之产品的生产、转让等（转让等指转让及出租，当该产品为程序等时，包括通过电信线路提供程序等的行为，下同）、进口、许诺转让等（包括以转让为目的的展示，下同）行为；

二、以经营活动为目的，为了转让、出租或者出口登记外观设计或者与其类似的外观设计所涉及之物品的行为。

第三十九条 损害额的推定等

在外观设计权人或者专用实施权人向由于故意或者过失侵害其外观设计权或者专用实施权的人请求赔偿其由于侵权所受到损害的情况下，该人转让构成侵权行为之产品的，对于所转让产品的数量（以下在本款中称为"转让数量"），可以将如果没有侵权行为外观设计权人或者专用实施权人可以销售产品的每单位数量的利润相乘后所得到的数额，在不超过符合外观设计权人或者专用实施权人的实施能力的限度内，作为外观设计权人或者专用实施权人所受损害的数额。但是，当存在转让数量的全部或者部分为外观设计权人或者专用实施权人所不能销售的事由时，应当扣除相当于该事由的数量的数额。

在外观设计权人或者专用实施权人向由于故意或者过失侵害其外观设计权或者专用实施权的人请求赔偿其由于侵权所受到损害的情况下，该人因侵权行为获利的，该获利额度推定为外观设计权人或者专用实施权人所受损害的额度。

对由于故意或者过失侵害外观设计权或者专用实施权的人，外观设计权人或者专用实施权人可以将相当于实施登记外观设计或者与其类似的外观设计所应当获得的数额的金钱，作为本人所受损害的额度请求赔偿。

前款规定不妨碍超过该款规定金额的损害赔偿请求。在这种情况下，侵害外观设计权或者专用实施权的人如无故意或者重大过失，法院在决定损害赔偿额度时可作为参考。

第四十条 过失的推定

侵害他人外观设计权或者专用实施权者，推定其对侵害行为有过失。但是，对于根据第十四条第一款规定要求保密的外观设计的外观设计权或者专用实施权的侵权，不在此限。

第四十一条 专利法的准用

专利法第一百零四条之二至第一百零五条之六（具体形态的明示义务、专利权人等行使权力的限制、文件的提出、计算损害的鉴定、相应损害额的认定、保密命令、保密命令的撤销、阅览诉讼记录等的请求通知等）以及第一百零六条（恢复信用的措施）准用于外观设计权或者专用实施权的侵害。

第三节　登记费

第四十二条 登记费

进行外观设计权的设定登记的人或者外观设计权人必须在第二十一条规定的存续期限届满前的各年度，按每件缴纳下列金额的登记费：

一、第一年至第三年：每年八千五百日元；

二、第四年至第十年：每年一万六千九百日元；

三、第十一年至第二十年：每年三万三千八百日元。

国有外观设计权不适用前款规定。

第一款的登记费，在外观设计权为国家与国家以外的人共有的情况下，当规定有所持份额时，尽管有第一款的规定，按照该款规定的登记费的金额乘以国家以外的人持有的份额比例计算得到的金额，作为国家以外的人必须缴纳的数额。

依前款规定计算出的登记费的金额出现不满十日元的尾数时，舍其尾数。

第一款登记费的缴纳，根据经济产业省令的规定必须使用专利印花。但是，经济产业省令另有规定时，根据经济产业省令的规定也可以使用现金缴纳。

第四十三条　登记费的缴纳期限

前条第一款第一项规定的第一年的登记费，必须在授权审查决定或者审判决定的副本送达之日起三十日内缴纳。

前条第一款规定的第二年以后的每年的登记费必须在上一年内缴纳。

特许厅长官依缴费者的请求可以三十日以内为限，延长第一款规定的期限。

第四十四条　登记费的补缴

在前条第二款规定的期限内未缴纳登记费的，即使超过了该期限，在超过期限后的六个月以内仍可补缴登记费。

依前款规定补缴登记费的外观设计权人，除依第四十二条第一款之规定必须缴纳的登记费外，还应缴纳与登记费等额的加价登记费。

根据经济产业省令的规定，缴纳前款加价登记费必须使用专利印花。但是，经济产业省令另有规定时，根据经济产业省令的规定也可以缴纳现金。

在第一款规定的可以补缴登记费的期限内，外观设计权人不缴纳该登记费及第二款规定的加价登记费的，该外观设计权视为在追溯到前条第二款规定的期限届满时消灭。

第四十四条之二　通过补缴登记费恢复外观设计权

依前条第四款的规定已被视为消灭的外观设计权的原外观设计权人，由于不可归责的理由在该条第一款规定的可以补缴登记费的期限内没有缴纳该条第四款的登记费及加价登记费的，自其理由消除之日起十四日（在外者为两个月）以内，以期限超过六个月以内为限，可以补缴登记费和加价登记费。

完成前款规定的登记费及加价登记费的补缴的，该外观设计权视为在追溯到第四十三条第二款规定的期限届满时继续存在。

第四十四条之三 恢复外观设计权之效力的限制

依前条第二款规定恢复外观设计权的，该外观设计权的效力不涉及第四十四条第一款规定的可以补缴登记费的期限届满后在外观设计权恢复登记前进口或者在日本国内制造或者取得的该登记外观设计或者与其类似的外观设计所涉及的物品。

依前条第二款的规定恢复的外观设计权的效力不涉及第四十四条第一款规定的可以补缴登记费期限届满后在外观设计权恢复登记前的下述行为：

一、该外观设计或者与其类似的外观设计的实施；

二、仅为登记外观设计或者与其类似的外观设计涉及物品的制造所使用之产品的生产、转让、进口、许诺转让等行为；

三、为了转让、出租或者出口而拥有登记外观设计或者与其类似的外观设计所涉及之物品的行为。

第四十五条 专利法的准用

专利法第一百一十条（由利害关系人缴纳登记费）与第一百一十一条第一款（第三项除外）及第二款（已缴纳外观设计登记费的返还）的规定，准用于登记费。

第五章 审 判

第四十六条 不服驳回审查决定审判

收到驳回审查决定的人，对该审查决定不服的，可自审查决定副本送达之日起三个月以内请求不服驳回审查决定的审判。

不服驳回审查决定审判的请求人由于不可归责的理由在前款规定的期限内不能提出请求的，尽管有该款的规定，仍可在其理由消除之日起十四日（在外者为两个月）以内，以期限经过后六个月以内为限，提出请求。

第四十七条 不服修改不予受理审判

收到第十七条之二第一款规定的不予受理决定的人，对该决定不服的，可自决定副本送达之日起三个月以内请求不服修改不予受理审判。但已提出第十七条之三第一款规定的新的外观设计登记申请的，不在此限。

前条第二款准用于不服修改不予受理审判的请求。

第四十八条　外观设计登记无效审判

外观设计登记落入下述各项之一的，可以就宣告外观设计登记无效请求外观设计登记无效审判：

一、外观设计登记不符合第三条、第三条之二、第五条、第九条第一款或者第二款、第十条第二款或者第三款、第十五条第一款中准用的专利法第三十八条，或者第六十八条第三款准用的专利法第二十五条之规定的；

二、外观设计登记不符合条约的；

三、外观设计登记基于非外观设计创作者且对外观设计没有继承获得外观设计登记的权利的人提出的外观设计登记申请的；

四、外观设计登记后，外观设计权人成为不能依第六十八条第三款准用的专利法第二十五条之规定享有外观设计权之人的，或者外观设计登记不符合条约时。

任何人都可以请求外观设计登记无效审判。但是，以外观设计登记落入前款第一项（仅限外观设计登记违反第十五条第一款中准用的专利法第三十八条之规定时）或者落入前款第三项为理由时，仅限利害关系人有权提出请求。

即使在外观设计权消灭之后也可提出外观设计登记无效审判请求。

当有外观设计登记无效审判请求时，审判长必须通知该外观设计权的专用实施权人及其他对外观设计登记享有登记了的权利的人。

第四十九条

外观设计登记无效的审判决定生效时，外观设计权视为自始不存在。但是，在外观设计登记落入前条第一款第四项的情况下，外观设计登记无效的审判决定生效时，外观设计权视为自外观设计登记落入该项之时起不存在。

第五十条 审查相关规定的准用

第十七条之二及第十七条之三准用于不服驳回审查决定审判。此时，第十七条之二第三款以及第十七条之三第一款的"三个月"改读为"三十日"；第十七条之二第四款的"请求不服修改不予受理审判的"改读为"提起第五十九条第一款之诉讼的"。

第十八条准用于不服驳回审查决定审判请求为有理由的情况。但根据第五十二条中准用的专利法第一百六十条第一款的规定作出应再次进行审查的审判决定的，不在此限。

专利法第五十条（驳回理由的通知）准用于在不服驳回审理决定审判中发现了与审查决定理由不同的驳回理由的情况。

第五十一条 不服修改不予受理审判的特别规定

在不服修改不予受理审判中，审查决定应该撤销的审判决定的判断，就该案件约束审查员。

第五十二条 专利法的准用

专利法第一百三十一条第一款及第二款、第一百三十一条之二（第二款第一项除外）至第一百三十四条、第一百三十五条至第一百五十四条、第一百五十五条第一款及第二款、第一百五十六条至第一百五十八条、第一百六十条第一款及第二款、第一百六十一条、第一百六十七条至第一百七十条（审判请求、审判员、审判程序、与诉讼的关系以及审判费用）准用于审判。在此情况下，该法第一百六十一条的"不服驳回审查决定审判"以及该法第一百六十九条第三款的"不服驳回审查决定审判和订正审判"改读为"不服驳回审查决定审判和不服修改不予受理审判"。

第六章　重审及诉讼

第五十三条 重审的请求

当事人或者参加人对生效的审判决定可以请求重审。

民事诉讼法（1996年第一百零九号法律）第三百三十八条第一款及第二款以及第三百三十九条（重审的理由）的规定，准用于前款的重审请求。

第五十四条

审判的请求人及被请求人以共谋而危害第三人的权利或者利益的目的使审判决定成立时，该第三人可以对该生效的审判决定请求重审。

前款的重审，必须将其请求人和被请求人作为共同被请求人提出请求。

第五十五条 通过重审恢复的外观设计权的效力限制

被判无效的外观设计登记相关的外观设计权通过重审恢复的，外观设计权的效力不涉及该审判决定生效后重审请求登记前善意地进口或者在日本内制造的或者已取得的该登记外观设计及与其类似的外观设计所涉及的物品。

被判无效的外观设计登记的外观设计权通过重审而恢复的，该外观设计权的效力不及于该审判决定生效后重审请求登记前的下述行为：

一、该外观设计或者与其类似的外观设计的善意实施；

二、仅为登记外观设计或者与其类似的外观设计涉及物品的制造所使用之产品的生产、转让等、进口、许诺转让等善意的行为；

三、为了转让、出租或者出口而善意地拥有登记外观设计或者与其类似的外观设计所涉及之物品的行为。

第五十六条

被判无效的外观设计登记相关的外观设计权通过重审恢复的，或者对于已作出应予驳回的审判决定的外观设计登记申请通过重审得以进行外观设计权的设定登记的，在审判决定生效后重审请求登记前善意地在日本内以实施该外观设计或者与其类似的外观设计为业务的人，或者准备从事这一业务的人，在其实施或者正在准备的外观设计及业务的目的的范围内，拥有该外观设计权的通常实施权。

第五十七条 审判规定的准用

第五十条第一款及第三款的规定，准用于针对不服驳回审查决定审判的生效审判决定的重审。

第五十一条的规定，准用于针对不服修改不予受理审判的生效审判决定的重审。

第五十八条 专利法的准用

专利法第一百七十三条及第一百七十四条第四款准用于重审。

专利法第一百三十一条第一款、第一百三十一条之二第一款正文、第一百三十二条第三款及第四款、第一百三十三条、第一百三十三条之二、第一百三十四条第四款、第一百三十五条至第一百四十七条、第一百五十条至第一百五十二条、第一百五十五条第一款、第一百五十六条至第一百五十八条、第一百六十条、第一百六十八条、第一百六十九条第三款至第六款及第一百七十条的规定，准用于针对不服驳回审查决定审判的生效审判决定的重审。在此情况下，该法第一百六十九条第三款的"不服驳回审查决定审判和订正审判"改读为"不服驳回审查决定审判"。

专利法第一百三十一条第一款、第一百三十一条之二第一款正文、第一百三十二条第三款及第四款、第一百三十三条、第一百三十三条之二、第一百三十四条第四款、第一百三十五条至第一百四十七条、第一百五十条至第一百五十二条、第一百五十五条第一款、第一百五十六条、第一百五十七条、第一百六十八条、第一百六十九条第三款至第六款及第一百七十条的规定，准用于针对不服修改不予受理审判的生效审判决定的重审。在此情况下，该法第一百六十九条第三款的"不服驳回审查决定审判和订正审判"改读为"不服修改不予受理审判"。

专利法第一百七十四条第二款的规定，准用于针对外观设计登记无效审判的生效审判决定的重审。

第五十九条　对审判决定等的诉讼

对审判决定的诉讼，对依据第五十条第一款（包括在第五十七条第一款的准用的情况）中准用的第十七条之二第一款的规定作出的不予受理决定提起的诉讼，及对审判或者对重审的请求书不予受理决定的诉讼，属于东京高等法院专属管辖。

专利法第一百七十八条第二款至第六款（起诉期限等）、第一百七十九条至第一百八十条之二（被告资格、出庭通知及撤销审判决定诉讼中特许厅长官的意见）、第一百八十一条第一款及第五款（审判决定或者决定的撤销）及第一百八十二条（裁判正本的寄送）的规定，准用于前款诉讼。

第六十条　对价额度之诉

收到第三十三条第三款或者第四款裁定的人，对该裁定所定的对价额度不服的，可以提出诉讼要求增减其金额。

专利法第一百八十三条第二款（起诉期限）及第一百八十四条（被告资格）之规定，准用于前款诉讼。

第六十条之二　不服申诉与诉讼的关系

专利法第一百八十四条之二（不服申诉与诉讼的关系）之规定，准用于要求撤销依本法或者基于本法之法令所规定的处理（第六十八条第七款所规定的处分除外）的诉讼。

第七章　杂　则

第六十条之三　手续上的修改

已办理了外观设计登记申请、请求及其他关于外观设计登记手续的，仅在案件处于审查、审判或者重审中的情况下，可进行修改。

第六十一条　在外观设计登记簿上登记

下述事项登记在特许厅保存的外观设计登记簿上：

一、外观设计权的设定、转移、因信托而产生的变更、消灭、恢复或者处分限制；

二、专用实施权或者通常实施权的设定、保留、转移、变更、消灭或者处分限制；

三、以外观设计权、专用实施权或者通常实施权为标的的质权之设定、转移、变更、消灭或者处分限制。

外观设计登记簿的全部或者部分可用磁带（包括比照此方法能将一定事项切实记录保存之介质，下同）制作。

除本法规定之外，有关登记的必要事项由政令规定。

第六十二条 外观设计登记证书的发放

当外观设计权的设定已经登记的，特许厅长官向外观设计权人发放外观设计登记证书。

关于外观设计登记证书的再次发放，由经济产业省令规定。

第六十三条 证明等的请求

任何人都可向特许厅长官请求发给有关外观设计登记的证明、文件的副本或者摘抄本，请求查阅或者复制文件、模型或者样品，请求发给记载了外观设计登记簿当中用磁带制作的部分所记录的事项的文件。但是，关于下述文件、模型或者样品，特许厅长官认为有必要保密时，不在此限：

一、尚未进行外观设计登记的请求书、请求书所附的图片、照片、模型、样品或者外观设计登记申请审查的相关文件；

二、根据第十四条第一款的规定申请保密的外观设计的有关文件、模型或者样品；

三、属于不服驳回审查决定审判或者不服修改不予受理审判的有关文件，且该案件涉及的外观设计登记申请尚未进行外观设计登记的；

四、外观设计登记无效审判或者该审判的生效审判决定的重审所涉及的文件，当事人或者参加人提出该文件记载有该当事人或者参加人保有的商业秘密［指反不正当竞争法（1993年第四十七号法律）第二条第六款规定的商业秘密］；

五、可能有害个人的名誉或者生活安定的文件；

六、可能有害公共秩序或者善良风俗的文件。

关于前款第一项至第五项所述文件、模型或者样品，特许厅长官接受该款正文之请求时，必须通知提出该文件、模型或者样品的人，并说明理由。

有关外观设计登记的文件及外观设计登记簿当中用磁带制作的部分，不适用于《有关行政机关所保有的信息的公开的法律》（1999年第四十二号法律）。

有关外观设计登记的文件及外观设计登记簿中用磁带制作的部分中记录的保有个人信息（是指《有关行政机关所保有的个人信息的保护的法律》（2003年第五十八号法律）第二条第三款规定的保有个人信息），不适用于该法第四章的规定。

第六十四条 外观设计登记表示

外观设计权人、专用实施权利人或者通常实施权利人，根据经济产业省令的规定，必须努力在登记外观设计或者与其类似外观设计所涉及的物品或者在该物品的包装上，附上该物品为登记外观设计或者与其类似外观设计的表示（下称"外观设计登记表示"）。

第六十五条 禁止虚假表示

任何人不得进行下述行为：

一、在未登记的外观设计或者与其类似外观设计物品或者其包装上附上外观设计登记表示或者容易与之混淆的表示的行为；

二、未登记的外观设计或者与其类似外观设计物品或者其包装上附上外观设计登记表示或者容易与之混淆的表示，转让、出租或者以转让或者出租为目的的展示该物品的；

三、为使他人制造或者使用，或者为转让或者出租未登记的外观设计或者与其类似外观设计物品，在广告上作出该物品为登记外观设计或者与其类似外观设计的表示，或者容易与之混淆的表示的行为。

第六十六条 外观设计公报

特许厅发行外观设计登记公报。

在外观设计登记公报上，除本法所规定的以外，必须登载下述事项：

一、外观设计权的消灭（存续期限已满和第四十四条第四款规定的除外）或者恢复（仅限于依第四十四条之二第二项的规定）；

二、审判或者重审的请求或者撤回、审判或者重审的生效审判决定（仅限于已进行外观设计权的设定登记者）；

三、裁定的请求或者撤回或者裁定；

四、关于第五十九条第一款之诉的生效判决（仅限于已进行外观设计权的设定登记或者已被申请公开者）。

除前款规定内容外，因落入第九条第二款后段规定的情况而对外观设计登记申请予以驳回的审查决定或者审判决定生效的，应在外观设计公报上登载下列关于该外观设计登记申请的事项。在此种情况下，若该外观设计登记申请中有根据第十四条第一款规定申请保密的外观设计登记申请的，应在予以驳回的审查决定或者审判决定的生效之日起该款规定的期限（申请保密的外观设计登记申请为两个以上时为其中最长的期限）届满后及时登载关于全部外观设计登记申请的第三项中所列的事项：

一、外观设计登记申请人的姓名或者名称，以及住所或者居所；

二、外观设计登记申请的申请号及申请年月日；

三、请求书及请求书附带的图片、照片、模型或者样品的内容；

四、前三项之外的必要事项。

第六十七条 手续费

下述人员必须缴纳政令根据实际成本规定的手续费：

一、依第十四条第四款的规定，要求出示外观设计的请求者；

二、依第十五条第二款中准用的专利法第三十四条第四款的规定，申报继承的申请者；

三、依第十七条之四、第四十三条第三款或者下条第一款准用的专利法第四条、第五条第一款之规定，延长期限的请求者，或者依下条第一款准用的专利法第五条第二款之规定的日期变更的请求者；

四、外观设计登记证书的再发放请求者；

五、请求依第六十三条第一款规定的证明的请求者；

六、请求依第六十三条第一款规定，发给文件副本或者摘抄本的请求者；

七、依第六十三条第一款规定，请求查阅或者复制文件、模型或者样品的请求者；

八、依第六十三条第一款规定，请求发给记载外观设计登记簿中用磁带制作部分所记录事项的文件的请求者。

在附表中栏列举者，必须各自在该表右栏所列举的金额范围内缴纳按政令规定的手续费。

当根据这些规定应缴纳手续费者为国家时，前两款的规定不适用。

当外观设计权或者获得外观设计登记的权利为国家和国家以外者共有，在所持份额确定的情况下，国家和国家以外者就自己的外观设计权或者获得外观设计登记的权利根据第一款或者第二款的规定应缴纳的手续费（限于根据政令规定的手续费），尽管有这些规定，所规定的手续费的金额与国家以外者所持份额的比例相乘所获的金额，为国家以外者必须缴纳的金额。

根据前款的规定计算出的手续费的金额中有不满十日元的尾数时，舍去该尾数。

第一款或者第二款的手续费的缴纳，根据经济产业省令的规定，必须以专利印花缴纳。但是，在经济产业省令另有规定的情况下，根据经济产业省令的规定，可以用现金缴纳。

依缴纳者之请求，返还过缴或者错缴的手续费。

依前款规定之手续费的返还，自缴纳之日起经过一年之后，不得提出请求。

第六十八条 专利法的准用

专利法第三条至第五条（期限及日期）的规定，准用于本法所规定的期限及日期。在这种情况下，该法第四条的"第一百二十一条第一款"改读为"外观设计法第四十六条第一款或者第四十七条第一款"。

专利法第六条至第九条、第十一条至第十六条、第十七条第三款及第四款、第十八条至第二十四条以及第一百九十四条（程序）的规定，准用于外观设计登记申请、请求及其他关于外观设计登记的程序。在这种情况下，该法第九条的"不服驳回审查决定审判"改读为"不服驳回审查决定审判或者不服修改不予受理审判"；该法第十四条的"不服驳回审查决定审判"改读为"不服驳回审查决定审判或者不服修改不予受理审判"。

专利法第二十五条（外国人享有的权利）的规定，准用于外观设计权及其他与外观设计登记有关的权利。

专利法第二十六条（条约的效力）的规定，准用于外观设计登记。

专利法第一百八十九条至第一百九十二条（送达）的规定，准用于本法规定的送达。

专利法第一百九十五条之三的规定，准用于本法或者基于本法的命令规定的处理。

专利法第一百九十五条之四（根据行政不服审查法，对不服申诉的限制）的规定，准用于根据本法进行的修改的不予受理的决定、审查决定、审判决定及审判或者重审的请求书的不予受理的决定以及根据本法处以不能进行不服申诉的处理。

第八章　罚　则

第六十九条 侵害罪

侵害外观设计权或者专用实施权人（进行依第三十八条规定被视为侵害外观设计权或者专用实施权的行为的人除外），判十年以下徒刑或者一千万日元以下罚金，或者两者并判。

第六十九条之二 进行依第三十八条规定被视为侵害外观设计权或者专用实施权的行为的人，判五年以下徒刑或者五百万日元以下罚金，或者两者并判。

第七十条 诈骗行为罪

因诈骗行为而受到外观设计登记或者审判决定者，判一年以下徒刑或者一百万日元以下罚金。

第七十一条 虚假表示罪

违反第六十五条规定者，判一年以下徒刑或者一百万日元以下罚金。

第七十二条 伪证等罪

依本法的规定进行宣誓的证人、鉴定人或者翻译人向特许厅或者受其委托的法院作出虚假的陈述、鉴定或者翻译的，判三个月以上十年以下徒刑。

犯有前款罪者在案件的判决书副本发送或者审查决定或者审判决定生效之前坦白的，可以减刑或者免刑。

第七十三条 泄密罪

特许厅的职员或者在其岗位者泄漏或者盗用因其职务得知的外观设计登记申请中关于外观设计的秘密的，判一年以下徒刑或者五十万日元以下罚金。

第七十三条之二 违反保密命令罪

根据第四十一条准用的专利法第一百零五条之四第一款的规定的违反保密命令者，判五年以下徒刑或者五百万日元以下罚金，或者两者并判。

对前款之罪，如无起诉不能提起公诉。

第一款之罪，适用于在日本之外犯有该款之罪者。

第七十四条 两罚规定

法人的代表人或者法人或者公民的代理人、使用人及其他从业者，就该法人或者公民的业务作出下述各项规定的违反行为的，除对行为者进行处罚外，对该法人判处按该各项规定的罚金，对该公民判处本条各项的罚金刑：

一、违反第六十九条、第六十九条之二或者前条第一款的规定的，判处三亿日元以下的罚金；

二、违反第七十条或者第七十一条的规定的，判处三千日元以下的罚金。

在前款的情况下，对该行为者依前条第二款的起诉对该法人或者公民也有效，对该法人或者公民的起诉对该行为者也有效。

依第一款的规定就第六十九条、第六十九条之二或者前条第一款的违反行为对法人或者公民判处罚金的时效期限依据对这些规定的罪的时效期限。

第七十五条 罚金

第二十五条第三款准用的专利法七十一条第三款、第五十二条、第五十八条第二款或者第三款，或者该条第四款准用的专利法第一百七十四条第二款分别准用的该法第一百五十一条准用的民事诉讼法第二百零七条第一款的规定进行宣誓者，向特许厅或者受其委托的法院作出虚假的陈述的，判处十万日元以下罚金。

第七十六条

依本法规定接到特许厅或者受其委托法院的传唤的人，无正当理由而不出庭，或者拒绝宣誓、陈述、证言、鉴定或者翻译的，判处十万日元以下罚金。

第七十七条

关于调查证据或者保全证据，依本法规定被特许厅或者受其委托的法院命令提出或者出示文件及其他物件者在无正当理由而不服从其命令的，判十万日元以下的罚金。

附　则

本法的施行日期，以法律另行规定。

附表（与第六十七条有关）

	必须缴纳手续费的人	金　额
一	提出外观设计登记申请之人	一万六千日元/每件
二	根据第十四条第一款之规定请求对外观设计保密的人	五千一百日元/每件
三	根据第二十五条第一款之规定请求判定的人	四万日元/每件
四	请求进行裁定的人	五万五千日元/每件
五	请求撤销裁定的人	二万七千五百日元/每件
六	提出审判请求或重审请求的人	五万五千日元/每件
七	申请参加审判或重审的人	五万五千日元/每件

韩国专利法[1]

（1961 年 12 月 31 日第 950 号法案颁布，
根据 2007 年 5 月 17 日第 8462 号法案最后修正）

目　　录

---

[1]　根据韩国特许厅 2007 年出版的 *INDUSTRIAL PROPERTY LAWS OF THE REPUBLIC OF KOREA* 翻译。翻译：张沧、姜丹明；校对：姜丹明。

修正案（外观设计保护法）（第 7289 号，2004 年 12 月 1 日）

修正案（民法）（第 7427 号，2005 年 3 月 31 日）

修正案（第 7554 号，2015 年 5 月 31 日）

修正案（发明促进法）（第 7869 号，2006 年 3 月 3 日）

修正案（第 7871 号，2006 年 3 月 3 日）

修正案（促进行政事务等的数字化以创建电子政府法）（第 8171 号，2007 年 1 月 3 日）

修正案（第 8197 号，2007 年 1 月 3 日）

修正案（发明促进法）（第 8357 号，2007 年 4 月 11 日）

修正案（第 8462 号，2007 年 5 月 17 日）

第一章 总　则

第 1 条　宗旨

本法旨在鼓励、保护和利用发明，从而促进和技术发展，对其产业发展作出贡献。

第 2 条　定义

本法使用的术语定义如下：

(i)"发明"是指利用自然法则在技术构思上的高度进步的创造。

(ii)"专利发明"是指一项已经被授予专利权的发明。

(iii)"实施"是指，是指以下任何一种行为：

(a) 制造、使用、转让、出租、进口，或者许诺转让或者出租（包括为转让或者出租而展示）专利产品的行为；

(b) 使用专利方法的行为；

(c) 除第（b）项中规定的行为外，使用、转让、出租、进口，或者许诺转让或者出租依照制造产品的专利方法而制造产品的行为。

第 3 条　未成年人等的行为能力

(1) 除非通过法定代理人代理，未成年人、限制行为能力人和无行为能力人不得启动提交申请、请求审查或者任何其他与专利有关的程序（下称"专利相关程序"）。但是，未成年人、限制行为能力人能够独立进行的法律行为，不适用本款的规定。

（2）在由另一方当事人启动的任何与专利有关的审判和再审程序中，第（1）款所述的法定代理人无需家庭委员会的同意即可代理。

（3）已删除。

第 4 条 非法人的社团等

非法人的社团或者基金会委托的代理人或者管理人可以以社团或者基金会的名义请求审查专利申请，或者在审判或者再审中作为原告或者被告出现。

第 5 条 非居民的专利管理人

（1）在韩国没有居所和营业所的人（下称"非居民"），除其（或者如果是法人，其代表人）正旅居韩国外，不得依据本法或者根据本法的法令，启动任何专利相关程序或者对行政机关作出的决定提出申诉。除非该人通过在韩国有居所或者营业所的代理人（下称"专利管理人"）代理。

（2）专利管理人在受托的权限范围内，依据本法或者根据本法的法令，在与专利相关的所有程序和对行政机关作出的决定提出的任何申诉程序中代表委托人。

（3）已删除。

（4）已删除。

第 6 条 代理权的范围

除非有明确的授权，受在韩国有居所或者营业所的人指示向韩国特许厅启动专利相关程序的代理人，不得修改、放弃或者撤回专利申请，撤回延长专利权期限的登记申请，放弃专利权，撤回申诉，撤回动议（motion），根据第 55（1）条的规定提出或者撤回优先权要求，依据第 132 条之三请求审判或者委托分代理人。

第 7 条 代理权的证明

本法规定的代理人（包括专利管理人），向韩国特许厅启动专利相关程序时，应提交代理权的书面证据。

第 7 条之二 法定权利缺失下的认可

没有行为能力的当事人或者法定代理人，或者缺少启动专利相关程序的法定权能或者法定代理权的人，或者不当行使授权的人启动的程序，予以认可的，被认可的程序视为从一开始就具有效力。

第 8 条 代理权的继续

代为启动专利相关程序的人的代理权在委托人死亡或者丧失法定资格，委托人的法人资格因合并消灭、委托人的信托职权终止，法定代理人死亡或者丧失法定资格，或者委托书修改或者消灭时不消灭。

第 9 条 代理的独立

启动专利有关程序的人指定两个或者两个以上代理人的，每一个代理人都可以在韩国特许厅或者特许审判院（Tribunal）独立地代表委托人。

第 10 条 代理人的更换等

（1）韩国特许厅厅长或者审判长（Presiding trial examiner）认为启动专利相关程序的人不具有进行有关程序或者作出口头陈述等的资格，厅长或者审判长可以依职权指定代理人进行有关程序。

（2）韩国特许厅厅长或者审判长认为代为他人启动专利相关程序的代理人不具有进行有关程序或者作出口头陈述等的资格，局长或者审判长可以依职权更换代理人。

（3）韩国特许厅厅长或者审判长在本条第（1）或者（2）款所述的情况下可以指定专利律师进行有关程序。

（4）韩国特许厅厅长或者审判长发布第（1）或者（2）款所述命令后，对于在第（1）或者（2）款所述指定或者更换代理人前，由本条第（1）款所述启动专利相关程序的人或者由本条第

（2）款所述代理人在韩国特许厅或者知识产权审判院进行的行为，韩国特许厅厅长或者审判长可宣布无效。

第 11 条 两人或者多人的代表

（1）两人或者多人共同启动专利相关程序的，除非他们已经指定一名共同代表人并将指定代表人通知韩国特许厅或者特许审判院，除下列各项所列任一行为外，他们中的任何人都可以代表共同启动人：

（i）修改、放弃或者撤回专利申请，或者撤回延长专利权期限的登记申请；

（ii）撤回申诉；根据第 55（1）条规定要求优先权或者撤回优先权要求；

（iii）撤回请求书；

（iv）依据第 132 条之三提出审判请求。

（2）根据第（1）款指定共同代表人并通知韩国特许厅或者知识产权审判院的，应当提交指定该代表人的书面证明。

第 12 条 民事诉讼法的比照适用

尽管本法中有直接涉及代理人的规定，但民事程序法第一部分第 2 节第 4 小节准予适用于本法中的代理人。

第 13 条 非居民的管辖地

非居民指定专利管理人管理专利权或者与专利有关的其他权利的，专利管理人的居所或者营业所视为非居民的居所或者营业所。没有指定专利管理人的，韩国特许厅的所在地视为民事诉讼法第 11 条规定的财产所在地。

第 14 条 期间的计算

本法或者根据本法制定的法令中的期间，按照下列规定计算：

（i）期间的第一日不计算在内，除非期间从晚上十二点开始；

（ii）期间以月或者年表示的，按照历法计算；

（iii）期间的起始与历法的月或者年的开始不一致的，以其最后一月的相应日的前一日为期间届满日；但是，在最后月份中没有相应日的，期间于该最后月份的最后一日届满；

（iv）完成专利相关程序的期限的最后一日是官方假日（包括周六和劳动节指定法指定的劳动节）的，期限于该假日后的第一个工作日届满。

第 15 条　期间的延长等

（1）韩国特许厅厅长或者特许审判院院长为居住在偏远或者难以到达地区的人的利益，可以应请求或者依职权延长根据第132 条之三要求审判的期限。

（2）韩国特许厅厅长、特许审判院院长、审判长或者审查员，可以应请求或者依职权缩短延长其根据本法指定的启动专利相关程序的期限。在此情况下，韩国特许厅厅长等应当决定一种不会不合法地损害相关程序当事人利益的缩短或者延长期间的方式。

（3）审判长或者审查员可以应请求或者依职权改变其根据本法指定的启动专利相关程序的日期。

第 16 条　程序的无效

（1）根据第 46 条被通知进行补正的人没有在指定的期间内进行补正的，韩国特许厅厅长或者特许审判院院长可以认定专利相关程序无效。但是，因没有缴纳第 82（2）条规定的审查请求费而被通知进行补正的人没有缴纳审查请求费的，韩国特许厅厅长或者特许审判院院长可以认定对专利申请说明书进行的修改无效。

（2）根据第（1）款被无效的专利相关程序，如果延迟是由于不可避免的原因造成的，韩国特许厅厅长或者特许审判院院长可以根据被通知进行补正的人的请求撤销无效的处理，条件是这种请求于延迟的理由消除之日的十四日内，并且在指定期限届满后的一年内提出。

第 17 条　程序的后续完成

启动专利相关程序的人由于不可避免的理由没有遵守第 132

条之三规定的请求审判的期限或者第 180（1）条规定的要求再审的期限，其可以于理由消除之日起的十四日的期限内完成该程序，但自指定期限届满后不得超过一年。

第 18 条 程序效力的继承

专利相关程序或者其他专利相关权利的效力延及有权继承的人。

第 19 条 继承人对程序的继续

在韩国特许厅或者特许审判院正在进行专利相关程序时，专利权或者其他专利相关权利被转移的，韩国特许厅厅长或者审判长可以要求权利继承人继续专利相关程序。

第 20 条 程序的中断

有下列各项情况之一的，在韩国特许厅或者特许审判院进行的专利相关程序中断，但被授权的代表人进行该程序的除外：

（i）一方当事人死亡的；

（ii）法人由于合并消失的；

（iii）一方当事人丧失进行该程序能力的；

（iv）一方当事人的法定代理人死亡或者丧失代理权的；

（v）一方当事人通过托管给予托管人的授权终止的；

（vi）第 11（1）条规定的代表人死亡或者丧失资格的；

（vii）具有特定资格以其自己或者他人的名义成为相关当事人，例如破产案件中的管理人，丧失资格或者死亡的。

第 21 条 中断程序的恢复

按照第 20 条所述的方式中断在韩国特许厅或者特许审判院正在进行的程序的，下列人可以恢复程序：

（i）在第 20 条第（i）项规定的情况下，死者的继承人、遗产管理人或者法律上授权进行该程序的其他人；但是，到继承权被放弃，继承人不得恢复程序；

（ii）在第 20 条第（ii）项规定的情况下，合并后新成立的法人或者仍存在的法人；

（iii）在第 20 条第（iii）和（iv）项规定的情况下，当事人恢复了进行必要程序的能力，或者成为当事人的法定代理人的任何人；

（iv）在第 20 条第（v）项规定的情况下，新的托管人；

（v）在第 20 条第（vi）项规定的情况下，新的代表人或者每位当事人；

（vi）在第 20 条第（vii）项规定的情况下，具有同样资格的人。

第 22 条 请求恢复

（1）对方当事人可以请求恢复根据第 20 条中断的程序。

（2）提出恢复根据第 20 条中断的程序请求的，韩国特许厅厅长和审判长应当通知对方当事人。

（3）韩国特许厅厅长或者审判官对恢复请求进行依职权审查后，认为没有理由同意恢复根据第 20 条中断的程序的，应当决定驳回请求。

（4）在决定或者审判决定的经核准的副本发出后，韩国特许厅厅长或者审判官应当根据恢复请求，决定是否允许恢复中断的程序。

（5）第 21 条中所述的人不恢复中断的程序的，韩国特许厅厅长或者审判官当依职权命令在指定的期限内恢复程序。

（6）在根据第（5）款的规定指定的期限内没有提出恢复请求，则中断的程序在指定期限届满后的第一日视为恢复。

（7）依据第（6）项决定恢复中断程序的，韩国特许厅厅长或者审判长应当通知各方当事人。

第 23 条 程序的中止

（1）韩国特许厅厅长或者审判官由于自然灾害或者其他不可避免的情形不能履行职责的，则在韩国特许厅或者特许审判院进行的任何一项程序中止，直至障碍消除。

（2）一方当事人由于无限期的障碍不能进行在韩国特许厅或者特许审判院进行的程序的，则韩国特许厅厅长或者审判官可以通过决定中止。

（3）韩国特许厅厅长或者审判官可以取消依据第（2）款发布的决定。

（4）根据第（1）或者（2）款中止程序的，或者根据第（3）款取消决定，韩国特许厅厅长或者审判长应当通知各方当事人。

第 24 条 *中断或者中止的效力*

在韩国特许厅进行的专利相关程序的中断或者中止的，则暂停计算期限，并且整个期限自通知继续或者恢复程序之日起再继续计算。

第 25 条 *外国人的权利能力*

在韩国没有居住或者营业所的外国人，除下列情形外，无权享有专利权或者专利相关权利：

（i）其所属国允许韩国国民在与本国国民相同的条件下享有专利权或者专利相关权利；

（ii）当韩国允许其所属国的国民享有专利权或者专利相关权利时，其所属国允许韩国国民在与本国国民相同的条件下享有专利权或者专利相关权利；

（iii）根据条约或者与条约有同等效力的法律文书（下称"条约"），可以享有专利权或者专利相关权利。

第 26 条 *条约的效力*

条约中与专利相关的条款不同于本法的规定的，条约优先适用。

第 27 条 *已删除*

第 28 条 *提交文件的生效日*

（1）依据本法或者依据根据本法制定的任何法令向韩国特许厅或者特许审判院提交的申请文件、要求书或者其他文件（在本条中包括物品），生效日是它们被送到韩国特许厅或者特许审判院的日期。

（2）通过邮件向韩国特许厅或者特许审判院提交的申请文件、要求书或者其他文件的，邮戳日清晰的，它们被认为于邮政机构盖邮戳的日期送达韩国特许厅或者特许审判院。邮戳日不清晰的，如果通过收据能够确定邮件送交邮局的日期的，它们被认为于邮件送交邮局的日期送到韩国特许厅或者特许审判院。但是，本条不适用于通过邮件提交《专利合作条约》第 2 条第（vii）款定义的国际申请（下称"国际申请"）以登记专利权和其他相关权利的书面申请。

（3）已删除。

（4）尽管有第（1）和（2）款的规定，关于邮件耽搁、邮件丢失或者邮件服务中断时有关提交文件的具体事项由产业与资源部令规定。

第 28 条之二 识别号记载

（1）启动产业与资源部令规定的专利相关程序的人〔已经根据第（2）或者（3）款的规定给予了识别号的人除外〕应当向韩国特许厅或者特许审判院申请识别号。

（2）任何人申请第（1）款所述识别号的，韩国特许厅厅长或者特许审判院院长应当给予识别号并通知该人。

（3）启动第（1）款规定的专利相关程序的人没有申请识别号的，韩国特许厅厅长或者特许审判院院长应当依职权给予一个识别号并通知该人。

（4）根据第（2）或者（3）款给予了识别号的人启动专利相关程序，应当在产业与资源部令规定的任何文件中记载自己的识别号。但是，尽管有本法或者根据本法制定的法令，该人不得在该文件中记载居住地（如果是法人的话，是营业地）。

（5）第（1）至（4）款准予适用于启动专利相关程序的人的代理人。

（6）请求给予识别号的申请、识别号的给予和通知或者其他必需事项由产业与资源部令规定。

第 28 条之三 通过电子方式提交专利申请的程序

（1）按照产业与资源部令规定的方法，启动专利相关程序的人可以将依照本法提交给韩国特许厅厅长或者特许审判院院长的书面专利申请或者其他文件转成电子文件，并可以通过通信网络或者软盘的方式提交电子文件。

（2）根据第（1）款提交的电子文件与依照本法提交的其他文件具有相同的效力。

（3）根据第（1）款通过通信网络提交的电子文件的内容，提交人通过通信网络确认了回执号的，视为与存储在韩国特许厅或者特许审判院计算机系统上的签收的文件的内容相同。

（4）可根据第（1）款通过电子方式提交的文件种类和提交的方法或者其他必要事项，由产业与资源部令规定。

第 28 条之四 使用电子文件的报告和电子签名

（1）拟以电子文件方式启动专利相关程序的人应当预先向韩国特许厅厅长或者特许审判院院长报告想要使用电子文件，并附上用于确认的电子签名。

（2）根据第 28 条之三提交的电子文件视为是附有第（1）款规定的电子签名的人提交的。

（3）根据第（1）款规定报告使用电子文件和签署电子签名的方法的必要事项，由产业与资源部令规定。

第 28 条之五 通过通信网络的通知等

（1）向根据第 28 条之四第（1）款报告想要使用电子文件的人发出通知或者传送（下称"通知"）相关文件时，韩国特许厅厅长、特许审判院院长、审判长、审判官、审查长或者审查官可以通过通信网络进行。

（2）根据第（1）款通过通信网络通知有关文件具有以书面方式通知的同等效力。

（3）第（1）款所述有关文件的通知被储存在收到该通知的人的计算机系统的文件中的，该通知视为与存储在韩国特许厅或者特许审判院计算机系统的已传送文件的的内容相同。

（4）根据第（1）款规定通过通信网络进行通知的类型和方

法的必要事项，由产业与资源部令规定。

第二章 专利登记的条件和专利申请

第 29 条 *专利登记的条件*

（1）具有工业实用性的发明是可被授予专利的，但有下列情形之一的除外：

（i）在专利申请日前，在韩国或者外国已被公众知悉或者公然实施的发明；

（ii）在专利申请日前，记载于韩国或者外国的出版物中的发明，或者通过总统法令规定的电子通信线路公开的发明。

（2）尽管有第（1）款的规定，如果第（1）款的每一项中所述的发明在专利申请日前可以由发明所属领域的普通技术人员容易地作出，该发明不能授予专利权。

（3）尽管有第（1）款的规定，如果提交申请的发明与已经公布或者公告的另一项专利申请最初所附的说明书或者附图中描述的发明或者技术方案相同，或者与已经公告的实用新型注册申请相同，则不能被授予专利权。但是，如果有关专利申请的发明人与另一专利申请或者实用新型注册申请的发明人是同一人的，或者在提交申请时有关专利申请的申请人与该另一专利申请或者实用新型注册申请的申请人是同一人的，可被授予专利权。

（4）在适用第（3）项的规定时，如果该另一专利申请或者实用新型注册申请是根据本法第 199（1）条视为专利申请或者根据实用新型法第 51（1）条视为实用新型注册申请的一件国际申请〔包括根据本法第 214（4）条规定视为专利申请或者根据实用新型法第 71（4）条规定视为实用新型注册申请的国际申请〕，则"申请公布"理解为"申请公布或者是《专利合作条约》第 21 条规定的国际公布的内容"，和"最初所附的说明书或者附图中描述的发明或者技术方案"理解为"在国际申请日时国际申请的说明书、权利要求书或者附图和译文中均描述的发明或者技术方案"。

第 30 条　不视为公知等的发明

（1）有权获得专利的人在其发明出现下列情形之一之日起六个月内提交专利申请的，在适用第 29 条第（1）款或者第（2）款的规定时，该发明视为不属于第 29 条第（1）款规定的例外情形：

（i）有权获得专利的人自己导致其发明属于第 29 条第（1）款规定的例外情形的；但是，专利申请根据条约或者法律在韩国或者外国被公布或者授权公告的，不适用本项规定；

（ii）违背有权获得专利的人的意愿而使发明属于第 29 条第（1）款规定的例外情形的；

（iii）已删除。

（2）想要利用第（1）款第（i）项规定的人应当在提交专利申请时向韩国特许厅厅长提交想要利用该条款的书面声明；该人还应当在申请日起 30 日内向韩国特许厅厅长提交证明有关事实的文件。

第 31 条　已删除

第 32 条　不授予专利的发明

尽管有第 29（1）至（2）条的规定，可能违反公共秩序或者道德或者危害公共健康的发明，不授予专利权。

第 33 条　有权获得专利的人

（1）作出发明的人或者其继受人有权依照本法获得专利。但是，韩国特许厅或者特许审判院的职员在任职期间除通过继承或者遗赠外不得获得专利。

（2）两人或者多人共同作出的发明，他们有权共有专利。

第 34 条　无权之人提交的专利申请和对正当权利人的保护

一件申请因为不是由第 33 条第（1）款规定的发明人或者有权获得专利的继受人（下称"无权之人"）提出而按照第 62 条第（ii）项中的规定不能授予专利的，则正当权利人后来提交的申请视为是在无权人提交的申请的申请日时提交的。但正当权利人在无权人提交的申请被驳回后超过 30 日才提交申请的，本条不适用。

第 35 条　授予无权之人的专利和对正当权利人的保护

因为不具有第 33 条第（1）款规定的获得专利的权利而按照第 133 条第（1）款第（ii）项的规定撤销一件专利的决定成为终局的，则正当权利人后来提交的申请被认为是在被无效的专利申请的申请日时提交的。但是，在后申请是在先申请的公告日后超过两年或者在该审判决定成为终局后超过 30 日才提交的，本条不适用。

第 36 条　先申请原则

（1）涉及同样发明的两件或者两件以上申请是在不同的日期提交的，只有具有较早申请日的专利申请的申请人可以获得该发明的专利。

（2）涉及同样发明的两件或者两件以上申请是在同日提交的，只有经所有的申请人协商后选定一位申请人可以获得该发明的专利。达不成协商或者不可能进行协商的，所有的申请人都不能获得该发明的专利。

（3）一件专利申请与一件实用新型注册申请具有相同的主题，两件申请是在不同日提交的，则比照适用第（1）款的规定。但是，如果是同一日提交的，则比照适用第（2）款的规定。

（4）在适用第（1）至（3）款时，如果一件专利申请或者实用新型注册申请被无效或者撤回，或者放弃，或者申请被驳回的决定或者裁决生效的，则该专利申请被视为从来没有提交过。但是，如果驳回专利申请或者实用新型注册申请的决定或者裁决是根据第（2）款后一句〔包括根据第（3）款比照适用的情况〕作出而生效的，不适用本规定。

（5）为本条第（1）款至第（3）款之目的，如果一件专利申请或者实用新型注册申请不是由发明人、技术方案完成人或者有权获得专利或者实用新型注册的继受人提出的，则该专利申请或者实用新型注册申请被认为从来没有提交过。

（6）适用第（2）款规定时，韩国特许厅厅长应当通知申请人在指定的期限内报告协商的结果。如果在指定的期限内没有向韩国特许厅厅长提交报告，则认为申请人没有达成第（2）款意义上的协商。

第37条 获得专利的权利的转让等

（1）获得专利的权利可以转让。

（2）获得专利的权利不得作为质押的标的。

（3）专利权共有的，未经其他共有人的同意，共有人不得转让其份额。

第38条 获得专利的权利的继受

（1）除非有权继受人提交了专利申请，否则继受人在提交专利申请前对获得专利权利的继受不具有对抗第三人的效力。

（2）通过继受从同一人那里得到对同一发明获得专利的权利，并以该权利为基础同日提出两件或者两件以上申请的，除所有专利申请人之间协商后选定的人外，任何人对获得专利权利的继受不具有效力。

（3）通过继受从同一人那里得到对同一发明和技术方案的获得专利和实用新型注册的权利，并以此为基础同日提出一件专利申请和一件实用新型注册申请的，第（2）款的规定同样适用。

（4）除遗产或者其他概括继承外，如果不提交变更申请人的通知，则在专利申请提交后对获得专利权利的继受不发生效力。

（5）通过遗产或者其他概括继承获得专利的权利的，继承人应当立即通知韩国特许厅厅长。

（6）通过继受从同一人那里得到的同一发明，以获得该发明的专利的权利为基础于同日提交的两个或者两个以上申请人变更的通知的，除所有提交通知的人协商后选定的人外，任何人提交的通知都没有效力。

（7）在第（2）、（3）或者（6）款规定的情况下，第36（6）条的规定准予适用。

第 **39** 条　已删除

第 **40** 条　已删除

第 **41** 条　为国防需要的发明等

（1）如果一项发明为国防所必需，政府可以命令发明人、申请人或者代理人不得向有关外国提交该发明的专利申请或者对该发明保密。但是，如果这些人得到了政府的允许，他们可以向外国提交申请。

（2）如果一项向韩国特许厅提交的发明被认为为国防所必需，政府可以拒绝授予专利，并且为国防的原因如在战争、事变或者其他类似紧急情况时，可以征用获得专利的权利。

（3）政府应对根据第（1）款的规定禁止向外国提交专利申请或者保守秘密而造成的损失给予合理补偿。

（4）根据第（2）款的规定不授予专利或者征用获得专利的权利的，政府应给予合理补偿。

（5）违反根据第（1）款的规定禁止向外国提交专利申请或者保守秘密的命令的人，其就发明获得专利的权利被视为放弃。

（6）违反根据第（1）款的规定保守秘密的命令的人，其享有的要求给付由于保守秘密而导致损失的补偿的权利被认为放弃。

（7）根据第（1）款的规定禁止向外国提交专利申请、保守秘密的审判，或者根据第（2）至（4）款的规定征用获得专利的权利或者给付补偿金的审判，有关这种程序的具体事宜，由总统法令规定。

第 **42** 条　专利申请

（1）寻求注册专利的人应当向韩国特许厅厅长提交专利申请，记载以下事项：

（ⅰ）申请人的姓名和地址（如果是法人的，法人名称和营业地）；

（ⅱ）有代理人的，代理人的姓名、住所或者营业地址（代理人为专利代理机构的，代理机构的名称、地址和指定的专利律师的姓名）；

（iii）已删除；

（iv）发明名称；

（v）发明人的姓名和地址；

（vi）已删除。

（2）根据第（1）款提交的专利申请，必须附有摘要、附图（必要时）和记载有以下内容的说明书：

（i）发明名称；

（ii）附图的简要说明；

（iii）发明详述；

（iv）一项或者多项专利权利要求。

（3）第（2）款第（iii）项规定的发明详述必须按照产业与资源部令规定的方式对发明作出清楚、详尽的说明，以使发明所属领域的普通技术人员可以容易地实施发明。

（4）第（2）款第（iv）项规定的权利要求书必须采用一项或者多项权利要求（下称"权利要求"）的方式记述要求保护的内容，并且权利要求必须符合下列要求：

（i）权利要求必须得到发明详述的支持；

（ii）权利要求必须清楚和简要地限定发明。

（iii）已删除。

（5）尽管有第（2）款的规定，专利申请人在提交申请时可以在说明书中省略第（2）款第（iv）项规定的权利要求。在此情况下，申请人应当在下列期限之一结束前修改说明书以增加权利要求：

（i）第64条第（1）款规定的任何日期起一年零六个月届满之日；

（ii）在本款第（i）项规定的期限届满前，根据第60条第（3）款对审查请求发出通知之日起3个月届满之日〔但是，如果通知是在第64条第（1）款规定的任何日期起一年零三个月之后发出的，则从该日起一年零六个月届满之日〕。

（6）根据第（2）款第（iv）项的规定说明权利要求的，申请人应当声明限定该发明的必要因素，如结构、功能、材料以及他们的结合，以澄清要求保护的内容。

（7）申请人提交了专利申请，但未在第（5）款第（i）项或者第（ii）项规定的期限内修改说明书以增加专利权利要求的，该申请在相关期限届满时视为被撤回。

（8）关于第（2）款第（iv）项规定的权利要求的撰写的必要事项由总统令规定。

（9）关于第（2）款规定的摘要的撰写的必要事项由产业与资源部令规定。

第 43 条 摘要

第 42 条第（2）款规定的摘要不得被解释为限定要求保护的发明的范围，仅用于提供技术信息。

第 44 条 共同申请

获得专利的权利根据第 33（2）条的规定共有的，共有人应当共同提出专利申请。

第 45 条 一件专利申请的范围

（1）一件专利申请只能涉及一项发明。但是，构成一个总的发明构思的一组发明，可以成为一件专利申请的主题。

（2）第（1）款规定的一件专利申请的条件由总统令规定。

第 46 条 程序的补正

有下列情形之一的，韩国特许厅厅长或者特许审判院院长应当命令在指定的期限内对专利相关程序进行补正：

（i）程序不符合第 3 条第（1）款或者第 6 条规定的；

（ii）程序不符合本法或者总统令规定的形式的；

（iii）未缴纳第 82 条规定的的费用。

第 47 条 专利申请的修改

（1）在第 42 条第（5）款任何一项规定的期限内或者审查官根据第 66 条发出授予专利权决定的核准副本之前，申请人可以修改专利申请的说明书或者附图。但是，在下列情形下，如果申请人作出修改，则该修改必须在下列各项中规定的期限内提出：

(i) 申请人第一次收到第 63 条规定的拒绝理由通知书（下称"拒绝理由通知书"），或者收到不属于第（ii）项规定的拒绝理由通知书的情况下，期限是指定的对该通知书提交意见陈述书期限；

(ii) 申请人收到的通知书是拒绝其在答复根据第（1）款发出的拒绝理由通知书时所作修改的情况下，期限是对该通知书提交意见陈述书的期限；或者，

(iii) 申请人根据第 132 条之三对拒绝专利的决定不服请求审判的情况下，期限是请求提交日后 30 日内。

（2）根据第（1）款规定对说明书或者附图的修改，必须在原始申请文件的说明书或者附图记载内容的范围内。

（3）根据第（1）款第（ii）和（iii）项规定对权利要求的修改，必须限制在下列各项任一项规定的范围内，并且，根据第（iii）项作出的修改，必须限于审查官在拒绝理由通知书中指出的范围内：

(i) 缩小权利要求的保护范围；

(ii) 修改笔误；或者

(iii) 澄清含糊不清的描述。

（4）在第 1 款第（ii）和（iii）项指定的期限内作出的修改必须满足以下条件：

(i) 对说明书或者附图的修改不得实质上扩大或者改变权利要求的范围；

(ii) 修改后，权利要求中记载的主题必须是提交专利申请时可授予专利的。

第 48 条 已删除

第 49 条 已删除

第 50 条 已删除

第 51 条 修改的驳回

（1）如果根据第 47（1）（ii）条的修改被认为违反了第 47 条第（2）至（4）款的规定，审查员应当以决定形式驳回修改。

（2）根据第（1）款驳回修改的决定必须书面作出并说明决定的理由。

（3）除根据第 132 条之三对最终驳回专利不服提出的申诉外，对根据第（1）款作出的驳回决定不服的，不得提出申诉。

第 52 条 分案申请

（1）提交的一件专利申请中包括两项或者两项以上发明的，申请人可以在第 47（1）条规定的修改期限内将该申请分成两件或者两件以上申请。

（2）根据第（1）款分出的专利申请（下称"分案申请"）被认为是在原专利申请提交时提出的。但是，当下列各项任一项适用于分案申请时，则分案申请被认为是在该分案申请提交时提交的：

（i）因为分案申请属于本法第 29（3）条规定的另一专利申请或者实用新型法第 5（3）条规定的专利申请，而适用本法第 29（3）条或者实用新型法第 5（3）条的；

（ii）适用本法第 30（2）条；

（iii）适用本法第 54（3）条；

（iv）适用本法第 55（2）条。

（3）根据第（1）款提交分案申请的人应当说明分案申请的目的和构成分案基础的专利申请。

（4）提交分案申请的，根据第 54 条要求优先权的人应当在提交分案申请的三个月内向韩国特许厅厅长提交第 54 条第（4）款中规定的文件，而不管第 54 条第（5）款中规定的期限。

第 53 条 转换申请

（1）申请实用新型注册的人可以在原实用新型注册申请说明书和附图记载内容的范围内转换为一件专利申请。但是，申请人在收到拒绝注册的最初决定的核准副本之日期 30 日后不得转换该申请。

（2）根据本条第（1）款转换的申请（下称"转换申请"）视为在实用新型注册申请的申请日提交，除非其属于以下情形之一的：

（i）因为专利申请属于本法第 29（3）条规定的另一专利申请或者实用新型法第 5（3）条规定的专利申请，而适用本法第 29（3）条或者实用新型法第 5（3）条的；

（ii）适用本法第 30（2）条；

（iii）适用本法第 54（3）条；或者

（iv）适用本法第 55（2）条。

（3）根据第（1）款提交转换申请的人应当表明转换的意图和并指明构成转换基础的实用新型注册申请。

（4）构成转换申请的基础的实用新型注册申请视为在提交转换申请时被撤回。

（5）本法第 132 条之三规定的期限，根据比照适用于实用新型法第 3 条的本法第 15 条第（1）款被延长的，本条第（1）款但书中规定的 30 日根据本法第 15 条第（1）款作相应延长。

（6）提交转换申请的，根据第 54 条要求优先权的人应当在提交转换申请的三个月内向韩国特许厅厅长提交第 54 条第（4）款中规定的文件，而不管第 54 条第（5）款的规定。

第 54 条 根据条约的优先权要求

（1）根据条约承认韩国国民提交的专利申请的优先权的国家的国民，以在该国或者承认条约的另一国家中同一发明的较早申请为基础在韩国要求专利申请的优先权的，在外国的在先申请的申请日被认为是第 29 条和第 36 条规定的在韩国的申请日。在向根据条约承认韩国国民提交的专利申请的优先权的国家提交专利申请的韩国国民，以在该国的同一发明的在先申请为基础在韩国要求专利申请的优先权的，本条同样适用。

（2）根据第（1）款要求优先权的人应当自在先申请的申请

日起一年内提交要求优先权的专利申请。

（3）根据第（1）款要求优先权的人应当在向韩国提交的专利申请文件中明确其优先权要求、在先申请的国家名称和申请日。

（4）根据第（3）款要求优先权的人应当在向韩国特许厅厅长提交本款第（i）项规定的文件或者第（ii）项中规定的书面声明。但是，第（ii）项中所述的书面声明只有在该国是产业和资源部令中规定的国家时才必须提交：

（i）记载有在先申请的申请日的书面声明，以及经在先申请国家的政府证明的说明书和附图的副本；或者

（ii）记载有在在先申请国家提交的在先申请的申请号的书面声明。

（5）第（4）款规定的文件必须在下列各项中规定的最早日期的一年零四个月内提交：

（i）在条约成员国第一次提交申请的日期；

（ii）如果一件专利申请含有第55（1）条规定的其他优先权要求，作为要求优先权基础的在先申请的申请日；或者

（iii）如果一件专利申请含有第（3）款规定的其他优先权要求，作为要求优先权基础的该申请的申请日。

（6）根据第（3）款要求优先权的人在第（5）款规定的期限内没有提交第（4）款规定的文件的，优先权的要求失效。

（7）根据第（1）款能够要求优先权并符合第（2）款规定条件的人可以在第（5）款规定的最早日期的一年零四个月内改正或者增加优先权要求。

第55条 以专利申请等为基础的优先权要求

（1）专利申请人可以对其在在先的专利申请或者实用新型注册申请（下称"在先申请"）中要求保护的发明要求优先权，其中所述要求保护的发明是在在先申请原始说明书或者附图中公开的发明，且该专利申请人是对该在先申请有权获得专利或者实用新型注册的人，但有下列情形之一的除外：

（i）有关专利申请是在在先申请的申请日后超过一年提出的；

（ii）在先申请是本法第 52 条第（2）款规定的分案申请（包括根据实用新型法第 11 条本条比照适用的情况）或者本法第 53 条或者实用新型法第 10 条规定的转换申请；

（iii）专利申请提交时，在先申请已被放弃、无效、撤回或者驳回的；

（iv）针对在先申请，审查官作出的授权或者驳回决定或者审判决定已成终局；或者，

（v）已删除。

（2）根据第（1）款要求优先权的人应当随专利申请的同时作出声明，并在专利申请文件中注明在先申请。

（3）如果包含第（1）款规定的优先权要求的专利申请记载了作为优先权基础的在先申请的原说明书或者附图中公开的发明，则该专利申请被认为是在本法第 29 条第（1）款或者第（2）款，和第 29 条第（3）款（主句）、第 30 条第（1）款、第 36 条第（1）款至第（3）款、第 47 条第（4）款第（ii）项、第 96 条第（1）款第（iii）项、第 98 条、第 103 条、第 105 条第（1）款和第（2）款、第 129 条和第 136 条第（4）款［包括那些准予适用第 133 条之二（3）规定的情形］，实用新型法第 8 条第（3）款至第（4）款和第 39 条，或者外观设计法第 45 条和第 52 条第（3）款中规定的在先申请的申请日时提交的。但是，对那些在提交申请时提交的要求了在先申请的优先权，且在先申请含有本条第（1）款规定或者《巴黎公约》第 4D（1）条规定的优先权要求的申请的说明书或者附图中公开的发明不予以适用。

（4）对于在含有第（1）款规定的优先权要求的专利申请原说明书或者附图中公开的，并且也在作为要求优先权基础的在先申请的原说明书或者附图中公开的发明［不包括那些在提交申请时要求了在先申请优先权的申请的说明书或者附图中公开的发明，并且该在先申请含有本条第（1）款规定或者《巴黎公约》

第 4D（1）条规定的优先权要求]，当专利权登记公告或者专利
申请公布的时候，则在先申请的公布视为本法第 29（3）条主句
和实用新型法第 5（3）主句规定的公开。在这种情况下，在先
申请是依据本法第 199（1）条规定被视为专利申请或者依据实
用新型法第 57（1）条被视为实用新型注册申请的国际申请的
（包括依据本法第 214（4）条或者依据实用新型法第 71（4）条
的规定被视为专利申请或者实用新型注册申请的国际申请），本
法第 29 条第（4）款中规定的"在国际申请日时国际申请的说明
书、权利要求书或者附图和译文中均描述的发明或者技术方案"
理解为"国际申请日时国际申请的说明书、权利要求（书）或者
附图中描述的发明或者技术方案"。

（5）有资格根据第（1）项要求优先权并符合第（2）款规定
条件的人在在先申请申请日（如果存在两个或者两个以上在先申
请的，最早的申请日）的一年零四个月内可以修该或者增加优先
权要求。

第 56 条　在先申请的撤回等

（1）根据第 55 条第（1）款提交了要求在先申请的优先权的
专利申请，当要求一件在先实用新型注册申请的优先权时，以及
当自在先专利申请的申请日后超过一年零三个月时，除有下列情
形之一的，在先申请被认为撤回：

（i）较早申请被放弃、无效、撤回或者驳回；

（ii）关于专利性的决定或者驳回申请的审判决定成为终
局的；

（iii）以该在先申请为基础的有关优先权要求被撤回。

（iv）已删除。

（2）含有第 55 条第（1）款规定的优先权要求的专利申请的
申请人自在先申请的申请日后超过一年零三个月的，不得撤回优
先权要求。

（3）含有第 55 条第（1）款规定的优先权要求的专利申请在
自在先申请的申请日起一年零三个月的时间内被撤回的，优先权

要求被认为同时撤回。

第三章　审　查

第 57 条　审查员的审查

(1) 韩国特许厅厅长应当通过审查员对专利申请进行审查。

(2) 审查员资格由总统法令规定。

第 58 条　现有技术的检索等

(1) 如果认为审查程序需要，韩国特许厅厅长可以指定一个专门的检索机构，并要求其检索现有技术、给予国际专利分类号以及履行总统令规定的其他职责。

(2) 如果认为审查程序需要，韩国特许厅厅长可以请求得到某一政府机构、有关技术的专门组织或者在专利事务方面具有渊博知识和经验的专家的合作和建议，并可以在韩国特许厅的预算限度内为这种合作和建议向他们支付补助和费用。

(3) 关于第 (1) 款规定的指定专门检索机构的必要事宜，如指定的标准、与现有技术检索和给予国际专利分类号相关的实施程序，由总统法令规定。

第 58 条之二　专门检索机构指定的取消

(1) 专门检索机构具有下列第 (i) 项情形的，韩国特许厅厅长可以取消对该专门检索机构的指定；此外，如果该专门检索机构有第 (ii) 情形的，韩国特许厅厅长可以取消对该专门检索机构的指定或者命令其在指定的六个月期限内停业：

(i) 检索机构是通过欺诈或者不公平的方式得到指定的；或者

(ii) 不符合第 58 条第 (3) 款规定的指定的标准。

(2) 韩国特许厅厅长应当在拟取消对专门检索机构的指定前举行公开听证会。

(3) 关于取消专门检索机构或者责令其停业的标准和程序由

产业与资源部令规定。

第 59 条　专利申请的审查请求

（1）只有当有人提交审查的请求时才对专利申请进行审查。

（2）提交专利申请的，可以自该申请的申请日起 5 年内请求韩国特许厅厅长对专利申请进行审查。但是，专利申请人只有在申请中附加了一项或者多项权利要求后才可以请求审查。

（3）对于第 52 条第（2）款规定的分案申请和第 53 条第（2）款规定的转换申请，即使在第（2）款规定的期限届满后，在自分案申请或者转换申请的申请日起的 30 日内可以请求审查。

（4）审查请求不得撤回。

（5）如果在第（2）或者第（3）款规定的期限内没有提出审查的请求，则有关专利申请被认为撤回。

第 60 条　审查请求的程序

（1）请求对申请进行审查的人应当向韩国特许厅厅长提交书面请求，写明以下各项：

（i）提出请求的人的姓名和地址（如果是法人的，法人名称和营业地）；

（ii）已删除；

（iii）对提出审查请求的专利申请的确认。

（2）如果审查请求是在专利申请公布前提出的，韩国特许厅厅长应当在公开申请时在《专利公报》上公开该审查请求的要点（gist）；如果审查请求是在专利申请公布后提出的，韩国特许厅厅长应当立即在《专利公报》上公开该审查请求的要点。

（3）如果审查请求是申请人外的其他人提出的，韩国特许厅厅长应当通知申请人。

第 61 条　优先审查

如果申请属于以下各项规定情形之一的，韩国特许厅厅长可以指示审查员对该申请优先于另一申请进行审查：

（i）在申请公布后，申请人之外的人被认为已在商业上和工

业上实施专利申请中要求保护的发明；或者，

（ii）按照总统法令的规定，对该专利申请紧急处理被认为是需要的。

第 62 条 拒绝授权的决定

有下列理由之一（下称"拒绝理由"）的，审查员应当驳回专利申请：

（i）根据第 25 条、第 29 条、第 31 条、第 32 条、第 36（1）至（3）款或者第 44 条的规定，发明是不可授予专利的；

（ii）申请是由不具有第 33（1）条规定的获得专利权利的人提交的，或者根据第 33（1）条的但书发明是不可授予专利的；

（iii）申请违反一项条约规定的；

（iv）申请不符合第 42 条第（3）款、第（4）款或者第 45 条规定的条件；或者，

（v）申请的修改超出了第 47 条第（2）款规定的范围；

（vi）分案申请超出第 52 条第（1）款规定的范围；

（vii）转换申请超出了第 53 条第（1）款规定的范围。

第 63 条 拒绝理由的通知

（1）根据第 62 条拒绝授权的审查员应当将拒绝的理由通知申请人并给予申请人在指定的期限内提交书面陈述意见的机会。但是，如果审查员要根据第 51 条第（1）款关于适用第 47（1）（ii）条的规定作出拒绝决定的，不适用本条。

（2）一项专利申请有两项或者两项以上权利要求的，审查官在根据本条第（1）款主体部分的规定通知申请人拒绝时，应当指明哪些权利要求被拒绝，并对每项被拒绝的权利要求阐述具体的理由。

第 63 条之二 有关专利申请的信息的提供

专利申请提交后，任何人可向韩国特许厅厅长提供关于驳回专利申请的理由的信息和证据。但是，不符合第 42 条第（8）款和第 45 条规定的要求的，本规定不予适用。

第 64 条 申请的公布

（1）依据产业资源部令，自下列任一项规定的日期起一年零六个月后，或者根据申请人的请求在规定日期的一年零六个月内，韩国特许厅厅长应当在专利公报上公布专利申请；但是，如果申请根据第 42 条第（5）款的第一句（不包括该段的各项），该申请的说明书没有包括权利要求，或者已经根据第 87 条第（3）款的规定专利的注册已经公告的，本条不适用：

（i）专利申请包含有第 54 条第（1）款规定的优先权要求的，该优先权日；

（ii）专利申请包含有第 55 条第（1）款规定的优先权要求的，第 55（1）条中规定的在先申请的申请日；

（iii）在一件专利申请中根据第 54 条第（1）款或者第 55 条第（1）款作为优先权基础的是两项或者两项以上申请的，该两项或者两项以上申请的申请日中最早的申请日；

（iv）专利申请不属于前述第（i）至（iii）项中任一项的，该专利申请的申请日。

（2）已删除。

（3）第 87（4）条比照适用于根据第（1）款对专利申请的公布。

（4）为第（1）款规定的公布专利申请之目的，在专利公报上公布的事项由总统法令规定。

第 65 条 申请公布的效力

（1）申请公布后，申请人可以向在商业或者工业上实施该申请中的发明的人发出书面警告，声明已就该发明提交了专利申请。

（2）在商业或者工业上实施该申请中的发明的人，在其已被按照第（1）款的规定警告后或者在其知道发明已被公布后，申请人可以要求该人支付赔偿，数额是在警告日或者该人知道该专利申请被公布的日期到专利权的登记日期间，申请人对实施发明应当正常收到的数额。

（3）第（2）款规定的要求赔偿的权利只能在专利权登记后行使。

（4）行使第（2）款规定的要求赔偿的权利不妨碍专利权的行使。

（5）本法第127条、第129条和第132条或者民法第760条和第766条比照适用于第（3）款规定的要求赔偿的权利的行使。在此情况下，民法第766条第（1）款中"受害人或者他的法定代理人知道损害和造成损害的人的身份的时间"理解为"有关专利权的登记日"。

（6）专利申请公布后该申请被放弃、无效或者撤回，或者驳回决定或者第133条［除第133条第（1）款第（iv）项的规定外］规定的无效专利的决定成为终局的，第（2）款规定的权利被视为自始即不存在。

第66条 授予专利权的决定

审查员没有发现拒绝授权的理由的，审查员应当授予专利权。

第67条 专利性决定的形式

（1）授予或者拒绝授权的决定（下称"专利性决定"）必须书面作出并说明决定的理由。

（2）作出专利性决定的，韩国特许厅厅长应当将决定的核准副本送达给专利申请人。

第68条 有关审判的条款比照适用于审查

第148条第（i）至（v）和（vii）项比照适用于专利申请的审查。

第69条 已删除

第70条 已删除

第71条 已删除

第72条 已删除

第73条 已删除

第74条 已删除

第75条 已删除

第 76 条　已删除

第 77 条　已删除

第 78 条　审查或者诉讼审理的中止

（1）如果需要，专利申请的审查程序可以中止，直到审判决定成为最终的或者诉讼审理完成。

（2）如果需要，法院可以中止审判，直到审查员就专利申请作出的决定成为最终的。

（3）对根据第（1）和（2）项规定的中止，不得提出申诉。

第 78 条之二　已删除。

第四章　专利费和专利登记等

第 79 条　专利费

（1）专利权人或者根据第 87 条第（1）款要求登记专利权的人应当缴纳专利费。

（2）第（1）款规定的专利费以及缴纳的期限、方法和其他必要事项由产业与资源部令规定。

第 80 条　利害关系人缴纳专利费

（1）不管有责任缴纳专利费的人的意图，任何利害关系人可以缴纳专利费。

（2）根据第（1）款规定缴纳专利费的利害关系人可以在有缴纳责任的人受益的范围内要求付还费用。

第 81 条　专利费的迟缴等

（1）专利权人或者要求登记专利权的人在第 79（2）条规定的缴纳期限届满后，可在六个月期限缴纳延迟专利费。

（2）根据第（1）款迟缴专利费的，必须缴纳两倍专利费。

（3）专利权人或者要求登记专利权的人在第（1）款规定的期限内没有缴纳附加专利费的（或者，在第 81 条之二（2）款指定的补缴缴纳期限未届满但延迟缴纳的期限已届满时，在补缴缴纳期限内没有缴纳不足部分专利费的），则要求登记专利权的人的专利申请即被视为放弃，专利权人的专利权被视为终止。

第 81 条之二 专利费的补缴

（1）专利权人或者要求登记专利权的人未在第 79（2）或者81（1）条规定的缴纳期限内缴纳了部分专利费的，韩国特许厅厅长应命令补缴不足部分。

（2）根据第（1）款被命令补缴不足部分的人应当在收到命令的日期后一个月内缴纳专利费的不足部分。

（3）当缴纳不足部分有下列各项情形之一的，根据第（2）款缴纳不足部分的人应当缴纳的数额是不足部分的两倍：

（i）在第 79（2）条规定的缴纳期限届满后缴纳不足部分的；或者

（ii）在第 81（1）条规定的延迟缴纳期限届满后缴纳专利费不足部分的。

第 81 条之三 延迟缴纳专利费或者补缴专利费的专利申请和专利权的恢复等

（1）专利权人或者要求登记专利权的人由于不可避免的原因在第 81（1）条规定的延迟缴纳期限内没有缴纳专利费或者在第81 条之二第（2）款规定的补缴的期限内没有补缴不足部分费用的，可以在耽误理由消除之日起十四日内缴纳延迟专利费或者不足部分，但不迟于延迟缴费的期限或者补缴的期限届满日（以后届满为准）后六个月。

（2）尽管有第 81 条第（3）款的规定，根据第（1）款已缴纳延迟专利费或者补缴专利费不足部分的人不视为放弃专利申请，并且有关专利权被视为至缴纳专利费的期限届满时一直存在。

（3）因为未在第 81 条第（1）款规定的延迟缴纳期限内缴纳专利费或者未在第 81 条之二第（2）款规定的补缴期限内补缴不足部分费用，导致已被实施的专利发明的专利权被终止的，专利权人在延迟缴纳期限或者补缴期限届满后 3 个月内缴纳第 79 条规定费用的两倍数额的，可申请恢复其专利权。在此情况下，专利权视为从缴费期限届满时回溯恢复。

（4）根据第（2）款或者第（3）款恢复的专利申请或者专利权的效力不延及他人在专利费延迟缴纳期限届满日至缴纳专利费或者补缴不足部分之日期间（下称"限制效力的期间"）他人对专利发明的实施行为。

（5）在限制效力的期间内，在韩国商业或者工业上善意实施或者准备实施与根据第（2）款或者第（3）款恢复的专利申请或者专利权有关的发明的人，在发明目的或者该人实施或者准备实施有关发明的业务目的范围内，有权得到与该专利申请或者专利权有关的发明的非独占许可。

（6）依据第（4）款被给予非独占许可的人应当向专利权人或者其独占被许可人支付合理的补偿费。

第 82 条 手续费

（1）启动专利相关程序的人应缴纳手续费。

（2）申请人以外的人提出审查请求后，因为修改说明书增加权利要求数量的，申请人应根据相应增加的权利要求的数目缴纳审查请求费。

（3）第（1）款规定的手续费、缴纳方法和期限和其他必要事项由产业与资源部令规定。

第 83 条 专利费或者手续费的减免

（1）尽管有第 79 条和第 82 条的规定，在以下情况下韩国特许厅厅长应免除专利费或者手续费：

（i）国家拥有的专利申请或者专利权的手续费或者专利费；或者

（ii）与根据第 133 条第（1）款、第 134 条第（1）款或者第 137 条第（1）款由审查员提出无效审判请求有关的费用。

（2）尽管有第 79 条和第 82 条的规定，涉及国民基本生活保障法第5条规定的人或者产业与资源部令规定的人的发明而提交的专利申请的,韩国特许厅厅长可以减免商务、产业和能源部令规定的费用,以及前三年的专利登记费。

利用减免专利费或者官费的第(2)款规定的人应当向韩国特许厅厅长提交产业与资源部令规定的文件。

第84条 专利费等的退还

(1)已经缴纳的专利费和手续费不予退还,当下列情况下由缴纳人提出请求的除外:

(i)错缴的专利费或者手续费;

(ii)无效专利的决定生效当年之后相应几年专利费部分;或者

(iii)无效专利延期登记的决定生效当年之后相应几年专利费部分;

(iv)在申请日后1个月内被撤回或者放弃的专利申请的申请费或者审查请求费(不包括分案申请、转换申请或者优先审查请求)。

(2)对第(1)款规定的任何情况下错缴的专利费或者手续费,韩国特许厅厅长应当向缴纳专利费和手续费的一方发出通知。

(3)任何人在收到第(2)款所述通知超过三年后,不得根据第(1)款的但书请求退款。

第85条 专利登记簿

(1)韩国特许厅厅长应在韩国特许厅保存专利登记簿并登记以下事项:

(i)专利权的确立、转移、终止、恢复、处置限制或者专利权期限的延长;

(ii)独占或者非独占许可的确立、维持、转移、变更、消灭或者处置限制;

(iii)专利权或者独占或者非独占许可权质押的确立、转移、变更、消灭、或者处置限制。

(2)第(1)款规定的专利登记簿的全部或者部分可以储存

在磁带等上。

（3）第（1）款或者第（2）款中没有规定的与登记事项、程序等有关的必需的信息，由总统令规定。

（4）专利申请说明书和附图以及总统令规定的其他文件被认为是专利登记簿的一部分。

第86条 专利注册证书的颁发

（1）专利权登记时，韩国特许厅厅长应向专利权人颁发专利登记证书。

（2）专利登记证书与专利登记簿或者其他文件不一致的，韩国特许厅厅长应依请求或者依职权，重颁修改的专利登记证书或者颁发新的专利登记证书。

（3）根据第136条第（1）款的规定，更正审判决定生效的，韩国特许厅厅长应根据审判决定颁发新的专利登记证书。

第五章　专利权

第87条 专利权的登记与登记的公告

（1）在专利登记后专利权开始生效。

（2）有下列情形之一的，韩国特许厅厅长应当登记专利权的确立：

（i）已根据第79条第（1）款缴纳专利费的；

（ii）已根据第81条第（1）款延迟缴纳专利费的；

（iii）已根据第81条之二第（1）款延迟缴纳专利费缺额的；

（iv）已根据第81条之三第（1）款延迟缴纳专利费或者缴纳专利费缺额的；

（v）根据第83条第（1）款第（i）项和第（ii）项免除专利费的。

（3）已按照第（2）款进行登记的，韩国特许厅厅长应在专利公报上公告该专利的授予以及该专利的相关信息。

（4）对于要求保密的发明的专利登记公布必须推迟，直到该发明被解密为止；一旦解密，必须立即公告该登记。

（5）自登记公告之日起，韩国特许厅厅长应提供三个月的期限供公众查询该申请文件及所附申请材料。

（6）在专利公报上进行公告第（3）款规定的专利登记的具体事项由总统法令规定。

第88条 专利权的存续期限

（1）专利权期限在按照第87条第（1）款规定专利权登记后开始，于专利申请的申请日后20年终止。

（2）根据第34条和第35条的规定将专利权授予正当权利人的，第（1）款规定的专利权的期限从无权人提交该专利申请的次日起开始计算。

（3）已删除。

（4）已删除。

第89条 专利权期限的延长

尽管有第88条第（1）款的规定，如果按照其他法律或者法规为实施专利发明需要许可或者批准，且为完成获得许可或者批准（下称"许可"）所必需的活性试验、安全试验等已经延长了期限，同时该审批是总统法令规定的，那么，专利权的期限可以被延长，延长期是专利发明不能实施的期间，最长为5年。

第90条 延长登记专利权期限的申请

（1）按照第89条规定请求登记专利权延期的人（下称"延期登记的申请人"）应向韩国特许厅厅长提交专利权延期登记申请，写明以下各项：

（i）延期登记的请求人的姓名和地址（如果是法人的，法人名称和营业地）；

（ii）如果有代理人的，代理人的姓名和住所或者营业地（如果代理人是一个专利法律机构的，机构名称和营业地以及指定的专利律师的姓名）；

（iii）请求延期的专利的专利号和该专利权利要求的范围；

（iv）请求延长的期限；

（v）第 89 条规定的审批的条件；以及

（vi）由商务、产业和能源部令规定的延期的理由（附带证明该理由的材料）。

（2）专利权延期登记请求必须在获得第 89 条规定的审批后的三个月内提出；但是，第 88 条规定期限的未届满期限少于六个月的，不能提出申请。

（3）共有专利权的，该专利权延期登记的请求必须以全体共有人人的名义提出。

（4）一旦提交专利权延期登记的请求，则认为期限已经被延长，除非按照第 91 条第（1）款作出的拒绝专利延期登记的决定已生效。

（5）已提交了专利权延期登记的请求的，韩国特许厅厅长应在专利公报上公布第（1）款中规定的信息。

（6）请求人可以修改延期登记的请求中第（1）款第（iii）项到第（vi）项的内容［除第（iii）项所述的被延长的专利权的专利号外］，条件是该修改应在审查员发出登记的决定或者拒绝延期的决定的核准副本之前提交。

第 91 条　拒绝延长登记专利权期限的决定

（1）有下列各项情况之一的，审查员应拒绝延长登记该专利权期限：

（i）为实施专利发明，不需获得第 89 条规定的审批的；

（ii）专利权人、独占许可的被许可人或者经登记的非独占许可的被许可人，未获得第 89 条规定的审批的；

（iii）请求延长的期限超过了专利发明无法实施的期间；

（iv）延期登记的请求人不是专利权人的；或者

（v）延期登记的请求违反第 90 条第（3）款的规定的；

（vi）已删除。

（2）第（1）款第（iii）项所述的期间不包括因专利权人的理由而丧失的期间。

第 92 条　延长登记专利权期限的决定等

（1）审查员按照第 91 条（1）的各项规定没有发现拒绝延期登记请求的理由的，审查员应准许延长专利权期限。

（2）按照第（1）款作出延长决定的，韩国特许厅厅长应在专利登记簿上登记该专利权期限的延长。

（3）按照第（2）款进行登记的，下列各项规定的信息必须在专利公报中公布：

（i）专利权人的姓名和地址（如果专利权人是法人的，法人名称和营业地）；

（ii）专利号；

（iii）登记延期的日期；

（iv）延长的期间；以及

（v）第 89 条规定的审批的内容等。

第 93 条　比照适用的条款

第 57 条第（1）款、第 63 条、第 67 条以及第 148 条第（i）项至第（v）项以及第（vii）项比照适用于专利权延期登记请求的审查。

第 94 条　专利权的效力

专利权人具有在商业及工业上实施专利发明的独占权利，除非该专利权被授予独占许可。专利权被授予独占许可的，专利权人在独占被许可人根据第 100 条第（2）款的规定具有实施专利发明的独占权的范围内不独占其权利。

第 95 条　期限被延长的专利权的效力

除实施专利发明以获得因其审批而延长专利权期限的产品（或者，如果审批是针对产品的特定用途，为获得具有该特定用途的产品）外，期限被延长的专利权的效力不延及任何其他行为。

第 96 条　对专利权的限制

（1）专利权的效力不延及到下列任何一种情况：

（i）为了研究或者试验目的的使用专利发明；

（ii）仅仅通过韩国的船舶、飞机或者车辆，或者用在这些船舶、飞机或者车辆上的机器、工具、设备或者其他附属设施；或者

（iii）专利申请提出时在韩国已有的物品。

（2）对于通过混合两种或者多种药物而制得的用于诊断、治疗、缓解、医疗或者预防人的疾病的产品（"药物"）发明，或者通过混合两种或者多种药物而制造药物的方法发明，其专利权的效力不延及根据药事法的配药的行为或者由这种行为制造的药物。

第97条 专利发明的保护范围

专利发明的保护范围由权利要求（书）中记载的内容确定。

第98条 与他人专利发明等的关系

如果实施专利发明侵犯他人在该专利的申请日前提出的申请而获得的专利发明、注册实用新型或者注册外观设计或者类似设计，或者专利权与他人在该专利的申请日前提出的外观设计或者商标注册的申请而获得的外观设计权或者商标权相冲突的，专利权人、独占被许可人或者非独占被许可人未经在先专利权、实用新型权、外观设计权或者商标权的持有人的许可，不得在商业上或者工业上实施该专利发明。

第99条 专利权的转让和共有

（1）专利权可以转让。

（2）专利权共有的，未经其他所有人的同意，任何共有人不能转让或者质押其份额。

（3）专利权共有的，除协议另有规定外，每个共有人都可以分别地实施专利发明而不需要其他共有人的同意。

（4）专利权共有的，未经其他共有人的同意，任何共有人不能授予独占许可或者非独占许可。

第100条 独占许可

（1）专利权人可以将专利权独占许可给他人。

（2）根据第（1）款被授予独占许可的被许可人在许可合同允许的范围内享有在商业上或者工业上实施专利发明的独占权。

（3）除非许可通过继承或者其他的概括继承被转让外，未经专利权人的同意，独占被许可人不能将许可随被许可人的相关业务转移。

（4）未经专利权人的同意，独占被许可人不能对独占许可设置质押或者授予非独占许可。

（5）第99条第（2）款到第（4）款的规定比照适用于独占许可。

第101条 专利权及独占许可登记的效力

（1）除非对相关专利权或者独占许可进行了登记，否则下列有关专利程序无效：

（i）专利的转移（继承或者其他概括继承除外）、因放弃而终止或者限制；

（ii）对专利权或者独占许可的授予、转移（继承或者其他概括继承除外）、变更、终止（混同除外）或者限制；或者

（iii）对专利权或者独占许可的质押的设立、转移（继承或者其他概括继承除外）、变更、终止（混同除外）或者限制。

（2）第（1）款中有关专利权、独占许可或者质押发生继承或者其他概括继承时，必须立即通知韩国特许厅厅长。

第102条 非独占许可

（1）专利权人可以授予他人非独占专利许可。

（2）非独占被许可人有权在本法规定或者许可合同许可的范围内在商业上或者工业上实施专利发明。

（3）按照第107条授予的非独占许只能随相关业务一起转让。

（4）本法第138条、实用新型法第53条或者外观设计保护法第70条规定的非独占许可，必须随相关专利权、实用新型权或者外观设计权一起转移，并于相关专利权、实用新型权或者外

观设计权失效时失效。

（5）除第（3）款和第（4）款规定的非独占许可外，未经专利权人（或者由独占许可的被许可人授予非独占许可的情况下，专利权人和独占被许可人）的同意，非独占许可不得转让，除非同相关业务一起转让，或者通过继承或者其他概括继承转让。

（6）除第（3）款和第（4）款中规定的非独占许可外，未经专利权人（或者由独占许可的别许可人授予非独占许可的情况下，专利权人和独占被许可人）的同意，不得在非独占许可上设置质押。

（7）第99条（2）和（3）比照适用于非独占许可。

第103条　在先使用而获得的非独占许可

在对专利申请中描述的发明内容不知情的情况下已经作出发明的人，或者从该人处已得知如何作出发明的人，如果他们在专利申请时已在韩国商业上或者工业上善意地实施发明或者已为实施发明作了准备，则他们有权就以该专利申请为基础的发明专利权享有非独占许可。这种非独占许可必须限于正在实施或者为实施作好准备的发明，并且限于这样的实施或者准备实施的目的。

第104条　由于无效审判请求登记之前的实施而获得的非独占许可

（1）在专利或者实用新型无效审判请求登记之前，某人在不知道该专利发明应当无效的情况下，已经在商业上或者工业上在韩国实施了发明，或者已经作出实施该发明的准备的，在下列任一情形下，该人有权在该专利或者实用新型注册被无效后，就专利权享有非独占许可或者就仍存在的专利权的独占许可上享有非独占许可；但是，该非独占许可必须限于正在实施或者为实施所作出的准备的发明或者技术方案，并且限于这种实施或者准备实施的目的：

（i）就相同发明授予的两个或者多个专利之一被无效的，原专利权人；

（ii）专利发明和注册的实用新型是相同的，且该实用新型注册被无效的，实用新型权的原所有人；

（iii）专利已经被无效，而就相同发明的专利权被授予有资格的人的，原专利权人；

（iv）实用新型注册已经被无效，而与该技术方案相同的发明的专利权授予有资格的人的，实用新型权利的原所有人；或者

（v）在第（i）项到第（iv）项所述情况下，在对专利权或者实用新型权进行无效审判请求登记时，已经就该专利权或者实用新型权被授予了独占许可、非独占许可或者在独占许可上的非独占许可且，该许可已进行登记的人；但是，第118条（2）款规定的人不需要登记该许可。

（2）按照第（1）项被授予非独占许可的人，应向专利权人或者独占被许可人支付合理的赔偿金。

第105条 外观设计权期满后的非独占许可

（1）基于在专利申请的申请日或者之前提交的外观设计申请的外观设计权与基于该专利申请的专利权相冲突，并且外观设计权期限届满的，外观设计权的所有人在外观设计权范围内有权享有该专利权的非独占许可，或者享有外观设计权届满时已存在的独占许可的非独占许可。

（2）基于专利申请的申请日或者之前提交的外观设计申请的外观设计权与基于该专利申请的专利权相冲突，并且外观设计权期限届满的，外观设计权期限届满对届满的外观设计权享有独占许可的人，或者根据外观设计保护法第61条适用本法第118条（1）的规定而享有外观设计权或者独占许可的非独占许可的人，在届满的外观设计权范围内，有权获得该有关专利权的非独占许可，或者享有在外观设计权届满时已存在的独占许可的非独占许可。

（3）按照第（2）款被授予非独占许可的人应该向专利权人或者独占被许可人支付合理的报酬。

第 106 条　专利权的征用等

（1）在战争、突发事件或者其他的类似紧急情况下，如果专利发明属于下列情形之一的政府可以征用该专利权〔只能在第（i）项的情况下〕、实施该专利发明或者要求政府之外的其他人实施该专利发明。

（i）实施专利发明是国防所需；

（ii）进行非商业性使用是为公共利益所需。

（2）专利权被征用的，除专利权外，对应发明的其他权利消灭。

（3）政府根据第（1）款的规定征用专利权，或者政府或者政府之外的人实施专利发明的，政府或者该人应向专利权人、独占被许可人或者非独占被许可人支付合理的报酬。

（4）征用和实施专利权以及报酬的必需事项由总统令规定。

第 107 条　授予非独占许可的裁定

（1）专利发明有下列情况之一的，打算实施专利发明的人可以请求韩国特许厅厅长裁定（下称"裁定"）授权非独占许可，前提是以合理的条件与专利权人或者独占被许可人协商授予非独占许可但未达成协议或者根本不可能协商；但是，如果为公共利益需要非商业性地使用专利发明或者在第（iv）项所述情形下，不需协商就可请求裁定：

（i）除自然灾害、不可避免的情形或者其他由总统令规定的正当理由外，专利发明连续三年以上没有在韩国实施；

（ii）没有正当理由，超过三年以上，未在韩国在商业或者工业上实质性地连续实施专利发明；或者无法满足国内在适当范围和合理条件下对专利发明的需要；

（iii）为公众利益，需要非商业性地实施专利发明；或者

（iv）为补救经过司法或者行政程序被确定为不公平的做法，需要实施专利发明。

（v）为出口药品（包括生产该药品的有效成分和使用该药品的诊断试剂）到打算进口该药品以治疗威胁其多数国民的健康的

疾病的某一国家（简称"进口国"）。

（2）除自专利发明的申请日满四年外，本法第（1）（i）和（ii）项的规定不予适用。

（3）在裁定授予非独占许可时，韩国特许厅厅长应考虑每个请求的必要性。

（4）韩国特许厅厅长根据第（1）款第（i）项至第（iii）项或者第（v）项作出裁决时，被授予非独占许可的人应当遵守以下条件：

（i）根据第（1）款第（i）项至第（iii）项作出裁决的，非独占许可的实施应当主要用于供应国内市场；

（ii）根据第（1）款第（v）作出裁决的，根据裁决而生产的药品必须全部出口到进口国。

（5）韩国特许厅厅长应当保证对每一裁定给予合理的对价。根据第（1）款第（iv）项或者第（v）项作出裁定的，韩国特许厅厅长可以考虑以下规定中的因素：

（i）根据第（1）款第（iv）项作出裁定的，纠正不公平交易的需要；

（ii）根据第（1）款第（v）项作出裁决的，进口国通过实施专利发明获得的经济价值。

（6）对于半导体技术，只有在第（1）款第（iii）项（允许为公共利益的需要以有限的方式非商业性地使用发明）和第（1）款第（iv）项规定的情况下才可以提出裁决请求。

（7）进口国只能是已将下列事项通报 WTO 的世界贸易组织成员，或者总统令列出的已将下列事项通报韩国的非世贸成员的国家：

（i）进口国需要的药品名称和数量；

（ii）进口国不是联合国大会决议列出的最不发达国家之一的，进口国确认其缺乏相关药品的制造能力或者能力不足；并且

（iii）相关药品在进口国被授予专利的，进口国确认其已经或者打算授予强制许可。

（8）本条第（1）款第（v）项所称药品具有下列任一含义：

（i）专利药品；

（ii）通过专利方法制造的产品；

（iii）生产该药品所需的被授予专利的有效成分；

（iv）生产该药品所需的被授予专利的诊断试剂。

（9）裁决请求的提交或者其他必要事项由总统令规定。

第 108 条 书面答复的提交

提交裁定请求后，韩国特许厅厅长应向该请求中提到的专利权人或者独占被许可人，以及对该专利享有已登记权利的任何其他人员转送该书面请求的副本，并且给予他们在指定期间内提交答复的机会。

第 109 条 征求知识产权争议委员会和相关机构负责人的意见

在裁决之前，韩国特许厅厅长应向根据发明促进法第 41 条成立的知识产权争议委员会和相关机构的负责人征求意见，并寻求相关行政机关或者利害关系人的帮助。

第 110 条 裁定的形式

（1）裁定必须以书面作出并说明裁定的理由。

（2）下列事项必须在第（1）款规定的裁决中载明：

（i）非独占许可的范围和期限；

（ii）赔偿金和其支付方法以及支付时间；

（iii）根据第 107 条第（1）款第（v）项作出裁决的，公布以下事项的互联网地址：专利发明，专利权人、独占被许可人或者非独占被许可人（通过裁决获得的非独占许可除外）提供的药品，外部可辨别的包装或者标示，以及裁决中确定的任何其他事项；

（iv）被裁定的人在实施其专利发明，为了履行在法规或者条约上规定的内容必要的遵守事项。

（3）除正当情形外，韩国特许厅厅长应当在裁决请求日起六个月内作出裁决。

（4）除正当情形外，第107条第（1）款第（v）项规定的裁决请求落入第107条第（7）款或者第（8）款的范围，而且第107条第（9）款规定的文件均已提交的，韩国特许厅厅长应当作出给予非独占许可的裁决。

第111条 裁决核准副本的传送

（1）裁决作出后，韩国特许厅厅长应向各方当事人以及对该专利享有已登记权利的任何其他人员传送裁决的核准副本。

（2）裁决的核准副本按照第（1）款规定传送给当事人的，视为当事人对裁决中的条件进行了协商。

第111条之二 裁定文件的修改

（1）需要对书面裁定中关于第110条第（2）款第（iii）项所述事项予以更改的，请求裁决的人可以向韩国特许厅厅长提交更改请求，并附确认更改原因的证明文件。

（2）韩国特许厅厅长认为根据第（1）款提出的更改书面裁决中事项的请求是合理的，其可以更改书面裁决中写明的事项。在此情况下，局长应当听取利害关系人的意见。

（3）本法第111条比照适用于本条第（2）款。

第112条 补偿金的提存

有下列情形之一的，有义务支付第110条（2）（ii）规定的补偿金的一方当事人应提存该补偿金：

（i）有权接受该补偿金的当事人拒绝补偿金或者无法接收补偿金；

（ii）关于补偿按照第190条（1）提起了诉讼；或者

（iii）该专利权或者独占许可已被质押的，但质权人同意的除外。

第113条 裁定的失效

被裁定授予非独占许可的人没有在付款截至日支付或者按照第110条第（2）款第（ii）项的规定寄存补偿金（或者，如果是采取分期付款或者入门费的，首期付款额）的，裁定失效。

第 114 条 裁定的取消

（1）被裁定授予非独占许可的人有下列情形之一的，韩国特许厅厅长可以依职权或者根据利害关系人的请求取消裁定。但是，在第（ii）项情形下，这种行为必须保护非独占许可的合法利益：

（i）实施专利发明不符合在裁定的目的；或者

（ii）裁定授予非独占许可的理由消失并且被认为不可能再出现。

（iii）没有正当理由违反在裁定书上标明的第 110 条第（1）款（iii）项或者（iv）项的。

（2）第 108 条、第 109 条、第 110 条第（1）款和第 111 条第（1）款比照适用于本条第（1）款。

（3）按照本条第（1）款取消裁定的，非独占许可终止。

第 115 条 对不服裁定的理由的限制

按照行政审判法第 3 条第（1）款提出行政审判的请求的，或者按照行政诉讼法对裁定提出撤销起诉的，裁定中确定的补偿金不得作为反对的基础。

第 116 条 专利权的取消

（1）自根据第 107 条第（1）款第（i）项作出裁定之日起两年或者两年以上，专利发明没有在韩国连续实施，韩国特许厅厅长可以依职权或者根据利害关系人的请求取消专利权。

（2）第 108 条、第 109 条、第 110 条第（1）款和第 111 条第（1）款比照适用于本条第（1）款。

（3）根据本条第（1）款取消专利权时，该专利权终止。

第 117 条 已删除

第 118 条 非独占许可登记的效力

（1）经登记的非独占许可具有对抗随后获得专利权或者独占许可的任何人的效力。

（2）根据本法第 39 条第（1）款、第 81 条之二第（4）款、第 103 条至第 105 条、第 122 条、第 182 条或者第 183 条，或者发明促进法第 10 条第 （1） 款授予的非独占许可，即使没有登记，也具有本条第 （1） 款规定的相同效力。

（3） 非独占许可的转让、变更、终止或者处分的限制，或者就非独占许可的质押的转让、变更、终止或者处分的限制，除非登记，否则不能有效对抗第三人。

第 119 条　对专利权等放弃的限制

（1） 未经本法第 100 条第 （4） 款或者第 102 条第 （1） 款或者发明促进法第 8 条第 （1） 款规定的独占被许可人、质权人或者非独占被许可人同意，专利权人不得放弃专利权。

（2） 未经第 100 条 （4） 款规定的质权人或者非独占被许可人同意，独占被许可人不得放弃独占许可。

（3） 未经质权人同意，非独占被许可人不得放弃非独占许可。

第 120 条　放弃的效力

专利权、独占或者非独占许可被放弃时，该专利权或者该专利权的许可终止。

第 121 条　质押

专利权、独占或者非独占许可被质押的，除非合同另有约定的外，质权人不得实施专利发明。

第 122 条　行使质权导致转让专利权产生的非独占许可

专利权人在专利权质押前实施专利发明的，即使专利权通过拍卖被转让，专利权人有权对专利发明享有非独占许可；但是，原专利权人应向通过拍卖等方式受让专利权的人支付合理的补偿金。

第 123 条　质权人的代位求偿

质权人可行使质权，以代质押人获得按照本法应获得的补偿金，或者实施专利发明应获得的补偿金或者货物；但是，扣押令必须在补偿金支付或者货物交付之前得到令。

第 124 条　无继承人时专利权的终止

如果在发生继承时没有继承人，则专利权终止。

第 125 条 实施专利的报告

韩国特许厅厅长可以要求专利权人、独占被许可人或者非独占被许可人报告专利发明是否实施以及实施的范围等。

第 125 条之二 赔偿金和补偿金数额的执行力

韩国特许厅厅长按照本法就支付的赔偿或者补偿金数额作出的最终裁决与强制执行文书具有相同的效力；韩国特许厅官员应发出具有强制执行力的法律文书。

第六章 对专利权人的保护

第 126 条 停止侵权的禁令请求权等

（1）专利权人或者独占被许可人可以要求正在侵犯或者可能侵犯其专利权的人中止或者停止侵权。

（2）按照第（1）款采取行动的专利权人或者独占被许可人可以要求销毁作为侵权行为结果的物品（在制造产品的方法发明的情况下，包括侵权行为获得的产品）、拆除用于侵权的设备或者防止侵权所必需的其他措施。

第 127 条 侵权行为

有下列行为之一的，视为侵犯专利权或者独占许可：

（i）制造、转让、租赁、进口，或者许诺转让或者租赁专用于生产专利产品的物品的行为；或者

（ii）制造、转让、租赁、进口，或者许诺转让或者租赁专用于实施专利方法的物品的行为。

第 128 条 损失额的推定等

（1）专利权人或者独占被许可人向转让侵权物品而故意或者过失侵犯专利权或者独占许可的人要求损害赔偿的，损失额按照转让物品数量乘以专利权人或者独占被许可人在没有侵权的情况下销售的可取得的单件产品利润。赔偿不得超过如下计算的数额：单位产品预计利润乘以专利权人或者独占被许可人原本能够

生产的产品数量减去已售出产品的数量。然而，专利权人或者独占被许可人因侵权以外的原因不能销售产品的，应当扣除因为该原因不能销售的数量计算得出的数额。

（2）专利权人或者独占被许可人向故意或者过失侵犯专利权或者独占许可的人要求损害赔偿的，由于侵权而使侵权人获得的利润推定为专利权人或者独占被许可人遭受的损失。

（3）专利权人或者独占被许可人向故意或者过失侵犯专利权或者独占许可的人要求损害赔偿的，专利权人对于实施专利发明通常有权收到的使用费可以作为专利权人遭受的损害额而要求赔偿。

（4）尽管有第（3）款的规定，实际损失超过第（3）款中提到的数额的，超过的数额也可以要求作为损害赔偿额。在确定赔偿额时，法院可以考虑侵犯专利权或者独占许可的人是否存在故意或者重大过失。

（5）涉及专利权或者独占许可的诉讼中，法院认为案件的性质使得难以提供证据证明实际损失的，尽管有第（1）到第（4）款的规定，法院可以在证据审查和全部争辩意见审查的基础上确定一个合理的数额。

第 129 条　使用方法专利的推定

产品与由专利方法制造的另一产品相同，则推定该产品是由后者的专利方法制造的，但属于下列各项的发明除外：

（i）在专利申请提出之前，在韩国已公知或者使用过的发明；或者

（ii）在专利申请提出之前，在韩国或者外国发行的出版物中描述的发明，或者公众通过总统令规定的电子通信线路可获得的发明。

第 130 条　过失推定

侵犯他人专利权或者独占许可的人在侵权行为上被推定为有过失。

第 131 条 专利权人等名誉的恢复

依据专利权人或者独占被许可人的请求，替代赔偿或者在赔偿之外，法院可以命令故意或者过失侵犯专利权或者独占许可而损害专利权人或者独占被许可人的商业信誉的人，采取必要措施恢复专利权人或者独占被许可人的商业信誉。

第 132 条 文件的提供

在涉及侵犯专利权或者独占许可的诉讼中，依据一方当事人的请求，法院可以命令另一方当事人提交用于计算因侵权产生的损失所必需的文件，拥有该文件的人有正当理由拒绝提交文件的除外。

第七章 审 判

第 132 条之二 特许审判院

（1）在韩国特许厅厅长权限内成立的特许审判院负责专利、实用新型、外观设计和商标的审判和再审，以及对于审判和再审的调查与研究。

（2）特许审判院由院长和审判官组成。

（3）知识产权审判院的组织、人员和运行的必要事项，由总统令确定。

第 132 条之三 对不服拒绝授权决定等的审判

收到拒绝授权的决定或者本法第 91 条规定的拒绝延长专利权期限的决定的人，可以在收到决定的核准副本之日起三十日内请求审判。

第 132 条之四 已删除

第 133 条 无效专利的审判

（1）在下列情况中，利害关系人或者审查员可以提出请求宣告一项专利无效的审判，对于包含两项或者两项以上权利要求的专利，可以针对每项权利要求提出无效审判请求。任何以下各项理由请求无效审判的［第（ii）项除外］，应当在自专利登记日到登记公告后 3 个月期间提出：

（i）专利权的授予违反第 25 条、第 29 条、第 31 条、第 32 条、第 36 条第（1）款至第（3）款、第 42 条第（3）～（4）款或者第 44 条规定的；

（ii）专利权被授予按照第 33 条第（1）款的规定无权获得专利权的人或者专利权违反第 44 条的；

（iii）根据第 33 条第（1）款的但书不得授予专利权的；

（iv）专利权授予后，专利权人根据第 25 条不再有资格获得专利权，或者该专利权不再符合条约规定的；

（v）专利权的授予违反条约规定的；

（vi）申请的修改超出第 47 条第（2）款规定的范围的；

（vii）申请的分案超出第 52 条第（1）款规定的范围的；或者

（viii）申请的转换超出第 53 条第（1）款规定的范围的。

（2）即便在专利权终止后，可以提出本条第（1）款规定的审判请求。

（3）无效专利权的审判决定生效后，专利权视为自始即不存在；但是，本条第（1）款第（iv）项情况下的专利，在无效专利的审判决定生效后，专利权在专利最初具有本条第（1）款第（iv）项情形时视为不存在。

（4）根据本条第（1）款提出审判的，审判长应该通知专利权的独占被许可人，以及任何其他已登记的就该专利享有权利的人。

第 133 条之二　专利无效审判期间对专利的更正

（1）在依据第 133 条第（1）款提出无效请求的情况下，在无效审判过程中，被告可以在第 147 条第（1）款或者第 159 条第（1）款规定的期间内，依据第 47 条第（3）款规定的理由请求对专利发明的说明书或者附图进行更正。

（2）第（1）款适用于更正请求的，在相关的无效审判过程中先提出的任何更正请求视为撤回。

（3）当按照第（1）款请求更正时，审判长应该将第 133 条第（1）款中的书面请求的副本发给请求人。

（4）第 136 条第（2）款到第（5）款、第（7）款到第（11）款、第 139 条第（3）款以及第 140 条第（1）款、第（2）款、第（5）款的规定比照适用于第（1）款规定的更正的请求。在适用时，第 136 条第（9）款中的规定"在按照第 162 条第（3）款终止审判审查通知发布之前（如果按照第 162 条第（4）款的规定重开审判审查的，在终止该审判审查的后续通知按照第 162 条第（3）款发布之前）"理解为"将按照第 136 条第（5）款发出通知的情况下，在指定期限内"。

第 134 条　专利权期限延长登记的无效审判

（1）在下列情形下，任何利害关系人或者审查官可以请求专利权期限延长登记的无效审判：

（i）对于实施专利发明并不需要第 89 条规定的审批等的申请而予以延长登记；

（ii）对于专利权人、独占被许可人或者登记的非独占被许可人未获得第 89 条规定的审批的；

（iii）延长登记所延长的期限超过专利发明无法实施的期间的；

（iv）基于专利权人以外的人提出的申请延长登记生效的；

（v）基于违反第 90 条第（3）款的规定的申请使延长登记生效的；

（vi）已删除。

（2）第 133 条第（2）款和第（4）款比照适用于本条第（1）款规定的审判请求。

（3）无效延长登记的审判决定生效后，期限延长的登记视为自始即不存在。但是，延长登记属于第（1）款第（iii）项规定情况的，超过专利发明无法实施的期间而延长的期限视为无效。

第 135 条 确认专利权范围的审判

（1）专利权人、独占被许可人或者利害关系人可以提起确认专利权范围的审判请求。

（2）按照第（1）款请求确认专利权范围的审判的，如果专利权包含两个或者多项权利要求的，专利权人可以对每项权利要求请求审判。

第 136 条 更正审判

（1）专利权人可以以第 47 条第（3）款规定的理由对说明书或者附图提出更正审判的请求，除非针对该专利权的无效审判正在特许厅审判院进行。

（2）根据第（1）款对说明书或者附图的更正必须限于专利发明的说明书或者附图公开的主题范围内。但是，按照第 47 条第（3）款第（ii）项改正书写错误的，改正必须限于该申请原始说明书或者附图的主题范围内。

（3）根据第（1）款对说明书或者附图的修改不能实质上扩大或者改变专利权的范围。

（4）根据第（1）款适用第 47 条第（3）款第（i）和（ii）项时，更正后权利要求记载的内容视为在该专利申请提出时即是可授予专利的。

（5）根据第（1）款提出更正审判的请求不符合第 47 条第（3）款规定的，或者超出第（2）款规定的范围的，或者违反第（3）款或者第（4）款规定的，审判官应当通知请求人拒绝请求的理由，并且给请求人在指定期间内提交答复的机会。

（6）即使在专利权终止后，也可以提出第（1）款规定的更正审判请求，除非专利由审判判定无效。

（7）未经本法第 100 条第（4）款或者第 102 条第（1）款或者发明促进法第 10 条第（1）款规定的独占被许可人、质权人或者非独占被许可人的同意，专利权人不得提出第（1）款规定的更正审判请求。

（8）允许更正专利发明的说明书或者附图的审判决定生效

的，专利申请、该决定的公开以及专利权的登记均视为是在更正的说明书或者附图的基础上作出的。

（9）只有在第 162 条第（3）款规定的审判审查终止通知发布之前，请求人才可以修改第 140 条第（5）款规定的书面请求书中附带的更正说明书或者附图〔按照第 162 条第（4）款重开审判审查的情况下，在终止该审判审查的后续通知根据第 162 条第（3）款的规定发布之前〕。

（10）作出判定允许更正专利发明的说明书或者附图的，知识产权审判院院长应当将改正的主题内容通知韩国特许厅厅长。

（11）按照第（10）款规定发布通知的，韩国特许厅厅长应当在专利公报上公布该通知。

第 137 条 更正的无效审判

（1）按照第 133 条之二第（1）款或者第 136 条第（1）款对专利发明的说明书或者附图的更正违反下列任何一项规定的，利害关系人或者审查员可以提出更正无效的审判请求：

（i）第 47 条第（3）款规定的各项；或者

（ii）第 136 条第（2）到（4）款（包括根据第 133 条之二第（4）款的适用）。

（2）第 133 条第（2）款和第（4）款比照适用于根据本条第（1）款提出的审判请求。

（3）第（1）款规定的无效审判中的被告可以在第 147 条第（1）款或者第 159 条第（1）款规定的期间内，根据第 47 条第（3）款任一项的规定请求对专利发明的说明书或者附图进行修改。

（4）第 133 条之二第（2）款和第（3）款比照适用于根据第（3）款提出的审判请求。在这种情况下，第 133 条之二第（2）款中的"第 133 条之二第（3）款"理解为"第 137 条第（1）款"。

（5）根据第（1）款认定说明书或者附图的更正是无效的审判判定生效后，更正被认为从未作出过。

第 138 条　授予非独占许可的审判

（1）专利权人、独占被许可人或者非独占被许可人寻求许可以行使第 98 条规定的权利，而对方当事人没有正当理由拒绝许可或者不可能获得允许的，该专利权人、独占被许可人或者非独占被许可人可以在实施专利发明所需要的范围内提出授予非独占许可的审判请求。

（2）根据第（1）款提出请求的，只有在后申请的专利发明与其他当事人在该在后申请的申请日前提交申请而获得的专利发明或者注册实用新型相比，具有重大经济价值的显著技术进步，才可以授予非独占许可。

（3）如果根据第（1）款其专利被授予非独占许可的人需要使用被许可人的专利发明，并且如果后者拒绝许可或者如果不可能获得许可，前者可以在实施专利发明所需要的范围内提出授予非独占许可的审判请求。

（4）根据本条第（1）款或者第（3）款被授予非独占许可的非独占被许可人，应向专利权人、实用新型权人、外观设计权人或者独占被许可人支付补偿费，除非由于不可避免的理由不能付款，在这种情况下，必须提存补偿费。

（5）不支付补偿费或者不提存补偿费的，第（4）款规定的非独占被许可人不得实施被授予专利权的发明、注册实用新型、注册外观设计或者类似外观设计。

第 139 条　共同审判的请求

（1）在两人或者多人根据第 133 条第（1）款、第 134 条第（1）款或者第 137 条第（1）款请求无效审判，或者根据第 135 条第（1）款请求确认专利权范围的审判的情况下，可以共同提出请求。

（2）对专利权的共同所有人之一提出审判请求的，全部共同所有人为被告。

（3）专利权或者获得专利的权利共同所有人，就共同所有权的权利提出审判请求的，请求必须由全部所有人共同提出。

（4）第（1）款或者第（3）款的请求人之一，或者第（2）款的被告之一存在中止审判程序的理由的，中止对他们全体有效。

第 140 条 审判请求的形式

（1）请求审判的人应向知识产权审判院院长提交书面请求，记载如下内容：

（i）当事人的姓名和地址（如果为法人的，法人的名称和营业地）；

（i之二）如果有代理人的，代理人的姓名和住所或者营业地（如果代理人是专利法人单位的，其名称和营业地以及指定的专利律师的姓名）；

（ii）审判案件的确认；以及

（iii）请求的目的和理由。

（2）根据第（1）款提交的审判请求的意图或者目的不可以修改；但是，本款不适用于以下情况：

（i）第（1）款第（iii）项规定的理由改变的；

（ii）专利权人或者独占被许可人请求确认专利权的范围的情况下，如果被告通过比较进行争辩，认为请求人的发明与被告实施的发明不同，请求人修改书面审判请求指向的发明的说明书和附图，以使该发明与被告实施的发明相同。

（3）当根据第 135 条第（1）款提出确认专利权范围的审判请求时，必须随书面请求提交可以与专利发明比较的说明和必要的附图。

（4）除记载第（1）款所述的事项外，根据第 138 条第（1）款提出的审判书面请求必须记载下列内容：

（i）要求实施的专利的专利号和名称；

（ii）欲实施的其他当事人的专利、注册实用新型或者注册外观设计的号、名称和日期；以及

（iii）对专利发明、注册实用新型或者注册外观设计的非独占许可的范围、期限以及补偿费。

（5）根据第 136 条第（1）款提出修改的审判请求的，必须

随书面审判请求提交修改后的说明书或者附图。

第 140 条之二　对拒绝或者撤销专利的决定提出审判请求的形式

（1）尽管有第 140 条第（1）款的规定，根据第 132 条之三对拒绝或者撤销专利的决定不服提出审判请求的人，应向知识产权审判院院长提交书面请求并且写明以下事项：

（i）请求人的姓名和地址（如果请求人是法人的，法人名称和营业地）；

（i 之二）如果有代理人的，代理人的姓名和住所或者营业地（如果代理人是专利法人单位的，其名称和营业地以及指定的专利律师的姓名）；

（ii）申请的申请日和案卷号（和，对撤销专利权的决定不服的，专利权的登记日期和专利号）；

（iii）发明名称；

（iv）决定日期；

（v）审判案卷的确认；以及

（vi）请求的目的和理由。

但是，按照第 173 条的规定，第（vi）项规定的请求理由不必写明。

（2）已删除。

（3）对于根据本条第（1）款的但书没有按照本条第（1）款第（vi）项规定写明请求理由的请求，如果已经根据第 175 条第（2）款的规定发出了审判请求的通知，知识产权审判院院长应当指定可以修改请求理由的期间。

第 141 条　审判请求的驳回

（1）有如下一项规定时，审判长应通知申请人在指定期间内作出书面修正：

（i）审判请求不符合第 140 条第（1）款以及第（3）到（5）款或者第 140 条之二第（1）款。

（ii）审判相关程序具有下列情形之一的：

（a）程序不符合第 3 条第（1）款或者第 6 条的规定；

（b）没有支付第 82 条要求的费用；或者

（c）程序不符合本法或者总统法令规定的形式。

（2）根据第（1）款被通知作出书面修正的人在指定的期间没有进行修改的，审判长以决定驳回审判请求。

（3）第（2）款驳回审判请求的决定必须是书面的并且写明决定的理由。

（4）已删除。

（5）已删除。

（6）已删除。

第 142 条 包含不可克服的缺陷的审判请求的驳回

如果审判请求包含有不能通过修改而克服的缺陷的，可以裁决驳回请求而不必给被告提交书面答复的机会。

第 143 条 审判官

（1）当提出审判请求时，特许审判院院长应指令审判官审理该案件。

（2）审判官的资格由总统法令规定。

（3）审判官应当独立履行官方审判职责。

第 144 条 审判官的指定

（1）对于每个审判，知识产权审判院院长应该指定审判官组成第 146 条规定的合议组。

（2）根据第（1）款指定的审判官不适合参与审判的，知识产权审判院院长可以指定另一个审判官代替该审判官。

第 145 条 审判长

（1）知识产权审判院院长应该选择根据第 144 条第（1）款指定的审判官中的一人作为审判长。

（2）审判长应该负责涉及该审判的全部事项。

第 146 条 审判合议组

(1) 审判必须由 3 名或者 5 名审判官组成的合议组进行。

(2) 第（1）款所述的合议组应通过多数票表决作出决定。

(3) 审判官的合议不对公众公开的。

第 147 条 答复的提交等

(1) 已提出一项审判请求的，审判长应向被告发送书面请求的副本，并且给被告在指定期间内提交答复的机会。

(2) 在收到第（1）款的答复时，审判长应向请求人发送该答复的副本。

(3) 审判长可以直接审查该审判相关的当事人。

第 148 条 审判官的回避

有下列情况之一的，审判官应予回避：

(i) 审判官或者审判官的现任或者前任配偶是案件的当事人或者参加人的；

(ii) 审判官现在或者过去是当事人、参加人的血亲或者其家庭成员；

(iii) 该审判官现在或者过去是当事人或者参加人的法律代表；

(iv) 审判官已成为证人或者专家证人，或者曾经是专家证人；

(v) 审判官现在或者过去是案件当事人或者参加人的代理人；

(vi) 审判官曾作为审查员或者审判官参与与授予专利权的决定或者与该案件有关的审判决定；或者

(vii) 审判官有直接的利益。

第 149 条 回避请求

有第 148 条规定的回避理由的，当事人或者参加人可以请求该审判官回避。

第 150 条 审判官的更换

(1) 在审判官的参与将损害审判公平的情况下，当事人或者参加人可以提出更换该审判官的动议。

(2) 在当事人或者参加人向审判官就有关案件作出书面或者

口头声明之后，当事人或者参加人不能提出更换该审判官的动议，除非当该当事人或者参加人不知道更换的理由存在，或者更换的理由后来才产生。

第 151 条 提出回避或者更换的理由

（1）根据第 149 条或者第 150 条提出回避或者更换动议的人应该向知识产权审判院院长提交文件陈述该动议的理由。但是，在口头审判审查中，可以口头提出。

（2）回避或者更换的理由必须在提出动议日期的三日内证实。

第 152 条 关于回避或者更换动议的决定

（1）审判应就回避或者更换动议作出决定。

（2）被请求回避或者更换的审判官不能参与对该动议的审判，但是可以发表意见。

（3）根据第（1）款作出的决定必须是书面的并且必须记载决定的理由。

（4）不服根据本条第（1）款作出的决定的，不能提出上诉。

第 153 条 审判程序的中止

当已经提出回避或者更换的请求的，必须中止审判程序直到作出决定，除非当该动议需要紧急处理。

第 153 条之二 审判官自己要求更换

第 148 条或者第 150 条适用于审判官时，在特许审判院院长同意的情况下，该审判官可以自己要求从涉及该案件的审判中更换。

第 154 条 审判程序等

（1）审判程序通过口头审理或者书面审查而进行。但是，当一方当事人请求口头审理时，该审判程序必须通过口头审理进行，除非仅根据书面审查就能明显地作出决定。

（2）已删除。

（3）除非在有可能损害公众秩序或者道德时，口头审理公开进行。

（4）根据第（1）款通过口头审理进行审判程序的，审判长应指定审理的日期和地点，并且向案件当事人和参与人送达包含这些信息的文件，除非已经通知了当事人或者参与人。

（5）根据第（1）款通过口头审理进行审判程序的，由知识产权审判院院长指定的官员，在审判长的指导下，按照进行每个审判程序的日期制作笔录，及时记载程序的实质内容以及其他的必要事项。

（6）审判长和第（5）款制作笔录的官员应该在笔录上签字，并加盖他们的印章。

（7）民事诉讼法第153条、第154条和第156条至第160条比照适用于第（5）款的笔录。

（8）民事诉讼法第143条、第259条、第299条和第367条比照适用于审判。

第155条 *参加审判*

（1）根据第139条第（1）款有权请求审判的人在审判审查结束之前，可以参加该审判。

（2）甚至在审判请求已经由原当事人撤回之后，第（1）款规定的参加人可以继续该审判。

（3）在审判审查结束之前，与审判结果有利害关系的人可以参加该审判以协助一方当事人。

（4）第（3）款规定的参加人可以启动或者参加任何审判相关的程序。

（5）第（1）款或者第（3）款规定的参加人有中止审判程序的理由的，中止对原当事人也是有效的。

第156条 *参加审判的请求和决定*

（1）为加入审判，应向审判长提交加入的书面请求。

（2）审判长应向当事人和其他的参加人转送加入请求的副本，并且给予他们在指定期间内提交书面意见的机会。

（3）提出加入请求的情况下，必须通过审判作出决定。

（4）第（3）款规定的决定必须是书面的，并且必须记载决定的理由。

（5）不得对第（3）款规定的决定提出上诉。

第157条 证据的取得和保全

（1）为了审判，可以依据当事人、参加人、利害关系人的请求或者依据职权取证或者保全证据。

（2）民事诉讼法关于取得和保存证据的条款比照适用于第（1）款规定的任何取证和证据保全。但是，审判官不能对于过失行为给予罚款、命令某人出庭或者要求提供财产作为担保。

（3）保全证据的请求应当在提出审判请求之前向特许审判院院长提出，当审判正在进行时，应向审判长提出。

（4）在请求审判之前，根据第（1）款规定提出保全证据的动议的，特许审判院院长应指定一个审判官负责该动议。

（5）根据第（1）款依据职权取证或者保全证据的，审判长应该通知当事人、参加人和利害关系人，并且应该给予他们在指定期间内提交书面意见的机会。

第158条 审判程序的继续

虽然一方当事人或者参加人在法律规定的或者根据本法指定的期间内没有参加程序，或者没有在第154条第（4）款指定的日期出庭，审判长可以继续进行审判程序。

第159条 依职权的审判审查

（1）在审判中可以审查当事人或者参加人没有提出的理由；但是，在这种情况下，必须给当事人和参与人在指定期间内就有关理由陈述意见的机会。

（2）在审判中，不能对请求人没有提出请求的权利要求进行审查。

第160条 审判或者裁决的合并或者分案

在进行审查的两个或者多个审判程序中，如果一方或者两方当事人是相同的，审判官可以合并审查或者分案审查。

第 161 条 审判请求的撤回

(1) 在审判决定生效前，请求人可以撤回审判请求；但是，如果被告已经提交了答复，必须获得被告的同意。

(2) 根据第 133 条第 (1) 款提出的无效专利权的审判请求，或者根据第 135 条提出的确认专利权范围的审判请求，涉及两个或者多个权利要求的，可以针对每一个权利要求提出撤回请求。

(3) 根据第 (1) 款或者第 (2) 款撤回审判请求或者撤回对每个权利要求的请求的，该请求被认为从未提出过。

第 162 条 审判裁决

(1) 除非另有规定，作出审判裁决的，审判结束。

(2) 第 (1) 款规定的审判裁决必须是书面的，并且必须由作出该裁决的审判官签字并盖章；裁决必须记载如下事项：

(i) 审判号；

(ii) 当事人和参加人的姓名和地址 (如果为法人的，法人的名称和营业地)；

(ii 之二) 如果有代理人的，代理人的姓名和住所或者营业地 (如果该代理人是专利法人单位的，其名称和营业地以及指定的专利律师的姓名)；

(iii) 该审判案件的识别号；

(iv) 裁定正文 (在根据的第 138 条提出的审判案件中，包括范围、期限和补偿费)；

(v) 决定理由 (包括请求的目的和理由概要)；以及

(vi) 裁定日期。

(3) 全面审查案件后准备作出裁决的，审判长应通知当事人和参加人该审判审查结束。

(4) 在根据第 (3) 款规定通知审判审查结束之后，如果必要，审判长可以依据当事人或者参加人的请求或者依据职权重新审查。

(5) 在第 (3) 款的审判审查结束的通知送达日起 20 日内必须作出决定。

（6）作出审判裁决或者决定后，审判长应该向当事人、参加人和请求参加该审判但被拒绝的人发送审判决定或者裁决的核准副本。

第 163 条　一事不再理

按照本法审判决定生效的，不得以相同事实和证据为基础上要求再审，除非最终的审判决定是驳回。

第 164 条　审判和诉讼

（1）如果必要，审判程序可以中止，直到与该审判相关的另一个审判的审判决定成为最终，或者另一个审判的诉讼程序结束。

（2）法院在诉讼程序中如果认为有必要，可以中止诉讼，直到该专利上的审判决定成为最终的。

（3）在启动了涉及侵犯专利权或者独占许可的诉讼的情况下，诉讼程序终止的，相关法院必须相应地通知知识产权审判院院长。

（4）为对抗第（3）款规定的侵犯专利权或者独占许可的诉讼而提出无效专利权等的审判的情况下，决定驳回、请求审判或者撤回审判请求的，知识产权审判院院长必须相应地通知第（3）款规定的有关法庭。

第 165 条　审判费用

（1）以作出审判决定终止审判的，第 133 条第（1）款、第 134 条第（1）款、第 135 条和第 137 条第（1）款规定的审判的费用负担由审判判定确定；以审判决定外的其他方式终止审判的，则审判费用负担通过作出的决定确定。

（2）民事诉讼法第 98 条到第 103 条、第 107 条第（1）款和第（2）款、第 108 条、第 111 条、第 112 条和第 116 条比照适用于第（1）款规定的审判费用。

（3）请求人应当负担第 132 条之三和第 136 条或者第 138 条规定的审判的费用。

（4）民事诉讼法第 102 条比照适用于第（3）款由请求人负

担的费用。

（5）依据利害关系人的请求，特许审判院院长应当在审判裁决或者决定成为最终之后确定审判总费用。

（6）审判费用的范围、数额和支付，以及用于进行审判中任何程序的费用的支付，适用民事诉讼费用法相关条款，除非它们不能适用。

（7）当事人已经支付或者将要支付给在审判中代表该当事人的专利律师的费用，在韩国特许厅厅长确定费用范围时被视为审判费用的一部分。如果在审判中有两个或者多个专利律师代表该当事人，该当事人被视为仅由一位专利律师代表。

第166条　审判费用或者赔偿金的强制执行力

由特许审判院院长决定的审判费用，或者由审判官决定的按照本法应支付的赔偿费的最终裁决，与债务强制执行证书具有相同的效力；特许审判院官员应当出具有强制执行力的法律文书。

第167条　已删除

第168条　已删除

第169条　已删除

第170条　关于审查的条款比照适用于不服拒绝授权的决定的审判

（1）第47条第（1）款第（i）～（ii）项、第51条、第63条和第66条比照适用于不服审查官作出拒绝授权的决定的审判。在这种情况下，在第51条第（1）款中的"第47条第（1）款第（ii）项"理解为"第47条第（1）款第（ii）项目或者第（iii）项"，"修改"理解为"修改［按照第47条第（2）款，不包括在根据第132条之三不服拒绝授予专利的裁决提出审判请求前提出的修改］"；第63条但书中的"按照第47条第（1）款第（ii）项"理解为"按照第47条第（1）款第（ii）项或者第（iii）项［按照第47条第（2）款，不包括在根据第132条之三不服拒绝授予专利的裁决提出审判请求前提出的那些］"。

（2）如果发现驳回的理由与审查员最初拒绝授权的那些理由不同，则适用第（1）款中准予适用的第63条。

第171条 不服拒绝授权决定的审判的特别规定

（1）只有当已经给出了第175条第（2）款的通知时，才可以就不服拒绝授权决定的审判选择第173条规定的审判官。

（2）第147条第（1）和（2）款、第155条和第156条不适用于不服审查官作出的拒绝授权决定或者拒绝延长登记专利权期限的决定的审判。

第172条 审查的效力

在不服审查官作出的拒绝授权决定、拒绝延长登记专利权期限的决定的审判中，之前已经进行的审查程序仍然有效。

第173条 审判前的再审查

（1）收到第62条规定的拒绝授权的决定的人，根据第132条之三的规定提出审判请求，并且在提出请求的三十日内修改所请求申请的说明书或者附图的，知识产权审判院院长应在进行审判程序之前通知韩国特许厅厅长。

（2）第（1）款规定的通知书已被发出的，韩国特许厅厅长应命令审查员再审查请求审判的申请。

第174条 关于审查的条款比照适用于审判前的再审查

（1）第51条、第57条第（2）款、第78条和第148条第（i）项到第（v）项和第（vii）项比照适用于第173条规定的再审查。在这种情况下，在第51条第（1）款中的"第47条第（1）款第（ii）项"理解为"第47条第（1）款第（ii）项或者第（iii）项"，"修改"理解为"修改〔按照第47条第（2）款，不包括在根据第132条之三不服拒绝授予专利的裁决提出审判请求前提出的修改〕"。

（2）如果发现用于驳回的理由与审查官最初拒绝授权的理由不同，第47条第（1）款第（i）项和（ii）项以及第63条比照适用于第173条规定的再审查。在这种情况下，第63条中的"第

47 条第（1）款第（ii）项"理解为"第 47 条第（1）款第（ii）项或者第（iii）项"[按照第 47 条第（2）款，不包括在根据第 132 条之三不服拒绝授予专利的裁决提出审判请求前提出的那些]。

（3）如果认为审判请求有价值，第 66 条和第 67 条比照适用于第 173 条的再审查。

第 175 条　再审查的终止

（1）如果拒绝申请的缺陷通过第 173 条第（2）款规定的再审查解决了，审查员应该推翻拒绝授权的决定，授予专利权。在这种情况下，不服拒绝授权的决定的审判请求视为终止。

（2）如果第 173 条第（2）款规定的再审查的结果是审查员不能决定授予专利权，审查员应向韩国特许厅厅长报告再审查结果而不发出拒绝授权的另一决定。韩国特许厅厅长应在收到报告之后通知特许审判院院长。

第 176 条　拒绝决定等的推翻

（1）审判官认为第 132 条之三规定的审判请求的理由成立的，其应当推翻审查员拒绝授权的决定或者拒绝延长专利权期限的决定。

（2）在审判中推翻拒绝授权的决定或者拒绝延长专利权期限的决定的，主审官可以裁决将该案件发回审查部门。

本条第（1）和第（2）款规定的审判裁决中，构成推翻基础的理由对审查员具有约束力。

第 177 条　已删除

第八章　再　审

第 178 条　再审请求

（1）任何当事人可以针对已生效的审判决定请求再审。

（2）民事诉讼法第 451 条和第 453 条比照适用于第（1）款规定的再审请求。

第 179 条　以串通为由提出再审请求

（1）审判中的各方当事人串通导致审判决定损害第三人的权利或者利益的，第三人可以针对已生效的审判决定请求再审。

（2）根据第（1）款提出的再审请求中，原审判的各方当事人为共同被告。

第 180 条　请求再审的期限

（1）再审请求必须在审判裁决生效后请求人知道再审理由的三十日内提出。

（2）如果因为代理权缺陷要求再审，第（1）款规定的期间从请求人或者请求人的法定代表人通过送达裁决的核准副本而知道审判裁决已经作出之日的次日起开始计算。

（3）在审判裁决生效之日超过的三年的，不得请求再审。

（4）在审判裁决生效之后出现再审理由的，第（3）款中规定的期间从该理由最初产生之日次日起开始计算。

（5）第（1）和第（3）款不适用于再审理由是审判裁决与早先已生效的审判裁决有冲突的再审请求。

第 181 条　对通过再审恢复的专利权的效力的限制

（1）有下列情况之一的，专利权对于在审判裁定生效后、再审请求登记前进口到韩国的产品或者在韩国善意地制造或者获得的产品，不具效力。

（i）授予专利权或者期限延长的登记被认定为无效，而该专利权通过再审恢复的；

（ii）生效的审判裁决认定产品没有落入专利权的范围，在再审中与之相反的裁决生效的；

（iii）之前被审判裁决拒绝的专利申请或者延长专利期限的申请，通过再审登记确定专利权或者延长专利期限的。

（2）本条第（1）款的专利权不延及如下行为：

（i）在审判裁定生效后、再审请求登记前善意实施发明；

（ii）在审判裁定生效后、再审请求登记前，善意地制造、转让、租赁、进口或者提供用于转让或者租赁专用于制造专利产品的行为；

（iii）在审判裁决生效后、再审请求登记前，善意地制造、转让、租赁、进口或者提供用于转让或者租赁专用于实施专利方法的行为。

第182条 给予通过再审恢复的专利权的在先使用者的非独占许可

在那些属于第181条第（1）款之一的情况下，在审判裁定生效后、再审请求登记前，在韩国善意地在工商业上实施发明或者作好了实施发明准备的人，有权获得专利权的非独占许可，但限于实施或者准备实施的业务目的和发明的范围。

第183条 给予再审中被剥夺非独占实施权的人非独占许可

（1）在根据第138条第（1）或者第（3）款授予非独占许可的决定生效后，在再审中作出与此相反的决定，在此情况下，在再审请求登记前根据非独占许可协议在韩国善意地在工商业上实施发明或者作好了实施发明准备的人，有权就专利权或者在再审决定生效时存在的独占许可获得非独占许可，但限于本人业务目的和原来非独占许可协议的范围。

（2）第104条第（2）款比照适用于第（1）款提到的情况。

第184条 关于审判的条款比照适用于再审

有关审判的条款比照适用于不服审判决定提出的再审请求，除非他们是互相矛盾的。

第185条 民事诉讼法的比照适用

民事诉讼法的第459条第（1）款比照适用于再审请求。

第九章 诉 讼

第186条 对审判决定的诉讼等

（1）韩国专利法院对不服审判决定，或者不服驳回审判请求或者再审请求提出的诉讼拥有一审管辖权。

（2）第（1）款中的诉讼可以由审判中的当事人或者参加人提出，或者由请求加入审判但被拒绝的人提起。

（3）第（1）款中规定的诉讼可以自收到审判裁决或者决定的核准副本之日起的三十日内提出。

（4）第（3）款中规定的期间不得改变。

（5）对于本条第（4）款所述的绝对期间，为了居住在遥远地区或者难以到达地区的人员的利益，审判长可以依据职权确定额外的期间。

（6）除非涉及可提出审判请求的事项，否则不得提出诉讼。

（7）不得就第162条第（2）款第（iv）项中规定的关于补偿费的审判决定和第165条第（1）款规定的关于审判费的审判决定或者裁决单独提起诉讼。

（8）收到专利法院的判决的人，可以向大法院上诉。

第187条 被告资格

在第186条第（1）款规定的诉讼中，韩国特许厅厅长是被告。但是，对根据第133条第（1）款、第134条第（1）款、第135条第（1）款、第137条第（1）款、第138条第（1）款和第（3）款规定作出的审判决定或者对再审决定提出的诉讼，请求人或者原被告是被告。

第188条 起诉的通知和文件传送

（1）当启动第186条第（1）款规定的诉讼，或者提交了第186条第（8）款规定的上诉时，专利法院应相应地立即通知特许审判院院长。

（2）当第187条但书规定的诉讼作出结论时，专利法院应该立即向特许审判院院长发送核准的诉讼判决书副本。

第188条之二 技术审理官的回避或者更换

（1）专利法第148条和民事诉讼法第42条至第45条、第47条和第48条适用于审判院组织法第54条之二规定的技术审理官的回避或者退出。

（2）技术审理官所属的法院应就第（1）款规定的技术审理官的回避或者更换的请求作出决定。

（3）如果存在回避或者退出的理由，经专利法院院长的同意，技术审理官可以自行退出有关案件的审判程序。

第 189 条　撤销审判裁决或者决定

（1）法院认为根据第 186 条第（1）款提起的诉讼理由成立的，法院应通过判决撤销审判决定或者裁决。

（2）根据第（1）款作出的对审判裁决或者决定的撤销生效的，审判官应该重审案件并作出审判裁决或者决定。

（3）第（1）款规定的诉讼判决中构成撤销基础的理由对知识产权审判院具有约束力。

第 190 条　不服赔偿金或者补偿金的决定提起的诉讼

（1）对根据第 41 条第（3）款或者第（4）款、第 106 条第（3）款、第 110 条第（2）款第（ii）项或者第 138 条第（4）款中规定的关于赔偿金或者补偿金的决定、裁决或者判决不服的人，可以向法院提出诉讼。

（2）第（1）款规定的诉讼必须在收到决定、裁决或者判决的核准副本之日起三十日内提出。

第 191 条　赔偿金或者补偿金诉讼的被告

在第 190 条规定的诉讼中，下列人员是被告：

（i）对于第 41 条第（3）款或者第（4）款规定的补偿金，有责任支付补偿金的政府机构或者申请人；

（ii）对于第 106 条第（3）款规定的补偿金，有责任支付补偿金的政府机构、专利权人、独占被许可人或者非独占被许可人；

（iii）对于第 110 条第（2）款第（ii）项或者第 138 条第（4）款规定的赔偿费，非独占被许可人、独占被许可人、专利权人，或者实用新型或者外观设计登记的所有人。

第十章　根据专利合作条约的国际申请

第 I 节　国际申请程序

第 192 条　有资格提交国际申请的人

属于下列各项之一的人，可以向韩国特许厅厅长提出国际申请：

(i) 韩国国民；

(ii) 在韩国有住所或者营业所的外国人；

(iii) 不属于第 (i) 或者 (ii) 项规定的人，但是以第 (i) 或者 (ii) 项规定的人的代理人的名义提出国际申请的人；

(iv) 符合产业资源部令规定条件的人。

第 193 条　国际申请

(1) 提出国际申请的人应向韩国特许厅厅长提交以韩文或者产业资源部令规定的语言撰写的申请书、说明书、一项或者多项权利要求、附图（如果有的话）以及摘要。

(2) 第 (1) 款规定的申请书必须包含下列内容：

(i) 希望依照专利合作条约处理该国际申请的指示；

(ii) 指定希望对该国际申请中的发明给予保护的缔约国；

(iii) 如果申请人寻求在第 (ii) 项规定的若干缔约国中获得专利合作条约第 2 条第 (iv) 款规定的地区专利，对此效力的说明；

(iv) 申请人的姓名或者名称、住所或者营业地和国籍；

(v) 代理人的姓名以及住所或者营业地（如果有）；

(vi) 发明名称；

(vii) 发明人的姓名以及住所或者营业地（如果指定国的国家法律要求提供的）。

(3) 第 (1) 款规定的说明书必须对发明作出清楚和完整的说明，足以使发明所属领域的技术人员能容易实施发明。

(4) 第 (1) 款的权利要求必须清楚和简明地界定要求保护

的主题，并应得到说明书的充分支持。

（5）有关国际申请的第（1）款到第（4）款中未规定的必要事项，由商务、产业和能源部令规定。

第 194 条 国际申请申请日的确认等

（1）韩国特许厅应该把收到国际申请的日期认作专利合作条约第 11 条规定的国际申请日（下称"国际申请日"）；但是，本条不适用于以下情况：

（i）申请人不符合第 192 条规定的条件；

（ii）国际申请没有使用第 193 条第（1）款规定的语言；

（iii）国际申请缺乏说明书或者权利要求；或者

（iv）没有记载第 193 条第（2）款第（i）项和第（ii）项列出的事项或者申请人的姓名或者名称。

（2）国际申请具有第（1）款但书中规定的任一情形的，韩国特许厅长应通知申请人在指定期间内以书面形式补正。

（3）国际申请提到但没有包括在申请中的一幅或者多幅附图的，韩国特许厅厅长应相应地通知申请人。

（4）根据第（2）款被通知的申请人在指定期间内符合通知中的要求的，或者根据第（3）款被通知的申请人在产业资源部令规定的期间内提供附图的，韩国特许厅厅长应把国际申请日认定为收到书面修改或者附图的日期，根据第（3）款被通知的申请人没有在产业资源部令规定的期间内提供附图的，所述的附图认为不存在。

第 195 条 通知修改

如果国际申请有下列情形之一，韩国特许厅应通知申请人在指定期间内作出书面修改：

（i）不包含发明名称；

（ii）不包含摘要；

（iii）不符合第 3 条或者 197 条第（3）款的规定；或者

（iv）不符合产业资源部令规定的条件。

第 196 条　国际申请被视为撤回

（1）有下列情形之一的，国际申请被视为撤回：

（i）申请人没有在第 195 条规定的期间内作出修改；

（ii）在产业资源部令规定的期间内没有支付费用，且专利合作条约第 14 条（3）（a）因此适用；或者

（iii）它是一件根据第 194 条确认其国际申请日的国际申请，并且在产业资源部令规定的期间内，它仍然具有第 194 条第（1）款规定的情形。

（2）如果在产业资源部令规定的期间内，部分费用没有支付，且专利合作条约第 14 条（3）（b）因此适用，则对没有支付费用的国家的指定视为撤回。

（3）如果一件国际申请或者对部分的指定国根据第（1）款或者第（2）款被视为撤回，韩国特许厅厅长应相应地通知申请人。

第 197 条　代表人等

（1）两个或者两个以上的申请人共同提出一件国际申请的，第 192 条到第 196 条和第 198 条规定的程序可以由申请人的代表人启动。

（2）两个或者多个申请人共同提出一件国际申请并且没有指定共同代表人的，可以按照产业资源部令的规定指定一代表人作为他们共同的代表人。

（3）想要通过代理人启动第（1）款规定的程序的申请人应该委托专利律师作为其代理人，除非该程序由第 3 条规定的法定代表人启动。

第 198 条　费用

（1）国际申请的申请人应该支付规定的费用。

（2）第（1）款规定的费用、程序和支付期间由产业资源部令规定。

第 198 条之二　国际检索和国际初步审查

（1）韩国特许厅应按照通过《专利合作条约》第 2 条（xix）

中规定的国际局订立的协定，履行作为国际申请的国际检索机构和国际初步审查机构的职责。

（2）有关履行第（1）款规定职责的细节由产业资源部令规定。

第 II 节　关于国际专利申请的特殊规定

第 199 条　基于国际申请的专利申请

（1）根据专利合作条约确定国际申请日的国际申请，并且韩国是指定国的，该国际申请被视为是在其国际申请日提出的专利申请。

（2）第 54 条不适用于根据第（1）款被视为是专利申请的国际申请（下称"国际专利申请"）。

第 200 条　关于不视为公知的发明的特殊规定

尽管有第 30 条第（2）款的规定，欲将第 30 条第（1）款第（i）项或者第（iii）项适用于国际专利申请中所要求保护的发明的人，可以在产业资源部令规定的期间内向韩国特许厅厅长提交一份具有此意愿的书面声明，以及证明该发明具有第 30 条第（1）款第（i）项或者第（iii）项规定情形的文件。

第 201 条　国际专利申请的译文

（1）以外文提出国际专利申请的申请人应在《专利合作条约》第 2 条（xi）定义的优先权日（下称"优先权日"）起的两年七个月（下称"提交文件的国内期限"）内，向韩国特许厅提交在国际申请日提交的说明书、权利要求、附图文字内容和摘要的韩文译文。但是，当提交了以外文撰写的国际专利申请的申请人按照《专利合作条约》第 19 条（1）修改权利要求书的，可提交修改后的权利要求书的韩文译文，以代替国际申请日提交的权利要求的韩文译文。

（2）未在提交文件的国内期限内提交第（1）款规定的说明书和权利要求书的译文的，国际专利申请被视为撤回。

（3）已提交第（1）款所述译文的申请人可以在提交文件的国内期限内提交新译文代替早先的译文，但申请人已提出了审查请求的除外。

（4）国际申请日提出的国际专利申请的说明书、权利要求和附图文本内容中公开的内容，未在提交文件的国内期限（或者申请人已在该期间内提出审查请求的，提出审查请求的日期，以下称为"相关日"）内提交的第（1）款或者（3）款规定的译文（下称"译文"）中公开的，视为没有在国际申请日提出的国际专利申请的说明书、权利要求和附图文本内容中公开。

（5）在国际申请日提交的国际专利申请视为根据第42条第（1）款提交的申请。

（6）国际专利申请的说明书、权利要求书、附图和摘要的译文（和韩文国际专利申请在国际申请日提交的说明书、权利要求书、附图和摘要）视为是按照第42条（2）提交的说明书、权利要求、附图和摘要。

（7）按照第（1）款但书提交修改的权利要求书的韩文译文的，第204条第（1）款和第（2）款不适用。

（8）按照第（1）款但书提交的韩文译文仅针对修改的权利要求书的，在国际申请日提交的权利要求书不被认可。

第202条 关于优先权要求的特殊规定

（1）第55条第（2）款和第56条第（2）款不适用于国际专利申请。

（2）在第55条第（4）款中的"在先申请的原说明书或者附图"理解为"第201条第（1）款规定的在国际申请日提交的说明书、权利要求和附图的文本内容，和按照第201条第（4）款规定的文件译文或者在国际申请日提交的国际申请的附图（不含文本内容）"，"申请公布"理解为"专利合作条约第21条规定的国际公布"。

（3）在第55条第（1）款、第（3）款和第（4）款以及第56条第（1）款中，如果本法55条第（1）款规定的在先申请是国际专利申请或者是实用新型法第 57 条第（2）款规定的国际实用新型注册申请，第 55 条第（1）款和第（3）款中的"专利或者实用新型注册申请的原说明书或者附图"理解为"本法第 201 条第（1）款或者实用新型法第 59 条第（1）款规定的在国际申请日期提交的国际申请的说明书、权利要求和附图"，第 55 条第（4）款中的"在先申请的原说明书或者附图"理解为"涉及在先申请的第 201 条第（1）款或者实用新型法第 59 条第（1）款规定的在国际申请日提交的国际申请的说明书、权利要求或者附图"，第 55 条第（4）款中为公众查阅的"在先申请的公开"理解为"涉及在先申请的专利合作条约第 21 条规定的国际公布"，以及第 56 条第（1）款中的"申请日后一年零三个月届满时"理解为"在本法第 201 条第（4）款或者实用新型法第 59 条第（4）款规定的相关日，或者本法第 201 条第（1）款或者实用新型法第 59 条第（1）款规定的国际申请日一年零三个月届满时，以后届满的为准"。

（4）在第 55 条第（1）款、第（3）款和第（4）款或者第 56 条第（1）款中，如果第 55 条第（1）款的在先申请是按照本法第 214 条第（4）款或者实用新型法第 71 条第（4）款被视为专利申请或者实用新型注册申请的国际专利申请，第 55 条第（1）款和第（3）款中的"申请的原说明书或者附图"理解为"按照本法第 214 条第（4）款或者实用新型法第 71 条第（4）款被认为是国际申请日的日期提交的国际申请的说明书、权利要求书或者附图"，以及第 55 条第（4）款中的"在先申请的原说明书或者附图"理解为"有关在先申请的按照本法第 214 条第（4）款或者实用新型法第 71 条第（4）款被认为是国际申请日的日期提交的国际申请的说明书、权利要求或者附图"，以及第 56 条第（1）款中的"在先申请的申请日后一年零三个月届满时"分别理解为"按照本法第 214 条第（4）款或者实用新型法第 71 条第（4）款被认为是国际申请日的日期的一年零三个月届满时，或者在按照本法第 214 条第（4）款或者实用新型法第 71 条第（4）

款作出决定的时候，以后届满的为准"。

第 203 条　文件的提交

（1）国际专利的申请人应在提交文件的国内期限内向特许厅厅长提交文件，写明下列各项的内容；以外语提出国际专利申请的申请人应该按照第 201 条第（1）款提交韩文译文：

（i）申请人的姓名和地址（如果申请人是法人，法人名称和营业地）；

（ii）如果有代理人，代理人的姓名和住所或者营业地（如果代理人是专利法人单位，其名称和营业地以及指定的专利代理人的姓名）；

（iii）已删除；

（iv）发明名称；

（v）发明人的姓名和住所或者营业地；以及

（vi）国际申请日和国际申请号。

（2）如果文件的提交有下列情形之一的，特许厅厅长应通知申请人在指定期间内作出修改：

（i）第（1）款中规定的文件没有在提交文件的国内期限内提交；或者

（ii）第（1）款中规定的文件不符合本法或者根据本法的法令规定的程序。

（3）根据第（2）款被通知作出修改的人未在指定期间内作出修改的，特许厅厅长可以认定该国际专利申请失效。

第 204 条　收到国际检索报告后的修改

（1）如果申请人在收到国际检索报告之后，根据专利合作条约第 19 条第（1）款的规定，修改国际专利申请的权利要求书，申请人应不迟于向特许厅厅长提交修改文本的韩文译文的相关日（如果相关日是对专利申请提出审查请求的日期，则指该审查请求提出之日）向特许厅厅长提交修改的韩文翻译。

（2）根据第（1）款提交了修改的译文的，权利要求书被认为通过该译文按照第 47 条第（1）款进行了修改。

（3）如果国际专利申请申请人向专利合作条约第 2 条（xix）规定的国际局（以下称为"国际局"）提交了《专利合作条约》第 19 条第（1）款规定的声明，申请人应向特许厅厅长提交该声明的韩文译文。

（4）如果在相关日（如果相关日是对专利申请提出审查请求的日期，则指该审查请求提出之日）前，国际专利申请的申请人没有遵循第（1）款或者第（3）款规定的程序，专利合作条约第 19 条第（1）款规定的修改或者声明被认为没有提出。

（5）已删除。

第 205 条　在国际初步审查报告作出前的修改

（1）申请人根据专利合作条约第 34 条第（2）款修改国际专利申请的说明书、权利要求书或者附图的，申请人应不迟于相关日（如果相关日是对专利申请提出审查请求的日期，则指该审查请求提出之日）向特许厅厅长提交该修改的韩文译文。

（2）根据第（1）款提交了修改译文的，说明书和附图被认为通过该译文按照第 47 条第（1）款进行了修改。

（3）在相关日（如果相关日是对专利申请提出审查请求的日期，则指该审查请求提出之日）前，如果国际专利申请的申请人没有遵循第（1）款规定的程序，根据专利合作条约第 34 条（2）（b）作出的修改被视为没有提出。

（4）已删除。

第 206 条　关于非居民申请人的专利管理人的特殊规定

（1）尽管有第 5 条（1）款的规定，国际专利申请的非居民申请人可以在相关日之前无需专利管理人而启动专利相关程序。

（2）根据第（1）款提出申请的译文的非居民应指定专利管理人，并在产业资源部令规定的期间内向特许厅厅长报告该事实。

（3）如果没有在第（2）款规定的期间内报告专利管理人的

指定，国际申请被认为撤回。

第 207 条 关于申请公布的时间和效力的特殊规定

（1）对于国际专利申请的公布，第 64 条第（1）款中的"属于下列各项日期的一年零六个月后"理解为"在第 201 条第（1）款规定的期间内（如果申请人已经在指定期间内请求国际专利申请的审查，并且专利合作条约第 21 条规定的国际公布已经作出，在优先权日后或者审查请求日期的一年零六个月内，以后届满的为准）"。

（2）国际专利申请的申请人在国内公布，并且发出了记载有国际专利申请的发明内容的文件的警告后，可以要求在警告之后在专利权登记之前向在商业或者工业上实施发明的人支付补偿金，数额相当于申请人将对实施该发明通常收到的费用。即使没有警告，可以要求在国内公布之前在商业或者工业上实施该发明，并且已经知道该发明是国际专利申请中要求保护的发明的人提出相同的要求。但是，专利被登记后，申请人才可以行使要求补偿的权利。

第 208 条 关于修改的特殊规定

（1）尽管有第 47 条第（1）款，只有第 82 条第（1）款规定的费用已支付，第 201 条第（1）款规定的申请译文（以韩文提交的国际专利申请除外）已被提交，并且已经超过了相关日（如果相关日是对专利申请提出审查请求的日期，则指该审查请求提出之日），才能对国际专利申请进行修改〔第 204 条第（2）款和第 205 条第（2）款规定的修改〕。

（2）已删除。

（3）关于对以外文提交的国际专利申请的修改范围，第 47 条第（2）款中的"原申请的说明书或者附图中公开的特征"理解为"国际申请日提交的国际专利申请的说明书、权利要求书或者附图（这里仅指文本内容）和译文均记载的特征，或者国际专利申请附图（不包括附图文本内容）中记载的特征"。

（4）已删除。

（5）已删除。

第 209 条　转换申请的时间限制

尽管有本法第 53 条第（1）款，国际申请根据实用新型法第
34 条第（1）款被视为是在国际申请日提交的实用新型注册申请
的，任何人不得提出将该国际申请转换为专利申请的申请，除非
其支付了实用新型法第 17 条第（1）款规定的费用，并根据实用
新型法第 35 条第（1）款提交了该申请的译文（以韩文提出的国
际实用新型注册申请除外）［和，视为在按照实用新型法第 40 条
第（4）款可被承认为国际申请日的日期提交的国际申请作为实
用新型注册申请的基础的，只有在作出第 40 条第（4）款的决定
后才可以提出转换申请］。

第 210 条　请求审查的时间限制

尽管有第 59 条第（2）款，国际专利申请的申请人已完成了
第 201 条第（1）款规定的程序（以韩文提出的国际专利申请除
外），并缴纳了第 82 条第（1）款规定的费用的，才可以提出审
查请求。国际专利申请申请人之外的人直到第 201 条（1）的期
间届满，才可请求审查国际专利申请。

第 211 条　国际检索报告等引用文件的提交命令

特许厅厅长可以要求国际专利申请的申请人，在指定期间内
提交专利合作条约第 18 条规定的国际检索报告和专利合作条约
第 35 条规定的国际初步审查报告中所引用文件的副本。

第 212 条　已删除

第 213 条　专利无效审判的特殊规定

任何人都可以对基于外文提交的国际申请的专利权提出无效
审判请求，理由是该发明不属于以下任一项，或者属于第 133 条
第（1）款任一项的规定：

（i）在国际申请日提交的国际申请的说明书、权利要求书或

者附图文字内容和译文均中记载的发明；或者

（ii）国际申请日提交的国际申请的附图（不包括附图的文字内容）中记载的发明。

第 214 条 通过决定认为是专利申请的国际申请

（1）对于将韩国作为专利合作条约第 4 条（1）（ii）规定的指定国的国际专利申请，专利合作条约第 2 条（xv）所述的受理局已作出该条约第 25 条（1）（a）所述的拒绝，或者已经作出该条约第 25 条（1）（a）或者（b）所述的宣布，或者国际局已作出条约第 25 条（1）（a）中提到的认定的，国际申请申请人可以请求产业资源部令所规定的特许厅厅长在该法令规定的期间内作出条约第 25 条（2）（a）规定的决定。

（2）根据第（1）款提出请求的人应向特许厅厅长提交说明书、权利要求书和附图文本内容的韩文译文，以及由产业资源部令规定的有关国际申请的其他文件。

（3）根据第（1）款提出请求的，特许厅厅长应该按照专利合作条约及其细则决定该请求中提到的拒绝、宣布或者认定是否正当。

（4）特许厅厅长根据第（3）款决定该拒绝、宣布或者认定根据专利合作条约及其细则是不正当的，相关的国际申请被视为是在假定没有作出拒绝、宣布或者认定而被认作国际申请日的日期提出的专利申请。

（5）根据第（3）款对一项拒绝、宣布或者认定是否合理作出决定的，特许厅厅长应当将该决定的核准副本发给国际申请的申请人。

（6）第 199 条第（2）款、第 200 条、第 201 条第（4）款至第（8）款、第 202 条第（1）款和第（2）款、第 208 条、第 210 条、第 212 条和第 213 条比照适用于根据第（4）款被认为是专利申请的国际申请。

（7）对于根据第（4）款被认为是专利申请的国际申请的公布，第 64 条第（1）款中的"专利申请的申请日"理解为"第

201 条第（1）款所述的优先权日"。

第十一章　附　则

第 215 条　含有两项或者多项权利要求的专利或者专利权的特殊规定

本法第 65 条（6）、第 74 条（4）、第 84 条（1）（ii）、第 85 条（1）（i）（仅对于失效）、第 101 条（1）（i）、第 104 条（1）（i）、（iii）或者（v）、第 119 条（1）、第 133 条（2）或者（3）、第 136 条（6）、第 139 条（1）、第 181 条和第 182 条，以及实用新型法第 26 条（1）（ii）、（iv）或者（v）适用于两项或者多项权利要求的专利或者专利权的情况下，认为是针对每一项权利要求授予专利或者确立专利权的。

第 215 条之二　含有两项或者多项权利要求的专利申请的登记的特殊规定

（1）收到对于两项或者多项权利要求的专利申请授予专利的决定的人，在支付登记费用时，可以放弃一项或者多项权利要求。

（2）根据第（1）款放弃一项或者多项权利要求的必要事项由商务、产业和能源部令规定。

第 216 条　文件的查阅等

（1）可以请求特许厅厅长或者特许审判院院长提供专利或者审判的证书，文件的核准副本或者摘录，或者请求查阅或者复制专利登记簿或者其他文件。

（2）如果涉及没有被公布或者没有对公众开放的专利申请，或者涉及违反公共秩序或者道德的内容，特许厅厅长或者特许审判院院长不能同意第（1）款中的请求。

第 217 条　禁止公开或者取出有关专利申请、审查、审判、再审或者专利登记簿的文件

（1）禁止取出涉及专利申请、审查、异议、审判、再审或者

专利登记簿的文件，但以下情况除外：

（i）为本法第 58 条（1）或者（2）的规定的现有技术检索的目的，取出有关专利申请或者审查的文件的；

（ii）为执行本法第 217 条之二（1）规定的专利文件数字化任务，取出有关专利申请、审查、审判、再审或者专利登记簿的文件；

（ii）为执行电子政府法第 30 条规定的在线远程公务之目的，取出有关专利申请、审查、审判、再审或者专利登记簿的文件。

（2）要求对未结案的专利申请的内容、审查、审判或者再审，或者审查员的决定、审判决定或者裁决的内容出具专家意见、陈述或者质询的，不予答复。

第 217 条之二　数字化专利文件的机构

（1）当认为对于有效地处理专利程序来说是必要的，特许厅厅长可以委托符合产业资源部令确定的设施和人力资源标准的任何法人，通过电子信息处理系统和使用该电子信息处理系统的技术将涉及专利申请、审查、审判、再审或者专利登记簿的文件数字化。

（2）已删除。

（3）根据第（1）款被委托数字化专利文件的法人的职员或者雇员（被称为"数字化专利文件的机构"）不得泄漏或者侵占在他们履行职务过程期间接触到的待审申请中公开的发明。

（4）根据第（1）款，特许厅厅长可以将没有提交第 28 条之三第（1）款规定的电子文件的书面专利申请，或者产业资源部令规定的其他文件转换成电子形式，并保存在韩国特许厅或者特许审判院运行的电子信息处理系统的文档中。

（5）本条第（4）款规定的文档内容被认为是与相关文件的内容相同。

（6）根据第（1）款数字化专利文件的方法和数字化专利文件所必需的其他事项由产业资源部令确定。

（7）被委托对专利文件进行数字化的机构不符合产业资源部令根据第（1）款确定的设施和人力资源标准，并且未能根据特许厅厅长的请求采取改正措施的，厅长可以取消该机构数字化专利文件的职责。在此情况下，厅长应当事先给予该机构陈述意见的机会。

第 218 条 文件的传送

除本法有规定的外，有关文件传送和传送程序的事项由总统令规定。

第 219 条 公告送达

（1）因收件人的住所或者营业地不清楚不能传送文件的，通过公开通知来通知收件人。

（2）公开通知通过在专利公报中登载通知来进行，被传送的文件对于收件人来说随时都可得到。

（3）专利公报上出版通知之日后两个星期，文件被认为已经送达；但是，对于同一当事人的后续公开通知被认为该通知在专利公报出版后的那天传送了。

第 220 条 向非居民传送文件

（1）传送给有专利管理人的非居民的文件必须传送给其专利管理人。

（2）传送给没有专利管理人的非居民的文件，可以通过挂号的航空邮件发送给非居民。

（3）根据第（2）款已发出挂号航空邮件的，文件被认为在邮寄日送达。

第 221 条 专利公报

（1）韩国特许厅应出版专利公报。

（2）根据产业资源部令确定的条件，专利公报可以以电子形式出版。

（3）以电子媒介出版专利公报的，特许厅厅长应在通信网络上公布专利公报的出版、主要内容和送达的事项。

第 222 条 文件的提交等

特许厅厅长或者审查员可以要求相关当事人提交对于处理不

涉及审判或者再审的程序必需的文件和物品。

第 223 条　专利标识

专利权人、独占或者非独占被许可人可以在制造的产品上标记产品或者方法发明专利号。如果不可能在产品上标注专利号，可以在产品的容器或者包装上标注专利号。

第 224 条　禁止虚假标识

任何人不得有下列行为：

（i）在未被授予专利或者未提出专利申请的产品或者方法制造的产品，或者其容器、包装上，表明已被授予专利或者已提出专利申请，或者带有任何可能对是否已被授予专利或者提出专利申请产生混淆的标识的行为；

（ii）转让、租赁或者展览那些标记了第（i）项所述标识的商品的行为；

（iii）为制造、使用、转让或者租赁第（i）项所述商品的目的，在广告、招牌或者标签上标记已授予专利或者提出专利申请，或者该商品由专利方法或者已申请专利的方法制造，或者标记任何可能对是否已授予专利或者提出专利申请产生混淆的符号；

（iv）为使用、转让或者租赁未被授予专利或者提出专利申请的方法，在广告、招牌或者标签上标记该方法已被授予专利或者已提出专利申请的行为，或者标记任何可能对是否已被授予专利或者提出专利申请引起混淆的标志。

第 224 条之二　关于异议的限制

（1）不得依据任何其他法的规定对拒绝修改、授予专利权、审判判定，或者驳回审判请求或者再审请求的决定提出异议，也不得对依据任何其他法对根据本法不得提起异议的处置提出异议。

（2）对第（1）款规定以外的其他措施的异议按照行政申诉法或者行政诉讼法执行。

第十二章 罚 则

第 225 条 侵犯专利罪

(1) 对侵犯专利权或者独占被许可权的人，处以七年以下的劳动监禁，或者一亿韩元以下的罚金。

(2) 第（1）款规定的犯罪由受害的当事人提出控诉启动。

第 226 条 伪证罪

(1) 依法宣誓的证人、专家证人或者翻译人向特许审判院作出虚假陈述、专家意见或者翻译的，处以五年以下的劳动监禁或者一千万韩元以下的罚金。

(2) 犯第（1）款罪行的人在审判决定生效前承认罪行的，可以减轻或者免除处罚。

第 227 条 虚假标记罪

违反第 224 条的人处以三年以下的劳动监禁或者两千万韩元以下的罚金。

第 228 条 欺诈罪

通过欺诈或者任何其他非正当行为获得专利权、延长专利权期限登记或者审判决定的人，处以三年以下的劳动监禁或者不超过韩元以下的罚金。

第 229 条 泄密罪

韩国特许厅或者特许审判院的现任或者前任雇员泄漏或者窃取在履行职务过程中接触到的未决申请中披露的发明，处以两年以下的劳动监禁或者三百万韩元以下的罚金。

第 229 条之二 专门检索机构的官员和雇员作为公务员的无可辩驳的推定

适用第 229 条时，第 58 条第（1）款规定的专门检索机构或者数字化专利文件机构的现任或者前任官员或者职员视为韩国特许厅现任或者前任职员。

第 230 条 双重责任

法人代表，法人或者自然人的代理人、雇员或者任何其他工作人员在履行法人或者自然人的业务的，违反第 225 条（1）、第 227 条或者第 228 条，除犯罪者外，对法人处以下列之一的罚金，对自然人处以相关法条规定的罚金：

（i）违反第 225 条（1）的，处三亿韩元以下的罚金；

（ii）违反第 227 条或者第 228 条的，处六千万韩元以下的罚金。

第 231 条 没收等

（1）作为第 225 条（1）规定的侵权行为的客体的物品，或者因侵权行为获得的物品必须被没收，或者依据受害人的请求，必须作出判决责令将物品交付给受害人。

（2）根据第（1）款物品交付受害人的情况下，受害人可以对超过物品价值部分的损失要求赔偿。

第 232 条 行政罚款

（1）触犯下列任何行为的人处以五十万韩元以下的行政罚款：

（i）按照民事诉讼法第 299 条第（2）款和第 367 条规定宣誓后，在知识产权审判院前作出虚假陈述；

（ii）无正当理由，未按照知识产权审判院命令提交或者出示有关取得或者保存证据的文件或者其他材料；

（iii）已删除。

（iv）无正当理由，没有遵守特许审判院的传唤作为证人、专家证人或者翻译人出庭，或者拒绝宣誓、作出陈述、作证、出具专家意见或者翻译。

（2）第（1）款中提到的行政罚款由韩国特许厅厅长按照总统令的规定决定和征收。

（3）对被处以第（2）款规定的行政罚款的不服的任何人可以在被通知罚款日期的三十日内向韩国特许厅厅长提出申辩。

（4）特许厅厅长在收到第（3）款的申辩后应立即通知主管法院；主管法院应该按照非争论性案件诉讼程序法裁决行政罚款案。

（5）未在第（3）款规定的期间内提出申辩且没有缴纳罚款的，特许厅厅长应当通过主管税务局的负责人按照征收拖欠国税的规则来征收罚款。

修正案（第 4207 号，1990 年 1 月 13 日）

第 1 条 生效日

本法案于 1990 年 9 月 1 日生效。但涉及专利合作条约第 II 章的本法第 201 条、第 205 条、第 211 条于专利合作条约第 II 章在韩国生效时生效。

第 2 条 总过渡规则

除本修正案第 3 条和第 9 条规定的特别情况外，本法适用于本法案生效前发生的事项。但本法案并不影响根据以前条款的有效性。

第 3 条 对专利申请等的过渡规则

在本法案生效前启动的不服审查或者驳回专利申请决定的申诉，适用以前的规定。

第 4 条 对有关授予专利权的审判的过渡规则

对其申请在本法案生效前提交的专利权、审判、申诉、再审或者诉讼适用以前的规定。

第 5 条 对根据条约提交优先权文件的过渡规则

本法案生效前在韩国提交的专利申请要求优先权的，提交优先权文件的期限适用以前的规定。

第 6 条 对驳回修改的过渡规则

在本法案生效前作出的修改，适用以前的规定。

第7条 专利权期限的过渡规则

在本法案生效前授予的专利的专利权期限，适用以前的规定。

第8条 专利权征用的过渡规则

在本法案生效前请求的对专利权的限制、征用或者撤销，或者对实施专利权的处理或者诉讼，适用以前的规定。

第9条 审判程序和费用以及损害赔偿费等的过渡规则

在本法案生效前提出的审判、申诉、再审或者诉讼中的程序、费用以及损害赔偿费，适用以前的规定。

修正案（政府组织法）

（第 4541 号，1993 年 3 月 6 日）

第1条 生效日

本法案自颁布之日起生效。（"但书"已删除。）

第2条 已删除

第3条 已删除

第4条 由于新成立产业资源部对其他法的修改

第 1 条至第 46 条已删除。

第 47 条专利法的下列条款修改如下。

在第 16 条第（1）款，第 28 条第（4）款，第 42 条第（6）款，第 79 条第（2）款，第 82 条第（3）款，第 83 条第（2）款和第（3）款，第 90 条第（1）款第（vi）项，第 192 条第（iv）项，第 193 条第（1）款和第（5）款，第 194 条第（4）款，第 195 条第（iv）项，第 196 条第（1）款第（ii）项至（iii）项和第（2）款，第 197 条第（2）款，第 198 条第（2）款，第 200 条，第 206 条第（2）款以及第 214 条第（1）款和第（2）款中，"商务和产业部令"理解为"产业资源部令"。

第 48 条至第 100 条已删除。

第5条 已删除

修正案（第 4594 号，1993 年 12 月 10 日）

第 1 条　生效日
本法案于 1994 年 1 月 1 日生效。

第 2 条　退还专利费等的期限的过渡规则
在本法案生效前错缴的专利费和其他费用的退还，适用以前的规定。

第 3 条　退还专利费的适用例
修改后的本法第 84（1）（ii）和（iii）条，涉及因专利无效最终决定退还专利费，适用于本法案生效后作出的最终的无效决定。

修正案（发明促进法）
（第 4757 号，1994 年 3 月 24 日）

第 1 条　生效日
本法案自颁布日起生效。

第 2 条　已删除

第 3 条　其他法的修订
专利法的条款修改如下：
删除第 40（4）条。

第 4 条　已删除
第 5 条　已删除

修正案（第 4892 号，1995 年 1 月 5 日）

第 1 条　生效日
本法案于 1998 年 3 月 1 日起生效。

第2条 关于未决案件的过渡规则

（1）对驳回决定、撤销决定或者驳回修改的决定不服于本法案生效前提出的审判或者申诉请求，被认为是依据本法案向特许审判院提出，并在特许审判院的处理中。

（2）对审判决定不服的申诉或者对不受理审判请求的决定不服的直接申诉的请求是于本法案生效前提出的，被认为是依据本法案向专利法院提出，并在专利法院的处理中。

第3条 关于可申诉案件的过渡规则

（1）本法案生效时，审查员已经作出了审判决定、不受理审判请求的决定、拒绝的裁决或者驳回修改的决定，并且在本法案实施日起的三十日内没有依据以前的规定向申诉委员会提出申诉，则根据本法案第186（1）条的规定，可以对审判决定和不受理审判请求的决定提出起诉，或者根据本法案第132条之三或者第132条之四的规定，对拒绝的裁决或者审查员驳回修改的决定提出审判请求。但是，如果本法案生效时根据以前的规定申诉期限已届满的，本款不适用。

（2）本法案生效时，申诉委员会的审判决定、不受理申诉请求的决定和审判官驳回修改的决定已经作出，并且还未对该决定向最高法院提出申诉的，则可以向最高法院提出申诉。但是，如果本法案生效时根据以前的规定申诉期限已届满的，本款不适用。

（3）本法案生效前依据本条第（2）款向大法院提出申诉的案件，被认为是依据本法案向大法院提出，并在大法院的处理中。

第4条 关于再审的过渡规则

本修正案第2条和第3条比照适用于处理中的再审。

第5条 文件的转送等

（1）特许厅厅长应立即将本修正案第2条第（1）款提到的未决案件（包括根据本修正案第4条比照适用的那些案件）的案

卷转送给特许审判院院长。

（2）特许厅厅长应立即将本修正案第2条第（2）款提到的未决案件（包括根据本修正案第4条比照适用的那些案件）的案卷转送给、审判长。此情况下，案卷转送等必要事宜由大法院规则规定。

第6条 对其他法的修改

政府组织法第37（5）条中的"审查、审判和申诉审判的业务"理解为"审查和审判的业务"。

修正案（第5080号，1995年12月29日）

第1条 生效日

本法案于1996年7月1日起生效。

第2条 关于通过原子核变换方法获得的物质发明的过渡规则

（1）本法案生效时，申请人在特许厅有未决专利申请（包括还没有发出授予专利决定的核准副本）的，该发明是原专利申请的说明书或者附图中所描述的通过原子核变换方法获得的物质发明，申请人可以在本法案生效起的六个月内对说明书或者附图进行修改。

（2）本条第（1）款中的修改被认为是在发出专利申请公告决定副本前进行的修改。

第3条 关于专利权期限的过渡规则

（1）本法案不适用于在本法案生效前依据以前的规定期限已届满的专利。

（2）以前的规定适用于本法案生效时存在的专利的期限，并适用于本法案生效时在韩国特许厅待审的专利申请的、其期限被减短的专利。

第4条 给予准备实施项目的人普通许可的特殊情况

（1）对于根据修改后的本法第32条的规定就通过原子核变

换方法获得的物质发明的专利，在 1995 年 1 月 1 日前已在韩国实施或者准备实施该发明的人，在该发明或者实施目的范围内有权获得该发明专利的普通许可。

（2）由于本法案的生效而延长专利期限的，在 1995 年 1 月 1 日前在韩国准备实施根据以前的规定期限届满的专利的人，有权获得该发明专利的普通许可，但限于按照以前规定的期限届满至本法案生效延长的期限内，且限于在该发明或者该人准备实施的业务目的范围内。

（3）根据本条第（1）款和第（2）款规定获得普通许可的人应向专利权人或者独占被许可人支付合理的补偿费。

（4）本法第 118 条第（2）款的规定比照适用于本条第（1）款和第（2）款中所述的普通许可。

第 5 条　关于审判程序和费用以及损害责任等的过渡规则

对本法案生效前的行为不服而请求审判、申诉、再审以及诉讼的程序和费用以及损害责任等，适用以前的规定。

修正案（第 5329 号，1997 年 4 月 10 日）

第 1 条　生效日

本法案于 1997 年 7 月 1 日生效。但本法第 15 条第（2）款、第 16 条第（1）款和第（2）款、第 46 条、第 132 条之三、第 140 条之二、第 164 条第（1）款、第 170 条、第 171 条第（2）款、第 172 条、第 176 条第（1）款和第（2）、第 224 条之二和专利法第 4892 号修正案第 2 条第（1）款和第 3 条第（1）款于 1998 年 3 月 1 日生效。

第 2 条　专利异议的特殊例

（1）在适用本法案第 6 条时，"根据第 167 条不服拒绝决定要求申诉"理解为"根据第 167 条不服拒绝或者撤销决定要求申诉"，至 1998 年 2 月 8 日为止。

（2）在适用本法案第 164 条第（1）款时，"直到其他审判或者申诉的决定是最终的"理解为"直到专利异议、其他审判或者申诉的决定是最终的"，至 1998 年 2 月 8 日为止。

（3）在适用本法案第 170 条第（1）款时，该款第一部分中的"第 50 条、第 51 条、第 63 条和第 66 条至第 75 条"理解为"第 51 条、第 63 条和第 66 条"，该款后一部分被认为已删除至 1998 年 2 月 8 日为止；在适用该条第（3）款时，该款中的"第 51（4）至（6）条"在 1998 年 2 月 8 日前理解为"第 51 条第（1）款和（5）条"，至 1998 年 2 月 8 日为止。

（4）在适用本法案第 171 条第（3）款和第（4）款时，该款中的"拒绝决定"理解为"拒绝或者撤销决定"，至 1998 年 2 月 8 日为止。

（5）在适用本法案第 172 条时，"审查或者审判而采取的专利程序"理解为"对审查或者专利异议和审判而采取的专利程序"，至 1998 年 2 月 8 日为止。

（6）在适用本法案第 176 条时，"应推翻拒绝决定或者审判决定"理解为"应推翻或者撤销拒绝决定、撤销决定或者审判决定"，至 1998 年 2 月 8 日为止。

第 3 条 关于专利异议制度修改的过渡规则

（1）本法案生效时，公布在韩国特许厅待审的专利申请的决定副本已经发出，则该申请和与该申请有关的专利、专利权、审判或者再审适用以前的规定。

（2）尽管有修改后的本法案第 29 条第（3）款的规定，对于公布申请的决定副本已送达的专利申请，或者在实用新型注册的申请日后就与原专利申请说明书或者附图中描述的发明或者技术方案同样的发明提出的专利申请，适用以前的规定。

第 4 条 关于罚则的过渡规则

对本法案生效前发生的行为适用罚则的，适用以前的规定。

第 5 条 其他法的修改

（1）商标法的下列条款修改如下：

第 16 条第（2）款修改如下，并且该条新增第（3）款如下：

（2）在公开申请的决定的核准副本发出前提交的对商标注册申请中的商标或者指定商品的修改，在商标权确立后被认为改变了申请的要点的，该商标申请被认为是在修改文件提交时提交的。

（3）在公开申请的决定的核准副本发出后提交的对商标注册申请中的商标或者指定的货物名单修改的，在商标权确立后被认为违反了本法案第 15 条的规定，该商标申请被认为是没有对商标申请作出修改而授予商标权。

第 89 条第（2）款成为该条第（4）款，该条新增第（2）和第（3）款如下：

（2）商标公报可以在产业资源部令规定的电子媒介上公布。

（3）在电子媒介上公布商标公报时，特许厅厅长应使用电子网络公开有关商标公报公布、主要内容和送达的事项。

（2）工业品外观设计法的下列条款修改如下：

第 30 条中"本法第 77 条和第 78 条第（1）款"理解为"本法第 68 和第 78 条"，该条后一部分被删除。

第 78 条第（2）款成为第（4）款，该条新增第（2）和第（3）款如下：

（2）外观设计公报可以在产业资源部令规定的电子媒介上公布。

（3）在电子媒介上公布外观设计公报时，特许厅厅长应使用电子网络公开有关外观设计公报公布、主要内容和送达的事项。

修正案（第 5576 号，1998 年 9 月 23 日）

第 1 条 生效日

本法案于 1999 年 1 月 1 日生效。但是，本法第 193 条第

（1）款和第 198 条之二，有关本法第 201 条第（6）款规定的用韩文提出的国际专利申请的说明书、权利要求书、附图和摘要的效力的修改，有关本法第 208 条第（1）款规定的用韩文提出的国际专利申请免除提交译文的修改和有关本法第 210 条规定的用韩文提出的国际专利申请免除提交译文的修改，于韩国政府与国际局就有关指定国际检索单位达成的条约生效时生效，本法修改后的第 6 条，第 11 条，第 29 条，第 36 条，第 49 条，第 53 条，第 55 条，第 56 条，第 59 条，第 69 条，第 87 条，第 88 条，第 102 条，第 104 条，第 133 条，第 202 条，第 209 条和第 215 条以及本修正案第 5 条第（1）款中外观设计法的第 21 条和第 22 条于 1999 年 7 月 1 日生效。

第 2 条　*总过渡规则*

本法案生效时，有关 1999 年 1 月 1 日后提交的专利申请的审查、专利登记、专利权、专利异议、审判、复审和诉讼，适用以前的规定。

第 3 条　*有关以电子文件方式提交的专利申请处理程序的适用*

有关根据修改后的本法第 28 条之三和第 217 条之二第（5）款提交专利申请和提出专利授权异议的程序的规定，适用于 1999 年 1 月 1 日后提交的专利申请。

第 4 条　*专利条件的适用*

当本法案生效后提交的专利申请中的发明（下称"后申请的发明"）与本法案生效前提交的，并在该后申请的发明的申请日后公开的书面实用新型注册申请的说明书或者附图中的装置相同的，修改后的本法案第 29 条第（3）款予以适用。

第 5 条　*其他法的修改保护*

（1）外观设计法的下列条款修改如下：

第 4 条中"专利法第 3 至第 28 条"理解为"专利法第 3 条至第 28 条之五"；第 21 条和第 22 条被删除。

第 81 条中"专利法第 218 条"理解为"专利法第 217 条之二"。

第 89 条中"专利法第 231 条"理解为"专利法第 229 条之二和第 231 条"。

(2) 商标法的下列条款修改如下：

第 5 条中"专利法第 28 条"理解为"专利法第 28 条至第 28 条之五"。

第 92 条中"专利法第 218 条"理解为"专利法第 217 条之二"。

修正案（国家基本生活保障法）

（第 6024 号，1999 年 9 月 7 日）

第 1 条　生效日
本法案于 2000 年 10 月 1 日起生效。（"但书"已删除。）

第 2 条　已删除

第 3 条　其他法的修改
第（1）款至第（6）款已删除。

(7) 专利法的下列条款修改如下：

第 83 条第（2）款中"根据国民基本生活保障法第 3 条有资格的人"理解为"根据国民基本生活保障法第 5 条规定的受助人"。

第（8）款至第（10）款已删除。

第 4 条至第 13 条　已删除

修正案（第 6411 号，2001 年 2 月 3 日）

第 1 条　生效日
本法案于 2001 年 7 月 1 日生效。但是，修改条后的本法第 56 条第（1）款，第 84 条第（2）款和第（3）款，第 217 条第

（1）款和第 229 条之二于本法案颁布之日起生效。

第 2 条　专利条件的适用

修改后的本法第 29 条第（1）（ii）项和第 30 条第（1）（i）（c）项适用于本法案生效后启动的专利申请。

第 3 条　总过渡规则

本法案生效时，根据以前的规定提交的专利申请的审查、专利登记、专利权、专利异议、审判、再审和诉讼，适用以前的规定。有下列情形之一的除外：

（i）提出专利异议的，适用根据修改后的本法第 77 条第（3）款规定比照适用的本法案第 136 条第（9）款的规定；

（ii）专利申请或者专利权被认为具有追溯力的，适用修改后的本法第 81 条之二的规定；

（iii）请求无效专利审判的，适用修改后的本法第 133 条之二第（1）款和第（2）款，以及根据修改后的本法第 133 条之二第（3）款比照适用的修改后的第 136 条第（3）至（5）款，（7）至（11）款，第 139 条第（3）款，第 140 条第（1）款、第（5）款和第 136 条第（1）款的规定。

（vi）对驳回专利申请的裁决不服要求审判的，适用修改后的本法第 140 条之二第（1）款和第（3）款的例外规定；或者

（v）具有两个或者两个以上权利要求的专利申请的部分权利要求被放弃的，使用修改后的本法案第 215 条之二的规定。

修正案（第 6582 号，2001 年 12 月 31 日）

第 1 条　生效日

本法案自颁布起六个月后生效。

第 2 条　关于国家和公共专利权的过渡规则

本法案生效时，国家和地方政府所有的国立和公共学校的工

作人员创造的公务发明（officail invention）的专利权和获得专利
的权利可以转让给有关学校的组织。

第 3 条 关于国家和公共实用新型权的过渡规则

本法案生效时，对于国家和地方政府所有的国立和公共学校
的工作人员创造的公务实用新型（official utility model）和就公
务创造产生的实用新型权，获得实用新型的权利，实用新型权，
以及获得实用新型的权利的转让，适用修改后的本法第 39 条，
根据实用新型法第 20 条和外观设计法第 24 条比照适用的本修正
案的规定。

修正案（民事诉讼法）

（第 6626 号，2002 年 1 月 26 日）

第 1 条 生效日

本法案于 2002 年 7 月 1 日起生效。

第 2 至第 5 条 已删除

第 6 条 其他法的修改

第（1）款至第（22）款已删除。

（23）专利法的下列条款修改如下：

第 13 条中"民事诉讼法第 9 条"理解为"民事诉讼法
第 11 条"。

第 154 条第（7）款中"民事诉讼法第 142 条、第 143 条、
第 145 条至第 149 条"理解为"民事诉讼法第 153 条、第 154
条、第 156 条至第 160 条"，和第 154 条第（8）款中"民事诉讼
法第 133 条、第 271 条和第 339 条"理解为"民事诉讼法第 143
条、第 299 条和第 367 条"。

第 165 条第（2）款中"民事诉讼法第 89 至第 94 条、第 98
条第（1）和（2）款、第 99 条、第 101 条、第 102 条和第 106

条"理解为"民事诉讼法第 98 条至第 103 条、第 107 条第（1）和第（2）款、第 108 条、第 111 条、第 112 条和第 116 条"，和第 165 条第（4）款中"民事诉讼法第 93 条"理解为"民事诉讼法第 102 条"

第 178 条第（2）款中"民事诉讼法第 422 和第 424 条"理解为"民事诉讼法第 451 和第 453 条"。

第 158 条中"民事诉讼法第 429 条第（1）款"理解为"民事诉讼法第 459 条第（1）款"。

第 188 条之二（1）中"民事诉讼法第 38 至第 41 条、第 43 条和第 44 条"理解为"民事诉讼法第 42 至第 45 条、第 47 和第 48 条"。

第 232 条第（1）（i）款中"民事诉讼法第 271 条第（2）款和第 339 条"理解为"民事诉讼法第 299 条第（2）款和第 367 条"。

第（24）款至第（29）款已删除。

第 7 条　已删除

修正案（第 6768 号，2002 年 12 月 11 日）

第 1 条　生效日

本法案自颁布 5 个月后生效。但是，修改后的本法第 201 条第（1）款在其颁布后 3 个月生效。

第 2 条　对专利授权异议处理的适用

修改后的本法第 78 条之二适用于本法案实施后提交的对专利授权的异议。

第 3 条　关于提交国际专利申请国内期限的过渡规则

尽管有本法第 201 条第（1）款的规定，本法案生效时提交文件的国内期限已届满的国际专利申请，适用以前的规定。

修正案（外观设计保护法）

（第 7289 号，2004 年 12 月 1 日）

第 1 条　生效日

本法案自颁布六个月后生效。

第 2 条至第 4 条　已删除

第 5 条　其他法律的修订

第（1）款至第（7）款已删除。

（8）专利法的下列条款修改如下：

第 55 条第（3）款中，"工业品外观设计法"（uijang）理解为"外观设计保护法"（dijain）。

在第 98 条中"登记外观设计"（uijang）理解为"登记外观设计"（dijain），"外观设计"（uijang）理解为"外观设计"（dijain），"外观设计权"（uijang）理解为"外观设计权"（dijain），"外观设计权拥有者"（uijang）理解为"外观设计权拥有者"（dijain）。

在第 102 条第（4）款中，"工业品外观设计法"（uijang）理解为"外观设计保护法"（dijain），"外观设计权"（uijang）理解为"外观设计权"（dijain）。

在第 105 条中，标题中的"外观设计权"（uijang）理解为"外观设计权"（dijain），该条第（1）款中"外观设计权"（uijang）理解为"外观设计权"（dijain），"原外观设计权的拥有者"（uijang）理解为"原外观设计权的拥有者"（dijain），和"原外观设计权"（uijang）理解为"原外观设计权"（dijain），该条第 2 款中"外观设计权"（uijang）理解为"外观设计权"（dijain）和"工业品外观设计法"（uijang）理解为"外观设计保护法"（dijain）。

在第 132 条之二第（1）款中，"外观设计"（uijang）理解为"外观设计"（dijain）。

在第 138 条第（4）款的主要部分中，"外观设计权的所有人"

（uijang）理解为"外观设计权的所有人"（dijain），同条第（5）款中"登记外观设计"（uijang）理解为"登记外观设计"（dijain），"外观设计"（uijang）理解为"外观设计"（dijain）。

在第 140 条第（4）（ii）和（iii）款中，"登记外观设计"（uijang）理解为"登记外观设计"（dijain）。

在第 191 条第（iii）项中，"外观设计权拥有者"（uijang）理解为"外观设计外观设计权拥有者"（dijain）。

第（9）款或者第（16）款已删除。

在这些条款中，英语词语"design"未改变，但在韩文版本中，design 的词语"uijang"已变为更广泛使用的"dijain"。

修正案（民法）

（第 7427 号，2005 年 3 月 31 日）

第 1 条 生效日

本法案于颁布之日起生效。但是，本修正案第 7 条［第（2）款和第（29）款除外］从 2008 年 1 月 1 日起生效。

第 2 条至第 6 条 已删除

第 7 条

第（1）款至第（23）款已删除。

（24）专利法部分修改如下：第 148 条第（ii）项中的"血亲、家长、家庭成员"理解为"血亲"。

第（25）款至第（29）款已删除。

修正案（第 7554 号，2005 年 5 月 31 日）

本法案自颁布之日六个月后生效，但修改后的第 81 条之三从 2005 年 9 月 1 日起生效。

修正案（发明促进法）

（第 7869 号，2006 年 3 月 3 日）

第 1 条　生效日

本法案自颁布之日起生效。（"但书"已删除。）

第 2 条至第 5 条　已删除

第 6 条　其他法律的修改

（1）专利法部分修改如下：删除第 39 条和第 40 条。

第（2）款和第（3）款已删除。

修正案（第 7871 号，2006 年 3 月 3 日）

第 1 条　生效日

本法案自颁布之日起生效。但是，以下修改自 2006 年 10 月 1 日起生效：与实用新型法相关的第 3 条（3）款、第 6 条、第 7 条之二、第 11 条（1）款、第 20 条（vii）项、第 21 条（vi）、第 29 条第（1）款、第（3）款和第（4）款的修改；与实用新型法相关的第 31 条、第 36 条第（3）款、第 49 条、第 52 条、第 53 条、第 55 条第（1）款、第（3）款和第（4）款的修改；与实用新型法相关的第 56 条第（1）款、第 58 条、第 58 条之二、第 59 条之三、第 62 条、第 63 之二、第 64 条、第 87 条第（2）款、第 88 条第（4）款和第 102 条第（4）款的修改；与实用新型法相关的第 104 条第（1）款、第 133 条第（1）款、第 133 条之二第（4）款、第 135 条第（1）款、第 154 条第（8）款、第 193 条第（1）款和第 202 条第（3）款的修改；涉及相关日的第 202 条第（4）款、第 204 条和第 205 条的修改；与实用新型法相关的第 208 条第（3）款、第 209 条、第 213 条和第 215 条的修改；第 229 条之二的修改。

此外，以下修改自 2007 年 7 月 1 日起生效：与专利权异议相关的第 3 条第（2）款、第 4 条、第 15 条第（1）款、第 35 条和第 55 条第（3）款的修改；与专利权异议相关的第 57 条第（1）款、第 65 条第（6）款、第 69 条至第 78 条、第 78 条之二、第 84 条第（1）款、第 132 条之三、第 136 条第（1）款、（6）款、第 137 条（1）款、第 140 条之二、第 148 条、第 164 条第（1）款、第 165 条第（3）款、第（4）款的修改；与专利权异议相关的第 171 条第（2）款、第 172 条、第 176 条第（1）款、第（2）款、第 181 条第（1）款、第 212 条、第 214 条第（5）款、第 215 条和第 217 条第（1）款的修改；与专利权异议相关的第 217 条第（2）款、第 217 条之二第（1）款、第（2）款的修改；与专利权异议相关的第 224 条之二第（1）款的修改；以及第 226 条第（2）款和第 228 条的修改。

第 2 条 专利条件等的适用例

修改后的第 29 条第（1）款第（i）项、第 30 条第（1）款和第 36 条第（4）款自本法生效后第一件专利申请提交时开始适用。

第 3 条 专利费返还的适用例

修改后的第 84 条第（2）款和第（3）款自本法生效后当撤销专利的决定、无效专利的审判决定或者无效专利权延期的审判决定成为终局时开始适用。

第 4 条 关于专利无效审判的修改的适用例

修改后的第 133 条第（1）款中的但书［第（vii）项和第（viii）项目除外］自本法生效后的一项专利权确立和登记时开始适用。

第 5 条 赔偿专利律师费的适用例

修改后的第 191 条之二自一位专利律师在诉讼中代表相关当事人时起开始适用。

第6条 总过渡规则

专利申请在本法案生效前提交的，该申请的审查、专利登记、专利权、审判、再审或者诉讼适用以前的规定；但是，修改后的第133条之二第（4）款适用于宣告该专利无效的审判请求，修改后的第135条第（1）款适用于确认该专利的权利范围的审判请求。

第7条 关于专利权异议放弃的过渡规则

在2007年7月1日前确立和登记的专利权异议适用以前的规定。

修正案（促进行政事务等的数字化以创建电子政府法）

（第8171号，2007年1月3日）

第1条 生效日

本法案自颁布之日6个月后起生效。（"但书"已删除。）

第2条至第5条 已删除

第6条 其他法律的修改

第（1）款至第（3）款已删除。

（4）对专利法的部分修改（第7871号）修改如下：第217条第（1）款第（iii）项中的"促进行政事务等的数字化以创建电子政府法"理解为"电子政府法"。

修正案（第8197号，2007年1月3日）

第1条 生效日

本法案自2007年7月1日起生效。

第2条 专利申请等的适用例

修改后的第42条、第47条第（1）款和第55条第（3）款、

第 59 条第 (2) 款的但书、第 62 条第 (iv) 项和第 63 条之二、第 64 条第 (1) 款的但书、第 170 条第 (1) 款后半部分、第 174 条第 (2) 款的后半部分自本法案生效后提交的第一件专利申请起适用。

第 3 条　特定检索机构指定的取消的适用例

修改后的第 58 条之二自本法案生效后第一个违规行为发生时开始适用。

第 4 条　专利申请等费用返还的适用例

修改后的第 84 条第 (1) 款第 (iv) 项自本法案生效后提交的第一件专利申请起适用。

第 5 条　在专利无效审判中的更正的适用例

修改后的第 133 条之二和第 137 条自本法案生效后第一个专利无效审判请求提出之日起适用。

第 6 条　在确认权利范围的审判中更正说明书和附图的适用例

修改后的第 140 条第 (2) 款第 (ii) 项从本法案生效后确认权利范围的第一件审判请求提出之日起适用。

第 7 条　总过渡规则

在本法生效前提出的专利申请，对该申请的审查、审判、再审和诉讼适用以前的规定。

修正案（发明促进法）

（第 8357 号，2007 年 4 月 11 日）

第 1 条　生效日

本法案自颁布之日起生效。但是，修改后的本修正案第 6 条第 (4) 款自 2007 年 7 月 1 日起生效。

第 2 条至第 5 条 已删除

第 6 条 其他法律的修改

第（1）款和第（2）款已删除。

（3）专利法部分修改如下：第 109 条中的"发明促进法第 29 条"理解为"发明促进法第 41 条"。

（4）对专利法的部分修改（第 8197 号）修改如下：第 118 条第（2）款、第 119 条第（1）款、第 136 条第（7）款中的"发明促进法第 8 条第（1）款"理解为"发明促进法第 10 条第（1）款"。

第 7 条 已删除

修正案（第 8462 号，2007 年 5 月 17 日）

第 1 条 生效日

本法案自颁布之日六个月后生效。

第 2 条 退还专利费等的适用例

修改后的第 84 条第（3）款也适用于专利费和其他费用，只要以前规定的退费期限在本法生效时尚未届满。

韩国实用新型法 ❶

（1961 年 12 月 31 日第 952 号法案颁布，
根据 2007 年 1 月 3 日第 8193 号法案最后修正）

目　　录

---

❶　根据韩国特许厅 2007 年出版的 *INDUSTRIAL PROPERTY LAWS OF THE REPUBLIC OF KOREA* 翻译。翻译：胡安琪，校对：姜丹明。

韩国实用新型法

第一章　总　则

第 1 条　宗旨

本法旨在鼓励、保护和利用实用的技术方案，从而改进和发展技术，并促进产业发展。

第 2 条　定义

本法中使用的术语定义如下：

（i）"技术方案"是指利用自然法则在技术构思上的创造；

（ii）"已注册的实用新型"是指被授予实用新型的技术方案；

（iii）"实施"是指制造、使用、转让、出租、进口，以及许诺转让或出租（包括为转让或者出租而展出）运用了发明创造的产品。

第3条　专利法的比照适用

专利法第3条至第7条、第7条之二、第8条至第26条、第28条之二至第28条之三比照适用于实用新型。

第二章　实用新型注册的条件和实用新型注册申请

第4条　实用新型注册的条件

（1）适于工业上实用的，对产品的形状、构造或者其结合所提出的技术方案可以授予实用新型，但有下列情形之一的除外：

（i）在实用新型申请日前，在韩国或者外国已被公众知悉或者实施的技术方案；或者

（ii）在实用新型申请日前，记载于韩国或者外国出版物上的技术方案，或者依据总统令公众可以通过电子通信线路获知的技术方案。

（2）尽管技术方案符合第（1）款规定，实用新型申请前，该技术方案所属技术领域的普通技术人员基于第（1）款规定的任一技术方案可以容易地作出，也不能对该实用新型注册。

（3）尽管技术方案符合第（1）款规定，实用新型申请中的技术方案与在另一件实用新型申请或者专利申请的原始说明书或者附图中记载的技术方案相同，并且另一件实用新型申请在该实用新型申请之前提交又在该实用新型申请的申请日后予以注册公告供公众查询，或者是另一件专利申请在该实用新型申请之前提交又在该实用新型申请的申请日后公布或者授权公告供公众查阅，也不能对该实用新型注册。但是该实用新型的发明创造人和

另一实用新型或者专利的发明创造人是同一人的，或者该实用新型的发明创造人和另一实用新型或者专利的发明创造人在提交申请时是同一人的，则不适用上述规定。

（4）第（3）款中规定的另一实用新型或者专利申请，为本法第 34 条第（1）款规定的国际实用新型申请的，或者根据专利法第 199 条第（1）款的规定视为专利申请的国际申请〔包括根据本法第 40 条第（4）款规定视为实用新型申请的国际申请或者根据专利法第 214 条第（4）款视为专利申请的国际申请〕的，适用第（3）款的规定时，"公布"理解为"《专利合作条约》第 21 条规定的国际公布"，"在原始说明书或者附图中记载的发明创造"理解为"在国际申请日提交的国际申请的说明书、权利要求或者附图及其翻译文本中均记载的技术方案和发明"。

第 5 条　不视为公知的发明创造等

（1）有权获得实用新型注册的人的一项技术方案出现下列情形之一的，自实施之日起六个月内提交实用新型申请，在适用第 4 条第（1）款和第（2）款的规定时，该技术方案不属于第 4 条第（1）款规定的例外情形：

（i）有权获得实用新型注册的人自己导致其技术方案属于第 4 条第（1）款规定的例外情形的；但是依据有关条约或者现行法，在韩国或者外国公开该申请或者公告该注册的，不适用本项规定。

（ii）违背有权获得实用新型注册的人的意愿而使技术方案属于第 4 条第（1）款规定的例外情形的；

（2）想要利用本条第（1）款第（i）项规定的申请人应当提交实用新型注册申请，并且自申请之日起 30 日内，在申请中详细说明适用本条第（1）款第（i）项的意图并向韩国特许厅厅长提供证明有关事实的证据。

第 6 条　不予注册的发明创造

除第 4 条规定的外，对下列各项技术方案也不予注册：

（i）与国旗或者国徽相同或者相近似的技术方案；

（ii）可能违反公共秩序或者道德，或者危害公共健康的技术方案。

第7条　先申请原则

（1）涉及同样技术方案的两件或者两件以上申请是在不同日期提交的，只有申请日在先的申请人可以获得该技术方案的实用新型注册。

（2）涉及同样技术方案的两件或者两件以上申请是同日提交的，只有经所有申请人协商后同意的人可以获得该技术方案的实用新型注册。达不成协议或者不可能进行协商的，所有的申请人都不能获得该技术方案的实用新型注册。

（3）一件实用新型申请与一件专利申请具有相同的主题，两件申请是在不同日提交的，比照适用本条第（1）款的规定。实用新型申请与专利申请是同日提交的，比照适用本条第（2）款的规定。

（4）适用本条第（1）款至第（3）款时，实用新型注册申请或者专利申请被无效、撤回或者放弃，或者拒绝申请的决定或者判决生效的，实用新型注册申请或者专利申请视为自始不存在，但是拒绝申请的决定或者判决是依据本条第（2）款的后一句［包括根据第（3）款比照适用的情况］生效的，不适用本规定。

（5）为本条第（1）款至第（3）款之目的，实用新型申请或者专利申请不是由技术方案完成人、发明人或者有权获得实用新型注册或者专利权的继受人提交的，视为从未提交过申请。

（6）在本条第（2）款所述情形下，韩国特许厅厅长应当通知实用新型注册申请人在指定期限内报告协商的结果。申请人在指定期限内没有提交报告的，视为未达成协议。

第8条　实用新型注册申请

（1）寻求获得实用新型注册的人应当向韩国特许厅厅长提交实用新型注册申请，记载以下事项：

（i）申请人姓名和地址（申请人为法人的，其名称和营业地）；

（ii）委托代理人的，代理人姓名、住所或者营业地址（代理人为专利代理机构的，名称、营业地址和指定的专利代理人的姓名）；

（iii）技术方案的名称；

（iv）发明人的姓名和地址；

（2）根据第（1）款提交的实用新型申请必须附有摘要、附图和记载以下内容的说明书：

（i）技术方案的名称；

（ii）附图的简要说明；

（iii）技术方案详述；

（iv）一项或者多项权利要求。

（3）本条第（2）款第（iii）项规定的技术方案的详细说明必须按照产业资源部令规定的方式对技术方案作出清楚、详尽的说明，以使所属领域的普通技术人员可以容易地实施。

（4）第（2）款第（iv）项规定的权利要求必须采用一项或者多项权利要求（以下称为"权利要求"）的方式描述要求保护的内容，并且权利要求必须符合下列要求：

（i）权利要求必须得到技术方案详述的支持；

（ii）权利要求必须清楚和简要地限定技术方案。

（iii）已删除。

（5）尽管有本条第（2）款的规定，申请人在提交实用新型注册申请时，在必须提交的说明书中可以省略第（2）款第（iv）项规定的权利要求。在此情形下，申请人应当在下列各项规定的期限前修改说明书以包括权利要求：

（i）依据本法第 15 条比照适用的专利法第 64 条第（1）款任一项规定的日期起一年零六个月届满之日；

（ii）在本款第（i）项规定的期限前，根据依据本法第 15 条比照适用的专利法第 60 条第（3）款的规定对专利申请审查请求的通知发出之日起 3 个月届满之日〔只要该通知是在依据本法第

15 条比照适用专利法第 64 条第（1）款规定的任一项日期起一年零三个月后发出的]。

（6）根据第（2）款第（iv）项的规定说明实用新型注册的权利要求范围的，申请人应当限定产品的形状、构造或者其结合，以澄清该项技术方案的哪些特定部分是受保护的。

（7）实用新型注册申请人在本条第（5）款规定的期限内未能对不包括权利要求的说明书进行修改的，实用新型注册申请在期限届满时视为被撤回。

（8）关于本条第（2）款第（iv）项规定的权利要求的撰写的必要事项由总统令规定。

（9）关于本条第（2）款规定的摘要的撰写的必要事项由产业资源部令规定。

第 9 条 一件实用新型申请的范围

（1）一件实用新型申请只能涉及一项技术方案，但是构成一个总的发明创造构思的一组相关的发明创造除外。

（2）第（1）款规定的一件实用新型申请的条件由总统令规定。

第 10 条 转换申请

（1）专利申请人可以在专利申请原始说明书或者附图包含的发明内容的范围内将专利申请转换为实用新型注册申请，但是申请人收到拒绝专利申请的最初决定的核准文本之日起 30 日后，不得转换为实用新型注册申请。

（2）根据本条第（1）款规定，提交申请将专利申请转换为实用新型注册申请的（下称"转换申请"），转换申请视为在相关专利申请提交时提交的实用新型注册申请，但是转换申请存在下列情形之一的，不适用本规定：

（i）因转换申请的内容属于本法第 4 条第（3）款或者专利法第 29 条第（3）款规定的另一件申请的内容，而适用本法第 4 条第（3）款或者专利法第 29 条第（3）款的情形；

（ii）适用本法第 5 条第（2）款的情形；

（iii）依据本法第 11 条比照适用专利法第 54 条第（3）款的情形；

（iv）依据本法第 11 条比照适用专利法第 55 条第（2）款的情形。

（3）依据本条第（1）款规定提出转换一件申请的申请人应当在转换申请中表明转换的意图，并指明作为转换申请基础的专利申请的详细信息。

（4）一件专利申请被转换为实用新型注册申请时，该专利申请视为撤回。

（5）根据专利法第 15 条第（1）款延长专利法第 132 条之三规定的期限时，本条第（1）款但书规定的 30 日期限也相应延长。

（6）根据专利法第 54 条的规定要求优先权的申请人提出转换一件申请的，应当在提交转换申请后 3 个月内，而不是在专利法第 54 条第（5）款规定的期限内，向韩国特许厅厅长提交专利法第 54 条第（4）款规定的文件。

第 11 条　专利法的比照适用

专利法第 33 条至第 35 条、第 37 条、第 41 条、第 43 条、第 44 条、第 46 条、第 47 条、第 51 条、第 52 条以及第 54 条至第 56 条比照适用于实用新型注册和实用新型申请。

第三章　审　查

第 12 条　请求对实用新型注册申请进行审查

（1）一件实用新型注册申请只有在申请人请求审查的时候才进行审查。

（2）任何提交实用新型注册申请的人可以自申请日起 3 年内向韩国特许厅厅长提出审查请求，但是实用新型注册申请人只有在申请中附有限定实用新型注册权利要求范围的详细说明的前提下才可以请求审查。

（3）对于转换申请，或者是依据本法第 11 条比照适用的专利法第 52 条第（2）款规定的分案申请，即使本条第（2）款规定的期限已届满，申请人也可以在提交转换申请或者分案申请之日起三十日内提出审查请求。

（4）对申请的审查请求不得撤回。

（5）申请人在本条第（2）款或者第（3）款规定的期限内没有请求对实用新型注册申请进行审查的，该申请视为撤回。

第 13 条　拒绝实用新型注册的决定

根据依据本法第 15 条比照适用的专利法第 57 条第（1）款的规定，实用新型注册申请有下列情形之一的（以下称为"拒绝理由"），审查员应当拒绝实用新型注册：

（i）根据本法第 4 条、第 6 条、第 7 条第（1）款至第（3）款，依据本法第 3 条比照适用的专利法第 25 条，和依据本法第 11 条比照适用的专利法第 44 条的规定，该实用新型不得注册；

（ii）根据依据本法第 11 条比照适用的专利法第 33 条第（1）款主体部分的规定，申请人无权获得实用新型注册，或者专利法第 33 条第（1）款但书部分的规定，该实用新型不得注册；

（iii）实用新型注册违反条约；

（iv）实用新型注册不符合本法第 8 条第（3）款、第（4）款、第（8）款和第 9 条规定的要求；

（v）转换申请超出本法第 10 条第（1）款规定的范围；

（vi）修改超出依据本法第 11 条比照适用的专利法第 47 条第（2）款规定的范围；

（vii）分案申请超出依据本法第 11 条比照适用的专利法第 52 条第（2）款规定的范围。

第 14 条　拒绝理由的通知

（1）审查员拟根据本法第 13 条拒绝实用新型注册的，应当将拒绝理由通知申请人并给予申请人一次在指定期限内提交陈述意见的机会；但是在依据本法第 11 条比照适用的专利法第 47 条第（1）款第（ii）项规定的情形下，审查员将根据专利法第 51 条第（1）款的规定拒绝注册的，不适用本规定。

（2）一件实用新型注册申请有两项或者两项以上权利要求的，审查员在根据本条第（1）款主体部分的规定通知申请人拒绝理由时，应当指明哪些权利要求被拒绝，并对每项被拒绝的权利要求阐述具体的拒绝理由。

第 15 条 专利法的比照适用

专利法第 57 条、第 58 条、第 58 条之二、第 60 条、第 61 条、第 63 条之二、第 64 条至第 68 条和第 78 条比照适用于实用新型注册申请的审查和决定。

第 16 条 注册费

（1）实用新型权人或者根据第 21 条第（1）款规定要求获得实用新型注册的人应当缴纳注册费。

（2）与缴纳第（1）款规定的注册费相关的必要事项，包括缴纳方式和期限，由产业资源部令规定。

第 17 条 手续费

（1）申请实用新型注册的人应当缴纳手续费。

（2）实用新型注册申请人以外的人提出审查请求后，对实用新型注册申请的详细说明进行了修改，并且修改导致限定实用新型注册的权利要求范围的权利要求数量增加的，申请人应当就增加的权利要求缴纳审查费。

（3）与缴纳第（1）款规定的手续费相关的必要事项，包括缴纳方式和期限，由产业资源部令规定。

第 18 条 实用新型注册簿

（1）韩国特许厅厅长应当在韩国特许厅保存实用新型注册簿，并注册以下事项：

（i）实用新型权的确立、转移、消灭、恢复或者处置限制；

（ii）独占或者非独占许可的确立、维持、转移、修改、消灭或者处置限制；

（iii）实用新型权、独占或者非独占许可质押的确立，转让，消灭，或者处置限制。

（2）第（1）款规定的实用新型注册簿的全部或者部分内容可以存储在磁带等上。

（3）与注册程序和注册簿保存相关的必要事项由总统令规定。

（4）已注册的实用新型的说明书和附图以及总统令规定的其他文件都视为实用新型注册簿的一部分。

第 19 条　实用新型注册证书的颁发

（1）实用新型权的确立已经进行了注册的，韩国特许厅厅长应当向实用新型权所有人颁发实用新型注册证书。

（2）实用新型注册证书与实用新型注册簿或者其他同等文件记载不一致时，特许厅厅长应当重新颁发更正后的实用新型注册证书，或者依请求或者依职权颁发新的实用新型注册证书。

（3）依据本法第 33 条比照适用的专利法第 136 条第（1）款的规定，更正审判决定生效的，特许厅厅长应当根据审判决定颁发新的实用新型注册证书。

第 20 条　专利法的比照适用

专利法第 80 条、第 81 条、第 81 条之二、第 81 条之三、第 83 条和第 84 条比照适用于注册费和实用新型注册。

第五章　实用新型权

第 21 条　确立实用新型权的注册与注册的公布

（1）实用新型注册确立后实用新型权开始生效。

（2）有下列情形之一的，韩国特许厅厅长应当注册实用新型权的确立：

（i）已根据本法第 16 条第（1）款缴纳注册费的；

（ii）已根据本法第 20 条比照适用的专利法第 81 条第（1）

款延迟缴纳注册费的；

（iii）已根据本法第 20 条比照适用的专利法第 81 条之二第（2）款缴纳剩余部分注册费的；

（iv）已根据本法第 20 条比照适用的专利法第 81 条之三第（1）款的规定延迟缴纳注册费或者缴纳剩余部分注册费的；

（v）已根据本法第 20 条比照适用的专利法第 83 条第（1）款第（i）项和第 83 条第（2）款免除注册费的。

（3）已根据第（2）款进行注册的，韩国特许厅厅长应当在实用新型公报上公布该实用新型注册以及相关信息。

（4）尽管有本条第（3）款的规定，实用新型申请根据本法第 11 条比照适用的专利法第 41 条第（1）款的规定，作为机密保密的，特许厅厅长应当推迟公布实用新型注册直到其被解密为止；一旦解密，厅长应当立即公布该注册。

（5）在依据第（3）款的规定作出的实用新型注册公布之日起，特许厅厅长应当提供 3 个月的期限供公众查询申请文件及所附的材料。

（6）在实用新型公报上公布第（3）款规定的注册的具体事项由总统令规定。

第 22 条　*实用新型权的期限*

（1）实用新型权期限在第 21 条第（1）款规定实用新型注册后开始，于其申请日后可终止。

（2）根据本法第 11 条比照适用的专利法第 34 条和第 35 条将实用新型权授予正当权利人的，第（11）款规定的实用新型权的期限从无权人提交该实用新型申请日的第二日开始计算。

第 23 条　*实用新型权的效力*

实用新型权所有人拥有在商业及工业上实施已注册的实用新型的独占权利。实用新型被授予独占许可的，本规定不适用于依据本法第 28 条比照适用的专利法第 100 条第（1）款规定的独占被许可人拥有独占实施权的情形。

第 24 条 对实用新型权的限制

实用新型权的效力不延及到下列任何一种情形：

（i）为研究和实验目的使用已注册的实用新型；

（ii）仅仅通过韩国的船只、飞机或者车辆，或者用在这些船只、飞机或者车辆上的机器、工具、设备或者其他附属设施；或者

（iii）实用新型申请提交时已经在韩国已有的物品。

第 25 条 与他人实用新型注册的关系

实施一件已注册的实用新型涉及利用他人在先提交的已注册的实用新型、已授权专利、已注册的外观设计或者与已注册的外观设计相近似的外观设计，或者已注册的实用新型与他人在先提交的外观设计权或者商标权相冲突，在后提交实用新型注册的所有人或者独占以及非独占被许可人未获得在先提交的实用新型、专利、外观设计权或者商标权所有人许可的，不得在商业上或者工业上实施该已注册的实用新型。

第 26 条 因无效审判请求注册之前实施而获得的非独占许可

（1）在对已注册的实用新型或者专利提出无效审判请求前，属于下列情形之一的当事人已经在商业或者工业上在韩国善意实施了一项技术方案或者已经作好实施准备的，并且不知道该已注册的实用新型或者专利应当无效，其有权获得该实用新型或者专利权的非独占许可，或者就实用新型注册或者专利被无效时仍存在的独占实施许可上享有非独占许可，条件是非独占实施许可必须限于正在实施或者为实施作出准备的技术方案，并且限于这种实施或者准备实施的目的：

（i）就相同技术方案授予的两件或者两件以上实用新型注册之一被无效的，该实用新型权的原所有人；

（ii）已注册的实用新型与授予专利的发明相同，并且该专利被无效的，原专利权人；

（iii）实用新型原所有人的实用新型注册被无效，并且该相同发明创造的实用新型注册已经授予有权获得注册的其他人的，该实用新型权的原所有人；

（iv）原专利权人的专利权被无效，并且该相同技术方案的实用新型注册已经授予有权获得注册的其他人的，原专利权人；或者

（v）在上述第（i）至第（iv）项规定的情形下，在对被无效的实用新型或者专利权进行无效审判请求注册时，已经被授予独占或者非独占许可或者在独占许可上的非独占许可，且该许可已进行登记的人。但是对于依据本法第 28 条适用的专利法第 118 条第（2）款规定的人不需要对该许可登记。

（2）根据第（1）款被授予非独占许可的人，应当向实用新型权所有人或者独占被许可人支付合理的赔偿金。

第 27 条 外观设计权期满后的非独占许可

（1）在实用新型申请日前或者申请日提交并已注册的外观设计权与实用新型权相冲突，并且外观设计权期限届满的，外观设计权所有人在外观设计权范围内享有该实用新型权的非独占许可，或者享有外观设计权届满时已存在的独占许可的非独占许可。

（2）在实用新型申请日前或者申请日提交并已注册的外观设计权利与实用新型权相冲突，并且外观设计权期限届满的，外观设计权期限届满时该外观设计权的独占被许可人，或者是基于已届满的外观设计或者独占许可的非独占被许可人〔仅限于根据依据外观设计保护法第 61 条比照适用的专利法第 118 条第（1）款规定的非独占许可〕，在已届满的外观设计权范围内，有权基于实用新型权或者于外观设计权届满时已存在的独占许可享有非独占许可。

（3）第（2）款规定的非独占许可的被许可人应当为该非独占许可向实用新型权所有人或者独占被许可人支付合理的报酬。

第 28 条 专利法的比照适用

专利法第 97 条、第 99 条至第 103 条、第 106 条至第 111

条、第 111 条之二、第 112 条至第 116 条、第 118 条至第 125 条以及第 125 条之二的规定比照适用于实用新型权。

第六章　对实用新型权人的保护

第 29 条　视为侵权的行为

制造、转让、租赁或者进口，或者为商业或者工业转让或者租赁提供专用于制造与已注册的实用新型相关的产品的行为，视为侵犯实用新型权或者基于实用新型注册的独占许可的权利。

第 30 条　专利法的比照适用

专利法第 126 条、第 128 条、第 130 条、第 131 条和第 132 条比照适用于对实用新型权人权利的保护。

第七章　审判、再审和诉讼

第 31 条　无效实用新型注册的审判

（1）在下列情况下，利害关系人或者审查官可以提出请求宣告一件实用新型注册无效的审判；已注册的实用新型有两项或者两项以上权利要求的，可以针对每项权利要求提出无效宣告请求；当事人以下列各项理由请求无效审判的［第（ⅴ）项除外］，应当在自实用新型注册公告日到注册日后 3 个月期间提出：

（ⅰ）已注册的实用新型违反本法第 4 条、第 6 条、第 7 条第（1）款至第（3）款、第 8 条第（3）款和第 8 条第（4）款的规定，或者违反依据本法第 3 条比照适用的专利法第 25 条的规定的；

（ⅱ）实用新型被授予无权获得实用新型权的人，或者依据本法第 3 条比照适用的专利法第 25 条规定的无权获得专利权的人的；

（ⅲ）实用新型注册违反国际条约的；

（ⅳ）修改超出第 14 条规定的范围的；

（ⅴ）根据本法第 11 条比照适用的专利法第 33 条第（1）款

主体部分的规定，实用新型注册的权利人无权获得实用新型注册，或者实用新型注册违反专利法第 44 条的规定的；

（vi）根据本法第 11 条比照适用的专利法第 33 条第（1）款但书部分的规定，实用新型不得注册的；

（vii）修改超出依据本法第 11 条比照适用的专利法第 47 条第（2）款规定的范围的；或者

（viii）分案申请超出依据本法第 11 条比照适用的专利法第 52 条第（2）款规定的范围的。

（2）即便在实用新型权终止后，也可以提出第（1）款规定的审判请求。

（3）宣告实用新型注册无效的审判决定生效后，实用新型权视为自始即不存在；但是根据第（1）款第（ii）项规定宣告实用新型注册无效的审判决定生效后，实用新型权在实用新型注册最初具有第（1）款第（ii）项规定的情形时视为不存在。

（4）根据第（1）款提出审判的，审判长应当将请求的内容通知实用新型权的独占被许可人，以及任何其他注册了与实用新型注册相关的权利的人。

第 32 条　授予非独占许可的审判

（1）实用新型权人、独占被许可人或者非独占被许可人寻求许可实施第 25 条规定的已注册的实用新型，他人无正当理由拒绝许可或者不可能获得该许可的，实用新型权人、独占或者非独占被许可人可以在实施已注册实用新型所需要的范围内提出授予非独占许可的审判请求。

（2）进行第（1）款规定的审判的，只有在后申请并已注册的实用新型与他人在该后申请的申请日前提交申请并已注册的实用新型或者已获得专利的发明相比，具有重大经济价值的显著技术进步，才可以授予非独占许可。

（3）根据第（1）款规定其实用新型被授予非独占许可的人需要实施被许可人已注册的实用新型，被许可人拒绝许可或者不可能获得该许可的，其可以在实施已注册实用新型所需要的范围内提出授予非独占许可的审判请求。

（4）根据第（1）款和第（3）款被授予非独占许可的当事人应当向实用新型权人、专利权人、外观设计权的所有人，或者独占被许可人支付补偿费；除非由于不可避免的理由不能付款，在这种情况下，必须提存补偿费。

（5）第（4）款规定的非独占被许可人不支付补偿费或者不提存补偿费的，不得实施已注册的实用新型、已授予专利权的发明创造、已注册的外观设计或者类似的外观设计。

第 33 条　专利法的比照适用

专利法第 132 条之三、第 133 条之二、第 135 条至第 137 条、第 139 条、第 140 条、第 140 条之二、第 141 条至第 153 条、第 153 条之二、第 154 条至第 166 条、第 170 条至第 176 条、第 178 条至第 188 条、第 188 条之二、第 189 条至第 191 条、第 191 条之二的规定比照适用于实用新型的审判、再审和诉讼。

第八章　根据《专利合作条约》的国际申请

第 34 条　基于国际申请的实用新型申请

（1）根据《专利合作条约》已确定国际申请日的国际申请，并且韩国作为获得实用新型注册的指定国的，该申请被视为是在其国际申请日提交的实用新型申请。

（2）依据本法第 11 条比照适用的专利法第 54 条的规定不适用于第（1）款规定的视为在国际申请日提交的实用新型申请的国际申请（下称"国际实用新型申请"）。

第 35 条　国际实用新型申请的译文

（1）以外文提交国际实用新型申请的申请人应当在《专利合作条约》第 2 条第（xi）款规定的优先权日（下称"优先权日"）起的两年零七个月（下称"提交文件的国内期限"）内，

向特许厅厅长提交在国际申请日提交的说明书、权利要求书、附图和摘要的韩文译文。但是，国际实用新型申请的权利要求范围已经根据《专利合作条约》第 19 条第（1）款的规定作出修改的，申请人只须提交修改后的权利要求的韩文译文。

（2）未在提交文件的国内期限内提交第（1）款规定的说明书和权利要求书的韩文译文的，国际实用新型申请被视为撤回。

（3）已提交第（1）款所述韩文译文的申请人可在提交文件的国内期限内提交新译文代替早先的译文，但申请人已提出了审查请求的除外。

（4）国际申请日提交的国际实用新型申请说明书、权利要求书、附图文本内容中公开的内容，未在提交文件的国内期限（或者申请人已在指定日前提出审查请求的，提出审查请求的日期，以下称为"相关日"）提交的第（1）款或者第（3）款规定的译文（下称"译文"）中公开的，视为没有在国际申请日提交的国际实用新型申请的说明书、权利要求书和附图文本内容中公开。

（5）在国际申请日提交的国际实用新型申请视为根据第 8 条第（1）款提交的实用新型申请。

（6）国际实用新型申请的说明书、权利要求书、附图和摘要的译文（国际实用新型申请是以韩文提交的，则为国际申请日提交的说明书、权利要求书、附图和摘要）视为根据第 8 条第（2）款提交的说明书、权利要求书、附图和摘要。

（7）根据本条第（1）款提交修改的权利要求书的韩文译文的，依据本法第 41 条比照适用的专利法第 204 条第（1）款和第（2）款不适用。

（8）根据第（1）款但书提交的韩文译文仅针对修改的权利要求书的，在国际申请日提交的权利要求书不被认可。

第 36 条 附图的提交

（1）国际申请日提交的国际申请不包括附图的，国际实用新型申请的申请人应当在相关日前向韩国特许厅厅长提交一幅或者一幅以上的附图（包括附图的简要说明）。

（2）第（1）款规定的附图未提交或者未在相关日前提交的，韩国特许厅厅长可以要求国际实用新型申请的申请人在指定期限内提交一幅或者一幅以上的附图。第35条第（1）款或者第（3）款规定的附图文本内容的韩文译文未在相关日前提交的，适用同样的程序。

（3）根据第（2）款被要求提交附图的申请人未在指定期限内提交的，特许厅厅长可以宣告该国际实用新型申请无效。

（4）根据第（1）款或者第（2）款提交的附图或者附图的韩文译文视为依据本法第11条适用的专利法第47条第（1）款规定的修改。但是专利法第47条第（1）款规定的修改期限不适用于该附图。

第37条 转换申请的时间限制

除本法第10条第（1）款规定外，不得提交将根据专利法第199条第（2）款视为在国际申请日提出的专利申请的国际申请转换为实用新型注册申请的请求，除非缴纳了专利法第82条第（1）款规定的手续费并且提交了专利法第201条第（1）款规定的韩文译文（以韩文提交的国际专利申请除外），［或者不得提交根据专利法第214条第（4）款认可的在国际申请日提出的专利申请的国际申请的转换请求，依据专利法第214条第（4）款已经作出决定的除外］。

第38条 审查请求的时间限制

除本法第12条第（2）款规定外，实用新型注册国际申请的申请人不得请求对国际实用新型注册申请进行审查，除非申请人已经启动第35条第（1）款的程序（以韩文提交的国际申请除外）并且缴纳第17条第（1）款规定的手续费；除实用新型登记注册国际申请的申请人外任何人不得请求对该申请的审查，除非第35条第（1）款规定的期限届满。

第39条 实用新型注册无效审判的特殊规定

任何人都可以以技术方案不符合以下各项规定或者属于第

31 条第（1）款规定的任一情形为由，对基于外文提交的国际申请的实用新型申请注册提出无效审判请求：

（i）在国际申请日提交的国际申请的说明书、权利要求书或者附图和译文中均记载的技术方案；或者

（ii）在国际申请日提交的国际申请的附图（不包括附图的文字内容）中记载的技术方案。

第 40 条 通过决定认为是实用新型申请的国际申请

（1）对于将韩国作为《专利合作条约》第 4 条第（1）款第（ii）项规定的指定国的国际申请（仅指实用新型注册申请），条约第 2 条第（xv）项规定的受理局根据条约第 25 条第（1）款第（a）项拒绝承认国际申请日或者根据条约第二十五条第（1）款第（a）项或者第（b）项的规定已宣告撤回国际申请的，或者国际局发现未收到第 25 条第（1）款第（a）项规定的副本，国际申请的申请人可以依据产业资源部令的规定请求特许厅厅长根据条约第 25 条第（2）款第（a）项的规定作出决定。

（2）根据第（1）款提出请求的人应当向特许厅厅长提交说明书、权利要求书、附图文本内容的韩文译文以及产业资源部令中规定的有关国际申请的其他文件。

（3）根据第（1）款提出请求的，特许厅厅长应当根据专利合作条约及其实施细则决定该请求中提到的拒绝、宣布或者认定是否正当。

（4）特许厅厅长作出第（3）款的决定认为根据专利合作条约及其实施细则作出的该拒绝、宣布或者认定是不正当的，相关的国际申请被视为是在假定没有作出拒绝、宣布或者认定而在被认作国际申请日的日期提交的实用新型申请。

（5）根据本条第（3）款对一项拒绝、宣布或者认定是否合理作出决定的，特许厅厅长应当将该决定的核准副本发给国际申请的申请人。

（6）依据本法第 34 条第（2）款、第 35 条第（4）款至第 35 条第（8）款、第 38 条、第 39 条和第 41 条比照适用的专利法第 200

条、第 202 条第 (1) 款和第 (2) 款，比照适用于被认为是在根据第 (4) 款承认的国际申请日提交的实用新型申请的国际申请。

(7) 对于根据第 (4) 款被认为是实用新型申请的国际申请的公布，根据本法第 15 条比照适用的专利法第 64 条第 (1) 款中的"专利申请日"理解为"第 35 条第 (1) 款所述的优先权日"。

第 41 条 专利法的比照适用

专利法第 192 条至第 198 条、第 198 条之二、第 200 条、第 202 条至第 208 条、第 211 条比照适用于国际实用新型申请。

第九章　附　则

第 42 条 实用新型公报

(1) 韩国特许厅应当出版实用新型公报。

(2) 依据产业资源部令的规定，实用新型公报可以以电子形式出版。

(3) 以电子形式出版实用新型公报的，韩国特许厅厅长应当在信息网络上公布实用新型公报的出版、主要内容和业务等事项。

第 43 条 关于专门检索机构的雇员和官员等作为公务员的法律推定

适用本法第 49 条规定时，依据本法第 15 条比照适用的专利法第 58 条第 (1) 款规定的专业检索机构的现任或者前任的官员或者雇员，或者依据本法第 44 条适用的专利法第 217 条之二第 (3) 款规定的数字化专利文献机构的现任或者前任官员或者雇员，视为韩国特许厅的现任或者前任雇员。

第 44 条 专利法的比照适用

专利法第 215 条、第 215 条之二、第 216 条、第 217 条、第 217 条之二、第 218 条至第 220 条、第 222 条至第 224 条以及第 224 条之二比照适用于实用新型。

第十章 罚 则

第 45 条 侵权罪

（1）对侵犯实用新型权或者独占许可的行为人，处以七年以下的劳动监禁或者一亿韩元以下的罚金。

（2）第（1）款规定的犯罪由受害的当事人提出控诉启动。

第 46 条 伪证罪

（1）根据本法第 33 条和依据专利法第 157 条第（2）款比照适用的民事诉讼法宣誓的证人、专家证人或者翻译人员作出虚假的陈述、专家意见或者翻译的，处以五年以下的劳动监禁或者一千万韩元以下的罚金。

（2）犯第（1）款罪行的人在与实用新型注册相关的异议或者审判决定生效前承认罪行的，可以减轻或者免除处罚。

第 47 条 虚假标记罪

违反依据本法第 44 条比照适用的专利法第 224 条第（1）款至第（3）款规定的人，处以三年以下的劳动监禁或者二千万韩元以下的罚金。

第 48 条 欺诈罪

通过欺诈或者任何其他非正当行为获得实用新型注册、技术评估决定或者关于实用新型注册异议的行政决定或者审判决定的人，处以三年以下的劳动监禁或者二千万韩元以下的罚金。

第 49 条 泄密罪

韩国特许厅或者特许审判院现任或者前任的公务员泄漏或者剽窃其履行职责过程中未决实用新型申请中公布的技术方案的，处以二年以下的劳动监禁或者三百万韩元以下的罚金。

第 50 条 双重责任

法人或者机构的代表人、法人或者自然人的雇员或者其他工作人员履行法人或者自然人的业务时，违反第 45 条第（1）款、第 47 条或者第 48 条的规定，除犯罪者外，法人按下列规定之一处以罚金，自然人按相应条款处以罚金：

（i）违反第 45 条第（1）款的，处以三亿韩元以下的罚金；

（ii）违反第 47 条或者第 48 条的，处以六千万韩元以下的罚金。

第 51 条　没收等

（1）作为第 45 条第（1）款规定的侵权行为的客体的物品，或者因侵权行为获得的物品必须被没收，或者根据受害人的请求，必须作出判决责令将物品交付给受害人。

（2）根据第（1）款物品交付受害人的情况下，受害人可以对超出物品价值部分的损失要求赔偿。

第 52 条　行政罚款

（1）实施下列任何行为的人应当处以五十万韩元以下的行政罚款：

（i）根据民事诉讼法第 299 条第（2）款和第 367 条规定宣誓后，在特许审判院作出虚假陈述；

（ii）无正当理由，未按照特许审判院的命令提交或者出示与获取或者保存证据有关的文件或者其他材料；

（iii）无正当理由，没有遵守特许审判院的传唤作为证人、专家证人或者翻译人出庭，或者拒绝宣誓、作出陈述、作证、出具专家意见或者翻译。

（2）第（1）款规定的行政罚款由特许厅厅长根据总统令的规定决定和征收。

（3）对被处以第（2）款规定的行政罚款不服的人可以在被通知罚款日期的 30 日内向特许厅厅长提出异议。

（4）收到第（2）款规定的行政罚款通知的当事人提起第（3）款规定的异议的，特许厅厅长应当立即通知管辖法院，管辖法院依照非争议性案件诉讼程序法裁决行政罚款案。

（5）未在第（3）款规定的期限内提出异议且没有缴纳罚款的，特许厅厅长应当通过主管税务局的负责人根据征收拖欠国税的规则来征收罚款。

修正案（第 5577 号，1998 年 9 月 23 日）

第 1 条 生效日期

本法案于 1999 年 7 月 1 日生效。但是，依照本法第 4 条比照适用的专利法第 28 条之二至第 28 条之五于 1999 年 1 月 1 日生效；第 59 条第（6）款关于以韩文提出的国际实用新型申请的说明书、权利要求书、附图和摘要的效力的规定，第 65 条第（1）款关于以韩文提交的国际实用新型申请免除提交译文的有关规定，依照第 72 条比照适用的专利法第 210 条关于以韩文提交的专利国际申请免除提交译文的有关规定，依照第 72 条比照适用的专利法第 193 条第（1）款和第 198 条之二的规定，于韩国政府与国际局根据《专利合作条约》第 16 条第（3）款第（b）项的规定就有关指定国际检索单位达成的条约对韩国生效时生效。

第 2 条 总过渡规则

本法案生效时，根据原规定提交的实用新型注册申请，包括对其的审查，实用新型注册，实用新型权，实用新型异议、审判、再审、诉讼，适用以前的规定。

第 3 条 有关以电子文件方式提交实用新型处理程序的适用

依据本法第 4 条比照适用的专利法第 28 条之三至第 28 条之五，依据本法第 77 条比照适用的专利法第 217 条之二第（5）款的规定，比照适用于 1999 年 1 月 1 日后提交的实用新型注册申请。

第 4 条 实用新型注册条件的适用

当本法案生效后提交的实用新型注册申请中的发明创造（本

法中称为"在后提交的申请"）与在本法生效前提交的，并且于在后提交的申请之后公开的实用新型申请的说明书或者附图中记载的发明创造相同，比照适用本法第 5 条第（3）款的规定。

第 5 条　在先实用新型注册申请适用新法的特殊情况

（1）除本修正案第二条的规定外，根据申请人的请求，本规定适用于本法案生效时处于韩国特许厅相关程序中的实用新型注册申请（自申请日起至本法生效时已超过六年的申请除外）。

（2）要求适用本条第（1）款规定的人，应当在本法案生效日起一年内按产业资源部令的规定向韩国特许厅厅长提出请求。但是只有在提出该项请求时，已经提交了本法第 37 条第（1）款和第 38 条原规定的译文和必要文件，并且已经缴纳本法第 17 条第（1）款原规定规定的费用的，才允许提出根据本法第 36 条第（1）款或者第 44 条第（4）款原规定将国际申请视为实用新型注册申请的请求。

（3）根据本条第（1）款规定受本法约束的实用新型注册申请被视为在原始实用新型注册之日提交，该原始申请在本条第（1）款规定的请求日被视为撤回。

（4）除本法第 13 条第（1）款规定外，根据本条第（1）款规定受本法约束的实用新型注册申请的说明书、附图或者摘要，可以根据本法第 13 条第（1）款的规定自本条第（2）款规定的提出请求之日起，在产业资源部令指定的期限内进行修改。

第 6 条　对其他法律的修改

（1）发明促进法的下列规定修改为：

第 14 条中的"实用新型法第 11 条"理解为"实用新型法第 20 条"。

（2）法院组织法的下列规定修改为：

第 28 条之四第（i）项和第 54 条之二第（2）款中的"实用新型法第 35 条"理解为"实用新型法第 55 条"。

修正案（第 7872 号，2006 年 3 月 3 日）

第 1 条 生效日

本法案于 2006 年 10 月 1 日生效。但是，本法案修改后的第 5 条、第 7 条第（4）款和第 52 条，以及本修正案第 3 条自公布之日起生效。

第 2 条 实用新型注册条件的适用

修改后的第 4 条第（1）款（i）项、第 5 条第（1）款和第 7 条第（4）款适用于修改后的规定生效后提交的第一件实用新型注册申请。

第 3 条 总过渡规则

本法案生效前，根据原规定提交的实用新型注册申请，包括对其的审查，实用新型注册，实用新型权，审判、再审、诉讼，本法生效时仍适用以前的规定；但是上述规定在下列情形下不适用：

（i）依据本法原第 27 条第（4）款比照适用的专利法第 77 条第（3）款适用于实用新型技术评估时；

（ii）依据本法原第 48 条比照适用的专利法第 77 条第（3）款适用于提交实用新型注册异议时。

第 4 条 实用新型注册异议的过渡措施

在 2007 年 6 月 30 日前提交的实用新型注册异议适用原规定。

第 5 条 对其他法律的修改

（1）法院组织法的规定修改为：

第 28 条之四第（i）项和第 54 条之二第（2）款中的"实用新型法第 55 条"理解为"实用新型法第 33 条"。

（2）发明促进法的规定修改为：

第 15 条第（2）款主体部分的"实用新型法第 34 条"理解为"实用新型法第 20 条"。

修正案（第 8193 号，2007 年 1 月 3 日）

第 1 条 生效日

本法案于 2007 年 7 月 1 日生效。

第 2 条 实用新型注册申请的法律适用

修改后的第 8 条、第 12 条第（2）款和第 13 条第（iv）项的规定适用于本法案生效后的提交第一个实用新型注册申请。

第 3 条 在宣告实用新型注册无效程序中更正实用新型注册的法律适用

依据本法第 33 条比照适用的专利法第 133 条之二的规定自本法案生效后的第一个实用新型注册无效请求提交时开始适用。

第 4 条 在确定权利范围的审判中修改说明书和附图的法律适用

依据本法第 33 条比照适用的专利法第 140 条之二第（ii）项的规定自本法案生效后第一个确定权利范围的审判请求提交时开始适用。

第 5 条 总过渡规则

根据原规定提交的实用新型注册申请，包括对其的审查、审判、再审、诉讼，本法案生效时，适用以前的规定。

韩国外观设计保护法[❶]

(1961 年 12 月 31 日第 951 号法案颁布,
根据 2007 年 4 月 11 日第 8357 号法案最后修正)

目　　录

---

❶　根据韩国特许厅 2007 年出版的 *INDUSTRIAL PROPERTY LAWS OF THE REPUBLIC OF KOREA* 翻译。翻译：王燕红，校对：胡玉章。

第一章　总　则

第1条　宗旨

本法旨在确保外观设计的保护和利用，鼓励外观设计的创作，使其对产业发展作出贡献。

第2条　定义

本法使用的术语定义如下：

（1）"外观设计"，是指产生视觉美感印象的产品的形状、图案、色彩或者其结合；除适用本法第12条的情形外，前述规定同样适用于产品的部分和字体。

（1）之二"字体"，是指在记录、标记或者印刷时使用的，具有共同特征的一套字样（包括数字、标记、符号等）。

（2）"注册外观设计"，是指已经被准予外观设计注册的外观设计。

（3）"外观设计注册"，是指对经审查的外观设计或者不经审查的外观设计进行注册。

（4）"经审查的外观设计注册"，是指对经过是否符合本法规定的注册条件审查的外观设计进行注册。

（5）"不经审查的外观设计注册"，是指对没有经过是否符合本法规定的注册条件审查的外观设计进行注册，本法第 26 条第（2）款规定的不适用的条件除外。

（6）外观设计的"实施"，是指对使用外观设计的产品进行制造、使用、转让、出租、进口、许诺转让或者许诺出租的任何行为（以及为转让或者出租目的而进行展览陈列）。

第 3 条 有权获得外观设计注册的人

（1）创作外观设计的人或者其继受人有权根据本法获得外观设计注册；然而韩国特许厅和特许审判院的雇员在其受雇期间，除非继承或者受遗赠，不能获得外观设计注册。

（2）两个或者两个以上的人共同创作出一项外观设计的，获得外观设计注册的权利为共有。

第 4 条 专利法的比照适用

专利法第 3 条至第 26 条、第 28 条至第 28 条之五比照适用于外观设计。在这种情况下，专利法第 3 条第（2）款中的"审判"理解为"对不经审查的外观设计注册的异议申请和审判"，专利法第 4 条中的"请求审查专利申请或者请求审判的人"理解为"提交对不经审查的外观设计注册的异议或者审判请求的人"，专利法第 6 条、第 11 条第（1）（iv）款及第 17 条中所述的"第 132 条之三"应分别理解为"第 67 条之二或者第 67 条之三"，以及专利法第 15 条第（1）款中的"第 132 条之三"理解为"可以根据第 29 条之三、第 67 条之二或者第 67 条之三对不经审查的外观设计注册提出异议的理由进行修改的期间"。

第二章 外观设计的注册条件和外观设计注册申请

第5条 外观设计注册的条件

（1）适于工业应用的外观设计可以被注册，除非该外观设计属于下列情形之一：

（i）在提交外观设计注册申请前，该外观设计已在韩国或者外国为公众所知或者公开实施；

（ii）在提交外观设计注册申请前，该外观设计已在韩国或者外国发行的出版物中公布或者以电子方式出版；

（iii）该外观设计与本条上述第（i）项或者第（ii）项所称的外观设计相近似。

（2）除第（1）款的规定外，外观设计所属领域的普通技术人员能够很容易地创作出该外观设计，而且该外观设计是本条第（1）款第（i）项或者第（ii）项外观设计组合而成的，或者外观设计含有在申请日前已在韩国广为知晓的形状、图案、色彩或者其结合［本条第（1）款所述的外观设计除外］的，该外观设计也不得被注册。

（3）除第（1）款的规定外，如果一件外观设计申请与在其申请日前申请，在其申请日后申请公布，注册公告或者根据第23条之六在外观设计公报上出版的另一外观设计申请说明书中的请求书的记载事项和图片、照片或者附带的样品中外观设计的一部分相同或者近似，该外观设计也不能被注册。

第6条 不予注册的外观设计

除第5条的规定外，下列外观设计不予注册：

（1）与韩国国旗、国徽、军旗、勋章、徽章、公共机构的奖章纪念章，外国的国旗、国徽，国际组织的文字或者标志相同或者近似的外观设计。

（2）其含义或者内容可能违反公共秩序或者道德的外观设计。

（3）可能与他人业务相关的产品产生混淆的外观设计。

（4）仅由实质上是为实现产品功能的形状组成的外观设计。

第7条 近似外观设计

（1）外观设计权人或者外观设计注册申请人有权就与其注册外观设计或者其已申请注册的外观设计（下称"基本外观设计"）近似的外观设计（下称"近似外观设计"）获得注册。

（2）本条第（1）款的规定不适用于仅与根据本条第（1）款已注册的或者已申请注册的近似外观设计相似的外观设计。

第8条 丧失新颖性的例外

（1）有权获得外观设计注册的人具有的外观设计有第5条第（1）款第（i）项或者第（ii）项情形的，而且外观设计申请人在发生第5条第（1）款第（i）项或者第（ii）项的情形之日起6个月内提交外观设计申请或者近似外观设计申请的，在适用第5条第（1）或者第（2）款时，则该申请被视为没有出现第5条第（1）款第（i）项或者第（ii）项的情形。

（2）申请利用本条第（1）款规定的人应当在提交外观设计注册申请时向韩国特许厅厅长声明，并在外观设计申请日起30日内提交证明相关事实的文件；但是，如果造成出现第5条第（1）款规定的公开是违反申请人意志的，不适用这一规定。

第9条 外观设计注册申请

（1）寻求外观设计注册的人应当向韩国特许厅提交经审查的外观设计注册申请请求书或者不经审查的外观设计注册申请请求书，写明下列事项：

（i）申请人的姓名和地址（申请人是法人的，名称和营业地址）；

（ii）有代理人的，代理人的姓名、住址或者营业地址（如果是专利代理公司，名称、营业地址以及专利律师的姓名）；

（iii）已删除。

（iv）使用外观设计的产品；

（iv）之二是独立外观设计注册申请还是近似外观设计注册申请；

（v）基本外观设计的注册号或者申请号［只有在根据本法第7条第（1）款申请近似外观设计注册时］；

（vi）设计人的姓名和地址；

（vii）本法第23条（3）款规定的事项（只有在要求优先权时）。

（2）本条第（1）款所述的经审查的外观设计注册申请或者不经审查的外观设计注册申请应当附有图片，并针对每项外观设计写明下列事项：

（i）使用外观设计的产品；

（ii）对外观设计和创作要点的说明；

（iii）外观设计的顺序号（是本法第11条所述多项外观设计注册申请时）。

（3）申请人可以不提交本条第（2）款规定的图片，而是提交照片或者样品。

（4）申请不经审查的外观设计注册的人，应当在请求书中指明，是否是本法第11条之二所述的多项外观设计、外观设计的数量，以及本条第（1）款规定的事项。

（5）根据本法第11条申请多项外观设计注册的人，应当在不经审查的外观设计注册的申请中指明第（1）款第（i）项的事项，以及外观设计的顺序号。

（6）可以申请不经审查的外观设计注册，应当限于产业资源部令在本法第11条之二规定类别内指定的商品范围。对于指定商品，只能申请不经审查的外观设计。

（7）除上述第（1）至（6）款规定的事项外，外观设计注册申请所需的其他事项由产业资源部令规定。

第10条 共同申请

获得外观设计注册的权利根据第3条第（2）款的规定共有的，权利人应当共同提交外观设计注册申请。

第 11 条 一项外观设计一件注册申请

（1）一件外观设计注册申请应当仅涉及一项外观设计；

（2）外观设计注册申请人只能就产业资源部令规定的产品分类中的类别提出申请。

第 11 条之二 多项外观设计注册申请

（1）尽管有本法第 11 条第（1）款的规定，不经审查的外观设计注册申请可以就 20 项或者 20 项以下的外观设计（以下称"多项外观设计注册申请"）提出一件申请。在这种情况下，每一项外观设计应分别描述。

（2）符合多项外观设计注册申请的外观设计范围限于本法第 11 条（2）提及的产业资源部令规定类别的产品。

（3）多项外观设计注册的申请人可以在提交基本外观设计注册申请的同时对与其属于同一类别的一项近似外观设计提出一件注册申请。

（4）尽管有本条第（3）款的规定，对与其已注册的外观设计或者已申请注册的外观设计相似的多项外观设计提出一件申请的，只能将属于一项基本外观设计的近似外观设计提交多项外观设计注册申请。

第 12 条 成套产品的外观设计

（1）两个或者两个以上产品作为一套产品一同使用的，只要成套产品构成一个和谐的整体，成套产品的外观设计可以予以一个外观设计的注册。

（2）第（1）款所述的成套产品由产业资源部令。

（3）已删除。

第 13 条 保密外观设计

（1）外观设计注册申请人可以要求对其外观设计在不超过自外观设计权确立注册之日起 3 年的期限内予以保密。申请多项外观设计注册的，保密请求应当针对每一项申请注册的外观设计。

（2）外观设计注册申请人可以在外观设计申请日至首次缴纳

外观设计注册费之间提交第（1）款规定的请求。如果注册费是根据本法第35条第（1）款第（i）项或者第35条第（2）款而免除的，申请人可以在根据本法第39条第（2）款注册之前提交请求。

（3）外观设计注册申请人或者外观设计权人可以通过请求缩短或者延长其依照第（1）款指定的保密期限。延长其指定的保密期限不得超过外观设计权确立注册之日起三年。

（4）有下列情形之一的，特许厅厅长应当允许查阅根据本条第（1）款予以保密的外观设计：

（1）查阅请求是由得到外观设计权人同意的人提出的。

（2）查阅请求是由与其保密外观设计相同或者相似的外观设计的审查程序、不经审查的外观设计注册的异议程序、审判程序、再审程序或者诉讼程序的当事人或者参加人提出的。

（3）查阅请求是由明确表明其已受到侵犯该注册外观设计的警告的人提出的。

（4）查阅请求是由法院或者特许审判院提出的。

（5）根据第23条第（2）款请求公开申请的，根据本条第（1）款提交的保密请求被视为撤回。

第14条 由无权之人提交的注册申请和对合法权利人的保护

如果申请注册的人不是外观设计的创作者也不是获得外观设计注册的权利的继受人（下称"无权之人"），而且因为申请属于本法第26条（1）款第（iii）项的情形，按照本法第3条第（1）款的规定申请人无权获得外观设计注册的，合法权利人在无权之人提交外观设计注册申请后提交的外观设计注册申请被视为是在无权之人的申请日提出的。但是，合法权利人在无权之人提交的申请被驳回之日起三十日后才提交在后申请的，本规定不适用。

第15条 授予给无权之人的注册外观设计和对合法权利人的保护

因不具有本法第3条第（1）款规定的获得外观设计注册的

权利，外观设计注册而被审判决定宣布撤销或者无效的，由外观设计合法权利人提交的后续外观设计注册申请被视为是在已被撤销或者无效的外观设计的申请日提出。但是，在撤销或者无效的终局决定之日起 30 日后才提交在后申请的，本规定不适用。

第 16 条　先申请原则

（1）两个或者两个以上的申请人在不同日期就相同或者近似外观设计提出注册申请的，只有申请日在最先的申请人可以获得外观设计注册。

（2）两个或者两个以上的申请人同日就相同或者近似外观设计提出注册申请的，只有得到全体申请人协商同意的申请人才能获得外观设计注册。未达成协议或者不能协商的，任何申请人都不能获得注册。

（3）外观设计注册申请被无效、撤回或者放弃的，或者拒绝注册决定或者对拒绝注册决定不服的审判决定为终局的，为本条第（1）款及第（2）款的目的，该申请应当被视为从未提出过；然而，本规定不适用于驳回外观设计申请的决定或者对驳回的审判决定根据本条第（2）段后半部分为终局的。

（4）为本条第（1）款及第（2）款的目的，外观设计注册申请不是由设计人或者获得外观设计注册的权利的继受人提出的，该申请应当被视为从未提出过。

（5）在本条第（2）款所述情况下，特许厅厅长应当指示申请人在指定期限内通知协商的结果。在指定期限内没有将协商结果通知特许厅厅长，被视为未达成本条第（2）款规定的协议。

第 17 条　补正程序

特许厅厅长或者特许审判院院长可以要求在下列任一情形下在指定期限内对与外观设计有关的程序进行补正：

（i）不符合根据本法第 4 条适用的专利法第 3 条第（1）款或者第（6）款规定条件的；

（ii）程序不符合本法或者总统令规定的形式要求的；

(iii) 未缴纳本法第 34 条规定费用的。

第 18 条 申请的修改和主旨的改变

（1）在不改变原始外观设计注册申请要点的条件下，申请人可以修改申请的外观设计说明、在外观设计申请请求书上的图片、图片的说明以及申请所附的照片或者样品。

（2）外观设计注册申请人可以将近似外观设计注册申请转换为单独外观设计注册申请，也可以将单独外观设计注册申请转换为近似外观设计注册申请。

（3）尽管有本法第 8 条第（2）款的规定，根据本条第（2）款规定将近似外观设计注册申请修改为单独外观设计注册申请的申请人意欲使修改符合本法第 8 条第（1）款规定的，应当在书面修改中指明这一意图的主旨并将书面修改提交给特许厅厅长官，并在提交书面修改之日起 30 日内向特许厅厅长提交证明相关事实的文件。

（4）外观设计注册申请人可以将一件不经审查的外观设计注册申请转换为经审查的外观设计注册申请，也可以将经审查的外观设计注册申请转换为不经审查的外观设计注册申请。

（5）外观设计注册申请人还未收到根据本法第 28 条作出的准予外观设计注册的决定或者根据本法第 26 条作出的拒绝注册决定（称为"授权或者拒绝注册决定"）的，申请人可以根据本条第（1）至（4）款进行修改。但申请人对拒绝注册决定提出审判请求的，申请人可以在审判请求之日起 30 日内进行修改。

（6）申请人在外观设计注册后根据本条第（1）至第（4）款进行修改的，以及修改被认为是改变了原始外观设计注册申请要点的，提交修改之日被视为外观设计注册的申请日。

第 18 条之二 对修改的驳回

（1）根据本法第 18 条作出的修改改变了外观设计注册申请要点的，审查员应当作出驳回修改的决定。

（2）已根据本条第（1）款作出驳回修改决定的，审查员不得在发出驳回修改决定的证明副本之日起 30 日内作出准予或者拒绝该外观设计注册的决定。

（3）申请人根据本法第 67 条之二请求对本条第（1）款驳回修改决定进行审判的，审查官应当在审判决定成为终局决定前中止对该申请的审查。

（4）本条第（1）款驳回修改的决定应当为书面形式并说明决定的理由。

第 19 条　外观设计注册申请的分案

（1）属于下列各项情形之一的人可以将一件外观设计注册申请的一部分分为一个或者多个新的外观设计申请：

（i）违反本法第 11 条的规定就两个或者两个以上的外观设计提交一个外观设计注册申请的人；

（ii）已经提交多项外观设计注册申请的人；

（iii）已删除。

（2）根据本条第（1）款规定的分案申请，除本法第 8 条第（2）款或者第 23 条第（3）款和第（4）款外，分案申请被视为在原始申请的申请日提交的。

（3）根据本条第（1）款对外观设计注册申请的分案可以在本法第 18 条第（4）款规定的修改期限内进行。

（4）已删除。

第 20 条　已删除

第 20 条之二　已删除

第 21 条　已删除

第 22 条　已删除

第 23 条　根据条约的优先权要求

（1）根据条约承认韩国国民提交申请的优先权的国家国民，以其在该国或者某一公约成员国提交的在先外观设计注册申请为基础，在韩国就相同的外观设计申请注册并要求在先申请优先权的，其在外国提交在先申请的日期被视为本法第 5 条和第 16 条规定的在韩国的申请日。韩国国民在根据条约承认韩国国民提交申请的优先权的国家就相同外观设计提出注册申请，并以该在先申请为基础在韩国要求优先权的，适用上述规定。

（2）根据本条第（1）款要求优先权的，应当自作为优先权基础的在先申请的申请日起 6 个月内提交外观设计注册申请。

（3）根据本条第（1）款要求优先权的，应当在申请外观设计注册时，写明优先权请求的意图，提交在先申请的国家和在先申请的申请日。

（4）根据本条第（3）款要求优先权的，应当在外观设计注册申请之日起 3 个月内，向特许厅厅长提交由在先申请国主管机关证明的写明申请日的书面声明，以及经证明的外观设计图片副本。

（5）根据本条第（3）款要求优先权的申请人未能在本条第（4）款规定的期限内提交第（4）款规定文件的，优先权要求失效。

第 23 条之二　申请的公布

（1）外观设计注册的申请人可以根据产业资源部令请求公布其申请。但多件外观设计注册申请的公布请求只限于申请人就申请中的全部外观设计提出请求的情况。

（2）根据第（1）款提出公布请求的，特许厅厅长应按照第 78 条的规定在外观设计公报中公布其申请。但是，有下列情形之一的，不得公布该申请：

（i）外观设计的含义或者细节可能违反公共秩序或者道德；

（ii）根据本法第 24 条比照适用的专利法第 41 条，为国防目的该外观设计应当保密的。

（3）在发出授权或者拒绝注册决定的原始证明文本后，申请人不得根据本条第（1）款的规定请求公布外观设计。

（4）已删除。

第 23 条之三　申请公布的效力

（1）申请公布后，申请人可以向在商业或者产业上实施相同或者近似外观设计的人发出书面警告，说明其已经提交外观设计注册申请。

（2）申请人可以要求收到本条第（1）款所述警告或者知道该外观设计已经被公布的实施该外观设计或者近似外观设计的人支付赔偿。赔偿的数额应当与自警告之日或者得知已申请外观设计之日起到外观设计注册日之间，从实施注册外观设计或者近似外观设计通常得到的数额相当。

（3）根据本条第（2）款要求支付赔偿的权利只能在外观设计申请注册后行使。

（4）行使本条第（2）款要求赔偿的权利不排除外观设计权的行使。

（5）本法第 63 条、第 67 条和民法第 760 条和第 766 条比照适用于第（2）款规定的要求赔偿的权利的行使。在此情况下，民法第 766 条第（1）款中"受害人或者他的法定代理人知道损害和造成损害的人的身份的时间"理解为"外观设计权注册日"。

（6）外观设计注册申请在公布后被放弃、无效或者撤回，拒绝外观设计注册的决定为终局的，根据第 29 条之七第（3）项作出的撤销外观设计注册决定，或者根据第 68 条作出宣告外观设计注册无效的审判决定（除第 68 条第（1）款第（ⅳ）项的规定外）为终局决定的，第（2）款规定的权利应视为自始即不存在。

第 23 条之四　获得外观设计注册权利的转让等

（1）获得外观设计注册的权利可以转让。但是，获得基本外观设计注册的权利和获得近似外观设计注册的权利应当一同转让。

（2）获得外观设计注册的权利不得作为质押的标的。

（3）获得外观设计注册的权利为共有的，未经其他共有人同意，共有人不得转让其份额。

第 23 条之五　信息的提供

任何人可以向特许厅厅长提供有关一件外观设计不符合本法第 26 条（1）款注册条件的信息并同时提供证据。

第 24 条　专利法的比照适用

专利法第 38 条至第 41 条比照适用于外观设计的注册条件和外观设计注册申请。

第三章　审　查

第 25 条　由审查官进行审查

（1）特许厅厅长可以责成审查官对外观设计注册申请和对不经审查的外观设计注册提出的异议进行审查。

（2）审查官的资格由总统令规定。

第 26 条　拒绝外观设计注册的决定

（1）审查员应当根据下列理由（称为"拒绝理由"）之一作出拒绝注册的决定：

（i）外观设计注册申请中的外观设计是根据本法第 5 条至第 7 条、第 9 条第（6）款、第 10 条至第 12 条、第 16 条第（1）款和第（2）款，或者根据本法第 4 条适用的专利法第 25 条，不能被注册的；

（ii）已删除；

（iii）申请人不是本法第 3 条第（1）款规定的有权获得外观设计注册的人，或者外观设计注册申请中的外观设计是根据本法第 3 条第（1）款的但书不得被注册的外观设计；

（iv）外观设计注册申请违反条约的；或者

（v）一项不经审查的近似外观设计申请具有下列情形之一的：

（a）作为近似外观设计注册的外观设计或者申请近似外观设计注册的外观设计被指称为基本外观设计的；

（b）基本外观设计注册的期限已经届满；或者

（c）不经审查的基本外观设计申请已经被无效、撤回或者放弃，或者拒绝注册的决定已经终局的；

（d）不经审查的近似外观设计的申请人与有关基本外观设计的外观设计权人或者申请人不相同；或者

（e）近似外观设计与基本外观设计不近似。

（2）尽管有本条第（1）款的规定，本法第5条、第7条、第11条第（1）款、第16条的第（1）款和第（2）款不适用于不经审查的外观设计申请；但是，如果申请中的外观设计不具备本法第5条第（1）款主体部分规定的工业应用性，或者根据本法第5条第（2）款的规定，是对在韩国广为知晓的外观设计的形状、式样、色彩或者其结合很容易作出的外观设计，则应当作出拒绝注册的决定。

（3）尽管有本法第2条的规定，有人根据第23条之五针对不经审查的外观设计注册申请提供信息和证据的，审查员可以依本条第（1）款的规定根据提供的信息和证据作出拒绝注册的决定。

第27条 拒绝理由的通知

（1）准备根据本法第26条作出拒绝注册决定的审查员，应当将拒绝的理由［指本法第26条（1）款规定的任何理由，以下称"拒绝理由"］通知申请人并给予申请人在指定期限内提交书面意见的机会。

（2）拒绝理由存在于多件外观设计申请中的某些外观设计的，应当指明有关外观设计的顺序号，使用该外观设计的产品以及拒绝的理由。

第28条 准予外观设计注册的决定

审查员没有发现拒绝理由的，应当作出准予外观设计注册的决定。

第29条 准予或者拒绝外观设计注册决定的方式

（1）审查员准予或者拒绝注册申请的决定应当以书面形式作

出并说明理由。

（2）审查员作出拒绝或者准予外观设计决定的，特许厅厅长应当将决定的证明副本发送给申请人。

第 29 条之二　对不经审查的外观设计注册的异议

（1）自不经审查的外观设计权利确立注册之日，至外观设计注册公告日起 3 个月期满，任何人都可以基于下列任一理由向特许厅厅长针对该外观设计注册提出异议（多项外观设计注册的异议请求可以针对每一项外观设计提出）：

（i）注册的外观设计违反本法第 5 条、第 6 条、第 7 条第（1）款、第 10 条、第 16 条第（1）款和第（2）款，或者违反根据本法第 4 条适用的专利法第 25 条；

（ii）外观设计注册权人不是第 3 条第（1）款规定的有权获得外观设计注册的人，或者不符合第 3 条第（1）款规定的外观设计注册条件；或者

（iii）外观设计注册申请违反条约。

（2）针对不经审查的外观设计注册提出异议的人（称为"对不经审查的外观设计提出异议的人"）应当向韩国特许厅厅长提交异议请求，附具证据并在请求中写明下列各项：

（i）提出异议人的姓名和地址（如果是法人，其名称和营业地址）；

（i）之二如果有代理人的，代理人的姓名和住所或者营业地址（如果代理人是专利代理公司，其名称、营业地址和指定的专利代理人的姓名）；

（ii）指明申请异议的不经审查的注册外观设计；

（iii）对不经审查的外观设计注册提出异议的目的；

（iv）对不经审查的外观设计注册提出异议的理由，并指明支持该理由的证据。

（3）对不经审查的外观设计注册提出异议请求后，根据第 29 条之四第（3）款指定的首席审查员应将异议请求的副本转送给有关不经审查的外观设计权人，并给予其在指定期限内提交书

面答复的机会。

（4）本法第 68 条第（6）款参照适用于根据本条第（1）款对不经审查的外观设计注册提出的异议。

第 29 条之三 对不经审查的外观设计注册的异议理由的修改等

对不经审查的外观设计注册提出异议请求的人，可以在提交请求的 30 日内修改异议请求的理由和请求中提供的证据。

第 29 条之四 对异议进行审查并作出决定的合议组等

（1）由 3 名审查员组成的合议组对不经审查的外观设计注册的异议请求进行审查并作出决定。

（2）特许厅厅长应当为每一件对不经审查的外观设计注册提出的异议请求指定审查员组成合议组。

（3）特许厅厅长应根据本条第（2）款的规定指定合议组中的一名审查员作为首席审查员。

（4）专利法第 144 条第（2）款、第 145 条第（2）款和第 146 条第（2）至（3）款比照适用于合议组成员和首席审查员。

第 29 条之五 对不经审查的外观设计注册的异议依职权审查

（1）在审查对不经审查外观设计注册的异议时，审查官可以对外观设计权利人和异议申请请求人提交事实以外的事实进行审查。在这种情况下，应当给予外观设计权利人或者异议请求人在指定期限内对该事实提出意见的机会。

（2）在审查对不经审查外观设计注册的异议时，审查员不得审查异议请求人在异议中没有包含的注册外观设计。

第 29 条之六 对不经审查外观设计注册的异议的合并和分立

审查官合议组可以通过合并或者分立异议的方式审查两个或者两个以上的对不经审查外观设计注册的异议并作出决定。

第29条之七　对不经审查的外观设计注册异议作出的决定

（1）审查员合议组应当在第29条之二第（3）款和第29条之三规定的期限届满后，对不经审查的外观设计注册的异议作出决定。

（2）尽管有第29条之二第（3）款的规定，异议请求人未提交异议理由和证据的，首席审查员可以在第29条之三规定的期限届满后，驳回异议请求。

（3）对不经审查的外观设计注册提出的异议被认为成立的，审查员合议组应当作出撤销外观设计注册的决定（下称"撤销外观设计注册决定"）。

（4）撤销外观设计注册决定成为终局决定的，该外观设计权被视为自始即不存在。

（5）异议理由被认为不成立的，审查员合议组应当作出维持外观设计注册的决定（下称"维持外观设计注册决定"）。

（6）不得对撤销外观设计注册决定或者维持外观设计注册决定提出上诉。

第29条之八　对不经审查外观设计注册的异议作出决定的方式

（1）审查员对不经审查外观设计注册的异议作出决定的，应当在文件中宣布决定，加盖审查员的印章并签字，写明下列：

（i）对不经审查外观设计注册的异议的案卷号；

（ii）外观设计权利人和异议请求人的姓名和地址（如果是法人，其名称和营业地址）；

（iii）如果有代理人的，代理人的姓名和住所或者营业地址，（以及，如果代理人是专利代理机构，其名称和营业地址及指定的专利代理人的姓名）；

（iv）指明决定涉及的外观设计；

（v）决定的结论和说理；以及

（vi）决定的日期。

（2）在对不经审查外观设计注册的异议决定作出后，首席审查员应当向外观设计权利人和异议请求人签发该决定的证明副本。

第 29 条之九　对不经审查外观设计注册异议的撤回

（1）已经收到本法 29 条之五后半部分规定的要求提出意见的通知或者本法第 29 条之八签发决定的证明副本的人，不得撤回对不经审查外观设计注册的异议。

（2）专利法第 161 条第（2）款和第（3）款比照适用于对不经审查外观设计注册的异议的撤回。

第 30 条　专利法的比照适用

（1）专利法第 58 条、第 58 条之二、第 61 条、第 68 条、第 78 条经比照适用于对外观设计注册申请的审查。

（2）专利法第 78 条、第 142 条、第 148 条第（1）至（5）款和第（7）款、第 154 条第（8）款、第 157 条、第 165 条第（3）至（6）款及第 166 条比照适用于对不经审查的外观设计注册的异议请求进行的审查和决定。在此种情况下，专利法第 78 条第（1）款中的"专利申请的审查程序，如果需要的"理解为"对外观设计注册申请或者对不经审查外观设计注册的异议的审查可以，如果需要，……直到对不经审查外观设计注册的异议决定为终局时或者"，专利法第 78 条第（2）款中的"对专利申请作出的决定"理解为"对外观设计注册申请的决定或者对不经审查外观设计注册的异议的决定"，专利法第 148 条第（i）至（iii）及（v）项中的"一方当事人或者参加人"理解为"一方当事人、参加人或者对不经审查外观设计注册提出异议的人"，以及专利法第 165 条第（3）至（4）款中的"请求人"理解为"请求人或者对不经审查外观设计注册提出异议的人"。

第四章　注册费及外观设计注册

第 31 条　外观设计注册费

（1）根据本法第 39 条第（1）款外观设计权利人或者要求对其

外观设计注册的人，应当缴纳外观设计注册费（下称"注册费"）。

（2）与依本条第（1）款缴纳注册费有关的事项，包括缴纳方式、期限和其他必要事项，应当在产业资源部令中规定。

第31条之二 在缴纳注册费时放弃一些外观设计

（1）收到对多项外观设计注册申请准予注册决定的人，可以在缴纳注册费时放弃一些外观设计。

（2）与根据本条第（1）款放弃外观设计有关的必要事项，应当在产业资源部令中规定。

第32条 利害关系人缴纳注册费

（1）无论有义务缴纳注册费人的意愿如何，任何利害关系人都可以缴纳注册费。

（2）如果有义务缴纳注册费的人当前正在获利，则已根据本条第（1）款缴纳注册费的利害关系人可以要求有义务缴纳注册费的人予以返还。

第33条 注册费的迟缴

（1）外观设计权人或者要求对其外观设计注册的人，可以在第31条第（2）款规定的期限届满后六个月内缴纳注册费。

（2）在第（1）款规定期限内缴纳注册费的，应当缴纳相当于注册费2倍的数额。

（3）外观设计权人或者要求对其外观设计注册的人未在本条（1）款规定的延长期限内缴纳注册费的，或者延长的期限届满〔但权利人未在本法第33条之二第（2）款规定的延长期限内缴纳余额的，不含缴纳注册费余额的期限〕，外观设计注册申请被视为已经放弃，或者相关的外观设计权视为追溯到在最初的缴费期届满日失效。

第33条之二 补缴注册费

（1）如果外观设计权人或者要求对其外观设计注册的人未在第31条第（2）款或者33条第（1）款规定的期限内缴纳部分注

册费的，特许厅厅长应当命令其补缴缺额。

（2）接到本条第（1）款命令的人可以在接到该命令之日起一个月内补缴缺额。

（3）如果根据本条第（2）款缴纳的缺额属于下列情形之一的，则缴纳缺额的人应当缴纳相当于缺额两倍的数额：

（i）在本法第 31 条第（2）款规定的缴纳期限届满后缴纳不足部分的；

（ii）是在本法第 33 条第（1）款规定的延迟缴纳期限届满后缴纳缺额的。

第 33 条之三　外观设计注册申请的恢复或者通过延期缴纳注册费恢复外观设计权等

（1）外观设计权人或者要求对其外观设计注册的人因不可避免的原因而无法在第 33 条第（1）款规定的延迟缴纳期限内缴纳注册费或者未能在第 33 条之二第（2）款规定的补缴期限内交纳注册费缺额的，可以在该原因消除后十四天内缴纳。但是，在缴费期或者缺额缴费期中较晚届满的期限届满六个月后，本规定不再适用。

（2）如果延期缴纳注册费是根据第（1）款进行的，尽管有第 33 条第（3）款的规定，外观设计注册申请被视为未被放弃，而且有关的外观设计权被视为追溯到在注册费缴费期届满日已经存在。

（3）注册外观设计权因未能在本法第 33 条第（1）款规定的最迟缴纳期内缴纳或者未能在本法第 33 条之二第（2）款规定的期限内缴纳缺额而正在实施的外观设计权失效的，外观设计权的权利人可以在最迟缴纳期或者缺额缴纳期满后三个月内，通过缴纳三倍注册费来申请恢复权利。

（4）根据本条第（2）款或者第（3）款的外观设计注册申请或者外观设计权的效力不能扩大到他人在缴费期届满之日起至注册费缴纳日之间实施该外观设计或者近似外观设计的行为（称为"效力受限期间"）。

（5）在效力受限期间内，有人在韩国善意地在商业或者工业实施或者准备实施依据本条第（2）或者第（3）款一件外观设计注册申请中的外观设计、或者已注册外观设计或者其近似设计的，此人有权在实施或准备实施有关外观设计的业务目的范围内获得非独占许可。

（6）根据第（5）款获得非独占许可的人应当向外观设计权人或者其独占许被许可人支付合理的补偿。

第34条 手续费

（1）提交外观设计注册申请的人、提出请求的人或者启动任何程序的人应当缴纳手续费。

（2）与缴纳手续费有关的事项，包括缴纳的方式和期限应当由产业资源部令规定。

第35条 注册费或者手续费的减免

（1）尽管有本法第31条和第34条的规定，在下列情况下应当由产业资源部令决定免除注册费或者手续费：

（i）手续费或者注册费涉及的外观设计注册申请或者外观设计权属于国家；或者

（ii）由审查员根据本法第68条第（1）款提出无效审判请求的，免除请求费。

（2）尽管有有本法第31条和第34条的规定，外观设计注册申请是由有权申请的人根据国家基础生活保障法第5条提交的，或者根据产业资源部令规定的人提出的，特许厅厅长可以对外观设计权注册后前三年的注册费和产业资源部令规定的手续费予以减少或者免除。

（3）利用本条第（2）款减少或者免除支付注册费或者手续费规定的人，应当向特许厅厅长提交产业资源部令规定的文件。

第36条 注册费的退还等

（1）已经缴纳的注册费和手续费不予退还；但是下列任一费用可以根据下列情形下费用缴纳人的请求予以返还：

（i）缴纳错误的注册费和手续费；

（ii）与撤销外观设计注册决定或者外观设计注册无效决定成为终局决定后相应几年的注册费；或者

（iii）外观设计注册申请费，如果外观设计注册申请在外观设计注册申请日起一个月内被撤回或者放弃（含有优先审查分案申请的请求申请或者作为分案申请基础的申请除外）的。

（2）特许厅厅长应当通知本条第（1）款所述情形中缴纳注册费和手续费有误的人。

（3）在接到本条第（2）款通知之日起一年或者一年以上后，其不得根据本条第（1）款的规定请求退还注册费或者官费。

第37条 注册簿

（1）特许厅厅长应当在特许厅设置注册簿并注册下列事项：

（i）外观设计权的确立、转让、消灭、恢复或者对外观设计权进行处置的限制；

（ii）独占或者非独占许可的确立、维持、转让、变更、消灭，或者对许可进行处置的限制；

（iii）对外观设计权或者独占或者非独占许可进行质押的确立、转让、变更、消灭，或者对外观设计权或者独占或者非独占许可质押进行处置的限制。

（2）本条第（1）款的外观设计注册簿可以全部或者部分以电子存储介质形式进行电子存储。

（3）与注册程序和细节有关的事项在本条第（1）至（2）款中未予规定的，由总统令规定。

第38条 外观设计注册证书的颁发

（1）对外观设计权的确立进行注册后，特许厅厅长应当向外观设计注册权人颁发外观设计注册证书。

（2）注册证书与外观设计注册簿或者其他文件不一致的，特许厅厅长应当应请求或者依职权，在注册证书上进行修改后重新颁发或者颁发新的外观设计注册证书。

第五章 外观设计权

第 39 条 确立外观设计权的注册

（1）外观设计权经对其确立进行注册而生效。

（2）注册费已经按照本法第 31 条第（1）款缴纳的，或者已经按照本法第 33 条第（1）款延期缴纳的，或者注册费缺额已经按照本法第 33 条之二第（2）款缴纳的，或者注册费或者注册费缺额已经按照本法第 33 条之三第（1）款缴纳的，或者根据本法第 35 条第（1）款第（i）项和第 35 条第（2）款免除注册费的，特许厅厅长应当对外观设计权的确立进行注册。

（3）根据本条第（2）款对外观设计进行注册后，特许厅厅长应根据总统令的规定在外观设计公报中公告有关事项，包括外观设计权人的姓名和地址，外观设计注册号。

第 40 条 外观设计权的期限

（1）外观设计权的期限自外观设计权确立的注册日起 15 年。但近似外观设计权的期限届满日视为基本外观设计权的期限届满日。

（2）根据第 15 条将外观设计权给予合法权利人的，本条第（1）款所述外观设计权的期限自无权获得注册的人就该外观设计获得注册之日的次日起算。

第 41 条 外观设计权的效力

外观设计权的权利人对注册外观设计和近似外观设计享有排他的在商业和工业上实施的权利。但对其外观设计权订立独占实施许可合同的，本规定不能延及被许可人根据本法第 47 条第（2）款实施该注册外观设计或者近似外观设计的范围。

第 42 条 近似外观设计的外观设计权

对第 7 条第（1）款定义的近似外观设计享有的外观设计权包含在对基本外观设计享有的外观设计权中。

第 43 条 注册外观设计的保护范围

注册外观设计的保护范围由外观设计注册申请中说明的用语，申请所附图片、照片或者样品表示的外观设计，以及图片所附对外观设计的意图和目的的解释来确定。

第 44 条 对外观设计权的限制

（1）外观设计权的效力不延及下列任一行为：

（i）为研究或者实验目的使用注册外观设计；

（ii）仅仅通过韩国的船舶、飞机、车辆或者其中的机械、器具，设备或者其他附属设施；或者

（iii）在提交外观设计注册申请时，已经在韩国存在的相同产品。

（2）字体作为外观设计权注册的，外观设计权的效力不延及下列行为：

（i）在打字、排版、印刷等一般方法中使用字体；

（ii）在本条第（2）款第（i）项打字、排版、印刷等一般方法中使用字体而产生的结果。

第 45 条 与他人注册外观设计的关系

（1）实施一件外观设计权将使用他人根据在该外观设计申请日前的申请而获得的注册外观设计或者其近似外观设计、专利发明、注册的实用新型或者注册商标的，或者一件外观设计权将与他人根据在该外观设计申请日前的申请而获得的专利权、实用新型权或者注册商标相冲突的，除非适用本法第 70 条，否则未经在先专利权、实用新型权或者商标权的权利人同意，外观设计权的权利人或者其独占或非独占被许可人不得在商业或者工业上实施其外观设计。

（2）实施一件注册外观设计的近似外观设计将使用他人根据在该外观设计申请日前的申请的注册外观设计或者近似外观设计、专利权、注册实用新型或者注册商标的，或者注册外观设计的近似外观设计的权利与他人根据在该外观设计申请日前的申请

而获得的注册外观设计权、专利权、实用新型权或者商标权相冲突的，除非适用本法第 70 条，否则未经在先专利权、实用新型权或者商标权的权利人同意，外观设计权的权利人或者其独占或非独占被许可人不得在商业或者工业上实施与其注册外观设计近似的外观设计。

（3）实施一件注册外观设计或者其近似的外观设计将使用他人在该外观设计申请日前已经生效的版权，或者与该版权相冲突的，未经著作权人同意，外观设计权的权利人或者其独占或非独占许可的被许可人不得在商业或者工业上实施其注册外观设计或者近似外观设计。

第 46 条　外观设计权的转让和共有

（1）外观设计权可以转让。但基本外观设计的外观设计权应与近似外观设计权一同转让。

（2）外观设计权共有的，未经其他共有人同意，外观设计权的共有人不得转让或者质押其拥有的份额。

（3）外观设计权共有的，除共有人订立的合同另有规定外，各共有人可以不经其他共有人同意分别实施注册外观设计或者近似外观设计。

（4）外观设计权共有的，未经其他共有人同意，各共有人不得颁发独占许可或者非独占许可。

（5）多件外观设计注册的外观设计权可以分割，并且可以单独转让每一件外观设计权。

第 47 条　独占许可

（1）外观设计权人可以对其外观设计权颁发独占许可。

（2）根据本条第（1）款颁发的独占许可的被许可人，在许可合同允许的范围内，享有在商业和工业上独占实施注册外观设计或者近似外观设计的权利。

（3）未经外观设计权人同意，独占许可的被许可人不得转让其许可，除非许可是与其实施许可的业务一同转让或者在继承或者概括继承的情况下转让。

（4）只有在外观设计权人同意的情况下，独占许可的被许可人才可以对其独占许可设立质押或者颁发非独占许可。

（5）本法第46条第（2）至（4）款比照适用于独占许可。

第48条 已删除

第49条 非独占许可

（1）外观设计权人可以对其外观设计权颁发非独占许可。

（2）非独占许可的被许可人有权在本法允许的范围或者许可合同允许的范围内，对注册外观设计和其近似外观设计在商业和工业上实施。

（3）本法第46条第（2）款和第（3）款、专利法第102条第（4）款至第（6）款比照适用于非独占许可。

第50条 因在先使用而获得的非独占许可

外观设计申请时，已经在商业或者工业上实施与在韩国申请注册的外观设计相同或者近似的外观设计的人，或者已为实施作好准备的人，且创作外观设计的人在申请时不了解该外观设计申请内容的，对该申请中的外观设计或者其近似外观设计享有非独占许可。该许可应限于其原来已经实施或者已经作好实施准备的外观设计，并限于实施或者准备实施的目的。

第50条之二 因在先申请而获得的非独占许可

符合下列两种情况的人，已经在商业或者工业上实施与在韩国申请注册的外观设计相同或者近似外观设计，或者为实施已作好准备（本法第50条所述的人除外），且创作外观设计的人不了解该外观设计申请的内容的，有权对该申请中外观设计的外观设计权享有非独占许可，只要该许可限于已经实施的外观设计的范围或者其已经作好的准备范围，以及为实施或者准备的目的：

（i）在他人提交外观设计注册申请日前，其就相同或者近似外观设计提交了外观设计注册申请并已经在商业或者工业上实

施，或者已经作好实施准备；而且

（ii）本款第（i）项所述申请在先的外观设计落入本法第5条第（1）款规定的任一情形，而且相应的，驳回申请的决定或者对驳回的审判决定已变为终局。

第51条 因无效审判请求注册前的实施而获得的非独占许可

（1）在对有关注册外观设计无效审判请求注册前，已经在韩国善意地对一件外观设计或者其近似外观设计在商业或者工业上实施的，且不知该外观设计注册被请求无效的，属于下列情形之一的人，对相关外观设计权享有非独占许可，或者对在外观设计注册无效时存在的独占许可享有非独占许可，但该非独占许可应限于其已经实施或者作好实施准备的外观设计，并限于实施或者准备实施的目的：

（i）针对相同或者近似外观设计授予的两个或者多个外观设计注册中的一项被无效的，外观设计权的原始权利人；

（ii）外观设计注册已经被无效而且相同或者近似外观设计已经被授予有权获得注册的人的，外观设计权的原始权利人；

（iii）本款第（i）及第（ii）项所述情况下，在对无效审判请求进行注册时已经获得独占许可或者非独占许可，或者在独占许可基础上获得的非独占许可，而且该许可已经进行注册的人〔但属于专利法第118条第（2）款规定的人不要求对该许可进行注册〕。

（2）根据第（1）款获得非独占许可的人应当向外观设计权人或者独占被许可人支付合理的报酬。

第52条 外观设计权期满后的非独占许可等

（1）与注册外观设计近似的一件外观设计与在外观设计注册申请日或者此前已经注册的外观设计权（以下称"基础外观设计权"）相冲突的，基础外观设计权期限届满后，基础外观设计权利人在不超过其外观设计权的范围内享有非独占许可，或者对基础外观设计权期限届满时已存在的独占许可享有非独占许可。

（2）在本条第（1）款所述情况下，基础外观设计权期限届满时存在的该权利的独占被许可人，或者根据本法第61条规定比照适用的专利法第118条第（1）款规定的非独占被许可人，在不超过基础外观设计权的范围内享有非独占许可，或者对在基础外观设计权期限届满时已存在的独占许可享有非独占许可。

（3）本条第（1）款和第（2）款的规定比照适用于注册外观设计或者注册的近似设计与在外观设计申请日或者此前的专利权或者实用新型权相冲突，而且该专利权或者实用新型权期限已届满的。

（4）根据本条第（2）款［包括第（3）款也适用时］的非独占被许可人应当向外观设计权人或者其独占被许可人支付合理的报酬。

第53条 外观设计权的放弃

外观设计权人可以放弃外观设计权。

第54条 对放弃外观设计权的限制等

（1）未经独占被许可人、质押权人或者本法第47条第（4）款或者第49条第（1）款或者发明促进法第10条第（1）款所述的非独占被许可人同意，外观设计权人不得放弃外观设计权。

（2）独占被许可人未经质押权人或者本法第47条第（4）款所述非独占被许可人同意，不得放弃独占许可。

（3）非独占被许可人未经质押权人同意不得放弃非独占许可。

第55条 放弃的效力

外观设计权、独占许可或者非独占许可被放弃的，外观设计权、外观设计权的独占许可或者非独占许可消灭。

第56条 质押

外观设计权、独占许可或者非独占许可是质押标的的，除非合同另有规定外，质押权人不得实施注册外观设计。

第 57 条 质权的清偿

可以对本法允许的报酬或者实施外观设计权获得的报酬或者货物行使质押权，但是必须在支付报酬或者交付货物前获得附加命令。

第 58 条 行使质权导致转让外观设计权产生的非独占许可

外观设计权人在质押确立前已经实施注册外观设计或者近似外观设计的，而且外观设计权随后被拍卖或者以其他方式转让，外观设计权人对该外观设计权享有非独占许可，但是原外观设计权人应当向质权人支付合理的报酬。

第 59 条 无继承人时外观设计权的消灭

在继承时没有继承人的，外观设计权消灭。

第 60 条 已删除

第 61 条 专利法的比照适用

专利法第 101 条、第 106 条、第 118 条和第 125 条之二比照适用于外观设计权。

第六章　对外观设计权人的保护

第 62 条 停止侵权的禁令等

（1）外观设计权人或者独占被许可人可以要求正在进行侵权的人或者可能侵权的人中止侵权或者停止侵权。

（2）根据本法第 13 条第（1）款要求外观设计保密的权利人或者独占被许可人依照产业资源部令的规定不得作出本条第（1）项的请求，除非其发出的警告附有经特许厅厅长证明的外观设计下列事项的文件：

（i）外观设计权人或者独占被许可人（由独占被许可人提出请求的）的姓名、地址（如果是法人，法人的名称和主要办公地点）；

（ii）外观设计注册的申请号和申请日；

（iii）注册号和注册日；或者

（iv）外观设计注册申请中的图片、照片或者样品内容。

（3）根据本条第（1）款提出要求的外观设计权人或者独占被许可人，可以要求销毁作为侵权行为结果的物品、拆除用于侵权的设备或者阻止侵权的其他必要措施。

第 63 条 被视为侵权的行为

在商业或者工业上制造、转让、出租、进口、许诺转让或者许诺出租（包括为转让或者出租目的展览）专用于制造注册外观设计产品或者近似外观设计的产品的产品被视为是对外观设计权或者独占许可的侵犯。

第 64 条 损失额的推定等

（1）外观设计权人或者独占被许可人要求故意或者过失侵权人赔偿因其转让侵权产品造成的损失的，外观设计权人或者独占被许可人遭受的损失数额可以根据转让的产品数量乘以没有侵权时外观设计权人或者独占被许可人原本可以获得的单件产品利润。但是赔偿不能超过下列方法计算的数额：单件产品的预计利润乘以外观设计权人或者独占被许可人原本能够生产的产品数量减去已售出产品的数量。如果外观设计权人或者独占被许可人因侵权以外的原因而不能销售部分或者全部产品，必须扣除因该原因不能销售的产品数量而计算出的数额。

（2）外观设计权人或者独占被许可人向故意或者过失侵犯外观设计权或者独占许可的人要求损害赔偿的，侵权人因侵权获得的利润推定为外观设计权人或者独占被许可人遭受的损失数额。

（3）外观设计权人或者独占被许可人向故意或者过失侵权的人要求损害赔偿的，可以以其原本能从侵犯人实施外观设计获得的使用费数额作为侵权的损害赔偿。

（4）尽管有本条第（3）款的规定，损失数额超过本条第（3）款规定数额的，超出的数额可以要求作为损害赔偿。在确定损害赔偿额时，法院可以考虑对侵犯外观设计权或者独占许可的人是否存在故意或者重大过失。

（5）在有关侵犯外观设计权或者独占许可的诉讼中，法院认为案件事实的性质导致难以提供证据证明发生的损失数额的，尽管有本条第（1）至第（4）款的规定，法院可以根据审查的证据和对双方辩论来确定合理的数额。

第 65 条　过失推定

（1）侵犯他人外观设计权或者独占许可的人被推定其有关侵权的行为有过失。但本规定不适用于侵犯本法第 13 条第（1）款规定的保密外观设计权或者独占许可的行为。

（2）不经审查的外观设计权的权利人或者其独占或非独占被许可人，侵犯他人的外观设计权或者独占许可的，比照本条第（1）款适用。

第 66 条　恢复外观设计权人名誉的措施等

应外观设计权人或者独占被许可人的请求，法院可以在不判处损害赔偿的情况下，或者在判处损害赔偿的同时，要求因故意或者过失侵犯他人外观设计权或者独占许可而损害他人商誉的侵权人采取必要措施恢复专利权人或者独占被许可人的商誉。

第 67 条　专利法的比照适用

专利法第 132 条比照适用于对外观设计权人的保护。

第七章　审　判

第 67 条之二　对驳回修改决定的审判

收到根据本法第 18 条之二第（1）款作出的驳回修改决定的人对决定不服的，可以在收到该决定证明副本之日起 30 日内请求审判。

第 67 条之三　对拒绝或者撤销外观设计注册决定的审判

收到拒绝或者撤销外观设计注册决定的人可以在收到该决定的证明副本之日起 30 日内请求审判。

第 68 条 外观设计注册的无效审判

（1）在下列任一情况下，利害关系人或者审查官可以请求对外观设计注册进行无效审判。如果是第 11 条之二规定的多件外观设计注册，可以分别对每一件外观设计提出请求。

（i）外观设计的注册违反了本法第 5 条、第 6 条、第 7 条第（1）款、第 10 条、第 16 条第（1）款和第（2）款或者违反了根据本法第 4 条适用的专利法第 25 条；

（ii）外观设计注册申请是由无权申请的人提出的，或者根据第 3 条第（1）款是不应当被授权的；

（iii）外观设计的注册违反了条约的规定；

（iv）注册后，外观设计权人根据本法第 4 条适用的专利法第 25 条不再有能力享有外观设计权，或者外观设计注册不再符合条约的规定。

（2）本条第（1）款规定的无效审判请求甚至可以在外观设计权消灭后提出。

（3）宣告外观设计注册无效的审判决定成为终局决定的（对近似外观设计注册的无效除外），外观设计权被视为自始即不存在；但是外观设计的注册属于本条第（1）款第（iv）项的情形而被宣告无效的决定是终局的，外观设计权被视为自第一次属于本条第（1）款第（iv）项的情形时即不存在。

（4）宣告基本外观设计注册无效的审判决定成为终局决定的，其近似外观设计的注册也无效。

（5）宣告近似外观设计的注册无效的审判决定成为终局决定，或者近似外观设计的注册根据本条第（4）款而无效的，近似外观设计权被视为自始即不存在。但是，近似外观设计的注册属于本条第（1）款第（iv）项规定的情形而被宣告无效的决定为终局的，近似外观设计的外观设计权被视为自第一次属于本条第（1）款第（iv）项规定的情形时不存在。

（6）根据本条第（1）款提出无效审判请求的，审判长应当通知外观设计权的独占被许可人，以及其他已登记的对注册外观設计享有权利的人。

第 69 条　确认外观设计权范围的审判

外观设计权人、独占被许可人或者利害关系人可以提出审判请求，以确认外观设计注册保护的外观设计权的保护范围。

第 70 条　授予非独占许可的审判

（1）外观设计权人或者独占被许可人或者非独占被许可人，希望能获得许可以行使本法第 45 条第（1）款或者第（2）款规定的权利，而对方当事人无理由地拒绝许可或者不可能获得许可的，权利人或者独占被许可人或者非独占被许可人可以提出审判请求，以获得在实施自己外观设计的必要范围内的非独占许可。

（2）已经根据本条第（1）款被颁发非独占许可的人希望实施被许可人的注册外观设计或者其近似的外观设计，而后者拒绝许可或者不可能获得许可的，前者可以提出审判请求，以获得实施对方注册外观设计的非独占许可或者在与对方注册外观设计近似的范围内获得非独占许可。

（3）根据本条第（1）款或者第（2）款获得非独占许可的被许可人应当向专利权人、实用新型权人、外观设计权人或者独占被许可人支付报酬。因无法避免的原因而不可能支付的，报酬必须提存。

（4）本条第（3）款的非独占被许可人没有支付或者提存报酬的，不得实施专利、注册实用新型、外观设计或者近似外观设计。

第 71 条　审查规定的比照适用

（1）本法第 18 条第（1）款至第（3）款的主要规定，第 18 条第（4）款的主要部分和第 18 条之二、第 27 条及第 28 条比照适用用于对拒绝注册的决定不服提起的审判。在此情况下，第 18 条第（5）款主要部分中的"外观设计注册申请人还未收到根据本法第 28 条作出的准予外观设计注册的决定或者根据本法第 26 条作出的拒绝注册决定（称为"授权决定或者拒绝决定"），応当理解为"在提交针对驳回理由通知的书面意见陈述的期限内";第 18 条之二第(3)款中的"申请人根据本法第 67 条之二请求审判的",应当理解为"已经依据专利法第 186 条第(1)款提起诉讼的",以及"直到审判决定成为终局的"理解为"直到裁决成为终局"。

(2)根据本条(1)款比照适用的第 18 条之二第(1)款和第(4)款、第 27 条,只有在拒绝理由与审查官最初决定不相同时才适用。

第 72 条 专利法的比照适用

专利法第 139 条至第 166 条、第 171 条至第 176 条比照适用于外观设计的审判。在这种情况下,专利法第 140 条之二中的"依据第 132 条之三对拒绝或者撤销专利的决定不服提出审判请求的人"应当理解为"依据第 67 条之二或者 67 条之三对驳回修改的决定、驳回决定或者撤销外观设计注册决定提出审判请求的人","应当向特许审判院长提交书面请求"应当理解为"应当向特许审判院长提交书面请求,特许审判院长在收到根据工业品外观设计保护法第 67 条之三针对撤销外观设计注册决定的审判请求后,应当通知对未经审查外观设计注册提出异议的人"。此外,专利法第 140 条之二第(1)款第(ii)项中的"申请的申请日和申请号"应当理解为"(申请的申请日和申请号一旦撤销外观设计注册的决定被挑战,注册日和外观设计注册号)",专利法第 140 条之二第(1)款第(iv)项中的"决定之日"应当理解为"作出拒绝外观设计注册的决定之日,作出撤销外观设计注册的决定之日,或者作出驳回修改的决定之日";专利法第 148 条第(i)项至第(iii)项及第(v)项中的"一方或者参加人"应当理解为"一方、参加人或者对未经审查外观设计注册提出异议的人"。专利法第 148 条第(iv)项中的"授予专利权的决定"应当理解为"注册或者不予注册外观设计的决定以及对未经审查外观设计注册异议的决定";专利法第 164 条第(1)款中的"其他审判"应当理解为"对未经审查外观设计注册的异议或者其他审判的决定"，专利法第 165 条第（3）款的"申诉人应当承担第 132 条之三和第 136 条或者第 138 条规定的再审费用"应当理解为"申诉人或者对未经审查外观设计注册提交异议申请的人应当承担外观设计保护法第 67 条之二、第 67 条之三或者第 70 条规定的再审费用"；专利法第 165 条第（4）款中的"申诉人"应当理解为"申诉人或者对未经审查外观设计注册提交异议申请的人"；专利法第 171 条第（2）款中的"审查员对拒绝授予专利权的决定，拒绝延长专利权期限的决定的再审"应当理解为"依据外观设计保护法第 67 条之二或者第 67 条之三的再审"；专利法第 172 条中的"审查"应当理解为"审查或者对未经审查外观设计注册的异议程序"，以及专利法第 172 条中的"在对拒绝授予专利权的决定或者拒绝延长专利权期限的决定进行的审判程序中，已经进行的审查程序仍然有效"，应当理解为"在审查过程中或者在对未经审查外观设计注册的异议正在进行的审判程序中，已经采用的与外观设计有关的程序仍然有效"，专利法第 174 条第（1）款第一部分中的"第 51 条"应当理解为"第 18 条之二"；专利法第 174 条第（2）款中的"第 47 条第（1）款第（i）项和第（ii）项"应当理解为"第 18 条第（1）款至第（3）款、第 18 条第（4）款的主要部分"；专利法第 176 条第（1）款中的"第 132 条之三"应当理解为"第 67 条之二或者第 67 条之三"，以及"拒绝授予专利权的决定或者拒绝延长专利注册期限的决定"应当理解为"驳回修改的决定和拒绝外观设计注册或者撤销外观设计注册的决定"；专利法第 176 条第（2）款中的"拒绝决定、拒绝延长专利权期限的决定"应当理解为"驳回修改的决定、拒绝外观设计注册或者撤销外观设计注册的决定"。

第八章　再审和诉讼

第 73 条　请求再审

（1）任何一方当事人都可以对终局的审判决定提出再审请求。

（2）民事诉讼法第 451 条和第 453 条比照适用于本条第（1）款所述的再审请求。

第 74 条　对经过再审而恢复的外观设计权的限制

（1）被无效的外观设计又在再审程序中恢复，而且外观设计权属于下列情形之一的，外观设计权的效力不能延及在审判决定为终局之日和再审请求注册日之间在韩国善意制造、进口或者获得的产品：

（i）已经被无效但又在再审中恢复的外观设计权（包括对撤销注册决定不服请求审判，在审判程序中撤销该决定）；

（ii）认定产品不落入外观设计权范围的审判决定为终局后，在再审中作出的相反决定为终局决定；或者

（iii）被审判决定驳回的外观设计注册申请经过再审程序后被授予外观设计权。

（2）本条第（1）款所述的外观设计权不能延及下列行为：

（i）在审判决定终局之后，再审请求注册之前，善意实施外观设计的行为；

（ii）在审判决定终局之后，再审请求注册之前善意地制造、转让、出租、进口、许诺转让或者许诺出租使用外观设计的产品。

第 75 条　专利法的比照适用

专利法第 179 条、第 180 条、第 182 条至第 185 条比照适用于外观设计的再审，专利法第 186 条至第 191 条及第 191 条之二比照适用于外观设计的诉讼。在这种情况下，专利法第 186 条第（1）款中的"针对再审决定的诉讼"应当理解为"针对再审决定和依据本法第 71 条第（1）款适用的专利法第 18 条之二第（1）款（包括依据本法第 75 条适用的专利法第 184 条）规定的驳回修改决定的诉讼"；专利法第 188 条第（1）款中的"依据第 186 条第（1）款的诉讼"应当理解为"针对审判决定和依据本法第 71 条（1）款适用第 18 条之二第（1）款（包括依据本法第 75

条适用的专利法第184条）规定的驳回修改决定的诉讼"。

第九章　附　则

第76条　文件的查阅

（1）任何人可以请求特许厅厅长或者审判院院长制作外观设计注册申请、审判证书的证明副本，文件的证明副本或者节本，或者查阅或者复制外观设计注册簿或者其他文件。

（2）本条第（1）款规定的请求涉及未公布的申请或者还未注册的外观设计，或者违反公共秩序或者道德的，特许厅厅长或者审判院院长不得准许该请求。

第77条　禁止公开或者取出外观设计注册簿以及与申请、审查或者审判有关的文件

（1）除下列情形之一外，禁止取出外观设计注册簿以及与外观设计注册申请、审查、不经审查的外观设计注册的异议、审判或者再审有关的文件：

（i）为根据本法第30条第（1）款适用的专利法第58条第（2）款规定的对外观设计的现有技术检索的目的，取出与外观设计注册申请或者审查有关的文件；

（ii）为根据本法第81条适用专利法第217条之二第（1）款规定的将外观设计文件委托数字化的目的，取出与外观设计注册申请、审查、对未经审查外观设计注册异议、审判或者再审有关的文件，或者外观设计注册簿；

（iii）为电子政府法第30条规定的在线远程公务的目的，取出与外观设计注册申请、审查、对未经审查外观设计注册的异议、审判或者再审有关的文件，或者外观设计注册簿。

（2）要求对未结案的外观设计注册申请、审查、对不经审查的外观设计注册的异议、审判或者再审决定的内容出具专家意

见、陈述或者质询的，其请求不予答复。

第78条 外观设计公报

（1）特许厅应当出版外观设计公报。但是为国防目的根据本法第24条适用的专利法第41条申请保密的外观设计注册不在公报中刊登。

（2）外观设计公报可以通过产业资源部令的电子媒介出版。

（3）通过电子媒介出版的，特许厅厅长官应当通过计算机网络公布有关外观设计公报的出版、主要内容和送达的事项。

（4）外观设计公报公告的事项由总统令规定。

第79条 外观设计注册标记

外观设计权人、独占被许可人或者非独占被许可人可以在外观设计产品或者其容器、包装上注明注册外观设计的信息。

第80条 禁止虚假标记

下列所有行为均为非法：

（i）在未获得外观设计注册的产品或者未申请外观设计注册的产品，或者其包装或者容器上，标注已注册标记或者已申请注册的标记，或者可能造成误认的任何标志；

（ii）转让、出租或者展示本条第（i）项所述的产品；

（iii）在广告、标牌或者标签上注明该产品已注册或者已申请注册，或者令人混淆的近似标志，使他人制造、使用或者出租实际上并未进行外观设计注册或者申请外观设计注册的产品。

第81条 专利法的比照适用

专利法第217条之二至第220条、第222条和第224条之二比照适用于外观设计。在此种情形下，专利法第217条之二第（1）款中的"审查、审判"应当理解为"审查、对未经审查外观设计注册的异议、审判"，而且专利法第224条之二第（1）款中的"授权决定、审判决定"应当理解为"准予外观设计注册的决定、撤销外观设计注册的决定、审判决定"。

第十章 罚 则

第 82 条 侵权罪

（1）对侵犯外观设计权或者独占许可的人，处以七年以下劳动监禁或者一亿韩元以下罚金。

（2）本条第（1）款规定的犯罪由侵权行为的受害人提出申诉而启动。

第 83 条 伪证罪

（1）证人、专家证人或者翻译人在根据法律进行宣誓后，在审判院作出虚假陈述、虚假专家意见或者进行虚假翻译的，处以五年以下的劳动监禁或者一千万韩元以下的罚金。

（2）在审查官的决定或者对不经审查的外观设计注册的异议决定作出前，或者在该案的审判决定成为终局决定前，对其作出的本条第（1）款所述的罪行予以承认的，可以部分或者全部免除处罚。

第 84 条 虚假标记罪

违反本法第 80 条的，处以三年以下劳动监禁或者二千万韩元以下罚金。

第 85 条 欺诈罪

通过欺诈或者不正当手段获取注册或者审判决定的，处以 3 年以下劳动监禁或者二千万韩元以下的罚金。

第 86 条 泄密罪

韩国特许厅或者审判院的现任或者前任官员泄露了其由于执行公务而获得的有关外观设计申请中包含的外观设计秘密，或者根据本法第 13 条第（1）款进行保密的外观设计的，处以二年以下劳动监禁或者三百万韩元以下的罚金。

第 87 条 法人和责任人的双重责任

法人或者代理机构的代表、法人或者自然人的代理人雇员或者其他工作人员违反本法第 82 条第（1）款、第 84 条、第 85 条的行为与法人或者自然人业务有关的，除犯罪者承担责任外，对法人处以下列各项所规定的罚金，对自然人处以相关法条规定的罚金：

（i）违反本法 82 条第（1）款的，处以三亿韩元以下的罚金；

（ii）违反本法第 84 条或者第 85 条的，处以六千万韩元以下的罚金。

第 88 条 行政罚款

（1）有下列行为之一的人，可以被处五十万韩元以下的行政罚款：

（i）按照民事诉讼法第 299 条第（2）款和 367 条宣誓后，在知识产权审判院作出虚假陈述；

（ii）无正当理由，未按照审判院的要求，提供或者出示取证或者证据保存涉及的相关文件或者材料；

（iii）已删除。

（iv）无正当理由，未按照传票的要求作为证人、专家证人或者翻译人出庭作证，或者拒绝宣誓、证明、提供专家意见或者翻译等；

（2）本条第（1）款所述的罚款由韩国特许厅厅长按照总统令的规定决定和征收。

（3）对本条第（2）款所述行政罚款不服的，可以在收到通知之日起 30 日内向韩国特许厅厅长提出申辩。

（4）接到本条第（3）款所述的申辩后，韩国特许厅厅长应当立即通知有管辖权的法院；主管法院应该按照非争论性案件诉讼程序法裁决行政罚款案。

（5）在本条第（3）款规定期限内没有提出申辩，又未缴纳罚款的，韩国特许厅厅长应当通过主管税务局的负责人按照征收拖欠国税的规则来征收罚款。

第 89 条 专利法的比照适用

专利法第 229 之二条及第 231 条比照适用于有关外观设计的罚则。

印度 1970 年专利法❶

（根据 2005 年 4 月 4 日第 15 号法案修正）

目　　录

---

❶　根据印度专利局网站（www. patentoffice. nic. in）上提供的英文版翻译。翻译：何伦健；校对：丁惠玲。

第一章　一般规定

第1条　*标题、适用范围和1970年生效*

（1）本法可被称为专利法。

（2）本法适用于全印度。

（3）本法自在中央政府指定的政府公报上公布之日起生效。但是，对于本法不同的规定可以指定不同的日期，并且就本法的生效而言对任何规定的提及应当被解释是指该规定的生效。

第2条　*定义和解释*

（1）除另有规定外，本法中：

（a）"申诉委员会"，是指本法第116条规定的申诉委员会；

（ab）"受让人"，包括受让人的受让人和已故受让人的法定代理人的受让人，以及涉及任何人的受让人，包括涉及法定代理人的受让人或者该人的受让人；

（aba）《布达佩斯条约》，是指1977年4月28日在布达佩斯签订的并在其后修正和修改的《国际承认用于专利程序的微生物保存布达佩斯条约》；

（ac）就发明而言，"能够工业应用"，是指该发明能够在工业上制造或者使用；

（b）"负责人"是指本法第 73 条规定的关于专利、工业设计和商标的首席负责人；

（c）"公约申请"，是指根据本法第 135 条提交的专利申请；

（d）"公约成员国"，是指本法第 133 条规定的一个公约国的国家，或者根据第 133 条规定作为公约国的国家联盟或者联邦或者政府间组织成员的国家；

（e）"地方法院"与《1908 年民事程序法（1908 年第 5 号法案）》所确定的含义相同；

（f）"独占许可"，是指专利权人授予被许可人和被许可人授权的人实施有关专利发明的任何权利，而排除所有其他人（包括专利权人）实施该专利发明；独占被许可人也应当作相应的解释；

（g）已删除。

（h）"政府实体"，是指由下列主体运营的任何产业实体：

（i）政府部门；

（ii）根据中央、省或者州法律设立并且由政府持有或者控制的社团、法人；

（iii）《1956 年公司法（1956 年第 1 号法案）》第 617 条规定的政府公司；

（iv）全部或者主要由政府出资的公共机构；

（i）"高级法院"，就州或者联盟区域而言，是指在州或者联盟区领域内具有地域管辖权的高级法院；

（i）就作为国家首都区域的德里而言，是指德里高级法院；

（ii）就阿鲁纳恰尔邦和米佐拉姆邦而言，是指高哈蒂高级法院（阿萨姆邦、那加兰邦、梅加拉亚邦、曼尼普尔邦、特里普拉邦、米佐拉姆邦以及阿鲁纳恰尔邦的高级法院）；

（iii）就安德曼和尼科巴群岛联合属地而言，是指加尔各答高级法院；

（iv）就拉克沙群岛联合属地而言，是指喀拉拉邦高级法院；

（v）就果阿州、达曼和第乌联合属地以及达德拉和纳加尔哈维利联合属地而言，是指孟买高级法院；

（vi）就本地治里联合属地而言，是指马德拉斯高级法院；

（vii）就昌第加尔联合属地而言，是指旁遮普邦和哈利亚纳邦高级法院；

（viii）就其他州而言，是指州高级法院；

（ia）"国际申请"，是指依照《专利合作条约》提出的专利申请；

（j）"发明"，是指含有创造性步骤、并且能够应用工业的新产品或者新工艺方法；

（ja）"创造性步骤"，是指发明具有这样的特征，即它相对于现有技术具有技术上的进步和/或者具有重大经济利益，并且使得该发明对于本领域技术人员而言是非显而易见的；

（k）"法定代理人"，是指在法律上代表已故的人；

（l）"新发明"，是指在充分公开的专利申请提交日之前未被任何出版物披露，并且未在本国或者世界任何其他地方使用过的发明或者技术，即发明主题没有落入公共领域或者不构成现有技术的一部分；

（la）"异议委员会"，是指根据本法第25条第（3）款设立的异议委员会；

（m）"专利"，是指根据本法对任何发明授予的专利；

（n）"专利代理人"，是指根据本法被注册为专利代理人的人；

（o）"专利产品"和"专利方法"分别是指受有效专利权保护的产品或者方法；

（oa）《专利合作条约》，是指1970年6月19日在华盛顿签订并在其后修正的《专利合作条约》；

（p）"专利权人"，是指在专利登记簿上记载的专利权人或者受让人；

（q）"增补专利"，是指根据本法第54条授予的专利；

（r）"专利局"，是指本法第74条所述的专利局；

（s）"申请人"包括政府；

（t）"利害关系人"包括在发明所属领域从事或者促进研究的人；

（ta）"药品"，是指含有一个或者多个创造性步骤的任何新药；

（u）"规定的"是指：

（A）就高级法院的诉讼程序而言，高级法院制定的规则所规定的；

（B）就申诉委员会的诉讼程序而言，申诉委员会制定的规则所规定的；

（C）就其他案件而言，根据本法制定的规则所规定的。

（v）"规定方式"包括规定费用的缴纳方式；

（w）"优先权日"具有本法第11条规定的含义；

（x）"登记簿"，是指本法第67条规定的专利登记簿；

（y）"真实且原始发明人"既不包括第一个将发明进口到印度的人，也不包括第一个因来自印度外的通讯而知悉发明的人。

（2）本法中，除另有规定外：

（a）任何涉及负责人的规定应当解释成包括按照本法第73条的规定履行负责人职能的任何官员；

（b）任何涉及专利局的规定应当解释成包括专利局的分支机构。

第二章　不授予专利权的发明

第3条　不属于发明的主题

下列不属于本法意义上的发明：

（a）包含明显违背自然法则的内容或者没有意义的发明；

（b）发明的主要的或者预期的用途或者其商业利用违背公共秩序或者公共道德，或者会导致对人类、动物、植物生命、健康或者对环境产生严重的损害；

（c）单纯对科学原理或者抽象理论公式的发现，或者对自然界现有的任何有生命或者没有生命的物质的发现；

（d）单纯对已知物质的新形式的发现，并且该发现没有改进该物已知功用，仅为已知物质新属性或者新用途的发现或者仅为已知工艺、机械或者装置的用途，除非该已知工艺产生了新产品或者至少产生了一种新的反应物；

解释：为本条之目的，盐、酯、醚、同质异象体、代谢物、纯形式、粒子大小、异构体、异构体的混合物、杂合体、化合物以及已知物质的其他派生物应当被认为是相同的物质，除非其有关功用的属性与已知物质有实质差别；

（e）通过只产生各组分属性的叠加功能的简单混合获得的物质及其生产该物质或者为生产该物质的方法；

（f）仅为已知设备的组合或者重新组合或者重复，各设备以已知方式相互独立地起作用；

（g）已删除；

（h）农业或者园艺方法；

（i）对人体进行医疗诊断、预防疾病的任何方法，或者为使动物免予疾病或者提高其经济价值或者生产率而采用的与上述方法相类似的任何方法；

（j）植物和动物整体或者其任何部分，包括种子、变种和物种，但不包括微生物，以及本质上属于生产或者繁殖植物和动物的生物学方法；

（k）本质上属于数学方式或者商业方法或者计算机程序，或者运算法则；

（l）文学、戏剧、音乐或者艺术作品或者其他任何美学创作，包括电影作品和电视作品；

（m）单纯的智力活动方案、规则或者方法，或者玩游戏的方法；

（n）信息的表达方式；

（o）集成电路布图设计；

（p）实际上属于传统知识或者是传统上已知组分的已知属性的组合或者重复。

第4条 有关原子能的发明不属于授权主题

与属于1962年原子能法（1962年第33号法案）第20条第（1）款规定的原子能有关的发明不得被授予专利权。

第5条 仅限于制造方法或者工艺才可获得专利的发明 ［已删除］

第三章　专利申请

第6条 申请人

（1）依照本法第134条的规定，发明专利申请可以由下列主体提出：

（a）主张是真实且原始发明人的任何人；

（b）主张是真实且原始发明人的任何受让人；

（c）在死亡前刚被授权提出专利申请的死者的法定代理人。

（2）前款规定的主体可以单独或者和其他任何人共同提出专利申请。

第7条 申请的形式

（1）一件专利申请应当仅限于一项发明，并且应当按照规定的形式撰写和向专利局提交。

（1A）一件国际专利申请指定印度的，如果相应申请也已经在印度向负责人提交，则应当被视为本法规定的专利申请。

（1B）（1A）项所述专利申请及其由指定局或者选定局处理的完整说明书的提交日，就是根据《专利合作条约》确定的国际申请日。

（2）发明专利申请权转让后提交申请的，应当在提交或者申请后在规定的期限内补交申请权转让的证据。

（3）根据本条的规定提交申请的，应当声明，申请人享有发明并写明真实、原始发明人的名字；声明人不是申请人或者申请人之一的，应当提交申请人相信所写明的人就是真实、原始发明人的声明。

（4）专利申请（不包括国际专利申请和根据《专利合作条约》指定印度的申请）应当有临时或者完整说明书。

第 8 条　关于在外国提交的申请的信息和保证

（1）本法规定的专利申请人就相同或者实质上相同的发明单独或者与其他任何人共同在国外申请专利的，或者据其所知其在先权利人或者其在后权利人正在国外申请专利的，申请人应当与其申请一起提交或者在随后的负责人允许的指定期限内提交下列文件：

（a）描述上述申请详情的声明书；

（b）保证书，保证截至印度专利授权日，在规定期限内提交前款所述的声明书后，其将按照（a）项的要求随时书面通知负责人与相同或者实质上相同发明有关的其他在国外提交的每一件专利申请的详情。

（2）在印度提交专利申请后，并且直到被授予专利权或者被驳回的任何时间内，负责人也可以要求申请人按照规定提交有关国外专利申请审查的详情。在此情况下，申请人应当在规定的期限内向负责人提交其可以获得的审查信息。

第 9 条　临时说明书和完整说明书

（1）申请专利（不包括国际专利申请或者根据《专利合作条约》指定印度的申请）时提交临时说明书的，应当在自申请日起12 个月内提交完整说明书，未提交的，视为放弃专利申请。

（2）同一申请人提交均附有临时说明书的两件或者两件以上专利申请，且该申请中的发明是相关的或者一件是另一件的改进的，如果负责人认为上述发明属于一个发明、完全可以涵盖在一个专利范围内，负责人可以允许提交一件有关上述所有临时说明书的完整说明书。但是，第（1）款规定的期限，应当自最早提交的临时说明书之日起计算。

（3）申请专利（不包括国际专利申请或者根据《专利合作条约》指定印度的申请）时提交声称为完整说明书的说明书，申请人在自申请日起 12 个月内请求的，为本法之目的，负责人可以指令该说明书按照临时说明书对待，从而继续进行审查。

（4）申请专利时附具临时说明书或者根据第（3）款所述指令按照临时说明书对待的说明书，后提交完整说明书，申请人在授权前任何时刻提出请求的，负责人可以删除临时说明书，并将该申请日期推后至完整说明书的提交日。

第 10 条 说明书内容

（1）说明书，包括临时说明书和完整说明书，应当描述发明内容，并以足以表明发明所涉及主题的发明名称开始。

（2）依照本法制定的规则的规定，申请人可以提供符合临时说明书或者完整说明书目的的说明书附图；如果负责人要求提供，则申请人应当提供。并且除负责人另有指令外，所提交附图应当视为说明书的一部分，本法中涉及说明书的规定应当据此进行解释。

（3）特殊情况下，如果负责人认为，专利申请应当进一步补交模型或者样品用以演示说明发明内容，或者提出构成发明的理由，其所要求的模型或者样品应当在该申请准备授权前提交，但是该模型或者样品不应被视为说明书的一部分。

（4）完整说明书应当：

（a）充分、详细地描述发明内容及其实施方式或者用途以及操作方法；

（b）公开申请人所知的、通过权利要求主张保护的发明的最佳实施方法；

(c) 以限定发明保护范围的权利要求书结束；

(d) 附有关于发明的技术信息的发明摘要：

但是，

(i) 负责人可以修改摘要以便向第三方提供更好的信息；

(ii) 如果申请人在说明书中提及生物材料，其不能以（a）和（b）项规定的方式描述发明内容，并且该生物材料公众不能得到，则申请人应当向《布达佩斯条约》规定的国际保存机构保存该生物材料，并符合下列条件，即：

(A) 生物材料的保存不得迟于该专利申请在印度提交之日，并且应当在规定期限内在说明书中予以写明；

(B) 说明书应当写明所有有助于正确辨识或者指明生物材料的可获知的特性，包括生物材料的分类命名、保存机构的地址、该材料在机构中的保存日期和保存编号；

(C) 在印度专利申请日（有优先权，优先权日）之后可以从保存机构获得该生物材料；

(D) 发明利用了生物材料的，在说明书中公开该材料的来源和产地。

(4A) 国际申请指定印度的，与申请一起提交的发明名称、说明书、说明书附图、摘要以及权利要求书应当被视为按照为本法目的的完整说明书。

(5) 完整说明书的权利要求应当与一项发明或者形成一个总的发明构思的多项发明有关，并且应当清楚、简洁，完全以说明书公开的内容为依据。

(6) 在规定的情形下，有关发明的发明人权属的声明书应当以规定的表格与完整说明书共同提交，或者在提交该说明书后的规定期限内提交。

(7) 在符合本条前几款规定的情况下，在提交临时说明书后提交的完整说明书可以包括有关临时说明书中描述的发明的改进或者附加部分的权利要求，只有专利申请人有权根据本法第 6 条的规定对该改进或者附加部分提出独立的专利申请。

第 11 条　完整说明书中权利要求的优先权日期

（1）对于完整说明书中的每一项权利要求均应当有优先权日。

（2）当就一件附有：

（a）临时说明书；或者

（b）根据第 9 条第（3）款所述指令按照临时说明书对待的说明书的专利申请提交完整说明书，并且权利要求完全以所述（a）款或者（b）款的说明书公开的内容为依据的，则该权利要求的优先权日应当是相应说明书的提交日。

（3）当就附有本条第（2）款所述说明书的两件或者多件专利申请，提交或者处理完整说明书，并且

（a）权利要求完全以这些说明书中的一件说明书公开的内容为依据的，该权利要求的优先权日应当是附有该说明书的专利申请的提交日；

（b）权利要求的一部分内容在一件说明书中公开，一部分内容在另一份说明书中公开的，该权利要求的优先权日应当是附有在后说明书的专利申请的提交日。

（3A）自在先申请提交日起 12 个月内提交基于该在先申请的完整说明书，并且权利要求完全以在先申请公开的发明内容为依据的，该权利要求的优先权日应当是首次公开该发明内容的在先申请的提交日。

（4）已就依据本法第 16 条第（1）款的规定提交的进一步申请提交完整说明书，并且权利要求完全以任一在先临时或者完整说明书公开的发明内容为依据的，该权利要求的优先权日应当是首次公开发明内容的说明书的提交日。

（5）根据本条前述规定，完整说明书的任何权利要求有两个或者两个以上优先权日的，如果不是本款规定情形的，则该权利要求的优先权日应当是这些日期中的在先日期或者最早日期。

（6）在不适用第（2）、第（3）、（3A）、第（4）和第（5）款规定的情形下，在符合本法第137条规定的情况下，权利要求的优先权日应当是完整说明书的提交日。

（7）已经存在本法第9条或者第17条规定的迟签日期，或者存在本法第16条规定的早签日期的，本条中关于专利申请或者完整说明书提交日的规定，是指该迟签日期或者早签日期。

（8）完整说明书中的权利要求不应当仅因下列原因而被宣告无效：

（a）在该权利要求的优先权日或者之后，在该权利要求的保护范围内的发明被公开或者使用的；或者

（b）要求保护相同发明但其优先权日与该权利要求相同或者在其后的专利申请已被授予专利权的。

第四章　专利申请的公布与审查

第 11A 条　专利申请的公布

（1）除另有规定外，专利申请不得在规定的期限届满前对公众公布。

（2）专利申请人可以按照规定的方式请求负责人在本条第（1）款规定的期限届满前的任何时间和依照本条第（3）款的规定公布其专利申请，负责人应当及时公布该专利申请。

（3）在本条第（1）款规定的期限届满时，每件专利申请都应当予以公布，但下列情形除外：

（a）根据本法第35条的规定对专利申请进行保密的；

（b）根据本法第9条第（1）款的规定已经放弃专利申请的；

（c）在本条第（1）款规定的期限3个月前已经撤回专利申请的。

（4）根据本法第35条的规定对专利申请予以保密的，专利申请应当在第（1）款规定的期限届满后或者保密指令指定的保

密期限届满后公布，以在后时间为准。

（5）专利申请应当公布下列内容：申请日、申请号、能够确认该申请的申请人的姓名和地址以及说明书摘要。

（6）根据本条规定公布专利申请的：

（a）保存机构应当使公众能够获得说明书中提及的生物材料；

（b）在缴纳规定的费用的情况下，专利局可以向公众提供专利申请的说明书及其附图（如果有附图的）。

（7）自专利申请公开日起，包括公开日，至专利申请授权日止，申请人应当享有与专利权相似的特权，就如同专利申请已经在公布日授予了专利权一样；但是，申请人自授予专利权之后始有权提起侵权诉讼，且对于在2005年1月1日前根据本法第5条第（2）款的规定提交的申请，专利权人有关该专利申请的权利自专利授权日起自动产生。此外，根据本法第5条第（2）款的规定提交的申请被授权后，专利持有人仅有权从在2005年1月1日前已进行重大投资、正在生产和销售相关产品并且在专利授权日继续生产落入专利保护范围的产品的企业获得合理报酬，并且不得针对该企业提起专利侵权诉讼。

第11B条 审查请求

（1）除申请人或者任何其他利害关系人在规定的期限内以规定的方式请求审查外，不得对专利申请进行审查。

（2）已删除。

（3）在2005年1月1日前根据本法第5条第（2）款的规定提交专利申请的，申请人或者其他任何利害关系人应当在规定的期限内以规定的方式提出审查请求。

（4）申请人或者任何其他利害关系人未在第（1）款或者第（3）款规定的期限内请求审查专利申请的，专利申请应当被视为撤回。但是：

（i）申请人可以在提交专利申请后、授予专利前的任何时间以规定的方式请求撤回专利申请；

（ii）专利申请已经按照本法第 35 条的规定予以保密的，可以在自保密指令撤销之日起的规定期限内请求审查。

第 12 条 *专利申请的审查*

（1）按照本法第 11B 条第（1）款或者第（3）款规定的方式提交专利申请审查请求的，负责人应当及时尽快将请求书、说明书及其他有关文件提交给审查员，由审查员作出并向其提交有关下列事项的报告，即：

（a）请求书、说明书以及其他有关文件是否符合本法或者根据本法制定的任何规则的规定；

（b）在审查过程中，该专利申请是否存在根据本法应当予以驳回的法定情形；

（c）根据本法第 13 条的规定作出的调查报告；

（d）规定的其他任何事项。

（2）审查员收到按照本条第（1）款提交的请求书、说明书及其他相关文件后，一般应当在规定的期限内向负责人提交审查报告。

第 13 条 *现有技术和抵触申请的检索*

（1）审查员收到按照本法第 12 条的规定提交的专利申请后，应当进行调查，以确定完整说明书的任何权利要求中所要求保护的发明是否：

（a）已经被在申请人提交完整说明书之日前公布的，1912 年 1 月 1 日或者之后在印度提交的专利申请的任一说明书中披露；

（b）在申请人提交完整说明书之日或者之后公布的其他任何完整说明书的任何权利要求中要求保护，该已公布的完整说明书是在印度提交的专利申请的说明书，且其提交日或者其要求的优先权日先于申请人的提交日。

（2）同时，审查员应当进行调查，以确定完整说明书的任何一项权利要求所要求保护的发明是否已经被申请人提交完整说明书之日前的、印度或者其他地方公布的、除本条第（1）款所述的文件外的任何文件所披露。

（3）在授权之前根据本法的规定修改完整说明书的，应当以与原说明书同样的方式对修改的说明书进行审查和调查。

（4）根据本法第 12 条和本条的规定进行的审查和调查，不得被以任何方式视为任何专利权有效的保证，中央政府或者其任何官员不因为任何审查、调查、报告或者其他诉讼结果，或者与上述事项有关而承担任何责任。

第 14 条　负责人对审查员报告的考虑

审查员报告对申请人不利的，或者需要对请求书、说明书或者其他文件进行修改以确保符合本法或者根据本法制定的规则的规定的，在按照本法后面的规定继续处理专利申请之前，负责人应当及时通知申请人驳回决定的理由，如果申请人在规定的期限内要求听证的，应当给予其听证的机会。

第 15 条　在某些情形下负责人驳回申请或者要求修改专利申请等职权

负责人认为请求书或者说明书或者其他任何文件不符合本法或者根据本法制定的规则的规定的，可以驳回该专利申请或者在继续处理该专利申请之前根据案情要求申请人对请求书、说明书或者其他文件进行修改达到使负责人满意的程度，未进行修改或者修改不符合要求的，驳回该专利申请。

第 16 条　负责人作出有关分案申请命令的职权

（1）完整说明书的权利要求涉及两项或者以上发明的，在授权之前，如果申请人愿意或者为了克服负责人指出的缺陷，申请人可以就原申请的暂定或者完整说明书中公开的其中一项发明另行提交一件分案申请。

（2）提交本条第（1）款所述的分案申请的，应当提交完整说明书，但是该完整说明书不得包含实质上在原专利申请的完整说明书中未曾公开的内容。

（3）负责人可以要求申请人修改原申请或者分案申请的完整说明书，以便在需要时确保上述完整说明书都不包含另一说明书要求保护的内容。

解释：为本法之目的，分案申请及其完整说明书的提交日应当被视为原专利申请的提交日，并且申请人在规定期限内提交审查请求的，分案申请应当作为一个独立存在的专利申请进行处理和审查。

第17条 负责人作出有关确定申请日期命令的职权

（1）依照本法第9条的规定，在提交专利申请之后授予专利之前，申请人以规定的方式提出请求的，负责人可以指令，该申请的提交日应当迟签为请求书中说明的日期，并相应地对该申请继续审查。但是，不得根据本款的规定将专利申请的日期迟签为自实际提交日（或者如果没有本款的规定将被视为已经提交之日）起6个月后的日期。

（2）根据本法第15条的规定要求修改请求书、说明书（包括附图）或者其他任何文件的，请求书、说明书（包括附图）或者其他任何文件应当根据负责人的指令视为已经在符合条件之日提交，请求书、说明书（包括附图）或者其他任何文件退回申请人的，视为已经在重新提交符合条件的有关文件之日提交。

第18条 负责人在发明已被披露情形下的职权

（1）负责人认为完整说明书的任何一项权利要求所要求保护的发明已经被以本法第13条第（1）款第（a）项或者第（2）款所述的方式披露的，负责人可以驳回该专利申请，但是有下列情形的除外：

（a）申请人向负责人证明其完整说明书的权利要求的优先权日并不晚于相关对比文件的公开日；

（b）申请人对其完整说明书进行修改达到使负责人满意的程度。

（2）负责人认为该发明已经被本法第 13 条第（1）款第（b）项所述的任何其他完整说明书的权利要求所保护的，负责人可以依照以下条款的规定指令，应当在申请人的完整说明书中提及该其他说明书以引起公众的注意，除非在规定的时间内：

（a）申请人向负责人证明其权利要求的优先权日并不晚于所述其他说明书的权利要求的优先权日；

（b）申请人对完整说明书进行修改达到使负责人满意的程度。

（3）根据本法第 13 条或者其他规定进行调查的结果，如果负责人认为：

（a）申请人提交的完整说明书的任何一项权利要求所要求保护的发明已经被本法第 13 条第（1）款第（a）项所述的任何其他完整说明书的权利要求所保护；并且

（b）该其他完整说明书的公开日为申请人权利要求的优先权日或者之后，则应当以与申请人提交完整说明书之日或者之后公开的说明书相同的方式适用本条第（2）款的规定，除非申请人能够证明申请人权利要求的优先权日并不晚于该其他完整说明书的权利要求的优先权日。

（4）已删除。

第 19 条　负责人在可能侵权情形下的职权

（1）通过调查，负责人认为实施专利申请所要求保护的发明会产生侵犯任何其他专利的实质风险的，可以指令在申请人的完整说明书中提及该其他专利以引起公众的注意，除非在规定的时间内：

（a）申请人证明有合理的理由对所述其他专利的权利要求的有效性提出质疑；

（b）申请人对其完整说明书进行修改达到使负责人满意的程度。

（2）执行本条第（1）款所述指令在完整说明书中提及另一

专利后，有下列情形之一的，负责人可以根据申请人的申请删除提及该其他专利的部分：

（a）该其他专利被撤销或者因其他原因失效的；

（b）该其他专利的说明书删除了相关权利要求；

（c）在法院诉讼程序或者负责人主持的程序中发现，该其他专利的相关权利要求是无效的或者实施申请人的发明不会侵犯上述权利要求。

第 20 条 负责人作出关于变更申请人等命令的职权

（1）请求人在授权之前的任何时候以规定方式请求变更专利申请人，根据专利申请人或者其中一个专利申请人签署的转让证书或者书面协议，或者法律的规定，负责人认为，请求人对专利申请的利益享有权利的，或者对专利或者其利益享有不可分的权利的，可以依照本条的规定指令，应当根据案情以请求人为专利申请人或者以请求人和专利申请人共同为专利申请人继续进行审查。

（2）转让证书或者书面协议由其中一个申请人作出并且未经其他申请人同意的，不得作出上述指令。

（3）不得根据发明利益的转让证书或者转让协议作出上述指令，除非：

（a）上述证书或者协议中提及了专利申请号可以据此辨识该发明；

（b）签署转让证书或者转让协议者能够向负责人证明，该转让证书或者转让协议涉及该发明；

（c）请求人有关该发明的权利已经由法院判决最终确定；

（d）负责人为使专利申请继续进行或者根据本条第（5）款的规定调整方式以便继续进行而作出指令。

（4）共同申请人之一在授予专利权之前死亡的，负责人根据其他共同申请人的请求，并经死者法定代理人的同意，可以指令以其他共同申请人的名义继续进行审查。

（5）共同申请人就专利申请是否应当或者应当以何种方式继续进行产生争议的，负责人根据任何一方当事人以规定方式向其提交的请求，并给予所有当事人听证机会后，可以根据案情需要作出其认为适合使申请以一个或者更多申请人名义继续进行的指令，或者作出适合调整方式继续进行审查的指令，或者作出适合上述两个目的的指令。

第 21 条　专利申请等待授权的时间

（1）专利申请应当被认为已经放弃，除非申请人在规定的期限内已经满足自对专利申请或者完整说明书或者其他有关文件的第一次审查意见通知书由负责人寄交申请人之日起，按照或者根据本法对其提出的有关完整说明书或者与专利申请有关的其他文件的所有要求。但是，专利申请或者任何说明书或者在公约申请或者指定印度的 PCT 申请中作为申请一部分提交的任何文件，已经由负责人在审查期间退回申请人的，申请人不得被认为已经满足该要求，除非他重新提交或者申请人向负责人证明因为其无法控制的原因上述文件未能重新提交。

（2）如果根据本条第（1）款规定的期限届满时：

（a）关于主发明的专利申请在高级法院的申诉案件未决；

（b）有增补专利申请的，关于该增补申请或者主发明的专利申请在高级法院的申诉案件未决，申请人在本条第（1）款规定的期限届满前提出请求的，满足负责人要求的期限应当延长至高级法院决定的期限。

（3）本条第（2）款所述可以提出申诉的期限尚未届满的，负责人可以按照本条第（1）款的规定将该期限延长至他可以决定的更长期限。但是，如果在该更长期限内提出申诉，并且高级法院已经准予延长该期限以同意负责人的要求，则该要求可以在该法院批准的期限内满足。

第 22～24 条　已删除

第四章 A　独占市场权［已删除］

第五章　对授予专利权的异议程序

第 25 条　专利异议

（1）在专利申请公布后授予专利权之前，任何人均可以基于下列理由以书面形式向负责人提出异议，反对授予专利：

（a）专利申请人或者其在先权利人不正当地从异议人或者其在先权利人处获得发明或者其中任何部分；

（b）完整说明书的任一权利要求所要求保护的发明已经在该权利要求的优先权日之前在下列文件中公开：

（i）1912 年 1 月 1 日或者之后在印度申请专利时提交的任何说明书；

（ii）印度或者其他地方的任何其他文件。

但是，根据本法第 29 条第（2）款或者第（3）款的规定该公开不构成对该发明的披露的，第（ii）项所述依据不得采用。

（c）完整说明书的任一权利要求所要求保护的发明，已经被印度专利申请的权利要求所保护，该印度专利申请的完整说明书是在申请人的权利要求的优先权日或者之后公开的，并且其优先权日早于申请人的权利要求的优先权日；

（d）完整说明书的权利要求所要求保护的发明在该权利要求的优先权日之前已经在印度公知或者公用；

解释：为本款之目的，如果根据该方法获得的产品在该权利要求的优先权日之前已经进口到印度，则要求专利保护的方法发明应当被认为在该权利要求的优先权日之前已经在印度公知公用，但是进口产品仅用于合理试验或者实验目的的除外；

（e）相对于（b）项所述的已经公开的现有技术或者相对于

在申请人权利要求的优先权日之前已经在印度使用的现有技术而言，完整说明书的任一权利要求所要求保护的发明是显而易见的，并且明显不包括任何创造性步骤；

（f）完整说明书的任何权利要求所要求保护的主题不是本法意义上的发明，或者根据本法的规定不具有可专利性；

（g）完整说明书未充分、清楚地说明发明内容或者其实施方法；

（h）申请人未向负责人披露本法第 8 条规定的信息，或者在向负责人提交据其所知任何实质性部分均为错误的信息；

（i）专利申请为公约申请的，该申请未在自申请人或者在先权利人在公约国家提出的保护该发明的首次申请的提交日起 12 个月内在印度提出；

（j）完整说明书未披露或者错误披露用于发明的生物材料的直接来源或者原始来源；

（k）完整说明书的任一权利要求所要求保护的发明已经被在印度或者其他地方任何当地或者本土社区内可以获得的、口头的或者其他形式的知识所披露。

但是，不得以其他理由提出异议，并且如果该异议人请求听证，则负责人应当组织听证并按照规定的方式在规定的期限内处理。

（2）在授予专利权后、自授权公告日起一年期限届满前，任何利害关系人可以基于下列理由按照规定的方式向负责人提出异议，即：

（a）该发明或者其中任何部分属于专利权人或者其在先权利人不正当地获取自异议人或者其在先权利人；

（b）完整说明书的任一权利要求所要求保护的发明已经在该权利要求的优先权日之前在下列文件中公开：

（i）1912 年 1 月 1 日或者之后在印度申请专利时提交的任何说明书；

（ii）印度或者其他地方的任何其他文件。

但是，根据本法第 29 条第（2）款或者第（3）款的规定该出版物不构成对该发明的披露的，第（ii）项所述依据不得采用；

（c）完整说明书的任一权利要求所要求保护的发明，已经被印度专利申请的权利要求所保护，该印度专利申请的完整说明书是在申请人的权利要求的优先权日或者之后公开的，并且其优先权日早于申请人的权利要求的优先权日；

（d）完整说明书的权利要求所要求保护的发明在该权利要求的优先权日之前已经在印度公知或者公用；

解释：为本款之目的，如果根据该方法获得的产品在该权利要求的优先权日之前已经进口到印度，则要求专利保护的方法发明应当被认为在该权利要求的优先权日之前已经在印度公知公用，但是该进口产品行为仅用于合理的试验或者实验目的的除外；

（e）相对于（b）项所述的已经公开的现有技术或者相对于在申请人权利要求的优先权日之前已经在印度使用的现有技术而言，完整说明书的任一权利要求所要求保护的发明是显而易见的，并且明显不包括任何创造性步骤；

（f）完整说明书的任何权利要求所要求保护的主题不是本法意义上的发明，或者根据本法的规定不具有可专利性；

（g）完整说明书未充分、清楚地说明发明内容或者其实施方法；

（h）专利权人未向负责人披露本法第 8 条规定的信息，或者向负责人提交据其所知任何实质性均为错误的信息；

（i）专利申请为公约申请的，该专利申请未在自申请人或者在先权利人在公约国家或者印度提出的保护该发明的首次申请的提交日起 12 个月内提出；

（j）完整说明书未披露或者错误披露用于该发明的生物材料的直接来源或者原始来源；

（k）完整说明书的任何权利要求所要求保护的发明已经被在印度或者其他地方任何当地或者本土社区内可以获得的、口头的或者其他形式的知识所披露。

但是不得以其他理由提出异议。

（3）（a）根据本条第（2）款的规定适当地提出异议请求的，负责人应当通知专利权人。

（b）收到上述异议请求后，负责人应当签署书面命令，由其确定的官员组成异议委员会，并将该异议请求连同附件送交该委员会审查，并向负责人提交审查建议书。

（c）根据本款（b）项组成的异议委员会应当按照规定的程序进行审查。

（4）收到异议委员会的建议并给予专利权人和异议人听证的机会后，负责人应当作出维持或者修改或者撤销专利的命令。

（5）当根据本条第（4）款的规定通过一项关于本条第（2）款（d）项或者（e）项所述理由的命令时，负责人不得考虑任何私人文件、秘密审理或者秘密使用。

（6）负责人根据本条第（4）款的规定发布命令，应当在对说明书或者其他任何文件进行修改的基础上维持专利有效的，该专利应当在进行相应修改后维持有效。

第 26 条 在发明权属异议程序中负责人可以将专利作为异议人的专利进行处理

（1）在本法规定的任何异议程序中，负责人认为：

（a）完整说明书中任一权利要求所要求保护的发明属于不正当地从异议人那里获取，并据此撤销该专利的，可以根据异议人按照规定方式提出的请求，指令将专利权人变更为该异议人，维持专利权有效；

（b）完整说明书中公开的发明的部分内容属于不正当地从异议人那里获取的，可以发布命令，要求其通过删除发明中的该部分内容的方式修改说明书。

（2）在按照本条第（1）款（b）项的规定负责人作出要求修改完整说明书的命令之日前，异议人已经就包含其主张获取的该发明全部或者部分的发明提出专利申请，并且该申请正在审批的，为本法有关完整说明书的权利要求的优先权日的规定的目的，负责人可以认为异议人主张获取自其的发明的申请和说明书在相应文件已经或者被认为已经由专利权人在在先申请中提交之日提交。但是为所有其他目的的，异议人的申请应当作为本法规定的专利申请继续处理。

第 27 条 驳回无异议的专利申请［已删除］

第 28 条 注明专利的发明人

（1）如果负责人基于根据本条规定的方式提出的请求或者主张认为：

（a）请求人是有关已提交专利申请的发明的发明人或者是该发明实质性部分的发明人；并且

（b）专利申请是请求人作为发明人的直接结果，负责人应当依照本条的规定在完整说明书和专利登记簿中注明该请求人为授予专利权的发明人。但是，根据本条规定注明任何人为发明人的，不应影响专利权。

（2）任何人按照前述规定应当被注明为发明人的，应当由专利申请人按照规定方式提出请求，该人主张专利申请人或者其中之一不是发明人的，由申请人和该人提出。

（3）如果任何人（已经根据本条第（2）款的规定提交有关请求涉及的人除外）要求按照上述规定被注明为发明人，其可以因此以规定的方式提出主张。

（4）根据本条上述规定提出的请求或者要求应当在专利授权之前提出。

（5）已删除。

（6）根据本条第（3）款提出请求的，负责人应当将该请求通知每个申请人（不包括请求人）和其他利害关系人；并且在对根据本条第（2）款或者第（3）款提出的请求或者要求作出决定之前，必要时应当听取有关该请求或者要求的当事人的意见，在对根据本条第（3）款的规定提出的要求作出决定前，还应当听取前述被通知人的意见。

（7）在任何人根据本条规定已经被注明为发明人的情况下，对此有异议的其他任何人可以在任何时候向负责人申请颁发该人为发明人的证明书，负责人可以颁发这种证明书，必要时在此之前听取利害关系人的意见，之后应当对说明书和登记簿作相应修改。

第六章　披　露

第 29 条　由于在先出版物构成在先公开

（1）完整说明书中要求保护的发明不得仅因该发明已经在1912 年 1 月 1 日以前提交的印度专利申请的说明书中公开而被认为已经在先公开。

（2）根据下述规定，完整说明书中要求保护的发明不得仅因该发明已经在说明书相关权利要求的优先权日之前公开而被认为已经在先公开，如果专利权人或者专利申请人能够证明：

（a）公开的内容来自他或者他的在先权利人（申请人不是真实、原始发明人的），并且该公开未经其或者其在先权利人同意；并且

（b）专利权人或者专利申请人或者其在先权利人，在专利申请日前或者对于公约申请在公约国申请保护之日前知悉公开的，该申请或者该公约申请已于其后及时提出。

但是，如果在权利要求的优先权日前，该发明已经由专利权人或者专利申请人或者其在先权利人或者经他们同意的其他任何人在印度进行商业上的实施的，不包括用于合理试验目的的实施，本款不得适用。

（3）专利申请的完整说明书是由真实、原始发明人或者其权利继受人提交的，该说明书要求保护的发明不得仅因有关同样发明的与其权利相冲突的其他专利申请，或者仅因在该其他专利申请提交日之后，该发明未经其同意由该其他申请的申请人或者因该其他申请的申请人公开而知悉该发明的其他任何人使用或者公开，而被认为已经披露。

第30条　由于与政府的在先交流而被认为已经在先公开

完整说明书中要求保护的发明不得仅因为了调查该发明或者其优点或者为调查之目的就该发明与政府或者政府授权之任何人而进行的交流或者与之相关的任何事项，而被认为已经在先公开。

第31条　由于公开展示等造成的在先公开

完整说明书中要求保护的发明不得仅因下列情形而被认为已经被在先公开：

（a）该发明经真实、原始发明人或者其权利继受人同意，在工业或者其他展览会上展示或者出于展示目的在展示地使用的，其中展览会为中央政府通过在政府公报上公告的本条规定延及的展览会；

（b）由于在任何前述的展览会上对该发明的展示或者使用后对发明的描述而公开的；

（c）在前述展览会上展示或者使用该发明之后以及在展览会期间，任何人未经真实、原始发明人或者其权利继受人同意使用该发明的；

（d）真实、原始发明人将描述发明内容的论文在学术团体会议上发表或者经其同意在上述学术团体的刊物上发表，只要专利申请是由真实、原始发明人或者其权利继受人在展览会开幕后或者论文发表或者出版后 12 个月内提出的。

第32条　由于公开使用造成的在先公开

完整说明书要求保护的发明不得仅因在说明书的相关权利要求的优先权日之前一年内在印度由下列人员公开使用而被认为已

经在先公开：

（a）专利权人或者专利申请人或者他们的权利继受人；

（b）经专利权人或者专利申请人或者他们的权利继受人同意的其他任何人，如果该使用的目的仅为合理试验，并且考虑到发明的性质公开实施该发明具有合理的必要性。

第33条 由于提交临时说明书后的使用或者出版而造成的在先公开

（1）就附有临时说明书或者根据本法第9条第（3）款所述指令被视为临时说明书的专利申请提交完整说明书，尽管已有本法的任何规定，负责人也不得仅因临时说明书或者前述视为临时说明书记载的发明，在提交该说明书后在印度使用或者在印度或其他地方出版，而驳回该专利申请，并且该专利也不得仅因此而被撤销或者被宣告无效。

（2）公约申请附有完整说明书的，尽管已符合本法的任何规定，负责人也不得仅因在提出公约申请的公约国的保护申请中披露的发明在保护申请日之后已经在印度使用或者在印度或者其他地方出版，而驳回该专利申请，并且该专利也不得仅因此而被撤销或者被宣告无效。

第34条 仅有本法第29条、第30条、第31条以及第32条规定以外情形的，不构成在先公开

尽管已有本法的任何规定，负责人不得仅因根据本法第29条至第32条规定未构成对说明书要求保护的发明在先公开的任何情形，而驳回专利申请，专利也不得仅因此而被撤销或者被宣告无效。

第七章　某些发明的保密规定

第35条 有关为国防目的的发明的保密指令

（1）对于本法实施前后提出的专利申请，负责人认为要求保

护的发明属于中央政府向其通报的有关为国防目的的发明类别的，或者该发明属于其他类别但是与国防目的非常相关的，可以指令禁止或者限制有关该发明的信息公布或者传播。

（2）负责人根据本条第（1）款的规定作出任何指令的，应当将该申请和指令通知中央政府，中央政府收到该通知后应当审查该发明的公开是否会损及印度国防利益，如果根据审查认为该发明的公开不会损及印度国防利益的，通知负责人。负责人应当据此撤销该保密指令并相应地通知申请人。

（3）在符合本条第（1）款规定的条件下，中央政府认为负责人未曾指令保密的发明涉及国防利益的，可以在授权前的任何时候通知负责人，该发明视为中央政府通报的保密类别，适用本条第（1）款的规定，相应的负责人应当将其作出的指令通知中央政府。

第36条 对保密指令的定期审查

（1）中央政府应当每隔6个月，或者根据申请人提出的负责人认为合理的请求，对已经根据本法第35条的规定作出保密指令的发明是否仍然涉及国防利益的问题重新进行审查，如果经重新审查中央政府认为发明的公开不再损及印度国防利益或者国外申请人提出涉及该发明的专利申请已经在国外公开的，则应当即时通知负责人撤销保密指令，负责人应当据此撤销此前由其作出的保密指令。

（2）根据本条第（1）款进行的重新审查的结果应当在规定的时间，以规定的方式通知申请人。

第37条 保密指令的法律效力

（1）只要本法第35条规定的有关专利申请的任何指令依然有效，则：

（a）负责人不得作出拒绝对该申请授权的命令；并且

（b）尽管已有本法的任何规定，都不得对负责人作出的有关专利申请的任何命令提起申诉。

但是，该专利申请可以依照指令继续处理直至授权阶段，但是该申请及其说明书符合授予专利权的条件的，不得公布并且不得授予专利权。

（2）已经根据本法第 35 条的规定作出保密指令的专利申请的完整说明书符合授予专利权的条件的：

（a）在该指令生效期间，如果该发明已经被政府或者其代表或者根据其命令进行使用，则该专利申请视为已经授权，对于这种使用应当适用本法第 100 条、第 101 条以及第 103 条的规定；并且

（b）如果中央政府认为专利申请人已经因为该保密指令的持续生效受到损害，则中央政府可以向其支付相对于该发明的新颖性、实用性、发明目的以及其他任何情况而言合理的赔偿费。

（3）已经根据本法第 35 条的规定作出保密指令的专利申请被授予专利权的，无需缴纳在该指令生效期间有关任何期限的维持费。

第 38 条 保密指令的撤销和保密期限的延长

负责人撤销根据本法第 35 条作出的任何保密指令时，尽管有本法规定的有关专利申请的期限的任何规定，负责人可以根据情况适当延长根据本法规定要求做或者批准做有关专利申请的任何事情的期限，无论该期限是否已经在此前届满。

第 39 条 印度居民未经在先许可不得向国外申请专利

（1）除根据以规定方式请求并且经负责人或者其代表颁发的书面许可证的授权外，在印度居住的任何人不得就发明在国外提出或者促使提出专利申请，除非：

（a）至少在国外提出专利申请 6 个月之前，就相同发明的专利申请已经在印度提出；并且

（b）对于国内申请没有根据本法第 35 条作出任何保密指令，或者所有保密指令都已经撤销。

（2）负责人应当在规定期限内处理上述申请。但是，如果该

发明涉及国防利益或者原子能，则未经中央政府的在先同意，负责人不得颁发许可证。

（3）该发明由居住在国外的人首先在国外提出申请保护的，不适用本条的规定。

第40条 违反本法第35条或者第39条的法律责任

在符合第二十章规定的条件下，任何人违反有关负责人根据本法第35条作出的保密指令的，或者违法本法第39条的规定向国外提出或者促使向国外提出专利申请的，本法规定的专利申请应当被认为已经放弃，已经授予专利权的，该专利权应当根据本法第64条的规定予以撤销。

第41条 负责人和中央政府所作命令的终局性

负责人和中央政府作出的所有有关保密的命令均为终局性的，不得以任何理由在任何法庭对其提起诉讼。

第42条 向政府公开信息受保护

本法任何规定不得被认为禁止负责人为审查专利申请或者其说明书是否应当根据本章的规定作出保密指令或者撤销保密指令之目的，就该申请或者其说明书的信息向中央政府公开。

第八章 专利权的授予和专利权

第43条 专利权的授予

（1）专利申请符合授予专利权的条件，并且：

（a）该申请没有被负责人根据本法授予的权力予以驳回的；

（b）该申请未发现不符合本法规定的缺陷的，

应当尽快加盖专利局公章后将专利证书授予专利申请人或者共同申请人，授权日期应当在专利登记簿上登记。

（2）授予专利权的，负责人应当发布授权公告，并将专利申请、说明书以及其他相关文件向公众公开以供查询。

第 44 条 申请人死亡或者终止时专利权人的变更

根据本法授予专利权后，负责人确信在授予专利权之前专利权人已经死亡，或者作为专利权人的法人已经终止的，可以将专利权人变更为专利权应该授予之人的姓名或者名称，该专利权应当有效，并且相应的应当被一直认为已经有效。

第 45 条 专利的日期

（1）除本法另有规定外，每一件专利都应当注明申请日。但是，对于在本法实施前立即适用根据 1911 年印度专利与设计法（1911 年第 2 号法案）第 78C 条的规定作出的任何指令的专利申请，授予的专利应当注明完整说明书的提交日或者本法实施日，以时间晚者为准。

（2）每一件专利的日期都应当记录在专利登记簿中。

（3）尽管已有本条的任何规定，不得对专利申请公布之前实施的侵权行为提起诉讼或者其他处理程序。

第 46 条 专利的形式、范围和法律效力

（1）每一件专利应当符合规定的形式并且应当在全印度具有法律效力。

（2）一项发明只能授予一件专利。但是，前述规定不得作为任何人在诉讼或者其他处理程序中以对多项发明授予了一件专利为由对专利提出异议。

第 47 条 专利权的授予应当受一定条件的限制

根据本法授予的专利权应当受下列限制：

（1）政府或者其代表可以仅为自身使用之目的而进口或者制造任何专利产品或者依照专利方法获得的产品。

（2）政府或者其代表可以仅为自身使用之目的而使用专利方法。

（3）任何人均可以仅为实验或者研究包括传授小学生使用方法之目的而制造或者使用任何专利产品或者依照专利方法获得的

产品或者使用专利方法。

（4）对于任何药品专利，政府可以仅为自身使用，或者配给政府或者其代表运营的任何诊所、医院或者其他医疗机构，或者中央政府指定提供公共服务的并在政府公报上通告的其他任何诊所、医院或者其他医疗机构。

第 48 条 专利权人的权利

除本法另有规定外，并且在符合本法第 47 条规定条件的情形下，专利权人有下列权利：

（a）对于产品专利，阻止第三方未经其同意在印度制造、使用、许诺销售、销售该产品或者为上述目的进口该产品的独占权；

（b）对于方法专利，阻止第三方未经其同意在印度使用该方法或者使用、许诺销售、销售依照该方法直接获得的产品或者为上述目的进口该产品的独占权。

第 49 条 在临时或者偶然经过印度的外国船舶等中使用专利不属于侵权

（1）在外国登记的船舶或者航空器或者外国普通居民拥有的陆地交通工具仅为临时或者偶然进入印度（包括印度的领海领水）的，下列情形不属于侵权行为：

（a）仅为在船上的实际需要而将专利发明用于船舶本身或者其机器、装备、器械或者其他附件上；

（b）根据情况将发明用于航空器或者陆地交通工具或者其附件的安装或者操作上。

（2）本条规定不得延及这样的外国的普通居民拥有的船舶、航空器或者陆地交通工具，该国法律，并不授予在印度有经常居所的人拥有的船舶、航空器或者陆地交通工具在该国港口、领水或者其他该国法院管辖的范围内使用专利发明的相应权利。

第 50 条 专利共有人的权利

（1）专利为两人或者多人共有的，除另有约定外，共有人对专利享有平等的、不可分割的权利。

（2）依照本条和第51条的规定，两人或者多人被登记为专利的受让人或者所有人的，除另有约定外，每个共有人或者其代理人为其自身利益均享有本法第48条规定的权利，无需向其他共有人说明理由。

（3）依照本条和第51条以及任何现行有效的协议，两人或者多人被登记为专利的受让人或者所有人的，未经其他共有人的同意，任一共有人不得颁发专利实施许可证，不得转让专利权中的份额。

（4）专利产品由专利共有人之一售出后，购买者或者其在后权利人有权以相同的方式处理该产品，就像该产品由唯一的专利权人售出。

（5）依照本条的规定，适用于动产所有权和转移的法律规则一般应当适用于专利的相关事项；并且本条第（1）款或者第（2）款的规定不应影响保管人或者死者的法定代理人的共有权利或者义务，或者他们的上述权利和义务。

（6）本条规定不应影响本法实施之前授予的专利利益中部分受让人的权利。

第51条 负责人对共有人作出指令的职权

（1）两人或者多人被登记为专利的受让人或者所有人的，根据上述任一人以规定方式向其提交的申请，负责人可以作出与该申请一致的、有关专利或者其中任何利益的出售或者出租、许可的指令，或者其认为合适的行使本法第50条规定的任何权利的指令。

（2）被登记为专利的受让人或者所有人中的任何人未能在上述其他任何人书面请求后14日内执行任何指令或者完成执行指令所必需的其他任何事项的，根据上述其他任何人以规定方式向其提交的申请，负责人可以作出指令，授权任何人执行该指令或者以该不执行指令之人的名义代表该人完成该事项。

（3）在根据本条规定的申请作出任何指令之前，负责人应当给予机会：

（a）在根据第（1）款的规定提出申请的情况下，听取被登记为专利受让人或者所有人的其他一人或者多人意见；

（b）在根据第（2）款的规定提出申请的情况下，听取不执行指令之人的意见。

（4）根据本条规定作出指令的，不应影响保管人或者死者法定代理人的共有权利或者义务或者他们的上述权利和义务，不应与登记为专利受让人或者所有人之间的任何协议的条款相冲突。

第52条 由他人通过诈骗获权的情况下，专利权应当被授予真实且原始的发明人

（1）根据本法第64条的规定，以该专利的获得属于不正当并且损害了请求人或者其在后权利人的权利而被撤销专利的，或者请求撤销而申诉委员会或者法院没有撤销，而是指令修改完整说明书将覆盖其认定属于请求人的发明的权利要求删除的，申诉委员会或者法院可以通过相同程序作出命令，对于其裁决属于专利权人不正当地获取于请求人的发明或者通过修改删除的部分发明，允许将整个专利或者该部分专利授予请求人，以代替被撤销的专利。

（2）上述命令作出后：

（i）申诉委员会或者法院允许授予整个专利的，根据请求人以规定方式提交的请求，负责人应当授予请求人与被撤销专利具有相同申请日和申请号的新专利；

（ii）申诉委员会或者法院允许授予部分专利权的，根据请求人以规定方式提交的请求，负责人应当授予请求人与被撤销专利具有相同申请日和以规定方式确定申请号的新专利。但是，对于符合授权条件的该部分发明，负责人可以要求请求人提交符合要求的新的完整说明书，描述该部分发明的内容并提出权利要求，

作为授予专利权的一个条件。

（3）对于在专利实际授权日之前实施的、侵犯根据本条规定授予的专利的任何行为，不得提起诉讼。

第 53 条 专利的期限

（1）依照本法的规定，2002 年专利法（修正案）实施后授予的专利的期限，和根据本法的规定，在上述法案的实施日尚未届满并且没有终止其法律效力的专利的期限，应当为自专利申请提交日起的 20 年。

解释：为本款之目的，对于根据《专利合作条约》提交的国际申请并指定印度的，授予的专利应当为自符合《专利合作条约》规定的国际申请日起的 20 年。

（2）任何维持费用未在规定期限内或者规定的延长期限内缴纳的，尽管有本条或者本法的任何规定，专利的法律效力应当在规定的缴纳该费用的期限届满日终止。

（3）已删除。

（4）尽管已有现行有效的其他任何法律的规定，专利权因未缴纳维持费用或者专利期限届满而终止的，该专利所要求保护的主题无权受到任何保护。

第九章　增补专利

第 54 条 增补专利

（1）依照本条的规定，对完整说明书中记载或者公开的发明（在本法中称为"主发明"）进行的改进或者修改申请专利，并且申请人同时对该主发明申请或者已经申请专利或者是该主发明的专利权人的，如果申请人请求，负责人可以对该改进或者修改授予增补专利。

（2）依照本条的规定，作为一项发明的改进或者修改的发明是一项单独专利的主题，并且专利权人同时是主发明的专利权人的，如果专利权人请求，负责人可以命令撤销关于该改进或者修改的专利，授予专利权人增补专利，申请日与被撤销专利的申请日相同。

（3）一项专利不应当被授予为增补专利，除非增补专利申请的申请日与关于主发明的专利申请的申请日相同或者晚于后者。

（4）在主发明被授予专利权之前，不得授予增补专利。

第 55 条　增补专利的期限

（1）增补专利的期限与主发明专利相同或者为主发明专利尚未届满的期限，并且在该期限内或者直到主发明专利提前终止并且不再存在的，增补专利应当仍然有效。但是，如果主发明专利根据本法被撤销，法院或者负责人可以根据专利权人以规定方式提交的请求命令将增补专利变更为独立专利，其期限为主发明专利的剩余期限，据此该专利作为独立专利相应的继续有效。

（2）专利权人无需缴纳关于增补专利的维持费，但是增补专利根据第（1）款的规定被变更为独立专利的，视为自始为独立专利，应当缴纳其后的维持费，以同样的日期起算。

第 56 条　增补专利的有效性

（1）当存在以下情况使得完整说明书要求保护的发明未包含任何创造性步骤时，增补专利不得仅因这样的原因而被拒绝授予，或者因此被撤销或者无效：

（a）相关完整说明书记载的主发明已经公开或者使用；

（b）记载在增补专利或者其申请的完整说明书中的任何改进或者修改已经公开或者使用，并且增补专利的有效性不得仅因该发明应当为单独专利的主题而被质疑。

（2）为了排除合理怀疑并据此表明，在确定增补专利申请的完整说明书要求保护的发明是否具有新颖性时，也应当考虑记载主发明的完整说明书。

第十章　申请和说明书的修改

第 57 条　在审批程序中对申请和说明书的修改

（1）依照本法第 59 条的规定，根据专利申请人或者专利权人按照本条规定以规定方式提交的申请，负责人可以允许对专利申请或者完整说明书或者有关的任何文件进行修改，但是应当按照负责人认为合适的方式进行。但是，只要在专利侵权诉讼期间或者专利撤销程序终结之前，负责人不得根据本条的规定作出命令，允许或者拒绝对专利申请或者完整说明书或者有关的任何文件进行修改，无论该诉讼或者撤销程序是在修改申请提交之前或者之后提起的。

（2）修改专利申请或者完整说明书或者有关的任何文件的申请应当说明修改的性质，并充分说明申请修改的具体理由。

（3）对于授予专利权后，根据本条规定提交的修改专利申请或者完整说明书或者有关的任何文件的申请和修改的类型可以进行公布。

（4）修改申请根据本条第（3）款的规定予以公布的，利害关系人可以在公布后的规定期限内向负责人提出异议；异议在上述期限内提出的，负责人应当通知本条规定的修改申请人并在作出决定前给予该申请人和异议人以听证机会。

（5）根据本条对完整说明书的修改可以是或者可以包括对权利要求优先权日的修改。

（6）本条的规定不得损害专利申请人在授权之前按照负责人的指令修改其说明书或者其他任何相关文件的权利。

第 58 条　在申诉或者诉讼程序中对说明书的修改

（1）在撤销专利的申诉程序或者诉讼程序中，申诉委员会或者高级法院可以依照本法第 59 条的规定，允许专利权人以其认为合适的方式，在其认为合适的期限内修改完整说明书，并且如果在上述程序中确定该专利无效，其可以允许专利权人根据本条修改说明书而非撤销该专利。

（2）根据本条规定向申诉委员会或者高级法院请求作出修改命令的，申请人应当将该请求通知负责人，负责人应当有权出庭并陈述意见，并且如果申诉委员会或者高级法院指令出庭，则其应当出席。

（3）申诉委员会或者高级法院允许专利权人修改说明书的命令之副本应当由申诉委员会或者高级法院送达负责人，负责人收悉后应当在专利登记簿中登记。

第 59 条　关于申请或者说明书修改的补充规定

（1）除以放弃、修正或者解释的方式进行修改外，不得修改专利申请或者完整说明书或者任何其他相关文件，并且除为增加实际事实之目的外，不得允许前述修改。再者，如果对完整说明书的修改会导致修改后的说明书超出修改前该说明书原始公开的范围，或者修改后说明书的权利要求没有整个落入修改前说明书的权利要求的范围，则该修改不被允许。

（2）授权之后经负责人或者申诉委员会或者高级法院允许对说明书或者任何其他相关文件进行修改的：

（a）为所有目的，该修改应当被认为属于说明书连同其他相关文件的组成部分；

（b）说明书或者任何其他相关文件已经被修改的事实应当及时公布；

（c）对于申请人或者专利权人进行修改的权利，非因欺诈之理由不得提出异议。

（3）在解释被修改的说明书时，可以参考原始接受的说明书。

第十一章　失效专利的恢复

第 60 条　恢复失效专利的申请

（1）专利因未在本法第 53 条规定的期限内或者未在根据本

法第 142 条第（4）款规定允许的期限内缴纳维持费的，专利权人或者其法定代理人或者经负责人同意的部分共同专利权人，可以在自失效之日起 18 个月内提出专利恢复申请。

（2）已删除。

（3）根据本条规定提出的恢复申请应当包含以规定方式证实的声明，充分说明未能缴纳规定费用的详情，负责人可以要求申请人提供其认为必要的进一步的证据。

第 61 条　恢复失效专利申请的处理程序

（1）申请人要求听证或者负责人认为应当听证的，经过听证后，如果负责人初步认定申请人未能缴纳维持费不是故意的并且其提出申请没有不适当的迟延，则其应当以规定的方式公布该申请；并且在规定的期限内任何利害关系人均可以基于下列理由向负责人提出异议：

（a）申请人故意不缴纳维持费；

（b）其恢复申请已经超过规定期限。

（2）异议人在规定期限内提出异议的，负责人应当通知申请人，并在作出决定前给予双方以听证机会。

（3）如果在规定期限内没有人提出异议，或者负责人决定驳回异议，则在缴纳未缴纳的维持费和规定的附加费基础上，负责人应当恢复该专利及该恢复申请中指明的、在该专利失效后的任何增补专利。

（4）如果负责人认为合适，其可以要求将根据本法的规定应当登记在登记簿上但是没有那样登记的任何文件或者事项登记在登记簿上，作为恢复专利权的一个条件。

第 62 条　失效专利恢复后专利权人的权利

（1）失效专利恢复的，专利权人的权利应当符合本法的规定，以及负责人为保护或者补偿在效力终止日至根据本章规定提交的专利恢复申请公布日之间可能已经开始使用或者通过合同或者其他方式明确要使用该专利发明之人而作出的。

（2）对于效力终止日至专利恢复申请公布日之间实施的专利侵权行为，不得提起诉讼或者启动其他处理程序。

第十二章 专利权的放弃和撤销

第63条 专利权的放弃

（1）专利权人任何时候均可以提出放弃其专利权，但应当以规定的方式通知负责人。

（2）专利权人提出放弃其专利权的，负责人应当以规定的方式公布该提议，并通知除专利权人之外的与该专利权有利害关系并且登记在专利登记簿上的每一个人。

（3）利害关系人可以在公布后的规定期限内通知负责人反对放弃，该通知应当通知专利权人。

（4）如果需要听证，在经过听取专利权人和异议人的意见后，负责人认为放弃该专利权是适当的，其可以接受该放弃提议并以命令的形式撤销该专利。

第64条 专利权的撤销

（1）依照本法的规定，基于下列任一理由，利害关系人或者中央政府向申诉委员会提出撤销请求，或者被告在专利侵权诉讼中反诉专利权无效的，申诉委员会或者高级法院可以撤销本法实施前后授予的专利权：

（a）完整说明书要求保护的发明落入了在印度授予的、具有在先优先权日的另一专利权利要求的保护范围；

（b）根据本法的规定，专利权人无权在印度申请专利，因此专利权应当被撤销；

（c）专利权人不正当地获得专利，损害了请求人或者其在先权利人的权益；

（d）完整说明书的任一权利要求所要求保护的主题不属于本法意义上的发明；

（e）完整说明书的任一权利要求所要求保护的发明不具备新颖性，已经在该权利要求的优先权日前在印度公知或者公开使用，或者已经在印度或者其他任何地方的、本法第 13 条规定的文献中公开；

（f）相对于优先权日前已经在印度公知或者公开使用或者在印度或者其他任何地方出版的现有技术而言，完整说明书的任何一项权利要求所要求保护的发明是显而易见的或者不包含任何创造性步骤；

（g）完整说明书的任一权利要求所要求保护的发明不具备实用性；

（h）完整说明书没有充分地、适当地描述发明和实施方法，换言之，完整说明书中对方法或者实施发明的说明的描述，不足以使本领域的普通技术人员能够实施该发明，或者完整说明书没有披露据专利申请人所知是最佳的，并且其有权要求保护的实施方法；

（i）完整说明书的任一权利要求的范围没有充分并清楚地限定，或者没有恰当地以说明书公开的内容为依据；

（j）专利权的获得是基于错误的建议或者陈述；

（k）完整说明书的任一权利要求的主题根据本法的规定不属于可取得专利的发明；

（l）完整说明书的任何一项权利要求所要求保护的发明已经在优先权日前在印度秘密使用，但是本条第（3）款规定情形除外；

（m）专利申请人没有向负责人披露本法第 8 条要求的信息，或者向负责人提交据其所知任何实质性均为错误的信息；

（n）专利申请人违反根据本法第 35 条的规定作出的保密指令或者违反本法第 39 条的规定向国外申请或者导致向国外申请专利；

（o）根据本法第 57 条或者第 58 条的规定修改完整说明书的许可是通过欺诈获得的；

（p）完整说明书没有披露或者错误披露用于发明的生物材料的原始来源或者直接来源；

（q）完整说明书的任何一项权利要求所要求保护的发明，已经被印度或者其他地方以口头或者其他形式能够得到的知识所披露。

（2）为第（1）款（e）项和（f）项之目的：

（a）不得考虑个人文件或者秘密试验或者秘密使用；

（b）对于方法专利或者通过方法进行说明或者主张权利的产品专利，采用该方法在国外生产的产品进口到印度，构成该发明在印度的现有技术或者使用公开，但是该进口仅为合理试验或者实验目的的除外。

（3）为第（1）款（l）项之目的，不得考虑下列情形下对该发明的使用：

（a）仅为合理试验或者实验之目的而使用；

（b）由于专利申请人或者其在后权利人直接或者间接向政府、政府授权的代表或者政府实体提交或者披露，而由政府或者政府授权的代表或者政府实体使用；

（c）由于专利申请人或者其在后权利人向其他任何人提交或者披露，该人未经专利申请人或者其在后权利人同意或者默许进行的使用。

（4）在不违反第（1）款规定的情形下，高级法院认为专利权人无正当理由未能按照中央政府的要求为本法第 99 条意义上的目的在合理期限内制造、使用或者实施专利发明的，可以根据中央政府的请求撤销该专利。

（5）根据本条规定提出的撤销专利权请求应当正式通知登记簿上登记的所有专利权人或者其利害关系人，但是无需正式通知其他任何人。

第 65 条　有关原子能的情形下根据政府指令撤销专利或者修改完整说明书

（1）授予专利权后，中央政府认为一项专利发明与原子能有关并且根据 1962 年原子能法第 20 条第（1）款的规定不得授予专利权的，可以指令负责人撤销该专利，因此在通知专利权人和登记于登记簿上的其他利害关系人并给予其听证机会后，负责人可以撤销该专利。

（2）在第（1）款规定的任何程序中，负责人可以允许专利权人以其认为必要的方式修改完整说明书，而不是撤销该专利。

第 66 条 为公共利益而撤销专利权

中央政府认为一项专利权或者专利的实施方式对国家有害或者总体上对公众有害的，在给予专利权人以听证机会后，可以在政府公报上对此进行宣告，该专利权应当因此被视为撤销。

第十三章 专利登记簿

第 67 条 专利登记簿及其登记事项

（1）专利局应当设置专利登记簿，其中登记下列事项：

（a）被授予专利的专利权人的名称及其地址；

（b）专利权转让、移转、专利许可、专利修改、专利延期以及撤销专利权的公告；

（c）法定的影响专利权有效性或者权属的其他事项。

（2）任何明确的、暗指的或者指定的托管的公告不得登记在登记簿中，并且负责人不应当受此种公告之影响。

（3）按照中央政府的监督和指令，负责人应当控制和管理登记簿。

（4）尽管已有第（1）款的规定，负责人采取规定的安全措施将专利登记簿或者其任何部分保存于计算机软盘、磁盘或者其他任何电子形式的载体上是合法的。

（5）尽管已有 1872 年印度证据法的规定，专利登记簿副本或者其摘录，经证明确实属于出自负责人或者其为此授权的任何官员之手的真实副本的，在所有法律诉讼中均应当作为证据采信。

（6）登记簿整体或者部分保存于计算机软盘、磁盘或者其他任何电子形式的载体中的：

（a）本法提及记录于登记簿，应当理解为包括记录于计算机软盘、磁盘或者其他任何电子形式载体、构成该登记簿或者其部分的事项；

（b）本法提及登记或者记录在登记簿中的事项，应当理解将构成登记簿或者其部分的这些事项记录于计算机软盘、磁盘或者其他任何电子形式载体中；

（c）本法提及登记簿更正，应当理解为对保存于计算机软盘、磁盘或者其他任何电子形式载体、构成登记簿或者其部分的这些事项进行更正。

第68条 非书面形式的并且未适当签署的转让等无效

专利权转让或者专利权份额转让、专利权中其他任何权益的产生、许可或者抵押应当视为无效，除非当事人之间的协议是书面的并且包含调整其权利和义务的所有条款和条件并适当签署。

第69条 转让、移转等的登记

（1）任何人通过转让、继承或者法律的实施获得专利权或者其份额或者作为抵押权人、被许可人等对专利权享有其他任何权利的，应当以规定的书面方式向负责人申请在登记簿中登记其权利或者有关其权益的通知。

（2）在不违反本条第（1）款的规定的情形下，任何人通过转让获得专利或者其份额，或者通过抵押、许可或者其他方式对专利权享有其他任何权利的，登记其权利的申请可以根据情况由转让人、抵押人、许可人或者其他当事人提出。

（3）根据本条的规定对权利作出登记请求的人，有证据证明：

（a）该人对专利权或者其中份额享有权利的，负责人应当将其作为专利权人或者共有人登记在登记簿中，并记录其获取权利的具体方式；

（b）该人对专利权中的其他任何权益享有权利的，负责人应当将其权益登记于专利登记簿中，包括权益产生的方式。

但是，无论转让、抵押、许可、继承、法律实施或者其他任何这种交易已经合法地将专利权或者其份额或者其权益归属于该人，只要当事人之间仍存在任何争议，在有管辖权法院最终确定当事人的权利之前，负责人可以拒绝根据（a）项或者（b）项进行登记。

（4）对于在专利局提交的所有协议、许可证以及其他影响专利权文件或者以规定方式鉴别许可的任何文件，以及规定的与该事项相关的其他这种文件，均应当以规定方式向负责人提交副本。但是，在专利许可的情形下，如果专利权人或者被许可人请求，负责人应当采取措施确保许可条款除根据法院命令外未曾向任何人披露。

（5）除为第（1）款规定申请或者登记簿更正申请之目的外，有关根据第（3）款规定不予登记的文件不得被负责人或者法院采信为任何人享有专利或者其份额或者其权益的证据，除非负责人或者法院根据书面记录的原因另行指令。

第 70 条 已登记的受让人或者专利权所有人处理专利的权利

在符合本法有关专利权共有的规定且不受制于已经登记的归属其他任何人的权利的情况下，被登记为专利受让人或者所有人的一人或者多人应当有权转让、许可或者以其他方式处理该专利权，并有权对转让、许可或者其他方式处理获得任何报酬出具有效的收据。但是，有关专利权的任何衡平原则可以按照与任何其他动产相似的方式被执行。

第 71 条 申诉委员会对登记事项进行更正

（1）因为下列事由受到损害的任何人提出的申请，申诉委员会可以命令登记、变更或者删除其认为合适的任何事项：

（a）登记簿上缺少或者遗漏登记事项；

（b）所作出的任何登记事项没有充分理由；

（c）登记簿中存在任何错误的登记；

（d）登记簿中的任何登记事项存在任何错误或者缺陷。

（2）在本条规定的任何程序中，申诉委员会可以决定为有关登记簿更正决定所必需或者适当的任何问题。

（3）根据本条规定向申诉委员会提交的申请应当以规定方式通知负责人，后者有权出席听证，如果委员会指令其参加，则应当参加。

（4）申诉委员会根据本条规定更正登记簿的任何命令，应当指令将更正通知以规定方式送达负责人，后者应当据此对登记簿作相应的更正。

第 72 条 登记簿公开供查询

（1）依照本法及根据本法制定的任何规则的规定，登记簿应当在所有合适的时间公开供公众查询；任何人要求获得登记簿登记事项的核准副本的，在缴纳规定费用后，专利局应当给予其加盖专利局印章的登记事项副本。

（2）登记簿应当作为有关登记于其中的、本法要求的事项或者根据本法的规定认可的事项的初步证据。

（3）登记事项的记录保存于计算机软盘、磁盘或者其他任何电子载体中，并且该电子载体对公众是公开的或者公众可以打印输出其查询的登记事项记录的，则第（1）款和第（2）款应当被认为已经得到遵守。

第十四章　专利局及其设立

第 73 条 负责人及其他官员

（1）根据 1999 年商标法（1958 年第 43 号法案）第 3 条第（1）款的规定被任命的专利、设计和商标的总负责人，应当是为本法之目的的专利负责人。

（2）为本法之目的，中央政府可以任命若干审查员和其他官员以及其认为合适的此类任命。

（3）依照本法的规定，根据第（2）款规定任命的官员应当在负责人的监督和指示下，履行负责人根据本法可以承担的并且通过普通或者特殊的书面命令授权上述官员履行的职能。

（4）在不违背第（3）款规定的一般原则的情形下，负责人可以通过书面命令并说明理由后，撤回根据第（2）款规定任命的官员正在处理的任何事项，自己重新处理或者从撤回阶段起继续处理，或者移送其任命的另一个官员根据移送命令中的指令重新处理或者从移送阶段起继续处理该事项。

第 74 条　专利局及其分支机构

（1）为本法之目的，国家应当设立专利局。

（2）中央政府可以通过在政府公报上公告详细说明专利局的名称。

（3）专利局的总部应当设在中央政府指定的地方，并且为了便于注册专利，可以在中央政府认为合适的其他地方设立专利局的分支机构。

（4）专利局应当具有公章。

第 75 条　对专利局雇员有关专利权权利或者利益的限制

除继承或者接受遗赠之外，专利局所有官员和雇员在其任职期间均没有资格直接或者间接获得或者占有该局授予的专利权的任何权利或者利益。

第 76 条　专利局官员和雇员不得提供情报等

除本法授权或者要求，或者根据中央政府、申诉委员会或者负责人书面指令或者法院命令之外，专利局官员和雇员不得：

（a）提供有关根据本法正在处理或者已经处理的事项的情报；

（b）准备或者协助准备根据本法要求或者允许在专利局存放的文件；

（c）在专利局记录中进行检索。

第十五章　负责人的主要职权

第77条　负责人具有民事法院的某些职权

（1）按照为此制定的任何规则的规定，负责人在其参与的本法规定的任何程序中，在根据1908年民事诉讼法典（1908年第5号法案）审理案件时，对下列事项享有民事法院的职权：

（a）传唤和强制任何人出庭，并且监督其宣誓；

（b）要求出示和制作任何文件；

（c）接收基于宣誓书的证据；

（d）授予他人审查证人或者文件的权力；

（e）决定给予损害赔偿；

（f）根据在规定期限内以规定方式提交的申请复审其决定；

（g）根据在规定期限内以规定方式提交的申请废除单方程序中作出的命令；

（h）规定的其他任何事项。

（2）负责人在行使第（1）款授予其的职权时决定给予损害赔偿的任何命令，应当视为民事法院的判决加以执行。

第78条　负责人改正笔误等的职权

（1）在不违背本法第57条和第59条有关修改专利申请或者完整说明书或者其他相关专利文件的规定的情形下，按照本法第44条的规定，负责人可以依照本条的规定改正任何专利或者任何说明书或者其他专利文件中的笔误或者专利登记簿上任何登记事项的笔误。

（2）本条规定的改正可以根据任何利害关系人的书面请求并在缴纳规定费用后进行，也可以依职权进行。

（3）负责人依职权建议做上述改正的，应当将改正建议通知专利权人或者专利申请人或者他认为相关的其他任何人，并应当在作出改正前给予其听证的机会。

（4）根据本条规定请求改正专利或者专利申请或者其他专利

申请文件中的笔误，并且负责人认为该改正会实质性地改变文件的含义或者范围，在没有预先通知利害关系人的情况下不应该做此改正的，应当要求公告建议改正方式的性质并以规定方式公布。

（5）在上述公布后的规定期限内，任何利害关系人可以针对该改正请求向负责人提出异议。提出异议的，负责人应当通知请求人，并在作出决定前给予其听证的机会。

第 79 条 举证方式及负责人在举证方式方面的职权

按照为此制定的任何规则的规定，在本法规定的负责人参与的任何程序中，如果负责人没有作出相反的指令，证据应当以宣誓书的方式提交，但是负责人认为适当的，可以接受代替宣誓书的或者除此之外增加的口头证据，或者允许任何当事人对宣誓书的内容进行交叉询问。

第 80 条 负责人自由裁量权的行使

在不违背本法中要求负责人听证或者给予当事人听证机会的规定的情况下，负责人应当在行使依据本法授予其的自由裁量权作出不利于申请人的决定之前，给予专利申请人或者说明书修改申请人（如果申请人在规定的期限内提出申请）听证的机会。但是，要求听证的当事人向负责人提出听证请求的，应当至少在有关程序指定的期限届满前 10 天内提出请求。

第 81 条 负责人对期限延长请求的处理

根据本法或者依照本法制定的规则的规定，负责人可以延长完成任何行为的期限的，本法没有任何规定要求负责人通知反对延长的当事人或者给予其以听证机会，也没有授权对负责人准予延长的命令提起申诉。

第十六章 专利权的实施、强制许可及其撤销

第 82 条 "专利产品"和"专利权人"的定义

本章中，除另有规定外：

（a）"专利产品"包括采用专利方法制得的任何产品；

（b）"专利权人"包括独占实施许可的被许可人。

第 83 条　适用于专利发明的一般原则

在不违背本法其他规定的情形下，在行使本章授予的职权过程中，应当考虑下列一般事项，即：

（a）专利权的授予是用以鼓励发明创造，并且保证该发明在印度大规模地充分实施，在没有不合理延迟的情况下适当地实践；

（b）专利权的授予不仅仅是授予专利权人以进口专利产品的垄断权；

（c）专利权的保护和执行应当有助于促进技术革新、技术转让和传播、生产者和技术知识使用者双方受益，并且在某种意义上能够有益于增进社会和经济福利、维持权利和义务的平衡；

（d）专利权的授予不得妨碍保护公共健康和营养供应，并且应当作为促进公共利益的工具，尤其是在对于印度的社会经济和技术发展至关重要的领域；

（e）专利权的授予没有以任何方式阻止中央政府采取措施保护公共健康；

（f）专利权人或者从专利权人处获得权利或者利益的人不得滥用专利权，并且专利权人或者从专利权人处获得权利或者利益的人没有采取手段，不合理地限制技术贸易或者妨碍技术的国际转让；

（g）专利权的授予应当使公众以合理的、支付得起的价格从专利发明中受益。

第 84 条　强制许可

（1）在授予专利权 3 年后的任何时间，任何利害关系人都可以基于下列理由向负责人申请授予实施专利权的强制许可：

（a）公众有关专利发明的合理需求未能获得满足；

（b）公众不能以合理的、支付得起的价格获得专利发明；

（c）专利发明未在印度领域内实施。

（2）包括专利权被许可人在内的任何人均可以根据本条规定提出申请，并且不得禁止反悔而阻止其提出这样的事实，即由于他在许可证或者其他形式中表示的认可或者由于其已经接受的许可证，公众有关该专利发明的合理需求没有得到满足，或者专利发明未在印度领域内实施，或者公众不能以合理价格获得专利发明。

（3）第（1）款规定的每一项申请均应当说明申请人利益与规定事由相关的状态，并提出申请所依据的事实。

（4）负责人认为公众有关该专利发明的合理需求没有得到满足，或者专利发明未在印度领领域内实施，或者公众不能以合理价格获得专利发明的，可以授予其认为合适期限内的许可。

（5）负责人指令专利权人授予许可或者其他相关事项的，其可以行使本法第88条规定的职权。

（6）在审查根据本条提出的申请时，负责人应当考虑以下事项：

（i）发明创造的种类，自授予专利权之日起经过的时间以及专利权人或者被许可人为充分实施发明创造已经采取的措施；

（ii）申请人为公共利益实施发明创造的能力；

（iii）如果授予强制许可，申请人承担投资和实施发明创造风险的能力；

（iv）申请人是否以合理条款和条件为获得专利权人的许可作出努力，但未能在合理的期限内获得许可。但是，本项不适用于国家出现紧急状态或者其他紧急事件的情形或者公共非商业性使用或者确定为专利权人进行反竞争行为的情形，但是不得要求考虑提出申请之后发生的因素。

解释：为第（iv）项之目的，"合理期限"应当解释为通常不超过6个月的期限。

（7）为本章之目的，有下列情形的，应当认为公众的合理需求没有获得满足：

（a）由于专利权人拒绝以合理的条件授予一项或者多项许

可，如果因此：

（i）损害了印度领域内现有的商业、产业或者其发展，或者任何新的商业或者产业的创建，或者在印度从事贸易或者制造业的任何人或者任何阶层的商业或者产业；

（ii）没有充分满足对专利产品的需求或者没有以合理条件满足对专利产品的需求；

（iii）在印度领域内生产的专利产品的出口市场得不到供应或者发展；

（iv）损害了印度商业活动的创建和发展。

（b）由于专利权人附加在专利许可上的条件或者附加在购买、租用或者使用专利产品或者方法上的条件，如果因此损害了不受专利权保护的物资的生产、使用或者销售，或者损害了印度商业或者产业的创建或者发展；

（c）如果专利权人在专利许可上附加排他性返授、制止对专利有效性提出异议或者强迫性一揽子许可的条件；

（d）如果发明专利权没有在印度领域内以商业规模充分实施，或者没有达到合理实施所能实现的最大程度；

（e）如果在印度领域内以商业规模实施发明专利受到了下列人员从国外进口专利产品的禁止或者妨碍：

（i）专利权人或者其权利继受人；

（ii）直接或者间接从专利权人处购买的人；

（iii）专利权人没有起诉其侵权的其他任何人。

第85条 负责人因专利未实施而撤销专利

（1）授予专利强制许可的，自作出授予第一次强制许可的命令之日起2年后，中央政府或者任何利害关系人均可以该专利发明未在印度领域内实施、公众对于专利发明的合理需求没有得到满足或者公众不能以合理价格获得专利发明为由向负责人申请撤销该专利权。

（2）根据第（1）款规定提出的申请应当包含规定的内容、申请基于的事实，还应当说明申请人利益的性质，但是中央政府申请撤销的除外。

（3）如果负责人认为，专利发明未在印度领域内实施、公众对于专利发明的合理需求没有得到满足或者公众不能以合理价格获得专利发明，其可以作出撤销专利的命令。

（4）根据第（1）款规定提出的申请通常应当在负责人收到后1年内作出决定。

第86条 负责人在某些情形下中止强制许可申请等职权

（1）根据本法第84条、第85条的规定，以专利发明未在印度领域内实施或者本法第84条第（7）款（d）项规定的事由为由提出申请，并且负责人认为自授予专利权之日起经过的时间对于以商业规模充分实施专利发明上不充裕的，其可以命令中止对强制许可申请进行进一步的听证，中止期限为负责人认为充分实施专利发明所需的充裕时间但总计不超过12个月。但是，专利权人能够证明，专利发明在申请日前未充分实施的原因在于，国家法律法规或者规章或者政府命令对在印度领域内实施专利发明的条件或者对于专利产品或者通过专利方法或者专利产品的使用获得的产品的处理附加了限制性条件，则根据本条命令中止的期限应当自阻碍实施专利发明的上述法律、法规、规章或者政府命令效力终止之日起计算。

（2）除负责人认为专利权人已经迅速采取适当或者合理措施开始在印度领域内以商业规模充分实施专利发明外，不得命令中止强制许可申请。

第87条 处理根据第84条、第85条规定提出的申请的程序

（1）通过审查根据第84条或者第85条提出的申请，负责人认为可以基于初步证据作出命令的，应当指令申请人向专利权人或者专利登记簿上的其他任何利害关系人提供申请副本，并在政府公报上公布该申请。

（2）专利权人或者对申请有异议的其他任何人可以在规定期

限内或者在负责人根据申请允许（在规定期限届满前或者后允许）的更长期限内，向负责人提交异议。

（3）任何上述异议均应当包括提出反对授予强制许可的理由的声明。

（4）对于任何按照规定提出的反对意见，负责人应当将其通知申请人，并在作出决定前给予申请人和提出异议的人听证的机会。

第88条 负责人在授予强制许可中的职权

（1）对于根据本法第84条提出的申请，负责人认为，由于专利权人附加在专利实施许可证上或者专利产品或者方法的购买、租用或者使用上的条件的限制，损害了不受专利保护的材料的制造、使用或者销售的，其可以按照该条规定命令将该专利的强制许可授予申请人及负责人认为合适的申请人的客户。

（2）专利实施许可的被许可人根据本法第84条提出强制许可申请的，如果负责人命令授予其强制许可，则其可以命令撤销现有许可，或者如果其认为合适，可以命令修改现有许可以替代授予其强制许可。

（3）同一专利权人享有两件或者多件专利，强制许可申请人有证据证明，有关部分上述专利的公众合理需求没有得到满足的，如果负责人认为不侵犯专利权人享有的其他专利权申请人就不能有效地或者令人满意地实施被强制许可的专利，并且如果与专利权人的前述其他专利相比，这些被强制许可的专利包含具有显著经济价值的重大技术进步，则其可以命令授予申请人有关前述其他专利的强制许可，以使被许可人能够实施根据第84条规定授予强制许可的专利。

（4）负责人确定了强制许可的条款和条件的，被许可人可以在以商业规模实施该专利发明至少12个月之后，基于下述理由，即确定的强制许可条款和条件已经被证明，被许可人承担的义务比最初预期的更重，其结果是被许可人只能赔本实施该发明，向负责人申请变更强制许可的条款和条件。但是，上述变更申请只能提一次。

第89条 授予强制许可的一般目的

对于根据本法第84条提出的申请，负责人在行使职权时应当确保下列一般目的的实现，即：

（a）专利发明在印度领域内以商业规模充分实施，没有不适当的延迟；

（b）不会不公平地损害正在印度领域内实施或者改进受专利保护的发明的任何人的利益。

第90条 强制许可的期限和条件

（1）在确定根据第84条授予的强制许可的条款和条件时，负责人应当尽力保证：

（i）考虑发明创造的类型和专利权人研发、获得专利权、维持专利权有效以及从事其他相关事项所需的费用（如果有的）后，专利权人或者其他有权从该专利权获得利益的人能够获得合理的使用费和其他报酬；

（ii）被许可人能够充分实施专利发明并获得合理的利润；

（iii）公众能够以合理的、支付得起的价格获得专利产品；

（iv）强制许可是非独占性的；

（v）被许可人实施专利发明的权利不得转让；

（vi）强制许可的期限为专利有效期的剩余期限，除非更短的期限有利于公共利益；

（vii）授予强制许可的主要目的是供应印度国内市场，如果符合第84条第（7）款（a）项第（iii）分项规定的需要，被许可人也可以将专利产品出口；

（viii）对于半导体技术，强制许可使用仅限于公共的非商业性使用；

（ix）为对经司法或者行政程序确定为反竞争行为造成的损害给予补救而授予的强制许可，如果需要，应当允许被许可人将专利产品出口。

（2）负责人不得授予这样的强制许可，即授权被许可人从国外进口专利产品或者采用专利方法获得的产品或者物质，而如果没有这种授权，这种进口构成对专利权人权利的侵犯。

（3）尽管有第（2）款的规定，中央政府如果认为为了公共利益有必要这么做，可以在任何时候指令负责人授权有关专利的任何被许可人从国外进口专利产品或者采用专利方法获得的产品或者物质（按照中央政府认为必要的，有关应向专利权人支付的使用费和其他报酬（如果有），进口数量，进口产品的销售价格和进口的期限以及关于其他事项而确定的强制许可条件），负责人应当据此实施上述指令。

第 91 条 关联专利的许可

（1）尽管已有本章的其他规定，在授予专利权后的任何时候，有权实施任何另一专利发明的专利权人或者被许可人（包括独占许可或者其他许可），如果没有实施在先专利的许可则会阻碍或者延迟有效实施其他发明或者获得可能的最佳实施效果，则可以向负责人申请授予该许可。

（2）第（1）款规定的命令不得作出，除非负责人认为：

（i）如果专利权人及其被许可人要求，申请人能够并且愿意以合理的条件授予专利权人或其被许可人实施另一专利发明的许可；

（ii）另一专利发明已经对印度领域内的商业或者工业活动的建立或者发展作出实质性贡献。

（3）负责人认为申请人符合第（1）款规定的条件的，可以命令以其认为合适的条件授予在先专利的许可，或者根据在先专利权人或者其被许可人的请求作出授予另一专利许可的类似命令。但是，负责人授予的许可不得转让，除非与相应专利一并转让。

（4）本法第 87 条、第 88 条、第 89 条以及第 90 条的规定应当适用于根据本条的规定授予许可的情形，正如适用于根据本法第 84 条授予的许可一样。

第92条 有关中央政府公告强制许可的特殊规定

（1）对于国家紧急状态时或者极端紧急或者公共非商业性使用的有效专利，如果中央政府认为，在加盖公章后的任何时候授予强制许可实施该发明是必要的，则其可以通过在政府公报上公告来进行宣布，对此，以下规定有效：

（i）根据公告后任何利害关系人任何时候提交的申请，负责人应当授予申请人在其认为合适的期限和条件下的该专利许可；

（ii）在根据本条的规定确定许可的期限和条件时，负责人应当尽力确保公众能够以最低价获得该专利产品，并且专利权人也能够因该专利获得合理的利润。

（2）本法第83条、第87条、第88条、第89条以及第90条的规定应当适用于根据本条的规定授予许可的情形，正如适用于根据本法第84条授予的许可一样。

（3）尽管有第（2）款的规定，负责人通过审查第（1）款第（i）项规定的申请后认为，为下列情形所需：

（i）国家发生紧急情况；

（ii）极端紧急事件；

（iii）公共非商业性使用。

包括与艾滋病、人类免疫缺陷病毒、肺结核、疟疾或者其他传染性疾病相关的公共健康危机，对于根据本条规定授予许可的，其不得适用本法第87条规定的任何程序。但是，负责人应当及时通知专利权人，有关专利不适用本法第87条的规定。

第92A条 某些特殊情形下用于出口专利药品的强制许可

（1）如果对某些解决公共健康问题的药物不具有制造能力或者制造能力不充分的国家已授予强制许可，或者该国已经通过公告或者其他形式允许从印度进口该专利药品，则为制造和出口专利药品到该国以解决公共健康问题的，应当能够获得强制许可。

（2）负责人接到以规定方式提交的申请后，应当单独授予以其指定和公布的期限和条件制造和出口该药品到该国的强制许可。

（3）第（1）款和第（2）款的规定不影响根据强制许可制造的药品能够根据本法其他任何规定出口。

解释：为本条之目的，药品是指为解决公共健康问题所需的医药领域的任何专利产品或者通过专利方法制造的产品，并且应当包含为制造这些药品所需的成分和为使用这些药物所需的诊断器具。

第 93 条 视为有关当事人之间的约定执行许可命令

根据本章规定授予许可的任何命令应当这样执行，即将其视为由专利权人和所有其他当事人达成的包含任何由负责人确定的条款和条件的、授予许可的约定。

第 94 条 强制许可的终止

（1）如果授予强制许可的情形不再存在并且不太可能再发生，负责人可以根据专利权人或者其他利害关系人的申请，终止根据本法第 84 条授予的强制许可。但是，强制许可的被许可人应当有权反对该终止决定。

（2）在审查第（1）款规定的申请时，负责人应当考虑，该终止决定不会不适当地损害已被授予许可之人的利益。

第 95～98 条 已删除

第十七章　为政府目的使用专利发明和中央政府取得专利发明

第 99 条 为政府目的使用专利发明的含义

（1）为本章之目的，如果为中央政府、州政府或者政府实体之目的而制造、使用、运用或者出售专利发明，即为本法所称的为政府目的之使用。

（2）已删除。

（3）本章规定不适用于有关根据本法第 47 条规定的一个或者多个条件而进行的，任何机器、设备或者其他物品的进口、制造或者使用，或者任何方法的使用或者任何药品的进口、使用或者销售。

第100条 中央政府为政府目的使用专利发明的权力

（1）尽管已有本法的规定，在向专利局提出专利申请或者授予专利权之后，中央政府或者经其书面授权的任何人均可按照本章规定为政府目的使用该发明。

（2）在完整说明书的相关权利要求的优先权日前，一项发明已经由政府或者政府实体或者其代表适当记录在文件上或者已经被测试或者试验过的，但该发明是由专利权人或者其权利继受人直接或者间接公开的除外，中央政府或者经其书面授权的任何人为政府目的使用该发明的，可以不向专利权人支付专利使用费或者其他报酬。

（3）如果该发明未如前述那样被记录在卷或者被测试或者试验，则中央政府或者经其书面授权的任何人在专利授权之后或者该发明如前述第（1）款那样公开之后使用该发明的，应当在使用之前或者之后由中央政府或者经其书面授权的任何人与专利权人如前述第（1）款达成使用协议，或者没有协议的，可以由高级法院参照本法第103条的规定确定使用条件。但是，按照上述方式对任何专利的任何使用，应当根据具体情况、考虑到使用该专利的经济价值，向专利权人支付适当的报酬。

（4）中央政府可以在专利授予之前或者之后和被授权的行为发生之间之前或者之后，根据本条规定授予许可，授权任何人，无论其是否已直接或者间接被专利申请人或者专利权人授权，制造、使用、实施或者销售该发明或者进口受该专利保护的机器、设备或者其他产品或者药品的人。

（5）由中央政府或者经其授权为政府目的使用一项发明的，除国家出现紧急状态或者其他极端紧急的情形或者非商业性使用外，政府应当将该事项尽快通知专利权人，并向其提供其合理要求知悉的有关发明使用程度、为政府企业目的使用该发明的地点等信息，中央政府可以为此目的要求从政府实体处获得上述信息。

（6）根据本条第（1）款为政府目的制造、使用、实施或者销售一项发明的权利，应当包括非商业性销售专利产品的权利，该产品的购买者或者其权利继受人应当有权处理该产品，如同中央政府或者其根据第（1）款的规定书面授权的人为该发明的专利权人。

（7）对于根据本条规定授权使用的专利，存在本法第101条第（3）款所述独占被许可人的，或者专利权人是通过转让获得该专利并以使用费或者使用该发明的收益（包括以最少专利使用费的形式支付）作为对价的，根据第（5）款发出的通知也应当根据情况发送给该独占被许可人或者让与人，并且第（3）款有关专利权人的规定应当视为包括该让与人或者该独占被许可人的规定。

第101条 有关为政府目的使用发明的第三方的权利

（1）对于由下列主体为政府目的使用专利发明或者正在审查的专利申请涉及的发明的：

（a）中央政府或者经其根据本法第100条的规定授权的任何人；

（b）执行中央政府命令的专利权人或者专利申请人。

在专利权人或者专利申请人（或者其权利继受人）与中央政府之外的任何人达成的许可、转让或者协议，包含下列条款的，应当无效：

（i）限制或者控制为政府目的使用该发明或者与之有关的模型、文件或者信息的；

（ii）关于为政府目的使用该发明或者与之有关的模型、文件或者信息而支付费用，以及与为政府目的作上述使用有关的任何模型或者文件的复制或者公布，不得被认为构成对存在于模型或者文件中的任何版权的侵犯。

（2）专利权人是通过转让获得该专利或者申请专利的权利，并以使用费或者使用该发明的收益作为对价的，执行中央政府命令为政府目的使用该发明，适用本法第100条第（3）款的规定，就像该使用根据该条作出的授权的使用；并且根据本法第100条第（3）款的规定为政府目的使用该发明的，应当有效，有关专利权人的规定视为包括专利让与人的规定，并且根据该款获得的使用费应当在专利权人和专利让与人之间分配，分配比例由双方协商确定，协商不成的，由高级法院根据本法第 103 条的规定确定适当的比例。

（3）根据本法第 100 条第（3）款的规定，中央政府或者经其授权之人为政府目的使用一项发明需要支付报酬的，并且该专利存在为政府目的使用专利的独占被许可他人的，其数额应当由专利权人和该被许可人按照商定的比例分配；协商不成的，由高级法院根据本法第 103 条的规定，考虑该被许可人在下列方面支出的费用，确定适当的比例：

（a）改进上述发明；

（b）除了使用费或者其他作为许可使用该发明的报酬外，向专利权人支付的费用。

第 102 条 中央政府征收发明和专利

（1）中央政府认为有必要为公共目的从专利申请人或者专利权人征收一项发明的，可以在政府公报上公布征收通知，该发明或者该专利及其相关权利应当随即按照本条规定转让并归属于中央政府。

（2）征收通知应当送交专利申请人，已经授予专利权的，应当送交专利权人以及其他对专利享有权利并登记在专利登记簿中的人。

（3）中央政府应当向专利申请人或者专利权人以及其他对专利享有权利并登记在专利登记簿中的人支付补偿金，数额由中央政府与专利权利人协商确定；协商不成的，由高级法院参照本法第 103 条的规定，并考虑完成发明创造支出的费用，如果是专利的，则要考虑专利的期限、已经实施的时间和实施方式（包括专利权人或者其独占被许可人或者其他被许可人通过实施获得的利润）及其他相关因素，公平确定补偿数额。

第 103 条 高级法院处理有关为政府目的使用发明产生的争议的依据

（1）有关中央政府或者其授权之人行使本法第 100 条规定职

权产生的争议，或者有关为政府目的使用一项发明的条件的争议，或者有关按照本法第100条第（3）款获得报酬权利的争议，或者有关根据本法第102条征收发明或者专利而支付的补偿金数额的争议，可以由争议的任一方当事人按照高级法院规定的方式诉诸于高级法院。

（2）在本条规定的中央政府属于一方当事人的任何程序中：

（a）如果专利权人是程序的一方当事人，中央政府可以基于本法第64条关于撤销专利权的任何理由以反诉的方式请求撤销该专利权；

（b）无论专利权人是否为一方当事人，中央政府可以质疑专利权的有效性而不请求撤销专利权。

（3）如果在上述程序中产生一项发明是否已按照本法第100条的规定被记录在案、测试或者试验过的问题，并且在中央政府看来，有关该发明的文件的公开或者其测试或者试验证据的公开会损害公共利益，则公开的事项应当秘密出示给其他当事人的辩护律师或者双方同意的中立专家。

（4）在根据本条规定对中央政府和任何人之间有关为政府目的使用发明的条件的争议作出决定时，高级法院应当注意到该人或者其权利继受人从为政府目的使用涉案发明中可能已经直接或者间接获得，或者可能有权直接或者间接获得的任何利益或者补偿。

（5）在本条规定的任何程序中，高级法院可以随时命令将整个案件或者任何问题或者其中的事实争议按照高级法院指示的条件提交给正式的鉴定人、特派员或者仲裁人，并且应当对本条前述规定的高级法院适用的依据作相应的解释。

（6）专利发明是由中央政府或者州政府工作人员或者政府实体的雇员完成，并且发明主题经相应政府或者政府实体的主要负责人鉴定与政府工作人员或者政府实体的雇员履行正常职务的工作有关的，则尽管有本条的规定，有关该发明的第（1）款规定种类的争议应当由中央政府按照本条规定进行处理，只要该规定可以适用。但是在此之前，中央政府应当给予专利权人和它认为与该事项有利害关系的其他当事人以听证机会。

第十八章　专利侵权诉讼

第 104 条　管辖

第 105 条规定的宣告不侵权诉讼、第 106 条规定的请求救济诉讼以及专利侵权诉讼，不得向具有上述诉讼的管辖权的地区法院的下级法院提起。但是，专利侵权诉讼的被告反诉专利无效的，侵权诉讼连同反诉应当一并移送高级法院管辖。

第 104A 条　专利侵权诉讼中的举证责任

（1）在侵犯主题是获得一种产品的方法的专利的诉讼中，法院可以指令被告证明其使用的获得相同产品的方法不同于专利方法，如果：

（a）专利的主题是获得新产品的方法；

（b）相同产品是采用专利方法获得的可能性很大，并且专利权人或者其权利继受人通过合理努力依然不能确定实际使用的方法：

但是，专利权人或者其权利继受人应当首先证明，该侵权产品与采用专利方法直接获得的产品相同。

（2）在考虑一方当事人是否已经履行第（1）款规定的举证责任时，如果法院认为要求其公开任何制造秘密或者商业秘密是不合理的，则法院不应当要求其公开。

第 105 条　法院宣告不侵权的职权

（1）尽管有 1963 年特殊救济法（1963 年第 47 号法案）第 34 条的规定，有下列情形的，任何人均可对专利权人或者排他性被许可人提起诉讼，要求宣告其使用的方法或者制造、使用或者销售的任何产品没有或者不会侵犯专利权，即使专利权人或者独占被许可人没有指控其侵权：

（a）原告已经书面请求专利权人或者独占被许可人出具不侵权确认书，并向后者提供了涉案方法或者产品的完整书面说明；

（b）专利权人或者独占被许可人拒绝或者疏于出具这种确认书。

（2）根据本条规定提起的宣告不侵权诉讼，所有当事人的费用应当由原告负担，但是因特殊原因法院认为合适而作出其他命令的除外。

（3）在根据本条规定提起的宣告不侵权诉讼中，不得质疑专利权利要求的有效性，因此人民法院作出不侵权宣告或者拒绝作出不侵权宣告不得被认为是意指专利有效或者无效。

（4）根据本条规定提起的宣告不侵权诉讼可以在授权公告后的任何时间提起，并且本条对专利权人的规定应当作相应的解释。

第106条 法院对无理由的侵权诉讼威胁给予救济的职权

（1）任何人（无论是否对专利或者专利申请享有权益）通过信函、广告或者通信，以口头或者书面形式通知他人，以提起专利侵权诉讼相威胁的，受到威胁的任何人均可提起诉讼寻求下列救济：

（a）宣告这种威胁是无理的；

（b）禁止继续进行这种威胁；

（c）如果存在因这种威胁造成损害的，支付赔偿金。

（2）法院可以给予原告其请求的所有或者任何上述救济，除非诉讼中的被告证明，涉案行为侵犯或者将要侵犯其专利权，或者其未被原告证明为无效的完整说明书权利要求的公布而产生的权利。

解释：仅告知他人一项专利权存在，不构成本条意义上的诉讼威胁。

第107条 专利侵权诉讼中的抗辩等

（1）在专利侵权诉讼中，本法第64条规定的撤销专利权的理由，可以作为抗辩的理由。

（2）在涉及制造、使用或者进口机器、设备或者其他产品，或者使用方法，或者任何药物或者药品的进口、使用或者销售的专利侵权诉讼中，所述制造、使用、进口或者销售符合本法第

47 条规定的任何一种或者多种情形的，应当作为抗辩理由。

第 107A 条 不视为侵权的行为

为本法之目的：

（a）根据印度或者其他国家规范产品的制造、建造、使用、销售或者进口的现行有效的法律的规定，需要某种信息，对于该信息的提交和开发合理相关的制造、建造、使用、销售或者进口专利发明的行为，不视为专利侵权行为；

（b）他人根据法律授权进行生产和销售专利产品，任何人从该人处获得专利产品后进口的，不得被认为属于专利侵权行为。

第 108 条 专利侵权诉讼中的救济

（1）在专利侵权诉讼中，法院可以给予的救济包括禁令（按照法院认为合适的条件，如果有的话）以及原告选择的损害赔偿或者利润。

（2）法院根据案情认为合适的，也可以命令扣押、没收或者销毁侵权货物和主要用于生产侵权货物的原料和工具，而不给予任何补偿。

第 109 条 独占被许可人参与诉讼指控侵权的权利

（1）独占被许可人应当享有与专利权人相同的权利，对有关颁发专利使用许可证之后发生的专利侵权行为提起诉讼，并获得损害赔偿或者利润或者给予任何其他救济。在诉讼中，法院应当考虑被许可人遭受的或者可能遭受的损害，或者根据案情考虑通过侵权获得的利润，只要该侵权行为损害了被许可人的权利，以确定赔偿的数额或者利润的数额。

（2）对于独占被许可人根据第（1）款提起的专利侵权诉讼，除专利权人已经作为原告参与诉讼外，专利权人应当作为被告加入诉讼，但是不得要求作为被告的专利权人缴纳任何诉讼费，除非作为被告的专利权人出庭并且参加诉讼。

第 110 条 第 84 条规定的被许可人提起侵权诉讼的权利

根据第 84 条获得专利使用许可的任何人应当有权要求专利

权人提起诉讼阻止专利侵权，并且如果专利权人自被要求之日起2个月内拒绝或者未起诉的，被许可人视为专利权人，有权以自己的名义起诉专利侵权行为，专利权人列为被告；但是不得要求作为被告的专利权人缴纳任何诉讼费，除非作为被告的专利权人出庭并且参加诉讼。

第111条 对法院因侵权而给予损害赔偿或者利润的职权的限制

（1）在专利权侵权诉讼中，被告证明其在侵权期间不知道也没有合理理由认为该专利权存在的，法院不得给予损害赔偿或者利润。

解释：行为人不得仅因为产品上使用了"专利""已获专利"或者标明或者暗示该产品已经获得专利权保护的任何文字或者措辞，而被认为已经知道或者已经有合理理由认为存在专利权，除非这些文字或者措辞附注有专利号。

（2）在专利侵权诉讼中，对于没有在规定期限内缴纳维持费之后并且在该期限的延长期之前发生的侵犯专利权行为，法院认为合适的，可以拒绝给予损害赔偿或者利润。

（3）在说明书公布之后，被允许以放弃、改正或者解释的方式修改该说明书的，在专利侵权诉讼中，对于允许修改决定作出之日前使用发明的行为，法院不得给予损害赔偿或者利润，除非法院认为，该原始公布的说明书善意地以合理技能和知识撰写。

（4）本条规定不应当影响法院在专利侵权诉讼中颁发禁令的职权。

第112条 对法院在某些案件中颁发禁令职权的限制〔已删除〕

第113条 说明书有效性证明和与其相关的后续侵权诉讼的诉讼费

（1）在本法第64条和第104条规定的撤销专利权的申诉程序或者诉讼程序中，说明书权利要求的有效性被提出质疑并且申诉委员会或者高级法院认定有效的，申诉委员会或者高级法院可以证明该权利要求的有效性被提出过质疑并且被维持有效。

（2）授予上述有效性证明后，如果在一个法院中提起的侵犯该权利要求的后续诉讼中或者在其后与该权利要求有关的撤销专利权诉讼中，专利权人或者依赖该权利要求有效性的其他人胜诉的，其应当有权获得责令被告向其支付上述案件的或者其附带的、合理产生的全部成本、开销和费用的命令，只要这些开支涉及有关被颁发证明书的权利要求，但审理该案的法院另行指令的除外。但是，法院认为质疑权利要求有效性一方已经证明，其在提出质疑时不知道已经颁发证明书并且在知道该证明书后立即撤销了该抗辩的，不得命令其向原告支付本款规定的诉讼费。

（3）本条规定不得被解释为授权法院或者申诉委员会对专利侵权诉讼或者请求撤销专利权的诉讼中有关诉讼费承担比例的判决或者命令的申诉进行审理。

第114条 对侵犯说明书部分有效的专利权的救济

（1）如果在专利侵权诉讼中发现，说明书权利要求中主张被侵犯的权利要求有效，其他权利要求无效的，法院可以对被侵犯的权利要求给予救济。但是，除第（2）款规定的情形之外，法院不得给予禁令以外的救济。

（2）如果原告证明，无效权利要求是善意地以合理技能和知识撰写的，法院应当按照有关诉讼费、损害赔偿或者利润计算的起始日的自由裁量对被侵权的有效权利要求给予救济，并且在进行自由裁量时，法院可以考虑当事人将无效权利要求写入说明书或者保留在说明书中的行为。

第115条 专家顾问

（1）在根据本法在法院进行的任何专利侵权诉讼或者程序中，法院可以随时指定独立的专家顾问，以辅助法院或者查明并报告事实问题或者观点问题（不包括法律解释问题），无论当事人是否为该目的提出申请。

（2）专家顾问的报酬应当由法院确定，并且应当包括报告制作费和专家顾问被要求出庭的合理日常费用。为此目的，该报酬应当通过法律规定由国会支付。

第十九章　　向申诉委员会申诉

第 116 条　申诉委员会

（1）除本法另有规定外，根据 1999 年商标法第 83 条设立的申诉委员会应当是为本法之目的的申诉委员会，该委员会应当行使本法或者根据本法授予的管辖权、职权和职能。但是，为本法之目的的申诉委员会的技术委员应当具有本条第（2）款规定的资格。

（2）符合下列条件的人有资格被任命为为本法之目的的申诉委员会的技术委员：

（a）已经担任本法规定的负责人或者行使本法规定的负责人职能至少 5 年；

（b）作为注册专利代理人，已经从事职务至少 10 年，并且获得依法设立的大学的工程或者技术学位或者自然科学领域的硕士学位或者同等学位；

（c）已删除。

第 117 条　申诉委员会的成员

（1）中央政府应当确定协助申诉委员会履行本法规定职能所必需的官员和其他雇员的种类和级别，并向申诉委员会提供其认为合适的上述官员和其他雇员。

（2）申诉委员会的官员和其他雇员的服务薪水和补贴应当按照规定支付。

（3）申诉委员会的官员和其他雇员应当在申诉委员会主任的总监督下以规定方式履行其职能。

第 117A 条　向申诉委员会提起申诉

（1）除本条第（2）款另有规定外，对于中央政府根据本法作出或者颁布的任何决定、命令或者指令或者负责人为执行上述任何决定、命令或者指令之目的而作出的任何行为或者命令，不得提起申诉。

（2）对于负责人或者中央政府根据本法第 15 条至第 20 条、第 25 条第（4）款、第 28 条、第 51 条、第 54 条、第 57 条、第 60 条、第 61 条、第 63 条、第 66 条、第 69 条第（3）款、第 78 条、第 84 条第（1）款至第（5）款、第 85 条、第 88 条、第 91 条、第 92 条、第 94 条作出的决定、命令或者指令，可以提起申诉。

（3）本条规定的申诉应当以规定形式提出，并且以规定方式举证说明，同时提交一份申诉所针对的决定、命令或者指令的副本和缴纳规定的费用。

（4）申诉应当自负责人或者中央政府作出决定、命令或者指令之日起 3 个月内或者在申诉委员会根据其制定的规则允许的更长期限内提出。

第 117B 条　申诉委员会的程序和职权

申诉委员会根据本法履行职能，适用 1999 年商标法第 84 条第（2）款至第（6）款、第 87 条、第 92 条、第 95 条、第 96 条的规定。

第 117C 条　法院管辖权的例外等

法院或者其他机构不得享有或者被授权行使关于第 117A 条第（2）款或者第 117D 条规定事项的管辖权或者权力、职权。

第 117D 条　向申诉委员会请求更正专利登记簿等的程序

（1）根据第 64 条的规定向申诉委员会提出的撤销专利请求和根据第 71 条的规定向申诉委员会提出的更正专利登记簿请求，应当以规定形式提出。

（2）申诉委员会根据本法作出有关某项专利的命令或者判决的，应当将其经核准的副本送达负责人，负责人应当执行委员会的命令，并且按照该命令变更或者更正专利登记簿中的登记事项。

第117E条 负责人参加某些法律程序

（1）对于下列诉讼，负责人应当有权出庭听证：

（a）申诉委员会审理的任何法律程序，在该程序中寻求的救济包括变更或者更正专利登记簿的，或者在该程序中提出了有关专利局业务的任何问题的；

（b）对负责人作出的有关专利申请的命令提起的任何申诉，而该命令：

（i）没有被提出异议，并且该专利申请被负责人驳回或者经过修改、更正或者附以条件或者限制后被其接受；

（ii）已经被提出异议，并且负责人认为其出庭是为维护公共利益所必需的。

另外，对于任何案件，申诉委员会指令负责人出庭的，负责人应当出庭。

（2）除申诉委员会另有指令外，负责人可以通过提交其签名的书面陈述，对有关争议事项或者其决定的理由或者专利局类似案件的处理，或者负责人认为必需的、有关争议的其他事项，进行其认为正确的详细说明来代替出庭。该陈述应当作为该程序中的证据。

第117F条 申诉案件中负责人承担的费用

在所有本法规定的在申诉委员进行的程序中，负责人的费用应当根据申诉委员会的指令承担，但是不得被命令支付任何当事人的费用。

第117G条 未决案件移交申诉委员会

对负责人作出的命令或者决定不服提起申诉的所有案件，以及所有撤销专利权的案件，但不包括任何高级法院未决的在专利侵权诉讼中反诉撤销专利和更正登记簿中记录的案件，均应当自中央政府在政府公报上公布之日起移交申诉委员会，该委员会可以重新处理该案，也可以从移交时继续处理。

第117H条 申诉委员会制定规则的职权

申诉委员会可以根据本法制定有关本法规定的所有在该委员

会进行的程序的行为和程序的规则。

第二十章　罚　则

第 118 条　违反有关某些发明的保密规定

任何人违反本法第 35 条规定的指令或者违反本法第 39 条提出或者促使提出专利申请的，应当被处以最长 2 年的监禁或者被处以罚金或者二者并罚。

第 119 条　在专利登记簿上作虚假登记等

任何人在本法规定的专利登记簿上作出或者促使作出虚假登记，或者伪造专利登记条目，或者出示、提交或者促使出示、提交明知是虚假的文件作为证据的，应当被处以最长 2 年的监禁或者被处以罚金或者二者并罚。

第 120 条　未被授权而声称享有专利权

任何人虚假声称，其销售的产品为受印度专利保护的产品或者是印度专利申请的主题的，应当处以最高十万卢比的罚金。

解释 1：为本条之目的，应当认为行为人声称：

（a）产品为受印度专利保护的产品，如果该产品上铭刻、雕刻、加盖或者以其他方式使用了"专利""已获专利的"或者其他一些表明或者暗示已经在印度获得产品专利权的字样；

（b）产品为印度专利申请的主题，如果该产品上铭刻、雕刻、加盖或者以其他方式使用了"申请专利的""未决专利"或者其他一些暗示该产品已经在印度提出专利申请的字样。

解释 2：使用"专利""已获专利的""申请专利的""未决专利"，或者表明或者暗示产品是专利产品或者该产品申请了专利的其他字样的，应当被认为涉及印度专利或者印度专利申请，除非同时有迹象表明已经在印度之外的国家获得专利权或者已经提出申请。

第 121 条　不正当使用"专利局"字样

任何人在其营业场所或者其签发的文件上或者以其他方式使

用"专利局"字样，或者其他会使人合理相信其营业场所为专利局或者与专利局有官方联系的字样的，应当被处以最长 6 个月的监禁或者被处以罚款或者二者并罚。

第 122 条　拒绝或者未能提供信息

(1) 任何人拒绝或者未能：

(a) 向中央政府提供根据本法第 100 条第（5）款的规定要求其提供的任何信息的；

(b) 向负责人提供根据本法第 146 条的规定要求其提供的任何信息或者声明的，应当被处以最高一百万卢比的罚金。

(2) 被要求提供第（1）款规定信息的任何人，提供虚假信息或者声明，并且其知道该信息或者声明是虚假的或者有理由相信为虚假的或者其不相信是真实的，应当被处以最长 6 个月的监禁或者被处以罚金或者二者并罚。

第 123 条　未经注册的专利代理人执业

任何人初次违反本法第 129 条的规定的，应当被处以最高十万卢比的罚金，以后再次或者多次违反本法第 129 条的规定的，应当被处以最高五十万卢比的罚款。

第 124 条　公司违法

(1) 如果违反本法规定的行为人是公司，公司连同负责违法行为发生时的主管或者负责公司业务的人员均应当被认为违法，应当被起诉并且受到相应的处罚。但是，本款的规定不得使能够证明其对该违法行为的发生不知情或者已经尽到了应尽的注意义务以防止该违法行为的发生的人受到处罚。

(2) 尽管有第（1）款的规定，但是公司实施本法规定的违法行为，有证据证明该违法行为的实施已经公司董事、经理、秘书或者其他官员同意或者默许的，或者该违法行为部分归因于公司董事、经理、秘书或者其他官员的，该公司董事、经理、秘书或者其他官员也应当被认为违法，应当被起诉并且受到相应的处罚。

解释：为本条之目的：

（a）"公司"是指任何法人团体，包括合伙企业或者其他个人组织；

（b）"主管"，对于合伙企业而言，是指合伙企业的合伙人。

第二十一章 专利代理人

第 125 条 专利代理人的注册

（1）负责人应当设立专利代理人注册簿，注册本法第 126 条规定的所有有资格的人的姓名、住址及其他规定的相关事项。

（2）尽管有第（1）款的规定，负责人按照规定的安全措施将专利代理人注册簿保存在计算机软盘、磁盘或者其他电子形式的载体上，仍应当是合法的。

第 126 条 作为专利代理人注册的资格

（1）符合下列条件的人员应当有资格在专利代理人注册簿中予以注册：

（a）是印度公民；

（b）已经年满 21 周岁；

（c）已经获得依法设立的印度大学颁发的科学、工程或者技术学位，或者具有中央政府为此规定的其他同等资格，以及：

（i）已删除；

（ii）已经通过了为此目的规定的资格考试；

（iii）已经根据本法第 73 条规定从事审查员工作或者履行负责人的职能或者两者至少 10 年，但在申请注册时已经辞去上述职位；

（d）已经缴纳规定的费用。

（2）尽管已有第（1）款的规定，在 2005 年专利法修正案实施之前已经作为专利代理人注册的人员，应当有资格继续作为专利代理人，或者要求重新注册时，在缴纳了规定费用后重新注册为专利代理人。

第 127 条　专利代理人的权利

按照本法及根据本法制定的规则的规定，其姓名登记在册的每个专利代理人有资格：

（a）在负责人面前执业；

（b）准备所有文件、办理所有业务以及履行其他规定的、与在负责人面前根据本法进行的程序有关的职能。

第 128 条　专利代理人签署和修改某些文件

（1）根据本法向负责人提交的所有申请和信件可以由有关人员书面授权的专利代理人签名。

（2）已删除。

第 129 条　对专利代理人执业的限制

（1）任何人不得单独或者伙同他人以专利代理人的名义执业、描述或者声称为专利代理人，或者允许自己被这样描述或者声称，除非他已经注册为专利代理人或者他与其合伙人均已注册为专利代理人。

（2）任何公司或者其他法人团体不得以专利代理人的名义执业、描述自己或者自称为专利代理人，或者允许自己被这样描述或者声称。

解释：为本条之目的，以专利代理人的名义执业包括下列行为：

（a）在印度或者其他地方提出专利申请或者获得专利；

（b）准备说明书或者其他为本法目的或者其他国家专利法目的的文件；

（c）提供关于专利权有效性或者专利侵权行为的建议，但是提供科学的或者技术的建议除外。

第 130 条　专利代理人注册的撤销和恢复

（1）在给予注册专利代理人听证的合理机会和进行负责人认为合适的进一步调查（若有的话）后，负责人可以从专利代理人注册簿中将任何人的姓名予以撤销，如果他认为：

（i）该人的姓名是因为错误或者重要事实的误传、隐瞒而登记在专利代理人注册簿上的；

（ii）该人已经被证明有罪并且被判处一定期限的监禁或者以专利代理人名义实施了不正当行为，负责人认为其不适合作为专利代理人登记在册的。

（2）负责人可以根据申请及已说明的充分理由，将从专利代理人登记簿中被撤销的任何人的姓名重新登记在专利代理人注册簿上。

第 131 条 负责人拒绝某些专利代理人代为专利事务的职权

（1）按照为此制定的规则的规定，负责人可以拒绝承认下列人员为有关本法规定事务的专利代理人：

（a）已经从专利代理人注册簿中除名并且没有重新注册的个人；

（b）已被判决实施了本法第 123 条规定的犯罪行为的任何人；

（c）负责人认为其以雇主的名义或者为雇主的利益在印度或者其他地方代为申请专利的、未注册为专利代理人的任何人；

（d）由负责人可拒绝承认其为有关本法规定事务的专利代理人的任何人担任董事或者经理或者合伙人的任何公司或者合伙企业。

（2）负责人应当拒绝承认在印度没有住所或者营业场所的任何人为有关本法规定事务的专利代理人。

第 132 条 关于经授权作为代理人代为本法规定事务的例外

本章规定不得被认为禁止：

（a）专利申请人起草说明书或者在负责人面前从事本法规定的其他事务；

（b）不是专利代理人的律师代表正在参加本法规定的任何程序的当事人参加任何听证。

第二十二章 国际协议

第 133 条 公约成员国

与印度同为国际、区域或者双边条约、公约或者协议的签约国或者成员的国家或者国家团体、国家联盟或者政府间组织，就专利权的授予和保护问题，向印度专利申请人或者印度公民提供与其公民或者其成员国公民相类似的特权的，应当属于为本法目的之一个或者多个公约成员国。

第134条 关于不提供互惠的国家的公告

中央政府在政府公报上公布的、就专利权授予和保护的权利不给予印度国民与其本国国民相同的待遇的国家的国民，无权单独或者与其他任何人共同：

（a）申请授予专利权或者登记为专利权人；

（b）登记为专利权人的受让人；

（c）根据本法申请专利许可证或者持有专利许可证。

第135条 公约申请

（1）在不违背本法第6条规定的情况下，申请人在一个公约国家提出发明专利申请（下称"基础申请"），并且该申请人或者其法定代理人或者其受让人在基础申请提出后12个月内根据本法提出专利申请，完整说明书的权利要求基于基础申请公开的发明内容的，其优先权日为提出基础申请的申请日。

解释：就一项发明在两个或者两个以上公约国家提出多个申请类似保护申请的，本款规定的12个月期限应当自首次申请提出之日起计算。

（2）对同类（或者其中一项发明是对另一项发明的改进）的两项或者多项发明在一个或者多个公约国家提出多个保护申请的，可以自首次保护申请的申请日起12个月内按照本法第10条的规定提出有关这些发明的一件公约申请。但是，提交上述申请应当缴纳的费用数额与对每一项发明分别提出申请一样，并且本法第136条第（1）款（b）项规定的条件应当分别适用于对每一项发明提出的保护申请。

（3）根据《专利合作条约》提交的专利申请指定印度，并且要求在印度提交的在先专利申请的优先权的，应当适用第（1）

款和第（2）款的规定，就像在先专利申请是基础申请一样。但是，只有对在印度提交的专利申请，才能根据本法第 11B 条的规定提出审查请求。

第 136 条 有关公约申请的特殊规定

（1）一份公约申请应当：

（a）提交完整说明书；

（b）载明所要求保护的申请的申请日和公约国（或者根据情况，提交首次申请的公约国）；

（c）声明在首次申请的申请日之前申请人或者其在先权利人对该发明没有在公约国家提出任何申请。

（2）对于在公约国家提出的申请的发明的改进发明或者增补发明，专利申请人有权根据本法第 6 条的规定另行单独提出专利申请的，与公约申请一起提交的符合本法第 10 条规定的完整说明书可以包括与该改进发明或者增补发明有关的权利要求。

（3）公约申请不得根据本法第 17 条第（1）款的规定迟签为晚于根据本法规定应提交该申请的最后日期。

第 137 条 多项优先权

（1）在一个或者多个公约国家提出两项或者多项发明专利申请，并且这些发明构成一项总的发明的，本法第 135 条第（1）款规定的所有人或者其中任一人可以在自首次申请申请日起的 12 个月内对基础申请的说明书记载的多项发明提出一件申请。

（2）完整说明书的权利要求基于基础申请披露的一项或者多项发明的，其优先权日是该发明首次披露的日期。

（3）为本法之目的，如果一项发明在基础申请或者申请人为支持该申请而与之同时提交的其他文件中被要求保护或者被披露（除以撤回申请或者承认为现有技术的方式除外），应当被认为已经在公约国家的基础保护申请中被披露。但是，除该文件的副本与公约申请一并或者在提交后的规定期限内向专利局提交之外，不得考虑这种文件的披露。

第138条 关于公约申请的补充规定

（1）按照本章规定提交公约申请的，当负责人要求的，申请人除提交完整说明书外，还应当提交本法第133条规定的申请人向公约国专利局提交或者存放的说明书或者相应文件的副本。该副本应当以令负责人满意的方式证明并且在自负责人通知之日起的规定时间内提交。

（2）上述说明书或者其他文件是外文的，应当根据负责人的要求提交其英文译本，但是该英文译本应当通过宣誓或者其他令负责人满意的方式证明。

（3）为本法之目的，在公约国提交申请之日，即为负责人根据该国政府长官或者专利局局长出具证明书或者其他方式证明的、在该公约国提交申请的日期。

（4）根据《专利合作条约》提交并指定印度的国际申请应当具有根据本法第7条、第54条和第135条提交申请的效力（视具体情况而定），国际申请中提交的发明创造名称、说明书、权利要求书、摘要以及附图应当视为为本法之目的的完整说明书。

（5）专利局作为指定局处理的专利申请及其完整说明书的提交日，应当是根据《专利合作条约》确定的国际提交日。

（6）指定印度或者指定并选定印度的国际申请的申请人在国际检索单位或者国际初步审查单位作出的修改，如果申请人要求的，应当被视为在专利局作出的修改。

第139条 本法适用于公约申请的其他规定

除本章另有规定外，本法应当适用于公约申请及根据该申请授予的专利权，正如适用于普通申请及根据该申请授予的专利权一样。

第二十三章　其他规定

第140条 无效的限制性条件

（1）在下列合同中：

（i）专利产品或者采用专利方法获得的产品的销售或者租赁合同或者与之有关的其他合同；

（ii）制造或者使用专利产品的许可合同；

（iii）实施受专利保护的任何方法的许可合同，写入具有下列效果的条件是不合法的，并且该条件无效：

（a）要求购买者、承租人或者被许可人从销售者、出租人或者许可人或者其代理人处获取非专利产品或者非采用专利方法获得的产品，或者禁止或者以任何方式或者任何程度限制其从任何人处获取这类产品的权利或者禁止其从除销售者、出租人或者许可人或者其代理人之外的任何人处获取这类产品；

（b）禁止购买者、承租人或者被许可人使用，或者以任何方式或者任何程度限制其使用，不是由销售者、出租人或者许可人或者其代理人提供的非专利产品或者非采用专利方法获得的产品；

（c）禁止购买者、承租人或者被许可人使用或者以任何方式或者任何程度限制其使用非专利方法的任何方法；

（d）提供排他性返授、阻止对专利有效性提出质疑以及强制性一揽子许可。

（2）第（1）款（a）项、（b）项或者（c）项规定性质的条件不得仅因为包含该条件的协议是分别签订的这一事实而不再是属于该款规定范围的条件，无论有关销售、租赁或者许可专利产品或者方法的合同签订在前或者在后。

（3）在专利侵权诉讼中，证明侵权时存在有效专利合同，并且该合同包含本条规定的非法条件，应当属于抗辩理由。但是，如果原告不是合同的当事人向法院证明他对该限制条件写入合同明显不知情或者为取得其明示或者暗示的同意，则不得适用本款规定。

（4）本条规定不得：

（a）影响合同中禁止某人销售除某特定人员所提供货物之外的货物的条件；

（b）使如果没有本条规定将无效的合同有效；

（c）影响租赁或者许可使用专利产品的合同中，出租人或者许可人保留给自己或者其代理人的提供需要在维修中改造或者维护专利产品的新部件的权利的条件。

（5）已删除。

第 141 条　特定合同的终止

（1）签订合同时保护产品或者方法的专利失效的，专利的购买者、承租人或者被许可人可以在其后的任何时间终止销售或者租赁专利产品的合同，或者许可制造、使用或者实施专利产品或者方法的合同，或者与这种销售、租赁或者许可有关的合同，尽管该合同或者其他任何合同中有相反的规定，但应当提前 3 个月书面通知另一方当事人。

（2）本条规定不得损害本条之外的终止可履行合同的权利。

第 142 条　费用

（1）对于专利权的授予及其申请、本法规定与授予专利权有关的其他事项应当缴纳费用，其数额由中央政府规定。

（2）对于负责人作出某一行为应当缴纳费用的，在该费用缴纳之前负责人不得作出该行为。

（3）对于向专利局提交文件应当缴纳费用的，该费用应当在提交该文件时一并缴纳或者在规定期限内缴纳。逾期未缴纳费用的，该文件视为未提交。

（4）自申请日起 2 年后才授予主专利权的，已经到期的费用可以在自登记该专利之日起的 3 个月内或者在自登记之日起不迟于 9 个月的延长期限内缴纳。

第 143 条　对说明书公布的限制

在符合本法第七章规定的前提下，专利申请及其说明书非经申请人同意，不得在本法第 11A 条第（1）款规定期限届满之前或者在按照本法第 11A 条第（3）款或者第 43 条的规定公开供公众查询之前，由负责人予以公布。

第 144 条 对审查员报告的保密

审查员根据本法向负责人提交的报告不得公开供公众查询或者由负责人公布；并且不得在任何法律程序中复制或者查询该报告，除非法院认定为了司法之目的复制和查询是需要的，进而应该允许。

第 145 条 官方公报的出版

负责人应当定期出版官方公报，公布按照以及根据本法或者依据本法制定的规则的规定要求公开的信息。

第 146 条 负责人要求专利权人提供信息的职权

（1）在专利权有效期间，负责人可以通过书面通知要求专利权人或者独占被许可人或者其他被许可人，在自该通知之日起 2 个月内或者负责人允许的更长期限内提交该通知书指出的、关于该专利发明在印度商业实施程度的信息或者定期的声明。

（2）在不违背本条第（1）款规定的情况下，专利权人和被许可人（无论排他性许可还是其他）应当以规定方式和形式每隔规定的期间（至少 6 个月）提交关于该专利发明在印度商业实施程度的声明。

（3）负责人可以公布其收到的、根据第（1）款或者第（2）款的规定以规定方式提交的信息。

第 147 条 登记、文件等证据

（1）由负责人签署的、关于本法或者依据本法制定的规则授权负责人作出或者进行的登记或者事项的证明书，应当是已经登记、登记内容、已完成或者未完成事项的初步证据。

（2）登记簿登记事项或者专利局保存文件或者专利副本或者上述登记或者文件的摘录的副本，经负责人核实并加盖专利局公章的，应当在所有法庭、诉讼程序中被承认为证据，无需出示原件或者其他证据。

（3）除法院因为特殊原因作出命令之外，在负责人或者专利局其他官员不是当事人的任何法律程序中，不得强迫负责人或者

专利局其他官员复制其保管的登记簿或者其他任何文件，如果其内容可以通过出示根据本法颁发的经核准的副本证明，或者作为证人出庭证明其中内容。

第148条 由于未成年、心智丧失等的宣告

（1）任何人因未成年、心智丧失或者其他不利条件不能作出或者完成本法要求或者允许的声明或者事项的，其法定监护人、保护人或者管理人（如果有），如果没有上述人员，则由这种财产具有管辖权的法院指定的任何人，可以根据情况以无行为能力人的名义为其利益作出这种陈述或者与之相应的陈述和完成上述事项。

（2）根据为无行为能力人利益的行为人或者与该声明的作出或者该事项的完成有利害关系的其他人的请求，法院可以为本条之目的指定代理人。

第149条 通过邮寄进行的通知等的送达

按照或者根据本法规定要求或者授权作出的任何通知和由此作出或者提交的任何申请或者其他文件，可以通过邮寄发出、作出或者提交。

第150条 程序费用担保

根据本法提出异议通知或者向负责人申请授予专利实施许可的人，在印度没有住所，也没有从事工商业的，负责人可以要求其提供程序费用担保。未提供担保的，可以视为其放弃异议或者申请。

第151条 向负责人送交法院命令

（1）高级法院或者申诉委员会关于撤销请求的命令，包括出具权利要求有效证明书的命令，应当由该法院或者该委员会向负责人送达，负责人应当在专利登记簿中进行登记和注明。

（2）在专利侵权诉讼或者根据本法第106条的诉讼中，权利要求的有效性受到质疑并且该权利要求被法院判决有效或者无效的，法院应当向负责人送达判决书副本和命令，负责人收到后应当以规定方式在补充记录中登记有关该诉讼的事项。

（3）第（1）款和第（2）款的规定还应当适用于对前两款规定的申诉委员会或者法院判决不服提起的上诉进行审理的法院。

第 152 条 说明书等副本的传播及其查询［已删除］

第 153 条 专利信息

缴纳规定费用并以规定方式向负责人请求提供有关专利或者专利申请的规定事项的信息的人，应当有权获得上述信息。

第 154 条 专利证书的遗失或者损毁

专利证书遗失或者损毁，或者因令负责人满意的理由无法出示的，根据以规定方式提交的申请并缴纳规定费用后，负责人可以制作副本，加盖公章后交付该申请人。

第 155 条 向议会提交的负责人报告

政府应当每年一次向议会两院提交关于负责人执行本法的报告。

第 156 条 专利对政府的约束力

除本法另有规定外，本法对政府具有约束力，就像对任何人的约束力一样。

第 157 条 政府销售或者使用罚没物品的权力

本法不得影响政府或者直接或者间接从政府获得权利的任何人，销售或者使用根据现行法律罚没的任何物品的权力。

第 157A 条 印度国家安全的保护

尽管有本法的规定，中央政府：

（a）不得根据本法公开其认为损害印度国家安全利益的可获得专利权的发明或者申请的信息；

（b）通过在政府公报上发布通知的方式，采取其认为对于印度国家安全利益所必需的措施，包括撤销专利权。

解释：为本条之目的，术语"印度国家安全"包括为印度国家安全所必需的下列行为：

（i）有关裂变物质或者由此获得的物质的行为；

（ii）有关武器、弹药、战争器具以及为补给军事组织之目的直接或者间接进行的其他物资的交易行为；

（iii）战争时期或者其他国际关系紧急状况下采取的行为。

第 158 条　高级法院制定规则的职权

高级法院可以制定符合本法的、关于本法规定的所有诉讼的行为和程序的规则。

第 159 条　中央政府制定规则的职权

（1）为执行本法之目的，中央政府可以通过在政府公报上发布通知来制定规则。

（2）在不损害前述职权的普遍性的情况下，中央政府可以制定规则规定下列所有或者任一事项：

（i）专利申请、说明书或者附图以及向专利局提交的其他申请或者文件的形式和方式；

（ia）负责人允许根据第 8 条第（1）款规定提交意见陈述和保证书的期限，根据本法第 8 条第（2）款规定向负责人提交与处理专利申请有关的详细资料的期限和应当提交的详细资料；

（ib）根据本法第 10 条第（4）款但书的（ii）项（A）小项的规定，在说明书中就生物材料保存予以说明；

（ic）本法第 11A 条第（1）款规定不得公开专利申请的期限和该条第（2）款规定的申请人向负责人请求公开其专利申请的方式；

（id）本法第 11B 条第（1）款和第（3）款规定的提交专利申请审查请求的方式和周期；

（ie）本法第 11B 条第（4）款规定的撤回专利申请的方式和自撤销保密指令之日起请求审查的期限。

（ii）根据本法的规定完成任一行为或者事项的期限，包括根据本法的规定公布任何事项的方式和期限；

（iii）根据本法应当缴纳的费用及其缴纳方式、缴纳期限；

（iv）有关审查员向负责人提交报告的事项；

（v）负责人审查和处理根据本法第 25 条第（1）款提交的意见陈述的方式和期限。

（va）要求负责人处理本法第 39 条规定的申请的期限。

（vi）根据本法发出通知的形式、方式和期限；

（vii）为保护专利权终止后对可能对专利主题进行利用之人而在专利恢复命令中写入的条款；

（viii）专利局分支机构的设立，专利局及其分支机构的一般业务规范；

（ix）专利登记簿的维护和将登记簿保存于计算机软盘、磁盘或者其他任何电子媒介中应当遵守的安全标准，以及在登记簿中登记的事项；

（x）关于负责人具有民事法院职权的事项；

（xi）查询根据本法规定可以被查询的专利登记簿和其他文件的时间和方式；

（xii）为本法第 115 条之目的的技术专家顾问的资格和名单；

（xiia）本法第 117 条第（2）款规定的申诉委员会官员和其他雇员的薪水、津贴及其他服务条件；以及第（3）款规定的申诉委员会官员和其他雇员履行职责的方式；

（xiib）根据本法第 117A 条第（3）款的规定提起申诉的形式、举证方式以及应缴纳的费用；

（xiic）根据本法第 117D 条第（1）款的规定向申诉委员会提交的申请的形式以及包括的具体内容；

（xiii）政府因为征收发明而支付补偿的方式；

（xiv）本法第 125 条第（1）款规定的专利代理人注册簿的维护和该条第（2）款规定的将该注册簿保存于计算机软盘、磁盘或者其他任何电子媒介中应当遵守的安全标准；专利代理人资格考试的实施；与专利代理人执业和操行有关的事项，包括惩戒专利代理人不当行为的程序的启动；

（xv）制作、印刷、出版和销售专利局内的说明书及其他文件的索引和删节本的规范；以及索引、删节本及其他文件的查询；

（xvi）其他应当或者可以规定的事项。

（3）根据本条制定规则的权力应当满足在制定规则以前公布的条件。但是，政府认为存在致使其实际上不可能按照事先公布的条件执行的情形的，可以不按照该条件执行。

第160条 向议会提交规则

根据本法制定的规则应当制定后尽快在议会开会（包括在一次会议或者两次或者多次连续会议）的30天期间提交议会两院，并且在前述会议或者连续会议之后紧接的会议结束之前，两院同意修改该规则或者认为不应当制定该规则的，该规则的修正本应当自此有效或者该规则自此失效；但是上述修改或者废除不溯及既往。

第161条 关于根据1911年第2号法令被视为已驳回的专利申请的特殊规定〔已删除〕

第162条 1911年第2号法令中有关专利和救济的规定废止

（1）1911年印度专利和外观设计法中有关专利的规定据此废止，也就是说，应当以清单中指定的方式对上述法令进行修改。

第（2）款至第（3）款〔已删除〕。

（4）本条中所述的具体事项不得对1897年普通条款法（1897年第10号法案）关于废止问题的普遍适用产生任何影响。

（5）尽管已有本法的规定，本法开始实施时各法院尚未审结的专利侵权诉讼或者撤销专利权诉讼，可以继续适用旧法处理，就像本法未曾通过一样。

第163条 1958年第43号法案的修正〔已删除〕

印度 2000 年外观设计法[1]

2000 年第 16 号 2000 年 5 月 12 日公布于印度政府公报
（特刊第二篇第一节）

本法旨在合并和修改与外观设计保护相关的法律。由国会在印度共和国第 51 年通过，内容如下：

第一章 序 言

第 1 条 简称、适用范围、生效时间

（1）本法可被称为 2000 年外观设计法。

（2）本法效力及于印度全境。

（3）本法的生效时间由中央政府以公告的形式指定，本法不同的条款可以指定不同的生效时间，任何提及本法生效时间的条款应被解释为该条款的生效时间。

第 2 条 定义

除非主题或者上下文有不一致之处，在本法中：

（a）"产品"指任何加工产品和物品、手工艺品、半手工艺品、半自然产品以及产品中能单独生产和销售的部分；

（b）"负责人"指在第 3 条中提到的专利、外观设计和商标的总负责人；

（c）"版权"指产品的外观设计在其注册的类别中具有的独占权利；

（d）"外观设计"仅指通过任何工业过程或者方法，不论是

---

[1] 根据印度专利局网站（www.patentoffice.nic.in）上提供的英文版翻译。翻译：李丽；校对：王美芳。

手工、机械或者化学的，单独或者联合的，无论是在平面、立体或者二者结合地应用于产品上的形状、构造、图案、装饰、线条或者色彩的特征，产品的这些特征作用于视觉并仅由视觉判断；但不包括任何模型或者构造原理，或者实质上仅是机械装置的任何产品，也不包括 1958 年贸易和商标法第 2 条第 1 款第（v）项中定义的商标、印度刑法典第 479 条提到的产权号印以及 1957年版权法第 2 条第（c）项提到的艺术作品。[1958 年第 43 条1860 年第 45 条　1957 年第 14 条]

（e）"高级法院"与 1970 年专利法第 2 条第（I）款第（i）项规定的含义相同；

（f）"法定代表人"指在法律上有权利主张死者财产的人；

（g）"原创性"在外观设计方面指由设计者原创出来的外观设计，包括本身是已有的但应用是新的情形。

（h）"专利局"指 1970 年专利法第 74 条所指的专利局。[1970 年第 39 条]

（i）"规定"指根据本法的规则作出的规定；

（j）"一项新的或者原创的外观设计的所有者"指：

（i）当一项外观设计的作者出于善意为他人设计该外观设计时，指接受该外观设计的他人；

（ii）当某人获得了一项外观设计权或者获得了使用该外观设计的权利（排他性使用或者其他情形），意味着，在获得外观设计权或者使用权的范围内，获得了外观设计权或者使用权的人；

（iii）在其他情形下，指外观设计的作者；当外观设计的所有权或者使用权从最初的所有者转移给其他人的时候，包括其他人。

第二章　外观设计的注册

第 3 条　负责人和其他官员

（1）1958 年贸易和商标法第 4 条第（1）款任命的专利、外

观设计和商标的总负责人是本法中外观设计的负责人。[1958 年第 43 条]

（2）为本法的目的，中央政府可以任命和指定其认为合适数量的审查人员和其他官员。

（3）根据本法的规定，依据本法第（2）款任命的官员应当在负责人的监督和指示下履行职责。负责人的监督和指示权由本法赋予，负责人根据书面的一般规定或者特殊规定，授权他们履行职责。

（4）在无损于第（3）条的一般性规定的情况下，负责人可以根据书面指令和书面记录的原因撤回根据第（2）款任命的职员处理的未决事项，可以亲自重新处理该事项或者从该事项被撤回的阶段继续处理或者将该事项移交给根据第（2）条任命的另一官员来处理，这一官员可以重新处理该事项或者从该事项被移交的阶段开始继续处理。

第 4 条 禁止注册的外观设计

以下外观设计不能予以注册：

（a）不是新的或者不具有原创性；

（b）在印度境内或者其他国家通过有形出版物或者通过使用或者其他方式在申请日前（有优先权的在注册申请的优先权日前）被公众所知；

（c）与已知的外观设计或者已知的外观设计的组合相比，没有显著的区别；

（d）包含诽谤性或者淫秽内容的。

第 5 条 外观设计注册申请

（1）任何申请人申请要求成为一项新的或者具有原创性的外观设计的所有权人，如果该项外观设计之前没有在国内外公开发表并且没有违反公共秩序和社会公德，负责人可以依据本法对该项外观设计注册。

负责人在对外观设计申请作出注册决定之前，应根据第 3 条第（2）款任命审查员进行审查，并参考审查员的审查报告，以确定该外观设计是否能够依据本法及本法制定的细则予以注册。

（2）本条第（1）款中的申请应当采用规定格式并按规定方式向专利局递交，同时缴纳规定的费用。

（3）一项外观设计只能在一种类别中予以注册，在一项外观设计属于何种类别有疑问的情况下，由负责人作出决定。

（4）负责人可以根据其认为适当的理由驳回外观设计申请；对驳回决定不服的任何人可以向高级法院起诉。

（5）由于申请人的过错或者疏忽，没有在指定的时间内为使注册生效而进行补正，则该申请视为撤回。

（6）外观设计的注册日为申请注册的日期。

第6条　特殊产品的注册

（1）一项外观设计可以在规定类别中的任一或者全部产品中予以注册。

（2）对于产品应归类于何种类别的问题由负责人决定，并且其在该问题上的决定为最终的决定。

（3）如果一项外观设计已经在某一类别的产品中注册，那么该外观设计的所有人在该类别的任一或者多个其他产品中进行注册的申请不能被驳回，由此而产生的注册也不能被无效：

（a）不能只是因为它之前已经注册过，而认为该外观设计不是新的或者不具有原创性；

（b）不能只是因为它在之前已经注册过的产品上使用过，而认为该外观设计已经在印度国内外公开过。

前提是这类在后注册的外观设计的版权保护期不能超过在先注册而产生的版权保护期。

（4）申请人对某一产品的外观设计提出注册申请时：

（a）该外观设计已经被他人在其他产品上注册过；

（b）申请注册的外观设计包含一项之前被他人在同样或者其他产品中已经注册的外观设计，本外观设计做了修改和变化，但并不足以改变前一外观设计的特征或者实质性地影响二者的一致性。那么，如果在该申请注册前，该申请的申请人成为在先已经注册的外观设计的权利人，则适用本条前述规定，视为在申请时申请人已成为在先注册的外观设计的权利人。

第7条 已注册外观设计的公告

外观设计注册后，负责人应该立即按照规定的方式对该外观设计予以公告，之后，该外观设计接受公众的查询。

第8条 负责人对申请的替代等制定规则的权力

（1）在外观设计被注册之前，该外观设计的申请人或者申请人中的一人通过书面转让书或者协议的形式，或者根据法律的规定以规定的方式提出转让声明的，如果负责人批准该转让，且该申请之后能被注册，则受让人享有申请人的权利或者拥有外观设计不可分割的份额或者利益，负责人可以依据本条的规定，根据具体情况，指示申请应该以受让人和申请人或者其他共同申请人的名义进行。

（2）如果转让书或者协议只是由两个或者更多外观设计共同申请人中的一人作出，而没有得到其他共同申请人的同意，则不能作出上述指示。

（3）不能根据为分配外观设计的利益而达成的转让书或者协议而作出上述指示，除非：

（a）转让书或者协议书中所述外观设计已标注了本注册申请的申请号；

（b）作出转让书或者协议书者使负责人认同该转让书或者协议书是关于申请注册的该外观设计的；

（c）该外观设计的受让人的权利已最终被法院的判决所承认；

（d）为使申请进行下去或者根据第（5）款的规定规范申请形式，负责人可以作出指示。

（4）两个或者多个共同申请人中的一人在外观设计注册之前死亡的，负责人可以在生者的要求下并经过死者的法定代表人的同意，决定申请仅以生者的名义继续进行。

（5）如果共同申请人之间就申请是否应该进行或者应该以什么样的方式进行而发生争议，负责人可以根据任何一方按规定格式提交的申请，在给予各方一次听证机会后，根据具体情况作出他认为合适的指示，以使申请能够只以其中一方或者几方的名义继续进行，或者以申请应当采用的规范方式继续进行。

第 9 条　注册证书

（1）负责人对注册的外观设计的权利人授予证书。

（2）负责人可以在证书原件丢失或者其他其认为适当的情况下，提供一个或者一个以上的证书副本。

第 10 条　外观设计注册簿

（1）专利局应该有外观设计登记簿，其中应记载外观设计权利人的姓名、地址，已注册外观设计的转让协议和转让声明以及其他按规定应当记载的事项，并且根据安全方面的规定，登记簿应当全部或者部分地保存在计算机、软盘或者光盘中。

（2）按照本条第（1）款的规定将登记簿全部或者部分保存在计算机、软盘和磁盘中的，则本法中所提到的进入登记簿指进入保存这些信息的计算机、软盘和磁盘。

（3）在本法生效之时已经存在的外观设计登记簿应被归入本法下的外观设计登记簿中并成为其中的一部分。

（4）外观设计登记簿应作为本法指示或者授权事务的显而易见的证据供查询。

第三章　注册外观设计的版权

第 11 条　注册外观设计享有的版权

（1）根据本法的规定，一项外观设计注册之后，该外观设计的所有权人自该外观设计注册之日起享有 10 年的版权。

（2）如果在上述 10 年期限届满之前，负责人收到按照规定的方式向其提出的续展期限申请，在所有权人缴纳规定的费用后，负责人可以将权利期限续展 5 年，期限从上述 10 年期满之日起算。

第 12 条 失效外观设计的注册

（1）如果一项外观设计因为没有按照第 11 条第（2）款的规定缴纳续展费用而失效，那么该项外观设计的所有权人或者其法定代理人，或者经负责人同意的两个或者多个共同所有权人中的一人或者多人而非全体所有权人，在该项外观设计失效 1 年之内，可以按照规定的方式缴纳规定的费用提出恢复该项外观设计权利的申请。

（2）根据本条提出的申请中应当包含按照规定格式作出的一项声明，充分陈述未能缴纳规定费用的详情，负责人在必要时可以要求申请人提供更多的证据。

第 13 条 失效外观设计恢复申请的处置程序

（1）在听取了申请者迫切要求恢复权利的陈述或者负责人认为合适的情况下，负责人认为申请人未缴纳续展费用的行为是无意的并且申请未不当延迟，负责人可以在申请人缴纳续展费用以及规定的额外费用之后，恢复申请人的外观设计注册。

（2）负责人在恢复一项外观设计权利的时候，可以要求将根据本法的规定在注册的时候应当录入但是并没有录入的信息录入到登记簿中的文件或者事项中。

第 14 条 已恢复的失效外观设计所有权人的权利

（1）当一项外观设计恢复注册时，注册所有人的权利受到规定条款的限制，并受到负责人为保护自注册的外观设计失效之日到权利恢复之日期间通过合同或者其他方式利用该外观设计的人而作出的适当规定的限制。

（2）在一项外观设计权利失效至恢复权利期间而发生的对该注册的外观设计的侵权或者版权的盗版，不可以提起诉讼或者其他法律程序。

第 15 条 交付销售的要求

（1）将应用了外观设计的产品交付销售之前，所有权人应当：

（a）（如果在注册申请中没有提交准确的视图或者样品）所有权人应当向负责人提交规定数量的该外观设计的准确的视图或者样品，否则，负责人可以在通知所有权人后，将他的名字从注册簿中删除，该外观设计的版权也因此而终止；

（b）在每一件应用了注册的外观设计的产品上以规定的标志、文字或者图形进行标记，表示该外观设计已经注册。如果所有权人没有按要求这样做，那么在其版权受到侵害后没有权利获得罚款或者赔偿金，除非有证据证明其已经采取所有适当的措施确保对产品进行标记，或者有证据证明侵权是在侵权人已经知道或者在收到该外观设计拥有版权的通知之后发生的。

（2）出于行业或者产业利益的需要，通过或者代表行业或者产业向中央政府提出请求，指出对某类别的产品免除或者修改本条中关于作标记的要求对行业或者产业是有利的，如果中央政府认为该请求合理，可根据具体情况，依据本法在一定程度上对该类产品免除或者修改上述要求。

第 16 条 版权公开的效力

如果外观设计的所有权人向他人公开该外观设计后，他人恶意地利用或者发表该外观设计，或者由所有权人之外的其他人背信弃义公开该外观设计，或者首次且秘密地接受包含新的或者原创的打算注册的纺织品外观设计的订单，如果该外观设计在公开或者接受订单之后得以注册，上述这些情形并不视为对该外观设计的公开而导致版权的无效。

第 17 条 已注册外观设计的查阅

（1）在外观设计的版权存续期间，任何人只要能提供让负责人确认该外观设计的信息并且缴纳规定的费用，就可以按照规定的方式查阅该外观设计。

（2）任何人只要向负责人提出申请并且按规定缴纳相应的费用，就可以获得任何注册外观设计的副本。

第18条 版权存在的信息

提供让负责人确认一项外观设计的信息的任何人提出请求，并且按规定缴纳相应费用的，负责人应该告知请求人该外观设计的注册是否仍存在，如果存在，则告知产品的分类，并且应告知注册日期以及外观设计所有权人的姓名和住址。

第19条 注册的取消

（1）在以下任何情况下，任何利害关系人在外观设计注册以后都可以向负责人提出取消该外观设计注册的上诉请求：

（a）该项外观设计以前在印度注册过；

（b）注册日之前该项外观设计在印度国内外公开发表过；

（c）该项外观设计不是新的或者不具有原创性；

（d）该项外观设计依照本法不可注册；

（e）不是第2条（d）款所定义的外观设计。

（2）上诉由负责人根据本法向高级法院提起，负责人可以随时将该项请求提交给高级法院，由高级法院作出判决。

第20条 外观设计的约束力

注册外观设计对于政府的效力和对于任何人的效力是同样的，1970年专利法第十七章中适用于专利的条款同样适用于注册的外观设计。[1970年第30号政府令]

第四章　工业和国际展览会

第21条 展览的规定

外观设计或者应用外观设计的产品在工业展览会或者其他展览会展出，中央政府在政府公报中以公告形式表明本规定适用该展会；或者描述外观设计的文章在举办展览会期间或者之后发表；或者在举办展览会期间或者之后，外观设计或者产品未经权利人的同意被他人展览，或者描述外观设计的文章未经权利人的同意被他人发表，在以下情形下，并不妨碍该外观设计被注册或者不能使注册外观设计归于无效：

（a）展览者展出该外观设计或者产品，或者发表描述该外观设计的文章，已按照规定的形式向负责人提前发出通知；

（b）在外观设计或者产品首次展出或者描述外观设计的文章首次发表之后的 6 个月内，提出注册申请。

第五章　法律程序

第 22 条　对注册外观设计的盗版

（1）在外观设计的版权存续期间，任何人从事的下列行为违法：

（a）以销售为目的使用或者导致在已经注册类别的产品上使用该外观设计行为、任何欺骗性的或者明显模仿外观设计的行为。除非得到权利人的授权或者书面同意，或者以其他事实证明能够使用该外观设计；

（b）未经已注册的权利人的同意，而以销售为目的进口包含已注册外观设计产品的行为、任何欺骗性的或者明显模仿外观设计的行为；

（c）明知未经权利人的同意将该外观设计或者欺骗性的或者明显仿制的外观设计应用于已经注册类别的外观设计产品上，并出版或者公开或者导致出版或者为销售而导致公开。

（2）任何人如果违反本条规定，应该承担以下责任：

（a）赔偿外观设计权利人不超过二万五千卢比；

（b）如果权利人选择通过诉讼来获得对上述违法行为的损害赔偿，并获得对仿冒行为的禁令，则可判决给予赔偿，并受到相应禁令的限制。

但是，根据（a）款规定对外观设计的赔偿总额不超过五万卢比；并且，根据本款规定不能在地区法院之下的任何法院提起诉讼或者其他程序。

（3）根据第（2）款通过诉讼或者其他程序获得救济的过程中，第19条中取消外观设计注册的规定可以作为被告抗辩的依据。

（4）尽管有第（2）款，但是，根据第19条取消外观设计注册的规定可以作为被告抗辩以及在第（2）款的诉讼或者获得救济的其他程序中使用第（3）款的依据，法院应当在诉讼或者其他程序作出判决之前，将该诉讼或者其他程序移交给高级法院作出判决。

（5）法院根据第（2）款作出判决时，应将一份判决书的副本送交给负责人，负责人应将其记入该外观设计注册簿。

第 23 条　专利法针对专利的相关条款对外观设计的适用

1970年专利法对专利权有效性的证明的规定，以及对专利权人的无根据威胁的进行救济的法律程序，可以与专利相似的方式适用到注册的外观设计中，同时，对外观设计版权的规定参考对专利的规定，对外观设计权利人的规定参考专利权人的规定，对外观设计的规定参考发明的规定。

第六章　总　则

费　用

第 24 条　费用

（1）对外观设计的注册、申请以及本法有关外观设计需要缴费的其他情形都应当缴费。

（2）根据本法以及依据本法制定的规则，对于应当缴费的行为，在没缴费之前，该行为无效。

专利局对注册薄和其他文档的规定

第 25 条　信托通知不应记录在登记簿中

任何明示、暗示或者建议性的通知都不能记录在本法规定的登记簿中或者被负责人接受。

第 26 条 登记簿的查询和信息提取

根据本法的规定，登记簿应该随时可以公开接受公众的查询；公众提出查询请求并缴纳规定的费用后，应向公众提供盖有专利局印章的登记簿副本。

如果要求查询的全部或者部分信息保存在计算机中，对于根据本条的查询应该通过计算机进行，并将计算机中保存的相关记录打印出来。

第 27 条 负责人报告的特权

除了本法第 45 条提及的报告，负责人根据本法作出的报告或者给负责人的报告，在任何情况下都不能向公众公开或者接受公众查询。

第 28 条 申请被放弃等情形下说明、视图等的禁止和公开

外观设计的申请被放弃或者被驳回后，申请及与该申请相关的图片、照片、描图、说明或者样品在任何时候都不能接受公众查询或者被负责人出版。

第 29 条 负责人更改书写错误的权利

要求修改外观设计视图或者外观设计所有人的名字、地址或者其他在登记簿中记录的事项的书写错误的，提交了书面请求，并且缴纳了规定的费用，负责人可以予以修改。

第 30 条 登记簿中的转让、继承的注册

（1）当某人通过转让、继承或者其他法律途径成为了注册的外观设计的版权所有人时，可以按照规定方式向负责人提出注册其所有权的请求，负责人基于该项请求和关于所有权的充分的证据，将请求人注册为该外观设计的所有权人，并按照规定的方式在登记簿注册所有权的转让、继承或者其他影响所有人变更的事项。

（2）当某人成为注册的外观设计的抵押权人、许可使用权人

或者其他权利人时，可以向负责人提出注册其权利的请求，负责人基于该项请求和关于权利的充分的证据，按照规定的方式在登记簿中注册，并注册产生上述权利的原因。

（3）第（1）款或者第（2）款提到的外观设计的转让、共有、抵押、许可使用或者其他权利的产生只有满足下述条件才有效：对上述行为以书面形式达成协议，并且将相关各方达成的协议归纳成包含所有期限和条件的以便调整各方权利和义务的文件。如果根据第（1）款或者第（2）款在登记簿中注册的项目所涉及的该文件自签署之日起生效，请求人应当在文件签署之日起6个月内以规定形式向负责人提出依据该文件注册权利的申请，或者在负责人同意的情况下，在文件签署之日起12个月内以规定形式向负责人提出申请。

（4）注册为外观设计的权利人的，根据本法的规定以及注册簿中显示的可以授予他人的权利，具有转让、许可使用或者其他处置该外观设计的绝对权利，并具有对上述转让、许可或者其他处置所获利益出具有效收据的权利。前提是外观设计权利的生效与其他动产生效的方式相同。

（5）除了依据第31条提出申请的情形，与第（1）款、第（2）款有关的没有在登记簿中注册的资料和文件不能在法庭上作为享有外观设计的版权或者其他利益的证据使用，除非法院出于书面记录的目的而另有指示。

第 31 条 登记簿更正

（1）因外观设计登记簿中的注册信息没有插入或者遗漏，或者没有充足的理由而注册，或者某些信息错误地保留在注册表中，或者注册中存在错误或者过失，权利受到侵害的任何人可以提出申请，负责人可以在其认可的情况下作出录入、删除或者更改注册信息的指示，并相应地更正登记簿。

（2）负责人可以在本条规定的任何程序中决定与登记簿更正相关的任何需要解决的问题。

（3）对负责人根据本条规定作出的指示不服的，有权向高级法院提起上诉；负责人也可以将根据本条规定提出的申请提交高级法院作出判决，高级法院应当处理该类申请。

（4）高级法院作出修改登记簿的判决后，向负责人发出修改登记簿的通知，负责人将根据该通知按照规定的方式对登记簿进行相应的修改。

（5）本法并没有赋予负责人如第19条那样取消外观设计注册的权力。

第七章　负责人的权力和义务

第32条　负责人根据本法在法律程序中的权力

根据相关规定，负责人在本法规定的法律程序中享有民事法院的权力，如收集证据、组织宣誓、通知证人到庭、强制调查取证、委托鉴定证据以及裁定补偿的权利，并且对于补偿的裁决在法院执行时具有与该院所作判决相同的效力。

第33条　负责人自由裁量权的适用

本法赋予负责人自由裁量权，在对申请人提出对外观设计予以注册的申请（该请求在规定的时间内提出）而没有给申请人听证机会时，不能作出对申请人不利的裁决。

第34条　负责人向中央政府请示的权力

负责人在执行本法时遇到疑难情况，可以向中央政府请示。

第35条　拒绝注册外观设计的特定情形

（1）负责人如果认为一项外观设计的应用会有损公共秩序或者道德，可以拒绝对该外观设计予以注册。

（2）对负责人根据本条所作出的裁决不服，可以向高级法院提起上诉。

第36条　向高级法院上诉

（1）对负责人作出的裁决不服的，应该在负责人作出裁决之日起3个月内向高级法院提起上诉。

（2）在计算上述提到的 3 个月期间时，制作该上诉请求所针对的裁决书复印件的时间（如果有）不包括在内。

（3）高级法院在认为合适的情况下，可以请一名专家协助对上诉作出判决，该判决为终审判决。

（4）高级法院可以制定与本法规定的所有法律程序的实施和步骤相一致的规则。

第八章　证据及其他

第 37 条　负责人审理过程中的证据

根据第 44 条制定的规则，在负责人审理的过程中，在没有负责人指示的情况下证据应以书面的形式向对方提交。但是在负责人认可的情况下，可以采用口头证据代替或者采用口头证据附加书面证据，或者允许双方对书面证据相互质证。

第 38 条　负责人的证明文件作为证据

根据本法授权负责人作出的关于注册或者其他事务的证明文件，或者根据本法制定的规则等的证明文件，可以作为已经注册、注册的内容以及已完成或者未完成事务的无须质证的证据。

第 39 条　专利局的文件证据

根据专利局的文件以及在专利局保存的登记簿和其他资料制作的打印件、复印件或者摘录，如经负责人证明并加盖专利局印章，则在印度的所有法院、所有诉讼程序中都将作为证据予以采用，专利局无须提供证据的原件。

如果法院有理由怀疑作为证据的复印件的正确性或者真实性，可以在其认为必要的情况下要求提交证据的原件或者进一步的证据。

第 40 条　邮寄的申请或者通知

根据本法的规定由专利局作出的或者提交给负责人或者其他人的申请、通知或者其他文件，可以通过邮寄的方式送达。

第41条　年幼者、精神病人等人的陈述

（1）如果自然人因为年幼、精神病或者其他缺乏行为能力的情形，不能够作出本法要求或者允许的陈述或者行为，那么无行为能力人的法定监护人、委托人、管理人（如果有的话），如果没有，则法院指定管理该人财产的人，可以以该人的名义代表该人作出本法要求或者允许的陈述，或者特定情形许可的相应陈述，或者本法要求或者允许的行为。

（2）在无行为能力人的代表人或者对作出陈述或者行为有利害关系的人的请求之下，为执行本法，法院可以作出指定。

第42条　无效的限制性条件

（1）在下述合同中：

（i）关于销售或者出租包含已注册外观设计的产品的合同；

（ii）制造或者使用包含已注册外观设计的产品的许可合同；

（iii）包装已注册外观设计的产品的许可合同。

加入的以下条件是无效的：

（a）要求或者禁止购买者、承租人和被许可人从出售人、出租人和许可人处获得，或者用某种方式或者从某种程度上限制购买者、承租人和被许可人从他人处获得，或者禁止购买者、承租人和被许可人从出售人、出租人和许可人之外的人处获得未包含已注册外观设计的产品；

（b）禁止购买者、承租人和被许可人利用，或者用某种方式或者从某种程度上限制购买者、承租人和被许可人利用并非由出售人、出租人和许可人提供的未包含已注册外观设计的产品。

（2）第（1）条第（a）、（b）项中无效的情形并不仅仅因如下事实而失效，即在销售、出租、许可包含已注册外观设计的产品的合同订立之前或者之后单独签订了包含上述无效情形的协议。

（3）在针对某人违反本法第22条的诉讼程序中，可以作出如下辩护，即在违法之时，存在着一个生效的包含已注册外观设计的产品的合同，并且该合同包含本条款规定的不合法条件。但本款不适用以下情形：原告不是合同一方当事人，并向法院证实在原告不知情和不同意（明示或者暗示）的情况下，在合同中加入了限制性条件。

（4）本条规定不应：

（a）影响在合同中禁止当事人向特定人之外的人销售产品的情形；

（b）使无效的合同有效；

（c）影响如下情形：即在有关出租或者许可使用包含已注册外观设计的产品的合同中，出租者或者许可人在被要求或者出于维修的目的而提供上述产品的新的部件。

（5）本条款同样适用于在本法生效前订立的合同，条件是如果该合同中被本条宣告无效的限制性条件在本法生效1年后继续存在。

第九章　代　理

第43条

（1）根据本法提交申请以及与负责人沟通，可以通过一个法律执业者或者代理机构进行，其姓名和地址应当在根据1970年专利法第125条而设立的专利登记簿中已注册。［1970年第39条］

（2）负责人在认为适当的情况下可以要求：

（a）上述代理机构应设在印度；

（b）在印度没有住所的人应委托设在印度的代理机构；

（c）申请人或者他人的个人签名或者到场。

第十章　中央政府的权力及其他

第44条　联合王国以及其他公约国、国家联盟或者政府间组织的成员国之间的承认协定

（1）（大不列颠和北爱尔兰）联合王国以及其他公约国、国

家联盟或者政府间组织的成员国中的申请人或者他的法律代理人或者受让人，可以单独或者共同对根据本法提交的外观设计注册要求优先权，使其申请日为在联合王国、公约国、国家联盟或者政府间组织的成员国申请的日期。条件是：

（a）向印度提交申请是在向联合王国以及其他公约国、国家联盟或者政府间组织的成员国提交申请的 6 个月内；

（b）本条没有授予外观设计所有人就其外观设计在印度注册前被盗版而获得赔偿的权利。

（2）外观设计的注册不应因下述原因被宣告无效：在本条规定的提交申请的期限内，外观设计的描述或者其图样在印度被展览、使用或者公开。

（3）一项外观设计依据本条申请注册必须遵循与本法下通常的申请一样的方式。

（4）如果中央政府认为联合王国以及其他公约国、国家联盟或者政府间组织的成员国的立法机关为保护在印度注册的外观设计而制定了完善的规定，那么中央政府可以对本条的规定进行修改或者增加，保护在联合王国以及其他公约国、国家联盟或者政府间组织的成员国注册的外观设计，并通过政府公报的形式予以公告。

解释：（1）本条中的"公约国""国家联盟""政府间组织"分别指《保护工业产权巴黎公约》（1883 年制定、1967 年在斯德哥尔摩修改、1979 年修改或者最终文件）确定的国家、国家联盟或者政府间组织，包含为成立世界贸易组织而进行的多边贸易乌拉圭回合谈判的结果。

解释：（2）在联合王国以及一个或者多个公约国、国家联盟或者政府间组织的成员国中存在请求获得相似保护的第（1）款规定的多个申请时，第（1）条第（a）项中提到的 6 个月从多个申请中最早的申请日起开始计算。

第 45 条 负责人向议会提交的报告

中央政府每年应向议会两院提交负责人执行本法情况的报告。

第 46 条 对印度安全的保护

尽管有本法规定，负责人应该：

（a）在其认为会对印度的安全利益不利时，不透露依据本法进行外观设计注册或者申请有关的任何信息；

（b）中央政府可以为了印度的安全防卫措施，撤销依据本法注册的外观设计，并在政府公报上以公告的形式进行说明。

解释：本条所称"印度的安全防卫措施"指，当产品用于战争或者直接或者间接为了军事设施、战争或者应付其他国际关系的紧急事件时，为了印度的安全所采取的与根据本法对该产品外观设计的注册申请相关的一切必要行动。

第 47 条 中央政府制定规则的权力

（1）为贯彻执行本法，中央政府可以制定实施细则，并在政府公报上公告。

（2）上述实施细则不能损害本法的效力，实施细则可以规定下列情形，即：

（a）根据第 5 条第（2）款，规定关于申请的形式、向专利局提交申请的方式以及与之相关的费用；

（b）根据第 5 条第（5）款，规定注册有效的时间；

（c）根据第 6 条第（1）款，规定申请注册的产品的分类；

（d）根据第 7 条，规定外观设计公开以及公开方式的具体情形；

（e）根据第 8 条第（1）款，规定作出声明的方式；

（f）根据第 8 条第（5）款，规定向负责人提出申请的方式；

（g）根据第 10 条第（1）款，规定在外观设计注册簿中补充的信息以及在计算机、软盘、磁盘中保存注册信息而采取的安全措施。

（h）根据第 11 条第（2）款，规定版权续展的申请方式、续展期的缴费及其他应付的费用；

（i）根据第 12 条第（1）款，规定恢复外观设计权利的申请方式以及缴纳的相关费用；

（j）根据第 12 条第（2）款，规定对申请中声明的核实方式；

（k）根据第 13 条第（1）款，规定恢复外观设计注册而缴纳的附加费用；

（l）根据第 14 条第（1）款，规定关于外观设计权利人的权利；

（m）根据第 15 条第（1）款第（a）项，规定向负责人提交的外观设计的准确的视图或者样本的数量；

（n）根据第 15 条第（1）款第（b）项，规定标记产品的记号、文字、数字，以表明该产品的外观设计已经被注册；

（o）根据第 15 条第（2）款，规定产品分类的免除、修改或者对产品的标记；

（p）根据第 17 条第（1）款，规定外观设计审查费以及审查的方式；

（q）根据第 17 条第（2）款，规定为取得外观设计副本应缴纳的费用；

（r）根据第 18 条，规定负责人应告知的缴费；

（s）根据第 21 条限制性条款第（a）条，规定向负责人提交意见的形式；

（t）根据第 24 条第（1）款，规定与外观设计相关的对外观设计注册、申请以及其他相关事宜的应缴费用；

（u）根据第 26 条，规定为取得登记簿中的著录信息副本应缴纳的费用；

（v）根据第 29 条，规定因书面要求修改书写错误而发生的费用；

（w）根据第 30 条第（1）款，规定外观设计所有人申请注册的形式，以及因为外观设计的转让等原因使所有人名称变更而导致负责人修改登记簿的形式。

（x）根据第 30 条第（2）款，规定申请修改权利人姓名的形式，以及负责人对外观设计产生或者创造的利益登记在登记簿中的形式；

（y）根据第 30 条第（3）款，规定提交注册申请的方式以及申请续展期限的方式；

（z）根据第 30 条第（1）款，规定向负责人提出更改注册的申请方式；

（za）根据第 31 条第（4）款，规定向负责人送达修改请求的方式；

（zb）根据第 32 条，制定规范负责人审理诉讼程序的规则；

（zc）根据第 33 条，规定负责人听取申请人陈述的时间；

（zd）根据第 36 条第（1）款，规定上诉的费用；

（ze）其他要求或者规定的事宜。

（3）在根据本条制定细则时必须考虑在先公布的细则。

（4）依据本法制定的细则在制定完毕后即应提交给议会两院审议，时间为 30 天，期间召开一次会议或者两次或者多次连续的会议。在审议期满之前，两院一致决定修改该细则或者废除该细则，则该细则以此修改的形式生效或者不发生效力。但是，上述修改或者废除不溯及既往。

第十一章　废止和保留

第 48 条　*废止和保留*

（1）1911 年外观设计法特此废止。[1911 年第 2 条]

（2）在不损害 1897 年基本法关于申诉的条款的前提下，依据 1911 年外观设计法作出、颁布、授予或者完成的关于废止、通知、规则、命令、要求、注册、发证书、公告、决定、判决、指示、批准、授权、同意、申请、请求或者其他事项，在本法生效之时继续有效，并且其效力相当于依据本法的相关条款作出、

颁布、授予或者完成的。[1897年第10条、1911年第2条]

（3）本法的条款适用于在本法生效之时正在审理中的注册申请，以及因此而发生的法律程序和已作出的授权注册。

（4）在本法生效之时仍在法院审判的未决案件，不论本法作何规定，仍然依据旧法继续审理。

（5）尽管第（2）款有规定，但在本法生效之前注册的外观设计的版权的期满之日，根据本法的规定，指该外观设计注册之日起5年期满，或者在有效期满经续展后的5年续展期限届满之日。

新加坡注册外观设计法 * ❶

第一部分　序　言

第 1 条　简称

本法可称为注册外观设计法。

第 2 条　解释

（1）本法中，除上下文另有所指外：

"注册申请"，就一项外观设计而言，是指根据第 11 条为外观设计的注册提出的申请；

"物品"是指任何可以制造的一件产品，包括：

（a）该产品的任何一个部件，只要其可以单独制造和销售；

（b）任何成套产品。

"艺术作品"的含义与《版权法》第 7 条第（1）款关于艺术作品一词的含义相同；

"公约国"是指除新加坡外的属于《巴黎公约》或者世界贸易组织的成员的任何国家或者领土；

"相应的外观设计"，就一件艺术作品而言，是指该作品应用于一件物品而产生的一项外观设计；

"法院"是指高等法院；

"外观设计"是指通过任何生产工艺而应用到一件物品上的形状、图案、式样或者装饰的特征，但是不包括：

＊　新加坡专利法暂未收入本书。

❶　根据新加坡知识产权局网站（www.ipos.gov.sg/topNav/leg）上提供的英文版本翻译。翻译：刘颖；校对：姜丹明。

（a）任何方法或者构造原理；

（b）一件物品的形状或者图案特征，而该特征：

（i）仅仅是由该产品的功能决定的；

（ii）依赖于另一件产品的外观，而设计者有意将其用来构成该另一件产品不可分割的一部分；

（iii）能够使该产品被连接到，或者放置到另一件产品上，或者沿另一件产品放置，或者与另一件产品相对放置，以使任何一件产品都可以各自行使其功能。

"设计者"，就一项外观设计而言，是指创作该外观设计的人，如有两个或者多个设计者的，则指其中每一个人；

"独占许可"，是指外观设计注册所有权人授予被许可人或者被许可人及其授权的人排除所有其他人（包括注册所有权人在内），以许可证授权的方式对该外观设计进行使用；"独占许可人"也相应地作解释；

"局"是指按照新加坡知识产权局法成立的新加坡知识产权局；

"所有权人"具有第 4 条规定的含义；

"巴黎公约"是指 1883 年 3 月 20 日在巴黎签署的《保护工业产权巴黎公约》及该公约在其后的修改或者修订；

"登记簿"是指第 53 条规定的外观设计登记簿；

"注册外观设计"是指根据本法予以注册的一项外观设计；

"注册所有权人"，就一项注册外观设计而言，是指其姓名或者名称被列入登记簿作为外观设计的所有权人的人，如有两个或者多个这样的人，则指其中每一人；

"注册主任"是指第 49 条规定的外观设计注册主任，包括该条所指的外观设计副注册主任；

"注册处"是指根据第 51 条设立的外观设计注册处；

"成套产品"是指两件或者多件产品具有相同的一般特性，它们一般同时销售或者同时使用，并且对每一该产品均应用相同的外观设计，或者即使有变化或者改变也不足以改变其特征或者实质性地影响该外观设计的等同性。

（2）除上下文另有所指外：

（a）本法述及任何文件的提交应解释为向注册主任提交该文件；

（b）本法述及任何与注册外观设计有关的产品，或者如果是关于成套产品的外观设计的，应解释为述及该套产品的任何一件产品；

（c）述及注册外观设计的侵权，应解释为对本法所赋予的该外观设计的任何权利的侵犯。

第3条 本法对政府具有约束力

除第四部分另有规定外，本法对政府具有约束力。

第二部分　外观设计的注册

第一节　外观设计的归属

第4条 外观设计所有权人

（1）除本条另有规定外，一项外观设计的设计者应当被视为本法意义上的外观设计所有权人。

（2）履行金钱或者具有金钱价值的委托而设计出一项外观设计的，委托人为该外观设计所有权人。

（3）不属于第（2）款的情形，雇员在其雇佣过程中设计出外观设计的，其雇主为该外观设计的所有权人。

（4）第（2）款和第（3）款不适用于双方当事人另有约定的情形。

（5）一项外观设计或者应用一项外观设计于任何物品的权利，因转让、移转或者法律的实施而归属原所有权人以外的任何其他人，无论该种所有是由该其他人单独享有或者是与原所有权人共同享有，就本法而言，该其他人或者原所有权人与该其人，为该外观设计的所有权人或者该外观设计就该物品而言的所有权人。

（6）一项外观设计由计算机产生而没有人类设计者的，作出该项外观设计创作所需的安排的人视为该外观设计的设计者。

第二节　可注册的外观设计

第5条　新外观设计可以被注册

（1）除本条另有规定外，一项新的外观设计基于声称拥有其的人提出的申请，可就该申请中指定的物品获得注册。

（2）申请注册的外观设计与下列外观设计相同，或者仅在非关键性细节上或者在商业中通常应用的变化上有所差异的，不应当被注册：

（a）基于在先提出的申请，就相同或者其他任何物品已注册的一项外观设计；

（b）该申请的申请日前，就相同或者其他任何物品已在新加坡或者其他地方公开的外观设计。

（3）在规定情形下，注册主任可以为决定某外观设计是否属于新外观设计，而指示将一件外观设计注册申请的提出日期视为早于或者迟于其实际提出的日期。

第6条　违反公共秩序或者道德的外观设计

外观设计的公开或者使用违反公共秩序或者道德的，不应当被注册。

第7条　计算机程序等不得被注册

（1）任何计算机程序或者布图设计均不得根据本法被注册。

（2）为第（1）款之目的，"布图设计"是指集成电路布图设计法中的定义。

（3）部长可以就下列事项制定细则：

（a）就部长认为合适的主要属于文学或者艺术性质的物品的外观设计不得根据本法被注册；

（b）在细则中列出所有根据本法不得注册的任何外观设计，或者除非符合规定的条件不得注册的任何外观设计。

第 8 条　*涉及保密披露等的规定*

（1）任何外观设计注册申请不得仅因下列事由而被拒绝，任何外观设计的注册不得仅因下列事由而被撤销：

（a）外观设计的所有权人在特定情况下向任何其他人披露该外观设计，导致该其他人如果使用或者公开该外观设计便会有违诚实信用原则的；

（b）外观设计由所有权人以外的任何其他人在有违诚实信用原则的情况下披露的；

（c）就拟注册的新的或者原创的纺织品外观设计而言，对具有该外观设计的货品接受保密的订货；

（d）所有权人向某个政府部门、该局或者任何获得该政府部门或者该局授权的人考虑该外观设计的实质而传送该外观设计，或者作为该传达的结果而做的任何事情。

（2）外观设计注册申请在展览开幕后 6 个月内提出的，该外观设计注册申请不得仅因下列事由而被拒绝或者被撤销：

（a）外观设计的一个图样或者任何应用该外观设计的一件物品，已在该外观设计的所有权人同意下在任何官方国际展览中展出；

（b）在（a）项所述任何展出之后，并在上述展览的展期内，该外观设计的一个图样或者任何应用该外观设计的任何物品，已由任何人在未经其所有权人同意下展出；

（c）该外观设计的一个图样已因（a）项所述任何展出而公开。

（3）在本条中，"官方国际展览"是指任何属于 1928 年 11 月 22 日于巴黎签订并经不时修改或者修订的《国际展览公约》，及任何该公约的议定书中的条款所指的官方的或者获官方认可的国际展览。

第9条 关于艺术品的规定

（1）除第（2）款另有规定外，艺术作品的版权所有人就任何相应的外观设计申请注册，或者该注册申请是经其同意而提出的，则该外观设计不得仅因以前对该艺术作品所作的任何使用而就本法而言不被视为新外观设计。

（2）上述以前的使用是由版权所有人作出或者经其同意而作出的，且是因为已在工业上应用下列外观设计的物品的出售、出租、要约出售或者出租，或者为出售或者出租而展示导致，则不适用第（1）款：

（a）该外观设计；

（b）仅在非关键性细节上或者在商业中通常应用的变化上与该外观设计有所差异的外观设计。

（3）部长可以为本条之目的就外观设计被认为是在工业上应用于物品或者任何种类的物品的情形制定规则。

第10条 外观设计就其他物品等的后续注册

（1）就某一物品注册的外观设计的注册所有权人提出下述申请的，该申请不得仅因该外观设计以前的注册或者公开而被拒绝，基于该申请而作出的注册不得仅因该注册外观设计以前的注册或者公开而被撤销：

（a）将该注册外观设计就一件或者多件其他物品申请注册的；

（b）将与该注册外观设计存在不足以改变其特征或者实质性地影响其等同性的变化或者改变的外观设计，就同一物品或者就一件或者多件其他物品申请注册的。

（2）第（1）款所述的外观设计注册的权利不应当超出原始外观设计权利存在的期限和任何延展的期间。

（3）任何人就涉及某物品的一项外观设计提出一件注册申请，且有下列情形之一的，如果在该申请待决的任何时间，申请人成为该以前注册的外观设计的注册所有权人的，第（1）款予以适用，犹如在提出该申请时申请人已是该外观设计的注册所有权人一样：

（a）该外观设计已在以前由他人就其他物品注册；

（b）该申请所涉及的外观设计与以前由他人就同一或者其他物品已注册的外观设计相比，存在不足以改变其特征或者实质性地影响其等同性的变化或者改变。

第三节　注册程序

第 11 条　注册申请

外观设计的注册申请应当以规定的方式向注册主任提交，并缴纳规定的申请费用。

第 12 条　要求公约申请的优先权

（1）除第（7）款另有规定外，当：

（a）某人就涉及某些物品在公约国提出外观设计注册申请的；

（b）该申请是就该外观设计涉及这些物品的注册在任何公约国提出的第一件申请（本条称为首次公约申请）；

（c）在首次公约申请提出后 6 个月内，该人或者其权利继受人根据本法就该外观设计涉及所有或者任何这些物品提出注册申请的。

该人或者权利继受人在根据本法提出申请时，可以就涉及所有或者任何在首次公约申请中寻求注册的物品要求对该外观设计进行注册的优先权。

（2）任何人就一件外观设计注册申请根据第（1）款规定主张优先权的：

（a）该人从首次公约申请的提交日享有优先权；

（b）为判断该外观设计或者任何其他外观设计是否为新设计之目的，该申请应当被视为在首次公约申请的提交日提交。

（3）第（2）款不得被解释为排除了根据第 5 条第（3）款中给予相关外观设计注册申请指示的权力。

（4）根据本法规定一件外观设计注册申请要求优先权的，该申请不得仅因首次公约申请在下述两个日期间公开而被拒绝，根据本法所获得的外观设计注册也不得仅因该事由而被撤销：

（a）首次公约申请的提交日；

（b）根据本法提交申请的提交日。

（5）在公约国提出的任何外观设计注册申请根据其立法或者国际协定等同于正规国家申请的，都应当被视为产生优先权。

（6）在第（5）款中，"正规国家申请"是指在公约国适合于确立申请的提交日的申请，而不论申请的结果如何。

（7）无论是在相同或者不同的公约国，提交的在后外观设计注册申请与在先申请主题相同，且在所有公约国就该主题该两份申请是最先提交的，如果在后申请提交时存在下述情形，则该在后申请应当被认为是首次公约申请：

（a）在先申请已被撤回、放弃或者拒绝，未向公众公开且未遗留任何权利；

（b）在先申请未被要求作为优先权的基础。

（8）为避免疑义，第（7）款适用时：

（a）在后申请提交之日，而不是在先申请提交之日，应当被认为是第（2）款规定的优先权期限的开始日；

（b）在先申请此后不可以再作为要求优先权的基础。

（9）部长可以就根据本条要求优先权的方式制定细则。

（10）根据本条产生的优先权既可以与申请一起也可以单独被转让或者以其他方式移转；第（1）款所述之申请人的"继受人"也应当作相应的解释。

第13条 主张其他境外申请的优先权

（1）如果某人在某一国家或者地区提交了注册外观设计申请，且政府就注册外观设计的互惠保护与该国家或者地区签订了条约、公约、协约的，部长可以发出命令，授予该人为根据本法就同样的外观设计对部分或者全部同样的物品在从该申请提交日起的特定期限内进行注册的优先权。

（2）本条中的命令可以作出与第12条相应的或者部长认为

合适的其他规定。

第 14 条　申请的撤回

（1）任何申请人均可以在第 18 条规定的公布准备工作完成日前，以规定的形式向注册主任提交撤回通知而撤回其外观设计注册申请。

（2）依照第（1）款提交撤回通知的，申请应当被视为撤回，且此种撤回不可取消。

第 15 条　申请的修改

（1）注册主任可以主动或者应申请人以规定的形式并缴纳规定的费用向注册主任提交的请求修改外观设计注册申请。

（2）修订的结果会因原申请提交时未披露的内容的加入而导致该申请范围扩大的，则外观设计注册申请不得被修订。

（3）注册主任不得主动修改不是因其过错而导致的错误。

（4）注册主任建议主动进行任何修改的，应当在进行修改前将建议通知每一个可能会因修改而受到影响的人，并给予他们一次听取建议的机会。

第 16 条　申请的审查

（1）注册主任应当审查未被撤回的外观设计注册申请，以认定其是否符合形式要求。

（2）注册主任认定申请不符合形式要求的，应当通知申请人并给予其在注册主任指定期限内改正不足之处的一个机会。

（3）在第（2）款所述期限内未改正不足之处的，申请应当被视为撤回，但符合下述条件的，注册主任可以恢复该申请：

（a）申请人以规定的形式提交了恢复请求；

（b）缴纳了规定的费用；

（c）申请人遵从了注册主任所提出的条件。

（4）基于申请的恢复，申请人因撤回而失去的任何权利和救济都应当被恢复。

（5）在本条、第 17 条和第 18 条中，"形式要求"是指第 11

条规定的要求，以及为实施该条而制定的细则中所规定的形式上的要求。

第 17 条 申请的拒绝

（1）经下述程序，注册主任认定外观设计申请不符合形式要求的，可以拒绝该外观设计注册申请：

（a）根据第 16 条进行审查后；

（b）给予了申请人一次改正形式要求不足之处的机会后。

（2）从申请的表面来看，外观设计并非新外观设计或者因任何其他理由而不属于可予注册的外观设计的，注册主任可以拒绝该外观设计注册申请。

（3）注册主任应当将任何根据本条作出的拒绝通知申请人。

第 18 条 注册和公布

除第 17 条另有规定外，注册主任认定外观设计注册申请符合形式要求的，应当在切实可行的范围内尽快完成下述事项：

（a）将规定的事项记入登记簿中以此注册该外观设计；

（b）在登记簿中记入申请人或者该申请所有权人的继受人的姓名或者名称以作为该外观设计的所有权人；

（c）向在该外观设计注册时注册的外观设计所有权人颁发一份注册证书；

（d）以规定的形式公布该外观设计注册和图样的公告。

第 19 条 形式审查要求

注册主任在决定是否接受外观设计注册申请时，不应当被要求考虑或者顾及下列事项：

（a）该外观设计的可注册性；

（b）申请人是否有权享有该申请中要求享有的任何优先权；

（c）该项外观设计是否已在申请中进行了合适的呈现。

第 20 条 注册日

已注册的外观设计被视为在其提出注册申请之日被注册，且该日为本法之目的被视为该外观设计的注册日。

第四节　注册的期限

第 21 条　注册的最初期限及其延展

（1）外观设计注册的最初期限为自外观设计注册日起 5 年。

（2）在当前注册期限届满前，向注册主任申请延展并缴纳规定的延展费用的，外观设计注册的期限可以被延展至第二个和第三个 5 年的期限。

（3）就注册主任在当前注册期限届满前通知外观设计所有权人注册期限即将届满和可获得延展的方式，部长可以制定规则。

（4）在当前注册期限届满前未提出延展申请和缴纳费用的，外观设计注册应当在期满后终止并且从登记簿中删除。

（5）在当前注册期限届满后 6 个月内提出延展申请并缴纳了延展费和任何规定的滞纳金的，外观设计注册应当被视为从未终止一样，据此：

（a）在该期间内由所有权人或者经其同意而基于该外观设计的任何权利或者涉及该外观设计的任何权利而作出的任何事情，都应当被视为有效；

（b）若该注册未终止便会构成侵犯该外观设计的任何行为，应当被视为侵权；

（c）若该注册未终止便会构成第四部分所规定的为政府目的使用该外观设计的任何行为，应当被视为构成政府使用。

第 22 条　有关艺术作品等的例外

（1）注册外观设计在下列情形下，尽管有第 21 条的规定，如果作品的版权届满时间早于该外观设计的注册期限届满时间的，该外观设计的注册期限在该作品版权届满之时即告届满，该注册的保护期也不得在此之后延展：

（a）在该外观设计注册时与该外观设计相关的艺术作品根据版权法的规定享有版权；

（b）如不是因为第 9 条第（1）款的规定，则对该作品的在先使用将导致外观设计不可以被注册。

（2）尽管有第 21 条的规定，根据第 10 条第（1）款注册的外观设计的注册期限，不得延展至超越原注册外观设计的注册期限及其任何延展的期限结束之时。

第五节　裁定注册外观设计权利的法律程序

第 23 条　在注册后对权利的确定

（1）外观设计注册后，任何具有或者声称具有该外观设计权益的人都可以请求法院确定下列事项，而法院应当对上述问题作出裁定，并作出其认为合适的命令以执行该裁定：

（a）谁是该外观设计的真正所有权人；

（b）该外观设计是否应当以登记的所有权人的名义登记；

（c）是否应将该外观设计的任何权利转让或者授予任何其他人。

（2）在不损害第（1）款的原则性下，根据该款作出的命令可以包含一个或者多个下述指示：

（a）请求人的姓名或者名称作为外观设计所有权人或者一个所有权人记入登记簿中（无论是否排除任何其他人）；

（b）对该人取得该外观设计任何权利的交易予以注册；

（c）授予使用该外观设计的许可；

（d）该外观设计的注册所有权人或者获得该外观设计任何权利的人实施法院认为合适的行为，以使命令中的任何指示产生效力。

（3）如根据第（2）款（d）项被发给指示的任何人，没有在命令日期后的 14 日内执行该指示的，法院可以应该命令所惠及的任何人或者申请作出该命令的任何人向法院提出的申请，授权该人代表被发给该指示的人实施该行为。

（4）如本条中的请求是在第 18 条（c）项所述外观设计注册证书颁发之日起 2 年后提出的，则除非已证明外观设计注册所有权人在注册时或者在该外观设计移转给他时已知悉他无权获得注册成为所有权人，否则不得以注册所有权人无权获此注册为由，根据第（1）款作出命令将该外观设计的任何权利从该外观设计注册所有权人移转给任何其他人。

（5）除非将请求已在第一时间交给了下述人等外，法院不得根据第（1）款作出任何命令：

（a）该外观设计的注册所有权人；

（b）注册为享有该注册外观设计权利但不属于请求的任何一方的人。

第 24 条 根据第 23 条作出的命令对第三方的效力

（1）根据第 23 条第（1）款作出的命令，注册外观设计从一人或者多人（本条称为原所有权人）移转至一人或者多人（无论是否包括原所有权人）的，除属于第（2）款规定的情形外，原所有权人授予的任何许可或者设定的任何权利都应当在符合第 34 条以及该命令的规定下继续有效，并应当被视为因该命令而获移转的该外观设计的新所有权人所授予的。

（2）任何命令规定应当将注册外观设计从原所有权人移转至一人或者多人（没有任何人是原所有权人），其理由为该外观设计以其姓名注册的人并无权注册为所有权人，而该人或者这些人均不是原所有权人的，则该外观设计的任何许可或者任何其他权利都应当在符合该命令以及第（3）款的规定下，在该一人或者多人注册为该外观设计的新所有权人时失效。

（3）作出第（2）款中所述命令，且在导致作出该命令的相关事项记入登记簿前，原所有权人或者被许可人有下列情形之一的，原所有权人或者被许可人如在规定期限内向新所有权人请求，则有权获得许可（但不包括独占许可），使其能够继续实施或者实施该行为：

（a）善意地实施一种行为，若上述事项在该行为实施时已注册，则该实施行为会构成对该项外观设计侵犯；

（b）善意地作出有效而认真的准备工作以实施该行为。

（4）根据第（3）款授予的许可应当以合理的条件给予一段合理的许可期间。

（5）注册外观设计的新所有权人或者任何声称根据第（3）款有权被授予许可的人，都可以请求法院就下述问题作出一个裁决：

（a）该人是否有此权利；

（b）授予此类许可的合理的期间或者条件。

（6）法院应当根据第（5）款作出裁决，并且可以：

（a）命令按其认为合理的条款或者许可期间授予许可；

（b）变更许可的期间或者条款。

第 25 条　由法院命令授予的许可

根据第 23 条第（1）款或者第 24 条第（6）款所作的授予许可的任何命令，都应当在不损害任何其他强制执行方法的原则下具有效力，犹如该许可是按照该命令由该注册外观设计的所有权人与其他必需的各方所签订的契据一样。

第六节　注册的放弃和撤销

第 26 条　注册的放弃

（1）注册所有权人可以就全部或者任何注册外观设计的物品而放弃该外观设计的注册。

（2）部长可以就下列事项制定细则：

（a）放弃的方式及效力；

（b）保护其他就该外观设计享有权利的人的利益。

第 27 条　注册的撤销

（1）在外观设计被注册后的任意时间，任何利害关系人都可以以该外观设计在其注册时不是新设计或者其他任何可以导致注册主任拒绝注册该外观设计的理由向注册主任或者法院请求撤销该外观设计的注册。注册主任认为申请合理的，可以作出撤销的命令。

（2）在外观设计被注册后的任意时间，任何利害关系人都可以基于下述理由向注册主任或者法院请求撤销该外观设计的注册：

（a）在该外观设计被注册时，涉及艺术作品的相应外观设计的版权已经存在；

（b）该注册外观设计的权利根据第 22 条第（1）款已经届满。

注册主任认为申请合理的，可以作出撤销的命令。

（3）涉及外观设计的法院诉讼悬而未决的，撤销外观设计注册的申请必须向法院提出。

（4）撤销外观设计注册的申请向注册主任提出的，注册主任可以在任意时间移交给法院。

（5）向注册主任提交的撤销外观设计注册的申请，应当以规定的方式提交，并缴纳规定的费用。

（6）撤销的生效：

（a）根据第（1）款所做的撤销，从注册之日起生效；

（b）根据第（2）款所做的撤销，从注册外观设计的权利届满日起生效。

（7）部长可以就注册主任的撤销程序及相关事项制定细则。

第七节　其　他

第 28 条　获得信息的权利

（1）在外观设计注册后，任何人以规定的方式提交书面请求并缴纳规定的费用后，注册主任应当就提出请求的人在其请求中指定的外观设计注册申请（包括该外观设计的任何表图样或者样本在内）但受规定条件的约束：

（a）向提出请求的人提供相关信息；

（b）允许其查阅相关文件。

（2）可以制定细则，授权注册主任拒绝就规定的相关信息和文件提出的请求。

（3）在外观设计注册的公告根据第 18 条规定公布前，注册主任不得未经所有权人或者申请人同意而将构成或者涉及该申请的信息或者文件公布或者传送给任何人。

（4）第（3）款不应当阻止注册主任将涉及外观设计的注册申请的任何规定的资料公布或者传送给其他人。

（5）任何人被告知某外观设计注册申请已提出，并且如该外观设计获得注册，申请人将对通知书内指明的该被告知人的行为诉诸法律程序的，可根据第（1）款提出请求。

（6）即使外观设计还没有被注册，注册主任仍然可以不经申请人同意批准根据第（1）款提出的请求。

第 29 条　特定外观设计的保密规定

（1）外观设计注册申请提出后，在注册主任看来，该外观设计属于部长所告知的与国防相关的种类之一的，注册主任应当给出指令禁止或者限定下列行为：

（a）相关外观设计信息的公布；

（b）将此类信息传送给任何该指令中列举的人或者人群。

（2）为保证指令中所给出的下列内容在指令有效期内不会在注册处向公众开放查阅，可以制定相应的细则：

（a）外观设计的图样；

（b）为支持申请被注册而提交的任何证据。

（3）任何人不遵守注册主任指令的都将构成犯罪，应当处以不超过五千新加坡元的罚金或者判处不超过 2 年的监禁，或者二者并罚。

（4）该指令生效的：

（a）该申请应当在符合第 16 条规定的形式要求后中止；

（b）尽管有第 18 条的规定，申请不得依照该条规定继续处理，直到根据第（5）款（d）项该指令被撤销。

（5）注册主任作出此类指令的，应当将关于该申请和该指令的通知提交给部长。由此，下列规定产生效力：

（a）部长应当考虑该外观设计的公布是否会损害新加坡的国防；

（b）部长可以随时检查该外观设计的图样，或者任何第（2）款（b）项所述的证据；

（c）在任何时候考虑该外观设计后，如果部长认为该外观设计的公布不会或者不再会损害新加坡的国防，可以向注册主任发出通知，告知该情况；

（d）接到上述通知后，注册主任应当撤销指令，并且依照其认为合适的条件延长本法中与注册申请相关的规定中所要求或者授权所做任何事情的期限，无论该期限是否在此之前已届满。

（6）符合下述条件的，部长可以在考虑到所有相关情形后，给予申请人合理的赔偿金：

（a）根据本条就外观设计注册申请作出的指令被撤销的；

（b）外观设计被注册的；

（c）部长认为指令的生效使申请人遭受困难的。

（7）本条的规定不得影响向政府部门或者机构披露相关的外观设计信息，以获得本条规定的就所涉及的外观设计注册申请的指令是否应当被作出、修改或者撤销的意见。

第三部分　注册外观设计的权利

第一节　注册外观设计所有权人的权利

第 30 条　*注册所授予的权利*

（1）根据本法注册的外观设计给予注册所有权人以下独占权：

（a）在新加坡制造或者将进口到新加坡，以：

（i）作出售或者出租；

（ii）为贸易或者经营目的使用。

（b）在新加坡出售、出租，或者为出售或者出租而提供、展示其外观设计已经注册，且该外观设计或者任何与该外观设计无实质性区别的外观设计已应用于之上的物品。

（2）为本法之目的，在外观设计注册有效时，任何人未经注册所有权人同意而作出下列行为的，即侵犯该注册外观设计的权利：

（a）作出根据第（1）款规定属于注册所有权人专有权利的任何事情；

（b）作出任何事情以使第（1）款所述任何物品在新加坡或者其他地方制造；

（c）就任何配套元件作出任何事情，而该事情如就装配物品而作出便会构成对该外观设计侵犯的；

（d）作出任何事情以使配套元件在新加坡或者其他地方得以制造或者装配，而经装配的物品将会属于第（1）款所述物品。

（3）根据第2款，"配套元件"是指拟装配成任何物品的一个完整部件或者实质上属于一套完整部件的元件。

（4）根据第2款，对于有超过1个所有权人的注册外观设计，注册外观设计所有权人应当被解释为：

（a）就行为而言，是指根据本法第33条或者其他有关协议有权作出该行为的外观设计所有权人；

（b）就同意而言，是指根据本法第33条或者其他有关协议有权同意的外观设计所有权人。

（5）根据本法，注册外观设计权利在以下情况不视为侵权：

（a）为私人的非商业目的所从事的任何行为；

（b）为评估、分析、研究和教学目的所从事的任何行为。

（6）根据第2条第（1）款中"外观设计"的定义的（b）项，为决定外观设计是否属于可以注册的外观设计的目的而复制该项外观设计的该特征，则该注册外观设计的权利不因该复制而受到侵犯。

（7）出口、出售、出租或者为出售或者出租而提供、展示应用外观设计的物品，只要是在外观设计所有权人同意（附条件或者其他）的情况下投放市场（无论是在新加坡或者其他地方），不应视为侵犯外观设计权利。

第31条 第三方继续使用注册外观设计的权利

（1）在任何外观设计注册申请提交日前，任何人存在下列情形的，具有继续进行此项行为或者从事该项行为的权利。

（a）在新加坡善意地作出一种行为，而在作出该行为时若该外观设计已注册的，该行为将构成侵犯该项外观设计；

（b）在新加坡善意地作作出有效而认真的准备工作以作出上述行为的。

（2）在经营过程中，如该行为和为该所做的准备工作已完成，具有第（1）款所述权利的个人可以：

（a）授权当时在该业务中的任何合伙人从事该行为；

（b）向获得与该行为或者该准备相关的业务的任何人，转让该权利，或者在死亡、法人团体解散时移转该权利。

（3）第（2）款所述权利不应当包括授予任何人许可以作出第（1）款所述行为的权利。

（4）任何物品是在行使第（1）款所赋予的权利下被处置而转予另一人的，该另一人和任何通过其提出主张的人可以处理该物品，犹如该物品已由相关外观设计的所有权人处置一样。

第二节　作为财产权客体的注册外观设计

第32条　注册外观设计的性质

（1）注册外观设计或者其相关任何权利均属于个人财产，可以同其他个人财产一样进行转让或者移转。

（2）注册外观设计或者其任何相关权利可经法定代理人的允许而转授他人。

（3）注册外观设计可以被授予使用许可，并在此许可协议约定范围内授予分许可。

（4）任何所述的许可和分许可：

（a）可以作为个人财产进行转让或者移转；

（b）可以经法定代理人的允许而转授他人。

（5）第（1）款至第（4）款应当在不抵触本法规定的情况下产生效力。

（6）任何注册外观设计或者任何注册外观设计的权利的转让，或者转授，除非是让与人或者法定代理人以书面形式作出并签署，否则不具有效力。

（7）让与人或者法定代理人是法人团体的，盖上该法人团体印章便使第（6）款的要求得到满足。

（8）第（6）款和第（7）款适用于抵押转让，如同其他形式的转让一样。

（9）任何注册外观设计或者任何注册外观设计权利的转让，或者与注册外观设计相关的独占许可，均可以将转让人或者许可人根据第23条或者第36条提起法律程序的权利赋予受让人或者被许可人。

第33条 注册外观设计的共同所有权

（1）除任何协议另有相反规定外，注册外观设计有多于一名注册所有权人的，则每人都应当对该外观设计的权利享有相等的不可分割份额。

（2）除本条以及任何协议另有相反规定外，注册外观设计有多于一名注册所有权人的，则每人均有权由其本人或者其代理人为其自身利益并无需任何其他注册所有权人同意或者向任何其他注册所有权人交代的情况下，就该外观设计作出任何将构成侵犯该外观设计的行为。

（3）除任何协议另有相反规定外，注册外观设计有多于一名注册所有权人的，则任何注册所有权人不得在未获得每名其他注册所有权人的同意情况下，对该外观设计进行许可或者将该项外观设计中的权益转让。

（4）第（1）款或者第（2）款不影响已死亡的人的受托人或者法定代理人的相互权利或者义务，或者他们作为受托人或者法定代理人的权利或者义务。

第34条 注册外观设计交易的登记

（1）下列人等向注册主任就交易的规定事项提出申请的，应当记入登记簿：

（a）任何声称通过可登记的交易获得该注册外观设计任何利

益的人；

（b）任何其他声称在此交易中受影响的人。

（2）根据第（1）款，下列情形属于可登记的交易：

（a）任何注册外观设计或者其权利的转让；

（b）授予使用注册外观设计的许可和分许可；

（c）任何注册外观设计或者其权利的抵押权益（固定或者浮动）的授予；

（d）经法定代理人允许就任何注册外观设计或者其权利的转授；

（e）法院或者其他主管当局命令转让注册外观设计或者任何注册外观设计的权利。

（3）直到就可登记的交易的规定事项提出注册申请为止，该交易不得对抗因事先不知情而就该注册外观设计获得与该交易相冲突的利益。

（4）尽管有本法规定，通过可登记的交易成为一个注册外观设计的所有权人或者被许可人的任何人不享有下列权利：

（a）就发生在交易日之后和就交易的规定事项提出注册申请日之前的任何侵犯该注册外观设计的行为获得损害赔偿和利润；

（b）就发生在交易日之后和就交易的规定事项提出注册申请日之前就为政府事务而使用该外观设计的行为，依据政府与注册所有权人之间达成或者法院确定的条件，获得第 46 条规定的补偿。

第 35 条　注册申请中的权利

（1）第 32 条、第 33 条和第 34 条的条文经作必要变通后，适用于任何外观设计注册申请，如其适用于任何注册外观设计一样。

（2）为第（1）款之目的，第 34 条所述就规定事项提出注册申请，应当理解为就有关外观设计注册申请的相关交易、文书或者事件的事项以规定的方式向注册主任发出书面通知。

第三节　侵权诉讼

第36条　侵权诉讼

（1）注册外观设计的权利遭侵犯的，可以由注册所有权人付诸诉讼。

（2）根据本法的规定，法院可以在侵权诉讼中给予的救济包括：

（a）禁止令（受到法院认为合适的任何条件的约束）；

（b）责令被告给予损害赔偿或者交出非法利润。

（3）除本法另有规定外，不得对在根据第18条颁发外观设计注册证书前实施的侵权行为提起诉讼。

第37条　共同所有权人提起侵权诉讼

（1）除任何协议另有相反规定外，注册外观设计有多于一名注册所有权人的，则每名注册所有权人均有权对侵犯该外观设计的任何行为提起诉讼。

（2）在由一名注册所有权人根据本条提起的任何诉讼中，其他注册所有权人应当作为该诉讼的一方，但如任何其他注册所有权人被作为被告，则除非其参与该诉讼，否则他无须承担任何诉讼费用或者开支。

第38条　独占许可的被许可人提起诉讼

（1）注册外观设计独占许可的被许可人就授予许可后侵犯该外观设计的行为与注册所有权人一样，具有提起诉讼的权利；本法有关侵权的条文中对注册所有权人的提及，亦须据此解释。

（2）在独占许可的被许可人提起的任何诉讼中确定损害赔偿的，法院只可考虑该独占许可的被许可人因该侵权而遭受或者可能因该侵权而遭受的损失。

（3）在独占许可的被许可人提起的任何诉讼中命令交出所得利润的，法院只可考虑源自该侵权并归因于侵犯该独占许可被许可人权利的利润。

（4）在独占许可被许可人依照本条提起的任何诉讼中，注册所有权人应当被作为该诉讼的一方，但如该注册所有权人被作为被告，则除非其参与该诉讼，否则他无须承担任何诉讼费用或者开支。

第 39 条 给予损害赔偿或者返还利润的一般限制

（1）在因侵犯注册外观设计而提起的诉讼中，被告证明在侵权的时候其并不知悉亦无合理理由相信该外观设计已注册的，不得判定由被告支付损害赔偿，亦不得判令被告交出所得利润。

（2）就第（1）款之目的，任何人不得只因"注册"的字样或者任何明示或者暗示该外观设计已注册的字样或者缩写加于某物品上或者加于附于该物品的印刷品上，而被视为已知悉或者已有合理理由相信该外观设计已注册，除非这些字样或者缩写附有该外观设计的注册号。

第 40 条 交付令

（1）注册外观设计侵权诉讼的被告占有下列物品的，除给予第 36 条规定的任何法律救济外，法院可以命令将该等物品或者该物件交付给原告：

（a）侵犯注册外观设计的物品；

（b）主要用于制造侵犯注册外观设计物品的任何物件，只要被告知道或者有理由相信该物件已用作或者将会用作制造侵犯注册外观设计的物品。

（2）除非法院已经作出或者认为有理由作出第 41 条规定的命令的，否则不得根据本条作出任何命令。

（3）根据本条作出的命令而需交付任何物品或者物件的人，应当保留该物品或者物件以待根据第 41 条作出命令或者不作出命令的决定。

（4）在本条和第 41 条中，任何物品，如果注册外观设计或者与注册外观设计没有实质性区别的外观设计适用于该物品，且：

（a）将该外观设计应用于该物品上构成对该外观设计的侵犯；

（b）将该物品以侵犯注册外观设计的方式进口到新加坡；

（c）以侵犯注册外观设计的方式在新加坡销售、出租、为出租或者出售而提供、展出该物品的。

该物品都应当被视为"侵犯注册外观设计的物品"。

第41条　处置令

（1）任何侵犯注册外观设计的物品或者物件依照第40条所作的命令已被交付的，可以向法院提出申请以获得：

（a）销毁或者没收给予法院认为合适的人的命令；

（b）无需作出前述命令的决定。

（2）在决定何种命令应当作出时，法院应当考虑下列因素：

（a）是否有其他补救方法足以补偿原告和足以保护他们的权益；

（b）确保对侵权物品的处理不会对原告产生不利影响。

（3）法院应当就向对该物品有权益的任何人的送达通知作出指示。

（4）任何对所述物品拥有权益的人具有下列权利：

（a）在寻求本条的规定的命令的诉讼中出庭，无论其是否收到送达通知；

（b）就任何命令上诉，无论其是否在诉讼中出庭。

（5）根据本条作出的命令，只有在提出上诉的期限届满后方能生效，或者如果在此期满前适当提出上诉的，只有在作出上诉程序的最终决定或者上诉撤回后才生效。

（6）一个以上的人对所涉物品或者物件具有权益的，法院可以命令将物品或者物件出售、处理或者分配收益，并作出该法院认为公正的其他命令。

（7）法院认为根据本条不必下达任何命令的，在交付前占有该物品或者物件的人有权得到归还。

第42条　不侵犯注册外观设计的声明

在已作出或者拟作出某项行为的人与注册所有权人之间进行

的诉讼中，即使该注册所有权人并未提出相反的主张，法院仍可作出一项声明，称该行为或者拟作出的行为并不构成对有关注册外观设计的侵犯，如已证明：

（a）该人为取得一份具有前述声明效果的承认书，已以书面向该注册所有权人提出申请，并已以书面向该注册所有权人提供所涉行为的全部详情；

（b）该注册所有权人已拒绝或者没有给予任何上述承认书。

第 43 条 注册的有效性曾受质疑的证明

（1）在法院进行的任何诉讼中，外观设计注册的有效性受到质疑，而法院裁定该注册为是有效的，法院可以制作证明，说明该认定以及该注册的有效性曾受到质疑的事实。

（2）如果法院已给予前述证明，在后续的侵犯注册外观设计或者撤销外观设计注册的诉讼中有下列情形，除非法院另有指示，否则注册外观设计所有权人有权获得其支付给律师的费用：

（a）注册外观设计的有效性再次被质疑；

（b）注册外观设计所有权人获得最终有利于其的判决或者裁定。

（3）第 2 款不延及该诉讼中的上诉程序的费用。

第 44 条 对提起侵权诉讼的无理威胁的救济

（1）任何人（无论其是否对注册外观设计或者外观设计注册申请享有权利或者权益），向任何其他人威胁提起侵犯一项注册外观设计的诉讼，任何因该威胁而受到损害的人可以根据本条在法院提起针对该作出威胁的人的诉讼。

（2）可申请的救济包括：

（a）作出该威胁是不正当的声明；

（b）禁止继续上述威胁的禁令；

（c）因该威胁而蒙受的任何损害的赔偿。

同时原告具有获得前述救济的权利，除非：

（i）被告证明其威胁提起诉讼所涉及的行为构成，或者如作出该作为便会构成，对该外观设计的侵犯；

（ii）原告未能证明该外观设计的注册是无效的。

（3）威胁就被指称为制造或者进口物品所构成的侵权行为提起诉讼的，不得根据本条提起诉讼。

（4）为本条之目的，任何关于一项外观设计已经注册的通知本身并不构成提起诉讼的威胁。

（5）就顾问和律师在专业能力范围内为客户利益所做的任何行为，均不得根据本条使其被起诉。

第四部分　政府使用注册外观设计

第 45 条　*政府使用注册外观设计*

（1）不管本法有任何规定，政府和政府书面授权的任何人仍可以依照第 46 条规定为政府服务的目的使用注册外观设计。

（2）第（1）款规定的政府授权可以：

（a）在该外观设计注册之前或者之后给予；

（b）在该授权涉及的行为作出之前或者之后给予；

（c）给予任何人，无论其是否直接或者间接得到注册权人的授权使用该注册外观设计。

（3）在不违反第（1）款规定原则的前提下，任何为下述目的而使用外观设计的：

（a）向任何在新加坡以外的国家或者地区的政府根据新加坡与该国政府之间的协议或者协定提供为下列用途所需物品：

（i）用于该国的国防；

（ii）用于任何其他国家的国防，该国是新加坡政府参加的国防方面的协议或者协定的成员国；

（b）向联合国或者属于该组织的任何国家的政府提供为执行该组织或者该组织任何机构的决议的武装力量所需的物品。

应当被视为是用于政府服务目的对外观设计的使用；政府或

者由政府授权使用该外观设计的人应当具有如下权力：

（A）按照协议或者协定将物品销售给该政府或者组织；

（B）在实施根据本条规定授予的权利过程制造的，但为最初制造时的目的不再需要的物品销售给任何人。

（4）在不违反第（1）款规定原则的前提下，为下述目的，政府必须或者需要使用一项外观设计以制造物品，或者对物品的任何使用，应当被视为是用于政府服务目的对外观设计的使用：

（a）避免损害新加坡的安全或者国防；

（b）以协助国民防卫法规定的紧急状态或者民防紧急状态下行使权力和实施民防措施为目的；

（c）为公共的非商业性目的而使用。

（5）行使第（1）款赋予的任何权利而售出的产品的购买者以及通过其主张权利的任何人，应当有权处理该产品，就如该注册外观设计的权利掌握在政府手中一样。

（6）不管任何其他成文法律中有任何规定，对于按照第（1）款进行的与任何一件外观设计的使用有关的任何模型或者文件的复制或者公开，不应当视为对根据版权法享有的文件的版权或者根据集成电路布图设计法享有的布图设计的权利的侵犯。

第 46 条 政府使用的条件

（1）外观设计在注册日前已被政府使用或者以政府名义使用，除作为直接或者间接由注册所有权人或者其获得外观设计的权属的其他人传送该外观设计的结果外，根据第 45 条规定对该外观设计的任何使用可以免于向该注册所有权人支付使用费或者其他费用。

（2）外观设计未被使用的，任何根据第 45 条规定在注册日之后的任何时间对该外观设计的任何使用，或者作为依照第（1）款所述对该外观设计的传送结果而对该外观设计作出的任何使用，应当基于下述条件进行：

（a）按照在使用前或者使用后政府与注册所有权人之间达成的协议；

(b) 未达成协议的，按照法院根据第 48 条规定确定的条件。

（3）外观设计依照本条规定被使用的，除非在政府看来将违反公共利益，政府均应当尽快将该事实通知注册所有权人，并应其不时提出的合理要求向其提供关于该外观设计使用的信息。

第47条　许可条款等的无效

下列人为政府服务的目的使用注册外观设计或者已申请但正在审批中的外观设计：

（a）政府或者政府根据第 45 条授权的人；

（b）政府命令的注册所有权人或者注册申请人。

无论是在 2000 年 11 月 13 日之前，当天或者之后在如下当事人之间所签订的任何许可、转让或者协议中的条款：

（i）注册所有权人或者申请人，或者从他们那里获得权利或者给予他们权利的任何人；

（ii）除政府以外的任何人。

应不具任何法律效力，只要那些规定：

（A）限制或者规定了该外观设计的使用或者与之有关的任何模型、文件或者信息；

（B）规定了为相应使用所应支付或者用以计算的费用。

第48条　将纠纷诉诸法院

（1）任何涉及下列事项的纠纷，均可以由纠纷的任何一方当事人向法院提起诉讼：

（a）政府或者由政府授权的人行使第 45 条所赋予的权力的行使；

（b）为政府目的使用外观设计的条件；

（c）任何人按照政府与注册所有权人之间根据第 46 条第（2）款的规定达成的条件获得部分费用的权利。

（2）对于一方当事人是政府的本条规定的任何诉讼案件，政府可以：

（a）注册所有权人是诉讼的另一方当事人的，可以依据本法规定的任何理由针对该外观设计的注册提出撤销请求；

（b）在未提出撤销请求的任何情况下，提出该外观设计注册的有效性问题。

（3）在根据本条规定确定政府与任何人之间就为政府服务目的使用外观设计的条件产生的纠纷时，法院应当考虑此人或者此人从其处获得该权利的任何人直接或者间接从政府那里就该外观设计可能获得或者可能有权获得的任何利益或者补偿。

（4）一项注册外观设计的两个或者多个注册所有权人之一，可以不经其他注册所有权人同意按照本条规定向法院提起诉讼，但是除非其他注册所有权人也作为诉讼当事人，否则不得如此行事；其他注册所有权人中的任意一人被作为被告的，则除非其参与该诉讼，否则他不须承担任何诉讼费用或者开支。

第五部分　管理及其他补充规定

第一节　注册主任

第 49 条　外观设计注册主任和其他官员

（1）应当任命一名外观设计注册主任，负责管理外观设计注册处。

（2）应当任命一名或者多名外观设计副注册主任，在注册主任的领导下，拥有本法中除第 50 条规定的权力外注册主任拥有的所有权力和职责。

（3）应当任命一名或者多名外观设计注册主任助理。

（4）本条中规定的注册主任以及其他所有官员均由部长任命。

第 50 条　注册主任的授权

（1）在涉及某一或者某类特殊事项时，注册主任亲笔以书面形式将其根据本法享有的所有任何权力或者职责（除授予权力外）授权给外观设计注册主任助理或者任何公共官员，从而可以通过授权，对所涉及的某一或者某类事项行使在授权文件中所授予的权力和职责。

（2）根据本法作出的授权可以依意愿被撤销，并且任何授权都不能阻碍外观设计注册主任或者任何副注册主任行使其权力或者职责。

第51条 外观设计注册处

为本法之目的，应当设立一个被称作外观设计注册处的部门。

第52条 注册处的印章

注册处应具有印章，且该印章的戳记应当依法予以公告。

第二节　登记簿

第53条 外观设计登记簿

（1）注册主任应当保存一份名为外观设计登记簿的登记簿。

（2）根据本法，登记簿中应当记载：

（a）已注册外观设计的事项，包括注册日期；

（b）注册所有权人的姓名；

（c）影响注册外观设计或者外观设计注册申请的权利的交易的事项；

（d）注册主任认为适宜的其他情况。

（3）登记簿中不应记载任何信托公告，无论该公告是明定、隐含还是推定，注册主任均不应受这些公告的影响。

（4）登记簿可以全部或者部分使用计算机保存。

（5）任何为保存登记簿的目的而使用计算机保存的事项或者其他情况均可作为登记簿中的记载项目。

第54条 登记簿的纠正

（1）基于任何权利受到不法侵害的人的申请，法院可以命令通过录入、变更或者删除对登记簿中的任何记载进行纠正。

（2）在根据本条进行的诉讼中，法院可以对关于登记簿纠正所涉及的必需或者必要的任何问题作出裁定。

（3）注册主任在收到法院命令纠正登记簿的通知后，应当据此纠正登记簿。

（4）除非法院另有指示，根据本条对登记簿的纠正具有如下效力：

（a）所作记载自其应被记载的日期起生效；

（b）所变更的记载视为自始以变更后的形式存在；

（c）所删除的记载视为自始无效。

第55条 登记簿的查询和摘录

（1）支付规定费用后，任何人均可在注册处的工作时间内在注册处查询登记簿。

（2）登记簿或者其任何部分是通过计算机保存的，如果任何想查询该登记簿或者该部分的人能够在计算机终端的显示器上阅读，或者打印记录在该登记簿或者该部分中的事项或者其他文件的，则第（1）款的规定得以满足。

（3）在缴纳规定费用后，任何申请获得登记簿中记载事项的认证副本或者认证摘录的人应当被允许获得该副本或者摘录。

（4）登记簿中任何部分以文本以外的形式保存的，第（3）款中授予的获得副本和摘录的权利，是指获得可被取走的形式的副本或者摘录的权利。

（5）本条中的"认证副本"和"认证摘录"是指所述复印和摘录由注册主任认证，并盖有注册处的印章。

第三节 注册主任的权力

第56条 注册主任审理的法律程序中的费用

（1）根据本法，在注册主任审理的法律程序中，注册主任可以命令将其认为合理的费用判给任何一方，并指示该费用如何以及由何方支付。

（2）注册主任可通过规章规定对该费用及其任何部分的费用征税。

（3）根据规章，期望获得费用或者期望费用被征税的一方应向注册主任申请。

（4）如果一方被命令支付另一方的费用，该费用可通过法院的法定裁决以债务的形式由第一方从其他方追讨回来。

第 57 条 *登记簿的更正*

（1）根据本条规定，注册主任可以更正登记簿中任何书写错误。

（2）根据本条规定，更正可以基于任何利害关系人的书面请求进行或者由注册主任主动进行。

（3）第（2）款中所述的请求应当以规定的形式提出，并支付规定的费用。

（4）不应强制注册主任主动更正任何非因注册主任失职造成的错误。

（5）注册主任主动建议更正时，应当将该建议通知到每一个可能受该更正影响的人，且在更正前，应给予对方陈述的机会。

第 58 条 *注册主任的权力*

根据本法，注册主任可以：

（a）传唤证人；

（b）接收基于宣誓的证据，所述证据可以是口头证据或者其他形式的证据；

（c）要求提供文件或者物品。

第 59 条 *违抗传唤罪*

（1）被注册主任传唤作为证人的人应服从传唤，没有合法理由不应不到场。

（2）被注册主任要求提供文件或者物品的人没有合法理由不应不提供文件或者物品。

（3）任何人违反第（1）款或者第（2）款规定的都将构成犯

罪，应当处以不超过二千新加坡元的罚金或者判处不超过 3 个月的监禁，或者二者并罚。

第 60 条 拒绝出具证据罪

（1）被注册主任要求提供文件或者物品或者被要求回答问题的人没有合法理由，不应当拒绝宣誓或者声明，或者不应当拒绝提供文件或者物品，或者不应当拒绝回答问题。

（2）任何人违反第（1）款规定的都将构成犯罪，应当处以不超过二千新加坡元的罚金或者判处不超过 3 个月的监禁，或者二者并罚。

第 61 条 行政部门和注册主任官方行为的豁免权

任何行政部门、注册主任或者任何行使其职权的人均不：

（a）应当视为是对任何根据本法或者根据任何新加坡作为一方参与的条约、公约、协议或者约定进行注册的外观设计注册有效性的保证；

（b）应当承担由于任何应本法或者上述条约、公约、协议或者约定的要求或者授权进行的审理、报告或者基于该审理引起的其他后续程序而带来的法律负责。

第 62 条 不服注册主任决定或者命令的上诉

（1）除根据本法制定的规章外，根据本法，可就注册主任的任何决定或者命令向法院提出上诉。

（2）除法院另有指示外，任何根据本法提出的、涉及外观设计注册申请的上诉，其审理应当以非公开方式进行。

（3）本条中的"决定"包括注册主任按照或者根据本法行使赋予其的自由裁量权时的任何行为。

第 63 条 自由裁量权的行使

根据本法赋予注册主任的任何自由裁量权，注册主任没有给予任何可受其决定不利影响的人陈述的机会的，注册主任不应行使该权力。

第四节　注册处的工作时间

第64条　工作时间和非工作日

（1）注册主任可以出版办理手续指南以说明：

（a）注册处的工作时间；

（b）被视为非工作日的日期。

（2）根据本法，部长可以规定在下述时间进行任何业务的效力：

（a）在注册处工作日业务时间外；

（b）在任何非工作日。

（3）为实现第（1）款和第（2）款之目的：

（a）为不同的业务类别规定不用的工作时间；

（b）为不同的业务类别规定不同的非工作日；

（c）为不同的业务类别就下列时间规定不同的业务效力：

（i）在注册处工作时间外；

（ii）在非工作日。

第六部分　海牙协议的日内瓦法案等

第64A条　规则给予海牙协议日内瓦法案等效力的权力

（1）部长可以制定规则在新加坡给予海牙协议的日内瓦法案，或者新加坡作为一方参与的任何其他条约、公约、协议或者约定中涉及外观设计的规定以效力。

（2）在不违背第（1）款一般原则的情况下，可以特别制定规则以规定：

（a）通过注册处申请国际注册的申请所应遵循的程序；

（b）在国际注册申请不成功或者国际注册失效的情况时所应遵循的程序；

（c）指定新加坡作为外观设计注册国且成功注册的国际注册

申请的效力；

（d）与国际局的信息交流；

（e）有关申请国际注册、更正和更新的费用（含传送费）的支付和金额。

（3）涉及国际外观设计（新加坡）的，可以在规则中制定规定以适用第44条和第四部分和第七部分的规定。

（4）本条中：

"海牙协议日内瓦法案"是指1999年7月2日在日内瓦签署的、归属于海牙协议的法案，其涉及工业外观设计的国际注册；

"国际局"是指世界知识产权组织的国际局；

"国际外观设计（新加坡）"是指：

（a）根据《海牙协议日内瓦法案》在新加坡给予保护的外观设计；

（b）被部长规定为国际外观设计（新加坡）的外观设计。

"国际注册"是指根据海牙协议日内瓦法案有效的、工业外观设计的国际注册。

第七部分　违法行为

第65条　伪造注册等

任何人有下列情形，已知或者有理由相信该记录或者事物是伪造的，构成犯罪，应当处以不超过五万新加坡元的罚金，或者判处不超过5年的监禁，或者二者并罚：

（a）在登记簿中作出或者导致作出伪造记录的；

（b）作出或者导致作出任何事物，错误的宣称其是登记簿事项的复印件；

（c）出示、呈交或者导致出示或者呈交（b）项中任何事物以作为证据的。

第 66 条　虚假陈述已注册的外观设计

（1）任何人为经济利益虚假陈述应用于任何物品上的已注册的外观设计的，构成犯罪，应当处以不超过一万新加坡元的罚金，或者判处不超过 12 个月的监禁，或者二者并罚。

（2）为第（1）款之目的，在物品上压印、雕刻或者盖有或者以其他方式在物品上标示"已注册"字样，或者以任何明示或者暗示的文字表示应用到该物品上的外观设计就该物品而言已注册的，当事人应当被视为就应用到任何物品的外观设计已注册进行了表述。

（3）任何人在注册外观设计的权利期限届满后，就该外观设计在任何物品上标识"已注册"字样，或者以其他任何文字暗示根据本法该外观设计继续存在权利，或者导致任何所述物品被如此标识的，构成犯罪，应当被处以不超过一万新加坡元的罚金，或者判处不超过 12 个月的监禁，或者二者并罚。

第 67 条　合伙组织或者法人团体的违法行为

（1）根据本法声称由合伙组织所做的违法行为，应当对合伙组织以公司的名义提起诉讼程序，而不是合伙人的名义；但是并不影响第（3）款中的合伙人的任何责任。

（2）在所述诉讼程序中，由于定罪而对合伙组织征收的罚款应当由合伙资产支付。

（3）合伙组织根据本法被认定为违法的，除可以证明不知或者已努力防止违法行为发生的合伙人外，每个合伙人都应当被认定为违法，并可以据此被提起诉讼和受到惩罚。

（4）已经证实法人团体违反本法的行为得到董事、经理、秘书或者该法人团体其他类似主管或者声称拥有上述权力的任何人同意或者默许的，该人及该法人团体应当被定为违法，并应当据此被提起诉讼和受到惩罚。

第 68 条　违法行为的构成

（1）注册主任或者任何经书面授权的人有权通过从被合理怀

疑犯有违法行为的人处，收取不超过二千新加坡元的款项以和解任何根据本法规定认定为可和解的违法行为。

（2）经部长批准，本局可以制定规章以对可以和解的违法行为进行规定。

（3）在支付所述款项之后，不应再对这些人就所述违法行为提起诉讼程序。

（4）根据本条收取的所有款项应当存入本局基金。

第八部分　附　则

第 69 条　代理的认知

除根据本法制定的规章另有规定外，本法要求与外观设计注册相关的任何人完成或者本法向其授权的任何行为，或者与注册外观设计或者外观设计的注册相关的任何程序，都可以由该人口头或者书面授权的代理完成或者对其实施。

第 70 条　法院的常规权力

为确定法院在根据本法运用其初始或者上诉管辖权中的任何问题，法院可以制定任何注册主任为确定该问题的目的而制定的命令或者运用任何注册主任为确定该问题的目的而运用的其他权力。

第 71 条　法院诉讼程序的费用

根据本法在法院进行的所有诉讼程序中，法院可以对包括注册主任在内的任何当事人裁定其认为合理的费用，但不应当要求注册主任向任何其他当事人支付费用。

第 72 条　注册主任的证书

声称由注册主任管理的关于其被授权制作或者处理的任何记录、事项或者事物的证书应当是被制作的记录及其内容和被处理或者未被处理的事项或者事物的初始证据。

第 73 条 向本局支付的费用

注册主任或者登记处在任何程序或者其他事务或者关于登记处提供的任何服务中所收取的所有费用，都应当存入本局基金中。

第 74 条 制定规章的常规权力

（1）与本局协商后，部长可以基于下述事由制定规章：

（a）基于任何规章的需要或者根据本法的授权；

（b）为规定本法授权规定或者需要规定的事项；

（c）为规定对于执行或者实施本法而需要或者适于规定的事务；

（d）通常为管理向注册主任进行的任何行为或者其他事务的实践和程序。

（2）在不违背第（1）款一般原则的情况下，根据本条制定的规章可以：

（a）规定提交申请或者其他文件的方式；

（b）要求相关人提出上述为了支持任何申请、通知或者要求而可能规定的法律声明；

（c）要求和管理文件的翻译和任何翻译文件的提交和认证；

（d）涉及与文件相关的服务；

（e）授权对程序违法进行纠正；

（f）就注册外观设计或者任何向注册作出的行为或者事项而使用的表格进行规定；

（g）对要求缴纳的与注册主任相关的任何程序或者事项，或者与登记处提供的任何服务相关的收费项目及具体费用进行规定；

（h）在可以规定的情形下，授权注册主任要求当事人对向注册主任进行的任何程序提供关于该程序或者上诉程序中的费用进行担保，如安全性不能得到保障则提供结果；

（i）对管理在任何程序中向注册主任提供证据的模式和授权注册主任强制证人出庭和查找以及生成文件进行调节；

（j）规定与本法规定的任何程序或者事项相关的需要完成的任何事项的期限；

（k）对上述规定或者注册主任明确制定的任何期限，不论其是否已经到期，提供延期进行规定；

（l）对注册主任发布的办理手续指南的出版进行规定；

（m）就注册外观设计或者任何向注册主任作出的行为或者事项而使用的表格的出版进行规定；

（n）对注册主任签署的文件及这些文件的信息进行出版和销售进行规定。

（3）根据本法制定的规章可以针对对不同情形制定不同的规定。

第 75 条 与注册申请相关的规章

（1）在不违背第 74 条一般原则的情况下，为第 11 条之目的，部长可以制定规章，规定申请注册的外观设计应当或者可以包含：

（a）描述外观设计表述的声明；

（b）描述申请人认为新颖的外观设计特征的声明；

（c）根据规章确定的任何类别或者亚类别，意图应用该外观设计物品的分类；

（d）在表述中可重复制造的应用外观设计的物品的样品。

（2）根据本条制定的规章可以就下述与注册申请相关的声明所采用的方式进行规定：

（a）任何适用第 8 条、第 9 条或者第 10 条的申请所做的任何声明；

（b）任何根据第 12 条或者第 13 条要求优先权的声明。

第 76 条 保留

除上下文另有要求外，任何法律或者文件中对废止的大不列颠联合王国外观设计（保护）法（Cap. 339，1985 Ed. ）的提及都应当认为是对本法的提及。

第 77 条 过渡条款

（1）尽管本法有规定，附表中的条文对于过渡事务具有效力。

（2）部长可以通过刊登于公报上的命令修改附表的条文。

（3）在认为必要或者适宜时，部长可以根据规定制定版权法（Cap. 63）的过渡条款。

马来西亚 1983 年专利法[1]

[1983 年第 291 号法令根据《2006 年专利法修正案》
（A1264 法令）最后修改]

目　　录

---

[1]　根据马来西亚知识产权局网站（http://www.myipo.gov.my/
patent/patent-acts.html）上提供的英文版本翻译。翻译：王丽鹃；校对：
池冰。

第一章　序　言

第1条　简称、生效时间和适用地域

（1）本法被引用时可被称为1983年专利法。生效时间通过部长在政府公报上的公告指定。

（2）本法适用于马来西亚全境。

第2条　适用范围

本法适用于本法生效后提出的专利申请，以及根据该申请进行的专利登记。

第3条　定义

除非另有规定，本法中：

"任命日"与2002年马来西亚知识产权局法案［第617号法令］中表述的一致；

"助理登记主任"是指根据第8条第（2）款或者第（3）款任命的或者被视为已任命的助理登记主任；

"被授权官员"是指根据第68条规定被授权的官员；

"局"是指根据2002马来西亚知识产权局法案设立的知识产权局；

"法院"是指高等法院及其法官；

"副登记主任"是指根据第 8 条第（2）款或者第（3）款任命的或者视为任命的副登记主任；

"雇员"是指根据雇用合同工作或者曾经工作的人，或者是出于某种目的而受雇于个人或者组织的人；

"雇主"与雇员相联系，是指雇用雇员或者曾经雇用雇员的人；

"审查员"是指知识产权局根据第 9A 条指定的人员、政府部门、单位、组织、任何外国或者国际专利机构或者组织；

"申请日"是指被作为第 28 条规定的申请日记载在登记簿中的日期；

"部长"是指负责知识产权事务的部长；

"专利所有人"是指专利登记簿中记载的专利权的所有人；

"专利发明"是指已经获得一件专利的一项发明，"专利方法"的解释类推；

"专利产品"是依照专利发明获得的产品，或者是依照专利方法直接获得的产品，或者应用该专利方法获得的产品；

"规定的"是指根据本法制定的细则作出规定；

"优先权日"是指根据第 27A 条规定的日期；

"方法"包含一种技巧或者方法；

"产品"是指以有形形式存在的事物，包括仪器、物品、设备、装置、手工艺品、工具、机械、物质和组织等；

"登记簿"是指根据本法设置的专利登记簿或者实用革新证书登记簿；

"登记主任"是指根据第 8 条第（1）款任命的专利登记主任；

"权利"对专利申请或者专利而言，包括专利申请或者专利涉及的利益，在不影响前述规定的情况下，专利权还包括对共有专利的权利。

第二章　专利委员会

第 4 条至第 7A 条　已删除

第三章　行政管理

第 8 条　登记主任、副登记主任和助理登记主任

（1）知识产权局局长为专利登记主任。

（2）为了便于实施本法，知识产权局可以根据其制定的条件从知识产权局的职员中任命一定数量的副专利登记主任、助理登记主任以及其他官员；并可撤销对这些人的任命或者根据第（3）款视为对这些人的任命。

（3）根据本法在任命日之前担任副登记主任、助理登记主任和其他官员如无其他职位选择，则在任命日起视为根据第（2）款继续担任副专利登记主任、助理专利登记主任和其他官员。

（4）除了关于登记主任的一般指令和管理以及对于登记主任的限制，副登记主任和助理登记主任可以根据本法行使登记主任的职责，作出本法授予、授权或者要求登记主任作出的各项行为，副登记主任和助理登记主任的行为或者签字与登记主任作出的行为和签字一样有效。

（5）登记主任应当拥有知识产权局认可的印章。印章必须依法通告，被作为有效的证据。

第 9 条　专利登记局

（1）根据本法，应当建立专利登记局以及一定数量的专利登记局分局。

第（2）款至第（4）款已删除。

（5）任何申请或者其他要求或者允许向专利登记局提交的文件，可以向任一专利登记局分局递交，并被视为已向专利登记局递交。

第 9A 条　审查员

知识产权局根据本法可以指定人员、政府部门、单位、组织、任何外国或者国际专利机构或者组织作为审查员。

第 10 条　专利信息服务

应提供专利信息服务，向公众提供信息服务并按规定收取费用。

第四章　专利性

第 11 条　具有专利性的发明

如果一项发明具备新颖性、创造性和工业实用性，该发明具有专利性。

第 12 条　发明的定义

（1）发明是指能应用到实践中，用以解决技术领域的特定问题的发明人的构思。

（2）发明可以是产品或者方法，或者与之相关。

第 13 条　不具有专利性的发明

（1）即使属于符合第 12 条定义的发明，但因属于下列各项而不能获得专利：

（a）发现、科学理论和数学方法；

（b）动植物品种或者生产动植物的主要是生物学的方法，不包括人造微生物、人造微生物学方法以及用该方法所获得的微生物制品；

（c）商业活动、智力活动或者游戏的方案、规则和方法；

（d）对人体或者动物体外科手术或者其他治疗方法，以及在人体或者动物体上施行的诊断方法。上述方法中使用的产品除外。

（2）为第（1）款的目的，在不能确定是否属于可授予专利的发明的情况下，登记主任在征求审查员的意见后，根据案情作出是否授予专利权的决定。

第 14 条　新颖性

（1）如果一项发明没有被现有技术所覆盖，则该发明具备新颖性。

（2）现有技术应当包括：

（a）在专利申请日或者优先权日前，在世界范围内以书面出版物、口头披露、使用或者其他方式向公众公开的全部内容；

（b）一件国内专利申请的内容，条件是该申请的申请日或者优先权日比（a）项所述的专利申请有更早的专利申请日或者优先权日，且该内容被包含在基于该国内申请授予的专利权中。

（3）第（2）款（a）项的公开不包括以下内容：

（a）该公开发生在申请日之前一年以内，并且该公开是由于申请人或者该专利申请的权利人的行为引起的；

（b）该公开发生在申请日之前一年以内，并且该公开是由于侵犯申请人或者该专利申请的原权利人的权利的行为引起的；

（c）当本法生效时，在英国专利局尚未审结的专利申请中的公开。

（4）第（2）款不应排除构成现有技术的、用于第 13 条第（1）款（d）项中的方法的物质或者组分的专利性，如果它在这种方法中的用途并不构成现有技术。

第 15 条 创造性

一件发明与第 14 条第（2）款（a）项中规定的现有技术相比，对于本领域的普通技术人员而言不是显而易见的，则其具备创造性。

第 16 条 工业实用性

如果一件发明能够在任何工业领域中被制造或者使用，则具有工业实用性。

第四 A 章　实用革新

第 17 条 定义

根据本章以及本法制定的有关细则，"实用革新"是指产生新产品或者方法，或者对已有产品或者方法进行改进，并能够进行工业应用的革新，包括发明。

第 17A 条　适用

（1）除本章另有规定以外，本法中适用于发明的规定，经过附表二修订后的内容适用于实用革新。

（2）第 11 条、第 15 条、第 26 条、第十章和第 89 条、第 90 条不适用于实用革新。

第 17B 条　实用革新申请转换成专利申请，专利申请转换为实用革新申请

（1）一件专利申请可以转换成实用革新证书申请。

（2）一件实用革新证书申请可以转换成专利申请。

（3）专利申请转换成实用革新证书申请或者实用革新证书申请转换成专利申请的，申请人都应当提出请求，并符合本法的有关规定。

（4）根据本条提出的转换请求应当在登记主任向公众公开审查员根据第 30 条第（1）款或者第（2）款作出的报告之日的 6 个月内提出。

（5）根据本条提出的请求应当向登记主任缴费，否则不予处理。

（6）转换后申请的申请日与转后前申请的申请日相同。

第 17C 条　同一发明不能获得实用革新证书和发明专利证书

（1）如果一项专利申请人已经：

（a）提出了实用革新证书申请；或者

（b）获得了实用革新证书。

并且该专利申请与第（a）项所述申请或者第（b）项所述实用革新属于同一主题的，在（a）项所述实用革新证书申请被撤回或者第（b）项所述实用革新证书被放弃之前，不得对该专利申请授予专利权。

（2）如果一件实用革新证书申请人已经：

（a）申请了专利；或者

（b）获得了专利权。

并且该实用革新证书申请与（a）项所述专利申请或者（b）项所述专利属于同一主题，在（a）项所述专利申请撤回或者（b）项所述专利权放弃之前，不得对该申请授予实用革新证书。

第五章　获得专利的权利

第18条　获得专利的权利

（1）任何人可以单独或者与他人共同申请专利。

（2）除第19条规定外，获得专利的权利应当属于发明人。

（3）两人或两人以上共同作出发明的，获得专利的权利由其共同共有。

（4）两人或两人以上分别独立完成相同的发明，并各自提交了专利申请的，专利权属于在先申请人。

第19条　专利申请或者专利的司法转让

如果专利申请或者专利中发明的核心要素是非法从他人享有获得专利的权利的发明中获取的，该人可以向法院请求判决将该专利申请或者专利转让给他。但是，自授予专利权之日起5年后，法院不受理专利转让请求。

第20条　雇员发明或者委托发明

（1）雇用合同或者工作任务协议中未作规定的，在履行雇用合同和完成工作任务中产生的发明，获得专利的权利归雇主或者该任务指派方所有。如果发明带来的经济效益远远超过合同双方预期，发明者有权获得公平的、可由法院确定的报酬。双方另有约定的除外。

（2）除非双方在雇用合同中另有约定，雇用合同并未要求从事创新活动的雇员利用雇主提供的数据或者方法完成的发明，获得专利的权利仍属于雇主所有。但是，除非在合同中另有约定，雇员有权获得公平的报酬。该报酬可由法院考虑该雇员的薪水、该发明的经济价值和雇主从中获得的利益后予以确定。

（3）第（1）款和第（2）款赋予发明人的权利不得在合同中予以限制。

第 21 条 政府职员的发明

尽管有第 20 条第（3）款，除非另有规定，第 20 条的有关规定同样适用于政府职员以及政府组织和政府企业员工。

第 22 条 共同所有人

获得专利的权利共有的，专利申请只能由全体所有人共同提出。

第六章 申请、授权程序和期限

第 23 条 对申请的要求

每一件请求获得专利的申请应当符合部长根据本法制定的规则。

第 23A 条 马来西亚居民应首先在马来西亚提出申请

任何马来西亚居民，如果没有登记主任的书面授权，不能在马来西亚以外提出或者致使提出专利申请，除非：

（a）在国外申请至少两个月前，就同一发明向专利登记局提出申请；

（b）登记主任没有根据第 30A 条就该申请作出指令或者所有的指令已经撤销。

第 24 条 申请费

只有向登记主任缴纳规定费用后，专利申请才能受理。

第 25 条 专利申请的撤回

申请人可以在申请尚未结案前的任何时候向登记主任提交规定格式的声明撤回其专利申请。该撤回不可撤销。

第 26 条 申请的单一性

一件发明应当是一项发明或者是属于一个总的构思的一组发明。

第 26A 条　申请的修改

申请人可以修改申请，但是修改不能超出原始申请公开的范围。

第 26B 条　分案申请

（1）申请人可以在规定时间内，将申请分成两件或者两件以上的申请。每件分案申请不能超出原始申请公开的范围。

（2）每一件分案申请有权享有原始申请的申请日。

第 27 条　优先权

（1）依据任一国际条约或者公约，一项申请可以附一项声明，要求由申请人或者原权利人在向所述条约的任何缔约方提出的一件或者多件国家、地区或者国家申请的优先权。这项声明应当自申请人或者原权利人在向所述条约的任何缔约方提出的一件或者多件国家、地区或者国家申请的 12 个月内提出。

（1A）第（1）款中规定的 12 个月的期限不能根据第 82 条的规定予以延长。

（2）申请含有根据第（1）款提出的优先权声明的，登记主任可以要求申请人在规定的期限内，提交在先申请的副本。副本由受理在先申请的专利局出具，在先申请是国际申请的，副本由世界知识产权组织国际局出具。

（3）有关第（1）款声明的效力由有关条约或者公约决定。

（4）不符合本条的要求或者相关规定的，根据第（1）款提出的声明应视为无效。

第 27A 条　优先权日

（1）除第（2）款另有规定外，专利申请的优先权日是该申请的申请日。

（2）当一项申请包含第 27 条所述的声明时，优先权日为该声明中所要求的最初申请的申请日。

第 28 条　申请日

（1）登记主任应当将收到专利申请的日期记录为申请日，只要该申请包括：

（a）申请人的姓名和地址；

（b）发明人的姓名和地址；

（c）说明书；

（d）一项或者多项权利要求；

（e）收到申请时，申请费已经缴纳。

（2）收到申请时，登记主任发现该申请不符合第（1）款的要求时，可以要求申请人进行补正。

（3）申请人符合第（2）款的要求之后，登记主任应将收到补正文本的申请日作为该申请的申请日；申请人未进行补正的，该申请视为无效。

（4）申请提及附图而未递交该附图的，登记主任应要求申请人补交遗漏的附图。

（5）申请人按照第（4）款的规定执行后，登记主任应将收到补交附图的日期作为申请日；申请人未按第（4）款的规定执行的，登记主任将收到该申请的日期登记为申请日，并且该申请不包含所述的附图。

第29条 *初步审查*

（1）专利申请具有申请日且尚未撤回的，登记主任应当审查该申请，决定该申请是否符合细则中指明的本法和细则中的有关形式要求。

（2）如果登记主任根据第1款审查的结果，发现该专利申请不符合形式审查的要求，应当给予申请人一次在规定时间内陈述意见并对申请进行修改以满足前述要求的机会。如果申请人未按要求修改，登记主任可以驳回该申请。

第29A条 *实质审查请求或者变通的实质审查请求*

（1）如果一项专利申请已经进行第29条规定的审查，并且没有撤回或者被驳回，申请人应当在规定期限内，提出实质审查请求。

（2）如果在马来西亚之外的规定国家，或者根据指定的条约或者国际公约，对与专利申请要求保护的发明相同或者实质上相同的发明，已经授予了申请人或者原权利人一项专利或者其他工业产权，申请人应当请求变通的实质审查，替代请求实质审查。

（3）实质审查请求或者变通的实质审查请求应当按照规定的格式提出，并向登记主任缴纳规定的费用，并符合其他规定的要求。

（4）登记主任可以要求申请人在提交实质审查请求时提供：

（a）任何关于申请人或者原权利人在马来西亚之外的国家、地区或者国际工业产权局提交的专利或者其他工业产权申请的规定的信息或者相关文件；

（b）任何关于国际检索单位根据专利合作条约对申请人就相同或者实质上相同的发明提交的国际申请进行国际检索或者审查的结果的规定信息。

（5）如果申请人：

（a）没有提交第（1）款规定的实质审查请求或者第（2）款规定的变通的实质审查请求；或者

（b）没有按照登记主任的要求在规定的时间内提供第（4）款所述信息，该专利申请应当按照第（6）款的规定被视为撤回。

（6）尽管有第（5）款，登记主任可以依据申请人的请求，对第（1）款或者第（2）款规定的审查请求的提交以及第（4）款规定的信息或者文件的准予暂缓。该暂缓只能基于以下理由：

截至根据第（1）款或者第（2）款提交请求的期限届满之时：

（a）第（2）款所述专利或者权利尚未被授予或者无法获得；

（b）第（4）款所述信息或者文件无法获得。

（7）第（6）款规定的暂缓请求应当在第（1）款或者第（2）款规定的期限内提出，并且延缓期限不能超过根据本法制定的细则的规定期限。

（8）在不影响登记主任准予暂缓的权力的情况下，本条规定的期限不得根据第82条予以延长。

第30条 实质审查或者变通的实质审查

(1) 根据第29A条第（1）款提出实质审查请求的，登记主任应将申请移交给审查员，审查员应当：

(a) 决定申请是否符合根据本法制定的细则指明的本法及其细则规定的实质性条件；并且

(b) 将该决定报告给登记主任。

(2) 根据第29A条第（2）款提出变通的实质审查请求的，登记主任应将申请移交给审查员，审查员应当：

(a) 决定申请是否符合根据本法制定的细则指明的本法及其细则规定的实质性条件；并且

(b) 将该决定报告给登记主任。

(3) 如果审查员根据第（1）款或者第（2）款报告，该申请未能满足第（1）款或者第（2）款的任一条件，登记主任应当给予申请人一次在规定期限内对报告陈述意见并修改申请以符合这些条件的机会。如果申请人修改后的申请未能使登记主任确信这些条件已得到满足的，登记主任可以驳回该申请。

(4) 登记主任可以对第（3）款规定的期限予以延长，但只能延长一次，并且不能给予第82条规定的延期。

(5) 如果审查员报告该申请符合本条第（1）款和第（2）款的规定，无论是原申请还是修改后的申请，登记主任都应告知申请人该情况，除第（6）款外，并相应地处理申请。

(6) 对于同一申请人或者其原权利人就同一发明提交的具有相同优先权日的多件专利申请，登记主任可以拒绝授予多项专利权。

(7) 登记主任可以视情况对申请豁免第（1）款规定的实质审查条件，但登记主任应在公报上公布该豁免，并听取受豁免行为影响的利益相关方的意见。

第30A条 严禁公开可能损害国家利益的信息

(1) 根据部长的指示，向专利登记局提交了专利申请或者被视为提交了专利申请的，如果在登记主任看来该专利申请含有公开后将损害国家安全或者利益的信息，登记主任可以发布禁止或者限制其公布或者在特定的人或者人群传播的命令。

（2）根据部长的指示，如果登记主任认为一件申请包含的信息的公布不再对国家安全或者利益有害时，可以解除其根据第（1）款颁布的禁止或者限制传播的禁令。

（3）登记主任根据本条第（1）款发布的指令所涉及的专利申请，应处于待授权阶段，但不得授予专利权。

（4）本条的任何规定不阻止向部长、政府部门或者机构披露关于发明的信息，只要是为获得是否应当发布、修改或者撤销本条所述命令的建议。

第 31 条　专利权的授予

（1）不能以实施要求保护的发明的行为被法律或者法规禁止为由，而拒绝授予专利权或者导致专利权无效，除非该发明违反社会公共秩序或者道德。

（2）登记主任确信一项专利申请符合第 23 条、第 29 条和第 30 条的要求的，应当授予专利权，并：

（a）向申请人颁发专利证书以及附有审查员报告副本的专利副本；

（b）将专利记录在专利登记簿中。

（2A）两个或者两个以上的人各自独立地完成了同一项发明，并具有同一申请日，专利权归他们共有。

（3）登记主任应当尽快：

（a）使公报上公布有关该专利的授权情况；并

（b）使公众在支付规定的费用后，可以获得专利的副本。

（4）专利授权日为登记主任实施第（2）款规定的行为的日期。

第 32 条　专利权的登记

（1）登记主任应制作和保留专利登记簿。

（2）专利登记簿应当包含专利的全部信息。

（3）专利登记簿应当以规定的形式在规定的介质上保存。

第 32A 条　信托通知不予记载

信托公告，不论是明示的、暗示的还是法定的，都不能记录在登记簿中，也不能被登记主任采纳。

第 33 条　登记簿的审查和副本的认证

任何人在缴纳规定费用后可以查阅登记簿，并获得经认证的副本。

第 33A 条　经认证后的副本可以作为法庭证据

（1）登记簿构成本法要求登记或者授权登记的事项的初步证据。

（2）登记簿、专利登记局的有关文件、出版物等在经过登记主任亲笔签署的书面认证后，应当被所有法院视为与原件具有同等效力。

第 33B 条　登记簿的修改

（1）登记主任可以根据专利所有人的请求以如下方式对登记簿进行修改：

（a）更正专利所有人的姓名和地址的错误；或者

（b）对专利所有人的姓名和地址进行变更。

（2）登记主任根据本条进行更正之后，可以要求向其提交专利证书，并可以：

（a）撤销原专利证书，颁发一项新的专利证书；或者

（b）对该专利授权证书进行相应修改，以与修改后的登记簿一致。

（3）根据本法，对于非因专利权所有人原因导致的姓名或者地址错误而进行的更正，专利所有人无需付费。

第 33C 条　法院可以要求对登记簿进行修改

（1）根据受到不法侵害方的申请，法院可要求对登记簿进行修改：

（a）将遗漏的事项登录在登记簿中；

（b）修改或者删除登记簿中错误登录的事项；或者

（c）更正登记簿中的任何错误或者缺陷。

（2）法院应当将涉及本条的每件申请的通知送达登记主任。登记主任有权出席或者旁听，如果法院要求登记主任出席，则其必须出席。

（3）除非法院要求，登记主任可向法院提交如下亲笔签署的书面声明：

（a）提供关于争议情况的细节；

（b）作出涉及双方争议事项的决定的理由；

（c）专利登记局对于相似案件的做法；或者

（d）登记主任根据自己经验作出的其他情况说明。

该声明将被视为法庭证据。

（4）根据本条，法庭的命令应当盖章后送达给登记主任。登记主任在收到法庭命令后，应当采取必要措施使其生效。

第34条　文档的查阅

（1）任何人可以在专利授权，并缴纳规定费用后，根据本条第（2）款的规定，查阅专利或者专利申请有关的文件。

（2）只有在获得申请人的书面许可后，才可以在专利申请授权前查阅专利申请文档。但是，在授予专利以前，登记主任可以向任何人公布以下信息：

（a）申请人的姓名、地址、描述，以及代理人的姓名和地址（如果有）；

（b）申请号；

（c）申请日；有优先权的，优先权日、在先申请号和在先申请的国家，在先申请是国际申请或者地区申请的，请求获得保护的国家名称和受理局；

（d）发明名称；

（e）申请所有权的改变，文档中提到的与申请相关的许可合同。

（3）在雇用期间或者雇用合同期满后一年内，专利登记局或者知识产权局中的任何人不得提出专利申请或者被授予专利权。

公众查阅

（1）从专利申请的优先权日或者申请日起 18 个月后，登记主任应当使公众在缴纳规定的费用的前提下可以查阅下列信息：

（a）申请人的姓名、地址、描述，以及代理人的姓名和地址（如果有）；

（b）申请号；

（c）申请日；有优先权的，优先权日、在先申请号和在先申请的国家，在先申请是国际申请或者地区申请的，请求获得保护的国家名称和受理局；

（d）该申请的详细信息，包括说明书、权利要求书、附图（如果有）、摘要，以及对申请的修改（如果有）；

（e）申请所有权的改变，文档中提到的与申请相关的许可合同。

（2）尽管有第（1）款，登记主任也不得让公众查阅专利申请，如果：

（a）从该申请的优先权日或者申请日起 18 个月期限届满前，该专利申请被撤回、驳回或者视为撤回或者驳回；或者

（b）登记主任认为该申请含有违反公共秩序或者道德的信息。

（3）自专利申请的优先权日或者申请日起 18 个月期限届满前，只有获得申请人的书面同意，才可以查阅与申请相关的信息。

（4）经认证的信息摘录副本只能在缴纳规定的费用后才可以获得。

（5）在专利申请可供公众查阅后，申请人可以向商业上或者工业上实施该申请中的发明的人发出书面警告。

（6）申请人可以要求已在商业上或者工业上实施其申请中的发明的人支付：

（a）从该人被给予第（5）款规定的警告之时起；或者

（b）在没有警告的情况下，从有关该发明的专利申请已供公众查阅之后到授予专利权之时，与其从实施其发明的行为中可以获得的使用费相当的补偿费。

（7）第（6）款规定的获得补偿费的权利只能在专利权的授予后行使。

（8）行使第（6）款规定的获得补偿费的权利不影响申请人在授予专利权之后作为专利权人行使其对该发明的权利。

（9）在专利申请供公众查阅后被撤回或者驳回的，第6款规定的权利视为从来不存在。

第35条 专利的期限

（1）除第1（B）款和第1（C）款的规定外，专利的期限为自申请日起20年。

（1A）在不影响第（1）款和本法的其他规定的情况下，专利从授予专利证书之日开始生效。

（1B）对在2001年8月1日前提交并在该日尚未获得授权的专利申请，专利的期限应当为自申请日起20年或者授权之日起15年，以二者时间较长的为准。

（1C）对在2001年8月1日前授予的、并仍有效的专利，专利的期限应为自申请日起20年或者授权之日起15年，以二者时间较长的为准。

（2）专利所有人必须在专利每年到期的前12个月内缴纳下一年度规定的专利年费。未按前述规定缴纳费用的，应当在期满时给予6个月的宽限期，但要收取相应的滞纳金。

（3）如未按第（2）款的规定缴纳年费，专利权终止，并应在公报上对专利因未缴纳费用而终止予以公告。

第35A条 已终止专利的恢复

（1）自在公报上发布专利权终止公告之日起两年之内：

（a）专利所有人或者其法定继承人；或者

（b）假设专利未终止，其他仍有权使用专利的人。

可以按规定的格式向登记主任申请恢复该专利。

（2）登记主任可以根据第（1）款的申请恢复已终止的专利：

（a）在缴纳规定年费和相应滞纳金后；并

（b）未缴纳年费是因意外事故、错误或者无法预料的情况所造成。

（3）登记主任恢复已终止的专利权后，应在公报上发布恢复专利权的通知。

（4）在公报上公布的专利权的恢复通知不得影响第三人在公告专利权终止之日到公告专利权恢复之日获得的权利。

（5）部长可以制定规章对在公报公布权利终止和恢复之间，通过合同或者其他方式，已经实施或者已进行充足准备实施该专利的行为进行保护或者补偿，这种保护不能超出实施该已终止专利时的范围。

（6）对自公报公告专利权终止到公告专利权恢复的期限内实施该专利的行为，不得提起侵权诉讼。

第35B条　申请人或者专利登记局可以请求进行国际检索

（1）提交国际申请以外的专利申请的申请人为获得专利授权，可以请求由本法第78L条第（1）款规定的国际检索单位对专利申请进行国际检索。

（2）除国际申请外，专利登记局为授予专利，可以让本法第78L条第（1）款规定的国际检索单位对专利申请进行国际检索。

（3）根据本条第（1）款和第（2）款进行的国际检索，申请的说明书和权利要求应按照国际检索单位规定的语言提交，并由申请人向国际检索单位直接缴纳或者由专利登记局转交检索费用。

第七章　专利所有人的权利

第36条　专利所有人的权利

（1）在不影响本法其他规定的情况下，专利所有人拥有如下权利：

（a）实施专利发明；

（b）转让或者移转专利；

（c）签订许可合同。

（2）未经专利所有人同意，任何人不得实施第（1）款所述的行为。

（3）根据本条，专利发明的实施是指如下与专利有关的行为：

（a）对于产品专利：

（i）制造、进口、许诺销售、销售或者使用该产品；

（ii）为了销售、许诺销售或者使用的目的而储存该产品。

（b）对于方法专利：

（i）使用该方法；

（ii）对于依照该专利方法直接获得的产品，实施（a）项所述的行为。

（4）出于本条的目的，如果是一项制造产品的方法专利，如果同样的产品是由专利所有人或者专利权被许可人之外的人生产制造的，除非有相反证明，否则该产品被视为是由该专利方法获得的。

第37条 *权利限制*

（1）专利权仅延伸到为工业、商业目的的有关行为，特别是不适用于仅为科学研究目的的行为。

（1A）对于为了向监管药品生产、使用、许诺销售和销售的有关机关提供的信息进行相关开发，而制造、使用、许诺销售或者销售专利产品的行为，专利权不具有效力。

（2）在不与第58A条相抵触的情况下，专利权不延伸到与由下列人投放市场的产品相关行为：

（i）专利所有人；

（ii）依据第38条被赋予权利的人；

（iii）依据第43条被赋予权利的人；

（iv）依据第48条的强制许可受益人。

（3）专利权不延伸到临时经过马来西亚境内的外国船只、飞机、飞行器或者陆地交通工具等。

（4）专利权期限应当限于第35条规定的期限。

（5）专利权应当受第35A条的限制，受第51条、第52条对强制许可有关规定的限制，以及受第84条规定的政府或者政府授权的人的权利的限制。

第38条 在先制造或者使用产生的权利

（1）在专利申请的优先权日，某人：

（a）出于善意已经在马来西亚境内制造该专利产品或者使用该专利方法；

（b）出于善意已经在马来西亚境内对（a）项所述的制造该专利产品或者使用该专利方法进行了认真准备；

尽管专利已授权，但此人仍有权实施专利发明，只要有关产品的制造或者有关方法的使用是由此人在马来西亚进行的，而且只要其可以证明，不是因根据第14条第3款第（a）项、（b）项或者（c）项规定的公开而获得的发明。

（2）第（1）款中规定的权利不得转让或者转移，除非作为此人经营业务的一部分。

第八章　专利申请和专利权的转让和转移

第39条 专利申请和专利权的转让和转移

（1）专利申请或者专利可以转让或者转移；

（2）有权转让或者转移专利申请或者专利的人可以按一定程序向登记主任申请，使其转移或者转让在登记簿中记录。

（3）在符合下述条件后，在登记簿中记录转让或者转移：

（a）向登记主任缴纳规定费用；

（b）在转让的情况下，合同双方签署的转让协议。

（4）转让或者转移未在记录在登记簿的，不得对抗第三人。

第 40 条　专利申请或者专利权的共有

除各方另有协议，专利申请及专利权的任何共有人可以单独转让、转移其对该专利申请和专利的权利，实施专利发明和对未经他们许可实施发明的行为起诉，但撤回专利申请、放弃专利权以及订立许可合同，必须共同进行。

第九章　许可合同

第 41 条　许可合同的定义

（1）许可合同是指专利所有人（许可人）授予其他人或者企业（被许可人）从事第 36 条第（1）款第（a）项和第（3）款的行为的协议。

（2）许可合同以书面形式订立，并由合同双方或者其代表签署。

第 42 条　登入登记簿

（1）许可人可以根据部长制定的规定，向登记主任申请在登记簿中记录专利许可，向任何人授予专利许可。

（2）在登记簿中记载之后，任何人都可以通过登记主任向许可人申请许可。

（3）合同双方订立的许可合同，可以直接向登记主任汇报，并在登记簿中记录。

（4）如果合同双方以书面形式提出要求并缴纳规定费用，登记主任将在登记簿中记录双方希望登记的合同中的有关事项，除非合同双方要求不向外透露合同中的信息。

（5）如果许可合同终止，合同双方将通知登记主任，登记主任将在登记簿中记录合同的终止这一事实。

（6）根据部长制定的规定，许可人可以向登记主任申请取消第（1）款规定的记录。

第 43 条　被许可人的权利

（1）在合同没有相反规定的情况下，被许可人有权在任何时间以任何方式，在马来西亚境内从事第 36 条第（1）款（a）项和第（3）款规定的行为。

（2）在合同没有相反规定的情况下，被许可人不得授权第三人在马来西亚境内从事第 36 条第（1）款（a）项和第（3）款规定的行为。

第44条 许可人的权利

（1）在合同没有相反规定的情况下，许可人有权把同一项发明授予第三人，并有权从事第 36 条第（1）款（a）项和第（3）款规定的行为。

（2）如果许可合同为独占性许可且合同未明示可以转让，许可人不能把同一发明授予第三人，且自己不得从事第 36 条第（1）款（a）项和第（3）款规定的行为。

第45条 许可合同中的无效条款

在工商业领域中，合同条款或者条件给被许可人施加了如下限制，而该限制不是源于本章赋予专利权人的权利或者保障其权利所必需的，则该条款或者条件无效。但是：

（a）限制实施专利发明的范围、期限、使用地区，以及限制产品的质量和质量；

（b）给被许可人施加的要求其不得从事损害专利有效性的行为的义务。

第46条 未授权专利申请的效力或者被宣告无效的专利的效力

在许可合同期满前，如果该合同涉及的专利申请或者专利存在以下情况：

（a）专利申请被撤回；

（b）专利申请被最终拒绝；

（c）专利权被放弃；

（d）专利被宣告无效；

（e）许可合同被无效；

被许可人不必再按照许可合同向许可人支付任何费用，并有权要求返还已经支付的使用费。

在许可人证明返还使用费将显失公平，尤其是被许可人从许可中获得利益的情况下，许可人不必返还使用费或者只返还部分使用费。

第 47 条 许可合同的期满、终止和无效

登记主任：

（a）确信许可合同已经期满或者终止，应当根据双方或者其代表提出的书面要求，在登记簿中记录该事实。

（b）根据本章的规定，在登记簿中记录许可合同的期满、终止和无效。

第十章 强制许可

第 48 条 定义

在本章中：

"强制许可的受益人"是指根据本章被授予强制许可的人；

"强制许可"是指在马来西亚境内无需专利所有人同意，即可对专利发明从事第 36 条第 1 款（a）项及第 3 款规定的行为的授权。

第 49 条 强制许可的申请

（1）在专利授权满三年后或者从专利申请日起满四年后（以后届满为准），任何人都可以根据以下规定向登记主任申请强制许可：

（a）没有合法理由，没有在马来西亚境内生产专利产品或者使用专利方法；

（b）没有合法理由，未在国内市场上销售专利产品或者有销售但是以不合理价格出售，无法满足大众的需要。

（2）除非申请人以合理的商业条件请求专利所有人许可实施其

专利，而未能在合理的期限内获得许可时，否则不得申请强制许可。

（3）强制许可的申请必须符合部长规定的条款。

第49A条 依存专利的强制许可申请

（1）一项在后专利比在先已经取得专利权的发明具有显著经济意义的重大技术进步，其实施又有赖于前一发明的实施的，专利委员会可以基于在后专利所有人的请求，在为避免侵犯在先专利而必需的范围内授予其实施在先专利的强制许可。

（2）根据本条第（1）款授予强制许可的，委员会可以基于在先专利所有人的请求，授予在先专利所有人实施在后专利的强制许可。

第50条 授予强制许可的请求

（1）在根据第49条或者第49A条提出的强制许可申请中，申请人应视情况设定许可费、实施专利的条件、对许可人或者被许可人的权利的限制。

（2）已根据第49条或者第49A条和本条提出一项申请的，登记主任应当将委员会审理申请的日期通知申请人、许可人、被许可人。

（3）知识产权局应视情况向许可人或者被许可人转送一份第（1）款中的申请副本。

第51条 知识产权局的审理决定

（1）在考虑根据第49条或者第49A条提出的强制许可申请时，知识产权局根据具体情况，可以要求申请人、许可人或者被许可人到知识产权局提供说明或者递交有关文件。

（2）当知识产权局对申请进行审理并作出决定之后，知识产权局应将决定通知申请人、许可人或者被许可人。

第52条 强制许可的范围

委员会授予申请人强制许可时应确定：

（a）强制许可的范围，尤其是给予强制许可的期限，延及第36条第（1）款（a）项、第3款规定的那些行为，但是不应包含进口权；

（b）强制许可的受益人在马来西亚境内开始实施专利发明的期限；

（c）强制许可的受益人向专利所有人支付的使用费数额和条件。

第 53 条　对强制许可的限制

（1）知识产权局颁发的强制许可：

（a）不得转让，除非与其全部业务或者商誉一起转让，或者与实施专利发明的全部或者部分业务或者声誉一起转让；

（b）应限于主要向马来西亚国内市场提供专利发明。

（2）颁发强制许可后，强制许可的受益人不能与第三人就被授予强制许可的发明签订许可合同。

第 54 条　强制许可的修改、撤销和放弃

（1）根据专利所有人或者强制许可受益人的要求，知识产权局将对颁发的强制许可进行修改。

（2）根据专利所有人的如下要求，知识产权局应撤销强制许可：

（a）如果颁发的强制许可的原因和理由已不存在；

（b）在强制许可规定的时间内强制许可的受益人，在马来西亚境内既没有使用专利发明又没有为专利发明投入使用认真准备；

（c）强制许可的受益人超出授予强制许可的决定规定的范围；

（d）强制许可的受益人拖欠缴纳强制许可决定中规定的费用。

（3）强制许可的受益人可以书面形式向登记主任提交声明要求放弃强制许可。登记主任应当记载、公布其声明，并通知专利所有人。

（4）强制许可的放弃在专利注册局接到放弃声明之日起开始生效。

第十一章　专利权的放弃和无效

第55条　*专利权的放弃*

（1）专利所有人可以向登记主任提交书面声明要求放弃专利。

（2）放弃可以限于一项或者多项权利要求。

（3）如果一项专利许可合同已经在专利登记簿中记录，在许可合同没有相反约定的情况下，除非提交合同的各方同意该放弃而签署书面声明，否则登记主任不能同意或者登记对该专利的放弃。

（3A）对于一项已被授予强制许可的专利的放弃，除非提交强制许可的受益人书面签署同意放弃的声明，否则登记主任不能同意或者登记对该专利的放弃。

（4）登记主任应将专利的放弃记录到登记簿中，并在公报中予以公布。

（5）专利权的放弃自登记主任收到放弃声明之日起生效。

第56条　*专利权的无效*

（1）任何相关利益人可以向法院提起诉讼要求宣告专利无效。

（2）符合下列情况时，法院应当判决专利权无效：

（a）专利发明不符合本法第12条、第13条以及第31条第1款的要求，或者不具备第11条、第14条、第15条和第16条所要求的专利性；

（b）说明书或者权利要求没有满足第23条的要求；

（c）理解权利要求所必需的附图未提交；

（d）专利权不应属于目前的专利所有人；

（e）专利所有人或者其代理人向登记主任故意提交错误或者不完整的本法第29A条第（4）款规定的信息；

（2A）尽管有第（2）款，如果专利权已经被转让给正确的专利所有人，法院不能根据第 2 款（d）项判决该专利无效。

（3）第（1）款的规定只涉及部分权利要求或者一项权利要求的一部分时，法院应宣告所涉及的部分权利要求或者一项权利要求的一部分无效，并相应地以限制权利要求的形式宣告一项权利要求的部分无效。

第 57 条 无效日期及效力

（1）被无效的专利、部分权利要求或者权利要求的部分自授权之日起无效。

（2）如果法院作出终局判决，法院的登记主任应当通知登记主任将决定记录到登记簿中，并在公报上公布。

第十二章 侵 权

第 58 条 侵权行为

除第 37 条第（1）款、第（2）款、第（3）款和第 38 条规定的情形外，在马来西亚境内，专利所有人以外的人未经其许可，就落入专利保护范围的产品或者方法从事本法第 36 条第（3）款规定的行为，均属于侵权行为。

第 58A 条 不视为侵权的行为

（1）进口、许诺销售、销售或者使用由专利权所有人或者其被许可人生产或者同意生产的如下产品不构成侵权：

（a）专利产品；或者

（b）依照专利方法直接获得的产品或者专利方法适用的产品。

（2）在本条中，"专利"包括在马来西亚之外的任何国家，对与根据本法授予专利的发明相同或者实质上相同的发明授予的专利。

第 59 条 侵权诉讼程序

（1）专利所有人有权就他人的侵权行为提起诉讼。

（2）专利所有人有权就他人即将发生的侵权行为（本部分称之为即发侵权行为）提起诉讼。

（3）自侵权行为发生之日起5年后，依本条第（1）款、第（2）款提起的侵权诉讼不予受理。

第60条 禁令和损害赔偿

（1）如果专利所有人证明侵权行为已经实施或者正在实施，法庭应判决给予赔偿，并颁布禁令阻止进一步的侵权以及给予其他法律上的救济措施。

（2）如果专利所有人证明即发侵权，法庭应颁布禁令阻止侵权并给予其他法律上的救济措施。

（3）本款所述诉讼的被告可以在同一诉讼中根据第56条第（2）款和第（3）款的规定请求宣告专利权无效。

第61条 被许可人和强制许可受益人提出的侵权诉讼

（1）在本条中，"受益人"是指：

（a）任何许可合同中的被许可人，除非本款不适用或者另有其他规定；

（b）根据第51条被授予强制许可的受益人。

（2）任何受益人可以要求专利所有人就受益人指出的专利侵权行为向法院提起侵权诉讼，并指明希望获得的法律救济。

（3）如果受益人证明专利所有人在收到上述要求后3个月内不提起诉讼或者拒绝提起诉讼，受益人可在通知专利所有人后，以自己的名义提起诉讼，但是专利所有人有权加入诉讼。

（4）尽管第（3）款中规定的3个月的期限未能得到满足，如果受益人能够证明立即采取行动是为避免实质损害所必需的，法院仍然应当根据受益人的请求，授予适当的禁令阻止侵权或者侵权的继续。

第62条 不侵权宣告

（1）除第（4）款外，任何利害关系人可以针对专利所有人向法院提起诉讼，要求法院宣布其行为不侵犯专利权。

（2）如果提出上述请求的人经证实没有侵犯专利权，法院应当宣布其行为不侵犯专利权。

（3）（a）如果许可合同未有相反约定，专利所有人有义务将专利诉讼的情况通知被许可人，被许可人有权加入诉讼；

（b）请求宣布不侵权的人有义务将其起诉通知根据第 51 条获得强制许可的受益人，受益人有权加入诉讼。

（4）如果有关行为已成为侵权诉讼的标的，侵权诉讼的被告不能向法院请求宣布不侵权。

（5）宣布不侵权的请求可以与专利无效请求一同提出，除非专利无效请求是根据第 60 条第（3）款的规定提出的。

第 62A 条 违反第 23A 条的申请

违反第 23A 条规定提交专利申请或者指示提交专利申请的任何人构成犯罪，处以一万五千令吉罚金和/或者 2 年以下监禁。

第 62B 条 违反登记主任的指示公布信息

违反登记主任根据第 30A 条发布的指令公布或者传播信息的人，构成犯罪，处以两年以下监禁和/或者一万五千令吉以下罚金。

第十三章 犯 罪

第 63 条 伪造登记簿

根据本条规定，任何人伪造或者意图伪造登记簿中的有关信息，或者伪造登记簿副本，以及用伪造的登记簿副本作为证据的行为将视为犯罪，处一万五千令吉以下或者两年以下监禁，或者并处。

第 64 条 未获得授权声称有专利

（1）任何人为营利而虚假陈述其产品或者方法为专利产品或者方法时，根据本条规定将视为犯罪，处一万五千令吉以下罚金或者两年以下监禁，或者并处。

（2）为第（1）款的目的，在物品上标识、铭刻或者说明该产品为专利产品，明示或者暗示该产品为专利产品的人，应被要求证明是专利产品。

（3）第（1）款并不适用于在专利产品或者方法已经期满或者无效以后，而且在使当事人能采取措施确保不作出陈述或者不继续作出陈述的足够充分的期限届满前作出的陈述。

（4）在本条规定的刑事诉讼程序中，任何人可以以自己为免于犯罪已经尽了必要的谨慎义务为理由进行抗辩。

第65条 未获得授权声称已经提交专利申请

（1）任何声称其有价物品已申请专利：

（a）而并没有申请专利，或者

（b）该申请已经被驳回或者撤回的。

将被视为犯罪，应处以一万五千令吉以下罚金或者两年以下监禁，或者并处。

（2）在申请被驳回或者被撤回之后，并在其采取措施确保不作出陈述或者不继续作出陈述的足够合理的期限届满前，第（1）款（b）项不适用。

（3）根据第（1）款，在有价物品上标识、雕刻或者说明该产品"正在申请专利"，或者其他明示或者暗示该产品正在申请专利的词汇，应当视为声称该产品正在申请专利。

（4）在本条规定的刑事诉讼程序中，任何人可以证明自己为免于犯罪已经尽了必要的谨慎义务为理由进行抗辩。

第66条 滥用"专利登记局"名称

任何人在其营业场所或者文件中使用"专利登记局"或者其他字样，表明其营业场所是专利登记局或者与其有官方关系的，构成犯罪，处一万五千以下令吉罚金或者两年以下监禁，或者并处。

第66A条 不具备专利代理资格的人冒充专利代理人

任何人在商业经营、业务或者其他行为中将自己描述为注册专利代理人的，容许他人将自己描述为注册专利代理人的，构成犯罪，处一万五千以下令吉罚金或者两年以下监禁，或者并处。

第 67 条 法人团体的犯罪

（1）法人团体犯罪的行为被证明是经过了法人团体的董事、经理、书记或者其他相似职务的人或者主管人员的同意或者默许，或者是由于法人团体的董事、经理、书记或者其他相似职务的人或者主管人员的疏忽而造成的，则上述责任人和法人都构成犯罪，应当按照本法的规定予以追究和惩罚。

（2）法人团体的事务由其成员管理的，第（1）款适用于对该法人负有管理职责的成员，就像该成员是该法人团体的一名负责人一样。

第十四章　执法权力

第 68 条 授权官员依据本法行使权力

（1）部长可以书面授权任何官员实施本章的权力。

（2）上述官员将被视为刑法典中的公务员。

（3）在行使本章权力时，官员应当向相关人出示由部长颁发的授权。

第 69 条 逮捕权

（1）一旦发现犯罪嫌疑人正在或者企图从事犯罪行为时，并且其拒绝或者无法提供姓名和住所，或者有理由相信其使用假名或者虚假的住所时，任何被授权的官员或者警官可以未获得逮捕令逮捕他。

（2）任何被授权的官员或者警官在未经获得逮捕令逮捕他人时，应当立刻将嫌疑人送至最近的警察局。

（3）任何被授权的官员或者警官逮捕的人在没有提交保证金、担保人或者法官书面命令的情况下，不得被释放。

第 70 条 搜查令

（1）法官根据宣誓中的书面信息以及基于合理的理由发现任何住宅、商店、建筑物或者其他地方正在实施本法中的犯罪行为时，可向任何被授权的官员或者警官授予搜查令，并在其中标明执行搜查的官员的姓名，无论白天还是夜晚，也无论是否有协助，进入该住宅、商店、建筑物或者其他地方，搜查、查封或者复制所有的可能包含犯罪信息或者涉及犯罪的书籍、账目、文件或者其他物品。

（2）如有必要，上述任何官员可以：

（a）击破住宅、商店、建筑物或者其他地方外部或者内部的门，并进入其中；

（b）强行进入住宅、商店、建筑物或者其他地方的各个部分；

（c）清除进入、搜查、查封的任何障碍；和

（d）拘留在所搜查的住宅、商店、建筑物或者其他地方中发现的每个人。

第71条 查封物品清单

被授权的官员或者警官应当列出查封的任何书籍、账目、文件或者其他物品的清单，并将签名的副本送交在场的占有人、其代理人或者佣人。

第72条 查封物品的归还

如果自查封之日起4周内，没有提起刑事诉讼，则应将查封的书籍、账目、文件或者其他物品归还所有人。

第73条 调查权

（1）根据本法，被授权的官员或者警官有对犯罪进行调查的权力。

（2）被授权官员或者警官可以要求他人提供罪犯的有关信息或者提供任何相关的书籍、账目、文件或者其他物品，这种调查所涉及的有关信息或者提供任何相关的书籍、账目、文件或者其他物品应当受到法律的约束。

第74条 证人的询问

（1）被授权的官员或者警官可以根据第73条对证人进行口

头或者书面形式的对事实或者案发情况的调查。

（2）证人有义务回答官员提出的有关案件的所有问题。但该人有权拒绝透露或者回答有关一旦回答将使其面临刑事指控或者被处罚金或者没收财产的问题。

（3）证人依据本条作出的陈述应当有义务陈述真相，无论是回答所有问题还是部分问题。

（4）被授权的官员或者警官根据第（1）款询问证人时，首先应当告知证人本条第（2）款、第（3）款的内容。

（5）证人证词无论是否根据第 75 条的规定进行确认，只要可能，应当在以其使用的语言向其宣读并给予其要求改正的机会后，转化为书面形式，并由此人签名或者以拇指指纹认可。

第 75 条　证据的确认

（1）根据本法，任何犯罪嫌疑人，无论是否构成自首，无论以口头还是书面形式，无论在被捕前后，无论是否在第 74 条的调查中，无论是对部分或者全部问题的回答，无论调查官员的职位高低，无论是否接受其他被授权官员的翻译，如果其自愿作为证人，其在任何时候作出的供词都应视为审判的证据，都可以用于交叉讯问，确定其行为。

但是：

（a）存在下述情况时，上述陈述不能作为证词：

（i）法院认为是在他人的诱惑、威胁或者保证下作出的陈述，被指控人可以从中获得利益或者逃脱罪证。

（ii）被指控人被捕后，并没有被告知如下话语：

"我有职责告诉你，你没有义务回答任何问题，但是你所说的一切，无论是否是回答问题，都将作为证据。"

（b）应当给予任何人其所作证词将作为证据的警告，如果应给予而未给予时，其所作出的证词。

（2）尽管其他成文法律有相反规定，在给予前述相关警告后，第（1）款所适用犯罪嫌疑人无须回答与案件相关的任何问题。

第76条 妨碍调查

具有如下行为的任何人：

（a）拒绝授权官员或者警官进入任何地方；

（b）攻击、阻碍或者拖延被授权官员或者警官实施本法规定的权力；或者

（c）拒绝或者无视提供信息的合理要求。

构成犯罪，处以一万五千令吉罚金或者两年以下监禁，或者并处。

第77条 提起诉讼

未由或者未经公共检察官的书面同意，不得对对触犯本法的犯罪进行起诉。

第78条 下级法院的审判权

（1）尽管有其他成文法律的规定，初级法院有权审判本法规定的犯罪行为，并判处处罚。

（2）第（1）款中的初级法院是指初级法庭或者地方法庭。

第十四章A 根据《专利合作条约》的国际申请

第78A条 定义

在本章中：

"国际局"是指世界知识产权组织国际局或者保护工业产权组织（BIRPI）国际局；

"国际检索"是指根据条约第16条指定的国际检索单位对发明进行的现有技术检索；

"国际阶段"是指自递交国际申请之日至国际申请进入国家阶段的期间；

"国家阶段"是指申请人开始从事第78O条第（1）款中规定行为的期间；

"国家"是指作为条约缔约方的国家；

"专利"包括实用革新；

"受理局"是指国际申请递交的国家局或者国际组织；

"选定局"是指由申请人根据条约第二章选定国家的国家局或者代表该国的国家局；

"指定局"是指由申请人根据条约第一章指定国家的国家局或者代表该国的国家局；

"国际初步审查"是指根据条约第 32 条设立的国际初步审查单位对发明是否具备新颖性、创造性和工业实用性而进行的初步的、无法律约束力的审查；

"条约"是指于 1970 年 6 月 19 日在华盛顿签署的《专利合作条约》；

"国际申请"是指根据《专利合作条约》提出的专利申请。

第 78B 条　申请

本章规定适用于根据条约提出的国际申请。

第 78C 条　专利登记局作为受理局

对于国际申请，专利登记局应作为受理局。

第 78D 条　专利登记局作为指定局

为了获得第四 A 章和第六章的专利，马来西亚作为国际专利申请的指定国时，专利登记局应作为指定局。

第 78E 条　专利登记局作为选定局

申请人选定马来西亚为利用国际初步审查结果的国家时，专利登记局应当作为该国际申请的选定局。

第 78F 条　有资格提交国际申请的人

在符合第 23A 条的前提下，任何马来西亚公民或者居民有权向专利登记局递交国际申请。

第 78G 条　国际申请的提交

（1）一件向专利登记局递交的国际申请，应包括请求书、说明书、一项或者多项权利要求、附图（需要时）、摘要，并应按照条约规定的表格填写。

（1A）国际申请应以英文提交。

（2）请求书应包括：

（a）将国际申请按本条约的规定予以处理的请求；

（b）指定一个或者几个希望对发明获得保护的缔约国；

（c）申请人的姓名、国籍和居所；

（d）代理人（如果有）的姓名和地址；

（e）发明名称；

（f）发明人的姓名和地址。

（2A）一件已具有国际申请日的国际申请指定马来西亚以获得本法规定的专利时，该申请应视为本法规定的专利申请，该国际申请日应视为第四A章和第六章所规定的申请日。

第78K条 国际申请的处理

国际阶段的国际申请的处理应当适用《专利合作条约》。

第78KA条 费用

国际申请应当缴纳条约规定的费用和其他规定费用。

第78L条 国际检索单位

（1）登记主任应当在公报上发布通告，公布有资格在专利登记局提交的国际申请中进行国际检索的国际检索单位名单。

（2）当有一个以上有资格的国际检索单位时，申请人应在请求书中标明其选择的国际检索单位。

第78M条 国际初步审查单位

（1）登记主任应当在公报上发布通知，公布有资格在专利局登记提交的国际申请中进行国际初步审查的国际初步审查单位名单。

（2）申请人可以提交规定格式的请求，并缴纳规定的费用，请求就其国际申请进行国际初步审查。

第78N条 国际申请的国际公布及效力

（1）国际局对指定马来西亚的国际申请进行的国际公布，如果专利登记局收到该国际申请，该公布与本法第 34 条规定的公开供公众查阅具有同等效力。

（2）专利登记局应尽快使公众可以查阅指定马来西亚的国际申请的国际公布。

第 78O 条 进入国家阶段

（1）为获得本法规定的专利而指定马来西亚的国际专利申请的申请人，应当自优先权日起 30 个月内：

（a）向专利登记局递交国际申请的英文副本；

（b）缴纳规定费用。

（2）在优先权日起 30 个月期限届满前，专利登记局不得对根据前款递交的国际申请进行审查。

（3）尽管有第（2）款规定，专利登记局可以应申请人的请求，在国际申请的优先权日起 30 个月内，对该申请进行审查，如果该申请人：

（a）向专利登记局递交国际申请的英文副本；

（b）缴纳第（1）款所规定的费用。

（4）申请人未能符合第（1）款要求的，则该国际申请视为撤回，登记主任应通知申请人，其国际申请被视为撤回。

（5）任何已进入国家阶段的申请应当符本法的要求。

第 78OA 条 恢复

（1）对于根据第 78O 条规定被视为撤回的国际申请，申请人可以书面形式请求专利登记局恢复该国际申请，通过：

（a）向专利登记局递交国际申请的英文副本，并缴纳第 78O 条第（1）款规定的费用；

（b）递交书面声明，陈述有关无法满足第 78O 条第（1）款规定的原因，以及一份宣誓书或者其他证明文件；

（c）缴纳规定费用。

（2）根据第（1）款递交的申请，应在下述两个期限中先届满的期限内递交：

（a）无法满足第78O条第（1）款要求的期限的原因消除后2个月；或者

（b）第78O条第（1）款要求的期限期满之后12个月内。

（3）专利登记局经审查认为申请人不满足第78O条第（1）款的要求不是有意的，专利登记局应当恢复国际申请。

（4）专利登记局经审查，认为申请人不满足第78O条第（1）款的要求是有意的，应通知申请人专利登记局将驳回申请，并给予其在通知之日起40天内作出书面陈述的一次机会。

（5）在对申请人根据第（4）款规定作出的书面陈述进行审查后，专利登记局应当作出是否恢复国际申请的决定，并将决定通知申请人。

第78Q条　将国际申请转换为国家申请

（1）出现下述情况时：

（a）外国受理局：

（i）拒绝确定一件国际申请的国际申请日；

（ii）宣布国际申请被视为撤回；或者

（iii）宣布对马来西亚的指定被视为撤回；或者

（b）国际局因未在条约规定的期限内收到国际申请的登记本而宣布该申请被视为撤回；

（c）国际申请中所有文件的副本已送达专利登记局，申请人可以请求专利登记局根据条约对驳回或者宣布进行复查。

（2）专利登记局查明第（1）款中的驳回或者宣布是因错误或者失误而导致，专利登记局应视为未发生上述错误或者失误，并将该申请作为本法所规定的专利申请。

第十五章　其他规定

第79条　登记主任修改专利申请的权力

（1）登记主任根据专利申请人的请求，对向专利注册局提交的专利申请或者文件中明显的书写错误进行修改。

（2）根据第（1）款提出的请求，应当按规定缴纳费用。

第79A条 登记主任修改专利的权力

（1）登记主任可以根据专利所有人提出的请求，根据本法及其细则的规定对专利说明书、权利要求书、附图以及其他相关文件中的文字错误、明显错误或者其他原因进行修改。

（2）如果修改扩大了修改前公开的范围或者扩大了专利授权时的保护范围，则登记主任根据本条作出修改。

（3）登记主任不能对正在法院进行有效性审查的专利进行修改。

（4）根据第（1）款提出的请求，应当缴纳规定的费用。

（5）对于非专利所有人原因导致的错误的更正，专利所有人无需付费。

第80条 登记主任的其他权力

（1）登记主任可以根据本法：

（a）传唤证人；

（b）接受经宣誓的证言；

（c）要求提供任何文件或者物品；

（d）在其处理的程序中责令一方当事人支付费用。

（2）任何人没有合法理由而不能满足登记主任根据第（1）款发出的传唤、命令或者指令的要求，构成犯罪，处二千令吉以下罚金或者6个月以下监禁，或者并处。

（3）在登记主任要求支付费用而没有支付的情况下，可以通过有管辖权的法院责令当事人支付。

第81条 自由裁量权的行使

登记主任行使本法赋予的自由裁量权时，如果其作出的决定会对当事人造成不利影响，则需要给当事人一次听证的机会，否则，不能行使自由裁量权作出决定。

第82条 时间的延长

除了本法第27条第1款、第29A条第8款以及第30条第4

款的规定，对于根据本法或者依据本法制定的细则规定的行为或者事项完成的期限，在缴纳规定费用的情况下，登记主任可以在期限届满前或者届满后延长该期限，但法院明确作出不同指示的除外。

第83条 专利登记局失误导致的时间延长

(1) 如果出于以下原因：

(a) 不可抗力；

(b) 专利登记局行为导致的错误或者行为。

与专利申请或者专利程序（不包括法院程序）相关的、未在规定时间完成的行为，登记主任可以延长作出该行为的时间。

第83A条 登记主任出具的证明书

登记主任可以根据具体情况以亲笔书写的形式就有关依据本法实施或者未实施的事实、情况出具证明书，该证明书应当作为事实陈述的直接证据，应当被法院接受。

第84条 政府权力

(1) 除本法规定之外：

(a) 当国家处于紧急状态或者为了公共利益，特别是国家安全、营养、卫生或者其他国家经济关键部门的发展时；

(b) 当司法或者相关行政机关认定专利所有人或者被许可人实施专利的行为具有限制竞争的效果。

部长可以未经专利所有人同意，授权政府机构或者部长指定的第三人实施该专利。

(2) 部长一旦作出决定，应当以可行的方式尽快通知专利所有人。

(3) 专利发明的实施应当限于授权实施的范围内，并考虑下列事项之后，向专利所有人支付充分的补偿：

(a) 部长决定中的授权的经济价值；

(b) 根据第1款(b)项作出决定的，纠正限制竞争行为的需要。

（4）部长应当在对专利权或者其他希望参与听证的利益相关人听证之后，根据第（3）款作出决定。

（5）半导体领域专利实施的授权应当仅限于如下情形：

（a）出于公共的非商业使用；或者

（b）当司法或者相关行政机关认定专利所有人或者被许可人实施专利的行为具有限制竞争的效果，且部长认为授权政府机构或者其指定的第三人实施该专利将纠正该行为的。

（6）授权不能排除：

（a）专利所有人行使第36条第（1）款的权利；或者

（b）根据第十章授予强制许可。

（7）当部长授权第三人实施专利的，该授权只能与其经营的业务或者商誉一并转让，或者与其实施专利相关的业务或者商誉一并转让。

（8）部长授予政府机关或者第三人实施专利发明时，应当主要供应马来西亚市场需要。

（9）根据下列人的请求：

（a）专利所有人；或者

（b）获得授权实施发明的政府机关或者第三人，

部长可以根据双方的请求，举行听证后，根据具体情况决定变更授权专利实施的决定中的条款。

（10）根据专利所有人的请求，如果部长在对一方或者双方进行听证后确信，导致作出决定的第（1）款规定的情况已不存在并不太可能再发生的，或者政府机关或者部长指定的第三人没有遵守决定规定的条件，应当终止授权。

（11）除本条第（10）项外，如果部长确信，为了对政府机关或者部长指定的第三人充分保护而需要维持决定，不应终止授权。

（12）根据本条，专利所有人、被授权实施专利的政府机关或者第三人可以就部长的决定向法院提起诉讼。

（13）本条中"政府机关"是指联邦政府或者州政府，并包括政府各部门。

第 85 条　登记主任拒绝授予专利权

登记主任在行使职权时，如果授予某项专利权会对国家利益和安全造成危害，登记主任有权根据部长根据本法制定的条例拒绝授予该产品或者方法的专利权。

第 86 条　专利代理人

（1）专利登记局应保存专利代理人的登记簿。

（2）未在专利登记局进行登记的人不得以专利代理人的名义开展活动。

（3）本条第（2）款中专利代理人的登记应当符合部长根据本法制定的条例。

（4）专利代理人的任命或者变更应当自在专利代理人登记簿登记时生效，否则不能对抗第三人。

（5）在马来西亚没有居所或者住所的人在处理与其专利有关的事务或者情况时，应当委托专利代理人。

第 87 条　条例

（1）根据本法，部长可以制定条例来保证本法的实施。

（2）在不与第（1）款一般授权相冲突的前提下，该条例尤其应当规定如下事项：

（a）制定包括文件的送达在内的，与登记主任或者专利登记局有关事务的程序规定；

（b）为了专利登记，而对产品或者方法进行分类的规定；

（c）复制专利或者其他文件的规定；

（d）部长可以考虑以合适的方式获取、公布、销售或者传播专利副本和其他文件的规定；

（e）根据本法应缴纳费用的有关规定；

（f）根据本法使用的书籍、登记簿、文件、表格和其他事项的规定；

（g）专利登记局与专利业务有关一般性规定，无论是否在本法中已作要求。

第 88 条 上诉

（1）任何人不服登记主任或者专利委员会的决定可以向法院提起诉讼。

（2）就下级法院民事案件的判决向高等法院提起上诉的一般规则应当适用于根据第（1）款提出的诉讼。

第 89 条 废止与保留条款

1951 年英国专利法、沙劳越州专利法令、英国专利法沙巴州法令以及 1967 年专利法全部废止。

但：

（a）根据以上法律制定的相关法规中与本法规定相符的规定仍然生效，并不因为以上法律的撤销而无效。

（b）根据以上法律作出的任命仍然生效，除非部长另有指令。

（c）任何在本法生效前颁发的证书或者授予的其他权利仍然有效：

（i）只要原始的专利仍在英国有效；

（ii）自专利申请日起 20 年期满。

以二者中较早的日期为准。

第 90 条 过渡条款

（1）对于根据第 89 条废止的法律递交的专利申请，登记主任可以基于该申请颁发证书或者授予权利，犹如该法律法令仍然有效。该证书或者权利仍然有效：

（i）只要原始的专利仍在英国有效；

（ii）自专利申请日起 20 年尚未期满。

以二者中较早的日期为准。

（2）对于在本法生效日前 24 个月内根据 1977 年英国专利法授权的专利，专利所有人可以在本法生效之日起 12 个月内提出申请，登记主任可以基于该申请颁发证书或者授予权利，犹如第

89 条中废止的法律法令仍然有效，该证书或者权利仍然有效，只要：

(i) 只要原始的专利仍在英国有效；

(ii) 自专利申请日起 20 年尚未期满。

以二者较早的日期为准。

(3) 已删除。

(4) 在本法生效前，根据英国专利法提出的专利申请或者向欧洲专利局提出并指定英国的申请，申请人可以自本法生效之日起 12 个月内，提出专利申请。该申请享有英国专利申请的申请日或者优先权。

附表二：第 17A 条

本法关于适用于实用革新的修改

规定	修 改
第 3 条	将"权利"定义中的"专利"和"专利申请"替换为"实用革新证书"和"实用革新证书申请"
第 13 条	1. 将"发明"替换为"实用革新"； 2. 将"专利性"替换为"可获得实用革新证书"
第 14 条	替换为"(1) 如果一项实用革新在马来西亚没有被现有技术所包含，则该实用革新具备新颖性。 (2) 现有技术应当包括： (a) 在实用革新证书申请优先权日前，以书面出版物，以口头公开、使用或其他方式向公众公开的全部内容； (b) 一件实用革新证书国内申请的内容，应是该申请的优先权日比 (a) 款所述的申请有更早的优先权日，且该申请包含在已授权的实用革新证书中。 (3) 第 (2) 款 (a) 项的公开不包括以下情况： (a) 该公开发生在申请日之前一年内，并且该公开是由于申请人或该申请的在先权利人的行为或由其引起的； (b) 该公开发生在申请日之前一年内，并且该公开是由于申请人或该申请的在先权利人滥用其权利的行为引起的； (c) 当本法生效时，在英国专利局继续申请的公开。"

规定	修　改
第 16 条	替换"发明"为"实用革新"
第五章 （除非另有 规定，则 替换后全 部适用）	1. 替换"专利"为"实用革新证书"； 2. 替换"发明人"为"创新人"； 3. 替换"发明"为"实用革新"； 4. 替换"一项发明"为"一项实用革新"
第 19 条	替换为"实用革新申请或实用革新证书的司法转让如果实用革新证书申请或实用革新证书的关键组分是从属于他人的其他实用革新证书或专利中非法获取的，他人可以向法院请求判决获得该申请或实用革新证书；自授予实用革新证书之日起 3 年后，法院不受理上述的专利转让申请"
第六章 （除非另有 规定，则 替换后全 部适用）	1. 替换"专利"为"实用革新证书"； 2. 替换"发明人"为"创新人"； 3. 替换"发明"为"实用革新"； 4. 替换"专利申请"为"实用革新证书申请"
第 28 条	将第（1）款（d）项中的"一个或多个权利要求"替换为"权利要求"
第 31 条	第（2）款中： （a）将"专利证书及副本"替换为"实用革新证书"； （b）将"将实用革新证书记录在实用革新证书登记簿中"
第 32 条	1. 替换"专利登记簿"为"实用革新证书登记簿"； 2. 替换"专利"为"实用革新证书"
第 33B 条	替换"授予专利证书"为"实用革新证书"
第 34 条	替换"专利申请"为"实用革新证书申请"

续表

规定	修 改
第35条	替换为**"实用革新证书的期限"** 35（1）实用革新证书的期限是自申请日起10年。 （1A）根据第（1）款和根据本法的其他规定，实用革新证书从授予实用革新证书之日开始生效。 （2）根据第（1）款，实用革新证书所有权人可以在上款10年期限届满前申请附加延期5年，或在附加延期5年届满前再申请延长5年。 （3）第（2）款证书的延期，实用革新证书所有权人应当递交书面陈述，注明该实用革新在马来西亚已投入商业或工业应用，或者对于未使用的合理解释，并缴纳规定费用。 （4）实用革新证书所有权人如要保证该证书有效，则应在证书第3年后每年届满12个月前缴纳年费，对于缴费日期可以享有6个月的宽限期，但需缴纳滞纳金。 （5）如果未按第（4）款规定缴纳年费，该实用革新证书失效，并在公报上予以公布
第七章 （除非另有规定，则替换后全部适用）	1. 替换"专利"为"实用革新证书"； 2. 替换"专利发明"为"已授予证书的实用革新"； 3. 替换"专利申请"为"实用革新证书申请"； 4. 替换"发明"为"实用革新"
第37条	1. 第（2）款中： （a）第（iii）款结尾的分号改为句号； （b）删除第（iv）款。 2. 删除第（5）款
第38条	第（1）款中： （a）第1段结尾的分号改为句号； （b）删除第2段
第八章	1. 替换"专利申请或者专利"为"实用革新证书申请或实用革新证书"； 2. 替换"专利申请或者专利"为"实用革新证书申请或实用革新证书"； 3. 替换"专利申请"为"实用革新证书申请"； 4. 替换"专利"为"实用革新证书"； 5. 替换"专利发明"为"已获授权的实用革新证书"

规定	修　改
第九章	1. 替换"专利"为"实用革新证书"； 2. 替换"发明"为"实用革新"； 3. 替换"专利发明"为"已获授权的实用革新证书"； 4. 替换"专利申请"为"实用革新证书申请"
第十一章 （除非另有 规定，则 替换后全 部适用）	1. 替换"专利"为"实用革新证书"； 2. 替换"发明"为"实用革新"
第55条	删除第（2）款和第（3A）款
第56条	1. 替换第2款（a）项为"（a）实用革新没有满足本法第17条或者属于本法第13条或者第31条第（1）款规定的不能获得实用革新证书的情况"； 2. 替换第（3）款中"部分权利要求"为"一项权利要求的部分"
第十二章 （除非另有 规定，则 替换后全 部适用）	替换"专利"为"实用革新证书"
第59条	替换第（3）款中的"5"为"2"
第61条	将第（1）款替换为"（1）根据本条，'受益人'是指：任何许可合同中的被许可人，除非本款不适用或另有其他规定"
第62条	1. 将第（3）款（a）项删除 2. 删除第（3）款（b）项
第十三章	1. 替换"专利"为"实用革新证书"； 2. 替换"专利产品"为"根据实用革新证书制造的产品"

续表

规定	修　改
第 64 条	1. 在第（1）款中，替换"专利产品或方法"为"根据实用革新证书制造的产品或方法"。 2. 删除第（2）款中的"专利"
第十五章 （除第 86 条）	1. 替换"专利"为"实用革新证书"； 2. 替换"发明"为"实用革新"
第 86 条	第（5）款，替换"其专利"为"其实用革新证书"

注释：保留规定。本次主要条款的修改不适用于本法生效前正在进行的初步审查、实质审查或实质审查修改申请、专利或实用革新证书申请及当时已授予的专利或实用革新证书。

马来西亚 1996 年工业品外观设计法[1]

（1996 年第 552 号法令公布，
经 2000 年第 A1077 号法令修正）

目　　录

---

[1]　根据马来西亚知识产权局网站（www.myipo.gov.my/web/guest/reka-akta.）上提供的英文版本翻译。翻译：李丽；校对：王美芳。

第一章　序　言

第 1 条　简称、生效时间和适用地域

（1）本法被引用时可称为 1996 年工业品外观设计法，生效时间通过部长在政府公报上的公告指定。

（2）本法适用于马来西亚全境。

第 2 条　适用范围

本法适用于本法生效后提出的工业品外观设计注册申请，以及根据该申请进行的工业品外观设计注册。

第 3 条　定义

（1）除非另有规定，在本法中

"物品"指能被独立生产和销售的工业品或者手工艺品，但不包括 2000 年集成电路布图设计法（第 601 号法令）中所指的集成电路或者其中的部分，以及用于制作集成电路的模板。

"创作者"指创作外观设计的人。

"公约国"指在本法的有效期内根据本法第 48 条的规定宣布

为公约国的国家。

"法院"指高级法院或者高级法院的法官。

"工业品外观设计"指通过工业方法或者手段应用于物品的形状、构造、图案或者装饰，并且在完成的物品中形成通过视觉感知和判断的特征，但不包括：

（a）制造的方法或者原理。

（b）以下物品的形状或者构造特征：

（i）仅由物品的功能唯一确定的；

（ii）由另一件物品的外观所决定，且该物品被外观设计创作者用于与之组成一个完整的部件。

"合法代表人"，对死者而言，指获得授权验证死者遗嘱、管理死者不动产的证明文件以及其他相关授权事务的人，在马来西亚境内外的授权均得到承认。

"注册所有人"指被注册为注册工业品外观设计的所有人的人，如果这样的人有两个或者更多，则指其中的每一个人。

"原始所有人"具有第10条所赋予的含义。

"规定"指通过或者根据本法以及根据本法所制定的细则作出规定，在没有规定的情况下，指随时发表在政府公报上的规定。

"登记簿"指根据本法保存的工业品外观设计登记簿。

"注册的"指根据本法予以注册的。

"注册工业品外观设计"指根据本法予以注册的工业品外观设计。

"登记主任"、"副登记主任"和"助理登记主任"分别指根据第4条任命的工业品外观设计登记主任、工业品外观设计副登记主任和工业品外观设计助理登记主任。

"视图"，对使用工业品外观设计的物品而言，指使用工业品外观设计物品的图片、绘图或者样品，或者该图片、绘图或者样品的照片。

"成套物品"指一些具有共同特征并且通常同时销售或者打

算同时使用的物品，其中的每件物品都使用了与其他物品相同的外观设计，或者只是在非实质性的细节或者在物品相关行业通常使用的特征方面有所不同。

"新颖性声明"，对工业品外观设计而言，指对使用工业品外观设计的物品的视图作出的、旨在说明该物品具备新颖性的特征的声明。

（2）在本法中提及物品，应当理解为包括：

（a）成套物品；

（b）成套物品中的每件物品；

（c）根据具体情况，指成套物品和该成套物品中的每件物品。

第二章　管　理

第4条　登记主任、副登记主任和助理登记主任

（1）部长任命工业品外观设计登记主任，授予其适当行使本法的权力和职责。

（2）部长可以根据本法的规定，就关系工业品外观设计的发展和其他相关事宜，对权力和职责的行使和履行向登记主任作出指示，登记主任对该指示必须执行。

（3）部长可以任命为执行本法所必需的一定数量的工业品外观设计副登记主任，副登记主任由登记主任领导，具有除本条第（5）款规定的委托权之外的所有权力和职责。

（4）部长可以任命为执行本法以及根据本法所制定的细则所必需的一定数量的工业品外观设计助理登记主任。

（5）登记主任可以就某一特殊事宜或者一类事宜，通过书面形式，授权副登记主任行使本法赋予他的除委托权以外的权力和职责，但是根据本款而进行的授权可以由登记主任自行决定予以撤销，并且该授权不能妨碍登记主任和任何副登记主任行使权力和职责。

（6）登记主任应当有经部长核准的印章。印章必须依法通告，被作为有效的证据。

第5条 工业品外观设计登记局

（1）为执行本法设立工业品外观设计登记局，作为登记主任的办公场所。

（2）登记主任负责管理工业品外观设计登记局。

（3）部长可以设立为执行本法所必需的一定数量的工业品外观设计登记局的分支机构，并在政府公报上予以公告。

（4）任何要求或者允许递交给工业品外观设计登记局的申请或者其他文件，可以递交给工业品外观设计登记局的分支机构，在分支机构递交的申请或者其他文件视为递交给工业品外观设计登记局。

第6条 工业品外观设计登记簿

（1）登记主任应当记录和保存登记簿，该登记簿被称为工业品外观设计登记簿。

（2）应当在登记簿中记录的事项：

（a）注册工业品外观设计所有人的姓名和地址；

（b）注册工业品外观设计的许可和转让通知；

（c）随时规定的或者登记主任认为合适的其他事项。

（3）登记簿应当以规定的形式和材料予以保存。

第7条 信托公告

信托公告，不论是明示的、暗示的还是法定的，都不能记录在登记簿中，也不能被登记主任受理。

第8条 登记簿的查阅

（1）在部长在规章中所确定的时间里，登记簿应当公开接受公众的查阅。

（2）经登记主任盖章的登记簿副本或者摘录，应当向任何要求获得并缴纳规定的费用的人提供。

第9条 可作为证据的副本

（1）登记簿构成本法要求登记或者授权登记的事项的初步证据。

（2）登记主任可以提供下列通过他的签字和盖章予以证明的复印件或者摘录：

（a）登记簿中的登录事项或者文件；

（b）工业品外观设计登记局的文件或者出版物。

（3）经证明的复印件或者摘录，可以在所有法庭和诉讼程序中具有等同于原件的证据效力而被采纳，不必再提供原件或者进一步的证据。

（4）登记主任可以通过签字和盖章证明：

（a）根据本法要求登记、没有要求登记或者尚未登记的信息或者事宜；

（b）工业品外观设计登记局的书籍、文件或者出版物已在证书指定的日期供公众查阅。

该证明在所有法律程序中应作为证明中所列事项的初步证据。

第三章　工业品外观设计的注册

第10条 注册外观设计的所有权

（1）除本条另有规定外，工业品外观设计的创作者是该工业品外观设计的原始所有人。

（2）外观设计是接受有偿委托而完成的，委托人是该工业品外观设计的原始所有人，双方在合同中另有约定的除外。

（3）在不属于第（2）款的情形下，工业品外观设计由雇员在本职工作过程中创作的，则雇主是该工业品外观设计的原始所有人，双方在合同中另有约定的除外。

（4）工业品外观设计的原始所有人或者受让人，可以通过书面形式把该工业品外观设计的全部或者部分权益转让给他人。

（5）工业品外观设计或者将工业品外观设计应用于任何物品上的权利，通过转让、交易或者法律的实施，转移给其他人或者其他人与原始所有人共有，则为第 11 条之目的，该其他人单独或者与原始所有人共同视为该外观设计的原始所有人，或者在与该物品相关的情况下视为该外观设计的原始所有人。

（6）一项工业品外观设计是通过计算机而非人工创作完成的，则对该外观设计的创作作出必要组织工作的人视为作者。

第 11 条 申请和获得注册的权利

（1）工业品外观设计的原始所有人有权对该外观设计申请注册。

（2）两个或者更多的人共同拥有一项外观设计的，共有人有权共同对该外观设计申请注册，但共有人另有约定的除外。

第 12 条 可注册的工业品外观设计

（1）根据本法，工业品外观设计具备新颖性才能予以注册。

（2）如果在申请日前，该外观设计，或者只在非实质性的细节上或者相关行业通常使用的特征上与之不同的外观设计，存在下列情况，申请注册的工业品外观设计将被认为不具备新颖性：

（a）在马来西亚的任何地方向公众公开；

（b）是在马来西亚提交的另一工业品外观设计注册申请的主题，该申请为另一申请人提出且有更早的优先权日，导致该主题成为基于另一申请的外观设计注册的内容。

（3）为本条第（2）款第（a）项之目的，工业品外观设计在申请注册的前 6 个月内，仅下列事由的公开不视为向公众公开：

（a）在官方或者官方承认的展览会上展出；

（b）由申请人或者其前任申请人之外的他人非法地公开。

第 13 条 违反公共秩序或者社会公德的外观设计

违反公共秩序或者社会公德的外观设计不能注册。

第 13A 条 不能续展或者恢复的特定注册

尽管有本法的其他规定，在 2000 年集成电路布图设计法生效之前，根据本法予以注册的集成电路或者其中的部分或者用于制作集成电路的模板的工业品外观设计，在该法生效之日起，该注册都不能续展或者恢复。

第 14 条 注册申请

（1）工业品外观设计注册申请：

（a）应当按照规定格式制作并且向工业品外观设计局提交；

（b）应当提交规定数量的使用该外观设计的物品的视图；

（c）应当包含与该申请中的外观设计的新颖性的陈述；

（d）应当缴纳规定数额的申请费。

（2）如果申请人的经常居住地或者主要营业地在马来西亚境外，申请人应当指定马来西亚境内的代理机构处理与该外观设计申请相关的通知和程序方面的事宜。否则，登记主任可以拒绝处理该申请直至申请人指定相应代理机构。

第 15 条 多项外观设计的申请

同一申请中可以包含两项或者两项以上的工业品外观设计，前提是属于外观设计国际分类表中的同一类别或者用于同一物品。

第 16 条 申请日

外观设计注册申请的申请日为与申请相关的以下所有条件都满足时的最早日期：

（a）第 14 条规定的文件能够确定申请人；

（b）向工业品外观设计登记局提交规定数量的使用外观设计的物品的视图；

（c）缴纳了规定数额的申请费。

第 17 条 基于国际条约或者公约的优先权日和优先权

（1）根据本条，外观设计注册申请的优先权日是该申请的申请日。

（2）依据马来西亚参加的国际条约或者公约，一件申请中可以包含一项或者多项要求申请人或者原申请人在国际条约或者公约中的其他国家或者地区或者国际申请中提出的在先申请的优先权；在此情况下，优先权日指在其他国家、地区或者国际申请中所有申请日中的最早日期：条件是本法提交的申请必须自上述最早日期起的六个月内提出。

（3）如果申请中包含根据本条第（2）款规定的声明，登记主任可以要求申请人在规定时间内提供经原受理机构证明的在先申请的副本。

（4）本条第（2）款规定的声明的效力由该款提到的条约或者公约规定。

（5）本条的规定或者与之相关的规定没有被遵守的，则本条第（2）款规定的声明视为无效。

第18条 申请的撤回

工业品外观设计注册申请人，可以在待决的任何时间，通过书面通知登记主任的形式撤回申请。对申请的撤回不可撤销。

第19条 申请的修改

（1）登记主任可以根据以规定的方式提出的请求，修改工业品外观设计注册申请。

（2）如果该修改的结果是申请以任何方式包含了原始申请中实质上没有公开的内容因而扩大了申请的范围，则不能根据本条第（1）款的规定进行修改。

第20条 修改后的分案申请

（1）根据第19条提出的修改请求得到批准，并且修改的结果是从原申请中分离出了一项或者多项工业品外观设计，则申请人在原申请待决的任何时间，可以就分离出来的一项或者多项工业品外观设计另行提出申请（称为"分案申请"）。

（2）分案申请保留原申请的优先权日。

第21条 审查

（1）工业品外观设计注册的申请确定了申请日并且该申请没有撤回的，登记主任即对该申请予以审查以确定其是否符合形式要求。

（2）如果经审查确定该申请不符合形式要求，登记主任应当通知申请人，并给其陈述意见和在规定时间内修改申请以符合规定的机会。

（3）如果在规定的时间内，申请人没有使登记主任认为该申请符合形式要求或者修改申请以符合形式要求，登记主任可以拒绝对该工业品外观设计注册。

（4）登记主任在依据第（3）款拒绝工业品外观设计注册之前，必须给申请人听证的机会。

（5）本条中，"形式要求"指本法和依据本法制定的细则规定的，且被该细则为本法之目的确定为形式要求的要求。

第 22 条　注册和公开

（1）登记主任认为工业品外观设计申请符合第 21 条的要求的，应当：

（a）在登记簿中记载规定的外观设计事项；

（b）授予申请人符合规定形式的工业品外观设计注册证书。

（2）之后，登记主任应尽快在政府公报上公告：

（a）该工业品外观设计已予注册的通知；

（b）注册所有人的姓名和地址；

（c）登记主任认为需要公开的与该工业品外观设计相关的其他事宜。

（3）注册证书是其记载的事实和注册有效性的初步证据。

第 23 条　在其他物品上注册同样的工业品外观设计

（1）一项工业品外观设计已在一种物品上注册，其所有人提出以下申请的：

（a）对该已注册的外观设计在其他一种或者多种物品上注册；

（b）在相同或者其他一种或者多种物品上注册外观设计，该外观设计包含该已注册的外观设计，虽然进行了修改或者改变，但并不足以改变原外观设计的特征或者实质上影响二者的同一性。

不能仅因为先前的注册或者在先前注册申请的优先权日后的

公开或者使用驳回该后续申请，或者宣告基于该后续申请的注册无效。

(2) 根据本条予以注册的工业品外观设计的注册期限不能超过先前注册的工业品外观设计的注册期限和其续展期。

第24条 登记簿的更正

(1) 根据本法：

(a) 任何人认为登记簿中记载的事项侵害了其合法权益或者与其有利害关系，如认为登记簿中有未包含的事项或者遗漏的事项，或者没有充分依据而记载在登记簿中的事项，或者错误地记载在登记簿中的事项，或者登记簿中的记载存在错误或者瑕疵的情况，而按照规定方式向法院提出申请，法院可以作出其认为适当的添加、处理、删除或者改变以及修改错误和有瑕疵的登记事项的裁定；

(b) 法院可以根据本条在诉讼程序中决定与登记簿更正有关的必要或者紧急的事项；

(c) 如果在工业品外观设计的注册或者注册外观设计的许可或者转让过程中有欺诈行为，或者为了公众利益，登记主任根据本条可以自行向法院提出更正申请；

(d) 法院作出更正登记簿的裁定应当以规定的方式向登记主任发出正式通知，登记主任接到通知后应当相应地更正登记簿。

(2) 对登记主任外的任何人提出的更正申请，在关于更正申请的通知送达登记主任之前，法院不能依据第（1）款直接作出裁定。登记主任有到庭并听取审理的权利。

(3) 任何变更登记簿的申请，在申请人不是登记主任的情况下，依据第（1）款向法院提交之前，申请人可以选择首先将该申请提交给登记主任，但与该外观设计有关的诉讼正在审理的除外。

(4) 登记主任对于向其提出的变更外观设计登记簿的申请，可以在任何阶段将其提交给法院，也可以在申请人并非注册工业品外观设计所有人的情况下，听取申请人和注册所有人的陈述并作出决定。

第四章　注册的有效期

第 25 条　注册的有效期

（1）工业品外观设计的注册自该注册申请的申请日起生效，期限为五年。

（2）工业品外观设计注册在期限届满之前，按规定方式提出申请并缴纳了规定的续展费用后，可以连续续展两个五年期。

（3）期满未缴纳续展费的，可以允许在期满之日起六个月内缴纳，但应当缴纳规定数额的滞纳金。

（4）没有申请续展或者没有缴纳续展费用的，注册失效。注册失效的通知应当在政府公报上公告。

第 26 条　已失效注册的恢复

（1）工业品外观设计注册失效的公告在政府公报上公布之日起一年之内，该外观设计的注册所有人或者权利继受人可以通过办理以下手续，申请恢复该外观设计注册：

（a）按照规定方式提出恢复请求；

（b）缴纳未支付的续展费和规定的恢复请求费；

（c）提交声明，陈述未能续展外观设计注册的原因。

（2）登记主任认为未能续展注册是因为意外事件或者错误的，登记主任将在政府公报上公告拟恢复注册的通知。

（3）任何有利害关系的人，在上述公告之日起三个月内，可以向登记主任提出对恢复该注册的异议，并应当将异议副本提交给请求恢复注册的人。

（4）自第（2）款规定的公告之日起经过第（3）款规定的三个月期间，没有异议的，登记主任将恢复该工业品外观设计注册。恢复注册的效力视为该权利从未失效过，登记主任应当在政府公报上公告该注册已恢复。

（5）如果收到了第（3）款规定的异议，登记主任在给予异议者和请求恢复注册的人陈述意见的机会后，作出决定。决定恢复的，恢复的注册视为该注册从未失效过。登记主任应当在政府公报上公告注册已恢复。

（6）对自工业品外观设计注册失效至恢复注册的公告在政府公报上公告之日期间对注册外观设计的侵权，不得提起诉讼或者进入诉讼程序。

（7）任何人认为登记主任根据本条作出的同意或者拒绝恢复权利的决定侵害了其合法权益，可以向法院起诉。

第27条 撤销注册和授予强制许可

（1）工业品外观设计注册之后，任何人都可以向法院申请：

（a）撤销已注册的工业品外观设计，根据第12条规定，以在该注册外观设计申请的优先权日前，该外观设计已向公众公开为由；

（b）撤销已注册的工业品外观设计，理由是该外观设计的注册是通过非法的手段获得的；

（c）授予工业品外观设计的强制许可，理由是该外观设计没有在马来西亚根据情况在合理的范围内通过工业程序或者方式应用在注册的物品上。

法院可以对该申请作出其认为是合理的决定。

（2）第（1）款第（a）项和第（b）项的规定不影响注册工业品外观设计所有人享有的请求登记主任撤销该外观设计的权利，也不影响登记主任依据他认为适当的理由作出撤销注册工业品外观设计的决定的权力。

第28条 法院的裁决

法院不能依据第27条作出与马来西亚同其他的国家签订的条约、公约、协议或者约定不一致的决定。

第五章　注册所有人的权利、许可和转让

第29条 注册所有人的权利是私人财产权

（1）注册工业品外观设计所有人的权利是私人财产权，可依

法许可和转让。

（2）除本法另有规定外，适用于私人财产的所有权和处分权的法律适用于注册工业品外观设计，如其适用于其他无形财产一样。

（3）第（1）款中规定的转让应采用书面形式。

第30条 许可、转让以及其他法律行为的登记

（1）任何人通过许可、转让或者其他法律行为获得注册工业品外观设计或者工业品外观设计注册申请的权利，可以按照规定方式向登记主任申请将该许可、转让以及其他法律行为记载在登记簿中。

（2）注册工业品外观设计的许可、转让或者其他法律行为只有记载在登记簿中才有对抗第三人的效力。

第31条 共同所有权

（1）工业品外观设计以两个或者多个人的名义注册，其中的每一个人对该注册的外观设计享有平等的不可分割的权利，但当事人之间另有约定的除外。

（2）两个或者多个人是注册工业品外观设计的共同所有人的，除当事人之间另有约定的外，根据本款：

（a）其中的每一个人都有权由自己或者通过其代理人，为自身利益行使权利，不必经过其他人的同意或者向其他人作出说明，该行为并不视为侵犯注册工业品外观设计的权利；

（b）任何与上述相类似的行为都不视为侵犯注册工业品外观设计的权利。

（3）两个或者多个人是注册工业品外观设计的共同所有人的，任何人都不能不经过其他所有人同意，许可该外观设计的实施，或者将自己享有的该外观设计的利益转让或者抵押给他人，但当事人另有约定的除外。

（4）本条的规定对申请注册工业品外观设计的权利与注册的工业品外观设计具有同样的效力，上述提到注册工业品外观设计

时应当包括申请注册工业品外观设计的权利。

第六章 侵 权

第32条 侵犯注册工业品外观设计权

（1）除本法另有规定外，注册工业品外观设计所有人对任何应用该外观设计的物品享有如下的排他性权利：为销售或者出租的目的而制造或者进口，为贸易或者商业的目的而使用、销售、出租，为销售或者出租的目的而许诺提供、展出。

（2）除第30条另有规定外，一个人在注册工业品外观设计权有效期内，未经注册工业品外观设计所有人的许可或者同意从事下列行为，则侵犯了该外观设计权：

（a）在物品上使用、摹仿或者明显仿冒注册工业品外观设计；

（b）未经注册所有人的许可或者同意，为了销售目的进口或者为了贸易或者商业目的使用物品，而该物品使用了注册外观设计或者使用了摹仿或者明显仿冒的注册外观设计；

（c）销售、为销售目的而储存或者许诺提供，出租、为出租目的而储存或者许诺提供（a）项和（b）项提到的任何物品。

（3）第（1）款规定的注册工业品外观设计所有人的权利并不能扩展到由注册所有人或者经其同意使用该注册工业品外观设计的物品合法地进口或者销售到马来西亚之后的行为。

第33条 侵权诉讼程序

（1）注册工业品外观设计所有人对任何已经或者正在侵犯其工业品外观设计权利的人，有权提起诉讼。

（2）注册工业品外观设计所有人对正在实施的行为可能侵犯其工业品外观设计的人，也有权提起诉讼。

（3）第（1）款和第（2）款规定的诉讼在侵权行为发生之日起五年后不能提起。

（4）为本条之目的，"注册工业品外观设计所有人"包括注册所有人、受让人、被许可人以及根据第27条授予的强制许可的受益人；但是如果诉讼不是由注册所有人提起的，起诉人必须证明其在提起侵权之诉前已经先向注册所有人提出了请求，但注册所有人在接到请求之日起三个月内拒绝或者未能提起诉讼，本规定不影响注册所有人参加诉讼的权利。

第 34 条 对侵权指控的抗辩

任何可以撤销工业品外观设计注册的理由都可以作为对注册工业品外观设计侵权诉讼的抗辩理由。

第 35 条 侵权救济

（1）如果注册工业品外观设计所有人证明侵权已经发生或者正在发生，法院可以判决赔偿损失或者返还收益，并可以发布防止损害进一步扩大的禁令和采取其他法律救济措施。

（2）如果注册工业品外观设计所有人证明正在发生的行为可能导致侵权，法院可以发布防止侵权的禁令和采取其他法律救济措施。

（3）在侵权诉讼中，如果被告向法院证明满足下列条件，法院可以不判决被告赔偿损失或者返还收益：

（a）在侵权期间，被告不知道该工业品外观设计已经注册；

（b）在实施侵权行为前，被告已经采取了所有合理的措施调查该工业品外观设计是否已注册。

第七章 犯罪行为

第 36 条 伪造登记簿及其他

从事下列行为者构成犯罪，处一万五千令吉以下罚金或者两年以下监禁或者并罚：

（a）对登记簿中的信息作出或者导致作出虚假的记载；

（b）对工业品外观设计登记局证明的文件或出版物副本中的信息，作出或导致作出虚假的记载；

（c）制作或者导致制作一份虚假的文件，声称是登记簿中信息的复印件；

（d）明知（b）项或者（c）项提到的资料或者登记信息是虚假的，提供或者导致提供该资料或者信息作为证据；或者

（e）谎称是注册工业品外观设计的所有人、代理人或者代表注册工业品外观设计的所有人。

第37条 对注册的虚假陈述

（1）对有价物品作虚假陈述，声称该物品受注册工业品外观设计的保护，构成犯罪，处一万五千令吉以下罚金或者两年以下监禁或者并罚。

（2）为第（1）款之目的，在有价物品上以盖、刻、印或者其他方式加上"注册工业品外观设计"的字样，或者其他明示或者暗示其物品应用了注册工业品外观设计的字样，则视为表明该物品受工业品外观设计注册的保护。

（3）在注册工业品外观设计期满或者被撤销之后，并在其采取措施确保不作出陈述或者不继续作出陈述的足够合理的期限届满前，第（1）款不适用。

（4）在本条规定的刑事诉讼程序中，任何人可以证明自己为免于犯罪已经尽了必要的义务为理由抗辩。

（5）本条对申请注册工业品外观设计的权利和注册工业品外观设计具有同样的效力，提到注册工业品外观设计时应当包括申请注册工业品外观设计的权利。

第38条 "工业品外观设计登记局"名称的使用

任何人在其营业地或者其签署的文件或者其他场合使用"工业品外观设计登记局"或者其他字样，表明其营业地是工业品外观设计登记局或者与其有官方联系，构成犯罪，处一万五千令吉以下罚金或者两年以下监禁或者并罚。

第39条 法人团体的犯罪

（1）法人团体犯罪的行为被证明是经过了法人团体的董事、经理、书记或者其他相似职务的人或者主管人员的同意或者默许，或者是由于法人团体的董事、经理、书记或者其他相似职务

的人或者主管人员的疏忽而造成的，则上述责任人和法人都构成犯罪，应当按照本法的规定予以追究和惩罚。

（2）法人团体的事务由其成员管理的，第（1）款适用于对该法人负有管理职责的成员，就像该成员是该法人团体的一名负责人一样。

第八章　登记主任的其他权力

第 40 条　注册外观设计的修改

（1）注册工业品外观设计所有人可以根据部长作出的规定，为修改登记簿中的书写错误或者明显错误，或者其他登记主任认可的原因，向登记主任提出修改注册工业品外观设计或者与之相关的文件的要求。

（2）提出修改要求的同时必须缴纳规定的费用。

（3）除非是为了修改书写错误或者明显错误，如果修改扩大了修改前公开的范围或者扩大了工业品外观设计注册时的保护范围，则修改不能根据本条被允许。

（4）在涉及工业品外观设计注册的有效性的法院审理诉讼期间，不能依据本条修改工业品外观设计注册。

（5）登记簿根据本条修改后，登记主任可以要求交回外观设计的注册证，撤销该注册证，发放根据登记簿的修改结果而制作的新的注册证。

第 41 条　登记主任的权力

（1）为执行本法，登记主任通常可以：

（a）传唤证人；

（b）接受经过宣誓的证据；

（c）要求提供文件或者物品；

（d）在其处理的程序中责令一方当事人支付费用。

（2）任何人无法定理由拒绝执行第（1）款（a）项、第（1）款（b）项和第（1）款（c）项中提到的登记主任的传唤、命令或者指示的，构成犯罪，判处二万令吉以下罚金或者6个月以下监禁或者并罚。

（3）在登记主任要求支付费用而没有支付的情况下，可以通过有管辖权的法院责令当事人支付。

第42条　自由裁量权的行使

本法或者依据本法制定的细则赋予登记主任自由裁量权的，登记主任给予当事人陈述意见的机会之前，不能行使自由裁量权作出对当事人不利的决定。

第43条　时间的延长

除了第17条第（2）款和第50条的规定，对于根据本法或者依据本法制定的细则规定的行为或者事项完成的期限，在缴纳规定费用的情况下，登记主任可以在期限届满前或者届满后延长该期限，但法院明确作出不同指示的除外。

第九章　附　则

第44条　通过邮寄送达

本法以及依据本法制定的细则要求或者授权提供的通知，以及任何要求或者授权提交的申请和其他文件，都可以通过邮寄的方式提供或者提交。

第45条　代理

（1）根据本法以及依据本法制定的细则，任何必须由与工业品外观设计有关的人办理的事务，或者向其办理的事务，或者相关程序，根据本法以及依据本法制定的细则或者在特殊情形下经过登记主任的特别许可，可以由该人按规定方式授权的代理人进行，或者由其进行。

（2）登记主任不应认可有如下情况的代理人：因为欺诈或者不诚实而犯罪，或者是有未清偿债务的破产者，或者已从专业机构的成员名册中删除，或者被该类专业机构或者委员会责令暂缓执业。

第 46 条 上诉

（1）任何人认为登记主任的决定或者命令侵害了其权益，都可以向法院申诉。

（2）依据第（1）款进行申诉的程序与民事案件从下级法院上诉到高级法院的程序相同。

第 47 条 细则

（1）根据本法，部长可以为实现本法的目的而制定细则。

（2）尤其是，且不影响第（1）款的原则，根据本条制定的细则可规定下列全部或者任一事项：

（a）规范在登记主任或者工业品外观设计登记局审理的案件的程序事宜或者其他事宜，包括文件的送达；

（b）为工业品外观设计注册的目的给物品分类；

（c）制作或者要求与工业品外观设计注册有关的文件的副本；

（d）对诉讼程序或者其他事宜以及登记主任或者工业品外观设计登记局的服务规定应缴纳费用和费用的数额，并允许对不同事宜在不同的情况下收取不同的费用；

（e）规定执行本法而使用的表格和其他事宜；

（f）规范登记簿的保存，并规定其形式和内容；

（g）在登记主任执行的程序中规范提交证据的方式，赋予登记主任传唤证人和取证的权力；

（h）在登记主任或者工业品外观设计登记局执行的有关程序或者其他事项中要求做的事情；

（i）管理在登记主任或者工业品外观设计登记局审理中对代表申请人或者其他当事人的代理人资格的认定，规定代理人的资质和其他条件，规范代理人的行为；

（j）规定时限；

（k）无论本法是否做了特别规定，对工业品外观设计登记局进行工业品外观设计注册有关的一般性事宜作出规定。

第48条　公约国

（1）部长为了实现马来西亚与其他国家缔结的条约、公约、协议或者约定的目的，通过在政府公报上发布命令，宣布在命令中列出的国家是本法规定的公约国。

（2）部长通过发布命令宣布，根据两个或者多个国家之间缔结的条约的规定，一件保护工业品外观设计的申请相当于在公约国提出申请的，根据本法，该申请视为已在该公约国提出。

（3）部长通过发布命令宣布，根据某一公约国的法律，一件保护工业品外观设计的申请相当于在该公约国提出的申请的，根据本法，该申请视为在该公约国提出。

第49条　废除和保留条款

（1）1949年联合王国外观设计（保护）法、沙巴州的联合王国外观设计（保护）条例和沙捞越的外观设计（联合王国）条例（以下统称为"已废除的法律"）废除。

（2）尽管有第（1）款：

（a）根据已废除的法律制定的补充法规，如果与本法不相矛盾，则继续有效，其效力相当于根据本法制定，并可被相应地废除、延期、改变或者修改。

（b）根据已废除的法律或者依据已废除的法律制定的补充法规作出的指定继续有效，其效力相当于根据本法制定，除非部长另有指示。

（c）根据已废除的法律予以保护的注册，且其在本法生效之前有效的，在符合该注册的条件和有效期的情况下，继续有效，相当于根据本法生效，但是续展应当符合第50条第（2）款的规定。

第50条　过渡

（1）在本法生效以前，一件工业品外观设计注册的申请是根据经联合王国1988年版权、外观设计和专利法修改的联合王国1949年注册外观设计法作出的，并且正在审理中，则可以在本法生效后 12 个月内，根据本法申请工业品外观设计注册，则该申请的优先权日为在联合王国申请时的申请日。

（2）根据联合王国 1949 年注册外观设计法颁发的注册证书，应当享有已废除的法律规定的最长有效期，因此，续展程序应当由根据本法第 47 条制定的细则规定。

印度尼西亚共和国专利法[❶]

2001 年第 14 号
关于专利

全能的主宽恕
印度尼西亚共和国总统

鉴于：

a. 依据印度尼西亚批准的国际协定，技术、工业和贸易的不断发展，需要一部能为发明人提供适当保护的专利法；

b. 为商业竞争搭建一个既公平又顾及公众利益的具有良好氛围的框架，也需要 a 项所述事项；

c. 基于 a 项和 b 项的考虑，以及对现行专利法实施经验的总结，有必要颁布新的专利法以替代已经被 1997 年第 13 号法律修正过的 1989 年第 6 号有关专利的法律。

根据：

1. 1945 年宪法第 5 条第（1）款、第 20 条第（2）款和第 33 条；

2. 关于批准《建立世界贸易组织协定》的 1994 年第 7 号法律（1994 年第 57 号国家公报，补充国家公报第 3564 号）。

经印度尼西亚共和国国会批准
决定颁布：专利法

---

❶ 根据印度尼西亚知识产权总署网站（http：//www. dgip. go. id/ebhtml/hki/filecontent. php？fid＝9166）上提供的英文版翻译。翻译：刘颖；校对：王燕红。

第一章　总　则

第 1 条

在本法中：

1. "专利"是指政府授予发明人在其发明技术领域，一定时间内，实施其发明或者授权他人实施其发明的独占权。

2. "发明"是指在一个技术领域，解决特定问题过程中迸发出的，以产品或者方法的形式，或者以产品或者方法的改进的形式，体现的发明人的构思。

3. "发明人"是指一个或者在实现发明构思从而产生发明的活动中共同行动的多个人。

4. "申请人"是指提出专利申请的人。

5. "申请"是指在知识产权总署提交的专利申请。

6. "专利权人"是指拥有专利的发明人、从拥有发明人处获得专利权的人或者在专利登记簿上登记的前两者的继受者。

7. "代理人"是指知识产权顾问。

8. "审查员"是指具有专业知识，被部长指定为专利审查员的专业官员，对申请进行实质审查的人。

9. "部长"是指其职责范围涉及领导包括专利在内的知识产权事务的部长。

10. "知识产权总署"是指在部长领导部门所属的知识产权总署。

11. "申请日"是指收到符合形式要件的申请的日期。

12. "优先权"是指在《保护工业产权巴黎公约》规定的期限内，申请人基于在《保护工业产权巴黎公约》或者《建立世界贸易组织协定》成员国提交的申请，在上述两个条约成员国的国家享有将该申请的申请日作为优先权日的权利。

13. "许可"是指专利权人通过协议允许另一方按照特定要求在规定的期限内享有专利的经济利益的权利的许诺。

14. "日"是指工作日。

第二章 专利的范围

第一部分 可以授予专利的发明

第2条

（1）专利应当授予新颖的、具有创造性且能在工业上应用的发明。

（2）所述发明对于本领域技术人员而言不是显而易见的，则该发明应当被认为具备创造性。

（3）评价一项发明是否显而易见，必须考虑提出申请时的现有技术，在有优先权时，考虑提出首次申请时所存在的现有技术。

第3条

（1）一项发明在提出申请之日不与任何在先的技术公开相同，则其被认为是新颖的。

（2）第（1）款所述技术公开是指已在印度尼西亚国内或者国外用文字、口头描述、演示或者其他方式公开，使技术人员在下述日期前能够实现该发明：

a. 申请日，或者

b. 优先权日。

（3）第（1）款所述在先的技术公开包括在印度尼西亚提出的申请文件，只要这些申请文件在被进行实质审查的申请的申请日当天或者申请日后被公布，并且其申请日早于在被进行实质审查的申请的申请日或者优先权日。

第4条

（1）在申请日前6个月内有下列情形之一的，发明不视为公开：

a. 在印度尼西亚国内或者国外举行的官方或者官方承认的国际展览会上，或者在印度尼西亚官方或者官方承认的国内展览会上展出过的发明；

b. 其发明人在印度尼西亚为研究和开发实验而进行的实施。

（2）在申请日前 12 个月内，任何其他人违反相关发明的保密义务而导致发明公开的，该发明也不视为公开。

第 5 条

一项发明能如申请中所描述的那样被实施，则该发明被认为具备工业实用性。

第 6 条

任何产品或者装置的发明，由于其形状、配置、结构或者组成而具备新颖性和实际使用价值的，都可以用简易专利的形式给予法律保护。

第 7 条

下列各项发明不授予专利：

a. 其公开和使用或者实施违反现行法律法规、宗教道德、公共秩序或者伦理标准的任何方法或者产品；

b. 适用于人和/或者动物的检查、处理、药物治疗和/或者外科的任何方法；

c. 任何科学和数学领域的理论和方法；或者

d. i. 除微生物外的所有生物；

ii. 任何主要是生产植物或者动物的生物学方法，但非生物学方法或者微生物方法除外。

第二部分　专利的期限

第 8 条

（1）专利的期限为 20 年，不能延长，自申请日起计算。

（2）专利的起算日和届满日应当被登记和公告。

第 9 条

简易专利的期限为 10 年，不能延长，自申请日起计算。

第三部分　专利的主体

第 10 条

（1）发明人或者发明人权利的继受者有权获得专利。

（2）一项发明由多人共同完成的，则该发明的权利属于相关的发明人。

第 11 条

除非有相反的证明，否则在申请中首次被宣称为发明人的应当被视为发明人。

第 12 条

（1）除非雇用合同中另有约定，获得所完成发明的专利的当事人应当为分派任务的一方。

（2）第（1）款的规定也适用于雇员或者职员利用工作中可以获得的数据和/或者设备作出的发明，即使雇用合同中没有要求其作出发明。

（3）作出第（1）款和第（2）款所述发明的人，基于从所述发明获得的经济利益，有权获得合理的报酬。

（4）第（3）款所述报酬的数额，由当事人确定，可以按下列方式支付：

（a）以一定的数目或者一次性支付；

（b）按百分比；

（c）奖品或者奖金的组合或者一次性支付；

（d）奖品或者奖金按一定比例的组合；或者

（e）当事人同意的任何其他形式。

（5）没有就计算方法和报酬数额的确定达成协议的，可以请求商事法院裁决。

（6）第（1）款、第（2）款和第（3）款的规定不得使发明人在专利证书上署名的权利无效。

第 13 条

（1）在符合本法其他规定的情况下，相似的发明在提出专利申请时已被实施的，则实施者有权作为先用者继续实施该发明，即使该相似的发明其后被授予了专利。

（2）第（1）款的规定也适用于任何享有优先权的申请。

第 14 条

第 13 条的规定不适用于作为先用者而实施发明的当事人利用已申请专利发明的说明书、附图或者其他信息来实施发明的情形。

第 15 条

（1）第 13 条所述实施发明的当事人应当仅仅被认为是先用者，在同样的发明被授予专利后，其应当向知识产权总署递交承认其为先用者的请求。

（2）先用者的请求应当提供其实施所述发明未使用申请专利发明的说明书、附图、实施例或者其他信息的证据。

（3）先用者通过缴纳相应的费用，由知识产权总署签发先用者证书的形式予以确认。

（4）先用者证书应当在同样发明的专利期限届满时终止。

（5）承认先用者的程序将通过政府法规给予规定。

第四部分　专利权人的权利和义务

第 16 条

（1）专利权人享有独占实施其专利和禁止他人未经其同意实施下列行为的权利：

a. 对于产品专利：制造、使用、销售、进口、出租、分销、或者使专利产品可以用于销售、出租和分销；

b. 对于方法专利：利用获得专利的生产方法去制造产品，从事 a 项所述的行为。

（2）对于方法专利，禁止他人未经同意实施第（1）款所述的进口，仅适用于使用相关方法专利而制造的进口产品。

（3）为教学、研究、试验或者分析而使用专利的行为，只要不损害专利权人的正常利益，则不适用第（1）款、第（2）款的规定。

第 17 条

（1）只要不影响第 16 条第（1）款的规定，专利权人有义务在印度尼西亚制造专利产品和使用专利方法。

（2）产品的制造或者方法的使用仅适于在一个地区范围内实施的，免除第（1）款的义务。

（3）仅能由知识产权总署批准第（2）款所述的免除，如果专利权人递交了书面请求并附具权威机构确认的理由和证据。

（4）第（3）款所述的关于免除和提交书面请求程序的要件将由政府法规作进一步的规定。

第 18 条

为维持专利和许可登记的有效性，专利权人或者被许可人应当缴纳年费。

第五部分　针对专利侵权的法律诉讼

第 19 条

向印度尼西亚进口本法保护的专利方法所制造的产品的，如该产品是在印度尼西亚境内利用专利方法所制造，则该方法的专利权人应当有权依据第 16 条第（2）款的规定对所述进口产品提起诉讼。

第三章 专利申请

第一部分 概　论

第 20 条

一项专利权的授予应当基于一件专利申请。

第 21 条

一件申请应当仅包含一项发明，或者构成一项整体发明的多项发明。

第 22 条

专利申请应当向知识产权总署缴纳费用。

第 23 条

（1）由发明人以外的其他人提出申请的，则应当提供一份有足够证据证明申请人对所述发明享有权利的声明。

（2）发明人可以查阅第（1）款所述由发明人以外的其他人递交的申请表，并在缴纳费用后请求获得所述申请文件的副本。

第 24 条

（1）申请应当使用印度尼西亚文字，并以书面形式向知识产权总署提交。

（2）申请表应当包括：

a. 申请的年、月和日；

b. 清楚完整的申请人地址；

c. 发明人的全名和国籍；

d. 申请由代理人提交的，相关代理人的全名和地址；

e. 申请由代理人提交的，代理的特殊权利；

f. 授予专利权的请求；

g. 发明名称;

h. 发明包含的权利要求;

i. 包含实施发明的方法的完整信息的书面说明书;

j. 说明书所述的用于说明发明的附图;

k. 发明的摘要。

(3) 有关申请程序的规定将由政府法规作进一步的规定。

第二部分　知识产权顾问

第 25 条

(1) 申请可以由申请人或者通过代理人提交。

(2) 第（1）款所述代理人应当是在知识产权总署注册的知识产权顾问。

(3) 自接受代理之日起，直至相关申请的公布日，代理人对发明和申请的所有文件负有保密义务。

(4) 有关批准为知识产权顾问的条件的规定由政府法规作进一步规定，批准程序由总统令作进一步规定。

第 26 条

(1) 未在印度尼西亚共和国境内居住或者在印度尼西亚共和国境内没有固定住所的发明人或者申请人提出的申请，应当通过印度尼西亚的代理人提交。

(2) 第（1）款所述发明人或者申请人为了申请应当在印度尼西亚境内声明和选定一个经常居所或者一个法律上的住所。

第三部分　优先权申请

第 27 条

(1) 根据《保护工业产权巴黎公约》规定提出的优先权申请，应当在任何该公约成员国或者世界贸易组织成员国首次接到申请后的 12 个月内提出。

（2）申请符合本法规定要件的，第（1）款所述优先权申请应当在优先权日起 16 个月内提供由相关国家有权部门证明的在先申请优文件副本。

（3）不符合第（1）款和第（2）款要求的，申请不享有优先权。

第 28 条

（1）第 24 条所述的规定参照适用于优先权申请。

（2）知识产权总署可以要求享有优先权的申请提供：

a. 与国外首次申请的审查结论相关的文件的有效副本；

b. 对国外首次申请授予专利权的文件的有效副本；

c. 国外首次申请被驳回的，驳回决定的有效副本；

d. 国外申请被撤销的，撤销决定的有效副本；

e. 为利于评价发明新颖性、创造性和工业实用性的其他文件。

（3）申请人可以通过提供单独的附加说明来提交第（2）款所述的文件副本。

第 29 条

有关向知识产权总署要求获得优先权文件以及有关优先权申请的规定由总统令作进一步的规定。

第四部分　受理日

第 30 条

（1）申请的申请日应当是知识产权总署收到符合第 24 条第（1）款和第（2）款 a 项、b 项、f 项、h 项、i 项和 j 项（如果申请中有附图）规定的申请，并且缴纳了第 22 条规定费用的日期。

（2）如第 24 条第（2）款的 h 项和 i 项所述说明书是用英语撰写的，所述说明书应当在本条第（1）款所述的申请日起 30 日内被翻译成印度尼西亚文。

（3）在本条第（2）款规定的期限内未提交印度尼西亚文说明书的，则该申请将被视为撤回。

（4）知识产权总署应当登记申请日。

第 31 条

存在第 30 条第（1）款和第（2）款所述缺陷的，则申请日为知识产权总署收到所有要件的日期。

第 32 条

（1）申请符合第 30 条所述的要件，但不符合第 24 条规定的，知识产权总署可以要求申请人在接到知识产权总署发出的通知书日起 3 个月内克服此缺陷。

（2）基于知识产权总署可以接受的原因，第（1）款所述期限应申请人的请求可以延长最多 2 个月。

（3）如果申请人支付了费用，第（2）款所述的期限可以从期限届满日起延长最多 1 个月。

第 33 条

在第 32 条规定的期限内未符合要求的，知识产权总署应当以书面形式通知申请人该申请被视为撤回。

第 34 条

（1）不同申请人就同一相似发明提出了多个申请的，被受理的应当是最先提交的申请。

（2）第（1）款所述的专利申请是同一天提交的，知识产权总署应当用书面形式通知申请人，自通知日起 6 个月内协商决定所要提交的申请，并将决定递交知识产权总署。

（3）申请人不能达成协议或者不能作出决定或者无法协商，或者协商的结果不能在第（2）款所规定的期限内递交到知识产权总署的，则所述申请将被驳回，知识产权总署将以书面形式将相关内容通知申请人。

第五部分　申请的修改

第 35 条

可以通过修改说明书和/或者权利要求而修改申请，只要这样的修改没有超出原始申请的发明范围。

第 36 条

（1）所述申请包括多个发明，其并不能构成第 21 条所述的一项整体发明，则申请人可以要求分案。

（2）第（1）款所述申请的分案可以分别提出一个或者多个申请，只要每个申请所要求保护的范围没有超出原始申请所要求保护的范围。

（3）第（1）款所述分案的请求最迟可以在原始申请作出第 55 条第（1）款或者第 56 条第（1）款所述的决定之前提出。

（4）本条第（1）款和第（2）款所述分案的请求符合第 21 条和第 24 条中所述要件的，则被视为与原始申请同日提出。

（5）申请人未在第（3）款所述的期限内提交分案请求的，则将仅按照原始申请权利要求的顺序对所陈述的发明进行实质审查。

第 37 条

申请人根据本法的规定，可以将专利申请修改为简易专利或者其他形式。

第 38 条

第 35 条、第 36 条和第 37 条所述有关修改的规定由总统令作进一步的规定。

第六部分　专利申请的撤回

第 39 条

（1）申请人可以向知识产权总署书面请求撤回其申请。

（2）有关申请撤回的规定由总统令作进一步的规定。

第七部分　提出专利申请的禁止和保密的义务

第 40 条

仍就职于知识产权总署和从知识产权总署退休或者以任何原因停止在知识产权总署工作未满一年的雇员，或者任何由于其任务而为知识产权总署工作或者代表知识产权总署的人，不能提出申请、获得专利，或者以任何其他方式获得或者持有与专利相关的权利，除非专利的持有来自继承。

第 41 条

自申请的申请日起，所有知识产权总署官员或者任何职责与知识产权总署责任相关的人都应当有义务为发明和所有申请文件保密，直到相关申请被公布之日。

第四章　公布和实质审查

第一部分　专利申请的公布

第 42 条

（1）知识产权总署应当公布符合第 24 条规定要件的申请。

（2）公布应当在下述期限后进行：

a. 就专利而言，自申请日起 18 个月，有优先权的，自优先权日起 18 个月；或者

b. 就简易专利而言，自申请日起最少 3 个月。

（3）申请人提出请求并缴纳费用后，可以提前进行本条第（2）款 a 项所述的公布。

第 43 条

（1）公布应当通过下列方式完成：

a. 刊登在知识产权总署定期出版的官方专利公报中；和/或者

b. 刊登在知识产权总署为使公众容易清楚看到而专门提供的公布板上。

（2）知识产权总署应当登记申请的公布日。

第 44 条

（1）公布应当持续：

（a）自专利申请公布日起 6 个月；

（b）自简易专利申请公布日起 3 个月。

（2）公布应当列出下列内容：

（a）发明人的姓名和国籍；

（b）申请人的姓名和完整地址，申请通过代理人提交的，代理人的姓名和完整地址；

（c）发明名称；

（d）申请日；申请要求了优先权的，首次申请的日期、申请号和国家；

（e）摘要；

（f）发明的分类；

（g）附图（如果有）；

（h）公布号；

（i）申请号。

第 45 条

（1）任何人均可以浏览第 44 条所述的公布文本，并且可以用书面形式对申请提出意见和/或者异议，并陈述理由。

（2）有第（1）款所述任何意见或者异议的，知识产权总署应当立即将包含意见和/或者异议的信的复印件递交申请人。

（3）申请人有权就所述意见和/或者异议向知识产权总署提交书面的否认和解释。

（4）在实质审查过程中，知识产权总署将利用第（1）款所述的意见和/或者第（3）款所述的异议中的否认和/或者解释作为附加信息而加以考虑。

第 46 条

（1）发明的公布可能会对国家的防御和安全产生潜在影响或者不利的，在与负责国家防御和安全的政府机构协商后，知识产权总署在部长批准后可以决定不公布申请。

（2）第（1）款所述不公布申请的决定应当由知识产权总署以书面的形式通知申请人或者其代理人。

（3）任何由知识产权总署与其他任何政府机构进行的协商，包括导致不公布申请决定的申请专利的发明信息的转送，都不被认为违反第 40 条和第 41 条所述的发明保密义务。

（4）第（3）款所述的规定并不影响政府机构和他们的职员向任何第三方继续对发明和申请文件保密的义务。

第 47 条

（1）第 46 条所述不公布的申请应当从不公布该申请的决定日起 6 个月后进入实质审查。

（2）第（1）款所述的审查不需要付费。

第二部分　实质审查

第 48 条

（1）申请的实质审查请求应当以书面形式向知识产权总署提出，并缴纳相应的费用。

（2）有关实质审查请求的程序和要件由总统令作进一步的规定。

第 49 条

（1）第 48 条中所述实质审查请求应当自申请日起 36 个月内提出。

（2）未在本条第（1）款所述期限内提出实质审查请求或者未缴纳相关费用的，申请应当被视为撤回。

（3）知识产权总署应当以书面形式向申请人或者其代理人告知第（2）款所述申请的撤回。

（4）第（1）款所述实质审查请求在第44条第（1）款所述公布期限结束前提出的，审查应当在公布期限结束后进行。

（5）第（1）款所述实质审查请求在第44条第（1）款所述公布期限结束后提出的，审查应当在收到实质审查请求之日后进行。

第 50 条

（1）为了实质审查的目的，知识产权总署可以要求专家协助和/或者利用来自其他政府机构的适当资源或者可以请求其他专利局审查员的协助。

（2）第（1）款所述专家协助、资源、其他专利局审查员的利用应当遵守第40条和第41条关于保密义务的规定。

第 51 条

（1）实质审查应当由审查员进行。

（2）知识产权总署的审查员应当具有专业官员的地位并且应当由部长根据现行法律和法规进行任免。

（3）第（2）款所述审查员除了现行法规所述的权力外，还应当被授予专业等级和津贴。

第 52 条

（1）审查员指出请求授予专利的发明明显不清楚或者包含了其他重大缺陷的，知识产权总署应当通知申请人或者其代理人并要求其陈述意见或者克服所述缺陷。

（2）第（1）款所述通知应当清楚、明确地指出被认为是不清楚或者具有其他重大缺陷的事项，给出理由和标准或者审查中引用的文献，以及克服所述缺陷的期限。

第 53 条

作出第52条第（1）款所述通知后，申请人未在第51条第

（2）款所述知识产权总署规定期限内进行澄清或者克服所述缺陷，或者未对申请进行任何改变或者改进的，相关申请应当被视为撤回，知识产权总署应当以书面形式通知申请人。

第三部分　申请的授权或者驳回

第 54 条

知识产权总署应当在下述时间内作出授权或者驳回申请的决定：

a. 对于专利申请，在第 48 条所述收到实质审查请求之日起 36 个月内，实质审查请求在公布期限结束前提出的，则自第 44 条第（1）款所述公布期限结束之日起 36 个月内。

b. 对于简易专利申请，自申请日起 24 个月内。

第 55 条

（1）审查员作出的审查结论认为发明符合第 2 条、第 3 条、第 5 条和本法其他规定的，知识产权总署可以向申请人或者其代理人颁发专利证书。

（2）审查员作出的审查结论认为发明符合第 3 条、第 5 条、第 6 条和本法其他规定的，知识产权总署可以向申请人或者其代理人颁发简易专利证书。

（3）除涉及国家防御和安全的专利外，知识产权总署应当登记和公告被授权的专利。

（4）除根据第 46 条未公布的专利外，在缴纳相关费用后，知识产权总署可以向任何有需要的人提供专利文件副本。

第 56 条

（1）审查员作出的审查结论指出，请求授予专利的发明不是第 1 条、第 2 条中所述的发明，或者不符合第 2 条、第 3 条、第 5 条、第 6 条、第 35 条、第 52 条第（1）款和第（2）款规定，或者属于第 7 条所述发明的，知识产权总署应当驳回相关申请并以书面形式通知申请人。

（2）分案超出了发明范围或者分案请求在第 36 条第（2）款或者第（3）款所述期限后提出的，知识产权总署也应当驳回分案申请。

（3）审查员作出的审查结论指出，请求授予专利的发明不符合第 36 条第（2）款规定的，知识产权总署应当驳回部分申请并以书面形式通知申请人。

（4）驳回申请的通知应当清楚地陈述构成所述驳回基础的原因和考虑。

第 57 条

（1）专利证书是享有专利权的证明。

（2）知识产权总署应当登记驳回的通知。

第 58 条

专利权应当自颁发专利证书之日起生效，并追溯自申请日有效。

第 59 条

有关专利证书的颁发，包括其格式和相关内容的规定，以及其他有关登记和请求获得专利文件复印件的规定将由政府法规作进一步的规定。

第四部分　申诉请求

第 60 条

（1）可以就基于第 56 条第（1）款或者第（3）款所述实质问题作出的驳回决定提出申诉请求。

（2）申诉请求应当由申请人或者其代理人以书面形式向专利申诉委员会提出，并将副本转交知识产权总署。

（3）申诉请求应当针对作为实质审查结论的驳回进行详细地辩驳并陈述相关理由。

（4）第（3）款所述理由不得包括超出第 35 条规定的发明范围的新理由或者解释。

第 61 条

（1）申诉请求应当自收到驳回申请的通知之日起三个月内提出。

（2）在第（1）款所述期限内未提出申诉请求的，视为申请人接受了申请的驳回。

（3）第（2）款所述申请的驳回被视为接受的，知识产权总署应当对其进行登记和公告。

第 62 条

（1）申诉请求应当由专利申诉委员会自提出诉讼之日起 1 个月内进行审查。

（2）专利申诉委员会应当自第（1）款所述期限结束后 9 个月内作出决定。

（3）专利申诉委员会接受并同意申诉请求的，知识产权总署有义务执行专利申诉委员会的决定。

（4）专利申诉委员会驳回申诉请求的，申请人或者其代理人可以自收到驳回之日起 3 个月内向商事法院就该决定提起诉讼。

（5）对于法院作出的第（4）款所述判决，申请人可以仅仅提出撤销请求。

第 63 条

申诉请求的提出、审查以及申诉解决的程序由总统令作进一步的规定。

第五部分　专利申诉委员会

第 64 条

（1）专利申诉委员会是在主管知识产权事务的部门内运作的专门的独立机构。

（2）专利申诉委员会由一位兼任成员的主席、必要领域内的专家和高级审查员组成。

（3）第（1）款所述专利申诉委员会的成员由部长任免，任期3年。

（4）主席和副主席由专利申诉委员会全体成员从专利申诉委员会成员中选出。

（5）为审查一件申诉请求，专利申诉委员会应当建立一个由至少3名单数成员组成的审理小组，其中一人应当是未对相关申请进行过实质审查的高级审查员。

第 65 条

专利申诉委员会的组织结构、职责和功能由政府法规作进一步的规定。

第五章 专利的转移和许可

第一部分 转 移

第 66 条

（1）专利或者专利的所有权可以通过以下方式全部或者部分转移：

a. 继承；

b. 捐赠；

c. 遗嘱；

d. 书面协议；或者

e. 法律认可的其他原因。

（2）第（1）款中a项、b项和c项所述的转移应当提供原始专利文件和相关专利的其他权利。

（3）第（1）款所述专利转移的所有形式都必须登记和公告，

并缴纳费用。

（4）与本规定不一致的任何专利转移都应当是无效和不发生效力的。

（5）登记专利转移的要件和程序将由总统令作进一步的规定。

第 67 条

（1）除继承外，第 13 条所述先用者的权利不能被转移。

（2）第（1）款所述的权利转移应当被登记和公告，并缴纳费用。

第 68 条

权利的转移不应当使发明人在相关专利中署名或者记载其他身份的权利无效。

第二部分　许　可

第 69 条

（1）为实施第 16 条所述的行为，专利权人有权基于许可协议授予他人许可。

（2）除非协议另有规定，第（1）款所述许可范围应当涵盖第 16 条所述行为，并且在许可期限内在印度尼西亚全境内持续有效。

第 70 条

除非协议另有规定，专利权人应当能够继续自行实施其发明或者许可任何第三方实施第 16 条所述的行为。

第 71 条

（1）许可协议不得包含任何可以能直接或者间接损害印度尼西亚经济的规定，或者包含总体上阻碍印度尼西亚人民掌握和发展技术特别是与发明专利相关的技术限制。

（2）知识产权总署应当拒绝任何包含第（1）款规定内容的许可登记请求。

第 72 条

（1）许可协议应当被登记和公告，并缴纳费用。

（2）许可协议未在知识产权总署进行第（1）款所述登记的，该许可协议对第三方没有法律效力。

第 73 条

关于许可协议的规定由政府法规作进一步规定。

第三部分　强制许可

第 74 条

强制许可是指知识产权总署基于请求而作出的授权实施专利的许可。

第 75 条

（1）自专利授权之日起 36 个月，任何人都可以向知识产权总署提出强制许可请求，并缴纳费用。

（2）第（1）款所述的强制许可请求应当仅仅基于专利权人未实施或者仅仅部分实施相关专利的理由提出。

（3）因专利权人或者被许可人实施相关专利在形式上或者方式上违反公共利益而提出的强制许可请求，可以在专利授权后的任意时间提出。

第 76 条

（1）除第 75 条第（2）款所述理由外，强制许可仅在下述情况下授予：

a. 提出请求的人能够提供如下令人信服的证据：

1. 有能力亲自且充分地实施相关专利；

2. 自己拥有马上实施相关专利的条件；

3. 在足够长的时期内，基于正常的条款和条件请求专利权人给予许可而未成功。

b. 知识产权总署认为相关专利能在印度尼西亚以可行的经济规模实施并且对社会大众有利。

（2）对强制许可请求的审查应当由知识产权总署通过听取其他相关政府机构和参与者以及相关专利权人的意见而进行。

（3）强制许可授予的期限应当不超过专利保护的期限。

第 77 条

基于第 76 条所述证据和意见，知识产权总署确信第 75 条第（1）款所述期限不足以让专利权人将其专利在印度尼西亚或者第 17 条第（2）款所述地区范围内进行商业实施，知识产权总署可以暂时推迟作出授予强制许可的决定或者拒绝授予强制许可。

第 78 条

（1）实施强制许可应当由强制许可的被许可人向专利权人支付许可费。

（2）知识产权总署应当规定强制许可费的支付数额和支付方式。

（3）强制许可费的数额应当参照普通专利许可或者其他类似协议中的数目。

第 79 条

知识产权总署授予强制许可的决定应当包括：

a. 强制许可应当是非独占的；

b. 授予强制许可的理由；

c. 构成授予强制许可基础的证据，包括令人信服的信息或者解释；

d. 强制许可的期限；

e. 获得强制许可的被许可人向专利权人支付强制许可费的数额和方式；

f. 强制许可终止的条件和可以导致撤销强制许可的事由；

g. 强制许可将主要用来满足国内市场的需求；

h. 为公平保护相关当事人利益的其他必要事由。

第 80 条

（1）知识产权总署应当对强制许可的授予进行登记和公告。

（2）强制许可的实施应当被认为是相关专利的实施。

第 81 条

授予强制许可的决定应当由知识产权总署自提出相关强制许可请求之日起 9 个月内作出。

第 82 条

（1）不侵犯其他现有专利将无法实施其专利的，专利权人可以在任意时间提出强制许可请求。

（2）只有被实施的专利真正包含明显先进于所述现有专利的新的技术要素的，第（1）款所述的强制许可请求才可以被考虑。

（3）强制许可请求是基于第（1）款和第（2）款所述理由而被提出的：

a. 专利权人应当给予对方以合理的条件实施其专利的许可。

b. 通过强制许可进行的专利实施不能被转让，除非与另一专利的转让一同被转让。

（4）向知识产权总署提交第（1）款和第（2）款所述强制许可请求的，除请求期限按第 75 条第（1）款规定外，应当适用本章第三部分的规定。

第 83 条

（1）应专利权人的请求，有下述情形之一的，知识产权总署可以撤销本章第三部分所述的授予专利强制许可的决定：

a. 构成授予强制许可基础的理由不再存在的；

b. 获得强制许可的人明显没有实施强制许可或者未对立即实施强制许可进行任何适当准备的；

c. 获得强制许可的人不再遵守包括在强制许可授予决定中规定的支付强制许可费的义务等其他条款和条件的。

（2）第（1）款所述的撤销应当被登记和公告。

第 84 条

（1）授予的强制许可由于授予决定规定的期限届满或者被撤销而终止的，获得强制许可的人应当返还其所获得的许可。

（2）知识产权总署应当对已被终止的强制许可予以登记和公告。

第 85 条

第 83 条和第 84 条所述的强制许可的终止，专利权人对相关专利的权利自终止被登记之日起恢复。

第 86 条

（1）除非由于继承，强制许可不得被转让。

（2）因继承而转让的强制许可应当继续遵从授予强制许可的条件和其他规定，特别是有关期限的规定，并应当向知识产权总署汇报以进行登记和公告。

第 87 条

有关强制许可的规定由政府法规作进一步的规定。

第六章　专利的无效

第一部分　因法定事由而导致的专利无效

第 88 条

专利权人未能在本法规定的期限内履行缴纳年费的义务，专利将被视为无效。

第 89 条

（1）因法定事由而导致的专利无效应当由知识产权总署以书面形式通知专利权人及其被许可人，并自通知之日起生效。

（2）依据第 88 条所述理由作出的专利无效应当被登记和公告。

第二部分　应专利权人请求所做的专利无效

第 90 条

（1）依据专利权人向知识产权总署递交的书面请求，专利可以被知识产权总署全部或者部分无效。

（2）无效请求未附具被许可人同意的书面意见的，不得作出第（1）款所述的专利无效。

（3）无效专利的决定应当由知识产权总署以书面形式通知被许可人。

（4）根据第（1）款规定的理由所作的专利无效决定应当被登记和公告。

（5）专利的无效应当自知识产权总署的决定作出之日起生效。

第三部分　因诉讼而导致的专利无效

第 91 条

（1）有下列情形之一的，可以提起专利无效诉讼：

a. 根据第 2 条、第 6 条或者第 7 条，相关专利不应当被授予专利权的；

b. 相关专利与他人根据本法已获得的专利相同的；

c. 自授予相关强制许可之日起 2 年内，或者已授予多个强制许可的，自授予第一个强制许可之日起 2 年内，强制许可的授予不能阻止相关专利以违反公共利益的形式和方式实施的。

（2）以第（1）款 a 项为由提出的无效诉讼可以由第三方针对专利权人向商事法院提出。

（3）以第（1）款 b 项为由提出的无效诉讼可以由在先专利权人或者其被许可人向商事法院提出，请求宣告与其相同的专利。

（4）以第（1）款 c 项为由提出的无效诉讼可以由公共检察官针对专利权人或者获得强制许可的人向商事法院提出。

第 92 条

第 91 条所述专利无效诉讼限于一项或者多项权利要求或者部分权利要求的，无效应当仅针对所请求的部分作出。

第 93 条

（1）商事法院就专利无效作出的决定应当自决定之日起 14 日内送交知识产权总署。

（2）知识产权总署应当登记和公布第（1）款所述的有关专利无效的决定。

第 94 条

本法第七章所述提出诉讼的程序参照适用于第 91 条和第 92 条。

第四部分　专利无效的后果

第 95 条

专利的无效将使专利及其衍生出的其他权利的所有法律后果归于无效。

第 96 条

除非商事法院作出的决定另有规定，专利的全部或者部分无效应当自关于无效的决定具有法律约束力之日起生效。

第 97 条

（1）因第 91 条第（1）款 b 项而被无效的专利的被许可人有权继续实施其许可，直至许可合同约定的期限届满。

（2）第（1）款所述的被许可人应当不再被要求继续向已无效的专利的专利权人支付许可费，但为了许可的维持，其应当向合法的专利权人支付许可费。

（3）被无效的专利的专利权人已预先从被许可人处一次性获得了全部许可费的，为维持剩余期限的许可，其有义务返还适当数量的许可费给合法的专利权人。

第 98 条

（1）因第 91 条第（1）款 b 项被宣告无效的专利，在相关专利的无效诉讼起诉前善意获得的许可，对于另一专利应当继续有效。

（2）只要被许可人此后继续向没有被无效的专利权人支付与先前被无效的专利权人约定的数目相同的许可费，第（1）款所述的许可应当继续有效。

第七章　政府对专利的实施

第 99 条

（1）政府认为一项印度尼西亚专利对国家防御和安全以及公共利益的紧急需要非常重要的，政府可以自行实施相关专利。

（2）自行实施专利的决定应当在听取内阁和相关领域部长或者负责人的意见后以总统令的形式作出规定。

第 100 条

（1）第 99 条的规定参照适用于已经申请专利但未进行第 46 条所述公布的任何发明。

（2）政府没有自行实施或者尚未打算自行实施第（1）款所述的专利的，此项专利的实施只可以在政府批准后才能进行。

（3）第（2）款所述专利的专利权人缴纳年费的义务应当被解除，直至其专利被实施。

第 101 条

（1）政府打算自行实施对国家防御和安全行为以及公共利益的紧急需要非常重要的专利的，政府应当书面通知专利权人，并写明下列事项：

  a. 相关专利的名称和专利号，以及专利权人的名字；

  b. 理由；

  c. 实施期限；

  d. 其他被视为重要的事由。

（2）政府对专利的实施应当在给予专利权人合理补偿的前提下进行。

第 102 条

（1）政府自行实施专利的决定是终局的。

（2）专利权人不同意政府确定的补偿数额的，可以向商事法院提出诉讼。

（3）第（2）款所述的诉讼审理过程中不停止政府对相关专利的实施。

第 103 条

关于政府对专利实施程序的规定将由政府法规作进一步规定。

第八章　简易专利

第 104 条

除为简易专利特别规定的事项，本法中关于专利的所有其他规定都比照适用于简易专利。

第 105 条

（1）一项简易专利仅能授予一项发明。

（2）简易专利的实质审查请求可以在申请提出的同时或者自申请日起 6 个月内提出，并缴纳费用。

（3）在第（2）款所述的期限内未提出实质审查请求的，所述专利申请将被视为撤回。

（4）对于简易专利的申请，实质审查应当在第 44 条第（1）

款 b 项所述的公布期限届满后进行。

（5）进行实质审查时，知识产权总署应当仅审查第 3 条所述的新颖性和第 5 条所述的工业实用性。

第 106 条

（1）知识产权总署授予的简易专利应当被登记和公告。

（2）知识产权总署应当向简易专利权人颁发简易专利证书作为权利的证明。

第 107 条

简易专利不适用强制许可。

第 108 条

关于简易专利的规定将由政府法规作进一步规定。

第九章　PCT 申请

第 109 条

（1）可以根据《专利合作条约》（PCT）提出申请。

（2）关于第（1）款所述申请的规定将由政府法规作进一步规定。

第十章　专利的管理

第 110 条

知识产权总署应当根据本法对专利进行管理，并尊重其他机构在本法中的权力。

第 111 条

知识产权总署应当通过建立向公众尽可能广泛地提供有关专利技术信息的国家专利文献系统和信息网络，进行文献和专利信息服务。

第 112 条

在专利管理的实施中，知识产权总署应当接受部长的领导并对其负责。

第十一章　费　用

第 113 条

（1）依据本法应当缴纳的费用将由政府法规规定。

（2）关于第（1）款所述费用的缴纳要求、期限和方式的规定将由总统令作进一步规定。

（3）在获得内阁和财政部长的同意后，知识产权总署可以根据现行法律法规的规定使用来自第（1）款所述的费用收入。

第 114 条

（1）第一年的年费应当在授予专利权之日起 1 年内缴纳。

（2）只要专利继续有效，下一年度的年费最晚应当在专利授权日或者相关许可登记之日的对应日缴纳。

（3）第（1）款所述年费的缴纳应当从申请的第一年起算。

第 115 条

（1）专利权人连续 3 年未缴纳第 18 条和第 114 条所规定年费的，相关专利应当自第三年缴费期限届满时起被视为失效。

（2）第 18 年及以后未履行缴纳年费义务的，相关专利应当在该年度年费缴纳期限届满时起被视为失效。

（3）依据第（1）款所作的专利失效应当被登记和公告。

第 116 条

（1）除第 114 条第（3）款和第 115 条第（2）款所述的事项外，年费的缴纳迟于本法所规定时间的，应当每月缴纳相关年度年费 2.5％的附加费。

（2）对于第（1）款所述年费的滞纳，知识产权总署应当在规定期限届满后 7 日内以书面形式通知专利权人。

（3）相关当事人未接到第（2）款所述通知的，仍适用第（1）款所述的规定。

第十二章　争议的解决

第 117 条

（1）被授予专利的人不是根据第 10 条、第 11 条和第 12 条有权获得相关专利的人的，有权获得相关专利的人可以向商事法院提起诉讼。

（2）第（1）款所述专利的权利可以主张从申请日起享有，并且应当追溯至申请日。

（3）第（1）款所述诉讼判决的通知应当由商事法院自作出决定后 14 日内送交相关当事人。

（4）知识产权总署应当登记和公告第（3）款所述判决。

第 118 条

（1）专利权人或者被许可人有权对故意且无权实施第 16 条所述行为的人向商事法院提起损害赔偿诉讼。

（2）产品和方法被证明是利用专利发明完成的，第（1）款所述的损害赔偿请求才可以被支持。

（3）商事法院的诉讼判决应当在决定作出后 14 天内送交知识产权总署，并被登记和公告。

第 119 条

（1）在方法专利侵权案件审理过程中，有下述情形的，应当由被告方承担证明产品不是利用第 16 条第（1）款 b 项所述方法专利制造的举证责任：

a. 依照方法专利制造的产品构成新产品；

　　b. 产品有可能是依照方法专利获得，并且尽管经过足够的努力，专利权人仍不能确定被告使用何种方法制造了产品。

　　(2) 为了第（1）款所述侵权案件证据的目的，法院应当有权：

　　a. 命令专利权人事先提交相关专利的专利证书副本和支持其主张的初步证据；和

　　b. 命令被诉侵权方证明其产品不是利用方法专利而获得的。

　　(3) 在第（1）款和第（2）款所述专利侵权案件的审理中，法官应当考虑被诉侵权方的利益，使其在开庭期间为了证据目的所描述的方法的秘密得到保护。

第 120 条

　　(1) 诉讼应当向商事法院提出，并缴纳费用。

　　(2) 商事法院应当在 14 天内确定审理时间。

　　(3) 案件的审理应当在起诉后 60 日内进行。

第 121 条

　　(1) 执行官应当在第一次审理开始前的 14 日内传讯相关当事人。

　　(2) 判决应当在起诉之日起 180 日内作出。

　　(3) 第（2）款所述的包括完整法律推理的判决，应当在向公众开放的庭审中宣读。

　　(4) 商事法院应当自判决之日起 14 日内向相关当事人送达在向公众开放的庭审中所作的判决。

第 122 条

　　对第 121 条第（3）款所述商事法院的判决可以提出撤销请求。

第 123 条

　　(1) 第 122 条所述撤销的请求应当在判决之日起 14 日内向作出判决的法院提出。

　　(2) 法院的书记员应当在撤销请求提出当日登记所述请求并

向撤销请求人开出回执，回执应当由书记员在登记日同日签名。

（3）撤销请求人应当在自第（1）款和第（2）款所述的撤销请求提出之日起 7 日内向法庭书记员提交撤销意见书。

（4）法庭书记员应当在意见书提交后的 2 日内向撤销请求的被告送交撤销请求和第（3）款所述的撤销意见书。

（5）撤销请求的被告可以在收到第（4）款所述的撤销意见书之日起 7 日内向法庭书记员提交对抗撤销的答辩书，法庭书记员应当在自其收到答辩书之日起 2 日内将其交给撤销申请人。

（6）法庭书记员应当在第（5）款所述的期限结束后 7 日内将撤销文件递交给最高法院。

（7）最高法院应当对撤销文件进行研究并在接到撤销请求 2 日内决定审理日期。

（8）对撤销请求的开庭审理应当在最高法院收到请求之日起 60 日内进行。

（9）对撤销请求的判决应当在最高法院收到请求之日起 180 日内作出。

（10）第（9）款所述的包括完整法律推理的对撤销请求的判决，应当在向公众开放的庭审中被宣读。

（11）最高法院的书记员应当在决定作出后 3 日内将对撤销请求的判决送交商事法院的书记员。

（12）商事法院的书记员应当在收到决定后 2 日内将第（11）款所述的撤销决定送交撤销请求的请求人和被告。

（13）第（11）款所述的对撤销请求的判决也应当在自商事法院收到判决之日起 2 日内送交知识产权总署，并在此后登记和公告。

第 124 条

除第 117 条所述争端的解决方式外，相关当事人还可以通过仲裁或者替代性的争端解决方式解决其争端。

第十三章　法院的临时性决定

第 125 条

应可能因受到实施专利行为侵害的当事人的请求，商事法院可以立即签发一份临时性决定：

a. 防止继续侵害专利和专利的相关权利，特别是防止被控侵犯专利和专利相关权利的产品进入商业渠道，包括进口；

b. 为防止证据的灭失，保管与侵害专利和专利相关权利有关的证据；

c. 要求可能受侵害的一方提供其为专利和专利相关权利的真正所有人，且该权利正在受到侵害的证据。

第 126 条

法院签发临时性决定的，应当将该决定以及要求听证的权利通知受到影响的当事人。

第 127 条

商事法院签发临时性决定的，应当在临时性决定签发之日起 30 日内决定是否修改、取消或者维持第 125 条所述的决定。

第 128 条

临时性决定被取消的，可能受损害的当事人可以就因该决定而受到的损失向请求该决定的当事人提出赔偿要求。

第十四章　调　查

第 129 条

（1）除印度尼西亚共和国警察署的调查官外，工作和职责范围包括知识产权领域的部门的特定公务员应当作为调查员被授予

1981 年第 8 号刑事诉讼法所述的特殊权力，以进行专利领域的刑事犯罪调查。

（2）第（1）款所述的公务员调查员应当被授权：

a. 进行有关专利领域刑事犯罪报告中的事实的审查；

b. 基于 a 项中所述的报告，对被怀疑正在实施专利领域刑事犯罪行为的人或者法律实体进行审查；

c. 从被怀疑与专利领域刑事犯罪有关的人或者法律实体处收集信息和证据；

d. 对与专利领域刑事犯罪相关的书籍、登记或者其他文件进行调查；

e. 调查证据、书籍、登记和其他文件被发现的位置，并且没收侵权行为产生的物资和货物作为在专利领域刑事审判中的证据；

f. 在专利领域刑事犯罪调查职责的执行范围内请求专家协助。

（3）第（1）款所述的公务员调查员应当将调查的开始和结果告知印度尼西亚共和国警察署的调查官。

（4）根据 1981 年第 8 号刑事诉讼法的第 107 条规定，第（1）款所述的公务员调查官应当通过印度尼西亚共和国警察署的调查官将调查的结果递交公诉人。

第十五章　刑事规定

第 130 条

任何人在故意且无权的情况下实施第 16 条所述行为而侵犯专利权人的权利的，应当被判处 4 年以下监禁和/或者五亿卢比以下的罚金。

第 131 条

任何人因故意且无权实施第 16 条所述行为而侵犯简易专利权人的权利的，应当被判处 2 年以下监禁和/或者二亿五千万卢比以下的罚金。

第 132 条

任何人故意不履行第 25 条第（3）款、第 40 条和第 41 条所述义务的，应当被判处 2 年以下监禁。

第 133 条

第 130 条、第 131 条和第 132 条所述刑事犯罪属于告诉才处理的犯罪。

第 134 条

专利侵权成立的，法官可以命令将侵权产品没收并销毁。

第 135 条

下列情形可以从本章所述的刑事规定中豁免：

a. 进口一种受印度尼西亚专利保护且已被专利权人在一国销售的药品，只要该药品的进口是根据现行法律法规进行的；

b. 在专利保护终止前 2 年内，以专利权终止后加工和销售为目的生产受印度尼西亚专利保护的药品。

第十六章　过渡性规定

第 136 条

只要不与本法相冲突或者未被本法所代替，本法生效日前已存在的专利领域的所有法规继续有效。

第 137 条

本法生效前已提交的申请应当适用 1989 年第 6 号关于专利的法律和 1997 年第 13 号关于修改 1989 年第 6 号关于专利的法律。

第十七章　附　则

第 138 条

本法生效后，1989 年第 6 号关于专利的法律（1989 年印度尼西亚共和国第 39 号国家公报，第 3398 号国家补充公告）和 1997 年第 13 号关于修正 1989 年第 6 号关于专利法律的法律（1997 年印度尼西亚共和国第 30 号国家公报，第 3680 号国家补充公告）废止。

第 139 章

本法从制定之日起生效。

为了让每个人都可以知道本法，应当在印度尼西亚共和国官方国家公报中公告本法的颁布。

印度尼西亚共和国总统

梅加瓦蒂 SOEKARANOPUTRI

2001 年 8 月 1 日在雅加达正式批准

印度尼西亚共和国国务秘书

麦哈迈德·M. 巴苏里

2001 年 8 月 1 日在雅加达颁布

2001 年印度尼西亚共和国第 109 号国家公告

印度尼西亚共和国工业品外观设计法❶

2000 年第 31 号
关于工业品外观设计

全能的主宽恕
印度尼西亚共和国总统

鉴于：

a. 为促进在国内和国际贸易中竞争的产业的发展，需要为知识产权体系中工业品外观设计领域的创新建立一个有益的环境；

b. 作为工业品外观设计发展资源的印度尼西亚文化和民族多样性也刺激了前项所述内容；

c. 随着 1994 年第 7 号法律的制定，印度尼西亚已经正式批准了包括《与贸易相关的知识产权协定》的《建立世界贸易组织协定》，需要制定工业品外观设计的相关规则；

d. 基于对 a 项、b 项和 c 项的考虑，制定一部关于工业品外观设计的法律是必要的。

根据：

1. 1945 年宪法第 5 条第（1）款、第 20 条第（1）款和第 33 条；

2. 1984 年第 5 号关于产业的法律（1964 年第 22 号国家公

---

❶ 印度尼西亚知识产权总署网站（http：//www.dgip.go.id/ebhtml/hki/filecontent.php? fid＝9163）上提供的英文版翻译。翻译：刘颖；校对：王燕红。

报，第 3274 号国家增补公报）；

3. 1994 年第 7 号关于批准《建立世界贸易组织协议》的法律（1994 年第 57 号国家公报，第 3564 号国家增补公报）；

经国会批准

决定颁布：工业品外观设计法。

第一章 总 则

第 1 条

在本法中：

1. "工业品外观设计"是指在以三维或者二维形式体现的形状、构造、线条的组成或者颜色的组成，或者线条和颜色，或者前述内容结合上的，富有美感的，能够以三维或者二维的模式实现，并且能应用于生产产品、货物或者工业品和手工艺品的创造。

2. "设计人"是指创作工业品外观设计的一个或者多个人。

3. "申请"是指在知识产权总署提出的关于工业品外观设计登记的申请。

4. "申请人"是指提出申请的当事人。

5. "工业品外观设计权"是指由印度尼西亚共和国向设计人授予的，在一定期限内由设计人自己或者许可他人实施其发明的独占权利。

6. "部长"是指其职责范围涉及领导包括工业品外观设计在内的知识产权事务的部长。

7. "知识产权总署"是指在所述部长领导部门所属的知识产权总署。

8. "代理人"是指本法规定的知识产权顾问。

9. "申请日"是指收到符合形式要求的申请的日期。

10. "知识产权顾问"是指在知识产权总署登记的，具有知识产权领域专门知识，能在申请和处理专利、商标、工业品外观设计以及其他知识产权事务方面提供服务的人。

11. "许可"是指工业品外观设计的所有人通过协议允许（但不是权利的转让）另一方按照特定要求在规定的期限内享有工业品外观设计的经济利益的许诺。

12. "优先权"是指在《保护工业产权巴黎公约》规定的期限内，申请人基于在《保护工业产权巴黎公约》或者《建立世界贸易组织协定》成员国提交的申请，在上述两个条约成员国的国家享有将该申请的申请日作为优先权日的权利。

13. "日"是指工作日。

第二章　工业品外观设计的范围

第一部分　给予保护的工业品外观设计

第 2 条

（1）工业品外观设计权应当授予具备新颖性的工业品外观设计。

（2）如果在申请日没有任何相同的工业品外观设计在先公开，则工业品外观设计被认为具备新颖性。

（3）第（2）款所述的在先公开应当是指在下述日期前在印度尼西亚国内或者国外已被公开或者使用：

a. 申请日；或者

b. 优先权日，如果申请要求了优先权。

第 3 条

工业品外观设计在申请日前 6 个月内有下列情形之一的，不视为公开：

a. 在印度尼西亚国内或者国外，在官方或者被认为是官方

的国家或者国际展览会上展览过；或者

b. 为教育、研究或者开发目的而由设计人在印度尼西亚的一项试验中使用过。

第二部分　不受保护的工业品外观设计

第 4 条

工业品外观设计违反现行法律法规、公共秩序、宗教信仰或者道德规范的，不授予工业品外观设计权。

第三部分　工业品外观设计的保护期限

第 5 条

（1）工业品外观设计权应当被给予自申请日起 10 年的保护。

（2）第（1）款所述保护期限的起始日期应当在工业品外观设计登记簿上登记并在工业品外观设计官方公报上公告。

第四部分　工业品外观设计的主体

第 6 条

（1）有权获得工业品外观设计权的人应当是设计人或者从设计人处获得权利的人。

（2）设计人由多人共同构成的，工业品外观设计权由多人共有，另有约定的除外。

第 7 条

（1）工业品外观设计由有委托关系的双方在工作过程中创造的，工业品外观设计所有人应当是委托方，除非工业品外观设计的使用超越了委托关系，在没有损害设计人权利的情况下双方之间存在其他的协议。

（2）第（1）款的规定也适用于基于在委托关系中规定的其

他当事人创造的任何工业品外观设计。

（3）工业品外观设计依工作关系或者基于命令而创造的，作出工业品外观设计的人应当被认为是设计人和工业品外观设计所有人，另有约定的除外。

第8条

第7条第（1）款和第（2）款所述规定不得取消设计人将其姓名标注在工业品外观设计证书、工业品外观设计登记簿或者工业品外观设计官方公报上的权利。

第五部分　权利范围

第9条

（1）工业品外观设计所有人具有独占实施其工业品外观设计，以及禁止他人未经其许可制造、使用、销售、进口、出口和/或者分销被授予工业品外观设计权的产品的权利。

（2）为实验和教育目的而使用工业品外观设计的，只要该使用未损害工业品外观设计所有人的正常利益，则不受第（1）款规定的约束。

第三章　工业品外观设计登记的申请

第一部分　一般规定

第10条

工业品外观设计权应当基于一项申请而被授予。

第11条

（1）申请应当使用印度尼西亚文字，以书面形式向知识产权总署提交，并根据本法的规定缴纳费用。

（2）第（1）款所述的申请应当由申请人或者其代理人签字。

（3）申请应当包括：

a. 申请的年、月、日；

b. 设计人的姓名，完整的地址和国籍；

c. 申请人的姓名，完整的地址和国籍；

d. 申请通过代理人提交的，代理人的姓名和完整的地址；和

e. 申请要求优先权的，在先申请的国家名称和优先权日。

（4）第（3）款所述的申请应当提供：

a. 申请登记的工业品外观设计的物理样品或者图片或者照片，及其说明；

b. 如申请通过代理人提交的，代理人的特殊权利；

c. 申请登记的工业品外观设计是申请人财产或者设计人财产的申明。

（5）1个以上的申请人共同提交申请的，该申请应当附其他申请人的书面协议而由其中的一个申请人签字。

（6）申请不是由设计人提出的，该申请应当提供足够证据证明申请人被赋予了拥有相关工业品外观设计的资格。

（7）有关申请程序的规定将由政府法规作进一步的规定。

第 12 条

除非有其他证明，首次提出申请的人将被认为是工业品外观设计的所有人。

第 13 条

一件申请仅能为下列提出：

a. 一项工业品外观设计，或者

b. 具有同一整体构思的或者属于同一种类的多项工业品外观设计。

第 14 条

（1）居住在印度尼西亚共和国境外的申请人应当通过代理人提出申请。

（2）第（1）款所述的申请人应当陈述和选择其在印度尼西亚的法律上的住处。

第 15 条

有关批准为知识产权顾问的条件由政府法规作进一步规定，批准程序由总统令作进一步规定。

第二部分　要求优先权的申请

第 16 条

（1）要求优先权的申请应当在任何其他《保护工业产权巴黎公约》成员国或者世界贸易组织成员国的首次申请的申请日起 6 个月内提出。

（2）第（1）款所述要求优先权的申请应当自要求优先权的申请提出之日起 3 个月内，提交相关国家工业品外观设计登记部门证明的在先申请文件副本及其印度尼西亚文译本。

（3）不符合第（1）款和第（2）款规定的，申请将被视为未要求优先权。

第 17 条

除第 16 条第（2）款所述的申请副本外，知识产权总署可以要求享有优先权的申请提供：

a. 对在其他国家提交的首次申请授予工业品外观设计权的文件的完整副本。

b. 对判断工业品外观设计是否具备新颖性有帮助的其他有效文件。

第三部分　受理日

第 18 条

申请日应当是申请被知识产权总署收到的日期，只要申请人：

a. 以申请的形式提出；

b. 附有请求登记的工业品外观设计的实物样品或者图片或者照片和说明；和

c. 缴纳了第 11 条第（1）款所述的申请费。

第 19 条

（1）不符合第 11 条、第 13 条、第 14 条、第 15 条、第 16 条和第 17 条规定的要求的，知识产权总署应当通知申请人或者其代理人在发出通知之日起 3 个月内对缺陷进行补正。

（2）应申请人的请求，第（1）款所述的期限最多可延长 1 个月。

第 20 条

（1）第 19 条第（1）款所述的缺陷未被补正的，知识产权总署应当以书面的形式通知申请人或者其代理人，其申请被视为撤回。

（2）第（1）款所述的被视为撤回的申请，其已经向知识产权总署缴纳的所有费用不予退回。

第四部分　申请的撤回

第 21 条

只要申请还未被作出任何决定，申请人或者其代理人可以向知识产权总署书面请求撤回其申请。

第五部分　保密义务

第 22 条

仍就职于知识产权总署和从知识产权总署退休或者以任何原因停止在知识产权总署工作未满一年的雇员，或者任何由于其任务而为知识产权总署工作或者代表知识产权总署的人，不能提出申请，不能获得、持有或者拥有与工业品外观设计相关的任何权利，除非所有权来自继承。

第 23 条

自申请的申请日起，所有知识产权总署的官员或者任何职责与知识产权总署责任相关的人应当有义务为申请保密，直到相关申请被公布之日。

第四章　工业品外观设计的审查

第一部分　行政审查

第 24 条

（1）知识产权总署应当根据现行法律和法规对申请进行审查。

（2）由于工业品外观设计属于第 4 条所述内容而驳回申请的，或者由于申请没有遵守第 20 条而被视为撤回的，知识产权总署应当通知申请人。

（3）申请人或者其代理人应当被给予自收到通知之日起 30 日内提交一份针对第（2）款所述驳回或者视为撤回的异议的机会。

（4）申请人未提交第（3）款所述的任何异议的，第（2）款所述由知识产权总署作出的驳回或者撤回将是永久的。

（5）针对知识产权总署的驳回或者撤回决定，申请人或者其代理人依据本法规定的程序可以向商事法院提起诉讼。

第二部分 公布、实质审查、授权和驳回

第 25 条

（1）符合第 4 条和第 11 条规定要求的申请应当自申请日起 3 个月内，由知识产权总署通过将其登载在能被公众容易且清晰看到的专用媒体上公布。

（2）第（1）款所述的公布应当包括：

a. 申请人的姓名和完整地址；

b. 代理人的姓名和完整地址，如果申请是通过代理人提出；

c. 申请的申请日和申请号；

d. 优先权的国家名称和优先权日，如果申请要求了优先权；

e. 工业品外观设计的名称；和

f. 工业品外观设计的图片或者照片。

（3）申请已被驳回或者视为撤回，但却基于法院的决定被登记的，则第（1）款和第（2）款所述的公布应当在知识产权总署收到判决副本后作出。

（4）在提出申请时，申请人可以以书面的形式要求延期公布申请。

（5）第（4）款所述的公布的延期应当自申请日或者优先权日起不超过 12 个月。

第 26 条

（1）自第 25 条第（1）款所述的公布开始之日起，任何人可以以书面形式向知识产权总署提出包含实质内容的异议，并根据本法缴纳费用。

（2）第（1）款所述的异议应当由知识产权总署在公布开始之日起 3 个月内收到。

（3）知识产权总署应当将第（2）款所述的异议通知申请人。

（4）申请人可以在知识产权总署的通知书发出之日起3个月内递交一份针对异议的陈述。

（5）有第（1）款所述对申请的异议的，审查员应当进行实质审查。

（6）知识产权总署应当利用所提交的异议和陈述作为审查中考虑登记或者驳回申请的因素。

（7）知识产权总署应当自第（2）款所述的公布期限终止之日起6个月内作出同意或者拒绝第（1）款所述异议的决定。

（8）第（7）款所述知识产权总署的决定应当自决定作出之日起30日内以书面形式通知申请人或者其代理人。

第 27 条

（1）第26条第（5）款所述的审查员应当是拥有行政官员职位，由行政命令任命和解职的知识产权总署的官员。

（2）第26条第（5）款所述的审查员应当获得与现行法律和法规规定相一致的职务级别和津贴。

第 28 条

（1）申请被驳回的申请人依据本法规定的程序，可以在第26条第（8）款所述的通知之日起3个月内向商事法院提起诉讼。

（2）依据第2条或者第4条驳回的申请，申请人可以向知识产权总署递交一份书面异议，陈述其理由。

（3）知识产权总署认为申请不符合第4条规定的，申请人可以依据本法规定的程序向商事法院提出不服知识产权总署驳回决定的诉讼。

第 29 条

（1）在第26条第（2）款所述的公布期限内未对申请提出异议的，知识产权总署应当在公布期限结束之日起30日内签署并授予工业品外观设计证书。

（2）工业品外观设计证书自申请日起生效。

第 30 条

（1）需要工业品外观设计证书副本的任何人均可以向知识产权总署提出请求，并缴纳本法规定的费用。

（2）关于授予工业品外观设计证书副本必要条件和程序由总统令作进一步规定。

第五章　权利的转移和许可

第一部分　权利的转移

第 31 条

（1）工业品外观设计权可以因下列情形而被转移：

a. 继承；

b. 捐赠；

c. 遗嘱；

d. 书面协议；或者

e. 法律认可的其他事由。

（2）第（1）款所述的工业品外观设计权的转移应当提交关于转移的文件。

（3）第（1）款所述的工业品外观设计权转移的所有事项应当在知识产权总署的工业品外观设计登记簿上登记，并缴纳本法规定的费用。

（4）未在工业品外观设计登记簿上登记的工业品外观设计权转移不能对任何第三方产生任何法律效力。

（5）第（3）款所述的工业品外观设计权的转移应当在工业品外观设计官方公报上公告。

第 32 条

工业品外观设计权转移不应当使设计人在工业品外观设计证书、工业品外观设计官方公报和工业品外观设计登记簿上标注其姓名或者其他身份的权利无效。

第二部分 许 可

第 33 条

工业品外观设计权所有人有权基于许可协议向任何人许可其实施第 9 条所述的行为，另有协议的除外。

第 34 条

在不影响第 33 条规定的前提下，工业品外观设计权所有人可以自行实施工业品外观设计或者许可第三方实施第 9 条所述的行为，另有协议的除外。

第 35 条

(1) 许可协议应当在知识产权总署工业品外观设计登记簿上登记，并缴纳本法所规定的费用。

(2) 未在工业品外观设计登记簿上登记的许可协议不能对任何第三方产生任何法律效果。

(3) 第 (1) 款所述的许可协议将在工业品外观设计官方公报上公告。

第 36 条

(1) 许可协议不得含有现行法律和法规所规制的、可能损害印度尼西亚经济或者可能导致不公平竞争的任何条款。

(2) 知识产权总署应当拒绝任何包含第 (1) 款所述条款的许可协议进行登记的请求。

(3) 关于登记许可协议的必要条件和程序由总统令作进一步规定。

第六章　工业品外观设计登记的取消

第一部分　应权利人请求而取消登记

第 37 条

（1）应工业品外观设计权所有人的书面请求，知识产权总署可以取消对工业品外观设计权的登记。

（2）如果被登记在工业品外观设计登记簿上的工业品外观设计权被许可人未就登记取消的请求给予书面同意，则不得取消第（1）款所述工业品外观设计权的登记。

（3）取消工业品外观设计权登记的决定应当由知识产权总署以书面的形式通知：

a. 工业品外观设计权所有人；

b. 被许可人，如果根据工业品外观设计登记簿已经授予了许可；

c. 提出取消请求的当事人，表明工业品外观设计权自取消决定之日起不再有效。

（4）第（1）款所述取消登记的决定应当在工业品外观设计登记簿上登记和在工业品外观设计官方公报上公告。

第二部分　因诉讼而取消登记

第 38 条

（1）任何利害关系人都可以根据第 2 条和第 4 条向商事法院提出要求取消工业品外观设计登记的诉讼。

（2）第（1）款所述商事法院作出的取消工业品外观设计权登记的决定应当在决定日后 14 日内送交知识产权总署。

第三部分　提出诉讼的程序

第 39 条

（1）请求取消工业品外观设计登记的诉讼应当向被告生活或者居住地的商事法院院长提出。

（2）被告的居住地在印度尼西亚境外的，诉讼应当向雅加达中央区的商事法院院长提出。

（3）法院的书记员应当在诉讼提出之日登记并作出回执，回执上应当由书记员签名并记上与诉讼登记相同的日期。

（4）法院书记员应当在登记日起 2 日内将诉讼递交给商事法院院长。

（5）自登记日起的 3 日内，商事法院应当研究诉讼并决定审理的日期。

（6）诉讼的审理应当在自诉讼登记之日起 60 日内进行。

（7）执行官应当在诉讼登记之日起 7 日内传讯当事人。

（8）法院判决应当自诉讼登记之日起 90 日内作出，经最高法院院长的批准可以延长 30 日。

（9）第（8）款所述的包含完整法律推理的法院判决，可事先作出，但应当在公开的庭审上宣读，即使已经对判决提出诉讼。

（10）第（9）款所述商事法院判决的副本应当由书记员在判决签发之日起 14 日内送交相关当事人。

第 40 条

对第 38 条第（2）款所述商事法院的判决可以向最高法院提出撤销请求。

第 41 条

（1）第 40 条所述撤销的请求应当在判决之日起 14 日内通过向作出判决的商事法院书记员登记而提出。

（2）法院的书记员应当在撤销请求提出当日登记所述请求并向撤销请求人开出回执，回执应当由书记员在登记日同日签名。

（3）撤销请求人应当在第（1）款所述的撤销请求提出之日起 14 日内向法院书记员送交撤销意见书。

（4）法院书记员应当在请求提出之日起 2 日内将第（3）款所述的撤销请求和撤销意见书送交给撤销原判的被告。

（5）撤销诉讼的被告可以在收到第（4）款所述的撤销意见书之日起 7 日内向法院书记员提交对抗撤销原判的答辩书，法院书记员应当自接到该答辩书之日起 2 日内将其送交撤销请求人。

（6）法院书记员应当自第（5）款所述期限结束之日起 7 日内，将撤回请求、撤回意见书和答辩书及相关文件送交最高法院。

（7）最高法院应当自收到请求之日起 2 日内研究撤销请求并决定审理日期。

（8）对撤销请求的审理应当自最高法院收到请求之日起 60 日内进行。

（9）对撤销请求的判决应当自最高法院收到请求之日起 90 日内作出。

（10）第（9）款所述的包含完整法律推理的关于撤回请求的判决，应当在公开的庭审上宣读。

（11）最高法院的书记员应当将对撤销请求的判决在判决作出之日起 3 日内送交商事法院书记员。

（12）法院书记员应当将第（11）款所述对撤销请求的判决在判决收到之日起 2 日内送交撤销请求人和被告。

第 42 条

知识产权总署应当对在工业品外观设计登记簿上拥有永久法律效力的取消登记的判决进行登记，并在工业品外观设计官方公报上公告。

第四部分　登记取消的后果

第 43 条

工业品外观设计权登记的取消应当使与工业品外观设计权相

关的所有法律后果和由工业品外观设计衍生的其他权利无效。

第 44 条

（1）工业品外观设计权登记因第 38 条所述的诉讼而被取消的，被许可人应当继续拥有实施许可的权利，直到许可协议规定的期限届满。

（2）第（1）款所述的被许可人不再被要求向被取消的工业品外观设计权人继续支付许可费，但他仍应在许可剩余的期限内向真正的工业品外观设计权人支付许可费。

第七章　费　用

第 45 条

（1）提出申请、对申请提出异议、请求摘录工业品外观设计登记簿、请求获得工业品外观设计优先权文件、请求获得工业品外观设计证书副本、请求登记权利转移、请求登记许可协议和提出本法规定的其他请求，应当缴纳费用。费用的数目应当由政府法规规定。

（2）第（1）款所述的有关缴纳费用的条件、期限和程序由总统令作进一步的规定。

（3）经财政部长批准，知识产权总署可以基于现行法律和法规自行管理第（1）款和第（2）款所述的所有费用。

第八章　争议的解决

第 46 条

（1）工业品外观设计权所有人和被许可人可以对任何故意并且无权实施第 9 条所述行为的人起诉：

a. 要求损害赔偿；和/或者

b. 停止第 9 条所述的所有行为。

（2）第（1）款所述的诉讼应当在商事法院提出。

第 47 条

除第 46 条所述的争议解决方式外，相关当事人可以通过仲裁或者替代性争议解决方案来解决争端。

第 48 条

第 39 条和第 41 条规定的诉讼程序参照适用第 24 条、第 28 条和第 46 条规定的任何诉讼。

第九章　法院的临时性决定

第 49 条

基于充分的证据，被侵权的当事人根据下列情形可以请求商事法院的法官签发一份临时性决定，以：

a. 阻止侵犯工业品外观设计权的产品的进入；

b. 保全侵犯工业品外观设计权的证据。

第 50 条

法院作出第 49 条所述的临时性决定的，商事法院应当立即通知受影响的当事人，并告知其权利。

第 51 条

商事法院签发临时性决定的，审查争议的商事法院法官应当自相关临时决定签发之日起 30 日内决定是否修正、取消或者维持第 49 条所述的决定。

第 52 条

法院的临时性决定被取消的，可能受到侵害的当事人可以就因该决定而受到的损失向请求该决定的当事人提出赔偿要求。

第十章　调　查

第 53 条

（1）除印度尼西亚共和国警察署的调查官外，工作和职责范围包括管理工业品外观设计的相关部门中的公务员应当作为调查员被授予 1981 年第 8 号刑事诉讼法所述的特殊权力，以进行工业品外观设计领域中的刑事犯罪调查。

（2）第（1）款所述的公务员调查员应当被授权：

a. 对工业品外观设计领域里刑事犯罪报告中的事实或者相关信息进行审查；

b. 对被怀疑在工业品外观设计领域内有刑事犯罪的任何人进行审查；

c. 从工业品外观设计领域刑事犯罪事件的相关当事人处收集信息和证据；

d. 对与工业品外观设计领域刑事犯罪相关的书籍、记录和其他文件进行调查；

e. 调查证据、书籍、记录和其他文件被发现的位置；

f. 没收从侵权中得到的在工业品外观设计领域刑事审判中可用于证据的物资和货物；

g. 在工业品外观设计领域刑事犯罪调查职责执行范围内请求专家协助。

（3）第（1）款所述的公务员调查员应当将调查的开始和结果告知印度尼西亚共和国警察署的调查官。

（4）根据 1981 年第 8 号刑事诉讼法第 107 条规定，第（1）款所述的公务员调查员应当通过印度尼西亚共和国警察署的调查官将调查的结果递交给公诉人。

第十一章　刑事规定

第 54 条

（1）任何人在故意且无权的情况下实施第 9 条所述行为的，应当被判处 4 年以下的监禁和/或者三亿卢比以下的罚金。

（2）任何人故意实施第 8 条、第 23 条或者第 32 条所述行为的，应当被判处 1 年以下的监禁和/或者四千五百万卢比以下的罚金。

（3）第（1）款和第 2 款所述刑事犯罪属于告诉才处理的犯罪。

第十二章　过渡性规定

第 55 条

（1）在本法生效前 6 个月内已经公开其工业品外观设计的设计人可以根据本法提出申请。

（2）第（1）款所述的申请必须自本法生效之日起 6 个月内提出。

第十三章　附　则

第 56 条

随着本法的生效，1984 年第 5 号关于工业的法律第 17 条的规定（1984 年印度尼西亚共和国第 22 号国家公报，印度尼西亚共和国第 3274 号国家补充公告）将不再有效。

第 57 条

本法自通过之日起生效。

为了让每个人都可以知道本法，应当在印度尼西亚共和国官方国家公报中公告本法的颁布。

印度尼西亚共和国总统

ABDURRAHMAN 瓦希德

2000 年 12 月 20 日在雅加达正式批准

印度尼西亚国务秘书

DJOHAN EFFENDI

2000 年 12 月 20 日在雅加达颁布

2000 年印度尼西亚共和国第 243 号国家公告

泰国 1979 年专利法 **❶**

（根据 B. E. 2535《1992 年专利法案》和
B. E. 2542《1999 年专利法案》修改）

目　录

---

❶ 根据泰国专利局网站（http：//www. ipthailand. org/ ）上提供的英文版翻译。翻译：王燕红，校对：池冰。

第1条 本法被称为专利法 B. E. 2522。

第2条 本法自其在政府公报上公布之日起 180 天届满时生效。

第一章 序 言

第3条 在本法中:

"专利"是指根据本法第二章和第三章的规定对发明和外观设计给予保护而签发的文件。

"小专利"是指根据本法第三章之二的规定对发明给予保护而签发的文件;

"发明"是指产生新产品和新方法的任何革新或者创造,或者是对已知产品或者方法的任何改进;

"方法"是指生产、保持或者提高产品质量的任何方法、技巧或者工艺,包括这些方法的应用;

"外观设计"是指使产品具有特殊外形、用于工业产品或者手工艺品的任何形状或者线条或者颜色的组合;

"专利所有者"包括专利的受让人;

"小专利所有者"包括小专利的受让人;

"委员会"是指专利委员会;

"主管官员"是指部长任命的根据本法行事的人;

"局长"是指知识产权局局长,包括由其任命的任何人;

"部长"是指主管和指导本法的实施的部长。

第4条 商务部长应主管和指导本法的实施,有权任命主管官员,制定部门规章,规定不超出附于本法后的列表上确定的费用、费用的部分或者全部免除以及为执行本法的任何程序;

部门规章应自政府公报上公布之后生效。

第二章　发明专利

第一部分　专利申请

第 5 条　在符合第 9 条规定的情况下，一项发明在符合以下条件时方可授予专利权：

（1）具备新颖性；

（2）具备创造性；

（3）具有工业实用性。

第 6 条　如果一项发明不构成现有技术的一部分，则该发明具备新颖性。

现有技术包括下列任何发明：

（1）在专利申请日前，在本国国内为其他人广泛知晓或者使用的发明；

（2）在专利申请日前，其主题已在本国或者外国文献或者出版物上记载、展示或者以其他方式向公众披露的发明；

（3）在专利申请日前，在本国或者外国已被授予专利或者小专利的发明；

（4）在专利申请日前，在国外申请专利或者小专利已超过 18 个月且未被授予专利或者小专利的发明；

（5）在专利申请日前，在国内外已申请专利或者小专利并且该申请已经公布的发明。

因发明主题被非法获得而导致的公开，发明人自己公开，或者发明人在国际展览会或者官方展览会上展出并且发明人在展出后 12 个月内提交专利申请的，不视为上述第（2）项所述的公开。

第 7 条　如果一项发明对于本领域普通技术人员而言不是显

而易见的,则该发明应被认为具备创造性。

第8条 如果一项发明能被制造或者应用于任何一种工业,包括手工业、农业和商业,则该发明应被认为具有工业实用性。

第9条 下列发明不受本法保护:

(1) 自然产生的微生物及其成分,动物、植物及动植物的提取物;

(2) 科学或者数学原理或者规则;

(3) 计算机程序;

(4) 人类和动物疾病的诊断、处置和治疗方法;

(5) 违反公共秩序、公共道德、公共健康或者公共利益的发明。

第10条 发明人有权申请专利并在专利文件上署名。

申请专利的权利可以转让或者继承。

转让申请专利的权利必须签订书面合同并由转让人和受让人签名。

第11条 执行雇用合同或者完成某项工作的合同而完成的发明,申请专利的权利属于雇主或者指派该工作的人,合同另有规定的除外。

虽然雇用合同没有约定雇员从事任何发明活动,但是雇员完成的发明使用了雇主向其提供的设备、数据或者技术资料的,适用前款规定。

第12条 为了鼓励发明创造和在第11条第1款所述情形下的给予雇员公平分享发明带来的收益,如果雇主因发明取得收益,发明人有权获得除正常薪酬之外的报酬。

在第11条第2款所述情形下,作为雇员的发明人有权获得报酬。

获得报酬的权利不得通过约定予以排除。

根据本条第1款和第2款的规定请求获得报酬的,应当根据部门规章规定的要求和程序向局长提出请求。局长有权根据雇员的薪酬、发明的重要性、因为发明已获得和可预期获得的收益和其他因素，以及部门规章的规定，确定合适的报酬。

第 13 条 为了鼓励政府机构的官员、雇员或者国有企业的雇员的发明创造活动，政府机构的官员、雇员或者国有企业雇员享有第 12 条规定的雇员权利，该政府机构或者国有企业条例或者章程另有规定的除外。

第 14 条 专利申请人应当符合下列条件之一：

（1）是泰国国民或者总部位于泰国的法人；

（2）是泰国加入的关于专利保护的公约或者国际协定的成员国的国民；

（3）是允许泰国国民或者总部位于泰国的法人在该国申请专利的国家的国民；

（4）在泰国或者泰国加入的关于专利保护的公约或者国际协定的成员国，有住所或者有真实、有效的工商业机构的。

第 15 条 两个或者两个以上自然人共同完成发明创造的，应当共同申请专利。

如果当事人一方拒绝共同申请专利或者没有找到或者联系不上或者无权申请专利，其他各方可以代表其申请专利。

没有参加专利申请的共同发明人可以在授予专利权之前的任何时候请求参加申请。主管官员收到该请求后，应当将拟进行调查的日期通知申请人和该共同发明人。请求书副本应当提供给申请人和其他各共同申请人。

在前款规定的调查过程中，主管官员可以要求申请人和该当事人到案回答任何问题或者向他提交任何文件或者其他材料。经过调查后由局长作出决定并通知申请人和共同发明人。

第 16 条 两个或者两个以上自然人各自独立完成相同的发明创造并分别申请专利的，专利权授予最先提交申请的人。如果申请日相同，申请人应当协商将专利权授予其中一人或者共同享有专利权。在局长指定期限内不能达成一致的，应当在该期限届满后 90 日内向法院起诉。期满未起诉的，视为放弃其申请。

第 17 条 专利申请应当符合部门规章规定的规程。

专利申请应当包含以下内容：

（1）发明名称；

（2）对发明类型和发明目的的简要说明；

（3）发明的详细说明，用语应当完整、简明、清楚和准确，使本领域或者最相关技术领域的普通技术人员能够制造和使用该发明，并且列出发明人认为的本发明最佳实施方式；

（4）一个或者一个以上的清楚、简明的权利要求；

（5）部门规章规定的其他事项。

专利申请符合泰国加入的公约或者国际协定规定的条件的，应当视为符合本法的专利申请。

第 18 条 一项专利申请应当只限于一项发明或者相互关联形成一个总的发明构思的一组发明。

第 19 条 在由政府主办或者授权在泰国举办的展览会上展览的发明，如果自展览会开幕日起 12 个月内申请专利的，展览开幕日视为提交专利申请的日期。

第 19 条之二 本法第 14 条规定的专利申请人自首次在外国提交专利申请之日起 12 个月内又向本国申请专利的，可以要求将外国的首次申请日作为本国申请日。

第 20 条 申请人可以根据部门规章规定的规则和程序修改专利申请，但该修改不得扩大发明的保护范围。

第 21 条 未经专利申请人书面授权，在根据本法第 28 条的规定公布一项专利申请之前，其职责与专利申请相关的任何官员不得披露该发明的任何详细说明，也不得允许任何人以任何方式复制该发明的详细说明。

第 22 条 未经专利申请人书面授权，在根据本法第 28 条的规定公布一项专利申请之前，任何知悉该申请已经提交的人不得披露该发明的详细说明中包含的任何信息或者从事任何可能给专利申请人造成损害的行为。

第 23 条　如果局长认为一项发明涉及国家安全需要保密，应将该专利申请予以保密，直到其另有指令。

未经法律授权，任何知悉专利申请已经被局长指令予以保密的人，包括专利申请人，不得向其他任何人披露该发明的主题或者详细说明。

第二部分　专利权的授予

第 24 条　在向专利申请人授予专利权之前，主管官员应当：

（1）审查该申请是否符合本法第 17 条的规定；并且

（2）根据部门规章规定的规则、程序和条件，审查该申请是否符合第 5 条的规定。

第 25 条　为了便于专利申请的审查，局长可以请求任何政府部门、机构或者组织，或者任何外国专利局或者国际专利组织，审查专利申请是否符合本法第 5 条至第 9 条的规定，或者审查该发明的详细说明书是否符合第 17 条第 2 款第（3）项的规定。局长可以将上述审查视为已经由主管官员完成的审查。

第 26 条　在专利申请的审查中，如果一项申请涉及几项不同的发明，并且这几项发明不属于同一个总的发明构思，主管官员应当通知专利申请人，要求其将该项申请分成若干项申请，每项申请限于一项发明。

如果申请人在接到前款所述通知书之日起 180 日内提交任一分案申请，则该分案申请视为在首次申请提交日提交的。

专利申请的分案应当根据部门规章规定的规则和程序进行。

申请人不同意将申请分案的，应当自收到本条第一款所述通知书之日起 120 日内向局长上诉。局长的决定是终局决定。

第 27 条 在专利申请的审查过程中，主管官员可以要求申请人会晤，以回答他提出的任何问题或者提交任何文件或者信息。

如果申请人已经在任何外国提交专利申请，则其应当根据部门规章规定的规则和程序提交该专利申请的外国审查报告。

如果提交的文件为外文，则申请人应当一并提交该文件的泰文译文。

如果专利申请人不服从前款所述主管官员的命令，或者未在 90 日内提交第二款所述审查报告，则该申请视为放弃。局长可以根据案情需要将该期限延长到其认为适当的期限。

第 28 条 主管官员向局长提交专利申请审查报告后：

（1）如果局长认为该专利申请不符合第 17 条的规定或者发明属于第 9 条规定的不授予专利权的主题，局长应当驳回专利申请。主管官员应当在自局长驳回申请之日起 15 日内以回程挂号邮件或者局长指定的其他任何方式将驳回决定通知申请人。或者

（2）局长认为该专利申请符合第 17 条的规定，并且不属于第 9 条规定的不授予专利权的主题，局长应当按照部门规章规定的规则和程序指示公布该专利申请。在公布之前，主管官员应当以局长指定的任何方式或者回程挂号邮件通知申请人缴纳公布费。如果申请人未在自收到缴费通知之日起 60 日内缴纳该费用，主管官员应当以回程挂号邮件再次通知申请人缴纳公布费。如果申请人未在自收到第二次缴费通知之日起 60 日内缴纳该费用，其专利申请视为放弃。

第 29 条 专利申请根据第 28 条公布后，申请人可以在申请公布后 5 年内，或者在存在异议且已提起上诉的情形下，在终局决定作出之日起 1 年内，请求主管官员继续审查该专利申请是否符合本法第 5 条的规定，以在后届满的期限为准。如果申请人未在上诉期限内提出审查请求，则该申请视为撤回。

如果局长根据本法第 25 条的规定请求任何政府部门、机构

或者组织或者任何外国专利局或者国际专利组织审查专利申请，而且因上述审查产生一些费用，申请人应当在接到主管官员缴费通知之日起 60 日内缴纳上述费用。如果申请人未在上述期限内缴纳上述审查费用，则该申请视为撤回。

第 30 条 根据本法第 28 条规定公布一项专利申请的，如果该申请不符合本法第 5 条、第 9 条、第 10 条、第 11 条或者第 14 条的规定，局长应当拒绝授予专利权。拒绝授权的决定应当通知专利申请人和第 31 条规定的异议程序的另一方当事人。该决定应当按照部门规章规定的规则和程序公布。

第 31 条 一项专利申请根据本法第 28 条规定公布后，如果认为自己而不是该申请人有权获得专利权，或者认为该申请不符合本法第 5 条、第 9 条、第 10 条、第 11 条或者第 14 条的规定，任何人均可以在第 28 条规定的公布之日起 90 日内向主管官员提出异议。

对于前款所述异议，主管官员应当将其副本送达专利申请人。专利申请人应当在自收到异议副本之日起 90 日内向主管官员提交答辩意见。专利申请人未在该期限内提交答辩意见的，该申请视为撤回。

异议和答辩通知应当有相应证据支持。

第 32 条 在异议程序中，异议人和专利申请人可以按照局长指定的程序提出任何证据或者作任何补充陈述，以支持其主张的理由。

局长根据本法第 33 条或者第 34 条的规定作出决定的，应当将决定及其理由告知专利申请人和异议人。

第 33 条 如果专利申请人根据本法第 29 条规定请求审查，主管官员根据本法第 24 条规定进行审查后，应当向局长提交审查报告。

局长考虑审查报告后，如果没有发现拒绝授予专利权的理由，并且不存在本法第 31 条规定的异议程序或者存在异议程序但是局长已确定专利权属于申请人的，局长应当发出指令登记该发明并将专利权授予专利申请人。主管官员应通知申请人在收到该通知书之日起 60 日内缴纳授予专利权的费用。

专利申请人按照前款规定缴纳授权费用后，应在自缴费之日起 15 日内但不得在本法第 31 条规定的期限届满之前对发明进行登记并将专利权授予专利申请人。如果专利申请人未在前款规定的期限内缴费，则该申请视为撤回。专利证书应当符合部门规章规定的形式。

第 34 条 如果有人提出异议且局长决定该发明属于异议人，局长应驳回该专利申请。

专利申请人对局长的驳回决定没有上诉，或者上诉后委员会或者法院作出终局决定维持原驳回决定的，如果异议人在局长驳回专利申请之日起或者终局决定作出之日起 180 日内提交专利申请，根据具体情况而定，则异议人应当被认为是在专利申请人提交专利申请之日业已提交专利申请，根据本法第 28 条的规定所进行的对专利申请人的专利申请的公布视为对异议人的专利申请公布。任何人不得在以后的案件中提出这样的主张，即他对该发明享有比异议人更多的权利。

在将专利权授予异议人之前，主管官员应当根据本法第 24 条的规定对该申请进行审查。本法第 29 条的规定同样适用于异议人的专利申请。

第三部分　专利权的内容

第 35 条 发明专利权的保护期为自在本国申请专利之日起 20 年。专利的保护期不应当包括本法第 16 条、第 74 条或者第 77 条之六规定的诉讼所占用的时间。

第 35 条之二 在授予专利权之前进行的违反本法第 36 条规定的任何行为，不应当被视为侵犯专利权人权利的行为，除非该行为与已根据本法第 28 条规定公布的未决申请的发明有关，并且行为人知道该发明已经申请专利或者已经接到该发明已申请专利的书面通知。在前述但书情况下，专利申请人有权要求侵权人支付损害赔偿，要求损害赔偿的诉讼只能在专利权授予之后向法院提起。

第 36 条 除专利权人之外，任何人不得享有以下权利：

（1）专利主题是产品的，生产、使用、销售、为销售目的而占有，以及许诺销售或者进口专利产品的权利；

（2）专利主题是方法的，使用专利方法的权利，以及生产、使用、销售、为销售目的而占有，以及许诺销售或者进口采用专利方法生产的产品的权利。

前款规定不适用于：

（1）为学习、研究、实验或者分析目的的任何行为，只要该行为与正常的专利实施不存在不合理的冲突并且不会给专利权人合法权益造成损害；

（2）在专利申请日前，善意而且不知道或者没有合理理由应当知道该专利申请的生产者或者使用者，已经在泰国生产该产品或者已经在泰国准备好使用该方法的设备的，在此不适用本法第 19 条之二的规定；

（3）由执业医生或者职业药剂师根据医生处方而进行的药品组合，包括有关这类药品的任何行为；

（4）有关药品注册申请的任何行为，申请人欲在专利权期届满后生产、配销或者进口专利药品的；

（5）泰国加入的有关专利保护的国际公约或者协定的成员国船舶临时或者偶然进入泰国领海，为该船舶自身需要而在该船舶上或者该船舶的附属物上使用构成专利主题的设备；

（6）泰国加入的有关专利保护的国际公约或者协定的成员国航空器或者陆上交通工具临时或者偶然进入泰国，在该航空器或者陆上交通工具的结构或者其附属物上使用构成专利主题的设备；

(7) 使用、销售、为销售目的而占有、许诺销售或者进口经专利权人授权或者同意而生产或者售出的专利产品。

第 36 条之二 本法第 36 条规定的专利权人的权利范围应当按照权利要求确定。在确定发明的保护范围时,应当考虑说明书及其附图中描述的发明的技术特征。

尽管发明的技术特征未在权利要求里明确描述,但是对于相关技术领域的普通技术人员而言,这些特征与权利要求中描述的技术特征具有实质相同的特点、功能和效果,则发明专利的保护范围应当延及这些技术特征。

第 37 条 专利权人有权在其专利产品、产品容器、产品包装或者产品广告上使用"泰国专利"或者其缩写或者其相同含义外文的文字。

标明前款规定的专利标记时应同时标明专利号。

第 38 条 专利权人可以许可形式授权其他任何人实施本法第 36 条至第 37 条授予专利权人的权利,也可以将其专利转让给其他任何人。

第 39 条 根据本法第 38 条的规定授予许可的:

(1) 专利权人不得将任何不合理的阻碍竞争的条件、限制或者许可使用费条款强加于被许可人。

不合理的反竞争的条件、限制或者条款应当在部门规章中予以规定。

(2) 专利权人不得要求被许可人在本法第 35 条规定的专利权期限届满后为使用发明专利支付许可费。

违反本条规定的关于许可使用费的条件、限制或者条款无效。

第 40 条 除本法第 42 条的规定外,当事人之间没有相反约定的,专利权共有人可以不经其他共有人的同意单独行使本法第 36 条至第 37 条规定的权利,但是只有经所有共有人同意后方可许可他人实施专利或者转让专利。

第41条 本法第38条规定的许可合同和转让合同应当采用书面形式，并按照部门规章规定的条件和程序进行登记。

如果局长认为许可合同的条款违反本法第39条的规定，局长应当将该合同提交委员会。如果委员会认为该合同违反本法第39条的规定，局长应当拒绝登记该合同，除非根据案情可以认为当事人意图将合同的有效部分与无效部分相分离。在这种情形下，局长可以命令对合同的有效部分进行登记。

第42条 专利权的继承应当符合部门规章规定的规则和程序。

第四部分 年 费

第43条 专利权人应当自专利保护期的第5年开始缴纳部门规章规定的年费。缴费期限为专利保护期第5年开始的60日内和以后每年开始的60日内。

如果一项专利权是在专利保护期第5年开始之后授予的，则第一年年费应当在授予专利权之日起60日内缴纳。

如果专利权人未在第一款或者第二款规定的期限内缴纳年费，专利权人应当在自第一款或者第二款规定的期限届满之日起120日内一并缴纳年费和滞纳金，滞纳金为未缴纳年费的30%。

如果专利权人未在第三款规定的期限内缴纳年费和滞纳金，局长应当制作撤销专利权报告以提交给委员会。

如果专利权人在接到撤销专利权的通知之日起60日内向委员会陈述意见指出，未在第三款规定的期限内缴纳年费和滞纳金，是因为不得已的原因而导致的，委员会如果认为合适，可以延长缴费期限或者撤销专利权。

第44条 专利权人可以请求一次性提前缴纳全部年费而不是每年缴纳。专利权人提前缴纳全部年费，其后年费发生变更或者专利权人放弃专利权或者专利权被撤销的，专利权人可以不必缴纳年费的增加额，但也无权要求退还已缴纳的年费。

第五部分　当然许可、强制许可和政府使用

第45条　任何专利权人均可以按照部门规章规定的规则和程序向局长申请在登记簿上登记，表明其他任何人均可以获得专利许可。

局长可以在登记以后的任何时候，按照申请人和专利权人达成的条件、限制和许可使用费授予申请人许可。如果申请人和专利权人未在局长指定的期限内达成一致，局长应当以其认为适当的条件、限制和许可使用费授予申请人许可。

任一当事人均可以在自收到局长根据前款规定作出的授予许可的决定之日起 30 日内向委员会上诉。委员会的决定为终局决定。

第二款规定的专利许可的申请和授予应当符合部门规章规定的规则和程序。

按照第一款的规定登记后专利年费应当根据部门规章的规定予以减少，至少减至没有登记时应缴年费的一半。

第46条　授予专利权 3 年后或者自专利申请日起 4 年后，以在后届满的期限为准，如果在许可申请提交时专利权人有下列不正当行使权利的情形，任何人均可以向局长申请授予实施专利的许可：

（1）专利产品没有合法原因未在泰国生产或者专利方法未在泰国使用；或者

（2）没有合法原因而未在泰国销售专利产品或者在泰国以不合理的高价销售专利产品或者没有满足公共需要的。

根据上述第（1）项或者第（2）项提出的申请，许可申请人必须证明其已经以合理的条件和许可使用费请求专利权人许可实施其专利，而未能在合理的期限内获得许可。

许可申请应当符合部门规章规定的规则和程序。

第 47 条 如果一项专利的实施很可能对其他任何人的专利构成侵犯，需要实施自己专利的专利权人可以按照下列标准向局长申请实施其他人专利的强制许可：

（1）许可申请人的发明与被申请许可的发明相比，具有显著经济意义的重大技术进步；

（2）专利权人应当有权获得合理条件的交叉许可；

（3）许可申请人不得将被许可的权利转让给其他人，除非是与其专利权一并转让。

许可申请人必须证明其已经以合理的条件和许可使用费用请求专利权人许可实施专利，而未能在合理的期限内获得许可。

许可申请应当符合部门规章规定的规则和程序。

第 47 条之二 如果实施根据本法第 46 条的规定获得的专利实施许可可能对其他人的专利构成侵犯，则本法第 46 条规定的许可申请人可以按照下列标准向局长申请实施其他人专利的许可：

（1）许可申请人的发明与被申请许可的发明有关相比，具有显著经济意义的重大技术进步；

（2）许可申请人不得将被许可的权利转让给其他人。

许可申请人必须证明其已经以合理的条件和许可使用费请求专利权人许可实施专利，而未能在合理的期限内获得许可。

许可申请应当符合部门规章规定的规则和程序。

第 48 条 根据本法第 46 条、第 47 条或者第 47 条之二的规定授予强制许可的，专利权人有权获得报酬。

根据本法第 46 条、第 47 条和第 47 条之二授予实施专利的强制许可的，第 38 条规定的被许可人有权获得报酬，只要该被许可人享有许可他人实施专利的独占权利。在这种情况下，不应向专利权人支付使用费。

第 49 条 根据本法第 46 条、第 47 条或者第 47 条之二的规定申请实施他人专利的许可的，申请人应当提交报酬数额、实施专利的条件、对专利权人或者本法第 48 条第二款规定的独占许可被许可人的权利的限制，以及许可请求书。根据本法第 47 条的规定申请实施他人专利的许可的，申请人同样应当向另一方提供实施其专利的许可。

根据本法第 46 条、第 47 条或者第 47 条之二的规定提交专利许可申请的，主管官员应当将处理该申请之日通知申请人和专利权人或者本法第 48 条第二款规定的独占许可的被许可人。主管官员应当向专利权人和独占许可的被许可人提供申请书副本。

在处理前款规定的许可申请时，主管官员可以要求申请人、专利权人或者本法第 48 条第二款规定的独占许可的被许可人到案陈述意见或者向其提交任何文件或者其他资料。主管官员处理完申请并由局长作出决定的，应当将该决定通知申请人、专利权人和独占许可的被许可人。

对前款规定的局长作出的决定不服的，可以在自收到通知书之日起 60 日内向委员会上诉。

第 50 条　局长决定授予本法第 46 条、第 47 条和第 47 条之二规定的专利许可的，应当明确专利权人和申请人之间协商一致的专利许可使用费、实施专利的条件和对专利权人或者第 48 条第 2 款规定的独占许可被许可人的权利的限制。当事人未能在局长指定期限内达成一致的，局长应当根据下列条件确定其认为适当的专利许可使用费、实施专利的条件和对专利权人或者第 48 条第 2 款规定的独占许可被许可人的权利的限制：

（1）许可的范围和时效应根据情况不能超出必要的范围；

（2）专利权人可以继续许可他人实施该专利；

（3）被许可人不得将许可转让给其他人，除非是与企业的许可部分一并转让或者只是善意转让许可部分；

（4）许可的目的主要在于满足国内市场需求；

（5）应当根据具体情况，确定合理的使用费金额。

对局长根据本条第 1 款的规定作出的决定不服的，可以在自收到该决定之日起 60 日内向委员会上诉。

许可的签发应当符合部门规章规定的形式、规则和程序。

第 50 条之二 如果第 46 条所述许可的情形已经消失并且不可能再发生，而终止强制许可不会影响被许可人的权利或者利益，则可以终止强制许可。

前款规定的终止强制许可的申请应当符合部门规章规定的形式、规则和程序，并且参照适用第 49 条第 2 款、第 3 款和第 50 条的规定。

第 51 条 尽管有第 46 条、第 47 条和第 47 条之二的规定，为保证公共消费或者对国防、自然资源或者环境的保护，以及实现、防止或者解决食品、药品或者其他消费品的短缺或者其他公共服务迫切需要时，政府的部、局或者署可以自行或者通过其他机构，行使第 36 条规定的权利，并向专利权人或者第 48 条第 2 款规定的独占被许可人支付使用费，并尽快向其发出书面通知，

在上述情况下，部、局或者署应向局长递交其专利实施许可的使用费和条件。部、局或者署应就许可使用费与专利权人或者被许可人达成协议。参照使用第 50 条的规定。

第 52 条 当国家出于战争状态或者紧急情况时，总理经内阁批准，为了国防和国家安全有权发布实施任何专利的命令，但应当向专利权人支付合理的许可使用费并及时书面通知专利权人。

专利权人可以自收到命令之日起 60 天内，向法院就该命令或者报酬提出上诉。

第六部分　专利或者权利要求的放弃和专利权的撤销

第 53 条 任何专利权人均可以按照部门规章规定的规则和程序放弃其专利权或者其中的某一或者某些权利要求。

根据前款的规定放弃专利权或者任一权利要求，如果专利权属于两人或者两人以上共有，则放弃应当经所有共有人同意。如果该专利业已根据第38条、第45条、第46条、第47条和第47条之二的规定授予专利许可，则放弃应当经所有被许可人同意。

第54条 任何不符合第5条、第9条、第10条、第11条或者第14条规定授予的专利权无效。

任何人均可以对无效的专利权提出质疑。要求撤销无效专利权的诉状可以由利害关系人或者公诉人向法院提交。

第55条 有下列情形之一者，局长可以请求委员会撤销专利权：

（1）根据第50条的规定签发许可并且自许可签发之日起经过两年，专利权人、专利权人的被许可人或者许可持有者无合法原因未生产专利产品或者使用专利方法，或者没有在本国销售或者进口专利产品或者采用专利方法生产的产品，或者以不合理的高价销售这些产品，并且局长认为有撤销该专利权的正当理由的；

（2）专利权人违反第41条的规定许可他人行使其权利的。

在请求委员会撤销一项专利权之前，局长应当命令进行调查并通知专利权人和被许可人，以便给予专利权人和被许可人陈述意见的机会。意见陈述应当在自收到该命令之日起60日内提交。局长可以要求任何人到案回答问题或者向其提交任何文件或者其他资料。

经过调查，如果认为有撤销该专利权的正当理由的，局长应当向委员会提交撤销该专利权的调查报告。

第三章 外观设计专利

第56条 一项可用于包含手工业在内的工业的新外观设计，

可以根据本法授予专利权。

第 57 条 下列外观设计不属于新外观设计：

（1）在提交专利申请之前在本国广泛为其他人知悉或者使用的外观设计；

（2）在提交专利申请之前在国内外文献或者出版物上公开或者记载的外观设计；

（3）在提交专利申请之前已经根据第 65 条和第 28 条的规定公布的外观设计；

（4）与第（1）项、第（2）项或者第（3）项所述的外观设计相似并已构成模仿的任何外观设计。

第 58 条 下列外观设计不授予专利权：

（1）违反公共秩序或者公共道德的外观设计；

（2）王室法令规定的外观设计。

第 59 条 专利申请应当符合部门规章规定的条件和程序。

一项专利申请应当包括：

（1）对外观设计的描述；

（2）采用该外观设计的产品名称；

（3）清楚简明的权利要求；

（4）部门规章规定的其他文件。

第 60 条 一项专利申请仅限于应用于一种产品的一项外观设计。产品列表应当由部门规章规定并在政府公报上公布。

第 60 条之二 根据第 15 条的规定，申请人在外国提交外观设计专利申请，自首次在外国提交申请之日起 6 个月内又向本国提交外观设计专利申请的，可以要求首次在外国提交申请之日为本国申请的申请日。

第 61 条 一项外观设计专利申请在根据第 65 条和第 28 条的规定公布后，在登记和授予专利权之前，如果该申请不符合第 56 条、第 57 条或者第 65 条和第 10 条、第 11 条以及第 14 条的规定，局长应当驳回该申请。主管官员应当将该决定通知申请人和第 65 条、第 31 条规定的异议人，该决定的副本应当在专利申请提交之处进行展示。

如果局长驳回一项申请并且有人根据第 65 条和第 31 条的规定对该申请提出异议，则局长应当根据第 65 条和第 32 条的规定继续对异议进行审查。

第 62 条　外观设计专利权保护期为自本国申请日起 10 年。

专利权保护期不包括第 65 条和第 16 条或者第 74 条规定的诉讼所占用的时间。

第 62 条之二　在授予专利权之前进行的违反第 63 条规定的任何行为，不应当被视为侵犯专利权人权利的行为，除非该行为与业已根据第 65 条和第 28 条的规定公布的未决申请的外观设计有关，并且行为人知道该发明已经申请专利或者已经接到该发明业已申请专利的书面通知。在前述但书的情况下，专利申请人有权要求侵权人支付损害赔偿，要求损害赔偿的诉讼只能在授予专利权之后向法院提起。

第 63 条　除专利权人之外，任何人不得将获得专利的外观设计应用于产品生产或者销售，为销售而占有、许诺销售或者进口包含专利外观设计的产品，但是为学习或者研究目的而使用获得专利的外观设计的，不在此限。

第 64 条　任何不符合第 56 条、第 58 条或者第 65 条和第 10 条、第 11 条和第 14 条的规定授予的外观设计专利权无效。

任何人均可以对无效的外观设计专利权提出质疑。要求撤销无效的外观设计专利权的诉状可以由利害关系人或者公诉人向法院提交。

第 65 条　第二章有关发明专利的第 10 条至第 16 条、第 19 条至第 22 条、第 27 条至第 29 条、第 31 条至第 34 条、第 37 条至第 44 条和第 53 条的规定，参照适用第三章规定的外观设计专利。

第三章之二 小专利权

第 65 条之二 符合下列条件的发明可以授予小专利权：

（1）具备新颖性；

（2）具有工业实用性。

第 65 条之三 对同一项发明只能申请发明专利和小专利之一。

第 65 条之四 小专利申请和发明专利申请可以在发明登记和授予小专利权之前或者在专利申请根据第 28 条公布之前，请求将发明专利申请转换成小专利申请或者将小专利申请转换成发明专利申请。申请人可以根据部门规章规定的规则和程序要求转换后申请享有原始申请的申请日。

第 65 条之五 在发明登记和授予小专利权之前，主管官员应当审查小专利申请是否符合第 65 条之十和第 17 条的规定，并且审查要求保护的发明是否属于第 65 条之十和第 9 条规定的可予保护的发明，并向局长提交审查报告。

（1）如果局长认为小专利申请不符合第 65 条之十和第 17 条的规定，或者要求保护的发明不属于第 65 条之十和第 9 条规定的可予保护的发明，局长应当拒绝授予小专利权。主管官员应当在自作出决定之日 15 日内以确认收到的挂号邮件或者局长指定的其他任何方式将该决定通知申请人。

（2）如果局长认为小专利申请符合第 65 条之十和第 17 条的规定，并且要求保护的发明属于第 65 条之十和第 9 条规定的可予保护的发明，局长应当命令对该发明予以注册并授予申请人小专利权。主管官员应当通知申请人按照第 65 条之十和第 28 条第（2）项规定的程序和期限缴纳授予小专利权的费用和公布费。

小专利应当符合部门规章规定的形式。

第 65 条之六 在发明登记和授予小专利权公布之日起一年内，任何利害关系人均可以请求主管官员审查授予小专利权的发明是否符合第 65 条之二的规定。

接到前款规定的请求之后，主管官员应当对申请进行实质审查，并向局长提交审查报告。

如果局长对审查报告进行考虑后认为发明符合第 65 条之二的规定，局长应当在自作出决定之日起 15 日内通知请求人和小专利权人。

如果局长认为发明不符合第 65 条之二的规定，局长应当命令对该案进行审查，并通知小专利权人在自接到该命令之日 60 日内提交答辩意见。局长可以传唤任何人到案回答任何问题或者向其提交任何文件或者材料。在对该案进行审查后，如果局长认为发明不符合第 65 条之二规定的条件，局长应当向委员会提交报告要求撤销小专利权，并且在自委员会作出决定之日起 15 日内通知请求人和小专利权人。

第 65 条之七 小专利权的保护期为自在本国提交申请之日起 6 年。该期限不包括第 65 条之十和第 16 条、第 74 条或者第 77 条之六规定的诉讼所占用的时间。

小专利权人可以在小专利权届满日前 90 日内两次向主管官员请求延长小专利权的保护期，每次有效期为两年。在上述期限内提交延长保护期请求的，小专利权应当被视为已经有效注册，直到主管官员另有命令为止。

小专利权保护期的延长请求应当符合部门规章规定的规则和程序。

第 65 条之八 小专利权人有权在其专利产品、产品容器、产品包装或者产品广告上使用"泰国小专利"或者其缩写或者其相同含义外文的文字。

标明前款规定的专利标记的，应当同时标明小专利号。

第 65 条之九 任何不符合第 65 条之二、第 65 条之十和第 9

条、第 10 条、第 11 条或者第 14 条规定授予的小专利权无效。

任何人均可以对无效的小专利权提出质疑。撤销无效小专利权的诉状可以由利害关系人或者公诉人向法院提交。

第 65 条之十 第二章有关发明专利的第 6 条、第 8 条至第 23 条、第 25 条至第 28 条、第 35 条之二、第 36 条和第 36 条之二、第 38 条至 53 条、第 55 条的规定，参照适用第三章之二的小专利权。

第四章　专利委员会

第 66 条 专利委员会由商务部副部长担任主席，包括不超过十二名的有资格的委员。这些委员由内阁任命，来自科学、工程、工业、工业品外观设计、农业、制药业、经济学和法律领域。其中至少应当有六名有资格的委员是来自私营部门。

委员会可以任命任何人为秘书或者助理秘书。

第 67 条 由内阁任命的委员会的委员任期两年。

如果委员在任期未届满之前离任或者在现任委员任期未届满的情况下内阁任命了新委员，新任委员的任职期限只是现任委员的剩余期限。

任期届满的委员可以由内阁重新任命。

第 68 条 内阁任命的委员出现下列情况的应当离任：

（1）死亡；

（2）辞职；

（3）由内阁解职；

（4）破产；

（5）成为无行为能力人或者限制行为能力人；

（6）被终审判决判处监禁的，但轻微犯罪和过失犯罪除外。

第 69 条 委员会的每一次会议应有不少于总数一半的委员

参加才能达到法定人数。如果主席缺席任何会议，委员会应当从其委员中选出一个委员主持会议。

会议作出的任何一项决定应当经委员投票多数通过。

在投票过程中，每一名委员应当只有一票。票数相同时，主持会议的主席应当有作为加权票的另外一票。

第 70 条 委员会应当履行下列职责：

（1）在根据本法发布王室法令和部门规章时，给予部长建议和咨询意见；

（2）决定对不服局长根据第 41 条、第 45 条、第 49 条、第 50 条、第 55 条、第 65 条之六或者第 65 条之十和第 72 条的规定作出的有关专利和小专利的命令提起的上诉；

（3）处理本法规定的其他事宜；

（4）考虑部长指定的有关专利和小专利的其他事宜。

第 71 条 委员会有权成立分委员会，为委员会进行考虑和提供建议。第 69 条的规定参照适用分委员会会议。

第 72 条 对于局长根据第 12 条、第 15 条、第 28 条、第 30 条、第 34 条、第 49 条、第 50 条或者第 61 条或者第 65 条，第 12 条、第 15 条、第 28 条、第 33 条或者第 34 条，第 65 条之五或者第 65 条之六或者第 65 条之十，第 12 条、第 15 条、第 49 条或者第 50 条的规定发出的命令或者作出的决定不服的，上述条款规定的任何利害关系人可以在自收到该命令或者决定之日起 60 日内向委员会上诉。未在规定期限内上诉的，局长的命令或者决定为终局命令或者终局决定。

根据前款规定提出上诉的，必须向主管官员提交上诉状。如果有两方当事人，应当将上诉状副本送交另一方。

第 73 条 在审查不服局长的命令或者决定，或者不服局长根据第 55 条或者第 65 条之六的规定作出的报告，或者不服局长根据第 43 条或者第 65 条之十和第 43 条的规定建议撤销专利权或者小专利权的报告的上诉时，委员会可以根据具体情况要求异议人、申请人、专利权人、小专利权人、请求审查小专利的请求人或者被许可人，根据委员会规定的规则提交任何证据或者补充的意见陈述。

第 74 条 委员会根据第 41 条、第 43 条、第 49 条、第 50 条、第 55 条或者第 65 条之六、第 65 条之十和第 41 条、第 43 条、第 49 条、第 50 条、第 55 条或者第 72 条的规定作出决定后，应将该决定通知上诉人、另一方当事人、专利权人、小专利权人或者被许可人。任一当事人对该决定不服的，可以在自收到该通知之日起 60 日内向法院起诉。未在规定期限内起诉的，委员会的决定为终局决定。

在根据本法考虑或者作出判决时，法院不得命令委员会或者局长为另一方当事人的利益支付任何费用。

第五章 其他规定

第 75 条 不享有本法规定权利的任何人不得在任何产品、产品容器、产品包装上或者在发明或者外观设计的广告中使用"泰国专利""泰国小专利"或者其缩写或者具有相同含义外文的文字。

第 76 条 在专利申请或者小专利申请的审查过程中，除申请人之外，任何人不得在任何产品、产品容器、产品包装上或者在发明或者外观设计的广告中使用"未审定专利""未审定小专利"或者具有相同含义的任何其他文字。

第 77 条 在涉及侵犯专利权或者小专利权的民事案件中，如果专利权或者小专利权的主题是一种获得一种产品的方法，并且专利权人或者小专利权人能够证明被告的产品与使用专利权或者小专利权方法获得的产品相同或者相似的，则应当推定被告使用了专利或者小专利方法，除非被告能够证明没有使用该方法。

第77条之二 如果有确切证据证明任何人正在实施或者即将实施侵犯第36条、第63条或者第65条之十规定的专利权人或者小专利权人权利的行为，专利权人或者小专利权人可以请求法院责令行为人停止该侵权行为或者禁止实施该侵权行为。法院的禁令不应当剥夺专利权人或者小专利权人根据第77条之三要求损害赔偿的权利。

第77条之三 在侵犯第36条、第63条或者第65条之十规定的专利权人或者小专利权人权利的案件中，法院应在考虑损害的严重程度，包括因侵权所受到的损失和为维护专利权人或者小专利权人的权利所必需的费用的基础上，命令侵权人向权利人支付法院认为适当的损害赔偿。

第77条之四 侵权人所占有的涉及侵犯第36条、第63条或者第65条之十和第36条规定的专利权人或者小专利权人权利的所有物品应当予以没收。如果法院认为适当，可销毁这些物品或者采取其他措施以防止这些物品进一步流通。

第77条之五 任何人违反第65条之三的规定，针对同一项发明同时申请或者同时共同申请发明专利和小专利的，应当视为只申请小专利。

第77条之六 如果两个或者两个以上的申请人分别独立完成相同发明，其中一个申请人申请发明专利，另一个申请人申请小专利，则：

（1）在先申请人获得相应权利；

（2）如果专利申请和小专利申请是在同一天提交的，主管官员应当通知申请人协商，确定权利授予其中一人还是全体申请人和申请发明专利还是申请小专利。如果在局长指定的期限内不能达成一致，申请人可以自在指定期限内未能达成一致之日起90日内向法院起诉，否则其申请均被视为撤回。

第77条之七 自根据第28条的规定进行公布之日起或者自

对发明登记和授予任何发明小专利权进行公布之日起 90 日内，小专利申请人、小专利权人、专利申请人或者专利权人以发明相同并且在该发明专利申请或者小专利申请提交日其业已申请专利或者小专利为由，认为已登记发明和授予专利权或者小专利权不符合第 65 条之三的规定的，可以向主管官员请求审查该发明专利申请或者小专利申请是否符合第 65 条之三的规定。

主管官员收到前款规定的请求后，应进行审查并向局长提交审查报告。

局长应对该审查报告进行审理，认为该发明和请求人发明相同并且在该发明专利申请或者小专利申请提交日与请求人申请专利或者小专利的日期相同，并导致发明注册和专利权或者小专利权的授予不符合第 65 条之三的规定，则局长应当通知专利申请人或者小专利权人和请求人进行协商，确定发明权利完全归属一人还是共同所有。在局长指定期限内协商不成的，视为共同所有发明权利。

第 77 条之八　任何不符合第 65 条之三规定授予的专利权或者小专利权应无效。

任何人可对上款规定无效的专利权或者小专利权提出质疑。

如果发明登记和专利或者小专利的授予不符合第 65 条之三的规定，且专利申请和小专利申请于同一日提交，专利权人、小专利权人、其他任何利害关系人或者公诉人可请求局长通知专利权人和小专利权人协商，确定该发明为专利还是小专利。在局长指定期限内协商不成的，专利权人和小专利权人视为共同所有人，并且该发明为小专利。

第 78 条　如果专利证书、小专利证书或者许可证书遗失或者重大毁损，其持有人可以按照部门规章规定的条件和程序申请替换。

第 79 条　所有根据本法提交的申请书、异议书、对异议的答辩和上诉应符合局长规定的形式和副本数量。

第80条 申请专利或者小专利、专利申请公布、专利申请审查请求、对授予专利权或者小专利权提出异议、申请注册许可合同、申请转让专利或者小专利、变更专利或者小专利、申请专利或者小专利转换、申请延长小专利保护期、申请登记专利或者小专利以便任何人均可申请实施专利或者小专利许可、申请许可和许可证、对局长的命令或者决定不服提起上诉、复制专利证书、小专利证书或者许可证书、其他任何请求或者申请以及制作或者复制任何文件和任何文件的副本，应当按照部门规章的规定缴纳费用。

第六章 违法行为

第81条 任何官员如果违反本法第 21 条、第 23 条第二款、或者第 65 条和第 21 条，或者第 65 条之十和第 21 条或者第 23 条第二款的规定，应被处以 2 年以下的监禁或者二十万铢以下的罚金，或者二者并罚。

第82条 任何人如果违反本法第 22 条、或者第 65 条和第 22 条，或者第 65 条之十和第 22 条的规定，应被处以 6 个月以下的监禁或者两万铢以下的罚金，或者二者并罚。

第83条 任何人如果违反本法第 23 条第二款、或者第 65 条之十和第 23 条第二款的规定，应被处以 1 年以下监禁或者五万铢以下罚金，或者二者并罚。

第84条 任何人如果违反本法第 75 条或者第 76 条的规定，应被处以 1 年以下的监禁或者二十万铢以下的罚金，或者二者并罚。

第85条 任何人未经专利权人许可而实施第 36 条或者第 63 条规定的任何行为的，应被处以 2 年以下监禁或者四十万铢以下罚金，或者二者并罚。

第86条 任何人未经小专利权人许可实施第 65 条之十和第 36 条规定的任何行为的，应被处以 1 年以下监禁或者二十万铢以下罚金，或者二者并罚。

第87条 为了获得一项专利，任何人就一项发明或者外观设计申请专利或者小专利提交或者作出虚假陈述的，应被处以六个月以下监禁或者五千铢以下罚金，或者二者并罚。

第88条 如果根据本法应予处罚的为法人，法人代表或者法人的负责人也应对违法行为承担法律规定的刑罚，除非其能够证明不知道该违法行为或者该违法行为未经其同意。

最高费用列表　　　　　　　　　　　　　　　单位：铢

（1）专利申请费		1 000
（2）对同一外观设计在同一时间提交十个或者十个以上外观设计专利申请		10 000
（3）专利申请公布费		500
（4）专利申请审查费		500
（5）专利申请异议费		1 000
（6）专利证书或者小专利证书制作		1 000
（7）发明专利年费	第五年	2 000
	第六年	4 000
	第七年	6 000
	第八年	8 000
	第九年	10 000
	第十年	12 000
	第十一年	14 000
	第十二年	16 000
	第十三年	18 000
	第十四年	20 000
	第十五年	30 000
	第十六年	40 000

续表

（7）发明专利年费	第十七年	50 000
	第十八年	60 000
	第十九年	70 000
	第二十年	80 000
	或者一次性支付全部年费	400 000
（8）外观设计专利年费	第五年	1 000
	第六年	2 000
	第七年	3 000
	第八年	4 000
	第九年	5 000
	第十年	6 000
	一次性支付全部年费	20 000
（9）小专利年费	第五年	2 000
	第六年	4 000
	一次性支付全部年费	6 000
（10）小专利期限续展费	首次续展	14 000
	第二次续展	22 000
（11）当然许可登记申请		500
（12）专利或者小专利权转让登记申请		500
（13）专利或者小专利转化申请		500
（14）许可证书		1 000
（15）专利证书、小专利证书或者许可证书更换		100
（16）对局长决定或者命令提出异议		1 000
（17）副本制作	每页	10
（18）副本认证	超过 10 页，每页	100
	不超过 10 页，每页	10
（19）其他任何申请		100

菲律宾知识产权法典[1]

（共和国法律第 8293 号）

第二部分　专利法

目　录

---

[1]　根据菲律宾知识产权局网站（http://www.ipophil.gov.ph/main.php? contentid＝8）上提供的英文版翻译。翻译：池冰；校对：王燕红。

第一章 总 则

第1条 名称

本法被称为菲律宾知识产权法典。

第2条 国家政策的宣布

本国认识到有效的知识产权和工业产权制度对于国内发展和创造性活动至关重要，可以促进技术转让，吸引外国投资和确保我国产品的市场准入。该制度应能保护和使科学家、发明人、艺术家和其他有能力的公民对其知识产权和创造享有本法规定的期限内的独占权，并使全社会受益。

第3条 国际公约和互惠

与菲律宾同为与知识产权或者反不正当竞争有关的任何公约、条约或者协定的成员国，或者根据法律给予菲律宾国民以互惠权利的国家的国民或者在该国有住所或者有真实、有效的营业场所的人，应当享有上述公约、条约或者互惠法律所赋予的利益以及本法赋予知识产权权利人的权利。

第4条 定义

4.1 知识产权包括：

(1) 著作权及邻接权；

(2) 商标和服务商标；

(3) 地理标志；

(4) 工业品外观设计；

(5) 专利；

(6) 集成电路布图设计（拓扑图）；

(7) 未披露信息的保护。

4.2 "技术转让协议"一词是指包含了转让制造某一产品、应用某一方法的系统化知识或者包括管理等服务内容在内的合同或者协议；以及转让、移转或者许可各种知识产权，包括计算机软件许可在内的合同，但是为大宗市场开发的计算机软件除外。

4.3 "局"一词是指根据本法设立的知识产权局。

4.4 "知识产权局公报"是指知识产权局根据本法出版的公报。

第5条 知识产权局的职能

5.1 为管理和实施本法宣布的国家政策，特此设立知识产权局。该局享有以下职能：

（1）对发明专利申请和实用新型、外观设计的注册申请进行审查；

（2）对商标、地理标志和集成电路布图设计的注册申请进行审查；

（3）对技术转让协议进行注册，处理本法第二部分第九章有关自愿许可的使用费支付争议，制定和实施促进技术转让的战略；

（4）促进作为技术开发手段的专利信息的使用；

（5）在其出版物上定期出版已注册和已批准的专利、商标、实用新型、工业品外观设计和注册的技术转让协议；

（6）对知识产权的争议作出行政裁定；

（7）为加强国内知识产权保护，制定和实施有关计划和政策，并努力与其他政府部门和私人机构进行协作。

5.2 知识产权局应当保管全部记录、书籍、附图、说明书、文件以及向其提交的与知识产权申请有关的其他纸件及物品。

第6条 知识产权局的组织结构

6.1 知识产权局由总局长和辅助局长的两名副总局长领导。

6.2 知识产权局下设 6 个分局，每个分局由分局局长和助理局长领导。分局包括：

（1）专利局；

（2）商标局；

（3）法律事务局；

（4）文献、信息和技术转让局；

（5）信息管理系统和 EDP 局；

（6）行政、财务和人力资源发展服务局。

6.3　总局长、副总局长、分局局长和助理局长由总统任命，局的其他官员和雇员由贸易和工业部长根据民事服务法任命。

第 7 条　总局长和副总局长

7.1　职责。总局长应当履行以下权力和职责：

（1）管理并指导局的全部职能和活动，包括为实施局目标、政策、计划、项目而制定规则，行使提出下列各项有关的政策和标准的职责：

① 根据法律规定，保证全局能够有效、高效、经济地运转；

② 在知识产权的执法方面，与其他政府机构开展协作；

③ 作为局代表与律师、代理人，或者代表申请人的其他人或者其他方进行诉讼或者其他法律行为；

④ 在贸易和工业部长的监督下，确定专利、实用新型、工业品外观设计、商标、集体商标、地理标志和其他标志的申请和处理费用及程序，以及应当提供的服务和材料；

（2）对法律事务局局长、专利局长、商标局长、文献、信息和技术转让局长作出的决定行使排他的上诉管辖权。对总局长关于专利局长、商标局长的决定行使其上诉管辖权而作出的决定应按照法院规则的规定向上诉法院提起上诉；总局长在对文献、信息和技术转让局长的决定行使其上诉管辖权而作出的决定应向贸易和工业部长提起上诉。

（3）为解决涉及许可条件，包括涉及公共表演或者其他传播作品的作者权利的纠纷行使初审管辖权。

7.2　资格。总局长和副总局长必须是在菲律宾自然出生的公民，在任命时应年满 35 岁，具有大学学位，并公认有能力、诚实、正直和独立；总局长和至少一名副总局长应当是菲律宾律师协会的成员并且至少执业 10 年；此外，在总局长和副总局长的挑选过程中，除应考虑上述条件外，还应对各个知识产权领域进行平衡考虑。

7.3 任期。总局长和副总局长的任期为 5 年，且只能连任一届，但第一位总局长任期为 7 年。任命空缺职位的，其任期为是前任未到期的时间。

7.4 总局长办公室。总局长办公室由总局长和副总局长、直属服务职员以及为支持总局长办公室而设立的办公室和服务部门组成。

第 8 条　专利局

专利局具有以下职能：

8.1 对专利申请进行检索和审查，并授予专利权。

8.2 对实用新型、工业品外观设计和集成电路进行注册。

8.3 协助总局长制定专利管理和审查方面的政策，并在专利领域开展研究和调研。

第 9 条　商标局

商标局具有以下职能：

9.1 对商标、地理标志和其他标识所有权的注册申请进行检索和审查，颁发注册证书；和

9.2 为协助总局长制定商标管理和审查方面的政策而在商标领域进行研究和调研。

第 10 条　法律事务局

法律事务局具有以下职能：

10.1 对商标注册申请和撤销商标的异议进行审理并作出决定；根据本法第 64 条，对撤销专利、实用新型和工业品外观设计的异议进行审理并作出决定；对专利强制许可的请求进行审理并作出决定。

10.2

（1）对涉及知识产权违法的行政投诉行使初审管辖权。本管辖权限于损害赔偿总额不少于 20 万菲律宾比索的投诉。可以根据法院规则给予临时救济。法律事务局局长有权对在诉讼过程中藐视决定或者令状的行为给予惩罚。

（2）在正式的调查之后，法律事务局局长可给予下述一种或者多种行政处罚：

① 签发停止或者终止令，命令应当写明答辩人应当停止或者终止的行为，并要求其在停止或者终止令确定的合理时间内提交执行报告；

② 接受自愿保证或者停止。该自愿保证可以包括下列一项或者几项：

（a）保证遵守其违反的知识产权法；

（b）保证不再从事违法或者受到正式调查的不公平的行为和做法；

（c）保证对已经投入市场的有缺陷商品召回、替换、修理或者退款；

（d）保证偿还在法律事务局程序中产生的费用和支出。

③ 定罪或者扣押违法商品。被扣押的商品应当以法律事务局局长认为适当的方式处置，例如根据其可能制定的指南，出售、捐赠给贫困的地方政府或者慈善机构、出口、回收或者前述方式的结合；

④ 没收随身用品以及在违法活动中使用的全部个人财产和不动产；

⑤ 征收适当的行政罚款，但不应当少于五万比索，不超过十五万比索。此外，应当对不停止的违法行为给予每天不超过一千比索的额外罚款；

⑥ 取消局已经授予的许可、授权或者注册，或者在法律事务局局长认为适当的、不超过 1 年的时间内中止效力；

⑦ 扣留答辩人向局担保提交的授权、许可、授权或者注册；

⑧ 评估损害赔偿；

⑨ 问责；

⑩ 其他类似的惩罚或者处罚。

10.3　总局长可以通过制定规则来保证本条的实施。

第 11 条 文献、信息和技术转让局

文献、信息和技术转让局应当具有下列职能：

11.1 通过下列活动对局的检索和审查活动提供支持：

（1）维护和更新国内和国际分类（例如 IPC 分类系统）系统；

（2）为确定检索方式提供咨询服务；

（3）保管检索文档、检索室和图书馆；和

（4）收集和整理知识产权信息。

11.2 建立网络、中间机构或者地区代表。

11.3 通过举办研讨会、讲座和类似的活动进行公众教育，树立公众的知识产权意识。

11.4 与研发机构、地区和国际的知识产权专业团体，建立工作关系。

11.5 进行现有技术检索。

11.6 推动专利信息作为促进国家技术发展工具的有效利用。

11.7 提供与技术许可、促进有关的技术、咨询及其服务，并实施有效的项目推动技术转化。

11.8 负责技术转化协议的登记，解决涉及技术转让费用的纠纷。

第 12 条 信息管理系统和 EDP 局

信息服务管理和 EDP 局应：

12.1 执行自动化计划、研究、开发、系统测试、签订合同、购买和维护设备、系统的设计和维护、用户咨询及相关事项；并且

12.2 向局提供管理信息支持和服务。

第 13 条 行政、财务和人力资源发展服务局

13.1 行政服务局应当：

（1）提供涉及供给、设备、运输、出纳、工资的支付和局其他规定、日常维护、正常的安保和其他需求的采购及分配的服务；并遵守政府对进行绩效评估、赔偿和收益、雇用记录和报告

方面的法律规定；

（2）受理向局提交的全部申请并收取相关费用；和

（3）公布专利申请和授权，商标申请和商标注册，工业品外观设计、实用新型、地理标志和集成电路布图设计注册。

13.2　专利和商标管理服务局应当履行下列职能：

（1）保管专利和商标的转让、合并、许可登记簿和著录项目信息；

（2）收取维持费、颁发文件或者证明副本以及从事相关工作；和

（3）保管向局提交的全部申请、全部专利授权、由局签发的注册证书及其他相关工作。

13.3　财务部应当规定并管理为保障资金的获得和适当运用的财务项目；对局的财务运行提供有效的监督制度；和

13.4　人力资源发展服务局应当为局设计并实施人力资源发展计划和项目；提供机构现在和未来所需要的人力需求；通过继续设计和实施雇员发展项目而保持雇员高昂的士气和对机构良好的态度。

第14条　知识产权局对知识产权收费的使用

14.1　为更有效、迅速地实施本法，总局长有权根据现有的会计和审计规则，在不需要任何政府机构分别批准的情况下保留由局根据本法和其他相关法律为局的运行而使用其收取的费、罚款、许可费和其他收费，例如可以改良其设施、设备、人力资源发展，获得适当的办公空间，改进其向公众提供的服务。这一费用应在局年度预算之外列支，并由单独的账户或者基金进行保存，可由总局长直接使用或者支出。

14.2　在本法生效5年后，经贸易和工业部长批准，总局长应当决定本法第14.1款提及的收费是否满足其预算需求。如果是，其应当保留其按照上述第14.1款规定的条件收取的费用，但是应当立即停止使用从中央政府的年度预算中取得的资金。如果不是，第14.1款的规定继续适用，直到贸易和工业部部长的批准，总局长证实局征收的上述费用已经足够支付其运行费用。

第 15 条 专门的技术和科学辅助

在向局递交的涉及实施本法的必需情况下，总局长有权向政府其他部门、局、机构，包括政府所有、控制或者运营的公司要求提供技术、科学或者其他适合官员或者雇员的帮助。

第 16 条 局印

局应制作印章，其形式和图案应由总局长批准。

第 17 条 法律和细则的公布

总局长应将使本法、其他相关法、行政命令和局管辖的事务等相关信息印刷成小册子并提供给公众。

第 18 条 知识产权局公报

根据本法的规定应在局的出版物即知识产权局公报上公布有关事项。

第 19 条 官员和雇员的资格限制

在被雇用期间及离职后 1 年的时间内，局任何官员或者雇员均不得申请或者作为专利、实用新型、工业品外观设计或者商标申请的律师或者专利代理人，除非因继承而获得专利、实用新型、工业品外观设计或者商标的权利或者权益。

第 20 条 第二部分（专利法）中使用的术语的定义。

在第二部分中，以下术语具有下列含义：

20.1 "局"是指专利局；

20.2 "局长"是指专利局局长；

20.3 "实施细则"是指专利局局长制定而由知识产权局总局长发布的涉及专利案件的实施细则；

20.4 "审查员"是指专利审查员；

20.5 "专利申请"或者"申请"是指本法第七章、第八章之外的发明专利申请，而第七章、第八章的申请分别是指实用新型专利申请和外观设计专利申请；

20.6 "优先权日"是指本法第 31 条所称的同一发明在外国申请的申请日。

第二章　专利性

第 21 条　可授予专利的发明

解决人类活动任何领域内问题的具备新颖性、创造性和工业实用性的任何技术方案都可授予专利。该技术方案可以是产品、方法或者其改进，或者是与产品、方法或者其改进相关。

第 22 条　不能授予专利的发明

下列各项不能获得专利保护：

22.1　发现、科学理论和数学方法。

22.2　智力活动、游戏或者商业活动的方案、规则和方法，计算机程序。

22.3　对人类或者动物的手术治疗方法，或者应用于人类或者动物的治疗和诊断方法。本条不适用于这些方法中使用的产品或者组合物。

22.4　植物和动物品种或者繁殖植物或者动物所采用的实质上为生物学的方法。本条不适用于微生物以及非生物学方法和微生物学方法。

本款不能排除国会考虑制定相关法律对植物和动物品种提供专门保护并建立一套共同的知识产权保护体系。

22.5　美学创作；和

22.6　违反社会秩序和社会道德的。

第 23 条　新颖性

已构成现有技术组成部分的发明不具备新颖性。

第 24 条　现有技术

现有技术包括：

24.1　申请日或者申请的优先权日前世界上任何地点公众能够获取的事物；和

24.2　其申请日或者优先权日早于本申请的优先权日或者申请日，且已根据本法在菲律宾公开的在菲律宾提交或者对菲律宾有效的专利、实用新型、外观设计注册申请的全部内容。但是，该申请已根据本法第 31 条有效要求在先申请日的优先权，并且该申请与本申请的申请人或者发明人不为同一人，则该申请从其在先申请的申请日起即具有现有技术的效力。

第 25 条　不损害新颖性的公开

25.1　在申请日或者优先权日前 12 个月内专利申请中信息的公开将不视为缺乏新颖性，不会对申请人权利造成损害，如果公开行为是由下列人作出的：

（1）发明人；

（2）专利局，且该信息包含在（1）申请人的另外一件专利申请中且本不应被专利局公开；或者（2）包含在由直接或者间接从发明人获得信息的第三方在发明人不知道或者未经其同意的情况下提出的专利申请；或者

（3）直接或者间接从发明人获得信息的第三方。

25.2　上一款所述的发明人也包括在申请日时对该发明享有获得专利的权利的人。

第 26 条　创造性

如果一项发明与现有技术相比，在发明的申请日或者优先权日时，对于本领域的技术人员来说不是显而易见的，则该发明具备创造性。

第 27 条　工业实用性

能够在任何工业领域生产和使用的发明具有工业实用性。

第三章　专利权

第 28 条　获得专利的权利

获得专利的权利属于发明人、发明人的继承人或者受让人。如

果发明是由两个或者两个以上的发明人共同完成的，由其共同享有。

第 29 条 先申请原则

如果两个或者两个以上的人分别和各自独立完成发明的，获得专利的权利属于就发明提出申请的人；针对同一项发明的两个或者两个以上的专利申请，获得专利的权利应当属于具有在先申请日或者优先权日的申请人。

第 30 条 委托发明

30.1 发明的委托方应拥有专利权，除非合同另有规定。

30.2 在雇用合同期内雇员的发明，专利权应属于：

（1）雇员，如果发明活动不是其日常工作职责，即使雇员利用了雇主的时间、设备和材料。

（2）雇主，如果该发明是其履行日常工作职责的结果，除非有相反的明示或者默示的协议。

第 31 条 优先权

在专利申请之前，申请人已就同一发明在其他国家申请了专利，并且该国根据有关公约、条约或者法律提供给菲律宾人国民待遇的，如果该申请满足以下要求，申请日可以视为国外申请的申请日：（1）本国专利申请明确要求优先权；（2）自最早申请日起 12 个月内提出专利申请；且（3）自向菲律宾申请之日起 6 个月内递交了该外国专利申请经认证的副本和英文译文。

第四章 专利申请

第 32 条 专利申请

32.1 专利申请应当以菲律宾文或者英文提交，并应包含：

（1）请求书；

（2）发明说明书；

（3）理解发明所需的附图；

（4）一项或者多项权利要求；和

（5）摘要。

32.2　专利申请必须标明发明人，否则不能被授予专利权。如果申请人不是发明人，知识产权局应当要求申请人递交发明人的授权。

第33条　代理人或者代表的指定

非菲律宾居民的申请人必须在菲律宾指定并保持一名本国代理人或者代表，向其送达与专利申请或者专利权有关的行政或者司法程序中的通知和决定。

第34条　请求书

请求书应当包括要求授予专利权的请求，申请人、发明人、代理人的姓名及其他信息，以及发明的名称。

第35条　发明的公开和说明书

35.1　公开。专利申请应当充分清楚和完整地公开其发明，确保本领域的技术人员能够实现该发明。如果该申请涉及微生物学方法或者产品以及微生物的使用，该微生物材料公众不能得到，并且对该生物材料的说明不足以使所属领域的技术人员实施其发明的，申请应当提供国际保藏机构出具的该微生物的保藏证明。

35.2　说明书。实施细则中应当规定说明书的内容和顺序。

第36条　权利要求书

36.1　专利申请中应当包含一个或者多个权利要求，权利要求应当能够清楚地限定寻求专利保护的内容。每一个权利要求都应当清楚和简要，并得到说明书的支持。

36.2　实施细则中应当规定权利要求的表达方式。

第37条　摘要

摘要应当包含说明书、权利要求书和附图中公开的发明的简要说明，字数不超过150个字。摘要的撰写方式应当清楚地反映现有技术问题、本发明技术方案要点以及发明的用途和用法的方式撰写。摘要的作用在于提供技术信息。

第38条 发明的单一性

38.1 一项专利申请应当限于一项发明，或者是属于一个总的发明构思的两项以上的发明，可以作为一件申请提出。

38.2 如果不属于一个总的发明构思的几项独立发明作为一件申请而提出，局长可以要求该申请限定于一项发明。如果在后提交的分案申请满足下列要求，则在后的分案申请的申请日与在先申请的相同：在收到分案通知书4个月的答复期内或者经请求获得的附加的不超过4个月的延长期内提交，并且每个单独的分案申请都没有超出最初申请的范围。

38.3 被授予专利权的申请不具备单一性的事实不得作为撤销专利权的理由。

第39条 涉及相应外国专利申请的信息

应局长的要求，专利申请人应当提供与该申请相同的或者实质相同的外国专利申请（简称"外国专利申请"）的日期和申请号，以及与该外国申请相关的文件。

第五章　授予专利权的程序

第40条 申请日的要求

40.1 申请日应当为知识产权局至少收到下列文件的日期：

（1）明示或者默示地提出获得菲律宾专利权的意思表示；

（2）识别申请人的信息；

（3）以菲律宾文或者英文撰写的发明说明书或者至少一个的权利要求。

40.2 如果上述的文件没有在实施细则规定的时间内递交，则该专利申请视为撤回。

第41条 申请日的确定

知识产权局应当审查专利申请的申请日是否满足第40条的规定，根据实施细则的规定，专利申请人应当有一次机会修改申请文件中有关第40条的缺陷。如果申请文件没有包含根据第40条需提供的全部文件，申请日应当为收到全部文件的日期。如果在规定时间内，申请文件中的缺陷没有修改，则该申请视为撤回。

第 42 条　形式审查

42.1　如果专利申请已经按照实施细则确定了申请日，并且按时缴纳了相关费用，该专利申请应当在规定期限内满足本法第 32 条和实施细则规定的形式要求，否则该申请视为撤回。

42.2　实施细则应当规定专利申请的再审和恢复，以及就审查员作出的最终决定向局长提起申诉的相关程序。

第 43 条　分类和检索

通过形式审查的专利申请应当被分类并检索，以确定现有技术。

第 44 条　专利申请的公布

44.1　专利申请和知识产权局制定的检索文件应当在知识产权局公报上自申请日或者优先权日起满 18 个月即行公布，其中检索文件应包含反映现有技术的对比文件。

44.2　专利申请公布后，任何有关方都可以查询申请文件。

44.3　知识产权总局局长如果发现一项专利申请的公布可能危害国家安全和利益，在获得贸易和工业部部长的同意后，可以禁止或者限制该申请的公布。

第 45 条　公开前的保密

专利申请公开前所涉及的所有相关文件未经申请人同意，不得公开接受查询。

第 46 条　公布后专利申请所具有的权利

专利申请人有权根据本法第 76 条阻止他人未经其同意而行使本法第 71 条所述的专利申请中发明相关的各项权利，如同该发明已获得专利权，只要该人已经：

46.1　实际知道其正在使用的发明是公布的专利申请所保护的客体；或者

46.2　收到告知其正在使用的发明是公布的专利申请保护的客体的书面通知，并且该通知带有专利申请序列号码，但是该诉讼只能在公开的专利申请获得授权之后，上述行为实施之日起 4 年内提起。

第 47 条 第三方的意见

专利申请公布后，任何人可以就该发明的专利性提出书面意见。这些意见应当送达给申请人，申请人可以就此进行答复。知识产权局应当接受并将这些与申请有关的意见和答复放入该申请的案卷中。

第 48 条 实质审查请求

48.1 自专利申请根据本法第 41 条公布之日起 6 个月内，申请人应当提交书面实质审查请求，请求决定该申请是否满足本法第 21 条至第 27 条以及第 32 条至第 39 条的要求，并按时缴纳相关费用，否则该申请视为撤回。

48.2 撤回实质审查的请求不能取消，并且不能要求退费。

第 49 条 申请的修改

专利申请人在审查过程中可以修改专利申请，但修改不能包含超出该申请范围的新内容。

第 50 条 专利权的授予

50.1 如果专利申请满足本法的要求，并且按时缴纳所有费用，知识产权局将授予该申请专利权。

50.2 如果授权和印刷费用没有按时缴纳，该申请将被视为撤回。

50.3 专利权自知识产权局公报发布授权公告之日起生效。

第 51 条 申请的驳回

51.1 申请人可以根据本法就审查员发出的驳回决定向局长提起上诉。

51.2 实施细则应当规定就驳回决定提起上诉的有关程序。

第 52 条 专利授权公告

52.1 专利授权及相关信息应当在实施细则规定的时间内在

知识产权局公报上予以公告。

52.2　任何相关各方都可以到知识产权局查阅授权专利完整的说明书、权利要求和附图。

第 53 条　专利的内容

专利应当以菲律宾共和国的名义授权，由知识产权局总局长签署并加盖知识产权局印章，与说明书、权利要求书、附图一同登记于专利登记簿和知识产权局记录中。

第 54 条　专利权的期限

专利权的期限为自申请日起 20 年。

第 55 条　年费

55.1　为了维持专利申请或者专利权，应自本法第 44 条公布之日起 4 年后的每一年缴纳年费。年费应当在到期之日前 3 个月内缴纳。缴纳年费义务自专利申请撤回、驳回或者撤销时终止。

55.2　如果年费未缴纳，专利申请将被视为撤回，专利将自年费缴纳至所在年起下 1 年失效。知识产权局将在知识产权公报上发布由于未缴年费而视为撤回的专利申请或者失效专利的公告，并记录在专利登记簿中。

55.3　对于专利年费的缴纳应当给予 6 个月的宽限期，并根据迟缴的年费收取滞纳金。

第 56 条　专利权的放弃

56.1　专利权人，经过所有已在知识产权局登记的被授权使用人和被许可人或者其他利益相关人的同意，可以放弃全部的专利权或者其中的一项权利要求以及其中的部分权利要求。

56.2　任何人可以向知识产权局提出对于根据前款放弃专利权的反对意见，知识产权局将会通知专利权人并决定此问题。

56.3　如果知识产权局认为专利可以被正常放弃，其可以接受放弃申请，并在知识产权局公报上公告。自公告之日起，该专利权无效，但是不得对该日之前为政府目的使用专利发明提起侵权诉讼和要求赔偿。

第57条 知识产权局错误的更正

局长有权免费纠正记录在专利登记簿中因知识产权局工作失误而产生的明显错误，确保专利与登记簿内容相一致。

第58条 专利申请中错误的更正

应任何利益关系人的请求，并缴纳规定的费用后，局长有权对专利中的非知识产权局工作失误而产生的形式错误和笔误进行更正。

第59条 专利的更改

59.1 专利权人为了以下目的，有权要求专利局对专利进行更改：

（1）通过更改来限制专利权的范围；

（2）纠正明显的错误和笔误；及

（3）除了本款第2项规定以外，对于其他错误的出于善意的更改，但更改不能超出专利权原有的保护范围，并且只能在专利授权两年之内，而且更改公告后不能影响因公告而对专利产生信赖的第三方的权利。

59.2 不允许导致专利公开的范围超出申请公开的范围的更改。

59.3 知识产权局如果依据本条对专利进行了更改，应当予以公告。

第60条 更改的格式和公开

专利更正或者更改应当附有更正或者更改证明，由局长签名并加盖知识产权局印章。更正或者更改通知应当在知识产权局公报上公告，并在知识产权局保藏的副本中加入更正或者更改证明的副本。

第六章 专利权的撤销

第61条 专利权的撤销

61.1 任何相关人在缴纳费用后，均可基于下列理由请求撤销全部专利权或者其中的任一权利要求以及其中部分权利要求：

（1）专利所要求保护的发明不具备新颖性或者不具有可专利性；

（2）专利并没有以充分清楚和完整的方式公开发明，本领域技术人员无法实现该发明；或者

（3）该专利违反公共秩序或者社会道德。

61.2 撤销的范围仅及于所涉及的权利要求或者部分权利要求的范围。

第62条 撤销请求的要求

撤销请求书应当以书面格式向知识产权局提交，由请求人或者了解相关事实的代表人予以确认，并详细阐述撤销理由，包括有关事实的陈述。应当提交请求书中涉及的出版物和其他国家的专利文件以及其他说明文件，非英文文本的应当提交英文翻译。

第63条 听证通知

专利撤销请求提交后，知识产权局法律事务局局长立即将通知副本送达专利权人和其他在知识产权局登记在册的该专利被授权使用或者被许可使用人以及其他利益关系人，并通知他们举行听证的时间。撤销请求将在知识产权局公报上予以公布。

第64条 三人委员会

如果包含复杂技术问题，应任一方的请求，法律事务局局长将任命一个由其担任主席、其他两名该技术领域具有丰富经验和专业知识的人员组成的三人委员会负责审理该撤销请求。不服委员会所作出决定的，可以向知识产权局总局长上诉。

第65条 专利权的撤销

65.1 如果委员会同意撤销，即可决定撤销该专利权或者特定的权利要求。

65.2 如果在撤销审理过程中，专利权人就专利进行了修改并符合本法的要求，委员会可以重新审查其修改文本，并决定是否接受修改，前提是新专利的公告费用按照细则要求按时交付。

65.3 如果新专利的公告费用没有按时缴纳，该专利视为撤回。

65.4 如果该专利按照第 65 条第 2 款进行了修改，专利局在公告撤销决定的同时，公告修改文本的摘要、权利要求和附图，以清楚地显示作出的修改。

第 66 条 专利或者权利要求撤销的法律效果

被撤销的专利或者某个权利要求的权利应当终止。知识产权局公报上应当公布专利撤销通知。除非知识产权局总局长另行决定，法律事务局局长颁发的撤销决定或者命令应当予以立即执行，即使该专利处于上诉审理阶段。

第七章 对专利权人的救济

第 67 条 有权获得专利的人以外的人递交的专利申请

67.1 第 29 条规定的申请人以外的其他人通过法院终审判决或者裁定而获得专利权的，在终局决定之日起 3 个月内，可以：

（1）取代申请人，将专利申请作为自己的申请而继续申请审查程序；

（2）就相同发明递交一份新的申请；

（3）要求驳回该专利申请；或者

（4）如果该专利已经授权，要求撤销该专利。

67.2 第 38 条第 2 款的规定比照适用于根据第 67 条第 1 款第 2 项递交的新专利申请。

第 68 条 真正发明人的救济

如果一个人因未经本人同意或者被欺骗而被剥夺专利权，并被法院终审判决或者裁定认定其为真实发明人时，法院应当判决其取代现专利权人，或者在真正的发明人选择的情况下，撤销该专利权并赔偿其实际损失和根据有关情况赔偿其他损失。

第 69 条 法院判决的公开

法院应当向知识产权局提供本法第 67 条和第 68 条所述判决或

者裁定的一份副本，知识产权局应当在判决或者裁定成为终局之日起 3 个月内将其在知识产权局公报上公布，并记录于登记簿。

第 70 条 诉讼时效

本法第 67 条和第 68 条中所规定的诉讼应当自第 44 条和第 52 条分别规定的公布日起 1 年内提起。

第八章 专利权人的权利和专利侵权

第 71 条 专利权

71.1 一项专利赋予专利权人下列独占权：

（1）专利主题是产品的，限制、禁止和阻止未经授权的任何单位或者个人制造、使用、许诺销售、销售或者进口该产品；

（2）专利主题是方法的，限制、阻止或者禁止未经授权的任何单位或者个人使用该方法，或者制造、经营、使用、销售或者许诺销售、进口直接或者间接由该方法获得的产品；

71.2 专利权人有权转让，或者通过继承或者许可合同的方式转移专利权。

第 72 条 专利权的限制

如果存在如下情形，专利权人无权阻止第三方未经授权实施第 71 条所述的相关行为：

72.1 使用由产品所有人或者经其明确同意投放到菲律宾市场中的专利产品，只要该使用是在该产品投入到上述市场中后。

72.2 个人出于非商业目的或者不构成商业规模的行为，如果该行为不会显著危害专利权人的经济利益。

72.3 仅为对专利发明进行试验的目的而实施的制造或者使用的行为。

72.4 在药店或者由药剂师针对单个病例，根据处方配制药品在内的行为。

72.5 该发明使用在其他国家的任何临时或者偶然过境的船

只、航空器或者陆地车辆，如果该发明只为船只、航空器或者陆地车辆的自身需要，而并非出于在菲律宾制造并销售的目的。

第73条 在先使用者

73.1 尽管有第72条的规定，在申请日或者优先权日前善意或者为在其企业或者经营中实施该发明已经进行了认真准备的在先使用者，应当有权继续在原使用范围内继续使用。

73.2 在先使用者的权利只能与其企业或者业务一起转让，或者其使用或者准备使用涉及的部分企业或者业务一起转让。

第74条 政府对发明的使用

74.1 在下述情况下，政府机构或者政府授权的第三人可以不经专利权人同意而实施该发明：

（1）由有关政府机构决定的公共利益，特别是国家安全、营养、卫生或者其他部门发展的需要；或者；

（2）司法或者行政机关已经认定专利权人或者被许可人实施专利的行为限制了竞争。

74.2 本法第95条至第97条及第100条至第102条比照适用于政府或者政府授权的第三人对专利的使用。

第75条 权利要求的保护范围及其解释

75.1 专利保护的范围由权利要求决定，而权利要求应根据说明书和附图进行解释。

75.2 为确定专利保护范围，应当正确考虑与权利要求中描述的特征相等同的特征，因此，权利要求应当被认为不仅包含全部特征，还包含其等同特征。

第76条 侵权民事诉讼

76.1 未经专利权人授权，制造、使用、许诺销售、销售、或者进口专利产品或者直接或者间接由专利方法制造的产品，或者使用专利方法，构成专利侵权。

76.2 任何专利权人或者拥有该专利发明相关权利、利益的任何人，在权利受到侵犯时都可以向有管辖权的法院提起民事诉讼，从侵权人处获得因侵权遭受的损失、律师费和其他诉讼费用，以及获得禁令来保护专利权。

76.3 如果损害赔偿并不充分，或者不能通过合理确定的事实来认定，法院可以通过给予相当于合理的许可使用费的方式来补偿损失。

76.4 法院可以根据案件的具体情况，判决超过实际损失的赔偿金，但不得超过实际损失的三倍。

76.5 法院可以依职权判决，将侵权物品、原材料和主要用于侵权的工具排除出商业渠道，或者予以销毁并不得给予补偿。

76.6 积极诱导侵犯专利权的人，或者向侵权人提供专利产品的组成成分或者提供专用于专利方法的无其他实质性的非侵权用途产品的人，应当作为共同侵权人，与侵权人共同或者分别承担责任。

第 77 条 外国人提起的侵权诉讼

任何符合本法第 3 条并且在菲律宾境内没有从事经营的外国人或者法人，根据本法被授予或者通过转让获得专利权的，也可以提起侵权诉讼，无论其是否根据现有法律被许可在菲律宾内开展业务。

第 78 条 方法专利；侵权举证责任

如果专利主题是制造一种产品的方法，当该产品是新的或者与依照专利方法制造的产品实质相同，并且专利权人通过合理努力未能得知该产品的实际制造方法时，则相同产品应当被推定是使用专利方法获得的。法院命令被告证明其制造相同产品的方法与专利方法不同的，法院应采用可行的措施来保护被告的制造和经营的商业秘密。

第 79 条 损失赔偿的诉讼时效

对于在提起侵权诉讼前已经超过 4 年的侵权行为不能获得损害赔偿。

第 80 条 损失；通知要求

侵权人对其知道或者有合理理由知道该专利之前的侵权行为

造成的损失，不予赔偿。在提供给公众的专利产品或者其容器、包装上，或者专利产品或者方法相关的广告材料上，标有"菲律宾专利"及专利号的，可以推定侵权人已经知道该专利。

第81条 侵权诉讼中的抗辩

在侵权诉讼中，被告除其他可用的抗辩方式外，也可根据第61条规定的撤销专利请求的理由证明专利或者专利的任一权利要求无效。

第82条 无效专利的撤销

在审理专利侵权案件时，如果法院查证该专利或者其权利要求无效，应当撤销该专利或者权利要求。知识产权局法律事务局局长在收到法院的撤销专利权的终审判决后应当记录在登记簿上，并在知识产权局公报上公布。

第83条 侵权诉讼中的鉴定人

83.1 法院可以指定两名或者两名以上的鉴定人。鉴定人应当具有诉讼涉及的主题所涉及的科技知识。诉讼各方均可对被法院指定的鉴定人是否适格提起质疑。

83.2 法院应当给予鉴定人一定的补偿费用，该费用由原告方预付，一旦胜诉，则记入其诉讼成本中予以补偿。

第84条 对反复侵权的刑事诉讼

在法院判决侵权人侵权之后，如果侵权人或者纵容其侵权的人反复侵权，侵权人及纵容者应当承担刑事责任，但不影响提起要求赔偿的民事诉讼。认定犯罪行为成立的，法院可以判决其监禁6个月至3年和/或者判处十五至三十万的比索的罚金。刑事诉讼应当从犯罪之日起3年内提起。

第九章 自愿许可

第85条 自愿许可合同

为了鼓励技术的转让与传播，阻止和控制在某些特定情况下可能构成滥用知识产权，给竞争和贸易造成负面影响，所有的技术转让协议都应符合本章的规定。

第 86 条 许可使用费争议解决的管辖

文献、信息和技术转让局局长应行使准司法权，来解决技术转让方在技术转让费用方面产生的争议，包括确定适当的许可费率。

第 87 条 禁止条款

除第 91 条另有规定外，以下条款被明确视为对竞争和贸易具有不利影响：

87.1 许可人强加给被许可人，要求被许可人从特定来源获得生产资料、中间产品、原材料以及其他技术，或者永久性地雇佣许可人指明的人员。

87.2 许可人保留对销售或者再次销售根据许可合同制造的产品进行定价的权利。

87.3 包含对于生产数量和结构的限制。

87.4 在非独占技术转让协议中禁止使用竞争性的技术。

87.5 有利于许可人的全部或者部分的进货选择权。

87.6 许可人要求被许可人将可能通过使用被许可技术而获得的发明或者改进免费转让给许可人。

87.7 要求就没有使用的专利向专利权人支付使用费。

87.8 禁止被许可人出口被许可生产的产品，除非是出于合理保护许可人的合法利益的目的，如出口到已经授予了制造和/或者销售被许可产品的独占许可的国家。

87.9 在技术转让协议到期后仍然限制该技术的使用，除了技术转让协议是由于被许可人的原因而提前终止的情况。

87.10 要求在专利或者其他工业产权到期后仍然支付使用费。

87.11 要求技术接受方不得质疑技术提供方专利的有效性。

87.12 限制被许可人为了消化、使被转让的技术适应本地情况而进行的研发，或者限制被许可人进行与新产品、方法或者设备有关的研发。

87.13 阻止被许可人采用进口技术，或者引入创新，如果这种行为不损害许可人规定的质量标准。

87.14 免除许可人在技术转让协议下的不履行责任，和/或者免除许可人因第三人就使用被许可的产品或者被许可使用的技术提起的诉讼责任；和

87.15 其他具有同等效果的条款。

第88条 强制性条款

自愿许可合同应当包含以下条款：

88.1 对于同一个诉讼案件的解释应适用菲律宾法律，应当由被许可人主要营业地所在法院管辖。

88.2 在技术转让协议期限内，有权持续使用与转让技术有关的改进技术和方法。

88.3 如果技术转让协议中选择仲裁方式，应当适用联合国国际贸易法律委员会的仲裁规则，或者国际商会仲裁和调解规则，仲裁地点应当在菲律宾或者其他中立国家；和

88.4 许可人应当承担许菲律宾对于技术转让协议规定的税费。

第89条 许可人的权利

如果在技术转让协议中没有相反规定，许可协议不能阻止许可人继续向第三人授予许可，也不能阻止许可人自行实施该技术。

第90条 被许可人的权利

在技术转让协议期内，被许可人有权实施技术转让协议中的技术。

第91条 例外情况

对于能够对经济产生实质利益的和具有很大价值的例外情况，例如含有高科技，能够增加外汇收入、增加就业、工业的区域分布和/或者替换或者使用当地原材料，或者在投资委员会具

有新兴工业地位的情况，可以由文献、信息和技术转让局经过个案评估后给予上述规定的豁免。

第92条 不在文献、信息和技术转让局注册

符合本法第86条和第87条规定的技术转让协议无须在文献、信息和技术转让局进行注册。对于不符合第87条和第88条规定的技术转让应视为自始无效，除非该技术转让协议经过文献、信息和技术转让局根据第91条规定的例外情况给予批准和注册。

第十章 强制许可

第93条 强制许可的理由

任何人如果能够表明有能力实施发明专利并符合下述情况，法律事务局局长可以未经专利权人同意而许可实施一项专利发明：

93.1 国家紧急状态或者其他非常紧急的情况；

93.2 由国家有关机构确定的，为国家利益特别是涉及国家安全、营养、卫生或者国家经济发展的其他关键领域所需；或者

93.3 由司法或者行政机关认定专利权人或者其被许可人实施专利的行为具有限制竞争的效果；或者

93.4 为了公共的非商业性使用；

93.5 尽管发明专利能够实施而未在菲律宾境内商业规模实施并且没有合理理由的，但是，进口专利物品仍构成实施或者使用该专利。

第94条 申请强制许可的期限

94.1 在申请日起4年或者自专利授权之日起3年内不得根据第93.5的规定申请强制许可，以二者中最后到期日为准。

94.2 以第93.2款、第93.3款和第93.4款以及第97条规定的理由申请强制许可的，可以在专利授权后的任何时间申请。

第95条 基于合理商业条件获得许可的要求

95.1 只有在下列条件下才能授予该许可：请求人基于合理

的商业条件努力获得专利权人的授权，但是在合理的期限内无法实现。

95.2 第95.1款的规定不能适用于以下情况：

（1）在司法或者行政诉讼已被认定为具有限制竞争效果，请求人将强制许可作为救济方式的要求；

（2）在国家紧急状态或者其他特别紧急情况下；

（3）公共的非商业使用。

95.3 在国家紧急状态或者其他特别紧急情况下，应当合理、可行、尽快地通知权利持有人。

95.4 在公共的非商业使用情况下，政府或者与其订立合同的人，在没有进行专利检索时，知道或者有证据证明其知道有效专利正被政府或者为政府使用，应当立即通知权利人。

第96条 包含半导体技术专利的强制许可

在包含半导体技术专利的强制许可中，许可只应授予为了公共的非商业性的使用，或者用于已在司法或者行政程序中被认定具有限制竞争效果的行为而给予的救济。

第97条 根据依存专利提出的强制许可

如果专利所保护的发明（以下称为"第二专利"）只有在侵犯另一项专利（以下称为"第一专利"）的情况下才能够使用，第一专利的申请日或者优先权日早于第二专利，只有在满足下述情况下，才能向第二专利的所有人授予为实施其发明的强制许可：

97.1 第二专利保护的发明与第一专利相比，具有显著经济意义的重要技术进步；

97.2 第一专利的所有人有权获得以合理条件使用第二专利的交叉许可；

97.3 对第一专利的授权使用不可转让，除非与第二专利一并转让；

97.4 符合本法第95条、第96条、第98至第100条的规定。

第 98 条 申请表的格式和内容

强制许可申请表应当采取书面形式，由请求人签名确认并支付规定的费用。其中应当包含申请人的姓名、地址、联系人、强制许可所涉及的专利号和授权日、专利权人姓名、发明名称、请求强制许可的法定理由，以及支持案件的基本事实和救济方式。

第 99 条 审理通知

99.1 法律事务局局长根据请求，应当立刻正式将审理日期通知专利权人、其授权使用人以及其他与专利有权利和利益关系的并记录在登记簿上的人。根据第 33 条委托的代理人或者指定的代表应接受关于请求通知的送达。

99.2 在各种情况下，知识产权局应当在广泛发行的报纸上一周一次，连续三周发布通知，并在知识产权局公报上公告一次通知。费用由申请人支付。

第 100 条 强制许可的条款

法律事务局局长根据如下规定可以修改包括许可使用费率在内的强制许可的基本条款：

100.1 许可使用的范围应当限定在强制许可目的的范围内。

100.2 许可应当为非独占的。

100.3 许可不能被转让，除非与发明实施所涉及的企业或者业务部分一同转让。

100.4 许可主题的使用应当主要用于供应菲律宾市场，但这种限制不能够适用于因专利权人的行为在司法或者行政程序中被认定为具有限制竞争效果而授予的强制许可。

100.5 如果授予许可的情况已经不存在或者不会再现时，应当终止许可，但要给被许可人的合法利益给予充足的保障；和

100.6 专利权人应当考虑授予强制许可的经济价值后得到充分的补偿，除非该许可因专利权人的行为在司法或者行政程序中被认为具有限制竞争效果而给予的救济。在确定补偿数额时应当考虑纠正限制竞争行为的需要。

第101条 强制许可的修改、撤销和放弃

101.1 根据专利权人或者被许可人的要求，法律事务局局长可以基于新的事实或者情况修改授予强制许可的决定。

101.2 基于专利权人的要求，法律事务局局长根据下述情况可以撤销强制许可：

（1）如果授予强制许可的理由已不存在或者不可能再发生的；

（2）如果被许可人既没有开始供应本国市场，也没有对此给予认真准备；

（3）如果被许可人没有遵守给予许可的条款。

101.3 被许可人可以向知识产权局提交书面声明宣布放弃许可。

101.4 法律事务局局长应当在登记簿中记录修改、放弃或者撤销的原因，并在知识产权局公报上予以公布。

第102条 被许可人责任的豁免

任何人根据本章授予的许可在制造专利产品、物体和/或者使用方法时，都不应当承担侵权责任。除非在自愿许可的情况下，被许可人被证明与许可人有共谋。前述规定不能损害专利权人从其原本可以收取许可使用费的人处获得赔偿的权利。

第十一章 权利的转让与移转

第103条 权利的移转

103.1 专利或者专利申请及其相关的发明应当与其他财产权一样受到民法典的同等保护。

103.2 发明和其他相关权利以及专利可以通过继承或者遗赠的方式转让或者移转，也可以通过许可合同的方式转让或者移转。

第104条 发明的转让

转让可以就专利和发明的全部权利和利益，或者就共有中整个专利和发明的不可分割的份额。转让也可以限定在特定的范围内。

第105条 转让协议格式

转让协议必须采用书面形式，在公证人或者授权官员面前宣誓或者履行公证行为，由公证人或者其他官员确认，并加盖手印和公章。

第106条 登记

106.1 知识产权局应当将与发明、专利或者专利申请有关的权利、利益的移转的记录、协议和其他材料，以知识产权局正式表格的形式记录并保存。应当递交原始文件与签名的复印件，其内容应当保密。如果原件无法提供，应当提供经正式鉴定的副本。记录后，知识产权局应当保留副本，将原件或者经正式鉴定的副本归还给提供方，并在知识产权局公报上公布登记通知。

106.2 上述文书应当视为无效，不得对抗后来的购买者或者质权人，除非自行为日起三个月内或者在随后的购买或者质押之前到知识产权局进行了登记。

第107条 共同所有人的权利

如果两个或者两个以上的人共同拥有一项专利及其发明，其中任何人都有权为了个人利益而单独制造、使用、销售或者进口该发明；但是，在未经其他共有人同意或者按比例地进行权利份额分配的情况下，不能单独授予许可或者转让其个人权利。

第十二章 实用新型的注册

第108条 关于专利条款的适用

108.1 除第109条外，适用于专利的有关条款比照适用于实用新型的注册。

108.2 根据第29条，如果获得专利的权利与获得实用新型注册的权利产生冲突，该条中的"专利"一词应当被替换成"专利或者实用新型注册"。

第 109 条　关于实用新型的特殊条款

109.1

（1）如果一项发明是新的并具有工业实用性，则可以注册为实用新型。

（2）在第 21 条"可取得专利的发明"的规定中，除创造性不作为注册条件外，其他条件仍然适用。

109.2　第 43 条至第 49 条不适用于实用新型注册申请。

109.3　实用新型专利有效期为自申请日起 7 年，不得续展。

109.4　在第 61 条至第 64 条规定的程序中，在下列情况下注册的实用新型应当被撤销：

（1）发明没有满足实用新型的注册条件，特别是第 109.1 条和第 22 条、第 23 条、第 24 条和第 27 条规定的条件；

（2）说明书和权利要求不符合规定的要求；

（3）未能提供理解实用新型所需的附图；

（4）注册的实用新型所有人不是发明人或者其权利继承人。

第 110 条　专利申请或者实用新型注册申请的转化

110.1　在专利申请被授权或者驳回前的任何时候，专利申请人可以缴纳规定费用，将专利申请转化成实用新型注册申请，申请日仍为最初申请日。申请只可以转化一次。

110.2　在实用新型注册申请被注册或者驳回前的任何时候，实用新型注册申请人可缴纳规定的费用，将实用新型注册申请转化成专利申请，申请日仍为最初的申请日。

第 111 条　禁止平行申请

申请人不得就同一主题递交两件申请，也不得同时或者连续递交一件实用新型注册申请和一件专利申请。

第十三章 工业品外观设计和 集成电路布图设计（拓扑图）❶

第112条 术语定义

1. 外观设计是指任何线条、颜色的组合或者任何三维空间形状（无论其是否与线条或者颜色关联）；前提是这种组合或者形状具有特殊的外观，能够作为工业产品或者手工产品的式样。

2. 集成电路是指将至少有一个是有源元件的元件和部分或者全部互连线路集成在材料之中和/或者在其上，以执行某种电子功能的中间产品或者最终产品。

3. 布图设计，即拓扑图，是指集成电路中至少有一个是有源元件的元件和部分或者全部互连线路的三维配置，或者为制造集成电路而准备的三维配置。

第113条 获得保护的实质性要求

113.1 只有新的或者装饰性的外观设计才能依据本法获得保护。

113.2 主要是出于技术或者功能性考虑，为了实现技术效果的外观设计，或者违反公共秩序、健康或者道德的外观设计，不能获得保护。

113.3 只有独创的集成电路布图设计应获得本法保护，即该布图设计是创作者自己的智力劳动成果，并且在其创作时该布图设计在布图设计创作者和集成电路制造者中不是公认的常规设计。

113.4 由常规设计组成的元件和互连组合的布图设计在其组合作为整体具有独创性时，应当获得保护。

第114条 申请的内容

114.1 外观设计或者布图设计注册申请应当包括：

---

❶ 本章于 2001 年 8 月 6 日进行了修改。

（1）外观设计或者布图设计注册申请；

（2）申请人的身份信息；

（3）指明使用外观设计或者布图设计的制造产品或者手工产品所属的种类；

（4）使用外观设计或者布图设计的制造产品或者手工产品的附图、照片或者其他合适的图样，能够清楚、全部、充分地公开外观设计或者布图设计所要求保护的特征；

（5）设计人的姓名和地址，如申请人不是设计人时，应当提供外观设计或者布图设计注册权利来源的声明。

114.2　申请可以附加递交使用外观设计或者布图设计的样品，并应缴纳规定的费用。

第 115 条　一件申请包含多件外观设计

两个或者两个以上的外观设计可以视为属于同一主题，如果它们属于国际分类表中同一小类或者属于同一套产品或者其组成部分。

第 116 条　外观设计或者布图设计的审查

116.1　知识产权局应当将收到该专利申请的日期作为专利申请日，其中应当包含申请人的身份信息和使用该外观设计或者布图设计的产品的说明或者图样。

116.2　如果申请没有满足上述要求，则申请日应当为第 105 条规定的所有文件递交完全之日，或者错误更正之日。如果未在规定时间内满足上述要求，该申请视为撤回。

116.3　在申请日确定并且缴纳了相关费用之后，申请人应当在规定时间内符合第 114 条的要求，否则该申请视为撤回。

116.4　知识产权局应当审查外观设计或者布图设计是否满足第 112 条、第 113.2 款和第 113.3 款的要求。

第 117 条　注册

117.1　知识产权局认为外观设计或者布图设计申请已经满足本法第 113 条的要求，应当准许注册，并颁发外观设计或者布图设计注册证书，否则应当驳回该申请。

117.2　应当在实施细则中规定外观设计或者布图设计证书的格式和内容，并标明设计人的姓名和地址。

117.3　注册的外观设计或者布图设计应当根据细则规定的格式和期限进行公开。

117.4　外观设计或者布图设计所有人或者其代表变更身份信息，应当递交权利所有人身份变更请求，并递交相应的证明和缴纳费用，如果满足上述要求，知识产权局应将权利所有人身份变化信息记录于登记簿中；如果未缴纳费用，该请求视为未提交，变更前的所有人和代表应具有本法所规定的权利和义务。

117.5　任何人可以查阅登记簿中已注册的外观设计或者布图设计的文档，包括已经撤销的外观设计或者布图设计的文档。

第 118 条　外观设计注册或者布图设计的期限

118.1　外观设计注册有效期为自申请日起 5 年。

118.2　外观设计注册可以在缴纳续展费后，续展不超过两次，每次 5 年。

118.3　续展费应当在注册期满之日前 12 个月内缴纳。但是应当在期满之后给予 6 个月的宽限期，并缴纳附加费。

118.4　细则应规定续展注册有关的费用、附加费标准和其他要求。

118.5　布图设计注册的有效期为自布图保护开始之日起 10 年，并不得续展。根据本法，布图设计的保护自如下之日起开始：

（1）权利人或者经权利人同意在世界任何地方投入商业利用之日，前提是在商业利用之日起两年内向知识产权局提交注册申请；或者

（2）布图设计申请注册之日，前提是该布图设计从未在申请前世界任何地方投入商业利用。

第 119 条　其他条款和章节的适用

119.1　涉及专利的如下条款比照适用于外观设计注册：

第 21 条　新颖性

第 24 条　以印刷品或者其他确实的方式公开的现有技术

第 25 条　不损害新颖性的公开

第 27 条　委托发明

第 28 条　获得专利的权利

第 29 条　先申请原则

第 31 条　优先权，但该外观设计注册申请应当自外国最初申请日起 6 个月内递交

第 33 条　代理人或者代表的指定

第 51 条　申请的驳回

第 56 至第 60 条　专利的放弃、更正和修改

第七章　对专利权人的救济

第八章　专利权人的权利和专利侵权；和

第十一章　权利的转让和移转

119.2　如果外观设计的主要部分属于他人在先申请的外观设计的主题，并且该申请未经该申请人的同意，则根据本章的保护不能针对受侵害方。

119.3　涉及专利的如下条款比照适用于集成电路布图设计注册：

第 28 条　获得专利的权利

第 29 条　先申请原则

第 31 条　优先权，但该布图设计注册申请应当自外国最初申请日起 6 个月内递交

第 33 条　代理人或者代表的指定

第 56 条　专利权的放弃

第 60 条　更改的格式和公布

第七章　对专利权人的救济

第八章　专利权人的权利和专利侵权：布图设计权利及限制应进行规定

第十章　强制许可

第十一章　权利的转让和移转

119.4　布图设计注册所有人的权利

（1）对已注册的布图设计的部分或者全部，或者含有该布图设计的集成电路进行复制，但对不具有独创性的部分进行复制除外；和

（2）将注册的布图设计、含有该布图设计的产品或者集成电路销售或者投入商业利用。

119.5　布图设计权利的限制。布图设计所有人无权阻止第三方在下列条件下进行商业目的的复制、销售和利用：

（1）为个人目的或者仅为评价、分析、研究或者教学目的而复制已注册的布图设计；

（2）在依据上述分析或者评价已注册的布图设计的基础上，创作出具有独创性的布图设计的；

（3）由权利所有人或者经其同意投入到市场的已注册的布图设计或者含有该布图设计的集成电路；

（4）对于在从事或者订购含有非法复制的布图设计的集成电路的人在获得该集成电路的产品时不知道也没有合理理由知道该产品含有非法复制的布图设计的集成电路；在其已获得该布图设计是非法复制的充分信息后，其仍可以针对其库存或者在知道之日起以前定购的产品从事上述行为，但应支付权利所有人至少5％的净销售额或者其他合理的等同于自由谈判许可协议的使用费；或者

（5）由第三方独立创作的与具有独创性的布图设计相同的行为。

第120条　外观设计注册的撤销

120.1　在外观设计注册期内，任何人在缴纳相关费用后，可以请求法律事务局局长以如下理由请求撤销外观设计：

（1）外观设计的主题不属于本法第112条和第113条规定的予以注册的范围；

（2）外观设计的主题不具备新颖性；

（3）外观设计的主题超出最初申请的内容范围。

120.2　如果撤销的理由涉及外观设计的一部分，撤销的效力仅及于该范围。禁止对外观设计的有效特征部分进行替换。

120.3　集成电路布图设计的撤销。任何利益方均可根据如下理由请求撤销已注册的布图设计：

（1）根据本法该布图设计不能获得保护；

（2）根据本法权利所有人不应获得保护；或者

（3）布图设计的注册申请并没有在世界任何地方的首次投入商业利用之日起 2 年内提出。

当撤销的理由仅适用于布图设计的部分时，则对应的部分予以撤销。

任何撤销的布图设计或者其中部分应自始视为无效，并从知识产权局记录中删除。所有撤销的布图设计应在知识产权局公报中公布。

第五部分　最终条款

第 230 条　衡平原则适用程序

在本法规定的知识产权局的双方程序中，衡平原则中的懈怠、禁止反悔和默许，如果适当，可以被考虑和适用。

第 231 条　外国法的反向互惠

外国法律对菲律宾国民在该国寻求知识产权保护时造成的任何条件、限制、要求、惩罚或者任何类似负担，菲律宾应当在其境内采取同样措施对待该外国国民。

第 232 条　上诉

232.1　对普通法院判决的上诉应适用法院规则。除非上级法院另行决定，在上诉过程中，初审法院的判决也应当根据该法院规定的条款和条件执行。

232.2　除本法或者其他法律有明确规定，对行政决定不服的上诉应当在细则中予以规定。

第 233 条　*局的组成；工资标准法和人员消减法的豁免*

233.1　知识产权局应当在本法通过之日起 1 年内组建。局的成立不受《共和国第 7430 号法律》的限制。

233.2　局应当建立自身的劳资机构；局应当使其制度尽可能地与《共和国第 6758 号法律》规定的原则相一致。

第 234 条　*取消专利、商标和技术转让局*

取消贸易和工业部下设的专利、商标和技术转让局。专利、商标和技术转让局尚未支出的资金、费用和罚款、许可费和财政年内收取的其他费用、财产、设备和记录，以及必要的人员移交给知识产权局。未被知识产权局吸纳和移交的人员应当享受根据现行法享受的退休待遇，否则，应当支付与每服务一年享受一个月基本工资等同的金额，或者与其得到的最高工资最接近数额等同的金额。

第 235 条　*在本法生效时尚未授权的申请*

235.1　在专利、商标和技术转让局审查中的专利申请应当根据其申请时适用的法律继续进行审查，尽管前述法律已经废止，但该法在该范围和为此目的仍继续有效。在本法生效之日前正在审查中的实用新型和工业品外观设计申请应根据本法继续进行审查，除非申请人选择根据其提出申请时适用的法律继续进行审查。

235.2　在本法生效之日前，在专利、商标和技术转让局正在审查的商标和商业名称注册申请可以进行修改，如果根据本法进行修改是可行的。对上述修改后的申请也可以按照本法进行审查并注册。如果没有进行上述修改，对上述申请的审查和注册应当根据其提交申请时适用的法律进行，尽管前述法律已经废止，但该法在该范围和为此目的仍继续有效。

第 236 条　*现存权利的保留*

本法中的任何规定不得对在本法生效前已经善意获得的行使

专利、实用新型、工业品外观设计、商标和作品的权利产生负面的影响。

第 237 条　伯尔尼公约附录的通知

菲律宾应当适当地遵守《伯尔尼公约》（1971 年巴黎文本）的附录中确定的有关发展中国家特殊规定的条件，包括由有权的机构根据附录颁发许可的规定。

第 238 条　拨款

实施本法所需的资金，应由专利、商标和技术转让局根据现行总拨款法获得的拨款以及该局在财政年度中根据本法第 14.1 款和第 234 条收取的费用、罚款、许可费和其他收费中支付。此后，为继续实施而需要的资金应包含在年度拨款法中。

第 239 条　废止

239.1　与本法不一致的法律或者法律的部分条款，特别是《共和国第 165 号法律》《共和国第 166 号法律》、修订后的刑法第 188 条和第 189 条、总统令第 49 号以及总统令第 285 号，及其修订版本，均被废止。

239.2　根据《共和国第 166 号法律》注册的商标继续有效，但是应被视为是根据本法授予的，而且应在本法规定的期限内续展，而且在续展时应根据国际分类表重新分类。根据《共和国第 166 号法律》授予的商业名称和商标继续有效，但不能再进行续展。

239.3　本法的规定适用于在本法生效前已存在并受著作权保护的作品。但是，本法的适用不应导致保护的削弱。

第 240 条　可分离性

本法的个别条款或者条款在某种情形下被确认无效的，本法其他条款不受影响，依然有效。

第 241 条　生效

本法自 1998 年 1 月起生效。

外 国 知 识 产 权 法 律 译 丛

外国专利法选译（中）

国家知识产权局条法司◎组织翻译

知识产权出版社

全国百佳图书出版单位

图书在版编目（CIP）数据

外国专利法选译／国家知识产权局条法司组织翻译 . —北京：知识产权出版社，2014.4（2021.7重印）
（外国知识产权法律译丛）
ISBN 978-7-5130-2679-6

Ⅰ. ①外…　Ⅱ. ①国…　Ⅲ. ①专利法-研究-国外
Ⅳ. ①D913.04

中国版本图书馆 CIP 数据核字（2014）第 063577 号

内容提要

本书汇集了较有代表性和影响力的 20 多个国家和地区的专利法（包括实用新型法、外观设计法）或者地区性专利条约，由国家知识产权局条法司组织多位知识产权法律工作者翻译。希望本书能够满足企业了解其贸易或者投资目标国知识产权法律制度的迫切需求，更好地服务于我国企业"走出去"战略；同时为我国立法机关参考和借鉴外国专利制度，以及为知识产权教育与研究人员拓宽视野、了解和研究外国专利制度，提供较为全面的背景资料。

责任编辑：李　琳　龚　卫		责任校对：董志英	
封面设计：张　冀		责任印制：刘译文	

外国知识产权法律译丛

外国专利法选译（中）

国家知识产权局条法司　组织翻译

出版发行：**知识产权出版社**有限责任公司		网　　址：http：//www. ipph. cn	
社　　址：北京市海淀区气象路50号院		邮　　编：100081	
责编电话：010-82000860 转 8541		责编邮箱：wangyumao@cnipr.com	
发行电话：010-82000860 转 8101/8102		发行传真：010-82000893/	
		82005070/82000270	
印　　刷：北京建宏印刷有限公司		经　　销：各大网上书店、新华书店	
		及相关专业书店	
开　　本：880mm×1230mm　1/32		总 印 张：62.50	
版　　次：2015 年 1 月第 1 版		印　　次：2021 年 7 月第 2 次印刷	
总 字 数：1800 千字		总 定 价：220.00 元（全三册）	
ISBN 978-7-5130-2679-6			

出版说明

知识产权出版社自成立以来一直秉承"为知识产权事业服务、为读者和作者服务、促进社会发展和科技进步"的办社宗旨,竭诚为知识产权领域的行政管理者、高校相关专业师生、法律实务工作者以及社会大众提供最优质的出版服务。

为满足国内学术界、法律实务界对相关国家(地区)知识产权法律的了解、学习及研究需求,知识产权出版社组织国内外相关法学知名学者翻译出版了这套"外国知识产权法律译丛",涉及的外国法律主要包括美国、法国、德国、日本等国家的最新专利法、商标法、著作权法。陆续出版的相关法律(中文译本)包括:《外国专利法选译》《日本商标法》《日本著作权法》《法国知识产权法典》《美国专利法》《美国商标法》《美国著作权法》《德国著作权法》《德国商标法》等,其他具有代表性的国家或洲际的知识产权法律中文译本也将适时分别推出。

真诚期待各位读者对我们出版的本套丛书提出宝贵意见。

知识产权出版社有限责任公司

前　言

　　21 世纪以来，我国经济社会快速发展。2009 年，出口量跃居全球第一，2010 年经济总量跃居全球第二，我国已成为"经济大国"。专利申请量作为经济实力和科技创新能力重要指标之一，从一个侧面印证了"经济大国"地位：2010 年，我国单位和个人向国家知识产权局提出的发明专利申请为 29.3 万件，居世界第二；2012 年，该申请量为 53.5 万件，居世界第一。2012 年美国国民在美国提出的发明专利申请为 26.9 万件，日本国民在日本提出的发明专利申请为 28.7 万件。在一定程度上，我国进入了"专利大国"的行列。

　　但是，应当清醒地看到，判断一个国家是否为"专利大国"或者"专利强国"，判断该国专利制度对其经济社会发展的作用大小，不仅要看该国国民在本国的发明专利申请量、授权量与技术领域的分布情况，而且更重要的是该国国民在外国的发明专利申请量、授权量与技术领域的分布情况，以及该国国民专利的转化实施率和对经济增长的贡献率等因素。

　　据统计，2012 年我国向美国、欧洲专利局、日本和韩国提交的发明专利申请分别为 4 581 件、2 871 件、1 241 件和 766 件，共为 9 459 件。同年，日本、美国、德国、韩国、法国、荷兰、瑞士、英国等在我国提出的发明专利申请量分别为 42 128 件、29 404 件、12 632 件、

8 943 件、4 310 件、2 606 件、2 917 件、1 860 件，共为
104 800 件，是同期我国国民向美国、日本、欧洲专利局
和韩国提出的发明专利申请量的 11 倍左右。这就是说，
在发明专利申请量上，我国与这些主要发达国家之间存
在高达 11 倍的"逆差"。这与出口量全球第一和经济总
量全球第二的地位极为不称。

2013 年我国每万人口发明专利拥有量达到 4.02 件，
提前实现了《国民经济和社会发展"十二五"规划纲要》
中所提出的 2015 年我国每万人口发明专利拥有量为 3.3
件的战略目标。随着科教兴国战略、人才强国战略和知
识产权战略的深入实施，我国自主创新能力将不断提升，
我国国民尤其是企业在国内外申请专利的意愿和能力也
将大大增强，尤其是外贸发展方式的加快转变以及"走
出去"战略的加快实施，我国企业进入和占领国际市场
将更多地依靠创新和品牌，必将有更强的意愿在境外申
请和获得专利等知识产权。因此，这些企业迫切要求了
解其贸易或者投资目标国的专利等知识产权法律制度。

在中国专利法的制定和三次修改中，立法机关都在
一定程度上对外国专利制度作了参考和借鉴，国家知识
产权局配合立法机关就外国专利制度提供了一些背景资
料，但这些资料仅仅涉及某一专门问题或者某一方面，
无法反映外国专利制度的全貌。因此，从全面了解外国
专利法律制度、为我国专利法律制度的完善提供参考的
角度，有必要系统翻译外国专利立法。

随着《国家知识产权战略纲要》的颁布和实施，我
国知识产权事业得到蓬勃发展，知识产权教育与研究队
伍日益壮大，他们也迫切需要开拓视野，了解和研究外

国专利制度。

为适应前述各方面对了解和研究外国专利制度的需求，国家知识产权局组织各方面的力量，历时近3年，翻译了20多个国家和地区的专利法（包括实用新型法、外观设计法）或者地区性专利条约。

在选择目标国家或者地区的时候，我们参考了以下因素：一是我国与这些国家或者地区的贸易量；二是这些国家在所在洲的影响力；三是这些国家与我国在地缘上的关系。基于以上考虑，最后我们选择了美国、日本、德国、英国、法国等主要发达国家，俄罗斯、巴西、印度、南非等发展中大国，以及与我国贸易量较大的东盟部分国家。遗憾的是，由于无法找到能够翻译西班牙语系专利法律的合适人员，我们未能翻译西班牙、阿根廷或者其他西班牙语系国家的专利法。

读者需要注意的是，我们在寻找翻译文本的时候，尽了最大努力从这些国家的专利局或者知识产权局（或者司法部）网站上寻找其官方语言的最新版本。但由于语言的关系，部分国家（例如瑞典、荷兰、巴西）的译文是以该国专利局或者世界知识产权组织网站上的英译本为基础进行翻译的。此外，由于全部译文的翻译历时较长，而部分国家的法律修改频繁，因此有可能个别国家的专利法在本书收录的版本之后进行了修改（例如日本、美国），我们尽可能将这些修改体现在译文中或者通过注释简要说明修改内容。对于美国专利法，我们除保留原译本外，还单独翻译了2011年的《Leahy-Smith美国发明法案》，供广大读者比较阅读。

需要说明的是，对于那些采用知识产权法典或者工

业产权法典的立法模式的国家（例如法国、意大利、巴西、菲律宾），我们选择了其中的专利法、外观设计法以及部分普遍适用的章节进行了翻译。

同时还需要说明的是，我们在组织翻译的过程中，严格尊重了各翻译依据文本结构、序号等表达方式，有些专业术语在原文未作统一表述的情况下我们也采取保留原貌的基本做法。这些不符合编辑规范的情况希望得到广大读者的理解。

尽管译者、校对者、统稿者和编辑付出了万分努力，但由于水平有限，译文难免有疏漏或者错误之处，敬请广大读者批评指正。

总 目 录

授予欧洲专利的公约❶
(欧洲专利公约)

(1973 年 10 月 5 日签署，根据 1991 年 12 月 7 日《关于修改欧洲〈专利公约第 63 条〉的法案》和 2000 年 11 月 29 日《关于修改〈欧洲专利公约〉的法案》修改❷)

目　　录

---

❶　翻译、校对：汤宗舜。

❷　欧洲专利组织行政委员会根据 2001 年 6 月 28 日的决定（参见 EPO2001 年官方公报特辑第 4 号第 55 页）通过的本公约新文本已成为 2000 年 11 月 29 日《关于修改〈欧洲专利公约〉的法案》不可分割的一部分，其依据是该法案第 3 条第（2）款第 2 句。

前　言

各缔约国：

渴望加强欧洲各国之间关于发明保护的合作；

渴望在这些国家，这种保护可以通过单一的专利授予程序，借助于制定有关这样授予的专利的某些标准规则而获得；

为达到上述目的，渴望缔结一项公约，该公约规定建立欧洲专利组织，并成为 1883 年 3 月 20 日在巴黎签订，最后在 1967 年 7 月 14 日修改的《保护工业产权公约》第 19 条所称的专门协定，1970 年 6 月 19 日签订的《专利合作条约》第 45 条第 1 款所称的地区专利条约。

议定如下：

第 I 部分　一般和组织机构的规定

第 I 章　一般规定

第 1 条　授予专利的欧洲法律

本公约制定各缔约国❶共同的授予发明专利的法律制度。

---

❶　截至 2007 年底，共有 32 个缔约国：奥地利、比利时、保加利亚、瑞士、塞浦路斯、捷克共和国、德国、丹麦、爱沙尼亚、西班牙、芬兰、法国、英国、希腊、匈牙利、爱尔兰、冰岛、意大利、列支敦士登、立陶宛、卢森堡、拉脱维亚、摩纳哥、马尔他、荷兰、波兰、葡萄牙、罗马尼亚、瑞典、斯洛文尼亚、斯洛伐克、土耳其。

译者注：前述注释为欧洲专利局网站上所附公约文本自身的注释。但是，在欧洲专利局网站上关于缔约国的名单中，还有以下国家为缔约国：阿尔巴尼亚、克罗地亚、前南斯拉夫马其顿共和国、塞尔维亚、圣马力诺。此外，波斯尼亚和黑塞哥维那、黑山共和国根据请求承认欧洲专利。

第 2 条　欧洲专利

（1）依据本公约授予的专利称为欧洲专利。

（2）除非本公约另有规定，在授予欧洲专利的每个缔约国中，欧洲专利具有各该国授予的本国专利的效力，并与该国的本国专利受到同样条件的约束。

第 3 条　地域的效力

申请人可以请求对一个或者数个缔约国授予欧洲专利。

第 4 条　欧洲专利组织

（1）本公约设立欧洲专利组织（下称"本组织"）。本组织具有行政和财务方面的自主权。

（2）本组织的机构如下：

（a）欧洲专利局；

（b）行政委员会。

（3）本组织的任务是授予欧洲专利。这一任务在行政委员会的监督下，由欧洲专利局执行。

第 4a 条❶　缔约国部长会议

各缔约国负责专利事务的部长至少应当每 5 年集会一次，讨论有关本组织和有关欧洲专利制度的问题。

第Ⅱ章　欧洲专利组织

第 5 条　法律地位

（1）本组织具有法律人格。

（2）在各缔约国中，本组织享有各该国本国法授予法人的最广泛的法律能力，它尤其可以取得或者处分动产和不动产，并且可以成为诉讼的一方当事人。

---

❶　根据 2000 年 11 月 29 日《关于修改〈欧洲专利公约〉的法案》增加。

（3）欧洲专利局局长代表本组织。

第 6 条 所在地
（1）本组织设于慕尼黑。
（2）欧洲专利局设于慕尼黑，在海牙设分局。

第 7 条 欧洲专利局的分办事处

为了信息和联络的目的，如果需要，可以依行政委员会的决定在缔约国或者在工业产权领域的政府间组织设立欧洲专利局的分办事处，但是须得有关缔约国或者组织的同意。

第 8 条 特权和豁免权

本公约所附关于特权和豁免权的议定书规定本组织、行政委员会的成员、欧洲专利局的职员以及议定书中所规定的参加本组织工作的其他人员，在每个缔约国领土内，享有为履行其职责所必要的特权和豁免权。

第 9 条 责任
（1）本组织的合同责任依照有关合同所适用法律的规定。
（2）对于本组织所造成的或者欧洲专利局的职员在履行其职责时所造成的任何损害，本组织的非合同责任依照德意志联邦共和国法律的规定。如果损害是由海牙分局或者分办事处，或者其职员所造成的，则适用海牙分局或者分办事处所在的缔约国法律的规定。
（3）欧洲专利局职员对本组织的个人责任应当在其服务条例或者雇用条件中加以规定。
（4）具有解决第 1 款和第 2 款所述争议的管辖权的法院为：
（a）关于根据第 1 款的争议，除非当事人订立的合同指定另一国家的法院，为德意志联邦共和国有合法管辖权的法院；
（b）关于根据第 2 款的争议，为德意志联邦共和国有合法管辖权的法院或者为分局或者分办事处所在国有合法管辖权的法院。

第 Ⅲ 章　欧洲专利局

第 10 条　管理

（1）欧洲专利局由局长管理，局长应当就该局的活动向行政委员会负责。

（2）为此目的，局长具有下列的职责和权力：

（a）为了保证欧洲专利局工作的进行，局长应当采取一切必要措施，包括制定内部行政指示以及为公众公布指南；

（b）在本公约没有这方面规定的限度内，局长应当分别规定慕尼黑欧洲专利局和海牙分局应当办理的事务；

（c）局长可以向行政委员会提出修改本公约的建议以及制定属于行政委员会职权范围内的一般性条例或者决定的建议；

（d）局长编制和执行预算以及任何修改预算或者补充预算；

（e）局长每年向行政委员会提交管理报告；

（f）局长对人员行使监督权；

（g）在符合第 11 条规定的前提下，局长任命和提升职员；

（h）局长对第 11 条所述职员以外的其他职员行使纪律处分权，可以对第 11 条第 2 款和第 3 款所述的职员向行政委员会提出给予纪律处分的建议；

（i）局长可以将其职责和权力委托他人行使。

（3）局长由数名副局长协助。如果局长不在或者有病，一名副局长应当按照行政委员会规定的程序代行其职务。

第 11 条 ❶　高级职员的任命

（1）欧洲专利局局长由行政委员会任命。

（2）各副局长应当由行政委员会在与欧洲专利局局长商议后任命。

---

❶　根据 2000 年 11 月 29 日《关于修改〈欧洲专利公约〉的法案》修改。

（3）各申诉委员会和扩大申诉委员会的成员，包括主席在内，由行政委员会根据欧洲专利局局长的建议任命。上述人员可以由行政委员会在与欧洲专利局局长商议后再次任命。

（4）行政委员会应当对第1款至第3款所述的职员行使纪律处分权。

（5）行政委员会在与欧洲专利局局长磋商后，也可以任命缔约国国家法院或者准司法机关的具有法律资格的成员为扩大申诉委员会的成员；他们可以继续在国家一级的司法活动。他们的任期为3年，可以再次任命。

第12条　任职的义务

欧洲专利局的职员，即使在停止任职以后，有义务不泄露也不利用属于职业秘密性质的信息。

第13条　本组织与欧洲专利局职员之间的争议

（1）欧洲专利局的职员和前职员或者其权利继承人，在与欧洲专利组织发生争议时，可以根据国际劳工组织行政法庭规约的规定，在长期职员服务条例、退休金条例所规定的或者其他职员的任职条件所制定的限度内和条件下，向国际劳工组织行政法庭申诉。

（2）上述申诉，只有在有关人员已经按照情况，根据服务条例、退休金条例或者任职条件用尽了他可以利用的所有其他申诉方式以后，方可受理。

第14条❶　欧洲专利局、欧洲专利申请和其他文件的语言

（1）欧洲专利局的正式语言为英语、法语和德语。

（2）提出欧洲专利申请应当使用正式语言之一，或者，如果是使用任何其他语言提出的，应当根据实施细则译为正式语言之一。在欧洲专利局的全部程序中，此种译文可以修改，使其与原

---

❶　根据2000年11月29日《关于修改〈欧洲专利公约〉的法案》修改。

提交的申请保持一致。如果要求的译文没有在规定的期间内提交，该申请视为撤回。

（3）提出欧洲专利申请所使用的或者其译文所使用的欧洲专利局正式语言，除实施细则另有规定外，应当在欧洲专利局的各种程序中作为程序语言使用。

（4）自然人或者法人的居所或者主营业所是在以英语、法语、德语以外的语言作为正式语言的缔约国内的，以及缔约国国民居住于国外的，可以使用该国的正式语言提交必须在一定期限内提交的文件。然而，他们应当根据实施细则提交使用欧洲专利局一种正式语言的译文。如果构成欧洲专利申请文件以外的任何文件没有使用规定的语言提交，或者如果本公约所要求的任何译文没有在规定的期间内提交，该文件视为没有提交。

（5）欧洲专利申请应当以程序语言公布。

（6）欧洲专利说明书应当以程序语言公布，并包括以欧洲专利局其他两种正式语言对权利要求书的译文。

（7）下列刊物以欧洲专利局的3种正式语言出版：

（a）欧洲专利公报；

（b）欧洲专利局官方公报。

（8）欧洲专利登记簿的登记项目应当使用欧洲专利局的3种正式语言。遇有疑义时，以程序语言的登记作准。

第 15 条　程序的负责部门

为实施本公约规定的程序，欧洲专利局设立下列各部门：

（a）受理处；

（b）各检索部；

（c）各审查部；

（d）各异议部；

（e）法律部；

（f）各申诉委员会；

（g）扩大申诉委员会。

第 16 条❶　受理处

受理处负责对申请提交时的审查，以及对欧洲专利申请的形式要求的审查。

第 17 条❷　各检索部

各检索部负责作出欧洲检索报告。

第 18 条❸　各审查部

(1) 各审查部负责欧洲专利申请的审查。

(2) 一个审查部由 3 名技术审查员组成。然而，在作出决定前，欧洲专利申请的审查通常应当委托该部的 1 名成员进行。口头程序在审查部本身进行。如果审查部认为决定的性质需要，该部应当扩大，增加 1 名具有法律资格的审查员。遇有票数相等时，审查部主席的投票是决定性的。

第 19 条　各异议部

(1) 各异议部负责对任何欧洲专利提出的异议进行审查。

(2) 各异议部由 3 名技术审查员组成，其中至少应有 2 名审查员未曾参与该异议涉及的专利的授予程序。曾参与授予该欧洲专利程序的审查员不得担任主席。在就异议作出最终决定之前，异议部可以将对异议的审查委托其一名成员进行。口头程序在异议部本身进行。如果异议部认为决定的性质需要，应当扩大该部，增加 1 名未曾参与该专利授予程序、具有法律资格的审查员。遇有票数相等时，异议部主席的投票是决定性的。

第 20 条　法律部

(1) 法律部负责对欧洲专利登记簿的登记项目，以及对专业代理人名册的登记和注销作出决定。

(2) 法律部的决定应当由 1 名具有法律资格的成员作出。

---

❶❷❸　根据 2000 年 11 月 29 日《关于修改〈欧洲专利公约〉的法案》修改。

第 21 条❶　各申诉委员会

（1）各申诉委员会负责对受理处、各审查部、各异议部和法律部所作决定的申诉的审查。

（2）对于受理处或者法律部所作决定的申诉，申诉委员会由 3 名具有法律资格的成员组成。

（3）对于审查部所作决定的申诉，申诉委员会的组成如下：

（a）在该决定涉及一项欧洲专利申请的拒绝，或者一项欧洲专利的授予、限制或者撤销，并且作出该决定的审查部的成员少于 4 名时，申诉委员会由 2 名具有技术资格的成员和 1 名具有法律资格的成员组成；

（b）在该决定是由 4 名成员组成的审查部所作出的，或者申诉委员会认为申诉的性质需要时，申诉委员会由 3 名具有技术资格的成员和 2 名具有法律资格的成员组成；

（c）在所有其他情形，申诉委员会由 3 名具有法律资格的成员组成。

（4）对于异议部所作决定的申诉，申诉委员会的组成如下：

（a）在该决定是由 3 名成员组成的异议部作出时，申诉委员会由 2 名具有技术资格的成员和 1 名具有法律资格的成员组成；

（b）在该决定是由 4 名成员组成的异议部所作出的，或者申诉委员会认为申诉的性质需要时，申诉委员会由 3 名具有技术资格的成员和 2 名具有法律资格的成员组成。

第 22 条❷　扩大申诉委员会

（1）扩大申诉委员会负责下列事项：

（a）对申诉委员会提交的法律问题作出决定；

---

❶❷　根据 2000 年 11 月 29 日《关于修改〈欧洲专利公约〉的法案》修改。

（b）对欧洲专利局局长根据第 112 条提交的法律问题提出意见；

（c）对根据本公约第 112a 条提出的对于申诉委员会决定的复审请求作出决定。

（2）在根据第 1 款（a）项和（b）项的程序中，扩大申诉委员会由 5 名具有法律资格和 2 名具有技术资格的成员组成。在根据第 1 款（c）项的程序中，扩大申诉委员会按照实施细则的规定由 3 名或 5 名成员组成。在所有程序中，主席一职由具有法律资格的成员担任。

第 23 条❶　委员会成员的独立性

（1）扩大申诉委员会的成员和各申诉委员会的成员的任期各为 5 年，在这任期内不得免除其职务，但是如果有重大理由需要予以免职，而且行政委员会根据扩大申诉委员会的提议作出免职的决定的，则属例外。尽管有第一句的规定，如果委员会的成员辞职，或者根据欧洲专利局长期职员的服务条例退休，其任期应即终止。

（2）各委员会的成员不得同时担任受理处、各审查部、各异议部或者法律部的成员。

（3）各委员会的成员在作出决定时应当只遵守本公约的规定，不应受任何命令的拘束。

（4）各申诉委员会和扩大申诉委员会的程序规则应当根据实施细则的规定予以制定。程序规则应当经行政委员会批准。

第 24 条　回避和异议

（1）如果各申诉委员会的成员或者扩大申诉委员会的成员在任何申诉中有任何个人利益，或者以前曾作为当事人一方的代理人而与案件有牵连，或者曾参与作出被申诉的决定的，不得参加

---

❶　根据 2000 年 11 月 29 日《关于修改〈欧洲专利公约〉的法案》修改。

该申诉的审理。

（2）如果由于第 1 款所述理由之一，或者由于任何其他理由，申诉委员会的成员或者扩大申诉委员会的成员认为自己不应当参与申诉的审理的，应当随即通知该委员会。

（3）由于第 1 款所述理由之一，或者如果怀疑不公正，任何一方当事人可以对申诉委员会的成员或扩大申诉委员会的成员提出异议。如果一方当事人知道有可以提起异议的理由，而已经采取程序步骤的，其异议是不能接受的。任何异议不得以委员会成员的国籍为根据。

（4）如果有第 2 款或者第 3 款所述的情形，申诉委员会和扩大申诉委员会应当在有关成员不参加的情况下决定所应采取的行动。为了执行这一决定，候补人员应当替换被异议的成员。

第 25 条 技术意见

根据某一审理侵权或者撤销诉讼的主管法院的请求，欧洲专利局在收取适当费用后，应当就成为诉讼主题的欧洲专利提出技术意见。审查部负责发表该项意见。

第 Ⅳ 章　行政委员会

第 26 条 成员

（1）行政委员会由各缔约国的代表和副代表组成。每一缔约国均有权向行政委员会委派 1 名代表和 1 名副代表。

（2）行政委员会的成员可以由顾问或者专家协助，但是应当符合议事规则的规定。

第 27 条 主席

（1）行政委员会应当从各缔约国的代表和副代表中选举 1 名主席和 1 名副主席。遇有主席不能行使其职务时，由副主席依职权代行其职务。

（2）主席和副主席的任期为 3 年。任期可以续展。

第 28 条 理事会

（1）在缔约国至少有 8 国时，行政委员会可以设立由其中 5 个成员组成的理事会。

（2）行政委员会的主席和副主席应当依职权成为理事会的成员；其他 3 名成员由行政委员会选举。

（3）行政委员会选举的成员的任期为 3 年。该任期不得续展。

（4）理事会履行行政委员会根据议事规则授予的任务。

第 29 条 会议

（1）行政委员会的会议由其主席召集。

（2）欧洲专利局局长应当参加行政委员会的讨论。

（3）行政委员会每年举行一次通常会议。此外，在其主席提议或者应 1/3 缔约国的请求，也应当举行会议。

（4）行政委员会的讨论应当根据议程并按照议事规则的规定进行。

（5）临时议程应当包含任何缔约国根据议事规则要求列入的任何问题。

第 30 条 观察员的出席

（1）根据欧洲专利组织和世界知识产权组织将缔结的协定的规定，世界知识产权组织应当有代表出席行政委员会的会议。

（2）在专利领域负有实施国际程序责任的任何其他政府间组织与本组织订有协定的，根据该协定的规定应当有代表出席行政委员会的会议。

（3）其他政府间和非政府间国际组织进行的活动与本组织有关的，可以经行政委员会的邀请，作出安排，在讨论共同关心的问题时，派代表出席行政委员会的会议。

第 31 条 行政委员会的语言

（1）行政委员会讨论时使用的语言是英语、法语和德语。

（2）提交行政委员会的文件和会中讨论的记录，应使用第 1

款所述的 3 种语言撰写。

第 32 条 人员、房屋和设备

欧洲专利局应当提供必要的人员、房屋和设备供行政委员会及其所设立的机构为履行其职责之用。

第 33 条❶ 行政委员会在某些情况下的权限

（1）行政委员会有权修改本公约的下列规定：

（a）本公约规定的期限；

（b）本公约第 II 部分至第 VIII 部分和第 X 部分，使它们与有关专利的国际条约或者有关专利的欧洲共同体立法保持一致；

（c）实施细则。

（2）为了与本公约保持一致，行政委员会有权通过或者修改下列规定：

（a）财务条例；

（b）欧洲专利局长期职员的服务条例和其他职员的任用条件，上述长期职员和其他职员的工资表，以及任何补贴的性质和授予补贴的规则；

（c）退休金条例以及为与工资的增加相适应，现有退休金的适当增加；

（d）有关费用的规则；

（e）行政委员会的议事规则。

（3）尽管有本公约第 18 条第 2 款的规定，行政委员会根据经验有权决定，在某几类案件，审查部由一名技术审查员组成。这种决定可以废除。

（4）行政委员会有权授权欧洲专利局局长代表欧洲专利组织与国家、与政府间组织以及与根据与这种组织的协定而建立的文献中心进行谈判，经行政委员会批准后，缔结协定。

---

❶ 根据 2000 年 11 月 29 日《关于修改〈欧洲专利公约〉的法案》修改。

（5）行政委员会不得根据第 1 款（b）项作出下列决定：

（a）在一项国际条约生效以前，关于该条约的决定；

（b）在欧洲共同体立法生效以前，或者如果该立法订有实施期，在该期间届满以前，关于该立法的决定。

第 34 条　表决权

（1）行政委员会中的表决权应限于缔约国享有。

（2）在符合本公约第 36 条规定的前提下，每一缔约国有一票表决权。

第 35 条❶　表决规则

（1）除第 2 款和第 3 款所述的决定以外，行政委员会作出决定应当有派代表出席和参加表决的缔约国的简单多数票。

（2）行政委员会根据第 7 条、第 11 条第 1 款、第 33 条第 1 款（a）项和（c）项、同条第 2 款至第 4 款、第 39 条第 1 款、第 40 条第 2 款和第 4 款、第 46 条、第 134a 条、第 149a 条第 2 款、第 152 条、第 153 条第 7 款、第 166 条和第 172 条有权作出的决定，需要派代表出席并取得参加表决的缔约国的 3/4 的多数票。

（3）行政委员会根据第 33 条第 1 款（b）项授权作出的决定要求缔约国投票的全体一致。只在所有缔约国都有代表出席的情况下，行政委员会才能作出这样的决定。如果有一个缔约国在作出决定之日起 12 个月内声明，它不愿受该决定的拘束，则根据第 33 条第 1 款（b）项作出的决定就不发生效力。

（4）弃权不应认为是投票。

第 36 条　选票的加权

（1）关于费用规则的通过或者修改，以及如果缔约国作出的财政捐款因此而增加，本组织的预算和任何修正预算或者补充预

---

❶　根据 2000 年 11 月 29 日《关于修改〈欧洲专利公约〉的法案》修改。

算的通过，任何缔约国在进行每一国家各投一票的第一次投票后，不问投票结果如何，可以要求立即进行第二次投票，并根据第 2 款的规定计算各国所得的票数。决定由第二次投票的结果予以确定。

(2) 在第二次投票时，每一缔约国应有的票数按下列规定计算：

(a) 依照第 40 条第 3 款和第 4 款的规定，每一缔约国按特别财政捐款等级表所得的百分数乘以缔约国的总数，再除以 5；

(b) 将这样计算出的数字四舍五入化成高一位的整数；

(c) 这个数字再加上 5 票；

(d) 但任何缔约国所得的票数不得超过 30 票。

第 V 章　财务规定

第 37 条❶　预算筹资

本组织预算资金的来源：

(a) 本组织自己的资源；

(b) 各缔约国就其在本国收取的欧洲专利续展费缴纳的款项；

(c) 必要时各缔约国所作的特别财政捐款；

(d) 在适用的情况下，本公约第 146 条所规定的收入；

(e) 在适用的情况下，只就有形资产而言，以土地或者建筑物为担保向第三方的借贷；

(f) 在适用的情况下，由第三方为特定项目提供的资金。

第 38 条❷　本组织自己的资源

本组织自己的资源包括下列各项：

---

❶❷　根据 2000 年 11 月 29 日《关于修改〈欧洲专利公约〉的法案》修改。

（a）来自费用和其他来源以及本组织储备金的一切收入；

（b）退休费公积金的资源，这种公积金作为本组织的特种资产，提供适当的储备金以支持本组织的退休金办法。

第 39 条 缔约国关于欧洲专利续展费应缴的款项

（1）每一缔约国应当就其在本国收取的欧洲专利每笔续展费向本组织缴纳款项，其数额应当与行政委员会规定的该费比例相等；该比例不得超过 75％，对各缔约国应当相同。但是，如果该比例与一个数额少于行政委员会规定的统一最低数额相当，则该缔约国应当向本组织缴纳该最低数额。

（2）每一缔约国应当将行政委员会认为对确定缴款数额有必要的信息通知本组织。

（3）缴纳这些款项的日期由行政委员会确定。

（4）如果到应缴日期款项没有完全缴纳，各缔约国应当对未缴纳的款项自应缴日期起支付利息。

第 40 条 费用标准和缴纳，特别财政捐款

（1）本公约第 38 条所述费用的数额和第 39 条所述的比例，其水平的确定应当能保证这些收入足以使本组织的预算达到平衡。

（2）但是，如果本组织根据第 1 款规定的条件不能达到预算的平衡，各缔约国应当向本组织汇交特别财政捐款，其数额由行政委员会就有关会计期间予以确定。

（3）任何缔约国的这些特别财政捐款，应当以该国在本公约生效之年以前倒数第 2 年内提出的专利申请数为基础予以确定，其计算方法如下：

（a）一半与在该缔约国提出的专利申请数成比例；

（b）一半与在该国有居所或主要营业所的自然人或者法人向其他缔约国提交的专利申请数中第 2 最高数成比例。

但是，专利申请数超过 25 000 件的缔约国，其应缴的财政捐款数额应当作为一个整体计算，并按在这些国家提出的专利申请总数的比例制定新的等级表。

（4）如果任何缔约国在等级表中的地位不能根据第 3 款的规定予以确定，行政委员会在征得该缔约国的同意后，应决定其在等级表中的地位。

（5）本公约第 39 条第 3 款和第 4 款的规定比照适用于特别财政捐款。

（6）特别财政捐款应当附加利息予以偿还，其利率对所有缔约国相同。只要在预算中有可能为偿还目的作出安排，就应偿还。这样安排的偿还数额根据上述第 3 款和第 4 款所述的等级表在各缔约国间予以分配。

（7）在任何会计期间汇交的特别财政捐款，应当在以后会计期间汇交的特别财政捐款全部或部分偿还以前全部还清。

第 41 条　预付款

（1）应欧洲专利局局长的请求，各缔约国应当在行政委员会确定的数额限度内向本组织预付缴款和捐款。这些预付款应当按缔约国在有关会计期间应缴纳的数额比例分摊。

（2）本公约第 39 条第 3 款和第 4 款的规定应当比照适用于预付款。

第 42 条❶　预算

（1）本组织的预算应当保持平衡。预算应当根据财务条例规定的一般会计原则予以编制。必要时，可以有修改预算或者补充预算。

（2）预算应当以财务条例规定的记账单位制订。

第 43 条　支出的授权

（1）如果财务条例中没有相反的规定，预算中列入的支出是对一个会计期间内的授权。

（2）在符合财务条例规定条件的前提下，任何拨款，除与人员费用有关的拨款外，在会计期间结束时尚未使用的可以转入下

---

❶　根据 2000 年 11 月 29 日《关于修改〈欧洲专利公约〉的法案》修改。

一会计期间，但不得超过下一会计期间结束之时。

（3）拨款应当根据财务条例，按照支出的类型和目的分列在不同的科目之下，必要时还可细分。

第 44 条　未能预见的支出的拨款

（1）本组织的预算可以包含未能预见的支出的拨款。

（2）本组织使用这些拨款应当事先取得行政委员会的批准。

第 45 条　会计期间

会计期间自 1 月 1 日开始，至 12 月 31 日结束。

第 46 条　预算的编制和通过

（1）欧洲专利局局长应在财务条例规定的日期以前将预算草案送交行政委员会审查。

（2）预算和任何修改预算或者补充预算应当经行政委员会通过。

第 47 条　临时预算

（1）如果在会计期间开始时，预算尚未经行政委员会通过，可以根据财务条例的规定，在每月的基础上，按预算科目或其他项目在上一会计期间预算拨款的 1/12 的限度内作出开支，但以欧洲专利局局长这样获得的拨款不超过预算草案规定的 1/12 为限。

（2）行政委员会在遵守第 1 款规定的其他规定的条件下，可以批准开支超过拨款的 1/12。

（3）本公约第 37 条（b）项所述的缴款，在临时的基础上，应当根据第 39 条对预算草案涉及年份的前一年确定的条件，继续缴纳。

（4）为保证实施上述第 1 款和第 2 款的规定所必要，各缔约国应当在临时的基础上并根据第 40 条第 3 款和第 4 款所述的等级表，每月缴纳特别财政捐款。本公约第 39 条第 4 款的规定应当比照适用于上述捐款。

第 48 条 预算的实施

（1）欧洲专利局局长应当自负责任并在分配的拨款限度内，实施预算和任何修改预算或者补充预算。

（2）欧洲专利局局长在预算以内，可以在符合财务条例规定的限度和条件下，对各科目或者细目之间的资金进行调剂。

第 49 条 账目的审计

（1）本组织的收支账目和决算表应当由行政委员会委派独立性无可置疑的审计师进行审计。审计师的任期为 5 年，可以续展或延长任期。

（2）审计应当以凭据为根据，必要时应当在现场进行。审计应查明所有收入均已经收到，所有支出都是以合法和正当的方式进行的，并且财务管理是健全的。审计师应在会计期间结束之后写出报告。

（3）欧洲专利局局长应当每年向行政委员会提交上一个会计期间关于预算的账目，表明本组织的资产和负债的决算表，并附具审计师的报告。

（4）行政委员会应当批准年度账目和审计师的报告，并给予欧洲专利局局长解除实施预算责任的证明。

第 50 条❶ 财务条例

财务条例尤其应当规定下列各项：

（a）关于预算的编制和实施的程序以及账目的记录和审计程序；

（b）各缔约国向本组织提供本公约第 37 条规定的缴款和捐款以及第 41 条规定的预付款的方法和程序；

（c）关于授权官员和会计官员职责的规则以及对这些官员监督的办法；

---

❶ 根据 2000 年 11 月 29 日《关于修改〈欧洲专利公约〉的法案》修改。

（d）本公约第 39 条、第 40 条和第 47 条规定的利息率；

（e）依据本公约第 146 条应缴纳捐款的计算方法；

（f）行政委员会应当设立的预算和财务委员会的组成和赋予的职责；

（g）预算和年度财务报表所根据的一般会计原则。

第 51 条❶ 费用

（1）欧洲专利局对于其根据本公约所履行的任何官方任务或者程序可以收取费用。

（2）缴纳本公约规定费用以外的其他费用的期限，应当在实施细则中予以规定。

（3）实施细则规定应缴纳某种费用的，应同时规定不在规定期限内缴纳该费用的后果。

（4）关于费用的规则尤其应确定费用的数额及其缴纳的方法。

第Ⅱ部分　专利实体法

第Ⅰ章　可享专利性

第 52 条❷ 可享专利的发明

（1）对于所有技术领域的任何发明，只要是新的，包含创造性并且能在产业上应用的，应当授予欧洲专利。

（2）下列各项尤其不应认为是第 1 款所述的发明：

（a）发现、科学理论和数学方法；

（b）美学创作；

---

❶❷　根据 2000 年 11 月 29 日《关于修改〈欧洲专利公约〉的法案》修改。

（c）进行智力行为、运动、游戏或者经营业务的计划、规则和方法，以及计算机程序；

（d）信息的提示。

（3）第2款的规定，只有在欧洲专利申请或者欧洲专利涉及该规定所述的主题或者活动本身的限度内，才排除该主题或活动的可享专利性。

第53条❶ 可享专利性的例外

对下列各项不授予欧洲专利：

（a）凡是其商业实施会违反公共秩序或者道德的发明，但条件是，不能仅仅因为这种实施被某些或者全部缔约国的法律或者条例所禁止而认为其实施违反公共秩序或者道德；

（b）植物、动物品种或者生产植物、动物的主要是生物学的方法；本规定不适用于微生物学方法或者该方法的产品；

（c）对人体或者动物体的外科或者疗法的治疗方法，以及在人体或者动物体上施行的诊断方法；本规定不适用于在这些方法中所使用的产品，尤其是物质或者组合物。

第54条❷ 新颖性

（1）如果一项发明不属于现有技术，该发明应当认为是新颖的。

（2）现有技术应当认为包括在欧洲专利申请日以前，依书面或者口头描述的方法，依使用，或者依任何其他方法，公众可以得到的一切东西。

（3）此外，已经提交的欧洲专利申请的内容，如果该申请的申请日是在第2款所述的日期以前，并且该申请在该日或该日以后公布的，应当认为包括在现有技术以内。

（4）第2款和第3款的规定，不应排除属于现有技术中的任

---

❶❷　根据2000年11月29日《关于修改〈欧洲专利公约〉的法案》修改。

何物质或者组合物在第53条（c）项所述方法中的用途的可享专利性，但以该物质或者组合物在任何这种方法中的用途没有包括在现有技术内为限。

（5）第2款和第3款的规定，还不应排除第4款所述的任何物质或者组合物在第53条（c）项所述的任何方法中的任何特定用途的可享专利性，但以这种用途没有包括在现有技术内为限。

第55条 *不具有损害性的公开*

（1）为了适用本公约第54条，如果一项发明公开的发生不早于欧洲专利申请提交以前6个月，并且其公开是由于下列事情或者是下列事实的后果而发生的，该发明的公开不应予以考虑：

（a）对申请人或者其法律上的前手而言是明显的滥用；

（b）申请人或者其法律上的前手已经在1928年11月22日在巴黎签订的、最后在1972年11月30日修改的国际展览会公约所规定的官方或者官方承认的国际展览会上展出其发明的事实。

（2）在第1款（b）项的情形，只有申请人在提交欧洲专利申请时声明其发明已经这样展出过，并且在实施细则规定的期间内按照其规定的条件提交证明文件的，第1款才应予以适用。

第56条 *创造性*

如果考虑到现有技术，一项发明对于熟悉有关技术的人员不是显而易见的，该发明应当认为含有创造性。如果现有技术还包括第54条第3款所称的文件，这些文件在决定是否有创造性时不应予以考虑。

第57条 *产业上的应用*

如果一项发明能在任何种类的产业（包括农业）中制造或者使用，该发明应当认为能在产业上应用。

第Ⅱ章　有权申请和取得欧洲专利的人，发明人的署名

第58条　提出欧洲专利申请的权利

任何自然人或者法人，以及根据其适用的法律相当于法人的任何团体，都可以提出欧洲专利申请。

第59条　多数申请人

一项欧洲专利申请也可以由共同申请人或者由指定不同缔约国的两名或者两名以上的申请人提出。

第60条❶　取得欧洲专利的权利

（1）取得欧洲专利的权利应当属于发明人或者其权利继受人。如果发明人为雇员，取得欧洲专利的权利应当根据该雇员主要受雇地国家的法律予以确定；如果该雇员主要受雇地国家不能确定，适用的法律应当是该雇员所属雇主的营业所地国家的法律。

（2）如果两人或者两人以上各自独立地作出了一项发明，取得该发明的欧洲专利的权利属于提出具有最早申请日的欧洲专利申请的人；但以该第一个申请已经公布为限。

（3）为了符合欧洲专利局规定的程序，申请人视为有权行使取得欧洲专利的权利。

第61条❷　无权的人提出的欧洲专利申请

（1）如果根据最终决定，申请人以外的人被确认为有权取得欧洲专利的人，此人可以根据实施细则进行下列行为之一：

（a）代替原申请人，作为自己的申请处理欧洲专利申请；

（b）就同一发明提出新的欧洲专利申请；

（c）请求将该欧洲专利申请予以拒绝。

---

❶❷　根据 2000 年 11 月 29 日《关于修改〈欧洲专利公约〉的法案》修改。

（2）本公约第 76 条第 1 款应当比照适用于根据第 1 款（b）项提交的新的欧洲专利申请。

第 62 条　发明人的署名权

发明人对于欧洲专利的申请人或者所有人有权要求在欧洲专利局的程序中将他作为发明人予以记载。

第 Ⅲ 章　欧洲专利及欧洲专利申请的效力

第 63 条　欧洲专利的期限

（1）欧洲专利的期限为 20 年，自申请提交之日起计算。

（2）第 1 款的规定不应限制缔约国这样的权利：为了考虑影响该国的战争状态或者类似的紧急状况，根据适用于本国专利的同样条件延长欧洲专利的期限。

第 64 条　欧洲专利授予的权利

（1）在符合第 2 款规定的前提下，自公布授予专利之日起，在授予该专利的每一个缔约国内，欧洲专利授予其所有人与该国授予的本国专利同样的权利。

（2）如果欧洲专利的主题是方法，该专利授予的保护应当延伸及于依照该方法所直接获得的产品。

（3）对欧洲专利的任何侵犯应当依照国家法律予以处理。

第 65 条❶　欧洲专利的译文

（1）任何缔约国可以规定，如果欧洲专利局授予的、修正的或者限制的欧洲专利不是以其官方语言之一撰写的，专利所有人应当向该国中央工业产权局提供该授予的、修正的或者限制的专利文本的以其本人选择的该国正式语言之一的译文，或者，如果该国规定使用某一特定正式语言的，提交该文本的以该语言的译文。提供译文的期间，自该欧洲专利的授予、以修正形式的维持

---

❶　根据 2000 年 11 月 29 日《关于修改〈欧洲专利公约〉的法案》修改。

或者限制在欧洲专利公报上公布之日以后 3 个月终止，除非有关国家规定更长的期间。

（2）按照第 1 款作出规定的缔约国可以规定，专利所有人必须在该国规定的期间内缴纳此种译文的全部或者部分出版费。

（3）任何缔约国可以规定，倘若不遵守根据第 1 款和第 2 款所制定的规定的，欧洲专利视为在该国自始无效。

第 66 条　欧洲申请与本国申请等同

被授予申请日的欧洲专利申请，在指定的缔约国内与本国的正规申请相等同，在适用的情形附有为欧洲专利申请要求的优先权。

第 67 条❶　欧洲专利申请公布后授予的权利

（1）欧洲专利申请自其公布之日起，在该申请指定的缔约国内，对申请人临时地授予本公约第 64 条所授予的保护。

（2）任何缔约国可以规定，欧洲专利申请不授予本公约第 64 条所授予的保护。然而，公布的欧洲专利申请所给予的保护不得少于有关国家法律对未审查的国家专利申请强制公布后所授予的保护。无论如何，每一缔约国至少应当保证，自欧洲专利申请公布之日起，按照在该国任何人因侵犯国家专利根据国家法律应负责任的情况，申请人能要求使用其发明的任何人给予根据情况是合理的赔偿。

（3）任何缔约国并没有以程序语言作为其正式语言的，可以规定，只有到申请人以其选择该国正式语言之一提交权利要求的译文，或者，如果该国规定使用某一特定正式语言的，以该语言提交权利要求的译文，并有下列情况之一时，根据上述第 1 款和第 2 款的临时保护才发生效力：

（a）按照该国法律规定的方式公众已经可以得到该译文；

（b）该译文已经送达该国使用发明的人。

（4）欧洲专利申请被撤回、视为撤回或者最终已被拒绝时，

---

❶　根据 2000 年 11 月 29 日《关于修改〈欧洲专利公约〉的法案》修改。

上述第 1 款和第 2 款所规定的欧洲专利申请的效力视为自始即不存在。本规定在欧洲专利申请对某一缔约国的指定被撤回或者视为撤回时，也同样适用。

第 68 条❶ 欧洲专利撤销或限制的效力

欧洲专利申请和根据该申请授予的欧洲专利，在该专利于异议、限制或者撤销程序中被撤销或者被限制的限度内，视为自始不具有本公约第 64 条和第 67 条规定的效力。

第 69 条❷ 保护范围

（1）欧洲专利或者欧洲专利申请所授予的保护范围取决于权利要求的内容。然而，说明书和附图应当用以解释权利要求。

（2）在直到授予欧洲专利之前的期间内，欧洲专利申请授予的保护范围取决于公布的申请中所包含的权利要求。但是，授予的欧洲专利或者在异议、限制或者撤销程序中修改过的欧洲专利，在这种保护没有因此而扩大的限度内，应当追溯决定欧洲专利申请所授予的保护。

第 70 条❸ 欧洲专利申请或者欧洲专利的作准文本

（1）以程序语言撰写的欧洲专利申请或者欧洲专利文本，应当是在欧洲专利局的任何程序中和在任何缔约国的作准文本。

（2）然而，如果提交的欧洲专利申请不是以欧洲专利局的正式语言撰写的，该文本为本公约所称的原提交的申请。

（3）任何缔约国可以规定，以该国正式语言所作的译文，正如本公约所规定的，在该国应当认为是作准文本，但是对于撤销

---

❶ 根据 2000 年 11 月 29 日《关于修改〈欧洲专利公约〉的法案》修改。

❷ 根据 2000 年 11 月 29 日《关于修改〈欧洲专利公约〉的法案》修改。根据本公约第 164 条第 1 款的规定，《关于〈欧洲专利公约〉第 69 条解释的议定书》是本法不可分割的一部分。

❸ 根据 2000 年 11 月 29 日《关于修改〈欧洲专利公约〉的法案》修改。

程序，倘若以译文语言撰写的欧洲专利申请或者欧洲专利所授予的保护，比以程序语言撰写的该申请或该专利所授予的保护更为狭小，则应除外。

（4）任何缔约国根据第 3 款作出规定的，

（a）必须允许专利的申请人或者所有人提交欧洲专利申请或者欧洲专利的改正译文。这种改正译文在申请人或者所有人比照履行缔约国根据本公约第 65 条第 2 款和第 67 条第 3 款所制定的条件以前，没有任何法律效力；

（b）可以规定，任何人正在该国善意使用一项发明或者已经为使用该发明进行有效和认真的准备，而这种使用不会构成对原译文的专利申请或者专利的侵权的，在改正译文生效后，可以继续在其业务中或者为该业务的需要使用该发明而无需付款。

第 Ⅳ 章　欧洲专利申请作为产权的客体

第 71 条　移转和权利的构成

欧洲专利申请可以在一个或一个以上的指定缔约国内移转或者产生权利。

第 72 条　转让

欧洲专利申请的转让应当使用书面的形式，并由合同的当事人签字。

第 73 条　协议许可

在全部或者部分指定缔约国的领土内，可以就欧洲专利申请的全部或部分给予许可。

第 74 条　适用的法律

除本公约另有规定外，在每一指定缔约国内，作为产权客体的欧洲专利申请应当受该国适用于本国专利申请的法律的约束，并对该国有效。

第Ⅲ部分　欧洲专利申请

第Ⅰ章　欧洲专利申请的提交和对申请的要求

第 75 条❶　欧洲专利申请的提交

（1）欧洲专利申请可以向下列机构提交：

（a）向欧洲专利局提交；

（b）如果缔约国的法律允许，并且在符合本公约第 76 条第 1 款规定的前提下，向该国中央工业产权局或者其他主管机构提交。按此种方法提交的任何申请，与假如该申请在同一日向欧洲专利局提交具有同样的效力。

（2）第 1 款不排除缔约国下列法律或者条例规定的适用：

（a）关于发明因为其主题的性质事先未经该国主管机构批准不得向国外传播的规定；

（b）关于任何申请应当首先向本国机构提交，或者须经事先批准才能直接向另一机构提交的规定。

第 76 条❷　欧洲专利分案申请

（1）任何欧洲分案申请应当根据实施细则直接提交欧洲专利局。分案申请只可以就不超出在先提交的申请内容的主题提交；在遵守这一要求的限度内，分案申请应当视为在初次申请的申请日提交，并享有优先权。

（2）在提交欧洲分案申请时，在先申请中指定的所有缔约国视为分案申请中的指定国。

---

❶❷　根据 2000 年 11 月 29 日《关于修改〈欧洲专利公约〉的法案》修改。

第 77 条 ❶ 欧洲专利申请的转送

（1）缔约国中央工业产权局应根据实施细则将向该局或者向该国任何其他主管机构提交的任何欧洲专利申请转送欧洲专利局。

（2）任何欧洲专利申请，其主题已经认为应当保密的，不应转送给欧洲专利局。

（3）任何欧洲专利申请不在规定期间内转送给欧洲专利局的，应当视为撤回。

第 78 条 ❷ 对欧洲专利申请的要求

（1）欧洲专利申请应当包含下列各项：

（a）授予欧洲专利的请求书；

（b）发明说明书；

（c）一项或数项权利要求；

（d）说明书或者权利要求中所述的附图；

（e）摘要，

并符合实施细则所规定的条件。

（2）对欧洲专利申请应当缴纳申请费和检索费。如果申请费或者检索费不在规定期间内缴纳的，该申请视为撤回。

第 79 条 ❸ 缔约国的指定

（1）欧洲专利申请提交时本公约的所有缔约国视为已在授予欧洲专利请求书中予以指定。

（2）对缔约国的指定可以以缴纳指定费为条件。

（3）在授予欧洲专利以前的任何时候，可以撤回对缔约国的指定。

第 80 条 ❹ 申请日

欧洲专利申请的申请日是指实施细则中所规定的要求均已履

---

❶❷❸❹ 根据 2000 年 11 月 29 日《关于修改〈欧洲专利公约〉的法案》修改。

行之日。

第 81 条 发明人的姓名

欧洲专利申请应当写明发明人的姓名。如果申请人不是发明人或者不是唯一的发明人，在写明时应当说明其获得欧洲专利权利的来源。

第 82 条 发明的单一性

欧洲专利申请应当只涉及一项发明，或者涉及密切联系、构成一个总的发明构思的一组发明。

第 83 条 发明的公开

欧洲专利申请必须以足够清楚和完整的方式公开发明，使熟悉有关技术的人员能够实施该发明。

第 84 条 权利要求书

权利要求书应当限定请求保护的内容。权利要求书应当清楚、简明，并有说明书的支持。

第 85 条 摘要

摘要只作为技术信息使用。不得出于任何其他目的，尤其是不得为了解释要求保护范围或者适用本公约第 54 条第 3 款，而考虑摘要。

第 86 条 ❶ 欧洲专利申请的续展费

（1）对于欧洲专利申请应当根据实施细则向欧洲专利局缴纳续展费。这些费用应当在第 3 年和以后每一年缴纳，自申请的申请日起计算。如果续展费没有在规定期间内缴纳，该申请视为撤回。

（2）缴纳续展费的义务在缴纳公布授予欧洲专利的当年应缴的续展费后，即告终止。

---

❶ 根据 2000 年 11 月 29 日《关于修改〈欧洲专利公约〉的法案》修改。

第Ⅱ章　优先权

第87条❶　优先权

（1）任何人或者为下列国家或成员的：

（a）《保护工业产权巴黎公约》当事方的任何国家；

（b）世界贸易组织的任何成员，

正式提交专利、实用新型或者实用证书的申请的，或者其权利继受人，为就同一项发明提交欧洲专利申请的目的，在提交第一个申请的申请日起12个月期间内，享有优先权。

（2）根据受理申请国的国家法律，或者根据包括本公约在内的多边或双边协定，与正规的国家申请等同的任何申请，应被承认产生优先权。

（3）所谓正规的国家申请，是指任何足以确定该申请的申请日的申请，不论该申请的后来结果如何。

（4）与以前第一个申请的主题相同，并且在同一国家或者对同一国家有效而提交的在后申请，为确定优先权的目的，应当认为是第一个申请，但条件是，在提交在后申请之日，在先申请已经被撤回、放弃或者拒绝，未曾开放提供公众查阅，未遗留任何权利，也未曾作为要求优先权的根据。在先申请以后不得作为要求优先权的根据。

（5）如果第一个申请是在不受《保护工业产权巴黎公约》或者《建立世界贸易组织协定》约束的工业产权管理机构提出的，根据欧洲专利局局长发出的通知，如果该管理机构承认向欧洲专利局提交的第一个申请产生优先权的条件和具有的效力与《巴黎公约》的规定相等同，则应适用第1款至第4款的规定。

---

❶　根据2000年11月29日《关于修改〈欧洲专利公约〉的法案》修改。

第 88 条❶　　要求优先权

（1）申请人要求利用以前申请的优先权的，应当根据实施细则提交优先权的声明和其他必要的文件。

（2）尽管多项优先权来源于不同国家，仍可以就欧洲专利申请要求多项优先权。在适当情况下，可以就任何一项权利要求主张享有多项优先权。要求多项优先权的，自优先权日起计算的期限应当自最早的优先权日起计算。

（3）如果就欧洲专利申请要求一项或几项优先权的，优先权只适用于欧洲专利申请中那些已经包括在被要求优先权的申请中的构成部分。

（4）如果就发明要求优先权，发明的某些构成部分没有出现在以前申请的权利要求中的，只要以前申请文件的整体已经明确地公开了这些构成部分，则仍然可以给予优先权。

第 89 条　　优先权的效力

优先权具有的效力是，为适用本公约第 54 条第 2 款和第 3款以及本公约第 60 条第 2 款，优先权日应当作为欧洲专利申请的申请日。

第 Ⅳ 部分　　审批程序

第 90 条❷　　申请提交时的审查和形式要求的审查

（1）欧洲专利局应当根据实施细则审查申请是否符合给予申请日的要求。

（2）如果根据第 1 款的审查申请日不能给予，该申请不应作为欧洲专利申请处理。

（3）如果对欧洲专利申请已经给予申请日，欧洲专利局应当

---

❶❷　根据 2000 年 11 月 29 日《关于修改〈欧洲专利公约〉的法案》修改。

根据实施细则审查本公约第 14 条、第 78 条和第 81 条的要求，在适用的情况下，审查本公约第 88 条第 1 款、第 133 条第 2 款以及实施细则所规定的任何其他要求是否已经符合。

（4）欧洲专利局在根据第 1 款或者第 3 款进行审查时注意到有可以改正的缺陷的，应当给申请人以改正缺陷的机会。

（5）如果在根据第 3 款的审查中指出的任何缺陷没有得到改正，欧洲专利申请应当予以拒绝。如果缺陷涉及优先权，该申请的优先权应即丧失。

第 91 条❶ 已删除

第 92 条❷ 欧洲检索报告的作出

欧洲专利局应当根据实施细则，在权利要求的基础上，适当考虑说明书和附图，对欧洲专利申请作出欧洲检索报告，并予以公布。

第 93 条❸ 欧洲专利申请的公布

（1）欧洲专利局在下列情况下，应当尽快公布欧洲专利申请：

（a）自申请日起，或者要求优先权的，自优先权日起，满 18 个月后；

（b）在该期间届满前，应申请人的请求。

（2）在第 1 款（a）项所述期间届满前，授予专利的决定能实现时，欧洲专利申请应当与欧洲专利的说明书同时公布。

第 94 条❹ 欧洲专利申请的审查

（1）欧洲专利局应当根据实施细则，应申请人的请求，审查欧洲专利申请和该申请所涉及的发明是否符合本公约的要求。在审查费缴纳之前，该请求不应视为已经提交。

（2）如果在规定期间内没有提出审查的请求，该申请视为

---

❶❷❸❹ 根据 2000 年 11 月 29 日《关于修改〈欧洲专利公约〉的法案》删除。

撤回。

（3）如果审查显示，该申请或者它所涉及的发明不符合本公约的要求，审查部应邀请申请人（必要时可以多次邀请）提交其意见，并在不违反本公约第 123 条第 1 款的前提下，修改其申请。

（4）如果申请人对审查部发出的任何通信在规定的期间内不给予答复的，该申请视为撤回。

第 95 条❶　已删除

第 96 条　欧洲专利申请的审查

（1）如果欧洲专利申请人的审查请求是在欧洲检索报告送达之前提交的，欧洲专利局在送达报告后，应当邀请该申请人在指定期间内表明其是否愿意进一步处理其欧洲专利申请。

（2）如果对欧洲专利申请的审查显示，该申请或者该申请涉及的发明不符合本公约的要求，审查部应当根据实施细则的规定邀请（必要时可以多次邀请）申请人在审查部规定的期限内提交其意见。

（3）如果申请人对根据第 1 款或者第 2 款提出的邀请没有在规定期间内给予答复，该申请视为撤回。

第 97 条❷　拒绝或授权

（1）审查部如果认为，欧洲专利申请和它所涉及的发明符合本公约的要求，应当决定授予欧洲专利，但以实施细则所规定的条件已经履行为限。

（2）审查部如果认为，欧洲专利申请或者它所涉及的发明并不符合本公约的要求，应当拒绝该申请，但本公约规定有不同的制裁的除外。

（3）授予欧洲专利的决定应当在欧洲专利公报公布授权之日

---

❶❷　根据 2000 年 11 月 29 日《关于修改〈欧洲专利公约〉的法案》删除。

发生效力。

第 98 条❶ 欧洲专利说明书的公布

欧洲专利局在欧洲专利的授予在欧洲专利公报公布后，应当尽快出版欧洲专利的说明书。

第 V 部分❷ 异议和限制程序

第 99 条❸ 异议

（1）自欧洲专利的授予在欧洲专利公报公布之日起 9 个月内，任何人可以通知欧洲专利局根据实施细则对该专利提出异议。在异议费缴纳以前，异议的通知不应视为已经提交。

（2）异议适用于欧洲专利发生效力的所有指定缔约国。

（3）异议人为异议程序中的当事人，与专利所有人一样。

（4）有人提供证据，证明在某一缔约国，他根据一项终局决定已经取代前所有人而登载于该国专利登记簿的，根据其请求，他应当在该国取代该专利的前所有人。尽管有本公约第 118 条的规定，该专利的前所有人和提出请求的人不应视为共有人，除非双方都提出这种请求。

第 100 条 异议的理由

异议只能根据下列理由才可以提出：

（a）根据本公约第 52 条至第 57 条的规定，欧洲专利的主题是不可享有专利的；

（b）欧洲专利并没有以足够清楚、完整的方式公开发明，以致熟悉有关技术的人员不能实施该发明；

（c）欧洲专利的主题超出了原提出申请的内容，或者如果专

---

❶❷❸ 根据 2000 年 11 月 29 日《关于修改〈欧洲专利公约〉的法案》修改。

利是根据分案申请或者根据本公约第 61 条提出的新申请授予的，其主题超出了原提出的在先申请的内容。

第 101 条❶ 异议的审查——欧洲专利的撤销或维持

（1）如果异议是可以受理的，异议部应当根据实施细则审查是否根据本公约第 100 条至少有一个理由损害欧洲专利的维持。在这个审查中，异议部应当邀请双方当事人（必要时可以多次邀请）就对方或者异议部发出的通信提出意见。

（2）异议部如果认为，至少有一个异议理由损害欧洲专利的维持，应当撤销该专利。否则，该部应当拒绝异议。

（3）异议部如果认为，考虑到专利所有人在异议程序中所作的修改，专利及其所涉及的发明：

（a）符合本公约的要求的，应当决定维持修改后的专利，但以实施细则所规定的条件已经履行为限；

（b）并不符合本公约的要求的，应当撤销该专利。

第 102 条❷ 已删除

第 103 条❸ 欧洲专利新说明书的公布

如果某一欧洲专利根据本公约第 101 条第 3 款（a）项经修改而予以维持，欧洲专利局在关于异议的决定在欧洲专利公报公布以后应当尽快出版欧洲专利的新说明书。

第 104 条❹ 费用

（1）异议程序的每一方当事人应当承担其所招致的费用，除非异议部为了公平起见，根据实施细则命令采取不同的费用分担方法。

（2）确定费用的程序应在实施细则中予以规定。

（3）欧洲专利局关于确定费用数额的最终决定，为了在各缔约国的领土内执行，应当与执行地国家民事法院所作出的终局判

---

❶❷❸❹ 根据 2000 年 11 月 29 日《关于修改〈欧洲专利公约〉的法案》修改。

决同样予以对待。关于这种决定的证明应当只限于其真实性。

第 105 条❶ 推定侵权人的参加

（1）如果任何第三方证明：

（a）他人已经就同一专利对自己提起侵权诉讼的；

（b）在专利所有人请求停止他所指控的侵权之后，第三方已经提起诉讼请求裁定他并非正在侵权的，该第三方在异议期间届满后，可以根据实施细则参加异议程序。

（2）一个可以受理的参加应当作为一个异议处理。

第 105a 条❷ 限制或撤销的请求

（1）应欧洲专利所有人的请求，该欧洲专利可以撤销，或者以修改权利要求的方式加以限制。此种请求应当根据实施细则提交欧洲专利局。在限制费或者撤销费缴纳以前，请求不应视为已经提交。

（2）在欧洲专利的异议程序结束以前，上述请求不得提交。

第 105b 条❸ 欧洲专利的限制或撤销

（1）欧洲专利局应当审查实施细则所规定的关于限制或者撤销欧洲专利的条件是否已经符合。

（2）欧洲专利局如果认为，限制或者撤销欧洲专利的请求符合这些条件的，应当根据实施细则决定限制或者撤销该欧洲专利。否则，它应当驳回请求。

（3）关于限制或者撤销欧洲专利的决定应当适用于已经授予该欧洲专利的所有缔约国。该决定自欧洲专利公报公布该决定之日起生效。

第 105c 条❹ 欧洲专利说明书修改文本的出版

如果欧洲专利已经根据本公约第 105b 条第 2 款予以限制，欧洲专利局应当在欧洲专利公报公布该限制以后，尽快出版欧洲

---

❶ 根据 2000 年 11 月 29 日《关于修改〈欧洲专利公约〉的法案》修改。

❷❸❹ 根据 2000 年 11 月 29 日《关于修改〈欧洲专利公约〉的法案》增加。

专利说明书的修改文本。

第 VI 部分　申诉程序

第 106 条❶　可以申诉的决定

（1）对受理处、各审查部、各异议部和法律部的决定的申诉，应当受理。申诉具有中止的效力。

（2）对于当事人一方并非终止程序的决定，除非该决定允许对其单独申诉，只能连同最终决定一起申诉。

（3）对于有关分担异议程序中费用数额的决定提出申诉的权利，可以在实施细则中加以限制。

第 107 条　有权提出申诉和成为申诉程序当事人的人

程序的任何一方当事人受到决定的不利影响的，可以申诉。程序的任何其他当事人应当成为申诉程序的当然当事人。

第 108 条❷　申诉的期限和形式

申诉的通知应当根据实施细则自该决定通知起 2 个月以内提交欧洲专利局。在申诉费缴纳以前，申诉的通知不应视为已经提交。在决定通知起 4 个月内，应当根据实施细则提交说明理由的声明。

第 109 条　中间修改

（1）如果作出有争议的决定的部门认为提出的申诉是可以接受的，并且是十分有根据的，该部门应当纠正其决定。如果申诉人受到程序的另一方当事人的反对的，本规定不应适用。

（2）有关部门如果在接到说明理由的声明以后 1 个月以内对申诉不予准许，应当立即将申诉转送给申诉委员会，并且对申诉的是非不加评论。

---

❶❷　根据 2000 年 11 月 29 日《关于修改〈欧洲专利公约〉的法案》修改。

第 110 条❶　对申诉的审查

如果申诉是可以受理的，申诉委员会应当对申诉是否可以准许进行审查。对申诉的审查应当根据实施细则的规定进行。

第 111 条　对申诉的决定

（1）在对申诉是否正当进行审查以后，申诉委员会应当对申诉作出决定。申诉委员会可以行使原作出被申诉决定的部门职权以内的任何权力，或者将该案件发回该部门重行决定。

（2）如果申诉委员会将案件发回原作出被申诉决定的部门重行决定，在事实相同的限度内，该部门应受申诉委员会的裁决理由的约束。如果被申诉决定是由受理处作出的，审查部同样应当受申诉委员会的裁决理由的约束。

第 112 条　扩大申诉委员会的决定或意见

（1）为了保证法律的统一适用，或者如果发生重要的法律问题，应按下列规定办理：

（a）申诉委员会在某一案件的程序中，如果认为为了上述目的，需要扩大申诉委员会作出决定，应当自动或者应申诉一方当事人的请求，将任何问题提交扩大申诉委员会。如果申诉委员会驳回请求，应当在其最终决定中说明理由。

（b）两个申诉委员会对某一法律问题作出不同决定的，欧洲专利局局长可以将该法律问题提交扩大申诉委员会处理。

（2）在第 1 款（a）项的情形，申诉程序中的当事人应当成为扩大申诉委员会程序的当事人。

（3）第 1 款（a）项所述的扩大申诉委员会的决定，对申诉委员会关于该申诉的处理有约束力。

第 112a 条❷　请求由扩大申诉委员会复审

（1）在申诉程序中受到申诉委员会决定不利影响的任何一方

---

❶❷　根据 2000 年 11 月 29 日《关于修改〈欧洲专利公约〉的法案》修改。

当事人可以提出请求，由扩大申诉委员会对该决定进行复审。

（2）提出的请求只能根据下列理由：

（a）申诉委员会的一个成员违反本公约第24条第1款，或者不顾按照第24条第4款应当回避的规定而参与了决定；

（b）申诉委员会中有一个没有被任命为该委员会成员的人；

（c）有根本违反本公约第113条规定的情况；

（d）申诉程序中有实施细则规定的任何其他根本性的程序缺陷；

（e）根据实施细则规定的条件所认定的刑事行为对决定可能已经产生了影响。

（3）复审请求不具有中止的效力。

（4）复审请求应当根据实施细则以声明提交，并说明理由。如果该请求是以第2款（a）项至（d）项为根据，请求应当于申诉委员会决定通知起的两个月内提交。如果请求是以第2款（e）项为根据，请求应当于刑事行为被认定之日起两个月内提交，无论如何不得迟于自申诉委员会的决定通知起5年。在申诉费缴纳以前，该请求不应视为已经提交。

（5）扩大申诉委员会应当根据实施细则对复审请求进行审查。如果请求是可准许的，扩大申诉委员会应当撤销复审中的决定，并根据实施细则重开申诉委员会的程序。

（6）任何人在复审中的申诉委员会的决定和公布扩大申诉委员会根据复审请求所作决定的期间，在指定的缔约国内，善意地使用作为公布的欧洲专利申请或者欧洲专利主题的发明，或者为使用该发明作了认真有效的准备的，可以继续在其企业中或者为其企业的需要使用该发明而无需付款。

第Ⅶ部分　共同规定

第Ⅰ章　程序方面的共同规定

第 113 条　决定的根据

（1）欧洲专利局作出的决定只能以有关当事人已经有机会对之陈述过意见的理由或者证据为根据。

（2）欧洲专利局应当只对专利的申请人或者所有人向其提交的或者同意的文本加以考虑并作出决定。

第 114 条　欧洲专利局自动进行审查

（1）在程序中，欧洲专利局应当自动对事实进行审查；在这种审查中它不应当局限于当事人所提供的事实、证据和论点以及当事人所请求的救助。

（2）欧洲专利局对有关当事人没有在规定期间内提供的事实或者证据可以置之不理。

第 115 条❶　第三方的评述

在欧洲专利局的程序中，在欧洲专利申请公布后，任何第三方根据实施细则对申请或者专利涉及的发明的可享专利性可以提出评述。此种人不是程序的当事人。

第 116 条　口头程序

（1）如果欧洲专利局认为举行口头程序有用而提出建议，或者应程序的任何一方的请求，应当举行口头程序。但是，如果程序的当事人和主题都相同，欧洲专利局可以驳回在同一部门再次举行口头程序的请求。

---

❶　根据 2000 年 11 月 29 日《关于修改〈欧洲专利公约〉的法案》修改。

（2）然而，只有在受理处认为举行口头程序有用或者受理处预见到将驳回欧洲专利申请时，受理处才能应申请人的请求举行口头程序。

（3）在受理处、各审查部和法律部举行的口头程序不对外公开。

（4）在各申诉委员会和扩大申诉委员会的口头程序，包括宣布决定，在欧洲专利申请公布后，以及在各异议部的口头程序，只要举行口头程序的部门对公开举行是否（尤其是对程序当事人的一方）会有严重和不公正的损害没有作出不同的决定的，都应当公开进行。

第 117 条❶　方法和采取证据

（1）在欧洲专利局的程序中，提供和获得证据的方法应包括下列各项：

（a）听取当事人的陈述；

（b）请求提供信息；

（c）提出文件；

（d）听取证人的陈述；

（e）专家意见；

（f）检验；

（g）书面宣誓声明。

（2）采取上述证据的程序应在实施细则中予以规定。

第 118 条　欧洲专利申请或欧洲专利的统一性

如果欧洲专利的申请人或者所有人在不同的指定国中并不相同，为了符合欧洲专利局规定的程序，他们应当作为共同申请人或者共有人看待。在这些程序中，申请或者专利的统一性不应当受到影响，尤其是申请或者专利的文本对各指定国应当是统一

---

❶　根据 2000 年 11 月 29 日《关于修改〈欧洲专利公约〉的法案》修改。

的，但本公约另有规定的除外。

第 119 条❶　通　知

欧洲专利局应当根据实施细则主动将决定、传票、通告和通信予以通知。在例外情况需要时，通知可以通过各缔约国中央工业产权局送达。

第 120 条❷　期　限

实施细则应当详细规定：

（a）在欧洲专利局程序中应当遵守而未在公约中规定的期限；

（b）期限的计算方式和期限可以延展的条件；

（c）应当由欧洲专利局决定的最短和最长的期限。

第 121 条❸　欧洲专利申请的进一步处理

（1）如果申请人没有遵守对欧洲专利局的一项期限的，他可以请求进一步处理其欧洲专利申请。

（2）欧洲专利局应接受其请求，但以符合实施细则规定的要求为限。否则，它应驳回请求。

（3）如果请求已被接受，没有遵守期限的法律效果视为没有产生。

（4）关于本公约第 87 条第 1 款、第 108 条和第 112a 条第 4 款中的期限，应当排除进一步处理的请求，与请求进一步处理或者恢复权利的期限一样。实施细则可以排除对其他期限的进一步处理。

第 122 条❹　权 利 的 恢 复

（1）欧洲专利的申请人或者所有人，尽管根据情况已经尽了一切应有的注意，仍未能遵守对欧洲专利局的一项期限的，如果未遵守该期限的直接结果是该欧洲专利申请或者一项请求被拒

---

❶❷❸❹　根据 2000 年 11 月 29 日《关于修改〈欧洲专利公约〉的法案》修改。

绝，或者该欧洲专利申请视为撤回，或者该欧洲专利的撤销，或者任何其他权利或救济方法的丧失，经请求，其权利应当得到恢复。

（2）欧洲专利局应当接受请求，但以第 1 款的条件以及实施细则所规定的其他任何要求都已符合为限。否则，它应拒绝请求。

（3）如果欧洲专利局接受请求，没有遵守期限的法律效果视为产生。

（4）关于请求恢复权利的期限，权利恢复应当予以排除。实施细则可以排除其他期限的恢复。

（5）任何人在自第 1 款所述的权利丧失至公布该权利恢复的期间，在指定的缔约国内，善意地使用作为公布的欧洲专利申请或者欧洲专利主题的发明，或者为使用该发明作了认真有效的准备的，可以继续在其企业中或者为其企业的需要使用该发明而无需付款。

（6）本条规定不限制任何缔约国就本公约所规定并且对该国主管部门应遵守的期限给予恢复权利的权利。

第 123 条❶　修改

（1）欧洲专利申请或者欧洲专利在欧洲专利局的程序中可以根据实施细则加以修改。在任何情形下，应当允许申请人至少有一次机会主动修改申请。

（2）欧洲专利申请或者欧洲专利的修改，其主题不得超出原提交申请的内容。

（3）欧洲专利不得以超出其所授予保护范围的方式加以修改。

第 124 条❷　关于现有技术的信息

（1）欧洲专利局可以根据实施细则邀请申请人提供国家或者

---

❶❷　根据 2000 年 11 月 29 日《关于修改〈欧洲专利公约〉的法案》修改。

地区专利程序中考虑并与欧洲专利申请所涉及的发明有关的现有技术信息。

（2）如果申请人对根据第 1 款的邀请没有在规定期间内作出答复的，欧洲专利申请视为撤回。

第 125 条 参考一般原则

在本公约没有程序规定的情况下，欧洲专利局应当考虑各缔约国一般承认的程序法原则。

第 126 条❶ 已删除

第 Ⅱ 章 向公众或官方机构提供信息

第 127 条❷ 欧洲专利登记簿

欧洲专利局应当保持一册欧洲专利登记簿，记录实施细则规定予以登记的事项。欧洲专利申请公布以前，不应在该簿内作任何登记。欧洲专利登记簿应当公开供公众查阅。

第 128 条❸ 文档的查阅

（1）如果欧洲专利申请尚未公布，未得申请人的同意，有关该申请的文档不应提供公众查阅。

（2）任何人如能证明，申请人未得其同意而行使根据欧洲专利申请的权利的，可以在该申请公布前不得申请人的同意而查阅文档。

（3）欧洲分案申请或者根据本公约第 61 条第 1 款提交的新欧洲专利申请公布的，任何人可以不得申请人的同意，在其在先申请公布前查阅该在先申请的文档。

---

❶ 根据 2000 年 11 月 29 日《关于修改〈欧洲专利公约〉的法案》删除。

❷❸ 根据 2000 年 11 月 29 日《关于修改〈欧洲专利公约〉的法案》修改。

（4）在欧洲专利申请公布以后，有关该申请以及根据该申请而授予的欧洲专利的文档，经请求，可供查阅，但须受实施细则规定的限制的约束。

（5）即使在欧洲专利申请公布以前，欧洲专利局可以将实施细则中所列举的事项通知第三方或者予以公布。

第 129 条❶ 定期出版物

欧洲专利局定期出版下列刊物：

（a）欧洲专利公报，登载本公约、实施细则或者欧洲专利局局长规定的事项；

（b）官方公报，登载欧洲专利局局长发出的通告和一般性质的信息，以及有关本公约及其实施的信息。

第 130 条❷ 信息交换

（1）除本公约或者国家法律另有规定外，欧洲专利局和任何缔约国中央工业产权局根据请求，应当互相送交关于欧洲或者国家专利申请和专利以及关于申请和专利的程序的任何有用的信息。

（2）第 1 款应当适用于根据欧洲专利局与下列组织的工作协定规定的信息送交：

（a）其他国家的中央工业产权局；

（b）负有授予专利任务的任何政府间组织；

（c）任何其他组织。

（3）根据第 1 款和第 2 款（a）项和（b）项的信息送交，不受本公约第 128 条所规定的限制。行政委员会可以决定根据第 2 款（c）项的信息送交不受这种限制，其条件是，有关组织在欧洲专利申请公布以前对送交的信息予以保密。

第 131 条 行政的和法律的合作

（1）除本公约或者国家法律另有规定外，欧洲专利局和缔约

---

❶❷ 根据 2000 年 11 月 29 日《关于修改〈欧洲专利公约〉的法案》修改。

国的法院或者机构应当根据请求，依照交换信息或者开放文档供查阅的方法互相给予协助。欧洲专利局将文档提供法院、检察院或者中央工业产权局查阅的，此种查阅应当不受本公约第128条所规定限制的约束。

（2）在收到欧洲专利局的请求信件后，缔约国的法院或者其他主管机构应当在其管辖范围内，代表欧洲专利局承担必要的调查或者采取其他的法律措施。

第132条 出版物的交换

（1）欧洲专利局和各缔约国中央工业产权局根据请求并为其自身使用，应当互相免费寄递一份或者数份各自的出版物。

（2）欧洲专利局可以缔结关于交换或者提供出版物的协定。

第Ⅲ章 代 理

第133条❶ 代理的一般原则

（1）在符合第2款规定的前提下，任何人不应当被迫在本公约的程序中由职业代理人代理。

（2）在缔约国没有居所或者主营业所的自然人或者法人，必须由一名职业代理人代理，并通过他在本公约规定的所有程序中进行行为，但提交欧洲专利申请除外；实施细则可以允许有其他的例外。

（3）在缔约国有住所或者主营业所的自然人或者法人，在本公约所规定的程序中可以由一名雇员代理，他不必是职业代理人，但是根据实施细则应当是得到授权的。实施细则可以规定，这种法人的雇员是否以及在什么条件下还可以代理在缔约国内有主营业所并与第一个法人有经济联系的其他法人。

（4）实施细则可以就共同行为的各当事人的共同代理制定特

---

❶ 根据 2000 年 11 月 29 日《关于修改〈欧洲专利公约〉的法案》修改。

别规定。

第 134 条❶ 在欧洲专利局的代理

（1）自然人或者法人在本公约所规定程序中的代理，只能由在欧洲专利局为此目的而设的代理人名册上登记的职业代理人担任。

（2）任何自然人符合下列条件的，可以在职业代理人名册上登记：

（a）是缔约国国民；

（b）在缔约国有事务所或者受雇单位；

（c）已经通过欧洲资格检定考试。

（3）自一国加入本公约生效之日起 1 年期间内，任何自然人符合下列条件的，也可以请求在代理人名册上予以登记：

（a）是缔约国国民；

（b）在已经加入本公约的国家有事务所或受雇单位；

（c）有权在该国的中央工业产权局在专利事务方面代理自然人或者法人。如果这种权利不是以特殊的职业资格的要求为条件的，此人在该国经常这样代理应当至少已有 5 年。

（4）登记应当根据请求，并附有表明第 2 款或者第 3 款规定的条件已经符合的证明文件。

（5）在职业代理人名册上登记的人员有权在本公约规定的所有程序中工作。

（6）为了担任职业代理人，姓名登记在第 1 款所称的名册上的任何人有权在可以进行公约所规定程序的缔约国内设立事务所，但应尊重本公约所附的集中化议定书的规定。

（7）欧洲专利局局长可以免除下列要求：

（a）在特殊情况下，免除第 2 款（a）项或者第 3 款（a）项的要求；

（b）如果申请人提供证明，他已经依其他方法获得必要的资

---

❶ 根据 2000 年 11 月 29 日《关于修改〈欧洲专利公约〉的法案》修改。

格，免除第 3 款（c）项第 2 句的要求。

（8）在本公约规定程序中的代理也可以按照由职业代理人担任的同样方式，由在缔约国具有资格并在该国设有事务所的任何律师担任，但是应当限于他有权在该国作为专利事务的职业代理人的限度内。第 6 款应当比照予以适用。

第 134a 条❶ 在欧洲专利局执业的职业代理人协会

（1）行政委员会有权制定和修改有关下列事项的规定：

（a）在欧洲专利局执行业务职业代理人协会（下称"协会"）；

（b）参加欧洲资格检定考试的人员所需要的资格和培训以及这种考试的举行；

（c）该协会或者欧洲专利局对职业代理人行使的任何纪律权限；

（d）职业代理人应负的的保密义务，以及在欧洲专利局程序中披露他和其委托人或者其他任何人之间通信情况的特权。

（2）任何人已在本公约第 134 第 1 款所述的职业代理人名册登记的，应当是协会的会员。

第Ⅷ部分　对国家法律的影响

第Ⅰ章　转换为国家专利申请

第 135 条❷ 适用国家程序的请求

（1）指定的缔约国中央工业产权局，应欧洲专利的申请人或者所有人的请求，在下列情况下适用授予国家专利的程序：

---

❶ 根据 2000 年 11 月 29 日《关于修改〈欧洲专利公约〉的法案》增加。

❷ 根据 2000 年 11 月 29 日《关于修改〈欧洲专利公约〉的法案》修改。

（a）欧洲专利申请依照本公约第 77 条第 3 款视为撤回时；

（b）在国家法律规定的其他情况下，欧洲专利申请被拒绝、撤回、视为撤回，或者根据本公约欧洲专利被撤销的。

（2）在第 1 款（a）项所述的情形，转换的请求应当向接受欧洲专利申请的中央工业产权局提交。该局在符合国家安全规定的前提下，应将该请求直接转送请求中所指明的缔约国中央工业产权局。

（3）在第 1 款（b）项所述的情形，转换的请求应当根据实施细则转送欧洲专利局。在转换费缴纳以前，该请求不应视为已经提交。

（4）如果转换的请求不在规定期间内提交，本公约第 66 条所述的欧洲专利申请的效力即告丧失。

第 136 条❶　已删除

第 137 条❷　*转换的形式要求*

（1）根据本公约第 135 条第 2 款或第 3 款转送的欧洲专利申请不受与本公约规定不同或有附加要求的国家法律的形式要求的拘束。

（2）接受转送的申请的任何中央工业产权局可以要求申请人在不少于 2 个月的期间内：

（a）缴纳本国的申请费；

（b）提交以有关国家正式语言之一翻译的欧洲专利申请原始文本的译文，以及在适用的情况下，申请人愿意提交国家程序的、在欧洲专利局程序中修改过的文本的译文。

---

❶　根据 2000 年 11 月 29 日《关于修改〈欧洲专利公约〉的法案》删除。

❷　根据 2000 年 11 月 29 日《关于修改〈欧洲专利公约〉的法案》修改。

第 Ⅱ 章　撤销和在先权利

第 138 条❶　欧洲专利的撤销

（1）在符合本公约第 139 条规定的前提下，欧洲专利可以根据下列理由予以撤销，并只对一个缔约国发生效力：

（a）该欧洲专利的主题根据本公约第 52 条至第 57 条是不可享有专利的；

（b）该欧洲专利没有以足够清楚、完整的方式公开发明，以致熟悉有关技术的人员不能实现该发明；

（c）该欧洲专利的主题超出了原提交申请的内容，或者，如果该专利是根据分案申请或者是根据本公约第 61 条提交的新申请授予的，超出了原提交的在先申请的内容；

（d）该欧洲专利授予的保护已经被扩大；

（e）该欧洲专利的所有人根据本公约第 60 条第 1 款无权获得该专利。

（2）如果撤销的理由只对欧洲专利一部分有影响，该专利应当以权利要求的相应修改加以限制并予以部分撤销。

（3）在主管法院或者与欧洲专利有效性有关机构的程序中，专利所有人有权修改权利要求以限制其专利。这样限制的专利应当成为程序的基础。

第 139 条　在先日期或同一日期的权利

（1）在任何指定缔约国中，欧洲专利申请和欧洲专利，对国家专利申请和国家专利而言，享有与国家专利申请或者国家专利同样的在先权利的效力。

（2）在某一缔约国中，国家专利申请和国家专利，对指定该缔约国的欧洲专利而言，享有与它们对国家专利同样的在先权利

---

❶　根据 2000 年 11 月 29 日《关于修改〈欧洲专利公约〉的法案》修改。

的效力。

（3）任何缔约国可以规定，既在欧洲专利申请或者专利中，又在具有相同申请日（如果要求优先权，具有相同优先权日）的国家申请或者专利中公开的发明，是不是可以，以及在什么条件下可以依照两个申请或者专利同时受到保护。

第Ⅲ章　其他效力

第 140 条 ❶　国家的实用新型和实用证书

在其法律规定实用新型或者实用证书的缔约国中，本公约第66条、第124条、第135条、第137条和第139条应当适用于实用新型和实用证书，也适用于注册或者保存的实用新型和实用证书的申请。

第 141 条 ❷　欧洲专利的续展费

（1）欧洲专利的续展费，只有对本公约第86条第2款所述年份之后的各个年份才可以征收。

（2）在欧洲专利的授予公布后的2个月内到期应当缴纳的任何续展费，如果已在该期间内缴纳，视为已经有效缴纳。国家法律规定的其他任何费用不应予以征收。

第Ⅸ部分　特别协定

第 142 条　单一专利

（1）缔约国的任何集团已经以特别协定规定，向这些国家授予的欧洲专利在所有各国的领土内具有单一专利性质的，可以规定只可以对所有这些国家共同授予一个欧洲专利。

---

❶❷ 根据 2000 年 11 月 29 日《关于修改〈欧洲专利公约〉的法案》修改。

（2）缔约国的任何集团已经利用第 1 款所述的授权的，本编的规定应予以适用。

第 143 条　欧洲专利局的特别部门

（1）缔约国的集团可以赋予欧洲专利局以另外的任务。

（2）为了完成另外的任务，欧洲专利局内可以建立对该集团内各国共同的特别部门。欧洲专利局局长应当管理这些部门；本公约第 10 条第 2 款和第 3 款的规定应当予以比照适用。

第 144 条　在特别部门的代理

缔约国的集团可以对当事人在本公约第 143 条第 2 款所述的特别部门中的代理问题制定特别规定。

第 145 条　行政委员会的特别委员会

（1）缔约国的集团为了监督根据本公约第 143 条第 2 款设立的特别部门的活动，可以设立行政委员会的特别委员会；欧洲专利局应当向该委员会提供为完成其任务所必要的人员、房屋和设备。欧洲专利局局长应当就特别部门的活动向行政委员会的特别委员会负责。

（2）特别委员会的组成、权限和职责，由缔约国的集团决定。

第 146 条　完成特别任务花费的开支

根据本公约第 143 条对欧洲专利局赋予另外的任务的，缔约国的集团应当负担本组织为完成该任务所招致的费用。为了完成这些另外的任务，欧洲专利局内已经建立特别部门的，该集团应当负担向这些部门的人员、房屋和设备收取的开支。本公约第 39 条第 3 款和第 4 款、第 41 条和第 47 条的规定应当予以比照适用。

第 147 条　关于单一专利的续展费的缴纳

如果缔约国的集团已经就欧洲专利的续展费制定共同的收费表，本公约第 39 条第 1 款所述的比例应当根据共同收费表予以计算；第 39 条第 1 款所述的最低数额，应当适用于单一的专利。本公约第 39 条第 3 款和第 4 款应当予以比照适用。

第 148 条　欧洲专利申请作为产权的客体

（1）除缔约国的集团另有规定外，本公约第 74 条应当予以适用。

（2）缔约国的集团可以规定，指定这些国家的欧洲专利申请只有对该集团的所有缔约国并根据特别协定的规定，才能转移、抵押或者受到任何法律执行方法的约束。

第 149 条　共同指定

（1）缔约国的集团可以规定，对这些国家只能共同指定，而且指定这些国家中的一个或者数个国家的，应当视为构成对该集团所有国家的指定。

（2）根据本公约第 153 条第 1 款欧洲专利局作为指定局的，如果申请人在其国际申请中表明他希望获得该集团的一个或数个指定国的欧洲专利的，第 1 款应当予以适用。如果申请人在其国际申请中指定该集团中的一个国家，而该国本国法规定对该国的指定具有欧洲专利申请的效力，第 1 款也应同样予以适用。

第 149a 条 ❶　各缔约国之间的其他协定

（1）本公约的任何规定不应解释为限制某些或者所有缔约国就有关欧洲专利申请或者欧洲专利根据本公约是受国家法约束和规定的任何事项缔结特别协定的权利，这些事项尤其是：

（a）缔结协定，建立一个对协定当事方的缔约国共同的欧洲专利法院；

（b）缔结协定，建立一个对协定当事方的缔约国共同的实体，该实体应国家法院或者准司法机构的请求，提出对欧洲专利法或协调的国家专利法问题的意见；

---

❶　根据 2000 年 11 月 29 日《关于修改〈欧洲专利公约〉的法案》增加。

（c）缔结协定，根据该协定，当事方的缔约国全部或部分免除根据本公约第 65 条所需要的欧洲专利译文；

（d）缔结协定，根据该协定，当事方的缔约国规定，根据本公约第 65 条所要求的欧洲专利的译文可以提交欧洲专利局，并由该局公布。

（2）行政委员会有权决定：

（a）申诉委员会或者扩大申诉委员会的成员可以在欧洲专利法院或者共同的实体服务，并根据任何这样的协定参加该法院或者该实体的程序；

（b）欧洲专利局应当为共同的实体提供为履行其职责所必要的支持的人员、房屋和设备，该实体所作出的开支应当全部或者部分由本组织负担。

第 X 部分❶ 根据《专利合作条约》提出的国际申请，欧洲－PCT 申请

第 150 条❷ 《专利合作条约》的适用

（1）1970 年 6 月 19 日《专利合作条约》（下称"PCT"），应当根据本部分的规定予以适用。

（2）根据 PCT 提交的国际申请可以成为欧洲专利局程序的对象。在这种程序中，PCT 及其实施细则应当予以适用，并以本公约的规定加以补充。遇有抵触时，应当适用 PCT 及其实施细则的规定。

第 151 条❸ 欧洲专利局作为受理局

欧洲专利局应当根据实施细则，作为 PCT 所称的受理局。第 75 条第 2 款应当比照予以适用。

---

❶❷❸ 根据 2000 年 11 月 29 日《关于修改〈欧洲专利公约〉的法案》修改。

第 152 条❶　欧洲专利局作为国际检索单位或国际初步审查单位

根据本组织与世界知识产权组织国际局的协定，对申请人是本组织缔约国的居民或者国民来说，欧洲专利局应当作为 PCT 所称的国际检索单位和国际初步审查单位。该协定可以规定，欧洲专利局也应为其他申请人工作。

第 153 条❷　欧洲专利局作为指定局或选定局

（1）欧洲专利局应当是：

（a）本公约任何缔约国的指定局，如果 PCT 对该国已经生效，并且该国在国际申请中已经指定，申请人希望对该国获得欧洲专利的；

（b）选定局，如果申请人已经选定依照（a）项指定的国家。

（2）指定或者选定欧洲专利局为指定局或者选定局，并且被给予国际申请日的国际申请，应与正规的欧洲申请相等同（欧洲－PCT 申请）。

（3）欧洲－PCT 申请以欧洲专利局正式语言之一的国际公布，应当取代欧洲专利申请的公布，并应在欧洲专利公报中予以载明。

（4）如果欧洲－PCT 申请是以另一语言公布的，应当向欧洲专利局提交以正式语言之一的申请译文，由该局公布。在符合本公约第 67 条第 3 款规定的前提下，根据第 67 条第 1 款和第 2 款的临时保护应自该申请公布之日起生效。

（5）欧洲－PCT 申请应当作为欧洲专利申请对待，并且，如果符合第 3 款或者第 4 款以及实施细则中规定的条件，应当认为包括在根据本公约第 54 条第 3 款的现有技术中。

（6）对欧洲－PCT 申请作出的国际检索报告或者代替该报

---

❶❷　根据 2000 年 11 月 29 日《关于修改〈欧洲专利公约〉的法案》修改。

告的声明，和它们的公布，应当取代欧洲检索报告和它在欧洲专利公报上的公布。

（7）对任何欧洲－PCT申请应当根据第5款作出欧洲补充检索报告。行政委员会可以决定补充检索报告应当予以免除或者检索费应当予以降低。

第 154 条❶　已删除

第 155 条　已删除

第 156 条　已删除

第 157 条　已删除

第 158 条　已删除

第 XI 部分　已删除

第 159 条　已删除

第 160 条　已删除

第 161 条　已删除

第 162 条　已删除

第 163 条　已删除

第 XII 部分　最后规定

第 164 条❷　实施细则和各议定书

（1）实施细则、关于承认的议定书、关于特权和豁免权的议

---

❶　本条至第 163 条是根据 2000 年 11 月 29 日《关于修改〈欧洲专利公约〉的法案》删除。

❷　根据 2000 年 11 月 29 日《关于修改〈欧洲专利公约〉的法案》修改。

定书、关于集中化的议定书、关于本公约第 69 条解释的议定书以及关于人员补充的议定书，均为本公约的组成部分。

（2）遇有本公约的规定与实施细则的规定发生抵触时，适用本公约的规定。

第 165 条　签字—批准书

（1）本公约应当向曾经参加建立欧洲授予专利制度的政府间会议或者曾接到该会议开会通知并有参加会议选择权的国家开放签字，至 1974 年 4 月 5 日截止。

（2）本公约须经批准。批准书应当由德意志联邦共和国政府保管。

第 166 条　加入

（1）本公约应当对下列国家开放，供它们加入：

（a）本公约第 165 条第 1 款所述的国家；

（b）应行政委员会邀请的任何其他欧洲国家。

（2）曾经是本公约的当事方后因适用本公约第 172 条第 4 款的结果而终止为本公约当事方的任何国家，可以依加入而再次成为本公约的当事方。

（3）加入书由德意志联邦共和国政府保管。

第 167 条❶　已删除

第 168 条　适用的地域

（1）任何缔约国可以在其批准书或者加入书中声明，或者在以后任何时候以书面通知告诉德意志联邦共和国政府，本公约应当适用于它负责其对外关系的一个或几个领土。对该缔约国授予的欧洲专利在这种声明生效的领土上也发生效力。

（2）如果第 1 款所述的声明包括在批准书或者加入书内，该声明应当与批准书或者加入书同一日生效；如果该声明是在交存

---

❶　根据 2000 年 11 月 29 日《关于修改〈欧洲专利公约〉的法案》删除。

批准书或者加入书以后的通知中作出的，这种通知应当在德意志联邦共和国政府收到之日起 6 个月后生效。

（3）任何缔约国可以在任何时候声明，本公约应当停止在其依照第 1 款所作的通知中提及的全部或某些领土上适用。这种声明应当在德意志联邦共和国政府接到上述通知之日起 1 年后生效。

第 169 条　生效❶

（1）本公约应当在有 6 个国家（1970 年在其全部领土内提交的申请总数应当至少达到 18 万件）交存最后一个批准书或者加入书之日起 3 个月后生效。

（2）本公约生效后，任何批准书或者加入书应当在交存以后第三个月的第一日生效。

第 170 条　首次捐款

（1）任何国家在本公约生效后批准或者加入本公约的，应当向本组织缴纳初步捐款；该捐款不予退还。

---

❶　生效日期：比利时、德国、法国、卢森堡、荷兰、瑞士、英国：1977 年 10 月 7 日；瑞典：1978 年 5 月 1 日；意大利：1978 年 12 月 1 日；奥地利：1979 年 5 月 1 日；列支敦士登：1980 年 4 月 1 日；希腊、西班牙：1986 年 10 月 1 日；丹麦：1990 年 1 月 1 日；摩纳哥：1991 年 12 月 1 日；葡萄牙：1992 年 1 月 1 日；爱尔兰：1992 年 8 月 1 日；芬兰：1996 年 3 月 1 日；塞浦路斯：1998 年 4 月 1 日；土耳其：2000 年 11 月 1 日；保加利亚、捷克共和国、爱沙尼亚、斯洛伐克：2002 年 7 月 1 日；斯洛文尼亚：2002 年 12 月 1 日；匈牙利：2003 年 1 月 1 日；罗马尼亚：2003 年 3 月 1 日；波兰：2004 年 3 月 1 日；冰岛：2004 年 3 月 1 日；立陶宛：2004 年 12 月 1 日；拉脱维亚：2005 年 7 月 1 日；马尔他：2007 年 3 月 1 日。

译者注：前述注释为欧洲专利局网站上所附公约文本自身的注释。但是，在欧洲专利局网站上关于缔约国的名单中，还有缔约国及其生效日期：阿尔巴尼亚：2010 年 5 月 1 日；克罗地亚：2008 年 1 月 1 日；前南斯拉夫马其顿共和国：2009 年 1 月 1 日；塞尔维亚：2010 年 10 月 1 日；圣马力诺：2009 年 7 月 1 日。

（2）初步捐款应当是，将有关国家在其批准书或者加入书的生效之日，根据本公约第 40 条第 3 款和第 4 款规定的捐款等级表所得的百分比，应用于上述日期前的会计期间其他国家到期应缴纳的特别财政捐款总额的 5%。

（3）倘若在紧接第 2 款所述日期前的会计期间不要求缴纳特别财政捐款，该款所述的捐款等级表应当是适用于有关国家在上 1 年要求特别财政捐款的会计期间应当缴纳的捐款等级表。

第 171 条　公约的有效期间

本公约应当无限期生效。

第 172 条　修订

（1）本公约可以由缔约国会议予以修订。

（2）上述会议应当由行政委员会准备并召集。该会议至少有 3/4 的缔约国的代表出席，否则不应当视为合法构成。为了通过修订的文本，必须有代表出席会议并有 3/4 的缔约国参加投票。弃权不应认为是投票。

（3）修订的文本，必须经缔约国批准或者加入和达到该会议规定的国家数目，并在该会议规定的时间生效。

（4）在修订的文本生效时没有批准或者加入本公约修订文本的国家，自该时起终止为本公约的当事方。

第 173 条　缔约国之间的争议

（1）缔约国之间关于本公约的解释和适用的任何争议未能通过协商解决的，在有关国家之一的请求下，应当将争议提交行政委员会。行政委员会应努力使有关国家达成协议。

（2）如果自行政委员会接受该争议之日起 6 个月内尚未达成协议，有关国家的任何一方可以将争议提交国际法院，由该法院作出有约束力的裁决。

第 174 条　退出

任何缔约国可以在任何时候退出本公约。退出的通知应当提交德意志联邦共和国政府。在接到这一通知之日起 1 年后退出生效。

第 175 条　*既得权利的保留*

（1）倘若一个缔约国根据本公约第 172 条第 4 款或者第 174 条的规定停止为本公约的当事方，根据本公约已经获得的权利不受损害。

（2）如果指定国停止为本公约当事方时欧洲专利申请仍在处理之中，该申请应当继续由欧洲专利局处理，在就该国而言的限度内，犹似在该日期以后有效的公约仍对该国适用一样。

（3）第 2 款的规定应当适用于在该款所述日期对该申请的异议仍在处理或者异议期间尚未届满的欧洲专利申请。

（4）本条的任何规定不影响已经停止为本公约当事方的任何国家根据其过去为公约当事方时的文本对待欧洲专利的权利。

第 176 条　*前缔约国的财政权利和义务*

（1）已经停止为本公约当事方的任何国家，根据本公约第 172 条第 4 款或者第 174 条规定，应当得到本组织退还其依照本公约第 40 条第 2 款缴纳的特别财政捐款，但是只能按照本组织向其他国家退还其在同一会计期间缴纳的特别财政捐款的时间和条件。

（2）第 1 款所述的国家，即使在停止为本公约的当事方后，仍应当按照在停止为当事方之日现行的汇率缴纳依照本公约第 39 条所规定的关于在该国仍然有效的欧洲专利续展费的比例数额。

第 177 条　*公约的语言*

（1）本公约的单一原本以德语、法语、英语三种语言撰写，保存在德意志联邦共和国政府的档案中；三种文本具有同等作准的效力。

（2）本公约以第 1 款所述的语言以外的缔约国正式语言撰写的文本，如果已经行政委员会批准，应当认为是正式文本。遇有各种文本的解释发生抵触时，应当以第 1 款所述的文本作准。

第 178 条　送达和通知

（1）德意志联邦共和国政府应当作出本公约的经过证明的正本，并将正本送达所有签字国或者加入国政府。

（2）德意志联邦共和国政府应当将下列各项通知第 1 款所述的各国政府：

（a）任何签署；

（b）任何批准书或者加入书的交存；

（c）依照本公约第 167 条规定的任何保留或者保留的撤回；

（d）依照本公约第 168 条规定收到的任何声明或者通知；

（e）本公约的生效日；

（f）依照本公约第 174 条规定收到的任何退出声明以及该声明的生效日期。

（3）德意志联邦共和国政府应当将本公约提交给联合国秘书处予以登记。

关于《欧洲专利公约》第 69 条
解释的议定书❶

1973 年 10 月 5 日，根据 2000 年 11 月 29 日
《关于修改〈欧洲专利公约〉的法案》修改❷

第 1 条 一般原则

第 69 条不应当解释为这样的意义，即欧洲专利授予的保护范围应当理解是指权利要求所用措辞严格的字面意义所限定的范围，说明书和附图只用以解释权利要求中含糊不清之处。该条也不应当解释为这样的意义，即权利要求仅仅是一种指标，授予的实际保护范围可以根据熟悉有关技术的人员考虑说明书和附图以后扩展到专利权人所预期的范围。相反，这个规定应当解释为在这两个极端之间确定一个位置，这个位置应当将对专利权人的合理保护和对第三方的适当程度的确定性结合起来。

第 2 条 等同物

为了确定欧洲专利所授予的保护范围的目的，与权利要求中某一构成部分等同的任何构成部分，应当给予适当的考虑。

---

❶ 翻译、校对：汤宗舜。

❷ 欧洲专利组织行政委员会根据 2001 年 6 月 28 日的决定（参见 EPO2001 年官方公报特辑第 4 号第 55 页）通过的本议定书新文本已成为 2000 年 11 月 29 日《关于修改〈欧洲专利公约〉的法案》不可分割的一部分，其依据是该法案第 3 条第（2）款第 2 句。

关于在海牙的欧洲专利局
人员补充的议定书
（关于人员补充议定书）❶

2000 年 11 月 29 日 ❷

　　欧洲专利组织保证，欧洲专利局分配给在海牙的职位，如2000 年编制计划和职位表所规定的，实质上保持不变。分配给在海牙的职位数目的任何变动，在比例上超过 10％，并且证明对欧洲专利局的正当运行是必要的，这种变动应当由欧洲专利局局长，在与德意志联邦共和国和荷兰王国的政府协商后提出建议，报经本组织的行政委员会作出决定。❸

---

❶　翻译、校对：汤宗舜。

❷　欧洲专利组织行政委员会根据 2001 年 6 月 28 日的决定（参见EPO2001 年官方公报特辑第 4 号第 55 页）通过的本议定书已成为 2000 年11 月 29 日《关于修改〈欧洲专利公约〉的法案》不可分割的一部分，其依据是该法案第 3 条第（2）款第 2 句。

❸　附在欧洲专利公约之后，成为 2000 年 11 月 29 日《关于修改〈欧洲专利公约〉的法案》不可分割的一部分。

关于欧洲专利制度集中化
及其采用的议定书
(关于集中化议定书)❶

1973 年 10 月 5 日，根据 2000 年 11 月 29 日
《关于修改〈欧洲专利公约〉的法案》修改❷

第 1 条❸

(1) (a) 在本公约生效之际，公约的当事方同时又是 1947 年 6 月 6 日海牙协定建立的国际专利机构成员的国家，应当采取一切必要的步骤保证，不迟于本公约第 162 条第 1 款所述的日期，将该机构的所有资产和负债以及所有职员移交给欧洲专利局。这种移交应当由国际专利机构和欧洲专利组织依协定予以实现。上述国家和公约当事方的其他国家应当采取一切必要的步骤保证该协定的实施，不迟于公约第 162 条第 1 款所述的日期。在该协定实施之际，既是公约当事方同时又是国际专利机构成员的那些国家，还应承诺终止参与海牙协定。

(b) 本公约当事方的国家应当采取一切必要的步骤保证，国际专利机构的所有资产和负债以及所有职员根据 (a) 项所述的协定移交给欧洲专利局。在该协定实施以后，国际专利机构在本公约开放签署之日负有责任的任务，尤其是对其成员国应履行的

---

❶ 翻译、校对：汤宗舜。

❷ 欧洲专利组织行政委员会根据 2001 年 6 月 28 日的决定（参见 EPO2001 年官方公报特辑第 4 号第 55 页）通过的本议定书已成为 2000 年 11 月 29 日《关于修改〈欧洲专利公约〉的法案》不可分割的一部分，其依据是该法案第 3 条第（2）款第 2 句。

❸ 根据 2000 年 11 月 29 日《关于修改〈欧洲专利公约〉的法案》修改。

义务，不论这些国家是否成为本公约的当事方，以及该机构在本公约生效时对既是国际专利机构的成员又是本公约的当事方的国家承诺履行的任务，均应由欧洲专利局承担。此外，欧洲专利组织的行政委员会可以在检索领域内分配更多的任务给欧洲专利局。

（c）上述义务也应比照适用于根据海牙协定在国际专利机构和有关缔约国政府之间的协议中所列举的条件下设立的分办事处。该政府兹承诺与欧洲专利组织签订新的协议，以代替原来与国际专利机构订立的协议，使关于分办事处的组织、工作和资金的条款与本议定书的规定相一致。

（2）在符合第 III 条规定的前提下，本公约当事方的国家应代表其中央工业产权局自本公约第 162 条第 1 款所述的日期起，为欧洲专利局的利益，放弃根据专利合作条约作为国际检索单位的任何活动。

（3）（a）欧洲专利局自本公约第 162 条第 1 款所述的日期起，在柏林设立分办事处。该分办事处在海牙分局的管理下工作。

（b）行政委员会应根据一般考虑和欧洲专利局的要求，决定分配给柏林分办事处的职责。

（c）至少在欧洲专利局活动范围逐步扩大后的期间的开始时，分配给该分办事处的工作量将足以使德国专利局的柏林分处的审查人员（指在本公约开放签署的日期时状况）得到充分的雇用。

（d）德意志联邦共和国应当承担欧洲专利组织在柏林设立和维持分办事处所需要的任何额外费用。

关于授予欧洲专利的权利的管辖权
和决定的承认的议定书
（关于承认的议定书）❶

1973 年 10 月 5 日

第一部分　管辖权

第 1 条

（1）缔约国法院根据第 2 条至第 6 条，享有关于反对就欧洲专利申请指定的一个或者多个缔约国授予申请人欧洲专利的诉讼的管辖权。

（2）为本议定书的目的，"法院"应当包括那些根据缔约国本国法律对第（1）款所称诉讼有权作出决定的机构。任何缔约国应当将具有该管辖权的任何机构的名称告知欧洲专利局。欧洲专利局应当相应地通知其他缔约国。

（3）为本议定书的目的，"缔约国"是指根据《欧洲专利公约》第 167 条未排除本议定书的适用的缔约国。

第 2 条

除第 4 条和第 5 条规定的情形外，如果一件欧洲专利申请的申请人在某一缔约国内有住所或者主要营业所，则对以其为被告的诉讼，应当向该缔约国的法院提起。

---

❶　根据欧洲专利局网站（www. epo. org/patent/law/legal-texts. html）上提供的英文版翻译。翻译：韩志杰；校对：姜丹明。

第 3 条

除第 4 条和第 5 条规定的情形外，如果一件欧洲专利申请的申请人的住所或者主要营业所在全体缔约国外，并且如果主张享有授予欧洲专利的权利的当事人在某一缔约国内有住所或者主要营业所，则后一国的法院享有专属管辖权。

第 4 条

除符合第 5 条规定的情形外，如果一件欧洲专利申请的主题属于雇员发明，若根据欧洲专利公约第 60 条第（1）款第 2 句，取得欧洲专利的权利应当根据某缔约国（如果有）的法律确定，则该缔约国的法院对该雇员和其雇主之间的诉讼享有专属管辖权。

第 5 条

（1）如果对授予欧洲专利的权利有争议的当事人达成了书面协议或者可以以书面确认的口头协议，选择某一缔约国的一个或者多个法院解决此争议，则该缔约国的该一个或者多个法院享有专属管辖权。

（2）但是，如果当事人之间是雇员和雇主关系，则只有该国关于雇用合同的法律允许上述协议时才可以适用第（1）款。

第 6 条

如果既不能适用第 2 条至第 4 条，也不能适用第 5 条第（1）款，则德意志联邦共和国法院享有专属管辖权。

第 7 条

向其提起第 1 条规定的诉讼的缔约国法院应当根据第 2 条至第 6 条自行判断是否具有管辖权。

第 8 条

（1）就相同当事人之间的同一争议起诉至不同缔约国的法院的，受理在后起诉的法院应当自行拒绝行使管辖权，以支持受理在先起诉的法院。

（2）对受理在先起诉的法院的管辖权提出质疑的，受理在后起诉的法院应当中止诉讼直至该另一法院作出最终决定。

第二部分　承　认

第 9 条

（1）在符合第 11 条第（2）款规定的前提下，任何缔约国作出的就欧洲专利申请指定的一个或多个缔约国授予欧洲专利的权利的决定在其他缔约国中应当无需任何程序而得到承认。

（2）作出需予承认的决定的法院的管辖权和该决定的效力不应予以审查。

第 10 条

有下列情形之一的，第 9 条第 1 款不适用：

（a）未能对诉讼予以争辩的欧洲专利申请的申请人证明，启动诉讼的文件未正常和充分地及时通知他以让其捍卫其权利；

（b）欧洲专利申请的申请人证明，该需予承认的决定与一个缔约国就相同当事人之间更早启动的另一诉讼所作出的决定相冲突。

第 11 条

（1）就任何缔约国之间，本议定书的规定与关于管辖权或者判决的承认的其他协定有冲突时，优先适用本议定书。

（2）本议定书不影响缔约国和不受议定书约束的国家之间任何协定的执行。

关于欧洲专利组织的特权
和豁免权的议定书
（关于特权和豁免权的议定书）

1973 年 10 月 5 日

略❶

---

❶　编者注：《关于欧洲专利组织的特权和豁免权的议定书》是《欧洲专利公约》的议定书之一。由于该议定书的内容与欧洲专利制度无直接关联，因此本书未编入该议定书。

关于《欧洲专利公约》
第 65 条的适用的协定❶

本协定成员国，作为 1973 年 10 月 5 日订立的《授予欧洲专利权公约（欧洲专利公约）》的缔约国，重申加强欧洲各国在保护发明方面合作的愿望，考虑到《欧洲专利公约》第 65 条的规定，承认减少欧洲专利翻译成本目标的重要性，强调需要广泛忠实该目标，决定致力于有效减少该成本，兹订立如下协定。

第 1 条 翻译要求的免除

（1）本协定的任何成员国，如果其一种官方语言与欧洲专利局的一种官方语言相同，则应当免除《欧洲专利公约》第 65 条第（1）款规定的翻译要求。

（2）本协定的任何成员国，尽管无官方语言与欧洲专利局的一种官方语言相同，但如果欧洲专利已以该国规定的欧洲专利局的官方语言授予，或者已翻译成该语言并根据《欧洲专利公约》第 65 条第（1）款的规定提供，则应当免除《欧洲专利公约》第 65 条第（1）款规定的翻译要求。

（3）第（2）款所述成员国仍然有权要求根据《欧洲专利公约》第 65 条第（1）款的规定，提供翻译成该国官方语言之一的权利要求。

（4）本协定的任何条款不应当被解释为限制本协定成员国免除任何翻译要求或者适用比第（2）款和第（3）款更为宽松的翻译要求的权利。

---

❶ 根据欧洲专利局网站（www. epo. org/patent/law/legal-texts. html）上提供的英文版翻译。翻译：韩志杰；校对：姜丹明。

第 2 条 出现纠纷时的翻译

本协定的任何条款不应被解释为限制本协定成员国在涉及欧洲专利纠纷时作出如下规定的权利：该专利的所有人（a）在被控侵权人的要求下，应当自行承担成本提供翻译成被控侵权行为发生地的一种官方语言的全文译文；（b）在法律程序中应法院或者准司法机构的要求，应当自行承担成本提供翻译成该国一种官方语言的全文译文。

第 3 条 签署—批准

（1）本协定在 2001 年 6 月 30 前供欧洲专利公约的缔约国开放签署。

（2）本协定应当经过批准。批准书应当由德意志联邦共和国政府保管。

第 4 条 加入

本协定应当在第 3 条规定的签署期限届满后，供欧洲专利公约缔约国和任何有权利加入该公约的国家开放加入。加入书应当由德意志联邦共和国政府保管。

第 5 条 禁止保留

本协定的任何成员国不能作出保留。

第 6 条 生效

（1）本协定应当在欧洲专利公约的 8 个缔约国（包括 1999 年有效欧洲专利的前 3 位国家）交存最后一份批准书或者加入书后第 4 个月的第 1 日生效❶。

（2）本协定生效后的任何批准或者加入应当在交存批准书或

---

❶ 编者注：该协定于 2008 年 5 月 1 日生效。截至 2010 年 11 月 15 日，该协定的成员国包括：克罗地亚、丹麦、法国、德国、冰岛、拉脱维亚、列支敦士登、立陶宛、卢森堡、摩纳哥、荷兰、斯洛文尼亚、瑞典、瑞士、英国。除对立陶宛于 2009 年 5 月 1 日生效外，对其他国家均自 2008 年 5 月 1 日生效。

者加入书 4 个月后的第 1 日生效。

第 7 条 协定有效期间

本协定应当无限期有效。

第 8 条 退出

本协定的任何成员国可以在本协定生效 3 年后的任何时间退出本协定。退出通知应当交存德意志联邦共和国政府。退出应当在接到该通知之日起 1 年后生效。退出生效前根据本协定所获得的任何权利不受损害。

第 9 条 范围

本协定适用于授予欧洲专利的公告在本协定对相关成员国生效之后在欧洲专利公报上公布的欧洲专利。

第 10 条 本协定的语言

本协定的单一原本以英文、法文和德文撰写，由德意志联邦共和国保存；三种文本同等作准。

第 11 条 送达和通知

（1）德意志联邦共和国政府应当制作经过证明的本协定正本，并将正本送达所有签字国或者加入国政府。

（2）德意志联邦共和国政府应当将下列各项通知第（1）款所述的各国政府：（a）任何签署；（b）任何批准书或者加入书的交存；（c）本协定的生效日；（d）按照第 8 条规定收到的任何退出声明以及该声明的生效日期。

（3）德意志联邦共和国政府应当将本协定提交给联合国秘书处予以登记。

为此，下列全权代表经授予签署之权，出示其全权证书，经审核无误后，于 2000 年 10 月 17 日在伦敦以英文、法文和德文签署本协定；三种文本同等作准。

关于共同体设计的第［2002］6 号（欧共体）理事会条例●

2001 年 12 月 12 日通过

根据 2006 年 12 月 18 日关于修正第［2002］6 号（欧共体）条例和第［1994］40 号（欧共体）条例的第［2006］1891 号理事会条例修正，欧共体据此加入工业设计●国际注册海牙协定之日内瓦文本。

欧盟理事会，
虑及建立欧洲共同体条约，尤其是其中的第 308 条，
虑及委员会的提议，
虑及欧洲议会的意见，
虑及经济和社会委员会的意见，
鉴于：
（1）一个旨在获得在共同体地域内被赋予具有统一效力的统一保护的共同体设计的一体制度，将促进条约中规定的共同体目

● 根据欧盟（商标与设计）内部市场协调局网站（http：//oami. europa. eu）上提供的英文版翻译。翻译：刘悦、李敬东；校对：李敬东。

● 国内一般将"industrial design"和"design"分别翻译为"工业品外观设计"和"外观设计"。本译文中，译者分为译为"工业设计"和"设计"，以保留原词直译，符合我国设计界已经统一的专业称谓和各国对与工业设计专业对应的知识产权类型称谓的国际惯例。从翻译角度看，比使用非设计行业专业术语的"外观设计"或者"工业品外观设计"妥当，可以更准确地表明与相应创造活动的密切联系。在本条例中，"设计"一词是"工业设计"的省略词。

标的实现。

（2）只有比利时、荷兰、卢森堡三国关税同盟国家建立了统一的设计保护法。在其他所有成员国中，对设计的保护是相关国家法律调整的事并且被限制在相关成员国地域内。同一设计因而可能在不同成员国对不同权利人给予不同保护。这不可避免地导致成员国间贸易交往的冲突。

（3）成员国设计法之间的实质区别阻碍和扭曲了共同体地域内的竞争。与附着设计的不同产品在成员国境内的贸易和竞争相比较而言，共同体内的贸易和竞争被巨大的申请量、不同的局、不同的程序、不同的法律、不同的本国专有权以及与对申请人的高支出和收费对应的行政成本所阻碍和扭曲。1998年10月13日欧盟议会及理事会通过的关于设计的法律保护的欧共体第［1998］71号指令有助于补救这种情形。

（4）无论各成员国的法律相似与否，设计保护的效力被限制在各成员国各自地域内，导致被不同的人作为本国权利主体所持有的设计所附着的不同产品在欧盟内部市场可能产生分割，因此构成商品自由流通的障碍。

（5）这要求建立能直接适用于每个成员国的共同体设计制度，因为只有通过这种根据一部法律下的单一程序向欧盟内部市场协调局（商标和设计）递交一件申请的途径，才可能获得一项效力及于全体成员国的设计权。

（6）由于建议的行动目标，即对同一设计权的保护遍及所有成员国，无法由各成员国单独充分地实现，由于共同体设计涉及的规模、效力及权威性等原因，而在共同体层面上能更好地实现上述目的。共同体将采取与《建立欧洲共同体条约》第5条规定的补充性原则相一致的措施。依照该条规定的均衡性原则，本条例未超出为达到所述目的所必需的范围。

（7）加强设计保护不仅能促进设计师个体在该领域为共同体总体上的领先作出贡献，也会鼓励新产品的创新和开发以及生产投资。

（8）因而一个适应内部市场需求、更方便的设计保护制度对共同体产业而言至关重要。

（9）本条例中关于设计的法律的实体条款应当与欧共体第［1998］71号指令中的相应条款协调。

（10）技术创新不应由于对仅由技术功能限定的特征给予设计保护而受到阻碍。应该理解为这并没有要求设计必须具备美感。同样，不同型号产品的互用性不应当由于对机械配件的设计保护而受阻碍。因此，那些由于上述原因被排除于保护之外的设计特征，出于评价该设计的其他特征是否符合保护条件的目的时不应予以考虑。

（11）模块化产品的机械配件仍然可以构成使模块化产品具有创新性的重要因素并产生重要的市场价值，因而应当受到保护。

（12）保护不应当延及在产品正常使用中不可见的零部件，不应当延及在安装后不可见零件的特征，也不应该包括不符合新颖性和独特性要求零件本身的设计特征。因而，由于上述理由被排除于保护之外的设计特征，出于评价该设计的其他特征是否符合保护条件的目的时不应予以考虑。

（13）出于将被保护设计用于修理复合产品使其恢复原始面貌的目的，即当一项设计被应用于或者被附着于一件产品，而该产品构成一件复合产品的部件，且该被保护的设计依赖于该复合产品的面貌时，通过欧共体第［1998］71号指令并不能使各成员国法律全面一致。在所述指令的协调程序的框架内，委员会在转化该指令的期限后的3年审核了该指令规定的结果，特别是对于一些受影响最为严重的工业部门。在这种情况下，不授予前述设计以共同体设计保护是适宜的，直到理事会基于委员会提案而决定其在这个问题上的政策。

（14）评价一项设计是否具备独特性，应当基于见多识广的用户观察该设计时，是否产生了明显不同于现有设计集合让其产生的整体印象，同时还要考虑到该设计所应用或者结合的产品的类型，特别是所属的产业部门及设计师在创造该设计时的自由度。

（15）共同体设计应当尽可能满足共同体内所有产业的需求。

（16）一方面，有些产业部门频繁推出大量市场寿命短暂的产品的设计。对这些设计而言，重要的优点是没有注册的形式负担，而保护期限明显居于次要地位。另一方面，也有一些产业部门重视注册所带来的更强的法律确定性的优点，这些产业通常要求得到与它们的产品可预见市场生命期相应的较长保护期限的可能性。

（17）这就需要两种保护形式：一种为保护期限较短的非注册式设计，另一种为较长期限的注册式设计。

（18）注册式共同体设计要求设立和维持一个注册了符合形式条件并具有申请日的所有申请予以注册的注册簿里。注册体系原则上在注册之前不进行是否符合保护条件的实质审查，从而将申请人在注册和其他申请程序上的负担减至最低程度。

（19）授予共同体设计的条件，是这个设计是新颖的且该设计与其他设计相比具有独特性。

（20）同样，应当允许设计师或者其权利继受人有权在决定是否申请注册式共同体设计前检验含有该设计的产品在市场上的销售前景。为此必须规定，对注册式共同体设计而言，申请日前12个月内，设计师或者其权利继受人公开其设计或者他人的恶意公开，并不破坏该设计的新颖性或者独特性。

（21）注册式共同体设计所赋予该权利的独占属性，与其具有的更强的法律确定性是协调的。然而，与此相应，对非注册式共同体设计仅赋予一种阻止复制的权利。保护因而不延及那些由第二个设计师独立完成的设计产品。该权利应当同样延及含有侵权设计的产品的贸易。

（22）这些权利的保护将取决于国家法律。因而，在全体成员国规定某些基本的统一制裁措施是必要的。这些措施可以不因管辖地域的差异而制止侵权行为。

（23）对一项注册式共同体设计保护范围内的设计，任何第三方如果能证明其已开始在共同体内善意使用，包括出于商业目的，或者为此目的已进行认真有效的准备，但并没有抄袭该设计，则可以有限制地利用该设计。

（24）本条例的根本目的是使获得注册式共同体设计的成本最小、申请人的困难最少，以方便中小型企业和个体设计师获得注册式共同体设计。

（25）某些产业部门推出大量生命周期可能较短、最终只有一些可以商业化的设计，这些部门可以利用非注册式共同体设计的优点。同时，这些部门也会有对注册式共同体设计的需求。因而，含有许多设计的合案申请将满足这种需求。尽管如此，合案申请包含的各项设计可以为了权利的保护、许可、担保物权、扣押、破产程序、放弃、续展、转让、延期公开或者无效宣告等目的而单独处理。

（26）共同体设计注册后的正常公开在某些情况下会破坏或者危及与该设计相关的商业运作的成功。合理期限内的延期公开为这些情况提供了解决方案。

（27）关于注册式共同体设计有效性的诉讼程序在单一地方进行，相对涉及不同国家法院的程序而言，将节省成本和时间。

（28）因而有必要规定一些保障，包括向申诉委员会申诉和最终到上诉欧洲法院的权利。此程序将有助于促进对共同体设计有效性条件的统一解释。

（29）共同体设计赋予的权利能以一种有效的方式在共同体域内得到保护是很重要的。

（30）诉讼制度应当尽可能避免"挑选法院"的现象，因而必须设立明确的国际管辖权规则。

（31）本条例不排除成员国工业知识产权法或者其他相关法律适用于受共同体设计保护的设计，例如，那些与注册式设计或者非注册式设计、商标、专利和实用新型、反不正当竞争以及民事责任等相关的法律。

（32）在缺少完全协调一致的版权法的情况下，建立共同体设计和版权法的双重保护原则是重要的，同时留给成员国设立版权保护的范围和条件的自由。

（33）为执行本条例的必要措施的通过应当与 1999 年 6 月 28 日的理事会第［1999］468 号决定设定的委员会执行权力的行使程序相一致。

已通过以下条例：

第 1 章　总　则

第 1 条　共同体设计

1. 符合本条例规定条件的设计以下被称为"共同体设计"。

2. 一项设计可以通过以下途径获得保护：

（a）若以本条例规定的方式为公众所知，可以获得"非注册式共同体设计"；

（b）若以本条例规定的方式进行注册，可以获得"注册式共同体设计"。

3. 共同体设计具有一体化特性。其在共同体地域内具有同等效力。应当就整个共同体地域对其进行注册、转让或者放弃或者被宣告无效，或者被禁止使用。除本条例另有规定外，这一原则及其精神均适用。

第 2 条　协调局

根据 1993 年 12 月 20 日《关于共同体商标❶的第［1994］40 号（欧共体）理事会条例》（下称《共同体商标条例》）设立的内部市场协调局（商标和设计），以下简称协调局，负责执行本条例所赋予的任务。

---

❶　由 2006 年 12 月 18 日通过的理事会条例（EC）第 1891/2006 号修正。生效日期为 2008 年 1 月 1 日。

第 2 章　与设计相关的规则

第 1 节　保护条件

第 3 条　定义

为本条例的目的：

（a）"设计"是指源于产品自身和/或者其装饰的（特别是其线条、轮廓、色彩、形状、肌理和/或材料等方面的）特征的，产品整体或者其部分的外观；

（b）"产品"是指任何工业或手工业制品，其中包括用于装配成复合产品的部件、包装、装订样式、图形符号和印刷字体，但是计算机程序除外；

（c）"复合产品"是指由若干能够更换的可以拆分和组装的部件组成的产品。

第 4 条　保护条件

1. 获得共同体设计保护的设计应当是新的并且具有独特性。

2. 若应用于或者结合于一个复合产品的部件的设计，应当仅在下述情形下才认为其是新的并且具有独特性：

（a）如果该部件被安装到复合产品上仍然能够在该复合产品的正常使用过程中保持可见，并且

（b）就该部件可见的特征而言，其本身符合新颖性和独特性条件。

3. 第 2 款（a）项所述的"正常使用"是指最终用户的使用，不包括维护、服务或者修理工作中的使用。

第 5 条　新颖性

1. 一项设计如果没有相同的设计在下列日期前为公众所知，则该设计属于新的设计：

（a）对非注册式设计而言，在要求保护的设计第一次为公众所知之日；

（b）对注册式设计而言，在要求保护的设计注册申请的申请日（要求优先权的，指优先权日）。

2. 如果设计之间在特征上的差异仅在于不重要的细节，则认为是相同的设计。

第 6 条 独特性

1. 一项设计若使见多识广的用户产生的整体视觉印象不同于在下列日期前为公众所知的任何设计使其产生过的整体印象，则该设计应当被认为具有独特性：

（a）对非注册式设计而言，在要求保护的设计第一次为公众所知之日；

（b）对注册式设计而言，在要求保护的设计注册申请的申请日（要求优先权的，指优先权日）。

2. 在评价独特性时，应当考虑设计师开发该设计时的自由度。

第 7 条 披露

1. 为了适用本条例第 5 条和第 6 条，如果一项设计在第 5 条第 1 款（a）项和第 6 条第 1 款（a）项或者第 5 条第 1 款（b）项和第 6 条第 1 款（b）项所述日期前，通过注册或者其他的方式出版，或者展出、在商业使用或者以其他方式披露，即认为该项设计已为公众所知，除非这些情形不能合理地为共同体内相关领域的专业人员在正常的商业活动中得知。然而，不能仅仅因为该设计披露给具有明示或默示保密义务的第三人，视为已为公众所知。

2. 要求获得注册式共同体设计权保护的设计由于下列情形为公众所知，该披露不能被视为本条例第 5 条和第 6 条所述的为公众所知：

（a）由设计师、其权利继受人或者因设计师或者其权利继受人采取的行为或者提供的信息而得知的第三人所做的公开；并且

（b）该披露是在申请日（如果要求优先权的，指优先权日）

前的 12 个月内的。

3. 第 2 款同样适用于因为滥用与设计师或其权利继受人的关系而为公众所知的情形。

第 8 条 由技术功能或者连接结构限定的设计

1. 共同体设计不授予仅受其技术功能所限的产品的外形特征。

2. 对必须以准确的形状、尺寸再现，以容许结合或者使用某设计的产品被装配、放置、环绕或者依托于其他产品，以便这些产品完成各自功能的，对该产品的外形特征不授予共同体设计。

3. 尽管有第 2 款的规定，但一项共同体设计在满足本条例第 4 条和第 5 条规定的前提下，可以对用于在模块化系统中进行多重组装或者用于可互换产品的连接的设计授予共同体设计。

第 9 条 违反公共政策或者道德的设计

共同体设计不授予违背公共政策或者公认的道德准则的设计。

第 2 节　保护范围和期限

第 10 条 保护范围

1. 共同体设计授予的保护范围应当包括让给见多识广的用户未能产生不同的整体印象的任何设计。

2. 在评价保护范围时，应当考虑设计师开发该设计时的自由度。

第 11 条 非注册式共同体设计保护的起始及期限

1. 符合第 1 节规定条件的设计应当得到自在共同体域内首次为公众所知之日起 3 年的非注册式共同体设计的保护。

2. 为第 1 款的目的，如果设计已经出版、展出、在商业中使用或者以其他方式披露，且这些行为在商业的正常过程中能为共同体域内熟悉该行业的专业人士获知，则认为该设计在共同体内已为公众所知。然而，不能仅仅因为该设计披露给具有明示或默示保密义务的第三人，视为已为公众所知。

第 12 条　注册式共同体设计保护的起始及期限

在协调局注册后，符合本条例第 1 节规定条件的设计应当得到自申请日起 5 年的注册式共同体设计保护。权利人可以续展一个或者多个 5 年保护期，直至自申请日起共 25 年保护期。

第 13 条　续展

1. 在已经缴纳续展费的情况下，应权利人或者得到其明确授权的人的请求，注册式共同体设计的注册可以续展。

2. 在所述期限届满前，协调局应当将注册即将期满及时通知注册式共同体设计的权利持有人以及任何有权利被记录在本条例第 72 条规定的共同体设计注册簿（下称"注册簿"）的人。未能提供上述信息不属于协调局承担的责任。

3. 续展请求的提出和续展费的缴纳需在期限届满的当月的最后一天前 6 个月内进行。未能遵守前述规定的，在第一句中所述日期后的 6 个月内缴纳了附加费后，仍可以在该期限内提出续展请求和缴纳续展费进行续展。

4. 续展自现有的注册期限届满日次日起生效。续展应记录在注册簿中。

第 3 节　获得共同体设计的权利

第 14 条　获得共同体设计的权利

1. 获得共同体设计的权利属于设计师或者其权利继承人。

2. 如果两人或者多人共同开发了一项设计，获得共同体设计的权利属于他们共同所有。

3. 然而，如果设计是由雇员在其工作过程中完成或者遵照其雇主的指示而完成的情形下，获得共同体设计的权利属于雇主，除非另有其他的约定或者在国家法中另有规定。

第 15 条　主张有权获得共同体设计

1. 如果根据第 14 条规定不具有相关资格的人将非注册式共

同体设计公开或者主张权利，或者提出了注册式共同体设计申请或者已经注册，根据该条规定有资格的人可以，在任何提供给他的其他救济方式不受影响的情况下，主张被认可为该共同体设计的合法权利人。

2. 如果某个人有资格共同获得共同体设计，其可以依照第 1 款的规定主张被认可为共有人。

3. 第 1 款或者第 2 款所述的法律程序在注册式共同体设计公告日起 3 年后或者非注册式共同体设计的公开日后应当被禁止。无权获得共同体设计的人在该设计被申请或者向其披露、转让时有恶意的，前述规定不适用。

4. 对于注册式共同体设计，下列事项应该在注册簿里注册：

（a）记载根据第 1 款提起的法律程序；

（b）终局决定或者任何其他程序的终止；

（c）因生效决定导致的注册式共同体设计权属的任何变更。

第 16 条 关于注册式共同体设计的权利的判决的效力

1. 根据本条例第 15 条第 1 款规定的法律程序导致的注册式共同体设计的权属完全变更的情况下，将有权的人登记在注册簿上后，许可及其他权利将终止。

2. 如果在本条例第 15 条第 1 款条规定的法律程序的启动被注册前，注册式共同体设计的权利人或者被许可人已经在共同体域内实施或者已经为实施作出了认真和有效的准备工作，只要其在实施条例规定的期限内向注册簿里记载的新权利人提交非独占实施许可请求，仍可以继续上述实施活动。该许可将在合理期限和合理条件下被赋予。

3. 第 2 款不适用于注册式共同体设计权利人或者被许可人在实施该设计或者做好实施该设计的准备时有恶意的情形。

第 17 条 有利于登记的设计持有人的推定

注册式共同体设计以其名义注册的人，或者在注册前以其名义提交申请的人，应当被视为有资格参与协调局的任何程序以及其他程序的人。

第 18 条 设计师的署名权

设计师应该具有这样的权利，即与共同体设计的申请人或者权利人具有同样的在协调局署名和被记载在注册簿中的权利。如果设计是集体智慧的结果，则可以由该团队代替单个的设计师署名。

第 4 节　共同体设计的效力

第 19 条　共同体设计授予的权利

1. 注册式共同体设计授予其权利人使用和阻止任何第三方未经其允许使用该设计的独占权。特别是，前述使用包括制造、提供、出售、进口、出口或者使用结合有该设计或者应用该设计的产品，或者为了前述目的储存该产品。

2. 然而，在被指控的使用源自抄袭被保护的设计时，非注册式共同体设计才授予其权利人阻止第 1 款所述行为的权利。

如果被指控的使用源自一个设计师的独立创作，且能够被合理地认定为其不知晓权利人公开的被保护的设计的情况下，不视为对受保护设计的抄袭。

3. 第 2 款同样适用于注册式共同体设计延迟公告的情形，只要相关的记载和文件没有根据本条例第 50 条第 4 款的规定向公众公开。

第 20 条　对共同体设计授予的权利的限制

1. 共同体设计所授予的权利在以下情况不能行使：

（a）出于非商业目的的私人使用；

（b）出于实验目的的使用；

（c）为了引用和教学目的的生产行为，只要上述行为与公平原则相一致并且没有不正当地损害设计的正常实施，并且指明来源。

2. 此外，共同体设计所授予的权利在以下情况也不能行使：

（a）在第三国注册的船只和飞机上的设备，当这些船只和飞机临时进入共同体地域内；

（b）为了修理该设备的目的向共同体进口零部件和附件；

（c）实行上述的修理工作。

第 21 条　权利用尽

当在结合有或者应用了共同体设计保护范围内的设计的相关产品被该设计的权利持有人或者经其同意投放到共同体市场时，共同体设计授予的权利不得扩展到与该产品有关的行为。

第 22 条　注册式共同体设计的先用权

1. 对注册式共同体设计的保护范围内的设计，如果任何第三人在该设计申请日（有优先权的，指优先权日）前非因抄袭该设计而在共同体域内已经善意使用该设计或者为此已经做了认真而有效的准备，则该第三人享有先用权。

2. 先用权赋予第三人在注册式共同体设计的申请日或者优先权日之前使用设计或者为此所做认真和有效的准备的目的而继续实施该设计的权利。

3. 先用权不得扩展到许可另外的人实施该设计。

4. 先用权不得转让，除非与第三人已实施的行为或者已做好的准备相关的业务一并转让。

第 23 条　政府使用

成员国的法律条允许由政府或者为了政府而使用设计的任何规定，也可以适用于共同体设计，但仅限于这种使用是基本防卫或者安全需要所必须的情况。

第 5 节　无　效

第 24 条　无效宣告

1. 注册式共同体设计可以由协调局根据本条例第 6 章和第 7 章的程序宣告无效，或者由某个共同体设计法院基于侵权诉讼的反诉而被宣告无效。

2. 即使共同体设计已经终止或者放弃，该共同体设计也可以被宣告无效。

3. 非注册式共同体设计由某个共同体设计法院基于向该法院提出的申请或者基于侵权诉讼的反诉而被宣告无效。

第 25 条 无效的理由

1. 共同体设计仅能基于以下理由被宣告无效：

（a）该设计不符合第 3 条第（a）项的定义；

（b）其不符合第 4 条到第 9 条的规定；

（c）依据法院的判决，权利持有人根据第 14 条无权获得共同体外观设计；

（d）如果共同体设计与在其申请日（有优先权的，为优先权日）后公开的在先设计相冲突，且该在先设计在上述日期之前的日期起以下列方式受保护❶：

（i）注册式共同体设计或者提出的注册申请；

（ii）在某一成员国已注册的设计权或者提出的该设计权申请；

（iii）根据理事会第［2006］954 号决定批准在共同体域内生效的、1999 年 7 月 2 日在日内瓦签订的工业设计国际注册海牙协定日内瓦文本（下称《日内瓦文本》）注册的设计或者提出的注册申请；

（e）如果在后设计中使用了一个识别性标志，而共同体法律或者成员国法律赋予该标志权利人禁止如此使用该标志的权利；

（f）如果该设计构成对成员国版权法保护下的作品的未经授权的使用；

（g）如果该设计构成《保护工业产权巴黎公约》（下称《巴黎条约》）第 6 条之 3 所述各项的不正当使用，或者该条未包括但涉及成员国的特别公共利益的标记、徽章、铭牌的不正当

---

❶ 由 2006 年 12 月 18 日通过的理事会条例（EC）第 1891/2006 号修正。生效日期为 2008 年 1 月 1 日。

使用。

2. 第1款（c）项所述无效理由只能由根据第14条的规定有权获得共同体设计的人援引。

3. 第1款（d）项、（e）项、（f）项所述无效理由只能由在先权利的申请人或者权利人援引。

4. 第1款（g）项所述无效理由只能由与使用相关的人或者单位援引。

5. 第3款和第4款的规定不妨碍成员国自由规定，第1款（d）项和（g）项规定的理由也可以被成员国的适当机构主动援引。

6. 依照第1款（b）项、（e）项、（f）项或者（g）项被宣告无效的注册式共同体设计，如果通过修改可以满足保护的条件且维持设计的同一性，则可以通过修改的形式维持下来。通过修改形式的维持包括，附有注册式共同体设计的权利人对设计部分放弃的声明的注册，或者将法院或者协调局宣告注册式共同体设计部分无效的判决或者决定登记在注册簿中。

第26条 无效的后果

1. 共同体设计一旦被宣告无效，即被视为自始不具有本条例规定的效力。

2. 在符合国家法律关于主张因共同体设计的权利持有人的疏忽或者缺少善意而导致的损害赔偿的规定，或者关于主张不当得利的规定的情况下，共同体设计的无效对下列事项不产生追溯力：

（a）侵权决定已具有终局决定的效力并在无效宣告决定前已经得到执行；

（b）在无效宣告决定前达成的任何合同，只要其先于无效宣告决定而履行；但是，在根据具体情况是正当的范围内，根据相关合同支付的金额可以基于公平的原则主张偿还。

第3章 作为财产权客体的共同体设计

第 27 条 将共同体设计作为国家设计权利对待

1. 除非第 28 条、第 29 条、第 30 条、第 31 条和第 32 条另有规定，共同体设计作为财产权的客体，应当完整地在共同体的全部地域内，与共同体的以下成员国的本国设计权一样被对待，如果：

（a）在相关的日期权利人在该成员国有住所或者定居；

（b）如果（a）项不适用，权利人在相关日期在该成员国有营业所。

2. 对注册式共同体设计，第 1 款的规定应当依照注册簿上的记载而适用。

3. 对共同权利人，如果其中的两个或者两个以上权利人满足第 1 款的条件，该款提到的成员国：

（a）对非注册式共同体设计，通过他们共同协议指定的相关共同权利人而确定；

（b）对注册式共同体设计，通过他们在注册簿里记载的相关共同持有人中的第一人而确定。

4. 当第 1 款、第 2 款和第 3 款不适用时，第 1 款所述的成员国应当为协调局所在地的成员国。

第 28 条 注册式共同体设计的转让

注册式共同体设计的转让应当依照下列规定：

（a）应一方当事人的请求，转让应当在注册簿里登记并公告；

（b）在转让被注册簿中登记之前，受让人不能行使源于共同体设计注册产生的权利；

（c）在涉及协调局监视期限的情形下，一旦协调局收到注册转让的请求，权利受让人可向协调局作出相应的声明；

（d）根据本条例第 66 条的规定要求通知注册式共同体设计

的权利持有人的所有文件，应当由协调局送达给注册为持有人的人，或者如果该人指定了代表人，则通知代表人。

第 29 条　注册式共同体设计的担保物权

1. 注册式共同体设计可以作为抵押品或者担保物权客体。

2. 应一方当事人要求，第 1 款所称的权利应当在注册簿中登记并公告。

第 30 条　执行扣押

1. 共同体设计可以在诉讼中被执行扣押。

2. 关于注册式共同体设计在诉讼中的执行扣押程序，根据本条例第 27 条确定的该成员国的法院和行政机关有专属管辖权。

3. 应一方当事人的请求，诉讼中的执行扣押应当在注册簿里登记并公告。

第 31 条　破产程序

1. 可能涉及共同体设计的唯一破产程序应当是在债务人主要利益中心所在的成员国展开的破产程序。

2. 在共同体设计为共同所有权的情况下，第 1 款应当适用于共同权利人的份额。

3. 共同体设计涉及破产程序的，在有资格的国家行政机关的要求下，该情况应当在注册簿中注册并在本条例第 73 条第 1 款所指的共同体设计公报上公告。

第 32 条　许可

1. 共同体设计可以在共同体全部或者部分地域内被许可。许可可以是独占许可或者非独占许可。

2. 在不影响基于合同法的任何法律程序的情形下，持有人可以行使共同体设计赋予的权利，反对被许可人违背许可合同中关于设计的许可期限、使用形式、许可的产品范围和被许可人生产的产品的质量的任何条款。

3. 在不影响许可合同的条款的情况下，只有经过权利人同意，被许可人才能对侵犯共同体设计的行为提起诉讼。然而，独占实施许可的持有人可以提起这样的程序，如果已经通知共同体设计权利持有人，而权利持有人自己并没有在适当的期限内提起侵权诉讼。

4. 被许可人为了对其遭受的损害获得赔偿，有资格参与由共同体设计的权利持有人提起的侵权诉讼程序。

5. 对注册制注册式共同体设计而言，授予或者转让类似许可这样的权利时，应一方当事人的请求，应当在注册簿中登记并公告。

第 33 条 对第三人的效力

1. 本条例第 28 条、第 29 条、第 30 条和第 32 条规定的法律行为对第三人的效力应当根据第 27 条规定的成员国的法律确定。

2. 然而，对注册式共同体设计而言，只有在注册簿登记后，本条例第 28 条、第 29 条和第 32 条规定的法律行为才能够在所有成员国具有对抗第三人的效力。但是，该行为在其被登记之前，对那些在该行为之后获得共同体设计的权利但获得该权利之日已经知道该行为的第三人具有效力。

3. 第 2 款不适用于通过转让整个企业或者通过任何其他概括继承而取得注册式共同体设计或者有关注册式共同体设计的权利的人。

4. 在成员国关于强制破产程序的一般规则生效前，破产程序对第三人的效力应当根据依照在此领域适用的国家法律或者法规首先提起破产程序的成员国的法律确定。

第 34 条 注册式共同体申请作为财产权客体

1. 注册式共同体设计申请作为财产权客体，应当完整地在共同体全部地域内，与依照本条例第 27 条确定的成员国的本国设计权同等对待。

2. 本条例第 28 条、第 29 条、第 30 条、第 31 条、第 32 条和第 33 条比照适用于注册式共同体设计申请。如果上述条款之一的效力是取决于登记在注册簿中，该手续应当在基于该申请的注册式共同体设计注册后履行。

第4章　注册式共同体设计申请

第1节　提交申请及其条件

第35条　申请的提交和转送

1. 注册式共同体设计申请的申请人有权选择向如下机构提交申请：

（a）协调局；

（b）在成员国的中央工业产权局；

（c）在比荷卢国家，向比荷卢设计局。

2. 当申请是向成员国的中央工业产权局或者比荷卢设计局提交的情况下，上述受理局应当在自该申请递提交后的两个星期内采取各种措施将其转交给协调局。受理局可以向申请人收取一笔不超过其受理和转送上述申请的行政成本的费用。

3. 一旦协调局收到由成员国中央工业产权局或者比荷卢设计局转送的申请，应当相应地通知申请人，指明其收到该申请的日期。

4. 在本条例生效不少于10年后，委员会应当草拟一份有关提交注册式共同体设计申请体系运行情况的报告，并附有其认为适当的任何修改建议。

第36条　申请必须满足的条件

1. 注册式共同体设计申请应当包括下列内容：

（a）注册请求书；

（b）申请人的身份信息；

（c）适于复制的设计的视图。然而，如果申请的客体是二维产品且该申请根据第50条的规定请求延期公告的情况下，该设计的视图可以由样品代替。

2. 申请中还应当包括设计意图结合或者意图应用的产品的

名称。

3. 另外，申请可以包括：

（a）对视图或者样品进行解释的描述；

（b）根据本条例第 50 条的规定对注册进行延期公告的请求；

（c）如果申请人委托了代表人，代表人的身份信息；

（d）设计意图结合或者意图应用的产品的分类；

（e）设计师或者设计团队的名称，或者由申请人负责的设计师或者设计团队放弃署名权的声明。

4. 申请人应当缴纳注册费和公告费。如果提交了第 3 款（b）项规定的延期公告请求，公告费可以由延期公告费替代。

5. 申请应当满足实施条例规定的条件。

6. 第 2 款、第 3 款（a）项以及第 3 款（d）项中提及的内容所包含的信息不应当影响设计的保护范围。

第 37 条　合案申请

1. 在一件注册式共同体设计申请中可以包含多项设计。除了装饰，前述规定仅限于设计意图结合或者意图应用的产品属于工业品设计国际分类表中的同一个类别的情况。

2. 除了本条例第 36 条第 4 款规定的费用，合案申请应当缴纳附加注册费和附加公告费。如果合案申请中包含有延期公告请求，附加公告费可以由附加延期公告费代替。对每一个附加的设计，附加费应当是基本费的一定百分比。

3. 合案申请应当满足实施条例规定的视图要求。

4. 为适用本条例的规定合案申请或者注册中的每一项设计可独立于其他设计，特别是可以独立于其他设计进行保护、许可、成为担保物权的客体、执行扣押、进入破产程序、放弃、续展或者转让，以及成为延期公告的客体或者被宣告无效。仅在满足实施条例规定的条件下，合案申请或者注册可以被分成多个单独的申请或者注册。

第 38 条　申请日

1. 注册式共同体设计的申请日为申请人向协调局提交包含本条例第 36 条第 1 款规定的信息的文件的日期，或者，如果该申请是向成员国的中央工业产权局或者比荷卢设计局提交的，向上述局提交该文件的日期。

2. 作为对上述第 1 款的例外，向成员国中央工业产权局或者比荷卢设计局提交的包含有本条例第 36 条第 1 款规定的信息的申请文件，如果超过两个月才到达协调局的，则将以协调局收到上述文件的日期作为申请日。

第 39 条　共同体设计申请与国家申请的等同性

已经给予申请日的注册式共同体设计申请，在各成员国内等同于正规的国家申请，包括在适当的情况下对该申请要求优先权。

第 40 条　分类

根据本条例，应当根据 1968 年 10 月 8 日在洛迦诺签署的《建立工业品设计国际分类表协定》的附件确定产品分类。

第 2 节　优先权

第 41 条　优先权的权利

1. 向或者为《巴黎公约》或者《建立世界知识贸易组织公约》的任何成员提交设计权或者实用新型正规申请的人，或者其权利继承人，为了将同样的设计或者实用新型申请注册式共同体设计的目的，应当享有自第一次申请之日起 6 个月的优先权。

2. 按照双边或者多边条约的规定提交的、等同于成员国内法律规定的正规国家申请的申请，应当被承认具有产生优先权的效力。

3. "正规国家申请"是指任何足以获得申请日的申请，而不管该申请的结果如何。

4. 在同一国家或者就同一国家对作为在先第一次申请的客

体的设计提出在后申请的，如果在在后申请的申请日，在先申请已经被撤回、放弃或者驳回而没有公开给公众，并且没有留下任何未决的权利，且没有作为申请优先权的基础，则对确定优先权的目的而言，该在后申请可以认为是第一次申请。在先申请自此不能作为主张优先权的基础。

5. 如果第一次申请是向既非《巴黎公约》的成员国也非《建立世界贸易组织公约》的成员提出，仅在该国基于公开的认定、授权，对在协调局提出并符合等同于本条例规定的条件的申请给予具有同等效力的优先权的情况下，第 1 款至第 4 款才适用。

第 42 条 要求优先权

注册式共同体设计的申请人希望享有在先申请的优先权的，应当提交要求优先权的声明以及在先申请文件的副本。如果在先申请的语言不属于协调局的工作语言之一的，协调局可以要求申请人提交译成工作语言之一的在先申请文件的译文。

第 43 条 优先权权利的效力

优先权权利的效力是，以优先权日作为本条例第 5 条、第 6 条、第 7 条、第 22 条、第 25 条第 1 款（d）项以及第 50 条第 1 款规定的注册式共同体设计的申请日。

第 44 条 展览会优先权

1. 如果注册式共同体设计的申请人，在符合 1928 年 11 月 22 日于巴黎签订、1972 年 11 月 30 日最后修正的《国际展览会公约》定义的官方举办或者承认的国际展览会上，展出了包含或者应用该设计的产品，并在首次展出该产品之日起的 6 个月内提交申请的，可以要求第 43 条含义下的优先权。

2. 依照第 1 款的规定，希望要求优先权的申请人必须根据实施条例的规定提交证据，证明其在某个展览中公开了包含或者应用该设计的产品。

3. 某个成员国或者第三国授予的展览会优先权不得延长本

条例第41条规定的优先权期限。

第5章 注册程序

第45条 申请是否符合形式要求的审查

1. 协调局应当审查申请是否满足本条例第36条第1款规定的获得申请日的条件。

2. 协调局应当审查：

（a）申请是否满足本条例第36条第2款、第3款、第4款以及第5款规定的其他条件，如果属于合案申请的，是否满足第37条第1款和第2款规定的条件；

（b）申请是否满足为实施本条例第36条和第37条的规定而在实施条例中规定的形式要求；

（c）本条例第77条第2款规定的要求是否得到满足；

（d）如果要求了优先权，是否满足要求优先权的条件。

3. 申请的形式审查的内容在实施条例中具体规定。

第46条 可克服的缺陷

1. 在根据本条例第45条的规定进行审查时，协调局发现可以补正的缺陷的，应当要求申请人在指定期限内补正。

2. 如果缺陷与本条例第36条第1款的条件有关，且申请人应协调局的要求在指定期限内进行了答复，协调局应当以提交缺陷被克服的补正文件的日期作为申请日。如果缺陷在指定期限内未得到克服，该申请不应当作为注册式共同体设计申请对待。

3. 如果缺陷与本条例第45条第2款（a）、（b）和（c）项规定的条件（包括费用的支付）相关，且申请人应协调局的要求在指定期限内进行了答复，协调局应当把该申请的原始提交日作为申请日。如果缺陷或者费用拖欠在指定期限内未克服，协调局应当驳回该申请。

4. 如果缺陷与第45条第2款（d）项规定的条件有关，未能在指定期限内补正的，将导致该申请丧失优先权。

第 47 条　不予注册的理由

1. 如果协调局在根据第 45 条的规定进行审查时，注意到请求保护的设计：

（a）不符合第 3 条（a）项规定的定义；

（b）违反公共政策或者公认的道德准则，

协调局应当驳回该申请。

2. 在申请人被给予撤回或者修改申请或者提交意见陈述的机会之前，该申请不应当被驳回。

第 48 条　注册

如果申请注册式共同体设计必须满足的条件已经满足，并且申请没有根据本条例第 47 条的规定被驳回，协调局应当在共同体设计注册簿里将该申请注册为注册式共同体设计。该注册应当记载本条例第 38 条所述申请日。

第 49 条　公告

注册后，协调局应当在本条例第 73 条第 1 款所述共同体设计公报中公告注册的共同体设计。公告的内容在实施条例中具体规定。

第 50 条　公告的延期

1. 申请人在提交注册式共同体设计申请时，可以提交请求，要求将注册式共同体设计的公告延迟至从该申请的申请日（如果要求了优先权，则从优先权日）起的 30 个月。

2. 提交请求后，如果本条例第 48 条规定的条件得到了满足，注册式共同体设计可以被注册，但是无论是设计的视图还是与申请有关的任何其他文件，除本条例第 74 条第 2 款另有规定的外，均不得向公众开放查阅。

3. 协调局应当在共同体设计公报中记载注册式共同体设计公告的延期。记载的内容包括注册式共同体设计的权利持有人的身份信息、申请日以及实施条例中规定的任何其他事项。

4. 在延期的期限届满时或者在权利持有人请求的更早日期，协调局应当将注册簿中的所有记载以及与申请相关的文件向公众开放查阅，并在共同体设计公报上公告该注册式共同体设计，只要在实施条例规定的时间期限内：

（a）公告费已经缴纳，涉及合案申请的，包括附加公告费；

（b）如果权利持有人行使了本条例第36条第1款（c）项提供的选择权，权利持有人已经向协调局提交了该设计的视图。

如果权利持有人没有遵循这些条件，该注册式共同体设计视为自始不具备本条例规定的效力。

5. 对合案申请，第4款仅适用于其中的相关设计。

6. 以注册式共同体设计为基础的法律程序在延期期间的启动受到以下条件的约束：注册簿上的所有信息和相关的申请文件已经通知给被起诉的一方。

第6章　注册式共同体设计的放弃和无效

第51条　*放弃*

1. 注册式共同体设计的放弃应当由权利持有人以书面形式向协调局声明。放弃在注册簿中登记之前没有效力。

2. 如果延期公告的共同体设计被放弃，即视为其自始不具备本条例规定的效力。

3. 如果修改后符合保护的条件且该设计的同一性得以保留，注册式共同体设计可以部分放弃。

4. 放弃仅在权利持有人同意的情况下才能在注册簿中登记。如果一项许可已经注册，放弃仅在注册式共同体设计的权利持有人证明其已将放弃的意图通知被许可人后才能在注册簿中进行登记。该登记应当在实施条例规定的期限届满后进行。

5. 如果涉及获得注册式共同体设计的权利的诉讼已根据第14条的规定向一个共同体设计法院提起，协调局不应当在未得到原告同意的情况下将该放弃登记在注册簿中。

第 52 条　无效宣告请求

1. 除本条例第 25 条第 2 款、第 3 款、第 4 款以及第 5 款另有规定的外，任何自然人或者法人以及被授权的公共机构，可以向协调局提出宣告注册式共同体设计无效的请求。

2. 该请求应当以书面形式提交且陈述理由。在缴纳无效宣告请求的费用之前，该请求不能视为已经提交。

3. 如果无效宣告请求涉及已经由共同体设计法院审理并作出终局判决的相同客体、相同诉由以及相同当事人的，该无效宣告请求不能被受理。

第 53 条　请求的审查

1. 如果协调局认为无效宣告请求符合受理条件，协调局应当审查本条例第 25 条规定的无效理由是否不利于该注册式共同体设计的维持有效。

2. 在按照实施条例的规定对请求进行的审查中，每当有必要时，协调局应当邀请当事人在协调局指定的期限内对来自其他当事人或者协调局的通知陈述意见。

3. 宣告注册式共同体设计无效的决定成为终局后应当在注册簿中登记。

第 54 条　被控侵权方参与程序

1. 在宣告注册式共同体设计无效的请求提交后，在协调局未作出最后决定之前，任何第三方能够证明对于同样的设计已经向其提起诉讼的，可以在提起诉讼之日起的 3 个月内提交请求，作为一方当事人参加无效程序。任何第三人能够证明共同体设计权利持有人已经要求其停止被称侵犯该设计的行为，且已经向法院提起诉讼要求确认其没有侵犯该共同体设计的权利的，前述规定同样适用。

2. 请求作为一方当事人参加无效宣告程序应当以书面形式提交且陈述理由。除非已经缴纳了本条例第 52 条第 2 款规定的无效费，否则该请求视为未提交。该请求提出后，除实施条例规定的任何例外外，其应当作为一个无效宣告请求予以处理。

第 7 章　申　诉

第 55 条　可以申诉的决定

1. 可以针对审查员、商标设计管理与法律事务处以及无效处作出的决定提出申诉。这些决定具有未确定的效力。

2. 涉及一方当事人且没有终止程序的决定只能与最终决定一起申诉，除非该决定允许单独的申诉。

第 56 条　有资格申诉和参加申诉程序的人

任何当事人都能够针对对其不利的决定进行申诉。涉及的任何其他当事人将作为申诉程序的当事人。

第 57 条　期限和申诉的形式

应当在被申诉的决定通知之日起 2 个月内向协调局提交书面申诉通知。只有在缴纳了申诉费的情况下该申诉通知才视为已提交。在被申诉的决定通知之日起 4 个月内，必须提交说明申诉理由的书面陈述。

第 58 条　先行修正

1. 如果作出被申诉决定的部门认为申诉可以受理且理由成立，该部门应当修正其决定。这不适用于申诉人在程序中有相对立的另一方当事人的情形。

2. 如果该决定在收到申诉的理由陈述之日后 1 个月内没有被修正，该申诉应当无迟延地移交给申诉委员会，且无需对实质问题进行评述。

第 59 条　申诉的审查

1. 如果申诉被受理，申诉委员会应当审查申诉是否成立。

2. 在对申诉的审查中，每当有必要时，申诉委员会应当邀请当事人在申诉委员会指定的期限内，对来自其他当事人或者委员会的通知陈述意见。

第 60 条 关于申诉的决定

1. 申诉委员会应当在对申诉中的实质问题进行审查后作出决定。申诉委员会可以行使对被申诉的决定负责的部门职权内的权力，或者将案件发回给该部门进一步审查。

2. 如果申诉委员会将案件发回作出被申诉决定的部门进一步审查，在同样的事实的范围内，该部门应当受申诉委员会已作出的决定的约束。

3. 申诉委员会的决定应当在本条例第 61 条第 5 款规定的期限届满后生效；如果在该期限内已向欧盟法院提起诉讼，则在该诉讼被驳回之日起生效。

第 61 条 向欧盟法院起诉

1. 对申诉委员会的申诉决定不服的，可以向欧盟法院起诉。

2. 起诉的理由可以是缺乏权限、违反必要的程序要求、违反建立欧洲共同体条约、违反本条例或者其他有关的法律的规定或者滥用权利。

3. 欧盟法院有权撤销或者更改被诉的决定。

4. 受到申诉委员会的决定不利影响的申诉委员会程序中的任何当事人有权起诉。

5. 向欧盟法院提起的诉讼应当在申诉委员会的决定通知之日起的两个月内提出。

6. 可以要求协调局采取必要的措施以遵循欧盟法院的判决。

第 8 章　协调局的程序

第 1 节　总　则

第 62 条 决定依据的理由的陈述

协调局的决定应当说明其以之作为基础的理由。其只能依据已经给予相关当事人陈述意见机会的理由和证据作出决定。

第 63 条 基于协调局的意愿对事实的审查

1. 在协调局的程序中，可以基于该局的意愿对事实进行审查。然而，在涉及宣告无效的程序中，该局的审查应当仅限于当事人提供的事实、证据、争辩以及寻求的救济。

2. 协调局对相关当事人未能在适当的期限内提交的事实或者证据可以不予考虑。

第 64 条 口头审理程序

1. 如果协调局认为口头审理程序是合适的，可以主动或者应任何当事人的请求组织口头审理。

2. 口头审理程序，包括决定的送达，应当向公众公开，除非公开将有可能导致严重的和不公平的不利影响（尤其是对程序的一方当事人）的情况下主持该程序的部门作出相反的决定。

第 65 条 举证

1. 对协调局举行的任何程序，举证或者获得证据的包括如下方式：

（a）听取当事人陈述；

（b）请求提供信息；

（c）出示文件和证据目录；

（d）质询证人；

（e）专家意见；

（f）书面陈述，但应当根据该陈述书写时所在国家的法律规则宣誓过或者确认过，或者有类似的效力。

2. 协调局的相关部门可以委托其成员之一审查举出的证据。

3. 如果协调局认为要求一方当事人、证人或者专家口头举证是必要的，其应当传唤有关人员出席。

4. 应当将对证人或者专家在协调局进行听证的情况通知各方当事人。他们有权出席并向证人或者专家提问。

第 66 条 通知

协调局应当毫不例外地将那些某一期限从其开始计算的决

定、传票、通告、通信，或者那些根据本条例的其他条款或者实施条例的规定以及根据局长的命令必须通知的事项，通知相关的人。

第 67 条 恢复

1. 注册式共同体设计的申请人、权利持有人或者参与协调局的程序中的任何当事人，尽管已经对情况施以了必要的注意，仍未能遵守该局指定的期限，如果根据本条例的规定导致了任何权利或者救济方式丧失的直接结果，有权申请恢复其权利。

2. 申请必须在导致其未遵守期限的原因消除后的 2 个月内提交。未进行的行为必须在此期间内完成。该申请只有在未能被遵守的期限届满后的 1 年内提交才能够被受理。如果是注册的续展请求未能提交或者续展的费用未能缴纳，本条例第 13 条第 3 款第 2 句规定的额外 6 个月期限应当从前述 1 年的期限中扣除。

3. 申请人必须说明其依据的理由，并陈诉其依据的事实。该陈述在恢复权利的费用缴纳之前不能视为已提交。

4. 有权对未进行的行为作出决定的部门应当对申请作出决定。

5. 本条的规定不适用于第 2 款以及本条例第 41 条第 1 款规定的期限。

6. 如果注册式共同体设计的申请人或者权利持有人恢复了权利，对在该注册式共同体设计申请或者注册权利丧失到恢复权利的记载公告期间，善意地将结合或者应用该注册式共同体设计保护范围内的设计的产品投入市场的第三人，不得主张该设计的权利。

7. 自恢复权利的记载被公告之日起 2 个月内，第三方可以利用第 6 款的规定，提起第三方程序，反对恢复注册式共同体设计的申请人或者权利持有人的权利的决定。

8. 本条的任何内容均不得限制成员国对本条例规定的期限并在符合该成员国主管机构的要求的情况下准予恢复的权利。

第 68 条　*基本原则的参考*

对本条例、实施条例、费用条例或者申诉委员会的程序规则中未涉及的程序性规则，协调局应当考虑到成员国普遍承认的程序法原则。

第 69 条　*财务义务的终止*

1. 自费用到期的年度末起 4 年后，协调局要求缴纳费用的权利将被禁止。

2. 自要求协调局退费的权利产生的年度末起 4 年后，要求协调局退还费用或者退回超过应缴费数额的权利将被禁止。

3. 涉及第 1 款时如果提出缴纳费用的要求，涉及第 2 款时如果提出含有理由的书面请求，第 1 款和第 2 款规定的期限将被中断。中断后期限立即重新开始起算，并结束于自最初开始的年度末起算的 6 年，除非此时司法程序对权利的强制执行已经开始。在这种情况下，该期限结束于判决最终生效后最早的一年。

第 2 节　成　本

第 70 条　*成本的分摊*

1. 宣告注册式共同体设计无效的程序或者申诉程序中的败诉方，应当承担另一方当事人支出的费用以及其自身在程序中支出的成本，包括旅行费、生活费以及支付给代理人、顾问或者律师的报酬，其数额限定在实施条例规定的每种类型的成本的额度范围内。

2. 然而，在每一方当事人都在一些方面胜诉在其他方面败诉的情况下，或者出于公平的需要，无效处或者申诉委员会应当决定一个不同的成本分摊方案。

3. 通过放弃注册式共同体设计、不再续展其注册、撤回宣告无效的申请或者申诉而使程序终止的一方当事人，应当承担第 1 款和第 2 款规定的另一方当事人支出的费用和成本。

4. 在对案件不作决定的情况下，成本由无效处或者申诉委员会裁定。

5. 如果当事人在无效处或者申诉委员会前签订的分摊成本的协议不同于第 1 款、第 2 款、第 3 款和第 4 款规定的，相关机构应当记录该协议。

6. 无效处或者申诉委员会的登记机构可以应请求调整应当依照前款规定缴纳的成本数额。据此确定的数额可以应在实施条例规定的期限内提起的请求，由无效处或者申诉委员会的决定进行复核。

第 71 条 调整成本数额的决定的实施

1. 协调局作出的任何关于费用的最终决定都应当得到执行。

2. 执行应由执行地所在该国的有效的民事诉讼规则管理。执行命令由每个成员国政府为此目的指定并通知给协调局和欧盟法院的国内主管机构附加于决定中。命令除了确认该决定的真实性外不拘泥于形式。

3. 当这些正式手续应相关当事人的申请已经完成时，当事人可以通过直接向主管当局提出而根据本国法启动执行程序。

4. 执行只能通过欧盟法院的判决才可以暂停。然而，有关成员国的法院对不正常方式的执行的投诉有管辖权。

第 3 节 通知公众和成员国的官方机构

第 72 条 共同体设计注册簿

协调局应当设立共同体设计注册簿，记载本条例或者实施条例规定的注册事项。除了本条例第 50 条第 2 款另有规定的外，注册簿应当向公众开放查阅。

第 73 条 定期出版

1. 协调局应当定期出版共同体设计公报，包括登记簿中向公众开放查阅的登记项目，以及本条例或者实施条例规定应当出版的其他事项。

2. 局长发布的一般性通告和信息，以及本条例或者其实施条例规定的任何其他相关信息，应当在协调局的官方公报上出版。

第 74 条　*文档的查阅*

1. 与未被公告的注册式共同体设计申请相关的文件，或者与根据本条例第 50 条的规定请求延期公告的注册式共同体设计相关的文件，或者与在延期公告的期限届满之前放弃了的注册式共同体设计的相关文件，在没有得到注册式共同体设计的申请人或者权利持有人的同意时，不得被查阅。

2. 在公告前或者在第 1 款规定的放弃后，享有合法利益的任何人可以不经注册式共同体设计的申请人或者权利持有人同意查阅文档。这尤其适用于利害关系人证明注册式共同体设计的申请人或者权利持有人已经采取措施援引该注册式共同体设计对其进行主张权利的情况。

3. 注册式共同体设计公告后，文档可以应请求被查阅。

4. 然而，当一个文档根据第 2 款或者第 3 款的规定被查阅时，文档中的某些文件可以依照实施条例的规定不被查阅。

第 75 条　*行政合作*

除本条例或者国家法律另有规定外，协调局和各成员国的法院及其他机构应基于请求，通过交换信息或开放文档以供查阅等方式给予彼此支持。

协调局向法院、公共追诉机关或者中央工业产权局开放查阅文档的，查阅不受本条例第 74 条的规定的限制。

第 76 条　*交换出版物*

1. 协调局和成员国的中央工业产权局依据请求，并出于自己使用的目的，相互免费交换各自出版物的一份或数份副本。

2. 协调局可订立关于交换或者提供出版物的协议。

第 4 节　代　理

第 77 条　*代理的一般原则*

1. 除第 2 款另有规定的外，不应强迫任何人在协调局的程序中选择代理。

2. 任何在共同体没有居所或者主要营业场所或者真实有效的工业或者商业机构的法人和自然人，在协调局办理本条例规定的相关业务时，必须根据本条例第 78 条第 1 款的规定通过代理进行。本款并不影响第 3 款第 2 段的规定。相关业务不包括提交注册式共同体设计申请，实施条例还可规定其他例外情形。

3. 在共同体有居所或者主要营业场所或者真实有效的工业或者商业机构的法人和自然人，可指定其一名雇员代为到协调局办理相关业务。该雇员提出申请时必须附上一份授权代理证明。具体细节在实施条例中详细规定。本款所述法人的雇员还可作为与该法人有经济往来的其他法人的代理，即使其他法人在共同体或没有居所或者主要营业场所或者真实有效的工业或商业机构。

第 78 条 专业代理

1. 在协调局的程序中对自然人和法人的代理只能由以下人员完成：

（a）在任何一个成员国内具有法律从业资格，且在共同体内拥有经营场所，只要其在所述成员国内具有代理工业产权事务的资格；或者

（b）任何被列在《共同体商标条例》第 89 条第 1 款（b）项所述的专业代理人名单上的专业代理人；或者

（c）其名字被列入第 4 款所述设计事务专业代理人特别名单上的代理人。

2. 第 1 款（c）项所述的设计事务专业代理人只有权代理第三人处理在协调局程序中的相关事务。

3. 实施条例应当规定是否以及在何种情形下需要代理人在申请文档中附加授权证明。

4. 如满足以下条件，任何自然人都可被列在设计事务专业代理特别名单上：

（a）必须是任一成员国的国民；

（b）必须在共同体内拥有经营场所或者受雇单位；

　　（c）必须在成员国的中央工业产权局或者比荷卢设计局具有代理自然人和法人办理设计事务的资格。如果该成员国内，代理设计事务并没有特殊的职业资格要求，申请成为特别名单上的人员必须在该成员国中央工业产权局具有至少 5 年的代理经验。然而，具有在任一成员国中央工业产权局代理自然人和法人办理设计业务的专业资格的人，如果依照前述成员国的规定也可得到认可，则不需要满足有从业经验的要求。

　　5. 列入第 4 款所述名单应基于请求而生效，同时应附上相关成员国中央工业产权局出具的证书，证明第 4 款中规定的条件已得到满足。

　　6. 协调局局长可授权免除以下条件：

　　（a）在特殊情况下第 4 款（a）项的要求；

　　（b）第 4 款（c）项第 2 句的要求，如果申请人能证明其通过其他渠道获取了所要求的资格。

　　7. 关于在何种情形下应将某人从名单上删除的条件应在实施条例中详细列出。

第 9 章　涉及共同体设计的法律诉讼的管辖权及程序

第 1 节　管辖权和执法

第 79 条　《管辖权及判决执行公约》的适用

　　1. 除非本条例另作专门规定，1968 年 9 月 27 日于布鲁塞尔签订的《关于民商事裁判管辖权及判决执行的公约》❶（下称《管辖权及判决执行的公约》）应当适用于涉及共同体设计及注册式共同体设计申请的程序，以及以共同体设计和享有同样保护

---

　　❶　OJ L 299, 31. 12. 1972, p. 32. Convention as amended by the Conventions on the Accession to that Convention of the States acceding to the European Communities.

的国家设计为基础的诉讼程序。

2. 根据第 1 款适用的《管辖权及判决执行公约》中的条款在任意成员国内应以当时在该成员国生效的文本为准。

3. 在涉及本条例第 85 条规定的诉讼和主张的程序的情形下：

（a）《管辖权及判决执行公约》第 2 条、第 4 条、第 5 条第（1）款、第（3）款、第（4）款、第（5）款、第 16 条第（4）款和第 24 条不适用；

（b）该公约第 17 条、第 18 条的适用应受本条例第 82 条第 4款规定的例外的限制；

（c）适用于在成员国内有居所的人的该公约第 2 章的规定，应同样适用于在成员国内没有居所但在成员国内拥有机构的人；

4. 管辖权及判决执行公约的规定不适用于该公约尚未生效的成员国。在此公约在该成员国生效前，涉及第 1 款中的事务应依照该成员国与其他相关成员国之间的双边或多边公约处理；如无此类公约，则应依照其关于管辖权、判决的承认和执行的国内法律处理。

第 2 节　关于共同体设计侵权及无效的纠纷

第 80 条　共同体设计法院

1. 成员国应在其地域内指定尽可能少的一审与二审法院及审判庭（共同体设计法院），履行本条例赋予的责任。

2. 每个成员国应最迟于 2005 年 3 月 6 日向欧盟委员会递交共同体设计法院名单，指明法院名称及辖区。

3. 在第 2 款所述名单提交后，相关成员国应当将任何共同体法院数量、名称及辖区的变化及时告知欧盟委员会。

4. 第 2 款、第 3 款所述信息应由欧盟委员会告知各成员国，并在《欧共体官方公报》上公布。

5. 只要成员国还没有提交第 2 款规定的法院名单，对该成员国的法院根据本条例第 82 条享有管辖权的第 81 条规定的诉讼，其管辖权属于如果是该成员国的国家设计权的案件则具有属地管辖权和属物管辖权的当地法院。

第 81 条　对侵权案件及无效案件的管辖权

共同体设计法院应对以下案件拥有专属管辖权：

（a）侵犯共同体设计权的诉讼，如果国家法律允许，还包括对共同体设计存在潜在侵权威胁的诉讼；

（b）宣告不侵犯共同体设计权利的诉讼，如果国家法律允许；

（c）宣告非注册式共同体设计无效的诉讼；

（d）与（a）款规定的诉讼相关的宣告共同体设计无效的反诉。

第 82 条　国际管辖权

1. 除本条例及根据第 79 条适用的管辖权及判决执行公约另有规定的外，第 81 条规定的诉讼和主张应当在被告居住的成员国法院提起；如果被告在任一成员国没有居所，则应当在被告拥有机构的成员国的法院提起。

2. 如果被告既非成员国居民，也不在任何成员国拥有机构，则该诉讼应在原告居住的成员国提起；如果原告在任一成员国没有居所，则应当在原告有机构的成员国提起。

3. 如果被告和原告都不是成员国居民，也不在任何成员国拥有机构，则该诉讼应当在协调局所在地的成员国的法院提起。

4. 尽管有第 1 款、第 2 款、第 3 款的规定，

（a）如果双方同意另一共同体设计法院具有管辖权，则适用《管辖权及判决执行公约》第 17 条；

（b）如果被告在另一共同体设计法院出庭，则适用该公约第 18 条。

5. 本条例第 81 条（a）和（d）项所述的诉讼和主张，也可在侵权行为和潜在侵权威胁发生地的成员国的法院审理。

第 83 条　侵权案件管辖权的范围

1. 共同体设计法院基于本条例第 82 条第 1 款、第 2 款、第

3 款或者第 4 款获得的管辖权，应包括对在任何成员国内发生的侵权行为和潜在侵权威胁的管辖。

2. 欧共体设计法院基于本条例第 82 条第 5 款获得的管辖权应只包括该法院所在成员国内发生的侵权行为及潜在侵权威胁。

第 84 条 宣告共同体设计无效的诉讼或者反诉

1. 宣告共同体设计无效的诉讼或者反诉只能基于第 25 条所述无效理由。

2. 在本条例第 25 条第 2 款、第 3 款、第 4 款和第 5 款规定的情形下，反诉只能由这些条款授权的人提起。

3. 如果提起反诉时，共同体设计的权利持有人并不是一方当事人的，则应告知权利持有人，并依据法院所在地的成员国法律的规定，权利持有人也可作为一方当事人参加诉讼。

4. 在宣告不侵权的诉讼中，不得对共同体设计的效力提出争议。

第 85 条 推定有效——就实质问题的抗辩

1. 在涉及注册式共同体设计的侵权诉讼及潜在侵权威胁的诉讼中，共同体设计法院应当推定该设计有效。只有提起请求宣告无效的反诉时才考虑该设计的效力。然而，以反诉以外的其他形式提交的宣告共同体设计无效的请求，如果被告声称依据其拥有的符合本条例第 25 条第 1 款（d）项规定的在先的国家设计权，可以将该共同体设计无效，则该请求应当予以考虑。

2. 在涉及非注册式共同体设计的侵权诉讼及潜在侵权威胁的诉讼中，如果权利持有人能证明其满足本条例第 11 条规定的条件并指出其具有独特性，则共同体设计法院应当认定该设计有效。但是，被告可以通过提起无效宣告请求或者反诉来质疑共同体设计的有效性。

第 86 条 判决无效

1. 当在共同体设计法院的程序中，共同体设计的有效性通过反诉无效被提出争议的：

（a）如果发现存在本条例第 25 条规定的影响维持共同体设计权利的理由，该法院应当宣告此共同体设计无效；

（b）如果没有发现本条例第 25 条规定的影响维持共同体设计权利的任何理由，该法院应当驳回该反诉。

2. 受理请求宣告共同体设计无效的反诉的法院应当通知协调局提出反诉的日期。后者应当在注册簿中记录此事项。

3. 听审请求宣告无效的反诉的共同体设计法院，可以在权利持有人的申请下并在听证其他当事人的意见后，中止诉讼程序，要求被告在法院确定的期限内到协调局提交无效宣告请求。如果未在规定期限内提出该请求，则应继续诉讼程序，反诉被视为撤回。此时适用本条例第 91 条第 3 款。

4. 当共同体设计法院对请求宣告注册式共同体设计无效的反诉作出终局判决，则该法院应当传送一份判决给协调局。任何相关方可要求获得有关此传送的信息。协调局应依据实施条例规定在注册簿上记录判决。

5. 如果宣告注册式共同体设计无效的反诉涉及已经由协调局就无效宣告请求作出最终决定的相同客体、相同诉由以及相同当事人的，则不得提出该反诉。

第 87 条 判决无效的效力

当共同体设计法院作出的宣告共同体无效的判决为终局判决的，该判决在所有成员国产生本条例第 26 条规定的效力。

第 88 条 适用的法律

1. 共同体设计法院应当适用本条例的规定。

2. 涉及本条例未规定的事务，共同体设计法院应当适用其国家法，包括国际私法。

3. 除非本条例中另作规定，共同体设计法院应当适用涉及法院所在国国内设计权利的同类诉讼的程序规则。

第 89 条 对侵权行为的制裁

1. 当在侵权诉讼或潜在侵权威胁的诉讼中，共同体设计法院发现被告侵犯共同体设计权利或者对共同体设计权利产生威胁的，除非存在特殊的原因，法院应采取以下措施：

（a）发布命令制止被告继续实施侵权行为或即将侵权的行为；

（b）发布命令查封侵权产品；

（c）发布命令查封主要用于制造侵权产品的材料和工具，如果其拥有人知道使用这些材料和工具的结果，或者根据情况使用的结果很明显；

（d）根据情况是适当的，侵权行为或侵权威胁发生地的国家的法律（包括国际私法）规定的其他任何制裁命令。

2. 共同体设计法院应当根据其国家法的规定采取相应措施，以确保第 1 款所述命令得以遵守。

第 90 条 临时措施，包括保护性措施

1. 可以就共同体设计向成员国法院（包括共同体设计法院）申请根据该成员国的法律适用于国家设计权利的临时措施（包括保护性措施），即使根据本条例的规定，其他成员国的共同体设计法院对此案件的实体问题具有管辖权。

2. 在涉及临时措施（包括保护性措施）的诉讼程序中，被告以反诉以外的形式提出的宣告共同体设计无效的主张应当予以接受。然而，应当比照适用本条例第 85 条第 2 款。

3. 依据本条例第 82 条第 1 款、第 2 款、第 3 款和第 4 款的规定获得管辖权的共同体设计法院有授予适用于所有成员国的临时措施（包括保护性措施）的管辖权，但这些措施服从于《管辖权及判决执行公约》第 3 章规定的承认和执行判决的必要程序。其他法院不应具有此管辖权。

第 91 条 关于关联诉讼的特别规则

1. 听审本条例第 81 条规定的宣告不侵权以外的诉讼的共同体设计法院，除有必须进行下去的理由，应当在听取所有各方意见后主动提起，或者基于一方申请且听取其他方意见后，在共同

体设计的效力已经由于在某一共同体设计法院提出的反诉而受到质疑的情况下，或者对注册式共同体设计，已经向协调局提出宣告无效的请求的情况下，中止诉讼程序。

2. 协调局在听审对注册式共同体设计无效宣告请求时，除有必须进行下去的理由，应当在听取所有各方意见后主动提起，或者基于一方申请且听取其他方意见后，在注册式共同体设计的效力已经由于在某一共同体设计法院提出的反诉而受到质疑的情况下，中止程序。然而，如果一方当事人在共同体设计法院提起中止诉讼的请求，法院可以在听取其他方意见后，中止诉讼。协调局应在此情况下继续之前中止的程序。

3. 当共同体外观设计法院中止诉讼时，其可以在中止期间采取临时措施，包括保护性措施。

第 92 条　共同体设计二审法院的管辖权——上诉

1. 对共同体设计一审法院就本条例第 81 条规定的诉讼或者主张作出的判决应当向共同体设计二审法院上诉。

2. 向共同体设计二审法院上诉的条件根据该法院所在成员国的国家法律确定。

3. 关于进一步上诉的国家法律规则应当适用于共同体设计二审法院的判决。

第 3 节　关于共同体设计的其他纠纷

第 93 条　关于共同体设计法院以外的国家法院的管辖权的补充规定

1. 在其法院根据本条例第 79 条第 1 款或者第 4 款的规定具有管辖权的成员国内，那些对如果是涉及本国设计权的案件则具有属地管辖权和属物管辖权的法院，对本条例第 81 条规定以外的涉及共同体设计的诉讼具有管辖权。

2. 本条例第 81 条规定以外的涉及共同体设计的诉讼，依据第 79 条第 1 款和第 4 款以及本条第 1 款任何法院均没有管辖权的案件，可由协调局所在地的成员国法院审理。

第 94 条 国家法院的义务

国家法院在处理本条例第 81 条规定以外的涉及共同体设计的诉讼时，应当将该设计作为有效对待。然而，比照适用本条例第 85 条第 2 款和第 90 条 2 款。

第 10 章 对成员国法律的影响

第 95 条 基于共同体设计和国家设计权的平行诉讼

1. 当侵权诉讼或者侵权威胁的诉讼在相同当事人之间在不同成员国被以同样的诉由诉诸不同的法院，只是其中一个以共同体设计为基础，另外一个以给予同样保护的国家设计权为基础，那么第一个受理案件的法院以外的法院应主动拒绝行使管辖权。如果第一个受案法院的管辖权受到质疑，则被要求拒绝行使管辖权的其他法院可中止诉讼。

2. 如果基于给予同样保护的国家设计权利的案件已经就相同当事人之间就同样的诉由对实体问题作出了最终判决，审理涉及共同体设计权利的侵权诉讼或者侵权威胁诉讼的共同体设计法院应当驳回该诉讼。

3. 如果基于给予同样保护的共同体设计权利的案件已经就相同当事人之间就同样的诉由对实体问题作出了最终判决，审理涉及国家设计权利的侵权诉讼或者侵权威胁诉讼的法院应当驳回该诉讼。

4. 第 1 款、第 2 款和第 3 款不适用于临时措施，包括保护性措施。

第 96 条 与国家法律下其他形式的保护的关系

1. 本条例的规定不影响关于非注册式设计、商标及其他标志、专利及实用新型、字体、民事责任及不正当竞争的共同体其他法律或者各成员国法律的规定。

2. 受共同体设计保护的设计应当自设计完成或者能以固定形式存在之日根据各成员国的版权法受保护。保护范围、保护条件以及要求的原创程度等，由每一个成员国决定。

第11章　关于协调局的补充规定

第1节　总　则

第97条　*一般原则*

除本章另有规定的外，《共同体商标条例》第十二章适用于协调局在本条例下的任务。

第98条　*工作语言*

1. 注册式共同体设计申请应当以共同体官方语言之一提交。

2. 申请人应当指定协调局工作语言之一为第二语言，并认可此语言为与协调局交流所用语言。如果申请人以非协调局工作语言之一的语言提交申请，协调局应当使申请文件被翻译成申请人指定的语言。

3. 如果注册式设计的申请人是协调局程序中的唯一的当事人，则联系语言应为申请文件提交时所用语言。如果申请不是以协调局官方语言提交，则协调局发给申请人的书面通知可使用申请人指定的第二语言书写。

4. 如果申请时所用语言为协调局工作语言之一，则在无效程序中使用的语言为申请时所使用语言。如果申请不是以协调局工作语言提交，则在无效宣告程序中使用的语言为申请时指定的第二语言。

宣告无效的请求应当以该程序中使用的语言书写。

如果该程序中使用的语言不是提交注册式共同体设计申请时使用的语言，则共同体设计的权利持有人可以使用申请时所用语言书写意见陈述。协调局当使该意见陈述被翻译成该程序中使用的语言。

实施条例可规定，由协调局承担的翻译费用，不应超出其为受理文件平均大小规定的费用额度，但协调局根据案件复杂程度可以要求增减。超出该额度的费用可根据第70条的规定由败诉方承担。

5. 无效程序的各方可选择共同体的另外一种官方语言作为该程序的语言。

第 99 条 公布和注册簿

1. 所有本条例和实施条例规定要求公布的所有信息应当以共同体所有的官方语言公布。

2. 共同体设计注册簿中的条目应以共同体所有的官方语言书写。

3. 如有疑义，应当以使用协调局的工作语言提交的共同体设计注册申请的文本为准。如果申请以协调局工作语言以外的共同体的官方语言提交，应当以使用申请人指定的第二语言的文本为准。

第 100 条 局长的补充职权

除《共同体商标条例》第 119 条赋予局长的职责和职权外，局长可在咨询行政理事会或者预算委员会（针对费用条例）后，向欧盟委员会提交修正本条例、实施条例、收费条例以及其他适用于注册式共同体设计的规则的建议。

第 101 条 行政理事会的补充职权

除《共同体商标条例》第 121 条等和本条例相关条款赋予的职权外，行政理事会还可以：

（a）根据第 111 条第 2 款确定首次提交注册式共同体设计申请的日期；

（b）在通过审查指南前，就形式审查、拒绝注册的理由、协调局的无效程序以及本条例规定的其他情形接受咨询。

第 2 节　程　序

第 102 条 权限

对于作出与本条例规定程序相关的决定，以下人员和部门具有权限：

（a）审查员；

（b）商标、设计管理与法律事务处；

（c）无效处；

（d）申诉委员会。

第 103 条 审查员

审查员应当以协调局的名义，负责作出与注册式设计申请相关的决定。

第 104 条 商标、设计管理与法律事务处

1.《共同体商标条例》第 128 条规定的商标管理与法律事务处应当调整为商标、设计管理与法律事务处。

2. 除《共同体商标条例》赋予的职权外，该部门负责作出本条例规定的但不属于审查员和无效处权限的事务，尤其负责作出关于注册簿条目的决定。

第 105 条 无效处

1. 无效处负责就注册式共同体设计无效宣告请求作出决定。

2. 一个无效处应由 3 名成员组成，且至少一人具有法律资格。

第 106 条 申诉委员会

除《共同体商标条例》第 131 条赋予的职权外，根据该条例成立的申诉委员会负责对审查员、无效处的决定以及商标、设计管理与法律事务处关于共同体设计的决定不服的申诉作出决定。

第 11a 章❶ 设计的国际注册

第 1 节 总 则

第 106a 条 规定的适用

1. 除非本章另有规定，本条例以及根据第 107 条通过的实

---

❶ 根据 2006 年 12 月 18 日的第〔2006〕1891 号理事会条例（EC）插入。生效日：2008 年 1 月 1 日。

施本条例的任何条例，比照适用于根据日内瓦文本指定共同体的、世界知识产权组织国际局管理的国际注册（下称"国际局"和"国际注册"）中的外观设计的注册。

2. 在《国际注册簿》中对指定共同体的国际注册的任何记载，都与协调局的共同体设计注册簿中的注册具有同等效力，在《国际局公报》中对指定共同体的国际注册的任何公告，与在《共同体设计公报》中的公告具有同等效力。

第 2 节　指定共同体的国际注册

第 106b 条　提交国际申请的程序

根据日内瓦文本第 4 条第 1 款提交的国际申请应当直接向国际局提交。

第 106c 条　指定费

日内瓦文本第 7 条第 1 款规定的指定费由单独指定费代替。

第 106d 条　指定欧共体的国际注册的效力

1. 指定共同体的国际注册应当自日内瓦文本第 10 条第 2 款规定的注册日起，与注册式共同体设计申请具有同等效力。

2. 如果没有收到驳回通知或者驳回已经被撤回，指定共同体的国际注册应当自第 1 款规定的日期起，与注册式共同体设计的注册具有同等效力。

3. 协调局应当依照实施条例中的规定，提供第 2 款规定的关于国际注册的信息。

第 106e 条　驳回

1. 如果在审查国际注册的过程中，协调局认为请求保护的设计不符合第 3 条（a）项的定义，或者违反公共政策或者公认的道德准则，其应当自国际注册的公告日起不迟于 6 个月的时间将驳回通知书通告国际局，通知书中应当指明驳回所依据的理由。

2. 在权利持有人被给予就共同体放弃国际注册或者提交意

见的机会之前，国际注册在共同体地域内的效力不能被驳回。

3. 关于审查驳回理由的条件在实施条例中规定。

第106f条 　国际注册效力的无效

1. 国际注册在共同体地域内的效力可以根据第6章和第7章的规定被部分或者全部宣告无效，或者在共同体设计法院的侵权诉讼程序中被反诉无效。

2. 当协调局得知前述无效后，应当通知国际局。

第12章　最终条款

第107条 　实施条例

1. 实施本条例的规则应当在实施条例中规定。

2. 除了本条例中已经规定的费用之外，在下列情形下，应当根据实施条例中设定的申请的详细规则和费用条例的规定交纳费用：

（a）延迟缴纳注册费；

（b）延迟缴纳公告费；

（c）延迟缴纳延期公告费；

（d）延迟缴纳合案申请附加费；

（e）颁发注册证书副本；

（f）对注册式共同体设计的转让予以注册；

（g）对许可或者注册式共同体设计的其他权利予以注册；

（h）对许可或者其他权利的注册予以撤销；

（i）颁发注册簿摘录；

（j）查阅文档；

（k）颁发档案文件副本；

（l）档案内信息的通知；

（m）返还程序上的成本的决定的复审；

（n）出具经证明的申请副本。

3. 实施条例和费用条例应当按照本条例第109条第2款规

定的程序予以通过和修改。

第 108 条 申诉委员会的程序规则

申诉委员会的程序规则应当适用于该委员会根据本条例审理的申诉，但不影响根据本条例第 109 条第 2 款规定的程序通过的必要调整或者例外规定。

第 109 条 执行委员会

1. 应当设立一个执行委员会协助欧盟委员会。

2. 当提及本款时，欧共体［1999］第 468 号决定第 5 条和第 7 条应当适用。欧共体［1999］第 468 号决定第 5 条第 6 款规定的期限为 3 个月。

3. 执行委员会负责通过其议事规则。

第 110 条 过渡条款

1. 直到欧盟委员会提议的本条例修正案生效以前，对第 19 条第 1 款中所指的复合产品的零部件（其用于修理复合产品以恢复其原始外观），不给予共同体设计的保护。

2. 第 1 款所述欧盟委员会的提议，应当与委员会依照欧共体第［1998］71 号指令第 18 条的规定就相同主题的任何修改建议，一起提交并予以考虑。

第 110a 条 ❶ 与共同体扩展相关的规定

1. 自保加利亚、捷克共和国、爱沙尼亚、塞浦路斯、拉脱维亚、立陶宛、匈牙利、马尔他、波兰、罗马尼亚、斯洛文尼亚和斯洛伐克（以下简称新成员国）加入之日起，上述成员国加入

---

❶ 下列国家的加入日期为 2004 年 5 月 1 日：捷克共和国、爱沙尼亚共和国、塞浦路斯共和国、拉脱维亚共和国、立陶宛共和国、匈牙利共和国、马尔他共和国、波兰共和国、斯洛文尼亚共和国和斯洛伐克共和国（见附件 II - 4. 公司法 - C. 工业产权 - III. 共同体外观设计法的加入）。保加利亚和罗马尼亚加入的日期为 2007 年 1 月 1 日（见附件 III - 1. 公司法 - 工业产权 - III. 保加利亚和罗马尼亚加入共同体外观设计法）。

日期之前依照本条例受到保护或者提出申请的共同体设计可延及到那些成员国地域，以保证在全部共同体地域内有同等效力。

2. 注册式共同体设计申请不应当以本条例第 47 条第 1 款所列出的不予注册的任何理由为基础而驳回，如果这些理由仅仅因为一个新成员国的加入而成为可适用的。

3. 第 1 款所指的共同体设计不应当依照本条例第 25 条第 1 款被宣告无效，如果无效的理由仅仅因为一个新成员国的加入而成为可适用的。

4. 新成员国的申请人或者在先权利的持有人可以根据本条例第 25 条第 1 款（d）项、（e）项或者（f）项反对共同体设计在该在先权利受保护的地域内的使用。在前述规定中，"在先权利"是指在加入共同体前善意取得或者申请的权利。

5. 上述第 1 款、第 3 款和第 4 款也适用于非注册式共同体设计。依照本条例第 11 条，尚没有在共同体地域内公开的设计不应当获得非注册式共同体设计保护。

第 111 条　生效

1. 本条例的生效日期是其在《欧共体官方公报》上公告后的第 60 天。❶

2. 自管理委员会根据局长的建议确定的日期起，可以向协调局提交注册式共同体设计申请。

3. 在第 2 款所述日期之前 3 个月内提交的注册式共同体设计申请将被视为在该日期提交。

本条例在所有成员国完全和直接适用。

2001 年 12 月 12 日于布鲁塞尔

理事会主席

M. Aelvoet

---

❶　生效日期为 2002 年 3 月 6 日。

德国专利法[1]

(1980 年 12 月 16 日公布的文本，已经依据
2009 年 7 月 31 日颁布的修订法（BGB1. I S. 2521）
第 1 条进行了修改）

目　　录

---

[1]　根据德国司法部网站（http：//bundesrecht. juris. de/bundesrecht/
patg/gesamt. pdf）上提供的德文版翻译。翻译：胡安琪、张韬略；校对：
张韬略。

第一章　专　利

第 1 条

（1）专利可授予所有技术领域的发明，只要其是新颖的、具有创造性并适于工业应用。

（2）第一款意义上的发明，当其主题是一项由生物材料组成的产品发明或者包含生物材料的产品发明，或者是一个制造、加工或者应用该生物材料的方法发明，也应当授予专利。原先在自然界就存在的生物材料，如果依靠技术方法可从自然外界中分离或者制造出来的，也可构成一项发明的主题。

（3）下列各项，不属于第（1）款所指的发明：

1. 发现、科学理论或者数学方法❶；

2. 美学意义上的外形创造；

3. 智力活动、游戏、商业活动的方案、规则和方法，以及计算机程序；

4. 信息表达。

（4）就上述主题或者活动请求专利保护时，对第（3）款所列的内容不授予专利。

第 1A 条

（1）人体在其形成和发育的各个阶段，包括胚胎细胞，以及关于人体某一组成部分的单纯发现，包括基因序列或者序列片断，都是不可授予专利的发明。

（2）从人体中分离出来的组成部分，或者通过其他方式以一

---

❶　译者注：在（1）（2）（3）下设 1.2.3. 序号层级不符合中文表达习惯，本译文尊重原版序号表达。

种技术手段获得的组成部分，包括基因序列或者序列片断，即使这些组成部分的构造与自然的组成部分的构造相同，也可以成为可授予专利的发明。

（3）在申请中说明基因序列或者序列片断所执行的功能时，应当对一段基因序列或者序列片断的工业应用性加以具体的描述。

（4）如果一项发明的主题是一段基因序列或者序列片断，其构造与一个人体基因的自然基因序列或者序列片断的构造相一致，则根据第三款对工业应用性进行的具体描述，应载入专利权利要求中。

第 2 条

（1）对工业化应用将违反公共秩序或者善良风俗的发明，不应授予专利；不得仅仅因为法律或者行政法规禁止某发明使用的事实，即认定存在上述违反的情况。

（2）尤其对下列情况，不授予专利：

1. 克隆人体的方法；

2. 改变人体生殖细胞遗传同一性的方法；

3. 基于工商业目的使用人体胚胎；

4. 改变动物遗传同一性的方法，该方法不是治疗人和动物所必不可少的，并且使动物承受苦痛。

上述第 1 项至第 3 项的适用，必须参照《胚胎保护法》中的相应规定。

第 2A 条

（1）对下列发明不得授予专利：

1. 对动植物品种以及种植和养殖动植物品种的基本的生物方法；

2. 针对人体或者动物的外科或者治疗方法以及诊断方法。但前述方法在应用时会使用到的产品，尤其是物质或者混合物，不在此列。

（2）对如下发明可以授予专利：

1. 当其主题为植物或者动物，但该发明的实施在技术上不受限制于某一确定的植物品种或者动物品种；

2. 当其主题是一项微生物技术或者其他技术的方法，或者是经由该方法获得的产品，但其与某项植物品种或者动物品种无关的。

参照适用第 1A 条第（3）款。

（3）如下术语在本法中意指：

1. 生物材料是指一种材料，包含遗传信息，并且能够自我复制或者能在某一生物系统中复制；

2. 微生物方法是指一种方法，即其能够应用生物材料，对生物材料的应用或者培育实施（嵌入）手术；

3. 基本的生物方法，指种植植物和养殖动物品种的基本方法，其完全依赖自然现象，例如，杂交和选种实现；

4. 植物品种是指欧盟理事会 1994 年 7 月 27 日通过的第 2100/94 条例，即《共同体（植物）品种保护条例》（AB1. EG Nr. L 227 S. 1）生效法律文本中的定义。

第 3 条

（1）当一项发明不属于现有技术，则具有新颖性。现有技术包括在申请日（有优先权的，指优先权日）以前，公众能够通过书面记载、口头描述、使用或者以其他任何方式，可以公开获得的所有知识。

（2）在先申请，且于本申请的申请日当天或者之后公众可以获得的下列专利申请的内容，也属于现有技术：

1. 首次向德国专利局提出的国家申请；

2. 首次向主管机关提出的欧洲专利申请，当其请求获得德国的专利保护，并且按《欧洲专利公约》第 79 条第（2）款的规定缴纳了指定费用，或者一项指定欧洲专利局的专利合作条约规定的国际申请［《欧洲专利公约》第 153 条第（2）款］，并且满足《欧洲专利条约》第 153 条第（3）款所规定的条件；

3. 首次向受理局提交的以德国专利局为指定局的专利合作条约规定的国际申请。

如果一项申请以一项在先申请为基础主张优先权，且其内容未超出在先申请的内容，则其属于本款第一句中规定的首次申请。属于本款第一句第 1 项的专利申请，已经根据本法第 50 条第（1）款或者第（4）款发布命令的，自申请日起满 18 个月，视为公众可以获得。

（3）属于现有技术的物质或者混合物，如果其是用于本法第 2A 条第（1）款第 2 项所述方法，并且将其应用于该方法不属于现有技术，则不能依据本条第（1）款和第（2）款的规定，排除其可专利性。

（4）同样，第（3）款所述的物质或者混合物在第 2A 条第（1）款第 2 项所述方法中的某一特殊用途，如果不属于现有技术，也不能依据本条第（1）款和第（2）款的规定，排除其可专利性。

（5）如果由于下列情形，直接或者间接地导致申请专利的发明在申请日以前 6 个月内被公开，则不适用本条第（1）款和第（2）款的规定：

1. 明显有损申请人或者其原权利人利益的滥用行为；或者

2. 申请人或者其原有权利人在符合 1928 年 11 月 22 日在巴黎缔结的《国际展览会公约》规定的、政府主办或者承认的国际展览会上，展出该发明。

申请人必须在递交申请时声明该发明曾经进行过上述展出，并在递交申请后四个月内提供证明文件，才能适用本款第一句第 2 项的规定。本款第一句第 2 项所指的展览会应当公布在由联邦司法部长签署的联邦法律公报上。

第 4 条

如果一项发明与现有技术相比，对本领域技术人员来说是非显而易见的，则应当被认为具有创造性。第 3 条第（2）款所指的申请属于现有技术的，则该类申请不能用于判断本发明是否具有创造性。

第 5 条

如果一项发明的主题能够在包括农业在内的任何一种产业中制造或者使用，应当认为其是适于工业应用的。

第 6 条

专利权属于发明人或者其合法继受者。两人以上合作完成一项发明，专利权由其共有。两人以上独立完成同样的发明，专利权授予最先向专利局提出申请的人。

第 7 条

（1）为避免专利申请的实质审查因需要确定发明人身份而受到延迟，在审查程序中，视申请人为有资格请求获得专利权的人。

（2）以侵占为由［第 21 条第（1）款第 3 项］对专利提出异议，致使专利权被撤销或者被撤回的，异议人可以在接到正式通知后的一个月内，就该发明递交专利申请，并可以享有在先专利的优先权。

第 8 条

权利人的发明被无权获得专利的人提出专利申请，或者因非法侵占而受到损害的，可以要求申请人让与获得专利的权利。该申请已经被授予专利的，可以要求专利权人让与专利权。通过诉讼主张让与专利权的，除本条第四句和第五句另有规定的外，应当在专利授权公布［第 58 条第（1）款］之后两年内进行。如果受侵害人以非法侵占为由［第 21 条第（1）款第 3 项］对专利提出异议的，应当在异议程序结束后一年内通过诉讼主张让与专利权。如果专利权人取得专利权是非善意的，则不适用本条第三句、第四句的规定。

第 9 条

只有专利权人有权实施其受专利保护的发明。任何其他人未经专利权人许可，都不得以下列方式实施其专利：

1. 制造、提供、使用其专利产品，或者将其投放市场，或者为前述目的进口、储存其专利产品；

2. 使用其专利方法，或者第三人知道或者依情势应当知道未经专利权人许可不得使用其专利方法，仍对在本法适用范围内使用该专利方法的行为提供帮助；

3. 提供、使用依照其专利方法直接获得的产品，或者将其投放市场，或者为前述目的进口、储存依照其专利方法直接获得的产品。

第 9A 条

（1）如果某一生物材料专利的发明是基于该材料的某一确定的特性，则第 9 条的规定适用于每一种通过生殖和植物的繁殖方法从该材料获得的、具备上述特性的相同形态或者变异形态的生物材料。

（2）如果通过某一专利方法可以获得某一生物材料，且该方法发明是基于该材料的某一确定的特性，则第 9 条的规定适用于该方法直接获得的生物材料和任何其他具有这一特性的生物材料，只要后者是通过生殖和植物的繁殖方法，从该方法直接获得的生物材料中获得的、相同形态或者变异形态的生物材料。

（3）如果某一产品专利的发明由遗传信息组成或者包含遗传信息，则第 9 条的规定适用于任何该产品能藉以产生的、包含上述遗传信息并能实现其功能的生物材料。第 1A 条第（1）款的规定不受影响。

第 9B 条

当专利权人自己或者经其同意的第三人将某一具备某一确定特性的生物材料投放至欧盟任一成员国领域内或者欧洲经济圈的任一缔约国国土内，如果以生殖和植物的繁殖方法从该生物材料中获取其他生物材料，且目的是在经济圈中使用获得的其他生物材料，则不适用本法第 9 条的规定。但当经过这种方式获得的生物材料使用在随后的其他生殖和植物的繁殖时，则不适用本条规定。

第 9C 条

（1）与第 9 条、第 9A 条和第 9B 条第二句相反，当专利权人或者经其同意的第三人以农业种植的目的，在某一农户处，许诺销售植物繁殖材料的，则该农户可以在自己的劳作中，为生殖或者植物的繁殖，使用收获物。就该许可的条件和规模，适用（欧共体）第 2100/94 号令第 14 条，以及基于此理由进行豁免的相应情况。在专利权人的请求下，可以适用根据（欧共体）第 2100/94 号令第 14 条第（3）款所公布的相应实施细则。

（2）与第 9 条、第 9A 条和第 9B 条第二句相反，当专利权人或者其同意的第三人在某一农户处，许诺销售农业用畜或者动物繁殖材料的，该农户可以以农业的目的使用这些农业用畜或者动物繁殖材料。该许可可扩展到为延续农业活动而转让这些农业用畜或者其他动物繁殖材料的行为，但不包括带有购置目的或者繁殖范畴内的销售行为。

（3）第 9A 条第（1）款至第（3）款的规定不适用如下生物材料，其收获恰好或者在技术上无法回避农业的范畴。因此，一般来说，当农户没有种植这些受专利保护的种子或者栽种材料时，不能向其提出要求。

第 10 条

（1）专利权还有进一步的效力，即在本法适用范围内，任何第三人未经专利权人同意，不得向没有权利实施专利的人提供或者许诺提供发明的实质性部分，当其明知或者根据情势应知这些行为适于且就是用于专利发明的实施的。

（2）当上述行为涉及日常交易中可以获得的普通商品时，不适用第（1）款的规定，但第三人诱导提供者实施第 9 条第二句所禁止的行为的除外。

（3）实施第 11 条第 1 项至第 3 项行为的任何人，不属于第

（1）款规定的有权实施专利的人。

第 11 条

专利权对下列行为不具有效力：

1. 个人非营利目的的行为；

2. 与专利的主题相关的、以实验为目的的行为；

2a. 为了培育、发现、研发新的植物品种而使用生物材料；

2b. 为获得在欧盟范围内的一个药品许可，或者在欧盟成员国或者第三国的一个药品许可而在实践中所必需的研究和试验行为；

3. 在药房中根据医生处方直接、个别地配制药品的行为，以及与配制该药品有关的行为；

4. 临时或者偶然进入本法适用范围内的水域的保护工业产权巴黎公约其他成员国船舶上使用受专利保护的发明，包括用于运输工具本身、机械设备、装置或者齿轮以及其他配件上，并且此类使用必须仅仅是为了满足该运输工具的需要；

5. 在临时或者偶然进入本法适用范围内的领空或者领土的其他保护工业产权巴黎公约成员国的在造的或者运行中的飞行器和陆地交通工具上使用受专利保护的发明，包括用于该飞行器或者交通工具的配件上；

6. 当1994年12月7日签署的国际民用航空公约（联邦法律公报1956Ⅱ第411页）第27条中规定的行为涉及其他国家的航空器时，适用该条规定。

第 12 条

（1）专利权的效力不及于在专利申请时已经在国内投入使用的或者已经为投入使用做好了必要准备的发明。该发明的使用人有权为自己经营目的在自己或者他人的工厂和车间里继续实施。该项权利只能随其经营的业务一并继承或者转让。如果申请人或者其前任权利人在申请专利前将发明披露给第三人，并保留在被授予专利权的情况下的权利的，因披露而获知该发明的第三人无权以其在该披露后 6 个月内所作行为为理由，主张本款第一句中的权利。

（2）专利权人享有优先权的，本条第（1）款中的申请日应以优先权日为准。在优先权方面没有互惠待遇的外国的国民要求外国专利申请的优先权的，上句不适用。

第 13 条

（1）专利权不得对抗联邦政府为公共福利而颁发的专利实施令，也不得对抗最高联邦主管部门或者其下属机构根据其指令为国家安全而实施该专利。

（2）不服联邦政府或者最高联邦主管部门颁布的本条第（1）款所述的专利实施令提起的上诉，由联邦行政法院受理。

（3）在本条第（1）款所述情形下，专利权人有权要求国家给予合理补偿。因补偿数额引起的纠纷由普通法院受理。联邦政府依据本条第（1）款颁布的专利实施令实施专利前，应当将该实施令告知专利登记簿［第 30 条第（1）款］上记载的专利权人。依据本条第（1）款第二句颁布实施令或者指令的最高联邦主管部门，在获悉有人根据本款第一句提出补偿请求时，应当告知专利登记簿上记载的专利权人。

第 14 条

专利或者专利申请的保护范围以权利要求的术语为准，但是说明书和附图可以用于解释权利要求。

第 15 条

（1）获得专利的权利、请求授予专利的权利以及基于专利产生的权利可以由继承人继承，也可以有限制地或者无限制地转让给其他人。

（2）本条第（1）款所指的权利在本法适用的全部或者部分地域内，可以全部或者部分许可，也可以独占或者非独占许可。被许可人违反第一句规定的许可中的限制的，专利权人仍可对其主张专利权。

（3）权利的转让和颁发实施许可不得影响在先的被许可人。

第 16 条

（1）专利权的期限为 20 年，自该发明的专利申请日的次日开始计算。如果一项发明的目的是为了对同一申请人已要求专利保护的另一项发明作出改进，申请人可以从该另一项发明的申请日起的 18 个月内，或者有优先权日的，从该日起的 18 个月内，申请增补专利。其保护期限与授予在先发明的专利同时届满。

（2）主专利因撤销、被宣告无效、放弃而终止，增补专利则成为独立的专利，其期限从原主专利生效之日起算。存在数项增补专利的，仅第一项增补专利成为独立的主专利，其他增补专利仍为新的主专利的增补专利。

第 16A 条

（1）依据欧洲共同体条例关于创设专利补充保护证书的有关规定，可以就一项专利请求自本法第 16 条第（1）款规定的专利权期限届满当日起获得补充保护。专利补充证书应当在联邦法律公报中公布。补充保护也应当缴纳年费。

（2）除非欧洲共同体法律有另行规定，本法关于申请人资格（第 6 条至第 8 条）、专利权的效力及其例外（第 9 条至第 12 条）、专利实施令、强制许可（第 13 条、第 24 条）、保护范围（第 14 条）、专利许可及登记（第 15 条、第 30 条）、专利终止（第 20 条）、专利无效（第 22 条）、当然许可（第 23 条）、国内代理（第 25 条）、专利法院及其诉讼程序（第 65 条至第 90 条）、联邦法院诉讼程序（第 100 条至第 122A 条）、专利权恢复（第 123 条）、真实义务（第 124 条）、官方语言、文书送达和费用减免（第 126 条至第 128 条）、专利侵权（第 139 条至第 141 条、第 142A 条）、集体诉讼和专利标识（第 145 条至第 146 条）的规定参照适用于专利的补充保护。

（3）对一项专利有效的根据本法第 23 条规定作出的许可和声明，同样适用于其补充保护。

第 17 条

（1）每件专利申请和专利都应当在申请日后的第三年及以后的每一年缴纳年费。

（2）增补专利［第 16 条第（1）款第二句］不缴纳年费。一项增补专利成为一项独立的专利的，则应当缴纳年费；缴费日期和数额按照原主专利的起始日确定。本款第一句和第二句前半部分参照适用于增补专利申请，但当一项增补专利申请被视为一项独立的专利申请的，年费的缴纳应当将该申请自始视作一项独立的专利申请。

（3）至（6）款已废止。

第 18 条

（已废止。）

第 19 条

（已废止。）

第 20 条

（1）有以下情况之一的，专利权终止：

1. 专利权人向专利局递交书面声明放弃其专利；

2. 送达正式通知后未按期［第 37 条第（2）款］作出第 37 条第（1）款规定的相关声明；

3. 送达正式通知后未按期［专利费用法第 7 条第（1）款、第 13 条第（3）款或者第 14 条第（2）款和第 5 款，本法第 23 条第 7 款第 4 句］缴纳年费和滞纳金。

（2）只有专利局有权判断第 37 条第（1）款规定的声明否按期作出、年费和滞纳金是否按期缴纳；第 73 条和第 100 条的规定不受影响。

第 21 条

（1）有下列情形之一的专利应当被撤销（第 61 条）：

1. 该专利权的主题属于第 1 条至第 5 条规定的不得授予专利的情形的；

2. 该专利没有清楚、完整地公开发明，致使所属技术领域的技术人员无法实施的；

3. 该专利的实质性内容是未经他人同意而获取其说明书、附图、模型、装置或者设备，或者他人实施的方法（侵占）；

4. 该专利权的主题超出向受理机关最初递交的申请文本的内容；基于分案申请或者第 7 条第（2）款规定的重新申请授予的专利权，其主题超出向受理机关原始递交的申请文本的内容的。

（2）撤销的理由仅影响该专利的一部分的，该专利进行相应的限制后可以维持。此限制可通过修改权利要求、说明书和附图的形式实现。

（3）专利被撤销后，专利申请和专利视为自始即不存在。本规定参照适用于对专利权作出限制后维持的情形。

第 22 条

（1）存在第 21 条第（1）款规定的情形之一，或者专利保护的范围被扩大的，专利权应当依请求（第 81 条）被宣告无效。

（2）参照适用第 21 条第（2）款和第（3）款的规定。

第 23 条

（1）专利申请人或者专利登记簿上记载的专利权人以书面声明的方式告知专利局，其愿意许可任何人通过支付合理的补偿费实施其专利的，在专利局收到该声明后，尚未缴纳的年费减少一半。就主专利作出的该声明将适用于其所有的增补专利。该声明应当记载在专利登记簿并刊登在专利公报上。

（2）专利登记簿上记载已对专利权授予独占许可的，或者已向专利局申请登记独占许可［第 30 条第（4）款］的，不得接收上述声明。

（3）专利登记簿记载上述声明后，任何人希望实施该专利的，应当通知专利权人。通知以挂号信函的方式向专利登记簿上记载的专利权人或者其代表人（第 25 条）发出的，视为有效。

通知中应当包括关于如何实施该专利的陈述。发出前述通知后，被许可人即可以其所陈述的方式实施该专利。被许可人有义务在每个季度向专利权人详细通报其实施的情况并支付补偿费。被许可人未按时履行义务的，专利登记簿上记载的专利权人可以给予其合理的宽限期；宽限期届满仍未履行的，专利权人可以禁止其再实施该专利。

（4）补偿费数额应当由专利部根据一方当事人的书面请求确定。确定补偿费用的程序参照适用第 46 条、第 47 条和第 62 条的规定。补偿费请求可针对数人提起。专利局确定补偿费时，可以要求补偿费请求的对方承担确定补偿费程序的全部费用或者部分费用。

（5）在最后一次确定补偿费数额一年期间出现情势变更或者公知原因，导致已确认的补偿费数额明显不合理的，任何一方当事人可以请求变更。就此参照适用本条第（4）款的规定。

（6）对一项专利申请作出许可声明的，参照适用本条第（1）款至第（5）款的规定。

（7）专利权人未接到任何请求实施其专利的通知的，可以随时向专利局递交撤回许可的书面声明。该撤回于通知递交时生效。专利权人应当在撤回许可声明后一个月内，缴纳被减免的年费。在第三句规定的期限内没有缴纳该减免的费用的，应当最迟在随后的四个月内，将被减免的年费连同滞纳金一并缴纳。

第 24 条

（1）专利法院应当根据下列规定在个案中授予商业性实施发明的非独占性许可（强制许可），如果：

1. 申请人努力以通常经营中合理的条件请求专利权人许可实施其专利，而未能在合理长的时间内获得这种许可；并且

2. 授予强制许可符合公共利益。

（2）强制许可请求方不通过侵害某一在先专利，就无法实施自己在后获得专利保护的发明的，可以要求对在先专利权人的在先专利颁发一个强制许可，假如：

1. 满足第（1）款第1项的条件；并且

2. 请求人的发明与在先专利相比，具有显著经济意义的重大技术进步。

专利权人可以以合理的条件，要求强制许可请求方对其享有专利权的在后发明，授予一项对应的实施许可。

（3）植物品种种植人不通过侵犯在先专利就无法获得或者实施其植物品种权时，上述第（2）款的规定同样适用。

（4）在半导体技术领域，只有在经诉讼或者行政程序中确认专利权人存在限制竞争行为并为排除该行为的情形下，专利局才可以依据第（1）款的规定授予强制许可。

（5）专利权人在德国未实施或者未有效实施其专利的，可以依据第（1）款颁发强制许可，以确保专利产品充分供应国内市场的需求。在此情形下，进口也视为在国内实施该专利。

（6）只有在授予专利权后才能颁发强制许可。授予强制许可时可以加以限制和附加一些条件。实施的范围和时间应当与授予强制许可的目的一致。专利权人有权要求被许可人根据实施情况，并考虑强制许可的商业价值，支付适当的补偿费。确定补偿费数额所依据的情势发生了重大变更的，任何一方都可以要求对尚未支付的补偿费作出相应的调整。授予强制许可的情形已不存在也不可能再次发生的，专利权人可以要求撤销该强制许可。

（7）专利强制许可仅能和实施该专利的企业一并转让。对在先专利的强制许可必须和在后专利一并转让。

第25条

（1）在德国国内没有住所或者营业所的，只有委托德国的律师或者专利律师作为其代理人时，才可以在专利局或者专利法院参与本法所规定的程序并主张专利权。该代理人有权参与专利局和专利法院的程序，以及与专利相关的民事诉讼程序，也可以提交启动刑事程序的请求。

（2）欧盟成员国的国民或者其他欧洲经济区条约成员国的国民，根据缔结欧共体条约对引进服务业的规定，只要其执业范围在 2000 年 3 月 9 日生效的欧洲律师在德国从业规定第 1 条规定或者 1990 年 7 月 6 日生效的专利律师职位许可能力测试规定第 1 条以及它们每一个生效文本规定的范围内，可以担任第（1）款规定的代理人。

（3）第（1）款规定的代理人的事务所所在地，视为民事诉讼法第 23 条意义下的资产所在地；代理人没有事务所的，则以其国内居住地为准；没有国内居住地的，则以专利局所在地为为准。

（4）第（1）款规定的代理人的代理权终止前，必须向专利局或者专利法院说明代理权的终止以及另行指定的代理人。

第二章　专利局

第 26 条

（1）专利商标局是联邦司法部下属的独立的联邦高级行政机关。总部设在慕尼黑。

（2）专利局由局长和其他专员组成。他们必须具有德国法官法规定的在司法部门任职的资格（法律专员）或者是某个技术领域的专家（技术专员）。所有专员终身任职。

（3）通常情况下只有就读于综合性大学、技术大学、农业大学或者矿业学院的技术或者自然科学系，通过国家结业考试或者专业结业考试，从事科学、农艺学或者技术领域专业工作五年以上，并具备必要的法律知识的人才能被任命为技术专员。依据欧洲共同体的法律，在欧盟其他成员国或者在欧洲经济区协议缔约国通过结业考试，与在德国通过结业考试具有同等效力。

（4）当预计到有临时需要时，专利局局长可临时任命具有专员任职资格［第（1）款和第（2）款］的人承担专利局专员的职责（助理专员）。该项临时任命依需要可以在特定期限内有效，在此期间内不得终止。此外，关于专员的规定也适用于助理专员。

第 27 条

（1）专利局应当设立：

1. 若干审查部，负责处理专利申请，提供现有技术信息［第 29 条第（3）款］；

2. 若干专利部，负责处理授权专利的所有事务，评估专利许可费数额［第 23 条第（4）款和第（6）款］，提供涉及专利局程序的法律援助。专利部的职责还包括对其业务范围内的事务出具专家意见［第 29 条第（1）款和第（2）款］。

（2）审查部的具体工作由一名技术专员（审查员）执行。

（3）专利部的决定必须至少由三名专员共同作出，在异议程序中则必须包括两名技术专员。案件涉及疑难法律问题，且合议组中没有法律专员的，应当由专利部的一名法律专员协助撰写决定。请求法律专员参与合议组而被驳回的，对该驳回决定不得提起异议。

（4）除作出维持、撤销或者限制专利权、确定补偿费［第 23 条第（4）款］以及给予法律援助的决定外，专利部部长有权单独处理专利部的任何事务或者将该任务分派给专利部的一名技术委员承担；前述行为不适用于听证。

（5）联邦司法部有权颁布法令规定高级或者中级职务的公务员或者其他同等职位的雇员，可被任命处理审查部或者专利部职责内无疑难技术问题或者疑难法律问题的业务，但不包括授予专利权及以申请人已表示反对的理由驳回申请。联邦司法部可通过法令将任命权授予专利局局长。

（6）民事诉讼法第 41 条至第 44 条、第 45 条第（2）款第二句、第 47 条至第 49 条关于民事诉讼程序中法院人员自行回避和请求回避的规定，参照适用于审查员和专利部的其他成员。依据第（5）款规定受委托处理审查部或者专利部业务的高级或者中级职务的公务员或者其他职员，参照适用该回避的规定。需要作出回避决定时，由专利部作出。

（7）专利部的内部讨论可以邀请非专利部成员的专家参与，

但专家不能参与表决。

第 28 条

联邦司法部有权颁布无需联邦参议院批准的法令，规定专利局的机构设置以及业务规程，例如专利事务的流程，但以法律尚未规定的相关内容为限。

第 29 条

（1）在诉讼程序中针对与专利有关的问题，数个专家作出不同的鉴定意见的，专利局应当根据法院或者国家检察机关的请求出具意见。

（2）另外，未经联邦司法部部长的同意，专利局无权在其法定职权范围外作出决定或者鉴定。

（3）为使公众可以利用专利局的文件，联邦司法部有权颁布无需联邦参议院批准的法令，规定专利局在不承诺文件完整性的情况下可以提供现有技术的信息。在上述情况下，联邦司法部有权规定相关的条件、信息的提供方式和种类以及涉及的技术领域。联邦司法部也可以不经联邦参议院同意，颁布法令将该项权力授予专利局局长。

第 30 条

（1）专利局应当设立专利登记簿，记载案卷可供任何人查询的专利申请的名称、专利权的名称和补充保护证书（第 16A 条）的名称，申请人或者专利权人的姓名和住所，以及如果有代理人和送达全权代表（第 25 条），他们的姓名和住所。专利登记簿内还应当记载专利权生效、期限届满、终止、限制令、撤销、宣告专利权或者补充保护证书（第 16A 条）无效以及提出异议和无效的情况。

（2）专利局局长可以规定记载在专利登记簿内的其他事项。

（3）申请人或者专利权人及其代理人和送达全权代表的姓名、住所变更的，经向专利局提供证明，专利局应当在专利登记簿内记载该变更事项。在变更未被记载前，原申请人、专利权人或者其代理人和送达全权代表仍依据本法的规定享有权利并履行义务。

（4）专利局应当依据专利权人或者被许可人的请求，将独占许可记载在专利登记簿内，只要其证明对方已经同意。在当然许可的期间［第23条第（1）款］，不得提出第一句所述的请求。该登记应当根据专利权人或者被许可人的请求而撤销。专利权人申请撤销登记的，应当提交记载时的被许可人或者其权利继受人同意的证明。

（5）（已废止。）

第 31 条

（1）当事人对其合法利益提供令人信赖的证据的情况下（并且仅在此范围内），专利局应当依据其请求允许其查阅案卷及有关模型和样品。但是，任何人都可以查阅登记簿，以及包括权利限制程序（第64条）和撤销程序案卷在内的专利案卷。

（2）下列情况下任何人都可以免费查阅专利申请案卷：

1. 申请人向专利局表示同意他人查阅案卷，并且已经写明了发明人；或者

2. 自申请日［第35条第（2）款］或者优先权日起，满十八个月，并且已经根据第32条第（5）款的规定进行了公告。

（3）某一案卷可供任何人免费查阅的，则任何人也可免费查阅属于该案卷的模型和样品。

（4）在写明发明人［第37条第（1）款］的情况下，申请人写明的发明人提出要求的，只能依据第（1）款第一句的规定允许查阅。对此，参照适用第63条第（1）款第四句和第五句的规定。

（5）要求查阅依据第50条规定尚未公布的专利申请和专利案卷，必须由专利局听取最高联邦主管机构的意见后批准，条件是（而且仅在此范围内）：对申请查阅人而言有特别的利益需要保护，允许其查阅是正当的，且不会对德意志联邦共和国的对外安全造成严重损害。第3条第（2）款规定的专利申请或者专利

在程序中被作为现有技术引用的，则查阅案卷中该对比文献的相关部分时，参照适用本款第一句的规定。

第 32 条

（1）专利局应当出版下列文件：

1. 专利申请全文；

2. 专利全文；

3. 专利公报。

出版可以采取电子形式。

（2）专利申请全文应当包括依据第 31 条第（2）款的规定允许公众免费查阅的专利申请文件，以及最初提交的摘要或者为出版而经专利局修改过的摘要（第 36 条）。已经出版了专利全文的，则不再出版专利申请全文。

（3）专利全文应当包括授予专利权所依据的权利要求、说明书和附图。专利全文应当说明专利局在评价该发明的可专利性时参考的公开出版物［第 43 条第（1）款］。尚未公布摘要的，则应当将其纳入专利全文内。

（4）如果在做好出版的技术准备后，专利申请被撤回、驳回、视为撤回申请或者终止的，也应当依据第 31 条第（2）款的规定，公布专利申请全文或者专利全文。

（5）专利公报应当定期地刊登专利登记簿记载内容的概要，包括期限届满的专利、独占许可的登记和撤销、查阅专利申请案卷的可能性。

第 33 条

（1）自根据第 32 条第（5）款通告时起，任何人明知或者应当知道其使用了专利申请的主题的，申请人可以要求使用人视情况给予适当的补偿；但不允许行使进一步的请求权。

（2）申请的主题明显不具有可专利性的，申请人无权要求补偿。

（3）参照适用民法第一编第五章有关诉讼时效的规定，但在专利授权后一年期限届满前仍然可以行使请求补偿的权利。如果赔偿义务人因侵权行为使权利人受损而自己获益的，参照适用民法典第852条第（2）款的规定。

第三章 专利审查程序

第 34 条

（1）请求对一项发明授予专利权的申请应当向专利局提交。

（2）联邦司法部在联邦法律公报中公告指定专利信息中心接受专利申请的，也可以向其递交申请。但可能包含国家秘密（刑法第93条）的申请，不得向专利信息中心递交。

（3）专利申请应当包括以下内容：

1. 申请人姓名；

2. 授予专利权请求书，其应当清楚简明地指明该发明；

3. 一项或者数项权利要求，限定要求保护的主题；

4. 对该发明的说明；

5. 权利要求或者说明中所提到的附图。

（4）专利申请应当对发明作出清楚、完整的说明，以所属技术领域的技术人员能够实现为准。

（5）一件申请应当限于一项发明或者属于一个总的发明构思的一组发明。

（6）联邦司法部有权颁布法令，规定申请的形式要求及其他相关要求，也可以颁布法令授权德国专利商标局对此作出规定。

（7）应专利局要求，申请人应当在说明〔第（3）款〕中完整、真实地描述就其所知的现有技术。

（8）发明包含对生物材料的使用或者涉及生物材料，而该生物材料无法被公众获得，也无法在申请中以所属技术领域技术人员能够实现的方式加以描述〔第（4）款〕的，联邦司法部有权就生物材料的保藏及获得，包括有权获得生物材料的主体、重新保藏该生物材料，颁布有关法令。联邦司法部也可以颁布法令授权德国专利商标局对此作出规定。

第34A条

如果发明的主题源自植物或者动物的生物材料，或者必须用到这些生物材料，则申请人在知道生物材料来源地时，必须在申请材料中加以说明。专利申请的审查以及授予的专利的效力，不受到影响。

第35条

（1）申请的全部或者部分不是以德文撰写的，申请人应当在申请提交后三个月内补交德文译文。申请提及附图，但提交申请时未提供附图的，专利局应当告知申请人在通知送达后一个月内补交附图，或者声明任何有关附图的说明视为未作出。

（2）专利申请的申请日，是指下列机构收到具有第34条第（3）款第1项和第2项规定的要素，并且有看起来像第34条第（3）款第4项规定的说明的专利申请材料之日：

1. 专利局；

2. 联邦司法部在联邦法律公报中公告指定的专利信息中心。

未以德文撰写的，专利局收到在第（1）款第一句规定的期限内补交的德文译文之日视为申请日，否则视为未提出申请。申请人依据第（1）款第二句的通知补交缺少的附图，附图送达专利局之日为申请日，否则关于附图的说明视为未作出。

第36条

（1）申请文件应当包括摘要，可以在申请日后15个月内，有优先权的自优先权日后15个月内补交。

（2）摘要仅作为技术情报使用。摘要应当包括以下内容：

1. 发明名称；

2. 在申请中公开的发明内容的简短概要，即写明发明所属的技术领域，并清楚地反映所要解决的技术问题、解决该问题的技术方案以及发明的主要用途。

3. 概要中提到的附图；在概要中提到数个附图的，应当提供一幅申请人认为最能说明该发明技术特征的附图。

第 37 条

（1）申请日后 15 个月内，有优先权的自优先权日后 15 个月内，申请人应当指定一个或者多个发明人，并且保证就其所知其他人没有参与作出该发明。申请人不是发明人，或者申请人不是唯一的发明人的，申请人应当说明其如何取得申请专利的权利，专利局不审查其说明的正确性。

（2）申请人能证明其因意外情形无法及时作出第（1）款的说明的，专利局应当给予申请人合理的宽限期。该期限不得延长至作出授予专利权的决定时。宽限期过后上述意外情形仍然存在的，专利局应当再次给予申请人宽限期。期限届满前 6 个月，专利局应当通知专利权利人，通知送达后 6 个月内未能作出前述说明的，专利失效。

第 38 条

授予专利权之前，在不超出申请主题的前提下可以修改申请内容；但递交实质审查请求书（第 44 条）后，只能更正明显错误、克服审查部指出的缺陷或者修改权利要求。超出原申请主题的修改，不产生任何权利。

第 39 条

（1）申请人可以随时要求对其申请进行分案。分案申请应当以书面形式提出。在递交实质审查请求书（第 44 条）后提出分案申请的，分案部分视为已提出实质审查请求的申请。每件分案申请都应当保留原申请日并享有原优先权。

（2）分案申请应当缴纳与原始申请在分案前需要缴纳的费用相同的费用。在提起实质审查请求（第 44 条）前提出分案的，前述规定不适用于专利费用法有关本法第 43 条的检索费用，但依据第 43 条提起的针对分案申请的检索申请，不在此限。

（3）在分案申请提出后三个月内没有提交第 34 条、第 35 条和第 36 条规定的申请材料的，或者未在该期限内缴纳分案申请的费用，视为未提出分案申请。

第 40 条

（1）在一件在先专利申请或者实用新型申请的申请日后 12 个月内，就同一发明向专利局提出的专利申请可以享有优先权，在先申请已经要求本国或者外国优先权的除外。

（2）一件专利申请可以要求在专利局提起的数件专利申请或者实用新型申请的优先权。

（3）只有在先申请的整个申请文件中明确公开的技术特征才能被要求优先权。

（4）优先权声明必须在后申请的申请日后 2 个月内提出；只有写明了在先申请的申请号的，才视为作出了要求优先权的声明。

（5）在先申请仍在德国专利局等待审查，依据第（4）款的规定声明要求优先权的，该申请将被视为撤回。在先申请是实用新型申请的，不适用本规定。

（6）请求查阅（第 31 条）已要求在先专利申请或者实用新型申请优先权的在后申请的，专利局应当一并提供在先专利申请或者实用新型申请的副本和在后申请的文件。

第 41 条

（1）依据国际条约的规定，对同一发明要求在先外国申请的优先权的申请人，应当在优先权日后 16 个月内，说明在先申请的申请日、受理国家、申请号，并提交在先申请副本。在此期限内，可以修改上述内容。未按要求提交前述情况或者文件的，优先权请求无效。

（2）在先的外国申请是在未参加相互承认优先权的国际公约的国家提起的，只要依据联邦司法部在联邦法律公报上的公告，该国家对在德国专利局第一次提出的申请授予优先权，而且该优先权的要件及内容与《保护工业产权巴黎公约》关于优先权的规定相符的，申请人可以依据《保护工业产权巴黎公约》有关优先权的规定要求优先权。对此，参照适用第（1）款的规定。

第 42 条

（1）申请明显不符合第 34 条、第 36 条、第 37 条和第 38 条的规定的，审查部应当要求申请人在一定期限内补正缺陷。申请不符合形式要求及其他相关规定［第 34 条第（7）款］的，在实质审查程序（第 44 条）开始前，审查部可以不考虑这些缺陷。

（2）申请的实质内容明显存在下列缺陷之一的：

1. 依其本质而言不是发明；

2. 不易于工业应用；

3. 依据第 2 条规定不具有可专利性；

4. 在第 16 条第（1）项第二句规定的情形下，发明主题的目的并不是为了对另一项发明作出改进或者继续开发。

审查部应在说明理由的前提下，告知申请人上述缺陷，并要求申请人在一定期限内陈述意见。在第 16 条第（1）项第二句的情形下，若没在指定的期限内提出增补申请，也适用本规定。

（3）申请人未按规定补正第（1）款所述的缺陷，或者即使在补正的情况下申请仍明显属于不具有可专利性的发明［第（2）款第 1 项至第 3 项］，或者是明显不满足第 16 条第（1）款第二句要求［本条第（2）款第 4 项第一句、第二句］的申请，审查部应当驳回该申请。驳回决定所依据的事实尚未通知申请人的，应当先给予申请人在一定期限内陈述意见的机会。

第 43 条

（1）专利局应当根据请求，基于申请文件确定判断该发明可专利性应当考虑的公开出版物（检索）。如果就公开出版物的检索委托一个国际检索单位［本条第（8）款第 1 项］对所有或者特定的技术领域进行全部或者部分的检索，当事人可以申请，检索以其可以在欧洲专利申请中利用该检索结果的方式进行。

（2）检索请求可以由申请人和任何第三人提起，但该第三人并不因此参与审查程序。请求应当以书面形式提起。参照适用第

25 条的规定。检索请求涉及增补专利［第 16 条第（1）款第二句］的，专利局应当要求申请人在提出主要专利检索请求后一个月内，依据第（1）款的规定对增补专利提出检索请求；未及时提出请求的，增补专利申请将被视为独立专利申请。

（3）检索请求的受理应当刊载在专利公报上，但不得早于依据第 32 条第（5）款规定作出的公告。检索请求由第三人提出的，也应当通知申请人该请求的受理。任何人可以向专利局提供影响授予专利权的公开出版物。

（4）已经依据第 44 条的规定提出请求的，视为未提出检索请求。在此情形下，专利局应当根据第 44 条将其递交实质审查请求之日通知申请人。专利费用法有关第 43 条的检索请求费应当退还。

（5）在依第（1）款提出检索请求后，之后的相同请求视为未提出。在此，参照适用第（4）款第二句和第三句的规定。

（6）在通知申请人［第（3）款第二句］后发现由第三人提出的检索请求无效的，除应当将此通知第三人外，专利局也应当通知申请人。

（7）专利局应当将依据第（1）款规定检索到的公开出版物告知申请人，在由第三人提起检索请求时，则应当通知第三人和申请人，但不保证检索的完整性，并应当将该通知的执行公告于专利公报。此类公开出版物是由一个国际检索单位检索到的，并且申请人请求了国际检索［第（1）款第二句］的，则应当在通知中说明。

（8）为加快专利审查程序，联邦司法部部长有权颁布法令规定下列事项：

1. 将第（1）款所指公开出版物的检索工作，完全或者仅就确定的技术领域或者确定的语言，指派由专利局审查部［第 27 条第（1）款］之外的其他部门或者其他国家检索单位，或者国际检索单位承担，只要该单位能够胜任这一检索工作；

2. 专利局应当向外国或者国际组织提供该专利申请的数据，

相互交换有关审查程序结果和本国现有技术的信息，只要与本申请有关的发明也向该外国或者国际组织递交了专利申请；

3. 将第 42 条规定的专利审查以及费用和期限的管理，全部或者部分地指派审查部或者专利部［第 27 条第（1）款］之外的专利局其他部门承担。

第 44 条

（1）专利局应当根据请求，审查专利申请是否符合第 34 条、第 37 条和第 38 条的规定，以及申请专利的主题是否符合第 1 条至第 5 条有关可专利性的规定。

（2）实质审查请求可由申请人或者任何不参与审查程序的第三人，在递交申请后 7 年内提出。根据专利费用法，审查费用的支付期限可延至到期支付日［专利费用法第 3 条第（1）款］起三个月内。但专利申请递交后 7 年期限届满时，该支付期限也届满。

（3）已经依据第 43 条提出检索请求的，在第 43 条规定的检索完成后，才开始进行审查程序。此外，相应地适用第 43 条第（2）款第二句到第四句、第（3）款、第（5）款以及第（6）款的规定。由第三人提起的实质审查请求无效的，在通知送达后三个月内，只要该期限晚于第（2）款的期限届满，申请人仍可以自行提出请求。申请人未提出请求的，应当在专利公报中刊载有关由第三人提起的实质审查请求无效的信息。

（4）即使撤回了实质审查请求，审查程序也继续进行。在第（3）款第三句的情形下，由申请人自行提起的实质审查请求递交专利局后，审查程序继续进行。

第 45 条

（1）申请不符合第 34 条、第 37 条和第 38 条的规定，或者明显不符合第 36 条的规定的，审查部应当通知申请人在一定期限内补正缺陷。第一句不适用于已经公告的摘要中的缺陷。

（2）审查部的审查结果是依据第 1 条至第 5 条的规定该申请

不具有可专利性的，审查部应当将结果通知申请人，说明理由，并告知申请人在一定的期限内陈述意见。

第 46 条

（1）审查部可以随时传唤当事人听取其陈述，并可以随时讯问经宣誓或者未宣誓的证人、鉴定人和当事人，以及聘用其他人进行澄清事实所必要的调查。授权决定公布前，在适当时机可以依请求听取申请人的陈述。申请人应当提出书面请求。未以规定格式提出请求或者审查部认为无需进行听证的，审查部可以驳回请求。对驳回请求的裁定不服的，不得提起异议。

（2）听证和讯问应当制作笔录，记录审理的重要过程，并且应当包含当事人与法律有关的声明。在此参照适用民事诉讼法第160 条 A、第 162 条和第 163 条的规定。当事人应当获得笔录的副本。

第 47 条

（1）审查部的审查决定应当以书面形式作出，说明理由，并且依职权送达当事人。审查决定可以在听证结束后宣读，但不得违反第一句的规定。只有申请人参与审查程序并且批准其请求的，不需要说明理由。

（2）在书面的审查决定中，应当附有向当事人写明不服该决定的救济途径、起诉机关、上诉期限和诉讼费的说明。上诉期限从当事人收到书面通知时起算［第 73 条第（2）款］。当事人未收到书面通知或者通知错误的，可以在送达审查决定后一年内起诉，但已经书面告知当事人不得起诉的除外。在此，参照适用第123 条的规定。

第 48 条

申请人对第 45 条第（1）款所指的缺陷未进行补正，或者审查结论认为不具有第 1 条至第 5 条规定的可专利性的，审查部应当驳回该申请。在此，适用第 42 条第（3）款第二句的规定。

第 49 条

（1）申请符合第 34 条、第 37 条和第 38 条的规定，克服了第 45 条第（1）款所指的摘要中的缺陷，而且申请的主题具有第 1 条至第 5 条规定的可专利性的，审查部应当作出授予专利权的决定。

（2）依申请人的请求，可以推迟 15 个月发出授权决定，该期限自向专利局递交申请之日起算，或者要求优先权的，自优先权日起算。

第 49A 条

（1）登记的专利权人请求获得补充保护的，专利部应当审查该请求是否符合欧洲共同体制定的条例，以及是否符合第（5）款和第 16 条 A 的规定。

（2）请求符合规定的条件的，专利部颁发一定期限的补充保护证书。否则，专利部应当告知申请人在其指定的至少两个月的期限内，克服缺陷。未能克服缺陷的，专利部应当作出驳回该请求的决定。

（3）如果欧洲共同体条例规定补充保护证书的期限延长的，参照适用第（1）款和第（2）款的规定。

（4）专利部对依据欧洲共同体条例的如下请求作出决定：

1. 补充保护证书申请中包含的批准上市时间不正确的，更正补充证书的保护期限；

2. 废除补充保护证书保护期限的延长。

（5）适用第 34 条第（6）款的规定。第 46 条和第 47 条的规定适用于专利审查程序。

第 50 条

（1）对一项涉及国家秘密（刑法第 93 条）的发明寻求专利保护的，审查部应当依职权命令对其不作任何公布。颁布该命令前，应当听取联邦最高主管部门的意见。联邦最高主管部门可以要求发布该命令。

（2）当颁布不公布命令的理由不存在时，审查部应当依职权或者依有权的联邦最高主管部门的要求、申请人或者专利权人的请求，废止依据第（1）款颁布的命令。审查部应当每年对依据第（1）款颁布命令的情形是否继续存在进行审查。在废止依据第（1）款颁布的命令时，应当听取联邦最高主管部门的意见。

（3）在规定期限内［第73条第（2）款］无人对审查部拒绝颁布第（1）款规定的命令或者对废止第（1）款规定的命令不服提起诉讼的，审查部应当告知当事人。

（4）对外国基于国防理由要求保密并且经其同意交由联邦政府继续保密的发明适用第（1）款至第（3）款的规定。

第 51 条

专利局应当准许联邦最高主管部门查阅案卷，审查是否应当依据第50条第（1）款的规定不公布该专利或者是否应当废止依据第50条第（1）款的规定作出的命令。

第 52 条

（1）经联邦最高主管部门书面同意，才可以在本法适用范围外提起涉及国家机密（刑法第93条）的专利申请。有权的最高联邦主管当局可以在满足有关条件时同意该申请。

（2）有下列行为之一的行为人，将处5年以下的有期徒刑或者罚金：

1. 违反第（1）款第一句规定递交专利申请；

2. 违反第（1）款第二句规定的条件。

第 53 条

（1）在向专利局递交申请之日起四个月内，未向申请人送达依据第50条第（1）款颁发的命令，申请人或者了解发明信息的其他任何人对该发明是否必须保密（刑法第93条）存有疑问的，都可以认为该发明无需保密。

（2）不能在第（1）款规定的期限内完成对是否依据第50条第（1）款不公布该申请的审查工作的，专利局在第（1）款规定的期限内向申请人送达通知后，最多可以将审查期限延长两个月。

第 54 条

对颁布了第 50 条第（1）款规定的命令的申请授予专利的，应当登记在专用登记簿上。专用登记簿的查阅，参照适用第 31 条第（5）款第一句的规定。

第 55 条

（1）依据第 1 条至第 5 条具有可专利性的发明，申请人、专利权人或者其合法继受人因第 50 条第（1）款的规定，为了和平的目的被限制或者停止实施该专利的，对其因此遭受的难以承担的损害，有权请求联邦共和国进行补偿。在判断当事人请求补偿的合理性时，应当特别考虑受害人的经济状况、完成发明或者取得专利权所花费的费用、产生前述费用后其对发明必须被保密的可能性的认知程度，以及受害人从发明的其他实施方式中获得的收益。只有在授予专利权后，才可以请求获得补偿。补偿请求只能在产生损失后提起，并且在期限上不短于 1 年。

（2）当事人应当向联邦最高主管部门请求补偿。诉讼可以向普通法院提出。

（3）该发明首次在专利局提出申请，且在依据第 50 条第（1）款颁发命令前未由外国基于国防理由要求保密的，才可以依据第（1）款的规定给予补偿。

第 56 条

联邦政府有权颁布法令确定第 31 条第（5）款、第 50 条至第 55 条和第 74 条第（2）款所指的联邦最高主管部门。

第 57 条

（已废止。）

第 58 条

（1）专利权的授予应当在专利公报中公告，同时公布专利全文。专利权自专利公报上公告时起发生法律效力。

（2）在公布了可查阅案卷［第 32 条第（5）款］的通知后，如果申请被撤回、驳回或者申请视为撤回的，则第 33 条第（1）款规定的效力视为不发生。

（3）至第 44 条第（2）款规定的期限届满时止未提出实质审查请求，或者未按时缴纳申请年费［专利费用法第 7 条第（1）款］的，则该申请视为撤回。

第 59 条

（1）在专利授权公告后 3 个月内，任何人均可以对专利提出异议。在非法侵占的情况下，只有受害人可以提出异议。异议应当以书面形式提出，并陈述理由。异议的理由只能是该专利存在第 21 条规定的应当撤销的情形之一。异议人应当具体详细说明支持该异议的事实依据。未包含在异议书内的事实依据，应当在异议期限届满前，以书面形式补交。

（2）专利异议程序中，任何证明其以侵犯专利权为由被起诉的第三人，在提起侵权诉讼之日起 3 个月内表示参加异议程序的，可以在异议期限届满后参加该异议程序。前述规定也适用于任何能证明被专利权人要求停止侵权行为并提起确认不侵权诉讼的第三人。第三人应当在第一句规定的期限届满前以书面形式表示参加异议程序，并陈述理由。在此，参照适用第（1）款第三句至第五句的规定。

（3）异议过程中，当事人要求听证或者专利部认为应当听证的，应举行听证。专利部在听证传唤时，应告知当事人其认为作出恰当裁决所需要讨论的要点。

（4）此外，异议程序参照适用第 43 条第（3）款第三句、第 46 条、第 47 条的规定。

第 60 条

（已废止。）

第 61 条

（1）专利部应当决定是否以及在何种范围内维持专利或者撤销专利。异议人撤回异议的，在无异议人的情况下，异议程序仍然依职权继续进行。

（2）在下列情形下，异议人提出申诉的，联邦专利法院的申诉审查庭可作出不同于第（1）款的决定：

1. 异议人提出撤回异议的请求，其他参加人在送达该请求后 2 个月内没有提出不同意见的，或者

2. 在异议期限届满后 15 个月之后，才有第三人提出加入异议程序的声明的。

当专利部已经送达听证传唤令，或者专利部在联邦专利法院决定受理申诉后 3 个月内已经送达关于异议的决定的，不适用上述规定。另外，参照适用第 59 条到第 62 条、第 69 条到第 71 条的规定。

（3）专利被撤销或者进一步限制后被维持的，应当在专利公报中公告该事实。

（4）专利在进一步限制后被维持的，应当对专利全文作出相应修改。专利全文的相应修改应当公告。

第 62 条

（1）在根据第 61 条第（1）款作出的异议决定中，专利部应当公平地裁定听证或者调查取证的一部分费用由一方当事人承担。全部或者部分撤回异议或者放弃专利的，同样适用本规定。在符合公平原则的情况下，专利部也可以命令，部分或者全部地返还专利费用法所规定的异议费用。

（2）除专利局的开支外，异议程序中的费用还包括当事人主张要求和维护权益的必要支出。专利局应当根据请求确定应当支付的费用。在此参照适用民事诉讼法关于诉讼费的确定程序（第 103 条至第 107 条）和强制执行（第 724 条至第 802 条）的规定。对确定费用的裁定不服可以起诉；适用第 73 条的规定，但应当在两周内起诉。专利法院的书记员应出具可强制执行的文书。

第 63 条

（1）在公开的申请文件［第 32 条第（2）款］、专利全文［第 32 条第（3）款］、授权公告（第 58 条第（1）款）中，只要已经指定发明人的，应当为发明人署名。发明人姓名应当登记在专利登记簿上［第 30 条第（1）款］。申请人指定的发明人可以请求不署名。该请求可以随时撤回；撤回申请求后，署名随后即生效。发明人放弃署名权，无法律上的效力。

（2）关于发明人资格的记载错误，或者因第（1）款第三句规定的情形没有说明发明人身份的，申请人、专利权人或者错误署名的人对发明人负有义务向专利局作出声明，同意更正或者增加第（1）款第一句和第二句的署名。该表示同意的声明不得撤回。对表示同意的声明提起诉讼不阻碍专利的授权程序。

（3）后来的发明人署名［第（1）款第四句、第（2）款］或者更正署名［第（2）款］不影响已经公告的正式公报。

（4）联邦司法部有权为实施上述规定颁布法令。联邦司法部部长也可以颁布法令将该项权力授予德国专利局局长。

第 64 条

（1）依据专利权人的请求，可以通过修改权利要求对专利进行具有溯及力的限制。

（2）请求应当以书面形式提出并陈述理由。应当依据缴费规定缴纳费用；未缴纳费用的，则视为未提出修改请求。

（3）应当由专利部决定是否批准修改。在此，参照适用第 44 条第（1）款和第 45 条至第 48 条的规定。请求被批准，专利全文应当作相应修改。专利全文的修改应当公告。

第四章　专利法院

第 65 条

（1）专利法院是独立自治的联邦法院，审理不服专利局审查部或者专利部决定提起的申诉、宣告专利权无效的诉讼和专利强制许可的诉讼（第 81 条至第 85 条和第 85 条 A）。专利法院设立在专利局所在地，全称为"联邦专利法院"。

（2）专利法院由院长、审判长和其他法官组成。他们必须具备依据德国法官法规定的法官资格（法律成员）或者在某项技术领域具有专业知识（技术成员）。技术成员必须通过国家结业考试或者专业结业考试，在此参照适用第 26 第（2）款的规定。

（3）除第 71 条规定的例外情况外，法官由总统任命并终身任职。

（4）专利法院院长负责管理法官、公务员、雇员和职员。

第 66 条

（1）专利法院应当建立下列合议庭：

1. 审理申诉的若干合议庭（申诉审议庭）；

2. 审理宣告专利权无效和强制许可诉讼的若干合议庭（无效庭）。

（2）合议庭的数目由联邦司法部部长规定。

第 67 条

（1）申诉审议庭有权决定，

1. 审理第 23 条第（4）款和第 50 条第（1）款、第（2）款规定的案件，由一名法律成员担任审判长和两名技术成员组成合议庭。

2. 审理下列案件时，由一名技术成员担任审判长、另外两名技术成员和一名法律成员组成合议庭，

a）在该案件中，专利申请被驳回的；

b）在该案件中，异议因禁止而被驳回的；

c）第 61 条第（1）款第 1 句和第 64 条第（1）款的案件；

d）第 61 条第（2）款的案件；以及

e）第 130 条、第 131 条和第 133 条规定的案件。

3. 审理第 31 条第（5）款规定的案件，由一名法律成员担任审判长、另外一名法律成员和一名技术成员组成合议庭。

4. 其他情况下，由三名法律成员组成合议庭。

（2）无效庭在审理第 84 条和第 85 条第（3）款规定的案件时，应决定由一名法律成员担任审判长、另一名法律成员和三名技术成员组成合议庭；其他情况下，由三位成员组成合议庭，但其中应当有一名法律成员。

第 68 条

除以下规定外，法院组织法第二章适用于专利法院：

1. 当选举的结果是没有法律成员当选审判长和另一名合议庭成员的，由法律成员中得票最多者担任。

2. 关于选举争议［法院组织法第 21 条 b（6）］，应当由 3 位法律成员组成专利法院合议庭进行裁决。

3. 由联邦司法部部长任命院长的常务代理人。

第 69 条

（1）已经依据第 32 条第（5）款公告了可以查阅案卷或者依据第 58 条第（1）款公布了专利全文的，申诉审议庭应当进行公开审理。参照适用法院组织法第 172 条至第 175 条的规定，并符合以下规定：

1. 根据一方当事人请求，法院认为公开审理将侵害该申请人需要受保护的利益的，可以不公开审理；

2. 在依据第 32 条第（5）款公告了可以查阅案卷或者依据第 58 条第（1）款公布了专利全文之前，不公开宣判。

（2）无效庭的审理程序，包括宣判在内，应当公开进行。在此，适用第（1）款第二句第 1 项的规定。

（3）法庭开庭审理时，由审判长维持法庭秩序。参照适用法院组织法第 177 条至第 180 条、第 182 条和第 183 条关于维持法庭秩序的规定。

第 70 条

（1）法庭的判决，应当在评议和表决后作出。对此，只有达到法定数量的合议庭成员参与的评议和表决方有效。进行评议和表决时，除合议庭成员外，只有在专利法院接受培训的人员得到审判长准许的前提下可以在场。

（2）合议庭依多数票作出判决；在票数相同时，审判长的一票具有决定性的作用。

（3）合议庭成员依工龄高低顺序投票，在工龄相同时依年龄投票，年少者在年长者之前投票。已经指定了起草判决书的法官的，由其首先投票。审判长最后投票。

第 71 条

（1）法官可以由专利法院以临时委任的方式聘用。在此，适用第 65 条第（2）款第三句的规定。

（2）委任法官和代理法官不得担任审判长。

第 72 条

在专利法院内设立书记处，由一定人数的书记员组成。联邦司法部部长规定书记处的设置。

第五章　专利法院诉讼程序

第一节　申诉程序

第 73 条

（1）不服审查部或者专利部决定，可以提出申诉。

（2）审查决定送达后一个月内，可以向专利局书面请求申诉。应当附送给其他当事人的申诉书和所有书面文件的副本。专利局应当依职权将申诉书和含有有关该案件的请求的书面声明，以及撤回该申诉或者请求的声明，送达其他当事人；未以命令方式送达的，应当以非正式方式将其他书面文件送达其他当事人。

（3）作出原审查决定的部门认为申诉理由成立的，应当更正其决定，并可以决定退还专利费用法规定的申诉费用。作出原审查决定的部门不更正其决定的，应当在一个月内将申诉案件移交给专利法院，并且不得对案件的实质问题发表任何意见。

（4）另一方当事人因反对申诉人的意见而参加申诉程序的，不适用第（4）款第一句的规定。

第 74 条

（1）参加专利局审查程序的当事人有权提起申诉。

（2）在第 31 条第（5）款和第 50 条第（1）款、第（2）款的情形下，联邦最高主管当局也有权提起申诉。

第 75 条

（1）申诉具有中止执行原审查决定的效力。

（2）不服审查部依据第 50 条第（1）款规定作出的决定而提起的申诉，不具有中止执行原决定的效力。

第 76 条

在申诉程序中，为维护公共利益，专利局局长可以在适当的时候，向专利法院递交书面声明，参与到审理中并陈述意见。专利法院应当将专利局局长的书面声明通知当事人。

第 77 条

申诉涉及某个原则性法律问题的，专利法院可以在适当的时候，通知专利局局长参加申诉程序。专利局局长收到参与通知时，即取得当事人资格。

第 78 条

有下列的情形之一的，应当进行听证：

1. 一方当事人要求进行听证的；

2. 专利法院审理中需要获取证据的［第 88 条第（1）款］；或者

3. 专利法院认为有必要进行听证的。

第 79 条

（1）应以决定形式对申诉作出裁判。

（2）不允许提出申诉或者未在法定期限内以法定形式提起申诉的，该申诉将因不予受理而被驳回。在这种情况下，专利法院可以不经听证作出决定。

（3）有下列情形之一的，专利法院无须就案件实质问题作出决定，而直接撤销被申诉的原审查决定：

1. 专利局自身尚未对该案件的实质问题作出决定；

2. 专利局的审查程序有重大缺陷；

3. 发现对作出决定起关键作用的新事实或者新证据。

专利局应当依据该撤销决定，重新作出审查决定。

第 80 条

（1）有多方当事人参加申诉程序的，在符合公平原则的前提下，专利法院可以决定由一方当事人负担全部或者部分程序费用。在特殊情况下，专利法院也可以决定由一方当事人补偿另一方当事人为维护权利而支出的全部或者部分必要费用。

（2）专利局局长参加申诉程序后提出了申诉的，才可以由其负担费用。

（3）专利法院可以决定退还专利费用法所规定的申诉费用。

（4）全部或者部分撤回申诉请求、专利申请、异议或者放弃专利的，也适用第（1）款至第（3）款的规定。

（5）此外，适用民事诉讼法关于诉讼费的确定程序（第 103 条至第 107 条）和强制执行（第 724 条至第 802 条）的规定。

第二节　无效和强制许可诉讼程序

第 81 条

（1）宣告专利权无效或者补充保护证书无效、授予或者终止强制许可、调整判决确定的强制许可补偿费，应当提起诉讼开始相关程序。应当对专利登记簿上登记的专利权人者或者强制许可的取得人提起诉讼。针对补充保护证书提起的诉讼可以和针对其基础专利提起的诉讼合并，并可以主张基础专利存在应当无效的理由（第 22 条）。如果第 49 条 A 第（4）款规定的请求能够提起，或者就该请求的裁决程序仍属待决状态，则不得对补充证书保护提起无效宣告之诉。

（2）只要仍可以提出异议或者异议程序仍在进行中，不得提起宣告专利无效的诉讼。

（3）在非法侵占的情形下，只有受害人有权提起诉讼。

（4）应当以书面形式向专利法院提起诉讼，并向被告附送起诉书和所有书面文件的副本。专利法院应当依职权将诉状和所有的文书副本送达被告。

（5）起诉必须指明原告、被告和诉讼标的，并且应当有具体的请求。应当陈述起诉所依据的事实和证据。起诉书不完全符合这些条件的，审判长应当通知原告在一定的期限内作必要的补充。

（6）在欧洲联盟成员国内或者在欧洲经济区协议缔约国内无惯常居所的原告，应当根据被告的请求，为诉讼费提供担保；在此，参照适用民事诉讼法第110条第（2）款第1项至第3项的规定。专利法院应当在符合公平原则的前提下，确定担保的金额和提供担保的期限。原告未按时提供担保的，视为撤诉。

第 82 条

（1）专利法院应当将起诉书送达被告，并要求其在一个月内答辩。

（2）被告未按时答辩的，法院可以不经听证即认为原告主张的每个事实成立，并依据原告的诉讼请求立即作出判决。

（3）被告按时答辩的，专利法院应转达给原告并确定听证的时间。经双方当事人同意，也可以不进行听证。第（2）款的规定不受影响。

第 83 条

（1）在专利或者补充保护证书无效宣告程序中，对案件裁决可能具有特殊意义的焦点或者对集中审理裁决重要问题有帮助的焦点，专利法院应尽早提示当事人。当依据当事人的陈述，欲讨论的焦点已经很明显时，则不需要进行这样的提示。补充适用民事诉讼法第139条的规定。

（2）专利法院可以设定一个期限，要求当事人在该期限内，就第（1）款的提示，提交相关的请求，或者补充其陈述，或者表明其最后的观点。在相关当事人说明存在重要事由时，该期限可以延长。对此应提供令人确信的证据。

（3）第（1）款和第（2）款规定的权限，可以由合议庭的审判长或者由其指定的合议庭成员履行。

（4）对一方当事人的攻击和抗辩手段，或者诉的变更，或者被告以一个变更的专利文本所进行的抗辩，在第（2）款规定的期限届满之后才提起的，专利法院可以驳回并且无需进一步调查即作出裁决，只要：

1. 对新的陈述的审理需要推迟已经确定的听证时间的；以及

2. 该当事人对其延误没有令人诚服的理由的；以及

3. 该当事人已经被告知过期限延误的后果的。

第 84 条

（1）诉讼应以判决的形式作出裁判。可否起诉的问题，也可以以中间判决的形式预先作出裁判。

（2）在判决书中，应当对诉讼费的承担一并裁判。在符合公平原则的前提下，参照适用民事诉讼法关于诉讼费的规定；在此，参照适用民事诉讼法关于费用的确定程序和强制执行的规定。本法第 99 条第（2）款的规定仍然生效。

第 85 条

（1）在授予强制许可的诉讼程序中，原告使法庭确信符合第 24 条第（1）款至第（5）款规定的条件，为公共利益所急需应当立即授予强制许可的，根据原告的申请，法庭可以颁布临时命令，许可原告实施该发明。

（2）为补偿被告可能遭受的损害，颁布临时许可令时可以要求申请人提供担保。

（3）专利法院应依据听证作出判决。在此，参照适用第 83

条第（3）款第二句和第 84 条的规定。

（4）撤回或者驳回授予强制许可的请求后，临时许可令的效力终止（第 81 条和第 85A 条）；撤回或者驳回发生法律效力后一个月内，一方当事人可以申请变更关于诉讼费的裁判。

（5）临时许可令被证明自始无正当理由，申请人应当赔偿因执行临时许可令而对被告造成的损害。

（6）为了公共利益的，依请求，专利法院可宣告授予强制许可的判决具有临时执行力，不论是否提供了担保。判决被推翻或者变更的，申请人有义务赔偿因执行强制许可而对被告造成的损害。

第 85A 条

（1）对 2006 年 5 月 17 日欧洲议会和欧盟理事会《关于强制许可专利以制造药品供出口到面临公共健康问题的国家的条例》即欧共体（EG）第 816/2006 号条例第 5 条（c）、第 6 条、第 10 条第（8）款和第 16 条第（1）款和第（4）款所规定的程序，应依据第 81 条第（1）款第一句规定的诉讼而启动。

（2）如果程序并非由欧共体第 816/2006 号条例所确定的，参照适用第 81 条至第 85 条。

第三节　诉讼程序的一般规定

第 86 条

（1）法院审判人员的自行回避和请求回避，参照适用民事诉讼法第 41 条至第 44 条、第 47 条至第 49 条的规定。

（2）法官有下列情形之一的，不得参加案件审理：

1. 在申诉程序中，曾参加过专利局的在先审查程序的；

2. 在宣告专利权无效的诉讼程序中，曾在专利局或者专利法院参加过与该专利的授权或者异议有关的程序的。

（3）由被请求回避的人员所属的合议庭，决定法官的回避问题。合议庭因回避人员的退出而不能作出判决的，由三位法律成员组成的专利法院申诉庭作出判决。

（4）书记员的回避，由审理该案件的法庭决定。

第 87 条

（1）专利法院应当依职权调查案情事实。不以当事人陈述的事实和提供的证据为限。

（2）听证前，或者在不举行听证而由专利法院作出判决前，审判长或者由其指定的一名成员应当为一次听证或者一次合议中做好所有必要的准备。此外，参照适用民事诉讼法第 273 条第（2）款、第（3）款第一句和第（4）款第一句的规定。

第 88 条

（1）专利法院应当听证中获取证据。特别是专利法院还可以进行现场勘验，询问证人、鉴定人和当事人，调阅文件。

（2）适当的情况下，在听证前，专利法院可以委任一名合议庭成员作为授权法官进行取证，或者就个别的证据问题，请求其他法院代为取证。

（3）专利法院应当将所有进行举证的听证日期通知当事人，当事人可以参加听证。当事人可以向证人和鉴定人提出与案件有关的问题。反对提问的，由专利法院裁决。

第 89 条

（1）听证的日期一经确定，应当至少有 2 周的传唤期间，通知应当到庭的当事人。在紧急情况下，审判长可以缩短该期限。

（2）在传唤时，应当指明，若当事人未到庭，专利法院可以缺席审理和裁判。

第 90 条

（1）审判长宣布开庭并主持听证。

（2）在传唤案件后，由审判长或者起草判决书的法官宣读案卷的基本内容。

（3）接下来，由当事人阐述请求和理由。

第 91 条

（1）审判长应当和当事人就案件的事实和法律问题进行辩论。

（2）审判长应当准许每位合议庭成员根据请求进行提问。反对提问的，由法庭裁决。

（3）在法庭辩论后，审判长应当宣告听证终结。合议庭可以决定是否再次听证。

第 92 条

（1）听证和每次取证时，应由一名法院书记员作为记录员。审判长决定不需要记录员的，应当由合议庭的一名法官负责制作笔录。

（2）审理和每次取证时，都应当制作笔录。在此，参照适用民事诉讼法第 160 条至第 165 条的规定。

第 93 条

（1）专利法院依据整个审判程序进行的结果，自由心证，作出判决。在判决中，应当陈述法官心证所依据的理由。

（2）专利法院仅能根据当事人有机会质证的事实和证据，作出判决。

（3）先前已经进行过听证的，只有经当事人同意，没有参加最后一次听证的法官才能参与作出判决。

第 94 条

（1）如果案件进行过听证，专利法院的最终判决应当在听证结束后当即宣判，或者另行指定临近的日期宣判。当有重要理由，特别是案件所涉范围或者案件难点要求时，才能另行指定超过三周的宣判日期。最终判决书应当依职权送达当事人。可以以送达最终判决书的方式代替在法庭宣判。专利法院未经听证而作出判决的，应当以向当事人送达最终判决书的方式代替法庭宣判。

（2）专利法院驳回请求或者作出给予法律救济的裁判，应当阐述理由。

第 95 条

（1）在判决书中有书写错误、计算错误或者其他类似的明显错误，可以随时由专利法院作出更正。

（2）更正可以不经过事先听证而作出决定。更正决定应当记载在判决书及其副本中。

第 96 条

（1）判决书事实陈述部分中有其他错误或者表述不清的，可以在判决送达后两周内要求更正。

（2）专利法院可以不经过取证而作出更正决定。只有参加作出被要求更正的判决书的法官，才能决定是否作出更正。更正决定记载于判决书和副本中。

第 97 条

（1）当事人可以自己在专利法院进行法律诉讼。第 25 条不受影响。

（2）当事人可以委托一名律师或者专利律师作为全权代表。除此之外，仅有下列人员，才能在专利法院作为全权代表进行代理：

1. 当事人或者与当事人有关联的企业（股份公司法第 15 条）的雇员；政府部门和司法公职人员，包括为履行公职而组成的机构，能够将代理委托给其他政府部门和司法公职人员，包括为履行公职而组成的机构的雇员；

2. 当代理不是有偿行为时，成年的家庭成员（税收通则第 15 条；婚姻法第 11 条），能胜任法官职位和共同诉讼人的人。

非自然人的全权代表通过其组织和委托的诉讼代理人一起进行诉讼。

（3）对不符合第（2）款规定的全权代表，法院有权作出不可抗辩的撤销裁定。在撤销裁定作出之前，该不适格的全权代表的诉讼行为，以及对其的送达和通知仍有效。当第（2）款第二句所指定的全权代表无法对事实和争议进行合乎事实的表述时，法院能够作出不可抗辩的裁定，禁止其继续履行代理权。

（4）法官不得在其所属的法院担任全权代表。

（5）代理权限应当以书面形式授予，并与案卷一同递交法院。也可以补交委托书；专利法院可以命令当事人限期补交。

（6）在诉讼程序的任何阶段，都可以主张代理人无代理权。不是委托律师或者专利代理人为代理人的，专利法院应当依职权考虑其是否无代理权。

第 98 条

（已废除。）

第 99 条

（1）凡本法未就专利法院的诉讼程序作出规定的，除非因专利法院诉讼程序的特性不适用法院组织法和民事诉讼法的外，均应当参照适用法院组织法和民事诉讼法。

（2）仅在本法规定的范围内，可以就专利法院的判决提起上诉。

（3）关于准许第三人查阅案卷的问题，参照适用第 31 条的规定。查阅案卷的请求由专利法院作出决定。如果且一旦专利权人证明有相反的利益需要保护，不准许查阅请求宣告专利权无效的相关诉讼程序的案卷。

（4）在此，不适用民事诉讼法第 227 条第（3）款第一句的规定。

第六章　联邦最高法院的诉讼程序

第一节　法律上诉程序

第 100 条

（1）申诉审议庭在申诉决定中允许对法律问题提起上诉的，对专利法院依据第 73 条作出的申诉决定中的法律问题，或者依据第 61 条第（2）款作出的维持或者撤销专利的申诉决定中的法律问题，可以向联邦最高法院提起上诉。

（2）有下列情形之一的，允许对法律问题提起上诉：

1. 对作出申诉决定的原则性法律问题存在争议；

2. 因法律的更新或者为确保作出一致的判决，需要联邦最高法院裁判。

（3）有下列诉讼程序缺陷之一的，不服专利法院申诉审议庭的决定，无须获得准许就可以提出法律上诉：

1. 作出申诉决定的法院未按规定组成；

2. 有依法不应当执行法官职务或者因担心出现偏颇而被请求回避的法官参加了申诉决定的作出；

3. 未给予当事人陈述意见的机会；

4. 除当事人明示或者默示同意的外，当事人在诉讼程序中没有依据法律的规定委托代理人；

5. 作出申诉决定所依据的听证违反了程序公开的规定；或者

6. 申诉决定未说明理由。

第 101 条

（1）申诉程序的当事人均可以提起法律上诉。

（2）法律上诉仅可以主张申诉决定的作出违反法律。在此参照适用民事诉讼法第 546 条、第 547 条的规定。

第 102 条

（1）应在申诉决定送达后 1 个月内，以书面形式向联邦最高法院提出法律上诉。

（2）第 144 条关于确定诉讼标的规定适用于联邦最高法院的法律上诉程序。

（3）法律上诉应当说明上诉理由。说明理由的期限为 1 个月，从提交法律上诉状之日起算，也可以由审判长依当事人的请求延长。

（4）法律上诉的理由书应当包括：

1. 指明对决定中质疑的内容，以及要求变更或者撤销判决；

2. 指明违反的法律规定；

3. 法律上诉主张程序违法的，应当指明构成缺陷的事实。

（5）在联邦最高法院，当事人必须委托一名能够在联邦最高法院出庭的律师作为其全权代理人进行诉讼。依一方当事人的请求，允许其专利代理人代为发言。在此，不适用民事诉讼法第157条第（1）款和第（2）款的规定。参照适用本法第143条第（3）款的规定。

第 103 条

法律上诉具有停止执行原决定的效力。在此，参照适用第75条第（2）款的规定。

第 104 条

联邦最高法院依职权审查是否准许提出法律上诉，上诉人是否以法定形式、在法定期限内提出法律上诉并说明理由。欠缺这些要件之一的，法律上诉视为不合法，应当被驳回。

第 105 条

（1）有多方当事人参加法律上诉程序的，联邦最高法院应当将上诉状、上诉理由书送达其他当事人，并通知其在送达后一定期限内向联邦最高法院提交书面声明。提交上诉状的日期应当在送达上诉状时一并通知。上诉人应当将经认证的规定份数的副本与上诉状或者上诉理由书一同递交。

（2）专利局局长不是法律上诉程序的当事人的，适用第76条的规定。

第 106 条

（1）在法律上诉程序中，参照适用民事诉讼法关于法院人员的自行回避和请求回避、诉讼代理人和法律助手、依职权的送达、传唤、开庭和期限以及恢复权利的规定。在恢复原状的情形下，参照适用第123条第（5）款至第（7）款的规定。

（2）公开审理参照适用第69条第（1）款的规定。

第 107 条

（1）应当以决定形式对法律上诉作出裁判；可以不经听证作出决定。

（2）联邦最高法院应当依据被上诉的决定中认定的事实作出裁判，除非在上诉中关于该事实提出了允许的、充分的理由。

（3）上诉决定应当陈述理由并依职权送达当事人。

第 108 条

（1）撤销被上诉的决定的，应当将案发回专利法院重新听证和决定。

（2）专利法院应当依据撤销所依据的法律意见，重新作出决定。

第 109 条

（1）多方当事人参加法律上诉程序，在符合公平原则的前提下，联邦最高法院可以决定由一方当事人负担全部或者部分为终结诉讼所必需的合理费用。驳回法律上诉或者上诉不予受理的，法律上诉所产生的费用应当由上诉人负担。一方当事人因重大过失而产生的费用，应当由其自行负担。

（2）仅当专利局局长提出法律上诉或者在诉讼中提出请求的，才可以由专利局负担上诉费用。

（3）此外，适用民事诉讼法关于费用确定程序和强制执行的规定。

第二节　上诉程序

第 110 条

（1）不服专利法院无效庭（第 84 条）作出的判决，应当向联邦最高法院提起上诉。

（2）提起上诉应当向联邦最高法院递交上诉状。

（3）上诉期限为 1 个月。从形式完整的判决书送达之日起算，最长上诉期限为宣判后 5 个月。

（4）上诉状应当包括以下内容：

1. 指明上诉所针对的判决；

2. 不服此判决而提起上诉的声明。

（5）民事诉讼法关于预备的书面声明的一般规定，也适用于控诉状。

（6）应当将原判决的正本或者经认证的副本与上诉状一同递交。

（7）无效庭作出的决定只能与判决（第 84 条）一起提起上诉；在此，不适用民事诉讼法第 71 条第（3）款的规定。

（8）参照适用民事诉讼法第 515 条、第 516 条和第 521 条第（1）款和第（2）款第一句的规定。

第 111 条

（1）仅当专利法院的裁决违反联邦法律，或者依据第 117 条规定的事实应作出另外裁决的，上诉才予以支持。

（2）法律规范没有被适用，或者没有被正确适用的，即违反法律。

（3）下述裁决，应视为违反法律：

1. 专利法院的组成不正确；

2. 参与作出裁决的某个法官，依据生效的法律，在作出裁决时不能以法官身份进行活动的，只要这一障碍不是通过要求回避而不成功所导致的；

3. 参与作出裁决的某个法官，因为担心有偏见而被要求回避，并且回避请求陈述了理由的；

4. 诉讼中一方当事人没有出庭，只要其不是清楚或者默示许可诉讼进行的；

5. 当裁决是依据听证作出，且该听证违反了诉讼公开原则的；

6. 当裁决与法律某一规定相悖，且没有具明理由的。

第 112 条

（1）上诉人应当陈述上诉理由。

（2）若未在上诉状中陈述上诉理由，上诉人应当向联邦最高法院递交一份上诉理由书。递交上诉理由书的期限为 3 个月。该期限从形式完整的判决书送达之日起算，但起算点最迟不晚于宣判后 5 个月届满之时。对方当事人同意的，可以请求审判长延长该期限。若对方当事人不同意的，但审判长确信延长该期限不会拖延诉讼程序，或者上诉人陈述了重要理由的，审判长可以最多延长一个月的期限。如果在这一期限内，不能确保上诉人有合理的时间查阅诉讼文档的，经当事人申请，审判长可以延长该期限至诉讼文档发送之后的 2 个月。

（3）上诉理由应当包括：

1. 被上诉的判决中的受质疑的内容和要求变更判决的声明（上诉请求）；

2. 说明上诉理由；以及

a）说明出现违反法律的情景；

b）支持上诉的诉讼中违反法律的情形，说明导致缺陷的事实；

c）说明新的诉讼和抗辩手段，以及支持它们的事实。

（4）第 110 条第（5）款参照适用于上诉理由。

第 113 条

当事人必须委托律师或者专利律师作为全权代理人在联邦最高法院进行诉讼。全权代理人可以和一名技术助手一起出庭。

第 114 条

（1）联邦最高法院应当依职权审查是否准许提起上诉，上诉人是否以法定形式在法定期限内提出法律上诉并说明理由。欠缺这些要件之一的，该上诉视为不合法，应当被驳回。

（2）对上诉的受理问题可以不经听证以决定形式作出裁判。

（3）若未作出不予受理上诉的裁定，联邦最高法院应当确定听证的日期，并通知当事人。

（4）参照适用民事诉讼法第 525 条的规定。不适用民事诉讼法第 348 条至第 350 条的规定。

第 115 条

（1）被上诉人可以提起附带上诉。即使被上诉人已放弃上诉或者超过了上诉期限，也允许提起附带上诉。

（2）附带上诉的，必须向联邦最高法院递交附带上诉书，并且应在上诉理由书送达之后两个月届满之前作出声明。如果被上诉人要求在某个期限内作出上诉答辩的，则允许在该期限届满之前表示支持上诉。

（3）附带上诉的，必须在上诉书中陈述理由。参照适用第 110 条第（4）款、第（5）款和第（8）款以及第 112 条第（3）款的规定。

（4）当上诉被撤回或者驳回的，附带上诉丧失效力。

第 116 条

（1）联邦最高法院仅审理当事人提交的请求。

（2）诉的变更，以及在诉讼过程中由于专利、补充保护证书的无效宣告而以变更后的专利文本进行抗辩的，仅在下述情形下才允许：

1. 诉讼相对方同意或者联邦最高法院认为请求的变更恰当的；以及

2. 联邦最高法院依据第 117 条对上诉的审理和裁决所依赖的事实基础，支持这一变更的请求的。

第 117 条

就联邦最高法院的审理范围，就延误递交的、被驳回过的以及新的诉讼请求和抗辩手段，参照适用民事诉讼法第 529 条、第 530 条和第 531 条的规定。在这种情况下，适用本法第 112 条的规定，而不是民事诉讼法第 520 条的规定。

第 118 条

（1）联邦最高法院应当依据听证作出判决。在此，参照适用第 69 条第（2）款的规定。

（2）传唤期限至少应有两周。

（3）在下列情况下可以不进行听证：

1. 各方当事人均同意；

2. 只需对诉讼费作出裁判。

（4）若开庭时一方当事人没到场，则可以缺席审理，并就争议作出判决。若开庭时无当事人到场，法院应当依据案卷作出判决。

第 119 条

（1）如果被上诉的判决在论证理由上违反法律，然而裁判本身基于其他理由是正确的，则驳回上诉。

（2）如果认为上诉是正确的，则撤销被上诉的判决。如果判决由于程序缺陷而被撤销，则该程序缺陷所涉及的程序，同时被撤销。

（3）判决被撤销的，发回专利法院重审和裁判。发回重审可由另外一个新的无效庭进行审理。

（4）专利法院有权判断撤销的理由，并以此作为自己裁判的理由。

（5）如果合适的，联邦最高法院可以在案件中自己作出裁决。联邦最高法院自己决定，何时适合对案件进行裁决。

第 120 条

如果联邦最高法院认为程序缺陷并不明显的，裁判并不需要说明理由。第 111 条第（3）款的缺陷，不在此列。

第 121 条

（1）在联邦最高法院的上诉程序中，参照适用第 144 条关于确定诉讼标的的规定。

（2）在判决中应当对诉讼费的负担作出裁判。在符合公平原则的前提下，参照适用民事诉讼法关于诉讼费的规定（第 91 条至第 101 条）；在此，参照适用民事诉讼法关于诉讼费确定程序（第 103 条至第 107 条）和强制执行（第 724 条至第 802 条）的规定。

第三节　上诉程序的特别规定

第 122 条

（1）对专利法院无效庭在诉讼中授予强制许可的临时许可令（第 85 条和第 85 条 A）的决定不服的，向联邦最高法院提起上诉。在此，参照适用第 110 条第（6）款的规定。

（2）应当在一个月内，以书面形式向联邦最高法院提起上诉。

（3）上诉期限从形式完整的判决书送达之日起算，最长上诉期限为宣判后五个月。

（4）第 74 条第（1）款、第 84 条、第 110 条至第 121 条适用于联邦最高法院的上诉程序。

第四节　上诉程序的一般规定

第 122A 条

如果法院以足以影响裁判的方式，损害一方当事人要求合法听审的权利，该当事人提出异议的，继续进行审理。对最终裁判作出前的裁定提出申诉的，不予接受。参照适用民事诉讼法第 321A 条第（2）款至第（5）款的规定。

第七章　共同规定

第 123 条

（1）当事人因不可归责于自身的原因，延误了在专利局或者专利法院的法定期限，依据法律规定将带来法律上的不利的，可以申请恢复权利。该规定不适用于下列期限：

1. 提出异议［第 59 条第（1）款］的期限和支付异议费用［专利费用法第 6 条第（1）款第一句］的期限；

2. 异议人对维持专利权决定提起申诉［第 73 条第（2）款］的期限和支付申诉费用［专利费用法第 6 条第（1）款第一句］的期限；

3. 提起可依据第 7 条第（2）款和第 40 条要求优先权的专利申请的期限。

（2）自障碍消除之日起 2 个月内，当事人应当递交恢复权利的书面请求。请求应当说明恢复权利所依据的事实；在提起请求时或者在处理请求的程序中，应当附具有关证明文件以证实该请求的可信。在请求恢复权利的期限内应当补正被延误的行为；已经补正的，不经当事人请求也可准予恢复权利。自法定的延误期间届满一年后，不得再申请恢复权利，也不能再补正其延误行为。

（3）由应当对延误行为作决定的机关就该请求作出决定。

（4）恢复权利的决定不得上诉。

（5）在专利权消灭至专利权恢复期间在国内善意使用，或者在此期间内为善意使用该专利的主题已经做好必要准备的，在权利恢复后仍有权为自己的生产经营的需要在自己或者他人的工厂内继续实施该专利的主题。此项权利仅可与其业务一并继承或者转让。

（6）因恢复权利而使第 33 条第（1）款规定的权利重新生效时，参照适用第（5）款的规定。

（7）已经恢复原状的申请主张一个在先外国申请的优先权日的，从优先权的 12 个月期限届满到优先权效力恢复期间，已经在国内善意使用或者为善意使用该申请的主题做好必要准备的当事人，也享有第（5）款规定的权利。

第 123A 条

（1）专利局指定的期限被延误之后导致专利申请被驳回的，如果申请人请求继续审理申请并补正其延误行为的，专利局无需明确撤销该驳回决定，该决定无效。

（2）驳回专利申请的决定送达后 1 个月内，应递交前述请求。被延误的行为应在这一期限内补正。

（3）超过第（2）款规定的期间或者专利费用法第 6 条第（1）款第一句规定的支付继续审理费用的期限的，不得恢复权利。

（4）由应当对延误行为作出决定的机关就该请求作出决定。

第 124 条

在专利局、专利法院或者联邦最高法院的程序中，当事人应当真实、完整地陈述事实。

第 125 条

（1）对专利权提出异议或者提起宣告无效权的诉讼，其理由是专利不具有第 3 条规定的可专利性的，专利局或者专利法院可以要求其向专利局、专利法院或者参加程序的当事人各提供一份专利局或者专利法院没有的相关公开出版物的原件、复印件或者经认证的副本。

（2）公开出版物使用的是外国语言的，应专利局或者专利法院的要求，应当附具经认证或者未经认证的翻译文本。

第 125A 条

（1）只要对专利局审查过程有关申请、请求或者其他审理活动的书面形式有事先规定的，参照适用民事诉讼法第 130 条 A 第（1）款第 1 句和第 3 句以及第（3）款的规定。

（2）联邦法院和联邦最高法院的诉讼文书，可以采取电子文档的形式。此外，除非本法另有规定，参照适用民事诉讼法有关电子文档、电子文书和电子程序的管理的规定。

（3）联邦司法部可以通过无需联邦参议院批准的法令，规定：

1. 电子文档可以向专利局和法院递交的时间点，以及适合于文档处理的形式和适用的电子签章；

2. 第（2）款规定的程序文书能够电子化管理的时间点，以及对此适用的电子诉讼文书的形成、管理和维护的组织、技术框架条件。

第 126 条

专利局和专利法院应当以德文进行各项程序，另有规定的除外。此外，适用法院组织法中关于法庭语言的规定。

第 127 条

（1）专利局程序中的文书送达，适用行政处分送达法的规定和下列规定：

1. 无法定事由而拒绝接受以挂号信方式邮寄送达的文书，仍然视为已经送达。

2. 收件人居住在外国并且没有指定第 25 条规定的国内代表人的，也可以通过邮寄挂号方式送达。收件人如果自己就是第 25 条第（2）款规定的国内代表人的，适用同样的规则。参照适用民事诉讼法第 184 条第（2）款第一句和第四句的规定。

3. 向专利代理人（专利律师条例第 177 条）送达文书的，参照适用行政处分送达法第 5 条第（4）款的规定。

4. 在专利局设有邮政信箱的收件人，可以通过将文书投入收件人的邮政信箱内留置送达。留置送达应当在案卷内加以说明。留置的文书中应记载留置的日期。将文书留置在信箱内的第三天，视为送达。

5.（已废止。）

（2）联邦专利法院程序中的文书送达，适用民事诉讼法的规定。

第 128 条

（1）法院应当给予专利局或者专利法院司法协助。

（2）在专利局的审查授权程序中，应专利局要求，专利法院应当对拒不出庭作证或者拒绝宣誓的证人以及专家颁布命令或者采取强制措施。同样，应当对拒不出庭的证人进行传唤。

（3）应由专利法院三位法律成员组成申诉审议庭裁判第（2）款规定的请求。裁判以决定方式作出。

第 128A 条

证人和专家有权根据司法补偿和报酬法获得补偿和报酬。

第八章　费用减免

第 129 条

在专利局、专利法院和联邦最高法院的各项程序中，依据第130 条至第 138 条的规定，当事人可以获得费用减免。

第 130 条

（1）在专利授权程序中，有充分的授权前景的，申请人参照民事诉讼法第 114 条至第 116 条的规定提出申请的，可以获得费用减免。申请人或者专利权人根据第 17 条第（1）款的规定提起申请，可以获得年费减免。费用由联邦国库支付。

（2）获得费用减免的，则不发生因未缴纳该项费用而导致的法律后果。此外，参照适用民事诉讼法第 122 条第（1）款的规定。

（3）数人共同申请专利的，只有所有申请人均符合第（1）款规定的条件，才可以获得费用减免。

（4）申请人不是发明人或者其权利继受人的，只有发明人也符合第（1）款规定的条件，申请人才可以获得费用减免。

（5）为了排除民事诉讼法第 115 条第（3）款关于限制给予费用减免的规定的适用，费用减免的请求可以要求减免必要年份的年费。如果专利授权程序费用，包括指派一名代理人所产生的费用，被已经支付的分期付款所覆盖的，该分期付款的款项可以抵销年费。只要年费因分期付款而可视为已支付的，参照适用专利费用法第 5 条第（2）款的规定。

（6）第三人证明自己有需要保护的利益而提出费用减免申请

的，第（1）款至第（3）款的规定现金参照适用于第 43 条和第 44 条规定的情况。

第 131 条

在限制专利权的程序（第 64 条）中，参照适用第 130 条第（1）款、第（2）款和第（5）款的规定。

第 132 条

（1）在异议程序（第 59 条至第 62 条）中，参照民事诉讼法第 114 条至第 116 条、第 130 第（1）款第二句、第（2）款、第（4）款和第（5）款的规定，专利权人可以申请获得费用减免。就此不需要考虑法律抗辩是否有足够的获胜前景。

（2）若证明自己有值得保护的利益，第（1）款第一句的规定适用于异议人、依据第 59 条第（2）款的规定参加程序的第三人、专利无效宣告程序和强制许可程序的当事人（第 81 条至第 85 条和第 85A 条）。

第 133 条

若委托代理人对程序顺利进行是必要的或者对方当事人委托了专利代理人、专利律师或者授权代理人，依据第 130 条至第 132 条获得费用减免的当事人可以申请指派由其选定的专利代理人、专利律师代表其出庭，或者直接要求其授权的代理人出庭。参照适用民事诉讼法第 121 条第（3）款和第（4）款的规定。

第 134 条

在缴纳费用的法定期限届满前依据第 130 条至第 132 条的规定申请费用减免的，在依申请作出的裁定送达后一个月内，该期限中断。

第 135 条

（1）应当以书面形式向专利局、专利法院或者联邦最高法院提出费用减免申请。在第 110 条和第 122 条规定的程序中，可以以在联邦最高法院书记处留存笔录的方式提出申请。

（2）对费用减免申请，由有权的机关作出决定。

（3）除专利部作出拒绝费用减免或者依据第133条作出拒绝指派代理人的裁定外，对依据第130条至第132条作出的决定不得提出上诉；也不得向联邦最高法院提起法律上诉。民事诉讼法第127条第（3）款的规定参照适用于专利法院的诉讼程序。

第 136 条

适用民事诉讼法第117条第（2）款至第（4）款、第118条第（2）款和第（3）款、第119条、第120条第（1）款、第（3）款和第（4）款、第124条至第127条第（1）款和第（2）款的规定。适用第127条第（2）款时，申诉程序的提起与诉讼标的的价值无关。异议程序、宣告专利权无效程序或者强制许可程序（第81条至第85条和第85A条），也适用民事诉讼法第117条第（1）款第二句、第118条第（1）款、第122条第（2）款、第123条至第125条和第126条的规定。

第 137 条

以转让、使用、许可或者以其他方式对已经给予费用减免的申请保护或者授予专利的发明进行了经济上的利用，从中获取的收益改变了批准费用减免所依据的情况，使得当事人有能力缴纳程序费用的，可以停止给予费用减免；在民事诉讼法第124条第3项规定的期限届满后，也适用该规定。获得费用减免的当事人有义务向批准费用减免的机关通报该发明进行经济上利用的情况。

第 138 条

（1）法律上诉（第100条）程序中，依当事人申请，可以参照适用民事诉讼法第114条至第116条的规定下，批准费用减免。

（2）当事人应当向联邦最高法院递交书面的费用减免申请书，也可以以在联邦最高法院书记处留存笔录的方式提出申请。由联邦最高法院对申请作出决定。

（3）此外，参照适用第 130 条第（2）款、第（3）款、第（5）款和第（6）款以及第 133 条、第 134 条、第 136 条和第 137 条的规定，但获得费用减免的当事人，仅能由一名可在联邦最高法院出庭的律师代理下进行诉讼。

第九章　侵犯专利权

第 139 条

（1）对任何违反第 9 条至第 13 条规定实施专利的人，被侵权人可以请求制止其连续性侵权行为，也可请求制止其一次性侵权行为。

（2）任何故意或者过失侵犯专利权的人，对被侵权人因此产生的损害负有赔偿义务。侵权损害的赔偿数额，可以按照侵权人因侵权所获得的利益确定。赔偿数额也可以按照侵权人作为发明的实施许可人时应支付的合理补偿费确定。

（3）专利的主题为一种新产品的制造方法的，相同的产品，除非有相反的证据证明是根据其他方法制造出来的，视为依照该专利方法制造出来的。在出示上述相反证据时，应当考虑保护被告在生产制造和经营的秘密方面的正当利益。

第 140 条

授予专利权之前，因任何人可以自由查阅其申请文件［第 31 条第（1）款第一句第二半句和第（2）款］而向法院主张基于申请的权利，如果该诉讼的裁决取决于是否存在第 33 条第（1）款规定的情况，法院可以命令在授予专利权之前中止诉讼。主张基于申请产生的权利的当事人未依据第 44 条规定提出实质审查请求的，应对方当事人的申请，法院应当要求该当事人在规定的期限内提出实质审查请求。当事人未在此规定期限内提出实质审查请求的，不得在法律诉讼中主张基于申请所产生的权利。

第 140A 条

（1）对任何违反第 9 条至第 13 条规定实施专利发明的人，被侵权人可以请求销毁侵权人占有或者所有的受专利保护的产品。对依照专利方法直接制造的产品，也适用第一句的规定。

（2）第（1）款的规定参照适用于侵权人所有并专用于制造上述产品的设备和原料。

（3）对任何违反第 9 条至第 13 条规定实施专利发明的人，被侵权人可以请求侵权人召回主题为该专利的产品，或者请求从销售渠道中完全清除这些产品。对以专利方法直接制造的产品，也适用第一句的规定。

（4）在具体案件中，当第（1）款至第（3）款规定的请求不合理时，不予支持。审查请求的合理性时，应考虑有权利的第三方的利益。

第 140B 条

（1）对任何违反第 9 条至第 13 条规定的实施专利的人，被侵权人可以要求其立即告知关于该产品的来源和销售渠道的信息。

（2）尽管有第（1）款的规定，在明显侵权或者被侵权人向侵权人提起诉讼的场合下，被侵权人也可对曾以商业规模从事下列行为的人提出告知信息的要求：

1. 占有侵权产品；

2. 对侵权行为提供服务；

3. 为侵权行为提供一般的服务；或者

4. 根据上述三类人的陈述，参与过这些产品的制造、生产或者销售，或者提供过这些服务。

除非根据民事诉讼法第 383 条至第 385 条，该人有权拒绝在对抗侵权人的诉讼程序中作证。如果根据第一句向法院提出请求，法院可以根据请求，在要求提供信息的争议审结之前，中断审理针对侵权人的诉讼。有义务提供信息的人可以要求被侵权人补偿提供信息所需的必要费用。

（3）有告知义务的侵权人应当详细说明：

1. 其所确知的产品制造者、供应商和其他在先所有人、用户或者主要客户和销售处的姓名和住所；

2. 制造、交付、接收或者订货的产品数量，以及相关产品或者服务的价格。

（4）在具体案件中，当第（1）款和第（2）款的请求不合理时，不予支持。

（5）有告知义务的人如果有故意或者重大过失，提供了错误或者不完整的信息，就因此产生的损失对被侵权人负有相应的义务。

（6）根据第（1）款、第（2）款没有告知义务的人如果提供了真实信息，仅在他提供信息时知道他并没有告知义务的情况下，对第三方负有责任。

（7）在明显侵权的情形下，可以依据民事诉讼法第935条至第945条的规定，以颁布临时禁令的方式要求侵权人履行告知义务。

（8）在刑事诉讼或者在依据社会治安法进行的程序中，因告知信息之前的行为起诉有告知义务的人，或者依据刑事诉讼法第52条第（1）款起诉相关被告，只有经负有告知义务的人同意，才可以利用其告知的信息。

（9）在涉及通讯信息（电信法第3条第30项）的情况下，被侵权人必须先提出申请，在获得一个有关使用通讯信息的授权令后，才能取得信息。不管争议价值大小，有告知义务的人的居住地、所在地、营业地所处辖区的州法院对该授权令的颁发有排他的管辖权。决定由管辖法院的民事庭作出。根据自愿管辖事务法的相关规定，除第28条第（2）款和第（3）款外，参照适用。被侵权人承担作出决定的审判费。不服州法院决定的，申诉人可以及时向州高等法院提起上诉。仅当决定对权利造成损害时，申诉人才能获得支持。州高等法院的决定具有终审效力。此外，个人数据保护的规定不受影响。

（10）根据第（2）款和第（9）款的规定，通讯秘密的基本权利（基本法第 10 条）受到限制。

第 140C 条

（1）对任何有足够可能性违反第 9 条至第 13 条中规定实施专利发明的人，在必要情况下，权利所有人或者其他权利人可以要求出示其具有处分权的文件，或者要求检查其具有处分权的物品，或者检查一项受专利保护的方法，以证明其享有处分权。如果存在以商业规模侵权的足够可能性，可以要求出示有关银行、金融、交易的书面证据。在特别情况下，侵权嫌疑人如果能证明有关证据涉及保密信息，法院应采取必要保护措施。

（2）在具体案件中，当第（1）款规定的请求不合理时，不予支持。

（3）可以依据民事诉讼法第 935 条至第 945 条的规定，以颁布临时禁令的方式，要求履行出示文件和接受检查物品的义务。法院应采取必要措施保护秘密信息。颁发临时禁令之前，没有听取过抗辩一方意见的，尤其应采取必要的保护措施。

（4）参照适用民法典第 811 条和本法第 24B 条第（8）款的规定。

（5）如果不存在任何侵害，侵权嫌疑人可以要求根据第（1）款主张出示文件和检查物品的人向其补偿此类要求所造成的相应损失。

第 140D 条

（1）侵权人以商业规模方式实施第 139 条第（2）款规定的侵权行为的，被侵权人可以要求侵权嫌疑人出示银行、金融、交易的书面材料或者有关这些证据的一份合理补充材料，前提是侵权人对这些材料有处分权，且这些材料对损害赔偿请求权的实现必不可少，缺少这些文件损害赔偿请求将难以实现。在特别情况下，侵权嫌疑人如果能证明有关证据涉及保密信息，法院应采取必要保护措施。

（2）在具体案件中，当第（1）款规定的请求不合理时，不予支持。

（3）当损害赔偿请求权明显成立时，可以依据民事诉讼法第935条到第945条的规定，以颁布临时禁令的方式，要求侵权人出示第（1）款所列举的文件。法院应采取必要措施保护秘密信息。颁发临时禁令之前，没有听取过侵权人意见的，尤其应采取必要的保护措施。

（4）参照适用民法典第811条和本法第24B条第（8）款的规定。

第140E条

根据本法提起的诉讼，当有正当利益时，可判决胜诉方有权公布该判决，由败诉方承担费用。公布的方式和范围，应在判决书中确定。在判决生效日起3个月内不行使该权利的，权利消灭。按第一句所作的判决，不得采取假执行。

第141条

权利受到侵害所产生的请求权的诉讼时效，适用民法典第一编第五章的规定。如果赔偿义务人因侵权行为使权利人受损而自己获益的，参照适用民法典第852条第（2）款的规定。

第141A条

其他法律规定的权利主张不受影响。

第142条

（1）未经专利权人或者补充保护证书（第16A条和第49A条）权利人的同意，从事下列行为之一的，处3年以下有期徒刑或者罚金：

1. 制造、提供、使用受专利或者补充保护证书保护的产品，或者将其投放市场，或者为上述目的进口或者储存该产品（第9条第二句第1项）；

2. 在本法适用范围内，使用或者许诺使用受专利或者相应的补充保护证书保护的方法（第9条第二句第2项）。

对依照受专利或者补充保护证书保护的方法直接制造的产品，也适用第一句第 1 项的规定（第 9 条第二句第 3 项）。

（2）以商业目的实施专利的，处以五年以下的有期徒刑或者罚金。

（3）企图实施上述行为的，也应当受处罚。

（4）第（1）款规定的行为，告诉才处理，除非刑事追诉机关认为，对保护特别的公共利益而言依职权进行刑事追诉是必须的。

（5）可以没收涉及犯罪行为的产品。适用刑法第 74A 条的规定。依据刑事诉讼法关于受害人的损害赔偿的规定（第 403 条至第 406C 条）提起的诉讼中，根据第 140A 条提出的请求得到支持的，不适用有关没收的规定。

（6）宣告对行为人进行处罚，依据被侵权人的请求并且证明其有正当利益的，法庭应当公开宣判。宣判方式由判决书确定。

第 142A 条

（1）存在明显的侵权行为，但不适用欧委会第 1383/2003 号命令（欧共体）关于海关针对涉嫌侵犯知识产权商品的行动和针对侵犯知名知识产权商品的措施的规定的生效文本的，依权利人请求并且提供担保，海关应当扣押进口或者出口侵犯本法保护的专利权的产品。在与欧洲联盟的其他成员国以及欧洲经济区协议缔约国间的贸易中，仅由海关负责执行该规定。

（2）海关颁发扣押令时，应当立即通知有处分权的人和请求人。海关应当将产品的来源、数量、存放地点以及有处分权人的姓名和住址告知请求人，并限制通信和通讯秘密（基本法第 10 条）。只要不妨碍正常营业或者商业秘密，应当给予请求人检查涉嫌侵权产品的机会。

（3）对扣押未提出异议的，最迟在依据第（2）款第一句规定的通知送达后两周内，海关当局应当没收已扣押的产品。

（4）有处分权人对扣押提出异议的，海关当局应当立即通知请求人。请求人应当立即向海关说明其是否维持第（1）款规定的产品扣押请求。

1. 请求人撤回请求的，海关应当立即终止扣押；

2. 请求人维持请求的，并递交有执行力的法院继续扣押产品的命令或者限制处分的命令的，海关当局应当采取必要措施。

不存在第 1 项或者第 2 项规定的情形的，在依据第一句规定发出的通知送达请求人两周后，海关当局应当终止扣押；申请人证明已申请第 2 项规定的法院令，但仍未收到的，扣押时间最多可以再延长两周。

(5) 若证明扣押自始不当，并且请求人对扣押产品维持依据第 (1) 款提出的请求或者未立即作出说明［第 (4) 款第二句］的，申请人应当赔偿有处分权人因扣押所受的损失。

(6) 第 (1) 款的规定的请求应当向联邦财政部门提出，有效期一年，除非当事人要求更短的有效期限；可以重新提起请求。依据税法第 178 条的规定，与请求有关的职务行为的花费由请求人负担。

(7) 不服扣押和没收的决定可以依据社会治安法关于扣押和没收的处罚程序寻求法律救济。在复议程序中，应当听取复议请求人的陈述。对地区法院作出的裁判，可以立即提起上诉；上诉由州高等法院审理。

第 142B 条

(1) 海关当局根据第 1383/2003 号命令（欧共体）第 9 条的规定，中断或者阻止商品的移交的，海关当局应当立即通知权利人以及请求人或者商品持有人或者所有人。

(2) 在第 (1) 款的情况下，权利人可以要求以第 1383/2003 号命令（欧共体）规定中列举的简化方法销毁商品。

(3) 收到第 (1) 款的书面通知后，应在 10 个工作日之内向海关当局提起请求；易坏品应在 3 个工作日内提起请求。请求应该包括有关该程序正在处理的商品侵犯了本法所保护的权利的说明。请求还应附有请求人、商品持有人和所有人销毁商品的书面同意函。不论请求人、持有人或者所有人的书面声明是同意销毁与否，皆可以直接向海关当局递交。在第一句规定的期限届满前，权利人可以申请再延长 10 个工作日。

（4）如果请求人、商品持有人和所有人在收到第（1）款规定的通知后，在 10 个工作日之内，或者在易坏品情况下 3 个工作日内，没对销毁提出异议的，视为同意销毁。就此情况，应该在第（1）款规定的通知中告知当事人。

（5）销毁商品的费用和相应责任由权利人承担。

（6）海关可以承担销毁的组织工作。第（5）款的规定不受影响。

（7）第 1383/2003 号命令（欧共体）第 11 条第（1）款第二点规定的样品的保管期为一年。

（8）此外，在第 1383/2003 号命令（欧共体）没有相反规定的情况下，参照适用第 142A 条的规定。

第十章　专利诉讼程序

第 143 条

（1）不论诉讼标的大小，州法院民事庭对所有依据本法规定的法律关系之一而提出的诉讼主张（专利诉讼）享有专属管辖权。

（2）只要对案件的审理有实质帮助，各州政府有权颁布法令，在多个州法院的管辖区域内，指定其中一个州法院管辖实用新型诉讼。各州政府可以将此权力移交给州司法行政部门。此外，各州可以通过协议，将由一州法院负责的事务全部或者部分移交给其他州具有管辖能力的法院。

（3）就专利代理人共同参与法律诉讼所产生的费用，必须支付联邦律师费用法第 11 条所规定的费用，以及专利代理人的其他必要支出。

第 144 条

（1）在依据本法调整的法律关系提出诉讼请求的民事诉讼中，若一方当事人使法院相信，当其按照诉讼标的全额承担的诉讼费用将严重危及其经济状况的，法院依其申请可以颁布命令，按照当事人的经济状况，将其承担的诉讼费用减为按照部分诉讼标的额确定。同样，从法院减免令中受益的当事人应当按照该部分诉讼标的额支付其律师费用。若判令由其承担诉讼费或者部分诉讼费，该当事人应当按照该部分诉讼标的额支付对方当事人所缴纳的诉讼费和律师费用。如判令对方当事人承担全部或者部分诉讼费以外的费用，受益当事人的律师费由对方当事人按照对其适用的诉讼标的额来承担。

（2）可以以在法院书记处记录笔录的方式提出第（1）款规定的减免申请。申请应当在法庭进行实体审理前提出。在实体审理后，只有在法院提高预计或者已确定的诉讼标的额时，才可以提出该申请。在裁判该申请前，应当听取对方当事人的陈述。

第 145 条

依据第 139 条起诉的，在原告无过失并且无法在先前的诉讼中一并主张时，才可以对另一专利以相同或者类似行为对被告再次提起诉讼。

第十一章　专利标记

第 146 条

任何人在物品或者物品包装上，标记足以使人认为该物品是受本法保护的专利或者专利申请，或者在公开广告、招牌、商业卡片或者在类似公告中使用这类标记，依据对了解权利状况有正当利益的人的要求，应当告知其使用该标记的专利或者专利申请的有关情况。

第十二章　过渡性规定

第 147 条

（1）至 2002 年 1 月 1 日失效的本法第 33 条第（3）款和第

141 条，与至 2002 年 1 月 1 日失效的民法典有关时效的规定具有相同地位，就此参照适用民法典施行法第 229 条第 6 款的规定。

（2）对专利或者补充保护证书的无效宣告程序，或者强制许可的授予或者撤回程序，或者调整经由判决确定的强制许可补偿费用的程序，如果是在 2009 年 10 月 1 日之前向联邦专利法院提起的请求的，适用 2009 年 9 月 31 日之前本法的规定。

德国实用新型法[1]

(1986 年 8 月 28 号公布的文本，已经依据 2009 年 7 月 31 日颁布的修订法（BGB1. I S. 2521）第 2 条进行了修改。)

第 1 条

（1）实用新型保护授予新颖的、具有创造性的且适于工业应用的发明。

（2）下列各项，不属于第（1）款所指的实用新型：

1. 发现、科学理论或者数学方法[2]；

2. 美学作品；

3. 智力活动、游戏、商业活动的方案、规则和方法，计算机程序；

4. 信息的表达；

5. 生物技术发明［专利法第 1 条第（2）款］。

（3）第（2）款有关不授予实用新型保护的规定，仅适用于当要求实用新型保护的主题或者活动属于第（2）款所列内容本身的情况。

第 2 条

有下列情形之一的，不授予实用新型保护：

1. 该发明的实施违反公共秩序或者善良风俗的；不得仅因为法律或者法规禁止使用某发明的事实，就认定存在上述违反的

---

[1] 根据德国司法部网站（http：//bundesrecht. juris. de/bundesrecht/gebrmg/gesamt. pdf）上提供的德文版翻译。翻译：胡安琪、张韬略；校对：张韬略。

[2] 译者注：在（1）（2）（3）下设 1. 2. 3. 序号层级不符合中文表达习惯，本译文尊重原版序号表达。

情况。第一句不排除根据第 9 条规定对发明的保护；

2. 植物或者动物品种；

3. 方法。

第 3 条

（1）如果一项实用新型的主题不属于现有技术的一部分，应当认定其是新颖的。现有技术包括在申请日以前，公众通过书面记载或者在本法适用地域内的使用，能够公开获得的任何知识。在申请日前 6 个月内的书面记载或者使用，如果是建立在申请人或者其原权利人的构想基础上的，不应当认为是现有技术。

（2）如果一项实用新型的主题能够在包括农业在内的任何一种产业中制造或者使用，应当认为其是适于工业应用的。

第 4 条

（1）申请实用新型保护的发明，应向专利局提出书面申请。一份申请仅限于一项发明。

（2）若联邦司法部在联邦法律公报中公告规定某一专利信息中心可以接受专利申请，也可以向其递交申请。但可能包含国家机密（刑法第 93 条）的申请，不得向专利信息中心递交。

（3）申请应当包括以下内容：

1. 申请人的姓名；

2. 一份实用新型注册请求，清楚、简要地说明该实用新型的主题；

3. 一项或者多项权利要求，限定要求保护的实用新型；

4. 一份对实用新型的说明；

5. 权利要求或者说明所援引的附图。

（4）联邦司法部部长有权颁布法规，规定申请的格式和其他要求。联邦司法部部长也可以颁布法规，授权专利商标局局长对此作出规定。

（5）在实用新型申请的注册决定作出前，在不扩大原申请主题范围的前提下，允许变更申请内容。扩大申请主题范围的变更不产生任何权利。

（6）申请人可以随时提出分案申请。分案申请应当以书面形式提出。每份分案申请保留原始申请的申请日，已经要求优先权的保留优先权。分案时，分案申请应当缴纳和原始申请相同的费用。

（7）如果一件发明包含对生物材料的使用或者涉及该生物材料，而该生物材料公众无法获得，也无法在申请中以所属技术领域技术人员能够实现的方式加以描述［本条第（3）款］的，联邦司法部有权就生物材料保藏及获得，包括可以获得生物材料的合法主体、重新保藏该生物材料，颁布有关法令。联邦司法部也可以颁布法规授权专利商标局局长对此作出规定。

第 4A 条

（1）若申请的全部或者部分不是以德文撰写，申请人应当在申请递交后 3 个月内补交德文译文。若申请指出包含附图，但递交申请时未提交附图，专利局应当告知申请人在通知送达后 1 个月内补交附图或者声明任何有关附图部分视为未提出。

（2）专利申请的申请日，是指下列机构收到符合第 4 条第（3）款第 1 项和第 2 项的规定，并且包含可视为第 4 条第（3）款第 4 项规定的说明的陈述材料的申请文件之日：

1. 专利局；

2. 联邦司法部在联邦法律公报中公告规定的专利信息中心。

若材料未以德文撰写，在第（1）款第一句规定的期限内补交的德文译文送达专利局之日视为申请日，否则视为未提出申请。申请人依据第（1）款第二句的通知补交缺少的附图，附图送达专利局之日为申请日，否则关于附图部分视为未提出。

第 5 条

（1）申请人先在德国就同一发明提出一项有效的专利申请的，申请人可以在提出实用新型申请时同时提出一份声明要求享有该专利申请的优先权。对专利申请要求享有优先权的，也适用于实用新型申请。依据第一句规定的优先权，可以在专利申请的审查或者异议程序终结当月月底之日起 2 个月内行使，但最长自专利申请的申请日起 10 年内行使。

（2）申请人依据第（1）款第一句的规定提出声明的，专利局应当要求申请人在通知送达后 2 个月内，说明申请号和申请日，并提交该专利申请的副本。没有按时提交相应信息的，则丧失第（1）款第一句所规定的优先权。

第 6 条

（1）自向专利局提出在先专利申请或者实用新型申请后 12 个月内，申请人对同一发明申请实用新型的，可以享有优先权，但在先申请已经要求了国内或者外国优先权的除外。参照适用专利法第 40 条第（2）款至第（4）款、第（5）款第一句的规定，但第 40 条第（5）款第一句规定的在先专利申请不视为撤回。

（2）参照适用专利法关于外国优先权的规定（第 41 条）。

第 6A 条

（1）如果申请人在国内或者国外展览会上展览其发明，并在第一次展览该发明之日后 6 个月内提出实用新型申请的，可以主张展览会优先权。

（2）第（1）款规定的展览会，应是联邦司法部曾在联邦法律公报中明确规定的适用展览保护的展览会。

（3）主张第（1）款展览会优先权的申请人必须在发明首次展览日后 16 个月内提供有关该展览日、展览会的信息和相关证据。

（4）第（1）款有关展览会优先权的规定不延长第 6 条第（1）款所规定的优先权期限。

第 7 条

（1）专利局依请求进行公开出版物的检索，以判断实用新型申请或者实用新型是否可注册。

（2）检索请求可以由实用新型申请人或者登记的权利人以及任何第三人提出。请求应当以书面形式提出。参照适用第 28 条的规定。参照适用专利法第 43 条第（3）款、第（5）款、第（6）款和第（7）款第一句的规定。

第 8 条

（1）若申请符合第 4 条、第 4A 条的规定，专利局应当决定在实用新型登记簿内登记。对申请的主题不作新颖性、创造性和工业实用性的审查。参照适用专利法第 49 条第（2）款的规定。

（2）登记应当载明申请人的姓名、住所、根据第 28 条指定的代理人或者送达代理人以及申请日。

（3）实用新型登记将定期在专利公报中以摘要的形式公告。

（4）向专利局提交证据证明实用新型权利人或者其代理人有变更的，专利局应当在实用新型登记簿上记载变更事项。作出变更登记前，原权利人、原代理人和送达代理人仍依据本法的规定享有权利、承担义务。

（5）任何人都可以查阅登记簿，以及包括撤销程序案卷在内的已登记的实用新型的案卷。此外，若证明有可信的合法利益存在，专利局应准许任何人依申请查阅案卷。

第 9 条

（1）实用新型申请的主题涉及国家秘密（刑法典第 93 条）的，主管的审查部有权依据专利法第 50 条的规定，决定不提供公开查阅［第 8 条第（5）款］以及不在专利公报上公告［第 8 条第（3）款］。在作出决定前，应当听取主管的联邦最高主管部门的意见。联邦最高主管部门可以要求发布该命令。涉及国家秘密的实用新型应当登记在专用登记簿内。

（2）此外，参照适用专利法第 31 条第（5）款、第 50 条第（2）款至第（4）款和第 51 条至第 56 条的规定。依据第（1）款的规定有权发布命令的审查部也可以参照适用专利法第 50 条第

（2）款的规定作决定，并且有权参照适用专利法第 50 条第（3）款和第 53 条第（2）款的规定采取措施。

第 10 条

（1）专利局设立实用新型注册部，处理除撤销请求（第 15 条至第 17 条）之外的实用新型案件。实用新型注册部由专利局局长任命的一名法律专员领导。

（2）联邦司法部有权颁布法令，委托高级或者中级职务的公务员或者其他同等职位的职员，处理实用新型部或者实用新型异议组个别业务。受委托的职员向实用新型注册部或者实用新型异议组负责，处理无疑难技术问题或者疑难法律问题的事务。但申请人对驳回申请有异议的不适用。联邦司法部可以通过法令将任命权授予专利局局长。

（3）专利局设立实用新型异议组以负责审查撤销请求（第 15 条至第 17 条）。每个实用新型异议组由两名技术专员和一名法律专员组成。参照适用专利法第 27 条第（7）款的规定。实用新型处应当在其职权范围内给出专家意见。

（4）民事诉讼法第 41 条至第 44 条、第 45 条第（2）款第二句以及第 47 条至第 49 条关于民事诉讼程序中法院人员回避的规定，参照适用于实用新型注册部和实用新型异议组的成员。该回避规定同样适用于依据第（2）项规定的受委托处理实用新型部或者实用新型异议组个别业务的高级或者中级职务的公务员或者职员。参照适用专利法第 27 条第（6）款第三句的规定。

第 11 条

（1）实用新型登记后只有权利人有权实施该实用新型的主题。未经权利人的同意，任何人均不得制造、提供、销售、使用或者为上述目的进口、储存属于该实用新型主题的产品。

（2）实用新型登记后，在本法适用范围内，任何第三人未经权利人同意，不得向没有权利实施实用新型主题的任何人提供或者许诺提供与实施实用新型主题相关的关键部件，如果该第三人知道或者应当知道这些部件是用以实施实用新型主题的目的。当上述行为是一般的商品交易时，不适用第一句的规定，但第三人故意诱导其他人实施第（1）款第二句所禁止的行为的除外。实施第 12 条第 1 项和第 2 项规定的行为的人，不属于第一句所规定的有权实施实用新型主题的人。

第 12 条

实用新型的效力不及于下列行为：

1. 个人的非商业目的的行为；

2. 与实用新型主题相关的、以实验为目的的行为；

3. 专利法第 11 条第 4 项至第 6 项规定的行为。

第 12A 条

实用新型的保护范围以权利要求为准。但解释权利要求时应当参照说明书和附图。

第 13 条

（1）若任何人针对已经登记的权利人提起撤销实用新型的请求［第 15 条第（1）款和第（3）款］，则不再给予实用新型保护。

（2）若未经他人同意，将他人的说明书、图例、模型、工具或者设备的实质性内容进行实用新型登记的，本法所给予的保护不得对抗受害人。

（3）专利法关于权利归属（第 6 条）、请求给予保护的权利［第 7 条第（1）款］、申请权的转移（第 8 条）、先用权（第 12 条）和政府实施令（第 13 条）的规定参照适用于实用新型。

第 14 条

申请在后的专利若与第 11 条所规定的权利相冲突，未经实用新型权利人同意，不得行使该专利的权利。

第 15 条

（1）有下列情形之一的，任何人可以请求撤销实用新型以对抗权利人：

1. 依据第 1 条至第 3 条的规定，实用新型的主题不应当受保护；

2. 该实用新型的主题已经受到在先的专利或者实用新型登记的保护；

3. 实用新型的主题超过最初提交的申请文件所记载的内容。

（2）在第 13 条第（2）款规定的情形下，只有受害人有权请求撤销。

（3）撤销理由仅涉及实用新型的一部分的，仅撤销该部分。可以通过修改权利要求的形式来限定实用新型的保护内容。

第 16 条

依据第 15 条规定请求撤销实用新型的，应向专利局提出书面请求。请求应当陈述其所依据的事实。参照适用专利法第 81 条第（6）款和第 125 条的规定。

第 17 条

（1）专利局应当将撤销请求通知实用新型权利人，并要求其在 1 个月内作出答辩。实用新型权利人没有按时答辩的，则撤销该实用新型。

（2）若实用新型权利人作出了答辩，专利局应当通知撤销请求人作出答复，并采取一切必要措施调查有关情况。专利局可以命令讯问证人和鉴定人。对撤销请求的审查参照适用民事诉讼法（第 373 条至第 401 条以及第 402 条至第 414 条）的规定。由一名经宣誓的记录员记录与取证有关的程序。

（3）应当通过听证对申请作出决定。审查决定应当在听证终结日或者听证中确定的日期宣告。审查决定应当陈述理由，以书面形式作出，并依职权送达各方当事人。参照适用专利法第 47 条第（2）款的规定。可以以送达决定代替宣告决定。

（4）专利局应当确定当事人所应负担的程序费用。参照适用专利法第 62 条第（2）款和第 84 条第（2）款第二句及第三句的规定。

第 18 条

（1）对实用新型注册部和实用新型异议组的决定不服的，可以向专利法院提起申诉。

（2）此外，参照适用专利法关于申诉程序的规定。若不服在撤销程序中作出的决定而提起申诉，程序费用负担方面的决定参照适用专利法第 84 条第（2）款的规定。

（3）专利法院的申诉审议庭负责审理不服实用新型注册部和实用新型异议组的决定而提起的申诉。不服驳回实用新型登记申请的决定而提起的申诉，由两名法律专员和一名技术专员组成审议庭审理；不服实用新型异议组关于撤销请求的决定而提起的申诉，由一名法律专员和两名技术专员组成审议庭审理。应当由法律专员担任首席法官。不服诉讼费用救助申请的决定而提起的申诉，参照适用第二句的规定。申诉审议庭内部事务的分工，参照适用法院组织法第 21 条 G 第（1）款和第（2）款的规定。不服实用新型注册部的决定提起申诉的有关程序，参照适用专利法第 69 条第（1）款的规定，不服实用新型异议组的决定提起申诉的有关程序，参照适用专利法第 69 条第（2）款的规定。

（4）不服专利法院申诉审议庭依据第（1）款规定作出的申诉决定，若申诉审议庭的决定允许提起法律上诉的，可以向联邦最高法院提起法律上诉。参照适用专利法第 100 条第（2）款和第（3）款以及第 101 条至第 109 条的规定。

第 19 条

在撤销程序期间，如果出现某一诉讼，其判决取决于是否存在实用新型保护的，法院可以裁定，在撤销程序终结前中止审理该诉讼。若法院认为实用新型登记将被无效的，则必须责令中止审理。若撤销请求被驳回，只有在涉及相同的当事人时，法院才受驳回决定的约束。

第 20 条

专利法关于授予强制许可、取消强制许可、调整由判决确定的补偿费用（第 24 条）和强制许可授予程序（第 81 条至第 99 条、第 110 条至第 122A 条）的规定，参照适用于已经登记的实用新型。

第 21 条

（1）专利法关于鉴定报告的提交［第 29 条第（1）款和第（2）款］、权利恢复（第 123 条）、申请的继续审理（第 123A 条）、程序中如实陈述事实的义务（第 124 条）、电子程序的管理（第 125A 条）、官方语言（第 126 条）、文书送达（第 127 条）、法院的司法协助（第 128 条）以及证人和专家的补偿费（第 128A 条）的规定，参照适用于实用新型有关程序。

（2）专利法关于费用减免的规定（第 129 条至第 139 条），参照适用于实用新型程序，适用第 135 条第（3）款规定的前提条件是依据第 133 条指派的代理人有提起申诉的权利。

第 22 条

（1）获得实用新型登记的权利、请求实用新型登记的权利以及因登记而产生的权利，可以由继承人继承。这些权利可以有限制或者无限制地转让给其他当事人。

（2）本条第（1）款所指的权利在本法适用的全部或者部分范围内，可以全部或者部分许可，也可以独占或者非独占许可。若被许可人违反第一句的许可范围的规定，实用新型登记赋予的权利仍然可以对抗被许可人。

（3）权利转让或者许可不影响在先的给予第三人的许可。

第 23 条

（1）实用新型登记的保护期为 10 年，自申请日起算，届满于 10 年后申请月的最后 1 天。

（2）当事人可以通过在登记日起的第四年到第六、七、八年以及第九、十年缴纳维持费来维持权利。权利的维持应记载在注册簿上。

（3）当有如下情形，实用新型登记的权利终止：

1. 登记的权利人向专利局递交书面声明放弃实用新型的；

2. 没有及时缴纳维持费的〔专利法第 7 条第（1）款、第 13 条第（3）款或者第 14 条第（2）款、第（5）款〕。

第 24 条

（1）对任何违反第 11 条至第 14 条规定使用实用新型的人，被侵权人可以请求制止其连续性侵权行为，也可请求制止其一次性侵权行为。

（2）任何故意或者过失侵权人，都对被侵权人因此产生的损害负有赔偿义务。侵权损害的赔偿数额，可以按照侵权人因侵权所获得的利益确定。赔偿数额也可以按照侵权人作为发明实施许可人时应支付的合理补偿费确定。

第 24A 条

（1）对任何违反第 11 条至第 14 条规定使用实用新型的人，被侵权人可以请求销毁侵权人占有或者所有的受实用新型保护的产品。第一句的规定参照适用于侵权人所有并主要用于制造上述产品的设备和原料。

（2）对任何违反第 11 条至第 14 条规定使用实用新型的人，被侵权人可以请求侵权人召回主题为该实用新型的产品，或者请求从销售渠道中完全清除这些产品。但可以以其他方式消除产品的侵权特征，或者在具体案件中的销毁对侵害人或者所有人不相当的，可以不销毁。

（3）在具体案件中，当第（1）款、第（2）款规定的请求不合理时，不予支持。审查请求的合理性时，应考虑有权利的第三方的利益。

第 24B 条

（1）对任何违反第 11 条至第 14 条规定使用实用新型的人，被侵权人可以要求其尽快告知关于该产品的来源和销售渠道的信息。

（2）在明显侵权或者被侵权人向侵权人提起诉讼的场合下，在不违背第（1）款规定情况下，被侵权人也可对曾以商业规模从事下列行为的人提出告知信息的要求：

1. 占有侵权产品；

2. 提供侵权服务；

3. 为侵权行为提供一般的服务；或者

4. 根据上述三类人的陈述，参与过这些产品的制造、生产或者销售，或者提供过这些服务。

此时，根据民事诉讼法第383条至第385条，该人有权拒绝在对抗侵权人的诉讼程序中作证。如果根据第一句向法院提出请求，法院可以根据申请，在先行提供信息的争议审结之前，中断审理针对侵权人的诉讼。有义务提供信息的人可以要求被侵权人补偿提供信息所需的必要费用。

（3）有告知义务的侵权人应当详细说明：

1. 其所确知的产品制造者、供应商和其他在先所有人、用户或者主要客户和销售处的姓名和住所；

2. 制造、交付、接收或者订货的产品数量，以及相关产品或者服务的价格。

（4）在具体案件中，当第（1）款和第（2）款的请求不合理时，不予支持。

（5）有告知义务的人如果有故意或者重大过失，提供了错误或者不完整的信息，就因此产生的损失对被侵权人负有相应的义务。

（6）根据第（1）款、第（2）款没有告知义务的人如果提供了真实信息，仅在他提供信息时知道他并没有告知义务的情况下，对第三方负有责任。

（7）在明显侵权的情形下，可以依据民事诉讼法第935条至第945条的规定，以颁布临时禁令的方式要求侵权人履行告知义务。

（8）在刑事诉讼或者在依据社会治安法进行的程序中，因告知信息之前的行为起诉有告知义务的人，或者依据刑事诉讼法第52条第（1）款起诉相关被告，只有经负有告知义务的人同意，才可以利用其告知的信息。

（9）在涉及通讯信息（电信法第3条第30项）的情况下，被侵权人必须先提出申请，在获得一个有关使用通讯信息的授权令后，才能取得信息。不管争议价值大小，有告知义务的人的居住地、所在地、营业地所处辖区的州法院对该授权令的颁发有排他的管辖权。决定由管辖法院的民事庭作出。依据自愿管辖事务法的相关规定，除第28条第（2）款和第（3）款外，参照适用。被侵权人承担作出决定的审判费。不服州法院决定的，申诉人可以及时向州高等法院提起上诉。仅当决定对权利造成损害时，申诉人才能获得支持。州高等法院的决定具有终审效力。此外，个人数据保护的规定不受影响。

（10）根据第（2）款和第（9）款的规定，通讯秘密的基本权利（基本法第10条）受到限制。

第 24C 条

（1）对任何有足够可能性违反第11条至第14条中规定使用实用新型的人，在必要情况下，权利所有人或者其他权利人可以要求出示其具有处分权的文件或者要求检查其具有处分权的物品，以证明其享有处分权。如果存在以商业规模侵权的足够可能性，可以要求出示有关银行、金融、交易的书面证据。在特别情况下，侵权嫌疑人如果能证明有关证据涉及保密信息，法院应采取必要保护措施。

（2）在具体案件中，当第（1）款规定的请求不合理时，不予支持。

（3）可以依据民事诉讼法第935条到第945条的规定，以颁布临时禁令的方式，要求履行出示文件和接受检查物品的义务。法院应采取必要措施保护秘密信息。颁发临时禁令之前，没有听取过抗辩一方意见的，尤其应采取必要保护措施。

（4）参照适用民法典第 811 条和本法第 24B 条第（8）款的规定。

（5）如果不存在任何侵害，侵权嫌疑人可以要求根据第（1）款主张出示文件和检查物品的人向其补偿此类要求所造成的相应损失。

第 24D 条

（1）侵权人以商业规模方式实施第 24 条第（2）款规定的侵权的，被侵权人可以要求侵权人出示银行、金融、交易的书面材料或者有关这些证据的一份合理补充材料，前提是侵权人对这些材料有处分权，且这些材料对损害赔偿请求权的实现必不可少，缺少这些文件损害赔偿请求将难以实现。在特别情况下，侵权嫌疑人如果能证明有关证据涉及保密信息，法院应采取必要的保护措施。

（2）在具体案件中，当第（1）款规定的请求不合理时，不予支持。

（3）当损害赔偿请求权明显成立时，可以依据民事诉讼法第935 条到第 945 条的规定，以颁布临时禁令的方式，要求侵权人出示第一款所列举的文件。法院应采取必要措施保护秘密信息。颁发临时禁令之前，没有听取过抗辩一方意见的，尤其应采取必要保护措施。

（4）参照适用民法典第 811 条和本法第 24B 条第（8）款的规定。

第 24E 条

根据本法提起的诉讼，当有正当利益时，可判决胜诉方有权公布该判决，由败诉方承担费用。公布的方式和范围，应在判决书中确定。在判决生效日起 3 个月内不行使该权利的，权利消灭。按第一句所作的判决，不得采取假执行。

第 24F 条

权利受到侵害所产生的请求权的诉讼时效，参照适用民法典

第一编第五章的规定。如果赔偿义务人以侵权行为使权利人受损而自己获益的，参照适用民法典第 852 条第（2）款的规定。

第 24G 条

其他法律规定的要求不受影响。

第 25 条

（1）未经实用新型权利人的必要同意，从事下列行为之一的，处 3 年以下有期徒刑或者罚金：

1. 制造、提供、使用属于实用新型主题的产品，或者将其投放市场，或者为上述目的而进口或者存储该产品（第 11 条第（1）款第二句）；

2. 违反第 14 条的规定，行使基于专利的权利。

（2）以商业目的实施实用新型的，处 5 年以下的有期徒刑或者罚金。

（3）企图实施上述行为的，也应受处罚。

（4）第（1）款规定的行为，告诉才处理，除非刑事追诉机关认为对保护特别的公共利益而言依职权进行刑事追诉是必须的。

（5）可以没收涉及犯罪行为的产品。适用刑法第 74A 条的规定。依据刑事诉讼法关于受害人的损害赔偿的规定（第 403 条至第 406C 条）提起的诉讼中，根据第 24A 条提出的请求得到支持的，则不适用有关没收的规定。

（6）若宣告对行为人的处罚，依据受害人的请求并且证明其有正当利益时，应当公开进行宣判。宣判方式由判决书确定。

第 25A 条

（1）如果有明显侵权行为，进口或者出口侵犯本法保护的实用新型的产品的，权利人提出申请并且提供担保的，海关当局应当进行扣押。在与欧洲联盟的其他成员国以及欧洲经济区协议缔约国间的贸易中，仅由海关当局负责执行该规定。

（2）海关当局颁发扣押令时，应当立即通知有处分权人和申请人。海关应当将产品的来源、数量、存放地点以及有处分权人的姓名和住址告知申请人；并适当限制通信和通讯秘密（基本法第10条）。只要不妨碍正常营业或者商业秘密，应当给予申请人检查涉嫌侵权产品的机会。

（3）在依据第（2）款第一句规定作出的通知送达后两周内，若对扣押未提出异议，海关当局应当没收已扣押的产品。

（4）若有处分权人对扣押提出异议，海关应当立即通知申请人。申请人应当立即向海关说明其是否维持依据第（1）款规定的产品扣押请求。

1. 若申请人撤回申请，海关应当立即终止扣押；

2. 若申请人维持申请，并提交可执行的法院继续扣押的命令或者限制处分的命令的，海关当局应当采取必要措施。

若不存在第1项或者第2项规定的情形，在依据第一句规定发出的通知送达申请人2周期限届满后，海关当局应当终止扣押；若申请人证明已申请第2项规定的法院令，但仍未收到，扣押时间最多可以再延长2周。

（5）若证明扣押自始不当，并且申请人对扣押产品维持依据第（1）款提出的请求或者未立即作出说明［第（4）款第二句］，申请人应当赔偿有处分权人因扣押所受的损失。

（6）第（1）款规定的请求应当向联邦财政部门提出，有效期1年，除非当事人要求更短的有效期限；可以重新提起请求。依据税法第178条的规定，与申请有关的职务行为的花费由申请人负担。

（7）不服扣押和没收决定可以依据社会治安法关于扣押和没收的处罚程序寻求法律救济。在复议程序中，应当听取申请人的陈述。对地区法院作出的裁判，可以立即提起上诉；上诉由州高等法院审理。

第26条

（1）在依据本法调整的法律关系提出诉讼请求的民事诉讼中，若一方当事人使法院相信，当其按照诉讼标的的全额承担诉讼费用将严重危及其经济状况的，法院依其申请可以颁布命令，按照当事人的经济状况，将其承担的诉讼费用部分诉讼标的额确定。依据该命令，受益的当事人同样依据该部分诉讼标的额支付律师费用。若判令由其承担全部或者部分诉讼费，该当事人应当按照该部分诉讼标的额支付对方当事人所缴纳的诉讼费和律师费用。如判令对方当事人承担诉讼费以外的费用全部或者部分，受益当事人的律师费由对方当事人按照对其适用的诉讼标的额来承担。

（2）可以以在法院书记处留存笔录的方式提出第（1）款规定的减免申请。申请应当在法庭进行实体审理前提出。在实体审理后，只有在法院提高预计或者已确定固定的诉讼标的额时，才可以提出该申请。在裁判该申请前，应当听取对方当事人的陈述。

第 27 条

（1）不论诉讼标的大小，州法院民事庭对所有依据本法规定的法律关系之一而提出的诉讼主张（实用新型诉讼）享有专属管辖权。

（2）只要对案件的审理有实质帮助，各州政府有权颁布法令，在多个州法院的管辖区域内，指定其中一个州法院管辖实用新型诉讼。各州政府可以将此权力移交给州司法行政部门。此外，各州可以通过协议，将由一州法院负责的事务全部或者部分移交给其他州具有管辖能力的法院。

（3）就专利代理人共同参与实用新型诉讼所产生的费用，必须支付联邦律师费用法第 11 条规定的费用，以及专利代理人的其他必要支出。

第 28 条

（1）在德国无住所、居所或者营业所的，必须委托德国的专利代理人或者律师作为代理人，才能参加本法所规定的在专利局或者专利法院的各项程序，并主张基于实用新型的权利。该代理人应有权代理其参加登记和诉讼程序或者涉及该实用新型的民事诉讼，也有权代为提起刑事自诉。

（2）欧盟成员国的国民或者其他欧洲经济区条约缔约国的国民，根据缔结欧共体条约对引进服务业的规定，只要其执业范围在 2000 年 3 月 9 日生效的欧洲律师在德国从业规定第 1 条或者 1990 年 7 月 6 日生效的专利律师职位许可能力测试规定第 1 条以及它们每一个生效的版本规定的范围内，可以担任第（1）款所规定的代理人。

（3）代理人事务所所在地，视为民事诉讼法第 23 条规定的资产所在地；代理人没有事务所的，以其国内居住地为准；没有国内居住地的，以专利局所在地为准。

（4）第（1）款规定的代理人的代理权终止前，必须向专利局或者专利法院说明代理的终止以及另行指定的代理人。

第 29 条

在不与法律规定相抵触的前提下，联邦司法部有权颁布法令规定专利局的设立、工作程序，以及与实用新型事务相关的各类程序适用的形式要件。

第 30 条

任何人在物品或者物品包装上，作出的标记足以使人认为该物品是依据本法受保护的实用新型，或者在公开广告、招牌、商业卡片以及在类似公告中使用这类标记，依据对知悉权利状况有正当利益的人的要求，应当告知其使用该标记的实用新型的有关情况。

第 31 条

2002 年 1 月 1 日失效的第 24C 条，与 2002 年 1 月 1 日失效的民法典有关时效的规定具有相同地位，就此参照适用民法典施行法第 229 条第 6 项。

德国外观设计法[1]

（2004 年 3 月 12 日实施，已经依照 2009 年 7 月 31 日颁布
的修订法（BGB1. I S. 2521）第 6 条进行了修改。）

目　　录

---

[1]　根据德国司法部网站（http://bundesrecht.juris.de/bundesrecht/
geschmmg_2004/gesamt.pdf）上提供的德文版翻译。翻译、校对：张
韬略。

第一章　保护的条件

第 1 条　定义

在本法中，

1. "外观设计"是指一个完整产品或其一部分的平面或者立体的外观形式，该外观形式尤其通过产品本身或者其装饰件的线条、轮廓、色彩、构造、表面结构或材料的特征表现；

2. "产品"包括任何工业品或手工产品，包括包装、装潢、图形标志、印刷字样以及装配到一个复杂产品上的零部件；计算机程序不视为产品；

3. "复杂产品"是指由多个可以更换的部件组成的、可以拆卸和重组的产品；

4. "特定的使用"是指终端用户的使用，不包括保养、服务或维修；

5. 在注册簿中登记的外观设计所有人被视为权利人。

第 2 条　外观设计保护

（1）只有新颖的、独创的外观设计，才受本法保护。

（2）在登记日前没有相同外观设计被公开的，该外观设计具有新颖性。特征上仅有不重要的细节差别的，视为相同的外观设计。

（3）如果一个有见识的使用者对申请日之前公开的其他外观设计的总体印象，不同于对该外观设计的总体印象，该外观设计具有独创性。在判断独创性时，应考虑设计者在进行这一设计时所具有的创造自由程度。

第 3 条　不给予外观设计保护的情形

（1）下述情形，不给予外观设计保护：

1. 仅由产品技术特征所限定的产品之外形特征❶；

2. 产品之外形特征，必须以其确定的形状和维度加以复制，以确保包含或者使用该外观设计的产品可以被机械地连接、放置进、挨着或者环绕另一个产品，并使每个产品能够运行其功能的；

3. 与公共秩序或者善良风俗相违背的外观设计；

4. 构成对巴黎公约第 6 条所列举的标识，或者对其他有公共利益的标识、徽章或者符号的滥用的。

（2）第（1）款第 2 项中的外形特征，若是服务于在一个模型系统内可相互替换的产品之组合和连接的，不应排除外观设计之保护。

第 4 条　复杂产品的组成部分

如果包含或者使用外观设计的产品属于一个复杂产品的组成部分的，仅当该组成部分被放置入复杂产品之后仍然可见并且这些可见之特征自身满足新颖性和独创性时，该外观设计才具有新颖性和独创性。

第 5 条　公开

如果一项外观设计被公布、展览、使用或者以其他方式为公众所知的，该外观设计即属于公开，除非在申请日之前这些事件不可能使该外观设计被在共同体内运营的、从事日常商业行为的相关专业机构所获知。不能仅因为一项外观设计曾在明示或者默示的保密条件下披露给第三方，就视该外观设计已经公开。

第 6 条　新颖性的宽限期间

在申请日前 12 个月内，设计人或者其权利继受人，或者由设计人或者其权利继受人提供信息或者受其支配的第三人，将外观设计公开的，不适用第 2 条第（2）款、第（3）款的规定。违

---

❶　译者注：在（1）（2）（3）下设 1.2.3. 序号层级不符合中文表达习惯，本译文尊重原版序号表达。

背设计人或者其权利继受人意愿之滥用行为，导致外观设计公开的，同样不适用第2条第（2）款、第（3）款的规定。

第二章　权利人

第7条　获得外观设计注册的权利

（1）获得外观设计注册的权利，属于设计人或者其权利继受人。若两个或者多个人共同设计出一项外观设计的，获得外观设计注册的权利由其共同享有。

（2）若一项外观设计是雇员在履行职责或者执行雇主指令时所设计的，除非合同另有约定，获得外观设计注册的权利属于雇主。

第8条　资格之推定

在与外观设计相关的程序中，推定申请人及权利人享有所有权利并承担所有义务。

第9条　对抗非权利人的主张

（1）如果一项外观设计的登记人并非第7条所规定的权利人，权利人可以不考虑其他请求，要求转让或者同意取消该外观设计。有多个权利人的，未被登记为权利人的人，可以要求承认其共同所有人的身份。

（2）第（1）款的请求，仅能在外观设计公布之日起3年之内，以诉讼之方式行使。但如果权利人恶意申请外观设计或者转让外观设计的，不适用该规定。

（3）如果依据第（1）款第1句的规定，一项登记的外观设计之所有权发生转让的，当将权利人记载到登记簿时，之前的许可以及其他权利将丧失。如果之前的权利所有人或者被许可人开始实施该外观设计，或者已经为之作了实质性和重要的准备的，只要在新权利所有人获得登记之后1个月内，向其要求一个非独占许可的，可以继续实施该外观设计。该许可应以合理期限和合理条件授予。若之前的权利所有人或者被许可人乃恶意实施外观设计或者为实施做准备的，不适用第二句、第三句的规定。

（4）第（2）款规定的司法程序的启动、该程序的生效裁决以及任何其他结局，以及因该程序而导致的权利所有人资格的变更，应载入外观设计登记簿。

第 10 条　设计人的署名

在德国商标专利局审理程序中以及登记簿上，设计人具有对抗申请人或者权利人的署名权。如果外观设计为合作劳动的成果，每一个参与的设计人都可以主张署名权。

第三章　注册程序

第 11 条　申请

（1）申请在登记簿上注册一项外观设计的，应向德国专利商标局提出。联邦司法部在联邦法律公报中公告指定专利信息中心接受专利申请的，也可以向其递交申请。

（2）申请必须包含：

1. 一份登记之请求；

2. 能够明确申请人身份的说明；

3. 一份适合公布的设计复制品；

4. 对采用或者将利用外观设计的产品的说明。

如果依据第 21 条第（1）款提起请求，复制品可以用一个平面的样品来代替。

（3）申请必须符合依第 26 条在法令中规定的其他申请要件。

（4）申请中可以附加：

1. 一份解释复制的说明；

2. 依据第 21 条第（1）款第一句，推迟图片公布的请求；

3. 放弃外观设计所归入的某个或者某些产品类别；

4. 设计人的说明；

5. 代理人的说明。

（5）第（2）款第 4 项和第 4 项第 3 项的说明，不影响外观设计的保护范围。

（6）申请人可以随时撤回申请。

第 12 条　合案申请

（1）多个设计可以在一项申请中一并提起（合案申请）。合案申请不应超过 100 项，并且应当属于同一产品分类的设计。

（2）申请人可以通过声明，向德国专利商标局要求将一项合案进行分案。分案不影响申请日。如果依据专利费用法，应缴纳的每项分案申请之费用总额，高于已经缴纳的申请费用，则应补缴差额部分。

第 13 条　申请日

（1）一项外观设计的申请日，是指将申请材料以及依据第 11 条第（2）款规定的说明送达下述机构的日期：

1. 德国专利商标局；或者

2. 联邦司法部在联邦法律公报中公告指定的专利信息中心。

（2）如果依据第 14 条或者第 15 条，有效地主张一项优先权的，则在适用第 2 条至第 6 条、第 12 条第（2）款第二句、第 21 条第（1）款第一句、第 34 条第一句第 3 项和第 41 条时，优先权日取代实际申请日。

第 14 条　外国优先权

（1）依据国际条约规定，对相同的发明要求在先外国申请优先权的申请人，应当在优先日后 16 个月内，声明在先申请的申请日、受理国家、申请号，若之前尚未提交在先申请副本的还应当提交副本。在此期限内，可以修改上述内容。

（2）若在先的外国申请是在未参加相互承认优先权国际公约的国家提起的，只要依据联邦司法部在联邦法律公报上的公告，该国家对在德国专利商标局第一次提出的申请授予优先权，而且该优先权的要件及内容与保护工业产权巴黎公约关于优先权的规定相符的，申请人可以依据《保护工业产权巴黎公约》有关优先权的规定要求优先权；就此，参照适用第（1）款的规定。

（3）依据第（1）款及时声明以及递交副本的，德国专利商标局将优先权载入登记簿。若申请人在设计登记公告之后才主张优先权或者修改声明的，应随后相应地补正公告。若没有依据第（1）款及时声明或者递交副本的，视为没作出优先权主张之声明。对此由德国专利商标局加以确认。

第 15 条 展览会优先权

（1）如果申请人在国内或者国际展览会上展出设计以供参观，并在首次参观展览之后 6 个月的期限内递交申请的，可以对该展览日主张优先权。

（2）第（1）款所指的展览会，由联邦司法部在有关展览保护的联邦公报中，以公告的方式分别予以确定。

（3）主张第（1）款规定的优先权的，在设计首次展览日之后 16 个月届满之前，应声明该日期和展览会以及提交有关该参观展览会的证明。参照适用第 14 条第（3）款。

（4）第（1）款的展览优先权并不延长第 14 条第（1）款的优先权期限。

第 16 条 申请的审查

（1）德国专利商标局审查，是否：

1. 依照专利费用法第 5 条第（1）款第一句的申请费用，以及

2. 依照专利费用法第 5 条第（1）款第一句的预付费用已经缴纳，

3. 符合依据第 11 条第（2）款承认申请日的前提要件，以及

4. 申请符合其他申请要件。

（2）如果申请因为没有依据专利费用法第 6 条第（2）款缴纳申请费而被视为撤回的，德国专利商标局应对此加以记载。

（3）在德国专利商标局规定的期限内没有足额缴纳费用的，

如果复合申请的申请费没有足额补缴的，或者申请人没有确定已经缴纳的费用应用于哪个外观设计的，则德国专利商标局应确定用于哪个外观设计。申请中的其他部分将视为撤回。德国专利商标局应对此加以记载。

（4）如果仅没有缴纳或者没足额缴纳公布费用的，则在做适当修正的情况下适用第（3）款的规定，由德国专利商标局全部或者部分地驳回申请。

（5）确认出现不符合第（1）款第3项和第4项的瑕疵的，德国专利商标局应要求申请人在规定的时间内补正瑕疵。如果申请人遵循德国专利商标局的要求，则在第（1）款第3项的情况下，德国专利商标局应依据第13条第（1）款的规定，承认瑕疵补正之日为申请日。如果没有补正瑕疵，德国专利商标局应作出决定，驳回申请。

第17条 *申请的继续审理*

（1）当外观设计申请因错过德国专利商标局规定的期限而已经被驳回的，如果申请人请求继续审理申请并补做了被错过的行为的，无需作出明确的撤销，驳回决定即告无效。

（2）继续审理的申请应在驳回外观设计申请的决定送达之后一个月内提起。应在这一期限内补做被错过的行为。

（3）过第（2）款规定的期限以及专利费用法第6条第（1）款规定的缴纳继续审理费用的期限的，不适用恢复原状。

（4）对该申请进行裁定的部门，也对补做之行为进行裁定。

第18条 *登记之阻却事由*

如果申请的主题不属第1条第1项规定的外观设计，或者依据第3条第（1）款第3项或者第4项，一项外观设计被排除保护的，德国专利商标局应驳回申请。

第19条 *登记簿和登记的管理*

（1）外观设计登记簿由德国专利商标局管理。

（2）德国专利商标局负责将申请人有义务说明的具体内容登

记入册，并确定所登记的产品种类，但不审查申请人是否适格以及在申请中作出的说明之正确性。

第 20 条 公布

登记簿中的登记将由德国专利商标局以复制品的方式进行公布。公布不保证描述的完整性以及外观设计表现特征的可识别性。公布的成本将计入费用支付。

第 21 条 延迟公布

（1）可以在递交申请的同时，请求从申请日起 30 个月再延期公布复制品。如果递交了请求的，公布将限于将外观设计登记于登记簿中。

（2）如果权利人按照专利费用法第 5 条第（1）款第一句在延迟期限之内缴纳扩展费用的，保护可以扩展到第 27 条第（2）款所规定的保护期限。如果已经利用到了第 11 条第（2）款第二句所规定的机会的，在延迟期限之内，也应当递交外观设计的复制品。

（3）第 20 条规定的复制品公布，涉及第（1）款第二句的公布，可以在延迟期限届满时或者依请求在更早时间补做。

（4）如果保护没有按照第（2）款规定被扩展的，保护期间将结束于延迟期限届满之时。若外观设计是基于一项合案申请提起的，公布可限于单个的外观设计上。

第 22 条 查阅登记簿

任何人都可以查阅登记簿。任何人都有权查阅外观设计的复制品以及德国专利商标局有关外观设计的文档，只要：

1. 复制品已经公布；

2. 申请人或者权利人同意；或者

3. 证明其具有合法利益需要进行查阅的。

第 23 条 程序规定、申诉和法律上诉

（1）在本法规定的程序中，德国专利商标局由一名专利法第 26 条第（2）款第二句意义上的法律专员进行裁决。对德国专利

商标局成员的自行回避和请求回避，适用民事诉讼法第 41 条至第 44 条、第 45 条第（2）款第二句、第 47 条至第 49 条关于民事诉讼程序中法院人员自行回避和请求回避的规定。如果需要就请求回避进行裁决的，由德国专利商标局局长已经普遍指定的另外一名法律专员作出这样的裁决。参照适用专利法第 123 条第（1）款至第（5）款和第（7）款以及第 124 条、第 126 条和第 128 条。

（2）不服德国专利商标局在本法规定的程序中作出的决定，可以向联邦专利法院提起申诉。联邦专利法院由三名法律专员组成申诉审议庭，对申诉进行裁决。参照适用专利法第 69 条、第 73 条第（2）款至第（4）款、第 74 条第（1）款、第 75 条第（1）款、第 76 条至第 80 条和第 86 条至第 99 条、第 123 条第（1）款至第（5）款和第（7）款和第 124 条，第 126 条至第 128 条。

（3）不服联邦专利法院依第（2）款所作出的决定的，在申诉审议庭允许的情况下，可以向联邦最高法院提起法律上诉。参照适用专利法第 100 条第（2）款和第（3）款、第 101 条至第 109 条、第 123 条第（1）款至第（5）款和第（7）款以及第 124 条。

第 24 条　诉讼费用减免

在依据第 23 条规定的程序中，若有充分获得登记的前景，依申请人的申请，参照民事诉讼法第 114 条至第 116 条的规定，申请人可以获得诉讼费用减免。根据权利人的请求，诉讼费用减免也可以授予给第 21 条第（2）款第一句规定的扩展保护费用以及第 28 条第（1）款第一句规定的维持费用。参照适用专利法第 130 条第（2）款、第（3）款和第（5）款以及第 133 条至第 138 条。

第 25 条　电子程序的管理；法规授权

（1）只要对专利局审查过程有关申请、请求或者其他审理活动的书面形式有事先规定的，参照适用民事诉讼法第 130 条 a 第（1）款第一句和第三句以及第（3）款的规定。

（2）联邦专利法院和联邦最高法院的诉讼文书，可以采取电子文档的形式。此外，除非本法另有规定外，参照适用民事诉讼法有关电子文档、电子文书和电子程序的管理的规定。

（3）联邦司法部在无需联邦参议院同意的情况下可以通过法令，规定：

1. 电子文档可以向专利局和法院递交的时间，以及适合于文档处理的形式和适用的电子签章；

2. 第（2）款规定的程序文书能够电子化管理的时间，以及对此适用的电子诉讼文书的形成、管理和维护的组织、技术框架条件；

3. 可以在专利局和法院递交电子文档的时间，以及宜于处理的文档格式。电子文档的采用，可因专利局、法院或者因某一程序而受到限制。

（4）一旦专利局或者法院指定的装置保存了电子文档，该电子文档即视为递交。

第 26 条 法规授权

（1）联邦司法部有权颁布无需联邦参议院批准的法令，规定：

1. 专利局的机构设置以及业务规程，例如，专利事务的流程方式，但以法律尚无确定的相关内容为限；

2. 申请以及外观设计复制品的形式以及其他的要求；

3. 依据第 11 条第（2）款第二句与申请一起递交的外观设计部件的合法尺寸；

4. 附在申请中、用以解释复制品的说明之内容和范围；

5. 产品类别的分类；

6. 组织和形成登记簿，包括应载入登记簿的事实以及公布的细节；以及

7. 在取消载入登记簿之后，处理与申请一起递交的、作为

外观设计复制品的物品。

（2）联邦司法部有权颁布法令规定高级或者中级职务的公务员或者其他同等职位的职员，负责无疑难技术问题或者疑难法律问题的业务；但不包括：

1. 因申请人异议的理由而依据第 14 条第（3）款第四句和第 16 条第（2）款至第 5 款所进行的调查和裁判；

2. 依据第 18 条的驳回；

3. 依据第 36 条第（1）款第 2 项至第 5 项的注销；

4. 与申请人陈述［第 11 条第（4）款第 3 项］不同的、关于应载入并公布的商品分类的裁决；以及

5. 申诉人针对在本法规定的程序中作出的决定的救济或者陈词［第 23 条第（2）款第三句］。

（3）对被委任进行第（2）款第 1 句规定的行为的人的自行回避和申请回避，参照适用第 23 条第（1）款第二句和第三句的规定。

（4）联邦司法部有权依照第（1）款和第（2）款，颁布无需联邦参议院批准的法令，全部或者部分地将前述权力授予德国专利商标局。

第四章　保护的生效和期限

第 27 条　生效和期限

（1）保护自登记簿上注册之日起生效。

（2）保护期限为 25 年，自申请日起算。

第 28 条　维持

（1）必须通过每次支付第 6 年到第 10 年、第 11 年至第 15 年、第 16 年至第 20 年、第 21 年至第 25 年保护期的维持费用，才能维持保护。维持将载入登记簿并公布。

（2）以合并申请注册的外观设计，如果缴纳维持费用时没有说明具体针对哪一部分的外观设计时，将根据申请的排序处理。

（3）如果没有维持保护的，保护届满。

第五章　作为财产客体的外观设计

第 29 条　权利继受

（1）外观设计权可以转让或者继受给其他人。

（2）如果外观设计属于一个企业或者企业的部分，在有疑问的情况下，对外观设计所属的企业或者企业部分的转让或者继受，应包括该外观设计。

（3）在向德国专利商标局出示证据的情况下，权利人或者继受人可以请求将继受载入登记簿。

第 30 条　物权、强制执行、破产程序

（1）外观设计权可以是：

1. 一项物权的客体，尤其被质押时，或者

2. 强制执行措施的客体。

（2）第（1）款第 1 项所称权利或者第（1）款第 2 项所称的措施，在债权人或者其他合法权利人的请求并出示证据的情况下，应载入登记簿。

（3）如果外观设计权成为破产程序的标的，则根据破产管理者或者破产法院的请求，应将此载入登记簿。在外观设计共有的情况下，第一句参照适用于属于共有者的部分。在自我管理的情况下（破产条例第 270 条），财产受托管人即为破产管理人。

第 31 条　许可

（1）权利人可以授予联邦德国全境或者部分国境的许可。许可可以是独占许可，也可以是非独占许可。

（2）权利人可以向被许可人主张外观设计权，当被许可人在：

1. 许可期限；

2. 外观设计的使用形式；

3. 授予许可的产品选择；

4. 授予许可的地域范围；或者

5. 被许可人制造的产品的质量上违反了许可协议的条件的。

（3）不管许可协议的规定如何，被许可人只有在权利人的同意之下，才能够对侵犯外观设计的行为提起诉讼。但是，如果权利人在其被要求的合理期限内，自己没有提起诉讼的，则不适用于独占许可的被许可人。

（4）为了主张自身的损害赔偿，每个被许可人都可以以共同原告的身份，参加到由外观设计权利人提起的诉讼中。

（5）第 29 条规定的权利继受或者本条第（1）款规定的许可授予，不影响以前授予给第三人的许可。

第 32 条　参照适用于外观设计申请

本节的规定参照适用于外观设计申请所产生的权利。

第六章　无效和注销

第 33 条　无效

（1）当产品不属于外观设计，外观设计不具备新颖性或不具备独创性［第 2 条第（2）款或第（3）款］；或者设计不应当给予外观设计保护的（第 3 条），外观设计无效。

（2）外观设计权无效应当通过判决确定。任何人都有权提出无效请求。

（3）外观设计一旦被生效的判决判定无效，则其注册的保护效力视为自始即不存在。法院应当将具有法律效力的判决转送专利商标局。

（4）即使外观设计保护期已经届满或已经被放弃，仍然可以判定该外观设计权无效。

第 34 条　与其他权利的冲突

在下列情形下，可以要求撤销一项外观设计：

1. 在后的外观设计中使用了一个具有识别性的标识，而该标识的权利人有权禁止该使用的；

2. 外观设计构成了对一项受著作权保护的作品的不正当使用；

3. 该外观设计落入了一项在先的外观设计的保护范围内，即使该在先的外观设计是在在后的外观设计的申请日后才公开的。

上述请求只能由具有有关权利之权利人提出。

第 35 条 部分维持

在下述情形下，外观设计可以用修改后的形式加以维持：

1. 当根据第 33 条第（1）款以不具备新颖性或独创性［第 2 条第（2）款或第（3）款］或不应当授予外观设计保护（第 3 条）为由而确认其无效时，通过宣告部分无效或由权利人声明部分放弃；

2. 当根据第 34 条第（1）款或第（2）款提出注销请求时，通过同意部分注销或声明部分放弃，只要这样做满足了保护条件并且外观设计保持了同一性。

第 36 条 注销

（1）在下述情况下，将注销外观设计的登记：

1. 保护期限届满；

2. 在其他载入登记簿的权利人或者依据第 9 条提起诉讼的原告同意的情况下，权利人请求放弃；

3. 当第三人提起请求，并且随请求递交了公开、可信的契据以及根据第 2 项的声明；

4. 依照第 9 条或者第 34 条撤销；

5. 由于无效，递交了具有法律效力的裁判。

（2）如果权利人仅依据第（1）款第 2 项和第 3 项部分放弃外观设计的，或者仅同意依据第（1）款第 4 项部分注销外观设计的，或者依据第（1）款第 5 项确定部分无效的，则不予注销而在登记簿中进行相应的登记。

第七章　保护的效力和限制

第 37 条　保护的客体

（1）保护针对已经在申请中以可视方式再现的外观设计的外形特征。

（2）如果一项申请出于推迟公告的目的包含了一个平面的设计部件，则在法律规定的延长情况下，在第 21 条第（2）款规定的延迟期限届满后，保护客体由已经递交的外观设计复制品确定。

第 38 条　外观设计权及其保护范围

（1）外观设计权利人享有实施其外观设计以及禁止第三人未经其同意实施其外观设计的独占权。上述实施特别指制造、许诺销售、投入市场、进口、出口或使用包括了该外观设计或应用该外观设计的产品，或为上述目的占有上述产品。

（2）外观设计保护范围延伸到每一个不会使有见识的使用者认为不同于授权外观设计的整体印象的设计。在判断保护范围时，应当考虑设计者在开发其外观设计时的创作自由程度。

（3）在延迟公开期间［第 21 条第（1）款第 1 句］，获得第（1）款、第（2）款所述保护的条件是，所涉及外观设计是仿制受保护的外观设计的结果。

第 39 条　法律效力的假定

应从有利于权利人角度出发，假定外观设计已经满足了获得法律效力的所有条件。

第 40 条　外观设计权的限制

下述情况下，不得主张外观设计权：

1. 个人领域的非营利目的的实施行为；

2. 试验目的的行为；

3. 以引用以及指导的目的的复制，前提是这样的复制与诚实交易的习惯一致，没有不正当地损害外观设计的正常应用，并且标明来源；

4. 在国外登记注册，并且临时进入国内的船只和航空器上的设备；

5. 进口替换零部件或者配件用以修理第 4 项所述的船只和航空器，以及在第 4 项所述船只和航空器上进行的修理行为。

第 41 条　先用权

（1）如果在申请日之前，第三人已经在国内以诚信的方式实施过同一个外观设计，或者已经为此作出了真正和实质性的准备，且该外观设计的开发独立于注册外观设计的，则第 38 条所规定的权利，不能向该第三人主张。该第三人有权实施该外观设计。授予许可（第 31 条）则不允许。

（2）第三人的这一权利不得转让，除非第三人运作一个企业，并且随转让的是企业中涉及实施或者准备实施外观设计的部分。

第八章　侵犯外观设计权

第 42 条　消除妨碍、停止侵权和赔偿损失

（1）对任何违反第 38 条第（1）款第一句的规定实施外观设计的人（侵权人），权利人或者任何其他有权利的人可以要求其消除妨碍、停止连续性侵权行为，也可请求制止其一次性侵权行为。

（2）对任何故意或者过失实施侵权行为的人，对被侵权人因此产生的损害负有赔偿义务。侵权损害的赔偿数额，可以按照侵权人因侵权所获得的利益确定。赔偿数额也可以按照侵权人作为外观设计的实施许可人时应支付的合理补偿费确定。

第 43 条　销毁、召回和转让

（1）被侵权人可以请求侵权人销毁其当时占有或者所有的非

法制造、流通或者用于非法流通的产品。对侵权人所有的主要用于制造这些产品的设备，也参照适用第一句的规定。

（2）被侵权人可以请求侵权人召回其非法制造、流通或者用于非法流通的产品，或者请求从销售渠道中彻底清除这些产品。

（3）除了第（1）款规定的措施，被侵权人可以要求侵权人将其所有的这些产品，以一个不超出制造成本的合理价格，转让给被侵权人。

（4）在具体案件中，当第（1）款至第（3）款规定的请求不合理时，不予支持。审查请求的合理性时，应考虑有权利的第三方的利益。

（5）民法典第93条的建筑物实体部件，或者可以卸除的产品和设备的部件，如果其制造和流通不合法的，不适用第（1）款至第（4）款所规定的措施。

第44条 企业所有人的责任

如果企业内部的雇员或者受托人非法侵犯一项外观设计的，被侵权人可以向企业所有人主张根据第42条和第43条规定的除了赔偿损失之外的所有权利。

第45条 *补偿*

如果侵权人既无故意又无过失的，可以通过向被侵权人补偿金钱的形式，避免第42条和第43条的权利主张，条件是实现这些权利主张将给侵权人带来不合理的损失并且金钱补偿对被侵权人是合理的。作为补偿应支付的金钱数额，应根据订立的情况下所享有的合理报酬加以衡量。一旦支付补偿，在通常的使用范围内，被侵害人的同意视为授权。

第46条 *信息告知*

（1）被侵权人可以要求侵权人立即告知关于该产品的来源和销售途径的信息。

（2）即使有第（1）款的规定，在明显侵权或者被侵权人向侵权人提起诉讼的场合下，被侵权人也可对曾以商业规模从事下列行为的人提出告知信息的要求：

1. 占有侵权产品；

2. 对侵权行为提供服务；

3. 为侵权行为提供一般的服务；或者

4. 根据上述三类人的陈述，参与过这些产品的制造、生产或者销售，除非根据民事诉讼法第383条到385条，该人有权拒绝在对抗侵权人的诉讼程序中作证。如果根据第一句向法院提出请求，法院可以根据申请，在要求提供信息的争议审结之前，中断审理针对侵权人的法律纠纷。有义务提供信息的人可以要求被侵权人补偿提供信息所需的必要费用。

（3）有告知义务的侵权人应当详细说明：

1. 其所确知的产品制造者、供应商和产品或者服务的其他在先所有人以及商业客户和销售处的姓名和住所；

2. 制造、交付、接收或者订货的产品数量，以及相关产品或者服务的价格。

（4）在具体案件中，当第（1）款和第（2）款的请求不合理时，不予支持。

（5）有告知义务的人如果有故意或者重大过失，提供了错误或者不完整的信息，就因此产生的损失对被侵权人负有相应的义务。

（6）根据第（1）款、第（2）款没有告知义务的人如果提供了真实信息，仅在他提供信息时知道他并没有告知义务的情况下，对第三方负有责任。

（7）在明显侵权的情形下，可以依据民事诉讼法第935条到第945条的规定，以颁布临时禁令的方式要求侵权人履行告知义务。

（8）在刑事诉讼或者在依据社会治安法进行的程序中，因告知信息之前的行为起诉有告知义务的人，或者依据刑事诉讼法第52条第（1）款起诉相关被告，只有经负有告知义务的人同意，才可以利用其告知的信息。

（9）在涉及通讯信息（电信法第 3 条第 30 项）的情况下，被侵权人必须先提出申请，在获得一个有关使用通讯信息的授权令后，才能取得信息。不管争议价值大小，有告知义务的人的居住地、所在地、营业地所处辖区的州法院对该授权令的颁发享有排他的管辖权。决定由管辖法院的民事庭作出。根据自愿管辖事务法的相关规定，除第 28 条第（2）款和第（3）款外，参照适用。被侵权人承担作出决定的审判费。不服州法院决定的，申诉人可以及时向州高等法院提起上诉。仅当决定对权利造成损害时，申诉人才能获得支持。州高等法院的决定具有终审效力。此外，个人数据保护的规定不受影响。

（10）根据第（2）款和第（9）款的规定，通讯秘密的基本权利（基本法第 10 条）受到相应限制。

第 46A 条　陈述和检查

（1）对有足够可能性出现侵权时，为了确保请求权具有基础，权利所有人或者其他权利人可以要求侵权涉嫌人出示其具有处分权的文件，或者要求检查其具有处分权的物品。如果存在以商业规模侵权的足够可能性，可以要求出示有关银行、金融、交易的书面证据。在特别情况下，侵权嫌疑人如果能证明有关证据涉及保密信息的，法院应采取必要保护措施。

（2）在具体案件中，当第（1）款规定的请求不合理时，不予支持。

（3）可以依据民事诉讼法第 935 条至第 945 条的规定，以颁布临时禁令的方式，要求履行出示文件和接受检查物品的义务。法院应采取必要措施保护秘密信息。颁发临时禁令之前，没有听取过抗辩一方意见的，尤其应采取必要保护措施。

（4）参照适用民法典第 811 条和本法第 46 条第（8）款的规定。

（5）如果不存在任何侵害或者侵害的威胁，侵权嫌疑人可以要求根据第（1）款主张出示文件和检查物品的人向其补偿此类要求所造成的相应损失。

第 46B 条 对损失赔偿请求权的保护措施

（1）侵权人以商业规模实施第 42 条第（2）款所规定的侵权的，被侵权人可以要求侵权人出示银行、金融、交易的书面材料或者有关这些证据的一份合理补充材料，前提是侵权人对这些材料有处分权，且这些材料对损害赔偿请求权的实现必不可少，缺少这些文件损害赔偿请求将难以实现。在特别情况下，侵权嫌疑人如果能证明有关证明涉及保密信息，法院应采取必要保护措施。

（2）在具体案件中，当第（1）款规定的请求不合理时，不予支持。

（3）当损害赔偿请求权明显成立时，可以依据民事诉讼法第 935 条至第 945 条的规定，以颁布临时禁令的方式，要求侵权人出示第（1）款所列举的文件。法院应采取必要措施保护秘密信息。颁发临时禁令之前，没有听取过侵权人意见的，尤其应采取必要保护措施。

（4）参照适用民法典第 811 条和本法第 46 条第 8 款的规定。

第 47 条 判决的公布

根据本法提起的诉讼，当有正当利益时，可判决胜诉方有权以公布该判决，费用由败诉方承担。公布的方式和范围，应在判决书中确定。在判决生效日起 3 个月内不行使该权利的，权利消灭。按第一句所作的判决，不得采取假执行。

第 48 条 用尽

当权利人自己或者经其同意由第三方将某一产品投放在欧盟任一成员国领域内或者欧洲经济区协议的任一缔约国国土内的，如果该产品中嵌入了或者应用了落入外观设计保护范围的设计的，则外观设计权不能扩展到涉及该产品的行为。

第 49 条 诉讼时效的限制

权利受到侵害所产生的请求权的诉讼时效，参照适用民法典第一编第五章的规定。如果赔偿义务人因侵权行为使权利人受损而自己获益的，参照适用民法典第 852 条第（2）款的规定。

第 50 条　根据其他规定的主张

根据其他法律所提起的权利主张不受影响。

第 51 条　刑事规定

（1）违反本法第 38 条第（1）款第一句，未经权利人的同意实施外观设计的，可处 3 年以下有期徒刑或者罚金。

（2）以商业目的实施专利的，处以五年以下的有期徒刑或者罚金。

（3）企图实施上述行为的，也应当受处罚。

（4）第（1）款规定的行为，告诉才处理，除非刑事追诉机关认为，对保护特别的公共利益而言依职权进行刑事追诉是必须的。

（5）可以没收涉及犯罪行为的产品。适用刑法第 74A 条的规定。依据刑事诉讼法关于受害人的损害赔偿的规定（第 403 条至第 406C 条）提起的诉讼中，根据本法第 43 条提出的请求得到支持的，则不适用有关没收的规定。

（6）宣告对行为人进行处罚，依据被侵权人请求并且证明其有正当利益的，法庭应当公开宣判。宣判方式由判决书确定。

第九章　外观设计诉讼的审理

第 52 条　外观设计诉讼

（1）不论诉讼标的大小，州法院对所有依据本法规定的法律关系之一而提出的诉讼主张（外观设计诉讼）享有专属管辖权。

（2）只要对案件的审理有实质帮助，各州政府有权颁布法令，在多个州法院的管辖区域内，指定其中一个州法院管辖外观设计诉讼。各州政府可以将此权力移交给州司法行政部门。

（3）各州可以通过协议，将由一州法院负责的事务全部或者部分移交给其他州具有管辖能力的法院。

（4）就专利代理人共同参与外观设计诉讼所产生的费用，必须支付联邦律师费用法第 11 条所规定的费用，以及专利代理人的其他必要支出。

第 53 条 依据本法和反不正当竞争法的请求的诉讼管辖

与受本法调整的法律关系有关并同时基于反不正当竞争法规定的请求权，可以向对外观设计的纠纷审理具有管辖权的法院主张，不受反不正当竞争法第 14 条规定的限制。

第 54 条 诉讼标的之优惠待遇

（1）在依据本法调整的法律关系提出诉讼请求的民事诉讼中，若一方当事人使法院相信，当其按照诉讼标的全额承担的诉讼费用将严重危及其经济状况的，法院依其申请可以颁布命令，按照当事人的经济状况，将其承担的诉讼费用减为按照部分诉讼标的额确定。

（2）根据第（1）款的法院减免令，受益的当事人同样只需依据该部分诉讼标的额支付其律师费用。若判令由其承担诉讼费或者部分诉讼费，该当事人应当按照该部分诉讼标的额支付对方当事人所缴纳的诉讼费和律师费用。如判令对方当事人承担全部或者部分诉讼费以外的费用，受益当事人的律师费可以向对方当事人按照对其适用的诉讼标的额来承担。

（3）可以通过在法院书记处记录笔录的方式提出第（1）款所规定的减免申请。申请应当在法庭进行实体审理前提出。在实体审理后，只有在法院提高预计或者已确定的诉讼标的额时，才可以提出该申请。在裁判该申请前，应当听取对方当事人的陈述。

第十章　海关措施的规定

第 55 条 进出口时的扣押

（1）若明显存在第 38 条第（1）款规定的侵权行为，但不适用欧委会第 1383/2003 号命令（欧共体）关于海关针对涉嫌侵犯知识产权的商品的行动和针对侵犯知名知识产权商品的措施的规定的生效文本的，依权利人申请并且提供担保的，海关应当扣押每次进口或者出口的产品。在与欧洲联盟的其他成员国以及欧洲经济区协议缔约国间的贸易中，仅由海关负责执行该规定。

（2）海关颁发扣押令时，应当立即通知有处分权的人和请求人。海关应当将产品的来源、数量、存放地点以及有处分权人的姓名和住址告知请求人，并限制通信和通讯秘密（基本法第10条）。只要不妨碍正常营业或者商业秘密，应当给予请求人检查涉嫌侵权产品的机会。

第 56 条 *没收和异议*

（1）对扣押未提出异议的，最迟在依据第55条第（2）款第一句规定的通知送达后2周内，海关当局应当命令没收已扣押的产品。

（2）若有处分权人对扣押提出异议的，海关当局应当立即通知请求人。请求人应当立即向海关说明其是否维持依据第（1）款规定的产品扣押申请。

（3）若请求人撤回申请，海关应当立即终止扣押。若请求人维持请求，并递交有执行力的法院继续扣押产品的命令或者行为禁止令，海关当局应当采取必要措施。

（4）若不存在第（3）款规定的情形，在依据第（2）款第一句规定发出的通知送达请求人2周后，海关当局应当终止扣押。若请求人证明已申请第（3）款第二句规定的法院判决，但仍未收到判决书的，扣押最多可以再延长2周。

（5）若证明扣押自始不当，并且请求人对扣押产品维持依据第55条第（1）款提出的请求或者未立即作出说明［第（2）款第2句］的，请求人应当赔偿有处分权人因扣押所受的损失。

第 57 条 *管辖和救济*

（1）第55条第（1）款规定的申请，应向联邦财政部门提出，有效期1年，除非当事人要求更短的有效期限；可以重新提起申请。依据税法第178条的规定，与请求有关的职务行为的花费由权利人负担。

（2）不服扣押和没收决定可以依据社会治安法关于扣押和没收的处罚程序寻求法律救济。在复议程序中，应当听取复议请求人的陈述。对地区法院作出的裁判，可以立即提起上诉；上诉由州高等法院审理。

第 57A 条　根据第 1383/2003 号命令（欧共体）的程序

（1）若海关当局根据第 1383/2003 号命令（欧共体）第九条规定，中断或者阻止商品的移交，海关当局应当立即通知权利人以及请求人或者商品持有人或者所有人。

（2）在第（1）款的情况下，权利人可以要求以第 1383/2003 号命令（欧共体）规定中列举的简化方法销毁商品。

（3）在收到第（1）款的书面通知后，应在 10 个工作日之内向海关当局提起请求，易坏品应在 3 个工作日内提起请求。请求应该包括有关该程序正在处理的商品侵犯了本法所保护的权利的说明。申请还应附有请求人、商品持有人和所有人销毁商品的书面同意函。不论申请人、持有人或者所有人的书面声明是同意销毁与否，皆可以直接向海关当局递交。在第一句规定的期限届满前，经权利人可以申请再延长 10 个工作日。

（4）如果请求人、商品持有人和所有人在收到第（1）款所规定的通知后，在 10 个工作日之内，或者在易坏品情况下 3 个工作日内，没对销毁提出异议的，视为同意销毁。就此情况，应该在第（1）款规定的通知中告知当事人。

（5）销毁商品的费用和相应责任由权利人承担。

（6）海关可以承担销毁的组织工作。第（5）款的规定不受影响。

（7）根据第 1383/2003 号命令（欧共体）第 11 条第（1）款第二点规定的样品的保管期为 1 年。

（8）此外，在第 1383/2003 号命令（欧共体）没有相反规定的情况下，参照适用第 55 条至第 57 条的规定。

第十一章　特殊规定

第 58 条　国内代理人

（1）在德国无住所、居所或者营业所的，必须委托德国的律师或者专利律师作为代理人，才能参加本法所规定的在专利局或者专利法院的各项程序，并主张基于外观设计的权利。该代理人应有权代理其参加登记和诉讼程序或者涉及该外观设计的民事诉讼，也有权代为提起刑事自诉。

（2）欧洲联盟的成员国或者其他欧洲经济区条约缔约国的国民，根据缔结欧共体条约对引进服务业的规定，只要其职业范围在 2000 年 3 月 9 日生效的欧洲律师在德国从业规定第 1 条或者 1990 年 7 月 6 日生效的专利律师职位许可能力测试规定第 1 条以及它们每一个生效文本规定的范围内的，可以担任（1）款规定的代理人。

（3）代理人事务所的所在地，视为民事诉讼法第 23 条规定的资产所在地；代理人没有事务所的，以其国内居住地为准；没有国内居住地的，以专利局所在地为准。

（4）必须向德国专利商标局或者联邦专利法院说明代理的终止，以及另行指定的代理人，第（1）款代理人的代理权才终止。

第 59 条　外观设计的标识和告示

任何人使用的标记足以使人认为物品是依据本法受保护的外观设计的，依据对知悉权利状况有正当利益的人的要求，应当告知其使用该标记的外观设计的有关情况。

第 60 条　适用期限延长法的外观设计

（1）除非第（2）款至第（7）款有另外的规定，本法的规定适用于所有根据 1992 年 4 月 23 日生效（联邦法律公报，I，第 938 页）、2004 年 3 月 12 日最后修改的期限延长法第 2 条第 10 款（联邦法律公报，I，第 390 页）获得延长的外观设计。

（2）在 2001 年 10 月 28 日保护期尚未届满的外观设计，保护期应是 25 年，终止于申请日所在月份届满之时。维持保持的，应支付自申请日起第十六年至第二十年的年费和第二十一年至第二十五年的年费。

（3）如果在期限延长法生效之前，由于实施外观设计，而根据之前的法律规定请求支付报酬的，则应根据这些法律规定支付报酬。

（4）任何人合法实施外观设计，如果该外观设计受到期限延长法 2004 年 5 月 31 日修订文本第 4 条规定的版权人证书保护的，或者根据期限延长法生效之前适用的法律规定已经申请版权人证书保护的，则可以在德意志联邦共和国全境内继续实施。就该继续实施，保护权的权利人可以要求有权实施者支付合理的报酬。

（5）若一项专利申请为获得于 1974 年 1 月 17 日生效（法律公报，I，第 15 项，第 140 页）、1998 年 12 月 9 日经法令修改（法律公报，I，第 28 项，第 333 页）的工业品外观设计条例第 10 条第（1）款所规定的工业品外观设计，且该申请根据期限延长法 2004 年 5 月 31 日修订文本第 10 条获得延长的，如果该申请已经公布的，则应当适用至 2004 年 5 月 31 日失效的外观设计法的第 8 条第（2）款有关公布载入登记簿的外观设计申请的规定。

（6）如果外观设计根据期限延长法覆盖了统一条约第 3 条规定的地域或者德意志联邦共和国境内其他地方，且其保护范围一致并因延伸而出现竞合的，则该保护权或者受保护之申请权的权利人，不管源自保护权或者受保护之申请权的权利的申请时间起点如何，既不能相互之间主张权利，也不能对已经从其他保护权或者受保护之申请权的权利人获得实施许可的人主张权利。但是，如果没有限制的实施将导致其他保护权的权利人，或者受保护之申请权的权利人，或者从前两者获得实施这些主题的其他人遭受实质损害的，且这在考虑整个案情和平衡各方合法利益人情况下不公平的，则保护权或者受保护之申请权的主题，不应该在保护权或者受保护之申请权获得扩展的地域实施，或者只能进行有限制的实施。

（7）根据期限延长法 2004 年 5 月 31 日修订文本第 1 条至第 4 条的规定获得延长的外观设计的效力，不得对抗已经合法实施外观设计的人，只要其实施外观设计的地域，依据确定申请时间起点的日期以及在 1990 年 7 月 1 日之前，是该外观设计在期限延长法生效之前不能适用的地域。该人有权在德意志联邦共和国全境之内，为了自己的营业或者第三方的作坊而在参照适用专利法第 12 条有关限制下，充分实施外观设计，只要这样的实施不会导致其他保护权的权利人、受保护之申请权的权利人或者从前两者获得实施这些主题的其他人遭受实质损害的，且这在考虑整个案情和平衡各方合法利益人情况下是不公平的。若产品是在国外制造的，仅当实施者通过在国内的实施已经确立了值得保护的财产，并且综合案情拒绝给予继续实施权将给实施者带来不公平的困境的，才允许实施者享有第一句所规定的继续实施权利。

第 61 条 印刷字体

（1）除非第（2）款至第（5）款有不同规定的，依据字体法至 2004 年 7 月 1 日生效文本第 2 条规定进行登记的印刷字体，都依据本法获得合法的保护。

（2）对以字体法第 2 条为依据、在 2004 年 5 月 31 日之前递交的申请，在该时间点适用的有关给予保护的要件，依然继续适用。

（3）对在 2004 年 7 月 1 日之前就开始的行为，且印刷字体权利人在当时不可能加以禁止的，外观设计权不能与之对抗。

（4）至第（1）款规定的字体登记之前，其保护效力之确定，适用字体法至 2004 年 7 月 1 日生效的文本。

（5）不受第 28 条第（1）款第一句的限制，维持第（1）款规定的字体保护期限的，只能从第十一年起，支付维持费用。

第十二章 共同体外观设计

第 62 条 申请的转递

如果根据 2001 年 12 月 12 日委员会第 6/2002 号令关于共同体外观设计的规定，向德国专利商标局递交一份共同体外观设计申请的，德国专利商标局应记录申请受理日，不经审查立即将申请转递给内部市场协调局（商标、设计和模型）。

第 63 条 共同体外观设计的诉讼

（1）第 6/2002 号令第 80 条第（1）款（共同体外观设计诉讼）规定的共同体外观设计法院享有管辖权的所有诉讼，不论诉讼标的大小，由州法院民事庭作为共同体外观设计法院的专属初审法院。

（2）联邦各州政府有权颁布法令，在多个共同体外观设计法院的管辖区域内，指定其中一个法院管辖共同体外观设计诉讼的审理。各州政府可以通过法令将此权力移交给州司法行政部门。

（3）各州可以通过协议，将由一州的共同体外观设计法院负责的事务全部或者部分移交给其他州具有管辖能力的共同体外观设计法院。

（4）第 52 条第（4）款和第 53 条的规定，参照适用于共同体外观设计法院。

第 64 条 执行条款的授予

联邦专利法院主管第 6/2002 号令第 71 条第（2）款第二句的执行令的授予。具有执行力的副本由联邦专利法院的司法常务官签发。

第 65 条 侵害共同体外观设计的刑事责任

（1）违反第 6/2002 号令第 19 条第（1）款，未经权利人之同意实施共同体外观设计的，可以处 3 年以下有期徒刑或者罚金。

（2）参照适用第 51 条第（2）款至第（6）款的规定。

第十三章　过渡性规定

第 66 条　*法律适用*

（1）在 1988 年 7 月 1 日之前，根据在联邦法律公报第 III 部分、编号 442－1 公布的并最后由 2002 年 7 月 23 日的法律第 8 条所修改（联邦法律公报 I 第 2850 页）的外观设计法协调文本，已经递交外观设计申请的，继续适用这一时间的法律规定。

（2）就在 2001 年 10 月 28 日之前已经申请或者获得登记的外观设计，继续适用这一时间有关保护要件的规定。涉及第 38 条第（1）款规定的行为，如果该行为在 2001 年 10 月 28 日之前已经开始，且在这一天之前无法根据在联邦法律公报第 III 部分、编号 442－1 公布协调文本的外观设计法的规定禁止被侵权人的行为的，则不能主张外观设计权。

（3）在 2004 年 7 月 1 日之前申请但尚未获得登记的外观设计，其在获得登记之前的保护效力，适用在联邦法律公报第 III 部分、编号 442－1 公布的协调文本中、生效至 2004 年 5 月 31 日的外观设计法的规定。

（4）在联邦法律公报第 III 部分、编号 442－1 公布的协调文本中、生效至 2002 年 1 月 1 日的外观设计法第 14A 条第（3）款，与至 2002 年 1 月 1 日失效的民法典有关时效的规定具有相同地位，就此参照适用民法典施行法第 229 条第 6 项的规定。

第 67 条　*权利的限制*

（1）对使用一个构件修理复杂产品以使其恢复到最初外观的行为，如果根据在联邦法律公报第 III 部分、编号 442－1 公布的协调文本、生效至 2004 年 5 月 31 日的外观设计法的规定，不能阻止该行为的，则不能对该行为主张外观设计权。

（2）对在 2004 年 6 月 1 日前、基于外观设计申请或者登记所获得的权利所授予的既存的许可，仅当从 2004 年 6 月 1 日起该权利已经转让或者从该时间起已经许可授予的，才适用第 31

条第（5）款的规定。

（3）第 10 条关于设计人署名之请求权，仅可针对自 2004 年 6 月 1 日起申请的外观设计主张。

（4）生效至在 2004 年 5 月 31 日前的外观设计法第 8A 条规定的基本设计的变换的效力，适用在联邦法律公报第 III 部分、编号 442 - 1 公布的协调文本、生效至 2004 年 5 月 31 日的外观设计法的规定。第 28A 条适用于基本设计的变换的维持，但应首先考虑基本设计。

奥地利实用新型法[1]

联邦法律公报 1994/211 及联邦法律公报 I 1998/175，I 2001/143，
I 2004/149，I 2005/42，I 2005/130，I 2005/151 和 I 2007/81

第一章 总 则

主 题

第一条 （1）实用新型保护授予所有技术领域的发明，只要其是新颖的（第三条）、具有创造性并适于工业应用。

（2）作为计算机程序的基础的程序逻辑也视为第（1）款意义上的发明。

（3）下列各项，不属于第（1）款意义上的发明：

1. 发现、科学理论或者数学方法[2]；

2. 美学创作意义上的外形创造；

3. 智力活动、游戏、商业活动的方案、规则和方法，以及计算机程序；

4. 信息的表达。

（4）第（3）款有关不授予实用新型保护的规定，仅适用于当要求实用新型保护的主题或者活动属于第（3）款所列内容本身的情况。

---

[1] 根据奥地利专利局网站（http：//www.patentamt.at/Erfindungsschutz/ Gesetzliche_Basis/）上提供的德文版翻译。翻译：沈英莹、杨靖；校对：沈英莹。

[2] 译者注：在（1）（2）（3）下设 1.2.3. 序号层级不符合中文表达习惯，本译文尊重原版序号表达。

例 外

第二条 有下列情形之一的，不授予实用新型保护：

1. 该发明的公开或者使用违反公共秩序或者善良风俗的；不得仅仅因为法规禁止某发明的使用，而认定存在上述违反的情况。

2. 用于人类外科手术或者治疗的方法和诊断方法；但在前述方法中用到的产品，尤其是属于物质或者混合物，不在此列。

3. 植物、动物和生物材料以及它们的培育方法。

新颖性

第三条 （1）当一项发明不属于现有技术，则具有新颖性。现有技术包括在申请的优先权日以前，公众能够通过书面记载、口头描述、使用或者以其他任何方式可以公开获得的所有知识。

（2）下列在优先权日之前提出申请的，且于在后申请的优先权日当天或者之后官方公布的申请的原始递交文本中的内容也属于现有技术：

1. 依据本法提出的实用新型申请；

2. 依据 1970 年专利法（联邦法律公报第 259 号）提出的专利申请；

3. 专利条约引入法（1979 年联邦法律公报第 52 号）第一条第 6 项意义上的国际申请，当其符合专利条约引入法第十六条第（2）款的条件；

4. 专利条约引入法第一条第 4 项意义上的欧洲专利申请；以及

5. 当欧洲专利申请源于某个国际申请时，仅在符合《欧洲专利公约》（1979 年联邦法律公报第 350 号）第一百五十三条第5 款的条件下的、专利条约引入法第一条第 4 项意义上的欧洲专利申请。

在评价一项发明是否具有创造性时，上述优先权日前的申请不能用于判断该发明是否具有创造性。

（3）属于现有技术的物质或者混合物，如果其是确定用于本法第二条第 2 项所说的方法或者此类但用于动物的方法，并且将其应用于该方法不属于现有技术，则不能依据本条第（1）款和第（2）款的规定排除其可保护性。同样，本款所述的物质或者混合物在上述方法中的某一特殊用途，如果不属于现有技术，也不能依据本条第（1）款和第（2）款的规定排除其可保护性。

（4）如果由于下列情形，直接或者间接地导致申请的发明在申请日以前六个月内被公开，则不适用本条第（1）款的规定：

1. 申请人或者其原有权利人；或者

2. 明显有损申请人或者其原有权利人利益的滥用行为。

效 力

第四条 （1）实用新型权利人有权实施实用新型，任何其他人不得以经营为目的制造、销售、许诺销售或者使用实用新型的产品，或者为上述目的进口或者储存实用新型的产品。对方法的实用新型，其效力也延及通过该方法直接制造的产品。但实用新型的效力不延及研究和实验，以及为获得药品许可、执照和登记而在实践中所必需的研究和实验行为。

（2）实用新型的保护范围以生效的权利要求为准。说明书和附图用于解释权利要求。对此适用欧洲专利公约第六十九条协议的规定。但是只要实用新型的保护范围没有被扩大，在实用新型无效过程中修改的文本有溯及力地确定实用新型的保护范围。

（3）实用新型权的效力不延及出于运输的目的临时进入本国的交通工具及在该交通工具上的装置。

第四 a 条 （1）实用新型权还具有以下效力：

除了有权实施作为实用新型保护客体的发明的人，未经实用新型权利人许可，任何第三人不得提供或者供应涉及发明的重要要素的方法或者产品用于实施该发明，当该第三人明知或者根据情势应当得知这些方法或者产品适于和用于实施该发明的时候。

（2）当上述方法或者产品是在日常交易中可以获得的商品时，不适用本条第（1）款的规定，但该第三人故意诱导供应商实施第四条第（1）款所禁止的行为的除外。

（3）以非经营为目的实施第四条第（1）款规定的行为的人不属于本条第（1）款所规定的有权实施发明的人。

先用权

第五条 （1）实用新型权的效力不及于在优先权日之前已经善意地在本国内将发明投入使用的，或者已经为投入使用做好了必要准备的人（先用者）。

（2）先用者有权为自己经营目的在自己或者他人的工厂和车间里继续实施该发明。

（3）该项权利只能随其经营一同继承或者转让。

（4）先用者可以请求实用新型权利人书面承认先用者的权利。获得承认的权利将根据先用者的请求登记在实用新型登记簿中。

（5）如果上述承认被拒绝，则可提请专利局裁决以及在可能时将该权利登记在实用新型登记簿中。

保护期限

第六条 一项实用新型的保护自该实用新型官方公布（第二十三条）之日起，最迟届满于 10 年之后申请月的月末。

实用新型保护的请求权

第七条 （1）实用新型保护的请求权属于发明人或者其权利继受人。

（2）在此适用 1970 年专利法（联邦法律公报第 259 号）第六条至第十七条及第十九条的规定。

发明人署名

第八条 （1）发明人有在官方公布文件、实用新型登记簿、实用新型说明书、实用新型证书及由专利局出具的优先权文件中写明自己是发明人的权利。

（2）此项权利不可转让或者继承。对此项权利的放弃不具有法律效力。

（3）可以由发明人、申请人或者由实用新型权利人提出署名的请求。当有多人具有此项权利时，如果署名的请求不是由所有权利人共同提出的，则必须提供其他权利人同意的证明。如果在已写明的发明人之外需添加其他发明人或者更改已写明的发明人，则也需要提供目前为止已写明的发明人同意的证明。

（4）若申请人、实用新型权利人或者已写明的发明人拒绝同意，则专利局应依请求根据无效请求程序规定裁决对发明人署名的请求。作出同意请求并具有法律效力的裁决的，应依照本条第（1）款的规定署名。

多个实用新型权利人相互间的关系

第九条 多个实用新型权利人相互间的法律关系由民法确定。只有全部的实用新型权利人才能许可第三人实施该实用新型的权利；但每个实用新型权利人均有权对侵害实用新型保护权利的侵害人提起诉讼。

转　移

第十条 （1）申请实用新型保护的权利及实用新型的权利可以整体或者部分转移。

（2）不存在遗产复归权（普通民法典第七百六十条）。

质　权

第十一条 实用新型可以是质权的客体。

终　止

第十二条　（1）有下列情形之一的，实用新型权终止：

1. 实用新型权届满；

2. 没有按时缴纳年费；

3. 实用新型权利人放弃该实用新型。

（2）当仅放弃实用新型的一部分时（限制），实用新型的剩余部分仍然保持有效。对此专利局并不审查剩余部分是否仍然满足本法的规定及是否应允许上述限制。

（3）在本条第（1）款第1项情况下，实用新型权终止于届满日的次日；在本条第（2）款第2项情况下，实用新型权终止于最后有效年份的最后1天的次日；在本条第（1）款第3项情况下，实用新型权终止于放弃声明到达专利局之日的次日。

第二章　申请程序

申　请

第十三条　（1）对一项发明请求授予实用新型的申请应当以书面形式向专利局递交。申请到达专利局之日为申请日。

（2）申请应当对发明作出清楚、完整的说明，以所属技术领域的技术人员能够实现为准。

（3）一件申请应当限于一项发明或者相互关联的属于一个总的发明构思的一组发明。

第十四条　（1）申请应当包括以下内容：

1. 申请人姓名、地址或者住址，以及必要时注明其代理人的姓名、地址或者住址；

2. 实用新型登记请求书；

3. 发明的简短恰当的名称（发明名称）；

4. 发明的说明书；

5. 一项或者多项权利要求［第（2）款］；

6. 用于理解本发明所需的附图；

7. 摘要［第（3）款］。

（2）权利要求应清楚和明确地限定所要保护的范围。权利要求必须得到说明书的支持。

（3）摘要应当是在申请中公开的内容的简短概要。摘要仅作为技术情报使用且不能用于其他目的，尤其不可用于确定保护范围。

（4）本条第（1）款第 4 项至第 7 项中提及的申请的部分应提交一式两份文本。其可以以英语或者法语撰写。若申请的部分是以英语或者法语撰写的，则为了满足合法性审查，申请人应在第十八条第（2）款规定的期限内提交德语译文。译文是申请程序的基础，在申请程序中不审核其正确性。

第十五条 考虑到尽可能合理和简化，并满足实用新型说明书出版的要求，申请的形式和内容可以根据专利局局长的命令进一步修改。

以在先专利申请为依据的实用新型分案

第十五 a 条 （1）一项在奥地利共和国生效的专利申请的申请人或者授权专利的所有权人或者其权利继受人，可以就该发明在整个申请程序期间及下列期限之一届满前递交实用新型申请，并要求将该专利申请的申请日作为实用新型申请的申请日（分案声明）：

1. 在该专利申请视为撤回后 2 个月内；或者

2. 在该专利申请驳回决定生效后 2 个月内；或者

3. 若没有人对该专利提出异议，在根据 1970 年专利法第 101c 条第（2）款规定授权公告后 6 个月内；或者

4. 若没有人对该专利提出异议，在授予欧洲专利权决定生效后的 11 个月内；或者

5. 在针对一项按时提出的异议的裁决生效后 2 个月内。

该专利申请享有的优先权，也适用于该实用新型申请。

（2）分案声明可以在实用新型申请到达专利局之后 2 个月的

期限内提交。对此需注明该专利申请的申请日和申请号，并且提供该专利申请原始提交文本的副本，以及如果该专利申请不是以德语提交的，则还应提供其德语译文。

（3）应给予申请人2个月的补正期限，该期限可延长。若没有在规定的期限内消除缺陷，该分案声明视为撤回。

优先权

第十六条 （1）申请人在一项符合规定的实用新型的申请日起获得优先权。

（2）可以根据第十六a条或者第十六b条或者国家间协议仅仅对申请主题中的一部分要求特别优先权（部分优先权）。当申请到达专利局之日对申请主题的特征的优先权是决定性的，也允许这样的部分优先权。对一项权利要求可以主张多个优先权。

（3）（废除；联邦法律公报Ⅰ2004/149。）

第十六a条 申请人自向专利局递交的在先专利申请或者实用新型申请的申请日后12个月的期限内对同一发明提出的在后申请实用新型，可以享有该在先专利申请或者实用新型申请的优先权（国内优先权）。该优先权的先决条件和效力与《保护工业产权巴黎公约》（1973年联邦法律公报第399号）第四条所规定的优先权相同。

第十六b条 申请人自向在承认优先权的国家间协议范围之外的受理局递交在先专利申请或者实用新型申请的申请日后12个月的期限内，若联邦交流、革新与科技部部长有签署公报与该受理局订立相应的互惠待遇，则申请人对同一发明在本国在后的实用新型申请可以享有该在先专利申请或者实用新型申请的优先权。该优先权的先决条件和效力与《保护工业产权巴黎公约》（1973年联邦法律公报第399号）第四条所规定的优先权相同。

第十七条 （1）对基于第十六a条或者第十六b条或者由国家间协议承认的优先权需明确地提出主张。需说明作为优先权基础的申请的申请日和该申请的受理国（要求优先权声明）。此外还应给出该申请的申请号。

（2）要求优先权声明必须在申请到达专利局后两个月内提出。在该期限内可以改正所要求的优先权。

（3）若该实用新型的维持取决于其优先权是否有效，则必须证明该优先权有效。专利局局长可以规定在审查程序中必须向专利局或者专利与商标最高审议庭提交哪些证明材料（优先权文件）及何时应提交这些材料。

（4）如果没有及时提交要求优先权声明，或者没有及时提交优先权文件，或者没有在官方规定期限内提供作为优先权基础的申请的申请号，则优先权根据本国的申请日确定。

合法性审查

第十八条 （1）专利局必须对每个申请进行合法性审查。但在申请程序中不审查申请是否具有新颖性、创造性及工业应用性，也不审查申请人是否有权利申请实用新型保护。若没有发现不符合有关实用新型公布或者登记规定的情况，则根据第十九条的规定制作检索报告。

（2）如果在合法性审查中发现存在不符合有关实用新型公布或者登记规定的情况，则应要求申请人在两个月期限内陈述意见，该期限出于保护申请人利益的角度是可以延长的。如果该期限届满时仍不符合公布或者登记的要求，则该申请将被驳回。

（3）若第（2）款所述不符合公布或者登记的要求的情况在于权利要求不具有单一性，则应通知申请人在第（2）款所述期限内改正单一性［第十三条第（3）款］，并提交所有要维持的权利要求的新的具有单一性的文本一式两份。如果不能满足上述通知要求，则将驳回整个申请。

（4）如果在第二十条所规定的期限内对原始申请中不再要求保护的部分［第（3）款］提出特别申请，并要求原始申请递交专利局之日为该特别申请的申请日，则应将递交日作为该特别申请的申请日。

（5）如果提供了修改的申请材料，在申请程序中不审查是否超出原始申请文本记载的内容。

检索报告

第十九条 （1）如果没有发现不符合有关实用新型公布或者登记规定的情况，专利局将制作检索报告，在该检索报告中将给出直至制作检索报告时为止可获得的、可用于评价发明的新颖性和创造性的书面文件。

（2）检索报告以权利要求为基础。应适用本法第四条第（2）款第二句和第三句的规定。检索报告应尽可能于申请日起6个月内作出。

（3）若申请人并不请求加快公布或者登记（第二十七条），则要求申请人在检索报告送达之日起两个月期限内支付公布费用，并证明已按规定支付。该期限可以根据请求而延长。

（4）申请人可以在本条第（3）款规定的期限内修改权利要求，为此申请人必须提交所有要维持的权利要求的新的文本一式两份。在这种情况下不增加或者修改检索报告，也不审查修改后的权利要求是否满足单一性规定［第十三条第（3）款］，并适用第十八条第五款的规定。

（5）如果没有证明按规定支付公布费用［第（3）款］，或者修改的权利要求［第（4）款］具有缺陷，则给予申请人1个月的期限消除缺陷。若没有在该期限内消除缺陷，则申请将被驳回。

自愿分案

第二十条 实用新型的申请人或者权利人或者其权利继受人可以在整个申请程序期间及在下列期限之一届满前递交特别申请（分案申请）：

1. 在驳回实用新型申请决定生效后2个月内；或者

2. 在该实用新型公布（第二十三条）后2个月内。

　　如果申请人在分案申请中请求将原始申请递交专利局之日作为分案申请的申请日，且该分案申请没有超出在先申请原始递交文本的内容，则此分案申请的申请日为原始申请递交专利局之日。

转　换

　　第二十一条　申请人可以在第十九条第（3）款规定的期限届满之前请求将申请转换为 1970 年专利法所规定的专利申请。该专利申请以实用新型申请递交专利局之日为申请日。实用新型申请不能转换按 1970 年专利法第九十二 b 条规定转换的专利申请。

公布及登记

　　第二十二条　如果申请满足第十八条及第十九条的要求，则将实用新型公布在实用新型公报中（第二十三条），并登记在实用新型登记簿中（第二十四条）。

　　第二十三条　实用新型的公布通过在实用新型公报（第四十条）中公布第二十四条规定的内容而实现。

　　第二十四条　在公布（第二十三条）的同时由专利局在实用新型登记簿（第三十一条）中进行登记，在登记簿中应收录下列内容：

　　1. 登记号；

　　2. 申请日，及其所要求的优先权（如果要求优先权）；

　　3. 保护期限的起始时间（第六条）；

　　4. 发明的名称；

　　5. 实用新型权利人的姓名、地址或者住址，及其代理人的姓名、地址或者住址（如果有代理人）；

　　6. 发明人的姓名及住址（可选的）。

实用新型文献

第二十五条 （1）专利局为每个登记的实用新型发布实用新型文献，在该实用新型文献中尤其应收录以下内容：

1. 在第二十四条规定中说明的内容；

2. 实用新型公布及登记（第二十二条、第二十七条第（2）款）所依据的说明书、权利要求书、附图及摘要；

3. 检索报告，只要没有依据第二十七条第（3）款特别发布检索报告。

（2）公共司法机构可以根据请求无偿提供自该请求到达之时所有已发布的实用新型文献及特别发布的检索报告的样本，只要这些实用新型文献及特别发布的检索报告已公开了。

实用新型证书

第二十六条 专利局发给实用新型权利人实用新型证书。该证书包括实用新型登记的证明以及一份实用新型文献的文本。

加快公布及登记

第二十七条 （1）申请人可以不依赖于检索报告是否完成而请求公布及登记实用新型。该请求可以在检索报告送达日之前提出。该请求只有在按规定证明公布费用及用于加快公布及登记的附加费用已支付的情况下才能被获准。

（2）如果基于合法性审查（第十八条）没有发现不符合有关实用新型公布或者登记规定的情况，就可以立即进行实用新型在实用新型公报中的公布（第二十三条）及其在实用新型登记簿中的登记（第二十四条）。

（3）如果在实用新型公布及登记时检索报告尚未完成，则该检索报告将不收录于实用新型文献中（第二十五条），而是单独地发布。检索报告递送给实用新型权利人。

第三章　无效宣告、剥夺及从属声明

无效宣告

第二十八条　（1）有下列情形之一的，任何人均可以对一项实用新型提出宣告无效的请求：

1. 该实用新型的主题不符合第一条至第三条的规定；

2. 根据第二十二条或者第二十七条第（2）款规定对实用新型进行公布及登记的权利要求、说明书及附图没有清楚、完整地公开发明，致使所属技术领域的技术人员无法实施；

3. 实用新型权的主题超出其原始递交的、基于申请日的申请文本的内容。

（2）若无效理由仅仅部分地成立，则应当宣告该实用新型部分无效。

（3）实用新型被宣告无效的决定生效之后，其依第四条及第四 a 条所规定的效力视为自始不存在。如果实用新型的主题因第三条第（2）款所规定的原因而不能获得保护，尽管由此对具有在后优先权的实用新型权利人产生赔偿请求权，但由具有在后优先权的实用新型权利人依法许可的、由第三人善意获得的、已在实用新型登记簿中登记满一年的且没有涉及法律争议问题［第三十二条第（3）款］的许可权不受追溯力的影响。

剥　夺

第二十九条　（1）有下列情形之一的，请求人可以请求剥夺实用新型权利人的实用新型权并且将该实用新型专利权转移至该请求人。如果请求人没有请求实用新型权的转移，则该实用新型保护于剥夺裁决生效时终止。如果请求人请求实用新型权的转移，则实用新型权利人在裁决生效前只能在得到请求人同意的情况下才能放弃该实用新型：

1. 请求人主张实用新型权利人无权获得该实用新型专利权，

而自己才是有权获得实用新型专利权的人（第七条）；或者

2.请求人主张实用新型的主要内容在未经其同意的情况下从其说明书、附图、模型、设备或者装置或者其所使用的方法而得到的。

（2）若剥夺理由［第（1）款］仅仅部分地成立，则该实用新型权将被部分地剥夺或者转移。

（3）对善意的实用新型权利人请求剥夺的时效为该实用新型在实用新型登记簿中登记日起三年内。

（4）由于剥夺而产生的相互间的赔偿请求和要求偿还请求应根据民法来裁决并适用于民法。

（5）在根据第（1）款规定转移时，尽管由此对现有的实用新型权利人产生赔偿请求，但由在先的实用新型权利人依法许可的、由第三人善意获得的、已在实用新型登记簿中登记至少满一年的、且没有涉及法律争议问题［第三十二条第（3）款］的许可权不受影响。

（6）应当适用1970年专利法第四十九条第（7）款的规定。

从属宣告

第三十条　优先权在先的实用新型权利人或者优先权在先的专利权人可以请求裁定，一项实用新型的工业应用是以完全或者者部分使用他的作为实用新型或者专利保护的发明为前提的。

第四章　实用新型登记簿

第三十一条　（1）在实用新型登记簿中除了登记第二十四条规定的事项之外，还应登记以下事项：实用新型保护的终止、无效宣告、剥夺、从属宣告、发明人署名以及实用新型权的转移、质权及实用新型的其他物权权利、许可权、雇主使用权、先用权、恢复在先状态、确认判决、争议说明以及根据第四十一条适用1970年专利法（联邦法律公报第259号）第一百五十六条第

（2）款规定而作出的判决的通告。

（2）实用新型登记簿对所有人公开。根据请求可以出具经公证的登记簿摘录。

第三十二条 （1）实用新型的物权权利及实用新型权本身的转移（第十条）经实用新型登记簿登记后生效。

（2）申请登记时，应当出具登记所需的证书的原件或者依法认证的副本。如果该证书是非公开的，则其必须提供具备相应的权利所有人的依法认证的签名。

（3）实用新型所涉及的诉讼争议应依请求登记在实用新型登记簿中（争议说明）。

（4）此外还适用1970年专利法（联邦法律公报第259号）第四十三条第（2）、（3）、（4）、（5）、（7）款（在专利登记簿中登记），第四十四条（抵押）及第四十五条第（2）款（争议说明）的规定。

（5）实用新型申请的权利的转移适用本条第（2）款及1970年专利法（联邦法律公报第259号）第四十三条第（5）款的规定。

第五章　管辖及程序

通　则

第三十三条 （1）只要本法没有另外规定，则由专利局主管实用新型保护决定及实用新型保护事务的其他事项。专利局设有：

1. 技术处，主管申请程序、制作检索报告及实用新型放弃事宜的通告；

2. 法律处，主管实用新型申请的权利的转移、实用新型申请的权利的其他的依法裁定、实用新型登记（除了制作检索报告及受理实用新型放弃事宜之外）或者申请恢复在先状态的事务的程序，只要是不由申诉处或者无效处主管的；

3. 申诉处，主管申诉程序；

4. 无效处，主管关于对无效宣告、剥夺、从属宣告、发明人署名、承认先用权的请求及关于确认请求的程序。

（2）应适用 1970 年专利法（联邦法律公报第 259 号）第五十一条至第五十六条、第五十七条第（2）款、第五十七 b 条至第五十九条、第六十条第（1）、（2）、（4）、（5）款、第六十一条、第六十四条、第六十六条至第六十九条、第七十六条第（1）、（4）、（5）款、第七十七条至第七十九条、第八十二条至第八十六条、第一百二十六条至第一百三十七条的规定。

第三十四条 （1）由依职能分工的专业技术成员（审查员）负责技术处的决定、裁定等工作。

（2）应适用 1970 年专利法第五十一条至第五十六条、第五十七条第（2）款、第五十七 b 条至第五十八 b 条、第六十条第（1）、（2）款、第六十一条、第六十四条、第六十六条至第六十九条、第七十六条至第七十九条、第八十二条至第八十六条、第一百二十六条至第一百三十七条的规定。

（3）审查员在根据第（1）款规定作出决定时，若其涉及本法第二条规定的实用新型可保护性或者涉及行政或者违纪处罚的决定，则在作出决议前必须就此征求精通法律的成员的意见。

第三十四 a 条 （1）只要能有助于简化事务的处理并且对授权的公务员的培训能保证正确地处理事务，专利局局长可以授权非专利局的公务员去处理与特定类型的事务有关的申请和已登记的实用新型。授权的公务员必须服从依职能分工主管的成员的指令。主管的成员能在任何时候保留解决事务的职权或者由自己来解决事务。

（2）对依第（1）款授权的公务员所作出的决定与对主管的成员所作出的决定一样可以进行申诉。

对技术处或者法律处的决定的申诉

第三十五条 （1）可以对技术处或者法律处的决定提出申

诉。申诉时应提交申诉请求书并写明理由，申诉必须在专利局作出决定之后的 2 个月内提出。

（2）在时限内及时提出的申诉具有中止原审查决定的效力。主管的成员应驳回未及时提出的申诉。申诉处可直接驳回不允许的申诉及不符合法定要求的申诉；而对存在缺陷的申诉，应给予申诉人补正的机会，并在申诉人未能有效地消除存在的缺陷的情况下驳回该申诉。

（3）负责成员可以在收到申诉后 2 个月内对该申诉作出初步决定。其可以以不允许申诉作为理由驳回该申诉，或者撤销原审查决定，或者修改原审查决定。

（4）任何当事人均可以在申诉初步决定作出后 2 个月内向主管的成员提出请求将该申诉呈交申诉处进行裁定（递呈请求）。在申诉初步决定中应明确指出递呈请求的机会。当递呈请求到达后，申诉初步决定失效。主管的成员应通知各方当事人申诉初步决定的失效。未及时提出的或者不允许的递呈请求将被驳回。

（5）申诉处以合议组的方式进行审理和裁定：

1. 在处理不服技术处作出的决定而提出的申诉时，合议组应由三名专业技术成员及一名精通法律的成员组成；

2. 在处理不服法律处作出的决定而提出的申诉时，合议组应由三名成员组成，其中必须包括两名精通法律的成员。

（6）在对不服法律处作出的决定而提出的申诉进行裁决时，申诉处的处长应精通法律。

（7）申诉处中三名成员就可以作出中间裁决。

（8）不服申诉处的裁决（中间裁决或者最终裁决），不应向高等行政法院提起申诉。不服申诉处的裁决可以向专利与商标最高审议庭提起申诉。修改主管部门作出的预先的处分或者修改中间裁决的请求可以向申诉处本身提出。

（9）应适用 1970 年专利法第七十一条第（6）款及第七十二条和第七十三条的规定。

无效处有关的程序

第三十六条 （1）无效处以合议组的形式、以第（3）款为先决条件、根据1970年专利法（联邦法律公报第259号）第一百一十二条至第一百二十五条的规定审理第三十三条第（1）款第四项规定的请求和要求，合议组分别由两名精通法律的成员和三名专业技术成员组成。

（2）无效处中三名成员就可以作出中间裁决。

（3）若实用新型权利人没有在依第（1）款根据1970年专利法（联邦法律公报第259号）第一百一十五条第（2）款的规定而给定的期限内对无效宣告请求提出抗辩，无效处将依所请求的范围宣告该实用新型无效。

专利与商标最高审议庭

第三十七条 （1）对无效处作出的决定不服的，可以向专利与商标最高审议庭提起上诉。上诉应以书面形式在无效处作出决定后2个月内向专利局提交。上诉时应提交上诉请求书并写明理由。

（2）及时提交的上诉具有中止原无效处决定的效力。未及时提交的上诉或者未在无效处指定的期限内修正的上诉将由无效处驳回。

（3）不得单独上诉请求撤销无效处准备作出的处分或者中间裁决（除中断决定外），但可以向无效处提出修改上述处分或者中间裁决的请求。只有对最终决定不服的，才可向专利与商标最高审议庭提出上诉。

（4）应适用1970年专利法（联邦法律公报第259号）第七十四条、第七十五条、第一百三十八条第（4）款、第一百三十九条第（1）、（2）、（4）、（5）款及第一百四十条至第一百四十五条的规定。

第三十七 a 条 （1）若当事人不服申诉处作出的最终裁决，

可向专利与商标最高审议庭提出申诉。该申诉具有中止原最终裁决的效力。

（2）应在申诉处作出最终决定后 2 个月内向专利局提交申诉。申诉时应提交申诉请求书并写明理由。

（3）若及时提交的申诉存在缺陷，申诉处的负责人员应指定期限让申诉人进行改正。如果在期限内改正了缺陷，则申诉视为符合规定。未及时提交的申诉或者未在指定的期限内改正缺陷的申诉应由申诉处驳回。

（4）应适用 1970 年专利法（联邦法律公报第 259 号）第七十四条、第七十五条、第一百四十五 a 条第（3）、（6）款及第一百四十五 b 条的规定。

案卷查阅

第三十八条 （1）参与任一程序的人员有权查阅该程序所涉及的案卷。

（2）任何人均可以查阅已公布的实用新型（第二十三条）的案卷。

（3）第三人只有在申请人同意下才能查阅未公布的实用新型。若申请人引用其实用新型申请进行抗辩，则对方不需获得同意。在基于某一单独申请的实用新型公布后，任何人都可以不需要申请人同意而查阅该在先申请的案卷。

（4）查阅案卷的权利包括对案卷的复制权。专利局可依请求对复制件进行认证。

（5）任何人均可就以下信息进行查询或者获取官方确认：实用新型的申请时间、申请名称、申请人或者代理人（如果有的话）、申请的申请号、申请所属的专利分类、所要求的优先权、作为优先权基础的申请的申请号，或者署名的发明人、申请是否仍在处理中，以及权利是否发生转移或者者由谁转移给谁。

（6）可查阅的内容不包括协商协议及涉及内部业务手续的案卷部分。在存在商业秘密或者企业内部秘密或者其他应考虑的理由的情况下，可以请求将不涉及必需公布的信息的部分案卷内容排除在可查阅的范围之外。

代理人

第三十九条 （1）以代理人的身份在专利局或者专利与商标最高审议庭参与实用新型保护事务的人必须在本国内具有住所或者营业所；作为代理人的律师、专利律师及公证人必须遵守从业准则。代理人应当通过书面的授权委托书的原件或者依法认证的副本获得全权委托。若授予多人全权委托，则每个人单独都有权代理。

（2）若律师、专利律师或者公证人参与，则授予其全权委托的委托书替代其证件的证明。

（3）若代理人并不具有全权委托，或者在第（2）款所述的情况下并不能提供授予其全权委托的证明，则其所实施的行为只有在其能在指定的适当期限内提供合法的授权委托书或者能提供授予其全权委托的证明的条件下才有效。

（4）在奥地利国内既没有住所也没有营业所的人，只有委托奥地利律师、专利律师或者公证人作为其代理人时，才可以在专利局或者专利与商标最高审议庭主张本法所规定的权利。但只要在欧洲经济区内或者在瑞士联邦内具有住所或者营业所的人，则只需指定一名在国内具有住所的联系人就可以主张本法所规定的权利。若使用专利局的服务及信息特殊服务的，则既不需要指定代理人也不需要指定联系人。

（5）作为对司法管辖规定第八十三 c 条的补充，对实用新型所涉及的事务，下列地点可以作为在奥地利国内既没有住所也没有营业所的实用新型权利人的住所或者营业所：

1. 代理人在奥地利国内的住所或者营业所所在地；

2. 联系人在奥地利国内的住所所在地；或者

3. 没有具有国内住所或者营业所的代理人，或者没有具有国内住所的联系人的，以专利局地址所在地为住所或者营业所。

（6）受全权委托作为在专利局的代理人的律师、专利律师或者公证人，受委托在专利局或者专利与商标最高审议庭主张本法所规定的所有权利，特别是：申请实用新型、缩减申请、放弃实用新型、向无效处提出的请求以及提交或者撤回法律材料、达成进一步的和解，官方费用、由反对方返还的程序费或者代理人费等各类费用的转达，以及指定临时代理人。

（7）根据第（6）款所述的全权委托可以被限制为对某个特定的保护权或者限制为在某个特定程序中的代理权。全权委托既不会因委托人的死亡也不会因委托人的法律行为能力的改变而取消。

（8）如果代理人不是律师、专利律师或者公证人，则其必须在得到明确的全权委托时，可以完全或者部分放弃实用新型。

实用新型公报

第四十条 专利局应定期出版官方的实用新型公报，实用新型公报中尤其应公告第二十三条规定的内容、实用新型保护的终止、部分放弃、实用新型权利人的公司名称或者人的变更，以及根据第三十三条第（2）款适用 1970 年专利法（联邦法律公报第259 号）第一百二十八条和第一百三十三条第（3）款规定的内容。

第六章　侵犯实用新型权及确认请求

侵犯实用新型权

第四十一条 实用新型权受到侵犯的人有权要求停止侵权、消除侵权、公布判决、给予适当的补偿、赔偿损失、交出得益、公布账目，并有权要求获知来源或者销售渠道；负责处理此类侵权的人也有权要求停止侵权行为。适用 1970 年专利法第一百四十七条至第一百五十七条的规定。

第四十二条 （1）实用新型侵权人将被法院处以 360 日收入

所得以下的罚款。以商业目的实施侵权行为的，处以两年以下有期徒刑。

（2）企业的所有人或者领导在企业经营中没有阻止企业雇员或者企业所委托的人实施的实用新型侵权行为，也应受到处罚。

（3）若第（2）款中规定的企业所有人是公司、合作社、协会或者其他非自然人的权利主体，如果其没有阻止第（2）款规定的侵权行为，则第（2）款的规定也适用于该组织。

（4）若企业雇员或者其所委托的人是在雇主或者委托人的委任下实施侵权行为，且由于其经济上依附关系而不能拒绝实施侵权行为的，第（1）款的规定不适用于该企业雇员或者其所委托的人。

（5）只有受侵犯人要求才进行追诉。

（6）对刑事诉讼程序适用于1970年专利法第一百六十条和第一百六十一条的规定。

告知义务

第四十三条 将产品描述成使公众认为该产品享有实用新型保护的人应当应他人的要求告知该产品受到哪项实用新型的保护。

管辖权

第四十四条 （1）维也纳商事法院对依本法的规定而提出的诉讼及临时指令具有专属管辖权。无论诉讼标的大小，均应由审议庭（司法管辖规范第七条第（2）款第一句、第八条第（2）款）作出裁决。这同样适用于临时处分。

（2）维也纳刑事法院对依本法所规定的刑事案件具有审判权。

确认请求

第四十五条 （1）任何以经营为目的制造、销售、许诺销售或者使用产品或者以经营为目的应用方法或者准备实施上述行为的人，可以对抗实用新型权利人或者独占许可权利人，向专利局请求确认其使用的产品或者方法既没有完全落入实用新型所保护的范围内，也没有部分落入实用新型所保护的范围内。

（2）实用新型权利人或者独占许可人可以对抗任何以经营为目的制造、销售、许诺销售或者使用产品或者以经营为目的使用方法或者准备实施上述行为的人，向专利局请求确认所使用的物品或者方法完全或者部分落入实用新型所保护的范围内。

（3）根据第（1）款或者第（2）款的规定提出请求的，若被请求人证明在相同的当事人之间存在之前已审理的、涉及同样的实用新型、同样的产品或者同样的方法的侵权纠纷，且该侵权纠纷尚未审结或者裁决已经生效的，则驳回根据第（1）款或者第（2）款的规定提出的请求。

（4）一项请求只能涉及一项实用新型。请求时应递交一式四份所涉及产品或者方法的清楚明确的说明书，必要时同时递交一式四份附图。最终裁决应附上上述说明书文本，以及必要时附上附图。

（5）在判断确认程序所涉及的实用新型的保护范围时，专利局应考虑实用新型申请案卷的内容及由当事人证明的现有技术。

（6）如果被请求人没有对请求的行为给出理由或者在抗辩的指定期限内承认请求，则请求人应负担确认程序费用。

（7）此外关于无效处的程序的规定（第三十六条）也适用于确认程序。

第七章　费　用

（废除；联邦法律公报 I 149/2004。）

第八章　基于《专利合作条约》的实用新型申请

（废除；联邦法律公报 I 149/2004。）

第九章　过渡条款及结束条款

过渡条款

第五十一 a 条　（1）对实用新型，继续适用在联邦法律公报 I 149/2004 生效之前的实用新型法的第十五 a 条第（1）款第（3）项的规定；而对于要求其申请日的专利申请，继续适用在联邦法律公报 I 149/2004 生效之前的 1970 年专利法的第一百零七条的规定。

（2）联邦法律公报 I 149/2004 的第二十一条最后一句不适用于在联邦法律公报 I 149/2004 生效之前提交的转换请求。

（3）根据联邦法律公报 I 149/2004 的第三十九条第（1）款规定的书面授权委托书，只有在联邦法律公报 I 149/2004 生效后递交至专利局，才可作为参考授权委托书。

（4）在联邦法律公报 I 149/2004 生效日以后（含生效日当天）作出的申诉处的决定适用于联邦法律公报 I 149/2004 第三十七 a 条的规定。

（5）对在联邦法律公报 I 149/2004 生效前提出的诉讼，继续适用在联邦法律公报 I 149/2004 生效前的 1970 年专利法的第一百五十条第（3）款、第一百五十六条第（3）至（5）款及第一百六十一条的规定。

（6）对在联邦法律公报 I 149/2004 生效前提交的申请适用联邦法律公报 I 149/2004 生效之前的实用新型法的第十六条第（3）款的规定。对依第十九条第（3）款规定需在联邦法律公报 I 149/2004 生效之前支付的公布费，继续适用联邦法律公报 I 149/2004 生效之前的实用新型法的第四十六条第（2）款的规定。

（7）对在联邦法律公报 I 149/2004 生效前提交的请求，继续适用联邦法律公报 I 149/2004 生效之前的实用新型法的第十七条第（2）款、第四十六条第（3）款及第四十八条第（1）、（2）款、第（3）款第一句的规定。对在联邦法律公报 I 149/2004 生效前提交的请求，继续适用联邦法律公报 I 149/2004 生效之前的 1970 年专利法的第一百三十二条第（1）、（3）款的规定。

（8）对到期日在联邦法律公报 I 149/2004 生效之前的年费，继续适用联邦法律公报 I 149/2004 生效之前的实用新型法的第四十七条的规定。其同样适用于到期日在联邦法律公报 I 149/2004 生效之后，但已在其生效前按规定支付了的年费。

（9）对申请日在联邦法律公报 I 81/2007 生效之前的实用新型和实用新型申请，继续适用联邦法律公报 I 81/2007 生效之前的实用新型法的第三条第（2）款第 4 项的规定。第三条第（3）款第二句的规定适用于所有到联邦法律公报 I 81/2007 生效时仍未决的实用新型申请，只要尚未作出关于该实用新型的登记的决定。

结束条款

第五十二条　只要没有另行规定，在本法中所援引的其他法的条款均适用其有效版本中的条款。

第五十二 a 条　本法中使用的与人相关的规定均适合于男女性别。

第五十三条　（1）本法于 1994 年 4 月 1 日生效。

（2）基于本实用新型法各版本的法令可以自待施行的法律文本公告后的第二天起就宣布，但不能在待施行的法律条款施行之前生效。

（3）联邦法律公报 I 175/1998 的第三条、第四条第（3）款、第十五条 a 及标题、第十六条第（2）款、第十六 a 条、第十六 b 条、第十七条第（1）款、第二十八条第（1）款第 2、3 项、第二十八条第（3）款、第三十三条第（1）款第 5 项、第三十八条第（6）款以及第五十二条和第五十二 a 条自联邦法律公报 I 175/1998 公告后的下个月起生效。同时，之前生效的实用新型法的第四条第（3）、（5）款及第二十八条第（1）款第 2 项失效。

（4）联邦法律公报 I 143/2001 的第四十六条第（1）至（3）款、第四十七条第（2）、（4）、（5）款、第四十八条第（1）、（4）款于 2002 年 1 月 1 日生效。

（5）联邦法律公报 I 149/2004 的第四条第（1）款、第四 a 条、第八条第（4）款、第十四条第（4）款、第十五 a 条第（1）款、第十七条第（2）款、第十八条第（2）、（4）款、第十九条第（3）、（5）款、第二十条、第二十一条、第二十七条第（1）款、第二十八条第（1）款第一项及第（3）款、第二十九条第（1）、（6）款、第三十三条第（2）款、第三十四 a 条、第三十五条的标题、第三十五条第（2）至（9）款、第三十六条第（2）款、第三十七条第（2）、（3）款、第三十七 a 条、第三十九条第（1）、（2）款、第四十一条、第四十二条、第四章的标题、第五十一 a 条的标题、第五十一条、第五十二条的标题及第五十四条，自联邦法律公报 I 149/2004 公告后的第七个月起生效。同时，之前生效的实用新型法的第十六条第（3）款、第三十五条第（6）、（7）款、第七章和第八章失效。

（6）联邦法律公报 I 149/2004 的第三十九条第（4）、（5）款自联邦法律公报 I 149/2004 公告后的第二天起生效。

（7）联邦法律公报 I 42/2005 的第二条第 3 项（生物工程学准则——移植增补项）自联邦法律公报 I 42/2005 公告后的第二天起生效。

（8）联邦法律公报 I 151/2005 的第四十二条第（3）款于 2006 年 1 月 1 日生效。

第五十三 a 条 （1）联邦法律公报 I 130/2005 的第四条第（1）款及第三十三条第（1）款自联邦法律公报 I 130/2005 公告后的第二天起生效。

（2）联邦法律公报 I 130/2005 的第十五条、第十七条第（3）

款于 2006 年 1 月 1 日生效。

（3）联邦法律公报 I 81/2007 的第一条第（1）款、第三条第（2）、（3）款、第四条第（2）款、第五十一 a 条第（9）款随修订后的欧洲专利公约生效而生效。

（4）联邦法律公报 I 81/2007 的第三十九条第（4）款自联邦法律公报 I 81/2007 公告后的第二天起生效。

第五十四条　在施行本法时，委托：

1. 联邦司法部部长执行关于本实用新型法第二十九条第（4）款、第四十一条至第四十四条结合 1970 年专利法第一百四十七条至第一百五十六条、第一百六十条、第一百六十一条的规定；

2. 联邦政府执行关于本实用新型法第三十三条第（2）款结合 1970 年专利法第五十一条的规定；

3. 联邦交流、革新与科技部部长会同联邦外交部长执行本实用新型法第三十三条第（2）款结合 1970 年专利法第五十七条第（2）款的规定；

4. 联邦交流、革新与科技部部长或者联邦司法部部长执行本实用新型法第三十三条第（2）款结合 1970 年专利法第一百二十六条的规定，及执行本实用新型法第三十七条第四款和第三十七 a 条第（4）款分别结合 1970 年专利法第七十四条第（2）、（3）款的规定，只要其由法官指定；

5. 联邦交流、革新与科技部部长执行本实用新型法所有其他条款的规定。

法国知识产权法典[1]
第二部分　工业产权（专利法部分）

目　　录

---

[1]　根据法国知识产权局网站（www.inpi.fr）上提供的法文版翻译。翻译、校对：吴宁燕。

第四卷 行政机构及行业组织

第一编 机 构

第一章 国家工业产权局

第 411-1 条 国家工业产权局隶属工业部，是具有民事主体资格和独立财务的公共机构。

其职责有：

1. 集中管理并传播保护创新及企业注册所必需的信息，以及上述领域的宣传和培训工作；

2. 根据工业产权、贸易登记、公司注册和执业者的名录汇编的法律、法规，受理工业产权证书申请文件或者与其有关的文件附件，审查并颁发证书或者注册登记，以及监控证书的维持状况；集中管理贸易注册和公司登记，执业者的名录汇编及民商声明的官方公报；传播工业产权证书和法定出版的文件汇编中包含的技术信息，商业及金融信息；

3. 主动向工业产权主管部部长提出修改国内法和国际法的建议，以有利于适应国内外立法发展和发明人及企业需要；参与国际公约的起草工作，并代表法国参加有关国际组织。

第 411-2 条 根据 1959 年 1 月 2 日关于财政组织法 59-2 号法令第 5 条规定制定的收费，国家工业产权局的收入包括在工业产权、贸易和执业者登记、提交公司文件方面的收费以及附加收费。上述收入应当平衡机构的开支。

根据行政法院法规规定的方式，对国家工业产权局预算执行后的情况实行监管。

第 411-3 条 国家工业产权局行政和财务组织由行政法院

法规予以规定。

第 411－4 条　国家工业产权局局长根据本法典的规定作出颁发、驳回或者维持工业产权证书的决定。

局长在行使上述职权时不受其所隶属的权力机关的制约。对局长决定不服提出上诉的，由法规指定的上诉法院直接受理。审理时，检察院和国家工业产权局局长可以到场听取审理。申请人或者国家工业产权局局长均有权向最高法院提出上诉。

第 411－5 条　第 411－4 条第一款所述的驳回决定，应当说明理由。

根据第 712－4 条提出的异议或者提出的解除制造、贸易或者服务方面的商标失效请求，所作出的决定也应当说明理由。应当将作出的决定按照法规规定的方式和期限通知申请人。

第二章　植物新品种委员会（略）

第二编　工业产权执业资格

第一章　具备工业产权执业资格者名录汇编

第 421－1 条　国家工业产权局局长每年编制具备工业产权执业资格者的名录，并予以公布。

登记在上述名录中的人，可以成为企业的雇员，或者单独自由执业，或者集体（合伙）执业，或者成为另一自由职业者的雇员。

符合第 421－2 条所规定的执业道德条件的，在 1990 年 11 月 26 日前登记在册的具有发明专利执业资格者，自动在第一款所述的名录中予以登记。

第 421－2 条　品行不端或者不符合规定的文凭及职业实践条件的，不得在前条所述的名录中予以登记。

根据所获文凭及取得的实际工作经验，在名录中登记时应当加注专业。

第二章 从事工业产权顾问的条件

第 422－1 条 从事工业产权顾问的职业，要经常并有偿地向公众提供服务，可以是咨询、协助或者代表第三人获得、维持、实施或者保护工业产权，提供与工业产权相关的权利及相关问题的服务。

前款所述的服务包括法律咨询和撰写私署文书。

未在国家工业产权局局长编制的工业产权顾问名录中登记的，不得使用工业产权顾问的名义，或者容易引发公众混淆的相似名义。

违反前款规定的，应处以刑法典第 259 条第 2 款的刑罚。

未在第 421－1 条所述的名录中登记和未按第 422－6 条规定条件执业的，不得在工业产权顾问名录中予以登记。

根据所获的证书文凭及取得的实际工作经验，在名录中登记时应当注明专业。

第 422－2 条 1990 年 11 月 26 日有关工业产权的 90－1052 号法律生效之日具有发明专利顾问资格的，自动在第 422－1 条所述名录中予以登记。

第 422－3 条 在前述 1990 年 11 月 26 日 90－1052 号法律生效之日开展了第 422－1 条所述业务的公司可以申请在工业产权顾问名录上登记。

属于上述情形的，第 422－7 条 b）规定的条件不适用。

申请在工业产权顾问名录上登记的时间，不得晚于 1990 年 11 月 26 日 90－1052 号法律生效之日起两年，否则丧失该权利。

第 422－4 条 在国家工业产权局程序中希望委托代理的人，只能委托具有该技术领域所要求的证书并且是依据第 422－1 条最后一款所确定的专业和证书的工业产权顾问代理。

前款规定不妨碍要求律师或者法律顾问的服务，或者申请人与其有合同关系的企业或者公共机构的服务，或者专门行业组织的服务。

第 422－5 条 任何人在 1990 年 11 月 26 日前开展了第 422－1 条第一款所述业务的，只要在国家工业产权局局长编制的特别名录上进行了登记，可以不依据第 422－4 条规定，在该条第一款所述情形下代理该款所指的人。

除本条最后一款的规定外，向国家工业产权局局长提出登记声明的人即自动获得登记。

最晚不得迟于前述 1990 年 11 月 26 日 90－1052 号法律生效之日起两年内提出登记声明，否则丧失该权利。

道德品质不良的，不得在第一款所规定的名录中予以登记。

第 422－6 条 工业产权顾问可单独或者合伙执业，或者作为另一工业产权顾问的雇员。

第 422－7 条 以公司名义开展工业产权顾问业务的，可以是专业的民事公司或者其他形式的公司。后一种情形，应当做到：

a) 董事会董事长，总经理，经理，个人独资公司的总经理和经理以及半数以上董事会董事或者监事会成员具有工业产权顾问资格；

b) 工业产权顾问控制一半以上的公司资本及投票权；

c) 接收新股东视情形需要经董事会、监事会或者经理的预先同意。

1966 年 7 月 24 日关于商事公司的 66－537 号法律第 93 条前两款及第 107 条和 142 条的规定，均不适用工业产权顾问公司的董事会成员及监事会成员。

工业产权顾问业务由公司开展的，除顾问本人的登记外，应在第 422－1 条所规定名录的特别部分予以登记。

第422—8条　所有工业产权顾问必须投保，以确保在履行职务中因疏忽及过失造成的应承担的民事责任，及退还已收取的基金、证券。

第422—9条　设立全国工业产权顾问协会，该协会具有法人资格，隶属国家工业产权局，并在公共权力机关前代表工业产权顾问，维护其权益，确保遵守职业道德及规则。

第422—10条　从事工业产权顾问执业的个人或者法人，甚至在执业以外，违反本编规则或者其实施细则，或者违反正直、荣誉、尽职、谨慎的要求的，可给予以下法律处分：警告、记过、临时或者永久性注销。

司法法官主持的全国工业产权顾问协会惩戒庭宣布上述处分。

第三章　其他规定

第423—1条　禁止任何个人或者法人向当事人兜售有关工业产权方面咨询或者撰写文书的代理业务。但不禁止依据法规规定通过邮局向专业人员或者企业寄送服务报价。

凡违反前款规定的，将依据1972年12月22日第72—1137号法律第5条关于在上门兜售和推销方面保护消费者的规定，给予刑事制裁。

为该款所述经营活动所作的任何广告必须符合法规规定的条件。

第423—2条　行政法院的法规规定本编的实施条件。尤其要明确规定：

a）第一章的实施条件；

b）第422—1条的实施条件；

c）第422—4条的实施条件；

d）第422—5条的实施条件；

e）可以不遵守第 422－7 条 b）规定的条件，以允许各行业集团与其他提供服务者参与创新过程；

f）工业产权顾问的行业纪律规则；

g）全国工业产权顾问协会的组织和运行模式，以及向会员收取会费数额的确定方式。

第五卷　工业品外观设计

第一编　权利的取得

第一章　权利和受保护的作品

第 511－1 条　在不影响其他法律规定的权利、尤其是第一卷和第三卷规定的权利的情况下，外观设计的设计人及其权利继受人在本卷规定的条件下享有使用、销售，或者许可销售该外观设计的独占权。

第 511－2 条　外观设计的所有权归设计人或者权利继受人，外观设计申请的第一申请人视为是设计人，除非有相反的证据。

第 511－3 条　本卷规定适用新图案，新立体造型，以及通过显著且易于辨认的新特征或者通过一个或者若干个外部效果所产生的独特的新面貌区别于同类产品的工业品。

但是，同一客体被视为新外观设计和可授予专利的发明，且外观设计新的构成要素与发明的要素不可分离的，该客体只能依据第六卷规定给予保护。

第 511－4 条　外观设计的设计人或者其权利继受人是法国人或者在法国有住所或者工商营业所，或者其国籍国、住所国或者工商营业所所在国根据其国内法或者外交公约对法国的外观设计给予互惠保护的，可以享有本卷所规定的权益。

第 511—5 条　仅正规提交的外观设计享有本卷所规定的权益。

第 511—6 条　外观设计申请提交前因销售或者其他方式公开的，不导致丧失工业产权，也不影响本卷给予的特别保护。

第 511—7 条　某些工业的专门法规可以规定特别措施，允许工业家证明其外观设计的在先使用，尤其可以通过经国家工业产权局同意设立的私人登记簿证明其外观设计的在先使用。

第二章　提交申请的手续

第 512—1 条　申请人住所在巴黎或者在法国境外的，应当向国家工业产权局提交申请，否则无效。申请人住所在巴黎以外的法国境内的，可以选择向国家工业产权局或者住所所在地的商事法院书记处提交申请。

向商事法院书记处提交申请的，该书记处予以登记并将申请文件转交法国工业产权局。

第 512—2 条　根据本卷规定的形式和条件提交申请。

申请应当包括申请人身份证件及一项或者多项有关外观设计的复制品，否则不予受理。

经审查有下列情形的，驳回申请：

1. 不符合规定的形式和条件；

2. 申请的公开有可能损害公共秩序或者社会公德。

但是，如申请人没有事先被邀请修改申请或者陈述意见的，不得驳回其申请。

对其产品属于经常更新的外形和装饰的工业外观设计，可以在行政法院法规规定的条件下简化手续提交申请。

最迟在申请公开前 6 个月，申请仍然不符合前款所述法规规定的一般要求的，该申请产生的权利丧失。

第 512—3 条　申请人或者申请所有人，虽然未遵守规定的期限但出具有正当理由证明的，可以请求恢复其丧失的权利。

第 512—4 条　任何改动或者转让外观设计权利的行为，只有在国家外观设计登记簿中登记公告，才能对抗第三人。

第三章　保护期限

第 513—1 条　本卷规定的保护期限为 25 年，自申请日起计算。

经所有人声明，可以再延长 25 年的保护期限。

第四章　共同规定

第 514—1 条　需要时，行政法院制定法规规定本卷的实施条件。

第二编　纠　纷

单　章

第 521—1 条　根据大审法院院长依简易请求及申请证明作出的在管辖区采取行动的命令，受损害方可以要求执行官，甚至在申请公开前要求执行官对涉嫌侵权物品或者设备作详细笔录。笔录可以附带或者不附带扣押。

法院院长有权允许请求人得到警察或者地区法院法官的援助，有权要求请求人在法院采取行动前交纳保证金；外国人请求法院扣押也应当交纳保证金。

法院院长的命令及交纳保证金证明的副本要交给被作出笔录的物品的占有人，否则都无效，并可向执行官要求损害赔偿。

请求人在 15 天内未通过民事或者轻罪途径提起诉讼的，笔录或者扣押自动失效，但不妨碍损害赔偿。

第 521－2 条　对提交申请前发生的行为，不得依本卷提起诉讼。

提交申请后到公开申请前发生的行为，只有受损害方证明被控方是恶意的，才能根据第 521－4 条起诉，甚至民事诉讼。

申请未公开前，不得根据相同条文提起刑事或者民事诉讼。

对申请公开以后发生的行为，行为人可以出示证据证明是出于善意。

第 521－3 条　罪行即使不成立，仍然可以没收侵害了受本卷保护权利的物品，并宣布归受侵害人所有。

法院认定罪行成立的，可以宣告没收专门制造被控告物品的工具和设备。

第 521－3－1 条　自发现第 521－4 条第一款规定的违法行为，司法警察可以扣押非法制造、进口、占有、提供销售、销售、交付或者提供的违法制品及专门用于实施上述行为的器材。

第 521－4 条　对故意侵犯本卷保护的权利的行为，处以两年监禁和 100 万法郎罚金。

此外，法院可以对违法侵权单位处以不超过 5 年的全部或者部分和最终或者临时停业。

临时停业不得取消或者中止劳动合同，也不得给有关雇员带来任何经济损失。当最终停业造成辞退人员的，除支付预定赔偿及辞退赔偿外，还应当按劳动法典关于劳动合同中断的第 122－14－4 条和第 122－14－5 条赔偿损失。违反者处以 6 个月监禁和 25 000 法郎的罚金。

第 521－5 条　本法典第 521－4 条确定的违法行为属于刑法典第 121－2 条规定的，可以判处法人承担刑事责任。

对法人所处刑罚有：

1. 依照刑法典第 131－38 条的方式所处的罚金；

2. 依照刑法典第 131－39 条所处的刑罚。

第 131－39 条 2）规定的禁止应当针对对实施犯罪行为时的

经营活动。

第 521-6 条 侵犯本卷保护的权利的累犯，或者和受侵害人有协议的初犯加倍处罚。

此外，可以在不超过五年内剥夺罪犯在商事法院、工商会、行业协会、劳资协会的选举权和被选举权。

第 521-7 条 海关管理部门依据工业品外观设计申请所有人的书面请求，可以在其检查范围内扣留申请人指控对其工业品外观设计构成侵害的货物。

海关管理部门即时将扣留情况通报共和国检查官、申请人及货物申报人或者占有人。

申请人自货物扣留通知之日起 10 个工作日内未能向海关部门证明以下事项之一的，扣留决定自动失效：

——由大审法院院长决定的保全措施；

——提起民事或者刑事诉讼并提交担保金以承担侵权不成立的责任。

为提起前款所述的诉讼，海关管理人员无需再遵照海关法典第 59 条之二关于海关管理人员应当保守职业秘密的规定，申请人可以从海关管理部门得知货物的发运人、进口人、及收货人或者货物占有人的名称和地址以及货物数量。

第六卷　发明及技术知识的保护

第一编　发明专利

第一章　适用范围

第一节　总　则

第 611-1 条 任何发明可以成为国家工业产权局局长颁发

的工业产权证书的标的，该证书赋予其所有人及其权利继受人独占实施权。

颁发证书将导致第 612—21 条规定的法定公开。

除适用法国加入的国际公约外，住所或者营业所不在本编适用领土内的外国人，在其国籍国给予法国人互惠保护的条件下，可享受本编的权益。

第 611—2 条 保护发明的工业产权证书有：

1. 发明专利，期限为申请提交之日起 20 年；

2. 实用证书，期限为申请提交之日起 6 年；

3. 延期保护证书，根据第 611—3 条规定的条件对一项专利保护期限予以延期，延期的期限自该专利法定期限届满起不超过 7 年，或者自颁发市场准销许可证起 17 年。

本卷关于专利的规定均适用实用证书，但第 612—14 条、第 612—15 条及第 612—17 条第一款的规定除外。本卷关于专利的规定同样适用延期保护证书，但第 611—12 条、第 612—1 条至第 612—10 条、第 612—12 条至第 612—15 条、第 612—17 条、第 612—20 条、第 613—1 条和第 613—25 条的规定除外。

第 611—3 条 在法国生效的发明专利的主题是药品、获取药品的方法、获取药品所必须的产品或者制造这一产品的方法的，在这些药品、方法及产品是根据公共健康法典第 601 条或者第 617—1 条取得市场准销许可的专用药品时，该专利的所有人可依据本卷及行政法院法规规定的形式和条件，自市场准销许可颁发之日就专利中与该许可相应的部分取得延期保护证书。

第 611—4 条 1979 年 7 月 1 日前提交的专利申请和专利仍适用提交之日的规定。

但该专利或者专利申请所产生的权利的行使及 1979 年 7 月 1 日前未撰写出首次审查意见草案的专利申请的审查适用本卷规定。

第 611—5 条 1990 年 11 月 26 日关于工业产权的 90—1052

号法律生效前申请的增补证书适用申请之日的规定。

但对产生权利的行使适用本卷规定。

第二节　证书权

第611—6条　取得第611—1条所述工业产权证书的权利属于发明人或者其权利继受人。

两个以上的人相互独立完成同样发明的，取得工业产权证书的权利属于最早提交申请的人。

在国家工业产权局局长的程序中，申请人被视为有权取得工业产权证书。

第611—7条　发明人是雇员的，除非有更利于该雇员的约定，取得工业产权证书的权利依据下列规定确定：

1. 雇员执行与其实际职务相应的发明任务的工作合同，或者从事雇主明确赋予的研究和开发任务而完成的发明属于雇主。完成发明的雇员，依据集体合同、企业协议和个体劳动合同规定的条件享受额外报酬。

如果雇主不遵守有关集体合同，则任何额外报酬的争议由第615—21条设立的调解委员会或者大审法院管辖。

2. 其他所有情形的发明属于雇员。但雇员是在执行职务的过程中或者在企业经营范围内，或者因知悉或者使用企业专有的技术或者手段，及由企业提供的资料完成发明的，雇主依据行政法院法规确定的条件及期限，有权分配或者享有全部或者部分工业产权证书权利。

雇员应获得合理的奖金，双方对奖金协商不成的，由第615—21条设立的调解委员会或者大审法院裁定：委员会或者法院应考虑所有提交的材料，尤其是由雇主和雇员提交的材料，并依据对完成发明的贡献及工商业效益，计算合理的奖金。

3. 雇员发明人应当依据法规规定的方式及期限将发明通知雇主，并由雇主出具收据。

雇员和雇主应当相互告知相关发明的所有有用的情况。雇员和雇主应当避免全部或者部分危害本卷所赋予权利的行使的任何披露。

雇员和雇主达成的有关雇员发明的约定，应当以书面为准，否则无效。

4. 本条的实施方式由行政法院法规规定。

5. 本条规定同样适用国家、公共机构和其他所有公法法人的工作人员，同样依据行政法院法规规定的实施方式。

第 611－8 条　如果申请工业产权证书的发明是窃取发明人或者其权利继受人的，或者是违反法定或者约定义务的，受损害方可以请求追还该申请或者颁发证书的所有权。

追还诉讼的时效为工业产权证书颁发公告之日起 3 年。

但是，颁发或者获取工业产权证书是恶意的，诉讼时效为该证书届满之日起 3 年。

第 611－9 条　雇员发明或者非雇员发明的发明人，均有权在专利中予以注明，也可以放弃在专利中予以注明。

第三节　可授予专利的发明

第 611－10 条　1. 对具有新颖性、创造性和工业实用性的发明授予专利权。

2. 下列发明尤其不能视为第一款所称的发明：

a）发现、科学理论和数学方法；

b）美术创作；

c）在智力活动、游戏或者经济活动中的规则、原理和方法，以及计算机程序；

d）信息展示。

3. 只有在专利申请或者专利权本身属于不授予专利权情形之一时，本条第二款的规定才排除授予专利的可能性。

第 611－11 条　不属于现有技术的发明具有新颖性。

现有技术是指在专利申请日以前通过书面或者口头描述、使用或者任何其他方式为公众所知的技术。

在本条第二款所述申请日之前提交的法国专利申请和指定法国的欧洲或者国际专利申请，只有在该申请日或者该申请日之后公布才属于现有技术。

前款规定不排除第 611－16 条所述方法生产的包含在现有技术中的物质或者组合物取得专利的可能性，只要所述任何方法的用途不属于现有技术。

第 611－12 条　如果以在非巴黎联盟成员国或者非世界贸易组织成员的首次专利申请为基础要求优先权的，则只有在该国以首次法国专利申请或者指定法国的欧洲或者国际申请为基础给予具有巴黎公约优先权效力的条件下，才可以给予具有相应效力的优先权。

第 611－13 条　为实施第 611－11 条，发明的泄露属于下列两种情形的，不予考虑：

——在专利申请日前 6 个月内发生的泄露；

——在申请日后因一件在先专利申请的公布导致泄露，并且如果泄露是直接或者间接地由于下列情况之一的：

a）对发明人或者其合法在先权利人有明显权利滥用；

b）发明人或者其合法在先权利人将发明在 1928 年 11 月 22 日在巴黎签订的国际展览会公约规定的官方展览会或者官方承认的展览会上展出的。

但在后一种情形下，申请专利时应声明发明已经展出并按法规规定的期限和条件提供证明。

第 611－14 条　如果一项发明对所属技术领域的技术人员而言不是显而易见地出自现有技术，则具有创造性。如果现有技术包括第 611－11 条第三款规定的文献，该文献在评价创造性时不予考虑。

第 611－15 条　如果一项发明的主题能够在工业、农业中制造或者使用，则具有工业实用性。

第 611—16 条　人体或者动物的外科手术或者治疗方法及用于人体或者动物的诊断方法，依据第 611—10 条不具有工业实用性。本规定不适用产品，特别是通过上述方法取得的物质或者组合物。

第 611—17 条　下列各项不授予专利权：

a）发明的公布或者实施将违反公共秩序或者社会公德，但不包括因法律或者法规所禁止的发明本身的实施。据此，对人体、人体部分、人体产物及其对人类全部或者部分基因的认识本身不能作为专利的主题；

b）某一种或者某一属的植物品种，已享受依据本卷第二编第三章有关植物品种的规定建立的保护制度；

c）动物品种及以生物学为主的方法获得的植物或者动物品种，但本规定不适用于微生物方法和以微生物方法获得的产品。

第二章　申请的提交和审理

第一节　申请的提交

第 612—1 条　根据本章规定的形式和条件及法规对形式和条件的具体规定，提出专利申请。

第 612—2 条　专利申请日为申请人提交齐全下列文件的日期：

a）请求申请专利的声明；

b）申请人的身份证明；

c）说明书、一项或者几项权利要求书，即使说明书和权利要求书不符合本编的其他要求。

第 612—3 条　同一发明人或者其权利继受人在 12 个月内相继提出两件申请时，申请人可以就两件申请中相同的内容，要求第二件申请享有第一件申请的申请日。

作为要求优先权的基础申请文件是在先的国外申请，且该国外申请已被两件申请中的一件申请要求过优先权的，要求优先权的请求不予受理。在第一件申请已依据前款规定享有多个申请日且自最早的申请日起算超过 12 个月时，要求优先权的请求不予受理。

授予的专利权是依据本条享有在先申请的申请日的，将导致第一件申请中相同部分的效力终止。

第 612-4 条　一件专利申请只能涉及一项发明，或者是多项发明相互联系且属于一个发明总构思。

不符合前款规定的申请应当在规定时间内进行分案；分案申请享有原申请的申请日，原申请有优先权的，分案申请享有原申请的优先权日。

第 612-5 条　在专利申请中，应当清楚、完整地充分公开发明，以使所属技术领域的技术人员能够再现发明。

发明涉及公众无法接触到的微生物的使用时，如果该微生物菌种未向有资质的保藏机构提交，则视为该发明未充分公开。公众获得该菌种的条件由法规规定。

第 612-6 条　权利要求应当确定要求保护的范围。权利要求应当清楚、简要，并且以说明书为依据。

第 612-7 条　1. 申请人要求在先申请优先权的，应当在法规规定的条件和期限内提交优先权声明及在先申请文件的副本。

2. 一件专利申请可以要求多项优先权，即使来自不同的国家。需要时，一个相同的权利要求可以要求多项优先权。要求多项优先权的，优先权期限自最早的优先权日起计算。

3. 一件专利申请要求享有一项或者多项优先权时，优先权仅保护享有优先权的申请内容。

4. 要求优先权的发明内容未出现在在先申请的权利要求中时，只需要在先申请的全部文件中包括了上述内容，即能够享有优先权。

5. 优先权的效力在于，专利申请的提交日依据第 611-11

条第二款、第三款，被视为是优先权日。

第二节　申请的审查

第 612－8 条　国防部部长有权秘密向工业产权局了解专利申请。

第 612－9 条　未经授权，不得泄露和自由使用已经申请专利的发明内容。

在上述期限内，不得公开发明专利申请，未经同意不得颁发申请文件副本，不得启动第 612－14 条、第 612－15 条和第 612－21 条规定的程序。

除第 612－10 条外，本条第一款和第二款所指的授权，可以在任何时候下达。

第 612－10 条　在第 612－9 条第二款规定的期限到期前，该条第一款规定的禁止令应国防部部长请求可以延长 1 年。在相同条件下延长的禁止令也可以随时取消。

根据本条规定，延长禁止令给专利申请人造成损害的，应当在受损害的范围内赔偿专利申请人。赔偿数额协商不成的，由大审法院确定。在法院各审级不得进行公开审理。

在确定赔偿数额的最终判决 1 年后，专利权人可以要求修改前款所确定的赔偿数额。

专利权人应当提供证明其受到的损害高于法院评价的证据。

第 612－11 条　国家工业产权局局长审查专利申请是否符合第 612－12 条所列法律法规的规定。

第 612－12 条　将全部或者部分驳回的专利申请是：

1. 不符合第 612－1 条规定的条件的；

2. 未根据第 612－4 条的规定分案的；

3. 分案申请内容超出原申请说明书范围的；

4. 根据第 612－7 条，发明主题明显不具备专利性条件的；

5. 发明主题不能明显地被视为是第 611－10 条第二款情形

的，或者不能明显地被视为属于第 611-16 条工业实用性的；

6. 说明书或者权利要求不能实施第 612-14 条规定的；

7. 检索报告显示明显缺乏新颖性时，经通知催告后未进行修改的；

8. 权利要求没有以说明书为依据的；

9. 在第 612-14 条规定的制定检索报告程序中，申请人未按要求陈述意见也未提交新的权利要求的。

如果驳回理由只涉及专利申请的部分内容，则仅驳回相应的权利要求。

专利申请不符合第 611-17 条 a）或者第 612-1 条部分规定的，则依职权删除说明书和附图中相应部分。

第 612-13 条 自提交专利申请之日到根据第 612-14 条开始准备文献检索之日，专利申请人可以提交新的权利要求。

实用证书申请人自提交申请直到颁发证书之日，可以提交新的权利要求。

自根据第 612-21 条 1）对专利申请公布之日起，在法规规定的期限内，任何第三人可以就发明是否具有第 611-11 条和第 611-14 条规定的专利性向国家工业产权局提出书面意见。国家工业产权局将该书面意见通知申请人，申请人在法规规定的期限内可以提交答复意见和新的权利要求。

第 612-14 条 除第 612-15 条规定的条件外，如果专利申请获得申请日，则开始制定检索报告，检索报告包括有可能影响第 611-11 条和第 611-14 条规定的发明专利性条件的现有技术。

检索报告依据法规规定的条件制定。

第 612-15 条 申请人可以在 18 个月期限内请求延迟制定检索报告，18 个月期限自专利申请提交日或者优先权日（有优先权的）起计算。申请人可以随时取消延迟制定检索报告的请求，但在提起侵权诉讼前或者在依据第 615-4 条规定的进行通知前，申请人应当具有检索报告。自第 612－21 条 1）规定的申请公布开始，任何第三人可以要求制定检索报告。

申请人可以随时将专利申请转为实用证书申请。在前款规定的期限届满时未要求制定检索报告的，专利申请在法规规定的条件下自动转为实用证书申请。

第 612－16 条　申请人未遵守国家工业产权局指定期限的，如果申请人有合理的理由，且障碍致使专利申请被驳回或者请求被驳回，致使其他权利丧失或者请求途径丧失，申请人可以请求恢复权利。

恢复权利的请求自障碍消除之日起 2 个月内向国家工业产权局局长提出。未办理的手续应当在该期限内办理。恢复权利的请求只有在未遵守期限届满后 1 年内予以受理。

本条规定不适用于第 612－15 条、第 612－19 条和第 613－22 条规定的期限，也不适用于《保护工业产权巴黎公约》第 4 条规定的优先权期限。

第 612－17 条　完成第 612－14 条和第 612－15 条规定的程序后授予专利权。

颁发的专利证书或者实用证书包括说明书、附图（如有附图）、权利要求书、专利证书还包括检索报告。

第 612－18 条　在正常的通信运行中断期间，在中断日起生效的法规可以暂停在国家工业产权局的期限。

第 612－19 条　专利申请或者专利应当在由行政法院法规规定的日期缴纳年费。

在前款规定的期限内未缴纳年费的，申请人可以在 6 个月的宽限期内缴纳，同时还应当缴纳补充费用。

第 612－20 条　除非发明明显不能授予专利权，国家工业产权局向申请人或者专利权人收取的费用金额，当居住在法国的自然人的收入无力缴纳所得税时，可以予以减缴。

此外，在国家工业产权局程序中，上述自然人还可以要求享受工业产权顾问的援助，及相应专业人员的援助。

援助费用由国家工业产权局承担。

第三节　发明的合法传播

第612－21条　在行政法院法规规定的条件下，国家工业产权局通过在工业产权官方公告上刊登，通过将全文提供给公众查阅，或者通过数据库传播或者信息载体的传播，负责公布：

1. 公开的专利申请或者实用证书的所有文件，自申请日起算或者要求优先权的自优先权日起算 18 个月期满公开，或者依据申请人要求，可以在 18 个月期满前公开；

2. 补充保护证书申请，及其该补充保护证书申请所依附的专利申请，或者该专利申请已经授权公告的，在补充保护证书申请中标明其依附的专利；

3. 随后程序的所有文件；

4. 任何一个证书的颁发；

5. 第613－9条所述文件；

6. 第611－3条所指的授权时间并标明相应专利。

第612－22条　第612－21条的规定适用于欧洲专利申请和欧洲专利。

第612－23条　依据利害关系人的请求或者行政机关的要求，由国家工业产权局出具文献审查报告，该文献审查报告引述影响评价第611－11条和第611－14条规定的发明专利性条件的现有技术。

第三章　专利的相关权利

第一节　独占实施权

第613－1条　第611－1条所述的独占实施权自申请提交起

发生效力。

第 613－2 条　专利权的保护范围由权利要求书的内容确定。说明书和附图用于解释权利要求书。

专利主题是方法的，专利权也保护使用该方法直接获得的产品。

第 613－3 条　未经专利权人同意，禁止任何人：

a) 制造、许诺销售、销售、使用或者为上述目的进口或者占有专利产品；

b) 使用专利方法，或者在第三人明知或者事实明显表明未经专利权人同意是禁止使用的专利方法的，在法国领土上提供该方法的使用；

c) 许诺销售、销售、使用或者为上述目的进口或者占有直接用专利方法获得的产品。

第 613－4 条　1. 在第三人明知或者事实明显表明是专用于实施专利权保护的发明的手段时，禁止未经专利权人同意向在法国领土上无权实施该发明的人交付或者提供交付与实施发明有关的手段。

2. 在实施手段是在商业流通中的产品的，第 1 项的规定不适用，除非他人引诱向其交付的人从事第 613－3 条禁止的行为。

3. 实施第 613－5 条 a)、b)、c) 次规定行为的人，不属于第一款规定的有权实施发明的人。

第 613－5 条　专利赋予的权利不延伸到：

a) 个人范围和非商业性实施的行为；

b) 以实验为目的，实施专利主题的行为；

c) 在药房依据医生处方临时一次性配制药品的行为，及配制该药品的相关行为。

第 613－6 条　由专利权人或者其明确同意将专利产品投放在法国市场或者欧洲经济体协议成员国的市场后，专利赋予的权利不延伸到对该产品的实施行为。

第613—7条 在本卷适用的领土上，在专利申请日前或者优先权日前，任何人已经善意占有受专利保护的发明的，有权以个人名义实施该发明，尽管有专利存在。

本条承认的权利只能和商业资金、企业或者与企业相关部分一同转让。

第二节 权利的转让及丧失

第613—8条 专利申请权或者专利权可以全部或者部分转让。

专利申请权或者专利权可以全部或者部分实施许可，实施许可合同可以是独占或者非独占性的。

根据前款规定，被许可方违反许合同许可限定之一的，专利申请权或者专利权可以对抗被许可方违约行为。

第611—8条的规定除外，第一款规定的权利转让不得损害转让前第三方获得的权利。

前两款规定的转让或者许可的行为应当有书面证明文件，否则无效。

第613—9条 为产生对抗第三人的效力，任何转让或者变更专利申请或者专利相关权利的行为，应当在国家工业产权局设立的国家专利登记簿上予以登记。

但是，上述行为在登记前，仍然可以对抗第三人在上述行为之后取得的权利并且其在取得权利时已经知悉。

第613—10条 任何专利，在国家专利登记簿没有独占许可的登记，在审查报告中也没有明显影响专利授权条件的现有技术，依据专利权人愿将发明提供给公众实施的请求，并经国家工业产权局局长同意，可以适用当然许可证制度。

前款所述请求应当有专利权人的声明，专利权人在声明中同意任何公法或者私法法人实施专利并支付合理的报酬。当然许可只能是非独占的许可。专利权人和被许可人就合理报酬数额协商不成的，由大审法院确定报酬数额。被许可人随时可以放弃许可证。

专利适用当然许可制度的决定，可以使专利权人减缴第612－19条规定的年费，但已经缴纳的除外。

依据专利权人的请求，国家工业产权局局长撤销其决定。撤销决定后，专利权人不再享受前款规定的减缴年费的规定。撤销决定不影响已经取得的当然许可或者正在请求中的专利的当然许可。

第613－11条　自专利授权之日起3年后，或者专利申请之日起4年后，任何公法法人或者私法法人，在下述条款规定的条件下，可以取得专利的强制许可。如果在请求强制许可时，并且除非专利权人或者其合法继受人有合法理由，专利权人或者其合法继受人：

a）没有在欧洲经济共同体成员国或者欧洲经济空间协定成员国领土上实施发明专利或者没有为实施发明专利做好有效和认真准备的；

b）没有以足够数量销售专利产品以满足法国市场需求的。

同样，上述 a）项规定的实施和 b）项规定的在法国的销售已经停止有3年以上的。

为了适用本条，进口世界贸易组织协议成员国的专利产品，视为实施了专利。

第613－12条　强制许可请求向大审法院提出：请求书应当附上请求人没有获得专利权人许可实施的证明和具有认真有效实施专利的能力的证明。

强制许可应当以规定的条件颁发，特别要确定期限、适用范围和支付报酬的数额。

上述条件应专利权人或者被许可人的要求，可以由法院裁定修改。

第613—13条 强制许可和当然许可是非独占许可。许可的相关权利只能与商业资金、企业或者与许可涉及的部分企业一同转让。

第613—14条 如果强制许可的被许可人没有遵守颁发强制许可条件的,专利权人,如有必要,及其他被许可人可以请求法院撤回强制许可。

第613—15条 对他人发明专利的改进而取得一项专利的权利人,未经前项专利权利人的同意不得实施该发明专利,前项专利的权利人,未经改进专利的权利人同意不得实施改进专利。

在第613—11条规定的时间期满后,应改进专利权人的要求,在其实施依赖于前一专利并且较之前一专利有重大技术进步和显著经济效益的,大审法院出于公众利益的考虑,经商检察院后,可以向改进专利权人颁发许可证。颁发给改进专利权人的许可证只能与该专利一同转让。前一专利的权利人可以向法院提出请求以获得改进专利的许可证。

第613—12条至第613—14条的规定也适用。

第613—16条 如果公共健康利益需要,有关药品、取得药品的方法、取得药品必要的产品或者生产该产品的方法的专利,在供应公众的药品数量或者质量不足或者价格高昂时,依据主管公共卫生的部长的要求,在第613—17条规定的条件范围内,由主管工业产权的部长决定,适用征用许可制度。

第613—17条 自对专利征用许可的决定公告之日起,任何有实施能力的人可以请求主管工业产权的部长给予该专利的实施许可。部长在给予实施许可的决定中应当明确条件,特别是期限及适用范围,但应当支付的报酬除外。

自征用许可的决定通知当事人之日起,该许可证生效。

报酬数额协商不成的,经主管工业产权的部长和主管卫生的部长同意,由大审法院裁定。

第 613－18 条 为满足国民经济的需要，主管工业产权的部长可以催告发明专利的所有人实施其发明，但第 613－16 条的规定除外。

如果催告 1 年后没有效果，且未实施或者实施未满足质量或者数量而严重损害经济发展和公共利益的，则被催告的专利依据行政法院令可以适用官方许可制度。

在专利权人有正当理由且符合国民经济要求时，主管工业产权的部长可以将上述 1 年的期限延长。

自专利征用许可的决定公布之日起，任何符合资格的人都可以向主管工业产权的部长申请颁发实施许可证。

在上述部长所给予的许可决定中，应当明确条件，特别是期限和适用范围的条件。征用许可的决定自通知当事人之日起生效。

就报酬数额协商不成的，由大审法院裁定。

第 613－19 条 为了国防需要，国家随时可以对申请专利或者取得专利的发明征用许可或者使用。

依据主管国防的部长的申请，由主管工业产权的部长决定给予征用许可。决定中应明确许可条件，但许可证报酬的条件除外。

征用许可自主管国防的部长申请之日生效。

就报酬数额协商不成的，由大审法院裁定。在法院各审级均不进行公开审理。

第 613－19－1 条 如果发明专利属于半导体技术，强制许可或者征用许可只能用于非商业性的公共目的，或者用于消除经司法或者行政程序认定为垄断行为对竞争的不利影响。

第 613－20 条 国家为了国防需要可以随时对申请专利或者取得专利的发明全部或者部分征用。

征用补偿协商不成的，由大审法院裁定。

在法院各审级均不进行公开审理。

第 613-21 条　根据司法文书以外的文件进行专利权扣押的，应当通知专利权人、国家工业产权局及对专利拥有权利的人。专利权扣押后，对该专利的修改不得对抗扣押专利的债权人。

扣押专利的债权人应当在规定期限内，就扣押的效力及拍卖专利向法院起诉，否则扣押无效。

第 613-22 条　1. 专利申请人或者专利权人在第 612-19 条规定的期限内未缴纳规定的年费的，丧失其权利。

未缴纳年费的，自应缴纳年费的期限到期之日权利丧失。

在法规规定的条件下，权利丧失由国家工业产权局局长的决定确认或者依专利权人或者第三人的请求确认。

国家工业产权局局长的决定予以公告并通知专利权人。

2. 自发出通知起 3 个月内，专利权人如有未缴纳年费的正当理由，则可以提出恢复权利。

在法规规定的期限内补交了年费的，国家工业产权局局长准予恢复权利。

第 613-23 条　第 613-22 条所述期限，可以依据第 612-18 条所规定的情形及方式中止。

第 613-24 条　专利权人可以随时放弃全部专利或者一项或者多项权利要求。

放弃专利权应当向国家工业产权局提交书面声明。放弃专利权自公告之日起生效。

在国家专利登记簿上登记有质押或者许可的，未经质押或者许可受益人的同意，放弃专利权的声明不予受理。

本条第二款、第三款的规定不适用于依据第 612-15 条规定放弃专利权。

第 613-25 条　司法判决可以宣告专利权无效：

a) 如果专利不符合第 611-10 条、第 611-11 条和第 611-13 条至第 611-17 条规定的授予专利权的条件的；

b）如果专利没有清楚、完整地充分公开发明以使所属领域的专业人员能够再现发明的；

c）如果专利申请内容超出提交申请时的范围，或者如果基于分案专利申请批准的专利超出原始申请的范围的。

如果专利无效理由只涉及部分专利，则以限制相应的权利要求宣告专利无效。

第 613－26 条　检察院可以依职权请求宣告发明专利无效。

第 613－27 条　第三方有异议的除外，宣告发明专利无效的决定具有绝对效力。对 1969 年 1 月 1 日前申请的专利，无效宣告适用于判决书主文所确定的专利部分。

已发生效力的判决书应当通知国家工业产权局局长，以便在国家专利登记簿上登记。判决书是宣告部分权利要求无效的，专利权人应当向国家工业产权局提交依据判决修改后的权利要求书。国家工业产权局局长有权驳回修改后仍不符合判决的权利要求书，但保留专利权人依据本法典第 411－4 条指定的上诉法院之一上诉。

第 613－28 条　补充保护证书是无效的：

a）如果其依附的专利被无效；

b）如果其依附的专利涉及所有准许进入市场销售的部分被无效；

c）如果准许进入市场销售的许可被撤销的；

d）如果该证书的颁发违反第 611－3 条的规定。

在其依附的专利无效仅涉及准许进入市场销售的很小部分时，补充保护证书中仅相应的很小部分无效。

第三节　专利的共有

第 613－29 条　专利申请或者专利权的共有应当遵守以下规定：

a）每个共有人可以自己实施发明，但应当公平补偿其他没有自己实施或者没有许可第三人实施的共有人。就补偿数额协商不成的，由大审法院裁定；

b) 每个共有人可以自己提起侵权诉讼，提起侵权诉讼的共有人应当将法院的传票通知其他共有人。未证明已通知其他共有人的，法院延迟侵权审理；

c) 每个共有人自己可以许可第三人非独占性的实施许可，但应当公平补偿其他没有自己实施或者没有许可第三人实施的共有人。就补偿数额协商不成的，由大审法院裁定；

但是，许可方案应当通知其他共有人，并附具许可份额准确的报价金额。

在许可方案通知其他共有人之日起 3 个月内，任何一个共有人在购买拟许可第三人实施的共有人份额的前提下，可以反对该许可实施。

在前款规定的期限内，就价格协商不成的，由大审法院裁定。自裁定或者上诉通知之日起 1 个月内，当事人一方可以放弃许可实施或者放弃购买共有人份额，但不影响可能发生的损害赔偿；诉讼费由放弃的一方承担。

d) 独占性的实施许可应当经全体共有人同意或者经司法授权；

e) 每个共有人可以随时转让其份额，在转让方案通知之日起 3 个月内，其他共有人享有优先购买权。价格协商不成的，由大审法院裁定。自裁定通知之日起 1 个月内，或者在上诉、中止的情况下，当事人一方可以放弃转让或者放弃购买共有人份额，但不影响可能发生的损害赔偿；诉讼费由放弃的一方承担。

第 613－30 条　民法典第 815 条及之后各条，第 1873－1 条及之后各条，以及第 883 条及之后各条不适用专利申请或者专利的共有。

第 613－31 条　专利申请或者专利权的共有人可以放弃其份额并通知其他共有人。自在国家专利登记簿登记放弃份额开始，或者放弃份额涉及未公开专利申请的，自通知国家工业产权局开始，放弃其份额的共有人对其他共有人不再承担任何义务；其他共有人依据共有权利的比例分享放弃的份额，但有相反约定的除外。

第 613—32 条 第 613—29 条至第 613—31 条的规定在没有相反约定时适用。

共有人可以随时制定共有规则取代上述规定。

第四章 国际条约的实施

第一节 欧洲专利

第 614—1 条 本节是关于实施 1973 年 10 月 5 日在慕尼黑签定的公约的规定，下称该公约为慕尼黑公约。

第一段 欧洲专利申请的提交

第 614—2 条 欧洲专利申请可以向申请人所在地的国家工业产权局提交，需要时，依据法规规定的方式，可以向地区中心提交。

申请人在法国有住所或者营业所且未要求在法国在先申请优先权的，欧洲专利申请应当向国家工业产权局提交。

第 614—3 条 国防部部长有权向国家工业产权局秘密了解向该局提交的欧洲专利申请。

第 614—4 条 已向国家工业产权局申请了欧洲专利的发明，未得到授权，不得自由泄露或者实施。

在此阶段，专利申请文件不得公布，专利申请文件的任何副本不得发布，除非获得授权。

本条第一款和第二款规定的授权是由主管工业产权的部长依据国防部部长的意见颁发的授权。

第一款规定的授权可以随时颁发。除第 614—5 条第一款规定外，自专利申请提交之日起 4 个月期满后，或者要求优先权的，自优先权日起 14 个月期满后，该授权自动取得。

第 614—5 条 在第 614—4 条最后一款规定的其中一个期限届满前，该条规定的禁令可以依据国防部部长的要求延长 1 年并可以再次延长。在延长期限的情况下，专利申请不得转交欧洲专利局。延长的禁令期限可以依据国防部部长的要求随时取消。

在延长禁令期限的情况下，本法典第 612—10 条第二款、第三款应当予以适用。

第 614—6 条 欧洲专利申请只有符合慕尼黑公约第 135—1 条 a）的规定才可以转为法国专利申请。

欧洲专利申请转为法国专利申请的，申请人还应当符合法规规定的条件，否则驳回其法国专利申请。

如果在专利申请转换前已经建立了检索报告，该检索报告可以作为第 612—15 条规定的检索报告。

第二段 欧洲专利在法国的效力

第 614—7 条 依据慕尼黑公约建立的欧洲专利局颁布的欧洲专利或者经修改维持的欧洲专利不是以法文撰写的，专利权人应当在行政法院法规规定的条件和期限向国家工业产权局提交译文，否则专利不产生效力。

第 614—8 条 如果程序用语言不是法文，在欧洲专利申请公开之日起 3 个月内，国家工业产权局负责将慕尼黑公约第 78 条（1）e）规定的摘要翻译为法文并予以公开。

第 614—9 条 依据慕尼黑公约第 93 条公开后，欧洲专利申请可以行使本法典第 613—3 条至第 613—7 条及第 615—5 条规定的权利。

如果专利申请是使用法文以外的语言公开的，则只有在国家工业产权局公告权利要求书的法文译文之日起，或者依据申请人请求，在行政法院法规规定的条件下，通知被控侵权人之日起，前款规定的权利才能行使。

第 614—10 条　在法文译文是根据第 614—7 条或者第 614—9 条第二款规定的条件翻译时，如果法文译文给予的保护范围小于欧洲专利申请或者欧洲专利提交时使用语言确定的保护范围，则以法文译文为准。

但是，专利申请人或者专利权人可以随时修改译文。修改后的译文只有符合第 614—7 条或者第 614—9 条第二款规定的条件才能产生效力。

任何人已经善意地实施发明或者为实施发明已经做好认真和有效准备，并且没有落入专利申请或者专利的原始译文的保护范围的，可以在修改的译文生效后继续在企业或者为企业的需要免费实施发明。

在无效诉讼程序中以程序语言为准，上述规定不适用于无效诉讼程序。

第 614—11 条　欧洲专利申请权或者欧洲专利权的转让或者变更已经在欧洲专利登记簿登记的，具有对抗第三人的效力。

第 614—12 条　根据慕尼黑公约第 138 条第一款规定的理由，法院判决可以宣告欧洲专利在法国无效。

如果无效理由仅仅涉及专利的说明书或者附图部分，宣告专利无效则以限定权利要求的形式。

第 614—13 条　同一发明人或者其权利继受人对一项发明取得了法国专利和欧洲专利且具有相同申请日或者优先权日的，在规定的异议期满之日对欧洲专利没有异议或者有异议但维持欧洲专利的情况下，法国专利停止生效。

但是，法国专利的申请日或者优先权日是在欧洲专利之后的，该专利不产生效力。

欧洲专利在以后的灭失或者无效不影响本条的规定。

第 614—14 条　同一发明人或者其权利继受人对相同发明拥

有的法国专利申请或者法国专利和欧洲专利申请或者欧洲专利且具有相同申请日或者优先权日的，不得就共同部分分别独立转让、质押、抵押或者许可实施，否则无效。

作为第 613－9 条的例外规定，法国专利申请或者法国专利只有在欧洲专利申请或者欧洲专利的相同转让或者相同变更已经在欧洲专利簿登记的，才能对抗第三人。

法国专利申请或者法国专利和作为提交欧洲专利申请的优先权不得分别独立进行转让。

第 614－15 条　在同一发明人或者权利继受人就相同发明拥有法国专利和申请了欧洲专利且具有相同优先权日时，法院受理以法国专利提起的侵权诉讼的，应当延迟审判直至第 614－13 条所规定的法国专利停止效力之日，或者欧洲专利申请被驳回、撤回或者视为撤回之日或者欧洲专利被撤销之日。

如果仅是以法国专利为基础提起侵权诉讼的，在法国专利停止效力之后且就共同部分发生的侵权事实，则原告可以欧洲专利替代法国专利继续侵权诉讼。

如果是以法国专利和欧洲专利为基础提起侵权诉讼的，则刑事制裁和民事赔偿不能并罚。

如果是以两个专利中的一个专利为基础提起侵权诉讼的，则不得以另一个专利为基础就同一事实由同一原告对同一被告提起新的侵权诉讼。

第 614－16 条　行政法院法规将制定本节的实施条件，特别是慕尼黑公约第 137－2 条的实施条件。

第二节　国际申请

第 614－17 条　本节涉及实施 1970 年 6 月 19 日在华盛顿签订的专利合作条约的规定。

第一段　国际申请的提交

第 614－18 条　在法国有住所或者营业所的自然人或者法人

提出保护发明的国际申请时未要求在法国在先专利申请优先权的，应当向国家工业产权局提交国际申请。国家工业产权局以华盛顿条约第 2 条 15 及第 10 条规定的受理局的名义受理国际申请。

第 614—19 条　国防部部长可以向国家工业产权局秘密了解提交的保护发明的国际申请。

第 614—20 条　已经向国家工业产权局提交的作为国际申请主题的发明，不得被泄露和自由实施，直到获得相应的授权。

在上述期限内，不得公开申请，未经授权不得颁发申请文件副本。

本条第一款、第二款所指的授权，由主管工业产权的部长在听取国防部部长意见后颁发。

第一款所指授权可以随时颁发。第 614—20 条的规定除外，申请提交之日起 5 个月期满后，或者要求优先权的，自优先权日起 30 个月期满后，将自动获得授权。

第 614—21 条　在第 614—20 条最后一款规定的其中一个期限期满前，该条规定的禁令可以依据国防部部长的要求延长 1 年并可以再延长。在上述情况下，该申请不得移交华盛顿条约设立的国际局。

禁令的延长也可以依据同样的条件随时取消。

在禁令延长的情况下，第 612—10 条第二款、第三款、第四款的规定应当予以适用。

第 614—22 条　申请人在法国没有住所或者营业所的，国家工业产权局作为华盛顿条约其他成员国国家局的受理局时或者由该协议的联盟大会指定为受理局时，第 614—19 条、第 614—20 条和第 614—21 条的规定不予适用。

第 614—23 条　行政法院法规制定本节规定的实施条件，特别是受理国际申请的条件，提交申请的语言，国家工业产权局对其服务应收取的传送费和为在国外有住所或者营业所的申请人代理的代理费。

第二段　国际申请在法国的效力

第 614－24 条　根据华盛顿条约提出的保护发明的国际申请指定或者选定法国的，视为同意获得慕尼黑公约所规定的欧洲专利。

第三节　共同体专利

第 614－25 条　本节是关于实施 1975 年 12 月 15 日在卢森堡签订的共同市场欧洲专利公约（共同体专利公约）的规定（以下称卢森堡公约）。本节与卢森堡公约同时生效。

第 614－26 条　在欧洲专利申请指定欧洲经济共同体国家时及颁发的专利是共同体专利时，第 614－7 条至第 614－14 条（第一款和第二款）不予以适用。

第 614－27 条　自共同体专利申请公开后 3 个月内，程序用语言不是法文的，国家工业产权局负责将慕尼黑公约第 78 条（1）规定的摘要翻译为法文并予以公告。

第 614－28 条　为适用专利申请和专利的条文，第 614－26 条、第 614－15 条和第 615－17 条中提及的第 614－13 条替换为卢森堡公约第 80 条第一款。

第 614－29 条　指定欧洲经济共同体国家的欧洲专利申请或者共同体专利的转让、质押、抵押或者许可实施，导致归属同一发明人或者权利继受人的相同发明部分并有同一申请日或者优先权日的法国专利申请或者法国专利的相同转让、质押、抵押或者许可实施。

在同等条件下，法国专利申请或者法国专利不得与指定欧洲经济共同体国家的欧洲专利申请或者共同体专利分别独立进行转让、质押、抵押或者许可实施，否则无效。

作为第 613－20 条的例外规定，转让或者变更的法国专利申请或者法国专利且在国家专利登记簿登记的，只有在指定欧洲经济共同体国家的欧洲专利申请或者共同体专利进行的相同转让或者变更已在欧洲专利登记簿或者共同体专利登记簿登记的条件下，才可以对抗第三人。

第 614－30 条　根据卢森堡公约第 86 条第一款，申请人在授予专利权的请求书中声明不愿取得共同体专利的，第 614－26 条及第 614－29 条的规定不适用。

在上述情况下，第 614－13 条亦不适用。

第四节　最终规定

第 614－31 条　1883 年 3 月 20 日在巴黎签订的保护工业产权国际公约以及已修订或者将修订该公约的协定或者补充文本及会议议定书的规定比法国保护工业产权法更有利于法国人的情况下，法国人可以请求适用上述规定。

本编任何规定都不得解释为否定前款赋予法国人的权利。

第五章　司法诉讼

第一节　民事诉讼

第 615－1 条　任何侵害第 613－3 条至第 613－6 条规定的专利权人权利的行为均构成侵权。

侵权人应当承担民事责任。

但是，许诺销售、销售、使用或者为使用或者销售而占有侵权产品的行为是侵权产品制造商以外的其他人的行为时，只有明知故犯的行为人才承担责任。

第 615－2 条　由专利权人提起侵权诉讼。

但是，在许可合同无相反约定的情况下，独占实施的利害关系人在专利权人经其催告后未提起诉讼的，可以提起侵权诉讼。

专利权人可以参加依据前款规定由被许可人提起的侵权诉讼。

根据第 613－10 条、第 613－11 条、第 613－15 条、第613－17 条和第 613－19 条规定，当然许可、强制许可或者征用许可的被许可人，在专利权人经其催告后未提起诉讼的，可以提起侵权诉讼。

为得到应有的损害赔偿，被许可人可以参加由专利权人提起的侵权诉讼。

第 615－3 条　向法院提起专利侵权诉讼的，按照紧急审理程序，法院院长可以临时禁止被控侵权行为（违者罚款），或者可以在提交赔偿专利权人损失担保金后不禁止被控侵权行为。

禁止令的申请或者提交担保的申请只有在侵权行为可能成立并且专利权人得知侵权之日起及时起诉时才能予以批准。

法官为下达禁止令应当要求原告提交担保金，以赔偿侵权行为不成立时给被告造成的损失。

第 615－4 条　作为第 613－1 条的例外规定，在专利申请依据第 612－21 条公开以前或者该专利申请的副本通知第三人以前的行为不视为侵犯专利权。

但是，在前款所指日期和授予专利权公告日期之间：

1）只有在上述第一个日期以后未扩大权利要求范围的，专利具有对抗效力；

2）专利涉及使用微生物的，只有在微生物可以提供给公众使用以后，专利具有对抗效力。

以专利申请向法院提起侵权诉讼的，法院延迟至授予专利权后审理。

第 615－5 条　专利申请或者实用证书申请的所有人和专利权或者实用证书的所有人，可以以任何方式提供其遭受侵害的证据。

此外，权利所有人有权依据侵权行为发生地的大审法院院长的命令，在其选择的专家协助下，由执行官对涉嫌侵权产品或者方法进行详细说明，附有或者没有实物扣押。命令应临时予以执行。命令可以要求请求人提供担保。在同一命令中，法院院长可以授权执行官为证实侵权行为的来源、确定程度和范围进行必要的查证。

根据第615－2条第二款规定条件下的独占实施的被许可人，以及第615－2条第四款规定条件下的第613－10条、第613－11条、第613－15条、第613－17条和第613－19条所指的当然许可、强制许可、征用许可的被许可人享有同样的权利。

在15天期限内，请求人没有提起诉讼的，扣押自动失效，不影响可能发生的损害赔偿。

第615－5－1条 如果专利是制造产品的方法，法院可以命令被告提供其制造相同产品的方法不同于专利方法的证据。被告不能提供证据，且属于以下两种情形的，将被认定该相同产品是未经专利权人同意依照专利方法制造的产品：

a）依照专利方法制造的产品是新产品；

b）依据专利方法制造相同产品的可能性较大，并且专利权人已作出合理的努力仍不能确定其实际使用的方法。

在提供反证时，被告的合法利益应当予以考虑，以保护被告的制造和商业秘密。

第615－6条 以实用证书申请提起侵权诉讼的，原告应当提交检索报告，该检索报告的制定条件与第612－14条规定的条件相同。

第615－7条 依据受害人的申请，采取必要措施以禁止继续侵权，法官可以为原告的利益裁定没收禁止令生效时属于侵权人所有的侵权物品，并且需要时没收用于实现侵权的专用设备或者工具。

在判决给予受害人的赔偿时，应当考虑没收物品的价值。

第615－8条 本章规定的侵权诉讼时效为有关侵权行为发

生之日起 3 年。

第 615－9 条　在欧洲经济共同体成员国已经进行了工业实施或者为此已经进行了认真和有效准备的任何人，可以邀请专利权人就其是否有权反对该实施作出答复。

如果上述任何人对专利权人的答复有不同意见或者如果专利权人自被邀请之日起 3 个月内未作出答复，可以向法院起诉专利权人以获得关于专利对实施不构成障碍的判决，但不影响请求宣告专利无效，不影响在未依照前款所指实施说明中的条件进行实施的情况下提起侵权诉讼。

第 615－10 条　国家或者其供应商、转包商、及转承包人为国防需要实施了专利申请或者专利但没有获得实施许可的，民事诉讼在大审法院不进行公开审理。法院不得判决中止或者停止实施，或者第 615－7 条规定的没收。

法院院长命令进行专家鉴定或者进行第 615－5 条规定的附有或者没有扣押实物的说明的，如果研究合同或者制造合同中有国防安全的分级时，公务助理员应当暂停扣押、说明及收集企业的档案和文件资料。

在军队驻地进行的研究或者制造同样适用。

大审法院院长应权利继受人的请求，可以命令由国防部部长指定的人并在其代表面前进行鉴定。

只要专利申请属于第 612－9 条和第 612－10 条规定的禁止情形，第 615－4 条的规定不适用于在本条规定条件下实施的专利申请。进行这类实施的人自动承担本条所规定的责任。

第 615－11 条　（已删除。）

第二节　刑事诉讼

第 615－12 条　冒充专利权人或者专利申请人的，处以 5 万法郎的罚金。属于累犯的，加倍处以罚金。嫌疑人在前五年中因同罪受过惩罚的，即构成本条意义上的累犯。

第 615－13 条　在不影响因危害国家安全可处以更重刑的情况下，故意违反第 612－9 条和第 612－10 条规定的禁止令的，处以 3 万法郎的罚金。侵犯行为给国防造成损失的，可判处 1～5 年的监禁。

第 615－14 条　1. 故意损害第 613－3 条至第 613－6 条规定的专利权人权利的，处以两年监禁并处 100 万法郎的罚金。

2. 上述第一款的规定自 1993 年 1 月 1 日生效。

第 615－14－1 条　对违反第 615－14 条规定的累犯，或者对与受害人有协议或者曾经有协议的初犯，加倍予以惩罚。

此外，可以剥夺罪犯在商事法院、工商会、行业协会、劳资协会不超过五年的选举权和被选举权。

第 615－15 条　在不影响因危害国家安全可处以更重刑的情况下，故意违反第 614－18 条、第 614－20 条和第 614－21 条第一款规定的义务或者禁止令的，处以 4 万法郎的罚金。侵犯行为给国防造成损失的，可判处 1～5 年的监禁。

第 615－16 条　在不影响因危害国家安全可处以更重刑的情况下，故意违反第 614－2 条第二款、第 614－4 条和第 614－5 条第一款规定的义务或者禁止令的，处以 4 万法郎的罚金。侵犯行为给国防造成损失的，可判处 1～5 年的监禁。

第三节　管辖和程序规则

第 615－17 条　因本编产生的全部纠纷由大审法院及其所属的上诉法院管辖，但不包括对主管工业产权的部长颁布的行政法令、条例及其他决定提起的诉讼，对行政法令、条例及其他决定的诉讼由行政法院管辖。

受理专利诉讼的大审法院由法规确定。

上述规定不妨碍根据民法典第 2059 条和第 2060 条规定的条件要求仲裁。

只有上述所指的大审法院及其所属的上诉法院可以根据第

614-13 条的规定确定法国专利全部或者部分停止产生效力。

第 615-18 条 根据第 612-10 条、第 613-17 条、第 613-19 条和第 613-20 条所指的确定损害赔偿的诉讼，由巴黎大审法院管辖。

第 615-19 条 专利侵权诉讼由大审法院专属管辖。

专利侵权诉讼附带不正当竞争问题由大审法院专属管辖。

第 615-20 条 受理本编规定的诉讼或者抗辩的法院，可以依职权或者应当事人一方要求，指定一个顾问参加诉讼程序及听审。在不公开审理的程序中，顾问经同意后可以向当事人或者代理人提问。

第 615-21 条 应当事人一方要求，适用第 611-7 条所产生的争议由劳资调解委员会（雇主，雇员）受理，委员会由司法法官主持，在票数相同时由法官裁定。

该委员会设立在国家工业产权局，在受理之日起 6 个月内，该委员会应当提出调解建议；自将该建议发出通知之日起 1 个月内，当事人没有向大审法院起诉的，该调解建议作为当事人之间的合约，向大审法院起诉的，审理不公开进行。应一方的请求，可以由大审法院判定合约生效执行。

当事人可以亲自参加委员会并可以由其选定的人给予协助或者代理。

委员会可以对每个案件指定专家协助。

适用本条的条件，包括第 611-7 条最后一款所指人员的特别规定，由行政法院在咨询有关行业组织和工会后以法规确定。

第 615-22 条 行政法院法规确定本编的具体实施条件。

英国 1949 年注册外观设计法❶

（与注册外观设计有关的法案的整合文本）

可注册的外观设计及注册程序

第 1 条　外观设计的注册

（1）依据本法提交的外观设计申请，符合本法下列规定的，可以予以注册。

（2）本法所称的"外观设计"是指，源于产品或其装饰的（特别是其线条、轮廓、色彩、形状、质地或者材料等方面的）特征的、产品的全部或者部分外观。

（3）在本法中：

"复合产品"是指由至少两个能够更换的可拆分和组装的部件构成的产品；

"产品"是指除计算机程序以外的任何工业或手工制品，尤其是包括用于组合成复合产品的包装、装订、图形符号、印刷字体及部件。

第 1A 条　已废止

第 1B 条　新颖性和独特性要求

（1）一项外观设计必须具有新颖性和独特性才可获得注册外观设计权的保护。

（2）基于上述第（1）款的目的，如果在相关日期前，没有与一项外观设计相同的或者与之区别仅在于非实质性细节的外观设计为公众所知，则该外观设计具有新颖性。

---

❶　根据英国知识产权局网站（http：//www.ipo.gov.uk/pro-types/pro-design.htm）上提供的英文版翻译。翻译：刘颖；校对：董琤。

（3）基于上述第（1）款的目的，如果一项外观设计给见多识广的使用者的整体印象区别于在相关日期前已经为公众所知的外观设计给同一使用者的整体印象，则该外观设计具有独特性。

（4）在判断一项外观设计是否具有独特性时，应当考虑设计者在创作时的自由度。

（5）基于本条目的，具有下列情形的外观设计在相关日期前已为公众所知：

（a）该外观设计已在该日期前被发表（无论之后其是否被注册）、展出、用于商业或者以其他方式公开；

（b）不属于下述第（6）款所规定的披露情形。

（6）下列情形属于本款所规定的披露——

（a）在相关日期前，不能在正常的商业活动中为在欧洲经济区从事商业或者在相关部门从事专门工作的人士所知的披露；

（b）在保密的情况下，向设计人或其权利继受人以外的人披露（无论明确或者隐含的披露）；

（c）由设计人或其权利继受人在相关日期前的12个月内进行的披露；

（d）在相关日期前的12个月内，由设计人或其权利继受人以外的人根据设计人或其权利继受人提供的信息或者其他行为而导致的披露；

（e）在相关日期前的12个月内，由于滥用与设计人或其权利继受人的关系而导致的披露。

（7）上述第（2）款、第（3）款、第（5）款和第（6）款所称的"相关日期"，是指外观设计的申请注册日，或基于本法第3B条第（2）款、第（3）款或第（5）款或者第14条第（2）款的规定被视为申请注册日的日期。

（8）基于本条目的，对构成复合产品组成部分的产品，其外观设计仅在下列情况下才能被认为具有新颖性和独特性：

（a）装配于复合产品中的该组成部分在正常使用该复合产品

时保持处于可见状态；并且

（b）该组成部分的可见部分本身具有新颖性和独特性。

（9）上述第（8）款中的"正常使用"是指最终用户的使用；但不包括对产品的任何保养、维护或修理工作。

第1C条 由技术功能决定的外观设计

（1）仅仅是由产品的技术功能决定的产品外观特征，不能获得注册外观设计权。

（2）如果产品的外观特征必须制成特定的形状和尺寸，方能使具有此外观设计的产品机械连接、放置、环绕或倚靠于另一产品，从而使两个产品实现各自的功能，这样的外观特征不能获得注册外观设计权。

（3）对模块系统中的组装部件或者可互换产品的连接的外观设计，其注册外观设计权不受上述第（2）款的限制。

第1D条 违反公共政策或道德的外观设计

违反公共政策或者社会所接受的道德准则的外观设计，不能获得注册外观设计权。

第2条 外观设计所有权

（1）除以下另有规定，为本法的目的，外观设计的创作者将被视为外观设计的原始所有权人。

（1A）为金钱或金钱价值之目的，接受委托创作的外观设计，该外观设计的委托人应当被视为外观设计的原始所有权人；

（1B）在第（1A）款情形之外的、雇员在完成雇佣工作过程中创作的外观设计，其雇主应当被视为外观设计的原始所有权人。

（2）如果一项外观设计经过转让、转委托或其他法律行为，由原始所有权人以外的他人单独拥有，或者由原始所有权人与他人共同拥有，为本法的目的，该人，或者原始所有权人与该人，将被视为外观设计的所有权人。

（3）本法所称的外观设计"创作者"是指创作完成该外观设

计的人。

（4）如果一项外观设计由计算机生成而无任何人的创作，则对生成该外观设计作出必要安排的人应当被认为是该外观设计的创作者。

第 3 条 外观设计注册的申请

（1）外观设计注册申请应当使用规定的表格，并按规定的方式向专利局提交。

（2）外观设计注册申请应当由享有该外观设计的人提交。

（3）对享有某国未注册外观设计权的外观设计提出注册申请的，申请人应当是该外观设计的所有权人。

（4）已废止。

（5）由于申请人自身的过错或疏忽而造成外观设计注册申请不完整，导致不能在规定期限内注册的，视为放弃该申请。

第 3A 条 针对注册申请的决定

（1）除下述情形外，注册主任不得拒绝为一件申请中的外观设计进行注册。

（2）注册主任认为对一项或者多项外观设计注册申请不符合根据本法制定的任何细则的，可以不予注册该外观设计。

（3）注册主任认为，根据本法第 3 条第（2）款、第（3）款和第 14 条，该申请人对该申请中的外观设计无权提出申请的，应当不予注册该外观设计。

（4）注册主任认为外观设计申请含有下述内容的，应当不予注册：

（a）不满足本法第 1 条第（2）款要求的事项；

（b）不符合本法第 1C 条或者第 1D 条要求的一项外观设计；

（c）本法附则 A1 规定的不予注册理由对之适用的一项外观设计。

第 3B 条 注册申请文件的修改

（1）注册主任可在外观设计申请获准注册前的任何时间允许

申请人对申请文件进行注册主任认为适当的修改。

（2）如果申请人在外观设计申请获准注册前对申请中的外观设计作出重大修改，为判断该外观设计是否具有新颖性或独特性，注册主任可以视为针对该外观设计的申请是于作出重大修改之日提交。

（3）如果：

（a）在包含多项外观设计的申请获准注册之前，申请人对其进行修改，删除了其中一项或者多项外观设计；并且

（b）提交原先申请的申请人或其权利继受人在规定期限内就所删除的外观设计提出在后注册申请，则为了判断申请是否具有新颖性或者独特性，注册主任可以认定在后申请是于原申请的提交日或者视为已经提交的日期提交。

（4）外观设计注册申请因属于本法第 3A 条第（4）款（b）项或（c）项规定的情形被不予注册的，申请人可在注册主任认为符合下列条件的情况下修改申请：

（a）保持了外观设计的同一性；且

（b）所作的修改不违反本法任何条款的规定。

（5）依据上述第（4）款修改的申请应视为原始申请，其提交日为原始申请的提交日或者视为已经提交的日期。

（6）依据本条进行的任何修改可以用部分放弃申请的方式实现。

第 3C 条 外观设计的注册日

（1）除下述情形之外，外观设计被获准注册的，其注册日为申请的提交日期或者视为已经提交的日期。

（2）依据本法第 14 条第（2）款，或参照本法第 14 条第（2）款执行本法第 3B 条第（3）款或第（5）款规定视为已于某日提交申请的，不适用上述第（1）款。

（3）外观设计注册时，应当认定：

（a）依据本法第 14 条第（2）款规定视为在某日已经提交申请的，申请的提交日为注册日；

（b）参照本法第 14 条第（2）款执行本法第 3B 条第（3）款规定视为已于某日提交了申请的，原先申请的提交日为注册日；

（c）参照本法第 14 条第（2）款执行本法第 3B 条第（5）款规定视为已于某日提交了申请的，原始申请的提交日为注册日。

第 3D 条　与注册申请相关的上诉

针对注册主任依据本法第 3A 条或第 3B 条作出的任何决定均可上诉。

第 4 条　已废止

第 5 条　某些外观设计的保密规定

（1）如果注册主任认为某外观设计注册申请，无论其是在本法实施之前或之后提交，属于国务大臣向其通告的涉及国防利益的类别，注册主任均可作出决定，禁止或限制公布该外观设计的相关信息，或禁止、限制将该信息向任何人或其决定中确定的特定人群传送。

（2）国务大臣应发布规定，确保在注册主任作出的此类决定的有效期间，不允许公众在专利局查阅外观设计的下列事项：

（a）外观设计的说明或者图样；

（b）已废止。

（3）注册主任作出任何上述决定的，均应当将申请及其决定的信息通知国务大臣，下列规定随即生效：

（a）收到通知后，国务大臣应当判断该外观设计的公布是否会危害国防利益，同时，除非已按照本款第（c）项的规定事先正式通知注册主任，国务大臣应当于注册申请日起 9 个月届满前重新作出判断，并在其后的每一年中至少审核一次；

（b）基于上述目的，国务大臣应当在该申请获得注册之后的任何时间，或者在取得申请人同意下在申请获得注册之前的任何时间，检查该申请中外观设计的说明或者图样；

（c）国务大臣认为某外观设计的公开不会或不再危害国防利益的，应当就此及时通知注册主任；

（d）收到国务大臣的前述通知后，注册主任应当撤销保密决定，并可以根据其认为必要的条件，延长本法规定的申请或者注册相关手续的办理期限，无论该期限是否已经届满。

（4）除非经注册主任或者代表注册主任的人书面授权，大不列颠联合王国的居民不得向境外国家提交或促使提交任何属于本条所规定的外观设计，除非

（a）向境外提交的注册申请是在向大不列颠联合王国就相同外观设计提交注册申请至少6周后提出的；并且

（b）针对在大不列颠联合王国提交的申请没有作出本条第（1）款规定的保密决定，或者对其的所有保密决定已被撤销。

本款不适用于大不列颠联合王国以外的居民首先向大不列颠联合王国以外的国家提出保护申请的外观设计。

（5）已废止。

第6条 已废止

外观设计注册的法律效力

第7条 *注册授予的权利*

（1）依据本法获得外观设计注册的所有权人，享有独占使用该外观设计及任何不会使见多识广的使用者产生不同整体印象的外观设计的权利。

（2）上述第（1）款和本法第7A条中所称外观设计的使用包括：

（a）制造、许诺销售、销售、进口、出口或使用包含或者应用该外观设计的产品；或者

（b）为上述目的储存该产品。

（3）为了判断上述第（1）款所述的一件外观设计是否使见多识广的使用者产生不同的整体印象，应当考虑设计者在创作时的自由度。

（4）上述第（1）款所给予的权利应当受到该注册本身所附带的所有限制的约束（尤其包括，所有权人作出的部分放弃，或

者注册主任或者法院宣告的部分无效）。

第7A条 侵犯注册外观设计权利的行为

（1）除以下规定之外，任何人未经注册所有权人的许可，从事本法第7条规定的所有权人独占使用权的行为，均构成侵犯注册外观设计的权利的行为。

（2）下述情形不属于侵犯注册外观设计权利的行为：

（a）为非商业目的而个人实施的行为；

（b）为试验目的而实施的行为；

（c）在符合下述第（3）款规定的条件下，为实现教学或引证目的而进行的复制行为；

（d）临时进入大不列颠联合王国的外国船舶或航空器的设备上的使用；

（e）为维修上述船舶或航空器而进口备件或零件的；

（f）在上述船舶或航空器上采取的维修措施。

（3）本款所说的规定条件是指：

（a）复制行为符合公平交易原则，不损害外观设计的正常实施；

（b）对来源予以说明。

（4）如果包含或应用获得注册保护的外观设计的产品已由所有权人本人或经其同意投入欧洲经济区市场，则与该产品有关的行为不属于侵犯注册外观设计权利的行为。

（5）对可用于维修复合产品以便恢复其原始外观的组件产品，为此目的使用注册的外观设计的，不属于侵犯该组件产品的注册外观设计权利。

（6）在依据本法颁发外观设计证书之日前所进行的任何行为，不构成侵犯该注册外观设计权。

第8条 注册外观设计的期限

（1）注册外观设计权的首次保护期为自注册日起5年。

（2）所有权人向注册主任提出续展申请并缴纳规定续展费

的，注册外观设计权的保护期可以续展 4 次，每次 5 年。

（3）如果在权利的首次、第二次、第三次、第四次保护期限届满时，所有权人未提出续展请求和缴纳费用，权利终止；注册主任应当依照国务大臣制定的规定，就此通知所有权人。

（4）如果所有权人在上述期限届满后的六个月内提出续展请求，并缴纳规定的续展费和附加费的，该权利应视为从未终止，由此：

（a）在上述 6 个月期限内，针对该权利进行的任何行为均应视为有效；

（b）如果某行为在该权利尚未终止时会被认为构成侵权的，应被认为是侵权行为；及

（c）如果某行为在该权利尚未终止时会被认定为属于为王室服务而使用的，仍被认定为该类用途。

（5）已废止。

（6）已废止。

第 8A 条 外观设计权利丧失后的恢复

（1）如果由于未能依据第 8 条第（2）款或第（4）款延长外观设计保护期限而导致权利届满的，所有权人可在规定期限内向注册主任申请恢复权利。

（2）申请恢复权利的人可以是注册外观设计的所有权人，也可以是权利终止前对该外观设计享有权利的其他人；两个或两个以上权利人共同拥有外观设计的，经注册主任允许，可以由其中一人或多人提出恢复申请。

（3）注册主任应当按规定方式公布该申请。

（4）如果注册主任认为权利所有人未能缴纳下列费用是出于非故意的原因，在申请人补缴续展费和规定的附加费的情况下，注册主任可以决定恢复该外观设计权：

（a）按照第 8 条第（3）款的要求缴纳第 8 条第（2）款的费用；或

（b）按照第 8 条第（4）款的要求缴纳该款规定的费用。

（5）注册主任作出恢复外观设计注册权的决定可以提出其认为必要的条件。如果所有权人不能满足全部条件，注册主任可以撤销恢复权利的决定并作出其认为适当的后续决定。

（6）改变第（1）款中的规定期限的法规，可包含国务大臣认为必要或适当的过渡性条款和例外条款。

第 8B 条　恢复权利的决定的法律效力

（1）根据第 8A 条作出的恢复注册外观设计权的决定具有以下效力。

（2）权利期限届满至权利恢复期间，针对该权利所作出的任何行为均应视为有效。

（3）符合下述条件，在上述期限作出的在权利期限未届满的情况下会构成侵权的任何行为，应被认为构成侵权：

（a）该行为发生在所有权人有可能依据第 8 条第（4）款规定提出续展请求的时间；或者

（b）该行为是以前侵权行为的延续或重复。

（4）在权利人已不可能提出续展请求之后、恢复申请公布之前，任何人：

（a）出于善意目的，实施在权利未届满的情况下会构成侵犯注册外观设计权的行为；或者

（b）出于善意目的，为实施上述行为做了有效、认真准备的，尽管该外观设计权利得到恢复，该人有权继续实施或者实施该行为，但无权许可他人实施。

（5）如果该行为或者准备是在商业活动中实施或完成的，享有第（4）款规定权利的人可以：

（a）允许其合伙人在上述商业活动中从事该行为，及

（b）在死亡（法人为解散）后向任何与该行为或该准备的相关的部分商业的人转让或移转权利。

（6）依据第（4）款或第（5）款规定已向他人处置产品的，该受让人或通过受让人主张权利的人，可以以同样方式处置该产品，其效力等同于该外观设计的注册所有权人的处置。

（7）上述条款同样适用于为王室服务使用注册外观设计的情形，就像其适用于对外观设计权的侵犯一样。

第 9 条 已废止

第 10 条 已废止

第 11 条 注册的撤销

根据所有权人按规定方式提交的请求，注册主任可撤销外观设计的注册。

第 11ZA 条 宣告注册无效的理由

（1）基于以下理由，可以宣告外观设计注册无效：

（a）外观设计不符合本法第 1 条第（2）款的要求；

（b）外观设计不符合本法第 1B 到 1D 条的要求；

（c）属于本法附则 A1 中述及的不予注册的情形。

（1A）与下述外观设计相比，注册的外观设计（在后设计）不具有新颖性或独特性的，其注册可被宣告无效：

（a）在相关日期当天或之后为公众所知的一项外观设计；但

（b）基于以下注册或申请，该外观设计在相关日期前已获得保护：

（i）根据本法或者共同体外观设计条例获得的注册或者注册申请；或者

（ii）指定共同体的国际外观设计注册（共同体外观设计条例第 106a 条到第 106f 条）。

（1B）第（1A）款中的"相关日期"是指，在后外观设计注册申请提出之日，或者根据第 3B 条第（2）款、第（3）款、第（5）款或者第 14 条第（2）款的规定视为在后外观设计注册申请已经提出之日。

（2）注册所有权人非外观设计所有权人，且外观设计所有权人提出异议的，可以宣告该外观设计注册无效。

（3）注册外观设计中使用了在先的独特标识，有权禁止在大不列颠联合王国使用该独特标识的权利人就此提出异议的，可以宣告该外观设计注册无效。

（4）注册外观设计构成了对大不列颠联合王国版权法保护的作品未经授权的使用的，著作权人就此提出异议的，可以宣告该外观设计注册无效。

（5）本条、本法第 11ZB 条、第 11ZC 条及第 11ZC 条（除第 11ZE（1）款之规定外）所述的外观设计注册，也包括外观设计的在先注册；经必要修改后，这些条款也应当适用于这些在先注册。

第 11ZB 条　无效宣告的请求

（1）任何人均可以请求注册主任根据本法第 11ZA 条第（1）款第（a）项或第（b）项宣告外观设计注册无效。

（2）任何与受争议的使用相关的人，可以请求注册主任根据本法第 11ZA 条（1）款第（c）项规定宣告外观设计注册无效。

（3）相关人可以请求注册主任根据本法第 11ZA 条第（1A）款宣告外观设计注册无效。

（4）上述第（3）款中所称"相关的人"，就受本法或者共同体外观设计条例规定的注册或者注册申请保护的在先外观设计而言，是指该外观设计的注册所有权人、注册式共同体外观设计的持有人或者（根据情况）申请人。

（5）根据本法第 11ZA 条第（2）款、第（3）款或第（4）款规定能够提出异议的人，可以请求注册主任根据该款宣告外观设计注册无效。

（6）可以在外观设计注册后的任意时间根据本条对其提出无效宣告请求。

第 11ZC 条　针对无效宣告请求所作出的决定

（1）本条适用于已针对一项注册向注册主任提出无效宣告请求的情况。

（2）如果注册主任认为宣告外观设计无效的请求未根据本法制定的细则提出的，注册主任可以驳回该请求。

（3）如果注册主任认为宣告外观设计无效的请求不符合本法第11ZB条的规定，注册主任应当驳回该请求。

（4）除上述第（2）款、第（3）款规定之外，注册主任认为无效宣告请求中提出的无效宣告理由成立的，应当作出宣告外观设计注册无效的决定。

（5）否则，注册主任应当驳回请求。

（6）无效宣告决定可以是宣告外观设计注册部分无效。

第11ZD条　注册内容的修改

（1）注册主任打算依照本法第11ZA条第（1）款第（b）项或第（c）项、第（1A）款、第（3）款或者第（4）款之规定宣告注册外观设计无效的，适用下述第（2）款、第（3）款的规定。

（2）注册主任应当将打算宣告外观设计无效的事实通知注册所有权人。

（3）注册所有权人可以向注册主任提交申请，请注册主任按其申请中所述的方式修改外观设计注册。

（4）此类修改可以包括注册所有权人部分放弃注册内容。

（5）如果注册主任认为该修改申请不符合本法的规定，注册主任可以拒绝该申请。

（6）如果注册主任认为修改后的设计与原外观设计不一致，或修改后的注册依照本法第11ZA条之规定将被宣告无效，注册主任应当拒绝该申请。

（7）否则，注册主任应当作出权利人提出的修改。

（8）根据本条对注册作出的修改，其效力溯及至外观设计获准注册之日。

第11ZE条　外观设计注册被撤销或宣告无效的效力

（1）根据本法第11条撤销外观设计注册的，自注册主任作出决定之日或注册主任指定之日起生效。

（2）注册外观设计被注册主任宣告某种程度无效的，被宣告无效的部分自注册之日或注册主任指定之日起无效。

第 11ZF 条 针对撤销或无效的上诉

针对注册主任依照本法第 11 条至第 11ZE 条规定作出的任何决定均可上诉。

第 11A 条 为保护公众利益行使的权力

（1）竞争委员会向国会提交的报告中包含下述结论的，主管部长可以要求注册主任依照本条之规定采取必要措施：

（a）已废止。

（b）已废止。

（c）涉及竞争，某人从事反竞争行为，危害或预期危害公共利益；或

（d）涉及 1980 年竞争法（涉及公共团体和其他特定个人）第 11 条，某人正在实施危害公众利益的行为。

（2）在向注册主任提出要求前，主管部长应当以其认为合适的方式发布通知说明所提要求的性质，并应当考虑利益会受到影响的人在发布通知的 30 日内陈述的任何意见。

（3）如果基于本条规定提出的要求，注册主任认为竞争委员会报告中所列出的、使竞争委员会认为正在、已经或预计将损害公众利益的情况，包括：

（a）外观设计注册所有权人给予许可的条件限制了被许可人对外观设计的使用，或者限制了所有权人授予其他许可的权利；

（b）已废止。

注册主任可以下令取消或修改这种条件。

（4）已废止。

（5）已废止。

（6）针对注册主任依照本条作出的任何决定均可上诉。

（7）本条所说的"主管部长"是指接受竞争委员会报告的一名或者多名部长。

第 11AB 条　合并和市场调查下的权利行使

（1）在下述情况下，适用第（2）款：

（a）2002 年公司法第 41 条第（2）款、第 55 条第（2）款、第 66 条第（6）款、第 75 条第（2）款、第 83 条第（2）款、第 138 条第（2）款、第 147 条第（2）款或者第 160 条第（2）款，或者附 7 第 5 条第（2）款或第 10 条第（2）款（在合并或市场调查下采取救济措施的权力）适用时；

（b）竞争委员会或者（在某些情况下）国务大臣认为，为补救、减轻、防止因相关立法不能解决的事项而根据本条提出要求是适当的；

（c）涉及的事项涉及外观设计所有权人给予许可的条件限制了被许可人对外观设计的使用，或者限制了所有权人给予其他许可权利的情形。

（2）竞争委员会或者（在某些情况下）国务大臣可以要求注册主任依照本条采取措施。

（3）提出要求前，竞争委员会或者（在某些情况下）国务大臣应当以其认为合适的方式发布通知说明所提要求的性质，并应当考虑利益会受到影响的人在发布通知的 30 日内陈述的任何意见。

（4）如果注册主任认为上述提出的要求符合本条的规定，注册主任可以决定取消或者修改上述第（1）款第（c）项中所提及的任何相关条件。

（5）对注册主任依照本条作出的任何决定均可上诉。

（6）在适用 2002 年公司法第 75 条第（2）款的情况下，本条述及的竞争委员会应当被认为是公平贸易局。

（7）2002 年公司法（竞争委员会在其报告中确定的问题）第 35 条、第 36 条、第 47 条、第 63 条、第 134 条或者第 141 条中述及的，依据第 41 条第（2）款、第 55 条、第 66 条、第 137 条或者第 147 条所采取的必要措施，应当包括依据上述第（2）款所采取的必要措施。

（8）在适用上述第（1）款（a）项所提及的法律条文而依据上述第（2）款采取措施的情况下，根据本条作出的决定，为2002年公司法第91条第（3）款、第92条第（1）款第（a）项、第162条第（1）款和第166条第（3）款（注册和控制强制命令的职责等）之目的，应当被视为根据2002年公司法第3部分或者（在某些情况下）第4部分的权力作出的强制执行令（在相关部分涉及的含义内）。

第11B条　已废止

第12条　为王室服务使用注册外观设计

本法附则1规定了为王室服务使用注册外观设计以及第三方为王室服务使用注册外观设计的权利。

国际协定

第13条　关于缔约国的枢密院令

（1）为本法之目的，考虑到公约、条约、协定或协议的履行，国王可以通过枢密院令声明枢密院令中所列的任何国家为缔约国：

前文所说的声明，可以为本法中的全部条款或者仅仅为部分条款的目的作出，如果针对某国作出的声明是仅仅对部分条款具有效力，则该国应当被视为只是那些条款的缔约国。

（2）为本法全部或者部分条款之目的，国王可以通过枢密院令规定，任何附属岛屿或任何殖民地被视为缔约国；在符合枢密院令规定的条件和限制的情况下，依照本法作出的枢密院令在该地域上有效。

（3）为本条第（1）款之目的，每个殖民地、保护国、领土隶属于宗主国的国家以及在联合国托管体制下领土被他国管理的国家，在依照该款规定作出声明中，均应视为一个国家。

第14条　已在缔约国申请保护的外观设计的注册

（1）针对已向某缔约国要求保护的外观设计，申请保护的人或其代表人、代理人，可以根据本法的规定提出外观设计注册的申请，条件是：

根据本条提出申请不能晚于，自向该缔约国提交保护申请之日起，或者如果已提出不止一个保护申请，自首次申请日起，6个月届满之日。

（2）依照本条规定提交的外观设计注册申请，在判断其是否（或在多大程度上）具有新颖性和独特性时，应当将其向缔约国申请保护之日，已提出不止一个申请的，首次申请的申请日，作为上述外观设计注册申请的申请日。

（3）对依照本条规定提出的申请，第（2）款之规定不应解释为排除依照本法第 3B 条第（2）款或第（3）款作出决定的权力。

（4）申请人已经申请外观设计保护的，如果其申请：

（a）根据两个或两个以上缔约国缔结条约，等同于向任一缔约国提交的正式申请的；或者

（b）根据其中一个缔约国的法律规定，等同于向该缔约国提交的正式申请的，

基于本法之目的，申请人应当被视为已经向该缔约国提交外观设计注册申请。

第 15 条 在某些情况下第 14 条规定的期限的延长

（1）如果国务大臣确信，依照任何缔约国的法律已经或即将制定的规定，实质上等同于根据本条作出的规定的，他可以规定细则，授权注册主任延长本法第 14 条第（1）款规定的就已向该国申请保护的外观设计提出注册申请的时间。在任何情况下，该款中规定的时间在前述细则指定的期限届满。

（2）依照本条制定的细则

（a）为提供或互相交换信息或产品，大不列颠联合王国政府与缔约国政府已制定协议或协定的，可以规定原则上或依照细则列出的范围不予延长期限，但该外观设计已经依据上述协议或协定予以交流的除外；

（b）可以原则上或依照细则列出的范围确定由本条授予的最大限度的延长；

（c）可以规定或允许与依照本条规定提出的申请相关的任何特殊程序；

（d）可以授予注册主任延长与依照本条提出申请有关的、本法前面规定的从事任何行为的期限，但要符合细则规定的条件；

（e）可以作出规定，确保根据本条提出的申请所进行的注册赋予的权利应当符合该细则规定的或依照该细则规定的限制或条件，特别是要符合为保护个人（包括国王的代表）所作的限制或条件，而该人在申请日或细则允许的更晚日期之前，已经进口或制造应用或包含了该外观设计的产品，或者已经就该外观设计提出注册申请，除非该人从事前述行为是根据本款第（a）项所述协议进行的交流的结果。

注册外观设计和注册外观设计申请的性质及其处置

第 15A 条　注册外观设计的属性

注册外观设计或者外观设计注册申请属于个人财产（在苏格兰，称为无形动产）。

第 15B 条　注册外观设计及其申请的转让

（1）依据本条的规定，注册外观设计和外观设计注册申请与其他个人财产或者动产一样，可以以转让、继承以及法律规定的形式进行移转。

（2）移转注册外观设计或者外观设计注册申请的，都受到已在外观设计登记簿记载的人的权利的限制，对外观设计注册申请的移转，则受到已通知注册主任的人的权利的限制。

（3）注册外观设计和外观设计注册申请的转让或者授予应当经转让人、转让人的代表人或者某些情形下的个人代表签字方能生效。

（4）除在苏格兰外，如果转让人或者个人代表为法人的，法人的印章符合上述第（3）款的要求。

（5）和其他转让一样，第（3）和第（4）款同样适用于以担保方式而进行的转让。

（6）注册外观设计和外观设计注册申请可以成为与其他个人财产或者动产一样的抵押物（在苏格兰，为担保物）。

（7）注册外观设计的所有权人可以授予他人使用该外观设计的许可。

（8）注册外观设计和外观设计注册申请上的任何权益（在苏格兰，为权利）均可以以与任何其他个人财产或者动产类似的方式行使。

第 15C 条　独占许可

（1）在本法中，"独占许可"是指注册外观设计的所有权人或者其代表人以书面的形式将其注册外观设计许可于被许可人，被许可人可以排除包括许可人在内的其他任何人，行使否则仅有注册外观设计所有人才能独占行使的权利。

（2）独占许可的被许可人拥有与对抗许可人一样的、对抗受该许可约束的许可人继受者的权利。

第 16 条　已废止

外观设计登记簿

第 17 条　外观设计登记簿

（1）注册主任应当设立外观设计登记簿。登记簿中应当录入以下信息：

（a）注册外观设计的所有权人的姓名和地址；

（b）注册外观设计转让和移转的信息；

（c）其他规定的或注册主任认为必要的事项。

（2）任何信托通知，无论是明示、暗示或建设性的，均不得记入外观设计登记簿中，注册主任也不应受到这些通知的影响。

（3）登记簿不需以文件形式保存。

（4）除本法和国务大臣根据本法制定的细则另有规定外，公众有权在任何方便的时间在专利局查阅登记簿内容。

（5）任何人缴纳规定费用后，请求获取经过认证的登记簿副本或经过认证的登记簿摘录的，均有权获得该副本或摘录；国务大臣根据本法制定的细则可以规定，任何人缴纳规定费用后，请求获取未经认证的登记簿副本或未经认证的登记簿摘录的，均有权获得该副本或摘录。

（6）依照上述第（5）款或实施细则提出的请求均应符合规定的方式。

（7）对以非文件形式维护的登记簿内容：

（a）第（4）款中所说的查阅权是指查阅登记簿中材料的权利；

（b）第（5）款和细则中所说的获得副本或摘录的权利是指，获得一种可视易读的、可以带走的形式的副本或摘录的权利。

（8）登记簿是被要求录入或授权录入的内容的初步证据，在苏格兰为充分证据。

（9）由注册主任签署的，证明本法授权其记载的条目已被记载或未被记载，或本法授权其完成的其他行为已被完成或未被完成的证书，是所证明事项的初步证据，在苏格兰为充分证据。

（10）下列各项：

（a）上述第（5）款所述的登记簿副本或登记簿摘录；

（b）任何专利局保存的说明、图样或文件的副本或此类文件的摘录，

若其是经过认证的副本或摘录，应当被作为确定无疑的证据，而不需其他更进一步的证据和任何原始文件；在苏格兰，这样的证据被认定为充分证据。

（11）已废止。

（12）本条所述的"经认证的副本"和"经认证的摘录"是指，经过注册主任认证并由专利局盖章密封的副本或摘录。

第 18 条 注册证书

（1）外观设计获准注册后，注册主任应当向该外观设计的注

册所有权人颁发规定形式的注册证书。

（2）在注册主任确信注册证书已遗失或损坏或注册主任认为紧急必须的情形下，可以提供一份或多份证书副本。

第 19 条　转让的注册

（1）任何人因转让、移转或法律规定而拥有或者共有该注册外观设计，或者成为抵押权人、被许可人，或其他与注册外观设计有利害关系的人，均应依规定形式向注册主任申请，在登记簿中将其注册为所有权人、共同所有人，或者根据情况，记载其权益。

（2）在不违反前款规定的前提下，申请对因转让而拥有或共有注册外观设计，或者因抵押、许可以及其他方式而获得注册外观设计权益进行注册的，可以由转让人、抵押人、许可人或其他当事人，按照规定形式提交。

（3）依照本条规定提出外观设计权益注册申请的，注册主任基于其确信的证据，应当：

（a）如果该人有权成为注册外观设计所有权人或共有权利人，将其注册成为登记簿中的外观设计所有权人或共有权利人，并应在登记簿中载明新权利人取得权利的文书或事由的详细信息；

（b）如果该人有权享有该注册外观设计的其他权益，将其权益记载到登记簿中，并应记录（如果有）得到该权益的文书的详细信息。

（3A）注册外观设计中存在某国未注册外观设计权利的，除非注册主任有理由确信某人也获得了该国未注册外观设计权中的相应权益，否则注册主任不应当根据第（3）款登记其权益；

（3B）注册外观设计中存在某国未注册外观设计权利，且注册外观设计所有权人同时也是该外观设计权所有权人的，除非存在相反意图，转让该国未注册的外观设计应被认为同时转让注册外观设计权。

（4）已废止。

（5）除依照本法后面的规定申请更正登记簿外，没有根据本条第（3）款规定在外观设计登记簿中进行登记的文件，不能被法院认作享有注册外观设计的所有权、共有权或其他权益的证据，法院另有指令的除外。

第 20 条 登记簿的更正

（1）经相关人员申请，法院可以指令增加、变更或删除登记簿中的记载项目。

（1A）第（1）款中所说的"相关人员"是指：

（a）援引本法第 11ZA 条第（1）款第（c）项所述理由提出申请的，涉及该使用的相关人；

（b）援引本法第 11ZA 条第（1A）款所述理由提出申请的，适格的人；

（c）援引本法第 11ZA 条第（2）款、第（3）款或第（4）款所述理由提出申请的，有权提出异议的人；

（d）其他情况下，认为自身权益受到侵害的人。

（1B）上述第（1A）款中所说的"适格的人"，就受本法或共同体外观设计条例保护的在先注册外观设计或者注册申请而言，是指该注册外观设计的所有权人、注册式共同体外观设计的持有人，或者申请人。

（2）在依据本条规定所进行的程序中，法院可以确定与登记簿更正相关的任何必要或适当的问题。

（3）依照本条规定向法院提出的任何申请也应当依规定方式通告注册主任。注册主任有权出庭发表或陈述对该申请的意见。法院指示的，注册主任应当出庭。

（4）法院依照本条规定作出的任何命令均应指明应当以规定方式将该命令的通知送达注册主任。注册主任收到通知后应当相应更正登记簿。

（5）依据本条规定对登记簿作出的更正具有如下效力：

（a）增加的记载事项自其本应作出之日起生效；

（b）变更的记载事项的效力为，如同其原本就是变更后情况；

（c）删除的记载事项应当视为自始无效。

法院另有规定的除外。

（6）法院依照本条作出的命令包括宣告注册外观设计部分无效。

第 21 条　更正文字错误的权力

（1）注册主任可以根据本条的规定更正注册申请文件或外观设计的说明中的任何错误，以及外观设计登记簿中的任何错误。

（2）根据本条更正错误，可以是基于任何利害关系人书面请求并缴纳规定费用，也可以在无请求的情况下进行。

（3）如果注册主任根据本条在无请求的情况下提议作出更正，应当将更正提议通知所有权人或注册申请人，以及注册主任认为与之相关的人，并在修改之前给予其陈述意见的机会。

第 22 条　注册外观设计的查阅

（1）除本条第（4）款和本法第 5 条第（2）款另有规定外，依照本法予以注册外观设计的，应当自颁发注册证书之日起允许公众在专利局查阅下述事项：

（a）外观设计的说明或图样；

（b）已废止。

（2）已废止。

（3）已废止。

（4）外观设计注册申请依据本法不予注册或主动放弃的，在任何时候注册主任都不得将下述事项公开或允许公众在专利局查阅：

（a）与该外观设计相关的申请文件；以及

（b）申请人提交的任何与该外观设计相关的说明、图样或其他文件。

第 23 条　是否存在注册外观设计权的信息

请求人提交能使注册主任确认某一外观设计的信息并缴纳了

规定费用的，注册主任应当告知该人下述事项：

（1）该外观设计是否已经注册；

（2）已注册的外观设计是否被准予续展其权利期限。

注册主任还应告知外观设计注册日、所有权人的姓名和地址。

第 24 条 *已废止*

诉讼程序和上诉

第 24A 条 *侵权诉讼*

（1）注册外观设计的所有权人拥有对侵权行为提起诉讼的权利。

（2）权利人可以由侵权诉讼获得赔偿、禁令、冻结账户或者其他与其因任何其他财产权利的侵权所获得的救济相同的救济。

（3）除第 24B 条（对善意侵权者的免责）另有规定外，本条具有效力。

第 24B 条 *对善意侵权者的免责*

（1）在注册外观设计侵权诉讼中，如果被告能证明其在实施侵权行为时不知道，也没有合理理由认为该外观设计已被注册，则不能就侵权行为作出赔偿损失、清算利润的裁定或判令。

（2）基于第（1）款之目的，除非下述措辞或缩写与外观设计注册号同时出现，否则不能仅因产品上标注有下述文字，就认为当事人知道或者有理由认为该外观设计已被注册：

（a）"注册"或其缩写；或者

（b）明示或者暗示该产品的外观设计已被注册的措辞。

（3）本条规定不影响法院在诉讼程序中就注册外观设计的侵权行为颁发禁令。

第 24C 条 *关于移交侵权产品等的判令*

（1）当某人：

（a）为商业目的拥有、保管或者持有侵权产品的，或者

（b）拥有、保管或者持有专用于制造应用注册外观设计的产品的物品，而且其知道或者有理由相信其是用于制造或者准备用于制造侵权产品的，

注册外观设计所有权人可以申请法院作出将侵权产品或者其他物品移交所有权人或者法院指定的人的判令。

（2）前述申请应当在本条规定的期限结束前提出；除非法院已作出或者认为有理由作出本法第 24D 条规定的判令（关于侵权产品和相关物品处理的判令），否则法院不得作出判令。

（3）除第（4）款另有规定外，根据本条提出的判令申请应当在侵权产品或者相关物品被制造之日起六年内提出。

（4）注册外观设计的所有者在规定的全部或部分期限内有下列情形之一的，可以自恢复民事行为能力或者经过努力获知侵权行为之日起 6 年内提出判令申请：

（a）丧失民事行为能力；或者

（b）因欺骗或者隐瞒而未能发现使其有权提出申请的事实的。

（5）第（4）款中的"丧失民事行为能力"是指：

（a）在英格兰和威尔士，其含义与 1980 年诉讼时效法中的相同；

（b）在苏格兰，是指 1973 年取得时效和诉讼时效法（苏格兰）意义上的丧失民事行为能力；

（c）在北爱尔兰，其含义与 1958 年诉讼时效法（北爱尔兰）中的相同。

（6）依照本条的规定向其移交侵权产品或物品的人，如果法院尚未作出本法第 24D 条的判令，应当保留侵权产品或物品直到作出判令或者决定不作出判令。

（7）第（1）款中所提及的"为商业目的"而对物品所作行为，是指在商业过程为出售或者租用侵权产品目的而为。

（8）本条的任何规定不影响法院的其他任何权力。

第 24D 条 关于侵权产品和相关物品处理的判令

（1）可以申请法院作出判令，对根据第 24C 条移交的侵权产

品或相关物品，

（a）没收，交给注册外观设计的所有者，或者

（b）销毁或者采取法院认为合适的方式处理，

或者申请法院决定不作出上述判令。

（2）在考虑作出何种判令时，法院应当考虑是否存在其他保护外观设计所有者的权益和足以补偿其受到的侵害的救济途径。

（3）就侵权产品或相关物品存在多个利益相关人的，法院应当采用其认为公正的方式，作出变卖或者处理侵权产品或相关物品，并进行分配的判令。

（4）根据本条，法院决定不作出判令的，已移交侵权产品或相关物品的原拥有、保管或者持有人，有权利要求返还其移交的物品。

（5）本条所述侵权产品或相关物品的利益相关人，包括可根据下述规定作出其对该物品享有权益的判令的任何人：

（a）根据本条的规定；

（b）根据1994年商标法第19条（包括根据2006年共同体商标条例（SI 2006/1027）第4条适用的该条）的规定；

（c）根据1988年版权、外观设计和专利法第114条、第204条或者第231条的规定；

（d）根据2005年共同体外观设计条例（SI 2005/2339）第1C条的规定。

第24E条 县法院和郡法院的管辖权

（1）在北爱尔兰，侵权产品或相关物品的价值未超出县法院在侵权诉讼中的裁决上限的，县法院可以根据本法的下述规定适用相关程序：

第24C条（侵权产品或相关物品移交的判令）；

第24D条（侵权产品或相关物品处理的判令）；

第24F条第（8）款（具有共同权利的独占许可被许可人的申请）。

（2）在苏格兰，本法中关于判令程序的任何规定都适用于郡

法院。

（3）本条的任何规定都不应当理解为会影响北爱尔兰最高民事法庭或者高级法院的管辖权。

第 24F 条 *独占许可被许可人的权利和救济*

（1）对注册外观设计，独占被许可人在发生在许可后的事件中，拥有犹如注册外观设计已转让给其一样的权利和救济，但对抗注册外观设计所有人除外。

（2）独占被许可人拥有与注册外观设计所有者相同的权利和救济；在本法有关侵权规定中所提及的注册外观设计所有权人，应当作相应理解。

（3）独占被许可人依据本条所提出的任何诉讼，被告都可以采取犹如注册外观设计所有权人提起诉讼一样的任何有利于自己的辩护。

（4）如果由注册外观设计所有权人或者独占被许可人提起的侵权诉讼（部分或全部）涉及他们共同拥有诉讼权利的侵权行为时，在没有法院的允许下，所有权人或独占被许可人不得进行诉讼，除非另一方加入为原告或者加入为被告。

（5）除非参加诉讼，依据第（4）款增加为被告的注册外观设计所有权人或者独占被许可人不承担支付诉讼费用的义务。

（6）第（4）款和第（5）款不影响根据注册外观设计所有权人或者独占被许可人的申请给予临时救济。

（7）如果就侵犯注册外观设计权提起的诉讼（部分或全部）涉及注册外观设计所有权人和独占被许可人具有共同诉讼权利的侵权行为，

（a）在确定损害赔偿时，法院应当考虑下列因素：

（i）许可的条款，及

（ii）二者中的任意一人就侵权行为已获得或者可能获得的金钱救济；

（b）如果已就侵权行为对他们中的一人给予损害赔偿或者判令清算利润，则不再判令清算利润；

（c）如果判令清算利润，除非所有权人和独占被许可人之间另有协议，法院应当以其认为公正的方式为他们分配利润；

无论注册外观设计所有权人和独占被许可人是否是诉讼当事人，上述规定均适用。

（8）在根据本法第24C条申请判令（移交侵权产品或相关物品的判令）前，注册外观设计所有权人应当告知所有具有共同权利的独占被许可人；法院在考虑许可条款后，可以基于被许可人的申请，根据该条作出此类判令。

第 25G 条　"侵权产品"的含义

（1）本法所称外观设计"侵权产品"，应按本条解释。

（2）如果制造某产品的外观侵犯了注册外观设计权，该产品即为侵权产品。

（3）下述产品也是侵权产品：

（a）已经或者将要进口到大不列颠联合王国，且

（b）在大不列颠联合王国制造该该产品的外观，将侵犯注册外观设计权或者违背注册外观设计独占许可协议。

（4）一件产品的外观设计被制成注册外观设计或者曾经注册的外观设计的，除有相反的证据，否则该产品被推定为在注册外观设计权利有效期间制成。

（5）第（3）款不应被解释为适用于基于1972年欧洲共同体法第2条第（1）款所规定的共同体权利合法进口到大不列颠联合王国的产品。

第 25 条　注册有效性争议证明书

（1）注册外观设计的有效性在法院的任何诉讼程序中受到质疑的，法院认为该注册有效的，法院可以发给证书，证明该注册外观设计的有效性曾经被质疑。

（2）任何此类证书被授予后，如果在后续注册外观设计侵权诉讼或无效诉讼中，最终的判令或判决对注册外观设计所有权人有利的，除法院另有规定外，注册外观设计所有者有权要求支付

律师费。

但本款不适用于前述程序中产生的任何申诉费用。

第 26 条 对无理诉讼威胁的救济

（1）以传单、广告或其他方式威胁将提起侵犯注册外观设计权诉讼的（无论其是否享有注册外观设计或外观设计注册申请，或是否在其中享有权益），由此受到侵害的人可以依据下款规定，向加害者提起诉讼并要求救济。

（2）依据本条规定所提起的诉讼，除非被告能够证明其威胁起诉的行为构成或即将构成对注册外观设计权的侵犯并且原告无法证明该外观设计注册无效，则原告有权获得下述救济：

（a）声明该威胁是不正当的；

（b）责令停止威胁；

（c）造成损失的，应予以赔偿。

（2A）对被称构成侵权的制造或进口某产品的行为威胁起诉的，不能根据本条提起诉讼。

（3）为避免疑义，仅正式通知外观设计已注册的，不构成本条意义上的诉讼威胁。

第 27 条 法院

（1）本法所称"法院"：

（a）在英格兰和威尔士，是指依照 1988 年版权、外观设计和专利法第 287 条规定的命令享有管辖权的高等法院或任何郡专利法庭；

（b）在苏格兰，是指苏格兰最高民事法庭；

（c）在北爱尔兰，是指高等法院。

（2）有关英格兰和威尔士高等法院诉讼程序的法庭细则可以规定，依照本法进行的提交和申请事宜，由大法官选择该法庭的法官处理。

第 28 条 上诉裁判所

（1）依照本法对注册主任提出的上诉应由上诉裁判所裁决。

（2）上诉裁判所应当由下述人员组成：

（a）一名或一名以上由大法官提名的高等法院法官，和

（b）一名由苏格兰最高民事法庭庭长提名的该法庭法官。

（2A）上诉裁判所包括两名或两名以上法官时，其管辖权应当按照下述方式行使：

（a）法官中资历较长者对某项上诉指示由两名法官审理时，应由两名或其中两名法官（如果有两名以上法官）共同开庭审理；

（b）对无上述指示的上诉，可由任意一名法官审理；

行使此类管辖权时，不同法官可同时审理不同的上诉。

（3）上诉裁判所的支出和收费事项，可参照将其作为高等法院的一个法庭时的情形。

（4）上诉裁判所可调查经宣誓的证人，并为此目的要求证人宣誓。

（5）在依照本法进行的上诉中，上诉裁判所可下令判给任何一方当事人法庭认为合理的诉讼费用和支出，并指定应支付该项诉讼费用和支出的当事人及支付方式；此类命令的效力：

（a）在英格兰、威尔士或北爱尔兰，与高等法院的命令效力相当；

（b）在苏格兰，与苏格兰最高民事法庭作出的关于费用的命令效力相当。

（6）已废止。

（7）在依照本法所进行的上诉中，上诉裁判所可以行使在被上诉的程序中由注册主任行使的权力。

（8）除本条前述规定之外，上诉裁判所可依照本法制定细则，规范诉讼程序中的所有事宜，包括旁听的权利。

（8A）上诉裁判所包含两名或两名以上法官时，依照本条第（8）款制定细则的权力应当由资历较长的法官行使。

但是，当资历较长的法官（如果超过一名时，每名资历较长者）因疾病、缺席或其他原因无法制定细则时，另一法官认为有

必要制定细则的，该法官可行使此权力。

（9）依照本法向上诉裁判所的上诉，不应被视为高等法院的诉讼程序。

（10）本条所称"高等法院"是指在英格兰和威尔士的高等法院；本条意义上的法官资历，应从被任命为该法庭或苏格兰最高民事法庭的法官之日起计算。

注册主任的权力和责任

第 29 条 注册主任自由裁量权的行使

在不影响本法要求注册主任听取程序中所有当事人的意见或给所有当事人陈述意见的机会的规定的情况下，国务大臣依照本法制定的细则中，应要求注册主任在行使由本法授予的、不利于申请人的自由裁量权之前，给予外观设计的注册申请人陈述意见的机会。

第 30 条 费用和费用担保

（1）国务大臣依照本法制定细则时可作出规定，授权注册主任依照本法在其程序中：

（a）判给任何一方当事人注册主任认为合理的费用；

（b）指定应支付该项费用和支出的当事人及支付方式。

（2）注册主任发布的命令具有如下效力：

（a）在英格兰、威尔士或北爱尔兰，与高等法院的命令效力相同；

（b）在苏格兰，与苏格兰最高民事法庭作出的关于费用的命令效力相同。

（3）国务大臣依照本法制定的细则可以规定，授权注册主任要求提出下列请求的人在规定情况下提供费用担保：

（a）请求宣告注册外观设计无效；

（b）已废止。

（c）依照本法对注册主任的决定不服提出的上诉，并授权注册主任对未提供担保的请求或上诉视为放弃。

第 31 条 向注册主任提交的证据

（a）依照本法在审查程序中可向注册主任提交的经宣誓后的书面陈述或者法定的声明；

（b）授予注册主任最高法院法定仲裁员的权力，对经宣誓的证词和文件的取得、出示进行审查；

（c）对在注册主任所进行的审查程序中证人的出席可以适用在仲裁员进行的审查程序中证人出席的规则。

第 32 条 已废止

犯罪行为

第 33 条 违反第 5 条规定的行为

（1）任何人违反根据本法第 5 条作出的决定，或者违反该条规定提出或意图提出外观设计注册申请的，其行为均构成犯罪，应被处以下述刑罚：

（a）2 年以下监禁或罚款，或并处；

（b）即席判决 6 个月以下监禁或法定最高限额以下的罚款，或并处。

（2）已废止。

第 34 条 登记簿的篡改等

明知登记项目或者文件是虚假的，在外观设计登记簿中载入或者导致载入虚假登记项目，或者用文件冒充登记簿登记事项副本，或者出示、提供或者明显导致出示或提供此类文件的，其行为构成犯罪，应被处以下述刑罚：

（a）2 年以下监禁或罚金，或并处；

（b）通过简易判决判处 6 个月以下监禁或法定最高限额以下的罚金，或并处。

第 35 条 虚假描述外观设计已注册的罚金

（1）虚假描述其出售的产品上应用或包含的外观设计是注册外观设计的人，应被处以不超过第 3 标准等级的罚金；为本条的目的，在所售产品上标注、镌刻、铭记或以其他方式应用"已注册"，或其他明示、暗示该产品应用或包含了已注册外观设计的字样，视为虚假描述其产品上应用或包含的外观设计是注册外观设计。

（2）在注册外观设计的保护期限届满后，在应用或包含该外观设计的产品上标注"已注册"字样，或用文字暗示根据本法存在注册外观设计的权利，或诱导在产品上进行此类标识的，应被处以不超过第 1 标准等级的罚金。

（3）为本条之目的，在大不列颠联合王国对外观设计：

（a）标注"已注册"，或

（b）用其他任何文字或符号明示或暗示外观设计已注册

应当被视为是对"根据本法进行了注册"的描述，除非表明所提及的是在大不列颠联合王国之外的其他地方进行了注册，并且该外观设计实际上是如此获得注册的。

第 35A 条　法人团体的犯罪行为：工作人员的责任

（1）法人团体违反本法的，如果已证明其违法行为经董事、经理、秘书、该团体的其他类似工作人员或实际行使该职责者的同意或默许的，上述人员与该法人团体的违法行为均构成犯罪，应被起诉并受到相应处罚。

（2）对由其成员管理事务的法人团体，"董事"指该法人团体的成员。

细　则

第 36 条　国务大臣制定细则的权利

（1）根据本法，国务大臣可以在其认为适当时制定细则，规范专利局有关外观设计的事务，并对依本法规定属于注册主任或国务大臣指令或管辖下的事宜进行规范。

（1A）细则可作以下规定：

（a）规定外观设计注册申请的形式、外观设计的说明或图样及向专利局提交的其他文件的形式，并要求提供此类说明、图样或文件的副本；

（ab）要求外观设计的注册申请中指明：

（i）准备应用或包含该外观设计的产品；

（ii）外观设计的分类。

（b）规范申请的相关程序、向注册主任提交的请求或与注册主任审查有关的程序；授权更正不规范的程序；

（c）规定委派顾问辅助注册主任进行审查程序；

（d）规范外观设计登记簿的维护；

（e）授权公布、出售外观设计的说明副本和专利局的其他文件；

（f）规定本法授权或要求应由细则规定的其他所有事宜。

（1B）被委派辅助注册主任的顾问的薪酬应当由国务大臣确定并经财政部同意，由国会提供。

（2）依照本条制定的细则可规定建立外观设计分局，将依照本法规定本应由专利局行使的受理文件、处理事务的权利授权给曼彻斯特分局或按该细则规定建立的其他分局行使。

第 37 条 *有关细则和判令的规定*

（1）已废止。

（2）国务大臣依照本法第 15 条发布的任何细则，注册主任根据该细则发布的判令、作出的决定或者实施的其他行为，无论在该细则或本法实施之前或者之后，其发布、作出或者实施在该行为日或之后可能影响到已作出或者未作出的相关事项的，都应当在细则中详细说明。

（3）国务大臣或上诉法院依照本法制定细则的权利应当由法定文件保证其可操作性；1946 年法定文件法适用于含有上诉法院制定的细则在内的法定文件，犹如该细则制定是内阁成员制定的细则。

（4）任何含有由国务大臣根据本法制定的细则的法定文件都应当依国会两院任意一院的决议方可被废除。

（5）内阁依照本法发布的任何命令都可以由其随后发布的命

令撤销或变更。

第 38 条 已废止

第 39 条 工作时间和非工作日

（1）国务大臣依照本法制定的细则可规定任何日期专利局停止办理公众事务或其他种类事务的时间，也可为此目的规定非工作日。

（2）依照本法办理的事务，在前述规定日期的工作时间之后或非工作日办理的，应视为于下 1 个工作日办理；本法规定的时间截止日为非工作日的，该时间应延长至下 1 个工作日。

第 40 条 费用

外观设计注册及其申请，以及依照本法产生的涉及外观设计的其他事宜，均应缴纳费用。该费用可以由国务大臣经财政部同意后规定于细则中。

第 41 条 通知等文件的邮寄

任何本法要求或授权发出的通知，以及任何授权或要求提交的申请或者其他文件，均可以以邮寄方式送达或者提交。

第 42 条 注册主任的年度报告

专利、外观设计和商标的总审查官在其关于实施 1977 年专利法的年度报告中，应当将本法作为该法的一部分包含有关实施本法的报告。

第 43 条 例外

（1）已废止。

（2）本法不应当影响王室或者任何由王室直接或间接得到权利的人士销售或者使用根据关税或者消费税的法律而没收的产品。

第 44 条 注释

（1）在本法中，除另有规定外，下述表述应理解为：

"上诉裁判所"是指根据 1969 年司法行政法修订后的本法第

28 条组成并行使权力的上诉法庭；

"受让人"包括已故受让人的代表人；述及任何人的"受让人"时，包括该人的个人代表和受让人。

"创作者"，就外观设计而言，具有第 2 条第（3）款和第（4）款所赋予的含义；

"共同体外观设计条例"是指 2001 年 12 月 12 日的关于共同体外观设计的理事会条例（EC）（2002 年第 6 号）；

"复合产品"的含义由本法第 1 条第（3）款限定；

"法院"应按照本法第 27 条的规定解释；

"外观设计"的含义由本法第 1 条第（2）款限定；

"雇员""雇用"和"雇主"是指根据雇佣合同或见习合同产生的雇佣关系；

"某国未注册的外观设计权"指 1988 年著作权、外观设计和专利法第Ⅲ部分中的外观设计权；

"规定的"指根据本法由国务大臣制定的细则所规定的；

"产品"的含义由本法第 1 条第（3）款限定；

"所有权人"的含义由本法第 2 条限定；

"注册式共同体外观设计"是指符合共同体外观设计条例的条件，并按照其规定的方式注册的外观设计；

"注册的所有权人"是指外观设计登记簿中登记为外观设计所有权人的一个或一个以上的人；

"注册主任"是指外观设计、专利和商标的总审查官。

（2）已废止。

（3）已废止。

（4）为本法第 14 条第（1）款之目的，涉及已故的个人时，"代表人"包括已故个人在大不列颠联合王国以外的任何国家指定的合法代表人。

第 45 条 在苏格兰的适用

（1）本法适用于苏格兰时：

"清算利润"即为利润的清算和偿还；

"清算"即为计数、估算和偿还；

"仲裁员"即为仲裁人；

"转让"即为权利的让与；

"请求人"即为原告；

"诉讼费用"即为诉讼的开支；

"被告"即为诉讼中的被告；

"移交"即为正式的移送；

"禁止令"即为禁令；

"临时补救"即为临时救济。

（2）提及王室时应被理解为包括作为苏格兰管理者的王室。

第46条 在北爱尔兰的适用

（1）已废止。

（2）已废止。

（3）提及法律的颁布实施时应当包括北爱尔兰立法的颁布实施。

（3A）提及王室时应包括享有女王在北爱尔兰的政府的名义的王室。

（4）提及政府部门时应被理解为包括北爱尔兰政府部门，提及北爱尔兰政府的财政部门时应被理解为其财政和人事部。

（4A）提及请求人时即是指原告。

（5）已废止。

第47条 在马恩岛的适用

除女王陛下在枢密令中另有调整，本法的效力及于马恩岛。相应地，除此类枢密令另有调整，本法中提及大不列颠联合王国时应解释为包括马恩岛。

第47A条 领海和大陆架

（1）为本法之目的，大不列颠联合王国的领海应视为大不列颠联合王国的一部分。

（2）发生在大不列颠联合王国所属大陆架上的建筑物或船舶

上，直接以勘探海床、下层土壤或其自然资源为目的的行为，视为发生在大不列颠联合王国境内的行为，适用本法。

（3）大不列颠联合王国所属的大陆架是指 1969 年大陆架法第 1 条第（7）款中指定的区域。

第 48 条 废止条款、例外条款和过渡性条款

（1）已废止。

（2）除本条另有规定外，依照任何已被本法废止的立法制定、颁布、授予或作出的任何枢密院令、细则、判令、要件、证书、通知、决定、指定、授权、允诺、申请、要求或事项，如果在本法开始施行时有效，只要其能根据本法制定、颁布、授予或作出，则应当继续有效，并被视为根据本法的相应规定制定、颁布、授予或作出。

（3）依照 1907 年专利和外观设计法设立的登记簿，应当视为本法规定的登记簿的一部分。

（4）本法施行之前注册的外观设计应视为按照本法就注册时所属类别的物品注册。

（5）已废止。

（6）任何文件提及任何已被本法废止的立法的，都应当被解释为提及本法的相应规定。

（7）本条中的上述规定均不影响 1889 年解释法第 38 条的实施（涉及废止的效力）。

第 49 条 简称和生效时间

（1）本法可以被引用为 1949 年注册外观设计法。

（2）本法应于 1950 年 1 月 1 日，紧随 1949 年专利和外观设计法实施后施行。

附则 A1：不予注册的特殊标志

特殊徽志不予注册

第 1 条　（1）除非注册主任认为使用的内容经女王陛下或其代表、王室家族的有关成员（可能情况下）同意外，涉及使用以下内容的外观设计应当根据本法不予注册：

（a）王室盾形徽章、王室盾形徽章的特征纹章标记、与王室盾形徽章近似可能导致误解的徽章、设计或纹章标记；

（b）表现王冠或皇家旗帜的；

（c）表现女王陛下或任何其他王室家族成员的，或任何可能使人误认的模仿品；

（d）可能令人误以为已受到或即将受到王室的指定或授权的单词、字母和设计。

（2）使用以下内容且注册主任认为会令人误解或极不尊重的外观设计应当根据本法不予注册：

（a）大不列颠联合王国的国旗（公知的英国国旗）；或

（b）英格兰、威尔士、苏格兰、北爱尔兰或马恩岛的旗帜。

（3）涉及使用以下内容的外观设计应当根据本法不予注册：

（a）已被王室许可给个人使用的盾形徽章；或

（b）可能令人误解为该盾形徽章的近似徽章；

除非注册主任认为使用的内容已经得到有关人士的同意，且使用时未违背有关徽章的法律。

（4）涉及使用 1995 年奥林匹克标志（保护）法限制使用的内容的外观设计应当根据本法不予注册，除非注册主任认为：

（a）该申请是由依照 1995 年奥林匹克标志（保护）法第 1 条第（2）款指定的人提出的（国务大臣有权任命个人为奥林匹克联合会权利的所有者）；或

（b）经上述第（a）项中所述的个人或其代表同意使用。

《巴黎公约》成员国的徽志不予注册

第2条 （1）涉及使用巴黎公约成员国国旗的外观设计应当根据本法不予注册，除非：

（a）经该国主管机关授权注册；或

（b）注册主任认为该种使用国旗的方式无需经过授权。

（2）涉及使用《巴黎公约》保护的成员国国徽或其他国家徽记的外观设计应当根据本法不予注册，除非注册经该国主管机关授权。

（3）除注册经该国主管机关授权外，下列情形的外观设计应当根据本法不予注册：

（a）涉及使用《巴黎公约》成员国表示控制和保证的官方标识或印记的外观设计；

（b）受巴黎公约保护的标识或印记；及

（c）应用于或包含在表示控制或保证的同样或类似商品上的外观设计。

（4）本段关于国旗和其他国家徽记、官方标识和印记的条款同样适用于从徽章学观点看模仿上述旗帜及其他徽章、标识或印记的物品。

（5）各国国民经授权使用其本国国家徽记、标识和印记者，即使与其他国家的国家徽记、标识和印记相类似，本条不妨碍其申请外观设计的注册。

国际组织的徽志不予注册

第3条 （1）本条适用于由一个或多个巴黎公约成员国组成的政府间国际组织的：

（a）徽章、旗帜和其他标识；或

（b）缩写和名称。

（2）涉及使用受《巴黎公约》保护的标识、缩写或名称的外观设计应当根据本法不予注册，除非：

（a）经有关国际组织授权进行注册，或

（b）注册主任认为该标识、缩写或名称以下列方式使用：

（i）不会使公众认为国际组织与外观设计之间存在联系；或

（ii）不致误导公众认为使用者与国际组织间存在联系。

（3）本条关于国际组织标识的条款同样适用于从徽章学观点看模仿此类标识的物品。

（4）对 1962 年 1 月 4 日（《巴黎公约》相关条款在英国的生效日）前即开始善意使用所述外观设计者，本条规定不影响其权利。

第 2 条和第 3 条的补充条款

第 4 条 （1）为上述第 2 条的目的，《巴黎公约》成员国国家徽记（国旗除外）、官方标识或印记只在下述情形和范围视为受《巴黎公约》的保护：

（a）相关国家已按照公约第 6 条之三（3）条正式通知大不列颠联合王国，要求保护所述徽记、标识或印记；

（b）上述通知保持有效；且

（c）大不列颠联合王国未按照公约第 6 条之三（4）条拒绝上述要求，或先前作出的拒绝已被撤销。

（2）为上述第 3 条的目的，国际组织的标识、缩写和名称只在下述情形和范围视为受《巴黎公约》的保护：

（a）相关国际组织已按照公约第 6 条之三（3）条正式通知大不列颠联合王国，要求保护所述标识、缩写或名称；

（b）上述通知保持有效；且

（c）大不列颠联合王国未按照公约第 6 条之三（4）条拒绝上述要求，或先前作出的拒绝已被撤销。

（3）按照《巴黎公约》第 6 条之（3）条发给大不列颠联合王国的通知仅对收到该通知 2 个月后的外观设计注册申请有效。

注　释

第5条　在此附则中：

"巴黎公约成员国"指大不列颠联合王国之外的参加《巴黎公约》的国家；且

"巴黎公约"指1883年3月20日签订的《保护工业产权巴黎公约》。

附则1：关于为王室服务使用注册外观设计和第三方在此种使用中的权利

第1条　为王室服务使用注册外观设计

（1）尽管本法已有规定，但所有政府部门和经政府部门书面授权的个人仍可按照本条中的下列规定为王室服务目的使用注册外观设计。

（2）如果，且只要外观设计在其注册日之前已被政府部门或其代表适当记载或应用，除非是直接或者间接地由注册所有权人或授予其权利者传播的结果，可按照本条规定免费使用该外观设计，无需向注册所有权人缴纳使用费或其他费用。

（3）如果，且只要外观设计未按前述方式记载或应用，按照本条规定在其注册日之后的任何时间或经前述方式传播后使用该外观设计的，可以按照政府部门与注册所有权人在使用该外观设计之前或之后达成的、经财政部批准的协议进行，或者，在未达成协议的情况下按法院依照本附则的第3条作出的判决进行。

（4）政府部门依照本条规定对任何人授权使用外观设计的，可以是在外观设计注册之前或之后，或者授权的行为作出之前或之后，且无论该人是否已被注册所有权人直接或间接授权使用该外观设计。

（5）政府部门依照本条规定授权使用外观设计的，政府部门应在开始使用后立即告知注册所有权人，并应其随时提出的要求提供有关使用范围的相关信息，除非政府部门认为这样将触犯公共利益的。

（6）本条和下条中所称"为王室服务使用"应视为包括以下内容：

（a）按照大不列颠联合王国的女王政府与他国政府签订的协议或协定，向该国政府提供的符合以下要求的物品。

（i）用于该国的国防目的；或

（ii）用于其政府与女王政府共同参加国防方面的协议或协定的任何其他国家的国防目的；

（b）按照女王政府与联合国或其成员国政府的协议或协定，向联合国或隶属该组织的任何国家的政府提供的，用于依照该组织或其机构的决议采取的军事行动的物品。

政府部门或经政府部门依照本条规定授权的个人使用外观设计的权力应包括：向上述政府或组织出售按照本款规定授权提供的物品，以及将行使本条赋予的权力而制造的、不再要求用于制造该物品时的目的的任何物品，出售给任何人。

（7）按本条赋予的权力出售的任何物品，其购买者和通过他主张权利的所有个人有权处置这些物品，就像该注册外观设计权被女王陛下代表享有一样。

第2条 第三方为王室服务而使用外观设计的权利

（1）已注册的外观设计，或正在申请注册的外观设计，由以下人员为王室服务而使用的：

（a）依照前述最后一条，由政府部门或经政府部门授权的个人使用；或

（b）由注册所有权人或注册申请人按照政府部门的命令使用。

注册所有权人、注册申请人，或从其那里获得权利的人或者给予其权利的人与政府部门以外的个人签订的许可、转让或协议条款时，只要其条款中包含约束或控制外观设计、模型、文件或相关信息的使用，或就该使用支付或者计算报酬的内容，则无论

签署时间在本法施行之前或之后，该条款均无效；为上述用途复制或出版模型、文件的，不应视为侵犯模型或文件享有的版权或未注册外观设计权。

（2）除许可使用费或使用外观设计的其他收益之外，当注册外观设计准予使用的独占许可生效时：

（a）使用外观设计，要不是因本条和前述最后一条的规定将构成侵犯被许可人权利的，前述最后一条第（3）款仍然有效，只需将该款中"注册所有权人"改为"被许可人"即可；且

（b）被许可人依照前述最后一条的授权使用外观设计的，该条仍然有效，只需忽略前述第（3）款即可。

（3）除前述最后一款的规定外，当注册外观设计、申请注册外观设计的权利、获得外观设计注册的权利转让给注册所有权人，且以许可使用费或使用外观设计的其他收益为对价的：

（a）按照本附则第1条的规定使用外观设计的，该段的第（3）款仍然生效，只需将该款提及注册所有权人时也意味着提及转让人，依照该款支付的金额应在注册所有权人和转让人之间进行分配，分配比例依协议，无协议时依法院按下一条规定作出的判决执行；且

（b）注册所有权人按照政府部门命令，为王室服务使用外观设计的，本附则第1条第（3）款有效，视为依照该款规定的授权进行使用。

（4）依照本附则第1条第（3）款规定，政府部门应向注册所有权人支付使用外观设计的酬金，注册外观设计独占许可证的持有者（非本条第（2）小款所述的许可证）应有权依照与注册所有权人的协议（若有的话）获得部分款项，无协议时依法院按下一条规定作出的、考虑被许可人的下列支出认为是公平的判决：

（a）用于完善所述外观设计的费用；或

（b）除许可使用费或使用外观设计的其他收益之外，因许可证向注册所有权人支付的款项。

在政府部门与注册所有权人、将其权益通知政府部门的人就

支付数额达成协议之前的任何时间内，如未经该许可证持有人同意，则有关支付数额的所有协议均无效。

（5）本条中的"独占许可证"指注册所有权人授予的，给予许可证持有人或许可证持有人及其授权者外排除其他任何人（包括注册所有权人）对注册外观设计的任何权利的许可证。

第 2A 条　利润损失的赔偿

（1）因王室服务使用注册外观设计的，有关政府部门应向：

（a）外观设计注册所有权人，或

（b）如果针对该外观设计存在有效的独占许可，向独占许可的被许可人。

补偿其因不能得到提供应用或者包含该外观设计的产品的合同回报而遭受的损失。

（2）支付的补偿限于根据其现有生产能力能够履行的合同范围内，而不论是否存在导致使其无资格获得合同回报的情况。

（3）确定损失时应考虑此类合同可产生的利润和未充分利用的生产能力。

（4）非因王室服务的目的，而是因未能履行提供应用或者包含该外观设计的产品的合同所造成的损失，不予补偿。

（5）如果注册所有权人或许可证持有人与政府部门未能在财政部的同意下就本条规定的补偿的数额达成协议，由法院按照第 3 条的规定确定该补偿数额；且是依照本附则第 1 条或第 2 条规定的支付数额的额外数额。

（6）本条中：

外观设计的"为王室服务的使用"，指因符合第 1 条规定而不侵犯注册外观设计权的行为；且

涉及此种使用的"有关政府部门"，指实施或授权实施该行为的政府部门。

第 3 条　涉及为王室服务而使用的争议

（1）针对下列问题存在争议的：

（a）由政府部门或者政府部门授权的人行使本附则第1条规定的权力；

（b）根据该条规定为王室服务而使用外观设计的条件；

（c）任何个人接受依照第1条第（3）款规定的使用费的权利；

（d）任何个人接受依照第2A条规定的补偿的权利。

争议的任何一方均可诉至法院。

（2）依照本条规定，一方当事人为政府部门时：

（a）如果注册所有权人是诉讼中的一方且该政府部门是本法第20条定义的相关人员，在根据本法第20条向法院提出的申请中，请求以任何可宣告注册外观设计无效的理由请求宣告该注册外观设计无效；

（b）任何情况下，只要该政府部门是本法第20条定义的相关人员，如果该政府部门已经向法院提出宣告该注册外观设计无效的请求，其可以继续加入请求宣告其无效的理由。

（3）如果在前述诉讼程序中，对外观设计是否如本附则第1条中所述被记载或应用存在疑问，而政府部门认为披露记载该外观设计的文件或有关该应用的证据可能损害公共利益，则所述文件或证据可秘密披露给另一方当事人的法律顾问或双方均认可的独立专家。

（4）政府部门和个人之间就为王室服务使用外观设计的条件产生争议的，依照本条规定判决时，法院应考虑到该人或经向其转让所有权的人就该外观设计，直接或间接地从任何政府部门已经获得或有权获得的利益或补偿。

（5）在依照本条规定的任何诉讼中，法院可在任何时间按其指定的条件，判令将整个诉讼程序、其中任何问题或事实上的争论，交给特定的或官方的鉴定人或仲裁人处理；本条前述规定对法院的提及也应作相应解释。

第4条 紧急情况下因王室服务而使用的特别规定

（1）在本条规定的所有紧急情况时期，政府部门或依本附则

第 1 条规定经政府部门授权的任何人对外观设计可行使的权力，应包括政府部门认为为下列任何目的使用该外观设计是必要或适当的权力：

（a）顺利进行大英帝国参加的战争；

（b）提供公众基本生存所需的供给和服务；

（c）确保公众福利所需的高效供给和服务；

（d）提高工业、商业和农业的生产率；

（e）增加和促进出口，减少来自所有或者任何国家的进口或部分类别的进口，恢复国际贸易平衡；

（f）从总体上确保所有公共资源以最佳方式可供用于或者可用于为公共利益服务；或

（g）向受到严重战争灾害的大英帝国领土或其他国家提供和分配基本的供给和服务，以便从战争灾难中恢复过来。

本附则中所有涉及为王室服务而使用均应解释为包括上述目的。

（2）本段中"紧急情况时期"是指内阁下令宣布本条所述紧急状态开始之日至宣布结束之日的期间。

（3）内阁依照本条作出的命令需事先提出草案并经议会上下两院的决议批准后方可向女王陛下提交。

荷兰 1995 年王国专利法❶

（1994 年 12 月 13 日）

---

❶ 根据世界知识产权组织网站（http：//www.wipo.int/wipolex/en/details.jsp？id＝3196）上提供的英文版翻译。翻译：韩志杰；校对：姜丹明。

第一章　总　则

第 1 条

在王国的本法及其细则中：

"欧洲专利公约"是指 1973 年 10 月 5 日签订于慕尼黑的授予欧洲专利权公约；

"共同体专利公约"是指 1989 年 12 月 15 日签订于卢森堡的共同市场欧洲专利公约；

"欧洲专利"是指根据欧洲专利公约授予的专利，只要其指定王国，且并非共同体专利；

"共同体专利"是指共同体专利公约第 2 条所述的专利；

"欧洲专利申请"是指欧洲专利公约所述的要求获得欧洲专利的申请；

"专利合作条约"是指 1970 年 12 月 15 日签订于华盛顿特区的专利合作条约；

"专利局"是指 1963 年 4 月 25 日法律第 4 条所述的工业产权局；

"专利登记簿"是指本法第 19 条所述的登记簿；

"部长"是指荷兰经济事务部部长；

"自然资源"是指来自海床及土壤底层的矿物及其他非生物资源，以及固定类型的生物体，即在获取它们时固定于海床或者土壤之上或者之下，或者不能移动，除非与之物理相连的海床或者土壤底层一起移动。

第 2 条

1. 新的、具有创造性且适于产业应用的发明可以获得专利。

2. 下述不应视为第 1 款所述的发明：

a. 发现、科学理论及数学方法；

b. 美学创作；

c. 智力活动、游戏和商业运作的方案、规则和方法及计算机程序；

d. 信息的演示。

3. 第 2 款仅适用于其所涉及的主题或者活动本身。

第 3 条

下列各项均不能获得专利：

a. 其公布或者实施将破坏公共秩序或者公德的发明；

b. 植物或者动物品种，或者繁衍植物或者动物及其产物的、实质上是生物学的方法，但是微生物方法除外（除非《动物健康和福利法》对此禁止）。

第 4 条

1. 如果发明不构成现有技术，应当被认为是新的。

2. 现有技术包括申请日之前通过书面或者口头说明、使用或者其他方式为公众所知的任何技术。

3. 现有技术还包括在先提交的，并且在上述第 2 款所述日期当天或者之后按照第 31 条载入专利登记簿的申请的内容。

4. 现有技术还包括欧洲专利申请以及欧洲专利公约第 158 条第 1 款和第 2 款所述国际申请的内容，只要其申请日根据本法第 54 条第 2 款和第 3 款的规定在本条上述第 2 款所述日期之前，且在该日期当天或者之后按照该公约第 93 条的规定或者专利合作条约第 21 条的规定进行了公布，前提是在公布的申请中已经指定了本王国。

5. 尽管有第 1 款至第 4 款的规定，当现有技术所包含的物质或者组合物用于第 7 条第 2 款的方法之一时，仍可以获得专利，前提是用于该款所述方法的所述用途尚未被现有技术披露。

第 5 条

为第 4 条之目的，因在提交专利申请前 6 个月之内发生的下列事件导致对发明的披露不予考虑：

a. 滥用与申请人或者其合法前任的关系的，或者

b. 申请人或者其合法前任在官方组举办或者承认的符合 1928 年 11 月 22 日签订于巴黎并于 1972 年 11 月 30 日最后修改的国际展览会公约规定的国际展览会上公开，条件是申请人在申请专利声明该发明已如此展出，并在行政命令规定的期限内提交符合行政命令规定的证据。

2. 在荷兰举办的展览会的官方承认应由部长认可。在荷属安地列斯群岛举办的展览会的官方承认应由荷属安地列斯群岛政府认可。

第 6 条

如果本领域技术人员认为发明与现有技术相比是非显而易见的，该发明应当被认为具有创造性。在评价创造性时不应考虑根据本法第 4 条第 3 款和第 4 款属于现有技术的文献。

第 7 条

1. 如果发明能在包括农业在内的任何产业中制造或者使用，其应被视为其适于产业应用。

2. 无论是通过外科手术或者内科治疗的、针对人体或者动物体的治疗方法，以及作用于人体或者动物体的诊断方法，都不应被视为具有前款所述产业应用性的发明。该规定不适用于用于这些方法的产品，特别是物质或者组合物。

第 8 条

除第 11 条、第 12 条和第 13 条另有规定外，申请人应被视为发明人，并以该资格成为有权获得专利的人。

第 9 条

1. 任何向保护工业产权国际联盟成员国提交正规专利申请、实用证书申请或者实用新型保护申请的人，且符合该国法律的规定或者符合前述两个以上成员国间签署协议的规定的，就上述申请要求保护的主题获得专利而言，都可以在荷兰以及荷属安地列斯群岛享有自申请日起 12 个月的优先权。如果相关法律赋予了获得发明人证书或者专利的选择权，前述规定比照适用于申请获得发明人证书之人。

2. 第 1 款所述申请应被理解为是指能确定申请日的申请，而不论该申请的后续处理情况。

3. 如果有资格之人就相同主题提交了不止一项申请，只有首次申请可作为要求优先权的基础。尽管如此，在同一国家的在后申请可以作为要求优先权的基础，前提是，在先申请于在后申请的申请日当天已撤回、放弃或者驳回且没有向公众公开，也没有留下任何未尽的权利，并且其也没有作为优先权的基础。如果要求了在后申请的优先权，在先申请此后将不得作为要求优先权的基础。

4. 为第 4 条第 2 款、第 3 款和第 4 款以及第 6 条的目的，优先权的效力为，享有此权利的申请将被视为在作为优先权基础的申请的申请日提交。

5. 申请人可以要求多项优先权，即使这些优先权源自不同的国家。要求了一项或者多项优先权的申请，仍可以包含作为其优先权基础的申请的权利要求中未要求保护的部分，前提是在后申请的文件对该部分的产品或者方法进行了充分公开。

6. 要求享有优先权的人应当于申请日当天或者之后 3 个月内提出书面要求，说明作为优先权基础的申请的申请日及申请国；在提交作为优先权基础的申请起 16 个月内，必须向专利局提交该申请的申请号以及荷兰语、法语、德语或者英语的副本，或者以前述语言之一的译本；如果申请人并非提交在先申请的人，还应当提交其享有权利的文件。专利局可以要求前述译文经过认证。

7. 如果没有满足第 6 款的条件，将丧失优先权。

第 10 条

1. 按照本法授予的专利要求了在先申请的优先权的，对该在先申请授予的专利与前述专利的同一发明之间没有任何法律因果关系。

2. 任何人均可要求确认第 1 款所述不具有法律因果关系。

3. 第 75 条第 4 款、第 8 款第一句以及第 9 款比照适用。

第 11 条

如果申请的内容非法来自他人作出或者应用的主题，或者未经许可来自他人的说明书、附图或者模型，则申请人无权获得专利。该他人就该非法获得的主题保留获得专利的权利。为第 4 条第 3 款和第 4 款的目的，由如此窃取主题的人提交的申请，在审查被窃取的人就该主题提交的申请时，不应考虑。

第 12 条

1. 如果专利申请中的发明是由受雇为他人服务的人提交，该雇员应当有权获得专利，除非受雇服务的性质需要利用雇员的特殊知识才能作出相关专利申请所涉及的同一类型的发明。如果后者成立，则雇主应当有权获得专利。

2. 如果专利申请中的发明由为他人提供服务的人在培训阶段作出，应当由接受服务的人获得专利，除非发明与服务的内容无关。

3. 如果发明是由执行大学、学院或者研究机构的研究任务的人作出，该大学、学院或者者研究机构应当有权获得专利。

4. 为第 4 条第 3 款和第 4 款的目的，由无权获得专利的人提交的申请，在审查第 1 款最后一句所述雇主或者第 2 款所述提供服务机会的人就该主题提交的申请时，不应考虑。

5. 可以用书面协议调整第 1 款、第 2 款和第 3 款的规定。

6. 如果发明人在没有授予专利权的情况下获得的工资、奖金或者其他形式的报酬，不足以对其进行补偿，根据第 1 款、第 2 款和第 3 款的规定有权获得专利的人，有义务根据发明在金钱上的重要性以及作出发明的情形给予发明人充分的补偿。发明人根据本规定的任何权利将于专利授权之日满 3 年终止。

7. 任何不符合第 6 款规定的合同都是无效的。

第 13 条

如果发明是由因协议而共同工作的两个以上的人作出，他们共同享有获得专利的权利。

第 14 条

1. 任何作出专利申请中的发明的人，由于第 12 条第 1 款、第 2 款和第 3 款的规定，或者根据其与申请人或者其前任权利人之间的协议，不能对专利主张任何所有权的，应当有权在专利中被标注为发明人。

2. 任何违背前款规定的合同都是无效的。

第二章　专利申请的处理

第一部分　总　则

第 15 条

专利局是荷兰的组织机构之一。依照 1883 年 3 月 20 日签订并于 1967 年 7 月 14 日修订于斯德哥尔摩的保护工业产权巴黎公约第 12 条，专利局作为荷兰及荷属安地列斯群岛的中央机关负责专利事务。

第 16 条

如果专利局在本法规定的应当遵守的任何期限的最后 1 天不工作，为本法的目的，该期限应当延长至此后专利局工作的第一天结束。

第 17 条

1. 专利局应当执行《专利合作条约》第 2 条（xv）意义下的受理局的职能，并具有该条约所规定的能力。

2. 只要《专利合作条约》允许，按照《专利合作条约》及其细则征收费用的数量和截止日期应当由行政命令所规定。另外，行政命令可以对前述细则授权受理局规定的事项制定附加规则。

第 18 条

国际申请按照专利合作条约第 2 条（vii）的规定指定或者根据情况选定本王国的，应被视为申请人请求授予欧洲专利。

第 19 条

1. 专利局应当根据本法设立登记簿登记专利申请和专利的事项。

2. 登记簿应当免费公开，接受任何人的查阅。

3. 行政命令应当为该登记簿设定附加规则。这些规则可以规定特定事项的登记应当由请求的人支付费用。

4. 作为支付行政命令所规定费用的回报，任何人可以请求出具专利登记簿上的书面信息，或者经认证的登记簿，或者经认证的、登记于专利登记簿上的有关专利或者专利申请的文件的摘录，以及前述文件的副本。

第 20 条

1. 专利局应当定期出版刊物以公布登记于专利登记簿上的所有事项。

2. 行政命令可以规定涉及第 1 款的附加规则。

第 21 条

1. 自专利申请登记于专利登记簿时起，任何人均可免费查阅与该申请或者根据该申请授予的专利相关的、专利局收到或者发给申请人或者根据本法的规定发给第三人的所有文件。专利局应当尽快，但不得在申请载入专利登记簿之前，在第 20 条规定的刊物上就这些文件发出通知。

2. 尚未载入登记簿的与申请相关的文件，只能在获得申请人同意的情况下查阅。如果相关人员表明申请人已援引该申请的权利对抗该人的，可以不经申请人同意查阅这些文件。本规定与本章第三部分所涉及的专利申请无关。

3. 不得查阅发明人要求不在专利中登记为发明人的声明。

第 22 条

专利局认可的有资格从事代理之人可以作为申请人的授权代表与专利局打交道。王国专利法（最后修改于 1987 年）第 18A 条及相关条款也可适用于与专利局打交道的职业代理人。

第 23 条

1. 尽管根据情况尽了充分的注意，申请人或者专利权所有人或者欧洲专利权所有人仍未能遵守专利局或者第 99 条所称的局的期限，如果按照本法不遵守期限将直接导致丧失权利或者救济手段的，其可以请求专利局恢复权利。

2. 第 1 款不应适用于未能在第 9 条第 1 款规定的期限内提交专利申请的情况，也不适用于未能满足下述第 3 款所述的期限的情况。

3. 恢复权利的请求应当尽快提交，但任何情况下都不得超过未能遵守的期限届满后 1 年。提出请求的同时应当完成未尽之行为。如果申请人并非本王国的居民，应当委托有资质的本地代理。在提交请求时应当缴纳行政命令所规定的费用。

4. 专利局应当将恢复载入专利登记簿。

5. 尽管专利得以继续，任何人均有权继续从事第 53 条第 1 款所规定的行为，如果该人在权利或者救济手段丧失与恢复之间的期间里，在荷兰或者荷属安地列斯群岛内，为其商业目的开始制造或者实施被恢复的专利或者相关欧洲专利，或者为此目的已着手准备。比照适用第 55 条第 2 款和第 3 款。

第二部分 专利权的授予

第 24 条

1. 必须以书面方式向专利局提交专利申请且必须：

a. 含有申请人的名称和地址；

b. 含有发明人的名称和居所地，除非申请的书面声明中表明其不希望被记录为发明人；

c. 含有授予专利权的请求；

d. 含有发明主题的简要名称；

e. 同时提交发明的说明书，在其结尾包含一项或者多项权利要求，界定寻求独占权的主题；

f. 同时提交说明书摘要。

2. 摘要只用作技术信息的来源，不能用于解释要求保护的范围或者用于第 4 条第 3 款或者第 75 条第 2 款的适用。

3. 发明的申请及说明书应当用荷兰语写成，并由申请人或者其书面授权指定的代理人签字。

4. 申请、发明说明书、附图以及摘要还应当满足行政命令所规定的其他形式要求。

5. 申请的同时还应当附交向专利局足额缴纳行政命令所规定费用的证明。

第 25 条

1. 发明的说明书必须清楚、完整；末尾的权利要求书应当界定清晰。如果必要，说明书还应有附图。说明书应当实现本领域技术人员按其说明能够实现发明的程度。

2. 如果发明涉及微生物方法或者利用该方法获得的产品，其中使用了公众不能获得的微生物的，在申请日之前应当在行政命令指定的机构保藏该生物的培养物，并且应当满足行政命令有关微生物的确认和可获得性方面的要求。

第 26 条

如果申请人的居所不在本国，需要指定一家第 22 条所述的有资质的荷兰代理人。

第 27 条

每件专利申请应当仅涉及一项发明或者具有同一总构思的一组发明。行政命令可对本条作进一步的规定。

第 28 条

1. 申请人可以提交针对在先申请部分内容的分案申请。除

第 30 条第 1 款、第 31 条第 3 款和第 32 条第 1 款另有规定外，该申请将被视为在原始申请的申请日提交。

2. 申请人可以修改已提交的申请的说明书、权利要求书以及附图。

3. 分案申请或者修改后的申请的主题不得超出原始申请的内容。

4. 分案或者修改可以在专利申请按照第 31 条第 1 款或者第 2 款的规定载入专利登记簿之前提出。

5. 如果申请人已经按照第 32 条的规定请求检索现有技术，分案或者修改可以自第 34 条第 4 款所述通知发出之日起 2 个月内提出，只要该两个月期限在第 4 款所述期限之后届满。申请人向专利局提交理由充分的书面请求后，该期限可以延长一次，计 2 个月。

第 29 条

1. 申请日应为提交下述文件之日：

a. 授予专利权的请求；

b. 确定申请人的详细信息；

c. 发明的说明书以及一项或者多项权利要求，即使其不满足第 24 条及相关规定。

2. 专利局应当登记第 1 款所述日期，并给申请分配一个序列号，且尽快通过邮寄或者面交将这些内容通知申请人。

3. 如果专利局认为所提交的文件未能满足第 1 款的要求，专利局应当拒绝登记第 1 款所述申请日。专利局应尽快通过邮寄或者面交将决定及其理由通知申请人。

第 30 条

1. 如果未能满足第 24 条和第 26 条以及根据其制定的规定，或者向公众公开发明将违反公共秩序和公德，专利局还应当在第 29 条第 1 款所述申请日起 1 个月内，或者在分案申请的情况下，在提交分案之日起 1 个月内，书面通知申请人，并同时告知未能满足的条款。

2. 如果第 1 款所述通知发出后 3 个月内未能克服缺陷，或者如果在此之前表示不希望克服缺陷，专利局应当终止对申请的处理。专利局应当尽快通过邮寄或者面交将决定及其理由通知申请人。

第 31 条

1. 专利局应当在下述日期起满 18 个月后尽快将专利申请载入专利登记簿：

a. 第 29 条第 1 款所述申请日，或者，

b. 如果是要求了一项或者多项优先权的申请，最早的优先权日。

2. 应申请人的书面请求，登记可以提前。

3. 在第 28 条所述分案申请的情况下，应当在其提交分案后尽快登记，但不能先于原始申请的登记。

第 32 条

1. 在下述日期起 13 个月内：

a. 第 29 条第 1 款所述申请日，或者，

b. 如果是要求了一项或者多项优先权的申请，最早的优先权日，

申请人可以请求专利局在授予专利之前针对专利申请的主题检索现有技术。

2. 在第 28 条所述分案申请的情况下，第 1 款所述请求应当自原始申请的第 29 条第 1 款所述申请日起 13 个月内，或者在提交分案申请之日起 2 个月内作出，以后到者为准。

3. 请求应当以书面方式向专利局提出，并提供已经向专利局缴纳行政命令规定费用的证明。如果该证明未能在第 1 款所规定的期限内提交，该请求将不被处理。

4. 当专利申请载入专利登记簿之后，专利局应当尽快将第 1 款所述的请求载入专利登记簿中。

第 33 条

1. 如果申请人未能在第 32 条第 1 款所述期限内提交所述请求，或者已经书面通知专利局不会提交该请求，专利局应当在专利申请载入登记簿之后尽快授予专利权，并将授权载入登记簿。

2. 专利应当仅涉及权利要求中首先提到的一项发明或者第 27 条所述一组发明。

3. 专利授权应当以申请日或者第 28 条或者第 30 条第 2 款所规定修改日时的内容为准，并应当签署授权的日期。

4. 专利局应当以专利说明书的形式发布申请的说明书和附图，并向申请人提供经证明的副本。

5. 按照本条授予的专利自第 29 条第 1 款所述申请日起 6 年内有效，除非提前终止或者被法院无效。

第 34 条

1. 第 32 条第 1 款规定的对现有技术的检索应由专利局完成，必要时由欧洲专利公约所述的欧洲专利局帮助完成。

2. 如果申请人提出了请求，专利局应按照专利合作条约第 15 条第 5 款 a 项的规定对申请作国际检索。该检索应被视为第 32 条第 1 款所规定的对现有技术的检索。

3. 如果通过检索可以明显发现申请不满足第 27 条及根据该条制定的规定，应当针对权利要求书中首先提及的一项发明或者第 27 条所述一组发明完成检索。

4. 专利局应当书面通知申请人现有技术检索结果。

5. 如果适用了第 3 款的规定，专利局应当在第 4 款所规定的通知中对之写明，说明理由并告知检索所针对的一项发明或者一组发明。

第 35 条

1. 如果专利局认为由于申请的权利要求不清楚导致无法进行现有技术检索，应当尽快将理由书面通知申请人。

2. 如果自发出第 1 款的通知后 2 个月内未能克服缺陷，或者申请人在此之前表示不希望补救，专利局应当决定终止对申请的处理。专利局应当将决定和理由尽快通过邮寄或者面交通知申请人。

第 36 条

1. 如果申请人已经请求了第 32 条第 1 款所规定的现有技术检索，专利局应当在专利申请载入登记簿之后尽快授予专利权，但不早于发出第 34 条第 4 款所规定的通知书之日起 2 个月，或者如果适用了第 28 条第 5 款第二句，则为 4 个月，并将该授权载入专利登记簿。

2. 适用第 33 条第 3 款和第 4 款的规定。

3. 如果适用了第 34 条第 3 款，专利仅授予权利要求书中首次提及的第 27 条所述的一项发明或者一组发明。

4. 现有技术的检索报告应当附在专利说明书上。

5. 按照本条授予的专利自第 29 条第 1 款所述申请日起 20 年内有效，除非提前终止或者被法院无效。

第 37 条

1. 任何人在任何时间都可以请求专利局对授权专利的主题作出书面的现有技术检索。

2. 如果提出请求之人在其请求书中具体说明了检索针对专利的某部分，应当按照请求进行检索。

3. 请求应当附有已向专利局缴纳行政命令规定费用的证明。如果未能提交该证明，请求将不被处理。

4. 专利局应当立即通知申请人第 1 款所述的请求，并尽快将该请求载入登记簿。

5. 应比照适用第 34 条第 1 款、第 3 款、第 4 款和第 5 款以及第 35 条第 1 款。

第 38 条

1. 任何人均可向专利局书面提交有关专利申请或者相关专利的信息。如果信息并非申请人或者专利权所有人本人所提，专利局应当将该信息发给申请人或者专利权所有人。

2. 如果发现第 24 条第 1 款 b 项所述发明人不正确，或者如果发明人之外的其他人宣称发明人不希望在专利中署名，申请人和发明人应当联合书面请求专利局对专利作出必要的更正，同时缴纳行政命令规定的费用。如果必要，请求书应当附有被错误当作发明人的人的书面同意。

第 39 条

1. 已载入专利登记簿的申请，只要没有就该申请的法律请求在司法程序中作出不可撤销的最终判决，对该专利申请的撤回对第三人不遗留任何后果。

2. 如果申请人之外的人有权获得专利，或者根据在第 1 款所述法律程序中作出的判决对专利权享有共有权利，撤回将被视为没有发生。

3. 专利局应当将撤回载入专利登记簿。

第三部分　专利申请内容的保密

第 40 条

1. 如果专利局认为对专利申请的内容进行保密符合本王国或者其盟友的国防利益，应当尽快通知申请人，但不得晚于申请日起 3 个月。国防部部长应当就是否涉及保密对专利局作出指导。

2. 在发出通知的同时，专利局应当向国防部提交该申请的说明书和附图的副本。

3. 如果适用了第 1 款，应当暂停将申请载入专利登记簿。

第 41 条

1. 在第 40 条所述专利申请提交之日起八个月内，国防部部长应当通知专利局申请的内容是否涉及本王国或者其盟友国防利益需要保密。

2. 第 1 款所述确认通知应当具有自该通知发出之日 3 年内

中止将申请载入专利登记簿的效力。否定的通知应当结束该中止。未发出通知应被视为否定的通知。

3. 前述部长可以在该 3 年期限届满前 6 个月内通知专利局申请的内容涉及本王国或者其盟友的国防利益需要继续保密，从而延长中止的时间。

4. 前述部长可以在任何时间通知专利局申请的内容不再需要保密。该通知应当结束该中止。

5. 专利局应当及时将第 1 款、第 3 款或者第 4 款规定的通知告知申请人。专利局还应当及时将没有收到第 1 款或者第 3 款规定的通知告知申请人。

6. 只要中止尚未结束，专利局应当应前述部长的请求，将专利局与申请人之间交流的所有相关文件的副本送交该部长。

7. 中止结束后 3 个月内，申请仍然不得载入专利登记簿，除非申请人提出相反请求。

第 42 条

1. 其专利申请属于第 40 条、第 41 条或者第 46 条所述主题的人，因执行这些条款受到损失的，有权请求获得国家赔偿。

2. 应当在中止结束时确定赔偿的数额。如果因第 41 条第 3 款的规定延长了中止的期限，应申请人的请求应当分期确定赔偿的数额，第一期应当为首次延长之前的中止期限，第二期应当为两次延长之间的期限，最后一期应当为最后一次延长的开始至中止的结束；应当在相应期限届满时确定赔偿额。

3. 如果可能，赔偿额应当由国防部部长和申请人共同协商确定。如果自赔偿期限届满之日起 6 个月期满仍未能达成一致，应比照适用第 58 条第 6 款第一句的规定。

第 43 条

1. 如果申请人因其申请涉及其他国家的国防利益要求对其专利申请的内容予以保密，或者如果其他国家的政府发出此类请求，在申请人书面声明放弃因执行本条所应获得的赔偿的情况下，专利局应及时将该请求、该申请的说明书和附图以及前述放弃声明送交国防部部长。在这种情况下，应当中止将该申请载入专利登记簿。如果未提交放弃声明，专利局应当及时通知前述国防部部长。

2. 在请求提交之日起 3 个月内，前述部长可以通知专利局申请的内容因涉及国防利益应当保密，前提是已经查明该国已经要求申请人保守秘密，并且该申请人被该国允许就该保密的内容提交专利申请。

3. 第 2 款所述通知应当导致中止将该申请载入专利登记簿，直到前述部长通知专利局申请的内容不再需要保密。没有前述通知的，不得中止。

4. 第 41 条第 6 款和第 7 款比照适用于第 1 款所述申请。

第 44 条

1. 如果国防部部长认为，为本王国的国防利益，需要使用、实施适用了第 40 条、第 41 条或者第 43 条的专利申请的内容，或者使其得到使用、实施的，其应当在通知申请人之后采取相应措施。通知应当详细说明国家必须采取或者即将采取措施的理由。

2. 国家应当就使用、实施第 1 款所述申请的主题补偿申请人。

3. 如果可能，赔偿额应当由前述部长和申请人共同协商确定。如果自第 1 款所述通知发出之日起 6 个月期满仍未能达成一致，应比照适用第 58 条第 6 款第一句的规定。

第 45 条

如果专利申请人本身就是国家，并且国防部部长通知专利局申请的内容涉及本王国或者其盟友的国防利益需要保密的，应当中止将申请载入专利登记簿，直至前述部长通知专利局申请的内容不再需要保密。

第 46 条

1. 如果欧洲专利申请的申请人得知或者应当得知其内容涉

及本王国或者其盟友的国防利益需要保密的，应当向专利局提交该申请。

2. 专利局应当及时将该申请的说明书和附图的副本送交国防部部长。

3. 在《欧洲专利公约》第 77 条第 3 款所述期限届满前 3 周内，国防部应当通知专利局，该申请的内容是否涉及本王国或者其盟友的国防利益需要保密。

4. 如果第 3 款所述的通知是否定的或者根本没有通知，专利局应当将欧洲专利申请在《欧洲专利公约》第 77 条第 3 款所述期限内送交欧洲专利局。

5. 专利局应当及时将第 3 款所述通知或者者未发通知告知申请人。

第四部分　欧洲专利申请的转化

第 47 条

符合《欧洲专利公约》第 80 条规定的欧洲专利申请，当已按照该公约第 77 条第 5 款的规定被视为撤回，且按照转化为本国专利申请的条件向专利局提交了申请（下称"转化申请"），应当被视为本法第 24 条所述向专利局提交的专利申请。如果提交转化申请，应当符合规定，并在欧洲专利公约第八部分第一章所规定的期限内转交给专利局。

第 48 条

1. 提交给专利局的日期以及序列号应当标注于转化申请上。专利局应当尽快将其通知申请人。

2. 应当自第 1 款所述提交日起 3 个月内就转化申请提交第 24 条第 5 款所述的缴费证明。如果欧洲专利申请不是以荷兰语提交，在相同期限内还应当提交申请原始文件的荷兰语译文。译文构成转化申请的组成部分；应当应专利局的要求在专利局规定的期限内对译文进行确认。如果本款的规定在合理时间内没有得到满足，专利局应当给予申请人在规定时间内一次补救的机会。如果申请人在该规定的期限内未能弥补缺陷，专利局应当决定终止处理该申请。专利局应当尽快通过邮寄或者面交的方式将此决定及其理由通知申请人。

3. 如果第 24 条和第 26 条及其相关规定关于形式要求的规定与欧洲专利公约的相关规定不同或者超出，转化申请可以不遵守这些要求，而只适用欧洲专利公约的相关规定。

4. 只要申请人已经满足第 2 款规定，专利局应当尽快确定申请是否满足第 24 条和第 26 条，以及如果可能，第 3 款所述欧洲专利公约的规定。如果不满足，或者如果公布申请将违反公共秩序或者公德，专利局应当尽快书面通知申请人，告知未满足的要求。比照适用第 30 条第 2 款的规定。

5. 在对转化专利申请适用第 31 条第 1 款、第 32 条第 1 款、第 33 条第 5 款、第 36 条第 5 款以及第 61 条第 1 款时，"第 29 条第 1 款所述申请日"应理解为：在考虑《欧洲专利公约》第 61 条或者 76 条后该公约第 80 条所规定的申请日。

6. 在确认满足第 4 款规定之前或者相应缺陷未能补救之前，不应将申请按第 31 条的规定载入专利登记簿。

第三章　关于欧洲专利和共同体专利的规定

第 49 条

1. 在符合本法规定的情况下，欧洲专利在按照欧洲专利公约第 97 条第 4 款规定公告授权之日起，在荷兰与按照本法第 36 条所授予的专利具有相同效力，并受相同法律规定的调整。在荷兰的共同体专利仅在符合共同体专利公约的范围内，自授权公告之日起与按照本法第 36 条授予的专利具有相同的法律效力，受相同法律规定的调整。

2. 除非提前终止或者被法院无效，欧洲专利自欧洲专利申请根据《欧洲专利公约》第 80 条享有的申请日（并符合第 61 条或者第 76 条的情况下）起 20 年内有效。

3. 欧洲专利在适用第 55 条第 1 款、第 57 条第 4 款以及第 77 条第 1 款时，申请日应被视为该申请根据欧洲专利公约第 80 条规定享有的申请日（并符合第 61 条或者第 76 条）。

第 50 条

1. 当欧洲专利在异议程序中被全部或者部分无效的，将被视为全部或者部分自始不具有第 53 条、第 72 条以及第 73 条规定的效力。

2. 无效的追溯力并不影响：

a. 在被宣告无效前生效并执行的、有关与第 53 条所述独占权相冲突的行为或者第 72 条和第 73 条所述行为的非临时禁令的判决；

b. 在无效前达成并执行的协议。但是，根据情况可以在合理的基础上，按照公平原则返还该协议所规定的费用。

3. 在适用第 2 款第 b 项时，达成的协议应当包括以第 56 条第 2 款、第 59 条或者第 60 条所规定其他形式设立的许可。

第 51 条

1. 专利局应当及时将《欧洲专利公约》第 97 条第 4 款所规定的欧洲专利授权公告在专利登记簿上记载。

2. 专利局应当及时将有关欧洲专利的异议通知载入专利登记簿，说明异议的提交日以及欧洲专利局的相关决定。

第 52 条

1. 在行政命令规定的期限内，任何欧洲专利权所有人应当向专利局提交欧洲专利局授权专利的荷兰语译文，并缴纳费用。费用数额和缴费期限由行政命令规定。译文必须由职业代理人证明。译文和证明必须满足行政命令所规定的形式要求。

2. 如果在第 1 款所述期限内收到的文件不满足该款最后一句所规定的形式要求，专利局应当及时通知专利权所有人，并告知未能满足的条件和补救缺陷的期限。

3. 收到规定形式的译文后，专利局应当及时将其载入专利登记簿。

4. 在下述情况下，欧洲专利将被视为不具有第 49 条所述法律效力：

a. 在第 1 款所规定的期限内，专利局没有收到译文或者未能缴纳该款规定的费用；或者

b. 在第 2 款所规定的期限内，未能满足规定的条件。

5. 在发生第 4 款所述情形时，专利局应当及时在专利登记簿上记录相关事实。

6. 如果在异议程序中欧洲专利作出了修改，应当比照适用第 1 款至第 5 款的规定。

7. 专利权所有人可以在任何时间向专利局提交更正的译文，并缴纳行政命令规定的费用。应适用第 1 款第三句和第四句以及第二款和第三款的规定。

8. 在按照第 51 条第 1 款的规定载入专利登记簿时，专利局收到的欧洲专利所有文件或者发给欧洲专利权所有人的全部文件或者按照本法发给第三方的全部文件，都应当免费向公众开放查阅。专利局应当尽快在第 20 条规定的刊物上公布所有这些文件，但不应在第一句所述时间之前。

第四章　专利的法律效力

第一部分　专利权所有人的权利和义务

第 53 条

1. 除第 54 条至第 60 条另有规定的外，专利赋予其所有权人下述独占权：

a. 为经营目的，制造、使用、销售或者转售、租赁、发行或者以其他方式处置专利产品，或者为前述目的许诺销售、进口

或者储存专利产品；

b. 为经营目的，使用专利方法，或者使用、销售、转售、租赁或者发行或者以其他方式处置依照专利方法直接获得的产品，或者为前述目的许诺销售、进口或者储存前述产品，但不包括依照本法第 3 条排除授予专利权的产品。

2. 独占权的范围应当由专利说明书中权利要求的内容确定，说明书和附图应用于解释权利要求。

3. 独占权不应延伸至就受专利保护的主题（包括利用专利方法直接获得的产品）仅为研究目的的行为。类似地，独占权不应延伸到在个案中为立即服用根据处方制备药品的行为，或者与这样制备的药品相关的行为。

4. 如果第 1 款 a 项或者 b 项所述产品合法地投放荷兰或者荷属安地列斯群岛市场，或者如果是一项欧洲专利，合法地投放荷兰市场，或者由专利权所有人或者经其同意合法地投入欧共体成员国或者欧洲经济区协议成员国的市场，获得该产品的人或者此后持有该产品的人，为其经营目的的使用、销售、租赁、发行或者以其他方式处置，或者为前述目的许诺销售、进口或者储存该产品的，尽管存在专利的独占权。

5. 在专利授权之前，或者如果是一项欧洲专利，在欧洲专利公约第 97 条第 4 款所述公告授权日之前，已经为经营目的制造第一款 a 项或者 b 项所述产品的，可以为其商业目的继续实施该行为，尽管存在专利的独占权。

第 54 条

专利权所有人的独占权不应延伸至：

a. 将受专利保护的主题用于他国临时或者偶然进入荷兰或者荷属安地列斯群岛领水的轮船本身或者其机器、索具、滑具以及其他附件，前提是这些使用仅限于该轮船的实际需要；

b. 将受专利保护的主题用于他国临时或者偶然进入荷兰领土的飞机或者陆地车辆或者其附件的结构或者操作中；

c. 1944 年 12 月 7 日《国际民用航空芝加哥公约》第 27 条

所规定的行为，前提是这些行为涉及本王国及阿鲁巴岛之外的其他国家的航空器——如该条 c 项所述。

第 55 条

1. 任何处于荷兰或者荷属安地列斯群岛的人，或者如果是一项欧洲专利，处于荷兰的人，在他人专利申请日之前，或者如果申请人根据第 9 条第 1 款或者《欧洲专利公约》第 87 条享有优先权，则为其优先权日之前，已经制造、应用专利申请的主题，或者已经为制造或者应用作准备，应当继续享有实施第 53 条第 1 款所述行为的权利，尽管存在专利。该权利基于在先使用，除非其知识获自申请人已经制造或者应用的事物，或者获自申请的说明书、附图或者模型。

2. 第 1 款适用于毗邻荷兰或者荷属安地列斯群岛的大陆架部分，或者如果是一项欧洲专利，毗邻荷兰的王国享有主权的地方，但仅限于该行为与自然资源的利用与开采相关。

3. 第 1 款所述权利仅能转让给具有相同业务的其他人。

4. 在将本条适用于《共同体专利公约》第 37 条所述共同体专利时，"欧洲专利"应理解为：共同体专利。

第 56 条

1. 实施第 53 条所述行为的权利，可以通过许可的方法从专利权所有人那里获得。该权利可以延伸至该条所述的所有行为，且只要专利有效该权利就一直有效，除非许可仅授予了较少的权利。

2. 许可可以由协议、可接受的遗嘱，或者根据第 57 条和第 58 条的规定由部长的决定或者者生效的法院判决创设。由协议或者可接受的遗嘱设立的许可在所有权载入专利登记簿后应当具有对抗第三方的效力。应当缴纳由行政命令规定的登记费用。

3. 根据第 75 条第 8 款或者第 78 条第 4 款的规定就许可获得报酬的权利转移至另一方的，继受者应有权获得全部报酬的一部分或者根据许可通常情况下生效的时间获得相应比例的许可报酬。如果被许可人支付的报酬不足以满足继受者应得的数额，继受者可以从其前任谋求补偿。

第 57 条

1. 如果部长认为涉及公共利益，他可以向其指定的人颁发专利许可，许可的内容应由部长详细描述。在作出决定前，除非情况紧急，否则部长应当确认专利权所有人在合理期限内是否主动愿意颁发许可。为此，部长应当给予专利权所有人书面表达意见的机会，并应其请求，也可以口头表达。决定应当附有理由，并及时通过邮寄或者面交专利权所有人以及被许可人。在决定中，部长可以要求被许可人在规定期限内提供担保。提出第 81 条所述上诉具有中止的效力，除非部长作出的决定是出于紧急事由。

2. 专利授权后 3 年届满，如果专利权所有人及其许可人未能在本国或者行政命令指定的其他国家，善意并充分规模地工业化制造专利产品或者实施专利方法的，专利权所有人将有义务授予许可以进行实施，除非未进行实施有合理的理由。如果自《欧洲专利公约》第 97 条第 4 款所述欧洲专利授权公告满 3 年，未能在荷兰或者该行政命令指定的其他国家进行上述工业化实施，该义务同样适用于欧洲专利权的所有人。

3. 如果专利权所有人或者其他任何被许可人在毗邻荷兰或者荷属安地列斯群岛大陆架上，或者当涉及欧洲专利时，在毗邻荷兰的本王国享有主权的地方，善意并充分工业化实施专利的，第 2 款不应适用，前提是这些行为与利用或者开发自然资源相关。

4. 应实施具有相同或者在后申请日（或者存在优先权时，相同或者在后优先权日）的其他专利的需要，专利权所有人在任何时候都有义务授予许可，只要请求获得许可的专利具有显著的进步。但是，只有当对欧洲专利提交异议的期限届满或者异议程序已经终止时，专利权所有人才有义务颁发许可。该许可不得超过实施被许可人的专利发明的必要范围内。在后的专利权所有权人有义务就其专利对在先的专利权所有人给予互惠的许可。

第 58 条

1. 如果未能合理地颁发第 57 条第 2 款或者第 4 款的许可，应利益相关方的请求法院可以颁发该许可。应请求人的请求，专利局应当将诉状载入登记簿。

2. 如果专利是根据本法授予的，如果请求人未能在其请求中提交专利局或者欧洲专利公约所述欧洲专利局对要求许可的专利主题所作的现有技术报告，该请求人的要求将不被许可。

3. 如果要求许可的诉状被送达 2 个月内，提交了针对该许可所请求专利的无效宣告请求，根据第 57 条第 4 款第一句所述许可的授予可以被中止。该中止可附期限，也可以不附期限。

4. 法院授予的许可可以限制被许可人的要求，并且还可以要求被许可人在规定期限内提供担保。第 57 条第 2 款所规定的许可是非独占的，且不可转移，即使是分许可，除非与被许可的公司一起转移。根据第 57 条第 4 款第一句或者第三句授予的许可，不能因为许可所针对的专利因第 33 条第 5 款或者第 36 条第 5 款所述期限的届满被终止，但是如果作为第 3 款所述要求的结果，专利被部分或者全部无效的，该许可应当终结。

5. 第 57 条第 1 款所述决定或者法院的生效判决应当由专利局载入专利登记簿。如果需要提供担保，在未满足该条件之前，不应载入。载入还应当缴纳行政命令所规定的费用。只有当登记之后，许可才生效，但是该许可对在第 1 款所述请求在载入登记簿之后才获得专利权的人继续生效。已登记的根据第 57 条第 4 款授予的许可应当从请求登记之日具有追溯效力。

6. 在没有协议的情况下，应最积极一方的请求，法院应当就支付给专利权所有人的许可费作出裁决。法院还可以要求被许可人在规定的期限内提供担保，或者确认或者改变根据第 57 条第 1 款或者本条第 5 款所确定的担保。

7. 为了根据《共同体专利公约》第 45 条至第 47 条对共同体专利适用第 57 条以及本条，"欧洲专利"应理解为：共同体专利；在本条第 4 款中，"第 33 条第 5 款或者第 36 条第 5 款所述期限"应理解为：欧洲专利公约第 63 条所述期限。

第 59 条

1. 为本王国的国防利益，以及应直接相关的部长和国防部部长的联合建议，皇家法令可以规定国家或者授权他人执行法令明确规定的、该法令指定的专利权所有人依照第 53 条享有实施或者授权他人实施的独占权的行为。该授权可以在专利的整个生命周期中生效，除非法令规定了更短期限。

2. 当皇家法令生效之后，直接相关的部长应当在与专利权所有人达成一致的情况下，确定国家支付的补偿金。如果直接相关的部长未能与专利权所有人自该法令生效之日起 6 个月内达成一致，应当比照适用第 58 条第 6 款，但有关担保的条款除外。

3. 当根据共同体公约第 45 条对共同体专利适用本条规定时，第 1 款所述"该法令指定的专利权所有人依照第 53 条享有实施或者授权他人实施的独占权的行为"应理解为：皇家法令指定的专利权所有人根据共同体专利公约第 25 条的规定有权禁止第三方实施的行为。

第 60 条

1. 除第 56 条第 2 款第一句另有规定外，许可可由下述决定设立：

a. 建立欧洲原子能共同体条约第 20 条所述仲裁委员会的决定；

b. 上述条约第 21 条所述部长的决定。

2. 对基于第 1 款 a 项所述最终决定获得的许可，应当比照适用第 56 条第 2 款第二句和第三句。

3. 对基于第 1 款 b 所述决定，应当比照适用第 58 条第 1 款、第 4 款和第 5 款第一句、第二句和第三句。对基于该决定获得的许可，应当比照适用第 58 条第 5 款第四句和第 6 款。

4. 第 1 款所述许可在荷属安地列斯群岛没有效力。

第二部分　年费和专利权的终止

第 61 条

1. 为了维持专利，自第 29 条第 1 款所述日期起五年后开始，应当在被授予专利的申请的申请日或者按照第 28 条第 1 款视为申请日所在月的最后 1 天，每年向专利局缴纳行政命令规定数额的费用。

2. 为了维持欧洲专利，自《欧洲专利公约》第 86 条第 4 款所规定之年开始，应当在被授予专利的申请的《欧洲专利公约》第 80 条规定的申请日（符合该公约第 61 条或者第 76 条规定的情况下）所在月的最后 1 天，向专利局支付第 1 款所述年费。如果应当在欧洲专利公约第 97 条第 4 款规定的授权公告日起 2 个月内首次缴费，该费用可在该期限届满当月的最后 1 天缴费。

3. 在应当缴费日期之后缴费的，应当缴纳应当由行政命令规定数额的附加费。

第 62 条

如果自第 61 条所述之日起 6 个月内未缴纳规定的费用，专利权终止。任何该终止应当载入专利局的专利登记簿中。

第 63 条

1. 如果专利权所有人全部或者部分放弃专利权，专利应当全部或者部分终止。

2. 专利权的放弃在载入专利登记簿后生效。只要根据专利登记簿中载入的文件上，有人对该专利享有已登记的权利，或者获得许可，或者针对该专利着手法律诉讼，且这些人不同意放弃，专利局不应当将该放弃载入登记簿。

第三部分 专利作为财产权的标的

第 64 条

1. 专利以及获得专利的权利可以以全部或者共有的形式转让或者以其他方式转移。

2. 专利或者专利申请相关权利的转让或者其他转移可载入专利登记簿。载入应当缴纳行政命令规定的费用。

第 65 条

1. 当契约中包含专利权所有人将专利或者专利申请相关权利转让给受让人的声明，以及受让人接受该转让的声明时，专利或者专利申请相关权利的转让方可生效。

2. 任何涉及转让的保留都应当在契约中写明；当缺少任何该保留时，转让应视为不受任何限制。

3. 只有当将契约载入专利登记簿后，转让才能产生对抗第三人的效力。契约双方享有将其载入登记簿的同等权利。

4. 应适用荷兰民法典第 3 卷第 88 条。

第 66 条

1. 如果多人对专利享有共有权利，其共有关系应当受他们之间的共有协议约束。

2. 如果没有协议或者协议没有作出规定，任何专利共有人应有权实施第 53 条规定的行为，并可根据第 70 条至第 73 条的规定采取行动对抗未经授权的人实施的这些行为，或者第 73 条第 1 款和第 2 款所述行为，但是第 73 条第 2 款所述许可或者同意需要经过所有共有人的一致同意。

3. 涉及第 61 条所述费用的支付，专利的共有人应各自承担。

第 67 条

1. 专利的质押（参见荷兰民法典 Art.3：227）应当由契约

设立，且只有当其载入专利登记簿后方可具有对抗第三人的效力。

2. 质押人应当向专利局提交附有签名的声明用于登记，并选定在海牙的住所。如果未能采用此方法选定住所，应将专利局视为选定的住所。

3. 质押协议中关于登记之后授予的许可的规定应当自载入专利登记簿之日起生效以对抗第三人。关于登记前授予的许可的报酬的规定应当自向被许可人送达文书之日起生效。

4. 证明质权已不存在或者已终止效力的契约应当载入专利登记簿中。

第 68 条

1. 在扣押专利的情况下，扣押文书应当载入专利登记簿，且比照适用荷兰民事诉讼法有关不动产扣押的实施和管理的规定，前提是扣押文书中描述了专利从而代替对不动产的属性和位置的描述。

2. 在扣押文书登记后对专利的转让、质押和出售或者许可不能对抗扣押权人。

3. 在扣押已被登记的通知送达被许可人后，该扣押文书登记前未支付的许可费应当作为权利写入专利的扣押中。这些费用应当支付给以其名义送达文书的公证人，前提是被许可人接到通知被明确如此告知，且公证人受其对第三人的义务的约束。支付给公证人的费用根据第 69 条第 2 款的收益确定。应比照适用荷兰民事诉讼法的第 475i 条、第 476 条以及第 478 条的规定。

4. 在下述情况下，删除对扣押文书的登记：

a. 执行人员提交用于登记的书面声明中指出，正在放弃扣押权人指示的扣押，或者扣押已经终止；

b. 用于登记的法院判决中指出，撤销扣押或者扣押终止。

5. 对专利的扣押应相应比照荷兰民事诉讼法的第 504a 条、第 507a 条、第 538 条至第 540 条、第 726 条第 2 款以及第 727 条的规定。

第 69 条

1. 质押权人或者扣押权人为补救其权利销售专利的，应当在有资质的公证人到场的情况下公开进行。比照适用荷兰民事诉讼法第 508 条、第 509 条、第 513 条第 1 款、第 514 条第 2 款和第 3 款、第 515 条至第 519 条以及第 521 条至第 529 条的规定，但是这些规定中涉及质押和质押权人的条款改为专利质押和质押权人。

2. 对收益的分配应当比照适用荷兰民事诉讼法第 551 条至第 552 条的规定。

第四部分　专利权的保护

第 70 条

1. 专利权所有人可以行使其专利权以对抗任何未经其许可实施第 53 条第 1 款行为的人。

2. 如果专利权所有人未能在主张权利时或者在听证程序中附具由专利局或者欧洲专利局按照《欧洲专利公约》出具的、与专利主题相关的现有技术的检索报告，专利权所有人根据本法获得的权利将在其提起的法律诉讼中不被认可。

3. 只有当他人明知无权而实施侵权行为时，才能要求侵权赔偿。在任何情况下，如果在收到告知其行为侵犯专利权的文书30 日届满之后，行为人应被视为明知侵权。

4. 除要求侵权赔偿之外，专利权所有人可以要求被告交出从侵权中获得的所有利润，并给出这些利润的账目。如果法院决定，案情不适合作出此命令，法院可以判令被告支付赔偿金。

5. 专利权所有人可以以自身和被许可人或者质押权人名义，或者仅以被许可人或者质押权人的名义，要求赔偿损失或者交出利润，但专利权所有人无论以自身名义还是以共同名义，都不得损害后者参加专利权所有人提出的诉讼的权利，以对他们所受损害直接获得赔偿或者按比例分享被告交出的利润。如果获得专利权人的许可，仅可由被许可人和质押权人提出独立的诉讼，并被授权送达第 3 款所述文书。

6. 如果保护专利权的诉讼涉及新产品的制造方法，除非被告能够提供相反证据，否则认为该产品的制造采用了专利方法。在考虑产品是否是新的时候，第 4 条第 3 款和第 4 款的规定不予考虑。

第 71 条

1. 除第 4 款另有规定外，若有人在专利申请的登记日至该申请的授权日或者第 28 条所述分案申请的授权日之间实施了第 53 条第 1 款所述行为，专利权所有人可以要求其提供合理的补偿，只要专利权所有人就这些行为享有独占权。

2. 除第 4 款另有规定外，若有人在第 1 款所述专利授权日之后，就该款所述期限内投放市场的产品实施了该款所述行为，专利权所有人可以要求其提供合理的补偿。在专利授权日之后，若有人为经营目的使用了在第 1 款所述时间内为经营目的制造的第 53 条第 1 款 a 项或者 b 项所述产品，专利权所有人可以要求其提供类似的补偿。

3. 第 1 款和第 2 款所述补偿仅能针对对方收到通知之日起 30 日届满后实施的行为。通知的方式是提交写明该行为侵犯了专利申请的哪一部分，并告知按照本条属于专利权所有人的权利的文书。

4. 按照本条属于专利权所有人的权利不应扩展到按照第 55 条或者按照协议有权实施该行为的人的行为，也不应扩展到针对专利申请的登记日之前已投放市场的产品的行为，或者登记之后由申请人或者前述有权的人投放市场的产品的行为。

第 72 条

1. 除第 4 款另有规定外，若有人在被授权的专利申请的《欧洲专利公约》第 93 条所述公布之日到该公约第 97 条第 4 款所述该申请或者该公约第 76 条所述分案申请授权公告之日之间，实施了第 53 条第 1 款所述行为，则欧洲专利权的所有人可以要求其给予合理的补偿，只要专利权所有人已经获得独占权且该行为落入最后提交且公告的权利要求书中。

2. 除第 4 款另有规定外，若有人在第 1 款所述欧洲专利授权公告之后，就在该款所述期限内投放市场的产品实施了该款所述行为，欧洲专利权所有人可以要求其提供合理的补偿。若有人在第 1 款所述公告之后为经营目的使用了在第 1 款所述时间内为经营目的制造的第 53 条第 1 款 a 项或者 b 项所述产品，专利权所有人可以要求其提供类似的补偿。

3. 第 1 款和第 2 款所述补偿仅能针对对方收到通知之日起 30 日届满后实施的行为。通知的方式为提交写明按照本条属于专利权所有人的权利，并写明该行为侵犯了专利申请的哪一部分的文书。该文书应附有关于欧洲专利公约第 93 条所述欧洲专利申请公布中的权利要求书的荷兰语译文通知。如果该译文送交专利局的时间早于该文书的通知时间，并且译文已经载入专利登记簿，可以不提交该译文的通知，前提是该文书中告知载入专利登记簿的情况。

4. 按照本法属于专利权所有人的权利不应扩展到按照第 55 条或者按照协议有权实施该行为的人的行为，也不应扩展到针对专利申请按照《欧洲专利公约》第 93 条规定公布前已投放市场的产品的行为，或者针对公布之后由申请人或者前述有权的人投放市场的产品的行为。

5. 专利局应当尽快按照第 3 款载入专利登记簿。

6. 按照《共同体专利公约》第 32 条第 1 款所述要求支付合理补偿时，应比照适用第 3 款和第 5 款的规定。

第 73 条

1. 在荷兰或者荷属安地列斯群岛，如果是欧洲专利，在荷兰，如果有人为经营目的，就发明的实质性部分，向根据第 55 条至第 60 条有权实施专利发明的人以外的人提供或者发送有关产品，以在荷兰或者荷属安地列斯群岛（如果是欧洲专利，在荷兰）实施专利发明，则专利权所有人有权对该人主张专利权，前提是该人知道该产品适于且打算用于实施专利发明，或者根据情况这是显而易见的。

2. 如果提供或者传授是在专利权所有人同意的情况下发生，则不适用第 1 款的规定。如果提供或者发送的产品是可以在商业上普遍获得的，该款同样不适用，除非相关人员鼓动其销售产品的第三方实施第 53 条第 1 款所规定的行为。

3. 应当比照适用第 70 条第 5 款。

第 74 条

根据本法第 53 条至第 60 条以及第 64 条至第 73 条所产生的权利和义务，应当同样适用于荷兰或者荷属安地列斯群岛临近的大陆架部分，或者如果是欧洲专利，则适用于临近荷兰的本王国享有主权的部分，但仅限于与开发和利用自然资源相关的行为。

第五章　专利的无效和主张权属

第 75 条

1. 在下述情况下，专利应当被法院宣告无效：

a. 专利的授权不符合第 2 条至第 7 条的规定，或者如果涉及欧洲专利，不符合《欧洲专利公约》第 52 条至第 57 条的规定；

b. 专利说明书没有按照第 25 条第 2 款的规定对发明作出清楚、完整的、使本领域技术人员能够实现该发明的说明；

c. 基于分案申请、修改的申请或者按照欧洲专利公约第 61 条提交的新欧洲专利申请授予的专利的主题超出了原始专利申请的范围；

d. 专利授权后，扩展了保护的范围；

e. 根据本法第一章的规定，或者如果涉及欧洲专利，根据《欧洲专利公约》第 60 条第 1 款的规定，专利权所有人无权获得该专利。

2. 为第 1 款 a 项的目的，《欧洲专利公约》第 54 条第 3 款所述现有技术应当还包括那些在该款适用的欧洲专利申请的申请日之前提交，且在该日或者之后根据本法第 31 条载入专利登记簿的、本法规定的专利申请的内容。

3. 任何人均可根据第 1 款 a 项到 b 项的规定提起无效宣告程序，或者由有权获得专利的人根据第 1 款 e 项的规定提起。如果后者已经就相关发明获得了专利，无效宣告程序也可由被许可人或者质押权人提出。

4. 无效宣告请求应当自签署之日起 8 日内载入专利登记簿。如果未在规定时间内载入，请求人应当向那些在该期限届满和登记之前这段时间善意获得的权利受到无效宣告影响的任何人支付损害赔偿金。

5. 在专利被全部或者部分无效的情况下，专利的全部或者部分应当视为自始即不具备第 53 条、第 71 条、第 72 条和第 73 条所规定的效力。

6. 无效宣告的追溯力不应延伸至：

a. 在无效前已经作出并执行的，有关侵犯第 53 条规定的专利权所有人独占权的行为，或者针对第 71 条、第 72 条和第 73 条所述行为的判决（不包括临时措施）；

b. 无效前达成并执行的协议。但是，根据情况可以在合理的基础上，按照公平原则要求返还已支付的协议规定的金额。

7. 为第 6 款 b 项的目的，达成的协议应当包括以第 56 条第 2 款、第 59 条或者第 60 条所规定的其他方式设立的许可。

8. 在专利根据第 1 款 e 项规定被宣告无效的情况下，并且根据该款所述有权获得专利的人自己就相关发明获得了一项专利的，在无效请求载入登记簿之前就该无效专利善意获得的许可应被视为针对有效专利获得的许可。该专利权所有人应当有权按照第 56 条第 3 款的规定获得许可费。善意地提交专利申请的无效专利权的所有人，或者在无效宣告请求载入登记簿之前善意地从前任权利人获得专利的无效专利权的所有人，就有效专利，应当仍然享有以第 55 条所述方式实施发明的权利。

9. 无效程序的决定已经生效或者无效程序终止的，应最积极一方的请求，应当将该效力载入专利登记簿。

第 76 条

1. 如果请求宣告专利无效的人，没有在其请求中附具专利局作出的有关第 75 条第 1 款规定的无效理由是否可适用的咨询报告，根据第 75 条请求宣告根据本法授予的专利无效的请求不应当得到支持。

2. 第 80 条第 2 款所述地区法院的院长可以在简易审判程序中要求主张专利无效的人提交由专利局作出的有关第 75 条第 1 款规定的无效理是否可适用的咨询报告。

第 77 条

1. 按照本法授予的专利涉及授予同一发明人或者继受人的欧洲专利或者共同体专利的相同发明，并且相关专利申请的申请日或者优先权日相同，与欧洲专利或者共同体专利保护相同发明的专利应当于下述日期起在荷兰停止具有第 53 条、第 71 条和第 73 条所述的效力：

a. 对欧洲专利提交异议的期限届满之日，且没有提交异议；

b. 异议程序结束之日，且异议结果是维持欧洲专利；或者

c. 按照本法授予专利之日，如果该日期晚于 a 项或者 b 项（根据情况）所述日期。

2. 无论任何理由，欧洲专利或者共同体专利在更晚的日期届满，不应当影响前款规定的适用。

3. 第 1 款所述确认权利丧失的程序可由任何人启动。

4. 应当比照适用第 74 条第 4 款、第 8 款第一句以及第 9 款。

第 78 条

1. 任何根据第 11 条、第 12 条或者第 13 条，或者，如果是欧洲专利，根据《欧洲专利公约》第 60 条第 1 款，对专利享有权利或者共有权利的人，都可以起诉，要求获得专利的全部、部

分或者共有权利。

2. 主张权属的文书应当载入专利登记簿。

3. 善意提交专利申请或者在主张权属的文书登记之前善意从前任权利人手中获得专利的人，有权对抗新权利人，继续享有以第 55 条所述方式实施发明的权利。

4. 在登记日之前善意获得许可的人应当继续享有许可，对抗新专利权所有人；后者应当有权按照第 56 条第 3 款的规定对许可获得补偿。

5. 如果成功主张权属的人之前自己通过提交专利申请获得了权利，并且自专利授权之日起 3 个月内，或者如果涉及欧洲专利，按照欧洲专利公约第 97 条第 4 款欧洲专利授权公告之日起 3 个月内，主张权属的文书已经载入专利登记簿，则不应适用第 3 款和第 4 款的规定。

6. 只有在该权利的获得是善意的，且该质押的设立早于主张权属的文书登记日，由前任专利权所有人设立的质押才能对新专利权所有人有约束力。在涉及前述款项规定的情况下，不应对新权利人有约束力。

7. 自专利授权之日，或者如果涉及欧洲专利，自欧洲专利公约第 97 条第 4 款所述欧洲专利授权公告之日，两年期限届满的，第 1 款所述主张应当失效。该法定排除不应当适用于那些在获得专利时已知或者应知他自己或者转让给他专利的人无权获得专利。荷属安地列斯群岛的民法第 2006 不应适用于此限制。

8. 有关权属纠纷的决定已经生效或者程序终止，应最积极一方的请求，应当及时将该效力载入专利登记簿。

第 79 条

1. 实施第 53 条第 1 款所述行为之一而故意侵犯专利权的人，应当处以不超过 6 个月的羁押或者第四等级的罚金以示惩罚。

2. 从事前款所述职业或者商业犯罪行为的人，应当处以不超过 4 年的羁押或者第五等级的罚金以示惩罚。

3. 法院可以命令公布判决。

4. 任何被判决没收之物，专利权所有人可以要求将其移交给自己，前提是专利权所有人在判决生效1个月内向法院书记员作出报告。该移交是将该物品的所有权转移给专利权所有人。法院可以宣布不应移交或者只有专利权人向国家支付法院确定的补偿后才移交。

5. 本条款所述犯罪行为属于轻罪。在荷兰，该罪的第一审由海牙地方法院专属管辖。

第六章　涉及专利权的纠纷

第 80 条

1. 海牙地方法院对下述纠纷的一审享有专属管辖权：

a. 确认第 10 条、第 75 条、第 77 条以及第 78 条所述不具有法律因果关系、无效或者失效或者主张权属的诉讼；

b. 对欧洲专利申请主张权属的诉讼；

c. 请求给予第 58 条第 1 款所述专利许可的诉讼；

d. 请求给予第 58 条、第 59 条以及第 60 条所述补偿的诉讼。

2. 海牙地方法院以及该院院长在简易程序中，对荷兰下述纠纷的一审享有专属管辖权：

a. 第 70 条、第 71 条、第 72 条以及第 73 条所述诉讼；

b. 专利权所有人以外的人提起的要求确认其所实施的行为不侵犯专利权的诉讼。

第 81 条

任何人如果直接受到根据本法及相关规定作出的决定的影响，可以在决定作出 1 个月内向第 80 条所指的法院起诉。行政管辖法第 4 条第 4 款第二句和第三句应当适用。

法院可以撤销第 1 款所述决定，并在判决中确定撤销的法律后果。法院也可以裁定专利局或者部长应当根据判决作出、撤销或者修改一项决定，或者应当作为或者不行为。

第 82 条

授权代理人应当被允许在第 80 条和第 81 条的诉讼中代表当事人进行诉讼，而不影响律师的职责。

第 83 条

除了第 80 条和第 81 条的纠纷外，其他纠纷向根据一般司法管辖原则享有管辖权的法院起诉。

根据第 12 条第 6 款提起的诉讼应当被认为是雇佣合同诉讼，除非各方的法律关系不是根据该合同确定的。

当法院认为对某一争议事项的判决可能受根据第 10 条、第 75 条、第 77 条或者第 78 条已提起或者可能提起的诉讼影响时，法院可以暂时中止有关该争议的诉讼。当就该争议的判决可能受其他理由提起的诉讼影响时，法院也可以中止诉讼。

当涉及欧洲专利的争议时，如果已经根据欧洲专利公约第 99 条的规定向欧洲专利局发出异议通知，法院也可以中止诉讼。

第 84 条

任何人可以书面要求专利局就有关第 75 条第 1 款规定的无效理由对根据本法授予的专利是否适用出具咨询报告。

请求出具咨询报告的，该要求应当附有说明理由的、符合第 75 条第 1 款规定的反对授权的意见。

关于咨询报告费用的细则应当通过行政命令制定。

第 85 条

专利局应当给予第 84 条所述请求人解释其反对意见的机会。相关专利的所有人应当给予至少一次陈述意见的机会。

专利局有权指定请求人和专利权所有人陈述意见的期限。

第 84 条所指的咨询报告应当尽快作出，但不得晚于专利局获悉请求人和专利权所有人的意见后 2 个月内，或者在前款情形下，在指定期限届满后 2 个月内。

第 86 条

第 84 条所指的咨询报告应当包括对请求中提出的反对意见的说明理由的评价。

第 87 条

在有管辖权的法院为作出判决要求时，专利局有义务提供所有的信息和技术建议。

第 1 款所指的建议与民事诉讼法第 221 条所指的专家意见具有同等地位。

第 88 条

第 80 条所述的法院，是欧洲专利公约实施细则第 99 条所指的负责接收欧洲专利局协助调查信件并对其进行处理的中央机构。

第 89 条

法院关于专利案件的所有判决的副本，应当由作出该判决的法院的书记员在作出后 1 个月内免费发送专利局；涉及欧洲专利的，也应当发送给欧洲专利公约所指的欧洲专利局。

第七章　补充保护证书

第 90 条

为本章目的（除了第 98 条及其相关条款外）。

"条例"是指 1992 年 6 月 18 日《关于医药产品补充保护证书的理事会第 1768/92 号条例》；

"基础专利"是指条例第 1 条（c）所述专利；

"证书"指条例第 1 条（d）所述的补充保护证书。

第 91 条

请求授予证书的申请应当提交给专利局。

第 92 条

提交申请时，必须提交税金法令规定的数额已经支付给专利局的证明。

第 93 条

对请求授予证书的申请，比照使用本法第 24 条第 3 款、第 26 条及第 38 条第 1 款。

第 94 条

如果不符合条例第 8 条或者本法第 92 条及第 93 条的规定，专利局应当在收到申请之日起 1 个月内以书面形式通知申请人，并说明未满足的要求。比照适用第 30 条第 2 款。

第 95 条

为维持证书有效，应当在基础专利的法定期限届满前缴纳法令规定的年费。该费用应当最迟在法定期限届满之月的最后 1 天缴纳。比照适用本法第 61 条第 3 款和第 62 条。

第 96 条

条例第 9 条第 2 款、第 11 条和第 16 条规定的通知应当刊登在本法第 20 条所规定的出版物中。

专利局应当该专利的登记簿中记载条例第 9 条第 2 款、第 11 条和第 16 条规定的信息。

第 97 条

第 64 条至第 69 条应当比照适用于补充保护证书。

第 98 条

如果欧洲共同体理事会制定的条例以外的，涉及第 90 条所述补充保护证书的条例需要予以适当落实的，应当由行政命令公布。如果相关条例允许的，可以规定费用。

第八章　关于荷属安地列斯群岛的特别规定

第 99 条

荷属安地列斯群岛应当建立工业产权局，该局应当是国家的一个机构。

第 100 条

荷属安地列斯居民可以向上述工业产权局提交专利申请。

申请日应当为向工业产权局提交第 29 条第 1 款 a 项、b 项和 c 项规定的文件的日期。比照适用第 29 条第 2 款和第 3 款。

当工业产权局给出申请日后，应当将所有的申请文件尽快送往专利局，除非其认为申请不符合第 24 条和第 26 条的规定。

在第 3 款的情形下，工业产权局应当以书面形式将其认为的缺陷通知申请人，并要求申请人在指定的期限内予以补正。指定期限届满，无论该要求是否得到满足，该申请文件连同发给申请人的受理通知的副本应当及时送往专利局。

第九章　过渡条款和最终条款

第 101 条

王国专利法❶（1987 年 3 月修订）自皇家法令规定的本法生效时废止。

第 102 条

1.

a. 本法生效前提交的专利申请及其分案申请；

---

❶　称为 1987 年法。

b. 根据前述 a 项的申请授予的专利权；

c. 根据前述 b 项的专利权授予的许可。

适用 1987 年法的规定及按照该法制定的相关规定。

2.

a. 本法生效后提交的专利申请（除了第 1 款 a 项所指的分案申请外），

b. 根据前述 a 项的申请授予的专利权；

c. 根据前述 b 项的专利权授予的许可。

适用本法及按照本法制定的相关规定。

3. 本法不适用于在本法生效前向专利局提交的请求获得第 90 条所述证书的申请。

4. 第 95 条和第 97 条适用于根据本法生效前提出的申请授予的证书。

第 103 条

根据《欧洲专利公约》第 97 条第 4 款对欧洲专利的授权公告在本法生效前进行的，对该欧洲专利及其许可适用 1987 年法及按照该法制定的相关规定。

根据《欧洲专利公约》第 97 条第 4 款对欧洲专利的授权公告在本法生效后进行的，对该欧洲专利及其许可适用本法及按照本法制定的相关规定。

第 104 条

1987 年法第 17A 条作如下修改：

1. 第 1 款中的"如果申请人"修改为"如果申请人或者专利权所有人或者欧洲专利权所有人"。

2. 删掉第 2 款中"未按期缴纳的可以接受的缴费"。

3. 在第 3 款中"本王国"之后增加"或者如果涉及一项欧洲专利，在荷兰"，第 6 款中在"已授予"之后增加"或者已维持"。

第 105 条

1987 年法第 22K 条第 1 款应当理解为：如果第 22 J 条所指

的请求在 1995 年专利法生效后的一年内未提交，则该专利申请失效。

第 106 条

1987 年法第 29 Q 条废止。

第 107 条

在 1987 年法第 54 条第 2 款后插入以下内容为第 3 款：授权代理人在第 1 款和第 2 款所指的纠纷处理程序中可以代表当事人，而不影响律师的职责。原第 3 款变为第 4 款。

第 108 条

1. 就许可而言，减损本法第 102 条第 1 款 c 项的效力，本法第 57 条第 2 款到第 4 款以及第 58 条替代 1987 年法的第 34 条第 2 款至第 9 款。

2. 在本法生效前根据 1987 年法第 34 条第 5 款提出了授予许可的请求的，第 1 款不适用。

第 109 条

第 4 条所述现有技术，也包括本法生效前提交的专利申请的内容，只要该申请在第 4 条第 2 款所述之日或者之后，已经根据 1987 年法第 22C 条供公众查阅，或者虽然公众不能查阅但已经根据 1987 年法第 25 条公布。

第 110 条

如果本法规定的有关事项为正确实施需要进一步规定的，可以通过行政命令的方式进行。

第 111 条

本法的生效时间由皇家法令规定，不同条款或者章节可以不同。

第 112 条

本法应当被称为王国专利法并指明在官方公报上公布的年份。

第 113 条

本法在荷兰境内有约束力，但第七章仅在荷属安地列斯群岛有约束力。本法仅第 40 条到第 45 条、第 59 条、第 101 条、第 102 条第 1 款、第 105 条、第 108 条、第 111 条和第 114 条在阿鲁巴适用。在第 40 条到第 45 条适用于阿鲁巴时，专利局应为阿鲁巴知识产权局。

第 114 条

本法规定的一般性条例可因荷兰法律或者荷属安地列斯群岛和阿鲁巴的地方立法而终止。前述法律或者地方立法从公布的第三年起，具有荷兰法律或者荷属安地列斯群岛的地方立法的地位。前述规定不适用于第 40 条到第 45 条以及第 59 条的规定。

瑞士联邦发明专利法[1]

232.14

（专利法）[2]

1954 年 6 月 25 日（2009 年 7 月 1 日版）
《联邦法律汇编》1955 893

瑞士联邦议会

参照宪法第 64 条和第 64 条之 2[3],[4]

参照联邦委员会 1950 年 4 月 25 日公报[5]以及 1951 年 12 月 28 日补充公报[6]

决议如下：

---

[1] 根据瑞士联邦知识产权局（l'Institut Fédéral de la Propriété intellectuelle）官方网站（https：//www.ige.ch/fr.html 上提供的法文版翻译。翻译、校对：李小茵。

[2] 根据 1995 年 3 月 2 日专利法第一章的新增内容，自 1995 年 9 月 1 日起实施至今。（《联邦法律汇编》1995 2879 2887；《联邦公报》1993 III 666）

[3] 《联邦法律系统汇编》13。1999 年 4 月 18 日宪法第 122 条和第 123 条与当前之规定相一致（《联邦法律系统汇编》101）。

[4] 根据 2000 年 3 月 24 日附加法第 11 章的新增内容，自 2001 年 4 月 18 日起实施至今天（《联邦法律系统汇编》272）。

[5] 《联邦公报》1950 I 933。

[6] 《联邦公报》1952 I 1。

第一部分　总　则

第一章　获得专利权的条件及专利权的效力

A. 可以获得专利权的发明

I. 一般原则❶

第 1 条

（1）专利证书授予具有工业实用性的新发明。

（2）任何明显出自现有技术（第 7 条第（2）款）的发明不能取得专利权。❷

（3）国家对颁发的专利证书不予以担保。❸

II. 人体及其组成部分

第 1a 条❹

（1）人体构造及其发育的各个阶段，包括胚胎，不能被授予专利权。

---

❶　根据 2005 年 12 月 16 日关于批准欧洲专利条约修正稿及专利法修改法案的联邦决议第 2 条之新增内容，自 2007 年 12 月 13 日起实施至今（《联邦法律汇编》2007 6479 6483；《联邦公报》2005 3569）。

❷　根据 2005 年 12 月 16 日关于批准欧洲专利条约修正稿及专利法修改法案的联邦决议第 2 条的新增内容，自 2007 年 12 月 13 日起实施至今（《联邦法律汇编》2007 6479 6483；《瑞士联邦公报》2005 3569）。

❸　根据 1976 年 12 月 17 日联邦法第 I 章的新增内容，自 1978 年 1 月 1 日起实施至今（《联邦法律汇编》1977 1997 2026；《联邦公报》1976 II 1）。

❹　纳入 1976 年 12 月 17 日联邦法第 I 章（《联邦法律汇编》1977 1997；《联邦公报》1976 II 1）。根据 2007 年 6 月 22 日联邦法第 I 章的新增内容，自 2008 年 7 月 1 日起实施至今（《联邦法律汇编》2008 2551 2567；《联邦公报》2006 1）。

（2）人体自然状态下的各个组成部分不能被授予专利权。但是当构成人体的某一组成部分通过技术手段制备，如明显具有由其技术属性带来的有益效果且符合第 1 条规定的其他条件，则该组成部分构成可授予专利权的发明；但第 2 条另有规定的除外。

III. 基因序列

第 1b 条 ❶

（1）存在于自然状态下的基因序列或者基因序列片断本身不能被授予专利权。

（2）当存在于自然状态下的基因序列或者基因序列片断的衍生序列由技术手段制备、其功能被确切描述且符合第 1 条规定的其他条件，则其构成可授予专利权的发明；但第 2 条另有规定的除外。

B. 专利性的排除

第 2 条 ❷

（1）发明的实施可能有损人类生命尊严或者生命体完整性的，或者可能以其他方式违背公共秩序和社会道德的，不能被授予专利权。尤其以下任一情况均不能获得专利权：

a. 克隆人体的方法以及由此得到的克隆体；

b. 使用人类配子、人类全能细胞或者人类胚胎干细胞培育混合体的方法，以及由此获得的混合体；

c. 使用人类基因材料的单性生殖方法，以及由此获得的单性生殖体；

d. 改变人类胚胎基因的方法，以及由此获得的胚胎细胞；

e. 获取未改变的人类胚胎干细胞和人类胚胎干细胞系；

f. 人类胚胎非医疗目的使用；

---

❶ 纳入 2007 年 6 月 22 日联邦法第 I 章，自 2008 年 7 月 1 日起实施至今（《联邦法律汇编》2008 2551 2567；《联邦公报》2006 1）。

❷ 根据 2007 年 6 月 22 日联邦法第 I 章的新增内容，自 2008 年 7 月 1 日起实施至今（《联邦法律汇编》2008 2551 2567；《联邦公报》2006 1）。

g. 改变野生动物基因并给其带来痛苦的方法，以及由此获得的动物，除非能证明其具有应受到保护的重大利益。

（2）不能被授予专利权的还有：

a. 用于人体或者动物体的外科手术、疾病治疗方法及疾病诊断方法；

b. 动植物新品种，以及培育动植物新品种的主要是生物学的方法；但是微生物处理法或者其他技术手段，以及由此获得的产品和与动植物相关的发明但其技术可行性不限于动物或者植物新品种的，可以被授予专利权；但第（1）款另有规定的除外。

C. 获得专利的权利

第 3 条

I. 一般原则

（1）专利权属于发明人、其权利继承人以及以其他名义拥有发明的第三人。

（2）如一项发明由几个发明人共同完成，则该权利由这几个发明人共同拥有。

（3）当几个发明人分别独立完成同一发明时，获得专利的权利属于最先提交申请的人或者优先权日早于他人的人。

II. 审查程序

第 4 条　在联邦知识产权局❶的审查程序中，提交专利申请的人被视为享有获得专利的权利的人。

D. 发明人的名义

I. 发明人的权利

第 5 条

（1）申请人应当以书面形式向联邦知识产权局写明发明人的

---

❶　根据 2007 年 6 月 22 日联邦法第 I 章的新增内容，自 2008 年 7 月 1 日起实施至今（《联邦法律汇编》2008 2551 2567；《联邦公报》2006 1）。

姓名。❶

(2) 申请人提出的发明人将记载入专利登记簿、专利申请公告、专利证书以及专利公报中。❷

(3) 当第三人能提出有执行力的判决认定其为发明人而非申请人写明的人时，第（2）款对其相应适用。

II. 放弃署名

第 6 条

(1) 如申请人所提出的发明人放弃第 5 条第（2）款中规定的予以记载的权利，则不予以记载。

(2) 发明人预先作出的放弃登记为发明人的声明不具备法律效力。

E. 发明的新颖性

I. 现有技术

第 7 条 ❸

(1) 不属于现有技术的发明视为具有新颖性的发明。

(2) 现有技术由所有在申请日或者优先权日之前已通过书面或者口头、使用或者其他方式公之于众的事物构成。

(3) 就新颖性而言，现有技术还包括在瑞士有效的，原始提交的在先申请或者基于更早优先权的申请的内容，其中申请日或者优先权日应早于第（2）款规定的日期，且在此日期前尚未为公众所知或者在此日期后的下述情况：

---

❶ 根据 1976 年 12 月 17 日联邦法第 I 章的新增内容，自 1978 年 1 月 1 日起实施至今（《联邦法律汇编》1977 1997 2026；《联邦公报》1976 II 1)。

❷ 根据 2007 年 6 月 22 日联邦法第 I 章的新增内容，自 2008 年 7 月 1 日起实施至今（《联邦法律汇编》2008 2551 2567；《联邦公报》2006)。

❸ 根据 1976 年 12 月 17 日联邦法第 I 章的新增内容，自 1978 年 1 月 1 日起实施至今（《联邦法律汇编》1977 1997 2026；《联邦公报》1976 II 1)。

a. 满足第 138 条规定之条件的国际申请；

b. 满足 1973 年 10 月 5 日《欧洲专利公约》的 2000 年 11 月 29 日修订版❶第 153 条第（5）款所规定之条件的指定欧洲的国际申请；

c. 1973 年 10 月 5 日《欧洲专利公约》的 2000 年 11 月 29 日修正版的第 79 条第（2）款所规定之税费已交纳的有效指定瑞士的欧洲专利❷。

II. ⋯⋯

第 7a 条❸

III. 不视为泄露发明内容的情形

第 7b 条❹ 当一项发明在其申请日或者优先权日前 6 个月期间已提供给公众时，

由下列原因直接或者间接造成泄露的发明内容不包含在现有技术的范围内：

a. 与申请人或者其之前的权利人的明显滥用有关时；

b. 申请人或者之前的权利人在由瑞士官方主办的或者符合 1928 年 11 月 22 日国际展览会公约规定范围的被承认的国际展览会❺上展出的发明，当申请人在提交申请时作出声明并在规定期限内提供充分证明材料时。

---

❶ 《联邦法律系统汇编》0.232.142.2.

❷ 纳入 2007 年 6 月 22 日联邦法第 I 章，自 2008 年 7 月 1 日起实施至今（《联邦法律汇编》2008 2551 2567；《联邦公报》2006 1）。

❸ 纳入 1976 年 12 月 17 日联邦法第 I 章（《联邦法律汇编》1977 2026；《联邦公报》1976 II 1）。2007 年 6 月 22 日联邦法第 I 章中将其废除，自 2008 年 7 月 1 日起生效（《联邦法律汇编》2008 2551 2567；《联邦公报》2006 1）。

❹ 纳入 1976 年 12 月 17 日联邦法第 I 章，自 1978 年 1 月 1 日起实施至今（《联邦法律汇编》1977 1997 2026；《联邦公报》1976 II 1）。

❺ 《联邦法律系统汇编》0.945.11.

IV. 已知物质的新用途

　　a. 首要适应症

　　第 7c 条❶　物质或者化合物本身属于现有技术范畴，但其用作第 2 条第（2）款 a 项❷所规定的外科手术、疾病治疗方法或者疾病诊断方法且不属于前述条款范围的，当其仅作为这一用途使用时可视为新颖的。

　　b. 后期适应症

　　第 7d 条❸　物质或者化合物本身属于现有技术范畴，但其用作与第 7c 条规定的首要适应症相关的专门用途用作第 2 条第（2）款 a 项❹所规定的外科手术、疾病治疗方法或者疾病诊断方法且不属于前述条款范围的，当其仅用作用于外科手术、疾病治疗或者诊断目的的产品的制造时可视为新颖的。

　　F. 专利权的效力

　　I. 独占权

　　第 8 条❺

　　（1）专利权赋予其权利持有人以禁止他人在业务上使用其发明的权利。

---

　　❶　纳入 1976 年 12 月 17 日联邦法第 I 章（《联邦法律汇编》（《联邦法律汇编》1977 1997；《联邦公报》1976 II 1）。根据 2007 年 6 月 22 日联邦法第 I 章的新增内容，自 2008 年 7 月 1 日起实施至今。

　　❷　由联邦议会编委会修订（议会法第 58 条第（1）款见《联邦法律系统汇编》171.10）。

　　❸　纳入 2005 年 12 月 16 日关于批准欧洲专利条约修正稿及专利法修改法案的联邦决议第 2 条第（《联邦法律汇编》2007 6479；《联邦公报》2005 3569）。根据 2007 年 6 月 22 日联邦法第 I 章的新增内容，自 2008 年 7 月 1 日起实施至今（《联邦法律汇编》2008 2551 2567；《联邦公报》2006 1）。

　　❹　由联邦议会编委会修订（议会法第 58 条第（1）款见《联邦法律系统汇编》171.10）

　　❺　根据 2007 年 6 月 22 日联邦法第 I 章的新增内容，自 2008 年 7 月 1 日起实施至今（《联邦法律汇编》2008 2551 2567；《联邦公报》2006 1）。

（2）"使用"包括尤其是制造、储存、提供给他人、流通以及进口、出口、转口和出于上述目的的持有。

（3）只有在专利权人能够禁止在目的国的进口时才能禁止转口。

II. 制造方法

第 8a 条 ❶

（1）如发明涉及一种制造方法，则专利权的效力延及依照该方法直接获得的产品；

（2）如该方法直接获得的产品涉及一种生物材料，则专利权的效力延及由这种生物材料所繁殖且具有相同属性的产品。

III. 基因信息

第 8b 条 ❷

如发明涉及一种基因信息或者包含有基因信息的产品，则专利权的效力延及由该基因信息组成的以及包含有该基因信息且该基因发挥作用的所有生物材料；但第 1a 条第（1）款另有规定的除外。

IV. 核苷酸序列

第 8c 条 ❸

权利要求对涉及自然状态下的基因序列或者部分基因序列的核苷酸序列的保护，仅限于起到专利说明书中确切描述之功能的核苷酸序列的片断。

---

❶ 纳入 2007 年 6 月 22 日联邦法第 I 章，自 2008 年 7 月 1 日起实施至今（《联邦法律汇编》2008 2551 2567；《联邦公报》2006 1）。

❷ 纳入 2007 年 6 月 22 日联邦法第 I 章，自 2008 年 7 月 1 日起实施至今（《联邦法律汇编》2008 2551 2567；《联邦公报》2006 1）。

❸ 纳入 2007 年 6 月 22 日联邦法第 I 章，自 2008 年 7 月 1 日起实施至今（《联邦法律汇编》2008 2551 2567；《联邦公报》2006 1）。

G. 专利权效力的排除

第 9 条❶

（1）专利权的效力不延及至下列情况：

a. 出于非商业目的之私人范围的行为；

b. 出于实验及研究目的，用以获取与发明内容相关之知识的行为，包括潜在用途，尤其是与发明内容相关的科学研究均在不被延及的范畴；

c. 为了获取在瑞士或者其他具有相应药品审查制度的国家进行某种药品销售的许可证而采取的必要行为；

d. 教学机构中出于教学目的的使用发明；

e. 出于选择、发掘和培育植物新品种的目的而使用某种生物材料；

f. 农业领域中出于偶然或者在技术上不可避免地获得某种生物材料。

（2）任何限制或者取消第（1）款中所规定之例外情形的协议均无效。

II. 特殊规定

第 9a 条❷ 涉及同时受到专利权和其他知识产权保护的商品，如果对该商品的功能性特征而言，专利权保护弱于其他权利保护时，在瑞士流通该商品可以不取得专利权人的同意。

第 10 条❸

---

❶ 根据 2007 年 6 月 22 日联邦法第 I 章的新增内容，自 2008 年 7 月 1 日起实施至今（《联邦法律汇编》2008 2551 2567；《联邦公报》2006 1）。

❷ 纳入 2007 年 6 月 22 日联邦法第 I 章，自 2008 年 7 月 1 日起实施至今（《联邦法律汇编》2008 2551 2567；《联邦公报》2006 1）。

❸ 1976 年 12 月 17 日联邦法第 I 章将其废除（《联邦法律汇编》1977 1997；《联邦公报》1976 II 1）。

H. 专利标识

I. 专利标识

第 11 条

（1）受到专利保护的产品或者该产品的包装上可以印上专利标识，该标识由联邦十字徽标和专利编号构成。联邦委员会可以规定增补标志。❶

（2）专利权人可以要求任何有权使用其发明者，包括已先行使用者或者依照许可证者，在其制成品或者其制成品的包装上印上专利标识。

（3）如上述使用者未遵从专利权人的要求，其将承担由此对专利权人造成的损失，并且不影响专利权人要求其印上专利标识的权利。

II. 其他事项

第 12 条

（1）流通或者销售指明其受专利保护的任何种类的商业票据、广告、产品或者商品的，如有第三人要求知悉其所指之专利号或者专利申请号，应即行告知。

（2）指控第三人侵犯其权利或者要避免第三人损害其权利的，应当在被要求时提供上述信息。

I. 居所在国外的情形

第 13 条 ❷

（1）在瑞士无居所者应当指定一名在瑞士有营业场所的代理人，代表其在行政机构和法庭上为其代理本法律所规定的程序和手续。下述情况无需代理：

a. 为了确定申请日提交专利申请；

---

❶ 根据 1976 年 12 月 17 日联邦法第 I 章的新增内容，自 1978 年 1 月 1 日起实施至今（《联邦法律汇编》1977 1997 2026；《联邦公报》1976 II 1）。

❷ 根据 1976 年 12 月 17 日联邦法第 I 章的新增内容，自 1978 年 1 月 1 日起实施至今（《联邦法律汇编》1977 1997 2026；《联邦公报》1976 II 1）。

b. 缴费、提交翻译文件、专利授权后的诉讼请求和处理以及其他无须发出通知书的请求。❶

（2）关于律师执业另有规定的除外。

J. 专利的期限

I. 最长期限

第 14 条

（1）专利的最长期限为 20 年，自提出申请之日起算。❷

（2）……❸

II. 提前失效

第 15 条

（1）有下列情况之一者专利权失效：

a. 专利权人以书面形式向联邦知识产权局声明放弃的；

b. 未在规定期限内缴纳年费的。❹

（2）……❺

K. 保留

第 16 条❻　具有瑞士国籍的专利申请人和专利权人关于对

---

❶　根据 2007 年 6 月 22 日联邦决议第 2 条的新增内容，自 2008 年 7 月 1 日起实施至今（《联邦法律汇编》2008 2677 2679；《联邦公报》2006 1）。

❷　根据 1976 年 12 月 17 日联邦法第 I 章的新增内容，自 1978 年 1 月 1 日起实施至今（《联邦法律汇编》1977 1997 2026；《联邦公报》1976 II 1）。

❸　1976 年联邦法第 I 章将其废除（联邦法 1977 1997；《联邦公报》1976 II 1）。

❹　根据 1976 年 12 月 17 日联邦法第 I 章的新增内容，自 2008 年 7 月 1 日起实施至今（《联邦法律汇编》2008 2677 2679；《联邦公报》2006 1）。

❺　1976 年联邦法第 I 章将其废除（联邦法 1977 1997；《联邦公报》1976 II 1）。

❻　根据 1976 年 12 月 17 日联邦法第 I 章的新增内容，自 1978 年 1 月 1 日起实施至今（《联邦法律汇编》1977 1997 2026；《联邦公报》1976 II 1）。

瑞士有效的 1883 年 3 月 20 日保护工业产权巴黎公约❶中较本法更为有利的规定，可以以该公约的规定为依据。

第二章　优先权

A. 优先权的条件和效力❷

第 17 条

（1）当一项发明成为专利权、实用新型或者发明人证书的正规申请的主题时，而且该申请在瑞士以外的 1883 年 3 月 20 日《保护工业产权巴黎公约》❸ 或者 1994 年 4 月 15 日与贸易有关的知识产权协议（建立世界贸易组织协定的附件 1C❹ 缔约国之一提交或者产生效力时，产生《巴黎公约》第 4 条规定的优先权。自首次申请提交之日起的 12 个月内，对相同发明可以在瑞士要求该优先权。❺

（1）之一　在给予瑞士对等待遇的国家内提出的首次申请与在《巴黎公约》缔约国之一提出的首次申请具有同等效力。❻

（1）之二　除非有与本律法规相悖的规定，1883 年 3 月 20 日《巴黎公约》第 1 条和第 4 条对在瑞士提交的首次申请相应

---

❶　《联邦法律系统汇编》0.232.01/.04。

❷　根据 1976 年 12 月 17 日联邦法第Ⅰ章的新增内容，自 1978 年 1 月 1 日起实施至今（《联邦法律汇编》1977 1997 2026；《联邦公报》1976 Ⅱ 1）。

❸　《联邦法律系统汇编》0.232.01/.04。

❹　《联邦法律系统汇编》0.632.20。

❺　根据 2005 年 12 月 16 日关于批准欧洲专利条约修正稿及专利法修改法案的联邦决议第 2 款之新增内容，自 2007 年 12 月 13 日起实施至今（《联邦法律汇编》2007 6479 6483；《联邦公报》2005 3569）。

❻　纳入 1976 年 12 月 17 日联邦法第Ⅰ章，自 1978 年 1 月 1 日起实施至今（《联邦法律汇编》1977 1997 2026；《联邦公报》1976 Ⅱ 1）。

适用❶。

（2）优先权的效力是自首次申请之后所发生的事实不能同申请对抗。

（3）……❷

B. 要求优先权的资格❸

第 18 条

（1）……❹

（2）对同一发明在瑞士提出专利申请的第一位申请人或者得到其权利的，可以要求优先权❺。

（3）如首次申请、在瑞士提交的在后申请或者在瑞士提交的首次申请由无权获得专利的人提出，则该项权利的合法所有人可以要求该首次申请的优先权❻。

C. 格式

第 19 条❼

（1）任何一个要求获得优先权的人应向瑞士知识产权局提交声明和优先权文件。

---

❶　纳入 1995 年 2 月 3 日联邦法第 I 章，自 1995 年 9 月 1 日起实施至今（《联邦法律汇编》1995 2879 2887；《联邦公报》1993 III 666）。

❷　1976 年联邦法第 I 章将其废除（联邦法 1977 1997；《联邦公报》1976 II 1）。

❸　纳入 1976 年 12 月 17 日联邦法第 I 章，自 1978 年 1 月 1 日起实施至今（《联邦法律汇编》1977 1997 2026；《联邦公报》1976 II 1）。

❹　1976 年联邦法第 I 章将其废除（联邦法 1977 1997；《联邦公报》1976 II 1）。

❺　根据 1976 年 12 月 17 日联邦法第 I 章的新增内容，自 1978 年 1 月 1 日起实施至今（《联邦法律汇编》1977 1997 2026；《联邦公报》1976 II 1）。

❻　根据 1976 年 12 月 17 日联邦法第 I 章的新增内容，自 1978 年 1 月 1 日起实施至今（《联邦法律汇编》1977 1997 2026；《联邦公报》1976 II 1）。

❼　根据 1976 年 12 月 17 日联邦法第 I 章的新增内容，自 1978 年 1 月 1 日起实施至今（《联邦法律汇编》1977 1997 2026；《联邦公报》1976 II 1）。

（2）如未遵守条例关于优先权所规定的期限和程序，则优先权失效。

D. 法律诉讼中的举证责任

第 20 条

（1）在专利授权程序中承认优先权要求并不意味在法律诉讼时专利权人不必证明该项权利的存在。

（2）被要求作为优先权基础的申请被视为首次申请（第 17 条第（1）款及第（1）款之一）。❶

E. 禁止重复保护

第 20a 条 ❷　发明人或者其权利继受人就同一发明获得具有相同申请日或相同优先权日的两项有效专利，如这两项专利所保护的范围相同，则在先申请的专利权效力中止。

第 21 条至第 23 条 ❸

第三章　专利权范围的变化

A. 部分放弃

I. 条件

第 24 条 ❹

（1）专利权人可以向联邦知识产权局要求部分放弃其专利权，即：

---

❶　根据 1976 年 12 月 17 日联邦法第 I 章的新增内容，自 1978 年 1 月 1 日起实施至今（《联邦法律汇编》1977 1997 2026；《联邦公报》1976 II 1）。

❷　纳入 1995 年 2 月 3 日联邦法第 I 章，自 1995 年 9 月 1 日起实施至今（《联邦法律汇编》1995 2879 2887；《联邦公报》1993 III 666）。

❸　1976 年联邦法第 I 章将其废除（《联邦法》1977 1997；《联邦公报》1976 II 1）。

❹　根据 1976 年 12 月 17 日联邦法第 I 章的新增内容，自 1978 年 1 月 1 日起实施至今（《联邦法律汇编》1977 1997 2026；《联邦公报》1976 II 1）。

a. 删除一项权利要求（第 51 条和第 55 条）；

b. 通过增加一项或者多项从属权利要求限制一项独立权利要求；

c. 用其他方式对独立权利要求加以限制，这种情况下，被限制的权利要求应当涉及同一发明并且规定一种实施方式，该实施方式必须记载在确定申请日的专利申请文本并将公告在专利公报上。

（2）……❶

II. 新专利权的构成

第 25 条❷

（1）如部分放弃专利权后，在同一专利存在不符合第 52 条和第 55 条规定的权利要求，则专利权应当被进一步限定。

（2）对删除的权利要求，专利权人可以申请一个或者多个新专利并享有原专利的申请日。

（3）一旦部分放弃记载在专利登记簿中，联邦知识产权局将指定一个期限，专利权人可以在指定期限内根据第（2）款申请新的专利；超过这一期限，则不再接受有关申请。

B. 宣告无效

I. 无效的理由

第 26 条

（1）下列情况下，法庭根据请求宣告一项专利权无效：

a. 当专利申请涉及第 1 条、第 1a 条、第 1b 条和第 2 条所规定的不应当被授予专利权的对象时；

b. 当发明没有在专利公报中充分公开，以致所属领域技术

---

❶ 2005 年 12 月 16 日关于批准欧洲专利条约修正稿及专利法修改法案的联邦决议第 2 条将其废除，自 2007 年 12 月 13 日起实施至今（《联邦法律汇编》2007 6479 6483；《联邦公报》2005 3569）。

❷ 根据 1976 年 12 月 17 日联邦法第 I 章的新增内容，自 1978 年 1 月 1 日起实施至今（《联邦法律汇编》1977 1997 2026；《联邦公报》1976 II 1）。

人员无法实施时；

c. 当专利要保护的对象超出确定申请日的专利申请文本内容的范围时；

d. 当专利权人既非发明人又非发明人的权利继受人，并且无权以其他名义获得该专利权时。❶

（2）当依据优先权颁发了专利权，而要求优先权所依据的专利申请未获得授权时，法官可以要求专利权人说明原因并提供证明；如专利权人拒不执行，则法庭有充分自由对这种拒绝作出判断。❷

II. 部分无效

第 27 条

（1）当被授予专利权的发明仅有一部分被证明无效时，法官应对其专利权加以限制。

（2）法官应向有关当事人提供听取所建议的新权利要求内容的机会；法官还可以要求联邦知识产权局提供意见。

（2）第 25 条相应适用。

III. 进行诉讼的资格

第 28 条❸ 任何证明其利益者均可提出宣告无效的诉讼，但只有权利继受人有权根据第 26 条第（1）款 d 项的规定采取行为。

C. 专利权范围变化的效力

第 28a 条❹ 专利权人放弃其证书或者法官根据请求宣告专

---

❶ 根据 2007 年 6 月 22 日联邦决议第 2 条的新增内容，自 2008 年 7 月 1 日起实施至今（《联邦法律汇编》2008 2551 2567；《联邦公报》2006 1）。

❷ 根据 1976 年 12 月 17 日联邦法第 I 章的新增内容，自 1978 年 1 月 1 日起实施至今（《联邦法律汇编》1977 1997 2026；《联邦公报》1976 II 1）。

❸ 根据 2007 年 6 月 22 日联邦决议第 2 条的新增内容，自 2008 年 7 月 1 日起实施至今（《联邦法律汇编》2008 2551 2567；《联邦公报》2006 1）。

❹ 2005 年 12 月 16 日关于批准欧洲专利条约修正稿及专利法修改法案的联邦决议第 2 条将其废除，自 2007 年 12 月 13 日起实施至今（《联邦法律汇编》2007 6479 6483；《联邦公报》2005 3569）。

利无效时，则该专利权视为自始不产生效力。

第四章　获得专利的权利和专利权
的变更；许可证的颁发

A.　让与行为

I. 对第三方采取行为的条件和效力

第 29 条

（1）当专利申请由第 3 条规定的无资格获得专利权的人提出时，该专利权的合法权利人可以要求得到该专利申请的让与；已经授予专利权的，则可以要求得到该专利权的让与或者提出对该专利权的无效诉讼。

（2）……❶

（3）如法官下令让与，则此前授予第三方的相应许可证和其他权利作废；然而当该第三方已在瑞士善意地在其业务上应用该发明，或者已为此做了专门的准备工作，则其仍可以合法拥有已取得的许可证，但该许可为非独占性的。❷

（4）任何要求赔偿的请求均予以保留。

（5）第 40e 条相应适用。❸

II. 部分让与

第 30 条

（1）如原告不能证明其对全部权利要求的权利时，法庭应对

---

❶　1976 年 12 月 17 日联邦法第 I 章将其废除（《联邦法》1977 1997；《联邦公报》1976 II 1）。

❷　根据 2001 年 10 月 5 日设计法第 II 章第 4 节的新增内容，自 2002 年 7 月 1 日起实施至今（《联邦法律系统汇编》232.12）。

❸　纳入 1994 年 12 月 16 日联邦法第 I 章（《联邦法律汇编》1995 2606；《联邦公报》1994 IV 995）。根据 2007 年 6 月 22 日联邦法第 I 章的新增内容，自 2008 年 7 月 1 日起实施至今（《联邦法律汇编》2008 2551 2567；《联邦公报》2006 1）。

专利申请或者专利作出让与的决定，并删除原告不能证明其权利的那些权利要求。❶

（2）上述情况下，第 25 条相应适用。

III. 申诉的时限

第 31 条

（1）要求让与的程序必须在自专利说明书正式公布之日起两年内提出。❷

（2）对不诚信的被告采取的法律行动不受任何期限的限制。

B. 专利权的征用

第 32 条

（1）基于公共利益需要时，联邦委员会可以完全或者部分征用专利权。

（2）专利权被征用者有权取得完全、充分的赔偿，赔偿的数额有争议时由联邦法院决定；1930 年 6 月 20 日关于"征用"❸的联邦法第 II 章相应适用。

C. 获得专利的权利和专利权的转让

第 33 条

（1）获得专利的权利和专利权可以转让给其继承人；这些权利可以全部或者部分转让给第三方。

（2）当上述权利为多人共同所有时，各个所有人仅在其得到其他所有人同意时才能行使这些权利；但任何一人可以独立拥有其共有权利的平分额，并有权对侵犯其专利权的行为采取行动。

（2）之二　通过法律诉讼取得专利申请和专利权的转让只有

---

❶　根据 1976 年 12 月 17 日联邦法第 I 章的新增内容，自 1978 年 1 月 1 日起实施至今（《联邦法律汇编》1977 1997 2026；《联邦公报》1976 II 1）。

❷　根据《专利公报》采用的新的专门用语。

❸　《联邦法律系统汇编》711。

在出具书面证明时才能生效。❶

（3）专利权的转让可以不在专利登记簿上进行登记；但在未进行登记的情况下，依据本法采取的行为将指向原专利权人。

（4）未记载于专利登记簿中的第三方的权利不能对抗善意得到相关专利权者。

B. 发给许可证
第 34 条

（1）专利申请人或者专利权人可以给予第三方使用其发明的权利（发给许可证）。

（2）当一项专利申请或者专利为多个人所共有，未经全体共有人同意，不能发出许可证。

（3）未记载于专利登记簿中的许可证不能对抗善意得到相关专利权者。

第五章　对于专利权的法律限制

A. 基于在先使用的第三方的权利；外国运载工具
第 35 条

（1）一项专利权不能对抗在该专利申请日或者优先日前已在瑞士善意地在业务上使用该发明者或者已为此目的做了专门准备者。❷

（2）上述人员可将发明用于企业需求，但该项权利只能随同企业的转授或者继承而转让。

（3）专利权的效力不延及仅在瑞士暂时性停留的交通工具或者用于这些交通工具的设备。

---

❶　纳入 1976 年 12 月 17 日联邦法第 I 章，自 1978 年 1 月 1 日起实施至今（《联邦法律汇编》1977 1997 2026；《联邦公报》1976 II 1）。

❷　据 1976 年 12 月 17 日联邦法第 I 章的新增内容，自 1978 年 1 月 1 日起实施至今（《联邦法律汇编》1977 1997 2026；《联邦公报》1976 II 1）。

A 之二　农民的特权

I. 一般原则

第 35a 条 ❶

（1）已获取植物繁殖材料的农民，如果该繁殖材料的获得是由于专利权人投入流通领域或者得到其许可，则农民可以在其垦植中对该繁殖材料收获物的产品进行繁育。

（2）已获取动物品种或者动物繁殖材料的农民，如果该动物品种或者动物繁殖材料的获得是由于专利权人投入流通领域或者得到其许可，则农民可以在其养殖过程中对该动物品种或者该动物繁殖材料收获物的产品进行繁育。

（3）农民应当取得专利权人的同意方能将动物品种或者动物繁殖材料的收获物产品让与以再生产为目的的第三人。

（4）任何限制或者取消农民在粮食领域及动物食品领域特权的协议均无效力。

II. 范围及赔偿

第 35b 条 ❷　由联邦委员会决定适用农民特权的植物种类，尤其考虑其作为原材料在粮食领域及动物食品领域的重要性。

B. 对从属发明的保护

I. 从属发明 ❸

第 36 条 ❹

---

❶　纳入 2007 年 10 月 5 日联邦决议第 2 章第 2 款，自 2008 年 9 月 1 日起实施至今（《联邦法律汇编》2008 3897 3908；《联邦公报》2004 3929）。

❷　纳入 2007 年 10 月 5 日联邦决议第 2 章第 2 款，自 2008 年 9 月 1 日起实施至今（《联邦法律汇编》2008 3897 3908；《联邦公报》2004 3929）。

❸　根据 2007 年 10 月 5 日联邦决议第 2 章第 2 条的新增内容，自 2008 年 9 月 1 日起实施至今（《联邦法律汇编》2008 3897 3908；《联邦公报》2004 3929）。

❹　根据 1994 年 12 月 16 日联邦法第 I 章的新增内容，自 1995 年 7 月 1 日起实施至今（《联邦法律汇编》1995 2606 2609；《联邦公报》1994 IV 995）。

（1）如果一项发明不侵犯在先的专利权就无法使用，当其相对于在先专利的客体显示出具有重大经济意义的显著技术进步时，新的专利权人有权得到在开发其发明的范围内所必需的非独占性许可证。

（2）使用在先专利所保护之发明的许可证只能与在后专利共同被转让。

（3）在先专利的专利权人可以向在后专利的专利权人发出许可证，条件是在后专利的专利权人同意向其发放使用其发明的许可证。

第 36a 条 ❶

（1）一项植物新品种保护证书不侵犯一项在先专利就无法获得或者使用时，该保护证书的获得者或者持有人有权取得非独占性许可证，条件是该植物新品种相对于专利所保护的发明具有重大经济意义和显著进步。当该植物新品种准备用于农业和食品业时，1998 年 12 月 7 日关于种子的条例❷的各项标准应予以考虑。

（2）专利权人可以向保护证书持有人发出许可证，条件是后者同意向其发放使用其权利的许可证。

C. 在瑞士实施发明

I. 发给许可证的行为

第 37 条

（1）一项专利授权满 3 年且至早在该专利申请提出 4 年后，任何可以说明其有合理权益者均可向法院要求得到使用该发明的非独占性许可证，条件是至提出该项法律行为时为止，该专利权人瑞士未充分实施其发明，并且无法说明其不实施或者未充分实

---

❶ 纳入 2007 年 10 月 5 日联邦决议第 2 章第 2 款，自 2008 年 9 月 1 日起实施至今（《联邦法律汇编》2008 3897 3908；《联邦公报》2004 3929）。

❷ 《联邦法律系统汇编》916.151。

施的理由。进口被视为在瑞士实施专利的行为。❶

（2）……❷

（3）除满足第（1）款规定的条件之外，当请求者初步证明其立即使用该发明的利益并给予专利持有人充分的担保金时，法官可以根据请求者的要求立即发给许可证，但保留其最终决定；该专利持有人应在事前被告知。❸

II. 专利权失效的诉讼

第 38 条

（1）若发给许可证不能满足瑞士市场需求，任何能证明其利益者可以在第一个许可证发出 2 年之后，根据第 37 条第（1）款要求法官宣布该专利失效。

（2）当专利权人的国籍国或者居住地所在国的法律允许在专利权颁发 3 年后以发明缺乏实施为由进行废除该专利权的诉讼时，根据第 37 条规定的条件发给许可证的行为可以被这类诉讼所替代。❹

III. 例外

第 39 条 联邦委员会可以宣布第 37 条和第 38 条不适用于给予对等待遇国家的国民。

---

❶ 根据 1994 年 12 月 16 日联邦法第 I 章的新增内容，自 1995 年 7 月 1 日起实施至今（《联邦法律汇编》1995 2606 2609；《联邦公报》1994 IV 995）。

❷ 1994 年 12 月 16 日联邦法第 I 章将其废除，自 1995 年 7 月 1 日起实施至今（《联邦法律汇编》1995 2606；《联邦公报》1994 IV 995）。

❸ 根据 1994 年 12 月 16 日联邦法第 I 章的新增内容，自 1995 年 7 月 1 日起实施至今（《联邦法律汇编》1995 2606 2609；《联邦公报》1994 IV 995）。

❹ 根据 1976 年 12 月 17 日联邦法第 I 章的新增内容，自 1978 年 1 月 1 日起实施至今（《联邦法律汇编》1977 1997 2026；《联邦公报》1976 II 1）。

D. 基于公共利益的许可

第 40 条

（1）当公众利益需要时，如专利权人没有充分理由而拒绝发出被要求发放的许可证时，则许可证申请人可向法庭请求发给使用该发明的许可证。❶

（2）……❷

E. 半导体技术领域的强制许可证

第 40a 条 ❸　发明涉及半导体技术领域，只有在经司法程序或者行政程序确定为反竞争行为而给予救济时才可以发给非独占性许可证。

F. 研究手段

第 40b 条 ❹　任何需要使用获得专利授权的生物技术发明作为研究工具或者附属工具者有权获得非独占性许可证。

G. 疾病诊断的强制许可

第 40c 条 ❺　发明涉及人类产品或者人类疾病诊断方法，只有在经司法程序或者行政程序确定为反竞争行为而给予救济时才可以发给非独占性许可证。

---

❶　根据 1976 年 12 月 17 日联邦法第 I 章的新增内容，自 1978 年 1 月 1 日起实施至今（《联邦法律汇编》1977 1997 2026；《联邦公报》1976 II 1）。

❷　1994 年 12 月 16 日联邦法第 I 章将其废除（《联邦法律汇编》1995 2606；《联邦公报》1994 IV 995）。

❸　纳入 1994 年 12 月 16 日联邦法第 I 章，自 1995 年 7 月 1 日起实施至今（《联邦法律汇编》1995 2606 2609；《联邦公报》1994 IV 995）。

❹　纳入 1994 年 12 月 16 日联邦法第 I 章（《联邦法律汇编》1995 2606 2609；《联邦公报》1994 IV 995）。根据 2007 年 6 月 22 日联邦法第 I 章的新增内容，自 2008 年 7 月 1 日起实施至今（《联邦法律汇编》2008 2551 2567；《联邦公报》2006 1）。

❺　纳入 2007 年 6 月 22 日联邦法第 I 章，自 2008 年 7 月 1 日起实施至今（《联邦法律汇编》2008 2551 2567；《联邦公报》2006 1）。

H. 药品出口的强制许可

第 40d 条 ❶

（1）任何人可以要求法官发给非独占性许可证，用于专利药品的制造以及向在药品领域没有生产能力或者生产能力不足并且需要相关药品以应对特别是由艾滋病、肺结核、疟疾和其他流行病导致的公共健康问题的国家的出口（受惠国）。

（2）向世界贸易组织（OMC）声明部分或者完全放弃享受第（1）款所规定之许可证的国家将依据其声明的程度不被视为受惠国。其余符合第（1）款所规定条件的国家可以作为受惠国。

（3）只有药品的质量符合受惠国所需者可以依据第（1）款规定的许可证进行生产；所生产的全部药品均需出口。

（4）第（1）款所规定的许可证持有人以及依据许可证生产药品的所有制造商均应保证其药品与依据第（1）款规定的许可证生产的专利药品明显一致，并且需使用药品的特殊包装或者通过颜色、形状将其与其他药品区分开来，条件是这些区别不会对受惠国的药品价格造成大的影响。

（5）由联邦委员会制定第（1）款所规定之许可证的发放条件，尤其归法官管辖的需提交的信息或者通告，以裁决是否发放许可证并判断是否符合第（4）款所规定的措施。

I. 第 36 条至第 40d 条的共同规定

第 40e 条 ❷

（1）只有当请求人在合理期限内为获得正当的商业合同性许可所做的努力未能达到目的时才能向其发放第 36 条至第 40d 条所规定的许可证；在第 40d 条所规定的情形中，合理期限为 30 个工作日。在国家进入紧急状态时、发生其他极端紧急状况时或

---

❶　纳入 2007 年 6 月 22 日联邦法第 I 章，自 2008 年 7 月 1 日起实施至今（《联邦法律汇编》2008 2551 2567；《联邦公报》2006 1）。

❷　纳入 2007 年 6 月 22 日联邦法第 I 章，自 2008 年 7 月 1 日起实施至今（《联邦法律汇编》2008 2551 2567；《联邦公报》2006 1）。

者是非商业目的的公众使用，上述的"努力"为非必需的。

（2）许可证的适用范围和使用期限根据其发放目的作出规定。

（3）许可证只能随同实施该许可的公司的转让而转让。再许可证的转让条件与许可证相同。

（4）发放许可证主要用于供给国内市场，但第 40d 条规定的情形除外。

（5）专利持有人有权获得合理报酬。报酬参照许可的类型及经济价值决定。在第 40d 条所规定的情况下，报酬参考许可证在其进口国的经济价值、进口国的发达程度以及公共卫生及人道主义危机的因素。计算方式由联邦委员会具体规定。

（6）法官决定许可证的颁发和撤销、许可证的范围和期限以及应付的报酬，特别是在颁发强制许可的情形不复存在且不可能再次出现时由法官撤销对专利权的强制许可。对专利权人正当利益的适当保护予以保留。第 40d 条所规定颁发许可证的情形下，上诉不能产生中止的效力。

第六章　费　用❶

第 41 条❷　专利权的获得、维持其有效及特殊请求的处理需要按规定缴纳费用。

第 42 条至第 44 条❸

---

❶　根据 1976 年 12 月 17 日联邦法第 I 章的新增内容，自 1978 年 1 月 1 日起实施至今（《联邦法律汇编》1977 1997 2026；《联邦公报》1976 II 1）。

❷　根据 1995 年 3 月 24 日联邦法"关于联邦知识产权局地位和工作的附件"第 4 章的新增内容，自 1996 年 1 月 1 日起实施至今（《联邦法律系统汇编》172.010.31）。

❸　1995 年 3 月 24 日联邦法"关于联邦知识产权局地位和工作的附件"第 4 章将其废除，自 1996 年 1 月 1 日起实施至今（《联邦法律系统汇编》172.010.31）。

第 45 条至第 46 条❶

第七章　程序继续及恢复原状❷

A. 程序继续

第 46a 条❸

（1）当专利申请人或者专利权人未能遵守本法规定的或者由联邦知识产权局指定的期限时，可以向联邦知识产权局递交请求书要求继续程序。❹

（2）未能遵守期限的专利申请人或者专利权人应在自收到联邦知识产权局通知之日起 2 个月内，并且最迟不晚于未遵守之期限届满之日起 6 个月内递交该请求书。❺ 此外，在上述期限内，专利申请人或者专利权人应完成未履行之行为，完成未完成的专利申请，并支付程序继续的费用。

（3）程序继续请求被接纳而产生的效力是在指定期限内完成程序继续行为后恢复至正常状态，但第 48 条规定的情形除外。

（4）未能遵守下列期限的，不能继续程序：

　a. 不应由联邦知识产权局指定的期限；

　b. 提交程序继续请求书的期限［第（2）款］；

---

❶　1976 年 12 月 17 日第 I 章联邦法将其废除（《联邦法律汇编》1977 1997；《联邦公报》1976 II 1）。

❷　之前先于第 47 条。根据 1995 年 2 月 3 日联邦法第 I 章的新增内容，自 1995 年 9 月 1 日起实施至今（《联邦法律汇编》1995 2879 2887；《联邦公报》1993 III 666）。

❸　纳入 1995 年 2 月 3 日联邦法第 I 章，自 1995 年 9 月 1 日起实施至今（《联邦法律汇编》1995 2879 2887；《联邦公报》1993 III 666）。

❹　根据 2005 年 6 月 17 日联邦行政法庭法附件第 23 章的新增内容，自 2007 年 1 月 1 日起实施至今（《联邦法律系统汇编》173.32）。

❺　根据 2007 年 6 月 22 日联邦决议第 2 条的新增内容，自 2008 年 7 月 1 日起实施至今（《联邦法律汇编》2008 2677 2679；《联邦公报》2006）。

c. 提交恢复权利请求的期限［第 47 条第（2）款］；

d. 提交附有要求优先权请求和优先权声明的专利申请的期限（第 17 条和第 19 条）；

e. ……❶

f. 修改技术文件的期限［第 58 条第（1）款］；

g. ……❷

h. 提交补充保护证书请求的期限［第 140f 条第（1）款、第146 条第（2）款和第 147 条第（3）款］；

i. 法令规定的其他期限，包括除程序继续外的未遵守之期限。

B. 恢复原状❸

第 47 条

（1）当专利申请人或者专利权人确实能够证明其并非因本人过失而导致未能遵守本法或者实施条例规定的期限或者由联邦知识产权局指定的期限时，可以依据其请求恢复原状。

（2）恢复原状的请求应在自障碍消除之日起 2 个月内，并且最迟在未遵守之期限届满 1 年内向联邦知识产权局提出，并在该期限内补正延误之行为。

（3）对上述第（2）款规定之情形，不能恢复原状（请求恢复原状的期限）。

（4）恢复请求被接纳的而产生的效力是在指定期限内完成恢复行为后恢复至原来的状态，但第 48 条规定的情形除外予以保留。

---

❶　2005 年 12 月 16 日关于批准欧洲专利条约修正稿及专利法修改法案的联邦决议第 2 条将其废除，自 2007 年 12 月 13 日起实施至今（《联邦法律汇编》2007 6479 6483《联邦公报》2005 3569）。

❷　2007 年 6 月 22 日联邦决议第 2 条将其废除，自 2008 年 7 月 1 日起生效（《联邦法律汇编》2008 2677 2679；《联邦公报》2006）。

❸　根据 1995 年 2 月 3 日联邦法第 I 章的新增内容，自 1995 年 9 月 1 日起实施至今（《联法律汇编》1995 2879 2887；《联邦公报》1993 III 666）。

C. 有利于第三方的保留❶

第 48 条

（1）专利权不能用于对抗下列期间内在瑞士在职业上善意使用或者已为此做了专门准备的行为人：

a. 在缴纳年费期限的最后 1 天（……❷）和提出程序继续请求（第 46a 条）或者恢复请求（第 47 条）的日期之间；

b. 在优先权期限的最后 1 天［第 17 条第（1）款］和专利申请提交日之间。❸

（2）第三方在上述情况中获得的权利受到第 35 条第（2）款的约束。

（3）凡依据第（1）款 a 项要求权利者，应从专利权重新生效起向专利权人支付合理的赔偿金。

（4）发生争议时，由法官判定第三方要求的权利是否成立、范围大小以及依据第（3）款应付赔偿金的数额。

第二部分　专利证书的颁发

第一章　专利申请

A. 申请的格式

I. 一般原则❹

---

❶　根据 1995 年 2 月 3 日联邦法第 I 章的新增内容，自 1995 年 9 月 1 日起实施至今（《联法律汇编》1995 2879 2887；《联邦公报》1993 III 666）。

❷　1995 年 3 月 24 日联邦法关于联邦知识产权局任务的附件第 4 章将该附注删除（《联邦法律系统汇编》172.010.31）。

❸　根据 1995 年 2 月 3 日联邦法第 I 章的新增内容，自 1995 年 9 月 1 日起实施至今（《联邦法律汇编》1995 2879 2887；《联邦公报》1993 III 666）。

❹　根据 2007 年 6 月 22 日联邦法第 I 章的新增内容，自 2008 年 7 月 1 日起实施至今（《联邦法律汇编》2008 2551 2567；《联邦公报》2006 1）。

第 49 条

（1）凡希望获得一项发明专利权者，应向联邦知识产权局提交专利申请。

（2）该申请应包括：

a. 要求授予专利权的请求书；

b. ❶ 发明的说明书，以及当权利要求涉及基因序列或者基因序列片断的衍生序列时，关于该衍生序列功能的具体说明；

c. 一项或者多项权利要求；

d. 说明书或者权利要求参照的附图；

e. 摘要。❷

（3）……❸

II. 遗传资源及传统知识来源的披露

第 49a 条 ❹

（1）下列专利申请应当包含有关于其来源的说明：

a. 发明人或者申请人可以获取的遗传资源，如果发明直接涉及这种资源；

b. 发明人或者申请人可以获取的与遗传资源相关的土著或者地方群落的传统知识，如果发明直接涉及这种知识。

（2）如果发明人和申请人均不知其来源，应由申请人书面证明。

---

❶ 根据 2007 年 6 月 22 日联邦法第 I 章的新增内容，自 2008 年 7 月 1 日起实施至今（《联邦法律汇编》2008 2551 2567；《联邦公报》2006 1）。

❷ 根据 1976 年 12 月 17 日联邦法第 1 章的新增内容，自 1978 年 1 月 1 日起实施至今（《联邦法律汇编》1977 1997 2026；《联邦公报》1976 II 1）。

❸ 1995 年 3 月 24 日联邦法关于联邦知识产权局任务的附件第 4 章将该附注删除（《联邦法律系统汇编》172.010.31）。

❹ 纳入 2007 年 6 月 22 日联邦法第 I 章的新增内容，自 2008 年 7 月 1 日起实施至今（《联邦法律汇编》2008 2551 2567；《联邦公报》2006 1）。

C. 发明的公开

I. 一般原则❶

第50条

（1）在专利申请中，发明应当公开以使所属领域技术人员能够实施的程度。❷

（2）……❸

II. 生物材料

第50a条❹

（1）当一项发明涉及生物材料的制造或者使用并且不能被充分描述时，应当提交（保藏）该生物材料的样品及保藏证明，并在说明书中注明该生物材料的相关基本特征，以完成该发明的公开。

（2）当一项发明涉及生物材料产品，其制造方法不能被充分描述时，应当提交（保藏）该生物材料的样品并在说明书中提供保藏证明，以完成或者代替发明的公开。

（3）只有最迟于专利申请提交日向（联邦知识产权局）认可的保藏单位提交生物材料样品，并且在原始提交的专利申请中包含有该生物材料的相关资料及保藏证明，才符合第50条所指的公开。

（4）联邦委员会（有权）对保藏、生物材料的注明、保藏证明以及保藏样品的获取作出规定。

---

❶ 根据2007年6月22日联邦法第I章的新增内容，自2008年7月1日起实施至今（《联邦法律汇编》2008 2551 2567；《联邦公报》2006 1）。

❷ 根据1976年12月17日联邦法第I章的新增内容，自1978年1月1日起实施至今（《联邦法律汇编》1977 1997 2026；《联邦公报》1976 II 1）。

❸ 1976年12月17日联邦法第I章将其废除（《联邦法律汇编》1977 1997 2026；《联邦公报》1976 II 1）。

❹ 纳入2007年6月22日联邦法第I章，自2008年7月1日起实施至今（《联邦法律汇编》2008 2551 2567；《联邦公报》2006 1）。

C. 权利要求

I. 范围

第 51 条 ❶

（1）发明由一项或者多项权利要求确定。

（2）权利要求限定专利权的保护范围。

（3）说明书和附图用于解释权利要求。

II. 独立权利要求

第 52 条 ❷

（1）一项独立权利要求仅能确定一个发明，即

（a）一种方法；

（b）一种产品、一种方法或者装置的实施方式；

（c）一种方法的应用；

（d）一种产品的用途。

（2）一件专利可以包括多项独立的权利要求，这些权利要求所限定的一系列发明间必须相互关联并且形成一个总的发明构思。

第 53 条和第 54 条 ❸

III. 从属权利要求

第 55 条 ❹　由一项独立权利要求所确定的发明可以通过从属权利要求限定其特定的实施方式。

---

❶　根据 1976 年 12 月 17 日联邦法第 I 章的新增内容，自 1978 年 1 月 1 日起实施至今（《联邦法律汇编》1977 1997 2026；《联邦公报》1976 II 1）。

❷　根据 1976 年 12 月 17 日联邦法第 I 章的新增内容，自 1978 年 1 月 1 日起实施至今（《联邦法律汇编》1977 1997 2026；《联邦公报》1976 II 1）。

❸　1976 年 12 月 17 日联邦法第 I 章将其废除（《联邦法律汇编》1977 1997 2026；《联邦公报》1976 II 1）。

❹　根据 1976 年 12 月 17 日联邦法第 I 章的新增内容，自 1978 年 1 月 1 日起实施至今（《联邦法律汇编》1977 1997 2026；《联邦公报》1976 II 1）。

第 55a 条 ❶

D. 摘要

第 55b 条 ❷　摘要仅用于提供技术信息。

E. 申请日

I. 一般情况

第 56 条

（1）下列文件中最后一项文件的提交日视为申请日：

a. 明示或者默示的要求获得专利授权的请求书；

b. 能够确定申请人身份的文件；

c. 可初步视为说明书的文件。❸

（2）邮寄文件以文件交付给瑞士邮政局并向联邦知识产权局邮寄的日期为准。❹

（3）联邦知识产权局对尤其是第（1）款所规定之应提交文件的语言，补交说明书缺少之部分或者缺少的附图时申请日和公开日的确定，替换在先提交的专利申请的说明书和附图的条件和期限作出限制性规定。❺

II. 分案申请

---

❶　纳入 1976 年 12 月 17 日联邦法第 I 章（《联邦法律汇编》1977 1997 2026；《联邦公报》1976 II 1）。

❷　根据 1995 年 3 月 24 日联邦法 "关于联邦知识产权局地位和工作的附件" 第 4 章的新增内容，自 1996 年 1 月 1 日起实施至今（《联邦法律系统汇编》172.010.31）。

❸　根据 2007 年 6 月 22 日联邦决议第 2 条的新增内容，自 2008 年 7 月 1 日起实施至今（《联邦法律汇编》2008 2677 2679；《联邦公报》2006 1）。

❹　根据 1997 年 4 月 30 日邮政局组织架构法附录第 6 章的新增内容，自 1998 年 1 月 1 日起实施至今（《联邦法律系统汇编》783.1）。

❺　纳入 2007 年 6 月 22 日联邦决议第 2 条，自 2008 年 7 月 1 日起实施至今（《联邦法律汇编》2008 2677 2679；《联邦公报》2006 1）。

第 57 条❶

（1）从原申请分出的专利申请享有与原申请相同的申请日，条件是：

a. 在提出申请时明确指明其作为分案申请的；

b. 在提出分案申请时，原申请仍未作出结论；

c. 分案申请的对象未超出原申请最初文本的内容。

（2）……❷

F. 技术文件的修改

第 58 条❸

（1）在审查程序未结束前，申请人应当至少有一次机会可以修改技术文件。

（2）对技术文件的修改不应使其申请内容超出原有的范围。

G. 专利申请的公布

第 58a 条❹

（1）下列情况下，联邦知识产权局公布专利申请：

a. 自申请日起满 18 个月即行公布，有要求优先权的申请自优先权日起算。

b. 根据申请人的请求在 a 项所规定的期限界满前公布。

（2）专利申请的公布包括说明书、权利要求书，必要时还有附图和摘要，以及关于现有技术的报告及第 59 条第（5）款所指的国际检索报告，如果上述报告在进行公布的技术准备完成之前

---

❶ 根据 1976 年 12 月 17 日联邦法第 I 章的新增内容，自 1978 年 1 月 1 日起实施至今（《联邦法律汇编》1977 1997 2026；《联邦公报》1976 II 1）。

❷ 2007 年 6 月 22 日联邦决议第 2 条将其废除，自 2008 年 7 月 1 日起生效（《联邦法律汇编》2008 2677 2679；《联邦公报》2006 1）。

❸ 根据 2007 年 6 月 22 日联邦决议第 2 条的新增内容，自 2008 年 7 月 1 日起实施至今（《联邦法律汇编》2008 2677 2679；《联邦公报》2006 1）。

❹ 纳入 2007 年 6 月 22 日联邦法第 I 章，自 2008 年 7 月 1 日起实施至今（《联邦法律汇编》2008 2551 2567；《联邦公报》2006 1）。

形成的。若该现有技术报告或者国际检索报告未与专利申请一同公布，则其可以另行公布。

第二章　专利申请的审查

A. 审查的内容❶

第 59 条

（1）如专利申请的内容不符合或者部分不符合第 1 条、第 1a 条和第 2 条的规定时，联邦知识产权局应通知申请人，说明理由并指定答复的期限。❷

（2）如专利申请不符合本法或者有关法令的其他规定时，联邦知识产权局应指定申请人补正其缺陷的期限。❸

（3）······❹

（4）联邦知识产权局既不审查发明是否为新发明也不审查该发明是否明显出自现有技术。❺

（5）支付相关费用的申请人可以要求：

a. 自申请日起 14 个月内，有要求优先权的自优先权日起算，要求联邦知识产权局作出一份现有技术报告的；

b. 自首次申请的申请日起 6 个月内，要求联邦知识产权局

---

❶　根据 1976 年 12 月 17 日联邦法第 I 章的新增内容，自 1978 年 1 月 1 日起实施至今（《联邦法律汇编》1977 1997 2026；《联邦公报》1976 II 1）。

❷　纳入 2007 年 6 月 22 日联邦法第 I 章，自 2008 年 7 月 1 日起实施至今（《联邦法律汇编》2008 2551 2567；《联邦公报》2006 1）。

❸　根据 1976 年 12 月 17 日联邦法第 I 章的新增内容，自 1978 年 1 月 1 日起实施至今（《联邦法律汇编》1977 1997 2026；《联邦公报》1976 II 1）。

❹　1976 年 12 月 17 日联邦法第 I 章将其废除（《联邦法律汇编》1977 1997；《联邦公报》1976 II 1）。

❺　根据 1976 年 12 月 17 日联邦法第 I 章的新增内容，自 1978 年 1 月 1 日起实施至今（《联邦法律汇编》1977 1997 2026；《联邦公报》1976 II 1）。

作出国际检索报告的。❶

（6）如第（5）款 a 项所指的现有技术报告或者第（5）款 b 项所指的国际检索报告均未作出，任何人有权依据第 65 条的规定要求查询文档，或者支付费用要求联邦知识产权局作出现有技术报告。❷

B. 审查的完成
第 59a 条 ❸

（1）在授予专利权的条件均具备时，联邦知识产权局通知申请人审查程序完成。

（2）……❹

（3）属于下列情形的，联邦知识产权局驳回其申请：

a. 申请虽未被撤回，但根据第 59 条第（1）款规定之理由，不能授予专利权的；

b. 未能依据第 59 条第（2）款克服所指出的缺陷。

第 59b 条 ❺

---

❶　根据 2007 年 6 月 22 日联邦法第 I 章的新增内容，自 2008 年 7 月 1 日起实施至今（《联邦法律汇编》2008 2551 2567；《联邦公报》2006 1）。

❷　根据 2007 年 6 月 22 日联邦法第 I 章的新增内容，自 2008 年 7 月 1 日起实施至今（《联邦法律汇编》2008 2551 2567；《联邦公报》2006 1）。

❸　纳入 1976 年 12 月 17 日联邦法第 I 章，自 1978 年 1 月 1 日起实施至今（《联邦法律汇编》1977 1997 2026；《联邦公报》1976 II 1）。

❹　1995 年 3 月 24 日联邦法"关于联邦知识产权局地位和任务的附件"第 4 章将其删除（《联邦法律系统汇编》172.010.31）。

❺　纳入 1976 年 12 月 17 日联邦法第 I 章（《联邦法律汇编》1977 1997 2026；《联邦公报》1976 II 1）。2007 年 6 月 22 日联邦法第 I 章将其废除，自 2008 年 7 月 1 日起实施至今（《联邦法律汇编》2008 2551 2567；《联邦公报》2006 1）。

C. 异议

第 59c 条 ❶

（1）一项专利在专利登记簿上注册公布之日起 9 个月内，任何人可以向联邦知识产权局对该项专利权的授予提出异议。异议的提出应当使用书面形式并阐明事由。

（2）异议不能针对第 1a 条、第 1b 条及第 2 条所规定的被排除专利性的申请内容。

（3）如联邦知识产权局全部或者部分接受异议，其可以撤销所涉及的专利或者维持其修改后的形式。联邦行政法庭受理对异议的裁决的上诉。

（4）由联邦委员会规定异议的方式，尤其是诉讼的程序。

第 59d 条 ❷

第四章 专利权的登记
联邦知识产权局的出版公开电子通告 ❸

A. 专利权的登记

第 60 条

（1）联邦知识产权局通过在专利登记簿上记录在案的方式授

---

❶ 纳入 1976 年 12 月 17 日联邦法第 I 章（《联邦法律汇编》1977 1997 2026；《联邦公报》1976 II 1）。根据 2007 年 6 月 22 日联邦法第 I 章的新增内容，自 2008 年 7 月 1 日起实施至今（《联邦法律汇编》2008 2551 2567；《联邦公报》2006 1）。

❷ 纳入 1976 年 12 月 17 日联邦法第 I 章（《联邦法律汇编》1977 1997 2026；《联邦公报》1976 II 1）。2007 年 6 月 22 日联邦法第 I 章将其废除，自 2008 年 7 月 1 日起实施至今（《联邦法律汇编》2008 2551 2567；《联邦公报》2006 1）。

❸ 根据 2003 年 12 月 19 日电子签名法附件第 6 章的新增内容，自 2005 年 1 月 1 日起实施至今（《联邦法律系统汇编》943.03）。

予专利权。❶

（1）之二　专利登记簿着重记载以下内容：专利编号、分类号、发明名称、申请日、专利权人的姓名和地址、优先权信息（如有）、代理人姓名及联系地址、发明人姓名。❷

（2）专利登记簿还记载专利权或者与专利相关的权利的所有变更。

（3）⋯⋯❸

B. 出版物

I. 专利申请和专利权登记

第 61 条

（1）联邦知识产权局公布出版：

a. 依据第 58a 条第（2）款规定的项目公布的专利申请；

b. 依据第 60 条第（1）款之二规定的项目公布在专利登记簿上登记的专利；

c. 从专利登记簿上撤销的专利；

d. 在专利登记簿上登记的专利权及与专利相关的权利的变更。❹

（2）⋯⋯❺

---

❶　根据 1976 年 12 月 17 日联邦法第 I 章的新增内容，自 1978 年 1 月 1 日起实施至今（《联邦法律汇编》1977 1997 2026；《联邦公报》1976 II 1）。

❷　纳入 1976 年 12 月 17 日联邦法第 I 章，自 1978 年 1 月 1 日起实施至今（《联邦法律汇编》1977 1997 2026；《联邦公报》1976 II 1）。

❸　2007 年 6 月 22 日联邦法第 I 章将其废除，自 2008 年 7 月 1 日起生效（《联邦法律汇编》2008 2551 2567；《联邦公报》2006 1）。

❹　根据 2007 年 6 月 22 日联邦法第 I 章的新增内容，自 2008 年 7 月 1 日起实施至今（《联邦法律汇编》2008 2551 2567；《联邦公报》2006 1）。

❺　纳入 1976 年 12 月 17 日联邦法第 I 章（《联邦法律汇编》1977 1997；《联邦公报》1976 II 1）。2007 年 6 月 22 日联邦法第 I 章将其废除，自 2008 年 7 月 1 日起生效（《联邦法律汇编》2008 2551 2567；《联邦公报》2006 1）

（3）联邦知识产权局决定其出版机构。❶

第 62 条 ❷

II. 专利说明书 ❸

第 63 条 ❹

（1）联邦知识产权局为各项授权专利出版专利说明书单行本。❺

（2）专利说明书单行本包括说明书、权利要求书、摘要、附图（必要时），以及登记簿上记载的著录项目信息［第 60 条第（1）款之二］。

第 63a 条 ❻

C. 专利证书

第 64 条

（1）发明公告文本 ❼准备就绪可以出版时，联邦知识产权局

---

❶ 纳入 1998 年 10 月 9 日联邦法第 I 章（《联邦法律汇编》1999 1363；《联邦公报》1998 1346）。根据 2001 年 10 月 5 日设计法附件第 2 章 4 节的新增内容，自 2002 年 7 月 1 日起实施至今（《联邦法律系统汇编》232.12）。

❷ 2007 年 6 月 22 日联邦法第 I 章将其废除，自 2008 年 7 月 1 日起生效（《联邦法律汇编》2008 2551 2567；《联邦公报》2006 1）。

❸ 根据 1976 年 12 月 17 日联邦法第 I 章的新增内容，自 1978 年 1 月 1 日起实施至今（《联邦法律汇编》1977 1997 2026；《联邦公报》1976 II 1）。

❹ 根据 2007 年 6 月 22 日联邦法第 I 章的新增内容，自 2008 年 7 月 1 日起实施至今（《联邦法律汇编》2008 2551 2567；《联邦公报》2006 1）。

❺ 根据 2007 年 6 月 22 日联邦法第 I 章的新增内容，自 2008 年 7 月 1 日起实施至今（《联邦法律汇编》2008 2551 2567；《联邦公报》2006 1）。

❻ 纳入 1976 年 12 月 17 日联邦法第 I 章（《联邦法律汇编》1977 1997；《联邦公报》1976 II 1）。2007 年 6 月 22 日《联邦法》第 I 章将其废除，自 2008 年 7 月 1 日起生效（《联邦法律汇编》2008 2551 2567；《联邦公报》2006 1）。

❼ 根据《专利公报》采用的新专门术语。

即制作专利证书。❶

（2）专利证书由获取专利权之法律条件均已具备的证明和发明公告文本的样本构成。❷

D. 文档查询
第 65 条 ❸

（1）专利申请公布后，任何人有权查询文档。只有在涉及制造或者商业秘密以及其他利益的情况下，联邦委员会才有权限制这项权利。

（2）联邦委员会规定可以查询未出版之专利申请的几种情形，尤其是对未出版前被驳回或者撤回的专利申请的查询。

E. 电子通告
第 65a 条 ❹

（1）联邦委员会可以授权联邦知识产权局在联邦程序基本法规的范畴内通过电子通告进行文档传送的管理。

（2）申请文件可以以电子形式进行处理并存档。

（3）专利登记簿可以以电子形式记录。

（4）联邦知识产权局可以向第三者开放其数据库，尤其是在线数据库。联邦知识产权局可以就这项服务收取费用。

（5）联邦知识产权局的出版物可以以电子形式公开，但只有仅以电子形式出版的数据其电子版本具有正式效力。

---

❶　根据 1959 年 1 月 9 日联邦委员会决议的修正文本（《联邦法律汇编》1959 77）。

❷　根据《专利公报》采用的新专门术语。

❸　根据 2007 年 6 月 22 日联邦法第 I 章的新增内容，自 2008 年 7 月 1 日起实施至今（《联邦法律汇编》2008 2551 2567；《联邦公报》2006 1）。

❹　纳入 2003 年 12 月 19 日电子签名法附件第 6 章，自 2005 年 1 月 1 日起实施至今（《联邦法律汇编》2008 2551 2567；《联邦公报》2006 1）。

第三部分　民事和刑事制裁

第一章　民法和刑法保护的共同条款

A. 制定责任的条件

第 66 条　依据下列条款可以提起民事或者刑事诉讼：

（a）非法使用受专利保护的发明者。仿造视同为一种使用；

（b）❶ 拒绝向主管部门申报其非法制造品的来源和数量，或者其所持有并进行商业销售之非法流通品的来源和数量者；

（c）未经专利权人或者许可证持有人准许，从产品或者产品包装包装上去除专利权标识者；

（d）教唆上述行为之一者，参与、协助上述行为或者提供便利者。

B. 举证责任的倒置

第 67 条

（1）当发明涉及一种新产品的制造方法时，除非提出相反的证据，否则相同组成部分的产品均应被视为是通过该专利方法所制造的。

（2）当专利权人确实能证明其专利权受到侵犯时，则第（1）款相应适用于一种已知产品的制造方法。

C. 制造或者商业秘密的保护

第 68 条

（1）当事人的制造或者商业秘密受到保护。

（2）告知另一方涉及制造或者商业秘密的证据时，仅限于保

---

❶　根据 2007 年 6 月 22 日联邦法第 I 章的新增内容，自 2008 年 7 月 1 日起实施至今（《联邦法律汇编》2008 2551 2567；《联邦公报》2006 1）。

密容许的范围。

D. 产品或者设备的变卖或者销毁

第 69 条

（1）法官可以判处没收、变卖或者销毁非法制造的产品和主要用以制造这些产品的工具、设备和其他设施。❶

（2）变卖非法产品的净收入首先用于支付罚金，其次用于支付调查和司法费用，最后用于向对方支付最终裁定的赔偿金并支付其诉讼费用；余额返还给变卖之物品的原所有人。

（3）即使在宣告无罪或者驳回诉讼的情况下，法官也有权责令销毁主要用于侵犯专利权的工具、设备和其他设施。❷

E. 裁决的公布

第 70 条

（1）法官可以准许诉讼胜诉方公布裁决并由对方支付费用；公布的方式和时机由法官规定。

（2）涉及刑事制裁时（第 81 条至第 82 条），裁决的公布受刑法❸第 68 条的管辖。❹

---

❶ 根据 1994 年 12 月 16 日联邦法第 I 章的新增内容，自 1995 年 7 月 1 日起实施至今（《联邦法律汇编》1995 2606 2609；《联邦公报》1994 IV 995）。

❷ 根据 1994 年 12 月 16 日联邦法第 I 章的新增内容，自 1995 年 7 月 1 日起实施至今（《联邦法律汇编》1995 2606 2609；《联邦公报》1994 IV 995）。

❸ 《联邦法律系统汇编》311.0。

❹ 根据 2007 年 6 月 22 日联邦法第 I 章的新增内容，自 2008 年 7 月 1 日起实施至今（《联邦法律汇编》2008 2551 2567；《联邦公报》2006 1）。

F. 裁决的通报

第 70a 条 ❶ 法庭无偿向联邦知识产权局完整地通报其具有执行力的判决。

G. 禁止连续诉讼 ❷

第 71 条 任何人依据第 72 条、第 73 条、第 74 条或者第 81 条进行一项诉讼后，随后又基于另一项专利权对同一人再次提起相同或者相似的诉讼时，如若不能提出有力证据说明在先前的诉讼中并非由于其过失而未提及另一项专利权，则应支付司法费用和新诉讼的费用。

第二章 民法保护的专门条款

A. 停止侵权或者消除事态的诉讼

第 72 条

(1) 任何人的权利受到第 66 条规定的行为的威胁或者侵犯时，可以要求停止上述行为或者消除引起该事态的行为。

(2) ……❸

B. 赔偿损失的诉讼

第 73 条

(1) 任何人有意、无意或者不慎作出第 66 条规定的行为之

---

❶ 纳入 2007 年 6 月 22 日联邦法第 I 章，自 2008 年 7 月 1 日起实施至今（《联邦法律汇编》2008 2551 2567；《联邦公报》2006 1）。

❷ 根据 2007 年 6 月 22 日联邦法第 I 章的新增内容，自 2008 年 7 月 1 日起实施至今（《联邦法律汇编》2008 2551 2567；《联邦公报》2006 1）。

❸ 纳入 1976 年 12 月 17 日联邦法第 I 章（《联邦法律汇编》1977 1997；《联邦公报》1976 II 1）。2007 年 6 月 22 日联邦法第 I 章将其废除，自 2008 年 7 月 1 日起生效（《联邦法律汇编》2008 2551 2567；《联邦公报》2006 1）。

一时，其有义务依据债务法❶的规定赔偿损失。

（2）如受害方不能事先提出遭受损失的数额，其可以要求法官根据之后提出的证据确定损失的范围，由法官裁量赔偿数额。

（3）赔偿损失的诉讼只能在专利授权以后进行；但是被告应从知悉专利申请内容时起赔偿损失，最迟自该专利申请公布之日起进行赔偿。❷

（4）……❸

C. 确认之诉

第74条　任何证明其利益者均可对本法规定的具有法律效力的事实状态或者法律关系的存在或者消失进行诉讼以请求确认，特别是：

（1）某项有效专利；

（2）被告作出了第66条规定的行为之一；

（3）原告没有作出第66条规定的任何行为；

（4）❹ 某项专利根据法律对原告不能适用；

（5）某两项专利是否满足第36条规定的发给许可证的条件；

（6）原告作出的发明已包含在某件专利申请或者专利之中；

（7）❺ 某件专利由于违反重复保护原则而失效。

---

❶　《联邦法律系统汇编》220。

❷　根据2007年6月22日联邦法第 I 章的新增内容，自2008年7月1日起实施至今（《联邦法律汇编》2008 2551 2567；《联邦公报》2006 1）。

❸　纳入1976年12月17日联邦法第 I 章（《联邦法律汇编》1977 1997；《联邦公报》1976 II 1）。2007年6月22日联邦法第 I 章将其废除，自2008年7月1日起生效（《联邦法律汇编》2008 2551 2567；《联邦公报》2006 1）。

❹　根据1976年12月17日联邦法第 I 章的新增内容，自1978年1月1日起实施至今（《联邦法律汇编》1977 1997 2026；《联邦公报》1976 II 1）。

❺　纳入1976年12月17日联邦法第 I 章，自1978年1月1日起实施至今（《联邦法律汇编》1977 1997 2026；《联邦公报》1976 II 1）。

D. 许可证持有人行使权利的资格

第 75 条 ❶

（1）不论是否记载在登记簿上，持有独占性许可者可以采取第 72 条和第 73 条规定的行为，条件是许可合同中未明示排除上述行为。

（2）任何许可证持有人均可以参与第 73 条所规定的诉讼程序以要求赔偿其所遭受的损失。

E. 唯一的州司法机关

第 76 条

（1）各个州指定一个法院负责受理本法规定的民事诉讼，该法院作为唯一的州级司法机构，在全州行使司法权。

（2）……❷

F. 临时性措施

I. 条件

第 77 条

（1）根据有资格提出诉讼者的请求，主管机构可以为收集证据、维持现状或者临时行使停止侵权行为或者消除事态的权力，采取临时性措施；特别是，主管机构可以要求对非法实施的方法或者非法制造的产品及用于制造这些产品的设备、装置等进行详细说明，或者没收这些物资。

（2）请求者应当首先提供证据，证明另一方作出了违反本法或者意图违反本法的行为，其因此可能遭受难以弥补的损失，并且只有采取临时性措施才能得以避免。

（3）在采取临时性措施之前，应当考虑另一方的意见；当迟延存在危害时，主管机构可以先行采取紧急措施。另一方应当在

---

❶ 根据 2007 年 6 月 22 日联邦法第 I 章的新增内容，自 2008 年 7 月 1 日起实施至今（《联邦法律汇编》2008 2551 2567；《联邦公报》2006 1）。

❷ 2005 年 6 月 17 日联邦行政法庭法附件第 23 章将其废除，自 2007 年 1 月 1 日起生效（《联邦法律系统汇编》173.32）。

执行紧急措施后即被告知。❶

（4）请求人的要求被接受的同时，主管机构给予其不超过30天的期限进行诉讼，如请求人未能在规定期限内进行诉讼，则执行临时性措施的命令即行失效。❷

（5）第75条第（1）款相应适用。❸

II. ……

第78条   ……❹

III. 保证金

第79条

（1）一般情况下，请求人要交纳足够的保证金。❺

（2）如果被告向请求人提供足够的保证金，主管机构可以拒绝采取临时性措施或者全部或者部分撤销已采取的措施。❻

IV. 请求人的责任

第80条

（1）如果请求人采取临时性措施的要求未以真实权利为基础，该请求人应当向另一方赔偿这些措施造成的损失；法官依据《债务法》第43条决定赔偿方式和范围。❼

---

❶　根据1994年12月16日联邦法第 I 章的新增内容，自1995年7月1日起实施至今（《联邦法律汇编》1995 2606 2609；《联邦公报》1994 IV 995）。

❷　根据1994年12月16日联邦法第 I 章的新增内容，自1995年7月1日起实施至今（《联邦法律汇编》1995 2606 2609；《联邦公报》1994 IV 995）。

❸　纳入2007年6月22日联邦法第 I 章，自2008年7月1日起实施至今（《联邦法律汇编》2008 2551 2567；《联邦公报》2006 1）。

❹　2000年3月24日关于司法机关管辖权的法律附件第二章将其废除（《联邦法律系统汇编》272）。

❺❻　根据新专门术语"合理保证金"。

❼　《联邦法律系统汇编》220。

（2）赔偿损失的诉讼时效以自临时性措施失效起一年为期。

（3）请求人交纳的保证金，只有在确定另一方不再提起赔偿损失的诉讼时才予以退回。主管机构可以给予另一方合理的期限提起诉讼，并告知其如未在规定的期限内起诉，即将保证金退还请求人。

第三章　刑法保护的专门条款

A. 刑法条款
I. 侵犯专利权
第 81 条

（1）任何人蓄意作出第 66 条所规定的行为之一，依据受害人的告诉，判处最多一年的监禁或者处以罚金。❶

（2）诉讼权利的时效限于受害人知悉违法者身份之日起的 6 个月内。

（3）如违法者以从事上述行为为职业，则按有关规定进行起诉，判处最多 5 年的监禁或者判处罚金，或者并处。❷

II. 提供关于来源的虚假信息
第 81a 条 ❸

（1）蓄意提供第 49a 条所指之来源的虚假信息者，判处最多十万瑞士法郎的罚金。

（2）法官可以命令对外公布判决。

---

❶　根据 2007 年 6 月 22 日联邦法第 I 章的新增内容，自 2008 年 7 月 1 日起实施至今（《联邦法律汇编》2008 2551 2567；《联邦公报》2006 1）。

❷　纳入 2007 年 6 月 22 日联邦法第 I 章，自 2008 年 7 月 1 日起实施至今（《联邦法律汇编》2008 2551 2567；《联邦公报》2006 1）。

❸　纳入 2007 年 6 月 22 日联邦法第 I 章，自 2008 年 7 月 1 日起实施至今（《联邦法律汇编》2008 2551 2567；《联邦公报》2006 1）。

III. 作出受专利保护的虚假暗示❶

第 82 条

（1）对蓄意流通或者销售以任何方式表明并容易使他人相信其产品或者商品受到本法保护的包装者，将进行惩处。❷

（2）法官可以命令对外公布判决。

B. 刑法一般性条款的运用

第 83 条　瑞士刑法❸的一般性条款适用于本法未作规定的方面。

C. 管辖的司法机关

第 84 条

（1）由违法行为发生或者造成危害之地的主管机构负责违法行为的诉讼和审判。当有不同地点应予以考虑或者有若干人共同参与违法行为时，负责诉讼和审判的机构是最先发生违法行为之地的主管机构。

（2）负责对主犯进行起诉和审判的主管机构也有权对其教唆犯和从犯提起诉讼和审判。

D. 州当局的权力

I. 一般情况

第 85 条

（1）对违法行为的起诉和审判是州当局的职责。

（2）法院判决、行政决定以及不予起诉的宣告，均应即时、无偿地全部告知联邦检察官。

---

❶　根据 2007 年 6 月 22 日联邦法第 I 章的新增内容，自 2008 年 7 月 1 日起实施至今（《联邦法律汇编》2008 2551 2567；《联邦公报》2006 1）。

❷　根据 2007 年 6 月 22 日联邦法第 I 章的新增内容，自 2008 年 7 月 1 日起实施至今（《联邦法律汇编》2008 2551 2567；《联邦公报》2006 1）。

❸　《联邦法律系统汇编》311.0。

II. 专利权无效的抗辩

第 86 条

(1) 如被告提出专利权无效的抗辩，法官可以给予一个适当的期限进行无效宣告诉讼，并警告其败诉的后果；如该专利的授权未经过新颖性和创造性的审查，或者被告提出了某些确凿证据以支持其无效抗辩，法官可以给予受害方一个适当的期限以进行证实其专利权有效的诉讼，并警告其败诉的后果。❶

(2) 若关于专利权效力的诉讼在规定期限内提出，则刑事诉讼程序将中止直至该诉讼最终裁决，在此期间，刑事时效将处于中止状态。

(3) ……❷

第四章❸　海关的介入

A. 关于可疑货物的告知

第 86a 条

(1) 当海关怀疑某些即将进口、出口或者转口的货物将对一项在瑞士有效的专利构成侵权时，海关有权通知专利权人。

(2) 这种情况下，海关有权将上述货物扣留 3 个工作日以便于专利权人提出第 86b 条第 (1) 款规定的请求。

---

❶　根据 2007 年 6 月 22 日联邦法第 I 章的新增内容，自 2008 年 7 月 1 日起实施至今（《联邦法律汇编》2008 2551 2567；《联邦公报》2006 1）。

❷　2000 年 3 月 24 日关于司法机关管辖权的法律附件第二章将其废除（《联邦法律系统汇编》272）。

❸　纳入 2007 年 6 月 22 日联邦法第 I 章，自 2008 年 7 月 1 日起实施至今（《联邦法律汇编》2008 2551 2567；《联邦公报》2006 1）。

B. 海关介入的请求

第 86b 条

（1）如专利权人或者许可证持有人能够掌握提出控告的具体线索以怀疑某些即将进口、出口或者转口的货物将对其在瑞士的有效专利构成侵权时，其可以书面向海关请求阻止这些货物的流通。

（2）请求人应向海关提供所有相关信息，包括其所掌握的和作出裁决所需的；尤其是请求人应提交一份关于上述货物的详细说明。

（3）由海关对上述请求作出最终裁决，其可以收取一定费用以抵付其行政支出。

C. 商品的扣押

第 86c 条

（1）若根据第 86b 条第（1）款规定的请求，海关有充分理由怀疑某些进口、出口或者转口的货物将对在瑞士的有效专利造成侵害时，应同时告知请求人和这些货物的申报人、占有人或者所有人。

（2）为了使请求人获得临时性措施的保护，海关自进行第（1）款所规定的告知后即行扣押上述货物至多 10 个工作日。

（3）若怀疑的情况属实，海关可以额外继续扣押这些货物至多不超过 10 个工作日。

D. 样品

第 86d 条

（1）应请求，海关有权在货物扣押期间向请求人送交或者寄交货样进行检查，或者在货物扣押处抽取货样就地检查。

（2）由请求人承担抽取和寄交货样的费用。

（3）抽样检查的样品应当归还以便作为证据。若样品滞留于请求人处，这些货样将受到海关条例的管辖。

E. 制造或者商业秘密的保护

第 86e 条

（1）据第 86c 条第（1）款规定进行告知的同时，海关还应告知货物的申报人、占有人或者所有人，可能按照第 86d 条第（1）款的规定，将抽取的货样送交给请求人或者在商品扣押处就地检查。

（2）货物的申报人、占有人或者所有人可以要求参与检查以保护其制造秘密或者商业秘密。

（3）应申报人、占有人或者所有人的主动请求，海关可以拒绝送交抽取的货样。

F. 销毁货物的请求

I. 程序

第 86f 条

（1）当请求人提交第 86b 条第（1）款规定的请求时，其可以书面请求海关销毁这些涉案的货物。

（2）当收到销毁货物的请求时，海关应在进行第 86c 条第（1）款规定的告知行为时，通知货物的申报人、占有人或者所有人该销毁请求。

（3）销毁货物的请求不能延长第 86c 条第（2）款和第（3）款所规定的获取临时性措施保护的期限。

II. 同意销毁

第 86g 条

（1）销毁货物需要取得货物的申报人、占有人或者所有人的同意。

（2）如货物的申报人、占有人或者所有人未在第 86c 条第（2）款和第（3）款所规定的期限内明确表示反对销毁这些货物，则视为其同意。

III. 证据

第 86h 条

销毁货物之前，海关抽取并保存货样作为证据，以便必要时用于赔偿损失的诉讼。

IV. 赔偿损失

第 86i 条

（1）如销毁货物的行为被证明无充分理由，请求人将独自承担由此造成的后果。

（2）如货物的申报人、占有人或者所有人已书面同意销毁商品，而后该销毁行为被证明无充分理由，则请求人无须承担支付赔偿损失的责任。

V. 费用

第 86j 条

（1）销毁货物的有关费用由请求人承担。

（2）依据第86i条第（1）款的规定进行赔偿损失的估算和裁定时，依据第86h条进行货样抽取和保存的相关费用问题由法官裁定。

G. 责任与赔偿损失的声明

第 86k 条

（1）如货物的扣押可能造成损失，海关可以要求在请求人提交责任声明的条件下才予以扣押。确实造成损失的，海关可以要求请求人交纳适当的保证金。

（2）由请求人赔偿扣押物品所造成的损失以及在未下令采取临时性措施或者临时性措施事后被证明无充分理由两种情况下抽取样品所造成的损失。

第四部分

第 87 条至第 90 条❶

第 91 条至第 94 条❷

第 95 条❸

第 96 条至第 101 条❹

第 102 条至第 103 条❺

第 104 条至第 106 条❻

第 106a 条❼

第 107 条和第 108 条❽

---

❶ 2007 年 6 月 22 日联邦法第 I 章将其废除，自 2008 年 7 月 1 日起生效（《联邦法律汇编》2008 2551 2567；《联邦公报》2006 1）。

❷ 1991 年 10 月 4 日联邦法附件第 10 章将其废除（《联邦法律汇编》1992 288；《联邦法》1991 II 461）。

❸ 1976 年 12 月 17 日联邦法第 I 章将其废除（《联邦法律汇编》1977 1997；《联邦公报》1976 II 1）。

❹ 2007 年 6 月 22 日联邦法第 I 章将其废除，自 2008 年 7 月 1 日起生效（《联邦法律汇编》2008 2551 2567；《联邦公报》2006 1）。

❺ 1976 年 12 月 17 日联邦法第 I 章将其废除（《联邦法律汇编》1977 1997；《联邦公报》1976 II 1）。

❻ 2007 年 6 月 22 日联邦法第 I 章将其废除，自 2008 年 7 月 1 日起生效（《联邦法律汇编》2008 2551 2567；《联邦公报》2006 1）。

❼ 纳入 1976 年 12 月 17 日联邦法第 I 章（《联邦法律汇编》1977 1997；《联邦公报》1976 II 1）。2007 年 6 月 22 日联邦法第 I 章将其废除，自 2008 年 7 月 1 日起生效（《联邦法律汇编》2008 2551 2567；《联邦公报》2006 1）。

❽ 1976 年 12 月 17 日联邦法第 I 章将其废除（《联邦法律汇编》1977 1997；《联邦公报》1976 II 1）。

第五部分　欧洲专利申请和欧洲专利❶

第一章　适用的法律❷

适用范围；与《欧洲专利公约》的关系

第 109 条❸

（1）本部分适用于在瑞士生效的欧洲专利申请和欧洲专利。

（2）除关于欧洲专利授权的 1973 年 10 月 5 日公约（《欧洲专利公约》）❹或者本部分作出的另行规定外，本法的其他条款均可适用。

（3）《欧洲专利公约》的文本对瑞士具有约束力，较之本法处于优先地位。

---

❶　纳入 1976 年 12 月 17 日联邦法第 I 章，自 1978 年 6 月 1 日起实施至今（《联邦法律汇编》1977 1997 2026；《联邦公报》1976 II 1）。

❷　纳入 1976 年 12 月 17 日联邦法第 I 章，自 1978 年 6 月 1 日起实施至今（《联邦法律汇编》1977 1997 2026；《联邦公报》1976 II 1）。

❸　根据 1976 年 12 月 17 日联邦法第 I 章的新增内容，自 1978 年 6 月 1 日起实施至今（《联邦法律汇编》1977 1997 2026；《联邦公报》1976 II 1）。

❹　《联邦法律系统汇编》0.232.142.2。

第二章　欧洲专利申请和
欧洲专利的效力❶

A. 原则
第 110 条❷
I. 效力❸

给出申请日的欧洲专利申请和欧洲专利在瑞士具有与按规定的正确形式向瑞士联邦知识产权局提出的专利申请和该局授权的专利同等的效力。

第 110a 条❹
II. 专利状态的变更

任何由欧洲专利局作出最终决定导致的欧洲专利状态的变更与在瑞士生效之判决导致的变更具有同等效力。

---

❶　纳入 1976 年 12 月 17 日联邦法第 I 章（《联邦法律汇编》1977 1997；《联邦公报》1976 II 1）。根据 2005 年 12 月 16 日关于批准欧洲专利条约修正稿及专利法修改法案的联邦决议第 2 条之新增内容，自 2007 年 12 月 13 日起实施至今（《联邦法律汇编》2007 6479 6483；《联邦公报》2005 3569）。

❷　根据 1976 年 12 月 17 日联邦法第 I 章的新增内容，自 1978 年 6 月 1 日起实施至今（《联邦法律汇编》1977 1997 2026；《联邦公报》1976 II 1）。

❸　根据 2005 年 12 月 16 日关于批准欧洲专利条约修正稿及专利法修改法案的联邦决议第 2 条之新增内容，自 2007 年 12 月 13 日起实施至今（《联邦法律汇编》2007 6479 6483；《联邦公报》2005 3569）。

❹　纳入 2005 年 12 月 16 日关于批准欧洲专利条约修正稿及专利法修改法案的联邦决议第 2 条，自 2007 年 12 月 13 日起实施至今（《联邦法律汇编》2007 6479 6483；《联邦公报》2005 3569）。

B. 欧洲专利申请的临时性保护

第 111 条❶

（1）欧洲专利申请的公布不向申请人提供《欧洲专利公约》第 64 条所规定的保护。

（2）但是，受害方可以通过提起赔偿损失的诉讼，要求被告从知悉该欧洲专利申请内容之时但最迟自欧洲专利局公布该申请之日起赔偿其损失。

第 112 条至第 116 条❷

第三章　欧洲专利的管理❸

A. 欧洲专利的瑞士登记簿

第 117 条❹

欧洲专利的颁发自在欧洲专利公报中记载后，联邦知识产权局即将该欧洲专利与其在欧洲专利登记簿中的著录项目信息录入欧洲专利的瑞士登记簿。

---

❶　根据 1976 年 12 月 17 日联邦法第 I 章的新增内容，自 1978 年 6 月 1 日起实施至今（《联邦法律汇编》1977 1997 2026；《联邦公报》1976 II 1）。

❷　2005 年 12 月 16 日关于批准欧洲专利条约修正稿及专利法修改法案的联邦决议第 2 条将其废除，自 2008 年 5 月 1 日起生效（《联邦法律汇编》2008 1739 1740；《联邦公报》2005 3569）。

❸　纳入 1976 年 12 月 17 日联邦法第 I 章，自 1978 年 6 月 1 日起实施至今（《联邦法律汇编》1977 1997 2026；《联邦公报》1976 II 1）。

❹　根据 1976 年 12 月 17 日联邦法第 I 章的新增内容，自 1978 年 6 月 1 日起实施至今（《联邦法律汇编》1977 1997 2026；《联邦公报》1976 II 1）。

B. 公布出版

第 118 条 ❶

联邦知识产权局公布在欧洲专利瑞士登记簿中记载的专利。

C. ……

第 119 条 ❷

D. 代理

第 120 条 ❸

联邦委员会可以准许在欧洲专利登记簿中注册的代理人在联邦知识产权局代理欧洲专利事务，条件是欧洲专利局的各专门机构在代理方面给予对等待遇。（《欧洲专利公约》第 143 条）。

第四章　欧洲专利申请的转换❹

A. 转换的原因

第 121 条 ❺

（1）下列情况下，欧洲专利申请可以转换为瑞士专利申请：

---

❶　根据 1976 年 12 月 17 日联邦法第 I 章的新增内容，自 1978 年 6 月 1 日起实施至今（《联邦法律汇编》1977 1997 2026；《联邦公报》1976 II 1）。

❷　纳入 1976 年 12 月 17 日联邦法第 I 章（《联邦法律汇编》1977 1997；《联邦公报》1976 II 1）。1995 年 3 月 24 日联邦法"关于联邦知识产权局地位和工作的附件"第 4 章将其废除，自 1996 年 1 月 1 日起生效（《联邦法律系统汇编》172.010.31）。

❸　纳入 1976 年 12 月 17 日联邦法第 I 章，自 1978 年 6 月 1 日起实施至今（《联邦法律汇编》1977 1997 2026；《联邦公报》1976 II 1）。

❹　纳入 1976 年 12 月 17 日联邦法第 I 章，自 1978 年 6 月 1 日起实施至今（《联邦法律汇编》1977 1997 2026；《联邦公报》1976 II 1）。

❺　纳入 1976 年 12 月 17 日联邦法第 I 章，自 1978 年 6 月 1 日起实施至今（《联邦法律汇编》1977 1997 2026；《联邦公报》1976 II 1）。

a. ❶《欧洲专利公约》第 135 条第（1）款 a 项所规定的情形；

b. 原始专利申请以意大利语提交并且未遵守《欧洲专利公约》第 14 条第（2）款规定的期限的情形；

c. ……❷

（2）……❸

B. 法律效力

第 122 条❹

（1）如转化请求以规定的正确形式在期限内向联邦知识产权局提交，则该专利申请的申请日以欧洲专利申请的提交日为准。

（2）与欧洲专利申请或者欧洲专利一同向欧洲专利局提交的文件视为同时已向联邦知识产权局提交。

（3）欧洲专利申请享有的权利均继续有效。

C. 译文

第 123 条❺

如欧洲专利申请的原文不是以瑞士的官方语言撰写，联邦知识产权局将要求申请人在指定的期限内提交用瑞士官方语言撰写的译文。

---

❶　纳入 2005 年 12 月 16 日关于批准欧洲专利条约修正稿及专利法修改法案的联邦决议第 2 条，自 2007 年 12 月 13 日起实施至今（《联邦法律汇编》2007 6479 6483；《联邦公报》2005 3569）。

❷　2007 年 6 月 22 日联邦法第 I 章将其废除，自 2008 年 7 月 1 日起生效（《联邦法律汇编》2008 2551 2567；《联邦公报》2006 1）。

❸　2007 年 6 月 22 日联邦法第 I 章将其废除，自 2008 年 7 月 1 日起生效（《联邦法律汇编》2008 2551 2567；《联邦公报》2006 1）。

❹　纳入 1976 年 12 月 17 日联邦法第 I 章，自 1978 年 6 月 1 日起实施至今（《联邦法律汇编》1977 1997 2026；《联邦公报》1976 II 1）。

❺　纳入 1976 年 12 月 17 日联邦法第 I 章，自 1978 年 6 月 1 日起实施至今（《联邦法律汇编》1977 1997 2026；《联邦公报》1976 II 1）。

D. 有利于《欧洲专利公约》的保留

第 124 条 ❶

（1）鉴于《欧洲专利公约》第 137 条第（1）款的保留，现行的瑞士专利申请条款适用于转换来的专利申请。

（2）由欧洲专利转换而来的专利申请的权利要求不应超出原先的保护范围。

第五章　民法和刑法保护
的相关条款 ❷

A. 禁止双重保护

第 125 条 ❸

I. 欧洲专利的优先地位

（1）对同一发明，当同一申请日或者优先权日的瑞士专利和在瑞士生效的欧洲专利均被授予同一发明人或者其合法继承人时，该瑞士专利自下述日期起即不再具有效力：

a. 对欧洲专利提出异议的期限已失效；

b. 异议程序得出维持欧洲专利的效力的最终决定。

（2）第 27 条相应适用。

II. 转换专利的优先地位

---

❶　纳入 1976 年 12 月 17 日联邦法第 I 章，自 1978 年 6 月 1 日起实施至今（《联邦法律汇编》1977 1997 2026；《联邦公报》1976 II 1）。

❷　纳入 1976 年 12 月 17 日联邦法第 I 章，自 1978 年 6 月 1 日起实施至今（《联邦法律汇编》1977 1997 2026；《联邦公报》1976 II 1）。

❸　纳入 1976 年 12 月 17 日联邦法第 I 章，自 1978 年 6 月 1 日起实施至今（《联邦法律汇编》1977 1997 2026；《联邦公报》1976 II 1）。

第 126 条❶

（1）对同一发明，当具有同一申请日或者优先权日的瑞士专利申请或者国际专利申请（第 131 条及后续条款）与转换的欧洲专利申请均被授权给同一发明人或者其合法继承人时，瑞士专利自转换的欧洲专利申请被授权之日起，即行失效。

（2）第 27 条相应适用。

B. 程序的规则

I. 对部分放弃的限制

第 127 条❷　在可以向欧洲专利局对某一项欧洲专利提出异议的期限内或者已提出的异议未作出最终裁定的时期，对该欧洲专利的部分放弃请求不能被接受。

II. 程序的中止

（a）民事诉讼程序

第 128 条❸

下列情况下，法官可以中止一项欧洲专利的民事诉讼程序，特别是推迟审判：

a. 欧洲专利局尚未对该专利的限制或者撤销作出最终裁决；

---

❶　纳入 1976 年 12 月 17 日联邦法第 I 章，自 1978 年 6 月 1 日起实施至今（《联邦法律汇编》1977 1997 2026；《联邦公报》1976 II 1）。

❷　纳入 1976 年 12 月 17 日联邦法第 I 章（《联邦法律汇编》1977 1997；《联邦公报》1976 II 1）。根据 2005 年 12 月 16 日关于批准欧洲专利条约修正稿及专利法修改法案的联邦决议第 2 条之新增内容，自 2007 年 12 月 13 日起实施至今（《联邦法律汇编》2007 6479 6483；《联邦公报》2005 3569）。

❸　纳入 1976 年 12 月 17 日联邦法第 I 章（《联邦法律汇编》1977 1997；《联邦公报》1976 II 1）。根据 2005 年 12 月 16 日关于批准欧洲专利条约修正稿及专利法修改法案的联邦决议第 2 条之新增内容，自 2007 年 12 月 13 日起实施至今（《联邦法律汇编》2007 6479 6483；《联邦公报》2005 3569）。

b. 欧洲专利的有效性受到质疑并且诉讼的一方提出可以再次向欧洲专利局提出异议的证据，或者是已提出的异议尚未作出最终裁定时；

c. 欧洲专利局尚未对依据《欧洲专利公约》第112条之二提出的复审请求作出最终裁定时。

（b）刑事诉讼程序

第 129 条❶

（1）如出现第86条所规定的情形，被告引用欧洲专利无效的例外条款，在还可以再向欧洲专利局提出异议程序或者还有可能参与异议程序的情况下，法官可以给予被告一个适当的期限提出异议或者参与异议程序。

（2）第86条第（2）款相应适用。

第六章　欧洲专利局的委托调查❷

传递机构

第 130 条❸

联邦知识产权局接受欧洲专利局的委托调查并将该委托传递给主管法院。

---

❶　纳入 1976 年 12 月 17 日联邦法第 I 章，自 1978 年 6 月 1 日起实施至今（《联邦法律汇编》1977 1997 2026；《联邦公报》1976 II 1）。

❷　纳入 1976 年 12 月 17 日联邦法第 I 章，自 1978 年 6 月 1 日起实施至今（《联邦法律汇编》1977 1997 2026；《联邦公报》1976 II 1）。

❸　纳入 1976 年 12 月 17 日联邦法第 I 章，自 1978 年 6 月 1 日起实施至今（《联邦法律汇编》1977 1997 2026；《联邦公报》1976 II 1）。

第六部分　国际专利申请❶

第一章　适用的法律❷

适用范围；与《专利合作条约》的关系。

第 131 条❸

（1）本部分适用于 1970 年 6 月 19 日《专利合作条约》❹ 规定的国际专利申请，联邦知识产权局作为受理局、指定局或者选定局处理上述申请❺。

（2）除《专利合作条约》或者本部分另有规定以外，本法的其他条款均可适用。

（3）《专利合作条约》的文本对瑞士具有约束力，较之本法处于优先地位。

---

❶　纳入 1976 年 12 月 17 日联邦法第 I 章，自 1978 年 6 月 1 日起实施至今（《联邦法律汇编》1977 1997 2026；1978 550；《联邦公报》1976 II 1）。

❷　纳入 1976 年 12 月 17 日联邦法第 I 章，自 1978 年 6 月 1 日起实施至今（《联邦法律汇编》1977 1997 2026；1978 550；《联邦公报》1976 II 1）。

❸　纳入 1976 年 12 月 17 日联邦法第 I 章，自 1978 年 6 月 1 日起实施至今（《联邦法律汇编》1977 1997 2026；1978 550；《联邦公报》1976 II 1）。

❹　《联邦法律系统汇编》0.232.141.1。

❺　根据 1995 年 2 月 3 日联邦法第 I 章的新增内容，自 1995 年 9 月 1 日起实施至今（《联邦法律汇编》1995 2879 2887；《联邦公报》1993 III 666）。

第二章　在瑞士提交的申请❶

A. 受理局

第 132 条❷　联邦知识产权局作为《专利合作条约》第 2 条所规定的受理局，受理瑞士国民和在瑞士有常驻机构或者居所者提出的申请。

B. 程序

第 133 条❸

（1）本法作为补充，与《专利合作条约》一同适用于联邦知识产权局作为受理局的程序。

（2）除《专利合作条约》规定的费用外，国际申请还应向联邦知识产权局缴纳传递费。

（3）第 13 条不适用。

第三章　指定瑞士的申请；选定局❹

A. 指定局和选定局

---

❶　纳入 1976 年 12 月 17 日联邦法第 I 章，自 1978 年 6 月 1 日起实施至今（《联邦法律汇编》1977 1997 2026；1978 550；《联邦公报》1976 II 1）。

❷　纳入 1976 年 12 月 17 日联邦法第 I 章，自 1978 年 6 月 1 日起实施至今（《联邦法律汇编》1977 1997 2026；1978 550；《联邦公报》1976 II 1）。

❸　纳入 1976 年 12 月 17 日联邦法第 I 章，自 1978 年 6 月 1 日起实施至今（《联邦法律汇编》1977 1997 2026；1978 550；《联邦公报》1976 II 1）。

❹　纳入 1976 年 12 月 17 日联邦法第 I 章（《联邦法律汇编》1977 1997；《联邦公报》1976 II 1）。根据 1995 年 2 月 3 日联邦法第 I 章的新增内容，自 1995 年 9 月 1 日起实施至今（《联邦法律汇编》1995 2879 2887；《联邦公报》1993 III 666）。

第 134 条❶ 对要求在瑞士获得发明专利保护的国际申请，如这些申请不具有欧洲专利申请的效力，则联邦知识产权局依据《专利合作条约》第 2 条作为指定局和选定局行使其职能。

B. 国际申请的效力

I. 原则

第 135 条❷ 已给出申请日的国际申请将联邦知识产权局作为其指定局时，其在瑞士与以正确和符合规定的形式向该局提交的瑞士专利申请具有同等效力。

II. 优先权

第 136 条❸ 即便首次申请是在瑞士提出或者仅在瑞士提出的国际申请，也可以要求第 17 条规定的优先权。

III. 临时性保护

第 137 条❹ 本法第 111 条和第 112 条相应地适用于依据《专利合作条约》第 21 条规定公布的、以联邦知识产权局作为其指定局的国际申请。

---

❶ 纳入 1976 年 12 月 17 日联邦法第 I 章（《联邦法律汇编》1977 1997；《联邦公报》1976 II 1）。根据 1995 年 2 月 3 日联邦法第 I 章的新增内容，自 1995 年 9 月 1 日起实施至今（《联邦法律汇编》1995 2879 2887；《联邦公报》1993 III 666）。

❷ 纳入 1976 年 12 月 17 日联邦法第 I 章，自 1978 年 6 月 1 日起实施至今（《联邦法律汇编》1977 1997 2026；1978 550；《联邦公报》1976 II 1）。

❸ 纳入 1976 年 12 月 17 日联邦法第 I 章，自 1978 年 6 月 1 日起实施至今（《联邦法律汇编》1977 1997 2026；1978 550；《联邦公报》1976 II 1）。

❹ 纳入 1976 年 12 月 17 日联邦法第 I 章，自 1978 年 6 月 1 日起实施至今（《联邦法律汇编》1977 1997 2026；1978 550；《联邦公报》1976 II 1）。

C. 对形式的规定

第 138 条❶ 申请人应当在自申请日或者优先权日起 30 个月内向联邦知识产权局提交下列事项：

a. 以书面形式提交发明人的姓名；

b. 送交关于来源的说明（第 49a 条）；

c. 缴纳申请费；

d. 如国际申请不是以瑞士官方语言撰写，则申请人应提交一份瑞士官方语言的译文。

D. ……

第 139 条❷

E. 禁止双重保护

第 140 条❸

（1）当具有相同优先权日的两项专利被授予同一项发明的同一申请人或者其合法继承人时，则国家申请的专利权自国际申请的专利权授予之日起即行失效，不论是国际申请的专利权要求了国家申请的优先权或者是国家申请的专利权要求了国际申请的优先权。

（2）第 27 条相应适用。

---

❶ 纳入 1976 年 12 月 17 日联邦法第 I 章（《联邦法律汇编》1977 1997；《联邦公报》1976 II 1）。根据 2007 年 6 月 22 日联邦法第 I 章的新增内容，自 2008 年 7 月 1 日起实施至今（《联邦法律汇编》2008 2551 2567；《联邦公报》2006 1）。

❷ 纳入 1976 年 12 月 17 日联邦法第 I 章（《联邦法律汇编》1977 1997 2026；1978 550；《联邦公报》1976 II 1）。2007 年 6 月 22 日联邦法第 I 章将其废除，自 2008 年 7 月 1 日起生效（《联邦法律汇编》2008 2551 2567；《联邦公报》2006 1）。

❸ 纳入 1976 年 12 月 17 日联邦法第 I 章，自 1978 年 6 月 1 日起实施至今（《联邦法律汇编》1977 1997 2026；1978 550；《联邦公报》1976 II 1）。

第七部分❶　补充保护证书❷

第一章　药品补充保护证书❸

A. 原则

第 140a 条❹

（1）根据请求，联邦知识产权局为药物活性成分或者活性成分的组分颁发补充保护证书（下称"证书"）。

（2）本章中所指的"产品"为活性成分或者活性成分的组分。

B. 条件

第 140b 条

（1）下列情况下可为申请颁发证书：

a. 专利所保护的是一种产品的制造方法或者用途；

b. 该产品已得到官方许可在瑞士市场上作为药品进行销售。

（2）证书在获得首次许可的基础上颁发。

C. 权利

第 140c 条

（1）补充保护证书赋予的权利属于专利权人。

---

❶　纳入 1995 年 2 月 3 日联邦法第 I 章，自 1995 年 9 月 1 日起实施至今（《联邦法律汇编》1995 2879 2887；《联邦公报》1993 III 666）。

❷　根据 1998 年 10 月 9 日联邦法第 I 章的新增内容，自 1999 年 5 月 1 日起实施至今（《联邦法律汇编》1999 1363 1366；《联邦公报》1998 1346）。

❸　纳入 1998 年 10 月 9 日联邦法第 I 章，自 1999 年 5 月 1 日起实施至今（《联邦法律汇编》1999 1363 1366；《联邦公报》1998 1346）。

❹　根据 1998 年 10 月 9 日联邦法第 I 章的新增内容，自 1999 年 5 月 1 日起实施至今（《联邦法律汇编》1999 1363 1366；《联邦公报》1998 1346）。

（2）每种产品只能获得一个证书。❶

（3）然而，若多个不同专利权人对同一产品的多项申请悬而未决且尚未颁发任何证书时，则各专利权人可以分别获得一个证书。❷

D. 保护的对象和效力

第 140d 条

（1）受专利保护范围的限制，补充保护证书用于保护在证书有效期满前获得许可用作药品的产品的所有用途。

（2）补充保护证书赋予与专利权相同的权利并受到与之相同的约束。

E. 保护期限

第 140e 条

（1）补充保护证书须在专利最长保护年限届满后方能生效，以自第 56 条规定的申请日起至该产品首次被许可在瑞士市场上作为药品进行销售的期间计算，这一期限不超过 5 年。

（2）该证书的有效期至多不超过 5 年。

（3）联邦委员会可以规定在欧洲经济区（EEE）内颁发的许可构成第（1）款所规定的首次许可，若该许可先于在瑞士获得的许可。

F. 提交申请的期限

第 140f 条

（1）提出证书申请应满足以下期限：

a. 自该产品获得在瑞士市场上作为药品进行销售的首次许可之日起 6 个月内；

---

❶ 纳入 1998 年 10 月 9 日联邦法第 I 章，自 1999 年 5 月 1 日起实施至今（《联邦法律汇编》1999 1363 1366；《联邦公报》1998 1346）。

❷ 纳入 1998 年 10 月 9 日联邦法第 I 章，自 1999 年 5 月 1 日起实施至今（《联邦法律汇编》1999 1363 1366；《联邦公报》1998 1346）。

b. 如专利在获得首次许可之后才被授权，则期限为自授予专利权之日起的 6 个月内。

G. 证书的颁发

第 140g 条　联邦知识产权局颁发补充保护证书并在专利登记簿上登记。

H. 费用

第 140h 条

（1）补充保护证书收取申请费和年费。

（2）年费应提前支付，并且该证书保护期限的费用总和应一次性付清。❶

（3）……❷

I. 提前失效；中止

第 140i 条

（1）下列情况下补充保护证书被撤销：

a. 证书持有人向联邦知识产权局提出书面请求要求放弃该证书；

b. 未在规定期限内缴纳年费；

c. 该产品作为药品在市场上销售的许可被撤销。

（2）当许可证中止时，补充保护证书同样中止。中止不中断证书的保护期限。

（3）发出许可证的机构向联邦知识产权局转达许可证的撤销或者中止。

---

❶　根据 2007 年 6 月 22 日联邦法第 I 章的新增内容，自 2008 年 7 月 1 日起实施至今（《联邦法律汇编》2008 2551 2567；《联邦公报》2006 1）。

❷　2007 年 6 月 22 日联邦法第 I 章将其废除，自 2008 年 7 月 1 日起生效（《联邦法律汇编》2008 2551 2567；《联邦公报》2006 1）。

K. 无效的情形

第 140k 条

（1）下列情况下证书无效：

a. ❶ 证书的颁发违反第 140b 条、第 140c 条第（2）款、第 146 条第（1）款或者第 147 条第（1）款的规定；

b. 专利在其最长保护期限届满前失效；

c. 专利被确认无效；

d. 专利受到限制，其权利要求不再涵盖证书保护的产品；

e. 专利保护期满后，有判决证明该专利符合 c 项规定的确认无效或者 d 项规定的受到限制。

（2）任何人可以为指证专利无效而向主管机构提起证书无效的诉讼。

L. 程序、登记和公布

第 140l 条

（1）联邦委员会规定颁发证书的程序，专利登记簿的登记和联邦知识产权局的公布出版。

（2）上述规定参考欧洲经济共同体制定的规程。

M. 适用的法律

第 140m 条　在证书相关条款不作规定的情况下，本法第一部分、第二部分、第三部分及第五部分的条款相应适用。

第二章❷　农作物检疫产品的补充保护证书

第 140n 条

（1）联邦知识产权局据请求颁发农作物检疫产品的活性成分

---

❶　根据 1998 年 10 月 9 日联邦法第 I 章的新增内容，自 1999 年 5 月 1 日起实施至今（《联邦法律汇编》1999 1363 1366；《联邦公报》1998 1346）。

❷　纳入 1998 年 10 月 9 日联邦法第 I 章，自 1999 年 5 月 1 日起实施至今（《联邦法律汇编》1999 1363 1366；《联邦公报》1998 1346）。

或者活性成分组分的补充保护证书（下称"证书"）。

（2）第 140a 条第（2）款至第 140m 条相应适用。

最后部分　最终条款和过渡条款❶

A. 执行措施

第 141 条❷

（1）联邦委员会采取必要措施以执行本法。

（2）联邦委员会可以制定审查机构和异议部门的相关条例，并对上述部门的职责分配、工作流程及相应的期限和费用作出规定。❸

B. 旧法到新法的过渡

I. 专利

第 142 条❹　在本法 2007 年 6 月 22 日的修订生效时未到期的专利自该日起受新法约束。

II. 专利申请

第 143 条❺

---

❶　根据 1976 年 12 月 17 日联邦法第 I 章的新增内容，自 1978 年 6 月 1 日起实施至今（《联邦法律汇编》1977 1997 2026；《联邦公报》1976 II 1）。

❷　纳入 1976 年 12 月 17 日联邦法第 I 章，自 1978 年 6 月 1 日起实施至今（《联邦法律汇编》1977 1997 2026；《联邦公报》1976 II 1）。

❸　根据 2005 年 6 月 17 日联邦行政法庭法附件第 23 章的新增内容，自 2007 年 1 月 1 日起实施至今（《联邦法律系统汇编》173.32）。

❹　纳入 1976 年 12 月 17 日联邦法第 I 章（《联邦法律汇编》1977 1997；《联邦公报》1976 II 1）。根据 2007 年 6 月 22 日联邦法的新增内容，自 2008 年 7 月 1 日起实施至今（《联邦法律汇编》2008 2551 2567；《联邦公报》2006 1）。

❺　纳入 1976 年 12 月 17 日联邦法第 I 章（《联邦法律汇编》1977 1997；《联邦公报》1976 II 1）。根据 2007 年 6 月 22 日联邦法第 I 章的新增内容，自 2008 年 7 月 1 日起实施至今（《联邦法律汇编》2008 2551 2567；《联邦公报》2006 1）。

（1）在本法 2007 年 6 月 22 日的修订生效日前未决的专利申请自该日起受新法管约束。

（2）下列情况仍受旧法约束：

a. 因展览得到的宽限；

b. 如依据旧法更有利于获得专利授权，则依照旧法执行。

第 144 条❶

III. 民事责任

第 145 条❷

（1）民事责任受在有关行为完成时有效的条款约束。

（2）本法 2007 年 6 月 22 日的修订生效后，已达成的或者被认可的许可合同不适用第 75 条和第 77 条第（5）款。❸

C. 农作物检疫产品补充保护证书

I. 生效前的许可

第 146 条❹

（1）补充保护证书可以授予在本法 1998 年 10 月 9 日❺的修改生效时受到专利保护并在 1985 年 1 月 1 日后获得第 140b 条所

---

❶　纳入 1976 年 12 月 17 日联邦法第 I 章（《联邦法律汇编》1977 1997；《联邦公报》1976 II 1）。2007 年 6 月 22 日联邦法第 I 章将其废除，自 2008 年 7 月 1 日起生效（《联邦法律汇编》2008 2551 2567；《联邦公报》2006 1）。

❷　纳入 1976 年 12 月 17 日联邦法第 I 章，自 1978 年 1 月 1 日起实施至今（《联邦法律汇编》1977 1997 2026；《联邦公报》1976 II 1）。

❸　纳入 2007 年 6 月 22 日联邦法第 I 章，自 2008 年 7 月 1 日起实施至今（《联邦法律汇编》2008 2551 2567；《联邦公报》2006 1）。

❹　纳入 1995 年 2 月 3 联邦法第 I 章（《联邦法律汇编》1995 2879；《联邦公报》1993 III 666）。根据 1998 年 10 月 9 日联邦法第 I 章的新增内容，自 1999 年 5 月 1 日起实施至今（《联邦法律汇编》1999 1363 1366；《联邦公报》1998 1346）。

❺　《联邦法律汇编》1999 1363 1366；《联邦公报》1998 1346。

规定的上市许可的所有产品。

（2）证书的申请应当在本法 1998 年 10 月 9 日的修改生效后的 6 个月内提交。未遵守该期限的，联邦知识产权局不予受理。

II. 即将到期的专利

第 147 条 ❶

（1）证书同样授予在 1997 年 2 月 8 日至本法 1998 年 10 月 9 日 ❷ 的修改生效期间最长保护年限已届满的基础专利。

（2）证书的保护期限依据第 140e 条进行计算，自证书申请公布之日起生效。

（3）证书的申请应当在本法 1998 年 10 月 9 日的修改生效后的 2 个月内提交。未遵守该期限的，联邦知识产权局不予受理。

（4）第 48 条第（1）款、第（2）款和第（4）款相应适用于专利保护期限届满至证书申请公布期间。

D. 关于 2005 年 12 月 16 日专利法修改的过渡条款
第 148 条 ❸

（1）对未以瑞士官方语言公布的欧洲专利，如果是于本法 2005 年 12 月 16 日的修改生效前 3 个月内已在欧洲专利公报上公布的授权专利、异议决定为维持修改后的专利权，或者是专利权

---

❶ 纳入 1995 年 2 月 3 联邦法第 I 章（《联邦法律汇编》1995 2879；《联邦公报》1993 III 666）。根据 1998 年 10 月 9 日联邦法第 I 章的新增内容，自 1999 年 5 月 1 日起实施至今（《联邦法律汇编》1999 1363 1366；《联邦公报》1998 1346）。

❷ 《联邦法律汇编》1999 1363 1366；《联邦公报》1998 1346。

❸ 纳入 2005 年 12 月 16 日关于批准欧洲专利条约修正稿及专利法修改法案的联邦决议第 2 条，自 2008 年 5 月 1 日起实施至今（《联邦法律汇编》2008 1739 1740；《瑞士联邦公报》2005 3569）。

的限制，均不需要依据第 113 条第（1）款❶规定提交专利说明书的译文。

（2）本法 2005 年 12 月 16 日的修改生效后，第 114 条❷和第 116 条❸对依据第 112 条❹已向被告交付的译文、经由联邦知识产权局向公众提供的译文或依据第 113 条❺提交给联邦知识产权局的译文仍然适用。

生效日：1956 年 1 月 1 日。❻

第 89 条第（2）款，第 90 条第（2）、第（3）款，第 96 条第（1）款、第（3）款，第 101 条第（1）款，第 105 条第（3）款自 1959 年 10 月 1 日生效。❼

---

❶ 《联邦法律汇编》1977 1997。

❷ 《联邦法律汇编》1977 1997，1999，1363。

❸ 《联邦法律汇编》1977 1997。

❹ 《联邦法律汇编》1977 1997，1999，1363。

❺ 《联邦法律汇编》1977 1997，1955 2879，2007 6479。

❻ 1955 年 10 月 18 日"联邦委员会决议"（《联邦法律汇编》1955 929）。

❼ 1959 年 9 月 8 日"联邦委员会决议"（《联邦法律汇编》1959 891）。

瑞士联邦外观设计保护法❶

（外观设计法）

2001 年 10 月 5 日（2008 年 7 月 1 日版）

《联邦法律汇编》2002 1456

瑞士联邦议会

参照宪法第 122 条和第 133 条❷

参照联邦委员会 2000 年 2 月 16 日公报❸

决议如下：

第一章　总　则

第一节　宗旨和条件

第 1 条　宗旨

本法保护新产品的外观设计或者产品部分新外观设计，尤其是其线条布局、表面、外形或者色彩的外观设计，或者其使用材料的外观设计。

第 2 条　条件

（1）只有独创的新外观设计可以获得保护。

（2）若一项外观设计在瑞士能够被相关专业领域所熟知，或者在申请日或者优先权日前已为公众所知，则该外观设计不是

---

❶　根据瑞士联邦知识产权局（l'Institut Fédéral de la Propriété intellectuelle）官方网站（https：//www.ige.ch/fr.html 上提供的法文版翻译。翻译、校对：李小茵。

❷　《联邦法律系统汇编》101。

❸　《联邦公报》2000 2587。

新的。

（3）一项外观设计若在公众眼里不能与被瑞士相关专业领域所熟知的较小规格的外观设计相区别，则该外观设计不是独创的。

第 3 条 不影响权利的泄露

申请日或者优先权日之前 12 个月内，下述情况所发生的泄露不会对抗外观设计持有人的权利：

a. 第三方不利于权利人的滥用；

b. 权利人自己所为。

第 4 条 例外情况

下列情况不在保护之列：

a. 所提交的外观设计不属于第 1 条的范围；

b. 提交时的外观设计不符合第 2 条所规定的条件；

c. 外观设计的特征仅与产品的技术性能相关；

d. 违反联邦法或者国际条约的外观设计；

e. 违背公共秩序和社会道德的外观设计。

第二节　外观设计权的期限

第 5 条 外观设计权的产生及保护期限

（1）外观设计权自在外观设计登记簿注册之日生效（登记）。

（2）自申请日起享有 5 年保护期。

（3）保护期限可以延长四次，每次 5 年。

第 6 条 源自申请的优先权

外观设计权属于最先提交申请者。

第 7 条 申请人资格

（1）申请人应为外观设计的创作人、其权利继承人或者以其他名义拥有该权利的第三人。

（2）由数人共同完成的外观设计，除非另有约定，此数人为共同申请人。

第三节 保护范围及效力

第 8 条　保护范围

外观设计权的保护延伸至具有与登记之外观设计相同的基本特征并且由此在公众眼里视为相同的外观设计。

第 9 条　外观设计权的效力

（1）外观设计权赋予其持有人以禁止他人在其工业制造中使用其外观设计的权利。使用，尤其指制造、存放、提供给他人、流通、进口、出口、转口以及出于上述目的的持有。

（1）之二　即便仅用于私人目的，外观设计权持有人也有权禁止工业品的进口、出口和转口。❶

（2）外观设计权持有人还可以禁止第三人参与非法使用其外观设计或者为他人的非法使用提供方便。

第 10 条　持有人的告知义务

任何人在其商品或者商品包装上贴有与外观设计权相关的标识而未指明其外观设计号的，应据请求无偿告知对方其外观设计号。

第 11 条　多位持有人

一项外观设计有多位持有人时，除非另有规定，第 9 条所规定之权利为共同权利。

第 12 条　继续使用权

（1）持有人不能禁止第三人在下述期间在瑞士继续善意使用其外观设计：

a. 申请日或者优先权日前；

b. 公布延长期间（第 26 条）。

（2）继续使用权只能随同企业的转让而转让。

---

❶　纳入 2007 年 6 月 22 日联邦法附件第 4 章，自 2008 年 7 月 1 日起实施至今（《联邦法律汇编》2008 2551 2567；《联邦公报》2006 1）。

第 13 条 同时使用权

（1）持有人不得对抗在新保护期费用缴纳期限的最后 1 天与提交程序继续（第 31 条）请求之日期间，在瑞士出于营业目的合理使用已登记之外观设计或者已为此采取专门措施的第三人。

（2）同时使用权只能随同企业的转让而转让。

（3）要求同时使用权者应自外观设计权恢复之时起向持有人支付合理补偿。

第 14 条 转让

（1）持有人可全部或者部分转让外观设计权。

（2）转让应通过书面形式而无须在登记簿上登记。转让只有在登记后才对善意第三人产生效力。

（3）转让登记前：

a. 善意的许可证获得者可以向原持有人交纳补偿金而不承担任何责任；

b. 可以向原持有人提起本法规定之诉讼。

第 15 条 许可证

（1）持有人可以允许第三人独占或者非独占地使用其外观设计权或者其中某些权利。

（2）许可证应相关人的要求在登记簿上注册后，可用来对抗之后源于其外观设计权的任何权利。

第 16 条 用益权和抵押权

（1）外观设计权可以作为用益权和抵押权的标的。

（2）用益权和抵押权仅在登记后方能对外观设计权的善意获得者产生效力。应相关人的要求进行登记。

（3）善意的许可证获得者可以向原持有人交纳补偿金而不承担任何责任直至用益权的登记。

第 17 条 强制执行

外观设计权可以是强制执行措施的对象。

第四节 代 理

第 18 条

（1）任何本法规定的行政或者司法程序中的当事人，在瑞士既无居所又无营业场所的，应当指定一位瑞士的代理人。

（2）关于律师执业的规定予以保留。

第二章 申请与登记

第一节 申 请

第 19 条 一般条件

（1）向联邦知识产权局提出登记请求的视为提出外观设计申请。申请内容应包括：

a. 登记请求书；

b. 便于复制的图样；未提交图样的，联邦知识产权局将给予申请者一个期限进行补正。

（2）第一保护期的费用应在联邦知识产权局指定的期限内缴纳。

（3）外观设计申请具有两种不同尺寸（图案）的情况下，申请者要求依照第 26 条规定推迟公布时间的，应当提交样品以代替图样。若在推迟公布时间后仍准备维持该外观设计保护期的，应预先向联邦知识产权局提交便于复制的图样。

（4）缴纳相应费用后，可以采用最多不超过 100 字的图样说明来描述外观设计。

第 20 条 多重申请

（1）根据 1968 年 10 月 8 日的洛迦诺协定制定的工业品外观设计国际分类法❶，在该分类法中属于同类产品的多项外观设计，可以构成一份多重申请。

---

❶ 《联邦法律系统汇编》0.232.121.3。

（2）联邦委员会可以对多重申请中外观设计的尺寸和重量进行限制。

第 21 条 登记的效力

登记的效力是推定申请具有新颖性、创造性及申请权。

第二节 优先权

第 22 条 优先权的条件及效力

（1）当一项外观设计的首次申请在 1883 年 3 月 20 日《保护工业产权巴黎公约》❶ 的其他缔约国之一中提出，或者该外观设计申请在这些国家之一中有效，该申请的申请人或者权利继受人可以将该外观设计的首次申请日作为同一外观设计在瑞士的申请日，条件是该瑞士申请应在首次申请提交日之后的 6 个月内提出。

（2）在给予瑞士对等待遇的国家提出的首次申请与在《巴黎公约》缔约国提出的首次申请具有同等效力。

第 23 条 形式规定

（1）要求优先权者应当向联邦知识产权局提交优先权声明。联邦知识产权局可以要求申请人提交优先权文件。

（2）未遵守联邦委员会规定的形式要求及期限者，优先权失效。

（3）优先权的登记仅构成有利于申请人的推定。

第三节 登记与保护期限的延长；电子通告❷

第 24 条 登记

（1）符合规定的所有外观设计申请均予以登记。

（2）不符合第 19 条第（1）款和第（2）款规定的形式要求的申请，联邦知识产权局不予登记。

---

❶ 《联邦法律系统汇编》0.232.01/.04。

❷ 根据 2003 年 12 月 19 日电子签名法附件第 5 章的新增内容，自 2005 年 1 月 1 日起实施至今（《联邦法律系统汇编》943.03）。

（3）内容属于第 4 条 a 项、d 项或者 e 项规定的不在保护之列的登记申请，联邦知识产权局应予以驳回。

（4）所有与外观设计权状态或者持有人资格相关的变更应当在登记簿上记载。联邦委员会还可以规定其他著录项目的登记，例如，法院或者强制执行机构权限的约束。

第 25 条 公布出版

（1）在登记簿注册的基础上，联邦知识产权局公布（实施）条例中规定的著录项目信息以及提交的外观设计的复制图样。

（2）联邦知识产权局决定出版机构。

第 26 条 推迟公布时间

（1）申请人可书面请求不超过 30 个月的延期公布，自申请日或者优先权日起算。

（2）延迟期内，持有人可随时要求立即公布。

（3）联邦知识产权局对提交的外观设计秘密进行保密直至延迟期届满。对延迟期届满前撤回的申请同样保密。

第 26a 条❶ 电子通告

（1）联邦委员会可以授权联邦知识产权局在联邦程序基本法规的范畴内通过电子通告进行文档传送的管理。

（2）申请文件可以以电子形式进行处理并存档。

（3）登记簿可以以电子形式记录。

（4）联邦知识产权局可以向第三者开放其数据库，尤其是在线数据库。联邦知识产权局可以就这项服务收取费用。

（5）联邦知识产权局的出版物可以以电子形式公开，但只有仅以电子形式出版的数据其电子版本具有正式效力。

第 27 条 登记簿的公开及文件查询

（1）任何人均可查询登记簿，获取其内容及摘要。第 26 条

---

❶ 纳入 2003 年 12 月 19 日电子签名法附件第五章，自 2005 年 1 月 1 日起实施至今（《联邦法律系统汇编》943.03）。

予以保留。

（2）已登记的外观设计资料同样可以查询，只有当制造秘密、商业秘密或者其他利益可能受到损害时，联邦委员会才对查询权予以限制。

（3）特殊情况下，登记前的文件也可以查询，条件是该文件对保护的条件和范围没有影响（第 2 条至第 17 条）。由联邦委员会规定查询的方式。

第 28 条 登记的注销

下列情况下，联邦知识产权局可全部或者部分注销登记：

a. 持有人提出请求；

b. 未申请延期的；

c. 未缴纳规定的费用的；

d. 判决该登记无效的；

e. 第 5 条所规定的保护期限满的。

第 29 条 国际申请

任何人提交了指定瑞士的工业图案或者造型（外观设计）的国际注册者，均享有与本法赋予的在瑞士提交注册的保护权。若1925 年 11 月 6 日的工业品外观设计国际注册海牙协定❶中的条款较之本法的相关条款更有利于国际注册的持有人，则该协定优先于本法。

第四节　费　用

第 30 条

本法及其（实施）条例所规定的费用总额和支付方式由1997 年 4 月 28 日《联邦知识产权局收费规定》（IPI－RT）❷作出规定。

----

❶ 《联邦法律系统汇编》0.232.121.1/.2。

❷ 《联邦法律系统汇编》232.148。

第三章　法律途径

第一节　未遵守期限的程序继续

第 31 条

（1）申请人或者持有人未遵守联邦知识产权局规定的期限的，可以向联邦知识产权局请求继续程序❶。

（2）请求人应当在其知悉未遵守之期限时起的 2 个月内，但最晚不超过未遵守的期限届满后 6 个月内提出请求。另外，请求人应当在此期间完成遗漏的全部行为并付清继续程序应缴纳的费用。

（3）程序继续请求被接纳所产生的效力是在指定期限内完成程序继续行为后恢复至正常状态。

（4）下列未遵守期限的情况不能继续程序：

a. 提交继续程序请求的期限；

b. 要求优先权的期限。

第二节❷

第 32 条　废止

第三节　民　法

第 33 条　*确认之诉*

任何能证明其法律权益者均可对本法所规定之权利或者法律关系的存在与否提起诉讼以请求确认。

---

❶　根据 2007 年 6 月 22 日联邦法附件第四章之新增内容，自 2008 年 7 月 1 日起实施至今（《联邦法律汇编 2008 2551 2567；《联邦公报》2006 1）

❷　2005 年 6 月 17 日联邦行政法庭法附件第二十二章将其废除，自 2007 年 1 月 1 日起生效（《联邦法律系统汇编》173.32）。

第 34 条 对转让起诉

（1）任何证明其更优权利者均有权对持有人对外观设计的转让提起诉讼。

（2）若持有人为善意转让，诉讼应在外观设计公布后的 2 年内提出。

（3）根据判决进行的转让一旦公布，颁发给第三人的许可证或者其他权利在此期间将全部终止。但若第三人已在瑞士出于营业目的善意地使用外观设计，或者已为此采取专门措施，其仍具有非独占性许可权。

（4）赔偿损失的要求予以保留。

第 35 条 执行赔偿的诉讼

（1）遭受或者有可能遭受侵权的外观设计持有人可向法院提出以下请求：

a. 阻止即将发生的侵权；

b. 停止还在继续发生的侵权；

c. 要求被告说明非法制造之物品的来源和数量，并指出收货人及交付买主的数量。

（2）债务法❶规定的损害赔偿诉讼予以保留，以弥补精神损失并依据商业管理条例返还其收益。

（3）外观设计需登记后方可提出要求赔偿的诉讼，自被告知悉登记的申请内容之时起，原告享有追溯赔偿的权利。

（4）独占性许可证持有人可以单独地提出侵犯许可证登记的诉讼，条件是许可证合同中未明文规定排除该权利。

第 36 条 民事程序中的没收

法院可规定没收❷、变卖或者销毁非法制造的物品以及主要

---

❶ 《联邦法律系统汇编》220。

❷ 由联邦议会起草委员会更正（LREC 第 33 条－《联邦法律汇编》1974 1051）。

用于制造此类物品的设备、工具和其他设施。

第 37 条 唯一的州司法机构

各个州指定一个法院负责受理本法规定的民事诉讼，该法院作为唯一的州级司法机构，在全州行使司法权。

第 38 条 临时性措施

（1）任何人能确信其外观设计权遭受或者可能遭受侵犯并对其造成难以弥补的损失的，可以请求采取临时性措施。

（2）请求人尤其可以要求法院采取适当措施以保存证据、确定非法制造之物品的来源、保持现状，或者确保临时性措施的执行以预防或者中止侵犯其权利。

（3）对其他事项，民法第 28c 条至第 28f 条❶相应适用。

（4）第 35 条第（4）款相应适用。

第 39 条 裁决的公布

依据胜诉方的请求，法院可以下令公布裁决并由另一方支付费用。由法院决定公布的方式和范围。

第 40 条❷ 裁决的通报

法庭无偿向联邦知识产权局完整地通报其具有执行力的判决。

第四节 刑 法

第 41 条 侵犯外观设计权

（1）任何人蓄意侵犯持有人以下权利的，应持有人的起诉，将判处最多不超过 1 年的监禁或者判处罚金：❸

a. 非法使用其外观设计；

---

❶ 《联邦法律系统汇编》210。

❷ 根据 2007 年 6 月 22 日联邦法附件第四章之新增内容，自 2008 年 7 月 1 日起实施至今（《联邦法律汇编 2008 2551 2567》；《联邦公报》2006 1）。

❸ 根据 2007 年 6 月 22 日联邦法附件第四章之新增内容，自 2008 年 7 月 1 日起实施至今（《联邦法律汇编 2008 2551 2567》；《联邦公报》2006 1）。

b. 参与非法使用其外观设计，或者为非法使用其外观设计提供便利；

c. 拒绝向主管当局指明其非法制造之物品的来源、数量、收货人以及交付工业买主的数量。

（2）本人因履行职务行为而违法的，将受到起诉并判处至多 5 年的监禁或者处以罚金，或者并处。❶

第 41a 条❷　不受处罚的行为

第 9 条第（1）款之二所规定的行为不受处罚。

第 42 条　企业管理中的违法行为

1974 年 3 月 22 日联邦行政刑法❸第 6 条和第 7 条适用于在企业管理中其下属机构、委托人或者代理人的违法行为。

第 43 条　诉讼程序的中止

（1）如刑事被告在民事诉讼中主张无效或者未侵犯外观设计权，则法院可以中止刑事诉讼程序。

（2）如刑事被告在刑事诉讼中主张无效或者未侵犯外观设计权，则法院可以给予其一个合理的期限以提起民事诉讼。

（3）诉讼程序中止期间，时效中止。

第 44 条　刑事诉讼中的没收

即使被宣告无罪，法院仍可以裁定没收或者销毁非法制造的物品以及主要用于制造这些物品的设备、工具和其他设施。

第 45 条　刑事起诉

刑事起诉由各州负责执行。

---

❶　根据 2007 年 6 月 22 日联邦法附件第四章之新增内容，自 2008 年 7 月 1 日起实施至今（《联邦法律汇编 2008 2551 2567》；《联邦公报》2006 1）。

❷　纳入 2007 年 6 月 22 日联邦法附件第四章，自 2008 年 7 月 1 日起实施至今（《联邦法律汇编 2008 2551 2567》；《联邦公报》2006 1）。

❸　《联邦法律系统汇编》313.0。

第五节　海关的介入

第 46 条　可疑物品的举报❶

（1）若有人举报有非法制造的物品即将进口、出口或者转口，海关有权通知外观设计持有人。❷

（2）这种情况下，海关有权扣押物品 3 个工作日，以便持有人根据第 47 条提出请求。

第 47 条　介入请求

（1）外观设计持有人或者许可证获得者如有具体形迹可以怀疑有非法制造的物品即将进品、出口或者转口，可书面请求海关拒绝放行这些物品。❸

（2）请求人向海关提供提出请求所需的所有形迹，尤其是对这些物品的详细说明。

（3）由海关作出最终裁定。海关可以收取一定费用以支付其行政支出。

第 48 条　物品的扣押

（1）依照第 47 条第（1）款提交请求后，当海关有充分理由怀疑非法制造之物品的进口、出口或者转口时，海关应同时告知请求人以及这些物品的申报人、占有人或者所有人。❹

（2）为了使请求人获得临时性措施的保护，海关自第（1）款所规定的告知之日起扣押上述物品至多不超过 10 个工作日。

---

❶　根据 2007 年 6 月 22 日联邦法附件第四章之新增内容，自 2008 年 7 月 1 日起实施至今（《联邦法律汇编 2008 2551 2567；《联邦公报》2006 1）。

❷　根据 2007 年 6 月 22 日联邦法附件第四章之新增内容，自 2008 年 7 月 1 日起实施至今（《联邦法律汇编 2008 2551 2567；《联邦公报》2006 1）。

❸　根据 2007 年 6 月 22 日联邦法附件第四章之新增内容，自 2008 年 7 月 1 日起实施至今（《联邦法律汇编 2008 2551 2567；《联邦公报》2006 1）。

❹　根据 2007 年 6 月 22 日联邦法附件第四章之新增内容，自 2008 年 7 月 1 日起实施至今（《联邦法律汇编 2008 2551 2567；《联邦公报》2006 1）。

（3）如有必要，海关可以额外再扣押上述物品至多 10 个工作日。

第 48a 条❶ 样品

（1）应请求，海关有权在物品扣押期间向请求人送交或者寄交样品进行检查，或者在物品扣押处就地检查。

（2）由请求人承担抽取和寄交样品的相关费用。

（3）抽样检查的样品应当归还以便作为证据。若样品滞留于请求人处，这些样品将受到海关条例的管辖。

第 48b 条❷ 制造或者商业秘密的保护

（1）据第 48 条第（1）款之规定进行告知的同时，海关还应告知上述可疑物品的申报人、占有人或者所有人可能按照第 48a 条第（1）款之规定，将抽取的样品送交给请求人或者在物品扣押处就地检查。

（2）物品的申报人、占有人或者所有人可以要求参与检查以保护其制造秘密或者商业秘密。

（3）应申报人、占有人或者所有人的主动请求，海关可以拒绝送交抽取的样品。

第 48c 条❸ 销毁可疑物品的请求

（1）请求人提交第 47 条第（1）款所规定之请求时可以书面要求海关销毁这些可疑物品。

（2）收到销毁可疑物品的请求时，海关应在进行第 48 条第（1）款所规定之告知行为的同时通知物品的申报人、占有人或者所有人该销毁请求。

---

❶ 纳入 2007 年 6 月 22 日联邦法附件第四章，自 2008 年 7 月 1 日起实施至今（《联邦法律汇编 2008 2551 2567；《联邦公报》2006 1）。

❷ 纳入 2007 年 6 月 22 日联邦法附件第四章，自 2008 年 7 月 1 日起实施至今（《联邦法律汇编 2008 2551 2567；《联邦公报》2006 1）。

❸ 纳入 2007 年 6 月 22 日联邦法附件第四章，自 2008 年 7 月 1 日起实施至今（《联邦法律汇编 2008 2551 2567；《联邦公报》2006 1）。

（3）销毁货物的请求不能延长第 48 条第（2）款和第（3）款所规定的获取临时性措施保护的期限。

第 48d 条❶　同意销毁

（1）销毁物品需要取得这些物品的申报人、占有人或者所有人的同意。

（2）如货物的申报人、占有人或者所有人未在第 48 条第（2）款和第（3）款所规定的期限内明确表示反对销毁这些物品，则视为其同意。

第 48e 条❷　证据

销毁物品之前，海关抽取并保存样品作为证据，以便必要时用于赔偿损失的诉讼。

第 48f 条❸　赔偿损失

（1）如可疑物品的销毁被证明无充分理由，请求人将独自承担由此造成的后果。

（2）如物品的申报人、占有人或者所有人已书面同意销毁物品，而后该销毁行为被证明无充分理由，则请求人无须承担赔偿损失的责任。

第 48g 条❹　费用

（1）销毁可疑物品的有关费用由请求人承担。

（2）依据第 48f 条第（1）款之规定进行赔偿损失的估算时，

---

❶　纳入 2007 年 6 月 22 日联邦法附件第四章，自 2008 年 7 月 1 日起实施至今（《联邦法律汇编 2008 2551 2567》；《联邦公报》2006 1）。

❷　纳入 2007 年 6 月 22 日联邦法附件第四章，自 2008 年 7 月 1 日起实施至今（《联邦法律汇编 2008 2551 2567》；《联邦公报》2006 1）。

❸　纳入 2007 年 6 月 22 日联邦法附件第四章，自 2008 年 7 月 1 日起实施至今（《联邦法律汇编 2008 2551 2567》；《联邦公报》2006 1）。

❹　纳入 2007 年 6 月 22 日联邦法附件第四章，自 2008 年 7 月 1 日起实施至今（《联邦法律汇编 2008 2551 2567》；《联邦公报》2006 1）。

依据第 48e 条进行样品抽取和保存的相关费用问题由法官裁定。

第 49 条❶　责任与赔偿损失的声明

（1）如可疑物品的扣押可能造成损失，海关可以要求在请求人提交责任声明的条件下才予以扣押。确实造成损失的，海关可以要求请求人交纳适当的保证金。

（2）由请求人赔偿扣押物品造成的损失以及在未下令采取临时性措施或者临时性措施事后被证明无充分理由两种情况下抽取样品所造成的损失。

第四章　末　章

第 50 条　执行

联邦委员会颁布实施条例。

第 51 条　现行法规的废除与修改

现行法规的废除与修改在附件中规定。

第 52 条　暂行措施

（1）自本法生效之时起，已登记的外观设计图案和造型受新法管辖。申请第四阶段延长保护期者应向联邦知识产权局递交申请并附上便于复制的外观设计图样。

（2）自本法生效之时起，已申请而未登记的外观设计图案和造型均依旧法行事，直至完成登记。

（3）自本法生效之时起，已加密的申请登记之外观设计图案和造型可保密直至第一阶段保护期结束。

（4）本法生效后，第 35 条第（4）款仅适用于已达成或者被认可的许可合同。

---

❶　根据 2007 年 6 月 22 日联邦法附件第四章之新增内容，自 2008 年 7 月 1 日起实施至今（《联邦法律汇编 2008 2551 2567》；《联邦公报》2006 1）。

第53条 全民公决及生效

（1）本法受全民公决的约束。

（2）联邦委员会决定生效时间。

生效日：2002 年 7 月 1 日。❶

附件（第 51 条）

现行法律的废除与修改

I. 1900 年 3 月 30 日的联邦工业外观设计法❷被废除。

II. 现行法律的修改如下：

1. 债务法❸

第 332 条……

第 332a 条 ［废除］

2. 1995 年 3 月 24 日联邦法关于联邦知识产权局的地位和任务的规定❹

序言……

第 2 条第（1）款 a 项……

3. 1992 年 8 月 28 日联邦商标保护法❺

序言……

第 38 条第（3）款……

---

❶ 2002 年 3 月 8 日联邦委员会决议（《联邦法律汇编》2002 1468）。

❷ 《联邦法律系统汇编》2 866；《联邦法律汇编》1956 861，1962 465，1988 1776 附件第 1 章 f 项，1992 288 附件第 9 章，1995 1784 5050 附件第三章。

❸ 《联邦法律系统汇编》220。下述修改已纳入债务法中。

❹ 《联邦法律系统汇编》172.010.31。下述修改已纳入联邦法关于联邦知识产权局的地位和任务的规定中。

❺ 《联邦法律系统汇编》232.11。下述修改已纳入联邦商标保护法中。

4. 1954 年 6 月 25 日联邦发明专利法❶

序言……

第 29 条第（3）款……

第 61 条第（3）款……

---

❶ 《联邦法律系统汇编》232.14。下述修改已纳入联邦发明专利
法中。

瑞典专利法 ❶

1967 年 第 837 号
2000 年 12 月 7 日 第 1158 号法案修改
2001 年 1 月 1 日 生效

第一章 总 则

第 1 条

凡作出适于工业应用的发明的人或者其权利继受人，经申请，有资格按照本专利法第一章到第十章的规定，在瑞典就该发明获得专利权，从而取得在商业上实施该发明的独占权。关于欧洲专利的规定列于第十一章。

下列各项，不应被视为发明：

1）仅仅是发现、科学理论或者数学方法；

2）仅仅是艺术创作；

3）仅仅是实施智力活动、进行比赛或者商业经营的方案、规则或者方法，或者计算机程序；

4）仅仅是信息显示。

针对人体或者动物体实施的外科手术方法、治疗方法或者诊断方法也不应视为发明。但是，这一规定不影响对这类方法中使用的产品，包括化学物质及其组合物，授予专利权。

对下列主题不应授予专利权：

1）其利用与道德或者公共秩序相抵触的发明；

2）动、植物品种，或者生产动物或者植物的主要是生物学

---

❶ 根据世界知识产权组织网站（http：//www.wipo.int/wipolex/en/）上提供的英文版本翻译。翻译：赵军；校对：董玙。

的方法；但是，对微生物方法和由此方法所生产的产品可授予专利权。

第 2 条

专利只授予相对于专利申请日前的已知技术而言是新的并且与其有实质区别的发明。

公众可通过书面、讲演、公开使用或者其他方式获得的一切技术应视为是已知技术。如果在上述申请日前在瑞典提出的专利申请按照第 22 条的规定可为公众所获得，则该申请的内容也应视为已知技术。但是，第一款所规定的发明必须与专利申请日前的已知技术有实质区别的要求不适用于此类申请的内容。

在适用第二款时，第三章或者第十一章规定的某些申请在特定情况下与在瑞典提出的专利申请具有同等效力。针对这些申请的规定见第 29 条、第 38 条及第 87 条。

第一款中关于发明应为新的的规定，不影响对第 1 条第三款所述方法中使用的已知化学物质或者已知物质的组合物授予专利权，只要这种化学物质或者组合物在这类方法中的使用是未知的。

在申请提出前 6 个月内为公众所知的发明，在下列情况下仍然可以被授予专利权：

1）明显滥用与申请人或者先前的合法权利人的关系的；

2）申请人或者先前的合法权利人在官方主办或者被官方承认的、属于 1928 年 11 月 22 日在巴黎签署的国际展览会公约规定的国际展览会上展示了该项发明。

第 3 条

除下述例外情形外，专利所赋予的独占权是指，未经专利权人的同意，任何人不得通过下列方式使用其发明：

1）制造、提供或者使用受专利保护的产品，或者将其投放市场，或者为这些目的进口或者持有这些产品；

2）使用一种受专利保护的方法，或者在明知或者根据情况显然知道未经专利权人同意使用专利方法是被禁止的的情况下，提供专利方法在瑞典使用；

3）提供或者使用受专利保护的方法所制造的产品，或者将其投放市场，或者为这些目的进口或者持有这些产品。

独占权也指未经专利权人同意，任何人不得以如下方式实施发明，即在明知或者显然知道某种手段是适合并旨在实施该发明所的情况下，将涉及发明实质内容的手段提供给无权实施该发明的人在瑞典实施该发明。如果该手段属于可以广泛获得的普通商业产品，本款只适用于提供手段的人企图引诱接受人进行第一款所述行为的情况。在适用本款规定时，以第三款第1）项、第3）项或者第4）项所规定的方法使用发明者，不应视为有权实施发明的人。

下列情况不视为侵犯独占权：

1）非商业性的使用；

2）使用由专利权人或者经其同意投放在欧洲经济区市场上的、受专利保护的产品；

3）在与发明本身有关的实验中使用发明；

4）根据医生针对具体病情的处方配制药剂。

第 4 条

任何在某项专利申请提出时已经在瑞典商业性地使用该项发明的人，无论该专利是否授予，均可继续其使用并保持其总体特点，只要该使用不构成对申请人或者先前的合法权利人的明显损害。这种使用权根据情况也适用于为在瑞典商业性地使用某发明已作了实质性准备的人。

前款规定的使用权只能随最初使用或者打算使用该发明的业务一同转移给他人。

第 5 条

尽管一项发明被授予了专利，在定期交通或者其他情况临时进入瑞典的外国运输工具、飞行器或者其他外国通讯设施上仍可为其自身需要使用该发明。

尽管一项发明被授予了专利，瑞典政府可以判令进口外国飞行器的备件和附件并用于在此修理，只要该国对瑞典飞行器给予同等待遇。

第 6 条

如果一件发明专利申请已经包含在一件在其申请日前 12 个月内提交的瑞典在先专利申请中，为适用第 2 条第一款、第二款、第四款及第 4 条规定的目的，经申请人提出请求，视为与在先申请同时提出（优先权）。此规定同样适用于已经包含在一件在其申请日前 12 个月内在 1883 年 3 月 20 日《保护工业产权巴黎公约》的成员国或者建立世界贸易组织（WTO）协议的成员国或者地区提交的在先专利申请、发明人证书或者实用新型中的发明专利申请。在先申请是在其他国家或者地区提出，且该国或者地区立法基本对应于《巴黎公约》并给予瑞典申请相应优先权的，此申请也可享有这种优先权。

第 6A 条

申请人应当于提出申请之日或者视为提出申请之日起 3 个月内提出优先权请求。申请人应当写明相关在先申请的申请地和申请时间。申请人应当尽快写明在先申请号。

对第三章所述国际申请，应当在国际申请日起 4 个月内提出优先权请求。申请人应当写明相关在先申请的申请地和申请时间，在国际申请的情况下，还应写明受理局。另外，申请人应当于要求优先权之日起 16 个月内向国际申请的受理局或者第 35 条所述的国际局提交相关的申请号。

如果一件申请根据本法第 11 条和专利法令（1967：838）第 22 条的规定进行了分案，无需任何特别的请求，原案的优先权请求同样适用于任何分案后的新申请。

第 6B 条

要求了优先权的申请人应当自要求优先权日起 16 个月内向

专利主管机构提交涉及在先申请的下述文件：

1) 由受理在先申请的单位出具的关于申请人姓名和申请日的证明；

2) 由该单位证明的在先申请副本。

第 6C 条

对第三章所述的国际申请，第 6B 条对申请人规定的义务适用本条第 2 款至第 4 款的规定。

只有在专利主管机构要求时，申请人才应当提交第 6B 条第 1 项所述的证明。

作为替代方式，申请人可以根据 1970 年 6 月 19 日在华盛顿签署的《专利合作条约》实施细则第 17 条第 1 项的规定，向第 35 条所述的国际局或者受理局提交在先申请的副本，或者根据该条款规定要求向国际局传送在先申请副本。

如果根据第三款所述的《专利合作条约》实施细则的规定国际局收到了在先申请副本，专利主管机构只能根据该实施细则第 17 条第 2 项的规定要求提交副本和译文。

第 6D 条

只能在包含该发明的首次申请的基础上要求优先权。

如果提交首次申请的人或者其权利继受人随后向同一局提交了包含同样发明的申请，仅在下列情形下以在后申请作为优先权的基础。在提交在后申请时，在先申请：

1) 已被撤回或者驳回且尚未向公众公开；以及

2) 没有遗留任何基于其的权利，或者尚未成为任何优先权的基础。

如果任何人根据第二款的规定已经基于在后申请被授予了优先权，在先申请不能再作为要求优先权的基础。

第二款和第三款的规定同样适用于根据第 14 条的规定改变了申请日的专利申请。

第 6E 条

申请人可以基于一件专利申请的一部分获得优先权。

一件申请可以基于数件在先申请要求优先权。这也适用于在先申请涉及不同国家的情况。

第 6F 条

政府，或者专利主管机构在政府的授权下，可以就某些情况对第 6B 条和第 6C 条规定的提交证明和副本的义务作出例外规定。

第 6G 条

不符合第 6A 条至第 6E 条规定的，不得享有优先权。

第二章 瑞典专利案件的程序

第 7 条

本法中的专利主管机构，除另有说明外，指瑞典的专利主管机构。瑞典的专利主管机构为专利与注册局。

第 8 条

申请专利应当向专利主管机构提出，或者，在第三章规定的情况下向外国的专利局或者国际组织提出。

专利申请应当包括发明说明书，必要时应包含附图，以及要求专利保护的内容（专利权利要求）的具体说明。涉及化合物的发明不必在专利权利要求中描述具体用途。说明书应当足够清楚，以使本领域技术人员能够根据说明书的指导实施该项发明。涉及微生物学方法或者其产品的发明，只有在满足第 8A 条的规定时才被认为作出了足够清楚的说明。

专利申请还应包括说明书摘要和权利要求书。摘要仅作为技术情报，不用于其他目的。

专利申请应写明发明人姓名。如果专利申请是由发明人以外的人提出，申请人应证明其对该项发明所拥有的权利。

申请人应缴纳申请费。申请人应当在申请被最终决定前为每一缴费年缴纳年费。

缴费年为1年，自提出申请之日或者视为提出申请之日起计算，随后按照日历的对应日计算。

第8A条

如果实施某项发明时需要使用微生物，而该微生物既不能被公众获得也无法通过申请文件中的描述使本领域技术人员据此实施该发明，则该微生物应当在申请日之前进行保藏。保藏应当持续，以使根据本法有权获得该保藏物样本的人能够在瑞典获得其样本。政府应当对保藏的地点作出规定。

如果保藏物不再存活或者因其他原因不能提供样本，应当在规定期限内用同一微生物的新培养物进行替换或者按照政府规定的方式提供保藏。如果按照此规定进行了保藏，则新的保藏视为在先前的保藏之日作出。

第9条

如果申请人提出要求并缴纳特别费用，专利主管机构应根据政府确定的条件，允许由第15（5）条所述的、1970年6月19日在华盛顿签署的《专利合作条约》规定的国际检索单位对其申请进行新颖性检索。

第10条

两个或者两个以上互相独立的发明不得在一件申请中申请专利。

第11条

如果申请人要求对一项发明进行专利保护，而该发明在申请人较早提出且尚未审结的专利申请中披露过，经申请人请求，根据政府规定的条件，后一申请应视为在向专利主管机构提出披露该发明的申请文件之日提出。

第12条

专利主管机构可以要求在瑞典没有居所的申请人指定一位在

瑞典有居所并有资格代为接收通信的代理人，并将代理人信息通知主管机构。如果申请人未按本规定指定代理人，通信将邮寄至最后所知的申请人地址。信件寄出视为完成送达。

第 13 条

专利申请的修改不得导致要求保护在申请时或者根据第 14 条视为申请时未包括在申请中的主题。

第 14 条

如果申请人自提出申请之日起 6 个月内对申请进行修改，经申请人请求，该申请应被视为在作出修改时提出。

第一款所述请求应当在申请日起 2 年内提出，只能一次且不能撤回。

第 15 条

如果申请人未符合关于申请的要求，或者专利主管机构发现存在其他障碍使该申请不能被允许，应通知申请人并要求其在规定期限内提出说明或者作出更正。但专利主管机构可以不经申请人同意对申请的摘要作出必要修改。

如果申请人未在指定期限内提出说明或者采取措施克服障碍，其申请应予驳回。对此驳回将作出官方通知。

如果在规定期限届满之日起 4 个月内，申请人提交了说明或者采取了克服障碍的措施，并在此期限内缴纳规定的恢复费，则被驳回的申请将予以恢复。

如果申请人未缴纳第 8 条、第 41 条和第 42 条所述的年费，其申请将被驳回且无需任何事先通知。该被驳回的申请不能恢复。

第 16 条

如果在申请人提交说明之后仍存在其申请不能被允许的障碍，并且申请人已被给予一次就此障碍提出说明的机会，则其申请将被驳回，除非存在给予申请人再次官方通知的理由。

第 17 条

如果任何人向专利主管机构提出主张，认为其是某发明享有适格权利人而非提出申请的申请人，在情况难以确定的情况下，专利主管机构可以令其在一定时间内向法院起诉，否则其主张在专利申请的进一步审查中将不被考虑。

如果有关发明所有权的诉讼在法院审理未决，可宣布中止该专利申请，直到法院作出最终判决。

第 18 条

如果任何人向专利主管机构证明了其是某发明的适格权利人而非提出申请的申请人，则专利主管机构应在其请求下将该项申请转移给他。接受转移的人应缴纳新的申请费。

一旦有转移申请的请求被提出，则在对请求未最终作出决定之前该申请不得被驳回、拒绝或者授权。

第 19 条

如果申请文件完整且未发现授予专利的障碍，专利主管部门应通知申请人该申请可被授予专利权。

在通知之日起 2 个月内，申请人应当缴纳固定的授权费。未缴纳的，该申请应当被驳回。如果在 2 个月期限届满之日起 4 个月内，申请人缴纳了授权费和固定的恢复费，该被驳回的申请可以恢复。

如果专利的发明人缴纳授权费存在很大困难，在发明人于通知之日起 2 个月内提交书面请求下，专利主管机构可以免除其该项义务。如果发明人的请求被专利主管机构拒绝，在此后 2 个月内缴纳的费用视为在正确期限内缴纳。

第 20 条

如果申请人满足了第 19 条的要求且不存在其他授权障碍，专利主管机构应对申请授予专利权。该决定应予公告。

授予专利权的决定一经公告，专利即被授予。授权专利应当记录在专利主管机构保管的专利登记簿上，并应当颁发专利证书。

专利授权之后，不得修改权利要求扩大专利保护的范围。

第 21 条

自专利授权之日起，专利主管机构应当公开专利全文。专利全文应当包括说明书、权利要求书、摘要，以及专利权人和发明人的姓名。

第 22 条

自专利授权之日起，申请文件应当向公众公开。

如果专利文件未按第一款公开，自专利申请提出之日起 18 个月后，或者自优先权日起 18 个月后，应将文件向公众公开。但是，如果申请已被驳回或者拒绝，则只有在申请人提出恢复、起诉或者按第 72 条或者第 73 条提出请求下才向公众公开文件。

应申请人要求，可在第一款及第二款所规定的期限以前向公众公开文件。

在申请文件可按第二款或者第三款向公众公开时，应将这一事实予以公告。

如果文件中包含商业秘密，并且与要求专利保护的或者已经授权的发明无关，则专利主管机构在有理由并且依申请人的请求下，可以决定不向公众公开文件。不向公众公开文件的请求一经提出，则在此请求被生效决定拒绝以前，不应向公众公开文件。

在申请文件已根据第一款、第二款或者第三款向公众公开后，任何人有权获得按照第 8A 条保藏的微生物样本。但这不意味着该样本可提供给依据法律或者其他法令不能处置该保藏微生物的人。同样，这也不意味着该样本可提供给预计在处理样本时因样本的有害特性而明显存在风险的人。

在专利授权或者专利申请不被授权的最终决定作出之前，如果申请人提出请求，则不管第六款第一句话的规定，保藏样本只能提供给特别专家。政府应当规定在何种期限内可提出该请求，何人可作为获得样本的专家。

希望获得样本的人应向专利主管机构提出书面请求，并按照政府规定作出防止误用样本的承诺。如果样本只提供给特别专家，承诺必须由该专家作出。

第 23 条

如果专利主管机构对一件已经向公众公开的申请作出驳回决定，该决定应当在其生效时予以公告。

第 24 条

任何人都有权对已授权的专利提出异议。异议应当在授权之日起 9 个月内向专利主管机构书面提出。

专利主管机构应将该异议通知专利权人，并给予其陈述意见的机会。

如果异议被撤回，在有特殊原因的情况下该异议程序可继续进行。

第 25 条

经异议，在下述情形下专利主管机构应当撤销该专利：

1）授权专利不符合第 1 条和第 2 条的规定；

2）发明未被清楚公开至本领域技术人员能够据其指导实施发明；或者

3）涉及在提交的申请中不明确的主题。

如果不存在第一款所述的、妨碍维持专利权的情形，专利主管机构应当驳回异议。

如果专利权人在异议程序中对专利进行修改，使得不存在第一款所述的、妨碍维持专利权的情形，专利主管机构应当在其修改的基础上宣布维持专利权。

专利主管机构作出的异议决定生效时应当予以公告。

如果异议决定在经修改的专利基础上作出，专利主管机构应当提供新的专利全文并颁发新的专利证书。

第 26 条

如果专利主管机构对专利申请作出的最终决定对申请人不

利，申请人可以就该决定提出上诉。专利权人和异议人可以针对对其不利的异议决定提出上诉。如果上诉人撤回上诉，在有特别原因的情况下上诉审查继续进行。

如果第 15 条第三款或者第 19 条第二款的恢复请求被驳回，或者第 18 条的转移请求被允许，申请人可以针对驳回决定或者转移决定提出上诉。请求按照第 18 条给予转移的人可以就驳回转移请求的决定提出上诉。

按照第 22 条第五款提出请求的人，可针对拒绝其请求的决定提出上诉。

根据第 42 条、第 72 条或者第 73 条作出的决定提出的上诉，由第 75 条规定。

第 27 条

根据第 26 条的上诉应当在决定之日起 2 个月内向专利上诉法院提出。

针对专利上诉法院的最终判决不服可在判决之日起 2 个月内上诉至最高行政法院。上诉不能涉及被上诉的判决中未涉及的专利权利要求。在其他方面，适用行政诉讼法（1971：291）第 35 条至第 37 条关于不服行政上诉法院所作判决不服进行上诉的规定。专利上诉法院应当在判决中说明当事人向最高行政法院上诉需要特别批准，以及给予批准的理由。

第 22 条第五款的规定应适用于向专利上诉法院或者最高行政法院提交的文件。

第三章　国际专利申请

第 28 条

国际专利申请是指根据 1970 年 6 月 19 日在华盛顿签署的《专利合作条约》提出的申请。

国际专利申请应向根据《专利合作条约》及其实施细则授权受理这种申请的专利主管机构或者国际局（受理局）提出。按照瑞典政府的规定，瑞典专利主管机构为一个受理局。向瑞典专利主管机构提出国际专利申请，申请人应缴纳规定的费用。

第 29 条至第 38 条的规定适用于指定瑞典的国际专利申请。但是，该项申请要求获得指定瑞典的欧洲专利，则应适用第十一章的规定。

第 29 条

受理局已给予国际申请日的国际专利申请，与同一天提出的瑞典专利申请具有同等的效力。但第 2 条第二款第二句话的规定，只适用于进行了第 31 条规定程序的申请。

第 30 条

属于《专利合作条约》第 24 条（1）（i）和（ii）情形的国际专利申请，视为在瑞典的申请已撤回。

第 31 条

如果申请人希望国际专利申请进入瑞典国家阶段，其应在自国际申请日或者优先权日起 20 个月内，向专利主管机构提交国际专利申请的、符合政府要求的瑞典译文，或者，如果国际申请的文字是瑞典文，应当提交申请的副本。申请人应在相同期限内缴纳专利主管机构规定的费用。

如果申请人要求对国际申请进行国际初步审查，并且在第一款所述日期起 19 个月内按照《专利合作条约》及其实施细则作出希望在申请瑞典专利的程序中利用国际初步审查结果的声明，则其应在上述日期起 30 个月内满足第一款的要求。

如果申请人在第一款、第二款规定的期限内缴纳了所述费用，所要求的译文或者副本可以在额外的 2 个月期限内提交，前提是在该宽限期内缴纳规定的附加费。

如果申请人未满足本条规定，该瑞典申请视为已撤回。

第 32 条

如果申请人撤回国际初步审查的要求，或者撤回希望在瑞典专利申请中利用国际初步审查结果的声明，该国际专利申请视为已从瑞典撤回，除非该撤回是在第31条第一款规定的期限内作出，并且申请人还按第31条第一款或者第三款规定继续进行申请。

第33条

如果一项国际专利申请已按第31条的规定提出，则除本条或者第34条至第37条另有规定外，该申请及其程序应适用第二章的规定。但是，未经申请人请求，不得在第31条第一款或者第二款规定的期限届满前对该申请进行审查。

在专利主管机构有权开始对申请进行审查的时间之前，不能发出第12条所述的要求。

该申请一旦着手审查，首先应履行按第12条必须在瑞典有一名代理人的义务。

申请人一旦按照第31条规定向专利主管机构提交申请译文或者在申请是瑞典文时提交副本后，即可适用第22条第二款、第三款的规定。

对国际专利申请，在适用第48条、第56条和第60条时，其中关于申请文件已根据第22条向公众公开的情形指的是按照第三款的规定向公众公开。

如果专利申请满足了《专利合作条约》及其实施细则规定的形式和内容要求，该申请的这些方面应予接受。

第34条

对国际专利申请，专利主管机构在政府规定的期限届满之前不能授予专利权或者作出驳回决定，除非申请人同意对申请提前决定。

第35条

非经申请人同意，专利主管机构不得在世界知识产权组织国际局公开国际专利申请以前，或者在国际申请日起20个月届满以前，如要求优先权的则自要求优先权之日起20个月届满以前，授予专利权或者公开申请。

第 36 条

如果因为发现申请中包含多个彼此独立的发明，而且申请人未根据《专利合作条约》在规定期限内缴纳附加费，国际专利申请的一部分未经过国际检索或者国际初步审查，专利主管机构应确定上述判断是否正确。如果确定该判断正确，而申请人在专利主管机构将此决定邮寄通知其后 2 个月内未向专利主管机构缴纳规定费用，则该申请中未经检索或者初步审查的部分将视为撤回。如果专利主管机构发现上述判断不正确，专利主管机构应对该申请进行全面审查。

针对根据第一款由专利主管机构作出的、确定专利申请中包含多个彼此独立发明的决定，申请人可提出上诉。适用第 27 条第一款、第二款的规定。

如果法院确定专利主管机构的决定是正确的，则第一款第二句话规定的缴费期限应从专利主管机构将法院的最后判决邮寄通知申请人之日起计算。

第 37 条

如果申请人在国际审查单位作出的限制权利要求或者缴纳附加费的建议下，对申请权利要求进行了限制，从而使国际专利申请的一部分未经过国际初步审查，且申请人在专利主管机构将后果邮寄通知其的 2 个月内未缴纳规定费用的，该申请中未审查部分应视为已在专利主管机构撤回。

第 38 条

如果受理局拒绝给予一件国际专利申请的国际申请日，或者宣布该申请视为撤回或者对瑞典的指定被视为撤回，则专利主管机构应在申请人的要求下，对上述决定进行复查。这一规定对国际局作出的申请视为撤回的决定同样适用。

根据第一款规定请求复查的，申请人应在政府规定的期限内向国际局提出申诉。在同一期限内，申请人应向专利主管机构提交符合瑞典政府规定的申请译文，并缴纳规定的申请费。

如果专利主管机构发现受理局或者国际局的决定不正确，专利主管机构即应按第二章的规定处理申请。如果受理局未给予国际申请日，则该申请应视为是在专利主管机构认为应确定为国际申请日的日期提出。如果该申请满足《专利合作条约》及其实施细则有关形式和内容的要求，则该申请在内容和形式方面应予接受。

如果一件申请已按第 22 条规定公开，则第 2 条第二款第二句话的规定适用于已按第三款规定进行处理的该申请。

第四章　专利的范围和期限

第 39 条

专利保护的范围应根据专利权利要求来确定。说明书可用于解释专利权利要求。

第 40 条

被授予的专利权在自提出专利申请之日起 20 年内有效。

针对专利权，应当自授权日起为每一缴费年度缴纳规定的年费。如果专利权在按照第 41 条的规定开始缴纳专利申请年费之前被授予，在任何情况下，专利权人应当于首次缴纳专利年费时，缴纳授予专利权前的缴费年度的年费。

第十三章对医药产品的补充保护作出规定。

第五章　年费的缴纳

第 41 条

年费应当自缴费年度开始月份的最后一日缴纳。但第一、二缴费年度的年费应当在缴纳第三缴费年度的年费时缴纳。年费的缴纳不应早于应缴费日 6 个月。

关于第 11 条规定的在后申请，在后申请的提交日之前或者该日起 2 个月之内已起算的缴费年度，其年费的缴纳应当早于该日期起 2 个月内。对于国际专利申请，根据第 31 条进入国家阶段日前的，或者根据第 38 条规定进行处理之日之前的，或者在前述日期起 2 个月内已起算的缴费年度，年费的缴纳均应不早于申请进入或者进行处理的日期起 2 个月。

年费与规定的附加费用可以在缴费日之后 6 个月内缴纳。

第 42 条

如果发明人是申请人或者专利权人，且缴纳年费有相当大的困难，则如果发明人不迟于第一次应缴纳年费之日提出请求，专利主管机构可以给予其延缓缴纳期限。延缓一次不得超过 3 年，但最长不得超过授权之日起 3 年。延长延缓期的请求应当在延缓期届满之前提出。

如果延缓请求或者延长延缓期的请求被拒绝，在其后 2 个月内缴纳年费应视为按时缴纳。根据第一款准予延缓缴纳的年费，可以在获得延缓期届满后 6 个月内与第 41 条第三款所规定的附加费用一并缴纳。

第六章　许可、转让等

第 43 条

如果专利权人授予另一人在商业上实施其发明的权利（许可），则只有在许可协议中有规定的情况下被许可人才可将该权利转让给其他人。

第 44 条

如果某件专利被转移给另一人或者已颁发许可，则经请求应将此情况记录在专利登记簿上。

如果登记簿上记录的许可被证明已终止，则应将此许可记录从登记簿中删除。第一款和第二款的规定应适用于强制许可和第 53 条第二款所规定的权利。

在有关专利的法律诉讼或者其他法律案件中，最后一个以专利权人的名义记录在专利登记簿上的人应视为专利权人。

第 45 条

如果自授予专利权起满 3 年，而且自提出专利申请起满 4 年，该项发明在瑞典没有以合理程度实施的，若无可接受的未实施该发明的理由，希望在瑞典实施该项发明的人均可获得强制许可。

根据互惠原则，政府可判定在适用第一款规定时，在外国的实施即等同视为在瑞典实施。

第 46 条

某项发明的专利权人，其发明的实施受到他人拥有的专利权限制时，如果从第一发明的重要性或者其他特殊原因看是合理的，可以获得实施该人的专利保护的发明的强制许可。

根据第一款被颁发强制许可的专利的权利人，除有相反的特殊原因外，可获得实施另一发明的强制许可。

第 47 条

在极端重要的公共利益需要时，凡希望在商业上利用另一人拥有专利权的发明的人，均可获得强制许可。

第 48 条

当申请文件按第 22 条的规定向公众公开时，在正在瑞典商业性地使用一项专利申请中的发明的人，如果有有利于其的非常特殊的理由并且其不知道该申请，也没有合理的理由应当知道该申请，则应有权在该申请获得专利时得到继续前述使用的强制许可。在同样的条件下，这种权利也应给予已经为在瑞典商业实施该发明做了实质性准备的人。该强制许可同样适用于在专利授权前的时间。

第 49 条

强制许可只可颁发给有条件以可接受的方式利用该发明并遵守强制许可的人。

强制许可不应妨碍专利权人本人利用其发明或者颁发许可。强制许可只能与利用该发明或者意图利用该发明的业务一起转让给他人。

第 50 条

强制许可应由法院颁发，法院还应决定发明可被利用的范围，并确定许可的补偿及其他条款。当情况发生实质性变化时，法院可应请求撤销许可或者对许可条款作出新的规定。

第七章 专利权的终止等

第 51 条

如果未按第 40 条、第 41 条及第 42 条的规定缴纳年费，该专利权自未缴费的年度开始起失效。

第 52 条

下列情形下，法院应宣布该专利权无效：

1）专利权的授予不符合第 1 条和第 2 条的规定；

2）发明专利的说明书不够清楚，本领域技术人员不能根据其教导实施该项发明；

3）专利包含申请时没有包括的主题；或者

4）专利权授予后专利保护范围扩大的。

不得以获得专利权的人只有资格对该专利的一部分享有权利为理由宣布专利无效。

除第四款的规定外，凡因某项专利而遭受损害的人，以及政府指定的机构为维护公众利益，均可向法院起诉专利权无效。

以某项专利授给了不是第 1 条所规定的有资格取得专利的人为理由而提起的诉讼，只能由主张有资格取得专利的人提起。诉讼应在获悉专利授权及诉讼所根据的其他事实后 1 年内提出。如果专利权人在专利授权时或者受让专利时是善意的，则在专利授权 3 年以后不能再提起诉讼。

第 53 条

如果专利被授予给不是第 1 条所规定的有资格取得专利的

人，在由有资格取得专利的人提起的诉讼中，法院应判决将专利转移给他。关于起诉的期限，应适用第 52 条第四款的规定。

如果被剥夺专利权的人已经善意地在瑞典开始商业性地使用该发明或者为使用该发明做好实质性准备，其应有权在保留总体特点的条件下继续已经开始的使用或者实施已经准备好的使用，但应给予合理的补偿及其他合理条件。在相应的条件下，专利登记簿上记录的许可持有者也享有相应权利。

第二款所规定的权利只能随使用或者意图使用该项发明的业务一同转移给他人。

第 54 条

如果专利权人书面通知专利主管机构放弃其专利权，专利主管机构应宣布专利终止。

如果专利因债务被扣押或者专利转移诉讼未审决时，在扣押仍然有效或者诉讼作出最后判决以前，不得宣布专利权终止。

第 55 条

在一项专利权失效、被宣布终止、被宣布无效或者被法院判决转移时，专利主管机构应予以公告。

第八章　提供信息的义务

第 56 条

在申请文件按第 22 条规定公开之前，专利申请人引证其申请反对另一人时，申请人有义务依请求同意上述当事人获得该文件。如果专利申请中包括第 8A 条所规定的保藏微生物，还应给予获得培养物样本的权利。在某人希望基于上述同意获得样本时，适用第 22 条第六款第二句和第三句以及第七款、第八款的规定。

任何人通过直接向别人描述、广告、在货物或者其包装上铭刻或者任何其他方式表明，其已经申请专利或者获得专利权，而未同时给出申请或者专利的序列号的，有义务依请求立即提供上述序列号。如果未明确说明专利已申请或者被授权但是各种情况使人产生这种印象的，则应依请求立即提供有关专利是否已经申请或者授权的信息。

第九章　赔偿的责任和义务等

第 57 条

故意或者因严重过失侵犯专利赋予的独占权（侵犯专利权）的人，应予罚金或者判处最长 2 年的监禁。违反第 57A 条规定的禁令并被判罚金的人，不得就禁令所涉及的侵权行为被判刑。

试图或者准备进行第一款所述犯罪的人，应当按照刑法典第 23 章的规定给予处罚。

仅在受害人提出控告且出于公共利益的特别需要下，检察官才可针对第一款、第二款的犯罪行为提起公诉。

第 57A 条

如果专利权人或者被许可使用发明的人提出请求，法院可以判令正在侵犯专利权的人停止侵权，否则处以罚金。

如果原告有证据表明侵权可能正在发生且有理由担心被告继续侵权将造成专利权价值降低，法院可以颁发违者处以罚金的禁令，直至案件判决或者其他决定最终作出。除非延迟将带来损失，在颁发禁令之前被告应有机会进行陈述意见。

只有在原告向法院提供担保以弥补可能给被告带来的损失之后，法院才可颁发第二款所述禁令。如果原告缺乏提供该担保的能力，法院可以免除其此项义务。担保的类型应当适用判决执行法第 2 章第 25 条的规定。如果被告不认可该担保，由法院考虑确定。

在对案件作出判决时，法院应当考虑根据第二款颁发的禁令是否应继续执行。

对第二款或者第三款所作决定的申诉及上级法院庭审的问

题，应当适用司法程序法第十五章对决定不服提出的申诉的规定。

申请禁令的当事人可提出处以罚金的诉由。与此衔接，可启动一个新的对违者处以罚金的禁令的程序。

涉及有线和无线电传输的内容，适用无线电法（1966年第755号）的规定。

第 58 条

故意或者过失侵犯专利者，应对使用该发明支付合理赔偿，并赔偿侵犯专利所造成的未来损失。在确定赔偿数额时，还应考虑专利权人未受侵犯的专利权的利益以及单纯经济利益之外的后果。

如并非故意或者过失侵犯专利的，应对使用发明作出合理赔偿。

要求就专利侵权获得赔偿的诉讼只能涉及起诉之前 5 年内的损失。之前受到的损失无权要求赔偿。

第 59 条

应被侵权的专利权人的请求，从防止进一步侵权角度看合理的情况下，法院可以判令将未经专利权人同意生产的专利产品或者其使用将导致侵犯专利权的物品进行改造，或者交出以保护该专利剩余有效期的利益，或者销毁，或者将专利产品交给被侵权人。对善意取得财产或者其上的特定权利而本人并未侵犯专利的，不适用上述规定。

如果可合理推定存在第 57 条规定的犯罪时，可以没收第一款所述的财产。在这种情况下，适用刑事案中关于没收的一般规则。

尽管有第一款的规定，如有特殊理由，法院可依申请判令第一款提到的财产持有人在支付合理费用和其他合理条件下，在专利的剩余有效期或者一部分期间内使用该财产。

第一款至第三款的规定同样适用于第 57 条第二款所述试图

或者准备犯罪的情形。

第 60 条

如果要求保护的发明是在根据第 22 条公布申请文件后被商业性地使用，则关于专利侵权的规定应当仅适用于最终授权的范围。但在依第 20 条被授予专利权之前，专利保护仅涉及在公布的申请文件的权利要求及被授予专利权的权利要求中均记载的内容。上述情况不应给予刑事处罚，并且在专利授权之前使用专利的补偿只能按第 58 条第二款确定。

在异议期限届满后 1 年内，或者如果提出了异议，在专利主管机构判定专利应当维持之日起 1 年内，起诉要求赔偿的，则不适用第 58 条第三款的规定。

第 61 条

如果专利已被撤销或者被生效判决宣告无效，则法院不能按第 57 条至第 60 条的规定判处刑罚、颁发违者处以罚金的禁令、支付罚金或者赔偿费，或者采取预防措施。

如果就专利侵权已向法院起诉而被告主张该专利无效，对专利无效的置疑只有在向法院提出无效诉讼之后才予以考虑。法院应当责令主张专利无效的当事人在规定的期限内提出无效诉讼。

如果专利侵权诉讼和专利无效诉讼在同一法院进行，且如果单独判定专利权是否无效是合理的，法院可以应一方当事人的请求对此问题单独作出判决。如果采取单独判决的方式，法院可以决定中止侵权诉讼直至无效判决生效。

第 62 条

故意或者非轻微过失而未履行第 56 条所规定义务的，应判处罚款。

故意或者非轻微过失而在履行第 56 条规定义务时提供错误信息的，除非刑法典另有惩处规定，也应处以罚款。

故意或者过失而未履行第 56 条规定的义务，或者在履行该条义务时提供错误信息的，应支付适当的损失赔偿费。如果只是轻微过失，则赔偿可作相应的调整。

仅在经被侵害人要求且出于公共利益特殊需要时，才可由检察官对第一款及第二款所规定违法行为提出控告。

第 63 条

专利权人或者被许可使用发明的人，在不确定且这种不确定的情况对其不利时，有权向法院起诉要求其作出宣告式判决，确定其是否依专利保护而可以反对另一方。

在同样情况下，实施或者试图实施某项行为的人可以起诉反对专利权人，以确证某一专利是否对其行为构成障碍。

如果在第一款所述诉讼中被告主张该项专利权无效，则应适用第 61 条第二款的规定。

第 64 条

凡欲起诉要求宣告专利无效、转移专利或者颁发强制许可的人，应向专利主管机构报告并通知专利登记簿登记的该专利的所有被许可人或者质权人。如果被许可人要提起专利侵权或者第 63 条第一款规定确定权利的诉讼，其应将起诉情况通知专利权人。此规定同样适用于希望提起专利侵权诉讼的质权人。

将第一款规定的信息以邮资预付的挂号信邮寄至专利登记簿上登记的地址，即应视为已提供了该项信息。

如果起诉时未表明已按第一款的规定作了报告或者通知，则应给原告报告或者通知的延展期。如果原告未在延展期内报告或者通知，则其起诉不予受理。

第 65 条

斯德哥尔摩市法院是下列案件的管辖法院：

1）就发明申请专利的资格；

2）专利权的无效或者转移；

3）颁发强制许可，规定强制许可的新条件或者撤销强制许可，或者授予第 53 条第二款所规定的权利；

4）专利侵权；

5）根据第 63 条确定权利；或者

6）根据第 78 条判决补偿费。

第 66 条

对第 65 条所规定的案件，市法院至少需要四名成员组成法庭，即两名法律专家、两名技术专家。法庭的人数不应超过三名法律专家和三名技术专家。法庭庭长由法律专家担任。

在不开庭及开庭以外的程序或者现场调查中，法庭可由一名法律专家担任。在这些案件，法庭的人数不超过一名法律专家和一名技术专家，法庭庭长由法律专家担任。

第 67 条

在市法庭有技术专家参与判决的案件中，上诉法庭应由三名法律专家和两名技术专家组成。如果市法庭由三名法律专家参与了审理，则上诉法庭至少应有四名法律专家参与审理。法庭不应超过五名法律专家和三名技术专家。

如果上诉法院发现明显不需要技术专家参与审理，则可以不包括技术专家。

第 68 条

政府或者政府指定的机构应一次委派至少 25 名技术专家担任市法院与上诉法院的技术专家，任期 3 年。在 3 年期间内，政府可在需要时另外指定人员在剩余期限内担任此项职务。

法院院长应根据所需技术资格及其他要求从被任命的人员中选择人员参与具体案件的审理。退休的技术专家有义务继续参与原已参与的案件的后续审理。

第 69 条

在第 65 条所规定的案件中，必要时，法院应听取专利上诉法院的意见。

第 70 条

第 65 条所规定案件的判决或者最终决定的副本，应传送专利主管机构。

第十章　特殊规定

第 71 条

在瑞典没有居所的专利权人应有在瑞典有居所的代理人，代理人有权代为接收令状、传票、通知以及法律案件和有关专利事务的其他文件，但刑事案件的令状、传票和要求当事人亲自出庭的命令除外。代理人的姓名应告知专利登记处并记录在登记簿上。

如果专利权人未按第一款规定告知代理人姓名，则文件用邮资预付的信件寄送至专利登记簿载明的专利权人地址。如果登记簿上记录的地址不完整，从专利主管机构获取的同时，将此送达及文件主要内容在政府指定的出版物上以公告的方式送达。采取上述步骤后，即应认为通知已经送达。

在根据互惠原则，政府可以决定第一款和第二款的规定不适用于居住在某外国的专利权人，或者不适用于委托如下代理人的专利权人，即该代理人居住于该外国、在瑞典专利登记簿上登记并具有第一款规定的权利。

第 72 条

如果专利申请人或者专利权人在采取了一切适当注意的情况下，除第二款所述情形外，未能在本法或者本法实施细则规定的期限内履行专利主管机构要求的义务而丧失权利，如果在不能按期履行义务的原因消除后 2 个月内且最晚不超过期限届满 1 年内履行该义务的，专利主管机构应当宣布该义务视为按期履行。如果申请人或者专利权人希望专利主管机构作出上述宣布，应在上述规定的履行义务的期限内向专利主管机构提出书面请求并缴纳规定的费用。

如果申请人或者专利权人未在第 41 条第三款或者第 42 条第二款规定的期限内缴纳年费，则适用第一款时不同之处在于，必须缴纳年费且在不迟于所述期限届满 6 个月内提出请求者。

第一款不适用于第 6 条第一款所规定的期限。

对于根据第 31 条进入瑞典的国际专利申请，如果专利申请人由于未遵守受理局、国际检索单位、国际初审单位或者国际局规定的期限而丧失权利，应当适用第一款的规定。未在期限内履行义务应当在专利主管机构完成。本款规定不适用于为要求享受在先申请优先权时必须提交国际专利申请的期限。

第 73 条

在第 31 条或者第 38 条涉及的案件中，如果通过邮寄送出的文件或者费用未在规定期限内到达专利主管机构，但拟以邮寄履行的义务在申请人意识到或者应该意识到已超过期限之日起 2 个月内且不迟于期限届满 1 年内履行的，专利主管机构应宣布此义务按期履行，只要：

1）因发信人所在地或者其企业所在地发生战争、革命、内乱、罢工、自然灾害或者其他类似原因而在期限届满前 10 天内邮政服务中断，而在邮政服务恢复后 5 天内将文件或者费用向专利主管机构寄出；或者

2）在不迟于期限届满前 5 天内用挂号邮件将文件或者费用向专利主管机构寄出的，但必须是在有空邮条件的采用航空邮寄，或者发信人有理由认为用平邮可在发信后 2 天内送达专利主管机构的情况下。

如果申请人希望专利主管机构作出第一款的宣布，应在第一款规定的期限内向专利主管机构提出书面请求。

第 74 条

如果因根据第 72 条或者第 73 条所提出的请求获得准许，从而使被驳回的、已经根据第 22 条公开的专利申请的申请程序得以恢复，或者已失效的专利得以维持有效的，应予以公告。

如果任何人在被驳回申请的恢复期限届满，或者在最后作出驳回决定或者专利失效后但尚未公告以前，已经开始善意地在瑞

典商业性地使用该发明，尽管有专利的存在，其可以保持其总体特点的条件下继续使用该发明。类似地，已作了实质性准备以在瑞典商业性地使用该发明的人，也应享有这种权利。

上款规定的权利只能随同使用或者意图使用该发明的业务一起转移给他人。

第 75 条

对专利主管机构作出的最终决定，除第 26 条所述的决定以及根据第 42 条、第 72 条或者第 73 条作出的决定以外，可在该决定作出之日起 2 个月内向专利上诉法院提出上诉。

对专利上诉法院的最后判决，可在判决之日起 2 个月内向最高行政法院上诉。在这种情况下，适用行政诉讼法（1971：291）第 35 条至第 37 条关于不服行政上诉法院判决进行上诉的规定。专利上诉法院的决定应当说明向最高行政法院上诉需要特别批准，以及给予批准的理由。

第 76 条

本法中的费用由政府规定。政府可规定免除第一或者前几缴费年度的年费。

第 77 条

关于专利申请、专利事务的公告、专利申请文件的印刷、专利登记簿及其保管以及专利主管机构的详细规定由政府制定，或者在政府授权的范围内由专利主管机构制定。专利主管机构保存的编年记录应在政府规定的范围内向公众公开。

政府可以决定将有关专利申请的文件传送给另一国的专利机构。

应专利主管机构的要求，政府还可以决定由另一国的专利机构或者国际机构对专利申请进行审查；还可规定申请发明专利的当事人，如果在另一国家就该发明也申请专利的，有义务报告该国专利机构就该发明的专利性审查向其传送的信息。对第三章涉及的申请，如其已进行了国际初步审查，而且已向专利主管机构提交国际初步审查报告的，则不应规定提交报告的义务。

第 78 条

如果国家处于战争或者战争危险中，政府可出于公共利益需要决定将特定发明收归国家或者政府指定的当事人。对交出发明的当事人应支付合理补偿。如果与有权获得补偿的当事人不能就补偿达成协议，由法院确定补偿数额。

如果除国家外的另一当事人根据第一款规定获得有关发明的权利，而当事人未履行补偿义务的，则国家有义务在有权获得补偿的当事人提出请求时立即支付补偿费。

第 79 条

对国防具有重要意义的发明适用专门的规定。

第十一章　欧洲专利

第 80 条

欧洲专利是由欧洲专利局根据 1973 年 10 月 5 日在慕尼黑签订的《欧洲专利公约》授予的专利。按该公约提出的专利申请为欧洲专利申请。

欧洲专利申请应向欧洲专利局提出，也可向专利主管机构提出，由专利主管机构转交欧洲专利局。但是，前述公约第 76 条所述的申请（欧洲分案申请）必须提交欧洲专利局。

第 81 条到第 93 条的规定适用于对瑞典有效的欧洲专利以及指定瑞典的欧洲专利申请。

第 81 条

欧洲专利局将其批准专利申请的决定公告后即为授予了欧洲专利。除本章另有规定外，欧洲专利与瑞典授予的专利具有同等法律效力，而且也应遵守瑞典专利的同样条件。

第 82 条

只有申请人在政府规定的期限内，向专利主管机构提交欧洲专利局通知申请人的、准备授权的专利文本的瑞典文译文，并在同一期限缴纳规定的译本印刷费，欧洲专利才在瑞典生效。如果欧洲专利局规定某项欧洲专利在修改的基础上维持有效，则修改的文本也应适用上述规定。

译本应向公众公开。但如果收到译本时该项欧洲专利申请尚未由欧洲专利局公布，则在欧洲专利局公布之前不应将译本向公众公开。

如果在规定期限内提交了译本并缴纳了费用，而且欧洲专利局已将其对专利申请作出的授权决定公告或者已决定在修改的基础上维持该欧洲专利有效的，专利主管机构应予以公告。专利主管机构应尽快提供该译本的印刷本。

第 83 条

如果专利权人未在规定期限内履行第 82 条第一款规定的义务，第 72 条第一款中对专利申请人的规定相应地使用。如果根据第 72 条宣布该项义务视为按期履行，专利主管机构应予以公告。

在第 82 条第一款规定的履行义务期限届满后、上述公告作出前，有人已开始善意地在瑞典商业性地使用该发明或者已做了实质性的使用准备的，应享有第 74 条第二款、第三款所规定的权利。

第 84 条　已废止

第 85 条

如果欧洲专利局已部分或者全部撤销某件欧洲专利，此撤销的效力相当于该专利在瑞典被相应地宣告部分或者全部无效。专利主管机构应予以公告。

第 86 条

自欧洲专利局公告其授予专利权决定的那一年后开始，应按专利年度向专利主管机构缴纳欧洲专利的年费。

如果某件欧洲专利的年费未按第一款和第 41 条和第 42 条的

规定缴纳，则应适用第 51 条的规定。但是，欧洲专利首次年费的缴纳期限不得在专利授权之日起 2 个月届满之前起算。

第 87 条

已由欧洲专利局确定申请日的欧洲专利申请，具有在瑞典同日提交的专利申请的效力。如果根据《欧洲专利公约》该项申请享有早于申请日的优先权，则应考虑其优先权。

在适用第 2 条第二款第二项时，根据《欧洲专利公约》第 93 条规定公布的欧洲专利申请，与根据第 22 条规定向公众公开的申请效力相同。如果欧洲专利局规定根据公约第 158 第（1）款的公布等同于根据第 93 条规定的公布，则上述规定也同样适用于公约第 158 条第（1）款中公布的专利申请。

第 88 条

如果某项欧洲专利申请根据《欧洲专利公约》已经公布，并且向专利主管机构提交了公布文本权利要求的瑞典译文，则专利主管机构应予以公告并将译文向公众公开。

如果有人在第一款所规定的公告作出后商业性地使用申请欧洲专利保护的发明，则在该申请在瑞典取得专利时，应相应适用有关专利侵权的规定。但是在这种情况下，专利保护的范围只应包括公布文本和授权文本的权利要求书中均记载的内容。不应判处惩罚，且只可根据第 58 条第二款的规定来确定损害赔偿。

要求赔偿的诉讼是在欧洲专利异议限期届满后 1 年内提出的，或者欧洲专利局对异议作出维持该专利有效的决定后 1 年内提出的，不适用第 58 条第三款的规定。

第 89 条

一件欧洲专利申请被撤回或者对瑞典的指定被撤回，或者根据《欧洲专利公约》被视为撤回，且未根据公约第 121 条的规定恢复申请程序的，此撤回与在专利主管机构撤回专利申请具有同等效力。

如果一项欧洲专利申请已被驳回，则应与在瑞典驳回专利申请具有同样效力。

第 90 条

如果第 82 条或者第 88 条所规定的文件译文与欧洲专利局程序中的原文不一致，则只有两种文字明显一致的内容才能取得专利保护。

在撤销诉讼中，程序中使用的语言文本为唯一原始文本。

第 91 条

如果申请人或者专利权人向专利主管机构提交第 82 条所规定的译文修订本并缴纳规定的译文修订本的印刷费，则译文修订本应代替原先的译文使用。如原译本已向公众公开，则译文修订本也应向公众公开。如已提交修订本并缴费，而且原译本已向公众公开，则专利主管机构还应就修订进行公告。专利主管机构应尽可能迅速地提供修订后译文的印刷本。

如果申请人提交第 88 条所规定的译文修订本并缴纳规定的费用，专利主管机构应予以公告，并将译文修订本向公众提供。公告之后，译文修订本即代替原译文使用。

如果有人在译文修订本生效前，根据原先译文开始善意地在瑞典商业性地使用该发明，或者已为这种使用作出实质性准备，不构成侵犯申请人或者专利权人的权利，享有第 74 条第二款、第三款所规定的权利。

第 92 条

如果欧洲专利局已作出部分或者全部撤销欧洲专利的决定，或者欧洲专利申请已发生第 89 条所述的情形，但欧洲专利局根据《欧洲专利公约》宣布给予专利权人或者申请人以恢复原状的处理，则这一处理决定在瑞典也发生效力。

如果有人在撤销决定作出或者撤回情形发生后、欧洲专利局作出第一款所述的宣布之前，已经开始善意地在瑞典商业性地使用该发明或者已为这种使用作出实质性准备，享有第 74 条第二款、第三款所规定的权利。

第 93 条

如果向某一国家专利局提交的欧洲专利申请因欧洲专利局未在规定限期内收到而被视为撤回，经申请人请求并满足下列条件下，专利主管机构应接受该申请并将其转为瑞典专利申请：

1）请求是在申请人接到其申请视为撤回的通知之日起 3 个月内提交给接受该申请的国家局，并且专利主管机构自申请日起，要求优先权的自优先权日起，20 个月内收到；

2）申请人在政府规定期限内缴纳规定的申请费并提交专利申请的瑞典文译文。

该专利申请符合《欧洲专利公约》及其实施细则规定的有关申请格式要求的，应予接受。

第十二章　质　押

第 94 条

已授权专利或者在瑞典具有效力的专利可根据本章的规定质押。

质押还可适用于：

1）瑞典专利申请；

2）已根据第 31 条进入瑞典或者根据第 33 条第三款或第 38 条进行处理的国际专利申请；或者

3）根据第 88 条专利主管机构已经收到译文的欧洲专利申请，或者根据第 93 条已经转化的欧洲专利申请。

专利申请的质押还包括申请中被分案的部分。

第 95 条

对专利或者专利申请的质权通过书面质押合同的登记成立。登记申请向专利主管机构提出。

如果已登记的质权已经转移给他人，应经请求记录在专利登记簿上或者专利申请登记簿上。

如果质押已向两个或者多个人分别作出，除另有协议外，登记申请首先被专利主管机构收到的质押优先。

如果在同一天提出多个质押合同的登记申请，除另有协议外，应按申请的时间顺序确定先后。如果同时申请或者无法确定时间顺序，则具有相同的权利。

第 96 条

第 95 条所述登记申请应由专利权人或者专利申请人或者接受质押的人提出。申请人应当确认出质人对专利或者专利申请的权利。

除非有相反证据，专利登记簿上的专利权人被视为对专利拥有权利的人。如果登记申请涉及对专利申请的质押，除非有相反证据，专利主管机构记载的发明人或者受让人被视为拥有该专利申请的权利人。

如果出质人在申请登记时由于被扣押、破产、无行为能力、担保付款、没收或者其他原因不能处分质押的财产，申请将不被准许。

第 97 条

专利权授予后，或者如果涉及欧洲专利，则当该专利根据第82 条的规定在瑞典生效后，即可登记该专利质押合同。

当专利申请已经登记于专利主管机构的专利申请登记簿上，或者如果涉及欧洲专利申请，则当根据第 88 条的规定作出公告，即可登记该专利申请质押合同。如果被质押的专利申请最终被授予专利权，该专利即随后成为质押的财产。

第 98 条

即使质押登记已经生效，只有在该合同由有权处置财产的合法所有人订立，并且没有其他原因使合同无效的，质权才能产生。

第 99 条

如果专利或者专利申请被转移给另一人或者因本法的规定不

再有效，质押失去效力。

第 100 条

如果经最终判决质押被宣告无效，或者如果质押已经届满或者终止，应当注销该登记。

第 101 条

专利或者专利申请的质押自第 95 条所述注册申请日起生效，有权对抗任何人在其后获得的对该财产的所有权或者其他权利。

如果许可协议在质押合同注册申请之前达成，该许可协议可有效地对抗质押。

第 102 条

其他法律条款中关于因扣押或者破产导致的质押的规定应同样适用于专利或者专利申请的质押。专利主管机构根据第 95 条对登记申请的收讫与质权人收到有形质押物具有相同的法律效力。

如果被质押的专利或者专利申请因扣押或者破产而被售出，第 101 条第二款所述的许可协议仍然有效。

第 103 条

只有在事先通知债务人及已知的其他方，并且给予他们维护自身利益的充分机会后，质权人才可出售质押财产并从收益中获取其主张的利益。

根据本条出售后，第 101 条第二款所述许可协议仍然有效。

第 104 条

任何申请本章所述登记之人应当缴费。政府应当规定缴费的数额。

第十三章　医药产品的补充保护

第 105 条

任何人根据 1992 年 6 月 18 日的欧洲共同体条例（EEC）第

1768/92 号关于医药产品补充保护的规定，申请对医药产品补充保护的，应当缴纳规定的申请费。

针对补充保护还应当缴纳相应的年费。缴费年度的计算应当自保护的开始之日起计算，之后从相应的日期起算。

第 106 条

第九章所规定的义务应当同样适用于补充保护。

第 107 条至第 114 条　已废止

附加注解

本法的生效日，涉及第 8 条的是指由政府所决定的日期，其他情况下，是指 2001 年 1 月 1 日。

瑞典外观设计法^❶

1970 年第 485 号，2002 年 5 月 30 日

第 570 号法案修改，2002 年 7 月 1 日生效

第 1 条

为本法的目的：

1. 外观设计是指由产品的细部特征或者装饰细节所形成的产品整体或者部分的外观，特别涉及线条、轮廓、颜色、形状、质地或者材料；

2. 产品是指任何工业或者手工制品，包括组成复杂产品的部件、包装、式样、图形符号以及印刷字体，但不包括计算机程序；

3. 复杂产品是指由多个可替换部件组成的、可拆装的产品。

第 1A 条

作出外观设计的人（设计人）或者其权利继受者，可以根据本法经注册获得实施其外观设计的独占权（外观设计权）。

第 2 条

只有新的并具有独特性特点的外观设计才能获得外观设计权。

如果在注册申请日之前（根据本法第 8 条至第 8D 条要求优先权的，在优先权日之前），没有相同的外观设计为公众所知，则一件外观设计应当被认为是新的。如果外观设计之间仅在非实质性细节上存在差异，则即使存在差别，两外观设计也应被视为

---

❶ 根据世界知识产权组织网站（http://www.wipo.int/wipolex/en/）上提供的英文版翻译。翻译：赵军；校对：董琤。

相同。

如果对见多识广的使用者来说，一件外观设计使其产生的总体印象与在第二款所述日期之前公众所知的其他外观设计所产生的总体印象不同，则该外观设计应当被视为具有独特性特点。在判断外观设计是否具有独特性特点时，应当考虑设计人在开发该外观设计时的自由度。

第 2A 条

只有在下列情况下，涉及复杂产品部件的外观设计才能被视为新的且具有独特性特点：

1. 部件或者部件的组成部分，被组装进复杂产品中后，在该产品正常使用状态下仍保持视觉可见；以及

2. 该外观设计在保持自身视觉可见的情况下满足第 2 条关于新颖和独特性特点的要求。

前述"正常使用"是指最终用户的使用，不包括维护、保养和修理工作。

第 3 条

如果一项外观设计在注册程序或者相关程序中被公开，该外观设计应被视为为公众所知。如果一项外观设计被展出、商业使用或者以其他方式为公众所知，同样被视为为公众所知。

虽然有第一款的规定，在下列情况下不视为某项外观设计为公众所知：

1. 在注册申请日之前（根据本法第 8 条至第 8D 条要求优先权的，在优先权日之前），在欧洲经济区内运营的相关产业的圈内专业人士，不能合理地得知第一款所述行为；或者

2. 如果仅仅是在明确或者隐含应予保密的情况下由第三方披露而为公众所知。

第 3A 条

如果一项外观设计在第 2 条第二款所述日期之前 12 个月内为公众所知，只要属于因下列情形导致为公众所获得，该外观设

计不视为已为公众所知：

1. 由设计人；

2. 由第三人，但是因为设计人向其提供信息或者设计人的其他行为；或者

3. 滥用与设计人的关系的结果。

本条所述设计人也指其权利继受者。

第 4 条

在下列情况下，外观设计权不应存在：

1. 如果外观设计违反了道德或者公共秩序；

2. 如果外观设计未经授权包括了军徽、国旗或者其他的国家徽记，国家的控制或者保证标志，任何映射瑞典国从而具有官方特征的标志，瑞典市政徽记或者受保护军徽及其他官方标志法（1970：498）保护的国际标志，或者任何易与上述军徽、旗帜、徽记、或者标志混淆的内容；

3. 如果外观设计与那些在第 2 条第二款所述日期前不为公众所知，但却与在瑞典或者内部市场协调局（商标或者外观设计）提出的、申请日或者优先权日早于该日的申请之中，并在后来为公众所知的外观设计相冲突；

4. 如果未经授权，外观设计包括：

a）在瑞典受到保护的他人的商号或者商标，或者任何被认为是由他人在瑞典市场的商贸活动中建立的标志；

b）他人的肖像或者任何能被认为是他人的姓氏、艺名或者类似名，除非肖像或者名称涉及的人明显辞世已久；

c）任何能被认为是在瑞典受保护的、与众不同的、他人的文学或者艺术作品的名称，或者任何侵犯在瑞典受法律保护的、他人作品或者照片的版权的内容。

第 4A 条

产品外观有下列特征时，外观设计权不应存在：

1. 仅由产品的技术功能决定；或者

2. 必须以特定的形状尺寸生产，以使具有该外观设计的产品能够与其他产品相互机械连接或者配合，从而发挥各自的功能。

尽管有第一款第二项的规定，在多模块系统中，关于可替换产品的多个组装或者连接的外观设计可以获得外观设计权。

第 5 条

除本法第 7 条至第 7B 条的限制外，外观设计权是指不经外观设计权所有人（外观设计权人）的同意，其他人不得实施其外观设计。具体而言，受到禁止的实施行为包括制造、许诺销售、销售、向瑞典进口或者从瑞典出口、使用，或者为前述目的储存某产品，而该外观设计构成该产品的一部分或者该产品上应用了该外观设计。

外观设计权应当包括对见多识广的用户来说与注册外观设计（保护范围）整体上没有产生区别印象的其他外观设计。在考虑保护范围时，应当考虑外观设计者在开发外观设计时的自由度。

第 6 条　已废止

第 7 条

下述实施行为应当排除在外观设计权之外：

1. 私人的非商业目的的实施；

2. 实验目的的实施；或者

3. 引用或者教学目的的复制，前提是这些行为符合公平贸易惯例且不会对外观设计的正常实施构成不当损害，且进行复制时应当提及外观设计的来源。

第 7A 条

临时进入瑞典境内的外国轮船和航空器上的设备也应排除在外观设计权之外。

这一排除同样适用于为修理该交通工具而进口入瑞典的备件和附件，以及修理行为本身。

第 7B 条

外观设计权不延及对由外观设计权利人或者经其同意投入欧洲经济区市场产品的使用。

第 8 条

一项外观设计，如已包含在参加 1883 年 3 月 20 日保护工业产权巴黎公约的某成员国的外观设计注册申请或者实用新型申请中，并且如果向瑞典提交的注册外观设计申请是在该外国申请日起 6 个月内提出，则为了第 2 条的目的，在瑞典的申请应视为与外国的申请同时（优先权日）提出。如果外观设计已被包含在向建立世界贸易组织（WTO）协议的某成员内的申请中，同样适用前述规定。

也可以基于下述注册申请享受优先权，即在其他国家或者地区提出、该国或者地区给予瑞典申请相应的优先权，并且该国现行立法基本与巴黎公约相符。

希望享有优先权的申请人应当在注册申请中提出请求。申请人应当在请求中写明作为优先权基础的申请的申请地和申请时间。申请人还应当尽快说明在先申请的申请号。

第 8A 条

注册主管机构可以通知申请人在规定的时间内提交下述文件以证明优先权：

1. 由受理申请的机构签发的关于申请人名称和申请日的证明；

2. 经由同一机构证明的申请文件及其所附显示外观设计的图片或者照片的副本。

通知书所规定的期限应当自在瑞典申请日起不少于 3 个月届满。

第 8B 条

只有基于含有外观设计的首次申请，才可以授予优先权。

如果提交首次申请的人或者其权利继受者向同一机构提交了

涉及相同外观设计的在后申请，只有在符合下述条件下，在后申请可以被请求作为优先权的基础，即在后申请提交时，在先申请：

1. 已被撤回、从文件中删除或者驳回而没有使公众能够获得；并且

2. 没有留下基于其的任何权利，或者没有形成任何优先权的基础。

如果某人已就第二款所述在后申请获得了优先权，在先申请不可再成为优先权的基础。

第 8C 条

在第 11 条所述关联申请的情况下，可以获得一项或者几项外观设计的优先权。

在这种申请的情况下，可以要求几项在先申请的优先权。这也适用于在先申请涉及不同国家的情况。

第 8D 条

如果不符合第 8 条至第 8C 条的规定，则不能享受优先权。

第 9 条

专利与注册局是注册主管机构。

第 10 条

申请外观设计注册应当以书面形式向注册主管机构申请。

申请应当含有对设计人、外观设计所要应用或者打算应用的产品的说明，以及显示外观设计的图示材料。如果注册并不是由设计人本人申请，申请人应当证明他对外观设计享有权利。

如果申请人在第 18 条所规定的公开外观设计之前，还提交了模型，该模型应被视为显示了外观设计。

申请还应当满足第 49 条所规定的其他条件。申请人还应当缴纳第 48 条所规定的申请费以及附加费。

第 11 条

如果外观设计打算应用的产品或者其部分属于同一类，申请可以包括多个外观设计。为确定类别的目的，根据 1968 年 10 月 8 日签订的建立国际工业品外观设计分类的洛迦诺协定的分类构成瑞典法律的一部分。

第 12 条

注册主管机构可以要求在瑞典没有居所的申请人指定一位在瑞典有居所并有资格代为接收通信的代理人，并将代理人信息通知主管机构。如果申请人未按本规定指定代理人，通信将邮寄至最后所知的申请人地址。信件寄出视为送达。

第 13 条

只有当申请人提交了显示外观设计的图示材料或者模型之后，注册申请才被视为已提交。

应申请人的请求，申请中含有的外观设计可以修改，但修改后的外观设计应保留其特征并满足本法关于保护的规定。

第 14 条

注册主管机构应审查申请是否满足第 10 条、第 11 条和第 13 条的规定。注册主管机构应当进一步审查申请所涉及的外观设计是否符合第 1 条第 1 项的规定，以及是否存在第 4 条第 1 项或者第 2 项的障碍。

如果申请不满足第一款所述的规定，注册主管机构应当通知申请人在规定的时间内完善或者修改其申请。通知应当含有告知申请人如果不在规定时间内回复，申请将会从档案中删除的信息。

如果申请人没有在规定的时间内对第二款所述通知提交意见陈述，注册主管机构应当将申请从档案中删除。

如果申请人在通知书所述期限届满两个月内完善或者修改了其申请并缴纳了规定的恢复费，注册主管机构应当恢复该申请。申请只能被恢复一次。

第 15 条

即使提交了意见陈述，如果仍然存在不能注册的缺陷，并且申请人已经被给予了针对该缺陷提交意见陈述的机会，则申请应当被驳回，除非存在向申请人发出新通知书的理由。

第 16 条

如果任何人向注册主管机构提出主张，认为其是某外观设计的适格权利人而非提出申请的申请人，在情况不能确定时，注册主管机构可以令其在一定时间内向法院起诉。否则其主张在申请的后续审查中将不被考虑。

如果有关权利归属的争议正在法院审理，可宣布中止该注册申请的审查，直到法院作出最终判决。

第 17 条

如果任何人向注册主管机构证明其是某外观设计的适格权利人而非提出申请的申请人，则主管机构应当根据其请求将申请转移给他。接受转移的人应缴纳新的申请费。

一旦有转移申请的请求，则在转移决定未最终作出之前，该申请不可修改、从档案中删除、驳回或者注册。

第 18 条

如果申请文件完整且注册主管机构基于第 14 条第一款的规定没有发现不予注册的缺陷，该外观设计应当被登记，并予以公告。

任何希望对该注册提出异议的人，应当自公告之日起 2 个月以书面形式向注册主管机构提出。

注册主管机构应当将该异议通知外观设计权人。如果该异议并非明显无依据，应给予外观设计权人陈述意见的机会。

第 18A 条

异议只可以由下述人员提出：

1. 如果异议是基于外观设计权不符合第 1A 条的规定的，任何认为自己对外观设计享有权利的人；

2. 如果异议是基于外观设计权属于第 4 条第 3 项或者第 4 项的规定不应存在的，任何相应申请人或者权利人；

3. 如果异议是基于外观设计权属于第 4 条第 2 项的规定不应存在的，任何受该权利影响的人。

在其他方面对提交异议没有限制。

第 19 条

在外观设计注册过程中，如果有特定的文件特别说明外观设计应当保密，未经申请人同意，在申请人所请求的期限届满之前，或者自申请日起（根据第 8 条第 1 款要求优先权的，自优先权日起）6 个月届满之前，不应当公开文件。在保密期限届满之前，如果注册主管机构已决定将申请从档案中删除或者驳回申请，则只有当申请人请求恢复申请或者对该决定不服提起诉讼时，其文件方可公开。

第 20 条

异议之后，如果存在第 1 条至第 4A 条所述影响注册的缺陷，且缺陷仍然存在或者原有的注册违反了第 13 条第二款的规定，注册主管机构应当整体或者部分撤销注册。

如果不存在影响外观设计权的缺陷，注册主管机构应当驳回异议。

当外观设计权人请求或者经其同意，且修改后的外观设计保留了其特征并满足了本法有关保护的要求，可以部分撤销注册。

如果注册主管机构作出的决定生效，应予公布。如果决定整体或者部分撤销注册，应当记录于登记簿上。

第 21 条

如果决定对申请人不利，申请人可以对注册主管机构作出的涉及注册申请的最终决定提起上诉。外观设计权人或者异议人对异议的最终决定不服的，均可提起上诉。异议人撤销其上诉的，在有特别理由的情况下，仍可作出判决。

根据第 14 条第四款提出的恢复请求被驳回，或者根据第 17

条提出的转移请求被批准的，申请人对这些决定可以提起上诉。提交转移请求的人可以对驳回请求的决定提起上诉。

第 22 条

第 21 条所规定的注册主管机构作出的最终决定，可自决定之日起 2 个月内上诉至专利上诉法院。

对专利上诉法院作出的最终判决，可自决定之日起 2 个月内上诉至最高行政法院。在这些诉讼中应当相应适用行政诉讼法（1971 年第 291 号法案）第 35 条至第 37 条关于不服行政上诉法院所作判决进行上诉的规定。专利上诉法院应当在判决中说明当事人向最高行政法院上诉需要特别批准，以及给予批准的理由。

第 23 条　已废止

第 24 条

注册外观设计有效期为一个或者多个 5 年期，自注册申请日起计算。注册有效期可以请求续展 5 年，总共最多延至 25 年。每个续展期应当自前一期限结束之日起计算。

涉及用于修复组合产品以恢复其原始外观的部件的外观设计，注册不得超过 3 个 5 年期。

第 25 条

续展注册的申请应当在前一注册期限届满前 1 年至届满后 6 个月的期限内向注册主管机构提出。应当在同样期限内缴纳第 48 条所规定的续展费和附加费，否则，驳回续展申请。

续展注册的通知应予公布。

第 26 条

如果外观设计权人授权（许可）他人实施其外观设计，只有在有协议的情况下，被许可人才可以转让其权利。

但是，如果许可构成了商业业务的一部分，则可与该业务一起转让，除非有相反的协议。在这种情况下，出让人仍然具有履行许可协议的义务。

第 27 条

如果外观设计权已被转让给他人，或者授予了许可或者该许可被转让，经请求并缴纳规定的费用，转让或者许可应被记录在外观设计登记簿中。如果经证明记录于登记簿上的许可期限已经届满，应当删除相应的登记。

第一款的规定也适用于涉及第 32 条第二款所规定的权利。

对多项外观设计的注册，外观设计权的转移登记只针对全部的外观设计。

在有关外观设计的法律诉讼或者其他法律案件中，最后应以外观设计权人身份记录在外观设计登记簿上的人视为外观设计权人。

第 28 条至第 30 条　已废止

第 31 条

如果已注册的外观设计权存在第 1 条至第 4 条所规定的缺陷，且该缺陷继续存在，或者该注册不符合第 13 条第二款的规定，法院在为此目的提起的诉讼程序中应当全部或者部分撤销该注册。

当外观设计权人提出请求，并且其修改保持了原有特性并满足本法所规定的保护的条件，可以部分撤销注册。

不能以权利人仅应就部分外观设计获得注册为由撤销某项注册。

当判决生效时，应当通知注册主管机构以登记在外观设计登记簿上。

第 31A 条

只有下述人员才可以提出对注册的无效请求：

1. 如果请求是基于外观设计权不符合第 1A 条规定的，任何认为自己对该外观设计拥有权利的人；

2. 如果请求是基于外观设计权属于第 4 条第 3 项或者第 4 项的规定不应存在的，任何相应的申请人或者权利人；

3. 如果请求是基于外观设计权属于第 4 条第 2 项的规定不应存在的，任何受该权利影响的人。

除上述情况的其他情形中，任何受到该注册侵害的人均可以提出无效请求。

请求是基于本法第 4 条第 1 项或者第 2 项规定的，也可以由政府指定的任何公共机构提出。

第一款第一项所述的请求，应当自原告得知注册和诉讼所依赖的其他事实 1 年内提出。如果权利人在外观设计注册时是善意的，或者外观设计权转让给他的，请求不应迟于注册之日起 3 年内提出。

第 31B 条

法院可以在外观设计权已经终止或者被放弃之后宣告其无效。

在上述情况下，应当适用本法第 31A 条的规定。

第 32 条

如果外观设计注册给了不符合本法第 1A 条所规定的人，法院应当应有权之人的请求将注册转移给他。相应的任何诉讼都应当在第 31A 条第四款所述期限内提出。

如果被剥夺注册的人已经在瑞典善意地对该外观设计进行了商业实施或者为该实施已经采取了实质性的措施，只要其支付合理的补偿并遵守其他合理的条件，可以在保留其总体性质不变的情况下继续进行已经开始的实施或者开始进行已计划的实施。类似地，外观设计登记簿上所登记的被许可人也可获得相同的权利。

第二款所规定的权利只能随使用或者意图使用该权利的业务一起移转给他人。

第 33 条

如果外观设计权利人以书面方式向注册主管机构宣布放弃其外观设计权，则主管机构应将个外观设计从登记簿中删除。

如果外观设计权因债务被扣押、因担保债务被查封或者保存，或者存在涉及注册转移的纠纷，则在该因支付债务而扣押、查封或者保存的持续期间或者纠纷尚未终结时，即使外观设计权人请求，该外观设计也不能从登记簿中删除。

第 34 条

外观设计注册的申请人在申请文件为公众可获得之前，引证其反对另一人时，有义务同意该当事人获得该文件。

与任何他人有直接关系之人，在广告上或者产品说明或者包装上或者以其他方式表明已经申请外观设计注册或者已生效，但没有同时给出申请号或者注册号，有义务应请求及时提供相关信息。如果没有明确说明已申请注册或者注册已生效，但是各种情况使人产生这种印象的，则应当应请求及时提供关于是否已经申请注册或者注册是否有效的信息。

第 35 条

故意或者重大过失侵犯外观设计权的人应被处以罚金或者不超过 2 年的监禁。对违反第 35A 条禁令并处罚金的人，不就禁令所针对的侵权行为被判刑。

试图实施第一款所述的侵权以及为此的准备活动的，应当按照刑法第 23 章的规定给予处罚。

仅在受害人提出控告且出于公众利益需要的情况下，检察官才可就第一款、第二款所述违法行为提起公诉。

第 35A 条

应外观设计权人或者被许可实施外观设计的人的请求，法院可以判令侵犯外观设计权的人停止侵权，否则处以罚金。

如果原告就正在进行的侵权提起诉讼，且有理由认为被告继续实施侵权行为将降低外观设计权的价值，法院可以颁发违者处以罚金的禁令，直至案件终结或者其他决定最终作出。除非延迟将带来损失，在颁发禁令之前被告应有机会进行解释。

只有在原告向法院提供担保以弥补可能给被告带来的损失之

后，法院才可颁发第二款所述禁令。如果原告缺乏提供该担保的能力，法院可以免除其此项义务。担保的类型应当适用判决执行法第二章第25条的规定。法院应当审查该担保，除非被告已经接受该担保。

在对案件作出判决时，法院应当考虑根据第二款颁发的禁令是否应继续执行。

对第二款和第三款的决定不服所作的上诉以及上级法院所适用的程序应当适用司法程序法第十五章中对决定不服提出申诉的规定。

申请禁令的当事人可提起处以罚金的诉讼。与此衔接，可启动一个新的对违者处以罚金的禁令的程序。

在涉及无线广播以及有线广播内容时，应当适用无线电法（1966年第755号）的规定。

第36条

故意或者过失侵犯外观设计权者，应当支付实施外观设计的合理赔偿，并赔偿侵犯外观设计所造成的未来损失。在确定赔偿数额时，还应当考虑外观设计权人未受侵犯的外观设计权下的利益，以及单纯经济利益之外的其他后果。

如非故意或者过失侵权的，应当支付实施外观设计的合理赔偿。

自外观设计权受到侵害之日起5年内没有提起诉讼的，无权获得外观设计侵权赔偿。

第37条

应外观设计侵权受害人的请求，从防止进一步侵权角度看合理的情况下，法院可判令对在瑞典制造或者进口至瑞典的、与他人的外观设计权相冲突的物品，或者对其使用可能造成侵权的物品，按照特定方式进行改变，或者在该外观设计权存续期间将该物品予以扣押或者销毁，或者将在瑞典非法制造或者进口至瑞典的物品作为费用交给蒙受侵权损失的一方。但对没有直接侵犯外观设计权而仅仅是善意地获得该财产或者其上的特定权利的人，不适用上述规定。

如果可合理推定已经实施了第 35 条所述的侵权，则第一款所述的财产可被没收。关于该没收，适用刑事案件中关于没收的一般规则。

尽管有第一款的规定，如有特殊理由，法院可依申请判令第一款提到的财产持有人在支付合理费用和其他合理条件下，在外观设计的剩余有效期或者一部分期间内使用该财产。

第一款至第三款的规定同样适用于第 35 条第二款所述的试图或者准备犯罪的行为。

第 38 条

如果任何人违反第 5 条的规定，在显示外观设计的申请文件公开后使用该申请中的外观设计，应当在最后注册的范围内适用外观设计侵权的规定。但是可以不再给予刑事处罚，并且在第 18 条规定的注册通知公布之前实施行为所应当给予的侵权赔偿应当按照第 36 条第二款的规定确定。

在外观设计注册一年起诉要求赔偿的，则不适用第 36 条第三款的规定。

第 39 条

如果外观设计注册已被撤销或者外观设计权已被生效判决宣告无效，法院可以不作出任何第 35 条至第 38 条所述的制裁或者判决。

如果就外观设计侵权行为已向法院起诉而被告要求撤销该外观设计，法院应当应被告请求，裁定中止审理程序直至就撤销问题作出最终决定。如果被告没有提出该撤销诉讼，法院应当裁定中止同时要求其在一期限提出撤销诉讼。

第 40 条

符合下列情形之人，无论是故意还是非轻微过失，都应当被处以罚款：

1. 未履行第 34 条所规定的义务；

2. 没有正确地提供信息，而刑法没有规定刑事处罚的。

故意或者过失未履行其义务，或者有第一款所述行为的，应当对所导致的损害支付赔偿。如果只是轻微过失，则赔偿可根据过失的程度进行调整。

仅在经被侵害人要求且出于公共利益特殊需要时，才可由检察官对第一款所规定违法行为提出控告。

第 41 条

外观设计权人或者被许可实施外观设计的人，在不确定且这种不确定的情况对其不利时，有权向法院起诉要求其作出宣告式判决，确定其是否基于外观设计权得到保护而可以反对另一方。

在同样情况下，实施或者试图实施某项行为的人可以起诉反对外观设计权人，以确定某一外观设计权是否对其行为构成障碍。

在第一款所述诉讼中如果被告要求宣告该外观设计权无效，则应适用第 39 条第二款的规定。

第 42 条

凡欲起诉要求宣告外观设计注册无效或者转移注册的任何人，应当通知注册主管机构，和外观设计登记簿登记的被许可实施该外观设计的所有人。如果被许可人欲提起侵权诉讼或者第 41 条第一款规定的确认诉讼，应将起诉情况通知外观设计权人。

将通知以邮资预付的挂号信寄至外观设计登记簿记载的地址，即应视为已履行了第一款规定的义务。

如果提起诉讼时未表明已按第一款的规定进行了通知，应给予原告足够的时间进行通知。如果原告未按期完成通知，其起诉将不予受理。

第 43 条

根据司法程序法，如果没有合适的法院管辖涉及权属诉讼、撤销注册诉讼、转移注册、根据第 31B 条无效外观设计注册、第 32 条第二款所述权利诉讼、第 40 条第二款规定的赔偿诉讼以及

第 41 条规定的确认诉讼，上述诉讼应当向斯德哥尔摩地区法院提出。

第 44 条

涉及第 16 条、第 30 条至第 32 条、第 35 条至第 38 条或者第 41 条的案件的判决或者最终决定的副本，应当传送注册主管机构。

第 45 条

在瑞典无居所的外观设计权人应当有一名在瑞典有居所的代理人，该代理人有权代其接收传票、通知、法律案件及有关该外观设计权事务的其他文件，但是刑事案件的传票和要求当事人亲自出庭的命令除外。该代理人的情况应当通知外观设计登记处并记录在登记簿上。

如果外观设计权人未按第一款规定告知代理人信息，则文件将用邮资预付的信件邮寄到外观设计登记簿记载的地址。如果登记簿上的地址不完整，从专利主管机构获取的同时，将此送达及文件主要内容在政府指定的出版物上公告的方式送达。采取上述步骤后，即应认为通知已经送达。

第 46 条

在互惠的情况下，政府可以决定第 12 条或者第 45 条的规定不适用于居住于某外国的申请人或者外观设计权人，或者不适用于委托如下代理人的专利权人，即该代理人居住于该外国、在瑞典外观设计登记簿上登记并具有规定的权利。

第 47 条

除本法第 21 条所规定的决定外，对注册主管机构所作出的决定可以自决定作出之日起 2 个月内上诉至专利上诉法院。

对专利上诉法院作出的最后判决，可在判决之日起 2 个月内上诉至最高行政法院。在此情况下，应当适用行政诉讼法（1971 年第 291 号）第 35 条至第 37 条关于不服行政上诉法院判决进行上诉的规定。专利上诉法院的判决中应当说明当事人向最高行政法院上诉需要获得特别批准，以及获得批准的理由。

第 48 条

对外观设计注册或者续展注册，申请人应当缴纳申请费或者续展费，并且根据情况还应当缴纳下述附加费，即除第一类之外对其余各类的分类费、除第一件外观设计之外对其余各件外观设计的注册费、外观设计模型保存费以及除第一副图片之外对其余各副图片的印刷费。注册有效期届满后缴纳的续展费应当提高。

第 49 条

本法所规定的费用由政府确定。

附注

1. 本法于 2002 年 7 月 1 日生效。

2. 新规定同样适用于生效日当天注册或者在此之前提交申请并正在注册中的外观设计，但下述规定除外。

3. 2001 年 10 月 28 日之前提交的注册申请，其注册程序和注册条件应当按照以前生效的规定处理并决定。

4. 本法第 2A 条和第 4A 条的规定不适用于根据在本法生效日之前提交的申请予以注册的外观设计。

5. 根据生效前的规定获得注册的外观设计的撤销按照生效前的规定处理。

6. 15 年保护期限届满日处于 2001 年 10 月 27 日和本法生效日之间的注册外观设计，应请求可以续展 5 年，总共不得超过自注册申请提交日起 25 年，且续展请求必须在 2002 年 12 月 31 日之前提交。

7. 如果有人根据生效前的规定，以无需外观设计权人同意的方式在本法生效前实施外观设计，但是该行为按照本法的规定需要获得外观设计权人的同意的，尽管有新的规定，其仍可以继续实施其已计划的行为。同样情况下，已经为实施外观设计采取重要步骤的人也可以获得同样的权利。

意大利工业产权法典（专利部分）❶

2005 年 2 月 10 日第 30 号法令

[2005 年 3 月 4 日第 52 期公报（常规增刊）公布]

第一章　一般规定和基本原则

第 1 条　工业产权

为本法典之目的，工业产权应当包括商标和其他识别性标记、地理标志、原产地名称、设计与样式、发明、实用新型、集成电路布图设计、商业秘密和植物新品种。

第 2 条　权利的种类和取得

1. 工业产权通过授予专利、登记或者本法典规定的其他手续取得。授予专利和登记产生工业产权的所有权。

2. 发明、实用新型和植物新品种是专利保护的客体。

3. 商标、设计与样式以及集成电路布图设计是登记的客体。

4. 注册商标之外的识别性标记、公司保密信息、地理标志和原产地标记在符合法定条件的情况下受到保护。

5. 授予专利和登记的行政行为具有确权性质，并产生所有权，但该权利受到本法典规定的无效和撤销的专门制度的限制。

第 3 条　外国人的待遇

1. 1976 年 4 月 28 日第 424 号法令承认的《保护工业产权巴黎公约》1967 年 7 月 14 日斯德哥尔摩文本的成员国的国民，或

---

❶　根据意大利专利商标局网站（www.uibm.gov.it）上提供的英文版翻译。翻译：姚忻；校对：张沧、王美芳。

者世界贸易组织成员的国民，以及在《保护工业产权巴黎公约》成员国境内定居或者拥有真实有效的工商企业的上述公约成员之外的国家的国民，就本法典规定的事项，视同意大利国民。对于植物新品种，意大利国民所受待遇也适用于 1998 年 3 月 23 日第 110 号法令承认的《保护植物新品种国际联盟保护植物新品种国际公约（1991 年 3 月 19 日日内瓦文本）》的成员国的国民。对集成电路布图设计，意大利国民所受待遇仅在一国对意大利国民的保护与本法典规定相近时适用于该国国民。

2. 对既非《保护工业产权巴黎公约》成员国也非世界贸易组织成员的国家的国民，以及涉及植物新品种时不是保护植物新品种国际公约成员国的国家对意大利国民给予互惠待遇的，就本法典规定的事项，该国民应当享有意大利国民同等的待遇。

3. 本国境内的外国人依照意大利签署和承认的国际公约所享有的一切惠益，就本法典规定的事项，自动延及意大利国民。

4. 依照国际公约，对已在外国注册并在意大利注册申请中对此予以说明的商标，在意大利获得注册的权利，属于该外国商标的持有人或者其权利继受人。

5. 法人视为具有相应国籍的国民。

第 4 条 优先权

1. 依照《巴黎公约》第四条的规定，为获得工业产权的所有权之目的，而在或者向意大利批准的承认优先权的国际公约的成员国提出申请的任何人或者其权利继受人，自提交工业专利、实用新型、植物新品种专利的申请、设计与样式的注册和商标的注册的首次申请日起，应当享有优先权。

2. 发明专利、实用新型和植物新品种的优先权期限应当为 12 个月，设计与样式以及商标的优先权期限应当为 6 个月。

3. 任何相当于国家立法或者双边或者多边协议下的正规国家申请，即那些足以确定首次申请提交日的申请，应当被认定足以产生优先权，而不必考虑该申请的后果。

第 5 条　权利用尽

1. 受工业产权保护的产品由持有人或者经其同意在本国或者欧盟成员国或者欧洲经济区成员国境内销售的，本法典授予工业产权持有人的独占权终止。

2. 但是，当持有人有合理的理由反对产品的进一步销售，特别是当该产品在其上市后被改进或者改变后进行销售的情况下，对持有人权利的前述限制不适用于商标。

3. 受保护品种及其衍生品种的育种者独占权。

第 6 条　共有权

工业产权由多个主体所有的，除另有约定外，相关权利由民法典关于共有权的相应条款予以规范。

第二章　工业产权定义、范围和行使的规定

第一节　商　标

第 7 条至第 28 条　（略）

第二节　地理标志

第 29 条至第 30 条　（略）

第三节　设计与样式

第 31 条　注册对象

1. 具有独特性的新的产品整体或者局部的外观，特别是由该产品自身或者其装饰部分的线条、轮廓、纹理或者材料等要素构成的外观，准予注册为设计与样式。

2. 产品是指任何工业或者手工制品，包括但不限于用于组装组件产品的零件、包装、图像、图标和印刷字体，但不排除计算机软件。

3. 组件产品是指由多个可替换部件组合而成，并且可以拆

卸和重新组装的产品。

第 32 条 新颖性

在申请日前（有优先权的，在优先权日前），没有同样的设计与样式被公开的，则该设计与样式应当视为新的。仅在不相关或者次要的细节上不同的多项设计与样式应当视为同样的设计与样式。

第 33 条 独特性

1. 如果要求保护的设计与样式给见多识广的使用者产生的整体印象不同于申请日前（有优先权的，优先权日前）已经公开的任何设计与样式给见多识广的使用者产生的整体印象，应当视为具有独特性。

2. 在确定前款规定的独特性时，应当考虑设计人作出设计的自由度。

第 34 条 公开

1. 为第 32 条和第 33 条之目的，在注册申请日之前（有优先权的，在优先权日之前）已经通过注册或者其他方式公之于众，或者已被展览、商业使用或者以其他方式公开的设计与样式，应当认定为已被公开，除非这些情形不能为欧盟境内相关领域的专业人员在正常的商业活动获知。

2. 设计与样式不能仅仅因为向具有明示或者默示的保密义务的第三人披露，视为已经公开。

3. 为第 32 条和第 33 条之目的，设计与样式在申请日前（主张优先权的，在优先权日前）12 个月内，因设计人或者其权利继受人进行的信息交流或者采取的行为，而由设计人、其权利继受人或者第三人披露的，不应视为公开。

4. 为第 32 条和第 33 条之目的，由于他人对设计人或者其权利继受人不当行为直接或者间接导致设计与样式在申请日或者优先权日之前 12 个月内公之于众的，不视为公开。

5. 在依照 1928 年 11 月 22 日于巴黎签署的《国际展览会公约》由官方组织或者承认的展览会上的公开不予考虑。

第 35 条 组件产品

用于组件产品部件的设计与样式，符合下列情形的，才满足新颖性和独特性的要求：

（a）在最终用户除保养、服务或者维修工作之外的日常使用中，组装成组件产品后的该部件仍保持可见；

（b）该部件的可视特征自身符合新颖性和独特性的要求。

第 36 条 技术功能

1. 仅由其技术功能决定的产品的外观特征不得作为设计与样式注册的对象。

2. 对必须以准确的形状和尺寸再现，以使结合或者使用某设计的产品被装配、放置、环绕或者依托于其他产品，以便这些产品完成其各自功能的，该产品的外观特征不得作为设计与样式注册的对象。但为了可互换产品在模块系统中能够多重组装或者联结的目的所作的设计与样式，满足符合新颖性和独特性要求的，可以作为注册的对象。

第 37 条 保护期

设计与样式的注册有效期为自申请提交之日起 5 年。权利人可以获得每次 5 年、自申请提交之日起最长不超过 25 年的续展。

第 38 条 获得注册的权利和效力

1. 设计与样式的独占权通过注册授予。

2. 设计与样式的设计人或者其权利继受人享有获得注册的权利。

3. 除另有约定的外，由雇员为完成工作任务而作出的设计与样式，其获得注册的权利属于雇主，但雇员有被承认为设计人且在注册证书上署名的权利。

4. 注册自申请和相关文件向公众公开之日起生效。

5. 意大利专利商标局应当将注册申请与视图或者样品及其说明（如果有）予以公开。除非申请人已在申请中要求自申请日或者优先权日起不超过 30 个月的期限内不得公开。

6. 对申请人已向其送达含有视图和说明（如果有的）的设计与样式申请的人，注册自送达之日起生效。

第 39 条　多项注册

1. 应用于或者附着于属于国际设计与样式分类表中同一大类的多项产品的一项设计与样式，可以提交一项注册申请。该国际设计与样式分类表为 1974 年 5 月 22 日第 348 号法令批准的 1968 年 10 月 8 日《洛迦诺协定》及其后续修正案规定的分类表。

2. 除本条第 1 款和第 40 条另有规定的外，一件申请不得涉及多项注册或者一项注册不得涉及多项设计。如果申请不符合规定，意大利专利商标局应当要求相关主体在一定期限内修改申请使之限于允许的部分，但不损害其就所余设计与样式提交分案申请的权利。分案申请享有首次申请的申请日。

3. 涉及多项设计的注册可依持有人的请求限于其中一项或者多项设计。

4. 申请或者注册所涉及的一项设计与样式不符合有效性要求，意大利专利商标局认定修改后的设计与样式与之具有同一性的，可以依照持有人的请求，以其修改后的形式保留。持有人的部分放弃或者在注册后宣布该注册部分无效的判决在注册登记簿上登记也可导致修改。

第 40 条　同时注册

1. 设计与样式符合注册要求并同时使其相关客体具有实用功能的，则可同时申请注册为实用新型和设计与样式，但两种保护不能合并为单一的权利。

2. 对于外形或者设计具有新颖性和独特性并具有实用性的对象提出注册申请的，第 39 条第二款关于修改注册的限制程序也予以适用。

第 41 条　设计与样式所赋予的权利

1. 设计与样式的注册应赋予其持有人使用或者阻止任何第三方未经其同意而使用的独占权。

2. 制造、许诺销售、销售、进口、出口或者使用包含或者应用该设计与样式的产品，或者为这些目的而持有该产品的，构成对设计与样式的使用。

3. 通过注册赋予设计与样式的独占权，延及对见多识广的使用者而言在整体印象上并无不同的任何设计与样式。

4. 确定保护范围时，应当考虑设计人完成该设计与样式的自由度。

第 42 条 对设计与样式权的限制

1. 通过设计与样式注册而赋予的权利不延及下列各项：

（a）非商业目的的个人行为；

（b）实验目的的行为；

（c）为引用或者教学目的所必需的复制行为，而该行为符合职业上的公平原则，且并未不当损害该设计与样式的正常实施，并说明来源。

2. 下列情形下，不得主张设计与样式注册而赋予的独占权：

（a）临时过境的外国船只和航空器上的设备和装置；

（b）为维修前述第（a）项所述船只和航空器目的而进口零配件和附件；

（c）对所述船只和航空器的维修行为。

第 43 条 无效

1. 有下列情形之一的，注册无效：

（a）设计与样式依照第 31 条、第 32 条、第 33 条、第 34 条、第 35 条和第 36 条不得注册的；

（b）设计与样式违反公共政策或者公认的道德准则。设计与样式不得仅因为为法律法规规定所禁止而视为违反公共政策或者公认的道德准则；

（c）注册的持有人无权取得该设计与样式，而其作者未行使第 118 条所规定权利的；

（d）设计与样式与其申请日后（有优先权的，在优先权日后）公开的在先设计与样式相冲突，而该在先设计与样式的独占权因在欧共体、本国或者国际注册或者注册申请而早于本申请日或者优先权日生效的。

（e）设计与样式的使用构成对识别性标志或者受版权保护的作品的侵犯；

（f）设计与样式构成对1976年4月28日第424号法令批准的《保护工业产权巴黎公约》1967年7月14日斯德哥尔摩文本第6条所列各项的不正当使用，或者对该条未包括但在本国具有特定公共利益的标记、徽志和纹饰的不当使用。

2. 依照第1款第（d）、（e）项，对属于在先权利客体的设计与样式注册的无效主张，仅可由在先权利的主体或者其权利继受人提出。

3. 设计与样式构成对《保护工业产权巴黎公约》第6条所列各项的不当使用，或者对该条未包括但在本国具有特定公共利益的标记、徽志和纹饰的不当使用的，注册的无效主张仅可由该使用的利害关系人提出。

第44条 版权商业使用权的期限

1. 依照1941年4月22日第633号法令第2条第1款第10项受保护的工业品设计与样式的商业使用的权利，在作者终生和其死亡后或者最后一位合作作者死亡后的25年内有效。

2. 文化产品与活动部和意大利专利商标局定期交换依照1941年4月22日第633号法令第103条提交的作品的信息，包括作品标题、对象和作者说明、权利持有人的姓名和住所、出版日期以及其他项目或者数据。

3. 意大利专利商标局应当在依照本法典第189条出版的公报中记录前款所列数据。

第四节 发 明

第45条 专利的客体

1. 具有创造性并且适于产业应用的新发明构成发明专利的

客体。

2. 下列各项不属于第一款所称发明：

（a）发现、科学理论和数学方法；

（b）智力活动、竞赛或者商业活动的方案、规则和方法以及计算机软件；

（c）信息的呈示。

3. 对仅涉及发现、理论、方案、原则、方法、程序和信息呈示自身的专利申请或者专利，第二款的规定才排除其可专利性。

4. 针对人类或者动物体的外科手术或者治疗以及诊断方法不属于第1款所称发明。本规定不适用于产品，尤其是实现所述方法所需的物质或者其混合物。

5. 动物品种以及为获取动物品种的生物学的方法不构成专利的客体。本规定不适用于微生物方法和由该方法获得的产品。

第 46 条　新颖性

1. 不属于现有技术的发明视为新的。

2. 现有技术包括专利申请的申请日前在国内外以口头或者书面描述、使用或者其他方式为公众所知的技术。

3. 国家申请、指定意大利的欧洲申请或者国际申请的内容，具有比第 2 款所述申请日更早的申请日，并在该款所述申请日或者此后为公众所知，也视为属于现有技术。

4. 第 1 款、第 2 款、第 3 款的规定并不排除现有技术中的物质或者其组合的可专利性，只要其具有新用途。

第 47 条　不破坏新颖性的公开

1. 为第 46 条之目的，在专利申请的申请日之前 6 个月内，对于对申请人或者其受让人直接或者间接造成损害的明显不当使用而导致的公开不予考虑。

2. 在依照 1928 年 11 月 22 日于巴黎签署的《国际展览会公约》由官方组织或者承认的展览会上的公开不予考虑。

3. 对依照国际公约主张优先权的发明，应以优先权日为基准评价新颖性。

第 48 条 *创造性*

对熟悉本领域的技术人员而言，与现有技术相比不是显而易见的发明，具有创造性。如果现有技术包括第 46 条第 3 款所称文件，该文件在创造性评价中不予考虑。

第 49 条 *实用性*

相关对象可以在各种产业包括农业中加以制造或者使用的发明，视为适于产业应用。

第 50 条 *合法性*

1. 其实施违反公共政策或者公认的道德准则的发明不得成为发明专利的保护客体。

2. 发明的实施不得仅由于其为法律法规所禁止而视为违反公共政策或者公认的道德准则。

第 51 条 *充分说明*

1. 发明专利申请应当附有为理解发明而必需的说明书和附图。

2. 发明应当以清楚完整并足以使本技术领域普通技术人员能够实施的方式加以说明，并具有与其保护客体相符的名称。

3. 涉及微生物方法或者由此方法获得的产品的发明，需要使用公众无法获得的微生物，并且其说明无法使本领域技术人员实施的，专利申请应当符合细则关于说明书的规定。

第 52 条 *权利要求*

1. 说明书应当以仅用于提供技术信息的摘要为始，并以明确表明专利保护客体的一项或者多项权利要求为终。

2. 保护范围由权利要求的内容确定。但说明书和附图应当用于解释权利要求。

3. 理解第 2 款的规定应当同时考虑到给予持有人的公平保

护和对第三方合理的法律保障。

第 53 条　专利的效力

1. 通过专利的颁发授予本法典所称独占权。

2. 专利自申请和说明书以及附图（如果有的）向公众公开之日起产生效力。

3. 自申请提交之日或者优先权期限届满之日起 18 个月期限届满后，或者对申请人在申请中要求申请文件尽早公开的，自申请提交之日起 90 日后，意大利专利商标局公开申请和相关附件。

4. 对申请人已向其送达含有说明书及附图（如果有的）的专利申请的人，工业发明专利的效力自送达之日起生效。

第 54 条　欧洲专利申请的效力

依照 1978 年 5 月 26 日第 260 号法令批准的 1973 年 10 月 5 日《欧洲专利公约》第 67 条第 1 款给予欧洲专利申请的保护，自申请人通过意大利专利商标局向公众公开权利要求的意大利语译文或者通知被控仿冒的人之日起赋予。欧洲专利申请被撤回或者驳回或者对意大利的指定被撤回的，对欧洲专利的申请视为自始无效。

第 55 条　指定或者或者选定意大利的效力

依照 1978 年 5 月 26 日第 260 号法令批准的《专利合作条约》提出的国际申请，指定或者选定意大利的，相当于依照 1978 年 5 月 26 日第 260 号法令批准的 1973 年 10 月 5 日《欧洲专利公约》及其实施条例提出的、指定意大利并生效的欧洲专利申请。

第 56 条　欧洲专利赋予的权利

1. 为意大利颁发的欧洲专利，自欧洲专利公报公布专利授予之日起，赋予与意大利专利同样的权利，并且与其遵守同样的制度。如果经过异议程序后，欧洲专利以修改后的形式得以维持，在授权中列明并维持的保护范围自有关异议的决定公告之日起生效。

2. 依照意大利相关立法，禁止侵犯为意大利颁发的欧洲专利权。

3. 持有人应当向意大利专利商标局提供欧洲专利局专利授权文本的意大利语译文，以及经异议程序并得以维持的该专利修改文本的意大利语译文。

4. 专利持有人或者其代理人所称与其原始文本相同的译文，应当自前述第 1 款所称公告之日起 3 个月内提交。

5. 违反前述第 3 款、第 4 款规定的情况下，欧洲专利在意大利视为自始无效。

第 57 条 欧洲专利申请文本或者作准的欧洲专利文本

1. 除 1978 年 5 月 26 日第 260 号法令批准的 1973 年 10 月 5 日《欧洲专利公约》第 70 条第 2 款规定外，保护范围由以欧洲专利局程序所要求的语言撰写的欧洲专利申请文本或者欧洲专利文本确定。

2. 但是，如果依照意大利语译文所赋予的保护范围小于以欧洲专利局程序语言撰写的文本所赋予的范围，则关于申请和欧洲专利的授予的译文在本国作准。

3. 前述第 2 款规定不适用于无效程序。

4. 申请或者专利的持有人可在任何时候提交修改后的译文。该译文由意大利专利商标局向公众公开或者提供给被控仿冒的人之后生效。

5. 任何主体，如果善意地已经在意大利实施一项发明或者为此做了实质性准备，且未对以原始文本提交的申请或者专利构成侵权的，可以在修改后的译文文本生效后，在原有范围内继续实施该发明。

第 58 条 欧洲专利申请的转化

1. 在下列情况下，指定意大利的欧洲专利申请可以转化为意大利的工业发明专利：

（a）1978 年 5 月 26 日第 260 号法令批准的 1973 年 10 月 5

日《欧洲专利公约》第 135 条第 1 款第 1 项规定的情形；

（b）直接以意大利语提交申请的，不符合《欧洲专利公约》第 14 条第 2 款规定的期限的情形。

2. 已经驳回、撤回或者视为撤回的欧洲专利申请或者已经宣告无效的欧洲专利，其对象符合意大利法律对实用新型规定的可专利性要求的，可以转化为实用新型国家申请。

3. 依照前述第 1 款要求转化的人可以依照第 84 条同时要求转化为实用新型申请。

4. 转化要求已经依照前述第 1 款、第 2 款、第 3 款送达意大利专利商标局的，专利申请视为在欧洲专利申请提出之日已向意大利提交；已向欧洲专利局提交的该申请所附文件视为在欧洲专利申请提出之日已向意大利提交。

第 59 条　多重保护中欧洲专利的优先性

1. 对同一发明，授予同一发明人或者其权利继受人的意大利专利和在意大利有效的欧洲专利，其申请日或者优先权日相同的，与欧洲专利保护范围相同的意大利专利自下列日期起不再产生效力：

（a）欧洲专利异议期届满前无任何异议提交的，该期限届满日，或者

（b）异议程序已经结束，维持欧洲专利的，该程序结束日，或者

（c）意大利专利的颁发日晚于第（a）、（b）项中的日期的，该颁发日。

2. 前述日期之后欧洲专利终止或者被宣告无效的，第 1 款的规定仍然有效。

3. 基于第 1 款规定的期限届满，任何人提起旨在对意大利专利获得保护的诉讼的，在符合关于意大利专利权的诉讼时效的情况下，要求将其转化为直接旨在对欧洲专利获得保护的相应诉讼。

第 60 条 保护期

工业发明专利的保护期自申请提交之日起为期 20 年，不能续展或者延长。

第 61 条 补充保护证书

1. 依照 1991 年 10 月 19 日第 349 号法令授予的补充保护证书与专利适用同样的规定，具有同样的独占权和义务。在与上市许可的药品相关的部分的范围内，补充保护证书与专利产生同样的效力。

2. 补充保护证书自专利期满之日起生效，期限等于专利申请日起至作出首次批准药品上市的决定日之间的时间。

3. 补充保护证书的期限在任何情况下不应超过自专利期满之日起 18 年。

4. 为了渐进地调整补充专利保护的期限范围，以符合欧盟规则中的规定，1991 年 10 月 19 日第 349 号法和 1992 年 6 月 18 日欧盟理事会第［1992］1768 号条例中的规定，通过自 2004 年 1 月 1 日起在每一日历年减少 6 个月的补充保护来实施，直至与欧盟立法完全一致。

5. 希望在专利有效期届满后生产药品的企业，可以自补充保护证书期限届满前一年就含有该证书保护的有效成分的产品进入注册程序。

第 62 条 精神权利

被承认为发明创造者的权利可以由发明人行使，在其死后由其配偶或者其两代内的后代行使，如果没有配偶或者后代，在他们死后由其父母以及其他长辈行使。如果这样的人也没有，在他们死后由其四代以内的亲戚行使。

第 63 条 经济权利

1. 工业发明所产生的创造者身份权之外的权利可以让与和转让。

2. 获得工业发明专利的权利属于该发明的创造者及其权利

继受人。

第 64 条 职务发明

1. 工业发明在合同履行或者雇用期间作出，发明活动是作为该合同雇用关系的客体，且雇员为此目的而接受报酬的，由该发明产生的权利属于雇主，但发明人的创造者身份权除外。

2. 对发明活动明确规定没有报酬的，该发明在合同履行或者雇用期间作出的，该发明产生的权利属于雇主。雇主获得专利的，发明人除身份权之外，还享有获得公平报酬的权利。报酬数额的确定应当考虑该发明专利保护的重要性、发明人所承担的任务和其所获得的报酬，以及其从雇主的组织所获得的贡献。

3. 不符合前述第 1 款、第 2 款规定的情况，并且工业发明属于雇主活动领域的，雇主应当享有发明的独占、非独占使用或者购买专利的优先选择权，以及就同样的发明申请或者购买外国专利权的权利，但应当支付费用或者价款。确定费用或者价款应当考虑发明人为完成该发明从雇主处获得的支持。雇主在收到专利申请提交通知后 3 个月内，可以行使优先选择权。在期限届满之前未全部支付应得报酬的，通过行使优先选择权而建立的关系自动终止。

4. 有管辖权的普通法院对于获得公平报酬、费用或者价款的权利已经作出确认裁判，但未就其数额达成协议的，即使发明人是政府行政部门的雇员，也应当由三人仲裁庭确定金额。仲裁员由双方各指定一名，第三名由前名仲裁员共同指定，如果无法就此达成协议，则由雇员通常履行其任务所在地的管辖法院相关具体部门负责人予以指定。应适用《意大利民事诉讼法》第 806 条及后续条款。

5. 即使关于是否存在获得公平报酬、费用或者价款的权利的审判尚未审结的，也可以就此建立仲裁庭。但是其裁决的执行受到是否存在的权利的判决的约束。仲裁庭应当作出公正的判断。如果该仲裁决定明显不公平或者错误，则应当由法官作出决定。

6. 为第 1 款、第 2 款、第 3 款之目的，在发明人离开公司或者公共机构之前一年内就工业发明提出专利申请的，并且该公司或者公共机构属于该发明领域内，该发明视为在履行合同或者雇用期间作出的。

第 65 条 大学和公共研究机构研究者的发明

1. 尽管有第 64 条的规定，与大学或者公共行政机构建立工作关系的研究者是可专利发明创造者的，其仍是该发明所产生权利的独占持有人。对同属大学、上述公共行政机构或者其他公共行政机构雇员的多个创造者，发明所产生的权利由其均等享有，另有约定的除外。发明人在提交专利申请时应当同时告知该行政机构。

2. 大学和公共行政机构在其自治权范围内，确定应当向该校或者公共行政机构或者为研究提供资金的私营机构支付的费用的最高额度，并对许可第三人使用发明的互惠关系进一步廓清。

3. 任何情况下，发明人都有权获得不少于实施发明所得收入或者费用的 50%。大学或者公共行政机构如果未对前述第 2 款所述数额加以明确，则他们有权获得因发明所得收入或者费用的 30%。

4. 专利授予之日起 5 年后，发明人或者其权利继受人未着手该发明的产业利用的，除非有其不可控制的原因，发明人作出发明时所属的公共行政机构自动获得对该发明非独占的免费利用权以及与此相关的经济权利，或者许可第三人利用的非独占权利，但发明人的创造者身份权除外。

5. 本条规定不适用于整体或者部分由私营机构提供资金的研究，以及在研究者所属的大学、机构或者行政部门以外的公共机构提供资金的专门研究计划框架下进行的研究。

第 66 条 专利权

1. 工业发明的专利权是指在本法典规定的条件和限制之下，在国内实施该发明和据此获得报酬的独占权。

2. 尤其是，专利赋予其持有人下列独占权：

（a）专利保护的对象是产品的，禁止第三方未经持有人同意而生产、使用、投放市场、销售或者为此目的而进口该产品的权利；

（b）专利保护的对象是方法的，禁止第三方未经持有人同意而使用该方法，以及使用、投放市场、销售或者为此目的进口依照该方法直接获得产品的权利。

第 67 条 方法专利

1. 对方法专利，有下列情形之一的，任何与依照该方法直接获得的产品相同的产品，除有相反证据的以外，均视为依照该方法获得：

（a）依照该方法获得的是新产品；

（b）存在依照该方法制造相同产品的实质可能性，并且专利持有人通过合理的努力无法判断其实际使用的方法。

2. 相反证据的举证中，保护被控侵权方的技术和商业秘密的合法利益应当予以考虑。

3. 新方法或者工业方法相关专利的持有人向第三方提供专用于实施专利方法的工具，视为其已许可该第三方使用该方法，除非存在相反的协议。

第 68 条 对专利权的限制

1. 无论发明对象是什么，专利赋予的独占权不得延及下列各项：

（a）非商业目的和私人的行为，或者为了获得药品上市许可（包括在外国获得药品上市许可）而做的实验行为，包括制备和使用为此目的所必需的药理活性物质；

（b）只要未使用产业化应用的有效成分，为了依照处方临时制备药品，以及该制备的药品。

2. 工业发明专利的实施需要实施仍然有效的在先专利的，不得未经在先持有人同意而实施。

3. 任何人在专利申请提交日或者优先权日前 12 个月内在其企业中使用该专利的，可以在在先使用的范围内继续使用。该项权利只能与使用该发明的企业一同转让。在先使用及其范围的举证责任由在先使用人承担。

第 69 条　实施发明的义务

1. 作为专利保护对象的工业发明须在国内以充分满足本国需要的程度实施。

2. 如果发明涉及的对象在本国境内由官方组织或者承认的展览会上首次出现，展览时间至少为 10 天，或者当展览会会期少于 10 天时展览时间为整个会期的，视为自该对象参展之日起至展览会结束之日已经实施。

3. 将在欧盟、欧洲经济区或者世界贸易组织成员之外的国家生产的产品，引进本国或者在本国销售不构成发明的实施。

第 70 条　未充分实施的强制许可

1. 专利颁发满 3 年或者自申请之日起满 4 年，以后到期的为准，专利持有人或者其权利继受人未直接或者通过一个或者多个许可实施专利发明，即未在国内生产或者进口欧盟、欧洲经济区或者世界贸易组织成员生产的产品的，或者实施该发明未达到充分满足本国需要的程度的，可向提出要求的利益相关的第三方颁发非独占使用该专利的强制许可。

2. 发明的实施被中止或者缩减超过 3 年，未能充分满足本国需要的，也可以颁发第 1 款规定的强制许可。

3. 不实施或者未充分实施是专利持有人或者其权利继受人可控制范围之外的原因所导致的，不应颁发强制许可。该原因不包括缺少资金，如果该产品在国外已经流通，也不包括缺少专利产品或者以专利方法获得的产品的国际市场需求。

4. 强制许可的颁发并不免除专利持有人或者其权利继受人实施发明的义务。发明自首个强制许可颁发之日起 2 年内仍不实施的，或者虽已实施但未能充分满足本国需要的，专利权应当被撤销。

第71条　从属专利

1. 专利发明无法在不损害基于在先申请授予的专利权利的情况下使用的，可以颁发强制许可。在这种情况下，只要该专利与在先专利相比具有显著经济意义的实质性技术进步，就可以给在后专利的持有人颁发强制许可，以使其能够利用其发明。

2. 因此获得的许可不得在所依附的从属发明专利之外单独转让。在合理的条件下，在先专利持有人有权就从属发明专利被授予强制许可。

第72条　一般规定

1. 要求依照上述第70条、第71条颁发强制许可的，应当提供此前已与专利持有人进行联系但未能以公平条件获得协议许可的证据。

2. 如果请求方提供依照许可中所确立的条件充分实施发明的担保，被许可人向专利持有人或者其权利继受人支付公平报酬的，即可颁发强制许可。

3. 除非能够提供其为善意的证据，请求人假冒专利的，强制许可不得颁发。

4. 强制许可的颁发应当主要为了供应国内市场而实施发明的。

5. 强制许可的期限不得超过专利的剩余期限。并且，除非由专利持有人或者其继受人授权，强制许可只能与被许可人使用该许可的业务或者其业务的特定部分一并转让。

6. 强制许可的颁发不得损害包括被许可人在内的主体提起关于专利或者由此产生的权利范围有效性的诉讼。

7. 颁发许可的决定应当确定实施的范围、期限和方式，对被许可人的限制，或者与预期目的相关的理由和任何其他条件，以及补偿的数额和支付方式等。在受到反对的情况下，补偿的数额、支付方式依照第80条确定。

8. 如果存在正当理由，许可的条件可以应利益相关方的要求，通过生产活动部的命令进行调整。

9. 补偿的调整，适用第 80 条。

10. 被颁发强制许可的专利持有人或者其权利继受人以比强制许可更为有利的条件向第三人颁发许可使用的，应强制许可的被许可人的要求，这些条件可以延及该强制许可。

第 73 条 强制许可的撤回

1. 为发明实施所规定的条件未被满足，或者许可持有人未按照要求的数额和方式支付补偿的，生产活动部可以通过命令撤销强制许可。

2. 导致颁发强制许可的情形终止并可能不再发生，或者应当事人双方要求的，强制许可也可通过生产活动部的命令予以撤销。

3. 撤销可由专利持有人向意大利专利商标局提出请求，并以回执挂号信及时告知强制许可的持有人。收到挂号信之日起 60 日内，后者可以向意大利专利商标局提交包括其理由的撤销异议。应当适用第 199 条第 3 款、第 4 款、第 5 款、第 6 款、第 7 款的规定。

4. 撤销的情况下，获得许可的主体可以在在先使用或者在明显和有效准备的范围内，以同等条件实施发明。

第 74 条 国防发明

以不实施或者不充分实施发明为理由颁发强制许可的相关规定，或者有关从属专利的规定，不适用于国防部门所拥有或者保密的发明专利。

第 75 条 未缴纳费用的撤销

1. 在缴纳年费期限届满 6 个月内未缴纳年费的，将依照第 2 款、第 3 款、第 4 款的规定撤销。

2. 年费缴费期满的当月之后，因缴纳滞纳金允许延迟支付 6 个月之后，以及任何情况下缴费时间期限届满之后，意大利专利商标局应当以挂号信正式通知利益相关方，告知其应当在确定期限内缴纳的费用尚未缴纳。所述通知起 30 日后，意大利专利商标局在专利登记簿上以特殊标注确认专利因未缴纳年费而撤销，并在公报中公告撤销。

3. 专利持有人要证明其已及时缴纳的，可以在公告之日起 6 个月内向申诉委员会提交请求，要求取消前述标注、撤销并更正公告。委员会在听取了利益相关方或者其代理人意见并考虑其书面报告后（如果有的），应当照此办理。请求的提交以及决定的结论部分，应当记入专利登记簿和公报。

4. 依照前述第 2 款进行公布满 6 个月后，或者请求已被驳回的，该专利自已适时缴纳费用最后 1 年的年底起视为撤销。

第 76 条　无效

1. 有下列情形的，专利无效：

（a）依照第 45 条、第 46 条、第 48 条、第 49 条和第 50 条，发明不具有可专利性的；

（b）依照第 51 条，发明未以充分清楚和完整的形式说明，无法使本领域的普通技术人员得以实施的；

（c）专利保护的客体超过最初申请的内容的；

（d）专利持有人没有资格获得该专利，并且有资格的主体并未利用依照第 118 条赋予其的权利的。

2. 无效理由仅部分影响专利的，宣告部分无效的相关决定导致对该专利相应的限制。

3. 一项无效的专利可以产生另外一项新专利，即新专利符合有效性要求，并且如果专利权人知道原专利无效，则其会就新专利寻求保护。该转化主张可在任何阶段以任何形式提出。确定新专利符合有效性要求的决定也确定了该瑕疵专利的转化。转化专利的持有人应当在转化决定确定后 6 个月内提交修改专利文本的申请。专利商标局在对该文本和决定的一致性进行核对后，将文本向公众公开。

4. 如果转化涉及有瑕疵专利的原始期限的延长，专利期限即将届满的专利的被许可人等主体，已经为使用专利对象进行了大量有效投入的，应当有权获得更长期限的非独占的免费强制许可。

5. 可以根据本条宣告欧洲专利（意大利）的无效，以及专利保护期限被延长的情况。

第 77 条　无效的效力

专利无效宣告具有追溯力，但不影响以下各项：

（a）执行已生效的终局侵权判决的行为；

（b）在宣告无效的决定终局之日前达成的以发明为标的的合同，但仅在其已经履行的范围内。但是在此种情况下，法官可以在考虑了所有情况后，根据为履行合同而已支付的金额确定公平的返还数额；

（c）依照第 64 条、第 65 条已经履行给付的公平报酬、费用或者价款。

第 78 条　放弃

1. 持有人可以通过向意大利专利商标局提交书面证明并在专利登记簿中予以标注而放弃其权利。

2. 如果已备案的文书、决定确定该专利涉及第三人的经济权利，或者第三人提出要求确认其经济权利的司法请求，如果缺少该第三人的书面同意，放弃不生效。

第 79 条　缩小保护范围

1. 专利可以应持有人的请求缩小保护范围，请求需附带说明书、权利要求书和修改的附图。

2. 专利商标局支持该请求，且原始授权专利的印刷已经进行的，请求人应当就说明书和附图的出版印刷支付费用。

3. 专利的无效程序未决的，在相关决定作出前，缩小保护范围的请求不予支持。已备案的文书、决定确定该专利涉及第三人的经济权利，或者第三人提出要求确认其经济权利的司法请求的，如果没有第三人的同意，该请求不予支持。

4. 意大利专利商标局在公报中对专利缩小范围进行公告。

第 80 条　法定许可

1. 如果没有独占许可被备案的，申请人或者专利持有人可以通过提交给意大利专利商标局的申请或者请求，授予公众对申请中的发明或者专利发明进行非独占使用的许可。该申请或者请求也可由专利代理人提交。

2. 许可自权利人收到接受许可邀约的通知时生效，即使其并未收到许可费。

3. 在后一种情况下，补偿数额和支付方式应由仲裁庭作出决定。该仲裁庭由三名成员组成，其中双方各指定一名，第三名由前两名仲裁员共同指定，不能协商一致的由仲裁委员会负责人指定。仲裁庭应当在公正的基础上作出决定。决定明显不公正或者错误的，或者任何一方拒绝指定其仲裁员的，决定由法官作出。

4. 发生或者得知的事实导致已经确定的对价明显不适当的，应当以最初决定所采用的同一方式调整对价。

5. 申请人或者专利持有人给予公众许可的，可以享受年费减半。

6. 费用减免由意大利专利商标局授权。给予许可的声明记入专利登记簿并在公报中公告，其效力至其撤销时终止。

第 81 条　经生产活动部调解的关于有效成分的自愿许可

1. 第三人希望为出口而生产依照 1991 年 10 月 19 日第 349 号法令授予的补充保护证书所覆盖的（药品）有效成分的，可以与前述证书的持有人向生产活动部提出请求，依照相关法律的规定颁发非独占的、付费的自愿许可。

2. 第 1 款所称许可只适用于向专利和补充保护证书的保护并不存在或者已经到期的国家的出口，或者依照目的国现行法律规定，有效成分的出口不构成对相关专利的侵权的国家的出口。

3. 相关补充证书到期的，该许可不再有效。

第五节　实用新型

第 82 条　专利保护客体

1. 相对于通常使用的机器或者其部件、器械、工具或者物品，能够产生使用上的特殊效果或者便利的新构造，例如尤其是特殊构造、布局、结构或者组合的新构造，可以成为实用新型专利的保护客体。

2. 机器整体的专利并不及于其独立部件的保护。

3. 实用新型专利的效力及于利用同一革新概念而具有同等效用的构造。

第 83 条　获得专利的权利

获得专利的权利属于实用新型的创造者和其权利继受人。

第 84 条　专利选择

1. 依照本法典申请工业发明专利的人，可以同时提交实用新型专利申请。后者有效性的条件仅在部分范围在取决于工业发明专利的申请被驳回或者接受。

2. 申请对象是外观设计而非发明，或者相反，意大利专利商标局应当要求当事人在一定期限内修改申请。但是，申请自最初提交之日起生效。

3. 实用新型专利申请包含发明的或者相反，适用第 161 条。

第 85 条　专利期限和效力

1. 实用新型专利的期限为相关申请提交起 10 年。

2. 授予的权利和该专利的效力的起始时间依照第 53 条的规定确定。

第 86 条　参照

1. 第四节关于工业发明的规定，除可适用的发明之外，也适用于实用新型。

2. 规范职务发明和强制许可的规定，尤其应当延及实用新型专利。

第六节　集成电路布图设计

第 87 条至第 97 条　（略）

第七节　保密信息

第 98 条，第 99 条　（略）

第八节　植物新品种

第 100 条至第 116 条　（略）

第三章　工业产权的司法保护

第一节　程序性规定

第 117 条　有效性和所有权

1. 注册和授予专利并不能阻止就工业产权的有效性和所有权提起诉讼。

第 118 条　权利主张

1. 依照本法典具有资格的任何人均可提交注册申请或者专利申请。

2. 终局判决确定提交申请者之外的人有资格获得注册或者专利，工业产权的所有权尚未被授予的，自终局决定作出时起 3 个月内，该人可以：

（a）以自己的名义接收专利申请或者注册申请，从而具有申请人身份；

（b）提交一件新专利申请或者注册申请，在其内容不超出在先申请的内容或者主题与在先申请的主题充分一致的范围内，其起始日期回溯至原申请的申请提交日或者优先权日，而原申请不再有效……

（c）获得申请被驳回的结果。

3. 如果有权的人之外的人获得专利授予或者注册，有权的人可以采用下列措施：

（a）获得命令自注册日起转让专利或者注册证书至其名下的判决；

（b）对以不具有资格的人名义获得的专利或者注册主张无效。

4. 自发明专利、实用新型专利、植物新品种授权公告之日起或者集成电路布图设计登记公告之日起两年后，即使有资格的人未行使上述第3款规定的权利，任何利害关系人也可以提出无效主张。

5. 第4款规定不适用于商标、设计与样式。

6. 除了其他可用的救济外，对违反第22条或者恶意的商业域名登记，登记机关可以应有资格的主体请求，宣告无效或者转让给后者。

第 119 条　创造者身份

1. 除法律或者国际公约另有规定外，对发明人或者创造者署名的正确性以及申请人的资格，意大利专利商标局不予审查。意大利专利商标局推定申请人是注册或者专利权的所有者，并有权行使权利。

2. 不完整或者错误的署名，只有根据请求并在原署名的人作出同意的声明的情况下进行更正。如果请求不是由专利或者注册的申请人或者持有人提出，则需要附具其同意的声明。

3. 第三人向意大利专利商标局提出一项可以有执行力的判决，依照该裁判，专利或者注册的申请人或者持有人有义务将前者署名发明人或者作者的，该局应当将其姓名予以登记并在公报上进行公告。

第 120 条　地域管辖

1. 涉及已经授权或者正在授权程序中的工业产权的诉讼，应向本国司法机关提出，而不论当事人的国籍、住所和居住地。

如果无效诉讼是在尚未授权时提出的，应当在意大利专利商标局对在其之前提交的专利申请优先审查作出决定后，进行判决。

2. 除第 3 款的规定外，第 1 款所称诉讼应向被告的居住地或者住所地——如果这些地方为未知的，则向被告的经常居住地的司法机关提起。被告在本国境内没有居住地、住所或者经常居住地的，诉讼向原告居住地或者住所地司法机关提起。如果原告和被告在本国境内均无居住地、住所或者经常居住地，罗马的司法机关对其具有管辖权。

3. 在注册或者专利申请中列出并在登记簿中记载的住所地，应当视为为确定管辖地目的及为在普通司法或者行政机关相关程序中进行送达目的选定的排他性住所。由此选择的住所地，只有基于记载在意大利专利商标局登记簿上的提出的特别替换的请求，方可变更。

4. 工业产权的管辖权属于 2003 年 6 月 27 日第 168 号法令为此目的而明确指定的法院。

5. 依照欧共体第［1994］40 号条例第 91 条和欧共体第［2002］6 号条例第 80 条，共同体商标和设计与样式的管辖法院为第 4 款所述法院。

6. 依原告主张其权利被侵害的事实所提起的诉讼，可以向该事实在其辖区发生的、具有专门部门的司法机关提出。

第 121 条 举证责任的分担

1. 工业产权所有权无效或者撤销的举证责任由提出异议的人承担。除第 67 条的规定外，证明侵权的举证责任由权利持有人承担。以未使用为理由撤销商标的证据可以通过各种方式提供，包括适用可推翻的推定。

2. 如果一方当事人已经提供充分证据支持其主张的合理性，并且确定对方当事人可以提供确证这一证据的文件、要素或者信息，则其可以要求法官命令对方当事人出示它们或者要求获得相关信息。前述当事人也可以要求法官命令对方当事人提供被诉侵犯知识产权的产品或者服务的生产和销售中相关人员身份的信息。

3. 法官发出以上命令的，应当在听取对方当事人意见后，采取足以保障保密信息的措施。

4. 法官应当根据当事人提供的答复以及无正当理由拒绝遵守命令的情形，推断证明的要素。

5. 就本法典所述事项，法院指定的专家可以接受与法官所提问题相关的文件并向各方当事人披露，即使该文件还未在程序中提交。各方均可指定一个以上的专家。

第 122 条　无效和撤销诉讼

1. 在不影响第 188 条第 4 款规定的前提下，宣告工业产权撤销或者无效的诉讼，可以由任何利害关系人或者公诉人依职权提起。尽管有民事诉讼法第 70 条的规定，公诉人的参与并不是强制性的。

2. 以存在在先权利，或者商标的使用侵犯了第三人的版权、工业产权或者其他独占权，或者商标侵犯了姓名权或者肖像权，或者商标注册是以无资格的人的名义进行的为理由，而提出宣告商标无效的诉讼，只能由在先权利的所有者或者其受让人或者有资格的人提起。

3. 以存在第 43 条第 1 款第 4 项、第 5 项的在先权利，或者以无资格的人的名义进行注册，或者设计与样式不当利用了《保护工业产权巴黎公约》（由 1976 年 4 月 28 日第 424 号法令批准的 1967 年 7 月 14 日斯德哥尔摩文本）第 6 条之三所列各项，或者利用了本国具有特别利益的图案、符号和徽章为理由，而提出宣告设计与样式无效的诉讼，只能由在先权利的所有者或者其受让人，或者有资格的人或者与利用相关的人提起。

4. 工业产权所有权的撤销或者无效的诉讼由记载的有资格的所有主体依照抗辩制参加进行。

5. 宣告工业产权所有权无效或者撤销的裁决由意大利专利商标局在登记簿中登记。

6. 有关工业产权的任何民事程序的中间文书的副本，应当由提起该程序的当事人提交意大利专利商标局。

7. 未予提交的，无论该程序的进展如何，司法机关在就实体问题作出决定之前，应当命令进行该项提交。

8. 法庭书记员应当向意大利专利商标局递交涉及工业产权的裁决副本。

第 123 条 普遍适用的效力

工业产权权利的撤销或者无效，包括部分的撤销或者无效，由终审判决宣告，对所有人具有普遍适用的效力。

第 124 条 民事处罚

1. 在认定并宣告侵犯工业产权权利的判决中，可以作出制造、买卖和使用侵犯相关权利的物品的禁令。

2. 在发出上述禁令时，法官可以对每一侵害或者后续确认的对该命令的违反以及迟延遵守，确定支付赔偿数额。

3. 认定侵犯工业产权权利的判决，可以责令销毁全部侵权物品。但是，如果销毁对国家经济有害，则不得责令销毁，而应对权利人给予损害赔偿。商标侵权的，销毁涉及商标，也可包括包装；在司法机关认为对于消除侵权影响有必要的情况下，也可包括与提供服务有关的产品或者材料。

4. 认定侵犯工业产权权利的判决，可以责令将生产、进口或者销售的侵权物品，包括专用于其制造或者实施该受保护的方法或者制造工艺的特定工具，转归权利持有人，但不妨碍损害赔偿的权利。

5. 法官也可以应第 4 款所述物品或者制造工具的所有人要求，考虑工业产权权利的剩余期限或者具体情况，在侵权人支付费用的情况下，命令扣押侵权人的物品和制造工具，直至权利期限届满。在此情况下，工业产权权利人可以要求对扣押的物品转让。如果双方对价格未能达成一致，转让以法官为执行目的在咨询专家后确定的价格进行。

6. 如果工业产权的侵权物品是用于个人或者家庭使用的目

的，则不得责令移除或者销毁，并不得禁止其使用。

7. 判决作出上述措施的法官，应当对在执行本条所述措施过程中所产生的问题在召集当事人、收集概要信息之后，通过不可诉的命令作出决定。

第 125 条　损害赔偿

1. 对受损害方的损害赔偿，应当依照民法典第 1223 条、第 1226 条和第 1227 条计算。利润损失由法官进行评估，应当同时考虑侵权所得利润和侵权人获得权利持有人许可本应支付的费用。

2. 判决可以应任何一方的要求，以涉诉事实的情节和基于此的推定为基础，确定损害赔偿总额。

第 126 条　判决的公布

司法机关可以依据事实的严重性，在一份或者多份该机关指定的报纸上，以全文或者摘要或者限于结论的形式，下令将预防命令或者认定侵犯工业产权的判决公开。费用由败诉方承担。

第 127 条　刑事和行政制裁

1. 除了刑法典第 473 条、第 474 条和第 517 条规定的情形之外，任何人制造、销售、展览、展示、产业应用或者进口侵犯有效工业产权权利的物品的，依照本法典的规定，应对方当事人请求，得受最高为 1 032.91 欧元罚金的处罚。

2. 任何人在商品上粘贴虚假文字或者说明，以表明其受到专利、工业品设计与样式或者布图设计保护，或者表明将其与其他商品相区别的商标已经注册的，应受到金额从 5 165 欧元至 51 646 欧元的行政处罚。

3. 除非构成犯罪，对使用已被公告无效的注册商标的行为，而该无效结果将导致商标的使用为非法的，或者为了商业目的而去除了提供产品或者货物的制造商或者贸易商的商标，即便没有第三人受到损害，也应给予 2 065.83 欧元以下的行政处罚。

第 128 条 说明

1. 任何工业产权权利人均可要求对其认为侵犯其权利的物品以及所使用的制造工具以及所认为侵权的证据和其程度给予说明。

2. 该请求应当以请求书形式，向依照第 120 条对案件的实体问题具有管辖权的法院的专门部门的庭长提出。

3. 专门部门的庭长应当颁发法令确定听证以及执行命令的强制性时限。

4. 听证并且汇总各方信息之后，如有必要，该法官依照第 1 款发出不可诉的命令。如果其命令作出说明，则还应列明将要采取的必要措施，以确保保护机密资料，并授权对该物品取样。尽管有第 3 款的规定，但只要召集对方当事人可能有损于命令的执行，则其应采用有根据的裁定就请求书作出决定。

5. 如果请求书在案件启动之前提交，授予所要求措施的命令，应当对案件的启动确定一个不长于 30 日的强制性时限。

6. 该命令如果未能在民事诉讼法第 675 条规定的时限内执行，则失去效力。

7. 民事诉讼法第 669 条之十一的规定，也适用于说明。

第 129 条 扣押

1. 工业产权权利人可以申请扣押侵犯其权利的部分或者全部物品及其制造工具和指控侵权的证据。在后一种情况下，应当采取足够的措施，以保护保密资料。

2. 扣押程序适用民事诉讼法中涉及预防性程序的有关规定。

3. 除刑事审判的需要外，当被认为侵犯工业产权的标的物在官方的或者官方认可的境内展览上展示，或者从展览中或者向展览移转，则其不受扣押，只作第 128 条规定的说明。

第 130 条 一般规定

1. 说明和扣押由执行官执行，如有必要，由一个或者多个专家予以协助，并借助技术调查手段支持，不论是照相或者任何其他种类。

2. 利害关系人可以被允许出席执行现场，也可通过其代表，并由其信任的专家加以协助。

3. 民事诉讼法第 675 条规定的时限届满之后，已经开始的说明和扣押的执行可以完成，但不应以同一命令为依据启动进一步的执行。不过，仍然可以要求法官在案件过程中颁发另外的说明和查封命令。

4. 说明和扣押也可以涉及属于请求书中没有指名的人的物品，只要这些物品是由被施加了所述措施的当事人一方制造、提供、进口、出口或者销售的，并且这些物品不是供个人使用的。

5. 扣押和说明操作的记录，连同请求书和司法命令，应当在 15 天之内提供给拥有所说明和所附物品的第三方，否则无效。

第 131 条 禁令

1. 任何工业产权权利人可以依照民事诉讼法有关预防性程序的规定，要求责令禁止制造、交易和使用任何涉嫌侵权的物品的禁令。

2. 通过发布禁令，法官可以为每项侵权、后续确认的对该命令的违反以及延迟遵守，确定应付数额。

第 132 条 预先采取预防性保护

第 128 条、第 129 条和第 131 条提到的措施，甚至在注册或者专利申请未决时便可采取，只要注册申请或者专利申请已向公众或者该申请已送达的人公开。

第 133 条 域名的预防性保护

除颁发禁止使用非法注册域名的禁令外，司法机关还可以在其认为适当的情况下，以该措施的受益方提交足够担保为条件，临时命令将该域名临时转让。

第 134 条 程序规则

1. 2003 年 1 月 17 日第 5 号法令第 II 编第一章和第四章的规定以及第 III 编的规定，应当适用于涉及工业产权和不正当竞争的司法程序（但那些与知识产权执法甚至没有间接关系的除外），以及与知识产权的行使相关的侵权。依照 1990 年 10 月 10 日第 287 号法令和欧盟条约第 81 条和第 82 条，对前述事项由具有直接裁判权的法官进行审理，且通常由专门的部门享有管辖权。对上述规则没有规范的事项，只要不冲突，由民事诉讼法第 121 条第 5 款的规定加以规范。

2. 2003 年 1 月 17 日第 5 号法令第 V 编第 35 条和第 36 条应当适用于第 1 款所述事项的仲裁程序。

3. 涉及第 1 款所述事项的一切争议，包括第 64 条、第 65 条、第 98 条和第 99 条所规定的争议，提交给 2002 年 12 月 12 日第 273 号法律第 16 条规定的并由第 120 条补充规定的各专门部门审理。此外，涉及由普通法官审理的工业产权征用补偿的争议，提交给各专门部门管辖。

第 135 条 申诉委员会

1. 就意大利专利商标局作出的全部或者部分拒绝一件申请或者请求，拒绝记录或者不予承认一项权利，以及本法典所述其他情况下的命令，在收到命令之日起 60 日的法定期限内，可以向申诉委员会提出申诉。

2. 1939 年 6 月 29 日第 1127 号皇家法令建立的申诉委员会，由一名主席、一名副主席和八名成员组成。其组成成员是在咨询法官高级理事会后从不低于上诉法院顾问级别的法官中选出的，或者从在司法专业的大学教授或者本国高等学校的受雇者中选出的。

3. 委员会分为两个部门，由主席和副主席主持。该委员会主席、副主席和委员会的成员均由生产活动部部长通过颁发政令任命，任期两年。其任命可以续展。

4. 主席可以选择专家加入委员会中。专家选自大学教授、高等学校的教授，以及参加了专利代理人职业协会并具有作为法院任命的专家的经验的专利代理人。任命专家是为了由其就专门事项向委员会提交报告。加入的专家没有评议表决权。

5. 官员，无论是在职还是退休的，都可以挑选来作为委员会成员和专家，只要他们是所需类别的官员。

6. 申诉委员会由秘书处协助。秘书处成员由与组成委员会的同一命令或者单独的命令来任命。秘书处成员应在意大利专利商标局官员中选择，其报酬依照现有的法律、规则或者合同规定确定。

7. 申诉委员会就工业产权事务承担作为生产活动部顾问的职能。这种顾问的职能是应生产活动部的要求来履行。如果有评议表决权的成员绝大多数未能出席，委员会的咨询会议无效。

8. 委员会成员、委员会秘书处成员以及委员会专家成员的报酬，由生产活动部部长与财政部部长达成一致后，发布政令确定。

第 136 条　申诉委员会的程序

1. 申诉书应当在从当事人收到相关通知或者已经得知相关通知起 60 日期限内，或者对不需要通知个人的，如果法律或者规章规定了公布的，从公布时限届满之日起 60 日期限内，送交意大利专利商标局和申诉直接指向的有相反利益的当事人（但受按照申诉委员会的命令向其他当事人送达的义务的限制）。根据申诉委员会命令，还有向其他当事人进一步送达的义务。申诉书，连同相关送达的证据，被申诉的命令副本（如果申诉人有的话）以及申诉人在程序中想要使用的文件，必须在最后送达的 30 日内向第 147 条所述的部门提交，或者通过挂号邮件直接寄给意大利专利商标局的申诉委员会秘书处。

2. 连同申诉书一起，必须提交有关缴纳了 2002 年 5 月 30 日第 115 号总统令规定的统一税赋的证据。

3. 提交申诉书原件的同时，必须提交与委员会成员和对方当事人数量相当的未盖章副本。这应理解为，委员会主席可以要求有关当事人提供更多的副本。

4. 未能提交被申诉的命令和支持申诉的证据文件副本，并不导致权利丧失。自允许提交申诉书的期限届满之日起 30 日内，意大利专利商标局应当通过将命令归入委员会秘书处保存的特定文件中的方式提交被申诉的命令，如果有，连同作出该命令所依据的司法证据和文书，以及其中提到的文件和该局认为对程序有用的文件。

5. 该委员会主席将申诉委托给有管辖权的部门处理。主席或者副主席在分配到该部门的成员中任命一名代表人，并且在处理技术问题时，也可从加入的专家中选择任命一名或者多名副代表人。

6. 主席或者由其任命的代表人在任何情况下均确定不超过60天的时限，到时限为止，必须完成提交法律意见书、对方当事人答辩状以及提交相关证据。

7. 第6款所述时限届满后，委员会可以命令以其认为适当的方式提交证明和证据，并说明怎样提交。在证据阶段，主席或者由其任命的代表人可以传召当事人作出澄清。如果证明或者证据是没有必要的，或者在已经提交证明或者证据后，由主席确定委员会的讨论日期。

8. 在对申诉进行决定时，委员会的部门须由一名主席和两名有审议表决权的成员组成。

9. 该委员会有权要求意大利专利商标局作进一步澄清和提交证据。

10. 申诉人或者其所指定的专利代理人，只要至少在讨论两天之前及时申请，均有权被允许口头陈述其论点。申诉人可以亲自或者由一名律师以及一名专家协助出庭。意大利专利商标局作为对应行政部门，可以由一名官员提交法律意见书。审理开始后，代表人就申诉进行报告。随后，各方当事人或者其专利代理人进行陈述。如果委员会成员有要求的，意大利专利商标局管理者或者被指定作为其代表的同一部门的官员，提供必要的信息和所要求的证据。

11. 在就申诉进行的讨论结束之前，各利害关系方可以向委员会提交说明性法律意见书。如果在讨论中出现可能影响决定的新的事实，应当告知当事人。

12. 委员会可在任何时候进行其认为适当的举证，并可在任何情况下命令延迟决定或者讨论，安排另外的会议。

13. 委员会在当事人离开之后作出裁决。

14. 如果申诉委员会认为申诉不可接受或者不应当被允许，应以裁决作此宣布；如果认为申诉毫无根据的，应裁决驳回；如果其认可申诉，其应认定被申诉的命令全部或者部分无效。

15. 应当指定代表人或者委员会的另一成员起草说明理由的裁决。

16. 该裁决由委员会的秘书处以挂号信函送达相关的人或者其指定的专利代理人。仅将裁决的结论在官方公报上公开。在涉及一般事项并且公布没有危害的情况下，委员会有权命令在上述官方公报上将裁决全文刊登。

17. 如果申诉人声称在就申诉作出裁决期间执行被申诉的命令或者意大利专利商标局的不作为将导致严重和不可挽回的损害，其可申请颁发其认为在该种情况下更合适的预防性措施，以临时确保未来的申诉裁决的效力。申诉委员会通过在董事会发布命令来对申诉作出决定。在预防性措施的申请得到讨论之前，在极端严重和紧迫以至于不能拖延到董事会开会日期的情况下，申诉人可以要求申诉委员会主席或者负责申诉的部门命令采取临时预防性措施，无论是否同时向对方当事人送达了防范措施的申请或者明确的申诉。主席以法令形式作出其决定并列明其理由，即使没有启动双方程序也如此。由一个小组组成法庭，预防性措施的申请在董事会开会期间向该法庭提交，直至该法庭作出决定，该法令一直有效。申诉委员会对该预防性措施申请作出决定时，在确定已经及时进行双方程序和证据阶段，并已传唤了争议问题的当事人出庭之后，可以依照以上条款对实体问题作出裁决，但前提是必要的条件得到满足。

18. 对撤销或者修改已授予的预防性措施的申请，以及对已被驳回的预防性措施的申请再次提出申请，只有在基于后来发生的事实才可允许。

19. 如果行政部门不遵守已授予的预防性措施，或者只是部分遵守，那么相关当事人可以提交有充分依据的、已送达对方的申诉书，要求申诉委员会采取适当的强制执行措施。申诉委员会根据修改后的 1924 年 6 月 26 日第 1054 号皇家法令核准的第 4 号国会法律统一文本第 27 条第 1 款第 4 项有关规定，行使对最终裁决的执行进行评价的权力，并命令执行预防性命令，指明执行方式，必要时指明负责人。

第 137 条 对工业产权权利的执行和扣押

1. 工业产权相关的经济权利可以成为执行的标的。

2. 执行适用民事诉讼法中涉及个人财产执行的规则。

3. 工业产权的扣押以执行官送达给债务人的命令形式执行。该命令必须包括：

（a）扣押该工业产权的宣告，通过之前提及的数据可以加以识别；

（b）权利的日期和其被宣告立即执行的日期；

（c）该执行涉及的数额；

（d）债权人和债务人的姓氏、名字和选定的住所或者居住；

（e）执行官的姓氏和名字。

4. 自送达之日起，债务人有义务成为工业产权及其可能获得的收益的司法接受人。为了后续分配的目的，在送达日后由工业产权的许可所产生的收益，应当加到销售收入中。

5. 扣押令的送达适用民事诉讼法规定的传票送达规则。如果扣押令的被送达人在本国没有住所或者居所，并且没有选定任何住所，将向意大利专利商标局送达。在这种情况下，该命令的副本应当粘贴在该局的公告栏，并在官方公报上刊登。

6. 工业产权的扣押令应当自送达之日起 8 日之内进行备案，否则无效。工业产权的扣押令备案之后，只要该扣押有效，随后备案的扣押如果送达申诉的债权人，则应当视为对售价的异议。

7. 扣押的工业产权的出售和转让，由民事诉讼法相应规则加以规定，并须遵守本法典的特别规定。

8. 工业产权自其扣押起至少 30 天届满前不得出售。对销售，须自确定销售日期的命令后 20 天期间届满，方可销售。对于工业产权的销售和分配，主管法官应当决定其根据具体情况认为适当的具体方法，包括下令向公众公告发售，以及部分不遵守民事诉讼法的规定。如有必要，法官可以下令将公告粘贴在商会和意大利专利商标局的公告牌上，并在工业产权公报上公布。

9. 转让的备忘录必须包含有关工业产权由相关所有权所产生的数据。

10. 就工业产权的执行提出请求的债权人，必须将扣押令以及确定销售日期的司法命令，至少在销售前 10 天送达已经备案的担保权利的债权人。这些债权人必须在销售后 15 日内向相关的司法机关的书记员办公室提交申请和相应的证据文件。任何利益相关方均可审查这些申请和文件。

11. 第 8 款所规定的 15 日期限届满后，经任何一方要求，法官安排庭审，对销售所得价款和其他收入的比例和分配提出建议。在庭审过程中，如果双方未就收入的分配达成协议，则法官在查明第 8 款的规定已获遵从的情况下，应依照民事诉讼法关于个人财产执行的相关规定，确定债权人比例，分配收益。逾期利息的应收款项无论是预期的还是有条件的，依照民法典的规定均可代收。

12. 工业产权的受让人通过向意大利专利商标局提交转让备忘录的副本，以及经过证明的由法庭书记员依照删除备案的规则所给出的支付了价款的收据，有权将相应权利上的担保权利备案删除。

13. 工业产权即使仍然未决或者正在注册，也可以成为扣押的对象。扣押程序适用本条所列的执行规定以及民事诉讼法所列的扣押规定。

14. 有关工业产权执行和扣押的纠纷应提交给依照第 120 条具有管辖权的本国司法机关处理。

第 138 条 备案

1. 下列文件必须通过在意大利专利商标局进行备案的方式向公众披露：

（a）免费或者有偿的当事人生前有效的协议，该协议转让部分或者全部工业产权的权利；

（b）免费或者有偿的当事人生前有效的协议，该协议根据第 140 条有关权利的规定，产生、修改或者转让享有不动产、特殊留置权或者担保权的个人权利；

（c）对（a）、（b）项所列权利的分割协议、和解或者放弃协议；

（d）扣押备忘录；

（e）强制出售后的转让备忘录；

（f）为依照民事诉讼法返还债务人的目的，中止部分被扣押工业产权的销售的备忘录；

（g）为公共使用原因的征用令；

（h）宣告存在（a）、（b）和（c）项所述文件的判决，这些文件之前并未备案。宣告一项备案事项被无效、取消、终止、废除和撤回的判决，应当在所涉事项的备案上进行备注。以获得本条所述判决为目的的司法请求也可被备案。在此情况下，判决备案的效力将回溯至司法请求的备案日；

（i）遗嘱和证明无遗嘱的继承已发生的文书以及相关判决；

（j）对于就工业产权提出的请求以及相关请求的判决；

（k）命令对无效工业产权进行转化以及相关司法请求的判决；

（l）以取得本条所述判决为目的的请求。在这种情况下，判决备案的效力将追溯到请求备案之日。

2. 备案应当缴纳规定税款。

3. 为了获得备案，申请人必须以申请的形式提交具体的备案文件，随附公共文书的准确副本，或者经认证的私人文书或者第 195 条规定的其他文件的原始文本或者准确副本。

4. 意大利专利商标局，在确定文书形式上的正确性之后，将根据申请提交的日期，及时进行备案。

5. 备案的顺序依照所提交申请的顺序确定。

6. 遗漏或者错误，只要不在整体上导致所备案事项的性质或者该事项相关工业产权上的不确定性，就不会导致备案无效。

第 139 条　备案的效力

1. 在被备案之前，除第 138 条（d）、（i）、（l）项所述遗嘱、其他文书和判决外，无论何种理由，文书和判决对已经购买并对工业产权合法主张权利的第三人都不具有效力。

2. 从同一持有人处购买同一工业产权的多个购买者之间发生冲突的情况下，最先备案其购买权利的购买者具有优先权。

3. 扣押备忘录的备案，只要有效，便应中止任何进一步的文书和判决的备案。这种备案如果在转让之日起 3 个月内发生，其效力将在转让备忘录备案之后终止。

4. 遗嘱和证明无遗嘱的继承已发生的文书，以及相关的判决，应当为了指明移转连贯性的单一目的而进行备案。

5. 全部或者部分转让或者修改与欧洲专利申请或者欧洲专利相关权利的事实，如果备案在欧洲专利意大利登记簿中，则可对抗第三人。

第 140 条　担保权

1. 工业产权的担保权应当基于货币债权。

2. 如果几个担保权同时发生，其优先级由备案的顺序决定。

3. 担保权备案的删除应当在提交了债权人签字确认的同意之后进行，或者由终局裁决命令删除，或者在所担保的权利已作为执行的结果被实现后进行删除。

4. 删除需要支付与备案同样的税款。

第 141 条　征用

1. 除商标权外，工业产权，即使还未授予专利或者注册，也可为国家军事防卫的利益或者其他公共使用的原因，由国家征用。

2. 在符合有关强制许可的规定的情况下，征用仅限于为国家需要的使用。

3. 对上述征用，如果为了国家军事防卫利益进行，并涉及意大利持有人的工业产权，则征用行政管理部门也应被给予向国外申请工业产权的权利。

第 142 条　征用令

1. 征用令是由相关部长与生产活动部部长和经济金融部部长协商一致，并在涉及国家军事防卫时征询内阁，或者在其他情况下征询申诉委员会之后，提出建议，由总统令发出。

2. 为了国家军事防卫利益的征用令，如果在专利或者登记证书印制之前颁发，则包含对工业产权主题的保密义务及其期限。

3. 违反保密义务的，依照刑法第 262 条进行处罚。

4. 对知识产权持有人的补偿数额，以发明的市场价值为基础，经与申诉委员会协商，在征用令中加以确定。

5. 基于公共使用原因的征用令可以通过向在境内就其具有专属管辖权的地区行政法庭提交诉请（的形式）提出申诉。1971 年 12 月 6 日 1034 号法第 23 条之二规定的专门程序应予适用。

第 143 条　征用补偿

1. 如果被征用权利的持有人不接受依照第 142 条计算的补偿，且征用的行政部门和持有人也未能就此达成一致，则补偿应当由仲裁庭确定。

2. 对证明由于政府部门延迟否决征用决定而导致丧失外国优先权的发明人或者创造者，应当依照征用补偿的规定给予适当的补偿。

3. 征用令必须在由意大利专利商标局保存的工业产权登记簿上加以标注。

第二节　反剽窃措施

第 144 条　剽窃

为本节规定之目的，对第三人所有的工业产权的假冒和不当使用，如果是故意和系统的，则构成剽窃。

第 145 条　国家反假冒委员会

1. 生产活动部建立国家反假冒委员会，被授权监控工业产权侵权的迹象以及对设计与样式的知识产权侵权，协调和研究针对其的措施，并协助企业进行反不正当竞争保护。

2. 第一款所述的委员会的组织形式和机制由生产活动部部长经与财政部、外交事务部、农业和林业政策部、内政部、司法部以及文化遗产部部长协商，确保公共利益和私人利益，以部长令加以规定。

3. 第一款规定的委员会机制并不意味着任何公共财政负担。

第 146 条　反剽窃措施

1. 生产活动部只要得知剽窃案件，就应当向在境内具有管辖权的公诉人报告，以便其可以适当采取主动。

2. 不影响打击犯罪以及涉及海关机关、生产活动部职权的有关国家和共同体条例的执行，通过相关省的长官并限于市政辖区，市长可以依职权对假冒产品下令进行行政扣押，3 个月期满之后，根据第 3 款中司法机关的在先授权，对假冒产品处理并由假冒者支付费用。保留用于司法目的的样本的权利不受此影响。

3. 第 120 条的专门部门的负责人，对在其地域内发生剽窃，有权根据下令扣押的州或者地方行政机构的请求授权其处置。

4. 对依照第 2 款所颁发的处置令的异议，应按照修订后的 1981 年 11 月 24 日第 689 号法第 22 条和第 23 条所列的条件提出。提交异议的时限自该命令送达之日起或者自摘要在意大利共和国官方公报发布之日起计。

第四章 工业产权的获得和维持及相关的程序

第一节 一般申请

第 147 条 申请和请求的提交

1. 本法典所述的所有申请、要求、文书、文件和请求，应当提交给意大利专利商标局、工商业和手工协会以及依照生产活动部法令建立的部门或者公共团体。提交手续，包括以其他通信方式的提交手续，由该部长法令决定。上述部门或者团体颁发证书确认收到提交的文件，并在随后的 10 日内，将所提交文件及相关证明按照法令规定的形式转交给意大利专利商标局。

2. 能够接受文件提交的部门或者团体必须采取一切必要措施，确保遵守职业秘密。

3. 意大利专利商标局的工作人员，除其终止雇用届满两年外，不得直接或者通过第三人申请工业发明专利，或者成为工业发明专利的受让人。

第 148 条 申请的受理与补正

1. 依照第 147 条第 1 款提出的专利申请和注册申请，如果无法确认申请人或者无法联系申请人，则不予受理。对商标而言，申请中没有商标副本或者产品或者服务清单的，也不得受理。除第 3 款规定外，不予受理由意大利专利商标局宣告。

2. 如有下列情形的，意大利专利商标局应当通知申请人在通知之后 2 个月内，在迟延支付的情况下应有延迟，进行必要的补正：

（a）工业发明和实用新型申请，未附作为说明书或者说明书一部分的文件，或者缺少其中所述的附图，或者申请文件而非说明书中包括对在先申请的引用，没有说明在先申请的申请号、申请日、申请国家以及确认申请人的信息；

（b）植物新品种申请，没有作为附件的至少具有一个所述照片样本的说明书；

（c）设计与样式注册的申请，没有图片或者照片；

（d）布图设计申请，没有符合要求的确认文件；

（e）没有提交已在第226条规定的时限内支付规定费用的证明文件。

3. 如果申请人在第2款规定的期限内符合了该局的要求，或者自行进行了相关的补正，意大利专利商标局承认收到所要求的补正之日为法律意义上的申请日，并通知申请人。如果申请人未在第2款规定的时限内符合该局要求，除非其在该时限内已明确表示放弃第2款（a）项所指的说明书或者附图的缺漏部分，意大利专利商标局对收到的申请依照第1款宣告不予受理。

4. 如果申请人主动遵守了第2款规定的补正，意大利专利商标局承认收到所要求的补正之日为法律意义上的申请日，并通知申请人。

5. 第147条所述的所有申请、要求和请求以及所附文件均应以意大利语提交。以意大利语之外的语言提出的文件应当提交意大利语译文。如果说明书是以外语提交，则应在意大利专利商标局指定期限内提交意大利语译文。

第149条 欧洲专利申请的提交

1. 欧洲专利申请可以按照实施条例规定的方式向意大利专利商标局提出。

2. 第198条第1款和第2款的规定应予适用。为适用这些规定的目的，必须随申请附上意大利语的说明书和权利要求书副本，以及如果有的，附图副本。

3. 意大利专利商标局应当立即将欧洲专利申请的提交通知欧洲专利局。

第150条 欧洲专利申请的传送

1. 按照国防部军事专利部门的意见，欧洲专利申请的主题明显不属于由于军事防卫原因需要保密的，意大利专利商标局应及时并且无论如何在申请日起六周内传送给欧洲专利局。

2. 如果欧洲专利申请依照《欧洲专利公约》第 77 条第 5 款被视为撤回，申请人可在收到通知后 3 个月内要求将申请转化为意大利工业发明专利申请。

3. 在不违反有关国家军事防卫发明保密规定的情况下，如果自申请日或者优先权日起 20 个月的期限还未届满，意大利专利商标局向第 2 款所述的转化请求中指定的其他国家的服务中心传送这一转化请求的副本，并附申请人提供的欧洲专利申请副本。

第 151 条　国际申请的提交

1. 意大利的个人和法人实体，以及那些在意大利具有住所或者注册办公地的主体，可以向意大利专利商标局提交保护发明的国际申请。该局作为 1978 年 5 月 26 日第 260 号法令批准的《专利合作条约》第 10 条所规定的受理局。

2. 可依照实施条例向意大利专利商标局提交申请。该申请的申请日依照《专利合作条约》第 11 条确定。

3. 依照 1978 年 5 月 26 日第 260 号法令批准的 1973 年 10 月 5 日《欧洲专利公约》第 151 条，国际申请也可向欧洲专利局提交，由其作为受理局，或者在符合第 198 条第 1 款、第 2 款规定的情况下，向日内瓦的世界知识产权组织提交，由其作为受理局。

第 152 条　国际申请的条件

1. 国际申请必须符合 1978 年 5 月 26 日第 260 号法令批准的 1970 年 6 月 19 日《专利合作条约》以及相关实施细则的规定。

2. 仅为第 198 条第 1 款、第 2 款的目的，申请中应当附有意大利语的说明书和权利要求书的副本，以及附图副本（如果有的）。

3. 国际申请及其文件，除证明支付税费的文件外，必须提交一份原件和两份副本。缺少的副本由意大利专利商标局准备，费用由申请人承担。

第 153 条 国际申请的保密

1. 经申请人的同意，意大利专利商标局在国际公布完成之后，或者指定局收到 1978 年 5 月 26 日第 260 号法令批准的 1970 年 6 月 19 日《专利合作条约》第 20 条所规定的送达或者该公约第 22 条所规定的副本，或者自优先权日起 20 个月期限届满之后，向公众公开该申请。

2. 意大利专利商标局可以公告指定，仅公布申请人名称、发明名称、申请日以及国际申请号。

第 154 条 国际申请的传送

1. 意大利专利商标局在《专利合作条约实施细则》第 22 条、第 23 条规定的时限内，向国际局和检索单位传送国际申请。

2. 在依照《专利合作条约实施细则》第 22 条确定的国际申请原件传送期限届满前 15 日，收到国防部有关保密义务的命令，意大利专利商标局通知申请人，并警告其应当遵守保密义务。

3. 从上述第 2 款规定的通知之日起 90 日内，可以要求将国际申请转化为国家申请，具有与国际申请同样的申请日；如果未要求转化，申请被视为撤回。

第 155 条 对设计与样式提交国际申请

1. 意大利的个人或者法人实体，以及那些在意大利有住所或者实际机构的主体，可以依照 1980 年 10 月 24 日第 744 号法令批准的修订后的 1925 年 11 月 6 日《工业品外观设计国际注册海牙协定》第 4 条第 1 款，直接向国际局或者向意大利专利商标局申请设计与样式保护。

2. 向意大利专利商标局提出的申请也可以以要求回执的挂号邮件提交。

3. 该申请的申请日依照该协定第 6 条第 2 款予以确定。

4. 国际申请必须符合该协定和相关实施细则以及国际局发布的行政指南的规定，并且须使用国际局制作的表格用法文或者英文撰写。

第 156 条　商标注册申请（略）❶

第 157 条　集体商标注册申请（略）

第 158 条　商标注册申请的分案（略）

第 159 条　商标续展申请（略）

第 160 条　发明和实用新型专利申请

1. 申请须包括下列内容：

（a）申请人以及指定的专利代理人（如果有的）的身份信息；

（b）以简要但准确说明/表达发明或者实用新型特征和范围的标题形式的，发明或者实用新型的名称。

2. 一件申请不得包含多于一件专利的要求，也不得包含涉及多个发明或者实用新型的一件专利。

3. 申请须附下列各项：

（a）符合第 51 条的发明的说明书；

（b）必要的发明附图；

（c）发明人姓名；

（d）如果指定了专利代理人，第 201 条规定的委托书；

（e）要求优先权的情况下，相关的文件。

4. 一件发明或者实用新型的说明书须以仅具有技术信息目的的摘要为开始，并以一项或者多项权利要求结束。在权利要求中应具体指明该专利的客体是什么。

第 161 条　单一性和申请的分案

1. 一件申请只能涉及一项发明。

2. 如果一件申请涉及多项发明，意大利专利商标局应通知相关人在指定的期限内将申请仅限于一项发明。申请人有权对剩余的每件发明提交一件申请，并以首次申请的申请日为其申请日。

---

❶　译者注：第 156～159 条为商标内容，此处略过。原文中非专利内容亦同此办理，不另注明。

3. 向申诉委员会提出申请的，将中止意大利专利商标局指定的期限。

第 162 条 *微生物方法*

1. 涉及微生物方法或者由该方法所获得产品的专利申请，被认为应对下列情况进行说明：

（a）微生物培养物不迟于该专利申请提出之日存入此类培养物的保藏中心；

（b）提交的申请包含申请人所知的关于该微生物特征的相关信息；

（c）专利申请中应说明微生物培养物所存放的经认可的培养物保藏中心的名称，以及该培养物的存放编号和日期，意大利专利商标局有权要求提交保存收据副本。

2. 为授予欧洲专利目的而被认可的保藏中心，或者依照由意大利批准公约认可的国际主管机构，应视为经认可的保藏中心。

3. 上述第 1 款第（c）项所述说明可在专利申请提交起两个月内提交。提交该说明的，视为申请人对于任何人自专利申请公开之日起向保存微生物的保藏中心提交的使用所保藏培养物的请求，给予不可撤销的无条件的同意。

4. 上述第 3 款所述请求，应当送达给申请人或者专利持有人，并且须附以下说明：

（a）请求人姓名和地址；

（b）请求人向专利或者专利申请的持有人作出的不向任何第三人提供培养物的承诺；

（c）承诺仅由具体指名的有资格的专家使用该培养物，且限于实验目的，直至该专利申请被驳回或者撤回，或者该专利最终被撤销或者宣告无效，且对申请人或者专利持有人的具体恢复权利已不再可能。

5. 为该使用而指定的专家，对由请求方实施的滥用行为共同承担连带责任。

第 163 条　药品和农药产品补充保护证书的申请

1. 证书的申请，须向颁发了有关批准产品上市的基础专利的意大利专利商标局提出。

2. 意大利专利商标局至少公布与证书申请相关的下列资料：

（a）申请人的姓名和地址；

（b）基础专利号；

（c）发明名称；

（d）产品上市批准的编号或者日期，以及由该批准中的产品的名称；

（e）如果有的，该产品在共同体内上市的首次批准的编号和日期。

第 164 条　（略）❶

第 165 条　育种者声明（略）

第 166 条　品种命名申请（略）

第 167 条　设计与样式注册申请

1. 申请须包括：

（a）申请人以及所指定专利代理人（如果有的）的身份信息；

（b）以名称的形式，并以说明要求保护的产品的特征的形式（如果可能的）的设计与样式的名称。

2. 以下各项须附于申请：

（a）设计或者样式的图片复制品，或者工业品的图片复制品（工业产品的制造乃独占权的客体），或者当仅涉及基本上是二维的工业品时，该产品的样品；

（b）达到理解相关设计与样式所需程度的对设计与样式的说明；

（c）如果委托专利代理人的，第 201 条规定的委托书；

---

❶　译者注：第 164～166 条内容与专利无关，此处略过。

（d）所要求优先权的证明文件。

第 168 条 布图设计注册申请（略）

第 169 条 优先权要求

1. 当依照第 4 条要求一件申请的优先权时，须附具作为所主张优先权基础的在先申请的副本，其中应当包括申请人姓名、工业产权范围以及申请日。

2. 如果在先申请由第三人提出，申请人还需提供证据，证明他是在先申请人的继承人或者权利继受人。

3. （商标条款略。）

4. 如果就同一发明的不同部分在不同日期分别提出申请，则可以在符合发明单一性的限度内通过一件单个申请主张优先权。如果在一件单个申请对多个申请是提出优先权主张，且发明的单一性未能确认，第 161 条适用于新的单个申请。

5. （商标条款略。）

6. 如果第 1 款所列文件未在申请提出后 6 个月内提交，专利或者注册的处理不考虑优先权。对发明或者实用新型，提交这些文件的期限是自作为优先权基础的在先申请的申请日起 16 个月，如果该期限更有利于申请人的。

7. 如果根据适用的国际公约提出的一件申请的优先权被驳回，须在该工业产权证书上就该驳回作出类似说明。

8. 如果自在先申请提出 12 个月时限届满之后对植物新品种专利申请主张优先权，或者申请人没有要求优先权的资格，则该优先权要求应当被驳回。如果优先权被驳回，在专利中无需提及。

第 170 条 申请的审查

1. 对已通过形式审查的申请进行审查，是为了确保以下内容：

（a）（商标条款略。）

（b）对发明和实用新型，申请的客体是否符合第 45 条、第

50 条和第 82 条的规定，但有效性要求在部令规定的优先权检索前除外，除非依据申请人的声明和主张不具有有效性是绝对显而易见的，或者从普通技术的角度是当然的；

(c) 对设计与样式，申请的范围符合第 31 条的规定；

(d)（植物品种条款略。）

(e)（布图设计条款略。）

2.（商标条款略。）

3. 如果不符合上述条件，意大利专利商标局依照第 173 条第 7 款处理。

第 171 条　（商标国际审查略。）

第 172 条　申请的撤回、修改和补正

1. 在意大利专利商标局授予所有权证书之前，审查程序未决的，申请人可以随时撤回申请。对商标，在异议程序中，也可撤回。

2. 在意大利专利商标局授予所有权证书之前，或者就申请或者异议作出裁决之前，或者在申诉委员会对所提交的请求进行裁决之前，申请人可以就对发明专利或者实用新型的申请以新的实施例进行补正或者限定说明书、权利要求或者原始提交的附图，就商标申请，为了限定或者指明原始列出的产品或者服务，从而在实质上修改原始提交的申请或者其他相关要求。

3. 为理解工业产权或者更好地界定所要求保护的范围之必要，申请人根据意大利专利商标局要求必须对文件进行完善或者更正。

4.（植物品种条款略。）

5.（植物品种条款略。）

6. 意大利专利商标局应保存与最初申请相关的文件，并确保有证据证明修改或者补正收到之日，并且采取认为适当的进一步的措施。

第 173 条　审查意见

1. 对申请和请求进行审查形成的意见应通知利害关系人，

并给予自收到通知之日起不少于 2 个月的答复期。

2.（植物品种条款略。）

3. 当由于违反了第 201 条规定的指定，对审查意见的不遵守将导致申请和相关请求的驳回的，该意见应通知申请人。

4. 当期限届满而没有对审查意见进行任何答复的，对申请或者请求作出决定予以驳回，决定以挂号回执邮件通知申请或者请求所有人。但是，如果审查意见涉及优先权要求，不予答复只导致该权利的丧失。

5.（植物品种条款略。）

6.（植物品种条款略。）

7. 在全部或者部分驳回申请或者相关请求之前，如果理由不是第 1 款意见的内容，意大利专利商标局应给予申请人 2 个月的期限陈述意见。一旦这一期限届满，如果没有提交意见，或者该局认为提交的意见不可接受，则申请或者请求被全部或者部分驳回。

8. 对国际专利申请，意大利专利商标局依照 1978 年 5 月 26 日 260 号法令批准的 1970 年 6 月 19 日《专利合作条约》第 14 条进行审查后，应当通知申请人作出必要的修改并提交未包含的附图，并为此目的指定不超过 3 个月的期限。此期限不影响《专利合作条约》实施细则第 22 条规定的传送国际专利申请原件的期限。在《专利合作条约》第 14 条规定的情况下，意大利专利商标局应当宣布该申请视为撤回。

9. 如果申请应当被维持，意大利专利商标局应当颁发所有权证书。

10. 与专利申请或者注册的行为和文献相关的文件，由意大利专利商标局保存到相关权利期限届满后 10 年。

这一期限届满之后，意大利专利商标局可以销毁文件而无需征求国家档案中心的意见，只要原件、申请、说明书和所附的独立附图转移到不可修改的计算机存储装置上。

第二节　商标审查意见和商标注册的异议

第 174 条至第 184 条 （商标条款略）

第三节　公　开

第 185 条　工业产权证书的保存

1. 工业产权证书的原件须由主管局领导或者由其委派的官员签发。

2. 依照授权日期标注顺序号的工业产权证书，包括：

（a）申请日期和申请号；

（b）所有人的姓名、住所，对植物品种而言还包括育种者的名字、姓氏、住所，对法人实体，企业或者公司名称以及登记的办公地点；

（c）如果有的，被委托的专利代理人的姓名、住所；

（d）作者的姓名；

（e）所要求优先权的基本数据；

（f）（植物品种条款略。）

3. 工业产权证书的原件由登记处保存。

4. 经核准的工业产权证书的副本交给所有人。在植物品种专利的情况下，意大利专利商标局就授权向农林政策部发出通知。

第 186 条　协商和公布

1. 在意大利专利商标局事先批准的情况下，根据请求，公众可以对存放的工业产权证书以及申请进行查阅。

2. 意大利专利商标局从公众可以获知申请时起，保存专利或者注册申请供公众自由查阅。公众亦可以以同样的方式查阅涉及工业产权证书的说明书和附图以及要求在先申请优先权的申请的附件。

3. 意大利专利商标局可以允许任何提出请求的人，对申请、说明书和附图以及允许公众查阅的其他文件进行复制。但为避免供公众查阅的文件受到损害和破坏需要保护的除外。

4. 要求对供公众查阅的样本副本进行确认的，须按照规定缴纳印花税。生产活动部仍可确定，上述文书或者文件进行的复印或者通过照相复制仅由意大利专利商标局进行处理，同时支付相关官费。

5. 工业产权证书的摘录副本和从相关文献中摘取有关信息的证明的副本，以及原件的复制件，在提出请求并提供了所需副本或者摘录的权利证书的申请号后，仅由意大利专利商标局提供。

6. 对副本的真实性的证明，应就每一页和每幅图向意大利专利商标局缴纳印花税和处理费用。

7. 本法典规定的费用数额，经经济财务部同意由生产活动部部令确定。意大利专利商标局进行复制和照相复制的费用依此确定。

8. 工业产权证书以及具有法律效力的备案，由第 187 条、第 188 条、第 189 条和第 190 条规定的各种证书的官方公报至少按月进行分类公布。公布应包括每件证书和备案申请中分别包含的基本信息。公报也应包含工业产权的分类索引和按照字母排列的所有人索引，并且包括说明书摘要。

9. 该公告免费发给商会，以及记载在生产活动部拟定的名单中的单位。

第 187 条　商标的官方公报（略）

第 188 条　植物新品种的官方公报（略）

第 189 条　发明专利和实用新型、设计与样式注册、半导体产品布图设计的官方公报

1. 发明专利和实用新型、设计与样式注册、半导体产品布图设计的官方公报，至少每月由意大利专利商标局出版。至少包含下列相关信息：

（a）专利或者注册的申请，指明可能的优先权或者推迟向公众公开的要求；

（b）授予的专利或者注册；

（c）由于未支付年费而丧失权利的专利和注册；

（d）许可给公众的专利和注册；

（e）被颁发征用令或者强制许可的专利和注册；

（f）转换的专利或者注册；

（g）对第138条所规定行为备案申请和所做的备案。

2. 除第1款（a）、（d）、（e）项专门规定的外，申请、专利和注册的以及相关编号和日期外的证明资料，是就第160条第1款、第167条第1款、第168条第1款和第2款（b）、（d）项中规定事项的资料。

3. 官方公报中至少包含依照所有人字母顺序以及编号、分类排列的分类索引。

第四节　期　限

第191条　期限的届满

1. 本法典规定的期限可以根据在期限届满日之前向意大利专利商标局提交的请求予以延长。除非明确规定该期限不得延长。

2. 依据主动提出的请求，可以给予最长自期限届满日或者意大利专利商标局确定期限的通知之日起6个月的延期。

第192条　程序继续

1. 工业产权的申请人或者权利人没有遵守意大利专利商标局确定的有关在该局程序中的期限，并导致申请或者请求被驳回或者权利丧失的，申请人或者权利人提出请求，并附已符合在已届满的期限内应符合的有关要求的证据，该程序恢复。

2. 该请求须于期限届满后2个月内提出。

3. 本条作出的规定不适用于有关异议程序的时限。

第193条　恢复

1. 工业产权的申请人或者权利人虽然尽力但仍未能遵守意

大利专利商标局或者申诉委员会规定的期限，直接导致申请或者相关请求的驳回，或者工业产权权利丧失或者任何其他权利包括申诉权的丧失，可以恢复其权利。

2. 在障碍消除之日起 2 个月内，应当履行未完成的行为，提交恢复请求并说明事实和理由，附上适当的文件。自未遵守的期限届满之日起超过 1 年的，请求不予接受。对未支付维持费或者续期费的，该 1 年期限自费用支付期限届满之日起计算。在这一情况下，应当附具证明已支付所欠费用以及罚款的收据。

3. 在请求被驳回之前，工业产权申请人或者权利人可以在该局确定的期限内提交其主张或者意见。

4. 本条的规定不适用于第 2 款所提到的期限，对专利和注册申请的分案给予的期限，提交分案申请的期限，以及有关商标注册异议提交请求的期限。

5. 如果专利或者注册的申请人虽然尽力但仍未能符合要求优先权的期限，优先权在其期限届满之日起 2 个月内提出的，可以恢复权利。这一规定也适用于提交优先权文件不符合期限的情况。

6. 在独占权或者获得独占权的权利丧失之后但第 1 款所规定的恢复之前，任何人善意地做了认真、有效的准备或者已经开始使用他人所有的工业产权权利客体的，他可以：

（a）在发明、实用新型、设计与样式、植物新品种或者半导体产品布图设计的情况下，在之前使用或者预先准备的范围限度内免费实施；

（b）在商标的情况下，要求偿还所发生的费用。

第五章　特殊程序

第 194 条　征用程序

1. 征用令副本传送给意大利专利商标局，并按照民事司法送达方式送达相关当事人。送达完成后，作为征用对象的权利即转给了征收机关，其具有完全的使用权。该机关也须承担支付维持工业产权有效的必要费用的义务。除非公开导致损害，意大利专利商标局应当就征用令及其修改或者撤销在官方公报上进行公告，并在证书或者申请上进行适当记载。

2. 在只针对工业产权使用的征用令中，必须标明征用的期限。如果只有使用权被征收，专利申请和注册程序以及相关权利的公开依照标准程序进行。

3. 在没有就征用补偿金额达成一致的情况下，仅为确定征用补偿金额目的，组成三人仲裁组。成员由双方各指定一名，并由此二人指定第三名成员；在就第三名成员达不成一致的情况下，由罗马法院专门部门的负责人指定。仲裁员应从在工业产权领域经过专业研究、具有经验的人中挑选。在不冲突的情况下，适用民事诉讼法第 806 条。

4. 仲裁组须考虑被征用专利丧失的竞争优势，进行公正评价。

5. 仲裁费用，支付给仲裁员的专业费用，以及答辩的开支和费用在裁决中加以确定。裁决书中还要确定由谁、以何种方式承担这些费用。如果确定的补偿数额低于该机关最初给出的数额，费用由被征用的一方承担。

6. 对仲裁员的裁决，可以向罗马法院确定补偿的专门部门提出上诉。上诉期为确定补偿的通知送达各方之日起 60 日。

第 195 条 *备案申请*

1. 按照生产活动部部令规定的要求，备案申请应准备两份原本，其中一份与备案宣告一同退回申请人。

2. 申请须包含：

（a）备案受益人的姓名和住所以及（如果有的），所委托的律师；

（b）工业产权所有人的姓名；

（c）用于证明备案是正当的行为或者理由的性质；

（d）要求备案的工业产权的客体清单；

（e）在所有权改变的情况下，新申请人或者新所有权人的国籍国名称，新申请人或者新所有权人住所地国名称，或者新申请人或者新所有权人真实、有效的实体机构所在国名称。

第 196 条 备案程序

1. 第 2 款规定的备案申请须附具下列各项：

（a）第 138 条第 1 款（a）项所述导致所有权变化的文书副本，或者产生修改、确立或者取消个人或者不动产的享有权或者担保权的文书的副本；或者第 1 款（b）项所述（如果有，符合有关注册税规定）的备忘录和决定的副本，或者事项摘录，或者公司登记机关或者其他主管机关颁发的证书，或者如果涉及转让，转让声明或者由转让人和受让人签署的已经发生的有效转让的声明，包括转让的权利客体清单；或者在放弃的情况下，由所有权人签署的书面放弃声明。意大利专利商标局可以要求由公职人员或者其他主管部门对该事项或者摘要的副本与原件进行一致性认证；

（b）证明所取得权利已支付价款的文件。

2. 当备案涉及同一人仍处在申请阶段或者已经授权的几项工业产权时，可以提交一件备案申请，条件是要备案的所有权变更或者享有权、担保权的受益人为同一人，并且在该申请中列明了所有申请以及证书的编号。

3. 委托律师的，也应当根据第 201 条附具委托书。

4. 在登记簿上，对任何备案应当标明下列各项：

（a）申请提交日，其为备案日；

（b）所有权继受人的姓名和住所，或者对公司或者法人，其名称及登记的办事机构所在地，以及（如果有的）所委托的律师的姓名和住所；

（c）备案所涉及权利的性质。

5. 为备案而提交的文件和决定由意大利专利商标局保存。

6. 删除备案的请求须以与备案申请同样的形式和方式提出。删除应以备注方式加以记载。

7. 无论何时，为了记载担保权利，有必要将信用额度转换为本国货币。这一转换应以担保授权当天的汇率为基础进行计算。

第 197 条　著录

1. 申请人或者其律师（如果有的），须在每件申请中指明或者选择其位于本国的住所，以用作送达依照本法典所做的各种通信和通知。

2. 工业产权权利人或者其律师（如果有）的姓名或者住所的改变，应当提请意大利专利商标局依照第 185 条在登记簿上加以标注。

3. 有关姓名或者地址变更的著录申请，应当依照实施细则中的规定，提交单一文本。

4. 当修改涉及处于申请阶段或者已经授权的多项不同工业产权时，一个申请即可。

5. 本条第 1 款、第 2 款和第 3 款的规定适用于第 201 条所提到的专利律师姓名或者地址的变更。

6. 意大利专利商标局收到宣告工业产权无效或者撤销的判决的，须在登记簿中加以标注，并且须在官方公报中进行公告。

第 198 条　军事保密程序

1. 未经生产活动部授权，在本国境内居住的当事人不得以外国政府部门、欧洲专利局或者世界知识产权组织为受理局，单独提交其发明专利、实用新型或者布图设计申请，也不得自其在意大利的申请日或者许可申请提交日后 90 日期限届满前向这些机构提交。生产活动部依照国防部的授权，对许可申请作出决定。90 日期限届满而未否决的，视为授予该许可。

2. 除非构成更严重的犯罪行为，违反第 1 款规定的，处以不超过 77.47 欧元的罚款或者监禁。在许可申请被拒绝的情况下违反规定的，处以不少于 1 年的监禁。

3. 对收到的发明、实用新型专利申请和半导体布图设计申请，意大利专利商标局应当立即向国防部军事专利部门提供。

4. 如果上述部门认为有关发明或者实用新型的申请有助于国防，上述官员或者虽不属于该部门但经国防部适当授权的人员，可以对申请的说明书和附图进行审查。

5. 对专利申请和相关文件进行审查的所有人，或者由于工作原因知晓该申请的人，负有保密义务。

6. 申请提交后 90 天内，国防部可以要求专利商标局推迟授予工业产权以及任何相关公布。该局应当通知请求相关的当事人，警告其应当遵守保密义务。

7. 自申请提交起 8 个月内，主管部未发出通知告知该局和申请人——鉴于后者已经指明其在国内的住所——其有意征收的，应当继续授予工业产权的一般程序。国防部可以在同样的时限内，要求进一步推迟授予工业产权以及其他相关公布。推迟的期限自申请日起不超过 3 年。在这种情况下，发明人或者其权利继受人有权获得依据关于征收的相关规定所确定的补偿。

8. 对实用新型，可以要求上述第 7 款规定的进一步的延期为自申请日起不超过 1 年。

9. 对已经在外国提交专利申请并在该国受保密义务限制的专利申请的发明，国防部可以根据互惠原则提出的外国请求，要求对专利权的授予以及任何相关专利申请的公布给予甚至超过 3 年的延期。

10. 任何应付的补偿应由提出请求的该外国承担。

11. 受到保密义务约束的发明，在延期请求通知后、延期期间，以及在征收程序期间和在相关命令后，必须保密。

12. 对上述第 6 款规定的情况，在通知有关人在保密的情况下进行征收的意图之后，发明也须进行保密。

13. 国防部允许的，保密义务终止。

14. 违反保密规定的，依据刑法第 262 条进行处罚。

15. 国防部可以要求对由被管制或者被监控的机构提交的发明专利申请予以保密。

16. 对涉及国家军事防卫的发明，国防部要求或者在上述第6款规定的延期的情况下，允许授予专利权。相关程序应当依照该部要求，秘密进行。这种情况下，不予公布，也不得进行本法典许可的审查。

17. 在本国境内展览的情况下，国防部有权由其官员或者工作人员对交付展览的可能对国家军事防卫有用的物品和工具进行详细检查，并且有权就该物品和工具获得信息并要求澄清。

18. 对涉及依照本法典不予保护的工业发明的物品，举办展览的组织应向上述官员或者工作人员提交完整的清单。

19. 第17款所述官员或者工作人员可以阻止该机构展览那些被认为对国家军事防卫有用的物品。

20. 国防部必须以要求回执的挂号邮件方式通知被提出要求的展览负责人办公室和利害关系人，告知其禁止展览并警告其保密义务。展览负责人办公室必须根据保密义务对禁止展示的物品依照其属性保管。

21. 展览禁令在该物品展示之后强制作出的，该物品须立即撤出，但不承担保密义务。

22. 对被视为对国家军事防卫有用的物品，国防部有权在一切情况下，依照本法典中的征收规则，对该发明所产生的权利进行征收。

23. 不遵守展览禁令的，非法展览的责任人应受25欧元至13 000欧元罚款的处罚。

第 199 条　强制许可程序

1. 任何人要希望依照第2章第4节第70条和第71条获得工业发明或者实用新型非独占使用的强制许可的，须向意大利专利商标局提交理由充分的申请，说明补偿数额和支付方式。该局应以挂号回执邮件，立即将申请通知专利权人以及就该专利获得权利并备案或者著录的主体。

2. 自该挂号邮件收到后60日内，专利权人和依照备案或者著录享有权利的主体可以反对同意申请，或者声明不接受支付补偿的数额和方式。反对须列明理由。

3. 提出反对的情况下，在提交期限届满 45 日内，意大利专利商标局召集申请人、专利权人和所有其他依照备案或者著录享有权利的主体进行调解。召集的通知以挂号回执邮件或者电子等其他方式送达上述各方，只要能确保能够足够确定地送达。

4. 在通知中，意大利专利商标局须将所提交的反对副本告知和转交申请人。

5. 申请人可在会前 5 天向意大利专利商标局提交书面反对意见。

6. 在试图调解的会议举行之日后的 45 天内，生产活动部应当授予许可或者拒绝请求。

7. 程序终结的期限为自申请提交起 180 日。

第 200 条 关于有效成分的自愿许可程序

1. 对有效成分的自愿许可申请，须附具证明支付了第 226 条所述生产活动部部令规定的费用收据，还应包括下列信息：

（a）自愿许可申请人的姓名或者名称以及住所或者注册办公地；

（b）有效成分的名称；

（c）保护的详细资料，专利及补充保护证书编号；

（d）指明由卫生部依法授权、生产有效成分的意大利药品实验室。

2. 申请人须将附具英文译文的申请，连同第 8 款所列资料，以挂号回执邮件或者保证送达的其他方式，寄给意大利专利商标局。

3. 意大利专利商标局以挂号回执邮件或者确保能够送达的其他方式，及时将请求通知有关各方和那些根据备案或者著录就专利和/或者补充保护证书享有权利的主体。

4. 如果自收到申请起 90 日内（该期限也可经当事人协商一致加以延长），在合理使用费的基础上达成了协议，所述协议的副本应以类似方式送给生产活动部——意大利专利商标局。如果在之后的 30 日内，该局未向当事人提出意见的，自愿许可协议视为最终的。

5. 当事人通知意大利专利商标局可能无法达成一致的，该局启动第 15 款所述调解程序。

6. 生产活动部通过其法令任命一个委员会，其任务是对当事人未能达成一致的自愿许可申请进行评估。

7. 该委员会由 5 名成员和 5 名候补成员组成，其中包括：

（a）2 名生产活动部代表；

（b）1 名卫生部代表；

（c）1 名意大利制药机构代表；

（d）根据更重要的类别协会的建议，1 名 CCP 持有人代表；

（e）根据最重要的类别协会的建议，一名药品有效成分生产商代表。

8. 当事人在收到意大利专利商标局的通知起 30 日内未能达成协议的，为了找到一个符合各方要求的协议，第 14 款所述委员会开始召集他们，在考虑了有效成分生产者参加国际竞争的要求的基础上，通过确定合理的许可使用费，对给予自愿许可的客体采取公平的报酬。

9. 尽管生产活动部调解，但如果许可协议未能达成，该部认为有法律理由的，可命令将所有文件传送给反垄断机构。

第六章　从业规则

第 201 条　代表

1. 在意大利专利商标局的程序中，不要求必须由具有资格的代理人代表。个人或者法人组织可以通过其雇员——即使不具有资格——或者根据第 205 条第 3 款由另一相关公司的雇员进行操作。

2. 对一名或者多名代理人的委托，如果未包含在申请中，或者通过认证的或者公证的单独文书进行，则可通过委托书进行，但须缴纳规定的税款。

3. 行为或者委托书可以针对一件或者多件申请，或者在意大利专利商标局以及申诉委员会进行的任何程序中总括委托专业代表，但司法程序除外。在这种情况下，任何后续申请、请求或者要求，代理人应提及委托书或者委任书。

4. 委托可以只授权给在工业产权顾问专业协会理事会所提供名单中登记的代理人。

5. 持有相当于在意大利工业产权顾问名单中注册的有资格的专利或者商标代理人的职业资格的欧盟公民，在欧盟成员国有执业场所并得到该国官方认可，如果在其职业活动中仅在其居住国以本国语言以其职业名义，并仅基于临时性为客户提供代表活动，则也可以对其授予委托。该代理人应当向意大利专利商标局以及职业协会理事会寄送文件，证明其在该成员国的资质。职业协会理事会对本条规定的职业代表活动的条件进行监督。

6. 委托也可授予在其所属职业协会注册的代理人。

第 202 条 顾问名单

1. 不损害第 201 条规定的情况下，在意大利专利商标局以及申诉委员会的程序中代表个人或者法人，只能由在专业律师委员会理事会保存的名单和工业产权专业顾问资格名单中注册的具有资格的顾问以及代理人进行。

2. 该名单包括两个领域，分别为专利领域和商标领域，第一领域是从事专利、实用新型、设计和样式、植物新品种和半导体布图设计的顾问，第二领域是在设计和样式、商标以及其他特殊标志和地理标志方面有资格的顾问。

3. 在名单中注册的人组成工业产权顾问专业协会。

4. 生产活动部通过意大利专利商标局对执业活动进行监管。

第 203 条 登记条件

1. 符合下列条件的任何个人，可以在工业产权顾问名单中进行注册：

（a）他在其本国管辖权下享有民事权益，并具有良好的道德和行为；

（b）是意大利公民或者欧盟成员国公民或者任何具有互惠关系的外国公民；

（c）他在意大利或者欧盟居住或者有执业场所（如果他是欧盟成员国公民，则不要求在意大利居住）；对允许意大利公民在相应名单中注册而无住所要求的非欧盟国家的国民，不适用在意大利居住的规定；

（d）他已通过第 207 条所述资格考试，或者通过 1992 年 1月 27 日第 115 号法令第 6 条第 2 款所述工业产权顾问的职业能力测试。

2. 根据提交的附有用以证明符合上述第 1 款所列条件的文件或者含有法律规定的自动证明书的申请，该协会理事会进行注册。注册由该理事会及时传给意大利专利商标局。

3. 第 201 条第 5 款所指的临时从事代理活动的人，为行使执业规则所规定的权利和履行义务之目的，在适当范围内自动视为已在工业产权顾问名单中注册，但其不参加在名单中注册者的会议，不能被选为职业协会理事会成员。

4. 第 3 款所述在欧洲联盟成员国居住或者拥有执业场所的人，须依照本法典第 120 条第 3 款选择在意大利的住所。

第 204 条 *活动的职业名义*

1. 工业产权顾问的名义专属于在授权顾问名单中注册的人。在专利领域注册的人只能使用专利顾问的名义，在商标领域注册的人则只能使用商标顾问的名义。在两个领域均注册的人可以使用工业产权顾问名义而无需进一步指明。

2. 第 202 条所述的人分别依据其所注册的领域代表个人或者法人开展服务规则中规定的涉及发明专利、实用新型、设计与样式、植物新品种和半导体产品布图设计以及商标的活动，或者涉及商标、设计与样式和地理标志的活动。

3. 此外，基于有关当事人的委托并作为其代表，他们可行使与上述第 2 款所规定事项类似、关联或者后续的其他职责。

4. 如果委托了多个具有资质的顾问，除另有规定外，其也可各自操作。如果委托授予属于同一公司或者组织的多个具有资质的顾问的，视为授予了他们中每个人委托，只要他在该公司或者组织执业。

第 205 条 不得兼职

1. 除了与专门从事该领域的——无论独立的还是在组织或者公司内的——公司、事务所或者服务机构的雇用关系或者在其中的任职以及从事任何形式的教学活动之外，在工业产权顾问名单中注册并作为工业产权顾问执业的，不得存在兼职的雇用关系或者谋求公、私职位；不得从事任何商业活动、从事公证人、职业新闻记者、股票经纪人、收税员的职业。

2. 在工业产权顾问名单中注册并作为工业产权顾问执业的，在没有其他规定并且无损于上述第 1 款的情况下，可以同时在其他职业协会注册并从事相关职业。

3. 具有资格的工业产权顾问在事务所或者组织或者公司内组建的服务机构或者公司联合体或者集团内开展活动，可以专门为其执业并作为其代表：

（a）雇用其的组织或者公司；

（b）属于联合体一部分的公司或者处于组织内并在其中稳定存在的集团；

（c）公司或者在与组织、公司稳定的协作关系中工作的个人，或者具有资格的顾问依据稳定的协作关系身在其中的集团或者联合体，包括研究、生产或者技术交流。

第 206 条 保守职业秘密的义务

工业产权顾问有责任保守职业秘密。刑事诉讼法第 200 条对其适用。

第 207 条 资格考试

1. 资格由通过委员会持续举办的考试获得。该委员会每一期由下列成员组成：

（a）意大利专利商标局局长，或者被指定作为主席的人；

（b）一名由主席指定担任其副职的申诉委员会成员；

（c）由生产活动部指定的两名分属技术和法律领域的大学教授；

（d）依照第 215 条由理事会指定的四名工业产权顾问，其中两名从公司或者组织雇员中选取，两名为独立执业者；

（e）在上述（b）、（c）、（d）项所述成员无法出席时替代其的候补成员。

2. 任何人符合下列条件的，应被承认具有考试资格：

（1）他已获得：

（a）大学学位或者任何外国的同等学位；

（b）由欧盟成员国发出结业证或者证书，表明该报考者已成功参加了大学或者高等教育机构，或者同等构成条件的机构至少为期 3 年或者与之相当的业余时间的高于中等教育阶段的学习，条件是根据其所要获得资格，所学课程具有与专利、实用新型方面或者与商标、设计与样式等相关的工业产权咨询活动相关的技术专业内容。

（2）他在专门从事工业产权的公司、事务所或者服务机构进行过至少 2 年的有效的专业培训，并有证明文件。

3. 任何人如已通过资格考试成为欧洲专利局的合格顾问，应被承认通过了可在专利领域进行注册的资格考试。

4. 如果资格考试的报考者证明他已根据资格要求，参加了关于专利或者商标领域的顾问的培训课程，则培训期限为 18 个月。

5. 专利或者商标注册资格考试，分别由笔试和口试组成，以法令发布的条例中规定的方式进行，用以考察报考者在工业产权专业领域以及与该领域相关的技术、法律和语言文化领域的技术实践准备情况。

6. 在专利领域注册或者在商标领域注册的资格考试，应当依照生产活动部部令，每 2 年举行一次。

第 208 条　资格考试的免除

1. 生产活动部的雇员在意大利专利商标局的管理岗位至少任职五年的，可以免于参加本资格考试。

2. 意大利公民担任欧洲专利局审查员至少 5 年的，也可免于参加本资格考试。

第 209 条　合格的工业产权顾问名单

1. 该名单依照第 202 条建立和保存，应包含每个已经注册者的姓名、出生地和出生日期、学历、注册日期、执业场所或者其所供职的公司或者机构的注册办事机构。

2. 注册日期确定资历。那些在注销之后重新注册的人，其资历从首次注册起算，减去中断的期间。

第 210 条　从名单中注销和依法暂停

1. 下列情形的，一名具有资格的顾问应当从名单中注销：

（a）不再符合第 203 条所述的注册条件之一；

（b）有第 205 条所列的不得兼职的情况之一发生；

（c）根据该顾问提出的申请。

2. 当注销原因消除，具有资格的顾问可以不经重新考试，申请重新注册。

3. 具有资格的顾问，自其被采取刑事诉讼法第一编第四章第 II 节、第 III 节规定的限制或者禁止措施之日起至所述措施取消，以及没有在确定的期限内缴纳年费的情况下至确认付款之日，宣布其将依法暂停执业。

第 211 条　惩戒

具有资格的顾问滥用职权或者有不严重的违规的，应受谴责。严重滥用职权的，处以不超过两年的暂停执业；有严重危害信誉和职业尊严行为的，处以停业。

第 212 条　注册顾问的会议

1. 会议由主席依据顾问协会的决议召集。首次召集至少有半数注册人员出席，不与首次召集同日的第二次召集至少有 1/6

注册人员出席，只要出席和被代表的人员合计至少为注册者的1/5，方为有效。决议由绝对多数表决通过。

2. 任何注册的具有资格的顾问，可通过书面授权，由另一名注册顾问代表。一位与会者不得代表超过 5 名注册人。

3. 会议的召集和运行方式由生产活动部部令规定。

第 213 条 顾问会议的任务

1. 该会议至少于每年 3 月召开一次，批准预算和资产负债表，以确定年费。年费必须所有的注册者相等，并在必要时用于理事会选举。在这种情况下，召集应至少在会期之前 1 个月进行。

2. 理事会认为必要时，以及至少 1/10 的注册者提出书面请求并有议程的，也举行顾问会议。

第 214 条 选举职业协会理事会的顾问会议

1. 第 215 条所述理事会的成员，通过对包含不大于应被选举的人数的一半加一个的候选人名单进行的有效的秘密投票，以简单多数选举产生。得到的票数最高的 10 名候选人当选。在票数相当的情况下，按照注册日期资历更高的当选；资历相同的，年长的当选。

2. 每个类别的顾问，个人或者在公司、事务所或者独立服务机构独立执业的，以及第 205 条第 3 款所述的在组织或者企业内部的办事机构或者服务机构执业的，在理事会中不得超过 8 名成员代表。与此相似，名单的每个领域在理事会中不得有超过 7 名注册成员代表。

3. 不允许委托参加会议和投票。允许邮寄投票。

4. 投票、计票和宣布当选者的方式由生产活动部部令规定。

第 215 条 工业产权顾问协会理事会

1. 工业产权顾问协会由一个任期 3 年的理事会管理，该理事会由资历至少达到 3 年、经大会选出的 10 名成员组成。理事会成员因故在到期之前不再任职的，应当由获得最高投票数者名单中的候选者代替，但应当符合第 214 条第 2 款。

2. 如果未能及时更新，理事会将继续运行，直至新的理事会选举产生。

3. 多数成员出席的理事会会议召开有效，并以绝对多数票进行投票表决。在投票数相同的情况下，以主席的投票为准。就惩戒事项而言，理事会应至少由其成员的 3/4 投票表决。

第 216 条 职业协会理事会主席的职能

1. 理事会在其组成人员中任命一名主席，由之作为其代表，在紧急情况下（依据理事会事后首次会议的批准）采取必要决定，并行使本法典赋予其的其他职权。

2. 主席可以将秘书或者财务职能委任给理事会成员。

3. 理事会也在其成员中任命副主席，由其在主席缺席或者存在障碍的情况下，或者应主席就单一事项进行的授权，代替主席。

第 217 条 职业协会理事会的职能

1. 理事会：

（a）及时完成名单中的注册、暂停和注销任务，并立即告知意大利专利商标局；

（b）对工业产权顾问的职业权利保护进行监控，并就此向顾问提出建议；

（c）应当事人请求，对注册成员就执业发生的纠纷加以解决；

（d）对职业税的修改和更新提出建议；

（e）应委托人或者顾问自身的要求，对工业产权顾问在执业中提供的服务应付的费用数额发表意见；

（f）采取纪律措施；

（g）向第 207 条所述的考核委员会指派 4 名具有资格的工业产权顾问；

（h）采用最适当的措施，使注册人员执业活动得到改善和提高；

（i）建立登记办公室，提供必要的资源以发挥职能；

（l）收取并管理成员的年度会费；

（m）制作财务年度的预算和资产负债表；

（n）接受第 207 条所述资格考试的申请，验证是否满足条件；

（o）保持与在工业产权领域运作或者开展相关活动的各组织和机构的关系和合作，提出必要的建议或者意见。

（p）进行生产活动部部令规定的与本法典规定相关的其他任务。

第 218 条　职业协会理事会成员任职终止，理事会的解散和未能组成理事会

1. 没有合理原因连续三次未出席理事会会议的成员，由后者宣告解职。

2. 理事会不能发挥职能，或者在任何情况下超过 4 名创始成员停职或者终止，或者被查明严重违规的，可由生产活动部解散理事会。

3. 如果理事会被解散，其职能由生产活动部任命的一名专员来行使。在 60 日内，该专员安排举行新的选举，为此举行的会议应自召集通知之日起不早于 30 日且不晚于 60 日召开。

第 219 条　职业协会理事会会议

理事会至少每半年一次，或者当主席认为必要时，或者根据多数成员的要求，由主席召集。理事会决议记录在由每届会议开始时被任命为秘书的成员制作的备忘录上。

第 220 条　纪律处分程序

1. 在收到关于可能导致适用第 211 条规定的纪律处分的事实的通知时，主席应当任命 3 名理事会成员和 1 名记录员。

2. 在与相关当事人就事实进行辩论（该辩论至少在其聆讯 10 天之前进行）后，并对所提供的法律意见和文件进行审查，

理事会由出席的多数成员进行表决；票数相当的，采用有利于当事人的决定。

3. 如果相关当事人不出庭，也不提交任何辩护意见，除非证明存在合理的障碍，否则程序将在其缺席的情况下继续进行。

4. 决定必须包含事实陈述、决定的理由和综合说明。

5. 当存在民事诉讼法第 51 条第 1 款所述情况的，理事会成员须应当在适用的范围内放弃参与。基于同样的理由，也可以在讨论之前向理事会秘书提交申请，要求撤换成员。

6. 在所有存在严重不便理由的其他情况下，成员可要求理事会主席批准回避。

7. 申诉委员会对回避作出决定。

第 221 条 对职业协会理事会决定的申诉

1. 对理事会作出的所有决定，均可向申诉委员会提出申诉。

2. 意大利专利商标局局长确保理事会活动规范以及其职能发挥。对确定的不规范行为，可以自收到决议 30 日内向申诉委员会提出申诉。申诉不具有中止的效力。

第 222 条 职业税

1. 生产活动部以部令批准理事会依据第 217 条第 1 款 （d）项提议的职业税的修改和更新。

2. 职业机构有关活动的开展，不涉及国家财政的额外负担。

第七章　服务管理和权利

第 223 条 任务

1. 意大利专利商标局提供与本法典规定事项相关的服务。

2. 在服从于外交部有关工业产权的制度上的职能以及总理的协调的情况下，生产活动部意大利专利商标局促进和保持与欧盟和国际组织以及其他国家国家工业产权局的关系，并且处理相关问题，确保参与这些组织与工作组。

3. 意大利专利商标局还进一步处理以下任务：

（a）数据库的建立和管理，以及专利信息尤其是技术发展状况的传播；

（b）推动对工业产权和技术创新领域公共管理人员以及那些从事或者想要从事工业产权顾问工作的人的技术和法律教育；

（c）推进潜在用户尤其是各中小型企业和欠发达地区形成工业产权文化和利用工业产权；

（d）由其自身或者与公共管理部门、研究机构、协会、国际组织的合作，开展涉及工业产权主题和用于意大利竞争力分析的专利指标开发的研究、调查和出版；

（e）应私人机构的请求提供有偿的非公共服务，条件是这些服务与其功能和机构角色相符。

4. 意大利专利商标局可以与各地区、商工农技等协会、公私机构签订协议，以执行其任务。

第 224 条 资金来源

1. 意大利专利商标局以其在生产活动部预算账户登记的资金来源，以及就与工业产权相关服务收取的费用，执行其任务，并负担现有技术检索的经费。

2. 生产活动部依照 1978 年第 260 号法令批准的 1973 年 10 月 5 日《摩纳哥公约》第 30 条规定，将每年相当于占第 1 款所述税款总额 50％上缴欧洲专利局。

3. 意大利专利商标局执行其任务，也依靠意大利参加的工业产权国际组织的支付和偿还（如果有），及其活动所产生的其他收益。

第 225 条 权利的授予和维护

1. 对提交给生产活动部旨在获得工业产权证书的申请、授权、异议、备案和恢复，均应支付印花税以及政府授权税和费用。关于每项权利或者申请的费用和缴纳时间的确定，均由生产活动部与经济财政部协商一致后颁布的适当部令确定。

2. 商标国际注册指定意大利的费用（略）。

第 226 条　付款期限和方式

费用和政府授权税的支付，依照生产活动部在其部令中规定的期限和方式进行。

第 227 条　工业产权维持费

1. 一旦之前支付的费用所覆盖的期限届满，维持工业产权权利的所有费用必须在申请提交的对应月内预先支付。

2. 一旦前述时限结束，可在随后的 6 个月内支付，并须缴纳滞纳金。每一种工业产权滞纳金的数额由工业活动部与经济财政部协商一致后加以确定。

3. 可以一次预缴数年年费。

4. 在第 6 条第 1 款规定的情况下，所有的当事人都有共同支付维持费的义务。

第 228 条　费用的免除和延迟

生产活动部可以给予被证明处于贫困状况的发明人免除授权费用，延迟支付最初 5 年的年费。5 年期满，希望维持专利有效的，发明人除第 6 年年费之外，也须支付之前的年费。不支付的，专利终止，发明人可以不必支付之前的年费。

第 229 条　可退还的费用

1. 如果申请在注册生效或者专利授权之前被拒绝或者放弃，除申请费之外的已缴费用退还。如果异议依照第 181 条第 1 款第（b）项被取消的，异议的申请费退还。

2. 费用的退还由生产活动部授权。当退还的费用涉及注册申请或者专利申请被最终驳回或者涉及得到支持的申诉时，授权予以退还。在其他情况下，退还是根据有资格的人向生产活动部提出的请求而作出的。

3. 退还应在专利登记簿中登记，并且如果其涉及申请撤回或者驳回，其应在申请登记簿中加以记载。

第 230 条 不完全或者不符合规定的付款

1. 由于明显错误或者其他合理理由，费用支付不完全或者不符合规定的，意大利专利商标局可以根据第 223 条接受支付的迟延补交或者更正。

2. 如果涉及年费，意大利专利商标局只根据当事人的请求行事。如果请求被拒绝，申请人可以自通知之日起 30 日的期间内向申诉委员会提出申诉。

3. 延迟付款超过 6 个月的，导致工业产权丧失。

第八章　最后及过渡条款

第一节　商　标

第 231 条至第 236 条 （略）

第二节　设计和样式

第 237 条 在先申请

在 2001 年 2 月 2 日第 95 号法令生效前提交的设计或者装饰样式注册申请和要求备案的申请，按照本法典的规定进行处理。但其形式规则由之前的规则加以规范。

第 238 条 保护延长

1. 设计或者装饰样式专利在 2001 年 2 月 2 日第 95 号法令生效之日前被授权，且在所述日期尚未终止或者丧失的，可以延长至自专利申请之日起 25 年的最长时限。被许可人以及那些因为即将期满而为使用这些外观设计进行了认真和实际投资的人，有权获得一项最长时限期间内的强制、免费的非独占许可。该权利不适用于对未到期专利的仿造者。

2. 一次性支付的授权税对前两次延长是有效的。涉及 2001 年 4 月 19 日开始的第四和第五个五年期的政府授权税，与依照

1972 年 10 月 26 日总统令所附税表第四节第 10 条第二项第（c）、
（f）小项的第三个五年期支付税款数额相等。

第 239 条　受到根据著作权法所赋予保护的限制

依照 1941 年 4 月 22 日第 633 号法律第 2 条第 1 款第 10 项授
予的设计与样式保护，自 2001 年 4 月 19 日起的 10 年，不得对
那些在该日之前开始制造、许诺销售或者销售按照该已经进入公
有领域的设计和样式而制造的产品的人行使权利。制造、许诺销
售和销售的权利不可脱离业务关系单独转让。

第 240 条　无效

在 2001 年 2 月 2 日第 95 号法令生效前授权的设计和装饰性
样式专利，就无效理由而言，适用之前的法律；就无效宣告的效
力而言，适用本法典第 77 条。

第 241 条　组合产品的组件的独占权

在关于设计与样式法律保护的欧盟 98/71 号指令根据该指令
第 18 条的规定应欧盟委员会建议进行修改前，对组合产品的组
件的独占权不能生效，以免阻止为了修理该组合产品以恢复原貌
的目对该组件的制造和销售。

第三节　植物新品种

第 242 条　（略）

第四节　发　明

第 243 条　大学研究人员和公共研究机构发明

本法典第 65 条的规定适用于 2001 年 10 月 18 日第 383 号法
律所采用的 1939 年 6 月 29 日第 1127 号皇家法令第 24 条之二生
效之后完成的发明，以及基于之前进行的研究但在本法典生效后
完成的发明。

第五节　现有的申请

第 244 条　申请的处理

在本法典生效时已经提交的专利申请或者注册申请以及那些为了备案和著录的申请，依照本法典进行处理。第四章第一节所述申请在批准条件方面，适用之前的规则。

第六节　程序性规定

第 245 条　程序性规定

1. 2003 年 1 月 17 日第 5 号法令第二部分第一章和第四章以及第三部分中的规定，以及第五部分第 35 条、第 36 条，适用于本法典生效 6 个月后进行或者提交的司法程序和仲裁。

2. 本法典生效后开始的申诉争议提交给第 134 条第 3 款规定的专门部门审理，即使最初的审理程序或者仲裁依照之前有效的规定已启动或者处理。

3. 申诉程序和本法典生效后开始的案件提交给专门部门处理，即使依照之前有效的规定授予的相关预防性措施被提交给了专门部门审理。

4. 第 136 条关于申诉委员会管辖职能的程序性规定从本法典生效一年后开始适用。

5. 第 137 条、第 146 条、第 194 条、第 195 条、第 196 条、第 198 条、第 199 条和第 200 条的程序性规定，本法典生效后适用。

第七节　废　止

第 246 条　废除规定

下列规定废止：

（a）1939 年 6 月 29 日第 1127 号皇家法令；

（b）1940 年 2 月 5 日第 244 号皇家法令；

（c）1940 年 8 月 25 日第 1411 号皇家法令；

（d）1941 年 10 月 31 日第 1354 号皇家法令；

（e）1942 年 6 月 21 日第 929 号皇家法令；

（f）1948 年 5 月 8 日第 795 号总统令；

（g）1957 年 1 月 10 日第 3 号总统令第 34 条；

（h）1972 年 6 月 30 日第 540 号总统令；

（i）1973 年 3 月 15 日第 69 号官方公报上公布的 1973 年 2 月 22 日工业商业和手工业部部令；

（l）1975 年 8 月 12 日第 974 号总统令，但第 18 条除外；

（m）1977 年 2 月 18 日第 15 号官方公报上公布的 1976 年 10 月 22 日工业商业和手工业部部令；

（n）1979 年 1 月 8 日第 32 号总统令；

（o）1979 年 6 月 22 日第 338 号总统令；

（p）1985 年 5 月 3 日第 194 号法律；

（q）1985 年 10 月 14 日第 620 号法律；

（r）1986 年 5 月 7 日第 104 号官方公报上公布的 1986 年 2 月 26 日工业商业和手工业部部令；

（s）1987 年 2 月 14 日第 60 号法律；

（t）1989 年 2 月 21 日第 70 号法律；

（u）1989 年 9 月 20 日第 220 号官方公报上公布的 1989 年 7 月 19 日第 320 号工业商业和手工业部部令；

（v）1991 年 4 月 11 日第 85 号官方公报上公布的 1991 年 1 月 11 日第 122 号工业商业和手工业部部令；

（z）1991 年 10 月 19 日第 349 号法律；1992 年 12 月 4 日第 480 号法令；1993 年 7 月 26 日第 302 号法律；

（aa）1993 年 12 月 1 日第 595 号总统令；

（bb）1994 年 4 月 18 日第 360 号总统令；

（cc）1994 年 4 月 18 日第 391 号总统令；

（dd）1984 年 12 月 21 日第 890 号法律；

（ee）1995 年 8 月 18 日第 192 号官方公报上公布的 1995 年 5 月 30 日第 342 号工业商业和手工业部部令；

（ff）1996年3月19日第198号法令；1998年11月3日第455号法令；1999年10月8日第447号法令；

（gg）2001年2月2日第95号法令；

（hh）2001年4月12日第164号法令；

（ii）2001年10月18日第383号法律第7条；

（ll）2002年2月2日第26号法令；

（mm）2002年4月15日第63号法转化修改后的2002年6月15日第112号法律第3条第8款、第8款之二、第8款之三和第8款之四；

（nn）2002年10月28日第253号官方公报上公布的2002年10月17日生产活动部部令；

（oo）2002年12月12日第273号法律第17条；

（pp）2003年12月24日第350号法律第4条第72款、第73款、第79款、第80款和第81款。

俄罗斯联邦专利法❶❷

2006 年 11 月 24 日国家杜马通过。
2006 年 12 月 8 日联邦委员会批准。
2006 年 12 月 22 日第 289 号《俄罗斯日报》公布。
自 2008 年 1 月 1 日起生效。

第一节 一般规定

第 1345 条 专利权

1. 发明、实用新型和工业品外观设计享有的知识产权是专利权。

2. 发明、实用新型或工业品外观设计的创造人享有下列权利：

1）独占权；

2）创造者身份权。

3. 依本法典的规定，发明、实用新型或工业品外观设计的创造人还享有其他权利，包括获得专利的权利，在职务发明、职务实用新型或职务工业品外观设计被利用的情况下获得报酬的权利。

第 1346 条 发明、实用新型和工业品外观设计独占权在俄罗斯联邦境内的效力

在俄罗斯联邦境内承认由联邦知识产权执行权力机构授予的

---

❶ 根据俄罗斯联邦知识产权、专利商标局网站（http：//www. rupto. ru /norm _ doc/sod/kodeks/gk/gk _ index. html http：//www. rupto. ru/norm _ doc/sod/kodeks/gk/gk _ gl72. html）上提供的俄文版翻译。翻译、校对：严笑卫。

❷ 译自《俄罗斯联邦民法典》第四部分第七十二章。——译者注。

专利所证明的，或根据俄罗斯联邦签署的国际条约在俄罗斯联邦境内有效专利所证明的发明、实用新型和工业品外观设计独占权。

第 1347 条 发明、实用新型或工业品外观设计的创造人

以创造性劳动完成相应智力活动成果的公民被认为是发明、实用新型或工业品外观设计的创造人。如无相反证明，在发明、实用新型或工业品外观设计专利申请中被指明为创造人的人视为发明、实用新型或工业品外观设计的创造人。

第 1348 条 发明、实用新型或工业品外观设计的共同创造人

1. 以共同的创造性劳动完成发明、实用新型或工业品外观设计的公民被认为是共同创造人。

2. 如共同创造人之间的协议无另行规定，共同创造人中的每个人有权按照自己的意愿利用发明、实用新型或工业品外观设计。

3. 对涉及与利用发明、实用新型或工业品外观设计所获收益分配有关的，以及涉及与发明、实用新型或工业品外观设计独占权支配有关的共同发明人，相应地适用本法典第 1229 条第 3 款❶的规则。

创造人共同支配对发明、实用新型或工业品外观设计获得专

---

❶ **第 1229 条** 独占权

3. 当智力活动成果或个人财产的独占权属于多人共同所有时，如果本法典或权利人的协议无另行规定，每个权利人均可以按照自己的意愿利用该成果或财产。共同享有独占权的权利人之间的关系由他们之间的协议规定。

如果权利人之间的协议无另行规定，共同利用智力活动成果或财产的收益在权利人中平均分配。

如果本法典无另行规定，智力活动成果或区别性标识独占权的分配由权利人共同进行。

——选译自《俄罗斯联邦民法典》第四部分第六十九章。——译者注。

利的权利。

4. 共同创造人中的每个人有权独立采取措施维护自己对发明、实用新型或工业品外观设计的权利。

第 1349 条　专利权的客体

1. 专利权的客体是指在科技领域中符合本法典对发明和实用新型规定要求的智力活动成果，以及在艺术设计领域中符合本法典对工业品外观设计规定要求的智力活动成果。

2. 如果本法典第 1401 条至第 1405 条，以及依其颁布的其他法规无特别规则规定，本法典条款适用于含有构成国家机密情报的发明（保密发明）。

3. 根据本法典对含有构成国家机密情报的实用新型和工业品外观设计不给予法律保护。

4. 下列不得成为专利权客体的有：

1）克隆人的方法；

2）人类胚系细胞遗传完整性的变异方法；

3）将人类胚胎用于工业和商业目的；

4）违背公共利益、人文道德原则的其他解决方案。

第 1350 条　发明专利性的条件

1. 任何领域涉及产品（包括装置、物质、微生物菌种；植物或动物的细胞培养物）或方法（借助于物质手段作用于物体所实现的过程）的技术解决方案可作为发明予以保护。

如果发明具有新颖性、发明高度和工业实用性，则予以法律保护。

2. 如果发明在现有技术中不是已知的，该发明具有新颖性。

对专业人员而言，如果发明不能从现有技术中明显得出，该发明具有发明高度。

现有技术包括发明优先权日之前在世界范围内公知的任何资料。

在确定发明新颖性时，现有技术中包括由其他人在俄罗斯联邦提出的、具有较早优先权的，且根据本法典第 1385 条第 2 款或第 1394 条第 2 款任何人有权了解的所有发明和实用新型申请，以及在俄罗斯联邦授予专利权的发明和实用新型。

3. 涉及发明的信息由发明人、申请人或是其他任何一个可以直接或间接得到这一信息的人泄露，导致有关发明的实质内容成为公知，在自信息泄露之日起 6 个月之内向联邦知识产权执行权力机构提交该发明申请的情况下，不妨碍发明专利性的认定。申请人负有关于信息泄露不妨碍发明专利性认定的举证责任。

4. 如果发明可用于工业、农业、卫生及其他经济或社会领域，该发明具有工业实用性。

5. 下列不属于发明的有：

1）发现；

2）科学理论和数学方法；

3）仅涉及制品外形并满足于美学需求的解决方案；

4）游戏、智力或经济活动的规则和方法；

5）计算机程序；

6）仅限于提供信息的解决方案；

只有当发明专利申请仅涉及上述客体时，根据本款排除其作为发明的可能性。

6. 不得作为发明予以保护的有：

1）植物、动物品种以及以生物方法获得的植物、动物品种，但以微生物方法及以微生物方法获得的产品除外；

2）集成电路的布图设计。

第 1351 条　实用新型专利性的条件

1. 涉及装置的技术方案可作为实用新型予以保护。

如果实用新型具有新颖性和工业实用性，则予以法律保护。

2. 如果实用新型的实质特征集合在现有技术中不是已知的，该实用新型具有新颖性。

现有技术包括该实用新型优先权日之前，在世界范围内有关于与所申请的实用新型相同用途的已经出版成为公知的资料，以及在俄罗斯联邦已经使用成为公知的资料。现有技术还包括由其他人在俄罗斯联邦提出的、具有较早优先权的，且根据本法典第1385条第2款或第1394条第2款任何人有权了解的所有发明和实用新型申请，以及在俄罗斯联邦授予专利权的发明和实用新型。

3. 涉及实用新型的信息由发明人、申请人或是其他任何一个可以直接或间接得到这一信息的人泄露，导致有关实用新型的实质内容成为公知，在自信息泄露之日起6个月之内向联邦知识产权执行权力机构提交该实用新型申请的情况下，不妨碍实用新型专利性的认定。申请人负有关于信息泄露不妨碍实用新型专利性认定的举证责任。

4. 如果实用新型可用于工业、农业、卫生及其他经济或社会领域，该实用新型具有工业实用性。

5. 下列不得作为实用新型予以保护的有：

1）仅涉及制品外形并满足于美学需求的解决方案；

2）集成电路的布图设计。

第1352条 *工业品外观设计专利性的条件*

1. 决定工业或手工业生产制品外观的艺术设计方案可作为工业品外观设计予以保护。

如果工业品外观设计依其实质特征具有新颖性和独创性，则予以法律保护。

工业品外观设计的实质特征是指决定制品外观的美学和/或人类工程学的特征，包括形状、轮廓、图案及色彩组合。

2. 如果在工业品外观设计优先权日之前，表现在制品图片中的，以及列入工业品外观设计实质特征清单（本法典第1377条第2款）中的实质特征集合在世界范围内公知的资料中不是已知的，该工业品外观设计具有新颖性。

工业品外观设计新颖性的判定同样应考虑由其他人在俄罗斯联邦提出的、具有较早优先权的，且根据本法典第1394条第2

款，任何人有权了解的所有工业品外观设计申请，以及在俄罗斯联邦授予专利权的工业品外观设计。

3. 如果工业品外观设计的实质特征由制品的创造性的特点所决定，该工业品外观设计具有独创性。

4. 涉及工业品外观设计的信息由设计人、申请人或是其他任何一个可以直接或间接得到这一信息的人泄露，导致有关工业品外观设计的实质内容成为公知的，在自信息泄露之日起 6 个月之内向联邦知识产权执行权力机构提交该工业品外观设计申请的情况下，不妨碍工业品外观设计专利性的认定。申请人负有关于信息泄露不妨碍工业品外观设计专利性认定的举证责任。

5. 下列不得作为工业品外观设计予以保护的有：

1）纯粹基于制品技术功能的解决方案；

2）建筑工程（小建筑形式除外），工业、水利工程及其他固定设施；

3）由液体、气体、颗粒或其类似物质组成的无固定形状的物体。

第 1353 条　发明、实用新型和工业品外观设计的国家注册

发明、实用新型或工业品外观设计独占权在相应的发明、实用新型或工业品外观设计经国家注册的条件下予以承认并保护，联邦知识产权执行权力机构据此颁发发明、实用新型或工业品外观设计专利证书。

第 1354 条　发明、实用新型或工业品外观设计专利

1. 发明、实用新型或工业品外观设计专利证明发明、实用新型或工业品外观设计的优先权、创造者身份以及发明、实用新型或工业品外观设计的独占权。

2. 发明或实用新型的知识产权保护以专利为基础，其保护范围以在专利中包含的发明或实用新型相应的权利要求的内容为准。说明书和附图可用于解释发明的权利要求和实用新型的权利要求的内容（本法典第 1375 条第 2 款和第 1376 条第 2 款）。

3. 工业品外观设计的知识产权保护以专利为基础，其保护范围以在制品图案中表现的并列入工业品外观设计实质特征清单中的实质特征集合为准（本法典第 1377 条第 2 款）。

第 1355 条 创造和利用发明、实用新型、工业品外观设计的国家鼓励

国家鼓励发明、实用新型、工业品外观设计的创造和利用，对创造人、专利权人和利用相应发明、实用新型和工业品外观设计的被许可人按照俄罗斯联邦的立法给予优惠。

第二节 专利权

第 1356 条 发明、实用新型或工业品外观设计的创造者身份权

创造者身份权，即是一种被承认为发明、实用新型或工业品外观设计创造人的权利，不可割让也不可转移。包括在发明、实用新型或工业品外观设计独占权转让或转移给他人时以及向他人授予使用权时，均不得割让和转移。放弃该权利是无效的。

第 1357 条 获得发明、实用新型或工业品外观设计专利的权利

1. 获得发明、实用新型或工业品外观设计专利的权利首先属于发明、实用新型或工业品外观设计的创造者。

2. 获得发明、实用新型或工业品外观设计专利的权利可以转移给他人（权利继受人）或者在以法律规定为基础的情况下转让，包括依据概括继承程序，或者依据合同，包括依据劳动合同转让给他人。

3. 获得发明、实用新型或工业品外观设计专利的权利的转让合同应当以书面形式签订。不遵守书面形式的合同无效。

4. 如果获得发明、实用新型或工业品外观设计专利的权利的转让合同双方没有其他协议规定，缺乏专利性的风险则由该权利获得方承担。

第1358条　发明、实用新型或工业品外观设计的独占权

1. 依据本法典第 1229 条，专利权人以任何不与法律相抵触的方式，包括本条第 2 款和第 3 款规定方式享有利用发明、实用新型或工业品外观设计的独占权（发明、实用新型或工业品外观设计的独占权）。专利权人可以支配发明、实用新型或工业品外观设计的独占权。

2. 发明、实用新型或工业品外观设计的利用包括：

1）向俄罗斯联邦境内进口、制造、使用、许诺销售、销售、以其他方式进入民用流通，或为这些目的存储应用了发明或实用新型的产品，或应用了工业品外观设计的制品；

2）对由专利方法直接获得的产品实施本款第 1 段所规定的行为。如果以专利方法获得的产品是一种新产品，在无反证的情况下，相同产品视为利用专利方法而获得；

3）对按其用途运行（使用）时自动实现专利方法的装置，实施本款第 2 段所规定的行为；

4）实现一种应用了发明的方法，包括借助该方法的应用。

3. 如果产品中含有或者方法中使用了列入发明或实用新型专利独立权利要求中的发明或实用新型的所有特征，或者与其等同的特征，并在本条第 2 款规定的对于相应的产品或方法的行为实施前已经在所属技术领域成为已知的特征，则认为发明或实用新型在该产品或方法中得以应用。

如果制品含有表现在工业品外观设计制品图片中，并列入实质特征清单（本法典第 1377 条第 2 款）中的所有实质特征，则认为工业品外观设计在该制品中得以应用。

如果在应用发明或实用新型时，使用了列入另一发明或另一实用新型专利独立权利要求中的所有特征，或者在应用工业品外观设计时，使用了列入另一工业品外观设计实质特征清单中的所有实质特征，则认为另一发明、实用新型或工业品外观设计同样得以应用。

4. 如果一项发明、一项实用新型或一项工业品外观设计专

利权人是两个人或更多人，则他们之间的关系适用本法典第1348条第2款和第3款的规定，而不考虑专利权人当中谁是该项知识产权活动成果的创造人。

第 1359 条　不属于侵犯发明、实用新型或工业品外观设计独占权的行为

下列不属于侵犯发明、实用新型或工业品外观设计独占权的行为：

1）临时或偶然位于俄罗斯联邦境内的外国交通工具（水上、空中、公路、铁路运输）运行时在构造、辅助设备中或在航天技术中使用了应用发明、实用新型的产品、应用工业品外观设计的制品，且所述产品或制品纯粹用于交通工具或航天技术的需要。如果该国对在俄罗斯联邦注册的交通工具或航天技术也给予同样的权利，对这些外国交通工具或航天技术而言，这种行为不视为侵犯独占权；

2）对应用发明、实用新型的产品或方法，或应用工业品外观设计的制品进行科学研究，或者对这些产品、方法或制品进行实验；

3）在非常情况下（自然灾害、惨祸、事故）利用发明、实用新型或工业品外观设计，在最短时间内将此利用告知专利权人，并随后支付相应补偿；

4）如果利用目的不是获取利润（收益），而是为满足个人、家庭、居家或其他与经营活动无关的需要而利用发明、实用新型、工业品外观设计；

5）按医生处方在药房应用发明一次性地配制药品；

6）向俄罗斯境内进口、使用、许诺销售、销售，以其他方式进入民用流通，或为这些目的存储应用了发明或实用新型的产品或应用了工业品外观设计的制品，如果这些产品或制品在此前已经由专利权人或经专利权人同意的其他人引入俄罗斯境内的民用流通。

第 1360 条　为国家安全而利用发明、实用新型或工业品外观设计

俄罗斯联邦政府有权为了国防和安全准许不经专利权人同意而利用发明、实用新型或工业品外观设计，并在最短时间内告知专利权人，向其支付相应补偿。

第 1361 条　发明、实用新型或工业品外观设计的先用权

1. 在发明、实用新型或工业品外观设计的优先权日（本法典第 1381 条和第 1382 条）之前，在俄罗斯联邦境内善意地使用并非专利申请的创造人所创造的相同的解决方案，或为此已经做好必要准备的人，在不扩大这种使用范围的情况下继续保留无偿使用相同解决方案的权利（先用权）。

2. 先用权可以转让给他人，但只能与已经实施相同解决方案或为此完成了必要准备的企业一同转让。

第 1362 条　发明、实用新型或工业品外观设计的强制许可

1. 如果发明或工业品外观设计自专利权授予之日起 4 年内，实用新型自专利权授予之日起 3 年内未被专利权人实施或未充分实施，导致相应的商品或服务在商品市场或服务市场上得不到充分供应，任何一个有意愿并准备实施这些发明、实用新型或工业品外观设计的人，在专利权人拒绝与其签订以相应惯例为基础的许可合同的情况下，有权向法院对专利权人提出关于在俄罗斯联邦境内给予实施该项发明、实用新型或工业品外观设计的强制普通许可（非独占）的诉讼。在诉讼请求中该人应当指出由他提出的给予这种许可的条件，包括发明、实用新型或工业品外观设计的实施范围、许可使用费的支付数额、支付办法和支付期限。

如果专利权人无法证明其未实施或未充分实施发明、实用新型或工业品外观设计的有正当理由的，法院可就本款第一段所述许可的给予及请求人提出的条件作出裁决。许可使用费总额应当在法院裁决中规定，应不低于可比情况下确定的许可使用费数额。

如果以给予强制许可为条件的情况不复存在，且再出现的可能性极小，强制普通许可（非独占）的效力可根据专利权人的起诉按司法程序终止。这种情况下，法院规定终止强制普通许可（非独占）的期限和程序，以及因获得此许可所产生的权利。

2. 如果专利权人在不侵犯其他发明或实用新型专利权人（第一专利权人）权利的情况下就不能实施拥有独占权的发明，在第一专利权人拒绝签订以相应惯例为基础的许可合同之后，专利权人（第二专利权人）有权向法院对第一专利权人提出关于在俄罗斯联邦境内给予使用第一专利权人的发明或实用新型强制普通许可（非独占）的诉讼。诉讼请求中应当指出由第二专利权人提出的给予这种许可的条件，包括发明或实用新型的实施范围、许可使用费的支付数额、支付办法和支付期限。如果这个拥有从属发明独占权的专利权人能够证明发明是一项重要的技术成果，并较之第一专利权人的发明或实用新型具有显著的经济优势，法院应作出给予其强制普通（非独占）许可的裁决。由该许可获得的、受第一专利保护的发明使用权不得转让他人，但转让第二专利的情况除外。

强制普通许可（非独占）使用费总额应当在法院裁决中规定，应不低于可比情况下确定的许可使用费数额。

根据本款在给予强制普通许可（非独占）时，发明或实用新型的专利权人（第一专利权人）享有以上述许可为基础提供的发明或实用新型使用权，由于对从属发明颁发了以相应惯例为条件的强制普通许可（非独占），同样有权获得利用从属发明的普通许可（非独占）。

3. 根据本条第 1 款和第 2 款规定的法院裁决，联邦知识产权执行权力机构对强制普通许可（非独占）进行国家注册。

第 1363 条 发明、实用新型和工业品外观设计的独占权的有效期

1. 发明、实用新型、工业品外观设计独占权和证明此项权利的专利有效期自最初专利申请向联邦知识产权执行权力机构提

交之日起计算，并在遵照本法典规定要求的条件下，分别为：

发明——20 年；

实用新型——10 年；

工业品外观设计——15 年。

由专利证明的独占权只有在对发明、实用新型或工业品外观设计进行国家注册并颁发专利证书之后才可得到保护（第 1393 条）。

2. 如果要求按法定程序获准使用的、涉及药品、杀虫剂或农业化学制品的发明专利申请自提交之日至首次获准使用之日已超过 5 年期限，则相应发明的独占权和证明此项权利的专利有效期可由联邦知识产权执行权力机构根据专利权人的请求予以延长。上述期限为自发明专利申请提交之日至首次获准使用之日经历的时间减去 5 年。在此情况下，发明专利有效期的延长不得超过 5 年。

延长期限的请求应由专利权人在专利权有效期内，自发明获准使用之日或专利授予之日起 6 个月期限届满前提交，以两者日期在后的为准。

3. 实用新型独占权和证明此权利的专利有效期可由联邦知识产权执行权力机构根据专利权人的请求延长，但不得超过 3 年。工业品外观设计的独占权和证明此权利的专利有效期请求延长的期限不得超过 10 年。

4. 发明、实用新型或工业品外观设计专利有效期延长的程序由知识产权领域实施规范性法律调整的联邦知识产权执行权力机构予以规定。

5. 根据本法典第 1398 条和 1399 条规定的理由和程序，认定发明、实用新型或工业品外观设计独占权和证明此权利的专利的效力无效或提前终止。

第 1364 条 发明、实用新型或工业品外观设计转变为社会财富

1. 发明、实用新型或工业品外观设计独占权有效期届满后

即成为社会财富。

2. 对已经成为社会财富的发明、实用新型或工业品外观设计，任何人均可自由利用，无需经任何人的同意和允许，也无需支付使用报酬。

第三节　发明、实用新型或工业品外观设计独占权的支配

第 1365 条　发明、实用新型或工业品外观设计独占权的转让合同

根据发明、实用新型或工业品外观设计独占权的转让合同（专利转让合同），一方（专利权人）向另一方——独占权获得者（专利获得者）全部转让或承诺全部转让属于他的相应智力活动成果的独占权。

第 1366 条　签订发明专利转让合同的公开要约

1. 作为发明人的申请人在提交发明专利申请时，可在申请文件中附交一份请求书，说明在专利权授予时，他将承诺：与任何一个首次表示愿意签订专利转让合同，并将此愿望告知专利权人和联邦知识产权执行权力机构的俄罗斯联邦公民或俄罗斯法人按照相应惯例的条件签订此合同。在具有这种请求书的情况下，不再向申请人征收本法典对发明专利申请和就该申请授予专利所规定的专利费用。

联邦知识产权执行权力机构将上述请求在官方公报中予以公布。

2. 以本条第 1 款规定的请求书为基础与专利权人签订发明专利转让合同的人必须缴纳申请人（专利权人）曾免缴的所有专利费用。以后的专利费用按规定程序缴纳。

缴纳了申请人（专利权人）曾免缴的所有专利费用的凭证应附在注册合同的请求书中，以便发明转让合同在联邦知识产权执行权力机构注册。

3. 如果已经提出本条第 1 款所指请求的发明专利授权的有

关信息自公布之日 2 年内，联邦知识产权执行权力机构没有收到有关愿意签订专利转让合同的书面通知，专利权人可向上述联邦机构提交撤回请求。在此情况下，申请人（专利权人）应缴纳曾免缴的本法典规定的专利费用。以后的专利费用则按规定程序缴纳。

联邦知识产权执行权力机构在官方专利公报中公布本条第 1 款所述的撤回请求的有关信息。

第 1367 条 发明、实用新型或工业品外观设计利用权的许可合同

根据许可合同，专利权人一方（许可方）向另一方（被许可方）在合同规定的范围内授予或承诺授予利用由专利证明的发明、实用新型或工业品外观设计的权利。

第 1368 条 发明、实用新型、工业品外观设计的开放许可

1. 专利权人可向联邦知识产权执行权力机构提交有关向任何人授予利用发明、实用新型或工业品外观设计的权利的请求（开放许可）。

此种情况下，自联邦知识产权执行权力机构公布开放许可有关信息当年的次年开始，发明、实用新型或工业品外观设计的专利年费降低 50％。

专利权人应当将向任何人提供的发明、实用新型或工业品外观设计利用权的许可条件告知联邦知识产权执行权力机构，该机构依专利权人将开放许可的相关信息予以公布。专利权人必须与表示愿意利用所述发明、实用新型或工业品外观设计的人以普通（非独占）许可的条件签订许可合同。

2. 如果专利权人自开放许可信息公布之日起 2 年内未收到有关以其请求书为条件签订许可合同的书面提议，在 2 年期届满时，专利权人可向联邦知识产权执行权力机构提交撤回其开放许可请求的请求书。在此情况下，专利权人必须补交自有关开放许可信息公布之日已经历期间的专利年费，并在以后缴纳全额费

用。联邦知识产权执行权力机构公布撤回请求的有关信息。

第 1369 条 发明、实用新型和工业品外观设计独占权分配合同的形式及国家注册

专利转让合同、许可合同以及其他直接导致发明、实用新型或工业品外观设计独占权的分配合同，均应以书面形式签订并应在联邦知识产权权力执行机构进行国家注册。

第四节 因履行职务或合同而创造的发明、实用新型或工业品外观设计

第 1370 条 职务发明、职务实用新型、职务工业品外观设计

1. 雇员因履行劳动义务或完成雇主的具体任务所创造的发明、实用新型或工业品外观设计被认为是相应的职务发明、职务实用新型或职务工业品外观设计。

2. 职务发明、职务实用新型或职务工业品外观设计的创造者身份权属于雇员（创造人）。

3. 如果雇主和雇员之间的劳动合同或其他合同没有另行约定，职务发明、职务实用新型或职务工业品外观设计的独占权和获得专利的权利属于雇主。

4. 如果雇主和雇员之间的劳动合同没有另行约定（本条第 3 款），雇员应当将因履行劳动义务或完成雇主的具体任务所完成的、可能获得法律保护的创造成果书面通知雇主。

如果雇主在其雇员通知之日起 4 个月内未向联邦知识产权执行权力机构提交相应的职务发明、职务实用新型或职务工业品外观设计专利申请，也未将职务发明、职务实用新型或职务工业品外观设计的获得专利的权利转让给他人，或者告知雇员将相应的智力成果信息予以保密，则这些发明、实用新型或工业品外观设计获得专利的权利归雇员。此种情况下，雇主在专利权有效期内有权在自己的生产中按照普通（非独占）许可的条件使用职务发明、职务实用新型或职务工业品外观设计，并向专利权人支付补

偿。支付的数额、条件和程序由雇员与雇主之间的合同确定。如有争议则由法院确定。

如果雇主将保留获得职务发明、职务实用新型或者职务工业品外观设计专利的权利，或者决定将对这种发明、实用新型或工业品外观设计的有关信息予以保密，或者将获得专利的权利转让他人，或者对其所提交的申请由于其自身原因而不能取得专利权，则雇员有权得到报酬。报酬数额、支付的条件和支付程序由雇员与雇主之间所签订的合同确定。如有争议则由法院确定。

俄罗斯联邦政府有权规定职务发明、职务实用新型、职务工业品外观设计的最低报酬标准。

5. 雇员利用雇主的资金、技术和其他物资，而并非因履行劳动义务或雇主的具体任务所创造的发明、实用新型或工业品外观设计不是职务发明、职务实用新型或职务工业品外观设计。获得这些发明、实用新型或工业品外观设计专利的权利和独占权均归雇员。此种情况下，雇主有权根据自己的选择为自身需要在独占权的整个有效期内要求提供其无偿使用所创造的智力成果的普通（非独占）许可，或要求赔偿因创造发明、实用新型或工业品外观设计而花费的开支。

第 1371 条 因履行承揽合同而创造的发明、实用新型或工业品外观设计

1. 如果发明、实用新型或工业品外观设计是在履行承揽合同或科学研究、试验设计或技术工作合同时创造的，合同没有直接规定创造发明、实用新型或工业品外观设计，则获得这些发明、实用新型或工业品外观设计专利的权利和独占权归承包人（执行者）。承包人与定购方之间的合同有另行规定的除外。

此种情况下，如果合同无另行规定，定购方有权在专利有效期内以已经签订了相应合同，取得成果为目的使用这些发明、实用新型或工业品外观设计。在普通（非独占）许可条件下无需为这种利用支付额外报酬。在承包人（执行者）将获得专利的权利转让或将自己的专利转让他人时，定购方在上述条件下保留使用

发明、实用新型或工业品外观设计的权利。

2. 当根据承包人（执行者）和定购方之间的合同，获得专利的权利或发明、实用新型或工业品外观设计独占权转让给定购方或者定购方指明的第三人时，如果合同没有另行规定，承包人（执行者）有权在专利的整个有效期内，在无偿普通（非独占）许可条件下为自身需要使用所创造的发明、实用新型或工业品外观设计。

3. 本条第 1 款所述发明、实用新型或工业品外观设计创造者如果不是专利权人，则应根据本法典第 1370 条第 4 款支付报酬。

第 1372 条 根据定购创造的工业品外观设计

1. 如果合同的目的是为创造工业品外观设计，则根据合同完成的工业品外观设计获得专利的权利和独占权归定购人，承包人（执行者）和定购方之间的合同有另行规定的除外。

2. 如果合同没有另行规定，根据本条第 1 款获得工业品外观设计专利的权利和独占权归定购人，则承包人（执行者）有权在专利的整个有效期内，在无偿普通（非独占）许可条件下为自身需要使用该工业品外观设计。

3. 如果根据承包人（执行者）与定购方之间的合同，获得工业品外观设计专利的权利和独占权归承包人（执行者），则定购方有权在专利的整个有效期内，在无偿普通（非独占）许可条件下为自身需要使用该工业品外观设计。

4. 如果根据定购完成的工业品外观设计的创造者不是专利权人，则应根据本法典第 1370 条第 4 款支付报酬。

第 1373 条 在履行国家或市政合同时创造的发明、实用新型或工业品外观设计

1. 为满足国家或市政的需求而履行国家或市政的合同所创造的发明、实用新型或工业品外观设计获得专利的权利和独占权属于承担国家或市政合同的组织（执行者），如果国家或市政合同中没有规定这一权利属于国家或市政定购方所代表的俄罗斯联

邦、俄罗斯联邦主体或市政府，也没有规定这一权利属于执行者和俄罗斯联邦共同所有、执行者和俄罗斯联邦主体共同所有，或者执行者和市政府共同所有。

2. 如果根据国家或市政的合同，获得发明、实用新型或工业品外观设计专利的权利和独占权属于俄罗斯联邦、俄罗斯联邦主体或市政府，则国家或市政定购方可自执行者（承包单位）书面通知其所完成的智力成果可作为发明、实用新型或工业品外观设计获得法律保护之日起 6 个月内提交专利申请。如果国家或市政定购方在上述期限内未提交申请，获得专利的权利归执行者。

3. 如果根据国家或市政的合同，获得发明、实用新型或工业品外观设计专利的权利和独占权属于俄罗斯联邦、俄罗斯联邦主体或者市政府，则执行者必须与自己的工作人员和第三人通过签订相应的协议获得所有相关权利，或保证其获得所有相关权利，以便将权利转移给俄罗斯联邦、俄罗斯联邦主体或市政府。此种情况下，执行者有权要求赔偿因向第三人获得相应权利而发生的支出。

4. 如果为满足国家或市政的需求而履行国家或市政的合同所创造的发明、实用新型或工业品外观设计专利权根据本条第 1 款不属于俄罗斯联邦、俄罗斯联邦主体或市政府，专利权人应按国家或市政定购方的要求，为满足国家或市政的需求，必须向国家或定购方指定的人提供发明、实用新型或工业品外观设计使用的无偿普通（非独占）许可。

5. 如果为满足国家或市政的需求而履行国家或市政的合同所创造的发明、实用新型或工业品外观设计的专利权是以执行者和俄罗斯联邦、执行者和俄罗斯联邦主体或者执行者和市政府共同名义获得，国家或市政定购方在通知执行者之后，为完成任务或满足俄罗斯联邦或者市政供货需求之目的，有权提供利用这些发明、实用新型或工业品外观设计专利的无偿普通（非独占）许可。

6. 如果根据本条第 1 款以自己的名义获得了发明、实用新型或工业品外观设计的专利权的执行人决定提前终止专利权的效力，他必须将此情况通知国家或市政定购方，并按照国家或市政定购方的要求将专利无偿转让给俄罗斯联邦、俄罗斯联邦主体或市政府。

如果决定提前终止根据本条第 1 款以俄罗斯联邦、俄罗斯联邦主体或市政府名义获得的专利权的效力，则国家或市政定购方必须将此情况通知执行者，并按照执行者的要求向其无偿转让该专利权。

7. 本条第 1 款所述发明、实用新型或工业品外观设计创造者如果不是专利权人，则应根据本法典第 1370 条第 4 款支付报酬。

第五节 专利权的获得
第 1 小节 专利申请、申请的变更和撤回

第 1374 条 发明、实用新型或工业品外观设计专利申请的提交

1. 发明、实用新型或工业品外观设计的专利申请由根据本法典有权取得专利权的人（申请人）向联邦知识产权执行权力机构提交。

2. 发明、实用新型或工业品外观设计的专利授权请求书应当用俄文提交。其他申请文件可以用俄文或其他文种提交。如果申请文件用其他文种提交，申请应当附有这些文件的俄文译文。

3. 发明、实用新型或工业品外观设计专利授权请求书应由申请人签字，如果申请是通过专利代理人或者其他代表提交的，则由申请人或者提交申请的代表签字。

4. 对发明、实用新型或工业品外观设计申请文件的要求根据本法典由负责知识产权领域法规调整的联邦知识产权执行权力机构规定。

5. 发明、实用新型或工业品外观设计申请文件中应附有按规定数额缴纳了专利费用的凭证，或者陈述专利费用减免或延期

缴纳理由的文件。

第1375条 发明专利申请

1. 一件发明专利申请（发明申请）应当涉及一项发明或者相互间仅由一个统一的发明构思构成的一组发明（发明单一性要求）。

2. 一件发明申请应当包括：

1）一份指明发明创造人和要求以其名义取得专利权的人，以及每个人的居住地或者所在地的专利授权请求书；

2）一份充分披露到足以实施的发明说明书；

3）一份阐述发明实质，并完全以说明书为依据的发明权利要求书；

4）附图及其他材料，如果对理解发明实质是必需的；

5）摘要。

3. 包含一份发明专利授权请求书、一份发明说明书和附图（如果说明书中对附图有引证）的发明申请到达联邦知识产权执行权力机构的日期视为发明申请的提交日期。如果上述文件没有同时提交，则以最后文件的到达日期视为申请日期。

第1376条 实用新型专利申请

1. 一件实用新型专利申请（实用新型申请）应当涉及一项实用新型或者相互间仅由一个统一的创造构思构成的一组实用新型（实用新型单一性要求）。

2. 一件实用新型申请应当包括：

1）一份指明实用新型创造人和要求以其名义取得专利权的人，以及每个人的居住地或者所在地的专利授予请求书；

2）一份充分披露到足以实施的实用新型说明书；

3）一份阐述实用新型实质，并完全以说明书为依据的实用新型权利要求书；

4）附图，如果对理解实用新型实质是必需的；

5）摘要。

3. 包含一份专利授权请求书、一份实用新型说明书和附图（如果说明书中对附图有引证）的实用新型申请到达联邦知识产权执行权利机构的日期，视为实用新型申请的提交日期。如果上述文件没有同时提交，则以最后文件的到达日期视为申请日期。

第 1377 条 工业品外观设计专利申请

1. 一件工业品外观设计专利申请（工业品外观设计申请）应当涉及一项工业品外观设计或者相互间仅由一个统一的创造构思构成的一组工业品外观设计（工业品外观设计单一性要求）。

2. 一件工业品外观设计申请应当包括：

1）一份指明工业品外观设计的设计人和要求以其名义取得专利权的人，以及每个人居住地或者所在地的专利授权请求书；

2）一套能够完整、详细地呈现制品外形的图片；

3）制品的全貌图、工程图、成型图，如果这些图对揭示工业品外观设计实质是必需的；

4）一份工业品外观设计说明书；

5）一份工业品外观设计实质特征清单。

3. 包含一份工业品外观设计专利授权请求书、制品全套图片、一份工业品外观设计说明书和一份实质特征清单的工业品外观设计申请到达联邦知识产权执行权利机构的日期，视为工业品外观设计申请的提交日期。如果上述文件没有同时提交，则以最后文件的到达日期视为申请日期。

第 1378 条 发明、实用新型或工业品外观设计申请文件的修改

1. 在对发明、实用新型或工业品外观设计申请作出授予专利权的决定或者拒绝授予专利权的决定之前，申请人有权对发明、实用新型或工业品外观设计申请文件进行修改，包括提交补充材料。前提是这些修改没有改变所申请的发明、实用新型或工业品外观设计的实质内容。

如果补充材料含有要列入发明或实用新型权利要求中的特

征,但在优先权当日作为优先权证据的文件中没有披露,以及在要求优先权的申请中所包含的发明或实用新型的权利要求中也没有披露的,则认为补充材料改变了所申请的发明或实用新型的实质内容。

如果补充材料含有要列入工业品外观设计实质特征清单中但在申请提交当日制品图片中没有反映的特征,则认为补充材料改变了所申请的工业品外观设计的实质内容。

2. 在发明、实用新型或工业品外观设计注册之前,申请文件中可做的修正包括关于申请人信息材料的变更,包括获得专利的权利转让给他人,或者申请人姓名或名称的变更,以及更正申请文件中一些明显的技术性错误。

3. 如果申请文件的修改是申请人在申请提交之日 2 个月内主动提出的,则对修改不缴纳费用。

4. 如果申请人对发明、实用新型、工业品外观设计申请文件的修改在申请提交之日起 12 个月内递交给联邦知识产权权力执行机构,在申请信息材料公布时应予以考虑。

第 1379 条 发明或实用新型申请的转换

1. 在有关发明申请的信息公布之前(第 1385 条第 1 款),但不迟于授予发明专利权的决定作出之日,申请人有权通过向联邦知识产权权力执行机构提交相应的请求书,要求将其发明申请转换为实用新型申请,但该申请附有本法典第 1366 条第 1 款规定的关于签订专利转让合同请求书的情况除外。

2. 在授予专利权的决定作出之前允许将实用新型申请转换为发明申请,而如果作出拒绝授予专利权的决定的,则允许在本法典规定的对此决定不服提交异议的可能性丧失之前进行。

3. 根据本条第 1 款或第 2 款转换发明或实用新型申请时,保留发明或实用新型的优先权及申请日。

第 1380 条 发明、实用新型或工业品外观设计申请的撤回

发明、实用新型或者工业品外观设计在相应的登记簿注册日

之前，申请人有权撤回所提交的发明、实用新型或工业品外观设计申请。

第2小节 发明、实用新型或工业品外观设计的优先权

第1381条 发明、实用新型或工业品外观设计的优先权的确定

1. 发明、实用新型或者工业品外观设计的优先权根据发明、实用新型或工业品外观设计申请向联邦知识产权执行权利机构提交的日期确定。

2. 如果申请人将补充材料作为独立申请，在收到联邦知识产权执行权力机构关于因补充材料改变了所申请的解决方案的实质内容而不予审查的通知之日起3个月期限届满之前提出，且在该独立申请提交当日，包括上述补充材料在内的原申请未撤回也未视为撤回的，发明、实用新型或工业品外观设计的优先权可以根据补充材料到达的日期确定。

3. 发明、实用新型或工业品外观设计优先权可以根据同一申请人向联邦知识产权执行权利机构提交的，披露了这些发明、实用新型或工业品外观设计的在先申请的日期确定，条件是要求了这一优先权的申请在提交当日，在先申请未撤回也未视为撤回，且要求了这一优先权的申请是自在先发明申请提出之日起12个月内，自在先实用新型或工业品外观设计申请提出之日起6个月内提交。

要求了这一优先权的申请提交之时，在先申请视为撤回。

优先权不能根据已经要求了优先权的在先申请提交之日确定。

4. 发明、实用新型或工业品外观设计分案申请的优先权根据同一申请人向联邦知识产权执行权利机构提交的，披露了这些发明、实用新型或工业品外观设计最初申请的提交之日确定；而当有权根据最初申请确定更早优先权时，则根据这一优先权日期

确定，条件是分案申请提交当日，发明、实用新型或工业品外观设计的最初申请未撤回也未视为撤回，且分案申请是在本法典规定的对最初申请拒绝授予专利权的决定不服提出异议的可能性丧失之前提交，或者如果对最初申请作出授予专利权的决定，在发明、实用新型或工业品外观设计注册日之前提交。

5. 发明、实用新型或工业品外观设计的优先权可以根据在先提出的多份申请或补充材料确定，但应符合本法典本条第 2 款、第 3 款、第 4 款及第 1382 条规定的条件。

第 1382 条 发明、实用新型、工业品外观设计的公约优先权

1. 发明、实用新型或者工业品外观设计的优先权可以根据发明、实用新型或工业品外观设计的首次申请向《保护工业产权巴黎公约》成员国提交的日期确定（公约优先权），条件是发明或者实用新型申请自上述日期起 12 个月内，工业品外观设计申请自上述日期起 6 个月内向联邦知识产权执行权力机构提交。如果要求公约优先权的申请未能在规定期限内提交并非申请人的原因，该期限可以由联邦知识产权执行权力机构延长，但不得超过 2 个月。

2. 希望就实用新型或者工业品外观设计申请享有公约优先权的申请人应自该申请提交之日起 2 个月期限届满之前向联邦知识产权执行权力机构说明，并自要求公约优先权的申请向上述联邦机构提交之日起 3 个月期限届满之前，提供本条第 1 款所述的首次申请的证明无误的副本。

3. 希望就发明申请享有公约优先权的申请人应自该申请向《保护工业产权巴黎公约》成员国的专利局提交之日起 16 个月内向联邦知识产权执行权力机构说明，并向该机构提供首次申请的证明无误的副本。

在规定期限内未提交首次申请的证明无误的副本时，联邦知识产权执行权力机构仍可以根据申请人提出的请求，在规定期限届满之前承认优先权，条件是首次申请的副本是申请人向首次提

交申请的专利局自该申请提交之日起 14 个月之内要求获得的，并自申请人获得之日起 2 个月内向联邦知识产权执行权力机构提交的。

只有在审查发明优先权要求的有效性与确定所申请发明的专利性相关时，联邦知识产权执行权力机构有权要求申请人提供首次发明申请的俄文译本。

第 1383 条　发明、实用新型、工业品外观设计优先权日期重合的后果

1. 如果审查过程中发现由不同申请人提交了相同的发明、实用新型或者工业品外观设计申请，且这些申请具有同一个优先权日，则发明、实用新型或工业品外观设计的专利权只能就其中一件申请授予一个人，该人由申请人之间的协商确定。

不同申请人自收到联邦知识产权执行权力机构相应通知之日起 12 个月内，应当告知联邦机构有关他们之间达成的协议。

当就一件申请授予专利权时，申请中指明的所有创造人均被认为是相同发明、实用新型或者工业品外观设计的共同创造人。

如果具有同一个优先权日的相同发明、实用新型或者工业品外观设计申请是由同一个申请人提交的，则就申请人挑选出的申请授予专利权。申请人应当按照本款第 2 段规定的期限和程序说明自己的选择。

如果在规定期限内，联邦知识产权执行权力机构未收到申请人的上述说明，或未收到根据本法典第 1386 条第 5 款确定的程序要求延长规定期限的请求书，则这些申请视为撤回。

2. 当同一申请人的发明专利申请和与之相同的实用新型专利申请的优先权日期重合时，对其中的一件申请授予专利权之后，对另一件申请授予专利权只有在下述条件下才有可能，即已授予较早发明专利或者与之相同的实用新型专利权的权利人向联邦知识产权执行权利机构提交请求书，要求终止该发明专利或者与之相同的实用新型专利权的效力。此种情况下，根据本法典第 1394 条，自另一件申请被授予专利权的信息公布之

日起，较早授予的专利权效力终止。关于发明或者实用新型专利权授予的信息，以及较早授予的专利权效力终止的信息公布同时进行。

第3小节 发明、实用新型或工业品外观设计申请的审查

第1384条 发明申请的形式审查

1. 对到达联邦知识产权执行权利机构的发明申请进行形式审查。在该过程中审查本法典第1375条第2款中所规定的文件是否齐备，以及是否符合规定的要求。

2. 如果申请人对发明申请提供补充材料，应根据本法典第1378条第1款审查补充材料是否改变了所申请发明的实质内容。

改变了所申请发明实质内容部分的补充材料在发明申请的审查时不予考虑，但是可由申请人作为独立申请提出。联邦知识产权执行权力机构应通知申请人。

3. 形式审查结束后，联邦知识产权执行权力机构应即刻通知申请人有关形式审查合格的结果和发明申请提交的日期。

4. 如果发明申请不符合申请文件的要求，联邦知识产权执行权力机构向申请人发出审查意见通知书，建议申请人自收到意见通知书之日起2个月内提交补正文件。如果申请人在规定期限内未提供所要求的文件，或者未提交有关延长这一期限的请求，则该申请视为撤回。这一期限可以由上述联邦机构延长，但不得超过10个月。

5. 如果提交的发明申请违反了发明单一性要求（本法典第1375条第1款），联邦知识产权执行权力机构应建议申请人在收到相应通知之日起2个月内，告知应当审查所申请的哪一项发明，必要时可对申请文件进行修改。该申请中的其他发明可形成分案申请。如果申请人在规定期限内未告知审查所申请的哪一项发明，在必要时也未提供相应文件，则对发明权利要求中最先述及的发明进行审查。

第 1385 条　发明申请信息资料的公布

1. 联邦知识产权执行权力机构自发明申请提交之日起满 18 个月，经形式审查合格的，在官方公报中公布发明申请的有关信息。信息公布的内容由知识产权领域实施规范性法规调整的联邦知识产权执行权力机构规定。

发明人有权拒绝在发明申请公布的信息资料中被提及。

申请人自发明申请提交之日起 12 个月期限内提出请求的，联邦知识产权执行权力机构可以自申请提交之日起 18 个月内公布发明申请信息资料。

如果发明申请提交之日起 12 个月内撤回或者视为撤回，或者以该申请为基础发明已经注册，则不予公布。

2. 如果在信息资料公布当日申请未撤回或者未视为撤回，在发明申请的有关信息公布之后，任何人有权了解申请文件。申请文件的了解及提供文件复印件的程序由知识产权领域实施规范性法规调整的联邦知识产权执行权力机构规定。

3. 如果发明申请信息公布当日申请被撤回或者视为撤回，对同一申请人自该发明申请信息公布之日起 12 个月内向联邦知识产权执行权力机构提交的在后申请而言，这些信息不属于现有技术。

第 1386 条　发明申请的实质审查

1. 根据申请人或者第三人在发明申请提交时，或者自该申请提交之日起 3 年之内向联邦知识产权执行权力机构提出的请求，并在申请经形式审查合格的条件下，对发明申请进行实质审查。有关第三人提出的实质审查请求由联邦知识产权执行权力机构通知申请人。

对发明申请进行实质审查请求的提交期限可由联邦知识产权执行权力机构根据申请人在该期限届满之前提出的请求予以延长，但不得超过 2 个月，且须与该请求一并提交按规定缴纳了专利费用的凭证。

如果在规定期限内未提交发明申请的实质审查请求，申请被视为撤回。

2. 发明申请的实质审查包括：

对所申请的发明进行信息检索用以确定现有技术水平，与之比较的结果将进行发明高度和新颖性的评价。

审查所申请的发明是否符合本法典第 1350 条所规定的专利性条件。

对涉及本法典第 1349 条第 4 款和第 1350 条第 5 款、第 6 款所述客体的发明申请不进行信息检索，联邦知识产权执行权力机构应将此情况自发明申请实质审查开始之日起 6 个月内通知申请人。

信息检索程序和检索报告的提供由知识产权领域实施规范性法规调整的联邦知识产权执行权力机构规定。

3. 如果发明申请未要求申请日之前的较早优先权，且发明实质审查请求在申请提交之时提出，自发明实质审查开始之日起 6 个月期满，联邦知识产权执行权力机构即向申请人发出信息检索报告。

如果出现必须向其他机构查询在上述联邦机构馆藏中未保藏的信息源，或者所申请发明的表述无法按规定程序进行信息检索，向申请人发出信息检索报告的期限可由联邦知识产权执行权力机构予以延长。信息检索报告发出的延长期限及其原因由上述联邦机构通知申请人。

4. 申请人和第三人有权请求对经过形式审查合格的发明申请进行确定现有技术水平的信息检索，与之比较的结果将用于评价所申请发明的新颖性和发明高度。进行这种信息检索的方式和条件及其相关结果的提供由知识产权领域实施规范性法规调整的联邦知识产权执行权力机构规定。

5. 在对发明申请进行实质审查过程中，联邦知识产权执行权力机构可以要求申请人提交补充材料（包括修改的发明权利要求），没有这些补充材料审查就无法进行。此种情况下，不改变发明实质的补充材料应当由申请人自收到该要求或者申请的对比材料复印件（如果申请人自收到上述联邦机构要求之日起1个月内要求获得对比材料的）之日起2个月内提供。如果申请人在规定期限内未提供所要求的材料，或者未提出有关延长规定期限的请求，该申请被视为撤回。申请人提供所要求材料的规定期限可由上述联邦机构延长，但不得超过10个月。

第1387条 发明专利的授予专利权决定或拒绝授予专利权决定

1. 如果发明实质审查的结果确认由申请人提出的、权利要求表述的所申请的发明符合本法典第1350条规定的专利性条件，则联邦知识产权执行权力机构对含此权利要求的发明作出授予专利权的决定，并在决定中指出发明优先权日期。

如果发明实质审查过程确认由申请人提出的、权利要求表述的所申请的发明不符合本法典第1350条所规定的专利性条件，则联邦知识产权执行权力机构作出拒绝授予专利权的决定。

在授予专利权的决定或者拒绝授予专利权的决定作出之前，联邦知识产权执行权力机构应将对所申请的发明进行专利性审查的结果通知申请人，并建议其就通知中的理由提出自己的意见。如果申请人的意见是在自收到通知之日起6个月内提交的，则在作出决定时应予以考虑。

2. 依照本章规定，以联邦知识产权执行权力机构的决定为由视为撤回的发明申请，不包括由申请人自己撤回的申请。

3. 对联邦知识产权执行权力机构作出的拒绝授予发明专利权的决定、授予发明专利权的决定，或者发明申请被视为撤回的决定，申请人可以自收到上述联邦机构的决定或者拒绝授予专利权的决定中指出的对比材料的复印件（如果申请人在收到对该发明申请作出拒绝授予专利权的决定之日起2个月内要求获得对比材料的复印件的）之日起6个月内，向专利纠纷委员会提出异议。

第1388条 申请人了解专利材料的权利

申请人有权了解在审查意见通知书、检索报告、审查决定、各类通知或者从联邦知识产权执行权力机构收到的其他文件中援引的、涉及发明专利申请的所有材料。申请人请求取得的专利文献复印件，应由上述联邦机构自收到该请求之日起 1 个月内寄给申请人。

第 1389 条 与发明专利申请审查相关的被延误期限的恢复

1. 被申请人延误的应联邦知识产权执行权力机构要求提供文件或补充材料的基本期限或延长期限（本法典第 1384 条第 4 款和第 1386 条第 5 款），发明申请实质审查请求书提交的期限（本法典第 1386 条第 1 款），以及向专利纠纷委员会提交异议的期限（本法典第 1387 条第 3 款）均可由联邦知识产权执行权力机构在申请人提交了其没有遵守期限的正当理由证明，并缴纳了专利费用凭证的条件下予以恢复。

2. 恢复被延误期限的请求书可以由申请人在自规定期限届满日起的 12 个月之内提交。向联邦知识产权执行权力机构提交的请求书同时应附有：恢复期限所必需的文件和补充材料，或者缓交这些文件或材料的请求书；或者要求对发明专利申请进行实质审查的请求书；或者向专利纠纷委员会提交的异议。

第 1390 条 实用新型申请的审查

1. 对到达联邦知识产权执行权力机构的实用新型申请应进行的审查包括审查本法典第 1376 条第 2 款中所规定的文件是否齐备，是否符合规定的要求，实用新型单一性要求（本法典第 1376 条第 1 款），以及确定所申请的解决方案是否属于作为实用新型给予保护的技术解决方案。

对所申请的实用新型不进行本法典第 1351 条第 1 款规定专利性条件的审查。

对实用新型申请的审查适用本法典第 1384 条第 2 款、第 4 款、第 5 款，第 1387 条第 2 款、第 3 款，第 1388 条和第 1389 条的规定。

2. 申请人和第三人有权请求对实用新型申请进行确定现有

技术水平的信息检索，与之比较的结果可用于评价实用新型的专利性。进行这种信息检索的方式和条件及其相关结果的提供由知识产权领域实施规范性法规调整的联邦知识产权执行权力机构规定。

3. 如果申请人提交的实用新型权利要求中含有申请提交之日实用新型说明书中所没有并且实用新型权利要求中也没有的特征（如果实用新型申请提交之日包括了权利要求），联邦知识产权执行权力机构应通知申请人，建议其从权利要求中删除前述特征。

4. 如果实用新型申请审查结果确认，提交的申请是可作为实用新型保护的技术解决方案，且申请文件符合规定要求，联邦知识产权执行权力机构作出授予专利权的决定，并指出实用新型申请的提交日期和确定的优先权。

如果审查结果确认，提交的实用新型申请是不能作为实用新型予以保护的解决方案，则联邦知识产权执行权力机构作出拒绝授予实用新型专利权的决定。

5. 如果联邦知识产权执行权力机构在对实用新型申请审查时确认其中包含的情报已构成国家机密，申请文件将按国家保密法规定的程序予以保密。此种情况下，应通知申请人撤回实用新型申请或者将申请转换成保密发明申请。在收到申请人相应请求之前或者该申请解密之前，暂时停止对该申请的审查。

第 1391 条　工业品外观设计申请的审查

1. 对到达联邦知识产权执行权利机构的工业品外观设计申请应进行形式审查。该过程中审查本法典第 1377 条第 2 款中规定的文件是否齐备，以及是否符合规定要求。

经形式审查合格即进行工业品外观设计申请的实质审查，包括审查所申请的工业品外观设计是否符合本法典第 1352 条规定的专利性条件。

2. 对工业品外观设计申请的形式审查和实质审查适用本法典第 1384 条第 2 款至第 5 款，第 1386 条第 5 款，1387 条第 3

款，第 1388 条和第 1389 条的规定。

第 1392 条　发明的临时法律保护

1. 对提交到联邦知识产权权力执行机构的发明申请，自申请信息公布之日（本法典第 1385 条第 1 款）至专利权授予信息公布（第 1394 条）之日期间，在被公布的发明权利要求范围内提供临时法律保护，但不超过上述联邦机构在授予发明专利权的决定中权利要求确定的范围。

2. 如果发明申请被撤回或者被视为撤回，或者就该发明申请作出拒绝授予专利权的决定，且对这一决定不服提交异议的本法典规定的可能性完全丧失，临时法律保护视为自始不存在。

3. 在本条第 1 款规定的期间内使用已申请发明的人，应向取得专利权之后的专利权人支付资金补偿，补偿金额由双方协议确定。出现争议的，由法院决定。

第 4 小节　发明、实用新型、工业品外观设计的注册和专利证书的颁发

第 1393 条　发明、实用新型、工业品外观设计的国家注册程序和专利证书的颁发

1. 联邦知识产权执行权力机构根据授予发明、实用新型或工业品外观设计专利权的决定，将发明、实用新型或工业品外观设计载入相应的国家发明登记簿，即俄罗斯联邦国家发明登记簿、俄罗斯联邦国家实用新型登记簿及俄罗斯联邦国家工业品外观设计登记簿，并颁发发明、实用新型或工业品外观设计专利证书。

如果以多人名义申请专利权的，对他们只颁发一个专利证书。

2. 发明、实用新型或工业品外观设计的国家注册及专利证书的颁发在缴纳相应专利费用的条件下进行。如果申请人未按规定程序提供专利费缴纳凭证，发明、实用新型或工业品外观设计不予注册，也不颁发专利证书，相应申请被视为撤回。

3. 发明、实用新型或工业品外观设计专利证书的形式及其所记载的内容组成由知识产权领域实施规范性法律调整的联邦知识产权执行权力机构规定。

4. 联邦知识产权执行权力机构对颁发的发明、实用新型或者工业品外观设计专利证书和（或）相应的登记簿中记载明显的和技术性错误进行修正。

5. 联邦知识产权执行权力机构在官方公报中公布国家登记簿中任何变更的记录信息。

第 1394 条 发明、实用新型、工业品外观设计专利权授予信息的公布

1. 联邦知识产权执行权力机构在官方公报中公布授予发明、实用新型或工业品外观设计专利权的有关信息，包括创造人姓名（如果创造人未拒绝作为创造人而署名）或者专利权人名称，发明或者实用新型的名称和权利要求，或者工业品外观设计实质特征清单及其图片。

信息公布的全部内容由知识产权领域实施规范性法律调整的联邦知识产权执行权力机构规定。

2. 根据本条公布授予发明、实用新型或工业品外观设计专利权的信息之后，任何人有权查阅申请文件及信息检索报告。

申请文件和信息检索报告的查阅程序由知识产权领域实施规范性法律调整的联邦知识产权执行权力机构规定。

第 1395 条 在外国及在国际组织中申请发明或实用新型专利

1. 在俄罗斯联邦创造的发明或实用新型，自相应申请向联邦知识产权执行权力机构提交之日起 6 个月期满可以向外国或国际组织提交，前提是在上述期限内申请人未被告知在申请中含有构成国家机密的情报。发明或者实用新型申请可以早于上述期限提交，但应在根据申请人请求对申请是否含有构成国家机密的情报的审查完成之后。进行这种审查的程序由俄罗斯联邦政府

规定。

2. 在俄罗斯联邦创造的发明或实用新型依据《专利合作条约》或者《欧亚专利公约》申请专利，无须向联邦知识产权执行权力机构预先提交相应申请，前提是依据《专利合作条约》的申请（国际申请）将联邦知识产权执行权力机构作为受理局，并在申请中将俄罗斯联邦作为申请人期望取得专利权的指定国提交的，而欧亚专利申请是通过联邦知识产权执行权力机构提交的。

第 1396 条 由本法典规定的国际申请和欧亚申请的效力

1. 依据《专利合作条约》提交的，并在申请中将俄罗斯联邦作为申请人期望获得发明或实用新型专利权的指定国的国际发明申请或者实用新型申请，自国际申请中要求的优先权之日起满31 个月，联邦知识产权执行权力机构开始对其进行审查。国际申请可在上述期限届满之前根据申请人的请求进行审查，但须符合下述条件，即申请是用俄文提交的，或者申请人在上述期限届满前向联邦知识产权执行权力机构提交了包含在国际申请中的、用其他语言提出的发明或实用新型专利权授予请求书的俄文译文。

向联邦知识产权执行权力机构提交的、包含在国际申请中的发明或实用新型专利权授予请求书的俄文译文可由本法典规定的专利权授予请求书代替。

如果在规定期限内未提交上述文件，依据《专利合作条约》提交的国际申请效力在俄罗斯联邦被终止。

本法典第 1378 条第 3 款关于申请文件修改的规定期限，由联邦知识产权执行权力机构根据本法典自开始审查国际申请之日起计算。

2. 对依据《欧亚专利公约》提交的、按照本法典规定对俄罗斯有效的欧亚发明申请，联邦知识产权执行权力机构自收到欧亚专利局欧亚申请证明无误的副本之日开始进行审查，本法典第1378 条第 3 款关于申请文件修改的规定期限也自此日开始计算。

3. 由世界知识产权组织国际局依据《专利合作条约》用俄

文公布的国际申请，或者由欧亚专利局依据《欧亚专利公约》公布的欧亚申请替代本法典第 1385 条规定的有关申请信息的公布。

第 1397 条 相同发明的欧亚专利和俄罗斯专利

1. 如果出现相同发明的欧亚专利和俄罗斯专利，或者相同发明和实用新型的欧亚专利和俄罗斯专利，且具有同一个优先权日并属于不同专利权人的情况，这些发明或发明和实用新型只有在尊重所有专利权人权利的情况下才可实施。

2. 如果出现相同发明或者相同发明和实用新型的欧亚专利和俄罗斯专利，具有同一个优先权日并属于同一个专利权人的情况，该专利权人可以根据这些专利签订的许可合同向任何人提供发明或者发明和实用新型的使用权。

第六节 专利权效力的终止及恢复

第 1398 条 发明、实用新型或工业品外观设计专利的宣告无效

1. 发明、实用新型或工业品外观设计专利在其有效期内出现下列情况可被宣告全部无效或者部分无效：

1) 不符合本法典规定的发明、实用新型或工业品外观设计的专利性条件；

2) 列入授予专利权的决定中的发明或实用新型权利要求书中，或者工业品外观设计实质特征的清单中的，而在申请提交当日的发明或实用新型的说明书和权利要求书中（如果发明或者实用新型申请在提交当日包含了权利要求书），或者工业品外观设计制品的图片中所没有的特征；

3) 违反本法典第 1383 条规定的条件，对具有同一个优先权日的多件相同的发明、实用新型或工业品外观设计申请授予专利权；

4) 颁发的专利证书中记载的创造人或者专利权人不是本法典规定的创造人或者专利权人，或在专利证书中没有记载本法典规定的创造人或者专利权人。

2. 知悉违反本条第 1 款第 1 项至第 3 项规定的任何人均可通过向专利纠纷委员会提出异议，表示对发明、实用新型或工业品外观设计专利权授予的不服。

知悉违反本条第 1 款第 4 项规定的任何人均可按司法程序对发明、实用新型或者工业品外观设计专利权的授予提出异议。

3. 依据联邦知识产权权力执行机构的决定，本法典第 1248 条第 2 款和第 3 款❶的决定，或者已生效的法院判决宣告发明、实用新型或工业品外观设计专利权全部无效或部分无效。

宣告发明、实用新型或者工业品外观设计专利权部分无效时，授予新的专利权。

4. 被宣告全部或者部分无效的发明、实用新型或工业品外观设计专利权自申请提交之日起予以撤销。

以后来被宣告无效的专利为基础签订的许可合同，在专利无效决定作出之前合同范围内已经履行的部分仍然有效。

---

❶ **第 1248 条** 与智力权利保护有关的争议

2. 在本法典规定的情况下，与发明、实用新型或工业品外观设计专利申请的提交和审查，与育种成果、商标、服务标志与商品原产地名称申请的提交和审查，与这些智力成果和个人财产的国家注册，与相应的法律证明文件的颁发相关的，对这些成果和法律保护手段提交的异议或者与保护的终止相关的知识产权保护由相应的联邦知识产权权力执行机构和联邦育种成果权力执行机构按行政程序执行（第 11 条第 2 款）。而在本法典第 1401 条至第 1405 条规定的情况下，由俄罗斯联邦政府授权的联邦执行权力机构执行（第 1401 条第 2 款）。这些机构的决定自作出之日起生效，对这些决定可以按照司法程序向法院提出异议。

3. 本条第 2 款所述的审查规程和异议审理程序由相应的知识产权领域实施规范性法律调整的联邦执行权力机构，即联邦知识产权执行权力机构及其所属专利纠纷委员会，以及农业领域实施规范性法律调整的联邦执行权力机构，即联邦育种成果执行权力机构规定。与保密发明相关的，本条第 2 款所述的审查规程和异议审理程序则由被授权机构规定（本法典第 1401 条第 2 款）。

——选译自《俄罗斯联邦民法典》第四部分第六十九章。——译者注。

5. 宣告专利权无效意味着撤销联邦知识产权权力执行机构关于授予发明、实用新型或者工业品外观设计专利权的决定（本条例第 1387 条），并废除相应的国家注册簿中的记录（本条例第 1393 条第 1 款）。

第 1399 条 发明、实用新型或工业品外观设计专利权效力的提前终止

发明、实用新型或者工业品外观设计专利权效力在下列情况下提前终止：

以专利权人向联邦知识产权执行权力机构提交的请求为依据的，自请求书到达之日起终止。如果专利权授予一组发明、实用新型或工业品外观设计，而专利权人提交的请求书并非针对整个一组专利权的所有客体，则仅对请求书中指出的发明、实用新型或者工业品外观设计专利权终止其效力。

在规定期限内未缴纳发明、实用新型或工业品外观设计专利年费的，专利权的效力自缴纳专利年费的规定期限届满之日起终止。

第 1400 条 发明、实用新型或工业品外观设计专利权效力的恢复；后用权

1. 因未在规定期限内缴纳专利年费而终止效力的发明、实用新型或者工业品外观设计专利权，可由联邦知识产权执行权力机构根据发明、实用新型或者工业品外观设计专利权人的请求恢复其效力。专利权效力恢复的请求可以自缴纳专利年费的期限届满日起 3 年之内向上述联邦机构提交，但必须在本法典规定的专利有效期之内。请求书中应附有缴纳规定数额的专利权效力恢复费的凭证。

2. 联邦知识产权执行权力机构在官方公报中公布发明、实用新型或者工业品外观设计专利权效力恢复的有关信息。

3. 在发明、实用新型或者工业品外观设计专利权效力终止之日至联邦知识产权执行权力机构官方公报中有关专利权效力恢

复的信息公布之日的期间，已经开始实施发明、实用新型或者工业品外观设计，或者在所述期间内为此已经做好必要准备的人，在不扩大该实施范围的条件下，保留继续无偿使用的权利（后用权）。

第七节　保密发明的法律保护与利用的特性

第 1401 条　保密发明专利申请的提交和审理

1. 保密发明专利申请（保密申请）的提交，申请的审查和处理应遵守国家保密法。

2. 对规定保密级为"机要"或"机密"的保密发明申请，以及涉及武器装备、军事技术、侦察、反间谍活动和刑事侦缉活动领域的方法及手段，密级规定为"秘密"的保密发明申请，应按照其专题属性向俄罗斯联邦政府授权的联邦执行权力机构、国家原子能集团（被授权机构）提交专利申请。其他保密发明申请向联邦知识产权执行权力机构提交。

3. 如果联邦知识产权执行权力机构在审查发明申请时确定其中包含构成国家机密的情报，该申请将按国家保密法规定程序予以保密，并视为保密发明申请。

不允许对外国公民或者外国法人提交的申请予以保密。

4. 保密发明申请的审理适用本法典第 1384 条、第 1386 条至 1389 条的规定。在此情况下，该申请信息不予公布。

5. 在确定保密发明的新颖性时，现有技术（本条例第 1350 条第 2 款）也包括在俄罗斯联邦授予专利权的具有较早优先权的保密发明，以及苏联授予发明人证书的保密发明。如果这些发明被确定的密级低于保密发明的密级，则该保密发明被认为具有新颖性。

6. 对被授权机构就保密发明申请作出决定不服的异议由该机构按照规定程序审理，对该异议作出的决定可向法院起诉。

7. 本法典第 1379 条发明申请转换为实用新型申请的有关规定不适用保密发明申请。

第 1402 条　保密发明专利权的注册和专利证书的颁发；保密发明信息的传播

1. 保密发明在俄罗斯联邦国家发明注册簿中注册，并由联邦知识产权执行权力机构颁发保密发明专利证书；或者，如果由被授权机构作出授予保密发明专利权决定，则由该机构颁发专利证书。被授权机构在注册保密发明并颁发保密发明专利证书之后，应将这一信息通告联邦知识产权执行权力机构。

注册保密发明并颁发保密发明专利证书的被授权机构应将对明显的和技术性错误修正的相关变更列入保密发明专利证书和（或）俄罗斯联邦国家发明注册簿中。

2. 保密发明专利申请的有关信息以及在俄罗斯联邦国家发明注册簿中涉及保密发明的变更信息不予公布。有关这些专利信息的移交按照国家保密法的规定执行。

第 1403 条　密级的变更和发明的解密

1. 密级的变更和发明的解密，以及申请文件和保密发明专利保密标志的变更及取消均按照国家保密法规定程序办理。

2. 发明密级提高时，联邦知识产权执行权力机构根据发明申请文件的专题属性将保密发明申请文件移送相应的被授权机构。

密级提高时申请尚未由上述联邦机构审查结案的，申请的继续审理由被授权机构完成。保密发明密级降低时，保密发明申请的继续审理仍由此前审理申请的被授权机构负责。

3. 发明解密时，被授权机构将解密的保密发明申请文件移送联邦知识产权执行权力机构。解密时申请尚未由被授权机构审查结案的，申请的继续审理由上述联邦机构完成。

第 1404 条　保密发明专利的宣告无效

对由被授权机构作出的保密发明专利权授予决定不服的，依据本法典第 1398 条第 1 款第 1 项至第 3 项规定的理由向该被授权机构提出异议，并由该被授权机构按照规定程序审理。被授权机构对异议作出的决定由该机构负责人核准，自核准之日起生效，并可向法院起诉。

第 1405 条 保密发明的独占权

1. 保密发明的实施和保密发明独占权的分配，均按照国家保密法的规定办理。

2. 保密发明的专利转让合同，以及使用许可合同必须在已经颁发保密发明专利证书的机构或其法定继承机构注册。当无法定继承机构时，则在联邦知识产权执行权力机构注册。

3. 对于保密发明不允许提出本法典第 1366 条第 1 款和第 1368 条第 1 款所规定的签订发明独占权转让合同的公开要约和开放许可请求。

4. 对保密发明不给予本法典第 1362 条规定的强制许可。

5. 本法典第 1359 条规定的行为，以及不知悉也无法根据合法理由知悉这种发明专利存在的人使用保密发明，不视为侵犯保密发明专利权人的独占权。当发明解密或者专利权人告知此人这种发明专利的存在之后，此人应当终止使用发明，或者与专利权人签订许可合同，具有先用权的情况除外。

6. 不允许追索保密发明独占权。

第八节　专利权人和创造人权利的保护

第 1406 条 与专利权保护有关的纠纷

1. 与专利权保护有关的下述纠纷由法院审理：

1）关于发明、实用新型、工业品外观设计创造人身份的纠纷；

2）关于确定专利权人的纠纷；

3）关于发明、实用新型或工业品外观设计独占权的侵权纠纷；

4）关于发明、实用新型、工业品外观设计独占权转让（专利转让）合同和使用许可合同的签订、履行、变更和终止的纠纷；

5）关于先用权纠纷；

6）关于后用权纠纷；

7）关于根据本法典向发明、实用新型、工业品外观设计的创造人支付报酬的金额、期限和程序的纠纷；

8）关于本法典规定的补偿金的支付数额、期限和程序的纠纷；

2. 在本法典第 1387 条、第 1390 条、第 1391 条、第 1398 条、第 1401 条和第 1404 条规定的情况下，专利权的保护依照本法典第 1248 条第 2 款和第 3 款规定的行政程序进行。

第 1407 条　法院关于专利侵权案件判决的公布

专利权人有权根据本法典第 1252 条第 1 款第 5 项❶要求在联邦知识产权执行权力机构的官方公报中公布法院关于非法利用发明、实用新型、工业品外观设计或其他侵权案件的判决。

---

❶　**第 1252 条**　独占权的保护

1. 智力活动成果和区别性标识独占权的保护可通过提出以下要求的方式进行：

（5）关于公布法院有关侵权行为的判决并指出有效权利人的要求——针对独占权的侵权人而提出。

——选译自《俄罗斯联邦民法典》第四部分第六十九章。——译者注。

波兰工业产权法[1]

（根据 2004 年 1 月 23 日法案和 2007 年 6 月 29 日法案修正）

第一编　总　则

第 1 条

1. 本法适用于：

（1）发明、实用新型、工业品外观设计、商标、地理标志和集成电路布图设计；

（2）经济实体接受合理化建议和给予创新者报酬的原则；

（3）波兰共和国专利局（下称"专利局"）的职责和组织机构。

2. 本法的规定不应当影响按照其他法律规定给予第 1 条第 1 款所述主题的保护。

第 2 条

对不正当竞争的制止，由单行法规定。

第 3 条

1. 本法中：

（1）人指任何自然人或者法人；

（2）外国人是指不具有波兰国籍并且在波兰共和国境内没有住所、场所或者真实有效的组织机构的人；

（3）经济实体是指以营利为目的在制造业、建筑业、贸易或

---

[1]　根据世界知识产权组织网站（www.wipo.org）上提供的英文版翻译。翻译：王书锦、李扬，校对：姜丹明。

者服务业开展活动（下称"经营活动"）的人；

（4）国际协定指波兰共和国加入的任何国际协定；

（5）《巴黎公约》指 1883 年 3 月 20 日签订的《保护工业产权巴黎公约（斯德哥尔摩文本）》；

（6）发明方案指发明、实用新型、工业品外观设计、集成电路布图设计和合理化方案；

（7）国际局指根据 1967 年 7 月 14 日在斯德哥尔摩签署的《建立世界知识产权组织公约》成立的世界知识产权组织的国际局；

（8）国际商标指按照协定或者议定书规定的程序注册的商标；

（9）协定指 1891 年 4 月 14 日签订的《国际商标注册马德里协定》；

（10）议定书指 1989 年 6 月 27 日通过的《国际商标注册马德里协定议定书》；

（11）《欧洲专利公约》指 1973 年 10 月 5 日在慕尼黑通过，并由 1991 年 12 月 17 日修正公约第 63 条的法案，欧洲专利组织行政委员会 1978 年 12 月 21 日、1994 年 12 月 13 日、1995 年 10 月 20 日、1996 年 12 月 5 日和 1998 年 12 月 10 日的决定修正的，以及构成其不可分割部分的议定书共同组成的《授予欧洲专利权的公约》。

2. 本法中涉及经济实体的部分规定也适用于开展经营活动之外其他活动的人和不享有法人地位的组织机构。

第 4 条

1. 生效的且直接在所有成员国适用的国际协定或者欧盟法律的规定，对发明、实用新型、工业品外观设计、商标、地理标志或者集成电路布图设计给予保护的特别程序作出规定的，本法规定应当相应地适用于该协定或者规定未规定的事项，或者属于国内官方机构职责范围的事项。

2. 第 1 条中规定的国际协定或者规定，特指对授予保护的程序规定，以及撰写专利、实用新型、工业品外观设计、商标、地理标志和集成电路布图设计申请文件应当遵守的规定。

第 5 条

1. 外国人根据国际协定享有本法规定的权利。

2. 只要与国际协定的规定不冲突，外国人可以根据互惠原则享有本法所规定的权利。为专利局程序的目的，由专利局首长与主管部长协商后，确认是否满足互惠条件。

第 6 条

1. 在本法规定的条件下可授予以下权利：发明专利和补充保护，实用新型和商标保护权，工业品外观设计、集成电路布图设计和地理标志的注册权。

2. 专利局负责第 1 款所规定的事项。

第 7 条

1. 经济实体可以在其关于合理化活动的规章规定的条件下接受合理化方案。

2. 任何易于利用并且不可获得专利的发明、实用新型、工业品外观设计、集成电路布图设计和地理标志的技术方案，可以由经济实体考虑作为本法意义下的合理化方案。

3. 在第 1 款所述的规章中，经济实体应当至少确定，何种解决方案以及由谁完成的情况下可以由其承认为合理化方案，被报告的合理化方案的处理方式，以及给予所述方案创新者的报酬细则。

第 8 条

1. 在本法规定的条件下，发明、实用新型、工业品外观设计或者集成电路布图设计的创新者有资格：

（1）获得专利、保护权或者注册权；

（2）获得报酬；

（3）作为创新者记载在说明书、登记簿和其他文件以及出版物中。

2. 经济实体以实施为目的接受合理化方案的，其创新者有资格在申报日起获得第 7 条第 1 款所述规章中规定的报酬，除非随后公布的规章对创新者更有利。第 1 款第（3）项的规定也适用。

3. 第 1 款和第 2 款的规定相应地适用于共同创新者。

第 9 条

其职责包括鼓励开展工业产权活动的社会团体的代表人，根据其章程，可对发明方案的创新者提供援助，并且为他们的利益在司法机构和专利局（符合本法第 236 条规定的情况下）的程序中行动。

第二编　发明、实用新型和工业品外观设计

第一部分　一般规定

第 10 条

1. 由专利局进行是否符合授予专利权或者实用新型保护权的法定条件的规定范围内的审查后，作出对发明授予专利权或者对实用新型授予保护权的决定。

2. 由专利局核实提交的工业品外观设计是否适当后，对工业品外观设计作出登记决定。

第 11 条

1. 除第 2 款、第 3 款和第 5 款另有规定的外，就发明获得专利的权利、就实用新型获得保护的权利，或者就工业品外观设计获得登记的权利应当属于创新者。

2. 发明、实用新型或者工业品外观设计由多人共同完成的，获得专利、保护权或者登记权的权利应当属于所有创新者共有。

3. 创新者在被雇用期间或者为履行其他合同完成的发明、实用新型或者工业品外观设计，第 1 款规定的权利应当属于雇主

或者委托人，除非相关当事人另有协议。

4. 经济实体之间达成的协议，可以约定对履行该协议期间完成的发明、实用新型或者工业品外观设计享有第 1 款规定的权利的实体。

5. 创新者在经济实体支持下完成的发明、实用新型或者工业品外观设计，经济实体享有在其经营领域实施该发明、实用新型或者工业品外观设计的权利。在关于提供支持的协议中，双方可以约定第 1 款所规定的权利应当全部或者部分属于该经济实体。

第 12 条

1. 发明专利权、实用新型保护权或者工业品外观设计登记权可以被转让或者继承。

2. 转移第 1 款所规定的权利的合同应当以书面形式订立，否则无效。

第 13 条

1. 除本法第 14 条和第 15 条另有规定的外，获得专利、保护权或者登记权的优先性，应当根据向专利局提交专利、实用新型或者工业品外观设计的申请日来确定。

2. 除本法第 31 条另有规定的外，申请以书面、传真或者电子形式提交的，该申请视为在专利局收到日提交。

3. 通过传真发送申请文件的，应当自生效的发送之日起 30 日内提交正本。该时限不可恢复。

4. 通过传真发送的申请文件难以辨认或者与随后提交的正本不一致，本法第 3 条规定的正本提交日视为申请日。

5. 超出第 3 款规定期限后提交正本的，第 4 款规定仍然适用；这种情形下，通过传真发送的申请视为未提交。

6. 通过电子方式发送的申请受软件缺陷影响的，专利局没有义务开通该通讯并作进一步处理。在这种情形下，以及发送的申请文件难以辨认的，不适用第 1 款的规定。

7. 申请文件的电子形式，是指利用电子信息网络或者 2005 年 2 月 17 日实施的《公共机构工作信息化法》第 3 条第 1 款规定的数据信息载体传送申请的形式。

8. 在第 6 款规定的情形下，申请文件中难以辨认的部分应当视为未提交。相应地适用本法第 31 条第 3 款和第 5 款的规定。

9. 如果能够找到电子邮件地址或者确定申请人身份及地址，并且不会威胁专利局的符合 2002 年 7 月 18 日实施的《电子化送达法》第 2 条第 3 款规定的远程信息系统的安全，并且在申请人使用的发送方式的技术条件允许的情形下，专利局应当使用同样的发送方式立即通知申请人，其通过传真发送的申请文件全部或者部分难以辨认，或者具有第 6 款或者第 8 款规定的情形之一。

第 14 条

在符合相关国际协定的情形下，以指定国家首次并且适当提交的专利、实用新型或者工业品外观设计的申请日为基础，获得在波兰共和国被授予专利、保护权或者登记权的优先权，条件是在以下期限内向专利局提交申请：

（1）12 个月内，如果是发明和实用新型申请；

（2）6 个月内，如果是工业品外观设计申请。

第 15 条

1. 在符合相关国际协定的情形下，发明、实用新型或者工业品外观设计在波兰或者世界各地官方组织或者认可的展览会中展览，并且在随后 6 个月内向专利局提交该发明、实用新型或者工业品外观设计申请的，以该展览日为基础，获得被授予专利、保护权或者登记权的优先权。

2. 已删除。

3. 已删除。

4. 已删除。

第 16 条

作为首次适当提交的申请的主题的发明、实用新型或者工业品外观设计，此前已经在展览会中展览的，且该申请根据巴黎公约的规定自展览日至申请日享有临时保护的，确定第 14 条规定的获得专利、保护权或者登记权的优先权，以及向专利局提交申请的时限起点，应当以发明、实用新型或者工业品外观设计在相关展览会中的展览日为准。

第 17 条

1. 本法第 14 条和第 15 条所规定的优先权（优先权）可以被转让或者继承。

2. 转移本法第 1 条规定的优先权的合同应当以书面形式订立，否则无效。

第 18 条

专利、实用新型或者工业品外观设计申请由至少两人分别独立提出，并且享有同一天的优先权的，获得专利、保护权或者登记权的权利应当分别属于这些人。

第 19 条

1. 为申请人在外国要求优先权的目的，专利局应当根据申请人的请求向其出具专利、实用新型或者工业品外观设计申请的证明文件（优先权证明文件）。

2. 优先权证明文件只能以符合本法规定的已经提交的申请为基础。

第 20 条

有资格获得专利、保护权或者登记权的发明、实用新型或者工业品外观设计创新者，有权无偿或者按照协议的报酬将该权利转让给该经济实体，或者许可该经济实体实施该发明、实用新型或者工业品外观设计。

第 21 条

根据本法第 20 条规定许可经济实体实施发明、实用新型或者工业品外观设计的，如果经济实体接受，并在自接受日起一个月之内通知创新者的，专利权、保护权或者登记权的转让自发明、实用新型或者工业品外观设计报告给经济实体的日期生效，除非双方对时限另有约定。

第 22 条

1. 除非双方另有约定，经济实体根据本法第 11 条第 3 款和第 5 款或者第 21 条规定获得实施权利或者获得专利权、保护权或者登记权的，发明、实用新型或者工业品外观设计的创新者有资格获得报酬。

2. 双方没有就报酬的数额达成协议的，应当根据经济实体从实施发明、实用新型或者工业品外观设计中获得的利润按比例确定，同时考虑完成该发明、实用新型或者工业品外观设计的情形，尤其是创新者参与完成该发明、实用新型或者工业品外观设计的程度，以及创新者在完成该发明、实用新型或者工业品外观设计中的工作职责。

3. 除非双方另有约定，应当最迟在实施该发明、实用新型或者工业品外观设计获得第一笔利润的 1 年后 2 个月期满时以一次性方式支付全部报酬，或者在获得利润的每年年终后的 2 个月内以提成费的形式支付，但最长不得超过 5 年。

第 23 条

根据第 22 条第 2 款和第 3 款确定及支付给发明、实用新型或者工业品外观设计的创新者的报酬，如果能够证明该经济实体获得的利润实质性地超出确定报酬时采用的利润基础的，应当增加。

第二部分 发明和专利

第一章 发 明

第 24 条

新的、有创造性的并且能够在产业中应用的任何技术领域的发明应当被授予专利权。

第 25 条

1. 不属于现有技术的发明应当视为新的。

2. 现有技术包括优先权日前通过书面或者口头描述、应用、展示或者其他方式向公众公开的任何内容。

3. 不为公众所知的享有优先权的专利申请或者实用新型申请的内容，只要其根据本法规定的方式公开，也应当视为现有技术。

4. 第 1 款至第 3 款的规定不应影响对属于现有技术的物质提出新应用的发明，或者以获得具有新用途的产品为目的应用该物质的发明授予专利权。

第 26 条

1. 对本领域技术人员而言，与现有技术相比不是显而易见的发明具有创造性。

2. 在判断是否具有创造性时，不应当考虑本法第 25 条第 3 款规定的申请。

第 27 条

从技术的角度，在包括农业在内的任何产业领域，产品能够制造或者方法能够应用的发明，被认为能够在产业中应用。

第 28 条

下列情形不属于本法第 24 条规定的发明：

（1）发现、科学理论或者数学方法；

（2）美学创作；

（3）实施智力活动、商业经营或者做游戏的计划、规则和方法；

（4）根据广泛接受和认可的科学原理能够判断出无法实现的创造；

（5）计算机程序；

（6）信息的显示。

第 29 条

1. 下列情形不能授予专利权：

（1）其实施违反公共秩序或者公共道德的发明，但不包括仅其实施被法律禁止的发明；

（2）动物或者植物品种，或者生产植物或者动物的主要是生物学的方法；本规定不适用于微生物方法或者其所获得的产品；

（3）对人体或者动物体的外科手术或者治疗方法，或者实施于人体或者动物体的诊断和治疗方法；本规定不适用于产品，尤其是外科或者治疗使用的物质和组合物。

2. 全部由自然现象组成的生产植物或者动物的方法，例如杂交或者选种，属于第 1 款第（2）项规定的生物方法。

第 30 条

权利人对发明作出的改进或者增补具有发明特征但不能单独实施的，可以获得专利权（增补专利证书）。对已经授予的增补专利也可以再次获得增补专利证书。

第二章　专利申请的提交

第 31 条

1. 寻求专利保护的专利申请应当包含：

（1）至少包含申请人信息、专利申请主题以及要求授予专利或者增补专利的愿望的请求书；

（2）描述发明的实质内容的说明书；

（3）一项或者多项权利要求；

（4）摘要。

2. 如为理解发明所必要，第 1 款规定的专利申请文件还应当包含附图。

3. 至少具有请求书，和部分材料看起来像说明书、一项或者多项权利要求的专利申请应当视为已经提交申请。

4. 专利局发现专利申请文件中缺少第 3 款规定的部分材料的，应当指定补交期限，如果没有在期限内补交，程序中止；收到最后补交的材料的日期视为实际申请日。

5. 专利局发现申请文件中提及附图但缺少附图的，专利局应当指定补交期限，如果没有在期限内补交，视为无附图。专利局收到最后补交的附图的日期视为实际申请日。

第 32 条

申请人不是发明人的，其有义务在请求中写明发明人姓名，并声明其享有获得专利权的权利的理由。

第 33 条

1. 除本法第 93 条之六第 1 款的规定外，本法第 31 条第 1 款第（2）项所述说明书应当对发明作出清楚完整的说明，以所属技术领域的技术人员能够实现为准。说明书应当写明能够表明发明主题的发明名称、发明所属的技术领域以及申请人所知的背景技术；应当详细写明发明内容；有附图的，对照附图说明发明；举例说明实现或者实施发明的一种或者多种方式。

2. 已删除。

3. 本法第 31 条第 1 款第（3）项所述的权利要求应当全部以说明书为依据，以记载技术方案的技术特征的方式，清楚简要地限定请求保护的发明和要求专利保护的范围（权利要求的特征部分）。本法第 93 条之六第 1 款同样适用。

3^1. 每一项权利要求应当清楚，应当以一句话或者等同于一句话的方式表述。

4. 在一件专利申请中，除了含有从整体上反映一项发明或者符合本法第 34 条的一组发明的技术特征的独立权利要求外，还可以包括数个从属权利要求，用来详细说明该发明的各种具体情况，或者限定独立权利要求或者其他从属权利要求特征部分记载的某个特征。

4^1. 申请文件中应当清楚反映独立权利要求和从属权利要求之间的关系。

5. 本法第 31 条第 1 款第（4）项所述的摘要应当清楚准确地写明发明的主题、技术特征。发明主题无法清楚反映发明目的的情况下，也应当写明发明目的。本法第 93 之六第 1 款同样适用。

6. 本法第 31 条第 2 款所述的附图应当为清晰的示意图，与说明书和权利要求书一起反映发明的主题。附图除必要的单词外，不得包括描述性文字。一页图纸上可以有一幅以上的附图，彼此应当明显分开。

第 34 条

1. 一件专利申请应当仅限于一项发明或者属于一个总的发明构思的一组发明（发明的单一性）。

2. 可以作为一件专利申请提出的符合单一性的一组发明，应当包含一个或者多个相同或者相应的特定技术特征。特定技术特征是指发明作为整体，对现有技术作出贡献的技术特征。

第 35 条

1. 要求利用在先申请的优先权的申请人应当提交书面声明，并附具确认在先申请已经在指定国家提出或者该发明已经在特定展览中展出的证明文件。前份文件也可以自申请日起 3 个月内提交。期满未提交的，视为未提出声明。

2. 已删除。

3. 已删除。

4. 依照第 1 款提交的证明文件，如果源于国际协定或者本法第 4 条所规定的内容，申请人应当自申请日起 3 个月内提交波兰语或者其他语言的翻译文件。

5. 对缺少第 4 款所述的翻译文件的专利申请，专利局应当要求申请人在指定的期限内补交；期满未补交的，应当驳回优先权请求。

6. 根据他人的在先申请或者在展览会上的展览而被授予优先权的，申请人应当自申请日起 3 个月内提交其有权享有优先权的声明。第 5 款的规定同样适用。

第 36 条

如果为支持专利申请中的声明或者请求所必需，申请人还应当提交本法第 31 条、第 32 条和第 35 条规定以外的文件或者声明。组成专利申请的文件可只提交一份，但为审查程序和文件的统一性的目的，说明书、权利要求书、附图和摘要应当提交多份并以适当的形式提交。

第 37 条

1. 对专利申请作出审查决定前，除第 2 款另有规定外，申请人可以主动提出修改和增加，修改和增加不得超出原说明书、权利要求书和附图公开的主题的范围。

2. 修改原始权利要求书以扩大保护范围的，只能在申请公布前，并且符合第 1 款规定的限制。

3. 对依照第 1 款和第 2 款修改权利要求，或者其他改变要求保护的范围的情况，申请人应当同时对说明书摘要进行相应修改。本法第 42 条第 1 款、第 46 条第 3 款和第 4 款同样适用。

第 38 条

专利申请审查期间或者专利局作出驳回专利申请的最终决定之日起 2 个月内，申请人可以要求获得实用新型保护。该实用新型申请视为在该专利申请的申请日提交。

第 39 条

1. 专利申请不符合单一性要求，申请人根据专利局要求对不符合规定的部分单独提出的申请（分案申请），视为在原始申请的申请日提交。

2. 申请人在专利局未要求的情况下主动提出分案申请的，即使原申请符合单一性要求，同样适用第 1 款的规定。

3. 专利局认为分案申请的内容未在原申请中记载的，应当作出决定拒绝将原始申请的申请日视为分案申请的申请日。本法第 37 第 1 款、第 2 款和第 49 条第 2 款同样适用。

第 39 条之一

1. 分案申请应当符合本法第 31 条第 1 款的规定。

2. 对要求享有优先权的分案申请，申请人已经依照本法第 35 条第 1 款在规定的期限内提交优先权声明、证明文件及其译文（如果需要），并在被分案的原申请文档中保存的，申请人应当在请求书中确认该声明，并与分案申请一并提交本法第 35 条第 1 款规定的证明文件和翻译文件（如果需要）的副本。本法第 35 条第 5 款和第 6 款同样适用。

第 40 条

在波兰共和国境内有居所的波兰法人或者波兰公民希望就其发明向外国申请专利的，应当首先向专利局提出专利申请。

第三章　专利申请的处理

第 41 条

1. 收到专利申请后，专利局应当给出申请号，确定收到日并通知申请人。

2. 对本法第 13 条第 4 款和第 5 款，以及第 31 条第 4 款和第 5 款所列的情形，应当以通知的形式认可申请日。

第 42 条

1. 从收到依照本法第 31 条第 3 款到第 5 款的规定提交的专利申请后的整个专利审查过程中，除本条第 2 款另有规定的外，专利局应当要求申请人在指定的期限内补交申请文件、补充遗漏的内容或者修改明显缺陷；期满未补正的，审查中止。

2. 对不满足单一性的申请，专利局应当要求申请人提交分案申请。未在指定期限内提交分案申请的，应当将原申请权利要求书的第一个发明视为原申请的发明内容，其他发明内容视为撤回。

第 43 条

1. 除第 2 款和第 3 款另有规定外，专利局应当自优先权日满 18 个月后立即出版，公布专利申请事项。申请人可以自优先权日起 12 个月内，要求提前公布。

2. 对下列情形，不进行专利申请事项的公布：

（i）涉及保密发明的申请；

（ii）出版前作出中止审查或者驳回的最终决定。

3. 对第 2 款所述的情形，不公布的理由不再存在的，专利局应当在审查程序启动或者恢复后立即公布申请事项。

第 44 条

1. 专利申请事项公布之日起，公众可以查阅申请事项。在授予专利权的决定作出前，公众可以向专利局提交该申请不符合授权条件的意见。

2. 专利局在专利申请事项公布 1 个月前收到对权利要求书进行修改的，应当将修改一并公布，公布时应当注明提出修改的日期。

第 45 条

1. 公布专利申请事项前，未经申请人同意，申请文档不得公开或者泄露给未经授权的人。

2. 申请人在请求书中同意的，专利局可以将申请的信息告知第三方，包括申请号、申请日、发明名称和申请人姓名。

3. 专利申请审查过程中，专利局可以未经申请人同意就专利申请向第三方征询意见。该第三方不得泄露有关申请的信息。

第 46 条

1. 对满足专利授权必要条件的申请，在合理情况下，专利局可以要求申请人在指定期限内提交与申请有关的文件和解释，对申请文件进行修改或者增加，以及提交虽然不是理解发明所必需但为适当地描述发明或者其他目的而需要提交的附图。期满未答复的，审查中止。

2. 在启动授权程序之后，申请人对申请文件的修改或者增加不符合本法规定的要求，应当适用第 1 款的规定。

3. 除第 4 款另有规定的外，专利局对申请文件的修改应当仅限于明显错误或者语句错误。

4. 专利局可以对摘要中第 3 款规定外的情形进行修改。

第 47 条

1. 公布专利申请事项前，专利局应当作出检索报告，引证评价要求保护的发明时可能考虑的文件。

2. 在作出第 1 款规定的检索报告后，专利局立即送交申请人。

第 48 条

对以下情形，专利局应当作出拒绝给予全部或者部分优先权的决定：

（i）申请人不具有享有优先权的资格；

（ii）被申请人要求优先权的外国申请不是本法第 14 条所述的首次申请；

（iii）作为要求优先权基础的展览、展出不符合本法第 15 条所规定的要求；

（iv）要求优先权的发明或者其相关主题与被要求优先权的发明不同；

（v）申请人未在本法第 14 条和第 15 条规定的期限内提出申请，或者未在规定的期限内提交优先权文件或者优先权请求；

（vi）申请人对在先申请要求优先权的声明不符合本法第 35 条的规定。

第 49 条

1. 对不符合授予专利权的条件的申请，专利局应当作出驳回该申请的决定。

2. 专利局依照第 1 款作出驳回决定前，应当指定一段时间，允许申请人提交证据和文件，证明该申请符合授予专利权的条件。上述证据和文件可以不属于检索报告中列出的引证文件。

第 50 条

1. 除第 2 款另有规定的外，申请中部分内容不符合授予专利权的条件，且申请人拒绝缩小要求保护的范围的，同样适用本法第 49 条的规定。

2. 申请中涵盖的部分发明不符合授予专利权的条件，而申请人拒绝缩小要求保护范围的，专利局应当驳回涉及的专利申请。作出决定前，专利局应当通知申请人对申请的说明书进行修改，未按要求修改的，中止审查。

第 51 条

专利局可以在专利申请公布前依照本法第 49 条第 1 款作出决定。

第 52 条

1. 对符合授予专利权条件的申请，专利局应当作出授予专利权的决定。

2. 授予专利权的，应当缴纳第一保护期限的费用。没有在规定的期限内缴纳费用的，授予专利权的决定失效。

第 53 条

授予专利权的决定应当在专利登记簿中登记。

第 54 条

1. 授予专利权应当颁发专利证书。

2. 由说明书、权利要求以及附图组成的专利全文构成专利证书不可分割的部分。专利全文由专利局出版。

第 55 条

1. 只允许对专利全文中的明显错误或者印刷错误进行修改。

2. 专利局在作出修改的决定的同时，对下列事项作出决定：

（i）专利全文是否需要重新出版以及重新出版的内容；

（ii）专利权持有人是否需要缴纳重新出版的费用和需要缴纳的数额。

3. 修改内容应当在官方公报"波兰专利局公报"中公布。

第四章　保密发明

第 56 条

1. 波兰公民作出的涉及国防或者国家安全的发明可作为保密发明。

2. 下列发明为涉及国防的发明：新型武器、军事设备或者战斗方法。

3. 下列发明为涉及国家安全的发明：被授权从事特殊任务或者侦察活动的公务员使用的技术方法，以及他们用于此类活动的新设备、材料及其使用方法。

第 57 条

1. 保密发明视为国家秘密。

2. 涉及国防或者国家安全的发明的保密决定分别由主管内务的国防部部长或者国家安全局局长作出。

第 58 条

1. 只能为获得优先权的目的，保密发明可以向专利局申请专利保护。申请专利的发明在保密的全过程中，专利局不得处理该申请。

2. 对于专利局收到申请后，该发明被认定属于保密发明的，同样适用第 1 款。

第 59 条

1. 为获得优先权而向专利局提出的保密发明，其专利权及补偿金应当转让给代表财政部的主管国内事务的国防部部长或者国家安全局局长。

2. 第 1 款所述的补偿金数额应当由发明的市场价值确定。

3. 若双方无法就第 1 款所述的补偿金额和补偿期限达成一致，主管内务的国防部部长或者国家安全局局长决定的该补偿金应当以一次性支付或者提成的方式，从国家财政中按年支付，支付期限不得超过 5 年。

第 60 条

1. 主管内务的国防部部长或者国家安全局局长负责作出发明停止保密的决定。在此情况下，应主管机关的要求，专利局应当启动或者继续专利授权程序，只要自申请日起尚未超过 20 年。

2. 第 1 款所述期限届满后，涉及保密发明的申请视为未提出。

第 61 条

内阁应当通过法规，规定属于国防或者国家安全的发明的类型，以及在相关部门作出是否属于保密发明的决定前后应当办理的手续。

第 62 条

1. 在相关机构同意的范围内，专利局应当与主管内务的国防部部长或者国家保密局局长传送涉及国防或者国家安全的发明的清单，并应主管机关的要求，传送相关说明书及附图。本法第 45 条第 3 款第二句同样适用。

2. 有关保密发明的申请文档可由主管内务的国防部部长或者国家安全局局长授权的当事人获得。

第五章 专利权

第 63 条

1. 专利权持有人享有在波兰共和国境内以营利或者经营目的实施专利的排他权。

2. 专利保护范围由专利全文中的权利要求确定，说明书和附图可以用于解释权利要求。

3. 专利保护期限为 20 年，自申请日起计算。

第 64 条

1. 制造方法的专利的保护延及依照该方法直接获得的产品。

2. 对新产品，或者权利人无法通过合理的努力确认他人实际使用的方法的产品，可能依照专利方案获得的产品视为是依照该方法获得的。

3. 对第 2 款所述的情形，在提供相反证据的时候，应当考虑对被告的制造秘密和经营秘密的保护。

第 65 条

对利用属于现有技术的物质以获得具有新用途的产品的发明，其专利保护覆盖专门用于制备具有该用途的产品。

第 66 条

1. 未经专利权持有人许可，他人不得以营利或者经营目的实施其专利，包括：

（i）制造、使用、提供专利产品，将专利产品投放市场，或者出于上述目的进口该产品；

（ii）使用专利方法，或者使用、提供依照该方法直接获得的产品，将依照该方法直接获得的产品投放市场，或者出于前述目的进口依照该方法直接获得的产品。

2. 专利权持有人有权授权（许可）他人实施其发明（许可合同）。

第 67 条

1. 专利权可以转让或者继承。

2. 转让合同应当为书面形式，否则无效。

3. 转让合同自在专利登记簿上登记之日起对公众具有约束力。

第 68 条

1. 专利权持有人或者被许可人不得滥用权利，尤其是阻止第三方在如下情况下实施该发明：为满足国内市场，并且公众利益需要，以及由于数量、质量无法满足消费者的需要或者价格过高，必须实施该发明。

2. 自授权之日起 3 年内，专利权持有人或者被许可人阻止第三方实施该发明的行为，不属于第 1 款规定的滥用权利的行为。

3. 专利局有权要求专利权持有人或者被许可人提交文件，说明实施专利的行为是否属于权利滥用。

4. 第 1 款和第 2 款不应当影响关于反垄断措施的规则的适用。

第 69 条

1. 下列行为不视为侵犯专利权：

（i）在临时进入波兰境内的运输工具或者其部件上实施该发明的，或者在通过波兰境内的物品上实施该发明的；

（ii）为了消除对国家利益有重大影响的紧急情况，尤其是国家安全或者公共秩序，而在必要的范围内非独占地实施该发明的；

（iii）为了研究和实验需要，如评估、分析或者教学，而实施该发明的；

（iv）对依法需要经过审批才能投放市场的特定产品尤其是药品，为获得该法律规定的批准或者审批而在必要的范围内实施发明的；

（v）药房依照医生的处方配制药品的。

2. 根据出现的情况，应当由主管部长或者长官依照第 1 款第（ii）项作出实施发明的决定。该决定应当立即通知专利权持有人。决定应当包括实施发明的范围和期限。

3. 专利权持有人可以就第 2 款所述的决定向行政法院申诉。

4. 出于国家利益而实施发明的，发明人有权向国家财政要求与该发明的市场价值相当的补偿。

5. 给予第 1 款第（iv）项作出的批准或者审批决定不影响未经专利权持有人许可将其产品投放市场的民事责任。

第 70 条

1. 专利权持有人或者经专利权持有人许可在波兰共和国境内将体现其发明的产品投放市场后，专利权的效力不得延及有关该产品的行为，尤其是许诺销售或者进一步投放市场的行为。

2. 对已经由专利权持有人或者经其许可在欧洲经济区投放市场的产品，向波兰进口或者实施第 1 款规定的其他行为，不应当视为侵权。

第 71 条

1. 在优先权日前已经出于善意在波兰境内制造相同产品的，可以在原有范围内继续制造，无需支付费用。在优先权日前已经做好制造产品的实质准备的，同样适用本规定。

2. 经当事人的请求，第 1 款所述的权利应当在专利登记簿中记录。该权利可以随企业一并转让。

第 72 条

1. 共有人可以未经其他权利人许可单独实施共有专利，以及对专利侵权行为主张自己的权利。

2. 除非协议另有规定，共有人之一实施共有专利获得利润的，其他共有人有权依照各自在专利中所占的份额，获得扣除成本后 1/4 利润的相应部分。

3. 除非专利权共有合同另有规定，对第 1 款和第 2 款规定以外的情形，适用民事法中有关共有权利的规定。

4. 第 1 款至第 3 款同样适用于申请专利的权利共有的情形。

第 73 条

专利权持有人有权在专利产品上进行适当标注，表明其产品受专利保护。

第 74 条

专利申请或者专利权由不具有申请资格的人提出或者获得的，具有资格的当事人可以请求中止专利审查程序或者撤销专利权，也可以请求授予其专利权或者要求将专利权转移给他人。转移无需退还申请或者授权过程中原申请人或者专利权持有人所缴纳的费用。

第 75 条

1. 依照本法第 74 条转移专利权的，在转让前已善意地获得该专利权或者获得许可，且在提起转移专利权的起诉前已实施该发明 1 年以上的，或者在该期限内已经为实施该发明作出实质性准备工作的人，可以在向具有资格的当事人支付相应补偿后，在起诉时实施发明的范围内在其企业继续实施该发明。

2. 经当事人请求，第 1 款规定的实施发明的权利，可以在专利登记簿中记录。该权利可以随企业一并转让。

第五章之一　补充保护权

第 75 条之一

在波兰境内，依照欧盟有关医疗产品和植物保护产品的补充保护权的有关条款授予补充保护权。

第 75 条之二

1. 要求获得补充保护权的申请人（下称"申请人"），应当向专利局提出申请。本法第 13 条第 2 款至第 9 款同样适用。

2. 本法第六部分有关条款同样适用于补充保护权的授予程序。

第 75 条之三

专利局认为申请符合补充保护权的条件的，应当作出授予补充保护权的决定。本法第 42 条至第 46 条同样适用。

第 75 条之四

1. 授予补充保护权应当颁发补充保护证书。本法第 73 条同样适用。

2. 授予补充保护权应当在专利登记簿中记录。

第 75 条之五

1. 对不符合授予补充保护权的条件或者未在规定期限内提交申请的，专利局应当驳回申请。本法 49 条第 2 款同样适用。

2. 第 1 款所述的提出申请的期限不得恢复。

3. 驳回补充保护权申请或者中止授权程序的决定应当在专利登记簿中记录。

第 75 条之六

1. 对下列情形，专利局应当宣布补充保护权的授权决定失效：

（i）专利保护期届满前，该专利终止的；

（ii）在专利保护期内，市场准入许可被撤销或者权利人放弃补充保护权。

2. 对第 1 款所述的情形，补充保护权终止。

3. 专利保护期届满后，第 1 款第（ii）项所述市场准入许可被撤销的，补充保护权失效。

4. 本法第 90 条同样适用于补充保护权。

第 75 条之七

1. 对下列情形，任何组织或者个人可以要求宣告补充保护权无效：

（i）不符合本法关于授予补充保护权的条件的规定；

（ii）补充保护权所依据的专利中的相关部分无效。

2. 本法第 89 条第 2 款适用于第 1 款所规定的情形。

3. 专利全部无效的，补充保护权也无效。

第 75 条之八

补充保护权的授予、失效或者无效的决定应当在专利登记簿中登记。

第 75 条之九

1. 有关许可合同和专利权转让的条款同样适用于补充保护权。

2. 依照本法第 80 条提出的实施专利的开放许可声明对于补充保护权同样有效。

第 75 条之十

总理应当颁布相关法规，规定补充保护申请应当满足的详细条件以及专利局审查补充保护申请的规则和流程，尤其是公布补充保护申请的地点和方式，专利登记簿中记载的方式，补充保护证书中应当包括的内容。补充保护申请应当满足的条件不得对申请人带来过高和不合理的障碍。

第六章　许可合同

第 76 条

1. 许可合同应当以书面形式订立，否则无效。

2. 许可合同可以限制发明在一定的范围内实施（即限制性许可）。否则，被许可人有权享有与许可人同样的实施发明的权利（即全面许可）。

3. 许可在专利权失效后终止。许可双方可以在许可条款之外约定更长的期限，尤其是有关专利实施的支付条款。

4. 除非许可合同专门约定独占实施发明，专利许可不具有独占性，一方获得许可不意味着其他人不能获得专利许可，也不排除专利权持有人实施该发明的权利（即非独占许可）。

5. 经专利权持有人同意，被许可人可以对他人授予许可（即分许可证）；不允许对分许可再授予许可。

6. 经有关当事人要求，许可应当在专利登记簿登记。登记簿登记的独占许可的拥有人与专利权持有人具有同样的权利，可以针对侵权行为主张权利，许可合同中另有规定的除外。

第 77 条

除非许可合同另有约定，许可人应当向被许可人转让在订立合同时拥有的实施发明所需的所有技术诀窍。

第 78 条

转让已授予许可的专利的，许可合同对受让人具有约束力。

第 79 条

除非双方另有约定，关于许可合同的规定同样适用于实施向专利局提出申请但尚未授予专利的发明的合同，以及实施尚未申请专利但作为公司技术诀窍进行保护的发明的合同。

第 80 条

1. 专利权持有人可以向专利局提交授权任何人实施发明的许可声明（即开放许可）。该声明不可撤销或者改变。

2. 第 1 款所述的声明应当在专利登记簿中登记。

3. 提交开放许可声明后，专利维持费应当减半。若在规定期限结束前同时收到费用和该声明，则单一维持费及首个保护期限的维持费同样适用本规定。

4. 开放许可应当是全面许可，且不具有排他性；使用费不应当超过被许可人每年实施发明所得利润扣除开销后的 10%。

5. 开放许可应当通过以下方式获得：

（i）缔结许可合同；

（ii）未经谈判或者谈判达成协议前实施发明；在此情况下，被许可人应当在开始实施发明 1 个月内以书面形式通知许可人。

6. 除非许可合同中另有规定，被许可人应当在实施发明的自然年年终 1 个月内，按照最高比例支付第 4 款所述的使用费，许可人在声明中规定了较低的费用的情况除外。

第81条

除在研究工作合同或者类似合同中另有规定的，执行研究工作的个人视为获得了实施已转让给给予其任务的当事人的发明的许可（即默示许可）。

第七章　强制许可

第82条

1. 在下列情况下，专利局可以授予实施他人专利发明的许可（即强制许可）：

（i）为避免或者消除国家紧急状态，特别是在国防、公共秩序、保护人类生命和健康以及保护自然环境方面；

（ii）已证明具有第68条规定的滥用专利的行为；

（iii）已证明享有在先专利的专利权持有人拒绝订立许可合同，导致有赖于在先专利的专利发明（即从属专利）无法实施，从而无法满足国内市场的需要；在此情况下，在先专利的专利权持有人可以要求给予其实施从属专利的许可（即交叉许可）。

2. 依据第1款第（iii）项给予实施发明的强制许可的条件是：两项专利涉及同一主题，且从属专利的实施具有巨大的经济意义和重要的技术进步。对涉及半导体技术的发明，给予强制许可只能出于防止不合理的限制竞争行为的目的。

3. 专利局认定具有本法第68条规定的滥用行为的，可以决定将该专利申请强制许可给申请的人，并在专利公报上公告。

4. 若申请人能够证明其事先已经善意地努力获得专利权持有人的许可，专利局应当给予强制许可。为避免或者消除国家紧急状态，或者已公告可申请强制许可的情况下，则不用提交该证明。

5. 对已公告可申请强制许可的情况，该公告之日起1年后提出的强制许可申请仍需要提交第4款所述的证明。

6. 植物育种者无法实施其受保护的植物品种或者要求专利

权持有人给予其交叉许可的情况下，应当适用第 1 款第（iii）项的规定。

第 83 条

强制许可不具有排他性。

第 84 条

1. 依据强制许可实施发明的人员应当向专利权持有人支付费用。

2. 专利局应当规定强制许可的范围和期限、实施强制许可的详细条款和条件、与许可的市场价值相当的使用费数额以及支付的方式和期限。

第 85 条

强制许可只可以随企业或者与企业许可相关的部分转让。与在先专利相关的强制许可只可以随从属专利一起转让给第三方。

第 86 条

强制许可实施两年后，在适当的情况下，经有关当事人要求可以修改强制许可决定中有关许可的范围和期限、使用费数额方面的内容。

第 87 条

经有关当事人要求，强制许可和交叉许可应当在专利登记簿中记录。

第 88 条

在本法第 82 条第 1 款第（iii）项所述情况下授予强制许可的规定同样适用于其实施有赖于在先专利的实用新型。

第八章　专利权的无效和终止

第 89 条

1. 只要对一项专利有合法利益的任何人能够证明该专利不

符合授予专利权的法定条件，可根据该人的请求宣告该专利全部或者部分无效。

2. 出于公共利益的需要，波兰共和国总检察长或者专利局局长可以要求一项专利权被宣告无效或者介入审理中的无效宣告案件。

第 90 条

1. 在下列情况下，专利权终止：

（i）专利权保护期限届满；

（ii）经全体专利权持有人同意，专利权持有人向专利局请求放弃专利权；

（iii）未在规定期限内缴纳维持费；

（iv）除本法第 93 条之七另有规定外，由于获得无法所需的生物材料，造成发明无法实施，而且仅仅按照说明书的记载无法获得和繁殖该生物材料。

2. 对于第 1 款第（ii）项至第（iv）项所述情况，专利局应当作出专利权终止的决定。

3. 第 4 款规定的造成专利权终止的事件发生之日视为专利权终止日。专利权终止日应当以决定的形式确定。

4. 对未在规定期限内缴纳维持费的专利，前一期限届满之日视为专利权终止之日。

第 91 条

增补专利与基本专利一同失效。若基本专利失效的理由不涉及增补专利的主题，增补专利即成为普通专利，并在原基本专利的保护期限内继续有效。

第 92 条

专利权无效或者终止的决定应当在专利登记簿中登记。

第 92 条之一

第 89 条、第 91 条、第 92 条同样适用于对依照《欧洲专利公约》规定的程序授权的欧洲专利提出无效。

第 93 条

总理应当颁布相关法规，规定专利申请应当满足的详细条件以及专利局处理和审查专利申请的详细规则和流程，尤其是专利申请公布的形式和方式，专利局依职权修改摘要的范围，检索报告的格式以及公开该报告的形式和期限。专利申请应当满足的条件不得对申请人带来过高和不合理的障碍。

第九章　有关生物技术发明的特别规定

第 93 条之一

在本章中：

（i）生物技术发明是指符合本法第 24 条规定的，涉及含有生物材料或者由生物材料组成的产品，或者涉及生物材料生产、处理、使用方法的发明；

（ii）生物材料是指包含遗传信息并能自我复制或者在生物系统中被复制的材料；

（iii）微生物方法是指涉及微生物材料、作用于微生物材料或由微生物材料所产生的任何方法。

第 93 条之二

1. 以下发明可以作为生物技术发明获得专利保护：

（i）发明保护的主题是已经脱离其自然环境或者虽然曾经产生于自然环境但是通过技术手段制造的生物材料；

（ii）脱离人体的或者通过技术方法而产生的某种元素，包括基因序列或基因序列的某一部分，可以构成可授予专利的发明，即使该元素的结构与其在自然界的结构完全相同；

（iii）有关植物或者动物的发明，只要该发明的技术可行性不仅限于特定的植物或动物品种。

2. 基因序列或基因序列的某一部分的工业实用性必须在专利申请中公开。

第 93 条之三

1. 无论处于何种状态的人体或者针对人体某一元素的发现，包括全部或者部分基因序列的发现，均不属于可授予专利的发明。

2. 以下各项生物技术发明视为本法第 29 条第 1 款第 (i) 项所规定的其实施将违反公共秩序或者公共道德的发明：

(i) 克隆人的方法；

(ii) 改变人的生殖系统遗传同一性的方法；

(iii) 为工业或商业目的使用人的胚胎；

(iv) 改变动物的基因序列，可能导致动物痛苦，而对人类或动物以及由该方法产生的动物没有任何实质性医学利益的方法。

第 93 条之四

1. 对含有权利要求中限定的特征的生物材料的专利保护及由该生物材料趋同进化或趋异进化遗传繁殖的具有相同特征的生物材料。

2. 对生产具有权利要求中限定的特定特征的生物材料的方法的保护及通过该方法直接获得的生物材料，以及由该材料趋同进化或者趋异进化遗传繁殖的具有相同特征的材料。

3. 对含有遗传信息或者由遗传信息组成的产品专利的保护及含有该基因信息且执行其功能的、与该产品结合在一起的所有材料，本法第 93 条之三第 1 款规定的内容除外。

第 93 条之五

1. 专利保护不应当包括专利权持有人或者经专利权持有人授权投放市场的生物材料经单纯繁殖而获得的生物材料，只要该繁殖是该生物材料应用的必然结果。

2. 为农业生产的目的从专利权持有人处获得或者经其同意获得生物技术专利产品的任何人，均有权在其自有土地繁殖该产品；繁殖的范围和条件与未经育种人同意使用受 2003 年 6 月 26 日植物品种保护法保护的植物繁殖材料相同。

3. 第 2 款的规定同样适用于家畜繁殖或者其他动物繁育。

第 93 条之六

1. 发明涉及生物材料的使用，但公众不能得到该生物材料，并且对该生物材料的说明不足以使所属领域的技术人员实施该发明的，对该发明的披露可参照最迟在申请日提交保藏的生物材料。该生物材料应当是专利局局长在波兰共和国官方公报中公告指明的根据国际协定认可的保藏单位或者国家保藏单位保藏。

2. 专利局局长在收到主管生物材料保藏的部长的认可后，根据该单位申请，宣布其具有国家保藏单位的资格。

3. 已根据第 1 款规定进行保藏后，申请人应当在提交申请的同时提交保藏机构出具的证明。证明至少应当包括机构名称、保藏日期和保藏编号。

4. 保藏证明可在申请日后 6 个月内提交。逾期提交的，生物材料的保藏不视为与该申请中对发明的披露具有同等效力。

5. 只有本法第 251 条第 1 款规定的当事人才可以在公布专利申请前获得保藏材料。申请人在公布专利申请前向专利局提出请求的，可以要求将上述限制条件延长至整个申请过程。

6. 申请公布或者专利授权后，除非提交了第 5 款所述请求，对第三方当事人依照第 7 款所提出的获得保藏材料的请求应当予以同意。

7. 在专利有效期内，可以书面要求申请人或者专利权持有人提供生物材料样品，条件是：

（i）不会将该生物材料或者其衍生材料提供给第三方；

（ii）不会将该生物材料或者其衍生材料用于除实验外的其他用途。

申请人或者专利权持有人放弃上述要求的除外。

8. 专利局驳回专利申请或者中止专利审批程序后，根据申请人在第 5 款规定的期限内提出的请求，只有第 5 款规定的当事人有权在申请日起 20 年内得到保藏的生物材料。第 7 款所规定的内容同样适用。

第93条之七

依照本法第93条之六提交保藏的生物材料不能再从该保藏机构获得的，申请人可以在国际公约规定的期限内提交新的生物材料保藏。

第三部分　实用新型和实用新型保护权

第94条

1. 实用新型是指对物体的形状、构造或者组合提出的适于实用的新的技术方案。

2. 适于实用是指对制造过程或者产品应用，有利于达到有益的效果。

第95条

1. 对实用新型，应当授予保护权。

2. 保护权是指，权利人享有在波兰共和国境内以营利或者经营目的享有实施该实用新型的排他权。

3. 实用新型保护权的期限是10年，以向专利局提出实用新型申请的申请日起计算。

第96条

实用新型的保护权由实用新型全文中记载的权利要求确定。

第97条

1. 除第2款的规定外，本法第31条至第33条的规定同样适用于实用新型申请。

2. 实用新型申请应当包括附图。

3. 一件实用新型申请应当仅限于一个技术方案。

4. 第3款的规定不排除一件实用新型申请包括与所述技术方案具有同样的必要技术特征的不同的产品，以及含有功能上相互关联的部件的产品。

第 98 条

授予实用新型保护权应当记录在实用新型登记簿中。

第 99 条

1. 授予实用新型保护权应当颁发实用新型保护证书。

2. 包括实用新型说明、权利要求和附图的实用新型全文构成保护证书不可分割的部分。实用新型全文应当向公众公开并由专利局出版。

第 100 条

1. 除第 2 款的规定外，本法第 25 条、第 28 条、第 29 条、第 35 条至第 37 条、第 39 条至第 52 条、第 55 条至第 60 条、第 62 条、第 66 条至第 75 条、第 76 条至第 90 条的规定同样适用于实用新型和实用新型保护权。

2. 对实用新型，本法第 60 条规定的期限为 10 年。

第 101 条

1. 内阁应当制定法规，规定与国防或者国家安全有关的实用新型种类，以及在作出此类实用新型是否需要保密的决定前后的申请流程。

2. 总理应当颁布相关法规，规定实用新型申请应当满足的条件以及专利局审查申请的规则和流程，尤其是实用新型申请公布方式，专利局依职权修改摘要的范围，检索报告的格式以及公开该报告的形式和期限。实用新型申请应当满足的条件不得对申请人带来过高和不合理的障碍。

第四部分　工业品外观设计和
工业品外观设计注册权

第 102 条

1. 工业品外观设计是指对产品的整体或者部分外形，尤其是产品的线条、颜色、形状、质地或者材料及其装饰，所作出的独特的新的设计。

2. 产品是指，任何工业品或者手工制品，尤其是包括包装、式样、图案和印刷字体，但不包括计算机程序。

3. 下列也属于产品：

（i）由多个部分组成的产品，各部分可以通过拆解重组的方式进行替换（复合产品）；

（ii）产品的部件，如果其在组合到复合产品后在该产品正常使用时能够被看到，正常使用不包括保养、检修或者维修的情况下；

（iii）可商业化的产品的部件。

4. 对用于第 3 款第（i）项所规定的复合产品的部件的设计，应当在考虑其可视特征的基础上评价新颖性和独特性。

第 103 条

1. 除第 2 款规定外，在优先权日之前，没有相同的设计以使用、展出或者其他形式为公众所知的，设计具有新颖性。一件设计如果与一件为公众所知的设计只是在无关紧要的细节上有区别，则视为与该公众所知的设计是相同的。

2. 下列情形不属于第 1 款所述的被公众所知的情形：对所属领域的专业设计圈而言，该设计不是公知的。

3. 对下列情形，不能依据第 1 款的规定拒绝授予注册权：

（i）被具有明示或者默示的保密义务的第三方公开的设计；

（ii）优先权日以前 12 个月内，由设计人、其权利继受人或者经权利人授权的第三方公开的设计，或者滥用与设计人或者其权利继受人的关系而公开的设计。

第 104 条

1. 工业品外观设计带给有见识的用户的整体印象与优先权日前公开的其他设计不相同的，该设计具有独特性。

2. 评价独特性时，应当考虑设计人进行设计的自由度。

第 105 条

1. 对工业品外观设计可以授予注册权。

2. 注册权是指，权利人享有在波兰共和国境内为营利和经营目的实施该工业品外观设计的排他权。

3. 权利人享有阻止第三方制造、提供、投放市场、进口、出口或者使用含有或者应用了该设计的产品的权利，也享有阻止第三方出于上述目的储存此类产品的权利。

4. 工业品外观设计注册权保护包括没有带给有见识的用户不同整体印象的任何设计。本法第 104 条第 2 款同样适用。

5. 工业品外观设计注册权应当限于申请保护的该类产品。

6. 除本法第 111 条规定的情形外，注册权的保护期限为 25 年，从向专利局提交工业品外观设计申请之日起计算，该期限以 5 年为一期进行划分。

第 106 条

1. 实施该工业品外观设计会违反公共秩序或者道德的，不能授予注册权；不能仅以实施违反法律为理由认定工业品外观设计的实施违反公共秩序。

2. 含有本法第 131 条第 2 款第（ii）项至第（v）项规定的标志❶的设计不能授予工业品外观设计注册权，本法另有规定的除外。

第 106 条之一

1. 工业品外观设计注册权保护不及于作为用来修复复合产品使其恢复原有外观的部件的产品。

2. 第三方可以制造、提供、投放市场、进口、出口或者使用含有或者应用了该设计的第 1 款所述产品，也可以出于上述目

---

❶ 译者注：本法第 131 条第 2 款第（ii）项至第（v）项规定的标志分别为波兰共和国的国名、国旗、国徽等标志、外国和国际组织的有关标志、官方检验认可等标志。

的储存该产品。

第 107 条

1. 产品的以下特征不能作为授予工业品外观设计注册权的基础：

（i）仅由技术功能决定的；

（ii）必须按照精确的形状和尺寸生产才能使其在机械结构上与其他产品正常连接或者使用的。

2. 第 1 款的规定不影响组件产品中的组件或者可替换件的外观设计获得注册权。

第 108 条

1. 工业品外观设计注册申请应当包括：

（i）至少含有申请人信息、申请的主题以及请求授予注册权的请求书；

（ii）工业品外观设计图样；

（iii）对工业品外观设计图样的说明。

2. 工业品外观设计图样尤其应当包括附图、照片或者纺织物样品。

3. 对工业品外观设计图样的说明应当清楚、详细地说明该设计，使得依照申请写明的任何形式的图样能够复制出该设计。尤其是，说明中应当包括对工业品外观设计的限定、设计的目的、图样的数目或者样品的编号，申请中含有的设计形式的编号清单，以及该设计区别于已知设计的外观特征。

4. 多个具有共同的基本特征的产品的外观（工业品外观设计形式）可以作为一个工业品外观设计申请提出。

5. 除作为整体组成一系列产品的设计形式外，一件工业品外观设计申请可以包括的工业品外观设计形式不得超过 10 个。应当针对申请中所有的设计形式提交第 2 款所述的附图或者照片。

6. 对包括一份请求书，以及有一部分至少看起来像工业品外观设计图样以及图样说明的工业品外观设计申请，视为已提交。

7. 专利局发现提交的申请中缺少第 1 款所规定的要素的，应当要求申请人在规定的期限内补交。期满未补交的，中止注册程序。

第 108 条之一

1. 对违反本法第 108 条第 5 款的申请，专利局应当要求申请人在规定的时间内提交分案申请。

2. 没有在第 1 款规定的期限内提交分案申请的，该原申请应当视为只包括前十项设计形式。

第 109 条

本法第 48 条同样适用于工业品外观设计优先权的授予。专利局无需依照本法第 48 条第（iv）项的规定审查授予优先权的基础。

第 110 条

1. 专利局认为工业品外观设计申请不适当的，应当作出不授予注册权的决定。

2. 下列情况视为第 1 款所述的申请不适当：申请的主题不构成产品或者产品的一部分的外观，或者属于本法第 106 条所规定的情形。

3. 下列情况下，专利局可驳回工业品外观设计注册申请：产品或者产品一部分的外观明显不具有新颖性或者独特性；产品明显不符合本法第 102 条第 3 款的规定。

4. 在第 1 款和第 3 款所述情形下，本法第 49 条第 2 款同样适用。

第 111 条

1. 除本法第 110 条第 3 款另有规定外，专利局认为工业品外观设计申请适当的，应当作出授予注册权的决定。

2. 授予注册权的工业品外观设计应当缴纳第一个保护期的

费用。没有在规定时间向专利局缴纳费用的，专利局应当作出工业品外观设计注册权终止的决定。

第 112 条

授予工业品外观设计注册权应当在工业品外观设计登记簿中记录。

第 113 条

授予工业品外观设计注册权之前，未经申请人同意，专利局不应当向第三方透露有关申请的信息。

第 114 条

1. 授予工业品外观设计注册权应当颁发工业品外观设计注册证书。

2. 包括工业品外观设计说明，图片、照片或者纺织物样品（如果有）的工业品外观设计全文构成注册证书的整体。工业品外观设计全文应当由专利局向公众公布。

第 115 条

工业品外观设计注册权权利人不得阻止第三方出于下列目的使用该设计：

（i）私人或者非商业目的；

（ii）实验目的；

（iii）出于应用或者教学目的复制该设计，只要这种行为不违背公平原则且不会不适当地妨碍该设计的正常实施；

（iv）在临时通过波兰共和国境内的在外国登记的船舶或者飞行器中使用或者安装该设计；

（v）为维修第（iv）项所述船舶或者飞行器而进口的零件或者部件；

（vi）对第（iv）项所述船舶或者飞行器进行维修；

（vii）为修复复合产品以恢复其原有功能而单个仿制其零部件。

第 116 条

使用工业品外观设计的产品于注册权失效后投放市场的，不享有版权法规定的作者对其著作享有的经济权。

第 117 条

1. 本法第 89 条的规定适用于工业品外观设计注册权的无效。

2. 工业品外观设计的实施侵犯第三方的个人权利或者作者的经济权的，可以作为注册权无效的理由。

第 118 条

1. 除第 2 款的规定外，下列各条的规定同样适用于工业品外观设计和工业品外观设计注册权：第 32 条、第 35 条至第 37 条、第 39 条、第 39 条之一、第 41 条、第 42 条、第 46 条、第 50 条、第 55 条、第 66 条第 2 款、第 67 条、第 70 条至第 75 条、第 76 条至第 79 条、第 81 条至第 88 条、第 90 条和第 92 条。

2. 修改工业品外观设计注册权的申请不得改变说明、图片和照片中记载的设计本身及其各种形式。为了获得工业产权注册权而修改所要求保护的产品外观形式但没有改变产品特征的情况除外。

第 119 条

总理应当颁布相关法规，规定工业品外观设计注册申请应当满足的条件以及专利局审查申请的规则和流程，尤其是向公众公开工业品外观设计全文的方式。工业品外观设计申请应当满足的条件不得对申请人带来过高和不合理的障碍。

第 120 条至第 221 条 （略）

第五编　费用、登记簿、文件和官方通信

第一部分　费　用

第 222 条

1. 授予发明、医疗产品、植物保护产品、实用新型、工业品外观设计、商标、地理标志和集成电路布图设计保护的，专利局应当收取单项费用和维持费。

2. 第 1 款所规定的费用属于国家财政收入。

3. 内阁应当通过条例决定确定和缴纳费用的详细规则，应当考虑保护期限在 1 年之内和超出 1 年的区别。不得对获得和维持保护要求额外和不合理的费用。

第 223 条

1. 申请、请求、声明和实施本法规定的其他行为所需的单项费用应当预先缴纳，除非是本条或者本法第 222 条第 3 款规定的可以在收到专利局通知后规定期限内缴纳的费用。

2. 申请的单项费用应当在专利局的通知发出之日起 1 个月内缴纳。

3. 在提交复审请求后专利局撤销原决定的，应当退还已缴纳的请求费。

4. 需要预先缴纳的费用没有在规定期限内缴纳的，专利局应当要求在 14 天之内缴纳该费用。超出规定期限的，中止提交申请或者请求所启动的程序，或者视为放弃缴纳费用后才能实施的行为。

第 224 条

1. 在授予专利、保护权或者注册权的决定中分别指定缴纳单项保护费用或者第一期保护费用的期限，应当为自送达之日

起 3 个月。允许申请人同时缴纳在该期限届满前已经开始运行的后续保护期的费用，或者已经开始运行的后续保护期的维持费用。

2. 除第 1 款规定情形之外，后续期限的维持费用可以在前一期限的期满日前预先缴纳。

3. 第 2 款规定的维持费可以在第 2 款规定日期前的 1 年之内缴纳。如果在该后续期限到来前独占权无效或者失效，该费用可退还。为已失效的保护期缴纳的费用和为当前保护期缴纳的费用不可退还。

4. 第 2 款规定的费用可以在第 2 款规定的期限届满之日起 6 个月内缴纳，同时缴纳滞纳金，金额为应缴金额的 30％。该期限不可恢复。

5. 授予增补专利权的，应当缴纳保护该发明的单项费用。

6. 增补专利成为专利的，应当缴纳自基本专利终止日起的维持费，金额等于基本专利保护的发明在该期限和后续保护期应当缴纳的费用。

7. 除第 8 款规定情形之外，第 2 款至第 4 款的规定应当适用于医疗产品或者植物保护产品补充保护权的维持费。

8. 作出授予补充保护权决定，并且基本专利即将期满或者已过期的，应当自该决定送达之日起 3 个月内缴纳保护费。

第 225 条

1. 除第 3 款规定情形之外，本法第 223 条第 2 款或者第 224 条第 1 款规定的缴纳费用的期限因正当理由逾期的，可以在期满之日起 2 个月内依申请人请求恢复，但提出请求不得晚于期满之日起 6 个月，并且需要提供不是因为其过错导致逾期的合理解释。提出该请求的同时应当缴纳逾期费。

2. 第 1 款规定的提出请求的期限不可恢复。

3. 因未缴纳本法第 223 条第 2 款规定的费用作出程序中止决定的，或者因未缴纳本法第 224 条第 1 款规定的费用作出授予专利权、保护权或者注册权决定失效的决定的，可依据申请人的复审请求撤销该决定，并且需要提供不是因为其过错导致逾期的合理解释，同时缴纳逾期费。

4. 第1款至第3款的规定适用于在本法第224条第1款第2句规定的期限内未缴纳该期限届满前已经开始运行的后续保护期的费用或者已经开始运行的后续保护期的维持费用的情况。

第 226 条

1. 申请人证明其无力支付专利或者实用新型申请的全部费用的，专利局应当依申请人请求减免部分费用。减免后的费用不得低于应缴费用的30％。

2. 请求方证明其无力支付诉讼请求或者复审请求的全部费用的，专利局应当减免部分或者全部费用。

3. 第2款规定也适用于发明或者实用新型的维持费，以及增补专利的发明保护的单项费用。本规定不适用于自申请日起超出10年后的费用。

3之一. 在第1款和第2款规定的情形下，专利局可以要求申请人或者请求人提交家庭状况和家庭成员财产的声明，违反规定的不予审查该请求。

4. 根据正当理由的申请人在期限届满前提出的请求，专利局可以延长缴纳本法第224条第1款规定费用的期限，但不得超过6个月。延长的期限不可恢复。

5. 在第1款至第4款规定的情形下，专利局应当发布命令。拒绝减免或者部分减免费用的，应当重新指定缴费期限。

6. 对第5款的决定提出复审请求的，不缴纳任何费用。

第 227 条

专利局应当对在"波兰专利局公报"中公告授予专利权、补充保护权、保护权、注册权，公布强制公开的申请文件以及颁发证明授予保护权的文件，收取单项费用（公告费）。申请人必须在收到授权决定之日起3个月内支付费用。这种情形不适用第223条第4款的规定。

第 227 条之一

在第 227 条规定的公布费缴纳前，专利局应当不予颁发专利证书、补充保护证书、保护证书或者注册证书。

第二部分　登记簿和文件

第 228 条

1. 为登记授予专利权、补充保护权、保护权和注册权的项目，专利局应当保管：

（i）专利登记簿；

（ii）实用新型登记簿；

（iii）工业品外观设计登记簿；

（iv）商标登记簿；

（v）地理标志登记簿；

（vi）集成电路布图设计登记簿。

1 之一．本法第 1 款第 1 项规定的登记簿除记载授权专利的法律状态外，还应当记载补充保护权的法律状态，以及记载 2003 年 3 月 14 日通过的关于提交欧洲专利申请和欧洲专利在波兰共和国领土的效力的法案（JL No 65 text 598）规定的欧洲专利的项目的单独部分。

2. 已删除。

3. 第 1 款规定的登记簿应当对公众公开。

4. 第 1 款规定的登记簿项目应当假定为真实并且为公众所知的。

第 229 条

1. 请求对登记的项目进行保密的情况下，登记簿的项目应当根据决定制作。

1 之一．本法第 1 款规定的请求通常包括：

（i）请求人的姓名，以及地址；

（ii）表达清楚的请求；

（iii）请求人或者其法定代表或者代理人签署姓名，以及请求日；

（iv）附件清单。

1之二．本法请求应当包含下列附件：

（i）请求人指定代表人的，提交委托书；

（ii）缴纳该请求所需费用的收据；

（iii）说明决定生成登记簿项目的理由的文件。

1之三．本法请求不满足第1之一款或者第1之二款规定的，专利局应当要求请求人在本法第242条第1款规定的时间内完成或者补正请求，逾期不合格的将不予审查。

2．审查第1款规定的请求时，专利局应当审查已提交的为决定生成登记簿项目提供理由的文件是否依据本法并满足关于形式的有效规定。

2之一．本法已提交的文件和说明没有提供决定制作登记簿项目的理由的，专利局应当拒绝制作登记簿项目。专利局已作出决定的，应当要求请求人在本法第242条第1款规定的期限内补正缺陷或者提交说明，逾期不合格的程序终止。

3．第1款规定的项目，不应当成为对根据本法规定负责对决定生成登记簿项目的文件作出决断，或者负责在后果可能影响专利局对登记簿条目的决定的情形下作出决断的管理机关的约束。

第230条

总理应当确定管理登记簿的详细规则，以及记载项目的条件和方式，包括查询登记簿以及摘录的原则和方式。确定的规则、条件和方式应当有利于使用现代信息检索工具，但不得对专利权、补充保护权、保护权或者注册权的权利人形成不合理的额外障碍。

第231条

1．专利证书、补充保护证书、保护证书、注册证书和优先权文件应当加盖具有王室鹰图案并且周边印有"波兰共和国专利局"的圆形封印。

2. 专利局应当根据权利人的请求颁发第 1 款规定的文件的副本。

第三部分　官方公告

第 232 条

1. 专利权、补充保护权、保护权和注册权的授予，以及国际商标注册通知和欧洲专利的译文，应当在官方公报"波兰专利局公报"中公告。

2. 除第 3 款规定的情形外，在登记簿中记录的关于授权的项目的记载及其变化，也在"波兰专利局公报"中公告。

3. 已授予的专利权、补充保护权、保护权或者注册权期满终止的，不需公告。

第 233 条

下列事项也应当在"波兰专利局公报"中公告：拒绝授予专利权、补充保护权、实用新型或者商标保护权的决定；程序终止或者丧失专利权、补充保护权或者保护权的决定；实用新型保护请求（本法第 38 条）；关于申请文件已由专利局根据本法规定予以公布的发明、实用新型和商标的决定；以及专利局使用的关于用电子方式或者数据信息载体提交申请的地址、软件和格式，和可以使用电子方式或者数据信息载体提交的文件。

第 233 条之一

关于提交专利、实用新型和商标申请的通信应当在"波兰专利局公告"中公布。

第 234 条

除本法第 232 条、第 233 条和第 233 之一条规定的公报外，本法规定的其他公报、官方通知和公告也应当在"波兰专利局公報"中公布。

第六编　当事人、代表人、期限、诉讼规则和申请及注册程序的申请信息

第 235 条

在专利局授予专利权、保护权或者注册权的程序中，申请人为当事人。

第 236 条

1. 除第 2 款规定的情形外，向专利局提交申请和处理申请文件，以及维持发明、实用新型、工业品外观设计、商标、地理标志和集成电路布图设计保护的程序中，只有专利代理人可以担任该程序当事人的代表人。

2. 除第 3 款规定的情形外，也可以由共同权利人或者当事人的父母、兄弟、姐妹、后代或者与当事人具有领养关系的人代表自然人。

3. 对第 1 款规定的事项，任何在波兰没有居所或者住所的人只能由专利代理人代表。

第 237 条

1. 当事人可仅由一个自然人代表来实施一项行为。

2. 授权委托书应当以书面形式撰写，并应当存入第一次履行代理行为的文档中。

3. 委托代理权涉及两件或者多件案件的，委托书应当在代理人第一次履行代理行为时存入所有案件的文档中。在委托涉及的其他案件中实施行为的，应当要求代表人提交经证明的委托书副本。

4. 允许专利代理人使用委托书副本证明其被授权代理。

5. 授权委托书未缴纳印花税的，专利局应当要求代表人缴

纳相关费用；不缴纳的，应当另外要求当事人在指定期限内对代表人实施的行为进行确认。逾期未确认的，适用本法第 223 条第 4 款规定。

第 238 条

1. 案件当事人又指定其他代表人，而第一代表人已经在相同委托范围内实施代理行为的，第一代表权应当被视为撤销。

2. 在委托代理涉及超过一人被指定实施同一行为的情形下，这些人中已经实施该行为并提供相关委托书存入文档的人应当被认为是代表人。在委托书提及的其他人已实施行为的情形下，按第 1 款和本法第 237 条第 3 款的规定处理。

第 239 条

当事人委托一家业务范围包括代理专业翻译服务的机构在专利局的程序进行代理的，该机构负责人提供其指定该机构中执业的专利代理人为代表人的声明的，应当认为该声明构成了委托书。

第 240 条

1. 除本法第 236 条第 2 款规定的人之外，代表人应当有权进行转指定委托（转委托）。

2. 由其他共同权利人给予的委托，不应当被要求实施保全行为。

第 241 条

1. 当事人为两个人或者更多的人并且没有指定代表人的，应当要求他们指定一个文件送达地址。没有指定该地址的，在程序已经开始的情形下，以申请文件或者其他文件中第一署名人的地址为送达地址。

2. 经当事人请求，专利局应当将根据第 1 款规定地址送达的文件也送达当事人另外指定的地址。本规定还适用于已指定一人作代表的仅有一个当事人的情形。

第 241 条之一

1. 在专利局授予专利权、补充保护权、保护权或者注册权以及维持该权利的程序中，任何申请和通信均应当采用书面方式；申请和通信也可以通过传真或者电子方式传送。

2. 对于通过以下方式传送的通信：

（i）传真——适用本法第 13 条第 3 款和第 4 款的规定；

（ii）电子方式——适用本法第 13 条第 6 款和第 7 款的规定。

3. 总理应当通过条例确定第 1 款规定的申请和通信通过电子方式传送的详细技术条件。确定的通过电子方式传送申请和通信的条件不应当为申请人带来过多的不合理障碍。

第 242 条

1. 除非本法另有规定，在申请和维持发明、药品、植物保护产品、实用新型、工业品外观设计、商标、地理标志和集成电路布图设计保护的程序中，以及第 228 条第 1 款规定的在专利局的登记簿中记录的程序中，专利局应当为当事人实施指定行为确定下列期限：

（i）当事人的居所或者住所在波兰共和国领土内的，不超过 1 个月；

（ii）当事人的居所或者住所在其他国家的，不超过 2 个月。

2. 合理情形下，专利局可以确定超过第 1 款规定的期限，但无论如何不得超过 3 个月。

3. 在第 1 款或者第 2 款规定的任何期限届满前，当事人书面通知专利局并写明不能遵守该期限的理由的，可以在超过该期限后两个月内实施该行为。

第 243 条

1. 除非本法另有规定，在实施本法规定必要行为的程序过程中，没有遵守期限导致程序停止的，如果当事人提供不遵守期限的过错不在当事人的可靠说明，专利局可以依据当事人的请求恢复该期限。

2. 除第 4 款规定的情形外，第 1 款规定的请求应当在不遵守期限的情形不复存在之日起 2 个月内向专利局提交，但无论如何不能晚于该期限期满之日起 6 个月。同时，应当要求请求人实施该期限内应当完成的行为。

3. 第 2 款规定的期限不得恢复。

4. 以没有遵守实施指定行为的期限为由作出中止程序决定的，可以依据当事人复审的请求更改该决定，条件是申请人在请求书中提供不遵守期限的过错不在当事人的可靠说明的，且同时实施该期限内应当完成的行为。

5. 为保留优先权提交申请的期限或者提交文件的期限，在专利局对公众关闭时期满的，在随后 1 天专利局对公众开放时收到的申请或者文件，应当视为在期限内收到。

6. 对第 1 款的规定不适用，且因特殊情况导致不能遵守的期限，应当适用因不可抗力导致时效中止的规定。在该情形下，专利局应当在有关当事人提出相关证据后发布命令。

7. 尽管有第 5 款和第 6 款的规定，专利局仍然应当保证 1 天之内的任何时间均可接受相关当事人的信件。

第 244 条

1. 应当允许当事人对专利局的决定请求行政程序法典意义下的复审。

1 之一. 本法根据第 1 之二款至第 1 之四款的规定，行政程序法典中关于对决定不服提出的申诉作出判决的规定应当适用于复审程序。

1 之二. 本法复审请求应当提交具体理由和证据。

1 之三. 本法在行政程序法典第 89 条第 2 款规定的情形下，应当根据申请人的请求进行听证。

1 之四. 复审应当由专利局局长指定的专家完成。

2. 已删除。

3. 第 1 款和第 1 之一款至第 1 之四款的规定相应地适用于命令。

4. 对已作出的决定或者已发布的命令提交复审请求的期限，应当为自当事人收到该决定或者命令之日起的 2 个月和 1 个月内。

5. 在提交复审请求期限届满之前，该决定不得执行。

第 244 条之一

复审请求不满足形式要求的，专利局应当要求请求方在 30 日之内按规定进行补正。期满不合格的，程序中止。

第 245 条

1. 经过复审，专利局应当作出维持原决定或者全部或者部分撤销原决定的决定，并对案件的实体问题作出认定。

2. 对复审请求不予考虑从而维持原决定的，原决定确定的实施行为的期限开始计算。

3. 第 1 款和第 2 款的规定适用于对已发布的命令提出复审请求作出的决定。

第 246 条

1. 在自"波兰专利局公报"中公布授予某种保护权之日起的 6 个月内，任何人可以对专利局授予专利权、保护权或者注册权的最终决定提出理由充分的异议。

2. 第 1 款规定的异议可以基于对专利、保护权或者注册权提出无效的相同理由。

第 247 条

1. 专利局应当将第 246 条规定的异议立即送达权利人并要求其在指定期限内陈述意见。

2. 在专利局完成第 1 款规定的送达后，权利人声明该异议不合理的，应当将该案件提交诉讼程序审查。否则，专利局应当撤销授予专利权、保护权或者注册权的决定，并中止程序。

第 248 条

对专利局作出的决定或者发布的命令不服的，可以到行政法院起诉。

第 249 条

1. 专利局局长应当指定专家审查提出的起诉是否合理。

2. 对起诉进行审查后，专利局要么应当接纳全部起诉，要么将对起诉的答复连同案件文件传送给行政法院。

第 250 条

提起第 248 条规定的起诉的，根据法律或者行政法院的命令未暂停的决定或者命令，专利局局长可以暂停执行。

第 251 条

1. 专利局应当在程序中的各个阶段，对下列人提供涉及发明、实用新型、外观设计、商标、地理标志或者集成电路布图设计的申请信息，并且允许他们获得的申请文档：

(i) 申请人及其代表人；

(ii) 在案件由检察机关和法院处理的情况下，提供给他们；

(iii) 申请人书面允许的其他人。

2. 不得公开第 1 款规定的申请信息的期限届满后，根据具有正当权益的人的请求，专利局可以允许其获得申请文档中的文件。

3. 对申请的任何保密信息的公开和任何使申请文件能够被获得的行为应当在相关的申请文件中标注。

4. 第 1 款至第 3 款的规定不适用于涉及保密发明和保密实用新型的申请。

5. 除本法第 207 条第 2 款和第 3 款规定保留的情形外，第 2 款和第 3 款的规定应当适用于涉及集成电路布图设计的申请。

第 252 条

除本法第 253 条规定的情形外，行政程序法典的规定应当适用于本法未规定的情形。

第 253 条

1. 行政程序法典关于结案期限的规定不适用于对为获得专

利、补充保护权、保护权或者注册权的申请的处理。

2. 在关于授予专利权、补充保护权、保护权或者注册权无效的争议中，如果可以援引程序恢复或者确认决定无效的理由，行政程序法典关于程序恢复或者确认决定无效的规定不适用。

第 254 条

专利局作出的任何导致终止程序和严重违反法律的最终决定，可以由专利局局长、波兰共和国总检察长和巡视专员在当事人接到决定之日起 6 个月内向行政法院提出起诉。

第七编　诉讼程序

第 255 条

1. 专利局应当在诉讼程序中作出如下决定：

（i）专利权、补充保护权、保护权或者注册权无效；

（i）之一　依照《欧洲专利公约》授权的欧洲专利无效；

（i）之二　国际商标注册在波兰共和国领土范围内的认可无效；

（ii）本法第 90 条第 1 款第（iv）项规定情形的涉及生物材料或者其应用的发明专利终止；

（ii）之一　本法第 75 条之六第 3 款规定情形的补充保护权终止；

（iii）本法第 169 条规定情形的商标保护权终止；

（iii）之一　本法第 169 条规定情形的国际商标注册在波兰共和国领土范围内终止；

（iv）本法第 192 条第 1 款规定情形的地理标志注册权终止；

（v）本法第 221 条第 2 款规定情形的布图设计注册权终止；

（vi）授予实施发明、实用新型、工业品外观设计或者布图设计的强制许可；

（vi）之一　授予实施依照《欧洲专利公约》授予专利权的

发明的强制许可；

（vii）改变授予强制许可的决定；

（viii）确认本法第 188 条第 3 款规定情形的修改地理标志使用条件的请求是不合理的；

（ix）根据提出的异议认定权利人要求保护的专利权、保护权或者注册权不合理而无效。

2. 第 1 款规定的情形应当由诉讼案件委员会进行审理。

3. 行政程序法典关于结案期限的规定不适用于专利局在诉讼程序中审理案件的期限。专利局应当竭尽全力在请求提出后的 6 个月内结案。

4. 专利局在诉讼程序应当在请求范围内以及在请求人诉求的法律依据的范围内审理案件。

第 255 条之一

1. 本法第 255 条第 1 款第（i）项至第（viii）项规定情形的诉讼程序应当由书面请求启动。

2. 请求启动程序的应当缴纳费用。

3. 请求中应当写明：

（i）当事人及其地址；

（ii）案件的概述；

（iii）描述清晰的诉讼请求；

（iv）法律依据；

（v）证据；

（vi）请求人的签名及日期。

4. 请求的附件包括：

（i）由代表人提交的，附有委托书；

（ii）与诉讼程序对方当事人数目相当的请求副本；

（iii）第 2 款规定的费用的缴纳收据。

5. 专利局应当确认启动诉讼程序的请求是否满足第 3 款和第 4 款规定的形式要求。

6. 请求不满足形式要求的，专利局应当要求请求人在 30 日内消除缺陷，期满不合格的，程序中止。

第 255 条之二

1. 专利局应当将请求的副本送达诉讼程序的对方当事人并指定对请求提交书面答复的期限。

2. 答复请求的当事人应当提交与诉讼程序当事人数目相当的答复副本。

3. 第 1 款和第 2 款的规定应当相应地适用于诉讼程序当事人提出的其他材料。

第 255 条之三

1. 当事人答复请求的期限届满的，专利局应当指定审理日期并通知当事人或者其代表人。有答复副本的，同时转送一份。

2. 在本法第 255 条之一第 6 款、第 255 条之四、第 255 条之五第 2 款、第 255 条之六第 3 款规定的情形下，以及在第 255 条之一第 6 款规定期限已恢复的情形下，专利局可以选择不公开审理。

3. 在审理日期的通知中应当说明审理地点和争议点。

4. 审理通知应当在不迟于审理日期 7 日前送达当事人。

5. 当事人过分拖延程序的，专利局可以在诉讼程序中，包括不公开的审理中，指定当事人提出所有主张和相关支持证据的期限，超过期限的丧失在程序中援引它们的权利，除非当事人能够证明在指定期限内无法提出或者需要晚些提出。

第 255 条之四

1. 专利局发现在诉讼程序中无权对请求作出决定的，应当用命令的形式终止该决定。

2. 请求人在审理前撤销请求的，专利局应当作出中止程序的决定。

第 255 条之五

1. 审理应当公开进行，除非诉讼程序涉及保密发明或者保密实用新型。

2. 如果为了审理案件判决，当事人必须提出根据其他规定受到保护的信息，可以作出全部或者部分不公开审理案件的决定。该决定不得排除当事人出庭。

第 255 条之六

1. 审理应当制作庭审记录，并由审判长和书记员签名。

2. 庭审记录包含：

（i）审判机构、地点和开庭日期，审判组成员、书记员、当事人、代表人和法定代表的姓名，以及案件号和审理是否保密的说明；

（ii）审理程序，特别是当事人的论断和陈述，证据审理程序，在庭上已作出的裁决和已发布的命令的清单及其宣布；记录可以指引材料以替换当事人的论断和陈述；

（iii）当事人的行为，特别是调解、接受主张、撤销、修改、扩大或者缩小请求。

3. 当事人如果在不晚于下次开庭的时间，或者如果作出了判决，在作出之日起 30 日内，请求修改或者补充记录。

第 255 条之七

1. 专利局应当依据诉讼程序的结论作出判决。

2. 应当通过表决，由少数服从多数的方式作出判决。

3. 不同意案件结论的审判组成员可以提出不同意见并附具书面说明。

4. 提出的不同意见应当记录在判决书上的签名旁。

5. 不同意见不应当向公众公开。

第 255 条之八

1. 判决书应当包含：

（i）指明审判机构；

（ii）判决日期；

（iii）判决组成员和书记员的姓名；

（iv）当事人的身份确认；

（v）对案件主题及其决定的说明；

（vi）判决适用的法律依据；

（vii）关于诉讼费用的决定；

（viii）事实和法律说明；

（ix）申诉程序的说明；

（x）审判组成员的签名。

2. 判决的书面文件应当在自宣布之日起 30 日内依职权起草。说明应当由起草证明的组长和审判组成员签名。判决的副本和说明应当送达当事人。

第 255 条之九

1. 除本法第 255 条之十第 1 款规定的情形外，专利局的判决必须宣布。

2. 应当在审理后立即宣布判决。

3. 宣布判决最多可以延迟两个星期。对此情况，以及判决宣布的日期和地点，由审判组组长宣告。

第 255 条之十

1. 不开庭审理发布的命令和通过的判决不需宣布。

2. 本法第 255 条之八第 2 款的规定相应地适用于本条第 1 款规定的命令和判决。

第 255 条之十一

本法第 242 条和第 243 条的规定相应地适用于专利局的诉讼程序。

第 255 条之十二

除了关于启动诉讼程序请求的规定，本法第 255 条之一至第 255 条之十一的规定相应地适用于第 255 条第 1 款第（ix）项的案件。

第 256 条

1. 在本法未规定的情况下，行政程序法典的规定相应地适用于专利局的诉讼程序。

2. 民事诉讼案件中关于诉讼费用的规定相应地适用。

3. 行政程序法典中关于依照一方当事人的请求对已作出不能申诉的决定的案件的复审的规定，不适用于经审理已对实质问题作出判决的案件。

3之一　本法第255条之三第2款规定的案件可以请求重新审判。作出判决的，提出请求的期限应当是自判决送达当事人的两个月内；发布命令的，提出请求的期限应当是自命令送达当事人的一个月内。

4. 已删除。

第257条

在本法第255条规定的案件中，可以向行政法院对专利局已作出的判决或者发布的命令提出申诉。

第258条

本法第254条的规定相应地适用于专利局在第255条规定的案件中作出的最终决定。

第八编　专利局

第一部分　专利局的职能和组织机构

第259条

波兰共和国专利局是负责管理工业产权的中央政府部门。

第260条

1. 专利局隶属于内阁。由主管经济的部长管理专利局的行为。

2. 总理依据主管经济的部长的提议，通过颁布条例，确定利局的地位并确定具体的组织、机构和管理规则，以及考虑专家、公务员和其他雇员身份来划分职责。

第 261 条

1. 专利局在本法、单行条例和国际协定中规定的工业产权事务中履行职责。

2. 专利局的职责包括：

（i）接收并审查寻求对发明、实用新型、工业品外观设计、集成电路布图设计、商标和地理标志进行保护的申请；

（ii）决定是否授予发明专利、补充保护权，实用新型和商标保护权，以及工业品外观设计、地理标志和集成电路布图设计注册权；

（iii）在本法规定范围内对诉讼程序中的案件作出判决；

（iv）管理本法第 228 条所规定的登记簿；

（v）出版官方公报"波兰专利局公报"；

（v）之一 出版"专利局公告"；

（vi）基于波兰共和国签订的关于工业产权方面的国际协定，特别是《保护工业产权巴黎公约》，参与国际机构的活动；

（vii）集中汇集波兰和外国的专利说明书。

3. 履行职责时，特别是涉及国际合作的任务，以及在起草工业产权条例的准备过程中，专利局应当致力于在中央和地方政府之间达成一致和合作。

第 262 条

总理应当通过制定条例，确定专利局具体行为规范，特别要考虑专利局的任务和职责，以及专利局与其他中央和地方政府代表、社会团体和工会在其职责范围内的事务进行协作的原则和形式。

第 263 条

1. 专利局由专利局局长领导，其职责包括管理专利局，除本法第 264 条第 2 款规定情形外，在对外行为中代表专利局，以及确定具体内部组织和各个部门职责范围。

2. 由总理根据主管经济的部长的提名任命及撤回专利局局长。

3. 由总理根据专利局局长提名任命及撤回专利局副局长。

第 264 条

1. 由专利局局长指定的专家负责判决本法第 261 条第 2 款第（ii）项和第（iii）项规定的案件，以及制作相关的登记簿项目。

2. 专家应当在本法第 248 条和第 257 条规定的行政法院的程序中代表专利局。

3. 第 1 款规定的专家可被授予额外权力，例如，管理、协作和监督。

4. 第 3 款规定的权力的授予可以不限时间，或者在合同规定的时间来执行指定任务。

第 265 条

1. 专家应当通过专家委员会协助专利局的管理，该委员会由全体专家大会设立。

2. 专家委员会应当指定职业利益发言人，对政府和行政部门在涉及他们工作的事务中代表专家。

3. 下列事项属于专家委员会的职责：

（i）对处理提交的申请过程中执行的任务给出方案及意见，并对执行任务的方式给出建议；

（ii）确定从根据本法第 271 条第 3 款规定建立的奖励基金中奖励专家的原则；

（iii）对判决案件过程中易发生的问题给出意见，特别是关于判决中的不一致性问题，并给出相应的建议，

（iv）对专利局局长或者职业利益发言人面对的其他问题给出建议。

4. 除第 5 款规定的情形外，专利局局长应当每年至少召集

一次专家委员会会议，局长担任会议主席。委员会会议也可以由职业利益发言人为解决需要在委员会内进行协商的事务随时召集。

5. 专家委员会也可以依据相关主题、涉及的问题并基于执行的任务进行分组讨论。各组的讨论由专利局局长、副局长或者根据本法第 264 条第 3 款被分配执行职责的专家担任主席。

6. 专利局局长应当确定分组指定各组的主席。

第 265 条之一

除专家、助理专家和专家候选人外，专利局公职岗位的雇员应当属于公务员。

第二部分　专家、助理专家和专家候选人

第 266 条

1. 除第 2 款规定的情形外，只有获得大学学位并且所学专业使其有能力承担专家职责的人，在完成专家实践训练（下称"专家训练"）后，并且作为助理专家完成实习后，可以成为专家。

2. 满足下列条件的人具有成为专家的资格：

（i）具有波兰国籍并享有完整的公民权利；

（ii）没有因故意犯罪受过惩罚的记录；

（iii）至少掌握一门外语，其程度和等级满足履行专家职责的需要，包括根据国际协定产生的职责；

（iv）无性格缺陷；

（v）具有能够胜任专家职责的健康状态和体质；

（vi）具有能够胜任职责范围和被批准获取未披露信息的安全证书，该证书根据 1999 年 1 月 22 日颁布的未披露信息保护法发放（2005 年第 196 号 1631 文件及后续修订文本）。

3. 必须掌握多门外语的专家候选人，如果他在专家训练过

程中能够弥补该缺陷的，可以免除一门外语要求。

第 267 条

1. 专利局局长应当为专家训练进行招聘。可以通过在专利局所在地发布使公众能够获知的告示，并通过官方公报"波兰专利局公报"公布。

2. 专利局局长应当进行资格评估。候选人应当具有大学教育背景并满足第 266 条第 2 款和第 3 款规定的要求。

3. 专家训练应当持续 3 年；可以依候选人请求适当缩短，最多可缩短一年半。

4. 专家候选人的雇佣关系应当由专利局局长以无限期雇用合同形式确定。

5. 可以分配候选人从事与作出决定过程相关的特定行为，但无权作出决定。

6. 专家训练应当通过考核完成。考核不合格的必须在不早于第一次参加考核后 6 个月并且不晚于第一次参加考核后 1 年的时间内重考一次。

7. 考核应当由专利局局长成立的考核委员会实施。参加委员会的工作应当获得报酬。

8. 未说明理由不参加考核的，或者没有通过第二次考核的，应当由专利局经预先通知解除候选人的雇用合同。

9. 候选人应当对工作中的错误承担纪律责任。第三部分的规定适用于纪律责任。

第 268 条

1. 通过考核后，应当对候选人分配不少于两年的助理专家职责。

2. 助理专家应当被分配执行专家的工作，该工作应当接受按照第 8 款所述条例规定的原则进行的评估。

3. 助理专家的工作经评估受肯定的，助理专家可成为专家。

4. 经准予的专家应当在专利局局长面前宣誓，誓词包括：

"我在此宣誓，将诚实、认真地履行分配给我的专家职责，在公平公正并遵守法律的前提下作出决定，保守国家和公共事务秘密，在行动中遵守维护尊严和诚实守信原则。"

5. 专家转任其他专家岗位的，无需重新宣誓。

6. 除非本法另有规定，本法关于专家的规定应当适用于助理专家。

7. 在承担助理专家岗位 2 年后没有被委任专家岗位的，专利局局长可以从其岗位上撤回助理专家。撤回相当于终止雇用合同。

8. 总理应当通过条例确定专家训练和实习、通过考核的详细原则、范围和程序，包括考核人的报酬。

第 269 条

1. 在对案件作出决定的过程中，专家必须服从法律。

2. 在第 1 款确定的范围内，其他法规中关于遵守上级管理指令的义务的规定，以及关于对雇员履行职责的定期或者不定期评估的规定，不适用于专家。

3. 在对案件作出决定的过程中，专家必须遵照专利局局长按照第 4 款和第 5 款规定的程序颁布的一般性指南中规定的解释性指导。

4. 第 3 款规定的一般性指南应当由专利局局长与专家委员会协商后或者根据委员会请求发布。

5. 第 3 款规定的局长颁布的一般性指南，应当向公众公开。

6. 第 3 款规定的局长颁布的一般性指南，应当仅对专家对案件作出决定具有约束力，不得被认为是作出决定或者发布命令的法律依据。

7. 根据单独规定中的法则，专家应当享有公职人员享有的保护。

8. 应当由专利局局长或者其授权的副局长直接管理各部门（专家在该部门内对案件作出决定履行职责）的工作。该管理不应当涉及作出决定的程序。

第 270 条

1. 专家的行为应当遵守其宣誓的誓词，特别是：

（i）遵守波兰共和国宪法和其他法律法规；

（ii）在作出判决的程序中遵守第 269 条第 3 款规定的专利局局长颁布的一般性指南；

（iii）诚实、公正、高效并按期履行其职责；

（iv）保守国家和公共事务秘密；

（v）在专利局内和对外关系的行为举止中维持尊严。

2. 专家不得参与建立工会或者担任工会委员。一旦被委任专家岗位，专家的工会成员关系应当根据法律终止。

3. 未经专利局局长同意，不允许专家兼职，或者从事违反专家职责或者信誉的行为或者工作。

4. 在专家决定的范围外，专家不得以法院指定的专家资格活动。

5. 关于公务员队伍中具有管理身份的公务员开展经营活动的限制规定，应当适用于专家。

6. 收到专利局局长的书面通知后，专家必须在一个月内提交有资质的医生出具的检查报告，以证实专家的身体和精神状况能够继续承担其岗位的工作。

7. 在合理情况下，专家可以兼职。

8. 已删除。

第 271 条

1. 专家的工资包括委任岗位基本工资和在该岗位上工作的工龄津贴，以及如果被指定承担附加工作，相应地附加津贴。工资和津贴的总额应当通过相当于来自国家财政预算的组织的中等水平的工资的倍数来确定。

2. 作为酬劳来自国家财政预算组织的雇员，专家有权每年获得一次额外的收入，其数额和条件单独规定。

3. 为奖励在其工作中有特别成就的专家、助理专家和专家候选人，应当以他们的计划工资经费中的 3% 来设立奖励基金。

专利局局长可以在获得的工资经费总额内增加奖励基金的扣除总额。

4. 公务员法案中关于可对失去工作能力或者退休而获得年金的雇员发给年度养老金或者一次性补偿金的规定适用于专家。

5. 总理应当通过条例确定第 1 款规定的专家、助理专家和专家候选人委任岗位的基本工资，以及对职责范围和职位的工龄津贴和附加津贴的倍数。

第 272 条

1. 专家的工作时间不得超过每个工作日 8 小时，以及每周平均 40 小时。

2. 周工作时间表和每日工作时间表应当考虑为专利局全体人员提供的工作条件和条款。专利局非工作日应当添加至额外的休息时间中。

3. 担任专家 10 年以上的人享有额外 6 个工作日的休假时间，担任专家 20 年以上的人享有额外 12 个工作日的休假时间。

4. 依照公务员法规定的条件，担任专家 5 年以上的人可以经专利局局长批准享有带薪休假。

5. 专家由于疾病而失去工作能力的，在此期间可获得 1 年的工资和患病津贴，其数额和条件根据单独规定确定。

6. 第 3 款至第 5 款的规定不适用于助理专家。

第 272 条之一

1. 第 62 条和第 69 条第 3 款的规定应当适用于专家和助理专家。1998 年 12 月 18 日公务员法（由 1999 年法律公报第 49 号第 483 条修订）第 83 条、第 84 条和第 87 条的规定也适用于助理专家。

2. 1974 年 6 月 26 日劳动法（由 1998 年法律公报第 21 号第 94 条修订）的规定应当适用于在本法和第 1 款所述规定中未规定的因专家和助理专家雇用关系引起的案件。

第三部分　惩戒规则
中止和解除专家雇用合同

第 273 条

1. 违反工作职责的专家应当受惩戒。

2. 为了对第 1 款所述案件作出决定，专利局局长应当从专家中指定一名纪律检察员、专家惩戒委员会的成员和专家高级惩戒委员会的成员，其数量应当能够组成法庭。

3. 第 2 款涉及的纪律检察员不能在本案中履行职责的，必要时专利局局长可以临时指定他人替代纪律检察员。

4. 纪律惩戒分为：

（i）警告；

（ii）通报批评；

（iii）禁止从事专利局行政岗位；

（iv）禁止行使专家职责。

5. 本法未作规定的事项，对公务员的惩戒规定适用于对专家的惩戒。

第 274 条

1. 为了准备发放养老金由被授权给专利局工作人员做检查的医生出具的报告确定专家身体或者精神无法工作，或者确定专家失去委任岗位工作能力的，专利局局长应当从其岗位上撤销专家。

2. 有下列情形之一的，专利局局长可以从其岗位上撤销专家：

（i）专家提交岗位辞职信的；

（ii）由于专利局工作范围的调整或者处理的案件数量持续减少需要精简专家的；

（iii）在第 270 条第 6 款规定的事项中，专家没有提交授权医生出具的其身体和精神能够继续工作的报告的；

(iv) 除第9款第2句的规定外，专家达到专家退休年龄的，即如果在其雇用期间专家有资格在达到该年龄时领取养老金的；

(v) 在专家由于疾病或者因传染病隔离而缺席的情况下，持续期限长于领取疾病津贴期限，以及因其他原因缺席工作，导致劳动法第53条规定的期限届满的；

(vi) 失去第266条第2款第（vi）项规定的授权的。

3. 专家被拘留和等待审讯的，应当依照法律中止其雇用合同。

4. 对专家启动惩戒或者刑事处罚程序的，专利局局长可以中止专家的职务活动。

5. 除第3款和第4款规定的中止情形外，专家有权根据公务员法规定的条件获得工资并享有相应权利和利益。

6. 在劳动法和单独规定中确定的情形以及下列情形下，专家的雇用合同终止：

(i) 丧失波兰国籍；

(ii) 最终决定给予禁止行使专家职责的惩戒处分的情形；

(iii) 法院最终判决剥夺专家的公共权利或者禁止从事专家岗位的情形；

(iv) 拒绝宣誓；

(v) 有效判决认定故意犯罪的。

7. 除非撤销决定中另有决定，撤销专家岗位从撤销通知送达专家时生效；从岗位上撤销的雇员可以分配从事与其资格相当的其他工作直至雇用合同终止。

8. 专家雇用合同的终止应当与从专家岗位上撤销有相同效力，自雇用合同终止时起生效。

9. 在第1款和第2款第（ii）项至第（iv）项规定情况下从其岗位上撤销专家，以及专家提交辞职信的情形的，除第11款另有规定外，相当于雇用合同终止或者双方协商解除。在第2款第（iv）项规定的情形下，经专家同意可以在其年满65周岁前从其岗位上撤销。

10. 除第 11 款另有规定外，第 2 款第（v）项规定的从其岗位上撤销专家相当于未经通知解除雇用合同。

11. 从其岗位上撤销专家不得违反在终止或者解除雇用合同的情形下对雇员进行特别保护的规定。

12. 对解除专家雇用合同的限制不适用于第 264 条第 3 款规定的额外权力。无期限撤销或者在履行指定工作前撤销授予专家的额外权力，相当于终止工作或者支付条件的通知。

第四章　申诉院（已废止）

第四部分　诉讼案件审理委员会

第 279 条

1. 诉讼案件判决委员会（下称"委员会"）在专利局内工作。

2. 委员会应当在其权限范围内对案件进行判决，判决小组包括主席和两名委员会成员。对复杂案件，可以任命五名成员组成小组。

第 280 条

1. 可以指定符合下列条件的专利局雇员做主席：

（i）具有波兰国籍并享有完全法律行为能力和公民权利；

（ii）无性格缺陷；

（iii）无故意犯罪记录；

（iv）具有波兰共和国授予的法律专业大学学历并获得"法律硕士"学位或者具有波兰共和国承认的国外大学学位；

（v）已完成法官、法律顾问、律师或者检察官的法律培训，或者具有教授或者法律博士资格，或者具有在政府机构的应用或者制定法律的岗位上工作 10 年的经历。

2. 对专家的规定适用于委员会主席，对后者免除完成第 266 条第 1 款规定的实践训练的义务。

3. 除主席外，委员会成员应当是专利局局长授权审理诉讼案件的专家。

4. 已删除。

5. 已删除。

第 281 条

1. 对委员会的行政支持应当由专利局内的独立机构提供。

2. 第 1 款规定的机构的领导应当由专利局局长指定，并：

（i）下令完备不公开开庭或者审讯需要的文件档案，或者其他必要证据；

（ii）指定一个审判小组；

（iii）下令将请求及附件的副本送达对方当事人，使其能够对请求作出答复；

（iv）对将要审理的案件指定不公开的开庭或者审讯日期；

（v）下令对有必要参与审讯的相关当事人和其他人发出审讯通知。

第 282 条

已删除。

第九编　在民事诉讼程序中给予保护

第一部分　总　则

第 283 条

除第 257 条另有规定外，在工业产权保护领域涉及民事法律请求的案件，不属于其他机构的职能范围的，应当依照一般法律原则以民事诉讼程序审判。

第 284 条

下列特殊案件应当依照一般法律原则以民事诉讼程序审判：

（i）确定发明创造的权利人；

（ii）确定获得专利、保护权或者注册权的权利；

（iii）实施发明的报酬；

（iv）为国家利益的目的实施发明、实用新型或者布图设计的报酬；

（v）转化为国家所有的保密发明专利权或者保密实用新型保护权及其保护权或者注册权的补偿；

（vi）之一　侵犯专利权、保护权或者注册权；

（vi）之二　侵犯专利、补充保护权、保护权或者注册权；

（vii）在第 71 条和第 75 条规定的案件中确定实施发明、实用新型或者工业品外观设计的权利；

（viii）确认以第三方名义在当地活动中使用注册商标的权利；

（ix）确认使用地理标志的权利；

（x）确认使用地理标志的权利的丧失；

（xi）无资格的人获得的专利、实用新型保护权或者工业品外观设计或者布图设计注册权的转移；

（xii）在第 161 条规定的案件中商标保护权的转移。

第 285 条

专利、补充保护权、保护权或者注册权的权利人，或者依据本法有资格的人，可以要求停止侵权行为。

第 286 条

判定侵权时，法庭可以依据权利人请求，决定对属于侵权人所有的非法制造或者非法标识的产品，以及进行制造或者使用标识的工具进行处理。尤其是，法庭可以判决将它们从市场上清除，或者将相当于判决给权利人的赔偿总额转移给权利人或者销毁。判决时，法庭应当考虑侵权的严重程度和第三方的利益。

第 286 条之一

1. 犯罪行为人实施犯罪行为地或者其财产所在地的法庭，有资格审理涉及侵犯工业产权的案件，也可以在起诉前，但自专利权持有人或者补充保护权持有人、保护权持有人或者注册权持有人或者法律允许的人向法庭提交下列请求之日起不迟于 3 天，或者特别复杂的案件不迟于 7 天审查下列请求：

(i) 证据保全；

(ii) 在侵权可能性很大的情况下，责令侵犯专利、补充保护权、保护权或者注册权的当事人提供使第 287 条第 1 款和第 296 条第 1 款规定的诉讼请求得以实现所需的、关于侵犯专利、补充保护权、保护权或者注册权的商品或者服务的来源和分配销售网的信息；

(iii) 在侵权可能性很大，且符合下列条件之一的情况下，责令侵权人之外的当事人提供使第 287 条第 1 款和第 296 条第 1 款规定的诉讼请求得以实现所需的、关于侵犯专利、补充保护权、保护权或者注册权的产品或者服务的来源和分配销售网的信息；并

(a) 发现该当事人拥有侵犯专利、补充保护权、保护权或者注册权的产品，或者

(b) 发现该当事人使用侵犯专利、补充保护权、保护权或者注册权的服务，或者

(c) 发现该当事人提供用于侵犯专利、补充保护权、保护权或者注册权行为的服务，或者

(d) 被第 (a)、(b) 或者 (c) 句规定的人指认参加侵犯专利、补充保护权、保护权或者注册权的产品的生产、制造或者销售或者服务的提供

并且前述行为目的在于直接或者间接从实施上述行为中获取利润或者其他经济效益，但顾客的善意行为除外。

2. 第 1 款第 (ii) 项和第 (iii) 项规定的信息应当包括下列信息：

（i）侵犯专利、补充保护权、保护权或者注册权的产品或者服务的生产者、制造者、销售者、供应者和其他以前的持有者，以及这些产品或者服务的目标批发商或者零售商的名称和地址；

（ii）生产、制造、交付、接收或者订购侵犯专利、补充保护权、保护权或者注册权的产品或者服务的数量和价格的信息。

3. 接受证据或者审查第 1 款规定的请求时，法庭应当保护企业家的保密信息和其他依法保护的保密信息。

4. 第 1 款第（ii）项和第（iii）项规定的责任对于任何可以依据民事诉讼法典的规定对提出的问题不予作证或者答复的证人豁免。

5. 根据第 1 款第（iii）项规定的当事人的请求，权利人必须补偿提供信息所用的花销和费用。

6. 在已缴纳保证金的合理情况下，法庭可以基于第 1 款第（i）项规定的保全证据请求作出裁定。

7. 实施审讯后，法庭应当对第 1 款第（ii）项和第（iii）项规定的保全请求作出裁定。

8. 法庭应当在 7 天时间内处理当事人不服法庭对第 1 款规定案件的裁定所提出的申诉。

9. 民事诉讼法典的第 733 条、第 742 条、第 744 条至第 746 条规定应当适用于证据保全。

第二部分　涉及发明、实用新型、工业品外观设计和集成电路布图设计的诉讼请求

第 287 条

1. 被侵权专利的权利持有人或者任何法律允许的权利人，可以要求侵权方停止侵权，交出违法所得的利益，以及在因过错侵权的情形下对损失进行赔偿：

（i）依照一般法律原则赔偿；

（ii）支付相当于获得专利权持有人的同意实施其发明的许可费用总额的款项或者其他合理补偿。

2. 在判决专利侵权过程中，法庭可以依权利人请求，决定公布全部或者部分判决结果，或者在法庭指定的方式和范围内提及判决。

3. 如果实施侵权行为不是故意的，法庭可以依专利侵权人的请求，在停止侵权或者第 286 条规定的判决对侵权人过于严厉，并且适当费用的支付符合权利人利益的情形下，命令其向权利人支付适当的费用。

第 288 条

1. 对侵犯专利权的诉讼请求应当在授予专利权后执行。

2. 如果侵权人的行为是善意的，对侵犯专利权的诉讼请求应当自专利局公布专利申请次日起的期间内得到支持；专利申请人在公布前通知侵权人的，自通知之日起算。

第 289 条

1. 侵犯专利权的诉讼时效为 3 年。关于各个单独侵权的相关期限分别自权利人获知其专利被侵犯以及侵权之日起算。在任何情形下，从侵权发生日起超出 5 年诉讼时效的，禁止提出诉讼请求。

2. 诉讼时效在向专利局提交专利申请至专利授权期间中止。

第 290 条

第 74 条规定的有资格的人，可以根据一般法律原则，要求没有资格申请专利或者被授予专利的人交出违法所得，并对其损失进行赔偿。

第 291 条

除非当事人之间另有协议，一旦宣告专利无效，受让人、被许可人或者任何由专利权持有人收取费用的其他人，依据一般法律原则，有权要求偿还这些费用并获得损失补偿。赔偿义务人可以扣除受让方在专利无效前因使用发明获得的任何利润；该利润超出支付的费用和补偿总额的，赔偿义务人应当免除责任。

第 291 条之一

第 287 条至第 291 条的规定应当适用于补充保护权。

第 292 条

1. 第 287 条至第 291 条的规定也应当适用于实用新型，除第 2 款规定另有规定外，也适用于工业品外观设计。

2. 如果侵权人的行为是善意的，侵犯工业品外观设计权的诉讼请求应当自在"波兰专利局公报"中公布授权次日起的期间内得到支持，申请人在公布前通知侵权人的，自通知之日起算。

第 293 条

1. 除第 2 款和第 3 款另有规定外，第 287 条至第 291 条的规定也适用于集成电路布图设计。

2. 侵权人的行为是善意的，侵犯注册权的诉求请求应当自在"波兰专利局公报"中公布授权后次日起的期间内得到支持，申请人在公布前通知侵权人，自通知之日起算。

3. 第 2 款应当适用于为商业目的第一次使用布图设计的 2 年期限内，有资格获得注册权的人通知未经其许可使用布图设计的人，其打算向专利局申请注册该布图设计的情形。

第 294 条

1. 发明人可以向地方法院提出要求为使用其发明获得报酬的诉讼请求。不需要支付诉讼费用。

2. 在第 1 款涉及的案件中，应当适用民事诉讼法典关于雇用引起的诉讼请求的规定。

第 295 条

第 294 条的规定应当适用于关于实用新型、工业品外观设计和集成电路布图设计的报酬。

第十编　刑事规定

第 296 条至第 302 条　（略）

第 303 条

1. 侵占其他作者的身份权或者误导他人使其认为自己是发明方案作者的任何人，或者侵犯发明方案设计人的权利的任何人，应当处以罚金、限制自由或者监禁不超过 1 年的惩罚。

2. 为物质利益或者个人利益犯第 1 款规定的违法行为的人，应当处以罚金、限制自由或者监禁不超过 2 年的惩罚。

第 304 条

1. 没有资格被授予专利、保护权或者注册权的任何人为了获得专利、保护权或者注册权而对他人的发明、实用新型、工业品外观设计或者集成电路布图设计提交申请的，应当处以罚金、限制自由或者监禁不超过 2 年的惩罚。

2. 对公开他人的发明、实用新型、工业品外观设计或者集成电路布图设计的信息，或者阻止他人被授予专利、保护权或者注册权的，应对其处以相同的处罚。

3. 非故意实施第 2 款规定行为的人应当被处以罚金。

第 305 条

1. 没有资格使用但在产品上标记假冒商标或者注册商标的任何人，为了在市场中出售该产品或者在市场上出售带有该商标的产品的目的，应当处以罚金、限制自由或者监禁不超过两年的惩罚。

2. 对轻微的行为，实施第 1 款规定的违法行为的人应当被处以罚金。

3. 实施第 1 款规定的违法行为的人，获得持续收益或者对具有美学价值的物品实施犯罪行为的，应当被处以 6 个月至 5 年的监禁。

第 306 条

1. 判决认定第 305 条第 3 款规定的犯罪的，法庭应当命令将为该犯罪目的提供或者打算提供的材料、工具和技术设备没收至国库；如果这些材料、工具或者技术设备不属于犯罪行为人，法庭可以命令将其没收至国库。

2. 判决认定第 305 条第 1 款和第 2 款规定的犯罪的，法庭可以命令将为该犯罪目的提供或者打算提供的材料、工具和技术设备没收至国库，即使它们不属于犯罪人。

3. 根据第 1 款或者第 2 款命令没收的，无论命令没收的物品价值如何，适用刑事执行法典第 195 条。

第 307 条

1. 在不受专利、补充保护权、实用新型保护权、工业品外观设计注册权、集成电路布图设计注册权和地理标志注册权保护的产品上做标记，使用语句或者标志以表示该产品这种保护的任何人，应当被处以罚金或者拘留。

2. 任何人将第 1 款规定的产品投放市场，或者为此目的而或者准备或者储存，或者通过广播、通信或者其他方式给出表示产品享有法律保护的信息，而明知其为不实标注的，应当给予相同的处罚。

第 308 条

任何人出售带有企图制造产品享有保护的虚假印象的标识的产品，应当被处罚。

第 309 条

对单位，第 303 条、第 304 条、第 305 条、第 307 条和第 308 条规定的责任应当由运行或者管理该单位的人承担，除非责任分配表明由其他人负责。

第 310 条

1. 应当依被侵权人的请求启动对实施第 303 条、第 304 条、第 305 条第 1 款和第 2 款规定罪行的人的起诉。

2. 涉及第 307 条和第 308 条规定的行为的案件应当依据轻微犯罪案件所适用的诉讼规定判决。

外 国 知 识 产 权 法 律 译 丛

外国专利法选译（下）

国家知识产权局条法司◎组织翻译

知识产权出版社
全国百佳图书出版单位

图书在版编目（CIP）数据

外国专利法选译／国家知识产权局条法司组织翻译 . —北京：知识产权出版社，2014.4（2021.7 重印）

（外国知识产权法律译丛）

ISBN 978-7-5130-2679-6

Ⅰ.①外… Ⅱ.①国… Ⅲ.①专利法-研究-国外

Ⅳ.①D913.04

中国版本图书馆 CIP 数据核字（2014）第 063577 号

内容提要

本书汇集了较有代表性和影响力的 20 多个国家和地区的专利法（包括实用新型法、外观设计法）或者地区性专利条约，由国家知识产权局条法司组织多位知识产权法律工作者翻译。希望本书能够满足企业了解其贸易或者投资目标国知识产权法律制度的迫切需求，更好地服务于我国企业"走出去"战略；同时为我国立法机关参考和借鉴外国专利制度，以及为知识产权教育与研究人员拓宽视野、了解和研究外国专利制度，提供较为全面的背景资料。

责任编辑：李 琳 龚 卫		责任校对：董志英	
封面设计：张 冀		责任印制：刘译文	

外国知识产权法律译丛

外国专利法选译（下）

国家知识产权局条法司 组织翻译

出版发行：知识产权出版社有限责任公司		网 址：http://www.ipph.cn	
社 址：北京市海淀区气象路50号院		邮 编：100081	
责编电话：010-82000860 转 8541		责编邮箱：wangyumao@cnipr.com	
发行电话：010-82000860 转 8101/8102		发行传真：010-82000893/ 82005070/82000270	
印 刷：北京建宏印刷有限公司		经 销：各大网上书店、新华书店 及相关专业书店	
开 本：880mm×1230mm 1/32		总 印 张：62.50	
版 次：2015 年 1 月第 1 版		印 次：2021 年 7 月第 2 次印刷	
总 字 数：1800 千字		总 定 价：220.00 元（全三册）	
ISBN 978-7-5130-2679-6			

出版说明

　　知识产权出版社自成立以来一直秉承"为知识产权事业服务、为读者和作者服务、促进社会发展和科技进步"的办社宗旨，竭诚为知识产权领域的行政管理者、高校相关专业师生、法律实务工作者以及社会大众提供最优质的出版服务。

　　为满足国内学术界、法律实务界对相关国家（地区）知识产权法律的了解、学习及研究需求，知识产权出版社组织国内外相关法学知名学者翻译出版了这套"外国知识产权法律译丛"，涉及的外国法律主要包括美国、法国、德国、日本等国家的最新专利法、商标法、著作权法。陆续出版的相关法律（中文译本）包括：《外国专利法选译》《日本商标法》《日本著作权法》《法国知识产权法典》《美国专利法》《美国商标法》《美国著作权法》《德国著作权法》《德国商标法》等，其他具有代表性的国家或洲际的知识产权法律中文译本也将适时分别推出。

　　真诚期待各位读者对我们出版的本套丛书提出宝贵意见。

知识产权出版社有限责任公司

前　言

21 世纪以来，我国经济社会快速发展。2009 年，出口量跃居全球第一，2010 年经济总量跃居全球第二，我国已成为"经济大国"。专利申请量作为经济实力和科技创新能力重要指标之一，从一个侧面印证了"经济大国"地位：2010 年，我国单位和个人向国家知识产权局提出的发明专利申请为 29.3 万件，居世界第二；2012 年，该申请量为 53.5 万件，居世界第一。2012 年美国国民在美国提出的发明专利申请为 26.9 万件，日本国民在日本提出的发明专利申请为 28.7 万件。在一定程度上，我国进入了"专利大国"的行列。

但是，应当清醒地看到，判断一个国家是否为"专利大国"或者"专利强国"，判断该国专利制度对其经济社会发展的作用大小，不仅要看该国国民在本国的发明专利申请量、授权量与技术领域的分布情况，而且更重要的是该国国民在外国的发明专利申请量、授权量与技术领域的分布情况，以及该国国民专利的转化实施率和对经济增长的贡献率等因素。

据统计，2012 年我国向美国、欧洲专利局、日本和韩国提交的发明专利申请分别为 4 581 件、2 871 件、1 241 件和 766 件，共为 9 459 件。同年，日本、美国、德国、韩国、法国、荷兰、瑞士、英国等在我国提出的发明专利申请量分别为 42 128 件、29 404 件、12 632 件、

8 943 件、4 310 件、2 606 件、2 917 件、1 860 件，共为 104 800 件，是同期我国国民向美国、日本、欧洲专利局和韩国提出的发明专利申请量的 11 倍左右。这就是说，在发明专利申请量上，我国与这些主要发达国家之间存在高达 11 倍的"逆差"。这与出口量全球第一和经济总量全球第二的地位极为不称。

2013 年我国每万人口发明专利拥有量达到 4.02 件，提前实现了《国民经济和社会发展"十二五"规划纲要》中所提出的 2015 年我国每万人口发明专利拥有量为 3.3 件的战略目标。随着科教兴国战略、人才强国战略和知识产权战略的深入实施，我国自主创新能力将不断提升，我国国民尤其是企业在国内外申请专利的意愿和能力也将大大增强，尤其是外贸发展方式的加快转变以及"走出去"战略的加快实施，我国企业进入和占领国际市场将更多地依靠创新和品牌，必将有更强的意愿在境外申请和获得专利等知识产权。因此，这些企业迫切要求了解其贸易或者投资目标国的专利等知识产权法律制度。

在中国专利法的制定和三次修改中，立法机关都在一定程度上对外国专利制度作了参考和借鉴，国家知识产权局配合立法机关就外国专利制度提供了一些背景资料，但这些资料仅仅涉及某一专门问题或者某一方面，无法反映外国专利制度的全貌。因此，从全面了解外国专利法律制度、为我国专利法律制度的完善提供参考的角度，有必要系统翻译外国专利立法。

随着《国家知识产权战略纲要》的颁布和实施，我国知识产权事业得到蓬勃发展，知识产权教育与研究队伍日益壮大，他们也迫切需要开拓视野，了解和研究外国专利制度。

为适应前述各方面对了解和研究外国专利制度的需求，国家知识产权局组织各方面的力量，历时近3年，翻译了20多个国家和地区的专利法（包括实用新型法、外观设计法）或者地区性专利条约。

在选择目标国家或者地区的时候，我们参考了以下因素：一是我国与这些国家或者地区的贸易量；二是这些国家在所在洲的影响力；三是这些国家与我国在地缘上的关系。基于以上考虑，最后我们选择了美国、日本、德国、英国、法国等主要发达国家，俄罗斯、巴西、印度、南非等发展中大国，以及与我国贸易量较大的东盟部分国家。遗憾的是，由于无法找到能够翻译西班牙语系专利法律的合适人员，我们未能翻译西班牙、阿根廷或者其他西班牙语系国家的专利法。

读者需要注意的是，我们在寻找翻译文本的时候，尽了最大努力从这些国家的专利局或者知识产权局（或者司法部）网站上寻找其官方语言的最新版本。但由于语言的关系，部分国家（例如瑞典、荷兰、巴西）的译文是以该国专利局或者世界知识产权组织网站上的英译本为基础进行翻译的。此外，由于全部译文的翻译历时较长，而部分国家的法律修改频繁，因此有可能个别国家的专利法在本书收录的版本之后进行了修改（例如日本、美国），我们尽可能将这些修改体现在译文中或者通过注释简要说明修改内容。对于美国专利法，我们除保留原译本外，还单独翻译了2011年的《Leahy-Smith美国发明法案》，供广大读者比较阅读。

需要说明的是，对于那些采用知识产权法典或者工

业产权法典的立法模式的国家（例如法国、意大利、巴西、菲律宾），我们选择了其中的专利法、外观设计法以及部分普遍适用的章节进行了翻译。

同时还需要说明的是，我们在组织翻译的过程中，严格尊重了各翻译依据文本结构、序号等表达方式，有些专业术语在原文未作统一表述的情况下我们也采取保留原貌的基本做法。这些不符合编辑规范的情况希望得到广大读者的理解。

尽管译者、校对者、统稿者和编辑付出了万分努力，但由于水平有限，译文难免有疏漏或者错误之处，敬请广大读者批评指正。

总 目 录

LEAHY-SMITH 美国发明法案[1]

该法案修正了美国法典第 35 编，以推动专利改革。
美利坚合众国国会参议院和众议院颁布。

第 1 节　简称；目录

（a）简称——这一法案可引用为"LEAHY-SMITH 美国发明法案"

（b）目录——本法案目录如下：

---

　❶　根据 2011 年 LEAHY-SMITH 法案翻译。翻译：邱福恩、李丁俊、许怀远、范继晨、纪登波、钟诚、王曌、王傲寒、张起，校对：张永华。

第 2 节　定　　义

在本法案中：

（1）局长——"局长"是指负责知识产权的商务部副部长和美国专利商标局局长。

（2）局——"局"是指美国专利商标局。

（3）专利公共咨询委员会——"专利公共咨询委员会"是指根据美国法典第35编第5（a）款建立的专利公共咨询委员会。

（4）1946年商标法案——"1946年商标法案"是指1946年7月5日通过的名为"为商业使用的商标提供注册和保护、履行某些国际公约条款及其他目的之法案"（15 U.S.C. 1051及随后条款）（通常称为"1946年商标法案"或"Lanham法案"）。

（5）商标公共咨询委员会——"商标公共咨询委员会"是指根据美国法典第35编第5（a）款建立的商标公共咨询委员会。

第3节 发明人先申请制

（a）定义

对美国法典第35编第100条作如下修改：

（1）删除（e）款中的"或根据第311条的双方重审"；以及

（2）在末尾增加以下款：

"（f）'发明人'是指单独或者共同发明或者发现发明主题的一人或多人。

"（g）'共同发明人'是指发明或发现共同发明主题的任何一人。

"（h）'共同研究协议'是指两个以上自然人或实体，为在所要求保护的发明领域从事实验、开发或者研究工作而达成的书面合同、转让或合作协议。

"（i）（1）专利或者专利申请中所要求保护的发明的"有效申请日"是指——

"（A）若不适用（B）目，则为包含该发明权利要求的专利或者专利申请的实际申请日；或

"（B）专利或者专利申请根据第119条、第365条（a）款或者第365条（b）款对该发明享有优先权的，或根据第120条、第121条或者第365条（c）款享有在先申请日权益的，则为最早申请的申请日。

"（2）对于再颁申请或者再颁专利来讲，在确定所要求保护

的发明的有效申请日时，视为该发明的权利要求已包含在寻求再颁的专利当中。

"（j）'要求保护的发明'是指专利或专利申请中由权利要求书定义的主题。"

（b）可专利性条件

（1）一般规定——美国法典第 35 编第 102 条修改如下：

"§102. 可专利性条件；新颖性

"（a）新颖性；现有技术——除下列情况外，申请人将获得专利权——

"（1）在要求保护的发明的有效申请日之前，该发明已被授予专利权，记载在出版物中、或者公开使用、销售或者以其他方式为公众所知；或者

"（2）要求保护的发明记载在根据第 151 条颁发的专利中，或记载在根据第 122 条（b）款规定的公布或视为公布的专利申请中，其中该专利或申请记载为另一发明人（是否是发明人当视情况而定），并且在要求保护的发明有效申请日之前提出了有效申请。

"（b）例外——

"（1）在要求保护的发明有效申请日之前 1 年以内（含 1 年）的公开——符合以下规定的，在要求保护的发明有效申请日之前 1 年以内（含 1 年）的公开不构成（a）款（1）项规定的现有技术：

"（A）由发明人或共同发明人公开的，或者由直接或间接地从发明人或共同发明人获得该公开的主题的第三人公开；

"（B）在该公开之前，该公开的主题已由发明人或共同发明人公开，或者由直接或间接地从发明人或共同发明人获得该公开的主题的第三人公开；

"（2）专利申请或者专利中的公开——符合以下规定的公开，不构成（a）款（2）项规定的现有技术——

"（A）公开的主题直接或者间接来自发明人或共同发明人；

"（B）在根据（a）款（2）项有效提交该主题前，该主题已由发明人或共同发明人公开，或者由直接或间接地从发明人或共同发明人获得该公开主题的第三人公开；或者

"（C）在要求保护的发明的有效申请日或者之前，公开的主题和所要求保护的发明属于同一人，或者根据义务应当转让给同一人。

"（c）共同研究协议产生的共有——适用（b）款（2）项（C）目时，以下情况应当视为公开的主题和所要求保护的发明属于同一人，或者根据义务应当转让给同一人——

"（1）公开的主题由共同研究协议的一方或多方开发，所要求保护的发明由该共同研究协议的一方或多方、或者其代表作出，而且该共同研究协议在要求保护的发明申请日或者之前已生效；

"（2）要求保护的发明是通过共同研究协议范围内所承担的活动作出的；而且

"（3）要求保护的发明的专利申请公开了共同研究方的姓名，或者通过修改公开了共同研究方的姓名。

"（d）构成现有技术的专利及公开的申请——为了确定专利或者公开的专利申请所记载的任何主题是否构成（a）款（2）项规定的要求保护发明的现有技术，该专利证书或者申请应当在下述日期有效提出申请——

"（1）若不适用下面第（2）项规定的情况下，则为该专利或者专利申请的实际申请日；或者

"（2）该专利或者专利申请是基于一项或者多项在先专利申请，有权根据第119条、第365条（a）款或者第365条（b）款要求优先权，或者有权根据第120条、第121条或者第365条（c）款要求更早申请日的，则为记载了该主题的最早申请的申请日。"

（2）延续创新法案的立法宗旨——美国法典第35编第102条（c）款的制定，该款第（1）项的立法目的与2004年合作研究和技术促进法案（公法108-453，即"创新法案"）在制定和

修订历史沿革中所表达的目的一致，即促进合作研究活动，该法案的修改已被本条（c）款所取代。美国专利商标局实施美国法典第 35 编第 102 条（c）款时，应当以符合创新法案中与其实施相关部分立法沿革的方式进行。

（3）一致性修改——对美国法典第 35 编第 10 章目录中有关第 102 条部分修改如下：

"102. 可专利性条件；新颖性"。

（c）可专利性条件；非显而易见的主题

美国法典第 35 编第 103 条修改如下：

"§ 103. 可专利性条件；非显而易见的主题

"虽然要求保护的发明根据第 102 条规定未被完全公开，但如果要求保护的发明与现有技术之间的差异使得在申请日前，对于本领域技术人员而言，该要求保护的发明作为一个整体是显而易见的，则该发明不能获得专利权。不得以发明完成的方式否定其可专利性。"

（d）废止对国外作出的发明的要求

废止美国法典第 35 编第 104 条，以及美国法典第 35 编第 10 章目录中与该条相关的部分。

（e）废止依制定法的发明登记

（1）一般规定——废止美国法典第 35 编第 157 条，以及美国法典第 35 编第 14 章目录中与该条相关的部分。

（2）移除交叉引用——如下修改美国法典第 35 编第 111 条（b）款（8）项：删除"第 115 条、第 131 条、第 135 条和第 157 条"，并加入"第 131 条和第 135 条"。

（3）生效日期——这一小节作出的修改将在本法案颁布之日 18 个月后生效，并且将适用于在该生效日之后提出的任何依制定法的发明登记请求。

（f）发明人或者联合发明人的较早申请日

如下修改美国法典第 35 编第 120 条：删除"由在先申请中记载的一个或者多个发明人提交的"并加入"其记载了先申请的

发明人或者共同发明人的姓名"。

（g）一致性修改

（1）优先权——如下修改美国法典第 35 编第 172 条：删除"以及第 102 条（d）款规定的时间"。

（2）对赔偿的限制——如下修改美国法典第 35 编第 287 条（c）款（4）项："最早申请日在（1996 年 9 月 30 日）以前"并加入"申请日在（1996 年 9 月 30 日）以前"。

（3）指定美国的国际申请：效力——如下修改美国法典第 35 编第 363 条：删除"除本编第 102 条（e）款另有规定外"。

（4）国际申请的公布：效力——如下修改美国法典第 35 编第 374 条：删除"第 102 条（e）款 和第 154 条（d）款"，并加入"第 154 条（d）款"。

（5）根据国际申请颁发的专利：效力——如下修改美国法典第 35 编第 375 条（a）款：删除"在符合本编第 102 条（e）款规定的条件下"。

（6）优先权的限制——如下修改美国法典第 35 编第 119 条（a）款：删除"；但是，如果在美国实际提出申请之日以前"至"则对该发明专利申请不应授予专利"的内容。

（7）联邦资助的发明——美国法典第 35 编第 202 条（c）款修改如下：

（A）在第（2）款中——

（i）删除"凡公布、销售或者公开使用导致在美国仍可以获得专利的法定 1 年期间开始计算"并加入"第 102 条（b）款规定的 1 年期限将在该 2 年期限届满之前届满"；以及

（ii）删除"该法定期间届满前"并加入"在该 1 年期限届满前"。

（B）在第（3）款中，删除"根据本编可能由于公布、销售或者公开使用而发生"并加入"102（b）款规定的 1 年期届满"。

（h）派生专利

（1）一般规定——美国法典第 35 编第 291 条修改如下：

"§291. 派生专利

"(a) 一般规定——两个专利要求保护相同的发明，且具有更早申请日的前一专利要求保护的发明源自自后一专利的发明人，前一专利权人可以起诉后一专利权人获得救济；

"(b) 起诉限制——这一款规定的诉讼仅能在前一专利颁发之后1年内提起，该前一专利包含所主张的派生发明，并且记载了获得该发明并作为发明人或者共同发明人的个人的姓名。

（2）一致性修改——将美国法典第35编第29章第291条的目录修改如下：

"§291. 派生专利"。

(i) 溯源程序

美国法典第35编第135条修改如下：

"§135. 溯源程序

"(a) 程序启动——专利申请人可向专利商标局的提交请求启动溯源程序。该请求应当提出详细的事实根据，证明较早专利申请记载的发明人从该请求人的申请中所记载的发明人处获得其所要求保护的发明，并且在未得到授权的情况下提交了要求保护该发明的较早申请。任何此类请求仅能在与较早申请所要求保护的发明相同或者实质相同的权利要求第一次公布后1年内提交，应当经过宣誓，并且应当有充分的证据支持。局长认为根据本款提交的请求符合启动溯源程序条件的，局长可以决定启动溯源程序。局长是否启动溯源程序的决定是终局的且不可上诉的。

"(b) 专利审理和申诉委员会的决定——在根据（a）款启动的溯源程序中，专利审理和申诉委员会将作出决定，确定较早专利申请记载的发明人是否从该请求人的申请所记载的发明人处获得其所要求保护的发明，并且在未得到授权的情况下提交了要求保护该发明的较早申请。在合适的情况下，专利审理和申诉委员会可更正任何争议申请或者专利中的发明人的姓名。局长应当制定规章，规定溯源程序的实施标准，包括要求各方提供充分的证据证明和反驳权利要求的来源。

"(c) 决定的延期——专利审理和申诉委员会可以推迟溯源程序，直至包含了该请求所提发明的专利被局长授权后3个月届满。专利审理和申诉委员会还可以推迟溯源程序，直至与该较早申请相关的第30、第31或者第32章的程序终止，或者可以在其启动后中止该程序。

"(d) 最终决定的效力——专利审理和申诉委员会的最终决定对专利申请中的权利要求不利的，即构成美国专利商标局对这些权利要求的最终驳回。专利审理和申诉委员会的最终决定如果对专利的权利要求不利，且没有提出、不能提出或者不曾提出上诉或者其他再审的，即构成对这些权利要求的撤销，应在随后颁发的专利证书副本中将记明此种撤销。

"(e) 和解——（a）款规定的溯源程序中的各方可通过提交书面声明说明其已就争议发明的正确发明人达成协议，从而结束该程序。除非专利审理和申诉委员会发现该协议与所记录的证据（如果有的话）不相符，否则其应当采取与该协议相符的行动。各方的任何书面和解或者谅解应当提交给局长。应溯源程序一方请求，该协议或者和解应当当作商业秘密信息处理，与相关专利或者申请的文件分开保管，并且仅能提供给作出书面请求的政府机关、或者证明有正当理由的个人。

"(f) 仲裁——（a）款规定的溯源程序中的各方，在局长以规章规定的时间内，可以通过仲裁解决该争议或者其任何方面。此类仲裁应当符合第9编的规定，但不得与本条规定不一致。各方应当将任何仲裁裁决的公告提交给局长，并且仲裁各方之间的该裁决对与其相关的争议应当是终局的。在提交给公告之前，仲裁裁决应当是不可实施的。本款任何规定均不应当排除局长对该溯源程序所涉发明的可专利性作出决定。"

(j) 删除对抵触的引用

（1）美国法典第35编第134条、第145条、第146条和第305条均作如下修改：删除每一处出现的"专利申诉和抵触委员会"，并加入"专利审理和申诉委员会"。

（2）（A）对美国法典第 35 编第 146 条作如下修改——

（i）删除"抵触"并加入"溯源程序"；以及

（ii）删除"该抵触"并加入"该溯源程序"。

（B）美国法典第 35 编第 154 条（b）款（1）项（C）目的小标题修改为：

"（C）由于溯源程序、保密令及申诉而延误的调整保证"。

（3）美国法典第 35 编第 134 条的小标题修改为：

"§ 134. 向专利审理和申诉委员会申诉"

（4）美国法典第 35 编第 146 条的小标题修改为：

"§146. 溯源程序的民事诉讼"

（5）美国法典第 35 编第 12 章目录中的第 134 条、第 135 条修改如下：

"134. 向专利审理和申诉委员会申诉。

"135. 溯源程序"。

（6）美国法典第 35 编第 13 章目录中的第 146 条修改如下：

"146. 溯源程序的民事诉讼"。

（k）限制性法律规定

（1）一般规定——美国法典第 35 编第 32 条，修改如下：在第三和第四句之间加入："本条规定的程序应当最晚在下述两个时间较早发生之时启动：构成启动程序基础的不当行为发生之日起 10 年后，或者本法第 2 条（b）款（2）项（D）目规定的美国专利商标局的官员或者雇员知晓该不当行为之日起 1 年后。"

（2）向国会报告——局长应当以两年为基础，向参议院司法委员会和众议院司法委员会提供一份专利商标局官员或者职员知晓的、根据美国法典第 35 编第 2 条（b）款（2）项（D）目规定内容的简短说明，其给出了不当行为的实质证据，但是专利商标局由于受美国法典第 35 编第 32 条中第 4 句规定的时间所限而不能启动该条所规定的程序。

（3）生效日期——第（1）段所作的修改应当适用于在本法案颁布之前，设立美国法典第 35 编第 32 条规定程序的期限尚未期满的任何情况。

（l）小型企业研究

（1）定义——在本小节——

（A）术语"首席法律顾问"是指"小型企业管理局"的首席法律顾问；

（B）术语"总法律顾问"是指美国专利商标局的总法律顾问；并且

（C）术语"小型企业"与小型企业法（15 U. S. C. 632）第3条的规定具有相同含义。

（2）研究——

（A）一般规定——首席法律顾问，应当与总法律顾问一起，研究取消以发明日期来决定是否给申请人根据美国法典第35编授予专利权的效果。

（B）研究领域——根据（A）段所进行的研究应当包括取消发明日期效果的审查，包括审查——

（i）该变化将会怎样影响小型企业获得专利的能力以及他们获得专利的成本；

（ii）对于小型企业的专利申请人来说，相比于非小型企业，该变化是否会引起、减轻或者增强负面影响，以及该变化是否会带来正面的影响。

（iii）该变化对于小型企业的费用节省和其他潜在的好处；以及

（iv）决定申请人是否能根据美国法典第35编被授予专利的替代方案对于小型企业的可行性、费用和优点。

（3）报告——最晚不超过该法案颁布的1年后，首席法律顾问应当向小型企业和企业家委员会、参议院司法委员会、小型企业委员会以及众议院司法委员会提交一份关于第（2）段所述研究结论的报告。

（m）关于先用权的报告

（1）一般规定——不晚于法案颁布之日起4个月末，局长应当向参议院司法委员会和众议院司法委员会报告局长在所选择的工业化国家中关于先用权运行情况的研究结果和建议。该报告应当包括以下内容：

（A）美国专利法和其他工业化国家法律之间的比较，包括欧盟、日本、加拿大和澳大利亚。

（B）先用权对所选择国家创新率影响的分析。

（C）如果有的话，关于先用权、创业企业和吸引风险投资建立新公司之间的相关性分析。

（D）如果有的话，关于先用权对小型企业、大学和个人发明人影响的分析。

（E）如果有的话，将商业秘密法置于专利法中所引发的法律和宪法因素分析。

（F）对于发明人先申请专利制度是否引发对于先用权的特定需求的分析。

（2）咨询其他机构——在准备第（1）段中所需的报告时，局长应当咨询美国贸易代表、美国国务卿和司法部长。

（n）生效日期

（1）一般规定——除本条另有规定以外，本条的修改应当在本法案颁布之日起 18 个月后生效，并且应当适用于任何专利申请，以及之后的任何专利授权程序，在任何时候包含——

（A）要求保护的发明的权利要求具有美国法典第 35 编第 100 条（i）款所规定的有效申请日，该有效申请日在本段所规定的生效日当天或者生效日之后；或者

（B）美国法典第 35 编第 120 条、第 121 条或者第 365 条（c）款中具体提及的在任何时候包含该权利要求的任何专利或者专利申请。

（2）抵触专利——在本小节中第（1）段中的生效日期之前，美国法典第 35 编第 102 条（g）款、第 135 条和第 291 条的规定，应当适用于专利申请的各权利要求，以及后续任何授权的专利，如果该申请或者专利在任何时候包含下列情形，则本节的修

改也适用于前述专利申请的各权利要求及后续授权的专利——

（A）发明的权利要求具有美国法典第 35 编第 100 条（i）款规定的有效申请日，其在本小节第（1）段给出的生效日之前；或者

（B）美国法典第 35 编第 120 条、第 121 条或者第 365 条（c）款中具体提及的在任何时候包含该权利要求的任何专利或者专利申请。

（o）国会意见

国会认为将美国专利制度从"先发明"转为"发明人先申请"制度可以通过保证发明人有限时间内发明的独占权以及向发明人的发现授予独占权来给予其保护范围更大的确定性，从而促进科学和实用技术的进步。

（p）国会意见

国会认为将美国专利制度从"先发明"转为"发明人先申请"制度可以改善美国专利制度和促进美国专利制度与世界上其他国家专利制度的协调一致，美国与这些国家有贸易往来，因此这样可以在用于保证发明人发现的独占权程序上促进国际上的一致性和确定性。

第 4 节　发明人的宣誓或者声明

（a）发明人的宣誓或者声明

（1）一般规定——美国法典第 35 编第 115 条，修改如下：

"§115. 发明人宣誓或者声明

"（a）指明发明人姓名；发明人宣誓或者声明。——根据第 111 条（a）款提出的专利申请或者根据第 371 条启动的国际申请的国内阶段，应当包括提出申请中要求保护的发明的发明人姓名，未指明发明人姓名的，需要进行修改予以明确。除非本条另有规定，否则专利申请中所要求保护发明的每一个发明人或者共同发明人，都必须在申请时进行宣誓或者作出声明。

"（b）必须进行的陈述——上述（a）款中规定的宣誓或者声明应当包括以下陈述——

"（1）申请是由宣誓人或者声明人作出的，或者是授权由其作出的；

"（2）宣誓人或者声明人确信自己是申请中所要求保护的发明的原始发明人或者原始共同发明人。

"（c）其他要求——局长可以要求（a）款规定的宣誓或者声明还应当包括与发明人和发明相关的其他信息。

"（d）替代说明——

"（1）一般规定——在下述第（2）项规定的情形下，以及局长通过规章明确规定的其他情形下，申请人可以不必进行宣誓或者声明，而是提供一个替代说明。

"（2）允许作出替代说明的情形——在下列情况下，允许作出如上述第（1）项中所述的替代说明——

"（A）本该作出宣誓或者声明的人由于下述原因无法提供（a）款所要求的宣誓或者声明

"（i）已死亡；

"（ii）已丧失民事行为能力；或者

"（iii）经努力未能找到或者联系上；或者

"（B）有义务转让发明，但拒绝作出（a）款规定的宣誓或者声明。

"（3）内容——本款规定的替代说明应当——

"（A）指明说明所适用的主体；

"（B）允许其作出替代说明而不是根据（a）款作出宣誓或者声明的事实依据；

"（C）包含局长要求的其他信息，包括证据。

"（e）在转让记录中作出所要求的说明——有义务转让专利申请的人，可以在转让协议中包含（b）款或者（c）款规定的需要作出的说明，而不必再单独进行提交。

"（f）提交时间——只有专利申请人提交了其根据（a）款规定应当提交的宣誓或者声明，或者（b）款规定的替代说明，或者符合（e）款要求的转让记录后，才可以向专利申请人提供第

151 条规定的专利授权通知。

"(g) 在先申请中包括必须提交的说明或者替代说明——

"(1) 例外——如果主体是在先申请中的发明人或者共同发明人，并且其根据第 120 条、第 121 条或者第 365 条（c）款的规定主张了该在先申请的优先权，在下列情况下，则不对其适用本条规定的要求——

"(A) 在先申请中，已经提交了符合（a）款规定的宣誓或者声明；

"(B) 在先申请中，已经提交了符合（d）款规定的替代说明；或者

"(C) 在先申请中，已经提交了符合（e）款规定的转让记录。

"(2) 宣誓、声明、说明或者转让记录的副本——不论第（1）项如何规定，局长可以要求在在后申请中包含在先申请中所提交的宣誓、声明、替代说明或者转让记录的副本。

"(h) 补充说明和修正说明；提交另外的说明——

"(1) 一般规定——作出本条规定说明的人可以在任何时候撤回、更换或者修正其说明。如果更换发明人，需要提交一份或者多份符合本条规定的另外的说明。局长应当制定规章，规范此类说明的提交。

"(2) 不要求提交补充说明——如果相应专利申请已经根据（a）款规定进行了宣誓、声明，或者提交了（e）款规定的转让记录，则局长之后不能再要求其针对专利申请或者任何后续授权程序中作出任何另外的宣誓、声明或者说明。

"(3) 保留条款——如果能够根据第（1）项的规定进行补救，则专利不应当因为不符合本条的规定而无效或者不具有可执行力。

"(i) 惩罚条款知悉声明——根据本条提交的声明或者说明应当包括对于处罚规定的知悉声明：在声明或者说明中故意作出虚假的说明的，将根据第 18 编第 1001 条的规定单处或者并处罚

金或者 5 年以下有期徒刑。"

（2）与分案申请的关系——美国法典第 35 编第 121 条，修改如下：删除"如果一个分案申请"至"发明人"之间的内容。

（3）对非临时申请的要求——美国法典第 35 编第 111 条（a）款，修改如下：

（A）在第（2）项（C）目中，删除"发明人的"，加入"或者声明"；

（B）在第（3）项的开头，"和宣誓"后面加入"或者声明"；

（C）在每个出现"和宣誓"的后面加入"或者声明"。

（4）一致性修改——美国法典第 35 编第 11 章的目录中第 115 条修改如下：

"115. 发明人的宣誓或者声明"。

（b）发明人以外的人提交申请

（1）一般规定——美国法典第 35 编第 118 条，修改如下：

"§118. 发明人以外的人提交申请

"发明人的受让人或者发明人有义务向其转让发明的人可以提出专利申请。能够证明自己对专利享有财产权益的主体可以以发明人的名义或者以发明人代理人的名义提出专利申请，但该主体必须证明该行为对保持双方的权益是适当的。局长就本条规定的发明人以外的人提交的专利申请授权的，在以局长认为充分的方式通知发明人后，专利权应当授予真正的利益主体。"

（2）一致性修改——美国法典第 35 编第 251 条修改如下：在第 3 自然段的"原始专利的权利要求"之后加入"或者原始专利申请是由全部利益的受让人提起的"。

（c）说明书

美国法典第 35 编第 112 条，修改如下——

（1）在第 1 自然段中——

（A）删除"说明书"，加入"（a）一般规定——说明书"；并且

（B）删除"实施其发明"，加入"或者共同发明人实施其发明"。

（2）在第 2 自然段中——

（A）删除"说明书"，加入"（b）结尾——说明书"；并且

（B）删除"申请人所认为的发明"，加入"发明人或者共同发明人所认为的发明"；

（3）在第 3 自然段中，删除"权利要求"，加入"（c）格式——权利要求"；

（4）在第 4 自然段中，删除"根据下段规定"，加入"（d）从属权利要求援引其他权利要求——根据（e）款规定"；

（5）在第 5 自然段中，删除"权利要求"，加入"（e）多项从属权利要求援引其他权利要求——权利要求"；并且

（6）在最后一自然段中，删除"要素"，加入"（f）组合发明权利要求中的要素——要素"。

（d）一致性修改

（1）美国法典第 35 编第 111 条（b）款（1）项（A）目，修改如下：删除"本法典第 112 条第一段"，加入"第 112 条（a）款"。

（2）美国法典第 35 编第 111 条（b）款（2）项，修改如下：删除"第 112 条第 2-5 段"，加入"第 112 条（b）-（e）款"。

（e）生效日期

本条的修改将在法案颁布起 1 年后生效，并且将适用于任何在生效日当天或者之后提交的专利申请。

第 5 节　基于在先商业使用的侵权抗辩

（a）一般规定

美国法典第 35 编第 273 条，修改如下：

"§273. 基于在先商业使用的侵权抗辩

"（a）一般规定——如果被控侵权人在制造或者其他商业经营中使用了方法、或者机器、制造品或者组合物，但是如果符合下述条件，则构成本法第 282 条 b 款规定的专利侵权抗辩，而不侵犯所要求保护的发明：

"（1）该被控侵权人在美国善意地使用上述主题，用于国内

商业使用或者通过事实上或者其他形式的当事人转移了商业使用的有用的最终产品；并且

"（2）商业使用发生在下述日期中较早日起的1年内——

"（A）要求保护的发明的有效申请日；或者

"（B）要求保护的发明的公开日，并且其该公开根据第102条（b）款的规定构成现有技术的例外。

"（b）举证责任——本条中主张抗辩的主体应当负有通过清楚和有说服力的证据证实其抗辩主张的责任。

"（c）其他商业使用——

"（1）上市前的合规审查——如果商业销售或者商业使用的客体需要进行测试其安全性或者有效性的合规审查的期间限制，包括第156条（g）款规定的任何期间，那么在合规审查期间该主题也应当被认为用于（a）款（1）项目的的商业使用。

"（2）非营利性实验室使用——非营利性研究实验室或者其他非盈利实体，例如大学或者医院对客体的使用，其中公众是目标获益对象，则属于（a）款（1）项所规定的商业使用，但仅限于在实验室或者其他非营利实体中和由实验室或者其他非营利实体进行的后续非商业使用。

"（d）权利用尽——不论（e）款（1）项如何规定，对有用的最终产品进行销售或者处分的主体，有权根据本条规定进行抗辩，其专利权用尽的效果与专利权人自己将最终产品销售或者处分时发生的权利用尽效果相同。

"（e）限制和例外——

"（1）个人抗辩——

（A）一般规定——依据本条的抗辩只能由进行或者直接进行依（a）款所述的商业使用行为的人所主张，或者由控制此人、被此人控制或者受此人共同控制的实体所主张。

"（B）权利转让——除了任何向专利所有人的转让外，依据本条主张抗辩的权利不应许可或者转让或者转移给他人，除非为了与该抗辩有关的整个企业或者业务范围的其他原因作为善意转让或者转移的辅助及从属部分。

"(C) 地点限制——因上述（B）目规定的转让或者转移而获得抗辩权的主体，只得针对特定地点的使用行为提出抗辩，即该构成侵犯所要求保护发明的主题是在该请求保护的发明的有效申请日和此企业或者业务范围的转让、转移日之比较晚的日期之前使用的地点。

"(2) 溯源——如果抗辩基于的主题是从该专利权人处或者知悉专利权人秘密的人处所获得的，则不得依据本条主张抗辩。

"(3) 非整体的许可——依本条主张的抗辩不是针对该争议专利的所有权利要求的整体许可，仅延伸至符合本条所发生的商业使用的特定标的，但也应延伸至该权利要求主题的数量变化或者使用量，及至该要求保护的发明不会侵害该专利的另外特定权利要求发明的改进的。

"(4) 放弃使用——已放弃（符合本条规定的）商业使用的人，不能基于所放弃的前述实施行为主张放弃商业使用后的行为构成本条规定的抗辩。

"(5) 大学例外——

"(A) 一般规定——如果该有关于被主张抗辩的受保护的发明，在该发明完成之时，属于高等教育机构［1965 年高等教育法案第 101 条（a）款（美国法典第 20 编第 1001 条（a）款）所定义］或者主要功能为促进由一个或者多个此类高等教育机构所发展的技术的商业化技术转让组织所拥有或者根据转让义务而属于该高等教育机构或者技术转让组织者，则在商业上使用（a）款规定主题的人不得依据本条规定主张抗辩。

"(B) 例外——如果任何实施该所要求保护发明主题的活动不是使用联邦政府提供的基金开展的，则（A）项的规定不适用。

"(f) 不合理主张的抗辩——如果依据本条的抗辩是由最终被认定为侵权的人主张的，并且其随后又不能提供合理依据以主张该抗辩的，法院应当认定此种情况构成第 285 条所规定的可以要求其承担律师费的特殊情形。

"（g）无效——专利不应只因为依本条被提起或者建立的抗辩而依第 102 条或者第 103 条被视为无效。"

（b）一致性修改

美国法典第 35 编第 273 条的相关目录修改如下：

"§273. 基于在先商业使用的侵权抗辩"

（c）生效日期

本条所作修改适用于本法案颁布之日或者其后授权的专利。

第 6 节　授权后的重审程序

（a）双方重审

"美国法典第 35 卷第 31 章修改如下：

"第 31 章——双方重审

"条目

"311. 双方重审

"312. 请求

"313. 对请求的初步答复

"314. 双方重审的启动

"315. 与其他程序或者诉讼的关系

"316. 双方重审的进行

"317. 和解

"318. 委员会的决定

"319. 上诉

"§311. 双方重审

"（a）一般规定——根据本章的规定，非专利权人可以向专利商标局提出请求，启动专利的双方重审程序。局长应通过规章规定请求重审之人应缴纳的费用，局长应考虑重审程序的合计成本确定一个合理数额。

"（b）范围——双方重审的请求人可以请求因不具可专利性而撤销专利的一项或者多项权利要求，其只能基于专利或者公开出版物构成第 102 或者第 103 条规定的现有技术为理由提起。

"(c) 请求期限——双方重审的请求应在下列日期中较晚之日后提出——

"(1) 专利授权或者再颁专利颁布后 9 个月届满之日；

"(2) 如果启动了第 32 章规定的授权后重审程序，则该授权后重审程序终结之日。

"§312. 请求

"(a) 请求的条件——依据第 311 条提出的请求应当被考虑，只要——

"(1) 该请求同时缴纳了局长依据第 311 条之规定确定的费用；

"(2) 该请求指明所有真正的利益相关方；

"(3) 该请求以书面的形式特别指明所质疑的每项权利要求、质疑每项权利要求所依据的理由以及支持这些理由的证据，包括——

"(A) 请求人赖以支持该请求的专利及公开出版物的副本；及

"(B) 如果请求人依赖专家意见，支持证据和意见的书面陈述或者声明书。

"(4) 该请求还需要提交局长按规章要求的其他信息；及

"(5) 该请求人向专利权人或者，若适用，专利权人的指定代表提供依据第 (2)、第 (3) 及第 (4) 项所需的任何文件的副本。

"(b) 公众获取

在收到依据第 311 条提出的请求后，局长应在实际可能的情况下尽早使该请求可供公众查阅。

"§313. 对请求的初步答复

"如果依据第 311 条提出双方重审请求，专利权人应有权在局长规定的期限内，针对该请求提交初步答复，以阐述由于该请求不符合本章规定的条件故不应启动双方重审。

"§314. 双方重审程序的启动

"（a）启动条件——局长不应准予启动双方重审程序，除非其判定在依据第 311 条所提出的请求中所提交的信息及任何依据第 311 条提出的答复显示该请求人对于该请求中质疑的至少一项权利要求存在获胜的合理可能性。

"（b）时间——局长应在下列日期之后的 3 个月内判定是否基于依第 311 条提出的请求启动本章规定的双方重审——

"（1）收到依据第 311 条对该请求提交的初步答复后；或者

"（2）如果未提交初步答复，在此答复期限的最后一天后。

"（c）通知

局长应当以书面形式将依据（a）款作出的决定通知请求人及专利权人，并应当在实际可能的情况下尽早使此通知供公众查阅。此通知应包括该重审程序开始的日期。

"（d）不可上诉

局长对是否依据本条启动双方重审程序所作的决定具有终局效力，不可上诉。

"§315. 与其他程序或者诉讼的关系

"（a）侵权民事诉讼——

"（1）民事诉讼排斥双方重审程序——如果在重审请求提出日之前，该请求人或者利害关系人已经提出了民事诉讼挑战该专利的有效性，则不再启动该双方重审程序。

"（2）民事诉讼中止——如果请求人或者利害关系人在提出该专利的双方重审程序的请求之日或者其后提起民事诉讼挑战该专利的有效性，该民事诉讼应自动被中止，直至满足以下任意一项：

"（A）专利权人请求法院解除该中止；

"（B）专利权人提起民事诉讼或者提出反诉主张该请求人或者利害关系人已经侵犯该专利权；

"（C）请求人或者利害关系人请求法院驳回该民事诉讼。

"（3）反诉的处理——提出反诉挑战专利权的有效性，不构成本款规定的挑战专利权有效性的民事诉讼。

"（b）专利权人的诉讼——如果双方重审请求是在该请求人、利害关系人、或者与该请求人有密切联系的人被送达专利侵权的诉状之日起超过1年提出的，该双方重审程序不得再启动。前句所述的时间限制应不适用于依（c）款要求的合并审理。

"（c）合并审理——如果局长启动双方重审程序，可以依职权将依据第311条提出申请的其他人合并为诉讼当事人，但前提条件是，在收到第313条规定的初步答复或者提交答复的期限届满后，决定依据第314条启动双方重审程序。

"（d）多个程序——尽管第135条（a）款、第251条、第252条及第30章的规定，在双方重审未决之时，如果在专利商标局启动了另一项涉及该专利的程序或者事件，局长可以决定该双方重审程序或者其他程序或者事件应如何进行，包括要求该程序或者事件中止、移交、合并、或者终止。

"（e）禁止反言——

"（1）专利商标局的程序——依本章对专利的一项权利要求提起的双方重审而获得依第318条（a）款作出的最终书面决定的请求人、该请求人的利害关系人或者与该请求人有密切联系的人，不得基于其在双方重审中提出的或者应提出的理由，针对同样的专利权利要求再向专利商标局请求启动或者维持另一程序。

"（2）民事诉讼及其他程序——依本章对专利的一项权利要求提起的双方重审程序而获得依第318条（a）款规定的最终书面决定的请求人、该请求人的利害关系人或者与该请求人有密切联系的人，不得再基于其在双方重审中提出的或者应该提出的理由，在依据第28编第1338条规定全部或者部分提起的民事诉讼中或者依据1930年关税法案第337条在国际贸易委员会的程序中，主张该权利要求是无效的。

"§316. 双方重审程序的进行

"（a）规章——局长应当制定规章——

"（1）规定依本章的任何程序的档案应使其可供公众查阅，除非任何请求或者文件的提交时具有予以保密的请求，如果附随保密请求，应当以该请求裁判结果所要求的保密形式处理；

"（2）规定能够明确依第 314 条（a）款提起重审的理由的标准；

"（3）规定在该请求被提出后提交补充信息的程序；

"（4）设置和规范依据本章的双方重审程序以及该重审程序与本章的其他程序的关系；

"（5）规定证据开示的标准和程序，包括但不限于——

"（A）证人对自己将来要提交宣誓书或者声明的宣誓；及

"（B）任何其他实现公平所需要的；

"（6）制定对滥用证据开示程序、滥用程序权利、或者其他不当使用程序的制裁，例如对程序的扰乱或者造成不必要的延迟或者不必要的成本增加；

"（7）规定保护命令以管理保密信息的交换及提交；

"（8）规定在双方重审程序启动后，专利权人如何依第 313 条规定对该请求进行初步答复，及要求该专利权人通过宣誓书或者声明提出该答复，以及任何该专利权人赖以支持该答复的事实证据及专家意见；

"（9）规定标准和程序，为专利权人依（d）款修改该专利以删除被质疑的权利要求或者提出合理目的替代权利要求，以及确保专利权人为支持任何依（d）款而进行的修改所提交的信息作为该专利的审查档案的一部分可供公众查阅。

"（10）规定任何一方当事人在程序中有权提出口头听证；

"（11）要求在局长依本章规定通知启动重审程序之日起 1 年内作出最后决定，除非局长基于合理理由延展该 1 年的期限，但不得超过 6 个月；局长可以依第 315 条（c）款的规定调整本项所述的期限；

"（12）设定依第 315 条（c）款请求合并审理的期限；及

"（13）提供该请求人在由局长规定的期限内至少有一次机会提出书面意见。

"（b）考虑因素——在依本条制定规章时，局长应考虑任何该规章对经济、专利系统的完整性、专利商标局的行政效率及专利商标局依本章及时完成所提起程序的能力的影响。

"（c）专利审理和申诉委员会——根据第 6 条的规定，专利审理和申诉委员会负责审理依本章所提起的双方重审。

"（d）对专利的修改——

"（1）一般规定——在依本章提起的双方重审程序期间，专利权人可以通过下列一种或者以上方式修改该专利：

"（A）删除被质疑的专利权利要求。

"（B）对于每个被质疑的权利要求，提交合理数量的替代权利要求。

"（2）额外请求——在该请求人和该专利权人共同要求以实质地推动依第 317 条的和解时，或者局长制定的规章允许时，才可以提出额外的修改请求。

"（3）权利要求的范围——依本款规定进行的修改不得扩大该专利各权利要求的范围或者加入新主题。

"（e）证据标准——在依本章提起的双方重审程序中，该请求人负有以优势证据证明不具有专利性主张的举证责任。

"§ 317. 和解

"（a）一般规定——依本章提起的双方重审程序应根据该请求人和专利权人的共同请求而终止，除非专利商标局在该终止要求提出前已经就该程序的是非作出了决定。如果该双方重审程序依本条规定已终止，基于该请求人提起的该双方重审程序，依第 315 条（e）款的禁止反言不应依附于该请求人、该请求人的利害关系人或者与该请求人有密切联系的人。如果该双方重审程序中不再有请求人的，专利商标局可以终结该重审程序或者依第 318 条（a）款作出最终的书面决定。

"（b）书面协议——专利权人与请求人间的任何协议或者合同，包括此协议或者合同中提到的任何附属协议，只要是关于或者试图终止双方重审程序的，都应以书面形式作出，且此协议或者合同的原件应在终止该双方重审程序之前提交专利商标局。基于该程序一方的请求，该协议或者合同要作为商业秘密对待，应与所涉及专利的档案分开保存，只能应联邦政府机构的书面请求而提供，或者向有合理理由的人提供。

"§318. 委员会的决定

"(a) 最终书面决定——如果依本章规定提起的双方重审程序没有被驳回，专利审理和申诉委员会应对于任何被该请求人质疑的权利要求及任何依第 316 条 (d) 款加入的新权利要求的可专利性作出最终书面决定。

"(b) 证书——如果专利审理和申诉委员会依 (a) 款作出最终书面决定，并且上诉期间已经届满或者任何上诉已经终止，局长应颁发并公布证书，以删除最终判定为不具可专利性的专利权利要求、明确最终判定为具有可专利性的权利要求、及确认将判定为具有可专利性的新的或者已修改的权利要求加入该专利中。

"(c) 介入权利——根据本章所述的双方重审程序，任何被判定为可专利性的、修改后或者新加入的权利要求，对于任何在本条 (b) 款规定的颁发证书之前在美国境内制造、购买、使用或者向美国进口任何依修改后的权利要求或者新权利要求获得保护的产品，或者为之作好充分实施准备的主体，将具有与第 252 条规定的再颁专利相同的效力。

"(d) 重审审理期限的数据——专利商标局应向公众公开 (a) 款规定的每一双方重审程序自提起至作出最终书面决定所用时间长度的数据。

"§319. 上诉

"对专利审理和申诉委员会依第 318 条所作的最终书面决定不服的一方，可以依据第 141 条至第 144 条的规定提起上诉。双方重审程序的任一方当事人均应有权成为上诉的一方当事人。"

(b) 一致性修改

对美国法典第 35 编第 III 部分的章节目录进行修改，删除涉及第 31 章的相关条款并加入以下内容：

"31. 双方重审 ·· 311"

（c）规章及生效时间

（1）规章——局长应当在本法案颁布之日起不超过1年内公布规章，用以实施美国法典第35编第31章，即通过本法案本节（a）款修改的内容。

（2）适用范围——

（A）一般规定——（a）款所作的修改应当在本法案颁布之日起的1年的期限届满之日后生效，并且应当适用于该日、该日之前或者之后颁布的所有专利。

（B）渐进实施——基于（a）款所作的修改生效后的前四年的每一年期间内，如果每年依美国法典第35编第31章提起的双方重审的数量等于或者超过（a）款所作修改生效前的最后一个财年中依据修改前美国法典第35编第31章启动的双方再审程序的数量，局长可以对该数量进行限制。

（3）转变——

（A）一般规定——美国法典第35编第31章修改为——

（i）关于第312条——

（I）关于（a）款——

（aa）在第一句中删除"该请求是否提出了实质上新的、影响有关专利的任何一个权利要求的可专利性问题"，并加入"请求书中表达的信息显示对于请求人在请求中质疑的至少一项权利要求存在获胜的合理可能性"；及

（bb）在第二句中，删除"实质上新的可享专利性问题的存在"，并加入"显示对于请求人在请求中质疑的至少一项权利要求存在获胜的合理可能性"；及

（II）关于（c）款，在第二句中删除"没有提出实质上新的可专利性问题"，并加入"显示（a）款中的条件并未满足"；及

（ii）关于第313条，删除"提出了一个实质上新的、影响专利权利要求的可专利性的问题"；并加入"已经显示对于请求人在请求中质疑的至少一项权利要求存在获胜的合理可能性"。

（B）适用——本款作出的修改——

（i）应当在本法案颁布之日起生效；及

（ii）应当适用于在颁布之日或者之后、但是在本款（2）项（A）目规定的生效日之前提起的双方再审程序请求。

（C）先前规定的继续适用——对于本款（2）项（A）目规定的生效日之前提起的双方再审程序请求，应当适用修改前的美国法典第35编第31章的规定继续审理，就如同（a）款未颁布一样继续适用。

（d）授权后重审程序

对美国法典第35编第III部分进行修改，在其末尾增加以下内容：

"第32章　授权后重审

"§321. 授权后重审

"§322. 请求

"§323. 对请求作出初步答复

"§324. 授权后重审的启动

"§325. 与其他程序或者诉讼的关系

"§326. 授权后重审的进行

"§327. 和解

"§328. 委员会的决定

"§329. 上诉

"§321. 授权后重审

"（a）一般规定——基于本章的规定，非专利所有人可以向专利商标局提出请求，以启动专利授权后的重审程序。局长应该通过规章明确重审请求人应该支付的费用，该费用应为考虑授权后重审总成本后确定的一个合理数额。

"（b）范围——授权后重审的请求人，可基于第282条（b）款（2）项和（3）项（有关专利权或者专利权利要求无效的）规定的理由，请求撤销专利中的一项或者多项不具有可专利性的权利要求。

"（c）请求截止日期——授权后重审请求应该在专利授权或

者重新核发专利证书之日起 9 个月内提出。

"§322. 请求

"（a）请求条件——根据第 321 条提出的请求，必须符合下列条件——

"（1）请求应同时缴纳第 321 条规定的专利商标局局长确定的费用。

"（2）请求必须确定所有的利害关系人。

"（3）请求必须以书面形式明确指出所质疑的每一项权利要求、提出质疑权利要求的理由以及支持这些理由的证据，包括：

"（A）请求人证明自己请求成立的专利或者公开出版物的副本；

"（B）请求人依赖其他事实证据或者咨询有关专家的，应提供支持其证据或者观点的专家意见书或者声明。

"（4）请求人还需提交局长制定的规章所要求的其他信息。

"（5）请求人需要将第（2）、第（3）、第（4）项规定的文件的副本提供给专利所有人，或者根据情况提供给专利所有人指定的代理人。

"（b）公众获取——收到第 321 条规定的请求后，若条件允许，局长应该尽快将请求情况提供给公众查阅。

"§323. 对请求的初步答复

"若有人根据第 321 条提出了授权后重审请求，在局长规定的时间内，专利所有人有权对请求作出初步答复，说明该请求不符合本章规定，而没有理由启动授权后重审程序。

"§324. 授权后重审的启动

"（a）启动条件——只有第 321 条规定提交的信息没有被驳回，且局长确定这些信息表明，请求所质疑的权利要求很可能至少有一项不具备可专利性，局长才可以启动授权后重审程序。

"（b）其他理由——如果请求提出了新的或者未决的法律问题，这些问题对其他专利或者专利请求具有重要意义，则请求依然满足（a）款规定的要求。

"（c）时间——局长应该在下述期间内确定是否依据第321条规定提出的请求启动授权后重审程序：

"（1）收到第321条规定的初步答复后3个月内；或者

"（2）专利所有人没有作出初步答复的，则是应该提交该答复的期限届满之日起的3个月内。

"（d）通知——专利商标局局长应该书面通知请求人和专利所有人其根据（a）款或者（b）款规定作出的决定，并在可能的情况下尽快提供给公众查阅。通知应该包括重审开始的日期。

"（e）不得申诉或者起诉

"局长就是否启动本条规定的重审程序所作出的决定具有终局效力，不得再申诉或者起诉。

"§325. 与其他程序或者诉讼的关系

"（a）侵权民事诉讼——

"（1）民事诉讼排斥授权后重审

在提起授权后重审请求之日前，请求人或者利害关系人已经提起针对专利权利要求有效性的民事诉讼的，则不得再启动授权后重审。

"（2）民事诉讼中止

在请求人或者利害关系人提出授权后重审请求之日或者其后，又提起针对专利权利要求有效性的民事诉讼的，民事诉讼自动中止，直至下述情形的任何一时间：

"（A）专利所有人请求法院停止中止诉讼的；

"（B）专利所有人起诉或者反诉请求人或者利害关系人侵犯其专利权的；

"（C）请求人或者利害关系人请求法院驳回起诉的。

"（3）反诉的处理——针对专利权利要求有效性提出的反诉，不构成本款规定的针对专利权利要求有效性提起的诉讼。

"（b）临时禁令

专利授权后的3个月内提起民事诉讼主张专利侵权的，法院不能基于根据本章规定请求或者启动了授权后重审程序，而不再考虑专利所有人就专利侵权提出的发放临时禁令的请求。

"(c) 合并诉讼——如果针对同一专利，依据本章规定的要求提出了一个以上的授权后重审请求的，局长认为这些请求中一个以上的请求根据第 324 条的规定足以启动授权后重审程序的，则局长可以将其合并到一个授权后重审程序中。

"(d) 多个程序——尽管有第 135 条（a）款、第 251 条、第 252 条和第 30 章的规定，在本章授权后重审未决之时，在专利商标局启动了其他关于该专利的程序或者事件的，局长可以决定授权后重审、其他程序或者事件下一步该如何进行，包括决定中止、移交、合并或者终止程序或者事件。在决定是否启动或者决定进行本章或者第 30 章、第 31 章规定的程序时，局长可以考虑相同或者实质上相同的现有技术或者论证根据是否曾向专利商标局提出，如果提出过，局长可以驳回请求或者要求。

"(e) 禁止反言——

"(1) 专利商标局程序——根据本章规定提出对专利权利要求进行授权后重审而获得第 328 条（a）款规定的最终书面决定的请求人，或者请求人的利害关系人及与其有密切联系的人，不能再基于其在授权后重审中提出的或者应当提出的理由，针对同样的专利权利要求再向专利商标局请求启动程序或者维持另一程序。

"(2) 民事诉讼及其他程序——根据本章规定提出对专利权利要求进行授权后重审而获得第 328 条（a）款规定的最终书面决定的请求人，或者请求人的利害关系人及与其有密切联系的人，不能再基于其在授权后重审中提出的或者应当提出的理由，在全部或者部分根据第 28 编 1338 条规定提起的民事诉讼中，或者根据 1930 年关税法案第 337 条规定的在国际贸易委员会进行的程序中，主张该权利要求无效。

"(3) 重新核发专利——如果请求撤销重新核发的专利证书中的权利要求与原始专利证书中的权利要求相同或者小于其保护范围，同时又因为第 321 条（c）款规定的时间限制不允许就原始专利提出授权后重审的，则不能根据本章规定启动授权后重审。

"§326. 授权后重审的进行

"（a）规章——局长应该制定规章——

"（1）规定本章程序中的任何档案应该提供给公众查阅，除非任何请求或者文件的提交时具有予以保密的请求，如果附随保密请求，应当以该请求裁判结果所要求的保密形式处理。

"（2）设定标准，明确据以启动第 324 条（a）款和（b）款规定的授权后重审程序的充分理由。

"（3）确定提出请求后提交补充信息的程序。

"（4）规范本章规定的授权后重审程序，确定该程序与本法规定的其他程序之间的关系。

"（5）设定证据开示的标准和程序，包括将此类开示限定于与程序中的当事人提出的事实主张直接相关的证据。

"（6）规定如何处罚滥用证据开示程序、滥用程序过程或者其他不当利用程序的行为，如操纵程序或者导致不必要的程序拖延或者增加程序成本。

"（7）规定保护性命令，规范保密信息的交换或者提交。

"（8）规定在授权后重审程序启动后，专利所有人如何作出第 323 条规定的初步答复，要求专利所有人提交回应时必须通过宣誓书或者声明，提交事实证据或者专家意见以支持其回应。

"（9）设定程序和标准，允许专利所有人根据（d）款修改专利以撤销被质疑的专利权利要求或者提出替代权利要求，确保专利所有人为支持其作出（d）款规定的修改而提交的信息能够作为专利诉讼的一部分而提供给公众查阅。

"（10）规定任何一方当事人在程序进行过程中有权请求口头听证。

"（11）要求在局长通知启动本章规定的授权后程序之日起的 1 年内作出最后决定，如有正当理由，局长有权延长该 1 年期间，但不能超过 6 个月；在第 325 条（c）款规定的合并诉讼的情况下，局长有权调整本项规定的期限。

"（12）规定在局长设定的期限内，至少给请求人一次机会提交书面意见。

"（b）考虑因素——在制定本条规定的规章时，局长应当考虑规章对经济产生的影响、专利制度的完善、专利商标局的有效管理以及专利商标局及时完成按照本章规定启动程序的能力。

"（c）专利审理和申诉委员会

根据第 6 条的规定，专利审理与（和）申诉委员会审理根据本章规定启动后的授权后重审程序。

"（d）修改专利——

"（1）一般规定——在本章规定的授权后重审程序中，专利所有人可以通过以下一种或者几种方式提出修改专利的请求——

"（A）删除被质疑的专利权利要求；

"（B）针对每一项被质疑的专利权利要求，提出合理数量的替代权利要求。

"（2）额外请求——仅在请求人和专利所有人为根本上促成第 327 条规定的和解而共同提出时，或者专利所有人基于正当理由提出时，才可以提出额外的修改专利请求。

"（3）权利要求的范围——根据本章规定修改专利的，不能扩大专利的权利要求范围或者加入新的主题。

"（e）证据标准

在按照本章规定启动的授权后重审程序中，请求人负有以优势证据证明其不具备专利性主张成立的举证责任。

"§327. 和解

"（a）一般规定——根据请求人和专利所有人的共同请求，本章规定的授权后重审程序可以终止，除非专利商标局在终止程序的请求提交之前已经就程序的实体问题作出了决定。如果授权后重审是根据本条规定终止的，不能因请求人启动了授权后重审程序而对请求人、请求人的利害关系人及与其有密切联系的人适用第 325 条（e）款规定的禁止反言。如果授权后重审程序中不再有请求人的，则专利商标局要么作出终止的决定，要么直接作出第 328 条（a）款规定的最终书面决定。

"（b）书面协议——专利权人与请求人间的任何协议或者合同，包括此协议或者合同中提到的任何附属协议，只要是关于或者试图终止双方重审程序的，都应以书面形式作出，且此协议或者合同的原件应在终止该双方重审程序之前提交专利商标局。基于该程序一方的请求，该协议或者合同要作为商业秘密对待，应与所涉及专利的档案分开保存，只能应联邦政府机构的书面请求而提供，或者向有合理理由的人提供。

"§328. 专利审理和申诉委员会的决定

"（a）最终书面决定——根据本章规定启动授权后重审程序，又没有驳回的，专利审理和申诉委员会应该就请求人质疑的专利权利要求的可专利性以及根据第 326 条（d）款新加的权利要求作出最终书面决定。

"（b）证书——如果专利审理和申诉委员会依（a）款作出最终书面决定，并且上诉期间已经届满或者任何上诉已经终止，局长应颁发并公布证书，以删除最终判定为不具可专利性的专利权利要求、明确最终判定为具有可专利性的权利要求、及确认将判定为具有可专利性的新的或者已修改的权利要求加入该专利中。

"（c）介入权利——根据本章所述的授权后重审程序，任何被判定为可专利性的、修改后或者新加入的权利要求，对于任何在本条（b）款规定的颁发证书之前在美国境内制造、购买、使用或者向美国进口任何依修改后的权利要求或者新权利要求获得保护的产品，或者为之作好充分实施准备的的主体，将具有与第 252 条规定的再颁专利相同的效力。

"（d）重审审理期限的数据——专利商标局应向公众公开（a）款规定的每一授权后重审程序自提起至作出最终书面决定所用时间长度的数据。

"§329. 上诉——

"不服专利审理和申诉委员会根据第 328 条（a）款规定作出

的最终书面决定的当事人，可以根据本法第 141 条至第 144 条的规定提起上诉。授权后重审程序的当事人都有权成为上诉的当事人。"

(e) 一致性修改

第 35 编第 III 部分的目录进行修改，在最后增加以下内容：

"32. 授权后重审 ·· 321"

(f) 规章和生效日期

（1）规章——局长在不晚于本法案颁布日后的 1 年，通过制定该规章以执行第 35 编第 32 章，即通过本小节（d）款所增加的内容。

（2）适用范围——

（A）一般规定——基于（d）款所作的修改应当在本法案颁布之日起的 1 年的期限届满之日后生效；除本法案第 18 节和第（3）项的规定外，其应当仅适用于本法案第 3 节（n）款（1）项中所描述的专利。

（B）限制——在基于（d）款进行修改生效的前四年的每一年的期间内，局长会针对依据美国法典第 35 编第 32 章提出的授权后重审的数量加以限制。

（3）未决的抵触审查

（A）一般程序——局长应当确定，包括通过第（1）款规定的规章规定，第（2）款（A）项中规定的生效日之前开始的抵触程序审查要继续进行，包括这些抵触程序是否——

（i）被撤回不会对由第 35 编第 32 章规定的授权后重审请求的提出产生影响；或者

（ii）将正常进行就如同本法案没有被颁布一样。

（B）由专利审理和申诉委员会启动的程序——基于抵触程序的目的，该抵触程序在第（2）款（A）项规定的有效日之前开始，局长应当认为专利审理和申诉委员会是专利申诉和抵触委员会，并且允许专利审理和申诉委员会在抵触审查程序中进行任何更进一步的程序。

（C）申诉——对于申诉或者在第 35 编第 141 条（d）款和第 146 条中规定的并经该法案修改的溯源程序的授权，以及在第 28 编第 1295 条（a）款（4）项（A）目中规定的并经本法案修改的确认申诉的管辖权可被认为会延伸出一个抵触审查程序中的任何最终决定，该抵触审查在该条的第（2）项（A）目中提出的有效日之前开始并且不会依据该段内容被撤回。

（g）现有技术的引用和书面声明

（1）一般规定——美国法典第 35 编第 301 条作如下修改：

"§301. 现有技术的引证及书面声明

"（a）一般规定——任何时候任何人可以以书面方式向专利商标局引证如下文件：

"（1）此人相信与专利的任何一项权利要求的可专利性有关的其他专利或者印刷出版物中的现有技术；或者

"（2）专利所有人为确定特定专利的权利要求范围而在联邦法院或者专利商标局程序中提交的声明。

"（b）官方档案——根据（a）款规定引证现有技术或者书面声明的人如果提交了书面解释，解释该现有技术或者书面声明适用于专利的至少一项权利要求的相关性和方式，则现有技术或者书面声明连同该书面解释将成为专利官方档案的一部分。

"（c）其他信息——根据（a）款（2）项提交了书面声明的当事人，应该同时提交在该书面声明适用的程序中的其他任何与书面声明相关的文件、诉状或者证据。

"（d）限制——根据（a）款（2）项提交的书面声明、根据（c）款提交的其他信息，仅能用于专利商标局来确定根据第 304 条、第 314 条或者第 324 条规定或者启动的程序中涉及的专利权利要求的正确含义。如果该书面声明或者其他信息受保护令的保护，要对该声明或者信息进行编辑修改，以排除受保护的信息。

"（e）保密——根据引证该现有技术的主体的书面请求，专利档案可以不记录其身份而对其身份保密。"

（2）一致性修改——美国法典第 35 编第 30 章的目录中涉及

第301条的部分作如下修改：

"§301. 现有技术的引用及书面声明"。

（3）生效日期——本款所作的修改将在本法案颁布1年后开始生效，并将适用于生效日当天及之前或者之后授权的任何专利。

（h）再审

（1）局长决定的事项——

（A）一般规定——美国法典第35编第303条（a）款作如下修改：删除"本法第301条"，并加入"本法第301条或者第302条"。

（B）生效日期——本项的修改将在本法案颁布1年后开始生效，并将适用于生效日当天及之前或者之后授权的任何专利。

（2）上诉——

（A）一般规定——删除美国法典第35编第306条中的"145"，并加入"144"。

（B）生效日期——本项的修改将在本法案颁布之日起生效，并适用于任何在专利申诉和抵触委员会或者专利审理和申诉委员会中正在处理的或者之前、之后提出的关于提请再审的申诉。

第7节　专利审理和申诉委员会

（a）组成及职责

（1）一般规定——美国法典第35编第6条作如下修改：

"§6. 专利审理和申诉委员会

"（a）一般规定——专利商标局内部应当设置专利审理和申诉委员会。委员会由专利商标局局长、副局长、专利局长、商标局长以及专利行政法官组成。专利行政法官应该具有能胜任的法律知识和科学水平，并由商务部长会商专利商标局局长后任命。在联邦法律、行政命令、规则、规章、授权或者任何文件中，凡提到专利申诉与抵触委员会或者与其有关的，都视为是关于专利审理和申诉委员会的规定。

"（b）职权——专利审理和申诉委员会应该：

"（1）依据第 134 条（a）款的规定，依申请人的书面申诉，对于审查员作出的不利于专利申请的决定进行再审；

"（2）依据第 134 条（b）款的规定，对针对再审提出的申诉进行再审；

"（3）依据第 135 条的规定，处理溯源程序；

"（4）依据第 31 章和第 32 章的规定，审理双方重审和授权后重审。

"（c）三人合议小组——专利审理和申诉委员会审理申诉、溯源程序、授权后重审和双方重审时，需要组成至少 3 人的合议庭审理，成员由局长指定。只有专利审理和申诉委员会有权准予重新审理。

"（d）在先任命的处理——商务部长可以根据自己判断，视为专利行政法官的任命是从专利商标局局长起初任命其在本款生效前担任相应职务的时间开始生效的。对专利行政法官的任命提出异议的，专利行政法官曾被专利商标局局长任命并作为实际行使职权的官员这一事实构成抗辩事由。"

（2）一致性修改——美国法典第 35 编第 1 章涉及第 6 条的目录修改如下：

"§6. 专利审理和申诉委员会"

（b）行政申诉

美国法典第 35 编第 134 条作如下修改：

（1）删除（b）款中的"任何再审程序"，同时加入"再审"；

（2）删除（c）款。

（c）巡回上诉

（1）一般规定——

美国法典第 35 编第 141 条作如下修改：

"§141. 向美国联邦巡回上诉法院上诉

"（a）审查——申请人依据本法第 134 条（a）款的规定向专利审理和申诉委员会提出申诉，但对该委员会作出的决定不服的，可以向美国联邦巡回上诉法院提出上诉，并因此放弃其继续本法第 145 条规定的程序的权利。

"(b) 再审——根据本法第 134 条（b）款的规定针对再审提出申诉后，专利所有人对专利审理和申诉委员会就申诉作出的决定不服的，只能上诉到美国联邦巡回上诉法院。

"(c) 授权后重审以及双方重审——双方重审或者授权后重审的一方当事人，对专利审理和申诉委员会根据第 318 条（a）款或者第 328 条（a）款作出的最后书面决定不服的，只能上诉到美国联邦巡回上诉法院。

"(d) 溯源程序——溯源程序的当事人不服专利审理和申诉委员会的最终决定的，可以向美国联邦巡回上诉法院上诉；但在上诉人依照本法第 142 条发出上诉后的通知 20 天内，另一方当事人向局长提交通知，声明愿意按照本法第 146 条所规定的程序处理时，法院应驳回上诉。上诉人应当在对方当事人发出通知后的 30 天内依照第 146 条的规定提起民事诉讼，否则，专利审理和申诉委员会的决定适用于本案以后的程序。"

（2）司法管辖——美国法典第 28 编第 1295 条（a）款（4）项（A）目修改如下：

"(A) 按照第 35 编专利商标局的专利审理和申诉委员会受理专利申请、溯源程序、再审、授权后重审以及双方重审等程序，在有权参与这些适用的程序的当事人请求时该委员会启动这些程序，除非溯源程序的请求人或者一方当事人按照美国法典第 35 编第 145 条或者第 146 条寻求民事救济；对该委员会按照本款作出的对专利申请或者溯源程序的决定不服提起上诉的，相关申请人或者当事人应当放弃按照美国法典第 35 编第 145 条或者第 146 条享有的程序权利。"

（3）上诉程序——美国法典第 35 编第 143 条作如下修改：

（A）删除第三句话并添加"如果是单方案件，专利商标局局长应把针对上诉争议中的所有问题说明专利商标局作出决定的理由以书面形式提交给法院。专利商标局局长有权介入针对专利审理和申诉委员会按照第 135 条规定的溯源程序作出的决定提起的上诉，也有权介入针对按照第 31 章、第 32 章规定的双方重审和授权后重审程序作出的决定提起的上诉。"

（B）删除最后一句话。

（d）一致性修改

（1）1954 年原子能法案——1954 年原子能法案（42U. S. C. 2182）第 152 条第三自然段段作如下修改：

（A）删除所有的"专利上诉与抵触委员会"的表述，并加入"专利审理和申诉委员会"；

（B）在"为抵触程序设立"后添加"和溯源程序"。

（2）美国法典第 51 编——美国法典第 51 编第 20135 条作如下修改：

（A）在（e）款和（f）款，删除所有的"专利上诉与抵触委员会"的表述，并加入"专利审理和申诉委员会"；

（B）(e）款中，在"为抵触程序设立"后添加"和溯源程序"。

（e）生效日期

除了以下特殊规定外，本节的修改将在本法案颁布 1 年后开始生效，并将适用于该生效日及以后发生的程序：

（1）美国联邦巡回上诉法院对针对专利审理和申诉委员会按照（c）款（2）项所作修改的再审作出的决定提出的上诉具有司法管辖权的规定，视为从本法案颁布之日起开始生效，适用范围扩大至本法案颁布之日及之前和之后专利上诉与抵触委员会就再审作出的决定；

（2）美国法典第 35 编第 6 条、第 134 条、第 141 条在按照本节规定的生效日期前将继续适用根据生效日前第 35 编第 311 条规定提出的双方再审请求。

（3）在本节规定的生效日前，为了按照美国法典第 35 编第 311 条提出的双方再审请求的目的，专利审理和申诉委员会可以被视为专利上诉与抵触委员会。

（4）根据本节第（c）款（3）项所作修改，局长有权根据美国法典第 35 编第 143 条的第四句话之规定介入针对专利审理和申诉委员会所作决定提出的上诉，该权利将被视为适用于本节修改生效日前根据第 35 编第 311 条提出的双方再审请求。

第 8 节　第三人在颁发专利证书前提交现有技术文献

（a）一般规定

在美国法典第 35 编第 122 条结尾处增加以下内容：

"（e）第三人在颁发专利证书前提交现有技术文献

"（1）一般规定——在下述（A）目和（B）目规定的两个日期中较早日期之前，任何第三人都可以提交任何与某一项专利申请审查有关专利、公开的专利申请或者其他印刷出版物，以便上述内容能够被纳入该专利申请的审查记录中并被考虑：

"（A）第 151 条准许的专利申请的通知发出或者寄送之日；

"（B）下述日期中的较迟日期：

"（i）专利商标局根据第 122 条的规定首次公开专利申请后满 6 个月；

"（ii）专利申请审查过程中，审查员根据第 132 条的规定首次驳回任何一项权利要求之日。

"（2）其他要求——按照第（1）项规定提交的材料须满足下列条件：

"（A）简要描述每一份提交材料的相关性；

"（B）附随缴纳局长规定的费用；

"（C）要包括提交人的一份声明，确认是遵照本节规定提交的材料。"

（b）生效日期

本节所作修改将在本法案颁布 1 年后开始生效，并将适用于生效之日及之前或者之后提出的任何专利申请。

第 9 节　地　　点

（a）与地点有关的技术性修订

美国法典第 35 编第 32 条、第 145 条、第 146 条、第 154 条

（b）款（4）项（A）目、第 293 条以及 1946 年商标法案第 21 条（b）款（4）项［15U.S.C.1071（b）（4）］作如下修改：删除所有的"美国哥伦比亚联邦地区法院"，并加入"弗吉尼亚东区联邦地区法院"。

（b）生效日期

本节所作修改将在本法案颁布之日起生效，并将适用于生效之日及之后的任何民事行为。

第 10 节　费用设定机构

（a）费用设定

（1）一般规定

专利商标局局长可以设定或者调整任何按照美国法典第 35 编或者 1946 年商标法案中与设定、授权或者征收费用有关的规定，该费用是按照第（2）项规定为了专利商标局提供的服务或者发放的材料而收取的。

（2）弥补成本的费用

按照第（1）项规定设定或者调整的费用只能用于弥补专利商标局与专利或者商标有关的程序、活动、服务或者材料付出的成本，包括与专利或者商标有关的专利商标局的行政成本。

（b）小型和微型企业

按照第（1）项规定设置或者调整的用于专利申请及专利的申请、检索、审查、发放证书、上诉及维持的相关费用，对于符合美国法典第 35 编第 41 条（h）款（1）项规定的小型企业定义的，给予 50% 的减免；对于符合第 123 条［本节新增的（g）］规定的微型企业定义的，给予 75% 的减免。

（c）某一财政年的费用减免

在每一个财政年度，局长应当：

（1）咨询专利公共咨询委员会及商标公共咨询委员会就（a）款规定的各项费用的减免的可行性；

（2）在进行第（1）项要求的咨询后，可以减免此类的费用。

(d)　公共咨询委员会的角色

局长应该：

（1）在联邦公报上公告任何按照（a）款规定的费用之前不少于45天，将拟建议公告的费用提交给专利公共咨询委员会或者商标公共咨询委员会，或者两者都提交；

（2）（A）为按照第（1）项的相关咨询委员会提供30天的时间以便委员会考虑及评估该项建议的费用；

（B）要求相关咨询委员会在30天内就该收费建议举行公众听证会；

（C）协助相关咨询委员会举行公众听证会，包括提供专利商标局可用的资源以通知和促进面向公众和利益相关者的听证会。

（3）要求相关咨询委员会向公众公开包含该委员会就此项建议费用具体详细的评论、意见和建议的书面报告。

（4）在设定或者调整费用之前，考虑和分析来自相关咨询委员会的任何评论、意见和建议。

(e)　在联邦公报上的公开

（1）公开及合理性——专利商标局局长应该：

（A）在联邦公报上按照本部分公开任何建议的费用变化；

（B）在联邦公报上公开时，应包括对该建议特定的合理性和目的的说明，包括从建议费用的变化可能带来的预期或者收益；

（C）最迟不晚于按照（A）目的公开之日，应通过参议院和众议院司法主席和高级成员委员会，通知国会此项建议的费用变化。

（2）公众评论阶段——局长按照第（1）项在联邦公报公开后，应该为公众提供不少于45天就该项费用变化提交评论的时间。

（3）最终规定的公开——设定或者调整费用的最终规定应该在联邦公报及专利商标局官方公报上公开。

（4）议会评议阶段——在下列情况下，依（a）款设定或者调整费用的行为无效：

（A）局长依第（3）项规定公布调整或者设定费用最终规则之日起未满 45 天，或者

（B）有相关法律规定不支持调整或者设定上述费用。

（5）解释规则——本节的规则不得剥夺下列权利：

（A）依美国法典第 35 编申请专利的权利以及依 1946 年商标法案申请商标的权利；

（B）依所缔结的条约获得的权利。

（f）权力的保留

只有当专利商标局是商务部的一个部门时，局长才保留（a）款规定的设定或者调整费用的权力。

（g）小企业的定义

"（1）一般规定——美国法典第 35 章第 11 章的最后加入如下新的部分：

"§123. 微型实体定义

"（a）一般规定——本法所规定的微型实体指，申请人能证明自己符合下列条件：

"（1）局长制定的规章中规定的小型实体；

"（2）作为发明人提交的过往申请不超过 4 件，但在国外提交的申请、第 111 条（b）款规定的临时申请、依据第 351 条（a）款中的条约规定提出的且尚未缴纳第 41 条（a）款规定的国内基本费用的国际申请不计算在内；

"（3）按照 1986 年国内收入法第 61 条（a）款定义的标准，其缴纳相关费用的日历年度的前一个日历年度的总收入，不超过据人口调查局最新数据统计的该前一个日历年度的中等家庭收入的 3 倍；

"（4）没有向以下主体转让、许可或者根据合同或者法律规定转让、许可申请中的有关所有权益：在缴纳相关费用的日历年度的前一个日历年度，其总收入超过据人口调查局最新数据统计的该前一个日历年度的中等家庭收入的 3 倍。

"(b) 因原来所属的雇佣关系而产生的专利申请——如果申请人根据其原来所属的雇佣关系已经转让或者根据合同、法律转让了其专利申请中的一切所有权的，在计算（a）款第（2）项规定的作为发明人的申请数量时，不将此类情况计算在内。

"(c) 外汇汇率——如果申请人或者申请单位的前一个日历年度总收入不是以美元计算的，则以美国国税局统计的前一日历年度的平均汇率计算其总收入是否超过（a）款第（3）、第（4）项规定的标准。

"(d) 高等教育机构——本条所指微型实体应包括证明其满足下述条件的申请人：

"(1) 申请人获得主要收入来源的雇主是1965年美国高等教育法案第101条（a）款［美国法规汇编第20编1001条（a）款］规定的高等教育机构；或者

"(2) 申请人已经将特定申请中的所有权转让、许可或者根据合同、法律规定有义务将其转让、许可给上述高等教育机构的。

"(e) 局长的权力——除本节规定的限制外，若基于避免给其他申请人或者所有人带来不利影响的需要，或者其他必要而适当的考虑，局长认为在认定微型实体方面需要增加收入限制、年度申请量限制或者其他限制的，其可以依职权作出进一步限制。至迟在这些附加限制生效前的3个月，局长应该通知众议院司法委员会和参议院司法委员会。"

（2）一致性修改——美国法典第35编第11章目录中加入如下新的条目：

"123. 微型实体定义"。

(h) 电子申请奖励措施

（1）一般规定——虽然本节有其他相关规定，但除申请外观设计、植物专利或者进行临时申请外，凡不按局长规定的电子方式申请新专利申请者，均需缴纳400美元的附加费用。满足美国法典第35编第41条（h）款（1）项规定的费用减免条件的小型实体，在按本款规定缴纳费用时可享受 50％的费用减免。按本款规定收取的所有费用将以一种抵消收据的形式存入财政部，但不得用于抵消债务和支出。

（2）生效日期——本款将于本法案颁布之日起 60 天期限届满后生效。

（i）生效日期；废止日期

（1）生效日期——除了（h）款规定的内容，本部分其他内容及修改于本法案颁布之日起生效。

（2）废止日期——局长设定或者调整（a）款所述费用的权力，将于本法颁布之日起 7 年期限届满后终止。

（3）不受影响的在先规定——相关权力正式终止前，或者相关规则制定程序尚未完结前，本节所涉在先规定不受影响。

第 11 节　专利服务费用

（a）一般专利服务

美国法典第 35 编第 41 条（a）款、（b）款作如下修改：

"（a）一般费用——专利商标局局长应收取如下费用：

"（1）申请费与国家阶段基本费用

"（A）提交新专利申请（外观设计、植物专利及临时申请除外），每件 220 美元；

"（B）提交新的外观设计专利申请，每件缴纳 220 美元；

"（C）提交新的植物专利申请，每件缴纳 220 美元；

"（D）提交新的临时专利申请，每件缴纳 220 美元；

"（E）提交再颁专利的申请，每件缴纳 330 美元；

"（F）根据本编第 351 条（a）款所定义的条约，进入到本编第 371 条规定的国家阶段时提交国际申请的国家阶段的基本费用，每件缴纳 330 美元。

"（G）此外，除以局长规定的电子媒介提交的序列表或者计算机程序列表外，任何申请的说明书和附图超过 100 页纸（或者，如果是以电子媒介提交的，按局长规定的相当的数值）的，每超过 50 页纸（或者，如果是以电子媒介提交的，按局长规定的相当的数值）加收 270 美元；不足 50 页的，按 50 页计算。

"（2）权利要求附加费：

"（A）一般规定——除上述（1）项规定的费用外：

"（i）申请提交时或者在其他任何时候提出独立权利要求超过 3 项的，每增加 1 项，需缴纳 220 美元；

"（ii）申请提交时或者在其他任何时候提出权利要求（不论是独立的还是从属的）超过 20 项的，每增加 1 项，需缴纳 52 美元；

"（iii）包含多项从属权利要求的申请，每件需缴纳 390 美元。

"（B）多项从属权利要求——为计算（A）目的费用，本编第 112 条所述的多项从属权利要求或者从属于该权利要求的任何权利要求，在计算权利要求的数目时，应作为单独的从属权利要求考虑。

"（C）退费；误缴——局长可以通过规章规定，（A）目所规定的对权利要求的费用，在根据本编第 131 条按局长所规定的、对申请进行实质审查以前，任何权利要求被删除的，有关部分的费用可以退还。根据本项规定收取的附加费用存在有错误的，可以按照局长制定的规章予以纠正。

"（3）审查费：

"（A）一般规定：

"（i）新专利申请的审查（外观设计专利申请、植物专利申请、临时专利申请或者国际申请除外），每件缴纳 220 美元。

"（ii）新的外观设计专利申请的审查，每件缴纳 140 美元。

"（iii）原始植物专利申请的审查，每件缴纳 170 美元。

"（iv）国际申请国家阶段的审查，每件缴纳 220 美元。

"（v）再颁专利的申请的审查，每件缴纳 650 美元。

"（B）其他费用条款的适用——本编第 111 条（a）款（3）项和（4）项关于缴纳申请费的规定，适用于根据本编第 111 条（a）款提出的申请的（A）目规定的费用的缴纳。本编第 371 条

（d）款关于缴纳国家阶段费用的规定适用于（A）目所规定的国际申请费用的缴纳。

"（4）授权费：

"（A）授予原始专利（外观设计专利和植物专利除外），每项缴纳 1 510 美元。

"（B）授予原始的外观设计专利，每件缴纳 860 美元。

"（C）授予原始的植物专利，每件缴纳 1 190 美元。

"（D）授予再颁专利，每件缴纳 1 510 美元。

"（5）弃权费——放弃权利的，每件申请缴纳 140 美元。

"（6）申诉费：

"（A）就审查员的决定向专利审理和申诉委员会提起申诉，每件缴纳 540 美元；

"（B）此外，为支持申诉而提交案情摘要，每件 540 美元，在申诉中请求专利审理和申诉委员会举行口头听审会，每次缴纳 1 080 美元。

"（7）恢复费——恢复一份被无意放弃的专利申请、恢复被无意延误的授权费的缴纳，或者恢复被专利所有人在再审程序中无意延误的一次答复，每次恢复请求缴纳 1 620 美元，除非请求是根据本编第 133 条或者第 151 条提出的，在此种情形下，恢复费是每次 540 美元。

"（8）延展费——请求延展 1 个月时间，以便完成局长要求在一定期限内完成的某行为，需缴纳下列费用：

"（A）提出第 1 次请求，缴纳 130 美元；

"（B）提出第 2 次请求，缴纳 360 美元；

"（C）提出第 3 次请求及其后的各次申请，每次缴纳 620 美元。

"（b）维持费：

"（1）一般规定——为维持 1980 年 12 月 12 日及以后提交的申请所授予的一切专利有效，局长征收下列费用：

"（A）授权满 3 年 6 个月的，缴纳 980 美元；

"(B) 授权满 7 年 6 个月的，缴纳 2 480 美元；

"(C) 授权满 11 年 6 个月的，缴纳 4 110 美元。

"(2) 宽限期；滞纳金——如果美国专利商标局在规定的维持费应缴纳之日或者该日以前、或者在该日以后的 6 个月宽限期内没有收到该维持费的，专利将自宽限期届满日后失效。在 6 个月宽限期内缴纳的维持费的，局长可以要求缴纳滞纳金作为条件。

"(3) 外观设计专利与植物专利不需缴纳维持费——不得规定征收任何费用以维持外观设计专利或者植物专利有效。"

(b) 延误缴纳维持费

美国法典第 35 编第 41 条（c）款作如下修改：

（1）删去"(c)（1）局长"并加入"(c) 延误缴纳维持费"，"(1) 接受——局长"；

（2）删去"(2) 一件专利"并加入"(2) 对其他权利的影响——一件专利"。

(c) 专利检索费

美国法典第 35 编第 41 条（d）款中（c）专利检索费部分修改如下：

"(d) 专利检索和其他费用：

"(1) 专利检索费

"(A) 一般规定——局长应当按照（B）目规定对每份专利申请（临时申请除外）征收一笔检索费。局长应该调整收费金额，以确保其根据本款规定收取的费用不超过专利商标局工作人员检索申请估计所需平均费用。

"(B) 特定费用——上述（A）目所述费用如下：

"(i) 新专利申请（外观设计专利申请、植物专利申请、临时申请或者国际申请除外），每件 540 美元。

"(ii) 新外观设计专利申请，每件缴纳 100 美元。

"(iii) 新植物专利申请，每件缴纳 330 美元。

"(iv) 国际申请的国家阶段，每件缴纳 540 美元。

"（v）再颁专利的申请，每件缴纳540美元。

"（C）其他费用条款的适用：

本编第111条（a）款第（3）、第（4）项关于提交申请缴纳费用的规定，应适用于根据本编第111条（a）款提交的申请关于本项规定费用的缴纳。本编第371条（d）款关于缴纳国家阶段费用的规定，应适用于国际申请有关本项规定费用的缴纳。

"（D）退款——局长可以通过规章规定，根据第131条对申请进行审查以前，对按照局长的规定提交书面声明明示放弃该申请的申请人，应退还本项规定的有关部分费用。

"（2）其他费用：

"（A）一般规定——局长除对下列服务征收下列费用外，对本条没有具体规定有关专利的所有其他处理、服务或者材料，也应制订征收费用，以收回专利商标局为此种处理、服务或者材料所平均花费的可估计的成本：

"（i）对影响财产权利的文件记录，每项财产40美元。

"（ii）影印文本，每页0.25美元。

"（iii）专利的黑白复印件，每份3美元。

"（B）向图书馆提供印刷文本的费用——专利局向本编第12条所述的图书馆提供1年内颁发的所有专利说明书和附图的、不需认证的印刷文本，为每年50美元。"

（d）针对小型实体的费用

美国法典第35编第41条（h）款作如下修改：

"（h）针对小型实体的费用——

"（1）减收费用——在符合本款（3）项的规定下，根据本条（a）款、（b）款和（d）款（1）项规定所征收的费用，在其适用于根据小企业法第3条所定义的任何小企业，以及适用于局长颁布的规章所定义的任何独立发明人或者非营利组织时，应当减收50％。

"（2）滞纳金和其他费用——根据（c）款或者（d）款所征收的滞纳金或者费用，在其适用于本款（1）项所述的任何实体时，不应高于任何其他实体在相同或者实质上相同情况下所负担的滞纳金或者费用。

"（3）电子申请减收费用——根据（a）款（1）项（A）目所征收的费用，在其适用于（1）项所适用的任何实体时，如果其申请是依局长所规定的电子方式提交的，应当减收 75％。"

（e）技术性修改

美国法典第 35 编第 41 条作如下修改：

（1）在（e）款第一句中删去"局长"并加入"弃权费；通知复印件"；

（2）在（f）款删去"费用"并加入"调整费用——费用"；

（3）废止（g）款

（4）在（i）款中

（A）删去"（i）（1）局长"并加入如下内容："（i）电子专利和商标数据——

"（1）数据保存——局长"；

（B）删去"（2）局长"并加入如下内容："（2）自动检索系统的可用性——局长"；

（C）删去"（3）局长"并加入如下内容："（3）系统使用费用——局长"；

（D）删去"（4）局长"并加入如下内容：

"（4）向国会的年度报告 ——局长"

（f）商标费用调整

2005 统一拨款法案（公法 108-447）B 部分第 802 条（a）款修改如下：

（1）在第一句话中，删除"在 2005 年、2006 年和 2007 财政年度，"，以及加入"直到局长以其他方式设定或者调整该费用之时，"；以及

（2）在第二句话中，删除"在 2005 年、2006 年和 2007 财政年度，该"以及加入"该"。

(g) 生效日期、适用性以及过渡条款

2005 统一拨款法案（公法 108-447）B 部分第 802 条（a）款修改如下：删除"将仅适用于 2005 财政年度剩余时间和 2006 财政年度"。

(h) 优先审查费用

（1）一般规定——

（A）费用

（i）优先审查费用——根据美国法典第 35 编第 2 条（b）款（2）项（G）目请求优先审查发明或者植物专利新的非临时申请的，需缴纳 4 800 美元。

（ii）其他费用——除根据第（i）段的优先审查费用外，请求优先审查的费用还包括该专利申请的申请、检索和审查费（包括任何适用的对超出的权利要求数量和申请篇幅需缴纳费用）、程序费和出版费。

（B）规章；限制——

（i）规章——局长可通过规章规定接受（A）项请求的条件，以及可接受优先审查申请的数量。

（ii）权利要求的限制——在（i）款规定的规章出台之前，请求优先审查的申请不得包含或者修改后包含超过 4 项独立权利要求或者超过 30 项总权利要求。

（iii）请求总量的限制——在本段规定的规章设置其他限制之前，局长在每个财政年度内可以接受不超过 10 000 件请求。

（2）针对小型实体的减收费用——对于符合美国法典第 35 编第 41 条（h）款（1）项减收费用的小型实体，局长应为新实用专利或者植物专利非临时申请的优先审查请求减收 50% 的费用。

（3）费用保管——本款下的所有费用将归于美国专利商标局拨款账户，在用完之前应保持可利用状态，且仅能用于美国法典第 35 编第 42 条（c）款（3）项（A）目规定的目的。

（4）生效日和终止——

（A）生效日——本款将在本法案颁布10天后生效。

（B）终止——第一次就费用行使第10节职权，对第（1）项（A）目（i）段规定的费用进行设定或者调整生效后，第（1）项（A）目（i）段征收的费用、以及第（2）项规定的减收费用终止。

（i）拨款账户转移费用

（1）附加费：

（A）一般规定——美国法典第35编第41条（a）款、（b）款和（d）款（1）项以及第132条（b）款征收或者批准的所有费用，均有15％的附加费，该费用通过标准计算规则四舍五入计算。本款征收的附加费为、且应当理解为，是与本法案或者任何其他法律规定所征收的任何其他附加费用不同、且是在此之外的附加费。

（B）金额保管——根据（A）目征收附加费所得金额应归于美国专利商标局拨款账户，在用完之前应保持可利用状态，且仅能用于美国法典第35编第42条（c）款（3）项（A）目规定的目的。

（2）附加费的生效日和终止——（1）项中规定的附加费：

（A）将在本法案颁布日10天后生效；

（B）在根据本法案第10节的授权第一次对费用进行的设定或者调整生效后，（1）项（A）目规定的附加费将终止。

（j）生效日期

除本节另有规定外，本节及由本节作出的修改将在本法案颁布日起生效。

第12节　补充审查

（a）一般规定

修改美国法典第35编第25章，在其末尾加入以下内容：

"§257. 补充审查以考虑、重新考虑或者更正信息

"（a）补充审查的请求——根据局长设定的条件，专利权人可请求专利商标局对其专利进行补充审查，以考虑、重新考虑或

者更正认为与该专利有关的信息。自收到符合本节要求的补充审查请求之日起 3 个月内，局长应当进行补充审查，并应当通过颁发证书，指出该请求提供的信息是否提出了有关可专利性的实质性的新问题，从而结束该补充审查。

"（b）再审命令——（a）款中颁发的证书指出请求中提供的一项或者多项信息提出了可专利性的实质性新问题的，局长应当命令对该专利进行再审。除了专利权人不得根据第 304 条提交声明外，再审应当根据第 30 章设立的程序进行。在再审中，局长应当处理补充审查中确定的每一个可专利性实质性新问题，不受第 30 章中有关专利及印刷出版物、或者该章任何其他此类规定的限制。

"（c）效力：

"（1）一般规定——在专利再审中考虑、重新考虑或者更正了相关信息的，不应当以原审程序中该信息未被考虑、未被充分考虑或者错误为由，确定该专利不可实施。是否存在（a）款规定提出请求，不影响第 282 条规定的该专利的可实施性。

"（2）例外——

"（A）先前主张——在根据（a）款规定的补充审查请求日之前，已经在民事诉讼中明确提出的权利主张，或者专利权人收到联邦食品、药品和化妆品法案第 505 条（j）款（2）项（B）目（iv）（II）段 ［21 U. S. C. 355（j）（2）（B）（iv）（II）］ 规定的通知书明确指出的权利主张，如果补充审查请求所考虑、重新考虑或者更正的信息构成该权利主张的基础，则第（1）项的规定不适用；

"（B）专利实施诉讼——在根据 1930 年关税法第 337 条（a）款 ［19 U. S. C. 1337（a）］ 或者本法第 281 条规定提起的诉讼中，第（1）项不适用于在该诉讼中基于（a）款规定的补充审查请求所考虑、重新考虑或者更正的信息提出的抗辩，除非依照该请求的补充审查或者所命令的再审在诉讼提起之前已结案。

"（d）费用和规章——

"（1）费用——局长应当通过规章确定提交专利补充审查请求，以及考虑所提请求中每一项信息应当缴纳的费用。根据（b）款命令再审的，除了补充审查费用外，申请人还应当缴纳第30章规定的单方再审程序的费用。

"（2）规章——局长应当制定规章，规范补充审查请求的格式、内容和其他要求，并确定审查请求所提交信息的程序。

"（e）欺骗行为——在本条规定的补充审查或者再审程序中，局长发现就补充审查的专利有人对专利商标局实施了实质性欺骗行为的，局长可以采取任何其有权采取的措施，包括作为本条再审的结果撤销根据第307条应认为无效的任何权利要求，除此之外，还应当将该问题移送至首席检察官，由其作出相应的处理。任何此类移送应当保密，不应当包括在专利文件中，并且除非美国政府对与该移送有关的人员进行了刑事指控，否则移送不应向社会公开。

"（f）解释规则：

本条中任何内容均不能理解为——

"（1）排除刑法或者反托拉斯法规定的处罚（包括美国法典第18编第1001条（a）款、克莱顿法案第1条以及联邦贸易委员会法案第5条中有关不公平竞争行为的规定）的适用；

"（2）限制局长调查与专利商标局实体或者程序相关的可能存在的不当行为，以及对不当行为进行处罚；

"（3）限制局长根据第3章的规定，制定处罚代理人在专利商标局不当行为的规章。"

（b）一致性修改

修改美国法典第35编第25章的目录，在其末尾增加以下内容：

"§257条．补充审查以考虑、重新考虑或者更正信息"

（c）生效日期

本节所作修改将在本法案颁布之日起1年后生效，并将适用于该生效日之前、当天及之后授权的任何专利。

第 13 节 基金协议

(a) 一般规定

对美国法典第 35 编第 202 条（c）款（7）项（E）目（i）段作如下修改：

（1）删除"75％"并加入"15％"；

（2）删除"25％"并加入"85％"；

（3）删除"上述（D）目中所述的"并加入"本目中所述的"。

(b) 生效日

本节所作修改将在本法案颁布日生效，并将适用于该生效日之前、当天及之后的授权的任何专利。

第 14 节 在现有技术中考虑的税收策略

(a) 一般规定

在根据美国法典第 35 编第 102 条或者第 103 条的规定对发明进行审查时，任何用于减少、避免或者延缓纳税义务的策略，无论在发明或者申请专利时是否已知，均不应当认为足以将所要求保护的发明与现有技术相区分。

(b) 定义

为本节目的，属于"纳税义务"是指任何联邦、州或者地方法律，或者外国司法管辖的法律所规定的任何纳税义务，包括规定该纳税义务的任何法规、规程、规章或者法令。

(c) 排除

本节不适用于：如果一项发明的部分：

（1）为方法、设备、技术、计算机程序产品或者系统，仅用于产生税收或者信息申报表或者其他税收文档，包括用于记录、传送、转移或者组织此类文档相关的数据。

（2）为方法、设备、技术、计算机程序产品或者系统，其仅用于财务管理，但要达到这样的程度，即其是与任何税收策略相分离的，或者不会限制任何纳税者或者收税顾问使用任何税收策略。

(d) 解释规则

本节任何内容均不能理解为，其他商业方法均可授予专利权，或者其他商业方法专利均是有效的。

(e) 生效日期；适用范围

本节将在本法案颁布日生效，并且将适用于该日仍在审、或者在该日或者之后提交的任何专利申请，以及在该日或者之后授予的任何专利。

第 15 节　对最佳实施方式的要求

(a) 一般规定

修改美国法典第 35 编第 282 条，删除其第二自然段的第（3）项，并加入以下内容：

"(3) 涉诉专利或者任何权利要求因不符合以下条件而被无效：

"(A) 第 112 条的任何要求，除非未公开最佳实施方式不构成专利中任何权利要求被撤销、无效或者以其他方式不可实施的基础；或者

"(B) 第 251 条的任何要求"。

(b) 一致性修改

分别对美国法典第 35 编第 119 条（e）款（1）项和第 120 条作如下修改：删除"本编第 112 条第 1 款规定"并加入"第 112 条（a）款（公开最佳实施方式的要求除外）"。

(c) 生效日期

本节作出的修改在本法案实施之日起生效，并且应当适用于该日或者之后开始的程序。

第 16 节　标　　记

(a) 虚拟标记

(1) 一般规定——对美国法典第 35 编第 287 条（a）款作如下修改：删除"或者，如（依物品的性质不能这样标明）时"，并加入"或者在物品上标以'专利（patent）'或者其英语缩写

'pat.'字样，并附加了网址，能够使公众免费登录网址并查阅到标记了专利号的专利产品，或者如（依物品的性质不能这样标明）时……"

（2）生效日期——由本节作出的修改将适用于本法案颁布之日仍未决、或者在该日或者之后开始的任何案件。

（3）报告——不晚于本法案颁布日之后3年，局长应当向国会提交报告，作出以下分析：

（A）本小节第（1）项修改所作的"虚拟标记"替代物品物理标记的效果；

（B）此类虚拟标记是否限制或者改善了一般公众获取专利信息的能力；

（C）此类虚拟标记产生的法律问题（若有的话）；

（D）此类虚拟标记的缺陷（若有的话）。

（b）虚假标记

（1）民事处罚——对美国法典第35编第292条（a）款作如下修改：在末尾增加"只有美国政府可以对本款规定的处罚提出诉讼"。

（2）损害赔偿的民事诉讼——修改美国法典第35编第292条（b）款如下：

"（b）因本条规定的违法行为遭受到竞争损害的主体，可向美国联邦地区法院提起民事诉讼，请求补偿与该损害相当的赔偿。"

（3）过期专利——修改美国法典第35编第292条，在其末尾加入以下内容：

"（c）以（a）款规定的方式对专利所覆盖的产品进行相关标记，在该专利过保护期后，不违反本条规定。"

（4）生效日期——由本款作出的修改将无例外地适用于本法案颁布之日仍未决、或者在该日或者之后开始的任何案件。

第 17 节　法律意见

（a）一般规定

修改美国法典第 35 编第 29 章，在末尾增加以下内容：

"§298. 法律意见

"侵权人未就任何被主张的专利获得法律咨询意见，或者侵权人未将这种法律咨询意见提供给法院或者陪审团，不能用于证明被控侵权人故意侵犯专利权或者侵权人故意诱导侵犯专利权。"

（b）一致性修改

修改美国法典第 35 编第 29 章目录，在其末尾加入以下内容：

"298. 法律意见"。

第 18 节　商业方法专利的过渡方案

（a）过渡方案

（1）设立——本法案颁布日起 1 年内，局长应当颁布规章，设立和实施过渡的授权后重审程序，用于对商业方法专利的有效性的重审。根据本款实施的重审程序将视为、并且也应当适用美国法典第 35 编第 32 章授权后重审的审查标准和程序，并遵守以下规定：

（A）美国法典第 35 编第 321 条（c）款，以及该编第 325 条第（b）款、（e）款（2）项和（f）款不适用于过渡程序。

（B）除非当事人或者相关实际当事人或者利害关系人被指控侵犯该专利或者被起诉侵犯该专利，否则当事人不能提起涉及商业方法发明过渡程序的请求。

（C）过渡程序的请求人以不符合美国法典第 35 编第 102 条或者第 103 条规定为由对第 3 条（n）款（1）项中所述生效日之前颁布的 1 项或者多项商业方法权利要求提出挑战的，其主张仅能基于以下事实——

（i）所述该编第 102 条（a）款规定的现有技术（在该生效日前已生效的）；或者

（ii）现有技术——

（Ⅰ）在美国的专利申请日前1年已披露此发明；以及

（Ⅱ）应依据所述第102条（a）款［根据第3条（n）款（1）项所述的生效日以前已颁布的］进行说明，如果专利申请人申请该专利前已被他人披露。

（D）如过渡程序中的请求人得到依据美国法典第35编第328条（a）款作出的涉及商业方法专利的最终书面裁决，或者请求人的相关实际当事人既不依据美国法典第28编第1338条提出全部或者部分民事诉讼，也不处于依据1930年关税法案第337条于国际贸易委员会之前提出的诉讼，则在过渡程序中请求人提出的任何权利要求都是有效的。

（E）仅当专利为涉及商业方法的专利时，局长可提起过渡程序。

（2）生效日期——（1）项规定的规章应在本法案颁布之日起1年后生效，并适用于生效日之前、当天或者之后提出的任何涉及商业方法的专利，但该规章不适用于如本法案第6节（f）款（2）项（A）目中所述的处于授权后重审阶段的专利，此种请求应满足美国法典第35编第321条（c）款的要求。

（3）废止日期——

（A）一般规定——本款，以及本款规定的规章于本款第（1）项规定的规章生效之日起8年后废止。

（B）适用范围——尽管有（A）目的规定，但本款以及本款规定的规章在（A）目所规定的废止日后将继续适用于任何在该废止日前提出的过渡程序请求。

（b）请求中止

（1）一般规定——依据美国法典第35编第281条提起的专利侵权民事诉讼所主张的专利涉及过渡程序的，如果一方当事人请求中止该诉讼程序的，法院应当基于以下规定裁定是否中止程序——

（A）中止或者拒绝中止是否能简化审理中的争议中的问题，

以及是否能够提高审理效率；

（B）证据开示程序是否完成，以及审理日期是否确定；

（C）中止或者拒绝中止是否会不正当地损害非动议方的利益或者对动议方而言表现出明显的策略优势；以及

（D）中止或者拒绝中止是否会降低双方当事人或者法院的诉讼负担。

（2）再审——一方当事人可根据（1）项的规定，针对联邦地方法院的裁决直接提起中间上诉。联邦巡回上诉法院应对联邦地方法院的裁决进行再审以保证对先例适用的一致性，该再审可以是重新审理。

（c）ATM 机在确定管辖地方面的豁免

依据美国法典第 35 编第 281 条提起的涉及商业方法专利的侵权诉讼中，自动提款机不应视作美国法典第 28 编第 1400 条（b）款规定的经常的、确定的营业所。

（d）定义

（1）一般规定——基于本目的，"涉及商业方法的专利"是指要求保护的是用于金融产品或者服务的实施、经营或者管理进行数据处理的方法或者相应装置，但不包括技术类发明的专利。

（2）规章——为配合本款确定的过渡程序的实施，局长应颁布规章，确定专利是否是用于技术类的发明。

（3）解释规则——本款中任何内容都不可解释为修改或者解释美国法典第 35 编第 101 条所规定的专利适格主题。

第 19 节　管辖和程序

（a）州法院管辖

修改美国法典第 28 编第 1338 条（a）款，删除第二句，同时加入："州法院不具有根据任何国会颁布的法案提出的涉及专利、植物品种保护或者版权的请求赔偿或者救济的管辖权。基于本款目的，'州'包括美国各州、哥伦比亚特区、波多黎各联邦、美属维京群岛、美属萨摩亚群岛、关岛和北马里亚纳群岛。"

（b）联邦巡回上诉法院

将美国法典第 28 编第 1295 条（a）款（1）项修改为："（1）美国地方法院、关岛地方法院、维京群岛地方法院或者北马里亚纳群岛地方法院根据任何国会法案提起的涉及专利或者植物品种保护的民事诉讼或者一方当事人提出强制反诉的民事诉讼所作出的最终裁决提出的上诉"。

（c）移交

（1）一般规定——在美国法典第 29 编第 89 章最后增加以下新条款：

"§1454.专利、植物品种保护和版权案件

"（a）一般规定——任何当事人根据任何国会法案提出的涉及专利、植物品种保护或者版权索赔的民事诉讼可移交至诉讼审理所在地区和区域的联邦地方法院。

"（b）特别规定——依据本条移交的诉讼需符合第 1446 条的规定，但对于仅仅基于本条的移交，以下内容除外——

"（1）任意一方当事人都可移交诉讼；以及

"（2）第 1446 条（b）款规定的时间限制可根据列举的理由在任何时间点延长。

"（c）特定案件管辖权的确定——依据本条规定移出案件的州法院对案件没有管辖权而将案件移交至联邦地方法院，接受移交的法院并没有因此被排除审理和判定其他任何民事诉讼请求的管辖权。

"（d）案件发回——如民事诉讼仅依据本条规定进行移交，则联邦地方法院——

"（1）如既无以（a）款为基础移交的依据，又无依据任何国会法案赋予联邦地方法院原始或者补充管辖权，则须将所有的诉讼请求发回；以及

"（2）如符合第 1367 条（c）款规定的特殊情况，则可依据第 1367 条规定的联邦地方法院补充管辖权范围内发回任意诉求。"

（2）一致性修改——修改美国法典第 28 编第 89 章的条款目录，在末尾增加以下条目：

"§1454. 专利、植物品种保护和版权诉讼"。

（d）专利诉讼中的程序事项

（1）联合诉讼和中止诉讼——根据本法案对美国法典第 35 编第 29 章进行修改，在其最后增加以下新条款：

"§299. 当事人的合并

"（a）被控侵权人的合并——任何依据国会法案提出的涉及专利的民事诉讼，除根据第 271 条（e）款（2）项规定的侵权行为提起诉讼或者审理的诉讼案件外，可以将被控侵权人合并在一个诉讼中作为共同被告或者共同反诉被告，或者将其诉讼或者反诉合并审理，仅当——

"（1）请求救济的权利共同或者分别对上述当事人，或者因为针对同样交易、事件或者一系列交易、事件而请求救济，该类交易或者事件与同一被控产品或者工艺的制造、使用、进口至美国、许诺销售或者销售有关；以及

"（2）诉讼中将会出现针对所有被告或者反诉被告共同的事实问题。

"（b）合并诉讼的理由不充分——根据本款目的，不能仅因为被控侵权人每个人都侵犯了涉诉专利权，就将其作为共同被告或者反诉被告，或者将相关诉讼合并审理。

"（c）弃权——一方当事人为被控侵权人的，可放弃本条中规定的涉及该方人的诉讼限制。"

（2）一致性修改——根据本法案修改美国法典第 35 编第 29 章的条款目录，在其最后增加以下条目：

"§299. 合并诉讼"。

（e）生效日期

本条款所作修改适用于任何在本法案颁布之日或者之后启动的民事诉讼。

第 20 节　技术性修正

（a）共同发明人

美国法典第 35 编第 116 条作如下修改——

（1）第一自然段中，删除"当"，加入"（a）共同发明人——当"；

（2）第二自然段中，删除"当共同发明人"，加入"（b）遗漏的发明人——当共同发明人"；以及

（3）第三自然段中，——

（A）删除"无论何时"，加入"（c）改正申请错误——无论何时"；以及

（B）删除"且这种错误就其而言并未呈现欺骗意图"。

（b）在外国提出申请

美国法典第 35 编第 184 条作如下修改——

（1）第一自然段中——

（A）删除"除非"，加入"（a）在国外申请——除非"；和

（B）删除"并没有欺骗意图"。

（2）第二自然段中，删除"术语"，加入"（b）申请——术语"；以及

（3）第三自然段中，删除"范围"，加入"（c）后续修正、修改和增补——范围"。

（c）未经许可的申请

修改美国法典第 35 编第 185 条，删除"而且没有欺骗意图"。

（d）有缺陷专利的再颁

美国法典第 35 编第 251 条作如下修改——

（1）第一自然段中——

（A）删除"无论何时"，加入"（a）一般规定——无论何时"；以及

（B）删除"不具有任何欺骗意图"。

（2）第二自然段中，删除"局长"，加入"（b）多件重新颁

发的专利——局长";

（3）第三自然段中，删除"规定"，加入"（c）本编的适用范围——规定"；以及

（4）最后一个自然段中，删除"不再颁专利"，加入"（d）扩大原始专利权利要求范围的再颁专利——不再颁专利"。

（e）再颁的效力

美国法典第 35 编第 253 条作如下修改——

（1）第一自然段中，删除"无论何时，没有任何欺骗意图"，加入"（a）一般规定——无论何时"；以及

（2）第二自然段中，删除"同样"，加入"（b）附加放弃或者捐献——与以（a）款记载相同的方式"。

（f）发明人姓名的改正

美国法典第 35 编第 256 条作如下修改——

（1）第一自然段中——

（A）删除"无论何时"，加入"（a）更正——无论何时"；以及

（B）删除"并且此种错误的产生在发明人方面并没有欺骗意图的"；和

（2）第二自然段中——

删除"此种错误"，加入"（b）错误更正后专利有效——此种错误"。

（g）专利有效性的推定

美国法典第 35 编第 282 条作如下修改——

（1）第一自然段中——

（A）删除"专利"，加入"（a）一般规定——专利"；以及

（B）删除第三句；

（2）第二自然段中——

（A）删除"下列"，加入"（b）抗辩——以下"；

（B）段（1）中删除"不可实施性，"加入"不可实施性。"以及

（C）段（2）中删除"可专利性，"加入"可专利性。"和

（3）第三自然段中——

（A）删除"在涉及专利权的有效性或者侵犯专利权的诉讼中"，加入"（c）受理通知——在涉及专利权的有效性或者侵犯专利权的诉讼中"；以及

（B）删除"索赔法院"，增加"联邦索赔法院"。

（h）侵权诉讼

修改美国法典第 35 编第 288 条，删除"没有欺骗意图"。

（i）修订者注释

（1）修改美国法典第 35 编第 3 条（e）款（2）项，删除"本法"，加入"该法"。

（2）美国法典第 35 编第 202 条作如下修改——

（A）在（b）款（3）项中，删除"上述第 203 条（b）款"，加入"第 203 条（b）款"；以及

（B）在（c）款（7）项（D）中，删除"除证明"直到其后的"小企业公司"，加入"除非在合理调查后裁定不可行外，对主题发明的优先权许可应给予小企业公司；以及"。

（3）修改美国法典第 35 编第 209 条（d）款（1）项，删除"不可转移的"，加入"不可转让的"。

（4）修改美国法典第 35 编第 287 条（c）款（2）项（G）目，删除"任何州（state）"，加入"任何州（State）"。

（5）修改美国法典第 35 编第 371 条（b）款，删除"条约"，加入"条约"。

（j）不必要的引用

（1）一般规定——将美国法典第 35 编中出现的用词"本编的"删除。

（2）例外情况——（1）项作出的修改不适用于美国法典第 35 编的以下条款中对该词的使用：

（35USC2，12，32，41，103，104，111，119～123，132，135，143，145，146，154，157，162，172，182～186，207，

210，257，267。）

(A) 第 1 条（c）款。

(B) 第 101 条。

(C) 第 105 条的（a）和（b）款。

(D) 第 111 条（b）款（8）项中对该词的首次使用。

(E) 第 161 条。

(F) 第 164 条。

(G) 第 171 条。

(H) 第 251 条（c）款以及被该条指定的条款。

(I) 第 261 条。

(J) 第 271 条的（g）款和（h）款。

(K) 第 287 条（b）款（1）项。

(L) 第 289 条。

(M) 第 375 条（a）款中对该词的首次使用。

(k) 附加的技术性修订

美国法典第 35 编第 155 条和第 155A 条以及在本编第 14 章中涉及这些条款的项目一并废止。

(l) 生效日期

本条所作修订自本法案颁布之日起 1 年后生效，并适用于生效日当天或者之后启动的程序。

第 21 节　行政法官的差旅费及报酬

(a) 支付特定差旅相关费用的授权

美国法典 第 35 编第 2 条（b）款（11）项，在"全世界"后增加"，而且专利商标局被授权可为非联邦雇员支付包括生活费和差旅相关费用的经费，包括每日津贴、住宿费和交通费"。

(b) 行政法官的报酬

修改美国法典第 35 编第 3 条（b）项，在末尾增加以下内容：

"(6) 专利行政法官和商标行政法官——局长可以在不超过第 5 编第 5314 条所载行政部门表第 III 级可支付的基本薪金的水

平下，确定根据第 6 条任命的专利行政法官和根据 1946 年商标法（美国法典第 15 编第 1067 条）任命的商标行政法官的基本薪金。按本项的基本薪金的支付不受第 5 编第 5306 条（e）款或者第 5373 条的支付限额的限制"。

第 22 节　专利商标局的资金

(a) 一般规定

美国法典第 35 编第 42 条（c）款的修改——

（1）删除"（c）"并加入"（c）（1）"；

（2）在第一句中，删除"应提供给"并加入"应按第（3）项提供给"；

（3）删除第二句；和

（4）在末尾增加下列内容：

"（2）在财政部中建立有专利商标费储备基金。如果一财年中专利商标局的收费超过该财年拨给该局的金额，超过所拨金额的收费应存入专利商标费储备基金。在拨款法规定的限度和金额内，基金中的金额应仅可用于支付按照第（3）项的局债务和花费。"

"（3）（A）按第 41 条、第 42 条和第 376 条收取的任何费用以及这些费用的任何附加费，仅可用于专利申请处理相关的专利商标局费用和专利相关的其他活动、服务及材料，以及承担专利相关的专利商标局管理费用。"

"（B）按 1946 年商标法第 31 条收取的任何费用，以及这些费用的任何附加费，仅可用于商标注册处理相关的专利商标局费用和商标相关的其他活动、服务及材料，以及承担商标相关的专利商标局管理费用。"

(b) 生效日期

本节作出的修改将于 2011 年 10 月 1 日起生效。

第 23 节　卫星局

(a) 设立

以可用的资源，局长应在不迟于本法颁布之日起 3 年，在美国设立 3 个以上的卫星局以履行专利商标局的职责。

（b）目的

按（a）款设立卫星局的目的为——

（1）增加外展活动以更好地联系专利商标局与专利申请人及发明人；

（2）增强专利审查员的保留；

（3）改进专利审查员招聘；

（4）减少等待审查的专利申请数量；和

（5）改进专利审查质量。

（c）所需考虑

（1）一般规定，在选择要按（a）款设立的每个卫星局的位置时，局长——

（A）应确保局之间的地理多样性，包括通过确保此类局设立在全国不同的州和地区；

（B）可依靠之前专利商标局对卫星局潜在地点的任何评估，包括作为局全国劳动力项目一部分准备的任何评估，其结果是选择密歇根州的底特律作为专利商标局的第一个卫星局；

（C）应评价并考虑按（b）款所列的卫星局目的会实现的程度；

（D）应考虑从地区中有科学和技术知识的人员里以最小的招聘成本招入新专利审查员的可能性；和

（E）应考虑对地区经济的影响。

（2）公开选择过程——第（1）项内容不应限制专利商标局仅考虑选择密歇根州底特律卫星局的其评估。

（d）向国会报告

不迟于本法颁布之日起的第三个财年末，局长应向国会提交报告——

（1）局长选择（a）款所需任何卫星局位置的理由，包括所选位置会如何实现按（b）款所列的卫星局目的以及如何满足按（c）款所列的所需考虑；

（2）局长设立所有此类卫星局的进展；和

（3）现存卫星局的运作是否在实现按（b）款的目的。

第 24 节　底特律卫星局的命名

（a）命名

位于密歇根州底特律的专利商标局卫星局应被命名为"Elijah J. McCoy 专利商标局"。

（b）引用

美国法律、地图、法规、文献、论文或者其他记录中对（a）款中提及的位于密歇根州底特律的专利商标局卫星局的引用，被视为对"Elijah J. McCoy 专利商标局"的引用。

第 25 节　重要技术的优先审查

美国法典第 35 编第 2 条（b）款（2）项的修改——

（1）在（E）目中，删除分号后的"和"；

（2）在（F）目中，在分号后加入"和"；和

（3）在末尾增加下列内容：

"（G）尽管有第 41 条或者任何其他法律规定，按局长规定的任何条件并在专利申请人的请求下，可以提供对国家经济或者国家竞争力重要的产品、方法或者技术申请的优先审查，而不收回提供这样优先的总额外成本"。

第 26 节　实施研究

（a）专利商标局研究

局长应对专利商标局实施本法案和本法案所作修改的方式进行研究，以及如局长认为适当，应对关于专利权、美国创新、美国市场竞争力、小型企业获得资本投资的机会，以及其他此类问题的联邦政府专利政策和实践的其他此类方面进行研究。

（b）向国会报告

局长应在不迟于本法颁布之日后 4 年，向众议院和参议院司法委员会提交按（a）款进行的研究结果的报告，包括局长认为适当的、任何更改法律和法规的建议。

第 27 节　基因检测研究

(a) 一般规定

局长应对提供其中存在对初始基因诊断检测的基因专利和独占许可的，独立确认基因诊断检测活动的有效方式进行研究。

(b) 研究中包括的项目

研究应包括至少下列项目的审查：

（1）目前独立第二意见检测的缺乏对向基因诊断检测的患者和受试者提供最高水平医疗护理的能力，以及对抑制现有检测和诊断创新已有的影响。

（2）提供独立第二意见基因诊断检测对现有独占基因检测专利和许可持有人会有的影响。

（3）目前的基因检测活动独占许可和专利对医学实践的影响，包括但不限于：检测结果和检测程序表现的解释。

（4）成本和保险覆盖面对获取和提供基因诊断检测的作用。

(c) 定义的确认基因诊断检测活动

为了本节的目的，术语"确认基因诊断检测活动"意为基因诊断检测提供者对个体的基因诊断检测表现目的仅是为了给个体提供获自另一检测提供者对个体的之前检测表现的独立结果确认。

(d) 报告

不迟于本法制定之日后 9 个月，局长应向参议院司法委员会和众议院司法委员会报告研究的结果，并提供建立这种独立确认基因诊断检测活动可用性的建议。

第 28 节　小企业公司的专利监察项目

利用现有资源，局长应在局内建立并维持专利监察项目（Patent Ombudsman Program）。项目人员的职责应包括为小企业公司和独立发明人提供专利申请相关的支持和服务。

第 29 节　研究申请人多样性的方法的建立

局长应在不迟于本法制定之日起 6 个月时间末建立研究专利

申请人多样性的方法，包括那些少数民族、妇女和退伍军人申请人。局长不应使用该研究的结果来对专利申请人提供任何优惠待遇。

<h3 style="text-align:center">第30节　国会意向</h3>

国会意向是专利系统应促进工业继续发展在全国刺激增长并创造就业的新技术，这包括保护小企业和发明人的权利免遭可能导致创新中断的掠夺行为。

第31节　美国专利商标局对小企业国际专利保护的研究

（a）所需研究

局长，与商务部长和小型企业管理局的管理人商议，应使用专利商标局现有资源进行研究——

（1）确定专利商标局协同其他联邦部门和机构如何能最好地帮助小型企业进行国际专利保护；和

（2）为了帮助小型企业支付申请、维持和实施国际专利申请的花费，是否应设立——

（A）周转基金贷款项目以给小型企业贷款来支付此类申请、维持和实施以及相关技术援助的花费；

（B）补助项目以支付此类申请、维持和实施以及相关技术援助的花费。

（b）报告

不迟于本法制定之日后120日，局长应向国会发送报告，包括——

（1）进行按照（a）要求研究时作出的所有结果和决定；

（2）是否作出下面决定的声明——

（A）按（a）款（2）项（A）目描述的周转基金贷款项目应被设立；

（B）按（a）款（2）项（B）目描述的补助项目应被设立；或者

（C）这样的项目均不应被设立；和

（3）局长在进行这样的研究时可能已发展出的任何立法建议。

第32节　公益项目

（a）一般规定

局长应与其一起工作并支持全国知识产权法律协会设立旨在资助资源不足的独立发明人和小型企业的公益项目。

（b）生效日期

本节应在本法颁布之日起生效。

第33节　对专利授权的限制

（a）限制

尽管有任何其他法律规定，专利不可以授予指向或者包含人体组织的权利要求。

（b）生效日期

（1）一般规定——（a）款应适用于待裁决的，或者本法颁布之日或者之后提交的任何专利申请。

（2）先前申请——（a）款不应影响授予给第（1）项不适用申请的任何专利的有效性。

第34节　专利诉讼研究

（a）美国总审计局（GAO）研究

美国总审计长应对非专利实施实体或者专利主张实体的诉讼结果进行研究，有关于美国法典第35编以及该编批准的规章授予的专利权利要求。

（b）研究内容

按本节进行的研究应包括下列内容：

（1）本法制定之日的前20年时间内（a）款中所描述诉讼的年度汇编。

（2）在司法审查后发现无价值的此类诉讼的案件汇编。

（3）这样的诉讼对解决专利权利要求所需时间的影响。

（4）估计的花费，包括与专利持有人、专利许可人、专利被许可人和发明人，以及替代或者竞争创新使用人的此类诉讼相关的抗辩成本。

（5）这样的诉讼对美国经济的影响，包括对发明人、就业创造、雇主、雇员和消费者的影响。

（6）如果有，起诉此类诉讼的非专利实施实体或者专利主张实体所提供的商业利益。

（c）向国会报告

总审计长最迟应在本法颁布之日后 1 年，向众议院司法委员会和参议院司法委员会提交本节所要求的研究结果报告，包括会最小化此类研究对象专利诉讼的任何消极影响的、任何更改法律和法规的建议。

第 35 节　生效日期

除另有规定外，本法案的规定应在本法案颁布之日起 1 年后生效，并应适用于该生效日或者之后的授权的任何专利。

第 36 节　预算影响

为符合法定的 2010 年现收现付法（Pay-As-You-Go Act），如果名为"现收现付（PAYGO）立法的预算影响"的本法最新声明之前已经被提交到投票表决过程，本法的预算影响应参照名为"现收现付（PAYGO）立法的预算影响"的本法最新声明来确定，并由众议院预算委员会主席提交刊印在国会记录中。

第 37 节　专利期限延展申请 60 天期限的计算

（a）一般规定

修改美国法典第 35 编第 156 条（d）款（1）项，在末尾添加下列平齐句：

"为了确定产品按本项第 2 句的获得批准的日期，如果该批准是在工作日东部时间下午 4:30 之后传送，或者在非工作日传送，产品被视为在下一个工作日获得该批准。对前面的句子，术语'工作日'意为星期一、星期二、星期三、星期四或者星期五，不包括第 5 编第 6103 条规定的任何法定节假日"。

（b）适用性

（a）款作出的修改应适用于待裁决的，或者本法颁布之日后提交的，或者对关于申请的决定受司法审查的申请在本法制定之日提交的，任何申请按美国法典第 35 编第 156 条规定的专利期限延展。

2011 年 9 月 16 日批准。

立法过程-众议院（H. R.）1249：

众议院报告（HOUSE REPORTS）：No. 112-98，Pt. 1（司法委员会）。

国会记录（CONGRESSIONAL RECORD），Vol. 157（2011）：

6 月 22 日、23 日众议院审议并通过。

9 月 7 日、8 日参议院审议并通过。

总统文件每日汇编（DAILY COMPILATION OF PRESIDENTIAL DOCUMENTS）（2011）：

9 月 16 日总统批注。

美国专利法❶

（＊美国法典第 35 编——专利）

（2005 年 8 月 3 日修改）

目　　录

---

❶　翻译、校对：汤宗舜。

＊　建议读者在本文的基础上结合 2011 年：Leahy-Smith 法案阅读。——编者注。

第一部分　美国专利商标局

第一章　设置、官员和雇员、职责

第 1 条　设置

（a）设置　美国专利商标局是美国的一个机构，设于商务部内。美国专利商标局在履行其职责时，必须接受商务部部长的政策指导，但在其他方面，对其工作的处理和管理所作的决定应自行承担责任，对其预算分配款和开支、人事决定和处理、采购以及根据本篇和适用法律规定的其他管理和处理的职责，应独立进行控制。至于为授予和颁发专利证书而规定的工作，以及为便利商标注册而规定的工作，应作为专利商标局内单独的工作单元看待。

（b）办公场所　美国专利商标局为便于送达通知和文件并为了履行其职责，应将其主要办公机构设于首都华盛顿哥伦比亚特区。为了确定民事诉讼的管辖区，美国专利商标局应视为其主要办公机构所在地区的住户，但法律对司法管辖另有规定的除外。

美国专利商标局为执行其公务，可以在其认为必要和合适的美国其他地方设立附属的办事机构。

（c）引述的简称　在本编中，提到美国专利商标局有时也称之为"本局"或"专利商标局"。

第 2 条　职权和职责

（a）一般规定　美国专利商标局，除须接受商务部部长的政策指导外，还

（1）对专利证书的允准和颁发以及对商标的注册承担责任。

（2）对其向公众发布有关专利和商标的信息承担责任。

（b）特定的职权　专利商标局具有下列职权：

（1）备有和使用本局的印章，此种印章应受到司法机关的认可，而且带有该印章的专利证书、商标注册证书以及专利商标局颁发的文件，是真实的。

（2）可以制定与法律不相抵触的规章，此种规章：

（A）应规范本局程序的进行；

（B）应根据第 5 编第 553 条予以制定；

（C）应便利和加速专利申请的处理，尤其是那些能依电子设备提交、存储、处理、检索和检回的申请，但应遵守第 122 条有关申请保密的规定；

（D）可以规定对代理人、律师或者其他在本局代表申请人或其他当事人的人员的承认和管理，可以要求此种人员在被承认为申请人或其他当事人的代理人以前，表明具有良好的品行和名誉，并具有必要的资格能向申请人或其他当事人在提出或者处理其申请或办理其他业务方面，提供有价值的服务、建议和帮助。

（E）通过根据本编第 41 条（h）款（1）项对小实体减低收费的办法，承认公众对继续确保广泛利用美国专利制度方面的利益；以及

（F）规定发展以业绩为基础的方法，此种方法应包括质量和数量的措施和标准以评定成本效益，并且是与公正和竞争原则相符合的；

（3）为履行本局职责而认为有必要时，可以获得、建筑、购买、租赁、持有、管理、掌管、改进、改变和装修任何不动产、动产或混合财产，或者其中的任何利益。

（4）（A）可以作出此种购置，为建筑、或者管理和运用设备而缔结合同，以及为供应或者服务而缔结合同，而无需顾及美国法典第 40 编副题 I 和第 33 章、1949 年联邦财产和行政服务法第Ⅲ编（美国法典第 41 编第 251 条及以下）以及麦肯尼—樊托对无家可归者帮助法（美国法典第 42 编第 11301 条及以下）的规定；

（B）为履行本局职责而认为有必要时，可以缔结和履行此种购置以及印刷服务合同，包括排字、制版、印刷、丝网版方法、装订、缩微等工序，以及这些工序的产品，而无需顾及美国法典第 44 编第 501～517 条、第 1101～1123 条的规定；

（5）在得到联邦政府的其他部门、机关和机构的同意后，可以在补偿的基础上，使用其服务、设备、人员和装置，并与这些部门、机关和机构合作，建立和使用本局的服务、设备和装置。

（6）当局长确定是切实可行、有效率和成本效益好时，可以在得到美国以及有关机关、机构、专利商标局或者国际组织的同意后，使用任何州，或地方政府机关或机构，或者外国专利商标局或国际组织的服务、档案、装置或者人员，代表本局履行职责。

（7）可以保留和使用其所有收入和收款，包括出售、出租或处分本局的任何不动产、动产或者混合财产的收入，或者其中的任何利益。

（8）就本国或者某些国际知识产权政策问题，通过商务部部长，向总统提出建议。

（9）就美国的知识产权政策事项和其他国家的知识产权保护事项，向联邦各部门和机构提出建议。

（10）如果适当，就知识产权保护事项，对于各机构为帮助外国政府和政府间国际组织所提的建议提供指导。

　　（11）可以就本国和国际知识产权法律以及本国和全世界知识产权保护有效性的项目或者服务，进行计划、研究或者交流。

　　（12）（A）就与外国知识产权局和政府间国际组织合作进行的或受权将进行的、有关知识产权政策的计划或者研究，向商务部部长提出建议；

　　（B）可以进行（A）目所述的计划和研究；

　　（13）（A）与国务院配合，可以与外国知识产权局和政府间国际组织合作进行计划和研究；

　　（B）经国务卿同意，可以授权将任何一年中不超过 100 000 美元的款项拨给国务院，以便作为专款付给政府间国际组织，作为促进关于专利、商标和其他事项的国际合作的计划和研究之用；

　　（c）特定职权的澄清：

　　（1）上述（b）款（13）项（B）目规定的特别拨款，是在付给（b）款（13）项（B）目所述的国际组织的任何其他付款或者捐款以外给付，并且不受法律规定的美国政府支付此类其他付款或者捐款数额的任何限制。

　　（2）（b）款的任何规定均不减损 1974 年贸易法第 141 条所规定的国务卿或者美国贸易代表的职责（美国法典第 19 编第 2171 条）。

　　（3）（b）款的任何规定均不减损版权局局长的责任和职责，也不在其他方面改变目前有关版权事务的当局。

　　（4）局长在行使其根据（b）款（3）项和（4）项（A）目所述的职权时，应当与总务管理局局长协商。

　　（5）局长在行使本条所规定的职权和职责时，应当与版权局局长就所有版权和有关事项进行协商。

　　（d）建筑：本条所有规定均不应解释为废弃、取消、删除或者中断总务管理局为美国专利商标局迁址或租赁地皮的目的，所发出的任何未定的租赁建议的邀请或合同。

第 3 条 官员和雇员

（a）副部长和局长

（1）一般规定 美国专利商标局的职权和职责应授予主管知识产权事务的商务部副部长兼美国专利商标局局长（本篇述及时称为"局长"）。局长应当是美国公民，由总统任命，但应征求参议院的意见并获得其同意。局长应具有专业背景和专利法或者商标法的经验。

（2）职责

（A）一般规定 局长对本局负责提供政策指导和管理监督，并对专利的颁发和商标的注册承担责任。局长应依公平、公正和合理的方式履行这些职责；

（B）与公众咨询委员会协商 局长应定期与根据第 5 条设立的专利公众咨询委员会就专利商标局的专利工作有关事项进行协商，定期与根据第 5 条设立的商标公众咨询委员会就专利商标局的商标工作有关事项进行协商，并分别与各咨询委员会就准备向管理和预算局提出的预算建议，或者就修改或提议修改专利或商标收费表或者专利或商标规章进行协商，而根据美国法典第 5 篇第 553 条的要求，这些事项是应分别通告公众，使其有提供意见的机会的。

（3）宣誓 局长在就职前应宣誓：忠实地履行专利商标局的职责。

（4）免职 总统可以免除局长的职务，并将此种免职通知国会两院。

（b）专利商标局的官员和雇员

（1）次副部长和副局长 根据局长的提名，商务部部长任命负责知识产权事务的商务部次副部长兼美国专利商标局副局长，在局长不在职或者不能行使职权时，副局长负责行使局长的职权。副局长应当是美国公民，具有专业背景和专利法或者商标法的经验。

（2）长官

（A）任命和职责　商务部部长任命一名专利长官和一名商标长官，而无需顾及美国法典第 5 篇第 33 章、第 51 章、或第 53 章的规定。专利长官应当是根据表现具有管理能力的美国公民，具有专业背景和专利法经验，任期 5 年。商标长官应当是根据表现具有管理能力的美国公民，具有专业背景和商标法的经验，任期 5 年。专利长官和商标长官分别是本局关于专利和商标工作的居于领导地位的管理人员，并分别负责管理和指导本局涉及专利和商标工作的所有各方面活动。如果长官的工作按照（B）项所述的工作合同规定是令人满意的，部长可以再次任命长官继续任职 5 年。

（B）薪金和工作协议　对长官给付的每年基本薪金额不得超过根据第 5 篇第 5382 条规定的高级行政官基本薪金的最高额，包括根据第 5 篇第 5304 条（h）款（2）项（C）目可能批准的可适用的以地域为根据的任何差别付款在内。就第 18 篇第 207 条（c）款（2）项（A）目的规定而言，对长官的酬劳应认为与根据第 18 编第 207 条（c）款（2）项（A）目第（ii）段所述的等同。除此之外，长官还可以得到一笔最多可达（但不可超过）长官每年基本薪金额 50％的奖金，该奖金由商务部部长通过局长对长官的工作进行评估确定，而长官的工作是由商务部部长与长官的每年工作协议规定的。每年工作协议包括商务部部长与长官商定的每年业务计划中限定的、一些关键业务领域中可计量的组织和个别的目标。根据本规定付给长官的奖金只能达到这样的程度，即此种款项不能使长官在每一历年中所获得的酬劳总额等于或者超过副总统根据美国法典第 3 篇第 104 条所获得的薪金。

（C）免职　长官由于有不端行为，或者根据上述（B）目所述的工作协议有不能令人满意的工作，可以不顾美国法典第 5 篇的规定，由商务部部长予以免职，并将此种免职通知国会两院。

（3）其他官员和雇员

（A）为履行本局的职责，局长任命其认为所必要的本局的官员、雇员（包括律师）和代理人；

（B）局长规定上述官员和雇员的职称、职权和职责，以及局长可能决定授予的本局具有的其他职权。

本局不受任何行政上或者法律上对职位或人员施加的任何限制，本局在考虑这些职位或人员时也不应受制于这些限制。

（4）审查员的培训　本局应向国会提交建议，制定鼓励方案，将符合退休条件的一级审查员或更高级别的专利审查员和商标审查员，保留作为雇员，专任培训专利和商标审查员之职。

（5）国家安全职位　经与人事管理局局长协商后，局长应制定方案，甄别国家安全项目并提供适当的安全审查，以按照第181条规定对某些发明进行保密，防止公开与国家利益相关的敏感和战略性信息。

（c）美国法典第5篇的继续适用　本局的官员和雇员应遵守美国法典第5篇有关联邦雇员的规定。

（d）接受现有劳动协议　本局接受自专利商标局效能法生效日的前一日起对本局有效的所有劳动协议（一如当时有效的那样）。

（e）人员的转交

（1）来自专利商标局　自专利商标局效能法生效日起生效，所有在该生效日以前在专利商标局工作的官员和雇员即成为本局的官员和雇员，职务保留不变。

（2）其他人员　任何个人在专利商标局效能法生效日之前是商务部的官员或者雇员［除开（1）项所述的官员或雇员外］，具有下列情形之一的，如系贯彻本法的目的所必要，应调至本局：

（A）如该个人所服务岗位的首要职责，按商务部部长的决定，是履行一项由专利商标局给予补偿的工作的；

（B）如该个人所服务的岗位，按商务部部长的决定，至少有一半时间是为履行支持专利商标局的工作的；

（C）此种调动，按商务部部长与局长协商的决定，是会有利于本局的。

根据上述的调动自上面（1）项所提到的同一生效日起生效，职务保留不变。

（f）过渡规定

（1）局长的临时任命　在专利商标局效能法生效之日或以后，总统任命一人作为专利商标局局长，直至有一局长符合（a）款所定资格之日为止。总统根据本款将作出不超过一次这样的任命。

（2）某些官员的继续任职

（A）在专利商标局效能法生效日以前担任助理专利长官的人，可以担任专利长官，直至根据（b）款有一专利长官获得任命之日为止。

（B）在专利商标局效能法生效日以前担任助理商标长官的人，可以担任商标长官，直至根据（b）款有一商标长官获得任命之日为止。

第 4 条　对官员和雇员有关专利利益的限制

专利商标局的官员和雇员，在其任职期间以及在离职后一年内，不得申请专利，除因继承或者遗赠外，不得直接或者间接获得本局所颁发或者行将颁发的任何专利或者任何专利中的任何权利或利益。在上述期间以后申请的专利中，官员和雇员也无权享受早于离职后一年的优先权日。

第 5 条　专利商标局公众咨询委员会

（a）公众咨询委员会的设立

（1）任命　美国专利商标局设立专利公众咨询委员会和商标公众咨询委员会，每一公众咨询委员会设 9 名有投票权的成员，由商务部部长任命，并根据商务部部长的意愿而服务。公众咨询委员会每一成员的任期为 3 年，但第一批任命的成员中，有 3 名成员的任期为 1 年，有 3 名成员的任期为 2 年。商务部部长在对每一委员会作出任命时，应考虑由于此种任命而给美国公司带来在国际商业中丧失竞争优势的风险或者其他损害。

（2）主席 每一咨询委员会的主席由商务部部长指定，其任期为 3 年。

（3）任命的时机 对每一咨询委员会的最初任命应于专利商标局效能法生效日以后 3 个月内为之。委员会的成员出缺时应于出缺后 3 个月内补充任命。

（b）任命的基础 每一咨询委员会的成员：

（1）应当是美国公民，选任其为成员，在专利公众咨询委员会的情形，是为了代表美国专利商标局的各种不同使用者关于专利方面的利益，在商标公众咨询委员会的情形，是为了代表各种不同使用者关于商标方面的利益。

（2）应当有成员代表设立于美国的大小实体的申请人，其名额与此种申请人提交的申请数量成比例，但在任何情形下，应当有成员代表小实体（包括小经营实体、独立发明人和非营利组织在内）的专利申请人，其成员绝不应少于专利公众咨询委员会全体成员的 25%，而且此种成员中至少有 1 名是独立发明人。

（3）应当包括在金融、管理、劳工关系、科学、技术和办公室自动化方面具有一定背景和可观成就的个人。除开有投票权的成员以外，每一咨询委员会应当包括美国专利商标局所承认的每一劳工组织的代表。此种代表应当是其被任命的咨询委员会的无投票权成员。

（c）会议 每一咨询委员会由主席召集开会，考虑主席所提出的议程。

（d）职责 每一咨询委员会的职责是：

（1）在专利公众咨询委员会方面，检讨美国专利商标局专利方面的政策、目标、工作、预算和向使用者征收的费用，在商标公众咨询委员会方面，检讨商标方面的这些事项，并就这些事项向局长提出建议。

（2）在财政年度结束后 60 日内：

（A）就第（1）项所述的事项准备一份年度报告；

（B）将上述报告送交商务部部长、总统和参议院及众议院的司法委员会；

（C）在美国专利商标局公报上公布上述报告。

（e）补偿金　每一咨询委员会的每一委员在出席咨询委员会会议或者从事咨询委员会其他事务的期间，每日（包括旅行时间）应获得的补偿金，其费率实际上与根据美国法典第5编第5314条所载行政部门表第Ⅲ级的每年基本薪金的每日数额相同。此种成员在其离家或者离开其正常业务地点的期间，按照美国法典第5编第5703条的规定，应获得旅行费用，包括代替生活费的每日生活津贴在内。

（f）获得信息　对每一咨询委员会的成员提供利用美国专利商标局的档案和信息的机会，但人事或者其他保密的信息，以及有关按照第112条需要保密的专利申请的信息除外。

（g）某些伦理法律的适用　每一咨询委员会的成员是美国法典第18编第202条所称的政府特别雇员。

（h）不适用联邦咨询委员会法　联邦咨询委员会法不适用于每一咨询委员会。

（i）会议公开　每一咨询委员会的会议均向公众公开，但每一咨询委员会考虑人事、保密或者其他机密信息时，可以依多数票决定召开不公开会议。

（j）不适用专利禁止规定　本法第4条不适用于咨询委员会有投票权的成员。

"§6.　专利申诉和抵触委员会

（a）设立和组成　美国专利商标局设立专利申诉和抵触委员会，由局长、副局长、专利长官、商标长官和行政专利法官组成。行政专利法官是具有能胜任工作的法律知识和科学能力的人，由局长任命。

（b）职责　专利申诉和抵触委员会根据申请人的书面申诉，对审查员就专利申请所作的不利于申请人的决定进行复查，以及在根据第135条（a）款宣告有抵触的情形，决定发明的优先顺序和可享专利性。每一申诉和抵触案件均由局长指定委员会的至少 3 名成员审理。只有专利申诉和抵触委员会才可以准许重新审理。

第 7 条 图书馆

局长应在专利商标局设立图书馆，保存国内外科学和其他作品及各种期刊，以帮助本局官员履行其职责。

第 8 条 专利的分类

局长可以对美国的专利以及必要或实际可以获得的其他国家的专利和印刷出版物，按主题进行分类和修订，以便迅速而准确地确定申请专利的发明的新颖性。

第 9 条 档案的证明本

局长可以向公众或索取者提供专利商标局颁发的专利说明书和附图的证明本，以及其他可提供的档案的证明本。

第 10 条 出版物

（a）局长可以以印刷、打字或者电子方式发行下列出版物：

（1）专利和公布的专利申请，包括说明书和附图，连同其副本。专利商标局可以印刷专利附图的标题，以供影印之用。

（2）商标注册证明书，包括说明和图样，连同其副本。

（3）美国专利商标局的公报。

（4）专利和专利权人的年度索引，及商标和注册人的年度索引。

（5）专利和商标案件决定的年度汇编。

（6）专利法和实施规则、有关商标的法律和规则以及有关本局业务的通报或者其他出版物的小册子。

（b）局长可以以本条（a）款第（3）项、第（4）项、第（5）项和第（6）项各项所指的出版物交换专利商标局需要使用的出版物。

第 11 条 与外国交换专利和申请的副本

局长可以以美国专利和公布的专利申请的说明书和附图的副

本与外国的同类文件相交换。

除 NAFTA 国家或 WTO 成员国❶外，局长未经商务部部长的明确授权，不应缔结协议向外国提供美国专利和专利申请的说明书和附图的副本。为本条目的，"NAFTA 国家"和"WTO 成员国"两个术语具有第 104 条（b）款所规定的意义。

第 12 条 向公共图书馆提供专利和专利申请的副本

局长可以向美国的公共图书馆供应专利和公布的专利申请的说明书和附图的印刷或电子副本，按照本篇第 41 条（d）款为此目的所确定的每年发行量的价格收费。这些图书馆应保存这些副本供公众使用。

第 13 条 向国会提交年度报告

局长应于每一财政年度结束后不迟于 180 日内，向国会报告本局收到和支出的款项、支出款项的目的、本局工作的数量和质量、向审查员提供培训的性质、商务部部长对专利长官和商标长官的评估、两个长官的报酬，以及有关本局的其他信息。

第二章 专利商标局的程序

第 21 条 申请日和采取行为之日

（a）局长可以依规则规定，提交给专利商标局的任何文件或费用，应认为是在交付美国邮局之日，或者，假如邮政没有中断服务或者没有局长指定的紧急情况，是在本来会交付美国邮局之日，提交给专利商标局的。

（b）在美国专利商标局采取任何行为或者缴纳任何费用之日或最后一日，是星期六、星期日或者在哥伦比亚特区内是联邦放假日的，可以在其后第一个世俗日或工作日采取行为或缴纳

---

❶ 原文如此。实际上，世界贸易组织的成员并非都是享有主权的独立国家。——译者注。

费用。

第 22 条 提交文件的印刷

局长可以要求将向专利商标局提交的文件予以印刷、打字或者储存在电子媒介上。

第 23 条 在专利商标局案件中作证

局长可以制定规则，以规范在专利商标局的案件中接受所要求的宣誓陈述书或者书面证词。任何官员依法律授权可以接受书面证词以供美国法院或者其居住的州法院使用的，可以接受上述的宣誓陈述书或书面证词。

第 24 条 传票和证人

在专利商标局处理的任何争议案件中需要使用证词的，证词采集地区的美国法院的书记员根据任何一方当事人的申请，应向居住地在该地区或者现在正在该地区的证人发出传票，令其在传票所述的时间和地点出席，在该地区有权接受证人宣誓陈述书或书面证词的官员面前作证。联邦民事诉讼规则中关于证人出庭和出示文件和物品的规定，适用于在专利商标局处理的争议案件。

受到传唤而出席的每一证人，应准予获得在美国地区法院出庭证人所应得到的费用和旅费。

受到传唤的证人，因疏忽、拒绝出席或者拒绝证明而经证明属实的，发出传票的书记员所属法院的法官，如同在其他类似案件那样，可以强制其服从传票的要求，或者对其不服从给予处罚。然而，除非在送达传票时，已向证人支付或者提供费用和往返讯问地点的旅费，以及在讯问地点出席一日的费用，任何证人不应因为不服从传唤而被视为犯有藐视罪。同样，除发出传票的法院有适当命令外，该证人也不应因为拒绝披露秘密事项而被视为犯有藐视罪。

第 25 条 声明代替誓言

（a）局长可以依规则规定，提交给专利商标局的任何文件按照法律、规则或其他规章的要求应经过宣誓的，可以同意以按局长可能规定的形式的书面声明代替所要求的宣誓。

（b）使用上述书面声明时，有关文件必须警告声明人，故作虚假声明或者类似行为的，可被处以罚金或监禁，或者二者并处（美国法典第 18 编第 1001 条）。

第 26 条 有缺陷文件的效力

依照任何法律、规则或其他规章的要求，向专利商标局提交的文件应按特定方式制成，而其制成有缺陷的，局长可以暂时接受，但以在可能规定的期限内提交正确制成的文件为限。

第三章　在专利商标局执行业务

第 31 条 已废止

第 32 条 暂停或禁止执行业务

任何人、代理人或者律师表现为不能胜任职务，或者声誉不好，或者有严重不端行为，或者不遵守根据本编第 2 条（b）款（2）项（D）目制定的规章，或者以言词、传单、信件或广告，意图以任何方式诈骗、蒙骗、误导、威胁任何申请人、潜在申请人或者在本局已有业务或有潜在业务的其他人的，局长可以在通知并给予申辩的机会后，普遍地或者就某一特定案件暂停或者禁止其继续在专利商标局执业。暂停或者禁止执业的理由应正确地予以记录。局长应自行决定指派担任专利商标局官员或雇员的任何律师主持本条所规定的申辩听取会。哥伦比亚特区的美国地区法院可以根据被拒绝认可或者被暂停、禁止执行业务人的请求，按照该法院规则所确定的条件和程序，对局长的行为进行复核。

第 33 条 未经认可的执业者的代理行为

任何人未经承认而在专利商标局执行业务，并且自称或者听任他人认为自己已经得到承认，或者自称或者听任他人认为自己有资格准备或处理专利申请的，每犯一次应处以 1 000 美元以下的罚款。

第四章　专利费用；提供资金；检索系统

第41条　专利费用；专利和商标检索系统

（a）一般费用　局长应征收下列费用：

（1）申请费和基本国家费

（A）提交原始专利申请（外观设计、植物或者临时的申请除外），每份300美元。

（B）提交原始外观设计专利申请，每份200美元。

（C）提交原始植物专利申请，每份200美元。

（D）提交原始专利的临时申请，每份200美元。

（E）提交重新颁发专利的申请，每份300美元。

（F）根据本篇第351条（a）款所定义的条约，根据本篇第371条进入国家阶段时提交国际申请的基本国家费，每份300美元。

（G）此外，除以局长规定的电子媒介提交的序列表或者计算机程序列表外，任何申请的说明书和附图超过100纸页（或者，如果是以电子媒介提交的，按局长规定的相同数值）的，每超过50纸页（或者，如果是以电子媒介提交的，按局长规定的相同数值）或者其部分，加收250美元。

（2）超额权利要求费　除上述（1）项规定的费用外：

（A）申请提交时或者在其他任何时候提出独立权利要求超过3项的，每增加1项，加收200美元；

（B）申请提交时或者在其他任何时候提出权利要求（不论是独立的还是从属的）超过20项的，每增加1项，加收50美元；

（C）包含多项从属权利要求的申请，每份加收360美元。

为根据本项计算费用的目的，本编第112条所述的多项从属权利要求或者从属于该权利要求的任何权利要求，在按照权利要求的数目计算时，应作为单独的从属权利要求考虑。局长可以在规章中规定，本项所规定的对权利要求的费用，在根据本编第131条按局长所规定的、对申请的实质性问题进行审查以前，任何权利要求被删除的，有关部分的费用可以退还。根据本项规定增收费用的缴纳有错收情形的，可以按照局长制定的规章予以纠正。

（3）审查费

（A）原始专利申请的审查（外观设计、植物、临时或国际申请除外），每份200美元。

（B）原始外观设计专利申请的审查，每份130美元。

（C）原始植物专利申请的审查，每份160美元。

（D）国际申请国家阶段的审查，每份200美元。

（E）重新颁发专利的申请的审查，每份600美元。

本编第111条（a）款关于缴纳申请费的规定，适用于本项所规定对根据本篇第111条（a）款提交的申请的费用的缴纳。本篇第371条（d）款关于缴纳国家费的规定适用于本项所规定对国际申请费用的缴纳。

（4）授权费

（A）发给原始的专利（外观设计或者植物专利除外），每份1 400美元。

（B）发给原始的外观设计专利，每份800美元。

（C）发给原始的植物专利，每份1 100美元。

（D）发给重新颁发专利，每份1 400美元。

（5）弃权费，每提交一次130美元。

（6）申诉费

（A）就审查员的决定向专利申诉和抵触委员会提起申诉，每次500美元。

（B）此外，为支持申诉而提交案情摘要，每件500美元，在申诉中请求专利申诉和抵触委员会举行口头听审会，每次1 000美元。

（7）恢复费　提交恢复一份被无意放弃的专利申请、恢复被无意延误的颁发专利费的缴纳或者恢复被专利所有人在复审程序中无意延误的一次答复，每次1500美元，除非请求是根据本篇第135条或者第151条提出的，此种情形，恢复费是每次500美元。

（8）延展费　请求延展1个月时间，以便采取局长在一个申请中所要求的行为的，需缴纳下列费用：

（A）提出第1次请求，120美元。

（B）提出第2次请求，330美元。

（C）提出第3次请求，570美元。

（b）维持费　局长为维持根据1980年12月12日和以后提交的申请所授予的一切专利有效，征收下列费用：

（1）授予后满3年6个月的，900美元。

（2）授予后满7年6个月的，2300美元。

（3）授予后满11年6个月的，3800美元。

如果美国专利商标局在适用的维持费应缴纳之日或该日以前，或者在该日以后的6个月宽限期内没有收到该维持费的，专利将自宽限期届满时起失效。局长可以要求缴纳滞纳金作为条件，接受在6个月宽限期内缴纳的维持费。不得规定征收任何费用以维持外观设计或者植物专利有效。

（c）（1）延误缴纳本条上述（b）款规定的维持费，在6个月宽限期满后24个月内缴纳，并向局长表明延误不是故意的并得到其认可的，或者在6个月宽限期满后任何时候缴纳，并向局长表明延误是不可避免的并得到其认可的，局长均可以接受。但局长可以要求缴纳滞纳金，作为接受6个月宽限期满后缴纳维持费的条件。如果局长接受6个月宽限期满后缴纳的维持费，专利应认为没有在宽限期满后失效。

（2）一项专利，其期限由于局长根据本款规定接受其维持费的缴纳而得以维持的，如果任何人或其业务的继受人在6个月宽限期以后但在根据本款规定接受维持费的缴纳以前，在美国已经制造、购买、为销售而提出要约或者使用专利所保护的物品、或者已经将该物品进口到美国，其有权继续使用、为销售而提出要约，或者向他人销售而由该他人使用、为销售而提出要约或销售，这样制造、购买、为销售而提出要约、使用或者进口的此种特定物品。法院在遇到此种问题时，可以准予在美国继续制造、使用、为销售而提出要约，或者销售上述已经在美国制造、购买、为销售而提出要约或使用的此种特定物品，或者已经进口到美国的此种特定物品，或者如果在 6 个月宽限期以后但在根据本款规定接受维持费的缴纳以前，已经作了实施的实质性准备的，可以准予在美国制造、使用、为销售而提出要约或销售此种特定物品。为了保护在 6 个月宽限期后但在根据本款规定接受维持费的缴纳以前已经作出的投资或者开始的业务，法院还可以在其认为公平的范围内和根据其认为公平的条件下，准予继续实施在 6 个月宽限期以后但在根据本款规定接受维持费的缴纳以前已经实施或者已经作了实施的实质性准备的方法。

（d）专利检索和其他费用

（1）专利检索费

（A）局长应当对每份专利申请（临时申请除外）征收一笔检索费。局长制订根据本项征收的费用所应收取的数额，不论是从合格的检索单位获得检索报告，还是由本局人员进行检索而作出检索报告，均不应超过检索每一份专利申请所作出的平均估计成本。自本法制定之日起的 3 年期间内，合格检索单位检索下述（B）目（i）、（iv）、或（v）各段所述的专利申请的费用每份不得超过 500 美元，检索（B）目（ii）段所述的专利申请的费用每份不得超过 100 美元，检索（B）目（iii）段所述的专利申请的费用每份不得超过 300 美元。局长在以后 3 个 1 年期间内，每个 1 年期间内增加任何此种费用不得超过 20％。在那以后，局长不得增加任何此种费用。

（B）为确定根据本项所订各种费用的目的，由本局人员进行检索一份申请的成本视为：

（i）原始专利申请（外观设计、植物、临时或国际申请除外），每份 500 美元。

（ii）原始外观设计专利申请，每份 100 美元。

（iii）原始植物专利申请，每份 300 美元。

（iv）国家阶段国际申请，每份 500 美元。

（v）重新颁发专利的申请，每份 500 美元。

（C）本篇第 111 条（a）款（3）项关于提交申请缴纳费用的规定，应适用于根据本篇第 111 条（a）款提交的申请关于本项规定费用的缴纳。本篇第 371 条（d）款关于缴纳国家费的规定，应适用于国际申请有关本项规定费用的缴纳。

（D）局长可以依规章规定，在对申请根据第 131 条进行审查以前，对按照局长的规定提交书面声明明示放弃该申请的申请人，以及对提供符合局长规定条件的检索报告的申请人，应退还本项规定的有关部分费用。

（E）为适用（A）目的目的，所谓"合格检索单位"，除有下列情形外，不包括商业实体在内：

（i）局长进行一项有限范围的为期不超过 18 个月的试点方案，试点表明商业实体对专利申请中要求保护的发明主题有关的可获得的现有技术检索是：

（I）正确的；

（II）达到或者超过专利商标局专利审查程序所进行和使用的检索标准；

（ii）局长向国会和专利公众咨询委员会提交关于试点方案的报告中包括：

（I）关于试点方案的范围和持续期间的说明；

（II）参加试点方案的每一商业实体的身份；

（III）用以评估检索报告的准确性和质量的方法的解释；

（IV）与专利商标局进行的检索相比较，评定试点方案对下列几方面已产生和将产生的效果：

（aa）可享专利性的判断；

（bb）专利商标局的效率；

（cc）专利商标局付出的成本；

（dd）申请人付出的成本；以及

（ee）其他有关的因素。

（iii）专利公众咨询委员会应对上面（ii）所述的局长报告和试点方案的成果进行复核和分析，并将其分析向局长和国会提出报告，其中包括下列各项：

（I）与专利商标局的检索相比较，就试点方案已经并将对上面（ii）段（IV）所提出的因素产生的影响的独立评估；以及

（II）分析试点方案为作出上面（ii）段（IV）所要求的评估所用方法的合理性、合适性和有效性；

（iv）在专利公众咨询委员会根据上面（iii）所述向国会提交报告之日起1年期间内，国会将不制定法律禁止商业实体对与专利申请要求保护的发明主题有关的可获得的现有技术进行检索。

（F）局长应当要求凡是商业实体的合格检索单位的检索是由符合下列条件的人员在美国进行的：

（i）如果是个人，是美国公民；

（ii）如果是商业公司，是根据美国或任何州的法律所组织，并雇用美国公民进行检索。

（G）根据第181条或者其他规定涉及保密信息的申请的检索，只能由专利商标局人员进行。

（H）如果属于商业实体的合格检索单位，与任何专利或者已经提交专利商标局尚未结案的申请或即将提交专利商标局的专利申请，有任何直接或间接经济利益的，不得对该专利申请进行检索。

（2）其他费用　局长除对下列服务征收下列费用外，对本条没有具体规定有关专利的所有其他处理、服务或者材料，也应制订征收费用，以收回本局为此种处理、服务或材料所花费的平均估计成本：

（A）记录影响财产权利的文件，每笔财产40美元。

（B）影印文本，每页0.25美元。

（C）专利的黑白文本每份 3 美元。向本篇第 12 条所述的图书馆提供一年颁发的所有专利说明书和附图的、无需认证的印刷文本，为每年 50 美元。

（e）局长对政府部门、机构或其官员偶尔或附带提出的请求涉及与专利有关的任何服务或材料，可以放弃收取任何费用。局长可以对根据本篇第 132 条收到通知的申请人所提供的该通知所述的所有专利的说明书和附图，不收取费用。

（f）本条（a）和（b）两款所订的费用，可以由局长于 1992 年 10 月 1 日以及以后每年的 10 月 1 日加以调整，以反映在这以前的 12 个月内劳工部部长所确定的消费者价格指数的波动。小于 1％的变动可以忽略不计。

（g）局长根据本条所制订的费用，在《联邦纪事》和《专利商标局公报》上公布至少 30 日以后才能生效。

（h）（1）在符合本款（3）项的规定下，根据本条（a）款、（b）款和（d）款（1）项规定所征收的费用，在其适用于根据小企业法第 3 条所定义的任何经营实体，以及适用于局长发布的规章所定义的任何独立发明人或者非营利组织时，应当减收 50％。

（2）根据（c）款或（d）款所征收的滞纳金或费用，在其适用于本款（1）项所述的任何实体时，不应高于任何其他实体在相同或实质上相同情况下所负担的滞纳金或费用。

（3）根据（a）款（1）项（A）目所征收的费用，在其适用于（1）项所适用的任何实体时，如果其申请是依局长所规定的电子手段提交的，应当减收 75％。

（i）（1）局长应当保存美国专利、外国专利文件以及美国商标注册的纸件、缩微或者电子形式的汇编，并按便于检索和检回信息的方法排列供公众使用。局长对使用这些汇编，或者对供公众使用的专利和商标检索室、图书馆，不得直接规定征收费用。

（2）局长应提供全面部署的专利商标局的自动化检索系统，使这种系统能为公众所使用，并应使用各种不同的自动化方法，包括电子公报板以及使用者远程接触大量存取系统，保证使公众得到接触和散布专利和商标信息的充分机会。

（3）局长对公众使用专利商标局的自动检索系统可以规定收取合理的费用。如果规定了收费，那么对为教育培训目的的使用者应当提供有限的免费使用该系统的机会。如果有人表示处境贫苦或困窘的，为公众利益，局长可以放弃向其收取本项规定的费用。

（4）局长应就专利商标局的自动化检索系统和公众使用该系统的情况向国会提出年度报告。局长应在《联邦纪事》上公布此种报告，并提供机会使有利害关系的人对每一份此种报告都能发表意见。

第 42 条 *专利商标局的筹资*

（a）对专利商标局所履行的服务或者所提供的材料征收的所有费用，均应付给局长。

（b）付给局长的所有费用以及支付专利商标局各项活动所需花费的所有拨款，均记入美国财政部的专利商标局拨款账户的贷方。

（c）在拨款法中预先规定的限度和数额内，本篇和其他法律授权局长可收取的和可规定的费用，应由局长收受并提供给局长开展专利商标局的工作之用。根据 1946 年商标法第 31 条提供给局长的所有费用，应只使用于处理商标注册和应付有关商标的其他工作、服务和材料，以及按比例承担专利商标局管理费用。

（d）局长可以退还错收的费用，或者超过应收费用的部分数额。

（e）商务部部长在每年总统向国会提交年度预算之日，向参议院和众议院的司法委员会提交下列文件：

（1）专利商标局上一财政年度专利和商标收费清单。

（2）专利商标局上一财政年度由专利费支出额、商标费支出额和拨款所支持的活动一览表。

（3）专利商标局的重要工作计划、项目和活动的预算计划，包括超年度拨款的估计。

（4）专利商标局关于收费剩余款安排的建议。

（5）该委员会认为必要的其他信息。

第二部分　发明的可享专利性和专利的授予

第十章　发明的可享专利性

第 100 条　定义

在本篇中，下列术语，除根据上下文另有所指外，含义如下：

（a）"发明"意指发明或发现。❶

（b）"方法"意指制法、技艺或者方法，并包括已知的制法、机器、制造品、组合物或者材料的新用途。

（c）"美国"和"本国"意指美利坚合众国及其领地和属地。

（d）"专利权人"不仅包括获得专利证书的专利权人，而且还包括其权利的继承人。

（e）"第三方请求人"意指不是专利权人，但根据第 302 条请求一方当事人复审或者根据第 311 条请求各方当事人间复审的请求人。

第 101 条　可享专利的发明

凡是发明或发现任何新颖而有用的方法、机器、制造品、组合物或其任何新颖而有用的改进的人，可以获得专利，但须符合本篇规定的条件和要求。

第 102 条　可专利性的条件；新颖性和丧失获得专利的权利

除非有下列情形之一，一个人有权获得专利：

（a）在专利申请人完成发明以前，该发明在本国已经为他人

---

❶　这里的"发现"一词，按照美国法院的解释，是发明的同义词，见肯珀案判例（1841 年）。——译者注。

所知或使用，或者在本国或外国已被授予专利或者被记载在出版物上的；

（b）在向美国提交专利申请之日以前，该发明在本国或外国已被授予专利或者被记载在出版物上已逾1年，或者在本国公开使用或销售已逾1年的；

（c）他已经放弃该发明的；

（d）在向美国提交专利申请之日以前，该发明已经首先由该申请人、其法定代理人或者受让人在外国获得专利，或者使他人获得专利，或者成为发明人证书的主题，而向外国提交的关于专利或发明人证书的申请之日是在向美国提交专利申请之日12个月以前；

（e）该发明在下列申请或专利中已有叙述的：（1）他人在该专利申请人完成发明以前在美国提交，并根据第122条（b）款公布的专利申请，或者（2）根据他人在该专利申请人完成发明以前在美国提交的专利申请而授予的专利，但根据第351条（a）款定义的条约提交的国际申请，为本款的目的，只有在该申请指定美国并根据该条约第21条（2）款以英语予以公布的，才有本款规定的在美国提交的申请的效力；

（f）请求授予专利的主题并不是他自己发明的；

（g）（1）在根据第135条或第291条进行的抵触程序期间，涉案的另一发明人证实，在第104条允许的限度内，该发明人在此人完成发明以前，已经作出了该发明，而且没有放弃、压制或者隐瞒，或者（2）在该申请人完成发明以前，另一发明人已在本国作出了该发明，而且没有放弃、压制或隐瞒。在根据本款确定发明的先后顺序时，不仅应考虑该发明的各自构思和付诸实施的日期，而且还应考虑最先构思而最后付诸实施的人在另一人构思之前已有的适度勤勉。

第103条 可专利性的条件；非显而易见的主题

（a）一项发明，虽然不是像本编第102条所述已经完全一样地披露过或者叙述过，但是，如果申请专利的主题与现有技术之间的差异是这样的微小，以致在作出发明时，该主题整体对其所属技术领域具有普通技术的人员而言是显而易见的，则不得授予专利。可专利性不应根据作出发明的方式而予以否定。

（b）（1）尽管有（a）款的规定，在专利申请人及时选择根据本款处理时，一项使用或者制造具有第 102 条规定的新颖性和本条（a）款规定的非显而易见性的一种组合物的生物技术方法，如果符合下列条件，应认为具有非显而易见性：

（A）关于方法和组合物的权利要求都包含在同一专利申请中，或者包含在具有有效的同一申请日的不同申请中；以及

（B）组合物和方法（在其发明时），都属于同一人所有，或者负有必须向同一人转让的义务。

（2）根据上述（1）项对方法授予的专利：

（A）也应包含该方法中使用的组合物或者依该方法制造的组合物的权利要求，或者

（B）如果该组合物的权利要求包含在另一专利中，则虽然有第 154 条的规定，仍应使其与该另一专利在同一日期满。

（3）为了上述（1）项的目的，"生物技术方法"意指：

（A）一项用改变遗传或者其他方法诱导单细胞或多细胞生物的方法，以

（i）表达外源核苷酸序列；

（ii）抑制、消除、增大或改变内源核苷酸序列的表达，或者

（iii）表达特定的生理学特征，且该特征并非与该生物自然相关；

（B）产生表达一种特定的蛋白质（诸如单克隆抗体）的细胞系的细胞融合法；和

（C）使用上述（A）目或（B）目所定义的方法所生产的产品的方法，或者结合（A）目和（B）目定义的方法所生产的产品的方法。

（c）（1）另一人开发的主题，仅根据本编第 102 条（e）、（f）和（g）各款之一或更多款的规定，才属于现有技术的，如

果该主题和要求保护的发明在该发明作出时，属于同一人所有或者负有必须向同一人转让的义务的，不应根据本条排除其获得专利。

（2）为本款的目的，另一人开发的主题和要求保护的发明，如果符合下列情形，应视为属于同一人所有或者负有必须向同一人转让的义务：

（A）该要求保护的发明是由参加共同研究协议的各方或者是代表该参加协议的各方所作出，而该协议在要求保护的发明作出之日或其以前是有效的；

（B）该项要求保护的发明是作为共同研究协议范围以内从事活动的一项结果而作出的；

（C）就该要求保护的发明提出的专利申请披露了或者经修改而披露了参加共同研究协议的各方的姓名或名称。

（3）为第（2）项的目的，"共同研究协议"意指两个人或更多的个人或实体，为了在要求保护的发明所属领域履行试验、开发或者研究工作，而缔结的书面合同、财产授予或者合作协议。

第104条 在国外作出的发明

（a）一般规定

（1）程序 在专利商标局、在法院以及在任何其他主管当局的程序中，除本编第119条和第365条的规定以外，专利申请人或者专利权人，不得依据对发明的知悉或使用，或者有关发明的其他活动确定其在外国（NAFTA国家和WTO成员国除外）的发明日期。

（2）权利 如果发明是由文职人员或者军人在下列情形下作出的：

（A）在美国有住所期间，在其他任何国家从事涉及由美国执行或者代表美国执行的业务的工作；

（B）在NAFTA国家有住所期间，在另一国家从事涉及由该NAFTA国家执行或者代表该国执行的业务的工作；

（C）在WTO成员国有住所期间，在另一国家从事涉及由该WTO成员国执行或者代表该国执行的业务的工作。

该发明人在美国对该发明有权享有同样的优先权，如同该发明根据具体情况是在美国、在那个 NAFTA 国家或者在那个 WTO 成员国作出的一样。

（3）信息的使用　在 NAFTA 国家或者 WTO 成员国关于证明或者否定发明日期的知悉、使用或其他活动的任何信息，一直无法获得以在专利商标局、法院或者任何其他主管当局的程序中使用的限度内，并在此种信息在美国可能获得的同一限度内，局长、法院或者其他当局，为有利于在该程序中请求获得信息的当事方，应得出适当的推论，或者采取法律、规则或规章所允许的其他行为。

（b）定义　本条使用的两个术语的定义如下：

（1）"NAFTA 国家"具有北美自由贸易协定实施法第 2 条（4）款给予此术语的意义。

（2）"WTO 成员国"具有乌拉圭回合协定法第 2 条（10）款给予此术语的意义。

第 105 条　*外层空间的发明*

（a）在美国有管辖权或者控制的空间物体或其部件上作出、使用或者销售的任何发明，为本篇的目的，应认为是在美国作出、使用或销售的，但涉及美国参加的国际协定具体确认或者依其他方式有所规定的空间物体或其部件，或者对于在外国根据《向外层空间发射物体登记公约》的登记册上有登记的空间物体或其部件的，应当除外。

（b）在外层空间并在外国根据《向外层空间发射物体登记公约》的登记册上有登记的空间物体或其部件上作出、使用或者销售的任何发明，如果美国与该登记国的国际协议有这样的具体规定的，为本篇的目的，应认为是在美国作出、使用或销售的。

第十一章　专利的申请

第 111 条　*申请*

（a）一般规定

（1）书面申请　除本编另有规定外，专利的申请应由发明人或其授权的人以书面形式向局长提出。

（2）内容　此种申请应包含下列内容：

（A）本编第 112 条的规定的说明书；

（B）本编第 113 条的规定的附图；

（C）本编第 115 条的规定的申请人的誓词。

（3）费用和誓词　申请必须附有法律规定的费用。费用和誓词可以在说明书和必要的附图提交以后，按照局长可能规定的期限和条件（包括滞纳金的缴纳）提交。

（4）未提交　没有在规定的期限内提交费用和誓词的，该申请即被认为已经放弃，除非向局长表明延误提交费用和誓词是不可避免的或者不是故意的。专利商标局收到说明书和必要的附图之日即为申请的提交日。

（b）临时申请

（1）授权　除本编另有规定外，临时的专利申请由发明人或其授权的人以书面形式向局长提出。此种申请应包括：

（A）本篇第 112 条第 1 款规定的说明书；

（B）本篇第 113 条规定的绘图。

（2）权利要求　临时申请中不要求有第 112 条第 2 款至第 5 款所规定的权利要求。

（3）费用

（A）申请必须附有法律所规定的费用。

（B）费用可以在说明书和必要的附图提交以后，按照局长可能规定的期限和条件（包括滞纳金的缴纳）缴纳。

（C）如果没有在规定的期限内缴纳费用，该申请即被认为已经放弃，除非向局长表明延误缴纳费用是不可避免的或者不是故意的。

（4）申请日　临时申请的申请日是专利商标局收到说明书和必要的附图之日。

（5）放弃　临时申请尽管没有包含权利要求，但经过及时请求，并按照局长的规定，该申请可以作为根据（a）款提交的申请处理。在符合本编第 119 条（e）款（3）项的规定下，如果没有提出此种请求，临时申请在其提交日以后经过 12 个月即被认为已经放弃，而且在这样的 12 个月期间以后，不得予以恢复。

（6）临时申请的其他根据　在符合本款和本篇第 119 条（e）款的所有条件下，并按局长的规定，根据（a）款提交的专利申请可以作为临时专利申请处理。

（7）没有优先权或最早申请提交日的利益　临时申请无权根据本编第 119 条或第 365 条（a）款享受任何其他申请的优先权，也无权根据本篇第 120 条、第 121 条或第 365 条（c）款享受美国较早申请日的利益。

（8）可适用的规定　除另有规定以及临时专利申请无须适用本编第 115 条、第 131 条、第 135 条和第 157 条以外，本编有关专利申请的规定应当适用于临时专利申请。

第 112 条　说明书

说明书应包含对发明以及对作出和使用发明的方式、方法，以完整、清晰、简洁和确切的词语的书面描述，使发明所属领域的技术人员或者与该发明联系很密切的人员，都能作出和使用该发明；说明书还应公布发明人所熟思的实施该发明的最好方式。

说明书在其结尾应提出一项或几项权利要求，具体地指出并明确要求承认申请人认为是其发明的内容。

权利要求可以用独立的方式撰写，或者，如果发明的性质允许，用从属的方式或多项从属的方式撰写。

在符合下一款的规定下，从属权利要求应首先引用前面提出的一项权利要求，然后具体说明对所要求保护的主题的进一步限制。一项从属权利要求应解释为，该权利要求通过引用方将被引用的权利要求的所有限制包括在内。

多项从属权利要求，应包括只以择一方式引用前面提出的一项以上的权利要求，然后具体说明对所要求保护的主题的进一步限制。多项从属权利要求不应作为另一项多项从属权利要求的基础。一项多项从属权利要求应解释为，该权利要求通过引用而将其所考虑的与其有关的特定权利要求的所有限制包括在内。

权利要求的一个特征，可以用履行特定功能的方法或者步骤来表达，而无须详述支持这种方法或步骤的结构、材料或者行为。此种权利要求应解释为，该权利要求包含了说明书记载的相应的结构、材料或者行为及其等同物在内。

第 113 条 　附图

在理解申请专利的主题有必要的情况下，申请人应提供附图。当此种主题的性质允许依附图来阐明，而申请人没有提供附图时，局长可以要求其在通知发出时起不少于两个月期间内提供附图。申请日以后提交的附图，不得用以（i）克服说明书中披露不充分的缺点，而此种缺点是由于缺乏使人能够作出发明的披露或者其他不充分的披露而造成的，或者（ii）为了解释任何权利要求的范围而补充说明书的原始披露。

第 114 条 　模型、样品

局长可以要求申请人提供适当大小的模型，以利于展示其发明的各个部分。

发明涉及组合物时，局长为检查或试验的目的，可以要求申请人提供样品或其成分。

第 115 条 　申请人的宣誓

申请人应宣誓，表明他深信自己是某一方法、机器、制造品或组合物或者其改进的原始而最早的发明人，为此请求授予专利；并应说明其为哪国的公民。此种宣誓可以在美国国内依法有权掌管宣誓的任何人面前进行。如果宣誓是在外国进行，可以在有权掌管宣誓的美国外交官或领事面前进行，也可以在具有官印、在申请人所在的国家有权掌管宣誓的任何官员面前进行，而此种官员享有掌管宣誓的职权是有美国外交官或领事的书面证明的，或者有外国指定的官员加旁注证明的，但该外国必须是根据条约或公约对美国指定官员的旁注是给予同样的效力的。此种宣誓如果符合宣誓地的州或国家的法律，即为有效。如果申请是由发明人以外的人按照本编的规定提出的，宣誓的形式可以加以变更，以便由他宣誓。为本条的目的，领事官包括在海外服务的美国公民，而且他是依修正制定法第 1750 条（修正）（美国法典第 22 编第 4221 条）被授权履行公证职责的人。

第 116 条 发明人

在发明是由两人或者两人以上共同作出时，除本编另有规定外，应共同申请专利，并且每人应作出规定的宣誓。数个发明人即使（1）没有亲自或者同时在一起工作，或者（2）每人并没有作出相同类型或数量的贡献，或者（3）每人并没有对专利的每一权利要求的内容都作出贡献，也可以共同申请专利。

如果有一共同发明人拒绝参加专利申请，或者经过努力仍未能找到或者与之取得联系的，可以由另一发明人代表本人和缺席的发明人提出申请。局长在相关事实得到证实并在按其指示对缺席发明人发出通知后，可以向提出申请的发明人授予专利，其权利与假如缺席发明人参加申请时所享有的相同。缺席发明人以后仍可以参加申请。

如果由于错误而将非发明人作为发明人而列在专利申请中，或者由于错误而未将发明人列入专利申请中，并且此种错误的发生并非由于本人有意欺骗的，局长根据其规定的条件，可以允许对申请作相应的修改。

第 117 条 发明人死亡或者丧失能力

已故发明人以及在法律上无行为能力的发明人的法定代理人，可以遵照适用于发明人的规定及同样的条款和条件，申请专利。

第 118 条 发明人以外的人提交申请

无论何时，发明人拒绝提出专利申请，或者经过努力仍未能找到或与之取得联系的，发明人已向其转让发明的人或者发明人已经以书面同意向其转让发明的人，或者以其他方式表明对发有充分的财产权益足以证明此种行为是正当的人，在相关事实已经证实，并证明为了保持各方当事人的利益或者防止产生不可弥补的损失而有必要时，均可以代表发明人并作为发明人的代理人提出专利申请；局长在给予其认为充分的通知，并在遵守其所制定的规章后，可以对这样的发明人授予专利。

第 119 条 较早申请日的利益；优先权

（a）任何人在美国提交发明专利申请的，如果此人或者其法定代理人、受让人，以前已经就同一发明向外国提交正规的专利申请，而该外国对于在美国或者 WTO 成员国提交的申请、或者对于美国公民提交的申请给予同样的优惠，又如果在美国提交的申请是在该申请最早在该外国提交申请之日起 12 个月以内提交的，上述在美国提交的申请具有的效力，与该申请如果是在同样的发明专利申请首次在该外国提交之日在美国提交时所具有的效力相同；但是，如果在美国实际提出申请之日以前，该发明已经在任何国家被授予专利或者记载在出版物中超过 1 年，或者在该日前该发明在美国已经公开使用或销售超过 1 年，则对该发明专利申请不应授予专利。

（b）（1）任何专利申请无权享有此种优先权，除非按局长的规定在申请的未决期间的某个时候向专利商标局提出享有此种权利的声明，并指明外国申请，说明其申请号和受理或代表受理该申请的知识产权当局或者国家，以及提交申请的日期。

（2）局长可以认为，申请人未及时提出享有优先权的声明是放弃这种权利。局长可以制定规定，包括滞纳金的缴纳，以接受非故意延误的本条规定的声明。

（3）局长可以要求提交作为优先权基础的、经证明的原始外国申请、说明书、附图副本，如原申请不是用英语撰写的，应有英文译文，以及局长认为必要的其他信息。任何此类证明应由受理该外国申请的外国知识产权当局作出，并表明申请日和提交说明书及其他文件的日期。

（c）本条所规定的权利，可以按同样的方式和适用同样的条件和要求，不以首次在外国提出的申请为根据，而以嗣后在同一外国提出的正规申请为根据，但条件是在后一申请以前所提出的任何外国申请必须已经被撤回、放弃或者依其他方式清除，未供公众查阅并未遗留任何权利，并且从来没有、今后也不应当用以作为要求享有优先权的基础。

（d）申请人在其有权根据自己的意愿申请专利或者申请发明人证书的外国提出的发明人证书申请，为了本条规定的优先权的目的，在美国应与专利申请依同样的方式予以处理，并具有同样的效力，但必须遵守本条规定的适用于专利申请的同样条件和要求，但前提是申请人在提交申请时有权享受《巴黎公约》斯德哥尔摩修正文本规定的好处。

（e）（1）就根据本编第 111 条（b）款提交的临时申请中的发明人在该临时申请中依本编第 112 条第 1 款规定的方式披露的发明，根据本编第 111 条（a）款或第 363 条提交专利申请，且该专利申请是在临时申请提交日以后不迟于 12 个月的期间内提交的，而且该申请含有或经修改而含有对临时申请的明确指引，则就上述发明而言，该申请视为在本篇第 111 条（b）款规定的临时申请提交日提交。任何申请，除非含有明确指引较早提交的临时申请的修改在该申请未决期间在局长规定的时间内提交，就无权根据本（d）款享有较早提交的临时申请的申请日的好处。局长可以认为，没有在该期间提交此种修改，就意味着放弃根据本款可以享受的利益。局长可以制定程序，包括缴纳滞纳金，以接受在该申请未决期间非故意而延迟提交的本款规定的修改。

（2）根据本编第 111 条（b）款提交的临时申请，除非本编第 41 条（a）款（1）项（A）目或者（C）目规定的费用已经缴纳，在专利商标局的任何程序中均不得作为依据。

（3）如果临时申请提交日以后 12 个月期间届满之日是星期六、星期日或者是哥伦比亚特区联邦放假日，临时申请的未决期间应延至其后的世俗日或者工作日。

（f）在 WTO 成员国（或者 UPOV 外国缔约方）提交植物

育种者权申请，为根据本条（a）款至（c）款的优先权的目的，具有与专利申请同样的效力，但须满足与本条适用于专利申请的同样的条件和要求。

（g）本条所用术语的意义

（1）"WTO 成员国"具有与本编第 104 条（b）款（2）所规定此术语的同样含义。

（2）"UPOV 缔约方"意指保护植物新品种国际公约的成员。

第 120 条　在美国较早申请日的利益

如果一件发明专利申请中的发明已经在向美国提交的在先申请中按照本编第 112 条第 1 款或者本编第 363 条规定的方式进行了披露，且该发明专利申请是由在先申请中的一个或者多个发明人提交的，如果该申请是在在先申请或者在有权享受在先申请日好处的申请被授予专利或放弃以前，或者申请程序终结以前所提出，并且该申请中含有或者经修改而含有对在先申请的明确指引，则就上述发明而言，该申请视为是在前一申请日提交。任何申请，除非含有明确指引在先申请的修改在该申请的未决期间在局长规定的时间内提交，就无权根据本条享有在先申请的申请日的好处。局长可以认为，没有在该期间内提交这样的修改的，就意味着放弃本条规定的任何利益。局长可以制定程序，包括缴纳滞纳金，以接受非故意而延迟提交的本条所规定的修改。

第 121 条　分案申请

如果一件申请的权利要求中包含两项或两项以上独立而不同的发明，局长可以要求将该申请限制在其中一项发明上。如果另一项发明成为分案申请的内容，而该申请符合本编第 120 条的要求，则有权享有原申请日的利益。如果分案申请是在其他申请被授予专利以前提交的，对根据本条要求加以限制的申请所颁发的专利，或者对由于此种要求的结果而另行提交的申请所颁发的专利，在专利商标局或者在法院均不得作为依据，用以对抗分案申请或者原申请，或者对抗根据其中任何一件申请所颁发的专利。如果分案申请仅仅涉及原始提交的申请中所叙述和作为权利要求的内容，局长可以免除发明人签名和形式要求。专利的效力并不因为局长没有要求将申请限于一项发明而受到质疑。

第 122 条 申请的保密；专利申请的公布

(a) 保密性 除（b）款的规定外，专利申请应当由专利商标局予以保密。关于该申请的任何信息，未经申请人或者所有人的授权，均不得给予他人，但为了执行国会法律的规定有必要的，或者在局长决定的特殊情况下，不在此限。

(b) 公布

(1) 一般规定

(A) 除须适用（2）项的规定外，每一专利申请应根据局长规定的程序，自根据本编可以获得利益的最早申请日起 18 个月期限届满后迅速予以公布。应申请人的请求，申请可以在所述18 个月期间届满日以前公布。

(B) 除按局长的决定外，关于已公布的专利申请的任何信息不得向公众提供。

(C) 尽管有法律的其他规定，局长关于发布或者不发布有关公布的专利申请的信息的决定是终局的，不能审查。

(2) 例外

(A) 符合下列条件之一的申请不予以公布：

(i) 不再处于待审状态的；

(ii) 根据本编第 181 条须遵从保密令的；

(iii) 属于根据本编第 111 条（b）款提交的临时申请的；

(iv) 属于根据本编第 16 章提交的外观设计专利申请的。

(B)(i) 如果申请人于提交申请时提出请求并证明，申请中披露的发明未成为、而且将不会成为在另一国家提交的申请的主题，或者根据多边国际协定的要求，申请应在提交以后 18 个月公布的，该申请不应根据第（1）项的规定予以公布。

(ii) 申请人可以任何时候取消根据（i）段提出的请求。

（iii）申请人已经根据（i）段提出请求，但以后又在外国，或者根据（i）段所指的多边国际协定，就已经在专利商标局提交的申请中披露的发明提交申请的，应在提交此种外国或者国际申请之日以后不超过 45 日的期间内将此种提交情况通知局长。申请人未在规定期间内作出此项通知的，应认为申请人已经放弃其申请，除非申请人向局长表明延误提出通知不是故意的，并且已得到其认可。

（iv）如果申请人取消其根据（i）段提出的请求，或者通知局长已在外国提交申请或者根据（i）段规定的多边国际协定提交申请，其申请应根据（1）项在（i）段规定之日公布，或者在该日以后按实际情况尽快予以公布。

（v）如果申请人已经直接或者通过多边国际协定在一个或更多的外国提交申请，而且此种在外国提交的申请与在专利商标局提交的申请是对应的，或者在外国提交的此种申请中关于发明的说明不如在专利商标局提交的申请或其关于发明的说明那样广泛，申请人可以提交 1 份改写原提交给专利商标局的申请的文本，将该申请中那些没有包含在向外国提交的相应申请中的部分或者发明的说明予以删除。局长可以只公布该申请的改写文本，除非专利商标局在根据本编可以获得利益的最早有效申请日以后 16 个月期间内没有收到该申请的改写文本。如果公布的根据本段提交的申请改写文本中关于发明对某一权利要求的说明，不能使所属领域技术人员制造和使用该权利要求的主题，则第 154 条（d）款的规定不应适用于该权利要求。

（c）抗议和授权前异议　局长应制定适当程序，确保在申请公布后，未经申请人书面明示同意，而对该申请授予专利启动抗议或者其他形式的授权前的异议。

（d）国家安全　如果专利申请的公布或者此种发明的披露可能损害国家安全，该申请就不应根据（b）款（1）项的规定予以公布。局长应制定适当的程序，确保此种申请能迅速鉴别出来，并根据本编第 17 章对此种发明保密。

第十二章　申请的审查

第 131 条　申请的审查

局长应将申请和声称是新的发明交付审查；经过审查，如果申请人依法有权获得专利，局长应为此颁发专利。

第 132 条　驳回的通知；再审

（a）无论何时，经审查后，授予专利的请求被驳回，或者对其提出反对或要求的，局长应将此种情况通知申请人，说明驳回、反对或者要求的理由，并附送对于申请人判断是否继续进行其申请的有用信息和参考材料。如果申请人在接到此种通知后，经过修改或者不经过修改，仍坚持请求授予其专利的，对该申请应进行再审。对申请所作的修改不可对发明的披露添加新的内容。

（b）局长应制定关于根据申请人的请求对其专利申请继续进行审查的规定。局长可以对此种继续审查制订适当的费用，并规定对根据本编第 41 条（h）款（1）项有资格享受降低费用的小实体降低 50%。

第 133 条　答复期限

要求对申请采取任何行为的通知交付或者邮寄给申请人后，如果在通知以后 6 个月内，或者局长规定的较短期间内（但不少于 30 日），申请人没有答复的，除非当事人已经向局长表明延误是不可避免的并且已经得到其认可，该申请应认为已经被当事人放弃。

第 134 条　向专利申诉和抵触委员会申诉

（a）专利申请人　专利申请人的任何权利要求被两次驳回的，在一次性缴纳申诉费后，可以对一级审查员的决定向专利申诉和抵触委员会提出申诉。

（b）专利所有人　专利所有人在任何再审程序中，在缴纳申诉费后，可以对一级审查员最终驳回任何权利要求的决定，向专利申诉和抵触委员会提出申诉。

（c）第三方　第三方请求人在各方当事人间程序中，在缴纳申诉费后，对一级审查员作出的有利于专利的任何原始的、或提议修改的或新的权利要求的可享专利性的最终决定，可以向专利申诉和抵触委员会提出申诉。

第 135 条　抵触

（a）局长认为，无论何时提出的专利申请，如果与审查中的任何其他申请或者任何未满期的专利相冲突的，应宣告有抵触，并将此种宣告根据具体情况通知双方申请人，或者申请人和专利权人。专利申诉和抵触委员会将决定各发明完成的先后顺序，并且可以决定专利性问题。任何最终决定，如果不利于申请人的权利要求的，应构成专利商标局对涉及的某些权利要求的最终拒绝，局长可以对被判定为先发明人的申请人专利。如果裁决对专利权人不利，而该专利权人没有提出上诉，或不能提出上诉、或者其他审查的，即构成对该专利中有关权利要求的撤销，专利商标局应在随后颁发的专利证书副本中将此种撤销予以记明。

（b）（1）任何申请中不得提出与已经颁发专利的权利要求相同或者针对相同或实质上相同主题的权利要求，除非此种权利要求是在自该专利授予之日起的 1 年内提出的。

（2）与根据本编第 122 条（b）款公布的申请中的权利要求相同，或者针对相同或实质上相同主题的权利要求，只有在该申请公布之日以后 1 年内提交的申请中才可以提出。

（c）专利抵触的各方当事人有关终止或者意图终止抵触所达成的协议或者谅解，包括其中提到的附属协议在内，应以书面签署，并在该协议或谅解各当事人之间的抵触终止以前，将副本提交给专利商标局。如果提交文件的任何一方有这样的请求，该副本应与抵触档案分别保管，并且只向提出书面请求的政府部门，或者表明有正当原因的任何人提供。不向专利商标局提交此种协议或者谅解副本的，该协议或者谅解就永远不具有执行力，抵触有关各当事人的专利或者根据有关各方当事人的申请所授予的专利也永远不具有执行力。然而，在向局长表明未能在规定期间内提交协议或者谅解有正当原因后，局长可以允许在协议或者谅解各当事人之间的抵触终止后6个月期间内向其提交协议或者谅解。

局长应在上述抵触终止以前的适当时间内，将本条规定的提交文件的要求通知各方当事人或其登记的代理人。如果局长在较晚的时间发出这一通知，而不顾当事人在有正当原因的情况下可以在6个月期间内提交此种协议或者谅解的权利，当事人可以在收到此种通知后60日内提交此种协议或者谅解。

对局长根据本款行使自由裁量权所作的行为，可以根据行政程序法第10条的规定进行复议。

（d）专利抵触程序的各方当事人，在局长可能依规章规定的期间内，可以对此种争议或者争议的任何方面请求仲裁。此种仲裁应遵守美国法典第9编的规定，但以与本条不相抵触为限。各方当事人应将仲裁裁决通知局长，此种裁决，在仲裁的各方当事人之间，对仲裁涉及的问题有处分的效力。仲裁裁决在直到发出此种通知以前是不具有执行力的。本款的任何规定都不妨碍局长对抵触涉及的发明的专利性所作的决定。

第十三章　对专利商标局决定的审查

"§141. 向联邦巡回上诉法院上诉

申请人在根据本编第134条向专利申诉和抵触委员会提起申诉后对其决定不服的，可以向联邦巡回上诉法院上诉。申请人因提出此种上诉而放弃其根据本编第145条起诉的权利。专利所有人，或者在各当事人间复审程序中的第三方请求人，在任何复审程序根据第134条向专利申诉和抵触委员会申诉中对其最终决定不服的，只可以向美国联邦巡回上诉法院上诉。抵触案的一方当事人对专利申诉和抵触委员会就抵触所作的决定不服的，可以向美国联邦巡回上诉法院上诉。但是，如果抵触案中受到不利决定的一方，在上诉人根据本编第 142 条提出上诉通知后 20 日内，向局长提交通知，声明愿意选择本编第 146 条规定的程序进行后续处理的，此种向联邦巡回上诉法院提起的上诉应当被驳回。如果在收到不利决定的一方提交此种通知后 30 日内，上诉人并没有根据第 146 条提起民事诉讼，被提起上诉的决定对案件的后续程序发生效力。

第 142 条　上诉的通知

上诉人向美国联邦巡回上诉法院提起上诉时，应将提起上诉一事以书面通知专利商标局局长。通知应在被提起上诉的决定作出之日以后在局长规定的时间前提交，但不能少于 60 日。

第 143 条　上诉程序

对于本编第 142 条所述的上诉，局长应将专利商标局档案中包括的有关文件列出一份经证明的清单送交美国联邦巡回上诉法院。该法院可以要求局长将此种文件的原始文本或者经证明的副本在上诉审判期间送交法院。在一方当事人的案件或者任何复审案件，局长以书面将专利商标局作出决定的理由，对上诉涉及的所有问题加以说明，提供给法院。在上诉审理前，法院将审理的时间和地点通知局长和上诉案的当事人。

第 144 条　对上诉的判决

美国联邦巡回上诉法院根据专利商标局的档案对被上诉的决定进行审查。法院在作出决定后，向局长发出命令和意见。这些命令和意见归入专利商标局的档案，对案件的后续程序发生效力。

第 145 条　通过民事诉讼以获得专利

申请人在根据本编第 134 条（a）款提起的申诉中，不服专利申诉和抵触委员会的决定的，如果未向美国联邦巡回上诉法院提起上诉，可以在该委员会的决定以后在局长规定的期间（不少于 60 日）内，向哥伦比亚特区美国地区法院对局长提起民事诉讼，以获得救济。该法院可以判决，正如该案的事实可能表明的，该申请人对其发明，即专利申诉和抵触委员会的决定涉及的权利要求中的发明，有权获得专利。此项判决授权局长依照法律的规定授予专利。所有诉讼费用应由申请人缴纳。

第146条 发生抵触时的民事诉讼

抵触案的任何一方当事人不服专利申诉和抵触委员会的决定的，除已经向美国联邦巡回上诉法院提起上诉，并且正在审理中或者已经作出判决的以外，可以在委员会的决定作出后，在局长规定的期间（不少于60日）内或者在本编第141条规定的期间内提起民事诉讼，以获得救济。在此种诉讼中，根据任何一方当事人的提议，在符合法院关于诉讼费用、花费以及进一步对证人的询问等的条款和条件后，专利商标局的记录应得到承认，但不损害当事人进一步提出证据的权利。在专利商标局记录的证词和展示的证据，经承认后，具有与在该诉讼中原始所作的证词和出示的证据一样的效力。

此种诉讼可以将专利商标局记录所表明的、在作出决定时对该决定有利害关系的一方为被告，但是有利害关系的任何当事人均可以成为诉讼的一方当事人。如果收到不利决定的数个当事人分住各地区不在同一个州以内，或者收到不利决定的当事人住在外国，诉讼应由哥伦比亚特区的美国地区法院管辖，该法院可以将传唤各个收到不利决定的当事人的传票寄给各该当事人所住地区的执法官。对传唤居住在外国的收到不利决定的当事人的传票，可以利用公告或者法院指示的其他方法送达。局长不是必然的当事人，但受诉法院的书记员应将起诉一事通知局长，局长有权参加诉讼。法院判决认为申请人有取得专利权利的，该判决即授权局长在专利商标局收到判决的证明文本后，遵照法律的规定颁发专利证书。

第十四章　专利的颁发

第151条 专利的颁发

如果申请人根据法律有权获得专利，专利商标局就将书面授权通知发给或邮寄给申请人。通知应载明授权费的数额。授权费应于通知后 3 个月内缴纳。

上述款项缴纳后，专利证书应即颁发，但如不按期缴款，应认为申请人已经放弃其申请。

授权费的余额应在发出缴纳余额的通知后 3 个月内缴纳，如果不缴纳，专利证书即于该 3 个月期间届满时失效。在计算费用余额时，1 页或不足 1 页的收费可以不计。

如果本条所要求缴纳的款项没有按时缴纳，但该款项已随同延误费缴纳，而且申请人表明延误缴纳是不可避免的，局长可以接受其缴款，好像申请人从未放弃其申请、专利从未失效那样。

第 152 条 向受让人颁发专利

除本篇另有规定外，经发明人申请并断言说明书属实后，专利可以颁发给在专利商标局记录的发明人的受让人。

第 153 条 发证的方式

专利应以美利坚合众国的名义颁发，加盖专利商标局的印章，由局长签名，或者其上印有局长的签署，并且在专利商标局有书面记录。

第 154 条 专利的内容和期限；临时的权利

（a）一般规定

（1）内容 每一专利应记载发明的简短名称，并对专利权人、其继承人或者受让人授予排除他人在美国制造、使用、为销售而发出要约、销售该发明或者将该发明进口到美国的权利；如果发明是一项方法，授予排除他人在美国使用、为销售而发出要约、销售依该方法制造的产品，或者将此种产品进口到美国的权利。关于该发明的细节，应依说明书的说明。

（2）期限 在缴纳本编规定的费用的情况下，专利的期限自授予专利之日开始，于专利申请在自美国提交之日起计算的 20 年届满时终止，或者，如果申请根据本编第 120 条、第 121 条或第 365 条（c）款的规定，专门指引另一较早提交的申请的，则该期限在自此种最早申请的提交日起计算的 20 年届满时终止。

（3）优先权　在确定专利的期限时，本编第 119 条、第 365 条（a）款或第 365 条（b）款规定的优先权不计在内。

（4）说明书和附图　说明书和附图应附于专利之后，成为专利的一部分。

（b）专利期限的调整

（1）专利期限的保证

（A）专利商标局迅速处理的保证　除应遵守下述（2）项规定的限制外，如果原始专利证书的颁发由于专利商标局没有采取下列行为而延迟：

（i）在下述日期之后不迟于 14 个月，至少发出本篇第 132 条规定应发的通知之一，或者根据本编第 151 条发出授权通知：

（I）本编第 111 条（a）款规定的申请日；或者

（II）国际申请满足本编第 371 条规定的条件之日。

（ii）对根据第 132 条提出的答复或者根据第 134 条提出的申诉，在收到答复或申诉之日后 4 个月内作出回应；

（iii）在专利申诉和抵触委员会根据第 134 条或第 135 条，或者在联邦法院根据第 141 条、第 145 条或第 146 条，作出将可授权的权利要求保留在申请中的决定之日后 4 个月内，对申请采取行为；

（iv）在根据第 151 条缴纳授权费和所有未满足的要求都已满足之日后 4 个月内，授予专利。

根据情况在（i）、（ii）、（iii）或（iv）段规定的期间届满以后，至所述的行为采取以前，每延误 1 日，专利期限应延长 1 日。

（B）申请审查期间不超过 3 年的保证　除应遵守下述（2）项规定的限制外，如果原始专利的颁发由于美国专利商标局没有在自申请在美国实际提交日起的 3 年内颁发专利而延迟，则在该 3 年期间届满之后，直至专利颁发之日，每迟延 1 日，专利的期限应延展 1 日。但这 3 年期间不包括下列时间：

（i）申请人根据第 132 条（b）款请求继续审查而花费的时间；

（ii）根据第 132 条（a）款的程序而花费的时间，发布第 181 条规定的命令而花费的时间，或者专利申诉和抵触委员会或者联邦法院对申诉进行复查而花费的时间；或者

（iii）除下述（3）项（C）目允许的以外，美国专利商标局根据申请人的请求，对申请处理的延误。

（C）由于抵触、保密令及申诉而延误的保证或调整　除应遵守下述（2）项规定的限制外，如果原始专利的颁发由于下列情形而延误：

（i）第 135 条（a）款规定的程序；

（ii）根据第 181 条发布命令；

（iii）专利申诉和抵触委员会或者联邦法院对申诉的复查。

在前述情形下，根据复查中推翻有关专利性的不利决定的裁决而授予专利的，专利的期限，按这些程序、命令或复查的期间（应视属于何种情形而定）每存续 1 日应延长 1 日。

（2）限制

（A）一般规定　如果因为上述（1）项列举的原因引起的延误发生重叠，根据本款允许的调整期间不应超过实际延误授予专利的实际天数。

（B）被放弃时的期限　任何专利在某一指定日期后的期限被放弃的，其期限不得根据本条调整至放弃声明中指定的日期以后。

（C）调整期间的缩减

（i）根据上述（1）项的专利期限的调整期间，应从该期间中减去申请人没有作出合理的努力以结束申请处理的期间。

（ii）关于根据上述（1）项（B）目调整专利的期限，申请人每次答复专利商标局发出的关于驳回、反对、争辩或其他请求的通知的期间是 3 个月，这个期间自专利商标局发给或者邮寄申请人的通知之日起计算，每次答复超过 3 个月期间的累计总时

间，应视为申请人没有作出合理的努力以结束申请的处理或审查的时间。

（iii）局长应制定规章，确定哪些情况构成申请人没有作出合理的努力以结束申请的处理或者审查。

（3）专利期限调整的决定程序

（A）局长应制定规章，确定根据本款申请和决定专利期限调整的程序。

（B）在根据上述（A）目确定的程序中，局长应当：

（i）根据本款对调整专利期限的期间作出决定，并将该决定的通知连同第151条规定的书面授权通知发给申请人；

（ii）向申请人提供一次机会，使其能对局长所作调整专利期限的决定请求重新考虑。

（C）如果申请人在颁发专利以前，表明其尽管尽了应有的注意，仍不能在3个月期间内作出答复的，局长应恢复根据（2）项（C）目调整的累计期间的全部或者一部分，但无论如何，对每一次答复绝不能在原有的3个月期间以外再恢复3个月以上。

（D）局长在根据本款制定的程序完成专利期限的调整以后，应继续授予专利的工作，即使申请人对局长的调整决定提出了申诉。

（4）对专利期限调整决定的申诉

（A）申请人对局长根据上述（3）项作出的决定不服的，可以在授予专利后180日内向哥伦比亚特区美国地区法院提起民事诉讼，以获得救济。美国法典第5编第7章应适用于此种诉讼。法院变更专利期限调整期间的终局判决应送达局长，然后局长应据此修改专利的期限。

（B）对根据本款作出的专利期限调整的决定，第三方在授予专利前不得提出申诉或者异议。

（c）继续

（1）决定　在《乌拉圭回合协定法》制定日后6个月之日仍然有效的专利或者根据在该日以前提交的申请所产生的专利的期

限，应当以（a）款规定的 20 年或者自授予之日起 17 年两个期限中较长的为准，但放弃期限的除外。

（2）救济　本篇第 283 条、第 284 条和第 285 条规定的救济不适用于下列行为：

（A）在《乌拉圭回合协定法》制定日后 6 个月之日以前开始的行为，或者在该日以前为该行为作出了实质性投资的；和

（B）由于（1）项规定而成为侵权的行为。

（3）报酬　上面（2）项所述的行为只有在向专利权人缴纳合理的报酬以后才能继续为之。所谓合理的报酬，就是在根据本编第 28 章和第 29 章［本款（2）项排除的那些规定除外］提起的诉讼中所决定的报酬。

（d）临时的权利

（1）一般规定　除本条规定的其他权利以外，专利还应包括对自根据第 122 条（b）款对该专利的申请公布之日起，或者，在根据第 351 条（a）款定义的条约提交并根据该条约第 21 条（2）款（a）项指定美国的国际申请的情形，自该申请的公布日起，至专利授予之日止的期间内，从事下列行为的任何人获得合理的使用费的权利：

（A）（i）在美国制造、使用、为销售而提出要约或者销售该已公布的专利申请中要求保护的发明，或者将此种发明进口美国；或者

（ii）如果已公布的专利申请中要求保护的发明是方法，在美国使用、为销售而提出要约或者销售依照该已公布的专利申请中要求保护的方法所制造的产品，或者将此种产品进口美国；和

（B）实际上已经得到关于该已公布的专利申请的通知，而且，如果本项产生的权利是以指定美国但以英语以外的语言公布的国际申请为根据，已经得到译为英语的该国际申请。

（2）权利是以实质上相同的发明为根据　除非该专利中要求保护的发明与该已公布的专利申请中要求保护的发明实质上相同，否则就不能根据上面（1）项规定享有获得合理使用费的

权利。

（3）获得合理使用费的时间限制　根据上面（1）项获得合理使用费的权利，只有在专利颁发后不迟于 6 年的期间内所提起的诉讼中才能得到。根据上面（1）项获得合理使用费的权利不受（1）项所述期间长短的影响。

（4）对国际申请的要求

（A）生效日　上面（1）项获得合理使用费的权利，如果是以根据第 351 条（a）款所定义的条约提交并指定美国的国际申请的公布为根据的，应自国际申请按照条约公布之日开始生效，或者，如果国际申请按照条约是以英语以外的语言公布，则自专利商标局收到公布申请的英语译文之日开始生效。

（B）副本　局长可以要求申请人提供国际申请的副本和该申请的译文。

第 155 条　专利期限的延展

尽管有本篇第 154 条的规定，如果专利的范围内包含有组合物或者使用此种组合物的方法，在符合下列条件的情况下，该专利的期限应当予以延长：此种组合物或者方法曾经受到联邦食品药品管理局依照联邦食品、药品和化妆品法的监管审查，该审查导致了许可此种组合物或者方法进行跨州发行和销售的监管公布，并且根据联邦食品、药品和化妆品法第 409 条暂停了对该组合物和方法的监管审查（暂停自 1981 年 1 月 1 日起实施）。延展的期限为自暂停监管审查之日至此种程序最终决定和商业销售得到许可时为止。专利权人，其继受人、继受人或受让人应自本条制定时起或者自暂停监管审查结束之日起 90 日内，以后到期的为准，将需延展的专利的号码和审查暂停之日、许可商业销售之日，通知局长。局长在收到此种通知后，迅速将延展期限的证书发给记录的专利所有人。证书应加盖印章，说明事实和延展的时间，并说明适用此种延展的组合物或使用此种组合物的方法。此种证明书记录在延展的每一专利的官方档案中，而且此种证书被认为是原始专利的一部分，并将适当的通知登载在专利商标局的公报上。

第 155 条 A　专利期限的恢复

（a）除本编第 154 条的规定外，下列各专利的期限应依本条予以延展：

（1）任何在其范围内包含一种新药产品的组合物的专利，如果在联邦食品药品管理局对该产品的监管审查期间：

（A）联邦食品药品管理局在注明日期为 1976 年 2 月 20 日的信件中通知专利权人说，根据联邦食品、药品和化妆品法第 505 条（b）款（1）项规定，该产品的新药申请是不可批准的；

（B）专利权人于 1977 年向联邦食品药品管理局提交健康效果测试的结果，以评估此种产品的致癌的可能性；

（C）联邦食品药品管理局在注明日期为 1979 年 12 月 18 日的信件中批准新药申请；

（D）联邦食品药品管理局在注明日期为 1981 年 5 月 26 日的信件中批准了其范围为生产此种产品所需用的设备的补充申请。

（2）任何在其范围内包含使用（1）项所述组合物的方法的专利。

（b）上面（a）款所述的任何专利的期限应予以延展，其期限等于自 1976 年 2 月 20 日开始至 1981 年 5 月 26 日止的期间，此种专利具有的效力与原始颁发的专利好像就有此种延展期一样。

（c）本条（a）款所述专利的专利权人，应当于本条制定以后的 90 日内将被延展的专利的号码通知局长。局长接到此种通知后，将延展通知记载在此种专利的官方档案中并在专利商标局的公报中登载适当的通知，以示确认。

第 156 条　延展专利的期限

（a）要求保护产品、使用产品的方法或者制造产品的方法的专利的期限，如果符合下面所述情况，应当依照本条自专利的原始期限届满之日起予以延展，其中应包括根据第 154 条（b）款规定允许给予的专利期限的调整：

（1）在根据（d）款（1）项提出延展申请以前，专利的期限尚未届满的。

（2）专利的期限从来没有根据本条（e）款（1）项予以延展过的。

（3）记录的专利所有人或其代理人已按照本条（d）款（1）项至（4）项的规定，提交延展的申请的。

（4）有关的产品在其商业销售或者使用以前已经历了一段监管审查期间的。

（5）（A）除（B）目或者（C）目的规定外，在监管复查期间以后许可商业销售或者使用该产品，是按照据以进行此种监管审查的法律的规定第一次许可商业销售或者使用该产品的；

（B）在专利要求保护制造产品的方法，而该方法在制造该产品时主要使用重组脱氧核糖核酸技术的情况下，在监管审查期间以后许可商业销售或者使用该产品，是第一次许可商业销售或者使用按照专利中要求保护的方法制造的产品的；或者

（C）为了上面（A）目的目的，在下列专利的情形，

（i）专利要求保护某一动物用新药或者家畜生物产品，而此种医药产品或产品（I）没有包括在任何被延展期限的其他专利的权利要求中，并且（II）已经得到许可，可以商业销售或者使用于非食用的动物和食用的动物，并且

（ii）专利没有基于监管审查予以延展期限，以便使用于非食用的动物。

许可在监管审查期间以后商业销售或者使用医药产品或者产品于食用的动物，是第一次许可将医药产品或者产品用于商业销售或使用于食用的动物。

在本条中，上面（4）项和（5）项所述的产品以下简称为"被批准的产品"。

（b）除（d）款（5）项（F）目的规定外，根据按照本条予以延展期限的专利所享有的权利，在被延展期限的期间中：

（1）在专利要求保护产品的情形，只限于该产品的被批准的用途，

（A）在该专利的期限届满以前，

（i）按照适用的据以进行监管审查的法律的规定，或者

（ii）按照据以进行本条（g）款（1）、（4）和（5）项所述的监管审查的法律的规定，和

（B）在据以延展专利期限的监管审查期间届满之时或以后；

（2）在专利要求保护使用产品方法的情形，只限于专利要求保护的用途，而且限于被批准的产品，

（A）在该专利的期限届满以前，

（i）按照据以进行适用的监管审查的法律的规定，和

（ii）按照据以进行（g）款（1）、（4）和（5）项所述的监管审查的法律的规定，和

（B）在作为专利期限延展根据的监管审查期间届满之时或以后；和

（3）在专利要求保护制造产品方法的情形，只限用于下列产品的制造方法：

（A）该被批准的产品，或者

（B）该产品，如果其已经经历了按照（g）款（1）、（4）或（5）各项所述的监管审查期间的话。

如本款所使用的，"产品"一词包括被批准的产品在内。

（c）有资格根据（a）款被延展期限的专利，其被延展的期限等于被批准产品在专利授予以后进行的监管审查期间，但下列情形除外：

（1）每一监管审查期间应扣减根据（d）款（2）项（B）目确定的、专利延期的申请人并没有以应有的勤勉在监管审查期间采取行为的期间；

（2）在按照（1）项扣减以后，延长的期间只包括（g）款（1）项（B）目（i）段、（2）项（B）目（i）段、（3）项（B）目（i）段、（4）项（B）目（i）段、（5）项（B）目（i）段所述

期间剩余部分的一半；

（3）如果在据以进行监管审查的法律规定对被批准产品的批准之日以后，专利期限的剩余期间加上根据（1）项和（2）项修改的期间，超过14年的，延长的期间应予以减少，以便使两个期间之和不超过14年；并且

（4）任何产品的同一监管审查期间，根据（e）款（i）得到延长期限的专利绝不能超过一件。

（d）（1）为了根据本条得到专利期限的延展，记录的专利所有人或其代理人应向局长提交申请。除（5）项的规定外，此种申请只能在自产品根据法律经过监管审查后获得商业销售或使用的许可之日起的60日期间内提交。申请书应包括下列事项：

（A）被批准的产品以及据以进行监管审查的联邦法律；

（B）请求延展其期限的专利以及该专利的每一权利要求；

（C）使局长能根据（a）款和（b）款确定专利有资格获得延展以及将从延展得到的权利所需要的信息，以及使局长、卫生部部长或者农业部部长能根据（g）款确定延展期间所需的信息；

（D）申请人在适用的监管审查期间对被批准产品所进行的活动和适用于此种活动的重要日子的简短说明；和

（E）局长可能需要的此种专利或者其他信息。

（2）（A）在根据（1）项提交专利证书期限延展的申请后60日内，局长将延展申请通知下列人员：

（i）农业部部长，如果专利要求保护药品或者使用或制造药品的方法，并且该药品受病毒—血清—毒素法管制，和

（ii）卫生部部长，如果专利要求保护任何其他的药品、医用设备，或者食品添加剂或色彩添加剂，或者使用或制造此类产品、设备或者添加剂的方法，而且如果该产品、设备和添加剂受联邦食品、药品和化妆品法的管制的，并向接受通知的部长附送该申请的副本。在接到局长送来申请后30日内，审核申请的部长根据（1）项（C）目审核申请中所说的日子，决定适用的监管审查期间，将决定通知局长，并将此决定的通知在《联邦纪

事》上予以公布。

（B）（i）如果在（A）目所述的决定公布后 180 日内，有人向根据（A）目作出决定的部长提交请愿书，根据该请愿书可以合理地认定申请人并没有在适用的监管审查期间以应有的勤勉采取行动的，作出上述决定的部长根据其制定的规章，决定申请人是否在监管审查期间勤勉地采取行动。作出上述决定的部长应在接到请愿书后 90 日内作出此项决定。对于受联邦食品、药品和化妆品法或者公共卫生法管制的药品、设备或添加剂，部长不得将其根据本段规定作出决定的权力委托给食品药品管理局局长以下的机构执行。对于受病毒—血清—毒素法管制的产品，农业部部长不得将其根据本段规定作出决定的权力委托给主管销售和检查的助理部长以下的机构执行。

（ii）根据（i）段作出决定的部长应将其决定通知局长，并将此决定的通知连同此决定的事实根据和法律根据在《联邦纪事》上予以公布。任何利害关系人，自公布决定时起 60 日内，可以请求作出决定的部长举行一次关于该决定的非正式听证会。如果在该期间内提出了这样的请求，该部长在请求提出日后 30 日内，或者根据请求人的请求在该日后 60 日内，举行听证会。主持听证会的部长应将举行听证会一事通知有关的专利所有人和任何利害关系人，并向专利所有人和利害关系人提供参加听证会的机会。在听证会举行后 30 日内，该部长应维持或者修改作为听证会主题的决定，并将任何对决定的修改通知局长，并将任何修改在《联邦纪事》上予以公布。

（3）为（2）项（B）目的目的，术语"应有的勤勉"意指一个人在监管审查期间可以被合理期待的、通常实施的注意的程度、继续专注的努力和及时性。

（4）延展专利期限的申请应符合局长所规定的披露要求。

（5）（A）如果记录的专利所有人或其代理人合理地预期，对该专利主题的产品适用的、（g）款（1）项（B）目（ii）段、（2）项（B）目（ii）段、（3）项（B）目（ii）段、（4）项（B）

目（ii）段或（5）项（B）目（ii）段所述的监管审查期间实际上可以延展至该专利的期限届满以后，该所有人或其代理人可以在专利期限预定届满前 6 个月开始至届满前 15 日终止的期间内，向局长提交申请，请求给予临时延展。申请应记载下列事项：

（i）受监管审查的产品和进行此种审查所根据的联邦法律；

（ii）请求临时延展的、要求保护受监管审查的产品或者使用、制造该产品的方法的专利，以及该专利的每一权利要求；

（iii）能使局长根据（a）款（1）、（2）和（3）项决定专利是否有资格延展的信息；

（iv）申请人在适用的监管审查期间至今对审查中的产品所进行的活动以及此种活动的重要日子的简短说明；和

（v）局长可能需要的该专利和其他的信息。

（B）如果局长决定，除许可商业上销售或者使用产品外，专利有资格根据本条延展其期限的，局长应将此种决定的通知，包括受监管审查的产品，在《联邦纪事》上予以公布，并向申请人发给为期不超过 1 年的临时延期证书。

（C）记录的专利所有人或其代理人已经根据（B）目获得临时延展的，可以根据本目申请不超过 4 次的后续临时延展，但下述（g）款（6）项（C）目规定的专利的情形除外，即其记录的所有人或代理人，只可以根据本目申请一次后续临时延展。每一次这样的后续延展的申请应在前一次临时延展届满以前 60 日开始至届满以前 30 日结束的期间内提出。

（D）根据本项的每一次临时延展的证明书应记录在专利的官方档案中，并应认为是原始专利的一部分。

（E）根据本项给予的临时延展，应在有关的产品接到准予商业销售或者使用的许可之日开始的 60 日期间届满之日结束，但以下的情形除外，即如果在该 60 日期间内，申请人将此种许可通知局长，并根据本款（1）项提交以前没有包含在临时延展申请中的另外的信息的，专利应继续予以延展，而且，按照本条规定，此种延展：

（i）自原始专利期限届满之日起不得超过 5 年；或者

（ii）如果专利属于（g）款（6）项（C）目规定的情形，自有关的产品接到商业销售或者使用的批准之日起。

（F）根据本项规定专利的期限获得延展的，在延展期间该专利所获得的权利应遵守下列规定：

（i）在专利要求保护产品的情形，限于当时处于监管审查之下的产品的任何用途；

（ii）在专利要求保护使用产品的方法的情形，限于当时处于监管审查之下的专利所要求保护的用途；

（iii）在专利要求保护制造产品的方法的情形，限于当时用以制造处于监管审查之下的产品的方法。

（e）（1）局长可以仅仅根据延展申请中所载的陈述决定专利有资格予以延展。如果局长根据（a）款决定专利有资格延展，而（d）款（1）项至（4）项所规定的要求已经履行的，局长应向延展专利期限的申请人颁发延展证明书，加盖印章，延展的期间按（c）款的规定。此种证明书应记载于专利的官方档案中，并认为是原始专利的一部分。

（2）一项专利的期限，如果有人已经根据（d）款（1）项提交了延展的申请，但在延展证明书颁发或者根据上述（1）项规定对该申请予以驳回以前即将届满的，局长如果决定该专利适合于延展，则在作出此种决定以前，应将该专利的期限予以延展，为期至多 1 年。

（f）为本条的目的，

（1）"产品"一词意指：

（A）医药产品。

（B）根据联邦食品、药品和化妆品法受监管的任何医用设备、食品添加剂或色彩添加剂。

（2）"医药产品"一词意指：

（A）新药、抗生药或者人用生物产品（这些术语按照在联邦食品、药品和化妆品法及公共卫生服务法使用的意义），或者

（B）动物用新药或者家畜生物产品（这些术语按照在联邦食品、药品和化妆品法及病毒—血清—毒素法使用的意义），此种产品不是主要使用重组脱氧核糖核酸、重组核糖核酸、杂交瘤技术或者其他涉及定向遗传操作技术的方法、包括以任何盐或者酯的活性成分作为单一体或者与另一活性成分的结合体的方法，而制造的。

（3）"主要的健康或环境效果测试"意指一种与产品的健康或环境效果的评估合理有关的、至少需要进行 6 个月的、从中所得的数据用以确定准许产品的商业销售或者使用的测试。测试结果的分析或评估的期间不包括该 6 个月以内。

（4）（A）提及的第 351 条，是指提及公共卫生服务法第 351 条。

（B）提及第 503 条、第 505 条、第 512 条、第 515 条，是指联邦食品、药品和化妆品法第 503 条、第 505 条、第 512 条或者第 515 条。

（C）提及病毒—血清—毒素法，是指 1913 年 3 月 4 日的法律（美国法典第 21 篇第 151 条至第 158 条）。

（5）"非正式听证会"，具有联邦食品、药品和化妆品法第 201 条（y）款对此术语规定的含义。

（6）"专利"，意指美国专利商标局颁发的专利。

（7）本条所称"制定日"，就人用医药产品、医用设备、食品添加剂或者色彩添加剂而言，意指 1984 年 9 月 24 日。

（8）本条所称"制定日"，就动物用药品或者治疗动物疾病用生物产品而言，意指动物用普通药品和专利期限恢复法的制定日。

（g）为本条的目的，"监管审查期间"术语具有下列的含义：

（1）（A）在产品是新药、抗生药或人用生物产品的情形，该术语意指下面（B）目所述的期间，但（6）项所述的限制适用于该期间。

（B）新药、抗生药或者人用生物产品的监管审查期间是下列两个期间之和：

(i) 自第 505 条（i）款或者第 507 条（d）款规定的豁免对被批准产品的生效日开始，至根据第 351 条、第 505 条或第 507 条对此种药产品初步提交申请之日为止的期间，和

(ii) 自根据第 351 条、第 305 条（b）款或第 507 条对被批准的产品初步提交申请之日开始，至该申请根据该条得到批准之日为止的期间。

(2)（A）在产品是食品添加剂或者色彩添加剂的情形，"监管审查期间"意指下面（B）目所述的期间，但（6）项所述的限制适用于该期间。

(B) 食品或者色彩添加剂的监管审查期间是指下列两个期间之和：

(i) 自对此种添加剂启动主要的健康或环境效果测试之日开始，至根据联邦食品、药品和化妆品法对该产品的使用申请实施监管的请求初步提交之日为止的期间，和

(ii) 自根据联邦食品、药品和化妆品法对该产品申请实施监管的请求初步提交之日开始，至此种监管生效之日为止，或者，如果该监管遭到反对，至此种反对得到解决以及商业销售得到许可时终止，或者，如果商业销售得到准许，但以后由于此种反对而又被撤销，从而等待进一步的程序的，则至此种程序最终得到解决、商业销售又得到许可时为止的期间。

(3)（A）在产品是医用设备的情形，"监管审查期间"意指下面（B）目所述的期间，但（6）项所述的限制适用于该期间。

(B) 医用设备的监管审查期间是下列两个期间之和：

(i) 自对人使用该设备的临床实验进行之日开始，至根据第 515 条对该设备的申请初步提交之日为止的期间，和

(ii) 自根据第 515 条对该设备的申请初步提交之日开始，至该申请根据该法批准之日为止的期间，或者自产品开发协议完成的通知根据第 515 条（f）款（6）项规定初步提交之日开始，至该协议根据第 515 条（f）款（6）项被宣告完成之日为止的

期间。

（4）（A）在产品是动物用新药的情形，"监管审查期间"意指下面（B）目所述的期间，但（6）项所述的限制适用于该期间。

（B）动物用新药产品的监管审查期间是下列两个期间之和：

（i）自对该药品进行主要的健康或环境效果测试之日，或者第512条（j）款规定的豁免对批准的动物用新药产品的生效日，二者中以较早的为准，至对此种动物用药品的申请根据第512条初步提交之日为止的期间，和

（ii）自根据第512条（b）款对被动物用药品初步提交申请之日开始，至此种申请根据该条批准之日为止的期间。

（5）（A）在产品是治疗动物疾病用生物产品的情形，"监管审查期间"意指下面（B）目中所述的期间，但（6）项所述的限制适用于该期间。

（B）治疗动物疾病用生物产品的监管审查期间是下列两个期间之和：

（i）自授权根据病毒—血清—毒素法准备试验用生物产品生效之日起，至根据该法提交许可证申请之日为止的期间，和

（ii）自根据病毒—血清—毒素法初步提交许可证申请之日开始，至此种许可证颁发之日为止的期间。

（6）根据上述各项确定的期间均应受下列限制：

（A）如果涉及的专利是在本条制定日以后授予的，基于前述任何一项确定的监管审查期间决定的延长期间不得超过5年。

（B）如果涉及的专利是在本条制定以前授予的，而且

（i）没有提交（1）项（B）目或（4）项（B）目所述的豁免请求，也没有提交（5）项（B）目所述的授权请求，

（ii）没有开始实施（2）项（B）目或者（4）项（B）目所述的主要的健康或环境效果测试，没有提交各该项所述的监管请求或者注册申请，或者

（iii）在批准产品之日以前没有开始（3）项所述的临床调

查，或者没有提交该项所述的产品开发协议。

基于前述任何一项确定的监管审查期间决定的延展期间不得超过 5 年。

（C）如果涉及的专利是在本条制定以前颁发的，并且如果对被批准的产品在本条制定以前已采取的（B）目所述的行为，而且该产品的商业销售和使用在该日以前还没有被批准，根据该项确定的监管审查期间决定的延展期间不得超过 2 年，或者，在被批准的产品是动物用新药品或家畜生物产品的情形（这些术语按照联邦食品、药品和化妆品法的用法），不得超过 3 年。

（h）局长可以按其认为足以抵补专利商标局根据本条受理申请和对申请进行处理的开支，确定合适的费用。

第 157 条　依制定法的发明登记

（a）尽管本编有其他规定，局长有权不经审查，公布依制定法的发明登记，其中包含正规提交的专利申请的说明书和附图，但申请人应满足下列条件：

（1）满足本编第 112 条规定的要求。

（2）符合局长在规章中规定的印刷要求。

（3）在局长规定的期间内放弃就该发明取得专利的权利；和

（4）缴纳局长规定的申请费、公布费和其他处理费用。

如果宣布与该申请相抵触，除非发明的优先顺序问题最终决定有利于该申请，依制定法发明登记便不得公布。

（b）申请人根据本条（a）款（3）项的放弃，在依制定法的发明登记公布时生效。

（c）按照本条公布的依制定法的发明登记应具有本编对专利明确规定的特征，但本编第 183 条和第 271 条至第 292 条规定的特征除外。依制定法的发明登记不应具有本篇以外其他法律对专利规定的特征。按照本条公布的依制定法的发明登记，应将本款的上述规定按照局长发布的规章以合适方式通知公众。对之公布了依制定法发明登记证明书的发明，不是本编第 292 条所称的专利发明。

（d）局长每年应将依制定法的发明登记制度的使用情况向国会提出报告。此种报告包括对联邦政府机构利用依制定法的发明登记制度的程度、此种制度对联邦开发技术的管理的帮助程度的评估以及对联邦政府使用这些程序节约开支的评估。

第十五章　植物专利

第 161 条　植物专利

任何人发明或发现，并利用无性方法培植出任何独特而新颖的植物品种的，包括培植的变形芽、变种、杂交种以及新发现的种子苗在内（但由块茎繁殖的植物或者在非栽培状态下发现的植物除外），可以为此获得专利，但应遵守本篇规定的条件和要求。

本篇有关发明专利的规定，除另有规定外，应适用于植物专利。

第 162 条　说明书和权利要求

植物专利，如果其说明书在合理的可能范围内已经完备，就不应因为不符合本编第 112 条的规定而被宣告为无效。

说明书中的权利要求应当使用该植物的正式名称。

第 163 条　授予专利

在植物专利的情形，授予的专利的权利应包括排除他人在全美国使用无性方法繁殖该植物，以及使用、为销售而提出要约或销售据此繁殖的植物或其任何部分，或者将如此繁殖的植物或其任何部分进口到美国。

第 164 条　农业部的协助

总统根据局长为执行本篇关于植物规定的请求，可以行政命令指示农业部部长：（1）提供农业部所获得的信息；（2）通过农业部适当的局、司对特别问题进行研究；（3）向局长选派农业部的官员和雇员。

第十六章 外观设计

第 171 条 外观设计专利

任何人对制造品创作的新颖的、独创的和装饰性的外观设计的，可以为此获得专利，但须遵守本篇规定的条件和要求。

本编关于发明专利的规定，除另有规定外，应适用于外观设计专利。

第 172 条 优先权

本编第 119 条（a）款至（d）款所规定的优先权，以及第 102 条（d）款规定的时间，在外观设计为 6 个月。本编第 119 条（e）款规定的优先权不应适用于外观设计。

第 173 条 外观设计专利的期限

外观设计专利的期限，是自授予之日起 14 年。

第十七章 某些发明的保密和向外国提交申请

第 181 条 某些发明的保密和专利的扣发

任何时候，对于政府享有财产上利益的发明，有利害关系的政府机构首长认为，申请的公布或者对该发明授予专利而将发明予以公布或披露可能损害国家安全的，专利负责人接到有关通知后，应命令将该发明予以保密，并按照下面规定的条件对该申请不予公布或者对该发明不授予专利。

任何时候，对于政府不享有财产上利益的发明，但专利长官认为，申请的公布或者对该发明授予专利而将发明予以公布或披露可能损害国家安全的，应将披露该发明的专利申请提交原子能委员会、国防部部长以及总统指定作为美国防务机关的其他政府部门或机构的主要官员加以检查。

获知申请披露内容的每一个人应当在承认这一事实并注明日

期的文书上签名，此种文件应归入该申请的档案中。如果原子能委员会、国防部部长或者上述被指定的其他部门或机构的主要官员认为，发明因申请的公布或者因被授予专利而被公布或披露，可能损害国家安全的，原子能委员会、国防部部长或者此类其他主要官员应通知专利长官。专利长官应即命令将该发明予以保密，对该申请不予公布或者对该发明不授予专利，其期间视国家利益的需要而定，并通知申请人。如果要求发出保密命令的部门或机构的首长表明，对申请的审查可能损害国家利益的，专利长官据此应使申请处于密封状态，并通知申请人。受保密命令约束的申请的所有人有权按照商务部部长制定的规则，就该命令向商务部部长提出申诉。

对发明命令保密，以及对申请扣住不予以公布或者不授予专利，均不得超过 1 年。如果要求发出保密命令的部门首长或者机构主要官员通知，国家利益需要继续延长上述期间，并已作出肯定的决定的，专利长官在上述期间届满或者在更新期间届满时，应重申其命令，继续延长 1 年。在美国处于战争期间生效或者发布的保密命令，在全部战争期间以及在战争停止后 1 年内仍然有效。在总统宣告国家紧急状态期间发布或者生效的保密命令，在国家紧急状态期间及其后 6 个月内仍然有效。如果要求发出保密命令的部门首长和机构主要官员通知，发明的公布或者披露不再损害国家利益的，专利长官可以废除上述命令。

第 182 条 由于未经授权的披露而放弃发明

受按照本编第 181 条发布的命令约束的专利申请中披露的发明，如果经专利负责人证实，由于未经专利负责人同意，该发明由发明人、其继受人、受让人、法定代理人或者与他或他们有合法利益关系的任何人，公布或披露或者向外国提交专利申请，从而导致该命令被违反的，可以认为该发明已被放弃。放弃应认为自违反命令时起即已发生。如果没有得到原要求发布命令的部门首长或者机构主要官员的同意，专利长官不应表示同意。放弃的确认使申请人、其继承人、受让人或法定代理人，或者与申请人或其他人有合法利益关系的任何人，丧失其根据该发明对美国所享有的一切请求权。

第 183 条 获得补偿的权利

申请人、其继承人、受让人或法定代理人，因前述规定而其专利被拒绝授予的，有权自申请人接到通知之日起（如果没有该项命令，其申请原可处于获得准许的状态），或者自 1952 年 2 月 1 日起，以在后的日期为准，至就该发明授予专利以后 6 年为止，向要求发出保密命令的部门或机构的首长请求补偿其由于保密命令而造成的损害和/或因其披露发明而使政府使用该发明。由于政府使用而获得补偿的权利，自政府最早使用该发明之日开始。部门或者机构的首长在接到索赔的请求后，有权与申请人、其继承人、受让人或法定代理人达成协议，对损害和/或使用给予全部补偿。即使法律另有相反的规定，此项补偿协议无论是为什么目的都是最终决定性的。如果索赔的全部补偿不能实现，部门或者机构的首长可以作出裁定并付给申请人、其继承人、受让人或法定代理人一笔款项，其数额不超过部门或机构首长认为是对损害和/或使用的公平补偿数额的 75%。索赔人可以在美国联邦索赔法院或者在索赔人居住地区的美国地区法院对美国提起诉讼，请求判给一笔款项，其数额如与裁定的数额加在一起，即构成损害和/或政府使用发明的公平补偿。申请专利的发明过去受到根据本编第 181 条所发出的保密命令的影响，其后根据该申请而颁发专利的，专利所有人过去没有按上述规定请求补偿的，在该专利授予之日以后，有权在美国联邦索赔法院提起诉讼，请求对由于保密命令而造成的损害和/或因其发明披露而使政府使用该发明给予补偿。因使用而获得补偿的权利，自政府最早使用该发明之日开始。在本条所规定的诉讼中，美国政府可以利用根据美国法典第 28 编第 1498 条的诉讼中可以提出的一切抗辩理由。本条对任何人或其继承人、受让人或法定代理人，在为美国政府全时雇佣或者服务期间，所发现、发明或者开发的发明，不授予以该发明为根据提出索赔的权利。

第 184 条 　向外国提交申请

除非获得专利长官的许可，一个人就其在美国完成的发明在美国提交专利申请以后 6 个月以内，不得在任何外国或者使他人或授权他人在任何外国提出发明专利申请或者实用新型、工业品外观设计或模型的注册申请。对于受专利负责人按照本篇第 181 条所发保密命令约束的发明，没有得到要求发出保密命令的部门首长或者机构主要官员的同意，不应发给许可。如果由于错误而在外国提出申请并没有欺骗意图，而且该申请并未披露属于本编第 181 条范围以内的发明，可以追溯性地给予许可。

本条所使用的"申请"一词，包括申请以及对申请的修正、修改、补充，以及分案在内。

上述许可的范围应包括以后对申请的修正、修改以及包含追加主题的补充，但条件是：请求给予许可的申请现在不是、过去也不是根据本编第 181 条被要求提供检查的申请，而且对申请的修正、修改或补充并不改变发明的本质，从而也不会使该申请成为根据第 181 条被要求提供检查的申请。对于在外国提出申请，现在不要求、过去也不需要许可的任何情形下，对在外国提出的该申请以后可以修正、修改和补充，不需要得到许可，条件是：对在美国的申请没有根据第 181 条被要求提供检查，而且此种修正、修改和补充现在不改变或者过去也不改变发明的本质，从而也不会使该美国申请成为根据第 181 条被要求提供检查的申请。

第 185 条 　对未经许可而申请者禁止授予专利

尽管法律有其他规定，任何人及其继承人、受让人或法定代理人，未获得本编第 184 条规定的许可，而在外国就该发明申请专利或者申请实用新型、工业品外观设计或模型的注册，或者同意或帮助他人提出此种申请的，不应就该发明取得美国专利。除非没有取得许可是由于错误，而且没有欺骗意图，对此人、其继承人、受让人或其法定代理人授予的美国专利也没有披露本篇第 181 条范围以内的主题，否则该专利是无效的。

第 186 条 处罚

无论何人，在依本编第 181 条规定的命令对发明保密和扣住专利不发的期间，明知有此项命令，未经正当授权，故意公布或者披露、或者授权、或者使他人公布或者披露该发明或者关于该发明的实质性信息的，或者，故意违反本篇第 184 条的规定，就在美国作出的任何发明在外国提交，或使他人提交、或授权他人提交专利申请或者实用新型、工业品外观设计或模型注册的申请的，在定罪后，应处以 10 000 美元以下的罚金，或者处以 2 年以下的监禁，或者二者并处。

第 187 条 对某些人不适用有关规定

本章的禁止性规定和处罚规定，不适用于美国官员或代理人在其职权范围内的行为，也不适用于根据其书面指示或经其书面许可而行为的任何人。

第 188 条 规则和规章；权力的委托

原子能委员会、国防部部长、总统指定为美国防务机关的任何其他政府部门或机构的主要官员以及商务部部长，可以分别发布规则和规章，以便各有关部门或者机构执行本章的规定，并且可以将本章赋予的权力委托他人代为行使。

第十八章 联邦援助作出发明中的专利权

第 200 条 政策和目标

国会的政策和目标是，利用专利制度促进由于联邦资助研究开发而产生的发明的应用；鼓励小企业公司最大限度地参与联邦资助的研究开发工作；促进商业公司和非营利组织（包括大学）之间的合作；确保非营利组织和小企业公司作出的发明用于促进自由竞争和经营，而不会不适当地妨碍未来的研究和开发；促进美国产业和劳力在美国所作出发明的商业化，使公众得以利用；保障政府在联邦资助的发明中获得充分的权利，以满足政府的需要，并保护公众利益防止对发明的不使用或者不合理地使用带来的损害；并使执行这方面政策的费用节省到最低限度。

第 201 条 定义

下列术语在本章中使用的意义：

（a）"联邦机构"意指美国法典第 5 编第 105 条所定义的任何行政机构和美国法典第 5 编第 102 条所定义的军事部门。

（b）"资助协议"意指任何联邦机构（田纳西流域管理局除外）与任何订约人为进行实验、开发或研究工作，由联邦政府全部或部分资助而缔结的任何合同、财产赠与或者合作协议。此术语包括为执行前述资助协议下的实验、开发或研究工作、所缔结的转让、当事方变更或者任何类型的分包合同在内。

（c）"订约人"意指作为资助协议一方的任何个人、小企业公司或者非营利组织。

（d）"发明"意指根据本篇是可以或可能获得专利，或者获得其他保护的任何发明或发现或者根据植物品种保护法（美国法典第 7 编第 2321 条和以后各条）是可以或者可能获得保护的植物新品种。

（e）"主题发明"意指订约人根据资助协议在履行工作中构思的或者首先实际上付诸实施的任何发明；但是，对于植物品种，确定日［按照植物品种保护法第 41 条（d）款（美国法典第 7 编第 2401 条（d）款）的定义］必须发生在合同履行期间。

（f）"实际应用"，对组合物或者产品而言，意指制造；对方法或者方式而言，意指使用；对机器或者系统而言，意指操作；在每一种情形，都是指符合这样的条件，即使人确信发明正在得到利用，公众以合理的条件在法律和政府规章所允许的限度内得到了发明带来的好处。

（g）"完成"，在其用于发明时，意指此种发明的构思或者首次实际上付诸实施。

（h）"小企业公司"意指公法第 85—536 号（美国法典第 15 编第 632 条）第 2 条和小企业管理局首长制定的实施细则所定义

的小企业公司。

（i）"非营利组织"意指大学和其他高等教育机构，或者1986年国内税收法典第501条（c）款（3）项［美国法典第26编第501条（c）款］规定种类，并且根据国内税收法典第501条（a）款［美国法典第26编第501条（a）款］免除税收的组织，或者符合各州关于非营利组织立法的任何非营利的科学或教育组织。

第202条　权利的处分

（a）每一非营利组织或者小企业公司，在本条（c）款（1）项所要求的披露以后的合理时间内，可以选择保留对任何主题发明的所有权，然而，条件是资助协议在下列情形可以作出不同的规定：（i）在订约人不是设立在美国，或者在美国没有营业所，或者是受外国政府控制的时候；（ii）在例外的情况下，该机构决定对保留主题发明所有权的权利加以限制或者取消，以更好地促进本章的政策和目标的时候；（iii）根据法律或者总统的行政命令授权进行对外情报侦察或反情报侦察活动的政府机构认为，为保护此种活动的安全有必要决定对保留项目发明所有权的权利加以限制或者取消的时候，或者（iv）当资助协议包括政府所有的、由订约人运营的能源部的设备，而该设备主要是为与能源部的舰船核推进或武器有关的计划服务的时候，但本目下资助协议对订约人选择保留项目发明所有权的权利的所有限制应当限于能源部的上述两项计划中产生的发明。非营利组织或者小企业公司的权利受本条（c）款规定和本章其他规定的约束。

（b）（1）除非联邦机构首先决定，至少（a）款（i）段至（iii）段的条件中有一项条件存在，其不得行使政府根据（a）款所享有的权力。除（a）款（iii）段的情形外，该机构应在适用的资助协议的裁决以后30日内向商务部部长提交该决定的副本。在根据（a）款（ii）段作出决定的情形，陈述中应包括分析，说明该决定是有理由的。在决定适用于与小企业公司缔结的资助协议的情形，还应向小企业管理局的首席法律顾问送交副本。如果商务部部长认为，任何单个决定或者系列决定违反本章的政策和目标或者在其他方面与本章不相符合的，商务部部长应如实告知有关机构的首长和联邦采购政策管理局局长，并建议采取某些纠正行动。

（2）无论何时，联邦采购政策管理局局长决定，联邦一个或几个机构正在以违反本章规定的政策和目标的方式，利用本条（a）款（i）段或（ii）段的权力的，管理局局长有权发布规章，规定各机构不得行使那些段的权力的各类情况。

（3）至少每 5 年一次，总审计长应就各机构实施本章的方式，以及他对政府关于联邦资助发明的专利政策和实践方面认为合适的意见，向参议院和众议院的司法委员会递交报告。

（4）如果订约人认为，某个决定违反本章规定的政策和目标，或者构成对联邦机构自由裁量权的滥用的，则该决定须适用第 203 条（b）款的规定。

（c）与小企业公司或者与非营利组织缔结的所有资助协议应包含适当的条款，以贯彻下列各项规定：

（1）订约人应在其负责管理专利事务的人员知悉主题发明后的合理时间内，向联邦机构披露每一发明，联邦政府可以享有没有在该期间内向其披露的任何主题发明的所有权。

（2）订约人应在向联邦机构披露后 2 年时间（或者联邦机构可能批准的附加时间）内，对是否保留对主题发明的所有权作出书面选择，但条件是：任何情形下凡公布、销售或者公开使用导致在美国仍可以获得专利的法定 1 年期间开始计算，联邦机构可以将作出选择的期限缩短至该法定期间届满前不超过 60 日的某日；进一步的条件是：联邦政府可以获得订约人没有选择保留所有权或者没有在上述期间内选择的主题发明的所有权。

（3）选择对主题发明享有所有权的订约人同意在本篇规定的法定禁止授予专利（根据本篇这可能由于公布、销售或者公开使用而发生）之日以前提交专利申请，并在以后于合理期间内在订约人想保留所有权的其他国家提交相应的专利申请。于订约人没有在上述时间内就该发明提交专利申请的美国或者其他国家，联邦政府可以获得对主题发明的所有权。

（4）对于订约人选择享有权利的发明，联邦政府应享有非独占的、不可转让的、不可撤销的、一次性缴纳使用费的许可，为美国或者代表美国在全世界实施或已经实施该主题发明，但条件是：联邦机构为履行美国根据条约、国际协定、合作办法、谅解备忘录或者类似的安排（包括有关武器开发和生产的军事协议）的义务，资助协议可以规定必要的附加权利，包括转让或已经转让对主题发明的外国专利权。

（5）联邦机构有权要求订约人或其被许可人或受让人定期报告正在利用或者努力利用发明的情况，条件是：任何此类信息，包括作为本章第203条规定的程序一部分而进行的利用或者努力利用的信息，联邦机构应作为来自个人的、享有特权的和机密的商业和财务信息，并且不能根据美国法典第5编第552条的规定予以披露。

（6）在美国的专利申请是由订约人或其代表或者是由订约人的受让人提交的情形，订约人有义务在此种申请的说明书以及根据此种申请授予的专利的说明书中说明，该发明是得到政府资助而作出的，并且政府对该发明享有某些权利。

（7）在非营利组织的情形：（A）未经联邦机构批准，禁止转让就主题发明在美国享有的权利，但受让的组织的主要职责之一是管理发明（但以此种受让人接受与订约人相同的约束为条件）的除外；（B）要求订约人须与发明人分享使用费；（C）除关于政府所有、订约人操作的设备资助协议外，要求订约人就项目主题获得的使用费或所得，在支付附属于主题发明管理的各种花费（包括付给发明人的）以后，用于支持科学研究或者教育；（D）除经合理的调查后证明是不可行的以外，对主题发明的许可应给予小企业公司；（E）对于政府所有、订约人操作的设备资助协议，要求：（i）在支付获得专利的费用、许可贸易费用、付给发明人的款项以及因管理主题发明而产生的其他费用后，订约人在任何会计年度中赚得和保留的使用费或者收入的全部余额，最多不超过该设备每年预算的 5％，应由订约人用于与设备的研究开发任务和目标相符合的科学研究、开发和教育，包括提高设备的其他发明的许可贸易可能性的活动，但条件是：如果上述余额超过该设备每年预算的 5％，则超过数额的 75％应缴入美国国库，其余 25％应当用于上述（D）目中所叙述的同样目的；(ii) 为提供最有效的技术转移，主题发明的许可贸易应由订约人雇员在该设备所在地管理。

（8）本章第 203 条和第 204 条的要求。

（d）在应适用本条的情形，如果订约人并不选择保留对主题发明的所有权，联邦机构可以考虑并在与订约人磋商后，批准由发明人保留权利，但须受本法及根据本法所制定细则的约束。

（e）在联邦雇员与非营利组织、小企业公司或者非联邦发明人成为共同发明人的情形，雇佣该共同发明人的联邦机构，为了整合该发明的权利的目的，而且如果觉得有助于该发明的开发，可以：

（1）将其可以获得的对发明的任何权利，按照本章的规定许可或者转让给非营利组织、小企业公司或者非联邦发明人。

（2）从非营利组织、小企业公司或者非联邦发明人处获得任何权利，但只能限于另一方自愿达成这些交易，并且本章规定的其他交易都没有以此种权利的取得为条件。

（f）（1）与小企业公司或者非营利组织订立的任何资助协议，不应有允许联邦机构要求将订约人所有的并非主题发明的发明许可给第三方的规定，除非此种规定已经联邦机构首长批准，而且有经其签名的认为这样做有正当理由的书面文件。此种文件应清楚地说明该许可与主题发明、具体确认的工作对象或者二者的实施有关。联邦机构的首长不得将本项批准条款或者签署理由书的权力委托他人行使。

（2）联邦机构不应要求第三方按照这些条款给予许可，除非机构首长决定，由他人使用发明是为主题发明的实施或者为使用资助协议的工作对象所必要的，而且此种行动是为获得主题发明或者工作对象的实际应用所必要的。这种决定应在给予听证机会后记录下来。对此种决定进行司法审查的诉讼应在此种决定通知后 60 日内提出。

第 203 条 介入的权利

（a）关于小企业公司或者非营利组织按照本章规定取得所有权的主题发明，由于此种发明是根据联邦机构的资助协议作出的，该联邦机构按照以下公布的规章所规定的程序，有权要求主题发明的订约人、受让人或者独占被许可人，在任何使用领域对一个或者多个申请人，按照根据情况是合理的条款，授予非独占的、部分独占的或者独占的许可。如果订约人、受让人或者独占被许可人拒绝此种要求，而联邦机构确定有下列情况的，联邦机构本身应授予此种许可：

（1）此种行为是必要的，因为订约人或者受让人在合理时间内没有采取，或者不会在合理的期限采取有效的步骤在此种使用领域实现主题发明的实际应用。

（2）此种行为对于满足公共健康或安全的需要是必要的，因为订约人、受让人或其被许可人没有合理地满足这些需要。

（3）此种行为对于满足联邦规章规定的公众使用的要求是必要的，因为订约人、受让人或者被许可人没有合理地满足这些要求。

（4）此种行为是必要的，因为第 204 条所要求的协议没有达成或者被放弃了，或者因为在美国一个被许可人独占使用或者销售主题发明的权利是违反其按照第 204 条达成的协议的。

（b）依照本条或者第 202 条（b）款（4）项的决定不应适用合同争议法（美国法典第 41 编第 604 条及以下）。为此应依照第 206 条公布的规章制订行政申诉程序。此外，因根据本条的决定而受到不利影响的任何订约人、发明人、受让人或者独占被许可人，在决定发布之后的 60 日内，可以向美国联邦索赔法院申诉。该法院有权根据书面记录对申诉作出决定，并确认、推翻、发回或者改变联邦机构的决定。在（a）款（1）项和（3）项所述的情形，联邦机构的决定应暂时中止，直至根据前述提出的申诉结束为止。

第 204 条　对美国产业的优惠

尽管本章有任何其他的规定，接受主题发明所有权的任何小企业公司或者非营利组织，以及此种小企业公司或者非营利组织的受让人，均不应给予任何人在美国使用或者销售主题发明的独占权利，除非该人同意，体现主题发明的任何产品或者通过使用主题发明而生产的任何产品将主要在美国制造。然而，在个别情形下，如果小企业公司、非营利组织或者受让人表明，已经作出合理的努力，以类似条款对潜在的被许可人授予许可，使产品实质上能在美国制造但未能成功，或者在美国国内制造在商业上是不可行的情况下，美国联邦机构对于根据其资助协议作出的发明可以放弃获得上述协议的要求。

第 205 条　保守秘密

联邦机构有权在合理时间内拒绝向公众披露联邦政府拥有或者可能拥有权利、所有权或利益（包括非独占的许可）的任何发明，以便提交专利申请。此外，不应要求联邦机构发布向美国专利商标局或者向任何外国专利局提交的专利申请文件的任何部分的副本。

第 206 条　统一条款和规章

商务部部长可以发布适用于联邦机构的规章，实施本章第202 条至第 204 条的规定，并制定本章所要求的标准资助协议的条款。规章和标准资助协议在发布前应征求公众的意见。

第 207 条　在本国和外国保护联邦拥有的发明

（a）每一联邦机构有权采取下列行为：

（1）就联邦政府拥有权利、所有权或者利益的发明，在美国和外国申请、获得和维持专利或者其他方式的保护。

（2）就联邦拥有的发明授予非独占的、独占的或部分独占的许可，可以免除使用费，也可以收取使用费或者其他对价，以及其他符合公众利益需要的条件和条款，包括对被许可人授予本篇第 29 章规定的寻求保护的权利。

（3）代表联邦政府以直接或通过合同的方式，采取所有其他合适和必要的步骤对联邦拥有的发明的权利加以保护和管理，包括为联邦政府获得权利和管理使用费，但只限于同意授予权利的对方是自愿进行交易，以推动联邦拥有的发明的许可贸易。

（4）将联邦拥有的发明的权利、所有权或利益的保管和管理全部或者部分转移给另一联邦机构。

（b）为保证有效地管理政府拥有的发明的目的，商务部部长有权采取下列行为：

（1）协助联邦机构努力促进政府拥有的发明的许可贸易和利用。

（2）协助联邦机构在外国寻求对发明的保护和维持，包括缴纳与此有关的费用和成本。

（3）就具有商业利用潜力的科学技术研究开发的领域，与联邦机构协商和向联邦机构提供建议。

第 208 条 管理联邦许可贸易的规章

商务部部长有权公布规章，规定对联邦拥有的发明（田纳西流域管理局拥有的发明除外）可以在非独占的、部分独占的或者独占的基础上，进行许可贸易的条款和条件。

第 209 条 就联邦拥有的发明进行许可贸易

（a）权限 联邦机构只有在下列情况下，才可以根据第 207 条（a）款（2）项对联邦拥有的发明授予独占的或者部分独占的许可：

（1）授予此种许可是对下列情况的合理的和必要的奖励：

（A）吸引对发明付诸实际应用所需要的投资资本和经费；

或者

（B）在其他方面促进公众对发明的利用；

（2）联邦机构认为授予该许可将使公众得到服务，正如申请人的意图、计划和能力所表明的，将发明付诸实际应用或者在其他方面促进公众对发明的利用，还认为，提议的独占范围并不逾越为奖励将发明付诸实际应用（申请人提议的）或者在其他方面促进公众对发明的利用所需要的合理限度。

（3）申请人承诺在合理的时间内实现发明的实际应用。如申请人提出请求，并证明拒绝延展是不合理的，联邦机构可以予以延长。

（4）授予许可将不会实质上削弱竞争，或者产生或保持违反联邦反托拉斯法的情况。

（5）在发明受到外国专利或者专利申请保护的情形下，联邦政府或者美国产业在对外商业中的利益将会得到增强。

（b）在美国制造　联邦机构根据第 207 条（a）款（2）项授予使用或者销售联邦拥有的发明的许可，通常只能给予同意将主要在美国制造体现发明的产品或者使用发明生产的产品的被许可人。

（c）小企业　根据第 207 条（a）款（2）项授予的独占或者部分独占的许可，将最优先授予与其他申请人比较，具有同等或者更大可能在合理时间内将发明付诸实际应用的小企业公司。

（d）条件和条款　根据第 207 条（a）款（2）项授予的许可，应载有授予许可机构认为合适的条件和条款，并且载有下列规定：

（1）为任何联邦机构保留不可转移的、不可撤销的、一次性付费的许可，以便该机构实施发明或者使该发明由美国联邦政府或者代表联邦政府在全世界实施发明。

（2）要求被许可人就发明的利用和为利用发明作出的努力，定期提出报告，但这只要求达到这样的必要程度，即足以使联邦机构确定许可的条件是否已经得到遵守，但联邦机构应将此种报告看作是来自个人的、享有特权的和机密的商业和财务信息，并且不得根据美国第 5 编第 552 条予以披露。

（3）授权联邦机构在其认为有下列情况时，终止全部或部分许可：

（A）被许可人没有执行其实现发明实际应用的承诺，包括记载在为支持其给予许可的请求而提交的计划中的承诺，被许可人又不能以其他方式向联邦机构证明其已采取或者将合理时间内采取有效步骤以实现发明的实际应用；

（B）被许可人违反（b）款中所述的同意；

（C）为满足联邦机构在许可授予之日以后发布的联邦规章中所明确规定的公众使用的要求，终止许可是必要的，而被许可人没有合理地满足此种要求；或者

（D）具有管辖权的法院认为被许可人有关履行许可协议的行为已经违反联邦反托拉斯法。

（e）公告 不得根据第 207 条（a）款（2）项的规定授予任何独占的或者部分独占的许可，除非在授予此种许可至少 15 日以前已经将准备对联邦拥有的发明授予独占或者部分独占许可的意向以合适的方式予以公告，而且联邦机构已经考虑了征求意见期间届满以前收到的、为响应公告而提出的所有意见。本款规定不应适用于根据 1980 年史蒂文森—怀德勒技术创新法第 12 条（美国法典第 15 编第 3710a 条）缔结的合作研究开发协议作出的发明的许可贸易。

（f）计划 任何联邦机构不得对联邦拥有的发明专利或专利申请授予许可，除非请求授予许可的人已经向该机构提交开发或者销售发明的计划，但联邦机构应将此种计划看作是从个人得来的、享有特权的和保密的商业和财务信息，不得根据美国法典第 5 编第 552 条的规定予以披露。

第 210 条 本章的优先地位

（a）本章的规定，相对于任何其他法律中需要以与本章不相一致的方式处分小企业公司或非营利组织缔约方的主题发明的权

利的规定，享有优先适用的地位。所谓其他法律，包括但不必然地限于下列规定：

（1）1935 年 6 月 29 日法律第 10 条（a）款，按 1946 年 8 月 14 日法律第 1 编［美国法典第 7 编第 427i 条（a）款；制定法第 60 卷第 1085 页］作了增订。

（2）1946 年 8 月 14 日法律第 205 条（a）款［美国法典第 7 编第 1624 条（a）款；制定法第 60 卷第 1090 页］。

（3）1977 年联邦矿井安全和保健法第 501 条（c）款［美国法典第 30 编第 951 条（c）款；制定法第 83 卷第 742 页］。

（4）美国法典第 49 编第 30168 条（e）款。

（5）1950 年全国科学基金法第 12 条［美国法典第 42 编第 1871 条（a）款；制定法第 82 卷第 360 页］。

（6）1954 年原子能法第 152 条（美国法典第 42 编第 2182 条；制定法第 68 卷第 943 页）。

（7）1958 年全国航空空间法第 305 条（美国法典第 42 编第 2457 条）。

（8）1960 年煤炭研究开发法第 6 条（美国法典第 30 编第 666 条；制定法第 74 卷第 337 页）。

（9）1960 年氦法修正案第 4 条（美国法典第 50 编第 167b 条；制定法第 74 卷第 920 页）。

（10）1961 年军备控制和裁军法第 32 条（美国法典第 22 编第 2572 条；制定法第 75 卷第 634 页）。

（11）1974 年联邦非核能源研究和开发法第 9 条（美国法典第 42 编第 5908 条；制定法第 88 卷第 1878 页）。

（12）消费品安全法第 5 条（d）款［美国法典第 15 编第 2054 条（d）款；制定法第 86 卷第 1211 页］。

（13）1944 年 4 月 5 日法律第 3 条（美国法典第 30 编第 323 条；制定法第 58 卷第 191 页）。

（14）固体废物处理法第 8001 条（c）款（3）项［美国法典第 42 编第 6981 条（c）款；制定法第 90 卷第 2829 页］。

（15）1961 年对外援助法第 219 条（美国法典第 22 编第 2179 条；制定法第 83 卷第 806 页）。

（16）1977 年联邦矿井卫生安全法第 427 条（b）款［美国法典第 30 编第 937 条（b）款；制定法第 86 卷第 155 页］。

（17）1977 年地面采掘治理法第 306 条（d）款［美国法典第 30 编第 1226 条（d）款；制定法第 91 卷第 455 页］。

（18）1974 年联邦防火和控制法第 21 条（d）款［美国法典第 15 编第 2218 条（d）款；制定法第 88 卷第 1548 页］。

（19）1978 年太阳光电能研究开发和示范法第 6 条（b）款［美国法典第 42 编第 5585 条（b）款；制定法第 92 卷第 251 页］。

（20）1978 年天然橡胶乳商业化和经济开发法第 12 条（美国法典第 7 编第 178 条 j；制定法第 92 卷第 2533 页）；和

（21）1978 年水资源开发法第 408 条（美国法典第 42 编第 7879 条；制定法第 92 卷第 1360 页）。

制定本章的法律应被理解为优先于任何未来的各项法律，除非该法明确地援引本法，并规定该法优先于本法。

（b）本章的任何规定，无意改变本条（a）款列举的各个法律或者任何其他法律中有关履行与非营利组织或者小企业公司以外的人缔结的资助协议所作出的有关发明权利处分规定的效力。

（c）本章的任何规定，无意限制各机构按照 1983 年 2 月 18 日发布的政府关于专利政策的声明、该机构的规章或者其他适用的规章，对履行与非营利组织或者小企业公司以外的人缔结的资助协议中作出的发明进行处分的权力，也无意限制各机构允许此人保留发明的所有权的权力，但所有资助协议，包括那些与小企业公司和非营利组织以外的人所缔结的协议，应包含本编第 202 条（c）款（4）项和第 203 条所制订的各个要求。对根据政府声明或者实施细则所作出的对发明权利的任何处分，包括本条制订以前的任何处分，特此予以批准。

（d）本章的任何规定，不应理解为要求披露情报来源或方法，或者在其他方面影响法律或行政命令为保护情报来源或方法而授予中央情报局局长的权力。

（e）1980年史蒂文森—怀德勒技术创新法的规定，在其允许或者要求主题发明权利的处分与本章规定不一致的程度内，应优先于本章的规定而适用。

第 211 条 与反托拉斯法的关系

本章的任何规定不应视为豁免任何人根据任何反托拉斯法负有的民事或者刑事责任或者成为有关诉讼的抗辩理由。

第 212 条 教育奖励决定中权利的处分

联邦机构作出的主要为教育目的的给予受奖人的奖学金、进修金、培训补助金或者其他资助协议，均不得载有将取得受奖人作出发明的权利给予联邦机构的规定。

第三部分　专利和专利权的保护

第二十五章　专利的修改和改正

第 251 条 有缺陷专利的重新颁发

无论何时，任何专利，由于没有欺骗意图的错误，因为说明书或绘图有缺陷，或者因为专利权人在专利中提出的权利要求多于或少于其有权要求的范围，全部或者部分无法实施或者无效的，在交回此种专利和缴纳法律规定的费用后，局长应就原始专利中披露的发明，按照新的、经过修改的申请，重新颁发专利，其有效期限为原始专利期限的未届满部分。重新颁发专利的申请不得增添新的内容。

局长根据申请人的要求，在申请人就每一重新颁发的专利缴纳规定的费用后，可以就原取得专利的内容的各个清楚可分的部分发给数件重新颁发的专利。

本编有关专利申请的规定应适用于重新颁发专利的申请，只是如果该申请并不寻求扩大原始专利的权利要求范围的，重新颁发专利的申请可以由全部利益的受让人提交，并由该受让人宣誓。

除非在原始专利授予后 2 年内申请，不应重新颁发扩大原始专利权利要求范围的专利。

第 252 条　再颁专利的效力

原始专利的交回应于重新颁发的专利颁发时产生效力，并且每一重新颁发的专利，对由于重新颁发后产生的原因而提起诉讼的审判中，在法律上与原始专利有同样的效力和作用，好像该专利原来就是以如此修改的形式颁发的。但是，在原始专利和重新颁发的专利的权利要求实质上相同的限度内，原始专利的交回不应影响当时正在审判中的案件，也不能消除当时已经存在的诉讼原因。重新颁发的专利，在其权利要求与原始专利实质上相同的限度内，应构成原始专利的继续，并自原始专利颁发之日起连续有效。

任何人或其业务继受人，在重新颁发专利以前，在美国已经制造、购买、为销售而提出要约、使用，或者向美国进口受再颁专利保护的任何物品的，不应该因为重新授予专利而缩减或者影响其下列权利：继续使用、向他人为销售而提出要约或销售这些物品，除非制造、使用、为销售而提出要约或者销售这些物品侵犯重新颁发专利的一项有效的且记载在原始专利中的权利要求。对此种事项有争执而诉之于法院时，法院可以准予继续制造、使用、为销售而提出要约或者销售，其所制造、购买、为销售而提出要约、使用或者进口的这些物品，或者准予在美国制造、使用、为销售而提出要约，或者销售其在重新颁发专利前已经作了实质性准备的物品，法院还可以准予继续实施原已实施并享有重新颁发专利保护的方法，或者准予实施在重新颁发专利前已经作了实质性准备的方法，其范围和条件由法院为保护重新授予专利前已经作出的投资或者已经开始的业务认为是公平的限度内加以判定。

第 253 条　放弃的声明

无论何时，没有任何欺骗意图，专利中一项权利要求无效的，其他权利要求不应因此而归于无效。专利权人，不论在该专利中享有全部或部分利益，在缴纳法律规定的费用后，可以放弃任何一项完整的权利要求，并说明其在该专利中所享有的利益范围。此种放弃的声明应以书面形式提出，并由专利商标局予以记录。在此以后，在放弃人享有的利益以及通过其主张权利的那些人的利益范围内，此种放弃应认为是原始专利的一部分。

同样，任何专利权人或申请人，可以将已经授予的或者将要授予的专利的全部期限或期限末尾一部分，予以放弃或者捐献给公众。

第 254 条　专利改正证明书和专利商标局的失误

无论何时，由于专利商标局的失误，专利中的错误已经由该局的档案清楚地显示的，局长可以发给一份改正证明书，说明事实性质，加盖印章，不收费用，并在专利档案中予以记录。每一专利的印刷副本均应附一份改正证明书的印刷副本。改正证明书应认为是原始专利的一部分。每一份这样的专利，连同这样的改正证明书，在由于此后出现的诉由而提起的诉讼中，在法律上具有同样的效力和作用，就像专利原来就是以这样更正后的形式颁发的。局长可以免费发给经过改正的专利，以代替改正证明书，其效力与改正证明书相同。

第 255 条　改正申请人错误的证明书

无论何时，不是由于专利商标局的失误，在专利中出现书写或者印刷性质的错误，或者轻微的错误，已经表明此种错误是由于善意而发生的，如果错误的改正并不涉及专利中会构成新的内容或者需要复审的变化，在缴纳规定的费用后，局长可以颁发改正证明书。此种专利，连同证明书，在由于此后出现的诉由而提起诉讼的审判中，在法律上的效力和作用就像专利原来就是以这样更正后的形式授予的。

第 256 条　发明人姓名的改正

无论何时，由于错误而在颁发的专利中将某人称为发明人，或者由于错误而没有将某一发明人记载在颁发的专利中，并且此种错误的产生在发明人方面并没有欺骗意图的，局长根据所有当事人和受让人的申请，连同事实的证明以及其他可能规定的要求，发给改正此种错误的证明书。

遗漏发明人或者将非发明人记载为发明人的错误能依本条规定予以改正的，就不应使发生此种错误的专利归于无效。法院在遇有因此种事项而发生的诉讼时，在通知所有各方和举行听证后，可以命令将专利予以改正。据此，局长应发给相应的证书。

第二十六章　所有权和转让

第 261 条　所有权；转让

专利具有动产的特性，但应遵守本编的规定。

专利申请、专利或者其中的任何利益，在法律上均可以依书面文件予以转让。申请人、专利权人，或者其受让人、法定代理人，可以依同样方式授予和转移专利申请或者专利中的排他权，效力可以及于美国全国或其任何特定地域。

在美国国内，由有权监督宣誓的人，在外国，由美国的外交官、领事官或者有权监督宣誓的官员（其权限须有美国外交官或领事官的证明书证明）签字并加盖正式印章的确认书，或者由外国（该国须根据条约或公约，对指定官员的加注给予的效力，与美国指定官员的加注的效力相同）指定的官员在有关文件上加注，应成为专利或专利申请完成转让、财产赠与或者财产权转移证书的表面上确凿的证据。

任何转让、财产赠与或者财产转移证书，如果不在完成之日以后 3 个月内或者在以后的购买或抵押之日以前在专利商标局登记，则无须通知，对以后的有价值对价的购买人或者受抵押人是无效的。

第 262 条 共同所有人

在没有相反协议的情况下，专利的每一个共同所有人都可以在美国制造、使用、为销售而提出要约或销售专利发明，或将专利发明进口到美国，无需取得其他共有人的同意，也无需向其他共有人说明。

第二十七章 政府在专利中的利益

第 266 条 （已废除）

第 267 条 在政府申请中采取行为的时间

尽管有本编第 133 条和第 151 条的规定，当一项申请已经成为美国的财产，政府适当部门或机构的首长已经向局长证明，申请中披露的发明对美国的军备或者防务有重要意义时，局长可以将采取任何行为的时间延长为 3 年。

第二十八章 专利权的侵犯

第 271 条 专利权的侵犯

（a）除本编另有规定外，任何人在美国境内，在专利权期限内，未经授权而制造、使用、为销售而提出要约❶、销售任何专利发明，或者向美国进口任何专利发明的，即侵犯了专利权。

---

❶ 美国最高法院在 Pfaffv. Wells Elecs Incs（1998）一案中认为，"销售"的含义应根据合同法的规定，美国联邦巡回上诉法院在 Rotec Industries Inc. v. Mitsubishi Corporation（2000）一案中认为，"offer to sell"和"offer for sale"的意义也应根据合同法来确定。联邦巡回上诉法院在 3D System Inc. v. Aerotech Laboratories（1998）一案中认为，被告的信件包含了对被控侵权产品的描述和可以购买该产品的价格，是构成了为销售而提出的"offer"，也就是要约。所以，本书将"offer to sell"和"offer for sale"均译为"为销售而提出要约"。——译者注。

（b）任何人积极诱导侵犯专利权的，应作为侵权人承担责任。

（c）任何人在美国为销售而提出要约、销售或者向美国进口，获得专利的机器、制造品、结合物或组合物的一个部件，或者用以实施专利方法的一种材料或设备，而此种部件、材料或设备是构成发明的重要部分，并且明知此种部件、材料或设备是为了侵犯此种专利权而特别制造或特别改造，并不是适合于实质上非侵权用途的商业上的通用物品或商品的，应作为帮助侵权人承担责任。

（d）专利所有人因他人侵犯或者帮助侵犯其专利权而有权获得救济的，不能因其有下列一项或多项行为而被拒绝给予救济，或者被视为犯有滥用其专利权或者非法扩张其专利权的罪责：（1）从他人如未经其同意而实施即构成帮助侵犯专利权的行为获得收入的；（2）许可或者授权他人实施如未经其同意即构成帮助侵犯专利权的行为的；（3）努力保护其专利权以制止侵权行为或者帮助侵权行为的；（4）拒绝给予许可，或者拒绝运用任何权利的；或者（5）以给予另一专利的任何权利的许可或者购买另一种产品为条件，给予专利的任何权利的许可或者销售专利产品的许可的，除非按照具体情况，专利权人在有关市场上对该专利或者专利产品具有市场支配力，而该许可或者销售是该专利或者专利产品以为条件的。

（e）（1）在美国制造、使用、为销售而提出要约、销售或者向美国进口专利发明（不包括主要是使用重组脱氧核糖核酸、重组核糖核酸、杂交瘤技术或者其他涉及定向遗传操作技术的方法制造的动物用新药品或者家畜生物产品（这些术语与联邦食品、药品和化妆品法和1913年3月4日的法律中的含义相同），如果仅仅是用于监管药品或者家畜生物产品的制造、使用或销售的联邦法律规定的开发和提交信息合理相关的用途，不构成侵权行为。

（2）提交下列申请的，构成侵权行为：

（A）就一项专利保护的药品或者一项专利保护的药品的用途，根据联邦食品、药品和化妆品法第 505 条（j）款提交申请，或者提交该法第 505 条（b）款（2）项所述的申请的；或者

（B）就一项主要不是使用重组脱氧核糖核酸、重组核糖核酸、杂交瘤技术或者其他涉及定向遗传操作技术的方法制造的药品或者家畜生物产品，根据上述法律第 512 条或者根据 1913 年 3 月 4 日的法律（美国法典第 21 编第 151～158 条）提交申请，而且该药品或者产品是受一项专利保护的，或者该药品或者产品的用途是受一项专利保护的，且提交此种申请的目的是为了根据上述法律获得批准，以便在此种专利期满以前从事商业上制造、使用或者销售该药品或者产品。

（3）在根据本条提出的任何专利侵权诉讼中，不得授予禁令或者其他救济，禁止在美国制造、使用、为销售而提出要约、销售或者向美国进口上述（1）项中的专利发明。

（4）对于（2）项所述的侵权行为：

（A）法院应命令侵权行为涉及的药品或者家畜生物产品的有效批准日，不得早于被侵犯的专利权的期满日；

（B）可以授予禁令的救济，禁止侵权人在美国商业上制造、使用、为销售而提出要约、销售或者向美国进口被批准的药品或者家畜生物产品；以及

（C）只有已经在美国商业上制造、使用、为销售而提出要约、销售或者向美国进口被批准的药品或者家畜生物产品的，才可以责令侵权人提供损害赔偿金或者其他的金钱救济。

除法院可以根据第 285 条判给律师费用外，上述（A）、（B）、（C）各目规定的救济是法院对（2）项所述侵权行为能够判给的仅有的救济。

（5）一个人已经提交上面（2）项所述的、含有联邦食品、药品和化妆品法（美国法典第 21 编第 355 条）第 505 条（b）款（2）项（A）目（iv）段或者（j）款（2）项（A）目（vii）段（IV）所述的证明书的申请，而且该证明书涉及的专利的所有人，

或者根据该条（b）款就专利保护的药品、或者其用途受专利保护的药品提出被批准的申请的持有人，未在根据该条（b）款（3）项或者（j）款（2）项（B）目发出的通知收到之日以后45日的期间届满以前起诉的，美国法院在与宪法相符合的限度内，对此人根据第28编第2201条提出请求作出宣告性判决确认该专利无效或者没有受到侵犯的诉讼，具有管辖权。

（f）（1）任何人未经授权，自己或者使他人在美国或者从美国供应专利发明的所有或者相当大部分的部件，虽然这些部件没有全部或部分地组合在一起，但其方式却是积极地劝诱他人在美国境外将这些部件组合在一起，而如果此种组合发生在美国境内就会侵犯该专利权的，应作为侵权人承担责任。

（2）任何人未经授权，自己或者使他人在美国或者从美国供应为适用于专利发明而特别制造或者特别改制的专利发明的部件，而不是适合于实质上并非侵权用途的商业上的通用物品或商品，虽然这些部件没有全部或部分地组合在一起，但明知此种部件如此制造或者如此改制，其意图是将此种部件在美国境外组合在一起，而如果此种组合发生在美国境内就会侵犯该专利的，应作为侵权人承担责任。

（g）任何人未经授权，向美国进口，或者在美国为销售而提出要约、销售或使用依在美国获得的专利方法所制造的产品，如果该产品的进口、为销售而提出要约、销售或者使用的行为发生在方法专利的期限以内，应作为侵权人承担责任。在侵犯方法专利权的诉讼中，除非对因进口或者使用、为销售而提出要约或销售该产品而构成侵权的行为根据本篇没有合适的救济方法，不得因该产品的非商业性使用或者零售而给予任何救济。依照专利方法制造的产品，为本篇的目的，如果符合下列情况，不应认为是依照专利方法所制造：

（1）该产品后来已经依照其他方法作了很大的改变的；或者

（2）该产品已经成为另一产品的小小的、不重要的部件的。

（h）本条使用的"任何人"一词，包括任何州、州的任何机构、州或州机构以公务上身份行为的任何官员或雇员。任何州，以及任何这样的机构、官员或雇员，应与非政府实体，以同样方式和在同样的范围内，遵守本篇的规定。

（i）如在本条中使用的，专利权人或其受让人以外的人的"为销售而提出要约"或者"提出销售的要约"，是指销售将发生在专利权期限届满以前。

第 272 条　暂时在美国停留

任何国家的船舶、飞机或者车辆上使用发明而暂时地或者偶然地进入美国的，如果该国对美国的船舶、飞机或者车辆也给予同样的特权，而且该项发明的使用完全是为船舶、飞机或者车辆的自身需要，并且不在美国销售或者为销售而提出要约，或者用于制造任何物品以供在美国销售或者从美国出口到其他国家的，此种使用不构成对任何专利权的侵犯。

第 273 条　以在先发明人为根据的侵权抗辩

（a）为了本条的目的，下列术语的定义是：

（1）"商业上已经使用"和"商业使用"意指在美国使用一种方法，只要此种使用是与国内的商业使用、实际的正常销售或者有用的标的物的其他正常商业转移有关，而不论争议中的标的物是否是公众可接触到的或者是依其他方式为公众所知的。但是，如果标的物的销售或使用应当经过上市前的监管审查期间，包括第 156 条（g）款所规定的任何期间在内，以确定该标的物的安全性或者有效性的，在此种监管审查期间，应视为"商业上已经使用"和在"商业上使用"之中。

（2）在由非营利的研究试验室或者非营利的实体（例如大学、研究中心或者医院）所履行的活动的情形，以公众为受益者的使用应认为是（1）项所述的使用，除非此种使用：

（A）可以根据本条主张作为抗辩理由的，只限于由试验室或非营利实体并且在试验室或非营利实体内继续使用；

（B）不得主张作为抗辩理由，用于以后的商业化或者在此种试验室或非营利实体以外使用。

(3)"方法"意指从事或者经营业务的方法。

(4)专利的"有效申请日"指根据本法第119条、第120条或第365条的规定,发明应该享有的在先申请的实际申请日,或者任何在先的美国、外国或者国际申请的申请日。

(b)侵权抗辩理由

(1)一般规定 关于根据本编第271条对一个人主张其标的物侵犯专利中一项或者多项方法权利要求而提起的侵权诉讼,如果此人在专利的有效申请日以前至少1年实际上已经善意地将该标的物付诸实施,并且在该专利有效申请日以前已经在商业上使用该标的物的,这是一项抗辩理由。

(2)权利用尽 一个有权根据本条对依照专利方法生产的有用最终产品主张抗辩理由的人,销售该最终产品或者对之作其他处分,将用尽专利所有人对该专利所享有的权利,如同此种销售或者其他处分是由专利所有人自己所作出而使这些权利完全用尽。

(3)对抗辩理由的限制和限定 根据本条对侵权的抗辩理由受到下列的限制和限定:

(A)专利 一个人不得根据本条主张抗辩理由,除非对之主张的发明是方法。

(B)派生 如果抗辩理由所根据的标的物来自专利权人或者是与专利权人有合法利益关系的人,一个人不得根据本条主张抗辩理由。

(C)不是一个总的许可 一个人根据本条主张的抗辩理由不是争议中的专利的全部权利要求的一个总许可,而只延及专利中要求保护的、能够根据本章主抗辩理由的一个特定标的物,但抗辩理由也应延及该被要求保护的标的物用途的各种不同的数量和容量,以及对被要求保护的标的物的各种改进,而该改进并未侵犯该专利的附加要求保护的标的物。

(4)举证责任 根据本条主张抗辩理由的人,负有举出清楚和令人信服的证据以证实其抗辩理由的责任。

（5）使用的放弃　已经在商业上放弃使用标的物的人，不得依据在此种放弃日以前进行的活动对放弃日以后的行为根据本条主张抗辩理由。

（6）属于个人的抗辩理由　根据本条的抗辩理由，只有实施了使抗辩理由成立所必要行为的人才可以主张，而且，除转移于专利所有人以外，主张抗辩理由的权利不得被许可、转让或转移于他人行使，但抗辩理由涉及的整个企业或者营业范围的善意转让或转移而作为其辅助的和从属的一部分的除外。

（7）对场所的限制　根据本条的抗辩理由，当该理由是在涉及的整个企业或者营业范围的善意转让或转移的一部分而获得时，只可以在专利的有效申请日或者该企业或营业范围转让或转移日二者之中的后一日期以前，在该标的物的使用（这将可能侵犯一个或多个权利要求）的场所主张。

（8）抗辩理由的不成功的主张　如果根据本条的抗辩理由是由一个被发现侵犯专利的人所提出，但以后他未能证明其所主张的抗辩理由的合理根据的，法院应判定，为根据本篇第285条判给律师费的目的，该案是属于特殊情况。

（9）无效　一项专利不应仅仅因为根据本条提出或者确立了一个抗辩理由，就根据本编第102条和103条被视为无效。

第二十九章　对侵犯专利的救济和其他诉讼

第281条　对侵犯专利的救济

专利权人有权通过民事诉讼对其专利因被侵犯而获得救济。

第282条　专利有效性的推定；抗辩理由

专利应推定为有效。专利的每一权利要求（不论是独立的、从属的还是多项从属的权利要求）均应推定为有效，不受其他权利要求有效性的影响；从属的或者多项从属的权利要求应推定为有效，即使从属于一项无效的权利要求也一样。尽管有前述规定，但如一项组合物的权利要求被认定无效，并且该权利要求是根据第103条（b）款（1）项确定非显而易见性的基础，则该组合物的制备方法不应仅仅根据第103条（b）款（1）项而被认定为不是显而易见的。主张专利或其中的任何权利要求无效的一方当事人应负举证责任。

在涉及专利的有效性或者侵权的任何诉讼中，下列各项应作为抗辩理由而提出：

（1）不侵权、不负侵权责任，或者不具有执行力。

（2）基于本篇第二部分所规定的作为专利性条件的任何理由，涉诉专利或者任何一项权利要求无效。

（3）因为不符合本篇第112条或第251条的要求，涉诉专利或者任何一项权利要求的无效。

（4）依照本篇可以成为抗辩理由的其他事实或者行为。

在涉及专利权的有效性或者侵犯专利权的诉讼中，主张无效或者不侵权的当事人应在审理以前至少30日，在诉状或者其他书面文件中将下列事项通知对方当事人：颁发专利的国家、号码、日期和专利权人的姓名或名称，作为诉讼中专利的在先现有技术所依据的出版物的名称、日期、页码，或者，除在美国联邦索赔法院进行的诉讼外，为了表明现有技术，可以作为在先发明人，或者先知悉、或者以前曾经使用诉讼中的专利发明或者为销售该专利发明而提出要约的任何人的姓名和地址。如未预先提出通知，除按照法院所要求的条件而提出的以外，不得在审理中提出上述事项的证明。

本编第154条（b）款或第156条规定的专利权期限或者其任何部分的延展，由于下列人员：

（1）延展申请人，或者

（2）局长。

实质上没有遵守前述条文的要求而应当归于无效的，在专利权期限延展期间任何涉及侵犯该专利权的诉讼中，应作为抗辩理由而提出。在此种诉讼中，关于第156条（d）款（2）项规定的应有勤勉的决定，不应受到审查。

第 283 条 禁令

对本篇中诉讼具有管辖权的数个法院，可以依照衡平法原则发出禁令，以法院认为合理的条件，防止根据专利所获得的任何权利受到侵犯。

第 284 条 损害赔偿金

法院在得出有利于请求方的结论后，应判给请求方足以补偿其所受侵犯的赔偿金（无论如何不能少于侵权人使用该发明所应付出的合理使用费），附加法院确定的利息和成本。

当陪审团未确定赔偿金的，法院应估定赔偿金。不论由陪审团确定还是由法院估定，法院均可以将损害赔偿金增加到原确定或估定数额的三倍。根据本款增加的损害赔偿金不适用于本编第154 条（d）款规定的临时权利。

法院在确定损害赔偿金，或者根据具体情况确定什么是合理的使用费时，可以接受专家的证词作为帮助。

第 285 条 律师费

在特殊情况下，法院可以判给胜诉的当事人以合理的律师费。

第 286 条 对损害赔偿金的时间限制

除法律另有规定外，对在提起侵权诉讼或者在诉讼中提起侵权反诉 6 年以前实施的任何侵权行为，不能获得赔偿金。

在对美国政府因使用专利发明而索赔的情形，起诉以前的期间最长可达 6 年，但自有权处理此种索赔的政府部门或机构收到请求赔偿的书面请求之日起，至政府向请求人邮寄否认其请求的通知之日的期间，不计入前款所述的期间以内。

第 287 条 对损害赔偿金和其他救济的限制；标记和通知

（a）专利权人，以及在美国境内为专利权人或在专利权人指示下制造、为销售而提出要约、销售或者向美国进口任何专利物品的人，可以依下列方法通知公众该项物品已获得专利权：即在物品上标以"patent"或其英语缩写"pat."字样，并附加专利的号码，或者，如依物品的性质不能这样标明时，可以在物品或其包装上附加注有同样文字的标签。在没有这样标明的情况下，专利权人不能在任何侵权诉讼中获得损害赔偿金，但能证明侵权人已知悉侵权并在其后仍继续侵权的除外，在此种情形，只能就知悉后发生的侵权获得损害赔偿金。提起侵权之诉即构成此种通知。

（b）（1）第271条（g）款规定的侵权人应受本篇关于损害赔偿金和禁止令的所有规定的约束，但根据本款或者1988年方法专利修正法第9006条改定的救济除外。本款规定的对救济的改定不应向下列人员提供：

（A）实施专利方法的任何人；

（B）指挥或控制专利方法实施者的任何人，或者被专利方法实施者所指挥或控制的任何人；

（C）在侵权以前，知悉专利方法是用以制造某种产品，而此种产品的进口、使用、为销售而提出要约或者销售构成侵权的任何人。

（2）关于本编第271条（g）款规定的侵权行为，就根据该条应负责任的人占有或者向此其运输的任何产品，在此人知悉该产品侵权以前，不应提供救济。应负责任的人对此种占有或者运输负有举证责任。

（3）（A）在对第271条（g）款规定的侵权行为提起诉讼中，法院作出关于救济的决定时，应考虑：

（i）被告关于披露请求所表明的善意；

（ii）原告关于披露请求所表明的善意；

（iii）恢复依专利所获得的独占权利的需要。

（B）为上述（A）目的目的，以下是善意的证据：

（i）被告提出披露请求；

（ii）接到披露请求的人在合理时间以内作出答复；和

（iii）被告将该答复，连同其要求提供该答复中披露的专利保护的方法没有被用以制造该产品的书面声明，提交给其将购买的产品的制造人，或者，如果制造人不明，提交给供应人。

除非另有减轻的情节，没有履行前段所述任何行为，就是缺乏善意的证据。减轻的情节包括这样的情况：由于产品的性质、产品来源众多或者类似的商业情况，披露请求对于避免侵权是不必要或者是不切实际的。

（4）（A）为了本款的目的，"披露请求"意指向当时正从事制造某一产品的人提出的书面请求，请其确认自请求时起他拥有的或者他获得许可的所有方法专利，并且他当时合理地认为，假如该产品被没有得到授权的人进口到美国，或者在美国销售、为销售而提出要约或者使用，根据第 271 条（g）款可以被认定为侵权。此外，一项披露的请求限于是这样的请求：

（i）请求是由经常在美国从事销售请求书所指向的人制造的那类产品的人提出的，或者请求书包括一些事实表明提出请求的人计划在美国从事销售此类产品；

（ii）请求是由此人在其第一次进口、使用、为销售而提出要约或销售依照侵权方法生产的产品元件，并且是在其知悉该产品侵权以前提出的；

（iii）请求还包括请求人的一项声明：接到请求的人将按照请求很快把确认的专利提交给请求人将购买的产品的制造人，或者，如果制造人不明，提交给供应人，并请求制造人或供应人出具一份书面声明，说明他制造有关产品并没有使用这些专利保护的方法。

（B）专利的被许可人如果收到披露请求，应当确认专利或者将披露请求迅速通知许可人。

（C）在收到披露请求以前，已经按照（a）款规定的方式，在其依照专利方法所制造并在美国销售、为销售而提出要约或者进口到美国的一切产品上注明方法专利号码的人，无需对披露请求作出答复。上面所述的"一切产品"，不包括在 1988 年方法专利修改法生效日以前制造的产品在内。

（5）（A）为了本款的目的，"知悉侵权"意指一个人实际知悉足以说服理性的人相信某产品很可能是依照在美国获得专利的方法制造的信息，或者收到该信息的书面通知，或者两种情况都有。

（B）专利持有人发出的控告某人侵权的书面通知，应具体指明已被使用的专利方法，以及善意地相信该人已经使用此种方法的理由。专利持有人应在通知中提供合理范围内必要的信息，以适当解释专利持有人的理由，但不要求专利持有人披露其任何秘密的商业信息。

（C）接到上面（B）目中所述的书面通知的人，或者接到对（4）项所述对披露请求的书面答复的人，应视为已知悉对该书面通知或答复中所述专利的侵犯，除非：

（i）此人迅速将书面通知或者答复转送给他已购买或者将购买的产品的制造人，或者，如果制造人不明，转送给前述产品的供应人；

（ii）此人收到制造人或供应人送来的书面声明，并且，从表面上看，该声明以有合理根据的事实为基础说明没有侵犯所指明的专利。

（D）为本款的目的，一个获得依照在美国享有专利的方法制造的产品的人，如果依他的业务量或者一个有效的商品存货数量而论，获得产品的数量异常大的，应当推定（但可以反驳）此人实际上知悉该产品是依此种专利方法制造的。

（6）接到对本款规定的披露请求所作答复的人，应当向被请求的人支付合理的费用，以补偿其因满足披露请求而付出的实际代价，但不得超过商业上对所涉及事项可以得到的自动化专利检索的费用，无论如何不得超过 500 美元。

（c）（1）开业医生履行的医疗活动根据本编第 271 条（a）款或（b）款规定构成侵权的，本编第 281 条、第 283 条、第 284 条和第 285 条的规定不应适用，以阻止开业医生或者有关保健单位的此种医疗活动。

（2）为了本款的目的：

（A）"医疗活动"意指在身体上进行医疗或者外科手术行为，但不包括：（i）使用获得专利的机器、制造品或组合物而侵犯此种专利；（ii）实施获得专利的组合物的用途而侵犯此种专利；（iii）实施一种方法而侵犯生物技术专利。

（B）"开业医生"意指获有一个州的执照可以提供（c）款（1）项所述的医疗活动的人，或者在此人的指导下从事医疗活动的自然人。

（C）"有关保建单位"意指与开业医生有职业上联系的单位，他在该单位内从事医疗活动，包括但不限于疗养院、医院、大学、医学院、保健组织、集体医疗所或者诊所。

（D）"职业上联系"意指开业医生据以代表保健单位或者与保健单位联合提供医疗活的工作人员特权、医疗工作人员成员身份、雇佣或者合同关系、合伙或者所有权利益、学术上的任命或者其他的联系。

（E）"身体"意指人的身体、器官或者尸体，或者用于与人的治疗直接有关的医学研究或教学的动物。

（F）"获得专利的组合物的用途"并不包括在身体上实施的医疗或外科手术的方法的权利要求，该权利要求描述了一种组合物的用途，但该组合物的使用并不直接有助于达到该方法的目标。

（G）"州"意指美国的任何一个州或领地、哥伦比亚特区和波多黎各区。

（3）本款并不适用于从事机器、制造品或组合物的商业开发、制造、销售、进口或者分销的任何人，或者提供药品或临床医学实验服务（不包括在医师诊室提供的临床实验服务）的任何人，或者此种人的雇员或者代理人（不论此种人根据国内税收法典是否系免除税收的组织）的活动。这些活动是指：

（A）直接与机器、制造品或组合物的商业开发、制造、销

售、进口或者分销，或者药品或临床医学实验服务（不包括在医师诊室提供的临床实验服务）的供应有关的活动，和

（B）根据联邦食品、药品和化妆品法、公共卫生服务法或者临床医学实验室改进法管理的活动。

（4）本款规定不适用于根据其最早申请日在 1996 年 9 月 30 日以前的一项申请所颁发的任何专利。

第 288 条 侵犯含有无效权利要求的专利的诉讼

无论何时，没有欺骗意图，专利的一项权利要求无效的，侵犯其中可能有效的权利要求的诉讼，可以予以继续。除非在诉讼开始前对无效的权利要求的放弃已在专利商标局登记，专利权人不应获得诉讼费用的赔偿。

第 289 条 对侵犯外观设计专利的附加救济

任何人在外观设计专利的有效期内，未经专利权人许可，（1）为销售目的在制造品上应用获得专利的外观设计或其任何着色的模仿，或者（2）销售或者为销售而展示任何应用该外观设计或者其模仿的制造品的，应在其全部所得利益的限度内对专利权人承担责任。该赔偿可在对双方当事人具有管辖权的任何美国法院获得，但不得少于 250 美元。

本条的规定并不阻止、减少或者降低被侵犯专利的所有人根据本篇享有的任何其他救济，但是专利所有人不应重复获得侵权利润的赔偿。

第 290 条 专利诉讼的通知

美国法院的书记员，在根据本篇提起诉讼后 1 个月内，应将诉讼以书面通知局长，说明已知的当事人的姓名和地址、发明人的姓名和据以提起诉讼的专利的号码。如果以后又有其他专利包括在诉讼中，书记员应作同样的通知。在对案件的决定或者判决作出后 1 个月内，法院书记员应将此事通知局长。局长在接到该通知后，应将其放进该专利的档案内。

第 291 条　抵触的专利

一项抵触专利的所有人可以对另一抵触专利的所有人提起民事诉讼，请求消除抵触。法院可以就互相抵触的各个专利的有效性问题全部或部分地进行裁决。本编第 146 条第 2 款的规定应适用于根据本条提起的诉讼。

第 292 条　虚假的标记

（a）任何人未经专利权人同意，在其在美国制造、使用、为销售而提出要约或者销售的，或者在其向美国进口的任何物品上，标注、缀附或者在与该物品有关的广告上使用专利权人的姓名或名称，或者其姓名或名称的任何模仿、专利号码，或者"专利""专利权人"等类似字样的标记，意图伪造或仿造专利权人的标记，或者意图欺骗公众，使其相信该物品是专利权人或者经专利权人同意而制造、为销售而提出要约、销售或者向美国进口的；或者

任何人为欺骗公众的目的，在未获得专利的物品上标注、缀附或者在与该物品有关的广告中使用"专利"字样或者任何含有该物品已获得专利之意的其他字样或号码的；或者

任何人为欺骗公众的目的，在其未申请专利，或者已申请但并非未决时，就在物品上标注、缀附或者在有关广告中使用"已申请专利""申请未决"或者任何含有已申请专利之意的其他字样的。

上述情形，每一罪行应处以 500 美元以下的罚金。

（b）任何人都可以请求对违法者给予处罚，在此种情形下，罚金的一半给予起诉人，另一半归美国使用。

第 293 条　不住在美国的专利权人；送达和通知

每一个不住在美国的专利权人，可以向专利商标局以书面指定一个住在美国境内的人，说明该人的姓名和地址，由该人接受影响其专利或其专利所产生权利的程序中的传票或通知的送达。如果被指定的人不能在最近一次指定书所说的地址找到，或者，

如果没有被指定的人，哥伦比亚特区的美国地区法院应有管辖权，传票应采用公告或者用法院指示的其他方法送达。该法院具有对于该专利或该专利所产生的权利可以采取任何行为的管辖权，犹如该专利权人是在该法院管辖区内一样。

第 294 条　自愿仲裁

（a）一项涉及专利或者专利权利的合同，可以包含一项规定，请求对根据合同产生的、涉及专利有效性或者侵权的任何争议进行仲裁。如果没有这样的规定，已发生的涉及专利有效性或者侵权的争议的当事人，可以依书面同意通过仲裁解决此种争议。任何此种规定或者协议是有效的，不可撤销的，并且是具有执行力的，但法律上或者依衡平法存在可以撤销合同的理由除外。

（b）此种争议的仲裁、仲裁员的仲裁裁决以及对仲裁裁决的确认，应遵守美国法典第 9 编的规定，但以该篇规定没有与本条不相一致的情况为限。在此种仲裁程序中，本编第 282 条所规定的抗辩理由，如果有任何一方在程序中提出，仲裁员应予以考虑。

（c）仲裁员的仲裁裁决应当是最终的，对仲裁的各方当事人均有拘束力，但对任何其他的人无效，没有拘束力。仲裁的各方当事人可以同意，倘若作为仲裁裁决主题的专利以后在一个具有合法管辖权的法院作出的判决中被确定为无效或者不具有执行力，而且对该判决不能申诉或者没有申诉的，根据仲裁任何一方当事人的申请，此种仲裁裁决可以由具有合法管辖权的法院予以修改。任何此种修改，自修改之日起，应支配此种当事人之间的权利和义务。

（d）仲裁员作出仲裁裁决时，专利权人、其受让人或者被许可人，应将仲裁裁决以书面通知局长。在此种程序中，涉及的每一专利应分别作出通知。此种通知应说明当事人的姓名或名称、地址、发明人的姓名和专利所有人的姓名或名称，写明专利的号码，并应附有仲裁裁决书副本。如果仲裁裁决已经由法院加以修改，请求修改的当事人应将此种修改通知局长。局长接到每一种通知后，应将此种通知记录在此种专利的档案中。如果规定的通知没有提交给局长，程序的任何一方可以将此种通知提供给局长。

（e）在局长接到（d）款规定的通知以前，仲裁裁决是不具有执行力的。

第295条 推定：依专利方法制造的产品

在因进口、销售、为销售而提出要约或者使用依在美国获得专利的方法所制造的产品而提起的声称侵犯方法专利的诉讼中，如果法院认定：

（1）该产品有相当大的可能性是依专利方法制造的，并且

（2）原告为确定该方法是否实际上使用于该产品的制造，已经进行了合理的努力，但仍然无法确定的，应推定该产品是依该方法所制造，主张该产品不是依该方法而制造的一方当事人，应该主张承担举证责任。

第296条 各州、各州机构和各州官员对专利侵权的责任

（a）一般规定 任何州、州的任何机构，以及州或州机构的任何官员或雇员，在依公务上身份行为时，不能根据美国宪法第11修正案或者根据主权豁免的任何其他理论，免予被包括任何政府或非政府实体在内的任何人，根据第271条因侵犯专利权或者根据本编因违反任何其他规定，在联邦法院起诉。

（b）救济 在因（a）款所述违法行为而提起的上述诉讼中，由于违法行为而可获得的救济（包括法律救济和衡平救济），其范围与对私营单位因其违法行为而提起的诉讼中可获得的救济相同。此种救济包括损害赔偿金、利息、诉讼费用、第284条规定的3倍损害赔偿金、第285条规定的律师费，以及第289条规定的因侵犯外观设计专利的附加救济。

第297条 不适当和欺骗的发明推广

（a）一般规定 发明推广者在缔结合同提供发明推广服务以

前，有义务以书面向客户披露下列信息：

（1）发明推广者在过去5年中曾对发明的商业潜力进行过评价的发明总数，以及得到积极评价的发明数量和得到消极评价的发明数量；

（2）在过去5年中与发明推广者缔结合同的客户总数，不包括曾向发明推广者购买贸易展览服务、研究、广告和其他非市场销售服务的客户，或者对发明推广者不履行付款义务的客户。

（3）发明推广者所知的由于其所提供的发明推广服务的直接结果而获得纯利润的客户总数。

（4）发明推广者所知的由于其所提供的发明推广服务的直接结果而获得许可合同的总数。

（5）在过去10年中与发明推广者或其职员有过集体或者单独联系的所有以前的发明推广公司的名称和地址。

（b）民事诉讼

（1）任何客户与发明推广者缔结合同，并且被法院认为由于发明推广者（或者其代理人、雇员、主管、职员、合伙人或者此种发明推广者的独立订人）所作的实质性虚假的或者欺骗的声明或表示，或者不披露重要事实，或者因为发明推广者没有披露（a）款所要求的那种信息而受到损害的，可以对发明推广者（或其职员、主管或合伙人）提起民事诉讼，除合理的诉讼费用和律师费以外，还要求获得：

（A）客户实际所受损害的赔偿金；或者

（B）客户在法院作出最终判决以前的任何时候，可以选择一笔法院认为公平的、不超过5000美元的法定损害赔偿金。

（2）尽管有（1）项的规定，在客户承担了举证责任，并且法院认定发明推广者以欺骗客户为目的，故意向客户歪曲或者不披露重要事实，或者故意不披露（a）款所要求披露的信息的情况下，法院考虑了专利负责人按照（d）款所汇集的过去对发明推广者的不满意见的记录，以及由此而产生的管理性制裁或者其他惩治行动，可以将损害赔偿金增加到不超过裁定数的三倍。

（c）定义　为本条的目的，

（1）"发明推广服务合同"意指发明推广者承诺为客户提供发明推广服务的合同；

（2）"客户"意指与发明推广者就发明推广服务缔结合同的个人；

（3）"发明推广者"意指为客户或代表客户履行发明推广服务，或者愿为客户或者代表客户履行发明推广服务而提出要约，以及坚持通过大众媒体上的广告提供此种服务的任何人、商行、合伙、公司或者其他单位，但不包括：

（A）联邦政府、州或者地方政府的任何部门或机构；

（B）根据适用的州的法律取得资格的或者 1986 年国内税收法典第 170 条（b）款（1）项（A）目定义的任何非营利的慈善、科学、教育组织；

（C）参与评估以确定发明专利或者以前提交的非临时发明专利申请的商业潜力，或者提出要约愿意提供许可或者销售此种专利或者此种申请的任何人或实体；

（D）参加涉及一个企业的股份或者资产的销售业务的任何当事人；

（E）直接从事产品零售业务或者产品分配的当事人；

（4）"发明推广服务"意指为商行、公司或其他实体的客户采购或意图采购以开发和销售产品或者服务，其中包括客户的发明。

（d）投诉的记录

（1）投诉的发表　专利长官应当向公众提供专利商标局所收到涉及发明推广者的投诉和发明推广者的任何答复。专利长官应将投诉通知发明推广者，并向其提供适当的机会使其在此种投诉向公众提供以前给以答复。

（2）请求投诉　专利长官可以请求联邦或者州机构提出有关发明推广服务的投诉，并将此种投诉连同发明推广者的答复包括在根据（1）项保存的记录中。

第三十章　向专利商标局引证现有技术和 一方当事人的专利再审

第 301 条　现有技术的引证

任何人可以在任何时候以书面向专利商标局引证由专利或者印刷出版物组成的现有技术，并认为此种现有技术对一项特定专利的权利要求的可享专利性是有影响的。如果此人以书面解释，此种现有技术至少与该专利的某一权利要求的相关性和适用的方式，则现有技术的引证和解释将成为该专利正式档案的一部分。根据此种现有技术引证人的请求，他或她的身份将不保存在该专利的档案中，并予以保密。

第 302 条　请求再审

任何人在任何时候可以提交请求，由专利商标局在本编第301 条引证的现有技术的基础上，对一项专利的任何权利要求进行再审。请求必须以书面提出，并缴纳局长依据本编第 41 条制定的再审费。请求必须说明现有技术与请求再审的每一权利要求的相关性和适用的方式。除非请求人是专利的所有人，局长应将请求书副本迅速送交记录的专利所有人。

第 303 条　问题由局长决定

（a）在根据本编第 302 条提交再审请求之后的 3 个月内，局长应在要考虑或者不考虑其他专利或者印刷出版物的基础上，决定此请求是否提出了实质上新的、影响有关专利的权利要求的可享专利性的问题。任何时候，局长可以主动决定是否由于他发现或者根据本编第 301 条引证的专利和印刷出版物而提出了实质上新的、可享专利性的问题。实质上新的、可享专利性问题的存在，并不因为专利和印刷出版物曾经被专利商标局引证过，或者有人曾经向该局引证过，或者该局曾经考虑过而受妨碍。

（b）局长根据本条（a）款所作决定应收入有关专利的档案

中，并应将副本迅速送交或者邮寄给记录的专利所有人，如有再审请求人，并应送交该请求人。

（c）局长根据本条（a）款所作关于没有提出实质上新的、可享专利性问题的决定是最终的决定，对之不可申诉。在作出此种决定后，局长可以退还根据本编第 302 条所要求缴纳的再审费的一部分。

第 304 条 局长的再审令

如果局长在根据本编第 303 条（a）款作出的决定中认定，一个实质上新的、影响一项专利的任何一个权利要求的可享专利性的问题提出来了，该决定将包含一个对该专利进行再审的命令，以解决该问题。对专利所有人应给予自决定书副本送交或者邮寄给他之日起不少于 2 个月的适当期间。在这期间内，他可以就此问题提交一份声明，包括他可能愿意提议的对其专利的修改和新的权利要求，供再审中考虑。如果专利所有人提交了这样一个声明，他应迅速将副本送交根据本篇第 302 条请求复审的人。自送达副本之日起 2 个月内，该请求人可以提交他在复审中已考虑专利所有人的声明的答复。该请求人应将提交的答复副本迅速送交专利所有人。

第 305 条 再审程序的进行

在根据本编第 304 条规定提交声明和答复的期间届满以后，根据本编第 132 条和第 133 条规定的程序进行再审。在根据本章进行的再审程序中，应允许专利所有人对其专利提议修改和增加新的权利要求，以便将被要求保护的发明与根据本编第 301 条引证的现有技术区别开来，或者对专利权利要求的可专利性不利的决定提出答复。在根据本章进行的再审程序中，不允许提议修改的权利要求或者新的权利要求扩大专利的权利要求的范围。根据本条的所有再审程序，包括向专利申诉和抵触委员会的申诉在内，在专利商标局内应以快捷方式进行。

第 306 条　申诉

本章再审程序中涉及的专利所有人，对于不利于任何原始专利或者不利于专利的提议修改的或新的权利要求的可专利性的决定，可以根据本编第 134 条提出申诉，并且可以根据本编第 141 条至第 145 条请求法院审查。

第 307 条　可享专利性、不可享专利性和删除权利要求的证明书

（a）在根据本章进行的在再审程序中，当申诉时间已经届满或者申诉程序已经结束时，局长将颁发和公布一份证书，删除专利中最终决定为不可享专利的权利要求，确认专利中被决定为可享专利的权利要求，并将决定为可享专利的提议修改的或者新的权利要求增加在专利中。

（b）经过再审程序，决定可享专利并且增加在专利中的提议修改的或者新的权利要求，对于在根据本条（a）款的证书颁发以前，在美国制造、购买或者使用因该修改的或者新的权利要求而享有专利保护的产品，或者将此种产品进口到美国，或者已经为此种产品的制造、购买、使用或者进口作了实质性准备的任何人的效力，与本编第 252 条规定的重新颁发专利证书中的权利要求的效力相同。

第三十一章　可选择的各方当事人间再审程序

第 311 条　各方当事人间再审的请求

（a）一般规定　任何第三方请求人任何时候都可以提交请求，由专利商标局在根据第 301 条所引证的现有技术的基础上，对专利进行各方当事人间的再审。

（b）条件　请求应符合下列条件：

（1）请求应以书面提出，载明有利益关系的真实一方的身份，同时缴纳局长根据第 41 条制定的各方当事人间再审费；

（2）说明所引证的现有技术与其请求再审的专利的权利要求的相关性和适用方式。

（c）副本 局长应迅速将请求书的副本送交记录的专利所有人。

第 312 条 问题由局长决定

（a）再审 在根据第 311 条提交各方当事人间再审的请求以后不超过 3 个月的期间内，局长应在考虑或者不考虑其他专利或者印刷出版物的基础上决定，该请求是否提出了实质上新的、影响有关专利的任何一个权利要求的可专利性问题。实质上新的可享专利性问题的存在，并不因为该专利或者印刷出版物以前曾经被专利商标局引证过，或者有人向该局引证过，或者该局曾考虑过的事实而受到妨碍。

（b）记录 局长根据（a）款所作的决定应置于专利的正式档案内，决定的副本应迅速送交或者邮寄给记录的专利所有人和第三方请求人。

（c）最终决定 局长根据（a）款所作的决定是最终决定，不可申诉。在作出没有提出实质上新的可专利性问题的决定后，局长可以根据第 311 条退还多方当事人间再审费的一部分。

第 313 条 局长的各方当事人间再审令

如果在根据第 312 条（a）款作出的决定中，局长认定提出了一个实质上新的、影响专利权利要求的可专利性的问题，该决定应包含一个对专利进行多方当事人间再审的命令，以解决该问题。该命令可以附有专利商标局关于第 314 条进行的多方当事人间再审的实质性问题的初步行动。

第 314 条 各方当事人间再审程序的进行

（a）一般规定 除本条另有规定外，应根据本编第 132 条和第 133 条规定的程序进行再审。在根据本章进行的各方当事人间再审程序中，应允许专利所有人对其专利提议修改和增加新的权利要求，只是提议修改的或者新的权利要求不得扩大专利权利要求的范围。

(b) 答复

(1) 除各方当事人间再审的请求外，专利所有人或者第三方请求人提出的任何文件均应送交另一方。此外，专利商标局应将其送交专利所有人的、与正在经受各方当事人间再审程序的专利有关的任何通讯，以副本送交第三方请求人。

(2) 专利所有人每一次对专利商标局关于案情实质性问题的意见的答复，第三方请求人应有一次机会就专利商标局意见中提出的问题或者就专利所有人对该问题的答复提出书面评论，条件是这些书面评论应在专利所有人的答复送达后 30 日内送交专利商标局。

(c) 特殊程序 除非局长因有充足理由而另有规定，根据本条各方当事人间再审的所有程序，包括向专利申诉和抵触委员会的任何申诉在内，在专利商标局内应依快捷方式进行。

第 315 条 申诉

(a) 专利所有人 本章规定的各方当事人间复审程序涉及的专利所有人可以：

(1) 对不利于原始的或者提议修改的或者新的专利权利要求的可专利性的任何决定，可以根据第 134 条提出申诉，也可以根据第 141 条至第 144 条提出申诉；

(2) 可以成为第三方请求人根据下述 (b) 款提出的任何申诉的一方当事人。

(b) 第三方请求人 第三方请求人可以：

(1) 对任何有利于原始的或者提议修改或者新的专利权利要求的可享专利性的最终决定，可以根据第 134 条的规定提出申诉，也可以根据第 141 条至第 144 条的规定提出申诉；和

(2) 在不违反 (c) 款规定的情况下，可以成为专利所有人根据第 134 条或者第 141 条至第 144 条提出申诉的一方当事人。

(c) 民事诉讼 第三方请求人请求的各方当事人间再审产生

的结果是根据第 313 条颁布命令的，那么在以后根据第 28 编第 1338 条提起的全部或部分民事诉讼中，第三方请求人对其在各方当事人间再审程序中提出或者可能提出的任何理由被决定为有效的和可享专利的权利要求，不得再依照该理由主张为无效。但本款并不阻止根据新发现的、不为第三方请求人和专利商标局在该各方当事人之间再审程序中所知的现有技术，主张权利要求无效。

第 316 条 可享专利性、不可享专利性和删除权利要求的证明书

（a）一般规定 在根据本章进行的各方当事人间再审程序中，当申诉时间已经届满，或者申诉程序已经结束时，局长应颁发并公布证明书，删除专利中最终决定为不可享专利的权利要求，确认专利中被决定可享专利的权利要求，并将决定为可享专利的修改的或者新的权利要求增加在专利中。

（b）修改的或者新的权利要求 在各方当事人间再审程序以后，经决定可享专利并且增加在专利中的修改的或者新的权利要求，对于在根据本条（a）款规定的证书颁发以前，在美国制造、购买或者使用因该修改的或者新的权利要求而享有专利保护的产品，或者已经将此种产品进口到美国，或者已经为此种行为做了实质性准备的任何人的效力，与本编第 252 条规定的重新颁发专利证书中的权利要求的效力相同。

第 317 条 各方当事人间再审的禁止

（a）再审的命令 尽管有本章的任何规定，一旦根据第 313 条对专利进行各方当事人间再审的命令已经发出，无论第三方请求人，还是该请求人的利害关系人，在第 316 条规定的各方当事人间再审证明书发出和公布以前，除经局长批准的以外，都不得再提出对专利进行各方当事人间再审的请求。

（b）最终决定 在根据第 28 编第 1338 条提起的全部或部分民事诉讼中，一方当事人在诉讼中没有承担证明专利的任何权利

要求无效的责任，一旦作出对该当事人不利的最终决定，或者如果在第三方请求人请求的各方当事人间再审程序中，最终决定对任何原始的或者修改的或新的专利权利要求的可享专利性是有利的，那么不论该当事人还是与其有利害关系的人，以后都不得对此种权利要求根据该当事人或其利害关系人在此种民事诉讼或者各方当事人间再审程序中所提出或者可能提出的问题，请求进行各方当事人间的再审。而且，尽管本章有任何其他规定，专利商标局也不得维持该当事人或其利害关系人根据此种问题请求的各方当事人间的再审。本款规定并不阻止根据新发现的、不为第三方请求人和专利商标局在该各方当事人间再审程序中所知的现有技术，主张权利要求无效。

第 318 条 诉讼的中止

根据第 313 条对一项专利进行各方当事人间再审的命令一旦发出以后，该专利所有人可以要求中止涉及再审令中的任何权利要求的可享专利性问题的未决诉讼，但受理该未决诉讼的法院确定，中止诉讼不符合公正利益的除外。

第四部分　专利合作条约

第三十五章　定　义

第 351 条 定义

本部分所用的下列术语，除依上下文另有所指外，其意义如下：

（a）"条约"意指 1970 年 6 月 19 日在华盛顿签订的《专利合作条约》。

（b）"实施条例"意指，与条约同日签订于华盛顿的条约的

实施条例。"实施细则"则指局长根据本篇制定的实施细则。❶

（c）"国际申请"意指根据条约提交的申请。

（d）"起源于美国的国际申请"意指向根据条约作为受理局的美国专利商标局提交的国际申请，而不问在该国际申请中是否指定了美国。

（e）"指定美国的国际申请"意指国际申请指定美国作为被要求授予专利的国家，而不问该国际申请是在哪里提交的。

（f）"受理局"意指按照条约和实施条例的规定接受和处理国际申请的国家专利局或者政府间组织。

（g）"国际检索单位"和"国际初步审查单位"意指根据条约的指定，按照条约和实施条例的规定处理国际申请的国家专利局或者政府间组织。

（h）"国际局"意指被承认根据条约和实施条例进行协调的政府间国际组织。

（i）本部分没有定义的术语和词语应按条约和实施条例所表明的意义来解释。

第三十六章　国际阶段

第 361 条　受理局

（a）专利商标局是美国国民或者居民提交国际申请的受理局。按照美国和另一国家的协议，专利商标局也是有权提交国际申请的该国国民或者居民提交国际申请的受理局。

（b）专利商标局应履行与受理局承担的职责有关的一切行为，包括收取国际费并将该费转送国际局。

（c）向专利商标局提交的国际申请应以英语撰写。

---

❶　"实施条例"的原文是"Regulations"，其首字母是大写；"实施细则"的原文是"regulations"，其首字母是小写。在中文中，为区别起见，作了不同的翻译——译者注。

（d）本部分第376条（a）款规定的国际费、传送费和检索费，应在提交国际申请时或者在局长可能规定的以后时间内缴纳。

第362条 国际检索单位和国际初步审查单位

（a）专利商标局根据其可能与国际局缔结的协议规定的条款和条件，可以作为国际申请的国际检索单位和国际初步审查单位，并履行这些单位所应履行的一切职责，包括收取手续费并将该费转送国际局。

（b）手续费、初步审查费以及因国际初步审查而应支付的附加费用，均应在局长可能规定的时间内缴纳。

第363条 指定美国的国际申请：效力

指定美国的国际申请，除本编第102条（e）款另有规定外，根据条约第11条，自国际申请日起，具有向专利商标局提交的正规国家专利申请的效力。

第364条 国际阶段：程序

（a）专利商标局应作为受理局、国际检索单位或者国际初步审查单位，根据条约、实施条例和本篇的规定，对国际申请进行处理。

（b）申请人没有在与待审查的国际申请所应遵守的要求有关的期限内采取行为的，在向局长表明延误有不可避免的原因后，在条约和实施条例没有禁止的限度内，并且符合条约和实施条例关于宽恕延误的条件的，可以得到宽恕。

第365条 优先权：在先申请日的利益

（a）按照本编第119条（a）款至（d）款规定的条件和要求，国家申请有权根据在先提交的、至少指定一个美国以外的国家的国际申请，享受优先权。

（b）按照本编第119条（a）款以及条约和实施条例规定的条件和要求，指定美国的国际申请，有权根据在先的外国申请或者至少指定一个美国以外国家的在先的国际申请，享受优先权。

（c）按照本编第 120 条规定的条件和要求，指定美国的国际申请有权享受在先的国家申请或者指定美国的在先国际申请的申请日的利益，而且国家申请有权享受指定美国的在先国际申请的申请日的利益。如果任何享受较早申请日的要求是以指定美国但不是来源于美国的在先国际申请为根据，局长可以要求将此种申请的经证明的文本，提交专利商标局。如果其原文不是英语的，应当一并提交其英文译文。

第 366 条 被撤回的国际申请

在符合本部分第 367 条的规定下，如果指定美国的国际申请被撤回或者被认为撤回，不论是全部撤回或者只对美国撤回，根据条约和实施条例规定的条件，在申请人遵守本部分第 371 条（c）款规定的要求以前，对美国的指定在撤回之日以后就失去效力，应认为没有指定美国，除非在此种撤回之日以前已经在国家申请或者指定美国的国际申请中提出声明，要求享有本部分第 365 条（c）款规定的在先申请日的利益。然而，此种被撤回的国际申请如果指定了美国以外的一个国家，可以作为根据本部分第 365 条（a）款和（b）款要求享有优先权的根据。

第 367 条 其他单位的行为：复查

（a）美国专利商标局以外的受理局拒绝对指定美国的国际申请给予国际申请日，或者此种受理局认为该申请已经全部撤回或者对美国撤回的，申请人在遵守条约和实施条例规定的要求和期限内，可以请求局长对此事进行复查。此种复查可以产生一个决定，即认为该申请处于国家阶段的未决状态。

（b）指定美国的国际申请由于国际局根据条约第 12 条（3）款的裁决而认为已被撤回的，申请人在遵守同样的要求和条件的情况下，也可以请求本条（a）款的复查。

第 368 条 某些发明的保密：向外国提交国际申请

（a）在专利商标局提交的国际申请须遵守本篇第 17 章的规定。

（b）按照条约第 27 条（8）款的规定，就在美国作出的发明向美国以外的国家提交国际申请，不论该国际申请是否指定了美国，应认为构成本编第 17 章所称向外国提交的申请。

（c）如果向外国提交申请的许可已被拒绝，或者，如果某一国际申请已被责令保密，而且已被拒绝给予许可的，专利商标局在作为受理局、国际检索单位或国际初步审查单位行事时，不得向无权接受此种披露的任何人披露此申请的内容。

第三十七章　国家阶段

第 371 条　国家阶段：开始

（a）在国际申请指定或者选定美国的情形，可以要求从国际局收到国际申请（附对权利要求的修改）、国际检索报告和国际初步审查报告（包括任何附件）的副本。

（b）除应遵守本条（f）款的规定外，国家阶段自根据条约第 22 条（1）款或（2）款，或者根据条约第 39 条（1）款（a）项规定的期限届满时开始。

（c）申请人应向专利商标局提交：

（1）本编第 41 条（a）款规定的国家费；

（2）国际申请副本，除非根据本条（a）款是不需要的或者国际局已经另行转送；如果原申请是以英语以外的语言撰写的，应提交国际申请的英文译文；

（3）根据条约第 19 条所作的对国际申请中权利要求的修改（如果有的话），除非此种修改已由国际局另行转送专利商标局；如果此种修改是以英语以外的语言撰写的，应提交此种修改的英文译文；

（4）发明人（或者根据本篇第 11 章授权的其他人）作出的、符合本编第 115 条的要求以及符合为申请人的宣誓或者声明而制定的细则的宣誓和声明；

（5）如果国际初步审查报告的任何附件是以英文以外的语言

撰写的，该附件的英文译文。

（d）本条（c）款（1）项所述关于国家费的要求，（c）款（2）项所述的译文，（c）款（4）项所述的宣誓或者声明，应于国家阶段开始时或者局长规定的较迟的时间办理。（c）款（2）项所述的国际申请副本应于国家阶段开始之日以前提交。不遵守这些要求的，应认为申请人已放弃其申请，除非他向局长表明，没有遵守是由于不可避免的原因。如果到国家阶段开始之日以前这些要求没有满足，可以要求缴纳一笔滞纳金作为接受本条（c）款（1）项所述的国家费或者（c）款（4）项所述宣誓或者声明的一个条件。本条（c）款（3）项的要求应于国家阶段开始之日以前办理；没有办理的，应认为是取消根据条约第 19 条对国际申请的权利要求所作的修改。（c）款（5）项的要求应按局长可能规定的时间办理；没有办理的，应认为是取消根据条约第 34 条（2）款（b）项所作的修改。

（e）国际申请进入国家阶段以后，在根据条约第 28 条或者第 41 条的适用期限届满以前，不得授予专利或者拒绝授予专利，除非得到申请人的明示同意。在国家阶段开始以后，申请人可以对申请的说明书、权利要求书和附图提出修改。

（f）应申请人的明确请求，国家阶段的处理可以在申请人为此目的准备妥当以及本条（c）款规定的要求已经符合以后的任何时候开始。

第 372 条　国家阶段：要求和程序

（a）指定美国的国际申请的所有实质问题，以及在条约和实施条例的要求范围内，该申请的所有程序问题，均应如同在专利商标局提交的正规国家申请的情况那样予以决定。

（b）在指定美国但不是来源于美国的国际申请的情形：

（1）局长可以命令对该申请有关形式和内容的问题按照条约和实施条例的要求重新予以审查；

（2）局长可以命令对发明单一性问题根据本编第 121 条，在条约和实施条例要求的范围内重新予以审查；

（3）如果国际申请或者附于该申请的其他文件是以英语以外的语言撰写的，局长可以要求对该申请或者其他文件的译文加以核实。

第 373 条　不适当的申请人

如果指定美国的国际申请是由根据本编第 11 章不具有在美国提交国家申请资格的任何人提交的，专利商标局将不接受该申请进入国家阶段。此种国际申请不应作为以后提交的申请根据本编第 120 条享受较早申请日利益的基础，但是，如果美国不是该申请指定的唯一国家，该申请可以作为根据本编第 119 条（a）款至（d）款要求享受优先权的基础。

第 374 条　国际申请的公布

指定美国的国际申请根据本编第 351 条（a）款定义的条约的公布，应视为根据第 122 条（b）款的公布，但第 102 条（e）项和第 154 条（d）款另有规定的除外。

第 375 条　根据国际申请颁发的专利：效力

（a）局长按照本编的规定，可以对指定美国的国际申请颁发专利。在符合本编第 102 条（e）款规定的条件下，此种专利与根据本编第十一章规定提交的国家申请颁发的专利具有相同的效力。

（b）对指定美国、原先不是以英语提交的国际申请授予的专利的范围，由于不正确的翻译，超过了以原始语言撰写的国际申请的范围的，具有合法管辖权的法院可以追溯地限制该专利的范围，宣告该专利在其超越以原始语言撰写的国际申请范围的限度内是不具有执行力的。

第 376 条　费用

（a）要求缴纳的国际费和手续费，应以美国货币缴纳。其数额在实施条例中规定。专利商标局应收取第 41 条（a）款规定的国家费，并且还可以收取下列费用：

（1）传送费［见第 361 条（d）款］；

（2）检索费［见第361条（d）款］；

（3）补充检索费（需要时缴纳）；

（4）初步审查费和任何附加费用［见第362条（b）款］；

（5）局长规定的其他费用。

（b）本条（a）款规定的费用的数额，除国际费和手续费外，均由局长规定。局长可以退还错缴或者超过规定的数额，或者根据条约和实施条例需要退还的任何数额的款项。在局长认为退还是有理由的情况下，还可以退还检索费、国家费、初步审查费和任何附加费用的任何部分。

加拿大专利法[❶]

简　称

1. 本法简称为专利法。

术语解释

定义

2. 本法中，除另有规定外：

"申请人"包括发明人及申请人或者发明人的法定代表人；

"权利要求日"是指根据第 28 条第 1 款的规定确定的、在加拿大专利申请中提出权利要求的日期；

"局长"是指专利局局长；

"国家"包括《世界贸易组织协议实施法》第 2 条第（1）款定义的世界贸易组织成员；

"申请日"，就加拿大专利申请而言，是指根据第 28 条的规定确定的提交该申请的日期；

"发明"是指任何新颖的、实用的技术、方法、设备、制造品或者组合物以及对技术、方法、设备、制造品或者组合物的任何新颖的、实用的改进；

"法定代表人"包括继承人、遗嘱执行人、管理人、监护人、保护人、受让人，以及通过或者根据专利申请人和专利权人主张权利的所有其他人；

---

❶　根据加拿大司法部网站（http：//laws. justice. gc. ca/eng/P-4/index. html）上提供的文本翻译。翻译：何伦健，校对：董琤。

　　"部长"是指工业部部长，或者为本法目的由加拿大王室枢密院总督任命为部长的该枢密院其他这类成员；

　　"专利"是指发明专利；

　　"专利权人"是指在专利保护期限内有权获得专利利益的人；

　　"在先权利人"包括被加拿大专利申请人通过其要求获得加拿大专利权的任何人；

　　"规定的"是指由枢密院总督发布的规则或者条例规定的，涉及费用时包括以规定的方式确定的费用；

　　"规定费用"［已废止］；

　　"优先权日"［已废止］；

　　"细则"和"条例"包括细则、条例和表格；

　　"优先权要求"是指依据第 28.4 条提出的请求；

　　"商业规模的实施"［已废止］。

女王陛下

对女王陛下有约束力

　　2.1 本法以加拿大或者省的名义对女王陛下具有约束力。

专利局和专利局官员

专利局

　　3. 专利局隶属于工业部或者枢密院总督确定的加拿大政府的其他此类部门。

专利局局长

　　4.（1）专利局局长由枢密院总督任命，受部长领导，行使和履行由本法或者依照本法授予该官员的职权和赋予该官员的职责。

专利局局长的职责

　　（2）专利局局长负责接收所有的专利申请、费用、证件、文件和样品；负责执行或者完成对于授予和颁发发明专利而言必需的任何行为或者事情；负责管理和保管属于专利局的工作簿、档案、证件、样品、设备以及属于专利局的其他物品；专利局局长享有为本法目的、根据质询法授予或者可以授予的根据该法第二部分任命的局长的其他任何权力。

专利局局长的任期和薪酬

（3）专利局局长属于终身职位，年薪由枢密院总督确定支付。

授权

（4）除本款授予的权力外，专利局局长经与部长协商，可以授权其认为合格的任何人行使其本法规定的任何职权、职务和职责。

上诉

（5）对第（4）款规定的被授权之人根据本法作出的任何决定可以上诉，上诉的方式和条件与对专利局局长根据本法作出的决定上诉的方式和条件相同。

专利局局长助理

5.（1）专利局局长助理应当按照法律规定的方式任命，并应是在专利局行政管理方面经验丰富的技术官员。

局长空缺或者不能履行职责

（2）局长空缺或者不能履行职责的，局长助理可以行使局长的职权和履行局长的职责；局长和局长助理同时空缺或者不能履行职责的，由部长指定的另一名官员行使局长的职权和履行局长的职责。

职员

6.通过法律规定的方式可以任命主审员、审查员、副审查员和助理审查员、职员、速记员以及为执行本法所必需的其他辅助人员。

专利局官员不得进行专利交易

7.（1）专利局官员或者雇员不得购买、销售、获取或者交换任何发明、专利、专利权或者其中的任何利益；专利局官员或者雇员购买、销售、获取或者交换任何发明、专利、专利权或者其中的任何利益的，该行为无效。

（2）第（1）款的规定不适用于原始发明者进行的销售，也不适用于根据死者的最后遗愿或者未留遗嘱继承而获得的情形。

笔误

8. 专利局记录的任何文件中的笔误不得导致该文件无效，但是经专利局局长批准可以予以更正。

文件、资料或者费用的电子形式或者其他形式提交

8.1（1）除条例另有规定外，根据本法规定或者要求向专利局局长提交任何文件、资料或者缴纳费用的，可以采用电子形式或者局长指定的其他任何方式。

收到时间

（2）为本法目的，按照第（1）款的规定提交的任何文件、资料或者缴纳的费用视为由局长在条例规定的时间收到。

电子或者其他形式文件或者资料的保存

8.2 根据条例的规定，专利局局长根据本法收到的任何电子或者其他形式的文件或者资料可以输入或者记录于信息存储装置，包括能够在合理的时间内清楚地复制存储的文件或者资料的任何机械或者电子的数据处理系统。

专利证书损毁或者遗失

9. 专利证书损毁或者遗失的，可以在缴纳规定的费用后颁发经核准的专利证书副本代替专利证书。

公众查阅

10.（1）除了第（2）至第（6）款和第 20 条规定的情形外，所有专利、专利申请及其相关文件都应当在规定的条件下置于专利局供公众查阅。

保密期限

（2）在 18 个月的保密期限届满之前，非经申请人同意，专利申请及其相关文件不得供公众查阅。

保密期限的起始日

（3）保密期限起始于专利申请日；提交了优先权请求的专利申请，其保密期限起始于作为优先权基础的在先正规申请的最早申请日。

撤回优先权请求

（4）优先权请求在规定日期或者在规定日期前被撤回的，为第（3）款之目的并且在请求被撤回这个意义上，优先权请求视为自始未提交。

撤回专利申请

（5）根据条例的规定在规定日期或者在规定日期前被撤回的专利申请不得供公众查阅。

规定日期

（6）第（4）或者第（5）款所述规定日期不得迟于保密期限届满日。

其他国家授权的专利

11. 尽管有第 10 条规定的例外，任何人如果书面陈述了已在其他国家获得授权的专利的发明人姓名，以及，如果知道的，发明名称、专利号和授权日期，并且缴纳规定费用，专利局局长根据其书面请求，应当通知其同一发明的专利申请是否尚在加拿大的审查过程中。

细则和条例

细则和条例

12.（1）枢密院总督可以针对下列事项制定细则或者条例：

（a）有关专利申请的形式和内容；

（b）有关专利登记簿的形式及其索引；

（c）有关专利转让、继承、放弃、判决或者其他与专利相关的任何文件的登记；

（d）有关依照本法颁发的任何证书的形式和内容；

（e）有关提交专利申请或者进行依照本法或者根据本法制定的细则或者条例规定的其他程序可以收取的费用或者确定费用的方式，或者有关由专利局长或者专利局雇用的任何人提供的任何服务费或者设施使用费；

（f）有关专利申请维持费或者专利费或者其确定方式；

（g）有关任何费用缴纳时间和缴纳方式，有关逾期缴纳上述费用的滞纳金，以及已缴纳费用全部或者部分返还的情形；

（h）有关加拿大和其他任何国家之间的条约、公约、安排或者约定的执行；

（i）无论本法有何规定，规定 1970 年 6 月 19 日在华盛顿签署的《专利合作条约》的执行，包括加拿大参加的该条约的任何修正、变更和修订；

（j）有关专利代理人或者专利代理机构姓名或者名称的注册、维持和撤销的规定，包括专利代理人或者专利代理机构注册前和维持专利代理人或者专利代理机构注册必须具备的资格和满足的条件；

（j1）有关依照第 8.1 条的规定提交文件、资料或者缴纳费用，包括：

（i）依照该条的规定可以以电子或者其他形式提交的文件、资料或者缴纳的费用，

（ii）提交人或者缴纳人，以及

（iii）被视为局长收到该文件、资料或者费用的时间；

（j2）有关依照第 8.2 条规定的任何文件或者资料的输入或者记录；

（j3）有关撤回专利申请的方式，以及为第 10（4）和（5）款规定之目的，撤回优先权要求或者专利申请的期限或者方式；

（j4）有关要求优先权的规定，包括：

（i）要求优先权的期限，

（ii）将第 28.4（2）款所述事项通知专利局长的方式和期限，

（iii）支持优先权要求必须提交的文件，

（iv）优先权要求的撤回；

（j5）有关依照第 35（1）款必须提交审查请求和缴纳规定费用的期限；

（j6）有关为第 38.1 条目的保藏生物材料的规定；

（j7）有关对作为专利申请一部分的说明书或者其附图进行修改的方式的规定；

（j8）在专利局长认为适当的情况下，授权专利局长延长根据本法确定的任何期限；

（k）规定根据本法应当规定的其他任何事项；以及

（l）为实现本法的目标和达到本法的目的，或者为确保专利局局长、其他官员和雇员正当的行政管理的任何事项。

效力

（2）由枢密院总督制定的任何细则或者条例与在此制定的法律具有同样的法律效力。

印　章

专利局印章

13.（1）专利局局长应当为本法目的制备印章，并可以在由专利局颁发的专利证书、其他证书和副本上加盖印章。

作为证据的印章

（2）每一个法院、法官或者其他人应当注意到专利局印章，承认其印章戳记与国玺戳记一样为法律上的证据，并且注意到和承认，所有以专利局印章证明的复制件或者其摘录件为该局保存的文件的复制件或者摘录件，不需要进一步的证据证明，也不需要出示原件。

专利证据

作为证据的经证明的专利证书副本

14. 在根据本法在加拿大发生或者进行的有关已授权专利的

任何诉讼或者程序中，在其他任何国家已授权的任何专利证书副本或者与其相关的任何官方文件，声称已经该国政府适当官员的证明表明该专利已被授权的，可以在法院或者法官面前出示；该声称已经证明的专利证书或者文件副本可以承认为法律上的证据，不需要出示原件，也不需要出示签署该文件的人的签名或者官方印章。

专利代理

专利代理人登记簿

15. 专利代理人登记簿应当保存于专利局，用于记录所有有资格代表申请人在专利局进行专利申请或者其他业务的个人和公司的姓名或者名称。

违规行为

16. 任何人因有重大违规行为或者其他充分的理由，专利局局长可以拒绝其在所有案件或者任何具体案件中作为专利代理人或者专利律师。

上　诉

上诉程序

17. 所有对专利局局长的决定不服而依照本法向联邦法院提起的上诉案件，应当依照联邦法院法、法院的规则和程序提起和进行。

上诉通知

18. （1）依照本法对专利局局长的决定不服可以向联邦法院提起上诉的，专利局局长应当将该决定以挂号信件的形式通知利害关系人或者其各自的代理人。

进行上诉的时间

（2）上诉应当在邮寄第（1）款规定的通知之日起 3 个月内

提起，本法另有规定的除外。

政府使用专利

政府使用专利

19（1）除第 19.1 条另有规定，专利局局长根据加拿大政府或者某省政府的申请可以授权由政府使用专利发明。

实施条件

（2）除第 19.1 条另有规定，专利局局长可以为其认为合理的目的、合适的期限和条件授权使用发明专利，其中使用条件应当按照下列原则确定：

（a）使用的范围和期限应当限于授权使用的目的；

（b）授权使用应当是非独占的；并且

（c）授权的任何使用应当主要用于供应国内市场。

通知

（3）专利局局长应当将根据本条规定对专利发明的任何授权使用通知专利权人。

报酬的支付

（4）凡授权使用专利发明的，被授权使用人应当向专利权人支付适当的使用费。使用费的数额由专利局局长在考虑到授权的经济价值后根据情况确定。

授权的终止

（5）根据专利权人的申请并且给予所有当事人听证的机会后，如果专利局局长认为导致同意授权使用的情形已不存在并且不太可能再发生，其可以终止授权，但是专利局局长认为为保护被授权使用人的合法利益不适宜终止授权的除外。

授权不得转让

（6）根据本条给予的授权不得转让。

授权使用的条件

19.1（1）专利局局长不得根据第 19 条的规定授权使用专利

发明，除非申请人有证据证实：

（a）申请人以合理的商业条件为获得专利权人许可使用其专利发明已经作了努力；并且

（b）经过努力在合理期限内仍未能获得许可。

例外

（2）第（1）款不适用于国家出现紧急状况或者极端紧急事件或者授权使用为非商业性的公共事务使用的情形。

规定的使用

（3）专利局局长不得根据第 19 条的规定授权任何使用，除非申请使用者符合规定的条件。

半导体技术的使用限制

（4）专利局局长不得根据第 19 条的规定授权任何半导体技术的使用，但是为公共利益目的的非商业性使用除外。

上诉

19.2 对专利局局长根据第 19 条或者第 19.1 条的规定作出的任何决定不服的，可以向联邦法院上诉。

条例

19.3（1）枢密院总督可以为实施《协议》第 1720 条与专利有关的规定而制定条例。

"《协议》"的定义

（2）第（1）款中所述的《协议》具有与《北美自由贸易协议实施法》第 2（1）款中的"协议"相同的含义。

政府拥有的专利

向国防部长转让

20.（1）任何王室的或者王室服务机构或者代理机构的政府官员、公务员或者雇员，在履行职责和完成工作过程中发明的军事器械或者军需品，如果国防部长要求，该发明所带来的所有利益和就该发明取得的或者即将取得的任何专利权应当转让给代表女王陛下的国防部长。

同上

（2）第（1）款规定人员之外的任何人完成了该款规定的发明的，该发明所带来的利益和就该发明取得的或者即将取得的专利权可以转让给代表女王陛下的国防部长。

发明人获得补偿的权利

（3）发明人根据第（2）款的规定向国防部长转让发明的，有权获得补偿。如果转让补偿数额不能达成一致的，由专利局局长决定。对该决定不服的，可以向联邦法院上诉。

联邦法院的诉讼程序

（4）第（3）款规定的联邦法院的诉讼程序应当根据任何一方当事人向法院提出的请求不公开进行。

基于转让的权利归属

（5）根据本法向国防部长进行转让的，该发明和专利的利益归属于代表女王陛下的国防部长，其中为保守发明秘密或者其他目的而订立的该转让中所有合同和协议合法有效，不管是否存在其他任何重要考虑事项，都可以由国防部长予以执行。

转让人和知情人

（6）根据本法向国防部长进行转让的任何人对于为保守发明秘密或者为与该发明有关的所有其他事项而订立的该转让中的任何合同和协议，其他任何知晓该转让以及知晓该合同和协议的任何人，为信息安全法之目的，应当视为持有或者控制保密信息之人。该信息由女王陛下委任的任何人委托其进行保密。前面所述人员将上述信息向其他任何人泄漏的，属于违反《信息安全法》第4条规定的行为。获悉该信息之人已经国防部长授权或者是代表国防部长的除外。

国防部长可以提交专利申请

（7）根据本法向国防部长转让发明的任何协议达成后，国防部长可以就该发明向专利局长提交专利申请，同时提交对其专利性进行审查的请求。如果该申请是可授权的，国防部长应当在授予专利前向专利局局长书面证明：为公共利益考虑，发明的具体内容和实施方式应当予以保密。

保密申请

（8）国防部长按照第（7）款的规定进行书面证明的，该专利申请和说明书及其附图（如果有），包括该申请的任何修改文本，以及上述文件和附图的任何复印件和依此授予的专利证书，均应当由专利局局长置于经国防部长批准的密封袋内。

保密申请的保管

（9）第（8）款规定的密封袋应当由专利局局长密封保存，直至该发明专利有效期届满为止，非经国防部长的批准不得开启。

保密申请的送交

（10）第（8）款规定的密封袋应当在专利有效期内的任何时候送交国防部长授权的人，如果需要返回专利局局长，应由该人密封。

送交国防部长

（11）专利保护期届满时，第（8）款规定的密封袋应当送交国防部长。

撤销

（12）非经国防部长批准，申诉或者其他任何程序不得宣告国防部长根据第（7）款作出书面证明的已授权发明专利无效。

禁止公布和查阅

（13）本条规定必须置于密封袋的有关一项发明和专利的任何说明文件或者其他文件或者附图，不得以任何方式出版或者供公众查阅，但除本条另有规定之外，本法的其他规定应当适用于该发明和专利。

国防部长放弃权利

（14）国防部长可以在任何时候放弃本条赋予的对任何特定发明的权益，相关的说明书、文件和附图应当随后按照普通方式保存和处理。

权利保护

（15）针对在本条规定的专利保密期间发生的善意侵权行为的侵权指控不应当得到支持。在专利公布之前已经善意进行非因本款将产生侵权责任的行为的人，在专利公告后，有权获得制造、使用和销售专利发明的许可。许可的条件由双方当事人协商，协商不成由专利局长决定。对专利局局长的决定不服的，可以向联邦法院上诉，由法院决定许可的条件。

对国防部长的信息传递

（16）将对军需品的改进的任何发明传送给国防部长或者其授权的任何人，以便调查该发明或者其优点的，以及为调查目的所进行的任何行为，均不应视为影响专利权的授予或者有效性的对该发明的使用或者公开。

命令对未转让的申请进行保密

（17）如果枢密院总督认为，根据未转让给国防部长的专利申请的详细描述，该有关军事器械或者物品的发明对于加拿大的国防极为重要，为了维护国家安全必须禁止专利公开的，可以命令将该发明和专利申请及与其相关的所有文件根据本条的规定处理。该发明视为已经或者同意转让给国防部长。

细则

（18）枢密院总督可以为有关适用本条的专利申请和专利的保密目的制定细则，以便使其目的和宗旨得到实现。

加拿大政府与其他政府之间的协议

21. 根据加拿大政府与任何其他政府之间的协议，加拿大政府将第20条的规定适用于由发明人在专利申请中记载的、转让或者同意转让给该其他政府的发明，并且王室大臣通知专利局局长该协议延及指定申请中的发明的，专利申请文件和与其相关的所有文件应当按照第20条的规定进行处理，第（3）款和第（4）款的规定除外，该发明视为已经转让给或者已经同意转让给国防部长。

为解决公共健康问题的以国际
人道主义目的使用专利

本章的立法目的

21.01 第 21.02 条至 21.2 条的目的在于落实加拿大与让克雷蒂安对非洲作出的誓约，通过提供获取药品的便利，以解决许多发展中国家和最不发达国家正在遭受的公共健康问题，尤其是由艾滋病、肺结核、疟疾以及其他流行性疾病造成产生的公共健康问题。

定义

21.02 本条中的下列定义适用于第 21.02 条至第 21.19 条：

"授权"是指根据第 21.04 条第（1）款的规定授予的权限，包括根据第 21.12 条第（1）款的规定重新恢复予以延长的权限。

"总理事会"是指根据 1994 年 4 月 15 日签署于马拉喀什的《建立世界贸易组织协定》第 4 条第 2 段的规定建立的 WTO 的总理事会。

"总理事会决议"是指 2003 年 8 月 30 日有关 TRIPS 协议第 31 条的总理事会决议，包括当日总理事会主席声明中对该决议的解释部分。

"专利产品"是指未经专利权人同意在加拿大制造、建造、使用或者销售将侵犯专利权的产品。

"药品"是指列于附表 1 中的任何专利产品，该附表中规定了有关该产品的剂型、剂量浓度和给药途径。

"TRIPS 协议"是指《与贸易有关的知识产权协议》，即 1994 年 4 月 15 日签署于马拉喀什的《建立世界贸易组织协定》的附件 1C。

"TRIPS 理事会"是指 TRIPS 协议所述的理事会。

"WTO"是指根据 1994 年 4 月 15 日签署于马拉喀什的《建立世界贸易组织协定》第 1 条的规定建立的世界贸易组织。

修订附表

21.03（1）枢密院总督可以通过命令：

（a）根据部长和卫生部长的建议以下列方式修订附表 1❶：

（i）增加可用于解决许多发展中国家和最不发达国家正在遭受的公共健康问题的专利产品名称，尤其是由艾滋病、肺结核、疟疾以及其他流行性疾病产生造成的公共健康问题，以及在枢密院总督认为合适时增加专利产品的剂型、浓度剂量和给药途径或者其中一项或者多项，

（ii）删除附表中的任何记录；

（b）根据外交事务部长、国际贸易部长和国际合作部长的建议，通过增加被联合国认定为最不发达国家的名称对附表 2 进行修订：

（i）如果该国属于 WTO 成员，已经按照总理事会决议的规定向 TRIPS 理事会提交表明其想要进口该决议第 1（a）段所述药品的书面通知；

（ii）如果该国不属于 WTO 成员，已经通过外交途径向加拿大政府提交表明其想要进口总理事会决议第 1（a）段所述药品的书面通知，并且其同意这些药品不会被用于商业目的，并保证采取该决议第 4 条所述的措施。

（c）根据外交事务部长、国际贸易部长和国际合作部长的建议，通过增加未列于附表 2❷ 中的 WTO 成员名称对附表 2 进行修订，该 WTO 成员已经按照总理事会决议的规定向 TRIPS 理事会提交表明其想要进口该决议第 1（a）段所述的药品的书面通知；

（d）根据外交事务部长、国际贸易部长和国际合作部长的建议，通过增加下列名称对附表 4 进行修订：

（i）未列于附表 2 或者附表 3 中的任何 WTO 成员，该

---

❶❷　参见 http://laws-lois.justice.gc.ca/eng/acts/p-4/Full Text.html.

WTO 成员已经按照总理事会决议的规定向 TRIPS 理事会提交表明其想要进口该决议第 1（a）段所述的药品的书面通知，或者

（ii）不属于 WTO 成员的任何国家，该国属于经济合作与发展组织的国家名单上指定的有资格获得官方发展援助的国家，并且已经通过外交途径向加拿大政府提交了书面通知：

（A）表明其正面临国家紧急事件或者其他极端紧急的情况，

（B）详细说明该国解决紧急事件或者其他紧急情况所需总理事会决议第 1（a）段所述药品的名称、数量，

（C）表明其没有或者缺乏生产该药品的制药能力，并且

（D）表明其同意该药品不会被用于商业目的，并保证采取总理事会决议第 4 条所述的措施。

对附表 3 的限制

（2）任何只有在 WTO 成员向 TRIPS 理事会通报，仅在面临国家紧急事件或者其他极端紧急情况时才其需要按照总理事会决议的规定进口该决议第 1（a）段所述药品的，枢密院总督不得将该 WTO 成员的名称加入附表 3 中。

从附表 2 至附表 4 中删除名称

（3）根据外交事务部长、国际贸易部长和国际合作部长的建议，枢密院总督可以在下列情形下通过命令删除附表 2 至附表 4 中的国家或者 WTO 成员名称，如果：

（a）列于附表 2 中的该国或者该 WTO 成员不再属于联合国认定的最不发达国家，或者不属于 WTO 成员的该国已经允许根据授权进口至该国的任何产品被用于商业目的或者其未能采取总理事会决议第 4 条规定的措施；

（b）列于附表 3 中的 WTO 成员已经向 TRIPS 理事会通报，只有其在面临国家紧急事件或者其他极端紧急情况时才按照总理事会决议的规定进口该决议第 1（a）段所述药品；

（c）列于附表 4 中的该 WTO 成员已经向 TRIPS 理事会撤销仅其在面临国家紧急事件或者其他极端紧急情况时才按照总理事会决议的规定进口该决议第 1（a）段所述药品的通报；

（d）列于附表 4 中的国家不属于 WTO 成员的：

（i）该国家名称不再列于有资格接受官方发展援助的经济合作与发展组织的国家名单上；

（ii）该国不再面临国家紧急事件或者其他极端紧急情况；

（iii）该国已经允许根据授权进口至该国的任何产品被用于商业目的，或者

（iv）该国未能采取总理事会决议第 4 条规定的措施。

（e）列于附表 3 或者附表 4 中的任何国家或者 WTO 成员，已经被联合国认定为最不发达国家；以及

（f）列于附表 2 至附表 4 中的任何国家或者 WTO 成员，已经通知加拿大政府或者 TRIPS 理事会，其不会再进口总理事会决议第 1（a）段所述的药品。

命令的及时性

（4）本条规定的命令应当及时作出。

授权

21.04（1）在符合第（3）款规定的情况下，局长应当根据任何人的申请及其缴纳的规定费用，授权其仅为与生产申请中指定药品直接相关之目的制造、建造和使用专利发明并将该药品出口至列于附表 2 至附表 4 中的、其申请指定的国家或者 WTO 成员境内。

申请的内容

（2）申请应当以规定的形式提出，并写明：

（a）根据授权制造并出口的药品名称；

（b）说明有关根据授权制造并出口的药品样式的相关规定信息；

（c）根据授权制造并出口的药品的最大数量；

（d）申请涉及的每一项专利发明的专利权人姓名或者名称、专利局登记的有关该发明的专利号；

（e）该药品将出口的国家或者 WTO 成员名称；

（f）药品售予的政府人员或者机构的名称，或者进口国政府

授权的人员或者机构的名称，以及有关该人员或者机构的信息；以及

(g) 规定的其他任何信息。

授权条件

(3) 符合下列所有条件的，专利局局长应当授权申请人使用专利发明：

(a) 申请人已经符合规定的条件；

(b) 卫生部部长已经通报专利局长，申请中指定的药品的样式符合食品药品法及其细则的规定，包括细则中有关产品的标记、装饰、标签和包装的规定，表明该产品：

(i) 是经符合总理事会决议允许在加拿大生产的，并且上述细则的下位法中有关用于将该产品区别于已经在加拿大生产出来的产品样式的标记、装饰、标签和包装，

(ii) 以某种方式将该产品区别于经专利权人同意在加拿大销售的药品的样式生产的规定。

(c) 申请人以规定形式向专利局长提交正式声明或者法定声明一份，表明其在提交申请之前的至少 30 天：

(i) 已经通过保证邮件或者挂号邮件以合理条件和付款方式请求专利权人（有多个专利权人的，向每一个专利权人）给予生产、销售该药品以出口至申请书中指定的国家或者 WTO 成员境内的许可，但是未能获得成功，并且

(ii) 已经在通过保证邮件或者挂号邮件递交的书面许可请求中向专利权人（有多个专利权人的，向每一个专利权人）提供了与第 (2)(a) 段至第 (2)(g) 段规定的信息相同的所有的重要信息；并且

(d) 申请人向专利局长提供了下列材料：

(i) 申请涉及附表 2 中所列的 WTO 成员的，该 WTO 成员向 TRIPS 理事会提交的书面通知的经核准过的副本一份，该书面通知注明该成员所需要的、总理事会决议第 1(a) 段所述药品的名称和该成员所需的数量；

（A）提交申请之人以规定形式作出的正式声明或者法定声明一份，表明申请涉及的产品是上述通知中指定的产品，并且该产品在该 WTO 成员未获得专利保护，或者

（B）提交申请之人以规定形式作出的正式声明或者法定声明一份（表明申请涉及的产品是上述通知中指定的产品）和该 WTO 成员向 TRIPS 理事会提交的书面通知及其的经核准过的副本一份，该书面通知中指定的产品，所述的通知确认该 WTO 成员证实该成员已经根据 TRIPS 协议第 31 条的规定和总理事会决议的规定颁发或者将要颁发实施应用于该产品的发明的强制许可，

（ii）申请涉及附表 2 中所列的非 WTO 成员国家的，该国通过外交途径向加拿大政府提交的书面通知的经核准过的副本一份，该书面通知详细说明该国所需要的、总理事会决议第 1（a）段所述药品的名称和该国所需的数量：

（A）提交申请之人以规定形式作出的一份正式声明或者法定声明，表明申请涉及的产品是上述通知中指定的产品，并且该产品在该国未获得专利，或者

（B）提交申请之人以规定形式作出的一份正式声明或者法定声明（表明申请涉及的产品是上述通知中指定的产品）和该国通过外交途径向加拿大政府提交的书面通知及其的经核准过的副本一份中指定的产品，该书面通知证实确认该成员颁发或者将要颁发实施应用于该产品的发明的强制许可。

（iii）申请涉及附表 3 中所列的 WTO 成员的，该 WTO 成员向 TRIPS 理事会提交的书面通知的经核准过的副本一份，该书面通知注明该成员所需要的、总理事会决议第 1（a）段所述药品名称和该成员所需数量，以及表明该 WTO 成员没有或者缺乏生产申请涉及的产品的制造制药能力：

（A）提交申请之人以规定形式作出的正式声明或者法定声明一份，表明申请涉及的产品未在该 WTO 成员未获得专利，或者

（B）该 WTO 成员向 TRIPS 理事会提交的书面通知的经核准过的副本一份，该书面通知证实确认该成员已经根据 TRIPS 协议第 31 条的规定和总理事会决议的规定已颁发或者将要颁发实施应用于该产品的发明的强制许可，或者

（iv）申请涉及附表 4 中所列的 WTO 成员的，该 WTO 成员向 TRIPS 理事会提交的书面通知的、经核准过的副本一份，该书面通知注明该成员所需要的总理事会决议第 1（a）段所述药品的名称和该成员所需的数量，并表明该 WTO 成员正面临国家紧急事件或者其他极端紧急情况以及且该 WTO 成员没有或者缺乏生产申请涉及的产品的制药造能力：

（A）提交申请之人以规定形式作出的正式声明或者法定声明一份，表明申请涉及的产品未在该 WTO 成员未获得专利，或者

（B）该 WTO 成员向 TRIPS 理事会提交的书面通知的经核准过的副本一份，该书面通知证实确认该成员已经根据 TRIPS 协议第 31 条的规定和总理事会决议的规定已颁发或者将要颁发实施应用于该产品的发明的强制许可，或者

（v）申请涉及附表 4 中所列的非 WTO 成员的国家的，该国通过外交途径向加拿大政府提交的书面通知的经核准过的副本一份，该书面通知详细说明了注明该国所需要的、总理事会决议第 1（a）段所述药品的名称和该国所需的数量，并表明该国正面临国家紧急事件或者其他极端紧急情况，并且该 WTO 成员国没有或者缺乏生产申请涉及的产品的制造药能力，同意该产品不会被用于商业目的，以及保证采取总理事会决议第 4 条规定的措施：

（A）提交申请之人以规定形式作出的正式声明或者法定声明一份，表明申请涉及的产品在该国未获得专利，或者

（B）该国通过外交途径向加拿大政府提交的书面通知的经过核准的副本一份，该书面通知证实确认该已颁发或者将要颁发实施应用于该产品的发明的强制许可。

授权书的表格和内容

21.05（1）授权书应当使用规定的表格，并且符合第（2）

款的规定，包含规定的内容。

数量

（2）授权生产产品的数量不得大于以下二者中的较小者：

（a）授权申请书中注明的最大数量，和

（b）第 21.04（3）（d）（i）小段至第 21.04（3）（d）（v）小段中的任一小段中规定的通知中注明的数量。

在网站上公开信息

21.06（1）在将授权生产的产品出口之前，被授权人应当建立一个网站，用于公布有关产品的名称、进口该产品的国家或者 WTO 成员的名称、为出口目的授权生产和销售的数量以及根据食品药品法制定的细则所规定的该产品的特征、产品标签和包装的特征以及已知用于确定在该产品在从加拿大运输至进口国或者 WTO 成员的过程中将要负责装卸转运该产品的、已经知晓的每一方当事人人员、机构的信息。

维护网站的义务

（2）被授权人应当在整个授权有效期间维护好网站。

与其他网站的链接

（3）专利局长应当在加拿大知识产权局网站上设置并维护与第（1）款中被授权人应予维护的每一个网站的链接。

在网站上发布授权申请

（4）专利局局长应当在收到第 21.04（1）款规定的每一项授权申请后的 7 日内，将该授权申请发布于加拿大知识产权局网站上。

出口通知

21.07 根据授权生产的任何数量的产品在每次装船之前，被授权人应当在该产品出口前 15 日内以保证邮件或者挂号邮件的方式，将出口的数量以及该产品从加拿大运输至进口国或者 WTO 成员的过程中将要负责装卸转运该产品的人员、机构通知下列各方：

（a）专利权人（有多个专利权人的，通知每一个专利权人）；

(b) 授权书中指定的国家或者 WTO 成员；

(c) 购买该授权出口所涉及的产品的人员或者机构。

专利权使用费

21.08（1）除第（3）款和第（4）款另有规定，在符合第（3）款和第（4）款的情形下，发生规定事件的情况下，被授权人应当根据情况应向专利权人（有多个专利权人的，向每一个专利权人）支付以规定的方式确定的专利权使用费。

制定细则时考虑的因素

（2）为第（1）款之目的制定细则时，枢密院总督应当考虑蕴含在颁发第 21.04（1）款规定的授权中的人道主义的和非商业性的理由。

支付期限

（3）根据本条规定应付的专利权使用费应当在规定期限内支付。

联邦法院可以确定专利权使用费

（4）对于任何授权，联邦法院可以发布命令，要求被授权人支付比第（1）款规定的应付使用费更高的专利权使用费。

申请和通知

（5）只有在专利权人或者多个专利权人中的一个专利权人，根据具体情况而定，提出申请并且已经将申请的情况通知被授权人的情况下，联邦法院才可以发布上述命令。

命令的内容

（6）命令可以规定专利权使用费的固定数额或者按照命令的规定确定的专利权使用费，并且该命令可以附加联邦法院认为适当的任何条件。

发布命令的条件

（7）联邦法院只有在考虑到以下因素之后，认为另行确定的应当支付的其他专利权使用费不足以回报被授权发明的使用的情况下，才可以发布命令：

（a）蕴含在颁发授权中的人道主义的和非商业性的理由；和

（b）使用发明对该国或者 WTO 成员产生的经济价值。

授权的期限

21.09 根据第 21.04（1）款颁发的授权的有效期为自授权之日起 2 年。

非独占使用

21.1 专利发明的授权使用是非独占性的。

授权不得转让

21.11 授权不得转让，但是该授权作为公司或者企业的配套资产，与使用该授权的部分一并出售、转让或者以其他方式移转的除外。

延长授权

21.12（1）在被授权人提出申请并缴纳规定费用后，如果其在申请中宣誓证明申请中所述数量的授权出口的药品未在授权失效之前如数出口，并且其符合授权的条件和第 21.06 条至第 21.08 条规定的要求的，局长应当决定对其授权予以延长。

延长的次数

（2）授权只能延长一次。

提出延长申请的时间

（3）延长申请应当在授权失效之前的 30 日内提出。

延长期限

（4）延长授权的有效期为第 21.09 条规定的有关授权期限届满之次日开始的 2 年。

规定形式

（5）延长申请书和根据第（1）款颁发的延长授权书应当符合规定的形式。

授权的终止失效

21.13 除符合第 21.14 条另有规定的情形的，授权在下列期限最早时间之前失效：

（a）第 21.09 条规定的有关授权期限届满时，或者第 21.12

（4）款规定的延长授权期限届满时，根据具体情况而定；

（b）如果卫生部部长向局长通报，卫生部长认为第其认为第21.04（3）（b）段所述药品不再符合食品药品法及其实施细则规定条件的，局长以挂号邮件形式向被授权人送达该通报副本之日；

（c）最后一部分授权生产和出口的药品事实上已经出口之日；

（d）以下日期后的 30 日：

（i）授权出口的药品名称从附表 1 中删除之日，或者

（ii）进口或者将要进口药品的国家或者 WTO 成员的名称根据情况从附表 2、附表 3 或者附表 4 中被删除并且未加入其他上述任何表格之日；以及

（e）规定的其他任何日期。

由联邦法院终止授权

21.14 根据专利权人申请，并且专利权人已经通知被授权人，如果专利权人证明存在以下情形的，联邦法院可以发布命令，以其认为适当的任何条件终止该授权：

（a）授权申请书或者向局长提交的任何有关申请的文件包含的重要信息是错误的；

（b）被授权人未能建立第 21.06 条规定的网站，或者未能在上述网站上公布上述条文规定的信息，或者未能维护好上述网站；

（c）被授权人未能发出第 21.07 条规定的通知；

（d）被授权人未能在规定期限内支付任何因授权产生的专利权使用费；

（e）被授权人未能遵守第 21.16（2）款的规定；

（f）将根据授权生产并出口至该国家或者 WTO 成员的产品以违反总理事会决议的方式再出口，并且被授权人知道的；

（g）产品被出口至并非授权指定的国家或者 WTO 成员的，正常运输期间通过的除外；

（h）出口产品的数量大于授权生产的产品数量；或者

（i）产品出口至非 WTO 成员的国家，而该国允许该产品被用于商业目的或者未能采取总理事会决议第 4 条规定的措施的。

通知专利权人

21.15 局长应当以书面形式及时通知专利权人其发明已经被授权使用，有多个专利权人的，应当通知每一个专利权人。

提交协议副本的义务

21.16（1）自授权之日或者与授权相关的产品销售协议签订之日起 15 日内，以在后日期为准，被授权人应当通过保证邮件或者挂号邮件向局长和专利权人（有多个专利权人的，向每一个专利权人）提交下列材料：

（a）被授权人与第 21.04（2）（f）段所述的、负责供应授权生产和销售之产品的人员或者机构之间已经达成的协议的副本，该协议应当附以在所有重要方面与第 21.04（2）（a）段、（b）段、（e）段和（f）段所述信息相同的信息；和

（b）正式声明或者法定声明一份，以规定的形式注明：

（i）与授权生产和销售的产品相关的协议的总货币价值，以加拿大货币计算，和

（ii）根据该协议条款销售的产品单元的数量。

禁止

（2）在被授权人履行第（1）款规定的义务之前，其不得出口任何授权生产的产品。

有关商业性协议的救济

21.17（1）如果根据授权生产的产品的平均价格等于或者大于经专利权人同意销售的同等产品在加拿大的平均价格的 25％，则专利权人可以销售该产品的该协议实质上是商业性的为由，向联邦法院申请发布第（3）款所述的命令，但是应当通知被授权人。

是否属于商业性协议的认定因素

（2）在认定该协议是否属于商业性协议时，联邦法院应当

考虑：

（a）被授权人获得合理回报、足以维持其继续积极参与人道主义活动所需的必要性合理回报；

（b）涉及总理事会决议第 1（a）段所述药品的商业性协议在加拿大的通常收益水平；以及

（c）联合国报道的为人道主义目的供应这种产品的价格的国际趋势。

命令

（3）如果联邦法院认定该协议实质上是商业性的，其可以发布命令，以其认为适当的任何条件：

（a）终止该授权；或者

（b）要求被授权人除支付必需支付的专利权使用费之外，另行支付联邦法院认为适当数量的费用，以补偿专利权人因该专利的商业性使用而产生的损失。

附加命令

（4）如果联邦法院命令终止授权的情况下，如果其认为适当的，也还可以发布命令，以其认为适当的任何条件：

（a）要求被授权人向专利权人交付其拥有的、与授权相关的任何产品，正如就像被授权人已经被认定为构成侵犯专利权一样；或者

（b）经专利权人同意，要求被授权人将其拥有的与授权相关的任何产品出口至授权书中指定的国家或者 WTO 成员。

限制

（5）处于该法院发布的机密性命令的保护之下，如果被授权人服从法院监督的审计，并且经审计确定根据授权生产的产品的平均价格未超过该产品直接供应成本的 115％，则联邦法院不得发布第（3）款所述的命令。

定义

（6）本条中使用下列定义：

"平均价格"：

（a）对于根据授权生产的产品而言，是指根据协议销售的产品的货币价值总值，以加拿大货币计算，除以根据协议条款销售的产品单元的数量所得的价格，和

（b）对于经专利权人同意销售的等价产品而言，是指该产品在加拿大的价格的平均值，即提交授权申请之日在规定出版物上报道的该产品价格的平均值。

"直接供应成本"，对于根据授权生产的产品而言，是指直接与该产品的生产数量相关的原材料、劳动力以及其他生产成本。

"单元"，对于任何产品而言，是指该产品的单一药片、胶囊或者其他个体剂型，如果有浓度，是指具有特定浓度的产品的单一药片、胶囊或者其他个体剂型。

咨询委员会

21.18（1）部长和卫生部部长应当在本条生效后3年内组建一个咨询委员会，由该委员会就部长和卫生部部长向枢密院总督提出的修订附表1的建议提供咨询意见。

常务委员会

（2）每届议会的常务委员会认为事件涉及国内产业的，应当对咨询委员会所有的候选委员进行评估并向部长和卫生部部长提出有关上述候选委员任职资格和条件的建议。

用于发布发给加拿大的通知的网站

21.19 枢密院总督为本条之目的任命的人员应当维护一个网站，用于发布第21.04（3）（d）（ii）项和第21.04（3）（d）（v）项所述的、非WTO成员的国家通过外交途径向加拿大政府提交的每一份通知的副本，通知提交给加拿大政府后，应当尽快将其副本上传至该网站。

审查

21.2（1）部长应当在本条规定生效后2年内完成对第21.01条至第21.19条及其适用申请的审查。

报表

（2）部长应当制备制定审查结果报表，并在报表制作完成后在议会开会的前 15 天提交给议会。

与核能有关的专利

向加拿大原子能安全委员会传递信息

22. 如果专利局局长认为发明专利申请与核能的生产、运用或者使用有关，在由依照第 6 条指定的审查员处理或者依照第 10 条提供公众查阅之前，应当由专利局长传送给加拿大原子能安全委员会。

一般规定

在任何国家的船舶、航空器等中的专利发明

23. 任何专利不得阻止临时或者偶然进入加拿大领域的任何国家的船舶、飞船、航空器或者陆上交通工具上使用任何发明，如果该发明只用于该船舶、飞船、航空器或者陆上交通工具自身的需要，并且不是用于将在加拿大境内销售或者从加拿大出口的任何货物的生产。

24. ［已废止］

法院诉讼费用

25. 在根据本法进行的所有诉讼中，专利局长应当支付的费用由法院决定，但是不得命令专利局局长支付任何其他当事人的费用。

年报

26. 专利局局长每年应当制作根据本法进行的工作的报告，呈交议会。

专利清单的公布

26.1（1）专利局局长每年至少应当公布一次当年授予的所有专利的清单。

文件的公布和出版

（2）专利局局长可以公布第 10 条规定的供公众查阅的任何文件，可以为发行或者销售而出版或者责成出版任何这类文件。

专利申请

专利局局长可以授予专利

27.（1）如果根据本法提交的加拿大专利申请符合本法规定的授予专利的所有其他条件，专利局局长应当授予发明人或者其法定代表人以专利权。

申请条件

（2）申请专利必须缴纳申请费，申请必须由发明人或者其法定代表人依照条例提交，并且专利申请必须包含请求书和说明文件。

说明文件

（3）发明的说明文件必须：

（a）正确、完整地描述发明内容及发明人预期的实施或者使用方式；

（b）以充分、清楚、简洁和准确的措词说明在建造、制造、组合或者使用机械、产品或者物质的组分的工艺或者方法中的各个步骤，以使所属技术领域或者与之极其相近领域的普通技术人员能够建造、制造、组合或者使用该发明；

（c）如果是设备发明，必须解释其机械原理和发明人预期的运用该原理的最佳模式；并且

（d）如果是方法发明，必须解释各个步骤的必要顺序，如果有的，以便将该发明区别于其他发明。

权利要求

（4）说明文件必须以一项或者多项权利要求结束，该权利要求以明晰的措词清楚限定要求独占权的发明主题。

发明主题的选择性定义

（5）为了更加确定，如果一项权利要求限定的发明主题是选择性的，为第 2 条、第 28.1 条和第 78.3 条之目的，对每一个选项应提出单独的权利要求。

专利申请的补正

（6）如果申请日提交的专利申请不完全符合第（2）款的规定，专利局局长应当通知申请人在通知书指定的日期前补正。

指定期限

（7）指定日期应在发出通知书至少 3 个月后且在提交申请12 个月之后。

不受专利保护的主题

（8）任何纯粹的科学原理或者抽象定理不得被授予专利权。

维持费

27.1（1）为维持申请的有效，专利申请人应当向专利局局长缴纳规定的有关该时期的费用。

（2）和（3）［已废止］

申请日

28.（1）加拿大专利申请的申请日为专利局长收到为本条之目的而规定的文件、资料和费用的日期。如果规定的文件、资料和费用是在不同日期收到的，以最后收到日为申请日。

视为费用收到日

（2）为本条之目的，如果专利局局长认为恰当，规定的费用可以视为在实际收到之日以前已经收到。

权利要求日

28.1（1）加拿大专利申请（下称"未决申请"）中权利要求的日期为专利申请日，除非：

（a）未决申请是由以下人员提交的：

（i）该申请人或者其专利代理人、法定代表人、在先权利人业已在或者向加拿大提交在先正规专利申请，且该正规申请公开了该未决申请权利要求限定的主题，或者

（ii）根据加拿大参加的有关专利的国际条约或者公约的规定有权获得专利保护之人，或者其专利代理人、法定代表人、在先权利人，业已在或者向根据条约、公约或者法律对加拿大国民的专利申请提供相似保护的任何其他国家提交在先正规专利申请，且该申请公开了该未决申请权利要求限定的主题；

（b）未决申请的申请日是在在先正规申请的申请日之后的12个月内；并且

（c）申请人已经以在先正规申请为基础提出优先权请求。

以在先正规申请为基础的权利要求

（2）在第（1）款（a）项至（c）项规定的情形下，权利要求日为在先正规申请的申请日。

权利要求的主题不得在先公开

28.2（1）加拿大专利申请（下称"未决申请"）权利要求限定的主题不得：

（a）在申请日起1年以前已由申请人或者由其他直接或者间接从申请人处知悉该主题的人，以公众可获得的方式在加拿大或者其他地方公开；

（b）在权利要求日前由（a）款规定之人以外的其他人以公众可获得的方式在加拿大或者其他地方公开；

（c）在他人提交的、其申请日早于未决申请的权利要求日的加拿大专利申请中公开；或者

（d）在他人提交的、其申请日为未决申请的权利要求日当天或者晚于该日的加拿大专利申请（下称"另一未决申请"）中公开，如果：

（i）该另一未决申请是由以下人员提交的：

（A）该申请人或者其专利代理人、法定代表人、前任权利

人业已在或者向加拿大提交在先正规专利申请，且该正规申请公开了该未决申请权利要求限定的主题，或者

（B）根据加拿大参加的有关专利的国际条约或者公约的规定有权获得专利保护之人，或者其专利代理人、法定代表人、前任权利人，业已在或者向根据条约、公约或者法律对加拿大国民的专利申请提供相似保护的任何其他国家，提交在先正规专利申请，且该申请公开了该未决申请权利要求限定的主题，

（ii）在先正规申请的申请日在未决申请权利要求日之前，

（iii）另一未决申请的申请日是在在先正规申请的申请日之后的 12 个月内，并且

（iv）对于另一未决申请，申请人已经以在先正规申请为基础提出优先权请求。

申请的撤回

（2）第（1）款（c）项所述的专利申请或者第（1）款（d）项所述的另一未决申请在供公众查阅之前撤回的，为本条之目的，视为自始未曾提交。

发明不得为显而易见的

28.3 加拿大专利申请中权利要求限定的主题必须是在权利要求日对于本领域普通技术人员而言，考虑到以下信息后属于非显而易见的：

（a）在申请日起一年以前已由申请人，或者由其他直接或者间接从申请人处知悉其内容的人，以可被公众获得的方式在加拿大或者其他地方公开的信息；

（b）在权利要求日前由（a）款规定之人以外的其他人，以可被公众获得的方式在加拿大或者其他地方公开的信息。

优先权请求

28.4（1）为第 28.1 条、第 28.2 条和第 78.3 条之目的，加拿大专利申请人可以一件或者多件在先正规申请为基础要求优先权。

提出优先权请求的条件

（2）优先权请求必须按照条例的规定提出，申请人必须告知专利局长作为优先权基础的每一在先正规申请的申请日、提交的受理国或者受理局和申请号。

优先权请求的撤回

（3）申请人可以按照条例的规定撤回基于全部或者一件或者多件在先正规申请的优先权请求。

多件在先正规申请

（4）如果在同一国家或者不同国家提交两件或者两件以上第28.1（1）条（a）项、第28.2（1）款（d）项（i）或者第78.3（1）条（a）项或者第78.3（2）条（a）项所述在先正规申请的，

（a）根据情况适用第28.1（1）（b）、第28.2（1）（d）（iii）或者第78.3（1）（b）或者（2）（b）时，以在先正规申请的最早申请日为准；并且

（b）根据情况适用第28.1（2）、第28.2（1）（d）（ii）或者第78.3（1）（d）或者（2）（d）时，以要求作为优先权基础的在先正规申请中最早的申请日为准。

在先正规申请的撤回等

（5）为第28.1条、第28.2条，或者第78.3（1）条或者第78.3（2）条之目的，下列情形下，上述条款所述的在先正规申请应当视为自始未曾提交：

（a）该申请是在提交以下申请之日12个月前提交的：

（i）第28.1条规定的未决申请，

（ii）第28.2条规定的另一未决申请，

（iii）第78.3（1）条规定的在后申请，

（iv）第78.3（2）条规定的在先申请；

（b）在（a）项所述的申请日之前，另一申请：

（i）已由在先正规申请之人或者其代理人、法定代表人或者前任权利人以其名义提交，

（ii）已经在或者向在先正规申请提交国提交，并且

(iii) 该申请公开了（a）项所述申请权利要求限定的主题；和

(c) 在（b）项所述另一申请的申请日（如果存在多件这样的申请，以最早的申请日为准），在先正规申请：

(i) 已经撤回、放弃或者驳回，并且未允许公众查阅和不存在任何权利，并且

(ii) 没有作为在包括加拿大在内的任何国家要求优先权的基础。

在加拿大没有住所的申请人

29.（1）在加拿大没有固定住所或者工商业场所的专利申请人，应当在申请日指定在加拿大有固定住所或者工商业场所的个人或者公司作为代理人。

被提名人视为代理人

（2）除本条另有规定外，为本法所有目的，包括根据本法进行的任何程序的送达，在加拿大没有固定住所或者工商业场所的专利申请人指定的人应被视为其代理人和基于其专利申请获得授权的任何专利权人的代理人，并且由专利局局长据此记录在案。

新代理人

（3）专利申请人或者专利权人：

（a）可以通知专利局局长指定新的代理人以替代最后记录的代理人，或者通知最后记录的代理人地址的变更；和

（b）在收到专利局长指出最后记录的代理人已经死亡或者其以普通邮件向最后记录的地址送达信件被退回而要求申请人或者专利权人指定代理人或者地址时，应当指定一名新代理人或者提供最后记录的代理人的新的和正确的地址。

未指定新代理人或者未提供新地址的

（4）专利局局长根据第（3）款（b）项的规定要求专利申请人或者专利权人指定新代理人或者提供新地址，申请人或者专利权人未在三个月内指定新代理人或者提供新地址的，联邦法院或者专利局长可以根据本法处理任何事项而不需要通知申请人或者

专利权人参加处理这些事项的任何程序。

费用缴纳

（5）指定新代理人或者提供新的和正确的地址不需要缴纳费用，但是根据第（3）款的规定应专利局局长的要求而指定或者提供的，应当缴纳规定的费用。

30.［已废止］

共同申请

共同发明人拒绝进行专利申请的效力

31.（1）发明由两个或者两个以上发明人共同完成，其中一个发明人拒绝申请专利或者经过合理努力仍无法确定其下落的，其他发明人或者其代理人可以申请专利；如果专利局长确信某共同发明人已经拒绝申请专利或者经过合理努力仍无法确定其下落，专利权授予提出专利申请的发明人。

专利局局长的职权

（2）在下列情形：

（a）申请人书面同意在授予专利权后将其专利转让给他人或者共同申请人并且拒绝继续申请的，或者

（b）共同申请人之间就申请程序产生争议的。

专利局局长认为协议已经证实的或者认为应当允许一个或者多个申请人单独进行申请的，可以允许其他申请人继续申请专利，并且可以这样的方式授予其专利权，即在专利局长以其认为必需和充分的方式通知后，所有的利害关系人有权向专利局局长陈述意见。

部分共同申请人退出的程序

（3）提交共同专利申请后，因一个或者多个共同申请人不再享有发明的份额，如果专利局长根据其余申请人提交的宣誓书，确信这些剩下的申请人是发明人，则剩下的申请人可以继续进行申请。

申请人的加入

（4）一个或者多个申请人提交专利申请后，如果使专利局局长确信一个或者多个其他共同发明人应当被加入申请中，并且这些发明人是因为疏忽或者过失而并非意图拖延而被遗漏的，则这些共同发明人可以被加入共同申请。

授予专利的对象

（5）除本条另有规定外，共同申请专利的，专利权授予所有申请人。

上诉

（6）对专利局局长根据本条作出的决定不服的，可以向联邦法院提起上诉。

改　进

改进发明

32. 任何人对已授予专利的发明进行改进的，可以就其改进获得专利，但是并不获得制造、销售或者使用原发明的权利，原发明专利也不获得制造、销售或者使用改进发明专利的权利。

33. 和 34. ［已废止］

现有技术的提交

提交

34.1（1）任何人可以向专利局局长提交其认为与专利申请中任何权利要求的专利性有关的现有技术，包括专利、公众可查阅的专利申请和印刷出版物。

相关性

（2）根据第（1）款的规定向专利局局长提交现有技术的人应当解释该现有技术与专利申请的相关性。

审　查

审查请求

35. (1) 专利申请人以规定的方式并缴纳规定的费用后提出审查请求的，专利局局长应当将其专利申请交由专利局为专利审查目的雇用的合格的审查员进行审查。

必需的审查

(2) 专利局局长可以通知专利申请人，要求其依照第 (1) 款的规定提交审查请求，或者要求其在通知指定的期限内缴纳规定的费用，但是指定的期限不得超过条例规定为提出请求和缴纳费用的期限。

(3) 和 (4) 〔已废止〕

分案申请

一件专利只对一项发明授予专利权

36. (1) 一件专利应当只给一项发明授予专利权，但是在诉讼或者其他程序中，不应仅因为一件专利对一项以上的发明授予专利权而被视为无效。

申请人对权利要求的限制

(2) 一件专利申请（"母案申请"）记载了一项以上发明的，申请人可以将权利要求仅限于一项发明。在对原始申请授予专利之前提交分案申请的，该原始申请中已披露的其他任何发明可以作为分案申请的主题。

根据专利局长的指示限制权利要求

(2.1) 一件专利申请（"母案申请"）记载了一项以上发明的，申请人应当根据专利局局长的指示，将其权利要求仅限于一项发明。在对原始申请授予专利之前提交分案申请的，该原始申请中已披露的其他任何发明可以作为分案申请的主题。

放弃原始申请

（3）放弃第（2）或者（2.1）款所述的母案申请的，提交分案申请的期限在依本法恢复母案申请的期限届满之日终止。

分案后的申请

（4）分案申请应当根据本法视为独立和不同的专利申请，完全适用本法的规定。分案申请应当缴纳独立的费用，享有与母案申请相同的申请日。

附图、模型和生物材料

附图

37.（1）在涉及机械发明的专利申请中，或者在其他允许用附图对发明进行说明的任何专利申请中，申请人应当提供可以清楚显示发明的所有部分的附图作为申请的一部分。

附图具体说明

（2）说明文件中应当包含针对每幅附图的附图说明，专利局局长认为合适的，可以要求申请人提供更多的附图或者省略其中的部分附图。

模型和样品

38.（1）在允许用模型对发明进行说明的所有专利申请中，申请人应专利局长的要求，应当提供便利尺寸的模型以适当的比例展示其各个部分；发明是组合物的，申请人应根据专利局局长的要求，提供其数量足以满足实验需求的各组分和组合物的样品。

危险物

（2）如果第（1）款所述的组分和组合物具有爆炸性或者危险性，则应当按照要求书写明的预防措施提供这些样品。

生物材料的保藏

38.1（1）说明文件指明了生物材料的保藏并且该保藏符合

条例要求的，该保藏应当视为说明文件的一部分，否则将不符合第 27（3）款的规定。在确定说明文件是否符合该款规定时应当对生物材料的保藏予以考虑。

非必需的保藏

（2）为了更加确定，说明文件对保藏生物材料进行的说明并不推定为为符合第 27（3）款的规定必需进行该保藏。

说明文件及其附图的修改

38.2（1）除本条第（2）款和第（3）款以及条例另有规定外，说明文件和作为加拿大专利申请一部分而提供的任何附图可以在授予专利之前进行修改。

对修改说明文件的限制

（2）修改后的说明文件不得记载不能从原始提交的说明文件或者附图合理推导出来的内容，该内容是与该申请有关的现有技术因而允许写入说明文件的除外。

对修改附图的限制

（3）修改后的附图不得增加不能从原始提交的说明文件或者附图合理推导出来的内容，该内容是与该申请有关的现有技术因而允许写入说明文件的除外。

39. 至 39.26 ［已废止］

专利申请的驳回

专利局局长驳回专利申请

40. 如果专利局局长认为，根据法律的规定专利申请人无权获得专利权，应当驳回该专利申请，并将驳回决定及其根据或者理由以挂号信的形式通知该申请人或者其注册代理人。

向联邦法院上诉

41. 对专利局局长驳回专利申请的决定不服的，可以在寄出

第 40 条规定的通知之日起 6 个月内向联邦法院上诉，该法院对该上诉的审理具有专属管辖权。

授予专利权

专利权的内容

42. 根据本法授予的每项专利应当包含说明文件、发明名称或者标题；除本法另有规定之外，应当授予专利权人或者其法定代表人自授予专利权之日起一定期限内制造、建造和使用该发明以及将其出售给其他人使用的独占权、特权和自由，但是具有管辖权的任何法院作出的有关该专利权的判决另有规定的除外。

专利证书的形式和期限

43. （1）除第 46 条另有规定之外，根据本法授予的每一份专利证书应当加盖专利局印章后颁发，应当标注该专利申请的申请日、根据第 10 条该专利申请供公众查阅的日期、授予和颁发专利证书的日期以及任何规定的信息。

专利权的有效性

（2）颁发专利证书后，如果没有任何相反的证据，专利权应当有效并在第 44 条或者第 45 条规定的期限内由专利权人和其法定代表人享有。

基于 1989 年 10 月 1 日或者其后提交的专利申请获得的专利权的期限

44. 除第 46 条另有规定之外，1989 年 10 月 1 日或者其后提交专利申请的，专利权的期限为自申请日起 20 年。

基于 1989 年 10 月 1 日前提交的专利申请获得的专利的期限

45. （1）除第 46 条另有规定之外，1989 年 10 月 1 日前提交专利申请的，专利权的保护期限为自颁发专利证书之日起 17 年。

自颁发或者申请日起的期限

（2）在本条生效日前第（1）款所述的专利权期限尚未届满的，专利权期限为自颁发专利证书之日起 17 年或者自申请日起 20 年，以后届满者为准。

专利年费

46.（1）为维持专利权有效，本条实施后由专利局根据本法授予专利权的专利权人，应当在权利有效期限内缴纳规定的年费。

未缴纳年费而终止

（2）未在条例规定的期限内缴纳根据第（1）款规定应当缴纳的年费的，该专利权期限视为在缴纳年费期限届满日届满。

再颁专利

颁发新的或者变更的专利证书

47.（1）任何专利由于描述和说明不充分或者专利权人要求的保护范围比他应获得的保护范围过宽或者过窄，并且该错误的产生是源于疏忽、意外或者过错而没有欺诈或者欺骗意图的，如果在自颁发专利证书之日起四年内放弃该专利并缴纳另行规定的费用，专利局局长可以根据专利权人提交的修改后的描述和说明颁发新专利，新专利的保护期限为原专利未届满的期限。

新专利的效力

（2）第（1）款所述原始专利的放弃只有在新专利颁发时方才生效，新专利和修改的描述和说明文件在法律上、在其后因后来发生的任何原因而启动的诉讼案件的审理中具有相同法律效力。修改后的描述和说明文件视为已经在原始专利授予之前以正确的形式提交。如果原专利与再颁专利的权利要求相同，原专利的放弃并不影响再颁时未决诉讼案件的审理或者导致再颁时已存在的诉讼事由失效。对于与原专利相同的权利要求，再颁专利是原专利的延续，从原专利生效时生效。

分开申请的专利证书

（3）在缴纳每一再颁专利的再颁费后，专利局长可以接受分开提交的专利申请，并对专利发明的独立和不同的部分再颁专利。

放 弃

专利权人可以放弃专利证书中的错误事项

48.（1）由于错误、意外或者疏忽并且没有任何欺骗或者误导公众的企图，专利权人：

（a）提交的说明文件过于宽泛，权利要求范围超出其作为发明人的发明范围的；或者

（b）在说明文件中主张专利权人或者专利权人藉以提出权利要求之人不是专利发明的任何主要或者实质部分的发明人，且专利权人对该专利发明没有法律上的权利的，专利权人缴纳规定费用后，可以放弃该部分。

放弃的形式和证明

（2）放弃书应当以规定的形式和方式提交。

（3）〔已废止〕

未决诉讼不受影响

（4）放弃书不影响该放弃书作出时的任何未决诉讼，除非在作出放弃时存在严重的疏忽或者拖延。

专利权人死亡

（5）原始专利权人或者其专利权的受让人死亡的，放弃的权利由其法定代表人行使，任一法定代表人均可行使该权利。

放弃的效力

（6）根据本条规定予以放弃后，专利证书对于未被放弃的并且真正属于放弃者的发明的主要和实质部分应被视为有效，该主要和实质部分与无权要求保护的、该发明的其他部分明显不同，因此放弃者有权继续该有效部分的诉讼。

重 审

重审请求

48.1（1）任何人可以通过向专利局局长提交现有技术，包括专利、已供公众查阅的专利申请和印刷出版物并缴纳规定费用，请求对专利的任何权利要求进行重审。

请求的相关性

（2）第（1）款规定的重审请求应当说明现有技术的相关性以及将现有技术运用于请求重审的权利要求的方式。

通知专利权人

（3）收到第（1）款规定的重审请求后，专利局局长应当立即将请求书副本送达被请求重审的专利的专利权人，除非重审请求人是专利权人。

重审组的设立

48.2（1）收到48.1（1）款规定的重审请求后，专利局局长应当立即成立不少于三人的重审组（其中至少两人应当为专利局雇员），审理重审请求。

重审组作出的决定

（2）重审组应当自成立之日起3个月内决定重审请求是否提出了影响有关专利任何权利要求专利性的新的实质问题。

通知

（3）如果重审组认定重审请求没有提出影响被请求重审专利的权利要求的专利性的新实质问题，应当将其决定通知重审请求人。重审组的决定为任何目的属于终局决定，不得向任何法院上诉或者由任何法院核查。

同上

（4）如果重审组认定重审请求提出了影响被请求重审专利权利要求的专利性的新实质问题，重审组应当将该决定及其理由通知专利权人。

答复的提交

（5）专利权人收到第（4）款规定的通知的，可以在自通知之日起 3 个月内向重审组提交对通知书的答复，表示在通知书涉及的专利权利要求的可专利性问题上服从重审组的决定。

重审程序

48.3（1）收到第 48.2（5）款规定的答复后，或者根据第 48.2（4）款的规定发出通知之日起 3 个月内未收到答复的，重审组应当立即对被请求重审的专利权利要求进行重审。

专利权人可以提交修改文本

（2）在第（1）款规定的重审程序中，专利权人可以对专利进行修改或者提交新权利要求，但是对专利的修改或者提交的新权利要求不得扩大专利权利要求的保护范围。

期限限制

（3）专利权利要求的重审程序应当在第（1）款规定的程序启动之日起 12 个月内结束。

重审组的证书

48.4（1）专利权利要求的重审程序得出结论时，重审组应当颁发证书：

（a）删除不具有专利性的权利要求；

（b）确认权利要求具有专利性；或者

（c）将具有专利性的任何修改或者新权利要求并入专利权利要求中。

将证书附于原始专利证书上

（2）根据第（1）款规定颁发的证书应当附于原始专利上，作为其一部分。证书副本应当以挂号邮件的方式送达专利权人。

证书的效力

（3）为本法之目的，根据第（1）款规定颁发的证书：

（a）删除专利的部分权利要求的，该专利应当视为已经在授予专利之日以修改后的形式颁发；

（b）删除全部权利要求的，该专利应当视为自始未曾授予；或者

（c）修改专利权利要求或者并入新的权利要求的，修改后的权利要求或者新权利要求应当自该证书颁发之日起有效，有效期为该专利未届满的期限。

上诉

（4）在第 48.5（2）规定的上诉期限届满之前，第（3）款的规定不适用；如果提起上诉，第（3）款仅在最终判决中确认的部分有效。

上诉

48.5（1）专利权人对重审组根据第 48.4（1）款颁发证书中作出的任何决定不服的，可以向联邦法院提起上诉。

限制

（2）自该证书通过挂号信件向专利权人发出之日起 3 个月后，专利权人不得根据第（1）款的规定提起上诉。

转让和继承

受让人或者个人继承人

49.（1）有权根据本法获得专利的发明人以书面形式转让，或者根据其最后遗愿遗赠其获得专利的权利的，专利权可以授予被转让人；没有转让或者遗赠的，专利权可以授予死亡发明人的个人财产继承人。

受让人可以反对

（2）专利申请人提交申请后转让获得专利的权利的，或者申请人在提交申请之前或者之后书面转让整个或者部分发明所有权或者利益的，受让人可以通过专利局局长确定的方式在专利局对该转让进行登记，未经每一个已登记受让人的书面同意，不得撤回该专利申请。

证明

（3）除非专利局局长根据一并提交的署有证人姓名的宣誓书或者其他证据认为该转让已由转让人签署和履行，该转让不得在专利局登记。

专利可以转让

50.（1）每一项发明专利在法律上均可以通过书面文书的形式全部转让或者部分转让。

登记

（2）专利权的转让，以及对于在加拿大全境或者部分地区制造、使用和许可他人制造和使用专利发明的专有权利的许可和让与，应当以专利局局长确定的方式在专利局进行登记。

证明

（3）除非专利局局长根据一并提交的署有证人姓名的宣誓书或者其他证据认为该转让、许可或者让与已由转让人和另一方当事人签署和履行，转让、许可或者让与不得在专利局登记。

无效转让

51.影响专利发明的权益的转让，无论是根据第49条或者第50条规定，对在后受让人无效，除非该转让已经按照前述规定在后受让人的转让登记前在专利局进行了登记。

联邦法院的权限

52.应专利局局长或者任何利害关系人的申请，联邦法院有权命令变更或者删除专利局登记簿中关于发明的权利人的任何登录内容。

关于专利的法律程序

特定案件中的无效或者部分有效

53.（1）如果专利申请人申诉的实质性主张不成立的，或者说明文件和附图包含多于或者少于为获得专利文件声称的结果所必需的内容，且为误导之目的故意遗漏或者添加的，专利无效。

例外

（2）如果法院认为第（1）款所述遗漏或者添加属于无意的错误，并且证实专利权人有权就其他部分获得专利权的，应当据实作出判决，确定诉讼费的负担，专利权人有权获得的部分发明专利应当维持有效。

判决书副本

（3）专利权人应当向专利局提供根据第（1）款作出的判决书的两份官方副本，一份进行登记后在专利局存档，另一份附于专利证书上，作为其说明的一部分。

侵　权

法院管辖权

54．（1）专利侵权诉讼可以向所述侵权行为所在省的、其开庭审理之处在该省所有法院中距离被告的住所或者工商业场所最近的、对损害赔偿具有管辖权的法院提起。该法院应当审理该案并确定诉讼费。该法院行使管辖权本身就是具有管辖权的充分证据。

联邦法院管辖权

（2）本条规定不得影响联邦法院法第 20 条或者其他法律规定的联邦法院管辖权。

专利侵权的法律责任

55．（1）专利侵权人应当对专利权人和经专利权人授权要求赔偿的所有人承担授予专利权后因为侵权而给专利权人或者任何这类权利人造成的所有损害。

授予专利前的损害责任

（2）如果其行为发生在专利申请根据第 10 条供公众查阅后和授予专利前，并且假如该专利申请在供公众查阅日就获得授权的情况下，该行为将构成专利侵权的，行为人应当为给专利权人或者任何其他权利人造成的损害向专利权人和根据其授权要求赔偿的所有人支付适当的补偿金。

专利权人为当事人

（3）除非另有明确规定，专利权人应为或者应被当作根据第（1）或者（2）款进行的任何诉讼的当事人。

视为侵权的行为

（4）为本条、第 54 条和第 55.01 条至第 59 条之目的，根据第（2）款进行的任何诉讼视为专利侵权诉讼，籍以提起诉讼的行为视为专利侵权行为。

诉讼时效

55.01 对于专利侵权诉讼开始之前 6 年以上的侵权行为造成的损害，可以不再给予救济。

方法专利的举证责任

55.1 在制造新产品的方法专利侵权诉讼中，如果没有相反的证据，与新产品相同的任何产品应当视为是采用专利方法制造的。

例外

55.2（1）仅仅为了获得和提交加拿大或者其省或者其他国家的与产品的制造、建造、使用或者销售有关的法律所要求之信息的目的，而制造、建造、使用或者销售发明专利产品的，不是专利侵权。

（2）和（3）［已废止］

条例

（4）枢密院总督可以制定其认为为防止依照第（1）款的规定制造、建造、使用或者销售发明专利产品而导致专利侵权所必需的条例，包括但不限于：

（a）除依照或者根据规制产品制造、建造、使用或者销售的议会法令规定的任何条件外，在向专利权人或者的其他任何人颁发有关专利产品的通知、证书、许可证或者其他文件之前，必须满足的其他条件的规定；

（b）有关向专利权人之外的人颁发或者将颁发的（a）项所述通知、证书、许可证或者其他文件生效的最早日期的规定和有关确定该日期的方式的规定；

（c）调整专利权人或者在先专利权人与申请（a）项所述通知、证书、许可证或者其他文件之人之间关于上述文件颁发日期或者生效日期的争议解决的规定；

（d）授权对有关（c）项所述任何争议在具有管辖权的任何法院提起诉讼，该法院可以给予的救济，法院解决纠纷的程序，以及可以作出的决定、命令；以及

（e）调整（a）项所述通知、证书、许可证或者其他文件的颁发可能导致直接或者间接侵犯专利权的情形。

矛盾或者冲突

（5）如果在下列规定中存在矛盾或者冲突：

（a）本条或者根据本条制定的任何条例，和

（b）国会的任何法令或者依据该法令制定的条例；

本条或者根据本条制定的任何条例在矛盾和冲突范围内应当优先适用。

为了更加明确

（6）为了更加明确，第（1）款的规定不影响法律中已有的、关于以非商业规模或者为非商业目的的私人行为，或者关于仅为有关专利主题的实验目的使用、制造、建造或者销售发明专利产品的专利权例外。

专利权不影响在先购买者

56.（1）在专利权利要求日前购买、建造或者获得权利要求保护客体的任何人，均有权使用或者向他人销售受专利保护的该特定物品、机械、制造品或者组合物，并且无需为上述行为向专利权人或者其法定代表人承担法律责任。

不适用的情形

（2）第（1）款的规定不适用于第（3）款或者第（4）款所

述的购买、建造或者获得。

特殊情形

（3）在第（1）款生效日前作出的有关购买、建造或者获得由以 1989 年 10 月 1 日后第（1）款生效日前提交的申请为基础授予专利权的发明制得的产品的，适用第（1）款生效前专利法第 56 条当时的规定。

同上

（4）在第（1）款生效日前有关购买、建造或者获得由下述发明制得的产品的，适用 1989 年 10 月 1 日前专利法第 56 条当时的规定。所述发明是指以 1989 年 10 月 1 日前提交的申请为基础、在 1989 年 10 月 1 日前或者后授予专利权的发明。

可以发布的命令

57.（1）在任何专利侵权诉讼中，法院或者任何法官认为合适的，可以应原告或者被告的请求发布下列命令：

（a）制止或者禁止对方当事人进一步使用、制造或者销售专利产品；对其违抗该命令的处罚，或者

（b）为了检查和查询有关账目，以及有关诉讼程序的事项。

上诉

（2）对于任何根据第（1）款作出的命令不服的，可以按照与对作出该命令的法院作出的其他判决或者命令的相同的情形向相同的法院上诉。

无效权利要求不影响有效权利要求

58. 在有关包含两项或者两项以上权利要求的专利的诉讼或者程序中，其中一项或者多项权利要求被维持有效而另一项或者其他的权利要求被宣告无效的，专利权应当视为自始只包含有效的权利要求。

抗辩

59. 作为抗辩，专利侵权诉讼的被告可以主张，因为事实或者过错应根据本法或者其他法律宣告专利权无效。法院应当对该

抗辩意见和相关事实进行审理并作出相应的判决。

无 效

专利权或者权利要求的无效

60. （1）应加拿大司法部长或者任何利害关系人的请求，联邦法院可以宣告专利权或者专利权的任何权利要求无效。

关于侵权的宣告

（2）任何人有合理根据认为，专利权人可能指控其使用或者计划使用的方法或者其制造、使用或者销售或者计划制造、使用或者销售的产品构成专利侵权的，均可以专利权人为被告向法院起诉，请求法院作出其方法或者产品不构成或者将不构成专利侵权的宣告。

诉讼费用担保

（3）除加拿大司法部长或者省首席检察官之外，根据本条进行的任何诉讼的原告应当在起诉前按照联邦法院确定的数额提供诉讼费用担保，但是任何专利侵权诉讼的被告无需提供任何担保而获得根据本条作出的宣告判决。

61. ［已废止］

判 决

宣告专利权无效的判决

62. 应任何人提交的要求在专利局记录的请求，宣告任何专利权全部或者部分无效的判决书应当在专利局登记，被宣告无效的专利权的全部或者部分应当因此维持无效，除非该判决根据第63条的规定被上诉审撤销。

上诉

63. 对宣告任何专利权全部或者部分无效的判决或者驳回宣

告专利权全部或者部分无效的请求的判决不服的，可以向对作出该判决的法院审理的其他案件具有上诉管辖权的任何法院上诉。

条 件

64.［已废止］

专利权的滥用

65.（1）加拿大司法部长或者任何利害关系人可以在授予专利权 3 年期满之后向专利局局长申请宣布该专利权存在滥用并根据本法请求赔偿。

滥用的情形

（2）有下列情形之一的，应当视为存在专利权滥用：

（a）和（b）［已废止］

（c）在合理的期限内专利产品不能充分满足加拿大国内市场需求的；

（d）由于专利权人拒绝以合理的条件给予许可，损害加拿大的工商业或者在加拿大的任何人或者一类人的商业，或者损害加拿大任何新的工商业的建立，并且出于公共利益考虑应当授予许可证的；

（e）在本法通过前或者后，专利权人附加的购买、租赁、许可或者使用专利产品的条件或者使用或者实施专利方法的条件不公平地损害了加拿大的任何工商业，或者从事工商业活动任何人或者一类人的利益的；以及

（f）有关不受专利保护的材料的使用方法的发明专利，或者依照该方法生产的产品的发明专利，已被专利权人不公平地利用，以致损害加拿大任何材料的制造、使用或者销售的。

（3）和（4）［已废止］

专利产品的定义

（5）为本条之目的，专利产品包括依照专利方法生产的产品。

专利权滥用案件中专利局局长的职权

66. （1）认定专利权构成滥用的，专利局局长如果认为适宜，可以行使下列任一职权：

（a）可以命令授予局长认为条件适当的许可证，包括阻止被许可人进口任何货物（如果该货物不是由专利权人或者其他权利人进口的，将构成专利侵权）到加拿大的条件。在此情形下，专利权人和所有被许可人暂时应当视为一致达成禁止进口的协议；

（b）〔已废止〕

（c）如果专利权局长认定存在第65条（2）款（f）项规定的专利权滥用情形，其可以命令授予申请人和其客户等许可证，包括其认为适当的条件；

（d）如果专利局局长认为通过行使上述职权尚不能达到本条和第65条之目的，其应当命令即刻或者在命令中指定的合理期限后撤销该专利权，除非在考虑到本条和第65条之目的命令中指定的条件已得到满足；专利局局长根据该案中出现的合理事由可随后命令延长指定的期限，但是专利局局长不得作出与加拿大参加的任何条约、公约或者双边协议或者约定不一致的撤销决定；或者

（e）如果专利局局长认为不作出本条规定的决定将最好地达到本条或者第65条之目的，其可以作出驳回申请的决定，以其认为公平的方式处理有关费用的任何问题。

制止侵权的诉讼

（2）第（1）款（a）规定的被许可人有权要求专利权人提起诉讼以制止专利侵权，如果专利权人在接到要求后2个月内拒绝或者无意起诉，被许可人视为专利权人，可以自己的名义提起侵权诉讼，并将专利权人作为被告之一，但是被追加为被告的专利权人对任何费用均不负责，除非其出庭参加诉讼。

向专利权人送达

（3）向被追加为被告的专利权人送达的传票通过留置在专利局登记的住址或者其代理人的住址而生效。

专利局长考虑事项

（4）在根据第（1）款（a）项确定条件时，应当尽可能考虑下列事项：

（a）其应当努力确保该发明在加拿大得到最广泛的利用与专利权人从其专利获得合理的利益之间协调一致；

（b）其应当努力确保专利权人利益最大化与被许可人在加拿大实施该发明能获得合理的收入之间协调一致；以及

（c）其应当努力确保几个被许可人获得同等利益，为此，其可以根据证实的合理理由缩减根据已授予的任何许可应当向专利权人支付的许可费或者其他费用。

67. ［已废止］

申请的内容

68.（1）根据第 65 条或者第 66 条向专利局长提交的每一项申请应当：

（a）充分说明请求人利益的性质、提交申请的事实基础和寻求的救济方式；和

（b）一并提交证明申请人利益和申请事实的法定声明。

（2）专利局局长应当考虑第（1）款所述申请书和声明中陈述的事项；如果专利局长认为申请人具有真实的利益且以前已经作出过救济的，应当命令申请人向专利权人或者其代理人和专利局记录在案的其他任何利害关系人提供申请书和声明的副本，并且申请人应当在加拿大政府公报和加拿大专利局登记簿中公告该申请。

反对和反对意见

69.（1）如果专利权人或者其他任何人反对给予第 65 条至第 70 条规定的任何救济，应当在规定的期限内或者专利局长根据申请允许进一步延长的期限内，向专利局长提交由法定声明证明的反对意见，充分说明反对申请的理由。

出席交叉询问

（2）专利局局长应当考虑第（1）款所述反对意见和声明，如果认为申请书中的主张已经得到充分的答辩，可以驳回申请，除非任一当事人要求听证或者专利局局长指令听证；专利局局长

可以在任何案件中要求听证参加人进行交叉询问，或者对申请书和反对意见提出的有关争议焦点的事实进一步审查，在采取预防措施防止向商业竞争对手披露信息的情况下，可以要求出示与争议事实相关的书籍和文件。

提交联邦法院

（3）专利局局长未根据第（2）款的规定驳回申请的，并且：

（a）如果当事人同意，或者

（b）如果案件需要对文件延期审查或者任何技术或者实地调查，而在专利局长看来不便由其进行；

专利局局长经部长的书面批准，可以命令将整个事项或者有关事实问题提交具有管辖权的联邦法院。

同上

（4）根据第（1）款的规定将整个事项提交联邦法院的，联邦法院的判决、决定或者命令为终局判决；根据该款将事实问题提交联邦法院的，法院应当向专利局局长告知其认定结论。

视为协议许可

70. 根据本法授予许可的任何命令，与由专利权人和所有其他必需的当事人通过协议授予的许可具有同等效力，不损害其他任何方法的执行力。

向联邦法院上诉

71. 针对专利局局长根据第 65 条至第 70 条的规定作出的所有命令或者决定，均可以向联邦法院上诉，并且加拿大司法部长或者其任命的律师有权出席上诉审并陈述意见。

72. ［已废止］

专利申请的放弃和恢复

视为放弃专利申请

73. （1）申请人有下列情形之一的，其申请视为放弃：

（a）在审查员发出审查通知后 6 个月内或者专利局局长确定的任何更短期限内未诚实地答复加拿大专利申请；

（b）不遵守依照第 27 条第（6）款的规定发出的通知；

（c）未在条例规定的期限内缴纳第 27.1 条规定的应当缴纳的费用；

（d）未根据第 35 条第（1）款在条例规定的期限内提交审查请求或者缴纳规定的费用；

（e）未遵守根据第 35 条第（2）款发出的通知；或者

（f）未在授予专利权的通知发出之日起 6 个月内缴纳通知中指明的应当缴纳的规定费用。

规定情形下视为放弃

（2）在规定为视为放弃专利申请的其他任何情形下，专利申请也应当视为放弃。

专利申请的恢复

（3）如果申请人：

（a）在规定期限内向专利局局长请求恢复的；

（b）采取了应采取的避免其申请被视为放弃的措施；并且

（c）在规定的期限届满前缴纳规定的费用。

则根据本条被视为放弃的专利申请应当予以恢复。

修改和再审查

（4）依照第（1）款（f）项被视为放弃的专利申请被恢复后，可以修改并作进一步的审查。

原始申请日

（5）被恢复的专利申请享有原始的申请日。

犯罪和惩罚

74.［已废止］

犯罪

75. 下列行为属于可以被起诉的犯罪，行为人应当被处以不超过 200 元的罚金或者不超过 3 个月的监禁，或者两者并罚：

（a）未经专利权人同意，为独家制造或者销售不是专利权人的产品的目的，在其制造或者销售的任何产品上书写、描绘、打印、铸造、浇铸、雕刻、刻画、压印或者以其他方式标注专利权人的名称或者与其相近似的名称，以便独家制造或者销售该产品；

（b）未经专利权人同意，在其非购自专利权人的任何产品上书写、描绘、打印、铸造、浇铸、雕刻、刻画、压印或者以其他方式标注"专利""专利特许证""女王（或者国王）专利"或者其他任何含相近似意思的词或者词组，意在假冒或者仿冒专利权人的印记、标记或者图案，或者欺骗公众诱导公众认为该货物为专利权人制造或者销售或者已经其同意；或者

（c）为欺骗公众为目的、以专利产品的形式许诺销售未在加拿大获得专利的产品。

虚假陈述、虚假记录等

76. 与本法目的有关并且明知为虚假的下列行为属于可以被起诉的犯罪，行为人应当被处以不超过 500 元的罚金或者不超过 6 个月的监禁，或者两者并罚：

（a）进行虚假陈述；

（b）在登记簿或者工作簿上作虚假登记或者促使作虚假登记，

（b.1）以电子件形式提交或者促使提交虚假文件、虚假信息或者含有虚假信息的文件；

（c）制作或者促使制作任何虚假文件，或者变造任何文件副本；或者

（d）出示或者提出含有虚假信息的任何文件。

有关专利药品的犯罪

76.1（1）违反第 80 条、第 81 条、第 82 条或者第 88 条的规定或者不遵守依据上述条款作出的命令的，属于可以即席判决处罚的犯罪。

（a）个人犯本罪的，应当被处以不超过 5000 元的罚金或者不超过 6 个月的监禁，或者两者并罚；

（b）法人犯本罪的，应当被处以不超过 25 000 元的罚金。

同上

（2）违反或者不遵守第 84 条的规定或者根据第 83 条作出的命令的，属于可以即席判决处罚的犯罪。

（a）个人犯本罪的，应当被处以不超过 25 000 元的罚金或者不超过 1 年的监禁，或者两者并罚；

（b）法人犯本罪的，应当被处以不超过 100 000 元的罚金。

时效期限

（3）根据第（1）款或者第（2）款进行的刑事诉讼可以在案件事实发生后两年内进行，但是不得迟于 2 年。

连续犯罪

（4）第（1）款或者第（2）款规定的犯罪实施或者持续一日以上的，行为人每日实施或者持续的犯罪应当宣告为一个单独的犯罪。

其他规定

77. ［已废止］

视为延长期限

78.（1）根据或者依照本法指定的期限在专利局的非工作日届满的，该期限应当被视为延长至专利局的下一个工作日。

专利局非工作日

（2）星期六、节假日和部长通过命令宣布为非工作日的其他日期应当为专利局非工作日。

公布

（3）部长根据第（2）款的规定作出的每一项命令应当在作出后尽快在加拿大专利局登记簿中公布。

过渡条款

1989 年 10 月 1 日前提交的专利申请

78.1 在 1989 年 10 月 1 日前在加拿大提交的专利申请应当依照本法 1989 年 10 月 1 日前第 38.1 条和其他条款的规定进行处理。

1989 年 10 月 1 日前授予的专利

78.2（1）除第（3）款的规定之外，1989 年 10 月 1 日及其后发生的有关该日前授予的专利的任何事项应当依照本法 1989 年 10 月 1 日前第 38.1 条和除第 46 条之外的其他条款的规定进行处理。

基于以前提交的申请在 1989 年 10 月 1 日或者其后授予的专利。

（2）除第（3）款的规定之外，1989 年 10 月 1 日或者其后发生的、有关基于以前提交的申请在 1989 年 10 月 1 日及其后授予的专利的任何事项，应当依照本法第 38.1 条、第 45 条、第 46 条、第 48.1 条至第 48.5 条和本法除第 46 条之外的其他条款 1989 年 10 月 1 日前当时的规定进行处理。

法律适用

（3）除 1989 年 10 月 1 日或者 1996 年 10 月 1 日开始实施的修正条款外，第（1）款和第（2）款规定适用的本法条款应当根据对本法的任何修正条款进行理解。

适用第 43 条的在先规定

78.3（1）1989 年 10 月 1 日前在加拿大提交的专利申请（在先申请）和在该日或者该日后在加拿大提交的专利申请（在后申请）之间存在 1989 年 10 月 1 日前的第 43 条定义的抵触，并且：

（a）在后申请的申请人根据加拿大参加的与专利有关的条约、公约有权获得专利保护，并且其在或者向根据条约、公约或者法律对加拿大国民提供类似保护的任何其他国家已经提交涉及相同发明的在先正规专利申请；

（b）在后申请是在在先正规申请后 12 个月内提交的；

（c）在后申请的申请人就其申请已经提交了基于在先正规申请的优先权请求；并且

（d）在先申请是在提交在先正规申请后提交的；

该在后申请的申请人应当有权获得专利权，并且其专利申请应当依照 1989 年 10 月 1 日前第 43 条的规定处理。

例外

（2）第（1）款的规定不适用，如果：

（a）在先申请的申请人根据加拿大参加的与专利有关的条约、公约有权获得专利保护，并且其在或者向根据条约、公约或者法律对加拿大国民提供类似保护的任何其他国家已经提交涉及相同发明的在先正规专利申请；

（b）在先申请是在提交（a）项所述在先正规申请后 12 个月内提交的；

（c）在先申请的申请人就其申请提交了关于基于（a）项所述在先正规申请的优先权请求；并且

（d）（a）项所述在先正规申请是在提交第（1）款所述在先正规申请之前提交的。

1989 年 10 月 1 日及其后提交的专利申请

78. 4 在 1989 年 10 月 1 日当天或者其后但在 1996 年 10 月 1 日之前在加拿大提交的专利申请，应当依照 1996 年 10 月 1 日前第 27（2）款的规定和 1996 年 10 月 1 日本法的规定处理。

1989 年 10 月 1 日或者其后授予的专利

78. 5 有关基于 1989 年 10 月 1 日当天或者之后但在 1996 年 10 月 1 日之前提交的加拿大专利申请授予的专利的任何事项，应当依照本法和 1996 年 10 月 1 日前第 27（2）款的规定处理。

规定费用的缴纳

78.6（1）在本条生效之日前，根据缴费时专利规则的规定依照按小型企业缴纳了费用，但是应当依照按非小型企业缴费的，并且在本条生效日后 12 个月内根据本条第（2）款的规定缴纳了二者的差额费用的，该费用视为已经在原缴费日缴纳，不论有关应当缴纳费用的该专利或者专利申请的行为或者程序是否已经启动或者是否已经作出决定。

需要提交的信息

（2）根据第（1）款的规定向专利局局长缴纳费用的，应当提交有关缴纳该费用的业务或者程序和专利或者专利申请的信息。

不予返还

（3）根据第（1）款的规定缴纳的款项不予返还。

被禁止的诉讼和程序

（4）对于适用本条规定产生的任何直接或者间接的结果，均不得以代表加拿大的女王陛下为被告提起诉讼或者启动程序，要求任何补偿或者损害赔偿。

本条规定的适用

（5）进一步明确，本条的规定同样适用于第 78.1 条和第 78.4 条中所述的专利申请。

专利药品

术语解释

定义

79.（1）本条和第 80 条至第 103 条中：

"委员会"是指根据第 91 条予以延续的专利药品价格评估委员会；

"消费者物价指数"是指由加拿大统计署根据统计法的授权公布的消费者物价指数；

"部长"是指由枢密院总督为本条和第 80 条至第 103 条之目的指派为部长的卫生部长或者加拿大王室枢密院的其他成员；

"专利权人"，就药品发明而言，是指暂时有权获得发明专利收益之人，包括有权行使关于该专利的任何权利之人，但是不包括根据 1992 年专利法修正案第 11（1）款延期的许可证而有权行使这些权利之人；

"条例"是指根据第 101 条制定的条例。

药品发明

（2）为第（1）款和第 80 条至第 101 条之目的，发明如果以药品或者药品的制备或者生产为目的，或者能够用于药品或者药品的制备和生产，则该发明属于药品发明。

定价信息

条例要求的定价信息等

80.（1）根据条例的规定，如果需要，药品发明专利权人应当向委员会提供条例规定的有关下列事项的信息和文件：

（a）该药品的特性；

（b）该药品在加拿大或者其他地方的任何市场销售或者待售的价格；

（c）制造和行销该药品的成本，如果专利权人在加拿大可以获得该信息或者知晓或者控制了该信息；

（d）第 85 条规定的因素；以及

（e）任何其他相关事项。

同上

（2）除第（3）款的规定外，根据条例的规定，如果需要，药品发明专利的在先权利人应当向委员会提供条例规定的有关下列事项的信息或者文件：

（a）该药品的特性；

（b）该药品在加拿大或者其他地方的任何市场销售或者待售的价格；

（c）制造和行销该药品的成本，如果专利权人在加拿大可以获得该信息或者知晓或者控制了该信息；

（d）第 85 条中所涉及的因素；以及

（e）任何其他相关事项。

限制

（3）第（2）款不适用于未被授予获得专利收益或者行使有关该专利的权益达 3 年或者 3 年以上期限的任何人。

委员会所需的定价信息等

81.（1）委员会可以命令的方式要求药品发明专利权人或者在先专利权人提供有关下列事项的信息和文件：

（a）如果是专利权人，第 80 条（1）款（a）项至（e）项涉及的任何事项；

（b）如果是在先权利人，第 80 条（2）款（a）项至（e）项涉及的任何事项；以及

（c）委员会要求的其他这类相关事项。

服从命令

（2）专利权人或者在先专利权人接到根据第（1）款作出的命令的，应当在该命令指定或者委员会允许的期限内遵守该命令。

限制

（3）在打算作出该命令之日前，在先专利权人不再获得专利收益或者行使有关该专利的任何权利达 3 年以上的，不得作出第（1）款规定的命令。

价格介绍通知

82.（1）药品发明专利权人想要以未在先销售的价格在加拿大市场销售该药品的，应当在确定在加拿大市场首次提供销售该

药品的日期后尽实际可能将其意图和该日期通知委员会。

定价信息和文件

（2）委员会收到专利权人或者其他权利人提交的第（1）款规定的通知后，有理由认为药品发明专利权人打算在加拿大市场销售未曾在先销售的药品的，可以命令专利权人向委员会提供有关在该市场待售药品的价格的信息和文件。

（3）除第（4）款的规定之外，接到根据第（2）款作出的命令的专利权人应当在该命令指定的期限内或者委员会允许的期限内执行该命令。

限制

（4）在专利权人打算在相关市场首次要约销售而提供该药品之日前 60 日之前，不应当要求专利权人执行根据第（2）款作出的命令。

过高价格

关于过高价格的命令

83.（1）委员会查明认为药品发明专利权人以过高的价格正在加拿大任何市场销售该药品的，可以命令专利权人将在该市场销售该药品的最高价格降至委员会认为合理的价格或者该命令中指定的价格。

同上

（2）除第（4）款的规定之外，委员会查明认为药品发明专利权人以过高的价格已经在加拿大任何市场销售该药品的，可以命令专利权人采取下列任一项或者多项措施，冲抵专利权人以过高的价格销售获得的、经委员会评估的过高收入：

（a）在该命令中指定的期限内，将其在加拿大任何市场销售该药品的价格降至该命令中指定的程度；

（b）在该命令中指定的期限内，将其在加拿大任何市场销售另一发明专利药品的价格降至该命令中指定的程度；或者

（c）向代表加拿大的女王陛下缴纳该命令中指定金额的金钱。

同上

（3）除第（4）款的规定之外，委员会查明认为药品发明在先专利权人以过高的价格已经在加拿大任何市场销售该药品，可以命令在先专利权人采取下列任一项或者多项措施，冲抵在先专利权人以过高价格销售获得的、经委员会评估的过高收入：

（a）在该命令中指定的期限内，将其在加拿大任何市场销售该药品的价格降至该命令中指定的程度；或者

（b）向代表加拿大的女王陛下缴纳该命令中指定金额的金钱。

以过高价格销售的政策

（4）考虑以过高价格销售专利药品的程度和期限，委员会认为，专利权人或者在先专利权人执行了过高价格销售专利药品的政策，可以根据具体案情作出新的命令以取代根据第（2）款或者第（3）款的规定作出的任何命令，指示专利权人或者在先专利权人采取该款规定的任一项或者多项措施，冲抵两倍以下并经委员会评估的、专利权人或者在先专利权人以过高价格销售获得的过高收入。

过高收入

（5）评估第（2）款、第（3）款或者第（4）款规定的过高收入金额时，委员会不应当考虑1991年12月20日以前专利权人或者在先专利权人获得的任何收入，或者在先专利权人不再有权获得专利收益或者行使与该专利有关的任何权利之后获得的任何收入。

听证的权利

（6）委员会根据本条作出命令之前，应当向专利权人或者在先专利权人提供合理的听证机会。

时效期限

（7）在先专利权人在诉讼程序启动之日前已经不再有权获得专利收益或者行使有关该专利权的任何权利3年以上的，不得根

据本条规定对其作出任何命令。

服从命令

84.（1）根据第 83 条的规定作出命令要求专利权人或者在先专利权人降低药品价格的，专利权人或者在先专利权人应当在命令作出后 1 个月内或者委员会经考虑其具体情况确定的可行并且合理的更宽期限内执行该命令。

同上

（2）根据第 83 条的规定作出命令要求专利权人或者在先专利权人向女王陛下缴纳一定数量金钱的，专利权人或者在先专利权人应当在命令作出后 1 个月内或者委员会经考虑其具体情况确定的可行并且合理的更宽期限内执行该命令。

归于女王陛下的债务

（3）根据第 83 条的规定应当由专利权人或者在先专利权人向女王陛下缴纳的金额等同于对女王陛下负担的债务，可以由任何具有管辖权的法院责令支付。

考虑因素

85.（1）在根据第 83 条的规定认定是否以过高价格在加拿大任何市场正在销售或者已经销售药品时，委员会应当在其能获得的信息范围内考虑下列因素：

（a）在相关市场销售的药品的价格；

（b）在相关市场销售的具有同等疗效的其他药品的价格；

（c）在除加拿大之外的其他国家销售的该药品的价格和具有同等疗效的其他药品的价格；

（d）消费者价格指数的变化；以及

（e）为本款目的制定的任何条例规定的其他这类因素。

其他因素

（2）考虑到第（1）款规定的因素后，仍然不能认定是否以过高价格在加拿大任何市场正在销售或者已经销售药品的，委员会可以考虑下列因素：

（a）制造和行销该药品的成本；

（b）为本款目的制定的任何条例规定的或者该委员会认为与案情相关的其他这类因素。

研发开支

（3）在根据第83条的规定认定是否以过高价格在加拿大任何市场正在销售或者已经销售药品时，委员会不应当考虑全部研发开支，但应当考虑有关该药品发明的研发和产业化的整个成本中加拿大部分。该部分的计算以该药品在加拿大的销售额占整个销售额的比率来确定。

公开听证

86.（1）第83条规定的听证应当公开举行。但是根据当事人向其提交的意见陈述，委员会认为，在公开听证中的信息或者文件的公开将会对该当事人造成具体、直接和实质性的损害的，经委员会决定，整个听证或者其任何阶段应当不公开举行。

向特定人发出听证通知

（2）委员会应当将第83条规定的任何听证通知工业部长或者条例指定的其他这类部长和负责卫生工作的省议会议员。上述人员均有权出席听证并向委员会就听证事项陈述意见。

可以拒绝公开的信息等

87.（1）除第（2）款的规定之外，根据第80条、第81条或者第82条或者在第83条规定的任何程序中向委员会提交的信息或者文件在法律上是可以拒绝公开的，未经该信息或者文件提供者的授权，依照本法知悉该信息或者文件的任何人均不得故意公开该信息或者文件或者使得其被公开，该信息或者文件是在第83条规定的公开听证中被公开的除外。

公开等

（2）第（1）款规定的任何信息或者文件：

（a）经委员会决定可以由委员会向任何本法的执法人员、工业部长或者条例指定的其他这类部长和负责公共卫生的省议会议员及其官员披露，仅用于第86（2）款规定的陈述意见；和

（b）可以由委员会用于第 100 条规定的报告。

销售额和费用信息

提供的销售额和费用信息等

88. （1）条例规定或者委员会已命令的方式要求的，药品发明专利权人应当向委员会提交条例规定的或者该命令指定的有关下列事项的信息或者文件：

（a）专利权人在加拿大的被许可人的身份；

（b）专利权人在加拿大销售该药品直接或者间接获得的收入和收入来源的详细说明；以及

（c）专利权人在加拿大付出的有关该药品的研发开支。

补充信息等

（2）委员会有合理根据认为，任何人拥有有关评估专利权人在加拿大的药品销售额或者有关该发明在加拿大的研发开支的信息或者文件的，可以命令的方式要求其向委员会提交该命令指定的任何信息或者文件或者其复印件。

执行命令

（3）接到根据第（1）款或者第（2）款作出的命令的，应当在该命令指定的或者委员会允许的期限内执行该命令。

可以拒绝公开的信息等

（4）除第 89 条的规定之外，根据第（1）款或者第（2）款向委员会提交的任何信息或者文件在法律上是可以拒绝公开的，依照本法获得该信息或者文件的任何人，未经该信息或者文件提供者的授权，不得故意公开该信息或者文件或者使得其被公开，为执行本法之目的除外。

报告

89. （1）委员会应当每年向部长提交一份报告，陈述：

（a）委员会对每一专利权人上一年度在加拿大的有关药品研发开支占该年度专利权人在加拿大的药品销售收入的百分比的评

估；和

（b）委员会对上一年度在加拿大的有关药品研发开支总额占该年度这些专利权人在加拿大的药品销售收入的百分比的评估。

报告基础

（2）报告应当分析根据第 88（1）款和第（2）款向委员会提交信息和文件以及委员会认为与第 88（1）款规定的收入和支出相关的其他这类信息和文件，除第（3）款的规定之外，不应当以可能确定提供信息或者文件之人的身份的方式陈述。

例外

（3）委员会应当在报告中指明有关第（1）款规定的报告评估的专利权人，可以指明与作出该报告有关的、在该年度未按照第 88（1）款或者第（2）款规定行事的任何人。

呈递报告

（4）报告提交部长后，部长应当在议会开会的第一个 30 日中的任何一日向每一个议院呈递一份报告。

调　查

90. 委员会应当对部长提交质询的任何事项进行调查并在部长确定的时间内按照其确定的授权调查范围向部长报告。

专利药品价格评估委员会

委员会的设立

91.（1）专利药品价格评估委员会特此延续，应由枢密院总督任命的不超过 5 名成员组成。

任期

（2）委员会成员任期为 5 年，但是枢密院总督可以在任何时候免除其职务。

连任

（3）委员会成员第一个任期届满时，符合条件的，可以被重新任命，任期5年。

任期届满后的行为

（4）委员会成员在任职期满后，可以继续作为委员会成员从事与其在任职期间从事的任何事项有关的行为。

报酬和费用

（5）委员会成员应当获得枢密院总督确定的报酬，并且有权获得合理的、在其根据本法外出履行职责时产生的差旅和生活费用。

顾问团

92.（1）部长可以设立顾问团，就任命委员会成员向其提供建议，该顾问团应当包括负责卫生的省议会议员的代表、消费者代表、制药工业代表和部长认为适宜任命的其他人员。

咨询

（2）就向枢密院总督建议委员会人选的问题，部长应当与根据第（1）款设立的顾问团进行商议。

主席和副主席

93.（1）委员会应当设主席和副主席各一名，由枢密院总督分别任命。

主席的职责

（2）主席为委员会的首席执行官，管理和指导委员会的工作，包括：

（a）在委员会成员之间分配工作，委派委员会成员代表委员会处理事务，举行委员会听证，以及主持听证程序和其他程序；和

（b）委员会工作的管理、委员会内部事务和职员职责的管理。

副主席的职责

（3）如果主席缺席或者不能履行职责或者主席职位空缺，则

副主席在缺席、不能履行职责或者职位空缺期间行使主席的所有权力和履行主席的所有职责。

职员

94. （1）为委员会正常工作所必需的官员和雇员应当按照公共服务雇用法进行任命。

同上

（2）根据第（1）款的规定任命的人员应当为公共服务退休金法之目的视为从事公共服务。

技术援助

（3）委员会可以临时雇佣具有技术或者专业知识之人为其履行职能提供建议和进行援助，经财政委员会批准，委员会可以确定并向技术援助人员支付报酬和费用。

委员会总部

95. （1）委员会总部应当设在国家首都法的附件中规定的国家首都区域内。

会议

（2）委员会应当在主席认为适宜的时间和地点举行会议。

一般职权等

96. （1）委员会拥有对于参加者出席、证人宣誓及审查、文件的出示和检查、其命令的执行和处理其他为正当行使职权所必需或者适当的事项的权力，所有这些权利、权力和特权视为由高级法院授予。

规则

（2）经枢密院总督批准，委员会可以制定有关下列事项的一般规则：

（a）关于某事项的构成法定人数的委员会成员人数；和

（b）调整委员会的运作和程序的规定。

议事程序

（3）委员会可以为其工作的开展、内部事务和职员职责的管理制定议事程序。

指南

（4）除第（5）款的规定之外，委员会可以发布有关其权限内任何事项的指南，但该指南对委员会或者任何专利权人不具有约束力。

磋商

（5）委员会发布任何指南之前，应当与部长、负责卫生的省议会议员，以及部长为本目的指定的消费者代表和制药工业代表进行磋商。

不适用《法定文书法》

（6）根据第（4）款发布的指南不适用法定文书法的规定。

程序

97．（1）委员会的所有程序应当根据情况和实现公正所允许的、非正式且快捷的方式处理。

成员意见不一致

（2）在委员会的处理程序中：

（a）成员之间意见不一致的，以多数成员的意见为准；和

（b）持两种不同意见的成员人数相等时，由主持会议的成员决定。

命令

98．（1）委员会可以在任何命令中指示：

（a）该命令或者其中任何部分将在该命令指定的可能事件、特定事件或者条件发生时生效，或者在该命令指定的任何期限内由其指定之人以令委员会满意的方式执行命令时生效；和

（b）整个命令或者其任何部分将在有限的期限内有效或者有效到指定事件发生为止。

临时性命令等

（2）委员会可以作出临时性命令或者为中止对事项的听证而延迟作出进一步的指示。

废除与变更

（3）委员会可以变更或者废除由其作出的任何命令，可以对

任何事项进行再次听证。

证书

（4）任何人使委员会认为根据第 83 条的规定对其作出命令尚缺乏充分理由的，在该人缴纳规定的费用后，委员会可以向该人颁发具有该效力的证书，但是该证书对委员会不具有约束力。

命令的执行

99.（1）委员会的任何命令可以被当作联邦法院或者任何省高级法院的命令，按照与法院的命令相同的方式执行。

程序

（2）为了使委员会命令成为法院命令，可以按照法院的通常做法和程序作出命令，或者委员会向法院登记员提交经认证的委员会命令副本，从而使该命令成为法院命令。

变更或者废除的效力

（3）委员会命令被转化为法院命令后，被委员会在后的命令变更或者废除的，委员会的在后命令应当按照第（1）款规定的方式转化为法院命令，法院的命令应当视为已经相应变更或者废除。

执行的选择权

（4）本条规定不得阻碍委员会根据本法行使其任何职权。

委员会的报告

100.（1）委员会应当每年向部长提交上一年度有关其工作的报告。

同上

（2）该报告应当包含：

（a）制药工业定价趋势的概述；和

（b）本年度根据第 80（2）款对其作出命令的所有专利权人的姓名或者名称，以及与作出该命令有关的事项的状况陈述。

报告概述

（3）第（2）款（a）项规定的概述可以基于专利权人根据第

80 条、第 81 条或者第 82 条的规定或者在第 83 条规定的程序中向委员会提交的信息和文件，但是不得透露专利权人的身份。

报告列表

（4）报告提交部长后，部长应当在议会开会的第一个 30 日中的任何一日向每一个议院呈递一份报告。

条 例

条例

101.（1）除第（2）款的规定之外，枢密院总督可以就下列事项制定条例：

（a）根据第 80（1）款和第（2）款或者第 88（1）款应向委员会提交的信息和文件；

（b）向委员会提交这些信息和文件的形式、方式和期限以及涉及这些信息和文件的提交的附加条件；

（c）为第 80（2）款之目的规定期限；

（d）为第 85（1）款或者第（2）款之目的，规定因素，包括与发明专利药品的价格有关的因素；

（e）为第 86（2）款或者第 87（2）款（a）项之目的任命部长；

（f）为第 88 条和第 89 条之目的定义"研究和开发"；

（g）在颁发第 98（4）款规定的任何证书前必需缴纳的费用，或者其确定的方式；

（h）要求或者授权委员会履行本法规定之外，由条例规定的职责，包括由委员会履行的、涉及任何发明专利药品指导价格的职责；以及

（i）授予委员会本法规定之外的、枢密院总督认为将使委员会能够履行根据第（h）项的规定制定的条例、要求或者授权其履行的任何职责的权力。

建议

（2）根据第（1）款（d）项、（f）项、（h）项或者（i）项的规定制定条例，必须经部长建议，并与负责卫生的省议会议员和部长认为适宜的消费者代表和制药工业代表进行磋商后方可进行。

部长会议

部长会议

102.（1）部长可以在任何时候召集下列人员举行会议：

（a）主席和主席指定的委员会其他成员；

（b）负责卫生的省议会议员或者其指定的代表；

（c）部长指定的消费者代表和制药工业代表；

（d）部长认为适宜的其他人员。

议程

（2）根据第（1）款召集的参加会议人员应当考虑部长确定的、与第79条至第101条的行政管理或者实施有关的事项。

与省的协议

与省的协议

103. 对于财务总长根据第83条或者第84条或者有关专利权人或者在先专利权人作出的、委员会同意接受从而不举行听证或者不根据第83条作出命令的保证，收集或者收到的款项，除去因该款项的收集和分配而产生的任何开支后，部长可以签署和任何省之间有关该款项的分配协议，并且可以向统一税收基金之外的省支付该款项。

加拿大工业品外观设计法[❶]

简称

1. 本法可以被称为工业品外观设计法。

定义

2. 在本法中：

"物品"是指用手工、工具或者机器制作的任何物品；

"外观设计"或者"工业品外观设计"是指一件成品中具有视觉效果并且仅凭视觉进行判断的形状特征、结构特征、图案特征或者装饰特征以及这些特征的任意组合；

"配件"是指可以组装成成品的全部或者大部分的部件；

"部长"是指被加拿大王室枢密院总督为本法目的任命为部长的枢密院成员；

"规定的"是指由条例规定的以及在涉及费用时，也包括按照条例规定的方式确定的；

"成套物品"是指具有相同的总体特性、通常一起销售或者一起使用、其中每一件物品采用相同的外观设计或者其变型的多个物品；

"实用物品"是指具有实用功能的物品和这些物品的模型；

"实用功能"对于物品而言，是指除去仅仅作为艺术或者文学内容的基质或者载体以外的功能；

"外观设计变型"是指用于相同物品或者成套物品的、并且没有实质区别的外观设计。

---

❶ 根据加拿大司法部网站（http://laws.justice.gc.ca/en/I-9/index.html）上提供的文本翻译。翻译：何伦健；校对：董琤。

第一部分 工业品外观设计

登 记

登记簿

3. 部长应当设置工业品外观设计登记簿，用于注册工业品外观设计。

外观设计注册申请

4.（1）外观设计的所有者，无论是最初所有者还是其权利继受者，可以向部长申请外观设计注册，但应当缴纳规定费用并按照规定方式提交下列申请文件：

（a）外观设计的图片或者照片和外观设计说明；

（b）一项声明：据外观设计所有者所知，该外观设计在最初所有者采用时尚未被其他任何人使用；及

（c）规定的其他材料。

申请人的变更

（2）如果在某项外观设计被注册前，部长依据规定的理由和条件确信在提交该外观设计注册申请时其他人是该外观设计的所有者，则该申请应当被认为不是由提交申请的人提交的。

注册前的审查

5.（1）部长应当对外观设计注册申请进行审查，确定该外观设计是否符合本法规定的注册条件。

驳回决定

（2）如果部长认为一项外观设计不符合注册条件，应当向申请人发出驳回决定，阐明驳回注册的意见，并指明答复期限。

申请的放弃

（3）如果申请人未在指定期限内善意地对驳回意见予以答

复，该申请应被视为放弃。

申请的恢复

（4）如果申请人在规定期限内履行下列手续，其被视为放弃的申请应当予以恢复：

（a）提出恢复请求；

（b）善意地对驳回决定进行答复；并且

（c）缴纳规定的恢复费。

对保护的限制

5.1　本法对外观设计的保护不延及：

（a）应用于实用物品的、仅由物品的实用功能决定的特征；或者

（b）制造或者生产的方法或者原理。

外观设计注册

6.（1）如果部长发现一项外观设计与已注册的其他任何外观设计不相同或者不相近似到产生混淆，应当对该外观设计予以注册，并且将外观设计的图片或者照片和外观设计说明返还外观设计所有者，同时发给本部分要求的登记证书。

例外

（2）部长可以驳回其认为不符合本部分规定的外观设计或者任何违反公共道德或者公共秩序的外观设计。对于驳回注册，可以向枢密院总督上诉。

在后申请的例外

（3）对下列在加拿大提交的外观设计注册申请，部长应当驳回：

（a）是在本款生效日或者生效日后在加拿大提交的，且该外观设计在加拿大或者其他地方业已公开1年以上；或者

（b）是在本款生效日前在加拿大提交的，且该外观设计在加拿大业已公开1年以上。

不适用第 29 条的情形

（4）为第（3）款之目的，第 29 条的规定不用于确定注册申

请提交的时间。

登记证书

7. （1）登记证书应由部长、专利局局长或者专利局长办公室的官员、职员或者雇员签署，并写明外观设计业已依照本法进行注册。

登记证书的具体内容

（2）第（1）款所述的证书应当显示注册日期、所有者名称和地址以及注册号。

证书的证据作用

（3）如果没有相反的证据，登记证书是证明外观设计、外观设计具有原创性、所有者名称、目前署名者为所有者、注册的起始日和期限以及该外观设计符合本法规定的充分证据。

对签字印章或者官方印章免予举证

（4）看似根据本条签发的证书在所有法院均是可接受的证据，无需证明签发人的签名或者官方印章。

8. ［已废止］

独占权

9. 通过依本法进行注册可以获得工业品外观设计的独占权。

权利的期限

10. （1）除第（3）款的规定外，工业品外观设计独占权的期限为自外观设计注册之日起 10 年。

维持费

（2）外观设计所有者为了维持注册外观设计授予的独占权，应当按照规定的时间向专利局长缴纳规定的费用。

期限届满

（3）未在条例规定的期限内缴纳第（2）款所述费用的，独占权的期限应被视为自该费用缴纳期限届满日起终止。

未经许可使用外观设计

11. （1）在独占权存续期间，未经外观设计所有者许可，任何人不得：

（a）为贸易或者商业目的制造、进口、销售或者出租，或者为销售或者出租目的而提供或者出示采用该注册外观设计或者与该外观设计没有实质差别的外观设计的物品；或者

（b）针对零件组成的物品进行（a）项规定的行为构成侵权。

实质性差异

（2）为第（1）款目的，判断是否有实质差别时，应当考虑已注册外观设计与任何在先公开的外观设计相异的程度。

所有权

最初所有者

12.（1）外观设计的作者是外观设计的最初所有者，但是如果作者是为了有益和有价值的对价而为另一人完成的外观设计，则该人为外观设计的最初所有者。

得到的权利

（2）另一人对财产的权利只能与其获得的权利共同存在。

转　让

可转让的外观设计

13.（1）每一项外观设计，无论已注册或者未注册，其整个权益或者不可分割的部分在法律上均可转让。转让应当缴纳规定费用，并以在专利局长办公室书面备案的形式进行。

使用外观设计的权利

（2）每一外观设计所有者可以在加拿大全国或者部分地区、在权利有效期或者其中的某段时间，许可和让与制造、使用、销售的独占权和授予其他人制造、使用和销售该外观设计的权利。

许可

（3）根据第（2）款的许可或者让与应被称为许可，并且应

当进行备案，其备案方式和期限与转让外观设计的备案相同。

14. ［已废止］

侵权行为

所有者或者被许可人的起诉

15. （1）外观设计所有者或者独占被许可人可以向任何有管辖权的法院起诉侵犯独占权的行为。

所有者作为当事人

（2）外观设计所有者应当是或者被作为是侵权诉讼的当事人。

法院给予救济的权力

15.1　在第 15 条所述的诉讼中，法院可以根据案件情形作出判决，包括以禁令方式的救济和对损失和利润的赔偿判决，处以惩罚性赔偿金的判决，处置侵权物品或者零件的判决。

共同管辖权

15.2　联邦法院同时有权审理和判决：

（a）侵犯独占权的诉讼；和

（b）有关外观设计的所有权或者外观设计中的任何权利的问题。

16. ［已废止］

侵权抗辩

17. （1）在第 15 条所述的诉讼中，如果被告能证明，被告在进行涉讼行为时不知道并且没有合理的理由认为该外观设计已经注册，则法院除颁发禁令外，不得给予原告其他救济。

例外

（2）如果原告将位于一个圆圈内的大写字母"D"和外观设计所有者的名称或者其常用的缩写标记在下列物品上，则第（1）

款的规定不适用：

（a）在主张权利的行为前，全部或者基本全部的注册物品上，而且这些物品已由所有者或者经其同意在加拿大境内流通；或者

（b）和物品相关的标牌或者包装物上。

所有者的含义

（3）为第（2）款目的，所有者是指在物品、标牌或者包装物被作出标记时的所有者。

时效

18. 对发生于侵权诉讼之前 3 年以上的侵权行为，不给予救济。

第二部分　一般规定

19. ［已废止］

笔　误

更正

20. 在撰写或者复制本法中有关工业品外观设计的文件中出现的书写错误，不应当以导致文件无效的方式进行处理，一经发现，可以经部长授权进行更正。

查　询

登记簿的查阅

21.（1）任何人均可以查阅工业品外观设计登记簿。

副本

（2）任何人在缴纳规定的费用后，均可以获得注册工业品外

观设计的副本。

修正和变更的程序

联邦法院可以修正注册内容

22.（1）根据总检察长提供的信息，或者根据因没有充分理由遗漏登记簿记录或者没有充分理由在登记簿中记录而受侵害人的起诉，联邦法院认为恰当的，可以命令增加、已删除或者变更登记簿内容，或者驳回申请。

诉讼费

（2）如果联邦法院认为恰当，可以在任一案件中作出有关诉讼费的命令。

有待解决的问题

（3）联邦法院可以在本条所述任何程序中确定为修正登记簿而需要解决的任何问题。

管辖

（4）联邦法院对审理和决定本条所述的诉讼拥有排他审判权。

变更外观设计的申请

23.（1）任何注册工业品外观设计的权利人均可向联邦法院申请增加或者变更工业品外观设计的非实质性部分，法院可以驳回申请或者以其认为恰当的条件同意增加或者变更。

通知部长

（2）根据本条规定向联邦法院提出的增加或者变更工业品外观设计的申请应当通知部长，部长有权对该申请陈述意见。

登记簿的修改

24.联邦法院作出增加、已删除或者变更工业品外观设计注册内容的判决后，经核准的副本应当由法院人员传送部长。部长应据此对登记簿作出与判决一致的修改或者变更，或者将该命令的实质内容恰当地录入登记簿。

条　例

条例

25.加拿大王室枢密院总督可以对下列内容作出规定：

(a) 外观设计所有权的管理；

(b) 关于外观设计注册申请的形式和内容；

(c) 为进行在执行本法中要求或者授权的行为而缴纳的规定费用或者确定费用的方式；

(d) 关于根据本法缴纳费用的退还；

(e) 关于成套外观设计和外观设计变型的注册；

(f) 关于根据本法 29 条要求优先权，包括为支持优先权要求而必须提交的信息和文件，提出优先权要求的期限，以及要求优先权应当提交的资料和文件；

(g) 关于根据本法 29 条优先权请求的管理和优先权的确定；

(h) 根据本法以及为实现本法目的和执行本法规定而规定的其他任何事项。

26 至 28 ［已废止］

优先权

外国申请

29.（1）根据条例规定，向外国提交了正规的外观设计注册申请的人或者其权利继受者，此后又在加拿大就相同工业品外观设计提交注册申请的，如果符合下列条件，则具有向外国提交申请的同一日向加拿大提交的注册申请相同的效力：

(a) 加拿大的申请是在向外国提交的在先申请日起 6 个月内提交的；而且

(b) 申请人根据规定对其在加拿大提交的申请要求享有优先权，并且满足其他的规定条件。

定义

（2）本条中

"外国"是指：

（a）根据条约、公约或者法律的规定给予加拿大公民类似于第（1）款给予的有关工业品外观设计注册的有效申请日期的国家；和

（b）世界贸易组织成员；

"WTO 协定"具有世界贸易组织协定实施细则第 2（1）款给出的"协定"的含义。

"WTO 成员"是指根据 WTO 协定第 I 条建立的世界贸易组织的成员。

过渡性规定

权利的恢复

29.1（1）关于本条生效日前取得的独占权，适用本条生效日前第 10 条当时的规定。

不适用抗辩规定的情形

（2）如果在该外观设计注册后，外观设计权利人的姓名或者名称与字母"Rd."和/或者"Enr."以及注册的年度标明在产品末端（如果该产品是纺织品）或者边缘或者其他任何适宜的地方（如果该产品有其他物质），第 17 款（1）不适用于基于本条生效前提交的申请取得的注册外观设计。

标记方式

（3）为第（2）款之目的，可以在材料本身上标记，也可以附加有恰当标记的标牌。

在先申请

30.（1）除第（3）款另有规定，本条生效前提交的外观设计注册申请应当依照本条生效后本法的规定进行处理。

注册

（2）除第（3）款至（6）款另有规定，本条生效后出现的有

关基于本条生效前提交的申请注册的外观设计的问题，应当依照该问题出现时本法当时的规定进行处理。

申请条件

（3）如果一项外观设计注册申请是由外观设计所有者，最初所有者或者其权利继受者，在本条生效前提交的，或者是在本条生效前依照申请时第4条当时的规定提交的，则本条生效后该申请应当被视为符合第4条目前的规定。

权利的恢复

（4）第10条2款适用于本条生效日3个月前期满的独占权。

不适用抗辩规定的情形

（5）如果在该外观设计注册后，外观设计权利人的姓名或者名称与字母"Rd."和/或者"Enr."以及注册的年度标明在产品末端（如果该产品是纺织品）或者边缘或者其他任何适宜的地方（如果该产品具有其他任何形式），第17款（1）项不适用于有关基于本条生效前提交的申请取得的注册外观设计。

标记方式

（6）为第（5）款之目的，可以在产品本身上贴标记，也可以贴在与产品相连接的标牌上。

澳大利亚 1990 年专利法^❶

（根据 2006 年第 106 号法令修改）

本版本汇编于 2007 年 3 月 27 日，编入了截至 2006 年第 106 号令所做修改。

该文本中尚未生效的修改部分，参见注释。

已经被编入的修改条款的效力，受注释所规定的实施条款的影响。

由位于堪培拉的司法部法律起草与出版办公室完成。

目　　录

---

❶　根据澳大利亚知识产权局网站（www.ipaustralia.gov.au/about-us/publication-listing/ip-legislation）上提供的英文版翻译。翻译：李昭；校对：张永华。

关于发明专利的法律

第1章 绪 言

1. 简称

本法可被称为"1990年专利法"。

2. 生效

（1）除非出现第（2）款规定的情况，本法于公告中确定的日期生效。

（2）如果本法不能在得到国王同意之日起 6 个月的期限内按照第（1）款的规定生效，则本法于该期限结束后的第一天生效。

3. 定义

在本法或者本法特定的章中，一些词语被定义在下表中的词典中。

申请	审定格式	关联技术
澳大利亚	澳大利亚大陆架	澳大利亚治疗货物登记册
主管当局	基础申请	布达佩斯条约
被证明	要求保护/权利要求	生效日
局长	应予以补偿的人	完整说明书
强制许可	公约申请人	公约申请
公约国家	保藏要求	保藏机构
副局长	指定管理人员	负责人
有资格的人	雇员	实质审查
独占被许可人	实施	联邦法院
提交/提出	外国航空器	外国陆上交通工具
外国专利局	外国船只	形式检查

申请	审定格式	关联技术
侵权法律程序	革新专利	利害关系人
国际申请	国际保藏主管当局	国际申请日
发明	法律执业者	法定代表人
许可	主发明	变通的实质审查
指定的人	不侵权宣告	公报
专利	专利申请	专利地域
增补专利	专利局	专利请求书
可获得专利的发明	专利方法	专利产品
专利权人	PCT 条约	PCT 申请
许可证	制药物质	规定的法院
规定的保藏机构	现有技术	现有技术信息
职业标准委员会	禁止令	临时说明书
国际受理局	重审	登记簿
被登记	注册专利代理人	相应的主管当局
相应的国际申请	有关法律程序	与微生物有关的规则
安全措施法	被加盖印章	说明书
标准专利	州	垄断法
提供	领地	治疗使用
本法	实施	1952 年法
1989 年修正法案		

4. 获得和维持一件标准专利的典型步骤

下列图表显示了获得和维持一件标准专利所涉及的大部分典型步骤。该图表仅被用来作一个概括的介绍性的说明，而不具有任何其他作用。如果该图表中包含的任何内容与本法或者其条例的规定之间存在不一致，以本法或者其条例的规定为准。

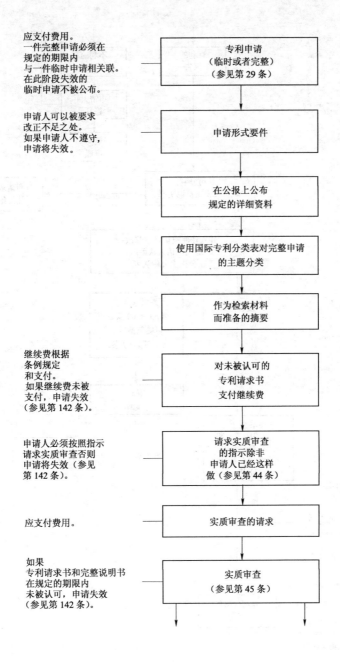

应支付费用。
一件完整申请必须在
规定的期限内
与一件临时申请相关联。
在此阶段失效的
临时申请不被公布。

专利申请
（临时或者完整）
（参见第 29 条）

申请人可以被要求
改正不足之处。
如果申请人不遵守，
申请将失效。

申请形式要件

在公报上公布
规定的详细资料

使用国际专利分类表对完整申请
的主题分类

作为检索材料
而准备的摘要

继续费根据
条例规定
和支付。
如果继续费未被
支付，申请失效
（参见第 142 条）。

对未被认可的
专利请求书
支付继续费

申请人必须按照指示
请求实质审查否则
申请将失效（参见
第 142 条）。

请求实质审查
的指示除非
申请人已经这样
做（参见第 44 条）

应支付费用。

实质审查的请求

如果
专利请求书和完整说明书
在规定的期限内
未被认可，申请失效
（参见第 142 条）。

实质审查
（参见第 45 条）

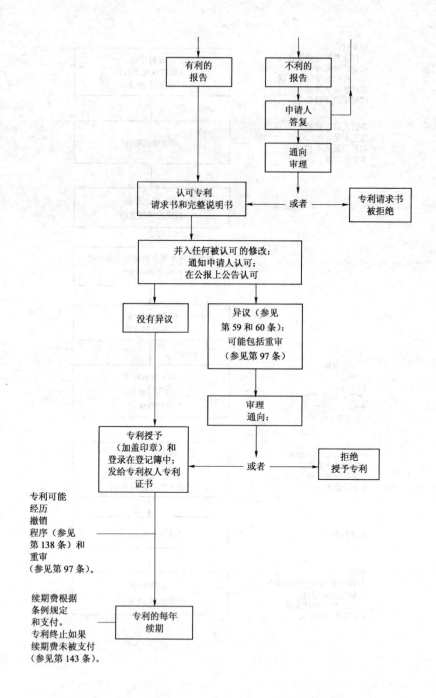

5. 申请的关联

在本法中，仅在一件完整申请的专利请求书中指明一件临时申请，并且包含表明该两件申请相关联的声明的情况下，该完整申请被视为与该临时申请相关联。

注：参见第 29 条和第 38 条。

6. 保藏要求

在本法中，仅在以下情况下，一件说明书中所涉及的微生物的保藏要求被视为已被满足：

（a）在该说明书提交之日或者之前，该微生物已经按照与微生物有关的规则被保藏在规定的保藏机构；并且

（b）该说明书包括申请人在上述日期已经知道的有关该微生物特征的信息；并且

（c）自规定的期限结束之日起的任何时间，该说明书已经包括：

（i）按照与微生物有关的规则的规定，能够从中获得上述微生物的样品的规定的保藏机构的名称；和

（ii）该保藏机构给出的保藏的提交号、编号或者注册号；并且

（d）按照上述规则的规定，自该说明书提交之日起的任何时候，上述微生物的样品已经能够从规定的保藏机构获得。

注：参见第 41 条和第 42 条。

7. 新颖性和创造性

新颖性

（1）在本法中，一项发明被视为与现有技术相比具有新颖性，除非该发明与下列信息中的任何一种相比不具有新颖性（下列每种信息必须被分开单独考虑）：

（a）在单份文件中或者通过单一行为被公之于众的现有技术信息〔不含（c）项中提及的信息〕；

（b）在两份以上的文件中或者通过两个以上的行为被公之于

众的现有技术信息［不含（c）项提及的信息］，只要上述文件或者行为之间的关系会使相关技术领域的技术人员将它们视为上述信息的单一来源；

（c）包含在附表 1 中的现有技术的定义中的（b）(ii) 项中所述种类的单份说明书中的现有技术信息。

创造性

（2）在本法中，一项发明被视为与现有技术相比具有创造性，除非对相关技术领域的技术人员而言，根据相关权利要求的优先权日前已在该专利地域存在的普通知识，该发明是显而易见的，不论上述知识是被分开单独考虑还是和第（3）款中所述信息一起被考虑。

（3）就第（2）款而言，所述信息是指：

（a）任何单一的现有技术信息；或者

（b）两个以上现有技术信息的组合。

只要可合理地预期第（2）款中所述技术人员，在相关权利要求的优先权日前，能够探知、理解、考虑该相关信息，以及在（b）项中所述信息的情况下，能够按照该项进行信息组合。

革新性

（4）在本法中，一项发明被视为与现有技术相比具有革新性，除非对相关技术领域的技术人员而言，根据相关权利要求的优先权日前已在该专利地域存在的普通知识，该发明与第（5）款所列种类的信息相比，仅有对该发明的实施不产生实质性贡献的区别。

（5）就第（4）款而言，所述信息是指下列种类的信息：

（a）在单一文件中或者通过作出单一行为，被公之于众的现有技术信息；

（b）在两件以上相关的文件中或者通过作出两个以上相关的行为，被公之于众的现有技术信息，上述文件或者行为之间的关系会使相关技术领域的技术人员将它们视为上述信息的单一来源。

（6）就第（4）款而言，第（5）款所列的每一类信息必须被分开单独考虑。

注：参见附表1中的现有技术和现有技术信息的定义；也可参见第18（1）（b）项和第98（1）款。

8. 基础申请的披露

在符合条例的情况下，为本法之目的，与基础申请同时提交的说明书或者其他有关文件中的披露不能被考虑，除非在规定的期限内提交下列文件：

（a）上述说明书或者文件的副本；

（b）如果上述说明书或者文件没有使用英语——上述说明书或者文件的英语翻译文本。

注：基础申请被定义在附表1中也可参见第8章第2部分。

9. 秘密使用

在本法中，下列行为不视为一项发明在该专利地域内的秘密使用：

（a）专利权人或者具名的人，或者他/她之前的该项发明的权利人，或者上述人的代表，或者获得上述人授权的人，仅为合理的试验或者实验目的而对该项发明的任何使用；

（b）专利权人或者具名的人，或者他/她之前的该项发明的权利人，或者上述人的代表，或者获得上述人授权的人，对该项发明的任何使用，但这种使用必须仅仅发生在专利权人、具名的人或者先前的权利人，或者上述人的代表，或者获得上述人授权的人，对该项发明的秘密披露过程中；

（c）专利权人或者具名的人，或者他/她之前的该项发明的权利人，或者上述人的代表，或者获得上述人授权的人，为任何非贸易或者商业目的对该项发明的任何其他使用；

（d）在该发明向联邦、州或者领地要求保护的情况下，专利权人或者具名的人，或者他/她之前的该项发明的权利人披露其发明的联邦、州或者领地，或者上述机关的代表，对该项发明的任何使用。

注：参见第 18（1）（d）项。

10. 特定国际申请视为已被给予国际申请日

（1）当：

（a）该国际申请按照 PCT 条约第 4（1）（ii）条的规定指定澳大利亚作为指定国；并且

（b）国际受理局没有给予该申请国际申请日；并且

（c）局长确信按照 PCT 条约第 25（2）（a）条的规定，该申请应该被当作它已被给予国际申请日一样对待。

则视为上述申请在本法中已经按照 PCT 条约第 11 条的规定被给予了国际申请日。

（2）本条不适用于未使用英文向受理局提交的国际申请，除非该申请按照条例的规定被认证的英文翻译文本已被提交。

（3）当本条适用时，在局长看来应该按照 PCT 条约的规定被作为该申请的国际申请日的日期视为该申请的国际申请日。

注：国际申请日被定义在附表 1 中也可参见第 8 章。

11. 本法对国王具有约束力

（1）本法以联邦、各州、澳大利亚的首都领地、北领地和诺福克岛的名义对王室具有约束力。

（2）本法的任何条款均不得构成对王室进行起诉的依据。

12. 本法的适用

本法的适用范围延伸到：

（a）所有外部领地；和

（b）澳大利亚大陆架；和

（c）澳大利亚大陆架上部的海域；和

（d）澳大利亚本土、所有外部领地和澳大利亚大陆架上部的领空。

12A. 刑法典的适用

刑法典第 2 章适用于本法所规定的所有犯罪行为。

注：刑法典第 2 章规定刑事责任的一般原则。

第 2 章　专利权、权利归属和有效性

第 1 部分　专利权

13. 专利赋予的独占权利

（1）在不违反本法的情况下，一件专利赋予专利权人在该专利的有效期内实施该发明和授权他人实施该发明的独占权利。

（2）上述独占权利是个人财产，可以按照法律的规定转让和转移。

（3）一件专利在整个该专利地域内具有效力。

14. 专利的转让

（1）一件专利的转让必须由让与人和受让人或者代表他们的人书面签订协议。

（2）一件专利可以在该专利地域的某一地方或者某一部分转让。

第 2 部分　权利归属

15. 谁可以被授予专利

（1）在不违反本法的情况下，一件发明专利仅可被授予下列的人，他/她：

（a）是发明人；或者

（b）在对该发明授予专利之后，将有权将该专利转让至自己名下；或者

（c）从发明人或者（b）项中所述人处取得该项发明的所有权；或者

（d）已故的（a）、（b）或者（c）项中所述人的法定代理人。

（2）一件专利可以被授予无论其是否为澳大利亚公民的人。

16. 专利权的共同所有

（1）在不违反任何相反协议的情况下，当存在两个以上专利权人时：

（a）他们中任一人有权就该专利享有相等的未分割的份额；并且

（b）他们中任一人有权在无需向其他方说明的情况下，为他/她自己的利益而实施该专利所赋予的独占权利；并且

（c）他们中任一人不能在未获得其他方同意的情况下，将该专利许可给他人，或者转让该专利中的权益。

（2）当一件专利产品，或者使用一件专利方法所获得的产品，被两个以上专利权人中的任一人出售时，购买者和通过该购买者主张权利的人，可以处置该产品，犹如该产品已经被所有专利权人出售一样。

（3）本条不影响已故的人的受托人或者法定代理人的权利和义务，或者在上述关系中所产生的权利和义务。

17. 对共有专利权人的指示

（1）当有两个以上专利权人时，局长可以基于他们中任一人的请求，按照该请求作出他认为适当的有关下列事项的指示：

（a）该专利或者该专利中的权益的处置；或者

（b）该专利的许可；或者

（c）就该专利而言，对第16条所规定的权利的实施。

（2）如果某一专利权人在被任一其他专利权人书面要求为执行根据第（1）款作出的指示所需做的任何事情之后的14日内未能做到，局长可以根据任一其他专利权人的请求，指示某个人以前述失职的专利权人的名义或者代表该人去做这些事情。

（3）在作出指示之前，局长必须给下列人一个陈述意见的机会：

（a）在该请求是由一个或者多个专利权人按照第（1）款的规定提出的情况下——其他所有专利权人；和

（b）在该请求是按照（2）款的规定提出的情况下——该失职的专利权人。

（4）局长不能作出下列指示：

（a）影响已故的人的受托人或者法定代理人的权利和义务，或者在上述关系中所产生的权利和义务的指示；或者

（b）与专利权人之间的协议的条款不一致的指示。

第3部分　有效性

第1节　有效性

18. 可获得专利的发明

可获得标准专利的发明

（1）在符合第（2）款的情况下，一项发明是可获得标准专利的发明，只要在任何权利要求中要求保护的该发明：

（a）是垄断法第6条所指的一种制造方式或者产品形式；并且

（b）当与该项权利要求的优先权日之前即已存在的现有技术相比时，该发明：

（i）具有新颖性；并且

（ii）具有创造性进步；并且

（c）具有实用性；并且

（d）在该项权利要求的优先权日之前，没有被专利权人或者申具名的人，或者专利持权人或者具名的人之前的该项发明的权利人，或者上述人的代表，或者获得上述人授权的人，在该专利地域内秘密使用。

可获得革新专利的发明

（1A）在不违反第（2）款和第（3）款的情况下，一项发明是可获得革新专利的发明，如果在某项权利要求中要求保护的该

发明：

（a）是垄断法第 6 条所指的一种制造方式或者产品形式；并且

（b）当和该项权利要求的优先权日之前即已存在的现有技术相比时，该发明：

（i）具有新颖性；并且

（ii）具有革新性进步；并且

（c）具有实用性；并且

（d）在该项权利要求的优先权日之前，没有被专利权人或者具名的人，或者专利权人或者具名的人之前的该项发明的权利人，或者上述人的代表，或者获得上述人授权的人，在该专利地域内秘密使用。

（2）人类和人类繁殖的生物学方法不是可获得专利的发明。

不是可获得革新专利的发明

（3）就革新专利而言，动植物和动植物繁殖的生物学方法不是可获得专利的发明。

（4）如果该发明是微生物学方法或者使用该方法所获得的产品，则第（3）款不适用。

注：也可参见第 7 条和第 9 条。

19. 有效性争议证明书

（1）在法院的任何程序中，一件专利或者一项权利要求的有效性产生争议的，法院可以有效性争议证明书，证明一项特定的权利要求的有效性已经受到质疑。

（2）如果法院发布一项有效性争议证明书，那么，在以后的任何涉及该项权利要求的侵权或者撤销程序中，专利权人或者支持该项权利要求有效的人，在获得对他/她有利的最终命令或者判决之后，就该项权利要求而言，有权就律师和委托人之间的所有讼费、收费和开支获得补偿。

（3）第（2）款的效力受到法院在上述程序中作出的任何指示的限制。

20. 专利的有效性不被保证

（1）按照本法或者 PCT 条约的规定所做的任何事情，不保证在澳大利亚或者其他任何地方，一件专利的授予或者一件专利是有效的。

（2）联邦、局长、副局长或者任何雇员，不因为按照本法或者 PCT 条约的规定作出任何行为，或者随上述行为而发生的任何程序，或者与上述事项有关的事项，而承担法律责任。

21. 作出或者拒绝作出不侵权宣告不意味有效

关于一件专利的某项权利要求，作出或者拒绝作出不侵权宣告，不意味该项权利要求是有效的。

第 2 节　不影响有效性的事项

22. 一项权利要求的无效不影响其他权利要求的有效性

一件专利中的一项权利要求的无效不影响该专利任何其他权利要求的有效性。

23. 有效性不受优先权日之后的公布等的影响

一件专利不能仅仅因为其中任一权利要求保护的发明存在下列情况而无效的：

（a）在该项权利要求的优先权日或者之后，对该发明的公布或者使用；或者

（b）在优先权日相同或者更晚的另一权利要求中，要求保护该发明的另一专利的授予。

24. 有效性不受某些公布或者使用的影响

（1）在决定一项发明是否具有新颖性或者具有创造性进步或者革新性进步时，作决定的人不得考虑：

（a）在规定的条件下，由专利权人或者具名的人，或者专利权人或者具名的人之前的权利人，或者在上述人的同意下，对该发明的任何公开或者使用而被公之于众的任何信息；和

（b）未经专利权人或者具名的人的同意，由从专利权人或者

具名的人，或者专利权人或者具名的人之前的权利人处获得该信息的任何人，对该发明的任何公开或者使用而被公之于众的任何信息。

但是，上述规定仅适用于对该发明的专利申请在规定的期限内提出的情况下。

（2）在决定一项发明是否具有新颖性或者具有创造性进步或者革新性进步时，作决定的人不得考虑：

（a）由专利权人或者具名的人，或者他/她之前的权利人，或者在上述人的同意下，给予下列人员或者机构的任何信息，但没有给予其他人员或者机构：

（i）联邦或者某个州或者领地，或者上述机关的主管当局；

（ii）被联邦或者某个州或者领地授权调查该发明的人；和

（b）为了（a）（ii）项中所述调查所做的任何事情。

25. 有效性：增补专利

不能仅仅因为考虑主发明在规定的期间内的公开或者使用后增补专利保护的发明不具有创造性，就对一件增补专利申请的专利请求书或者说明书提出异议，或者就认为该增补专利是无效的。

26. 有效性在某些包含修改的情况下不受影响

（1）不能仅仅因为该说明书中要求保护的发明不是请求书中的主题，或者没有在所最初提交的说明书中被记载或者要求保护，对一件已被审定的专利请求书和说明书提出异议，或者就认为该专利是无效的。

（2）除了修改违反第112条的情况外，不能仅仅因为对说明书的修改是不应当被允许的而对一件已被审定的专利请求书和说明书提出异议，或者就认为该专利是无效的。

第3节　影响有效性的事项的通知

27. 影响标准专利有效性的事项的通知

（1）在一件标准专利申请中所提交的完整说明书已经公开供

公众查阅后的规定期限内，任何人可以按照条例的规定，通知局长，声称因该通知中陈述的理由，有关发明不符合 18（1）（b）的规定从而不是可获得专利的发明。

（2）局长必须将其被通知的任何事项书面告知该专利的申请人，并且向申请人发送上述通知所附任何文件的副本。

（3）局长必须按照条例的规定在其他方面考虑和处理上述通知。

（4）上述通知和该通知的所附任何文件是公开的，公众可查阅。

28. 影响革新专利有效性的事项的通知

任何人可以提出一件革新专利的无效的通知

（1）任何人可以通知局长，声称因该通知中所陈述的理由，一件革新专利因不符合 18（1A）（b）项的规定从而是无效的。

通知提出的时间

（2）通知仅能在一件革新专利已经被授予之后的规定期限内按照第（1）款的规定向局长提出。

通知提出的方式

（3）通知必须按照条例的规定提出。

局长必须告知专利权人被提出的通知

（4）如果局长收到有关一件革新专利的通知，局长必须将其被通知的任何事项书面告知专利权人，并且向专利权人发送该通知所附任何文件的副本。

局长按照条例的规定处理通知

（5）局长必须按照条例的规定在其他方面考虑和处理通知。

第3章　从申请到审定

第1部分　专利申请

第1节　申　请

29.专利申请

（1）任何人可以根据条例的规定提交一件专利请求书和规定的其他文件，申请一件发明专利。

（2）一件申请可以是临时申请或者完整申请。

（3）临时申请的专利请求书必须使用规定的格式，并须附有临时说明书。

（4）完整申请的专利请求书必须使用规定的格式，并须附有完整说明书。

（5）在本条中：

人包括团体，无论是否为法人。

注：也可参见第5条对关联申请的要求。

30.申请日

一件专利申请被视为在按照条例的规定确定的申请日提出。

31.共同申请人

两个以上的人（第29条所指的人）可以提出一件共同专利申请。

32.申请人等之间的争议

如果两个以上的利害关系人在该申请是否应当继续进行，或者该申请应当以什么方式继续进行方面产生争议，局长可以根据任何利害关系人按照条例的规定提出的请求，视情况作出局长认为适当的任何决定，以使该申请以一个或者多个的上述利害关系人的名义单独继续进行，或者规定该申请继续进行的方式，或者采取前述两种措施。

33. 异议人等的申请

关于指定的人是否有资格被授予专利而对标准专利的异议

（1）如果：

（a）一件申请已经被作为标准专利提出；并且

（b）该标准专利的授予被一个以上的人按照第59条的规定提出异议；并且

（c）局长按照第60条的规定作出以下决定：

（i）就上述被异议的专利申请的任一权利要求（原始权利要求）中要求保护的该发明而言，一个以上的异议人是有资格获得专利的人；并且

（ii）就该发明而言，该申请中具名的人不是有资格获得专利的人；并且

（iii）不存在专利不应当被授予的其他理由；并且

（d）一件关于该发明的完整专利申请被一个以上的上述有资格的人按照第29条的规定提出；

只要提出要求，局长可以授予上述有资格的人共有该发明的专利。

关于指定的人是否有资格和其他人一起被授予专利而对标准专利的异议

（2）如果：

（a）一件申请已经被作为标准专利提出；并且

（b）该专利的授予被一个以上的人按照第59条的规定提出异议；并且

（c）局长按照第60条的规定作出以下决定：

（i）就上述被异议的专利申请的任一权利要求（原始权利要求）中要求保护的该发明而言，该申请中具名的人和一个以上的上述异议人都是有资格获得专利的人；和

（ii）不存在专利不应当被授予的其他理由；并且

（d）一件关于该发明的完整专利申请被一个以上的上述有资格的人按照第29条的规定提出。

只要提出要求，局长可以授予上述有资格的人共有该发明的专利。

关于专利权人是否无权而其他人有权被授予专利而对革新专利的异议

（3）如果：

（a）一件革新专利被其他人按照第101M条提出异议；

（b）局长按照第101N条的规定决定，专利权人没有资格被授予该专利权；并且

（c）局长作出决定认定，就作为该专利的主题并在该专利的任一权利要求（原始权利要求）中被要求保护的该发明而言，一个以上的上述异议人是有资格获得专利的人；并且

（d）一件关于该发明的完整申请被一个以上的上述有资格的人按照第29条的规定提出。

只要提出要求，局长可以就该发明授予上述有资格的人以革新专利。

关于专利权人是否有资格和其他人一起被授予专利权而对革新专利的异议

（4）如果：

（a）一件革新专利被一个以上的人按照第101M条的规定提出异议；并且

（b）局长作出决定认定，就作为该专利的主题并在该专利的任一权利要求（原始权利要求）中被要求保护的该发明而言，一个以上的上述异议人和原始专利权人是有资格获得专利的人；并且

（c）一件关于该发明的完整申请被一个以上的上述有资格的人按照第29条的规定提出。

只要提出要求，局长可以授予上述有资格的人共有该发明的革新专利。

（5）如果局长按照第（1）、（2）、（3）或者（4）款的规定授予一件专利，则该被授予的专利中的权利要求享有与上述相应款

中所提到的原始权利要求的优先权日相同的优先权日。

34. 在法院程序中产生的有资格的人的申请

（1）如果在关于一件专利（首次专利）的任何法院程序中，法院确信下列之一：

（a）就该专利的任一权利要求（原始权利要求）中要求保护的发明而言，一个以上的人是有资格获得专利的人，但专利权人不是有资格获得专利的人；或者

（b）就该首次专利的任一权利要求（原始权利要求）中要求保护的发明而言，专利权人和一个以上的其他人是有资格获得专利的人。

只要提出要求，除了在程序中法院可以作出的任何其他命令之外，法院可以宣告上述法院确信是有资格的人就上述发明而言是有资格获得专利的人。

（2）除第（3）款的规定外，如果一件完整申请被一个以上的上述法院宣告的人按照第29条的规定提出，只要该发明在原始权利要求中被要求保护，局长可以授予上述法院宣告的人共有该发明的专利。

（3）如果局长按照（2）款的规定授予一件专利，则该专利的权利要求享有与原始权利要求的优先权日相同的优先权日。

35. 局长撤销专利之后有资格的人的申请

（1）如果局长：

（a）按照第137条的规定撤销一件专利；并且

（b）确信：

（i）根据一个以上的人按照条例的规定提出的请求，只要该发明在被撤销的专利的任一权利要求（原始权利要求）中被要求保护，就该被涉及的发明而言，上述人是有资格获得专利的人，而且，先前的专利权人不是这样的一个有资格的人；或者

（ii）根据一个以上的人按照条例的规定提出的请求，只要该发明在被撤销的专利的任一权利要求（原始权利要求）中被要求

保护，就该被涉及的发明而言，上述人和先前的专利权人是有资格获得专利的人。

局长可以书面宣告其确信的上述有资格的人是有资格获得专利的人。

（1A）如果一件完整申请被一个以上的上述局长宣告的人按照第 29 条的规定提出，只要提出要求，局长可以授予给上述局长宣告的人共有该发明的专利。

（1B）如果局长按照（1A）款的规定授予一件专利，则该专利的权利要求享有与（1）款中所提到的原始权利要求的优先权日相同的优先权日。

（2）局长在作出宣告之前，必须首先给予先前的专利权人一个合理的陈述意见的机会。

（3）对局长作出或者拒绝作出宣告的决定，可以向联邦法院提出申诉。

36．有资格的人的其他申请

（1）如果：

（a）一件专利申请已经被提出，而且，在完整申请的情况下，该专利请求书和完整说明书尚未被审定；并且

（b）一个以上的人（第 36 条的申请人）按照条例的规定提出要求局长作出宣告的申请；并且

（c）就专利申请中所提交的说明书中所披露的发明而言，局长确信：

（i）申请中具名的申请人不是有资格获得专利的人，而第 36 条的申请人是有资格获得专利的人；或者

（ii）申请中具名的申请人是有资格获得专利的人，但第 36 条的申请人也是有资格获得专利的人。

局长可以书面宣告其确信的上述有资格的人就上述被披露的发明而言是有资格获得专利的人。

（2）局长可以按照（1）款的规定作出该专利申请是否失效或者是否被撤回的宣告。

（3）局长在按照第（1）款的规定作出宣告之前，必须首先给予申请中具名的申请人一个合理的陈述意见的机会。

（4）如果一件完整申请被一个以上的上述局长宣告的人按照第29条的规定提出，被授予上述一人或者多人（视属何种情况而定）的该发明专利的权利要求的优先权日，必须按照条例的规定确定。

（5）对局长按照本条的规定作出的决定，可以向联邦法院提出申诉。

37．完整申请可以被视为临时申请

（1）当一件完整申请被提出，申请人可以在规定的期限内的任何时间，通过书面请求，要求局长指示将该申请视为一件临时申请。

（2）如果该申请中所提交的专利请求书和说明书已经被审定，或者已经公开供公众查阅，则任何人无权提出上述请求。

（3）在收到上述请求后，局长必须按照申请人的要求作出指示。

（4）当局长作出指示后，在本法中，该完整申请即被视为，而且被视为自始即为一件临时申请。

38．提出完整申请的时间

（1）如果申请人提出了一件临时申请，该申请人可以在规定的期限内的任何时间提出一件以上的与该临时申请相关联的完整申请。

（2）在本条中

申请人包括有权就有关专利申请按照第113条的规定提出请求的人。

注：也可参见第5条对关联申请的要求。

第2节　说明书

40．说明书

（1）临时说明书必须描述该发明。

（2）完整说明书必须：

（a）充分地描述该发明，包括申请人已知的实施该发明的最佳方法；并且

（b）当该说明书涉及一件标准专利申请时——以界定该发明的一项或者多项权利要求结束；并且

（c）当该说明书涉及一件革新专利申请时——以界定该发明的至少一个但不超过5个权利要求结束。

（3）上述权利要求必须清楚、简明，并且公正地以说明书中描述的事项为基础。

（4）上述权利要求必须仅涉及一项发明。

41. 说明书：微生物

（1）就一项微生物的发明来说，只要该完整说明书需要对该微生物进行描述，如果该微生物的保藏要求已被满足，则该完整说明书被视为符合第第40（2）（a）项的规定。

（2）当：

（a）一项发明涉及第（1）款所述微生物以外的微生物的使用、修饰或者培养；并且

（b）该专利地域内的相关技术人员在即行实施该发明之前没有该微生物的样品的情况下，无法合理地被期望能够实施该发明；并且

（c）对该专利地域内的相关技术人员来说，该微生物不是合理可得的。

只要该说明书需要该微生物进行描述，仅在该微生物的保藏要求已被满足的情况下，则该说明书被视为符合第40（2）（a）项的规定。

（3）在本条中，已保藏的微生物可以被视为对任何人来说是合理可得的，即使该微生物在该专利地域内不是合理可得的。

（4）当：

（a）就某微生物而言，第6（c）项或者（d）项中规定的要求不再被满足；并且

（b）在规定的期限之后，按照条例中可适用的规定（如果有的）采取措施的；并且

（c）作为上述措施的结果，如果上述要求没有被满足的期间被不予考虑，上述要求已被满足。

上述要求被视为在（c）项中所述期间内已经被满足，而且，这些被规定的条款对在上述期间内利用该发明，或者以合同或者其他形式采取一定措施利用该发明的人的保护或者补偿具有效力。

注：也可参见第6条关于保藏要求的满足的规定。

42. 微生物不再可合理获得

（1）当：

（a）就第41（2）（a）项中所述种类的发明提出了一件完整专利申请或者被授予一件专利；并且

（b）在该完整说明书的提交日，有关的微生物对在该专利地域相关技术领域工作的技术人员来说，是合理可得的（第41条所指的合理可得）；并且

（c）该微生物已不再如上述是合理可得的。

规定的法院或者局长可以基于按照条例的规定提出的请求，或者局长可以主动地宣告该说明书不符合第40条的规定，除非该微生物的保藏要求已被满足。

（2）当按照第（1）款的规定作出宣告：

（a）本法相应地对该说明书具有效力；并且

（b）适用第6条，该条中所指说明书递交日期在本款中被视为上述宣告中所指明的日期。

（3）第（2）款不限制第223条的适用。

（4）当：

（a）一项请求按照第（1）款的规定提出；或者

（b）局长主动地打算按照该款的规定作出宣告。

该专利的申请人或者专利权人（视属何种情况而定），必须被按照条例的规定通知上述请求或者打算，而且有权出席和陈述

意见。

（5）局长必须按照条例的规定作出宣告。

（6）规定的法院作出的宣告的正式抄本必须由书记员或者其他合适的法院人员向局长交付。

（7）对局长按照第（1）款的规定作出的决定，可以向联邦法院提出申诉。

注：也可参见第6条关于保藏要求的满足的规定。

第3节　优先权日

43. 优先权日

（1）说明书中的每项权利要求必须有一个优先权日。

（2）权利要求的优先权日是：

（a）该说明书的提交日；或者

（b）当条例将与上述优先权日不同的日期确定为优先权日时——按照条例的规定所确定的日期。

（3）当一项权利要求界定了一项发明的一种以上的形式，那么，为确定该权利要求的优先权日，该权利要求必须被视为犹如它对上述发明的每种形式界定的一项单独的权利要求。

（4）说明书中的某项权利要求的优先权日可以与该说明书中的任何其他权利要求的优先权日不同。

第 79C 条中所规定的革新专利的进一步申请中的权利要求的优先权日

（5）如果：

（a）一件革新专利被授予后，一件第 79C 条中所规定的申请被提出；并且

（b）在条例所规定的期限内，该专利的实质审查请求已经被提出。

则该说明书中的每项权利要求的优先权日是按照条例的规定所确定的日期。

（6）如果：

(a) 一件革新专利被授予后，一件第 79C 条中所规定的申请被提出；并且

(b) 在条例所规定的期限内，该专利的实质审查请求尚未被提出。

则该说明书中的每项权利要求的优先权日，不能是早于第 79C 条中所规定的申请的提交日的日期。

第 2 部分　对标准专利请求书和说明书的实质审查

第 1 节　实质审查

44. 实质审查请求

(1) 当一件标准专利的完整申请已经被提出的，申请人可以在规定的期限内，按照条例的规定，请求对该申请的专利请求书和说明书进行实质审查。

(2) 当一件标准专利的完整申请已经被提出的，局长可以基于一个或者多个的规定的理由，并按照条例的规定，指示申请人在规定的期限内请求对其申请的专利请求书和完整说明书进行实质审查。

(3) 当一件标准专利的完整申请的专利请求书和说明书已公开供公众查阅的，任何人可以按照条例的规定，要求局长指示申请人在规定的期限内请求对该请求书和说明书进行实质审查。

(4) 当按照第（3）款的规定提出要求时，局长必须相应地作出指示，除非申请人已经请求或者已经被指示请求对其专利请求书和说明书进行实质审查。

45. 实质审查

(1) 申请人请求对一件标准专利申请的专利请求书和完整说明书进行实质审查的，局长必须审查该请求书和说明书，对下列事项作出报告：

(a) 该说明书是否符合第 40 条的规定；和

(b) 尽他/她所知，该被要求保护的发明是否符合第 18（1）

（a）项所述条件；和

（c）尽他/她所知，任一权利要求中被要求保护的发明与该权利要求的优先权日之前即已存在的现有技术相比，该发明是否：

（i）具有新颖性；和

（ii）具有创造性进步；和

（d）规定的其他事项（如果有的）。

（1A）在第（1）（c）项中，现有技术被视为不包括仅仅通过作出某一行为（不论是在该专利地域之内或者之外）而被公之于众的信息。

（2）审查必须按照条例的规定进行。

（3）申请人必须按照条例的规定，告知局长，为评价在该完整说明书中或者一件在澳大利亚之外提交的相应申请中所披露的发明的专利性而进行的下列检索的结果：

（a）除条例中规定的文献检索外，任何外国专利局所进行的或者代表外国专利局所进行的任何文献检索；

（b）条例中规定的文献检索。

（4）第（3）款仅适用于在该专利的授予之前完成的检索。

（5）在第（4）款中完成，就一项检索而言，在条例中所规定的含义上使用。

46. 延期进行实质审查的请求

（1）当：

（a）一件标准专利的完整申请已经被提出；并且

（b）一件规定的专利申请已经在规定的外国提出；并且

（c）该规定的外国申请尚未被授予专利；并且

（d）申请人已经被局长指示须请求对（a）项所述申请的专利请求书和说明书进行实质审查，该指示基于为本部分之目的而规定的理由。

申请人可以请求延期进行实质审查，而无须按照指示请求实质审查。

（2）延期请求必须按照条例的规定提出。

（3）当延期请求被提出：

（a）专利请求书和说明书的实质审查必须被相应地延期；而且

（b）该申请不会仅仅因为申请人没有按照局长的指示请求实质审查而失效。

第2节　变通的实质审查

47．变通的实质审查请求

（1）当：

（a）一件标准专利的完整申请已经被提出；并且

（b）一件在规定的外国提出的申请已经在该外国被授予专利。

申请人可以请求对该申请的专利请求书和说明书进行变通的实质审查，而无须请求实质审查。

（2）申请人可以在专利请求书和说明书被审定之前的任何时间撤回变通的实质审查请求，而按照第44条的规定请求实质审查。

48．变通的实质审查

（1）当申请人请求对一件标准专利申请的专利请求书和完整说明书进行变通的实质审查，局长必须审查该请求书和说明书，对下列事项作出报告：

（a）尽他/她所知，该被要求保护的发明是否符合第18（1）（a）项所述条件；和

（b）尽他/她所知，任一权利要求中被要求保护的发明与该权利要求的优先权日之前即已存在的现有技术相比，该发明是否：

（i）具有新颖性；和

（ii）具有创造性进步；和

（c）规定的其他事项（如果有的）。

（1A）在（1）（b）项中，现有技术被视为不包括仅仅通过作出某一行为（不论是在该专利地域之内或者之外）而被公之于众的信息。

（2）变通的实质审查必须按照条例的规定进行。

第3部分 审 定

第1节 标准专利的审定

49．专利请求书的审定：标准专利

（1）在不违反第50条的情况下，局长必须审定一件标准专利申请的专利请求书和完整说明书，如果：

（a）局长确信该被要求保护的发明满足第18（1）（b）项所述标准；并且

（b）局长认为：

（i）该请求书和说明书不存在法定的异议理由（不包括第18（1）（b）项的理由）；或者

（ii）任何上述的异议理由已经被消除。

（2）如果第（1）款不适用，局长可以拒绝审定该请求书和说明书。

（3）被申请人书面要求的，局长必须推迟专利请求书和完整说明书的审定，直到申请人指定的日期。

（4）在第（3）款中，申请人不能指定第142（2）（e）项规定期限结束后的某个日期。

（5）当局长审定一件标准专利申请的专利请求书和完整说明书，局长必须：

（a）书面通知申请人该审定；并且

（b）在公报上公布该审定的通知。

（6）第（5）款（b）项中所述通知必须：

（a）如果该专利请求书和完整说明书已经经历了变通的实质审查——包括表明该审定是变通的实质审查的结果的声明；

并且

（b）如果该专利请求书和完整说明书尚未公开供公众查阅——包括表明该专利请求书和说明书即行公开供公众查阅的声明。

（7）当局长拒绝审定一件标准专利申请的专利请求书和完整说明书，局长必须书面通知申请人拒绝的理由，并在公报上公布该拒绝通知。

50. 在某些情况下，申请或者授予可能被拒绝

（1）局长可以拒绝审定一件标准专利的请求书和说明书，或者拒绝授予一项标准专利：

（a）其使用将会违反法律的发明；或者

（b）因为该说明书要求保护的发明是：

（i）能够被用作食物或者药物的物质（不论是对于人类或者动物，也不论是内用或者外用），而且该物质纯粹是已知成分的混合；或者

（ii）仅仅通过混合生产上述物质的方法。

（2）局长可以拒绝审定一件标准专利的说明书，如果该说明书包含一项权利要求，而该权利要求包含某个人的名字作为该权利要求中要求保护的发明的名称或者名称的一部分。

51. 申诉

对局长按照本节的规定作出的决定，可以向联邦法院提出申诉。

第 2 节　革新专利的审定

52. 形式检查和革新专利的审定

（1）如果一件革新专利的完整申请被提出，局长必须对该申请进行形式检查。

（2）如果局长确信该申请通过形式检查，局长必须审定该专利请求书和完整说明书。

第 4 章 公 布

53. 关于申请人等的某些信息的公布

当一件专利申请被提出，局长必须在公报上公布关于该申请人和该申请的规定的信息。

54. 公布通知

（1）当一件标准专利申请（非 PCT 申请）中所提交的完整说明书尚未公开供公众查阅，申请人要求的，局长必须按照条例的规定在公报上公布该完整说明书即行公开供公众查阅的通知。

（2）如果第 41 条第（2）款适用于某一说明书，则申请人不能就该说明书按照第（1）款的规定提出请求，除非该说明书包括第 6 条（c）项中所提到的详细资料。

（3）当：

（a）一件标准专利申请（非 PCT 申请）中的完整说明书已经被提交；并且

（b）规定的期限已经结束；并且

（c）该说明书未公开供公众查阅。

局长必须在公报上公布该说明书即行公开供公众查阅的通知，除非该申请已经失效或者已经被拒绝或者撤回。

（4）当：

（a）就一件原始申请提交一件第 79B 条中所规定的标准专利分案申请（非 PCT 申请），不论该原始申请是否为 PCT 申请；并且

（b）当该分案申请提出时，该原始申请中所提交的完整说明书已公开供公众查阅。

局长必须在公报上公布该临时申请中所提交的完整说明书即行公开供公众查阅的通知。

（5）当就一件非 PCT 申请的原始申请提交一件第 79B 条中

所规定的标准专利分案申请的，并且：

（a）该原始申请中所提交的完整说明书即行公开供公众查阅的通知已在公报上公布；或者

（b）该临时申请中所提交的完整说明书即行公开供公众查阅的通知已在公报上公布。

局长还必须在公报上公布下列事项的通知：

（c）当（a）项适用时——该分案申请中所提交的完整说明书即行公开供公众查阅；或者

（d）当（b）项适用时——该分案申请中所提交的完整说明书即行公开供公众查阅。

（6）当：

（a）就一件非 PCT 申请的原始申请提交一件第 79B 条中所规定的标准专利分案申请（非 PCT 申请）；并且

（b）该原始申请中所提交的完整说明书即行公开供公众查阅的通知已在公报上公布；

局长还必须在公报上公布该临时申请中所提交的完整说明书即行公开供公众查阅的通知。

55. 公开供公众查阅的文件

（1）当一项通知按照第 54 条或者第 62 条第（3）款的规定被公布，所涉及的说明书和其他规定的文件（如果有的），公开供公众查阅。

（2）当一项涉及标准专利申请的通知按照 49 条第（5）款（b）项的规定被公布，或者一项涉及革新专利的授予的通知按照第 62 条第（2）款的规定被公布，下列文件公开供公众查阅：

（a）在该申请或者该专利中所提交的所有文件（规定的文件以外的文件），不论是在审定或者授予之前或者之后；

（b）在该专利终止、期满或者被撤销之后，在先前的专利中所提交的所有文件（规定的文件以外的文件）；

（c）局长向申请人或者专利权人，或者先前的申请人或者专利权人作出的与该申请或者该专利有关的所有文件（规定的文件以外的文件）的副本；

上述文件指尚未公开供公众查阅的文件。

（3）除第 90 条规定的情况外，说明书或者其他文件，被视为已经在其公开供公众查阅之日被公布，除非其已经在上述日期之前以其他方式被公布。

56. 某些文件不被公布

（1）除本法另有规定外，第 55 条中所述种类的文件：

（a）不得被公布或者公开供公众查阅；并且

（b）无须在局长面前或者在法律程序中被查阅或者出示，除非局长、法院或者任何有权命令查阅或者出示的人指示，该查阅或者出示已被允许。

（2）请求在法律程序中出示第 55 条所述种类的文件的通知必须向局长作出，局长有权就该请求陈述意见。

57. 公布完整说明书的效力

（1）在一件标准专利的完整说明书已经公开供公众查阅后，到一件专利基于该申请被授予为止，申请人享有的权利与如果该发明专利于该说明书公开供公众查阅之日被授予他/她将享有的权利相同。

（3）第（1）款并未赋予申请人就某一行为的启动诉讼程序的权利，除非：

（a）一件专利基于该申请被授予；并且

（b）如果该行为在该专利的授予之后作出，该行为将构成对该说明书中的某项权利要求的侵犯。

（4）就在下列时间作出的某项行为而言，可以成为对第（1）款规定的法律程序的抗辩：

（a）在该完整说明书公开供公众查阅之后；并且

（b）在该专利请求书被审定之前。

如果被告证明就声称被上述行为的侵犯的权利要求（限定在

上述行为作出时）而言，专利不能有效地被授予给申请人。

58. 检索的结果可以被披露

局长可以披露为按照本法的规定作出报告而进行的任何检索的结果。

第 5 章　对授予标准专利的异议

59. 对授予标准专利的异议

部长或者任何其他人可以按照条例的规定，基于一个或者多个的下列理由，而不能基于其他理由，对授予一件标准专利提出异议：

（a）指定的人具有下列情形之一：

（i）无权被授予该发明专利；或者

（ii）有权被授予该发明专利，但仅在和另外的人一起时。

（b）该发明不是可获得专利的发明；

（c）该完整申请中所提交的说明书不符合第 40 条第（2）款或者第（3）款的规定。

60. 局长听取意见和作出决定

（1）当对授予一件标准专利提出异议的，局长必须按照条例的规定对该案件作出决定。

（2）在对案件作出决定之前，局长必须给予申请人和异议人一个合理的陈述意见机会。

（3）在对案件作出决定时，局长可以考虑授予一件标准专利可以被提出异议的任何理由，而不论该理由是否为异议人所提出。

（4）对局长按照本条的规定作出的决定，申请人和任何异议人可以向联邦法院提出申诉。

第6章 专利的授予和期限

第1部分 授 予

61. 标准专利的授予

（1）除第100A条规定的情况外，局长必须通过加盖规定格式的印章，授予一件标准专利，如果：

（a）没有提出对该授予的异议；或者

（b）尽管存在异议，局长的决定或者对申诉的判决认为一件标准专利应当被授予。

（2）一件标准专利必须在规定的期限内被授予。

62. 革新专利的授予和公布

（1）如果：

（a）局长审定一件革新专利申请中所提交的专利请求书和完整说明书；并且

（b）按照第152条第（3）项或者第173条第（1）项的规定作出的涉及该申请的禁止令尚未生效；

局长必须通过加盖规定格式的印章，授予该革新专利。

（2）如果一项革新专利被授予，局长必须在公报上公布声明下列事项的通告：

（a）该革新专利已经被授予；和

（b）该专利请求书和完整说明书即行公开供公众查阅。

（3）如果：

（a）就一件革新专利提出一件第79B条中所规定的分案申请；并

（b）该分案申请中所提交的完整说明书即行公开供公众查阅的通告已在公报上被公布；

局长还必须在公报上公布该临时申请所依据的原始申请中所提交的完整说明书即行公开供公众查阅的通知。

63. 共同专利权人

一件专利可以共同授予给 2 个以上的具名的人。

64. 授予：重复申请

（1）在不违反本条的情况下，当就相同的或者实质上相同的发明存在 2 个以上的专利申请时，上述申请之一被授予专利不妨碍任何上述其他申请被授予专利。

（2）当：

（a）一件标准专利申请要求保护某项发明，而该发明与作为某件专利中的主题并由同一个发明人作出的另一项发明相同；并且

（b）在各件完整说明书中的相关的一项或者多项权利要求享有相同的优先权日。

则不能基于该申请授予一件标准专利。

65. 专利日

专利日是指：

（a）相关的完整说明书的提交日；或者

（b）当条例将一个与上述专利日不同的日期确定为专利日的——按照条例的规定所确定的日期。

66. 专利证书副本加盖印章

（1）如果局长确信某件专利证书已丢失、被窃、损坏或者损毁，局长可以在该专利证书的副本上加盖印章。

（2）如果：

（a）局长确信该某件专利证书上的详细资料因为局长的错误或者疏忽，是不正确的；并且

（b）该专利证书被退回给局长。

局长可以在该专利证书的副本上加盖印章。

第2部分　期　限

67. 标准专利的期限

标准专利的期限为自专利日起20年。

68. 革新专利的期限

革新专利的期限为自专利日起8年。

第3部分　涉及制药物质的标准专利的期限的延长

70. 延长专利期限的申请

（1）如果第（2）、（3）和（4）款中所列明的要求被满足，一件标准专利的专利权人可以向局长提出延长该专利的期限的请求。

（2）下列条件之一或者两者必须被满足：

（a）一个以上的制药物质本身必须实质上在该专利的完整说明书中被披露，并且实质上属于该说明书的某项或者多项权利要求的保护范围内；

（b）当一个以上的制药物质通过使用涉及DNA重组技术的方法生产时，上述制药物质必须实质上在该专利的完整说明书中被披露，并且实质上属于该说明书的某项或者多项权利要求的保护范围内。

（3）就至少一个上述制药物质而言，下列条件的两者必须被满足：

（a）包含该物质或者由该物质组成的物品必须被纳入澳大利亚医疗物品登记册；

（b）自专利日开始到自该产品的首次监管批准日的期间必须至少5年。

（4）该专利的期限必须尚未按照本法的规定在以前被延长过。

（5）在本条中，就某制药物质而言，首次监管批准日是指：

（a）如果就该物质未作出 TGA 前销售批准——包含该物质或者由该物质组成的物品首次被纳入澳大利亚医疗物品登记册的日期；或者

（b）如果就该物质作出 TGA 前销售批准——首次批准的日期。

（6）在本法中，就某制药物质而言，TGA 前销售批准是指部长或者部门首长作出的关于下列事项的批准（不论实际称谓如何）：

（a）在澳大利亚销售该物质或者包含该物质的产品；或者

（b）为了销售向澳大利亚进口该物质或者包含该物质的产品。

71. 延期申请的格式和时间选择

延期申请的格式

（1）一件延长标准专利期限的申请必须：

（a）使用规定的格式；并且

（b）连同按照条例的规定所确定的文件（如果有的）提出；并且

（c）连同按照条例的规定所确定的信息（如果有的）提出。

就此而言，文件包括文件的副本。

延期申请的时间选择

（2）一件延长标准专利期限的申请必须在该专利的期限内和下列日期中的最晚日期之后的 6 个月内提出：

（a）该专利被授予的日期；

（b）第 70 条第（3）款中所提到的包含任何制药物质或者由任何制药物质组成的物品首次被纳入澳大利亚医疗物品登记册的日期；

（c）本条的生效日期。

72. 延期申请的通知和公众查阅

如果专利权人提出一件延长标准专利期限的申请，局长必须在公报上公布该申请已经被提出并即行公开供公众查阅的通知。

73. 延期申请的撤回

（1）已经提出一件延长标准专利期限的申请的专利权人，可以通过书面通知局长，撤回该申请。

（2）如果一件延长标准专利期限的申请被撤回，局长必须在公报上公布声明该申请已经被撤回的通知。

74. 延期申请的审定或者拒绝

审定

（1）如果一件标准专利的专利权人提出延长该专利的期限的申请，如果局长确信就该申请而言，第70条和第71条中的要求已被满足，局长必须审定该申请。

（2）如果局长审定该延期申请，局长必须：

（a）书面通知申请人该审定；并且

（b）在公报上公布该审定的通知。

拒绝

（3）如果局长确信就该延期申请而言，第70条和第71条中的要求未被满足，局长必须拒绝审定该申请。

（4）如果局长拒绝审定该延期申请，局长必须：

（a）书面通知申请人拒绝的理由；并且

（b）在公报上公布该拒绝的通知。

75. 对延期的异议

（1）部长或者任何其他人可以按照条例的规定，以该延期申请未满足一个以上的第70条和第71条中的要求，对一件标准专利的准予延期提出异议。部长或者任何其他人不可以基于任何其他理由对准予延期提出异议。

（2）如果对一件标准专利的准予延期提出异议，局长必须按照条例的规定对该案件作出决定。

（3）在对案件作出决定之前，局长必须给予申请人和异议人一个合理的陈述意见机会。

（4）对局长按照本条的规定作出的决定，申请人和任何异议人可以向联邦法院提出上诉。

76. 准予延期

（1）局长必须准予一件标准专利的期限的延长，如果：

（a）不存在对准予延期的异议；或者

（b）尽管存在异议，局长的决定或者对上诉的判决认为该延期应当被准予。

（2）如果局长准予延期，局长必须书面通知申请人该延期决定，并在公报上公布该准予延期的通知。

76A. 将延期通知健康和家庭服务部部长

在某一财政年度被局长按照第76条的规定批准的每件延期申请，专利权人必须在下一财政年度结束之前，向部长提出一份列明下列信息的报告：

（a）在作为该申请的主题的药品的研究开发中花费的任何联邦资金的数量和来源的详细资料；和

（b）任何下列团体的名称：

（i）申请人和该团体签有合同；和

（ii）该团体已收到联邦资金；和

（c）就作为该申请的主题的该药品而言，花费在各种研究开发上的总数额，包括临床前的研究和临床试验。

77. 延长的期限的计算

（1）如果局长准予延长一件标准专利的期限，该被延长的期限等于：

（a）自专利日起到第70条第（2）款中所提到的任何制药物质的最早的首次监管批准日（如第70条所界定）止的期限；

减去（但不低于零）：

（b）5 年。

（2）无论如何，被延长的期限不能超过 5 年。

78. 如果准予延期，专利权人的独占权利受到限制

如果局长准予延长一件标准专利的期限，下列行为未侵犯专利权人在被延长的期限内的独占权：

（a）任何人出于治疗使用以外的目的实施：

（i）实质上在该专利的完整说明书中被披露，并且实质上处于该说明书的某项或者多项权利要求的范围内的某制药物质本身；或者

（ii）当某制药物质通过涉及使用 DNA 重组技术的方法生产时，实质上在该专利的完整说明书中被披露，并且实质上处于该说明书的某项或者多项权利要求的范围内的该制药物质；

或者

（b）任何人实施下列形式以外的其他形式的该发明的：

（i）实质上在该专利的完整说明书中被披露，并且实质上处于该说明书的某项或者多项权利要求的范围内的某制药物质本身；或者

（ii）当某制药物质通过涉及使用 DNA 重组技术的方法生产时，实质上在该专利的完整说明书中被披露，并且实质上处于该说明书的某项或者多项权利要求的范围内的该制药物质。

79. 如果在专利期满之后被准予延期，专利权人的权利

（a）专利权人提出一件延长标准专利的期限的申请；并且

（b）在该申请被作出决定之前，该专利的期限已届满；并且

（c）准予延期。

在被准予延期后，专利权人就下述期限内作出的某项行为享有启动法律程序的同样权利；

（d）从该专利的期限届满时；

（e）到准予该延期之日；

犹如该延期在作出该行为时已经被准予一样。

79A. 如果法院程序未结案，局长不作出决定

（a）一件标准专利的专利权人提出延长该专利的期限的申请；并且

（b）涉及该专利的有关法律程序仍未结案。

未经法院许可，局长不得按照本部分的规定就该专利作出任何决定。

第6A章　分案申请

79B. 在专利的授予之前的分案申请

（1）如果一件专利的完整专利申请被提出（但尚未失效或者被拒绝或者撤回），申请人可以按照条例的规定，就下述发明提出另一件完整申请：

（a）在原申请中所提交的说明书中被披露；并且

（b）当原申请是作为一件标准专利申请，而且自在公报上公布该相关专利请求书和说明书的审定之日起至少超过3个月——属于该被审定的说明书的权利要求的范围内。

（1A）第（1）款中所述原完整专利申请不包括第79C条中所规定的革新专利的分案申请。

（2）在本法中：

申请人与第38条中该词的含义相同。

79C. 革新专利的分案申请可以在革新专利的授予之后提出

申请可以被提出

（1）一件革新专利（原专利）的专利权人可以在符合条例规定的条件下，就原专利中所披露的进一步发明提出另外一件革新专利的完整申请，如果该发明在原专利被授予时依据的申请的完整说明书中被披露。

提出分案申请的时间

（2）专利权人仅可以在下列期限内提出另一件完整申请：

（a）自原专利的实质审查开始时；

（b）到下列任一情况发生时止：

（i）原专利期限届满；

（ii）原专利被撤销；

（iii）原专利终止；

（iv）细则对本条规定的期限届满。

实质审查何时开始？

（3）为第（2）款之目的，该实质审查开始于：

（a）如果已经被按照第 101 A 条（b）项的规定提出实质审查请求——提出该请求的日期；或者

（b）如果局长按照第 101A 条（a）项的规定决定对该专利进行实质审查——局长作出该决定的日期。

第7章　增补专利

80. 不适用于革新专利

本章不适用于革新专利。

81. 增补专利的授予

（1）当：

（a）就一项发明（在本章中被称为主发明）已经提出专利申请或者已经被授予专利；并且

（b）申请人或者专利权人（或者获得申请人或者专利权人授权的人）就该主发明的改进或者修改申请了另一件专利；并且

（c）上述另一件专利申请按照条例的规定提出。

在不违反本法和条例的情况下，局长可以对上述改进或者修改授予增补专利。

（2）在对主发明专利申请的专利请求书和完整说明书提出实质审查请求之前，不能对增补专利申请的专利请求书和完整说明书进行实质审查。

（3）在主发明专利被加盖印章之前，增补专利不能被加盖印章。

（4）对局长按照本条的规定作出的决定，可以向联邦法院提出上诉。

82. 专利的撤销，替代授予增补专利

（1）当：

（a）一项对主发明的改进或者修改的发明是一件独立专利中的主题；并且

（b）该独立专利的专利权人也是该主发明专利的专利权人；

局长可以根据专利权人提出的请求，撤销该独立专利，并对该改进或者修改授予增补专利。

（2）按照本条的规定被授予的增补专利的专利日与被撤销的独立专利的专利日相同。

（3）对局长按照本条的规定作出的拒绝请求的决定，可以向联邦法院提出上诉。

83. 增补专利的期限

普通期限

（1）一般规则是，在主发明专利保持有效的时间内，增补专利保持有效。但是，本规则受到第（3）款和第（4）款所列例外情况的约束。

（2）增补专利的期限可以按照第 6 章第 3 部分的规定被延长，即使主发明专利没有按照该部分的规定被延长。

增补专利期限被延长

（3）如果增补专利的期限按照第 6 章第 3 部分的规定被延长：

（a）该延长从主发明专利未被延长的期限结束之日起算；并且

（b）当该延长开始，该增补专利成为一件独立专利。

主发明专利的期限被延长

（4）如果：

（a）主发明专利的期限按照第 6 章第 3 部分的规定被延长；并且

（b）增补专利的期限没有按照该部分的规定被延长。

该增补专利的期限于主发明专利未被延长的期限结束之日届满。

85. 主发明专利的撤销

（1）如果主发明专利被规定的法院或者局长按照第 101 条或者第 137 条的规定撤销，该增补专利成为一件独立专利，除非下列机关或者人员另外有命令：

（a）当该专利被规定的法院撤销时——该法院；或者

（b）在任何其他情况下——局长。

（2）当一件增补专利按照本条的规定成为一件独立专利的，该增补专利的期限不能超过主发明专利的期限中尚未届满的部分。

86. 不需支付费用

增补专利的维持不需要支付费用。

87. 当增补专利成为一件独立专利时，应支付费用

在一件增补专利成为独立专利之后应支付的费用及该费用应支付的日期，根据该独立专利的日期确定。

第 8 章　PCT 申请和公约申请

第 1 部分　PCT 申请

88. PCT 申请

（1）在符合本条的情况下，一件 PCT 申请必须在本部分以外的本法中，被视为本法所规定的一件标准专利的完整申请。

（3）包含在一件 PCT 申请中的说明书、附图和权利要求书必须被视为该申请中所提交的完整说明书。

（4）一件 PCT 申请的申请日被视为是它的国际申请日。

（5）在本法中，在一件 PCT 申请中按照细则第 13 条之二第 4 款所提交的对被保藏的微生物的说明，被视为被包括在该 PCT 申请的说明书中，即使该说明被包括在另外的文件中。

（6）第（5）款中所述细则第 13 条之二第 4 款即附表 1 中定义的 PCT 条约的实施细则第 13 条之二第 4 款。

注：国际申请日被定义在附表中；也可参见第 10 条。

89. 本法的变通适用

（1）一件 PCT 申请被视为符合本法和条例关于标准专利申请的规定要求，但该 PCT 申请不能仅因为第 88 条而被视为符合任何其他对它适用的要求。

（2）一件 PCT 申请中所包含的说明书、附图和权利要求书不能仅因为第 88 条而被视为符合第 40 条的要求。

（3）任何申请人无权按照本法的规定就一件 PCT 申请要求采取任何行为，或者要求准予他/她采取任何行为，除非：

（a）如果该申请没有使用英语向受理局提交——按照条例的规定被核实的该申请的英语翻译文本已经被提交；并且

（b）在任何情况下——规定的文件已经被提交，并且规定的费用已经被缴纳。

（4）如果一件 PCT 申请的翻译文本已经被提交，且符合第（3）款（a）项，则包含在该申请中的说明书和权利要求书以及与附图相关联的任何文件，被视为已经于该翻译文本提交之日，通过用说明书、权利要求书和其他文件的翻译文本取代原始文本，而被修改。

（5）当：

（a）一件 PCT 申请已经按照 PCT 条约第 19 条的规定被修改；或者

（b）一件已在 PCT 条约第 39 条规定的期限内按照 PCT 条约第 II 章的规定选定选定澳大利亚的 PCT 申请，已经按照 PCT 条约第 34 条的规定被修改；或者

（c）一件 PCT 申请已经按照附表中定义的 PCT 条约的实施

细则第 91 条的规定被更正；

则在本法中，包含在该申请中的说明书、附图和权利要求书被视为已经于上述修改或者更正作出之时被修改。

90. PCT 申请的公布

一件 PCT 申请被视为在下列日期已经公开供公众查阅，并已经在澳大利亚被公布：

(a) 当涉及该申请的通告按照第 92 条第（1）款或者第（2）款的规定被公布——该通告被公布之日；

(b) 当涉及该申请的通告按照第 92 条第（3）款的规定被公布——被公布的该申请的副本被专利局收到之日。

91. 某些条款对 PCT 申请的适用

为将第 57 条适用于一件 PCT 申请，所述该完整说明书即行公开供公众查阅即是该 PCT 申请按照第 90 条的规定被视为已公开供公众查阅。

92. 公布的通告

(1) 就一件尚未失效或者被撤回或者被拒绝的 PCT 申请而言，当：

(a) 申请人符合第 89 条第（3）款的规定；并且

(b) 申请人书面要求局长在公报上公布该申请即行公开供公众查阅的通告；并且

(c) 该申请尚未公开供公众查阅。

局长必须在公报上公布表明该申请的副本即行公开供公众查阅的通告。

(2) 当：

(a) 一件尚未失效或者被撤回或者拒绝的 PCT 申请，被视为本法所规定的一件标准专利申请；并且

(b) 申请人符合第 89 条第（3）款的规定；并且

(c) 在该申请的优先权日之后的 18 个月的期限已届满；并且

（d）该申请尚未公开供公众查阅。

局长必须在公报上公布表明该申请的副本即行公开供公众查阅的通告。

（3）当：

（a）按照 PCT 条约第 21 条的规定已被公布的 PCT 申请的副本被专利局收到；并且

（b）该申请尚未失效，或者被撤回或者拒绝；并且

（c）有关的通告尚未按照第（1）款或者第（2）款的规定被公布。

局长必须在公报上公布指明收到该副本的日期和表明该副本即行公开供公众查阅的通告。

（4）当有关的通告按照本条的规定在公报上被公布，该相关申请和任何其他规定的文件的副本公开供公众查阅。

93. 根据 PCT 条约所产生的事项的证据

局长签署的涉及一件国际申请的证明下列事项的证明书：

（a）根据本法或者 PCT 条约，被要求或者被允许提出或者作出的任何事项或者事情已经被提出或者作出；或者

（b）根据本法或者 PCT 条约，被要求不得提出或者作出的任何事项或者事情尚未被提出或者作出。

是被包含在该证明书中的事项的初步证据。

第 2 部分　公约申请

94. 公约申请人可以提出公约申请

（1）在规定的期限内，任何一件基础申请的公约申请人可以提出一件公约申请，或者 2 个以上的上述申请人可以提出一件共同公约申请。

（2）当就有关发明的保护已经在一个以上的公约国家提出 2 件以上的基础申请的，一个上述基础申请的公约申请人，或者被 2 个以上有权的申请人共同，可以就该基础申请中所披露的发

明，在规定的期限内提出公约申请。

95. 提出公约申请的方式

（1）在不违反本条的情况下，一件公约申请必须与任何其他专利申请同样地被提出和处置。

（2）一件公约申请的专利请求书必须：

（a）含有规定的与相关基础申请有关的详细资料；并且

（b）附具一件完整的说明书。

（3）除了完整说明书，规定的其他文件也必须在规定的期限内被提交。

96. 公约申请的撤回、放弃或者拒绝

（1）就一项发明提出一件公约申请时，当：

（a）就该发明的保护已经在一个公约国家提出一件申请；并且

（b）该申请已经被撤回、放弃或者拒绝，且尚未公开供公众查阅；并且

（c）该申请尚未在一个公约国家按照该国相当于本部分的法律的规定，被用来作为要求优先权的基础；并且

（d）相同的申请人就该发明的保护已经在上述在先申请被提出的公约国家提出一件在后申请。

就本部分而言，申请人可以要求局长不考虑上述在先申请。

（2）当申请人按照（1）款的规定提出请求：

（a）上述在先申请必须被不予考虑；并且

（b）就本部分而言，该申请人或者任何其他申请人都不可以使用上述在先申请作为一件基础申请。

第9章　标准专利的重审

96A. 本章不适用于革新专利

本章不适用于革新专利。

97. 完整说明书的重审

(1) 根据本条和条例的规定，如果

(a) 一件专利申请的请求书和完整说明书已经被审定；并且

(b) 该专利尚未被授予。

局长可以对该完整说明书进行重审。

(2) 根据本条和条例的规定，当一件专利已经被授予，局长在被专利权人或者任何其他人要求的情况下则必须，对该完整说明书进行重审。

(3) 当一件专利的有效性按照本法的规定在规定的法院的任何程序中受到争议，该法院可以指示局长对该完整说明书进行重审，局长则必须相应地对该说明书进行重审。

(4) 当涉及一件专利的有关法律程序尚未了结，局长不得按照第（2）款的规定对该专利的完整说明书进行重审。

(5) 当：

(a) 局长已经按照第（2）款的规定开始对一件专利的完整说明书进行重审；并且

(b) 涉及该专利的有关法律程序被启动。

局长不得继续该重审。

98. 重审报告

(1) 在对完整说明书进行重审之后，局长必须尽他/她所知，确定并报告，任一权利要求中被要求保护的该发明与该权利要求的优先权日之前即已存在的现有技术相比，是否：

(a) 不具有新颖性；和

(b) 不具有创造性进步。

(2) 在第（1）款中，现有技术被视为不包括仅仅通过作出单一行为（不论是在该专利领域之内或者之外）而被公之于众的信息。

注：也可参见第 7 条。

99. 申请人或者专利权人的声明

（1）当局长对完整说明书作出否定性报告，申请人或者专利权人可以在规定的期限内，按照条例的规定提交一项声明，反驳该报告的整体或者任何部分。

（2）不论申请人或者专利权人是否采取措施修改完整说明书，也不论其是否按照根据第106条或者第107条作出的指示的规定提交一项修改的声明，都可以提交上述声明。

100. 报告的副本应送交法院

当重审是根据法院依第97条第（3）款作出的指示进行的，根据第98条作出的报告和根据第99条对该报告提交的任何声明的副本，必须送交作出上述指示的法院。

100A. 拒绝授予专利——授予之前的重审

（1）当局长根据第97条（1）款作出否定性重审报告的，局长可以拒绝授予该专利（参见第61条（1）款）。

（2）局长不能根据本条拒绝授予一项专利，除非局长：

（a）已经给予申请人一个合理的陈述意见机会；并且

（b）在合适时，已经给予申请人一个合理的修改有关说明书的机会以消除拒绝授权的任何法定理由，而申请人未能这样做。

（3）对局长按照本条的规定作出的决定，申请人可以上诉至联邦法院。

101. 专利的撤销——授予之后的重审

（1）当局长根据第97条（2）款作出否定性重审报告的，局长可以通过书面通知，根据情况全部撤销专利或者只撤销所涉及的特定的权利要求。

（2）局长不得根据本条撤销一件专利，除非局长：

（a）已经给予专利权人一个合理的陈述意见机会；并且

（b）在合适时，已经给予专利权人一个合理的修改有关说明书的机会以消除撤销的任何法定理由，而专利权人未能这样做。

(3) 当涉及该专利的有关法律程序尚未结案，局长不得根据本条撤销该专利。

(4) 对局长按照本条规定作出的决定，专利权人可以上诉至联邦法院。

第9A章 实质审查、重审和异议——革新专利

第1部分 革新专利的实质审查

101A. 可请求实质审查或者局长可以决定进行实质审查

在革新专利的授予之后，局长：

(a) 如果局长决定这样做，可以；

(b) 如果专利权人或者任何其他人书面要求。

必须对该革新专利的完整说明书进行实质审查。

101B. 革新专利的实质审查

在革新专利实质审查中局长必须做什么

(1) 如果局长根据第101A条对一件革新专利进行实质审查，局长必须：

(a) 审查该专利的完整说明书，以决定该专利是否是无效的，以及是否存在第（2）、（4）、（5）、（6）或者（7）款中所列明的某项理由导致该专利应当被撤销；并且

(b) 对上述款中所列明的理由作出报告。

前述理由是根据本条进行撤销的所有理由。

涉及有效性的撤销理由

(2) 根据第（1）款进行撤销的理由包括下列理由：

(a) 说明书不符合第40条的规定；

(b) 该被要求保护的发明不符合第18条第（1A）款（a）项或者（b）项的规定；

(c) 该发明根据第18条第（2）款或者第（3）款不是可获

得专利的发明；

（d）该发明的使用将会违反法律。

（3）为解决该发明是否符合第 18 条第（1A）款（b）项的问题，现有技术（在第 18 条（1A）款（b）项中所提到的）被视为不包括仅仅通过作出单一行为（不论是在该专利地域之内或者之外）而被公之于众的信息。

基于该发明要求保护的是能够被用作食物或者药物的物质等的理由的撤销

（4）进一步的撤销理由是该专利要求作为一项发明保护的是：

（a）能够被用作食物或者药物的物质（不论是对于人类或者动物，也不论是内用或者外用），而且该物质纯粹是已知成分的混合；或者

（b）以纯粹混合的方式生产上述物质的方法。

基于该专利包含某个名字的理由的撤销

（5）进一步的撤销理由是该专利包含一项权利要求，而该权利要求包含某个人的名字作为该权利要求中要求保护的发明的名称或者名称的一部分。

基于对一项发明重复授予专利的理由的撤销

（6）进一步的撤销理由是：

（a）该革新专利要求保护的发明，与作为某件专利中的主题并由同一个发明人发明的另一项发明相同；并且

（b）在每件专利中的相关的一项或者多项权利要求享有相同的优先权日。

因条例规定的理由的撤销

（7）进一步的撤销理由是该完整说明书不符合规定的其他事项（如果有的）。

101C. 实质审查进行的方式和时间

第 101B 条所规定的实质审查必须以下列方式和时间进行：

（a）按照条例的规定；并且

（b）在规定的期限内。

101D. 给予局长有关检索的信息

（1）申请人必须按照条例的规定，告知局长，为评价在该完整说明书中或者一件在澳大利亚之外提交的相应申请中披露的发明的专利性而实施的下列检索的结果：

（a）由任何外国专利局或者代表外国专利局进行的任何文件的检索，但不包括条例中规定的检索；

（b）条例中规定的文件检索。

（2）第（1）款仅适用于在该专利的实质审查证明书的发布之前完成的检索。

（3）在第（2）款中：

完成，就一项检索而言，在条例中所规定的含义上使用。

101E. 实质审查证明书

如果：

（a）在根据第101B条对一件专利进行实质审查之后，局长书面作出他/她确信该被要求保护的发明符合第18条第（1A）款（b）项的规定的决定；并且

（aa）在对该专利进行上述实质审查之后，局长还书面作出他/她认为下列事项的决定：

（i）撤销该专利的某项理由（不包括第18条第（1A）款（b）项中的某项理由）尚未被发现；或者

（ii）任何上述理由已经被消除；并且

（b）该专利根据第143A条尚未终止；

局长必须：

（c）通知专利权人和请求实质审查的人（如果此人不是专利权人）该专利已经被实质审查，且将颁布实质审查证明书；并且

（d）在公报上公布该已进行的实质审查的通告；并且

（e）以局长审定的格式发布该专利的实质审查证明书；并且

（f）对该证明书的颁布进行登记。

101F. 在根据第 101B 条进行实质审查之后对革新专利的撤销

（1）如果：

（a）局长认为，在根据第 101B 条对一件专利进行实质审查之后，撤销该专利的某项理由已经被发现，且该理由尚未被消除；并且

（b）该专利根据第 143A 条尚未终止。

局长必须撤销该专利。

（2）如果局长撤销该专利：

（a）局长必须将该撤销通知专利权人和请求实质审查的人（如果此人不是专利权人）；并且

（b）对该撤销进行登记。

（3）局长不得根据本条撤销一件专利，除非局长：

（a）已经给予专利权人一个合理的陈述意见机会；并且

（b）如果合适，已经给予专利权人一个合理的修改有关说明书的机会以消除撤销该专利的理由，而专利权人未能这样做。

（4）对局长撤销一件专利的的决定，可以向联邦法院提出上诉。

第 2 部分　革新专利的重审

101G. 革新专利的完整说明书的重审

（1）在不违反第 101K 条第（2）款和第（3）款及条例的情况下，在一件革新专利已经被授予之后，局长：

（a）如果局长决定这样做，可以；和

（b）如果被专利权人或者任何其他人书面要求。

必须对该专利的完整说明书进行重审。

（2）如果局长根据（1）款对一件革新专利进行重审：

（a）局长必须对该专利的完整说明书进行重审，以决定该专利是否是无效的，以及是否发现了第（3）款中所列明的某项理由，导致该专利应当被撤销；并且

（b）局长必须对第（3）款中所列明的理由作出报告。

（3）根据第（2）款撤销专利的理由是指，在任一权利要求中被要求保护的发明和该权利要求的优先权日之前即已存在的现有技术相比，是否：

（a）不具有新颖性；和

（b）不具有革新性进步。

（4）不得根据第（2）款以其他理由撤销一件专利。

（5）在第（3）款中，现有技术被视为不包括仅仅通过作出单一行为（不论是在该专利地域之内或者之外）而被公之于众的信息。

101H. 专利权人的声明

（1）如果局长作出报告认定，在根据第101G条对一件专利进行重审之后，已经发现了撤销该专利的某项理由，专利权人可以在规定的期限内，按照条例的规定提交一项声明，反驳该报告的整体或者任何部分。

（2）而不论专利权人是否采取措施修改完整说明书，也不论其是否按照根据第106条作出的指示的规定提交一项修改的声明，都可以提交上述声明。

101J. 在重审之后对革新专利的撤销

（1）如果局长根据第101G条作出否定性重审报告，局长可以通过书面通知，根据情况，全部撤销或者只撤销所涉及的特定的权利要求。

（2）如果局长撤销该专利：

（a）局长必须将该撤销通知专利权人和请求重审的人（如果此人不是专利权人）；并且

（b）对该撤销进行登记。

（3）局长不得根据本条撤销一件专利，除非：

（a）局长已经给予专利权人一个合理的陈述意见机会；并且

（b）局长已经考虑了专利权人根据第101H条提出的声明

（如果有的）；并且

（c）如果合适，局长已经给予专利权人一个合理的修改有关说明书的机会以消除任何撤销理由，而专利权人未能这样做。

（4）当涉及该专利的有关法律程序尚未结案的，局长不得根据本条撤销该专利。

（5）对局长按照本条规定作出的决定，专利权人可以上诉至联邦法院。

101K. 有关法律程序和重审

（1）如果一件革新专利的有效性按照本法的规定在规定的法院的任何法律程序中受到争议，该法院可以指示局长对该专利的完整说明书进行重审。如果被法院如此指示，局长必须相应地对该说明书进行重审。

（2）如果涉及一件革新专利的有关法律程序尚未结案，局长不得对该专利的完整说明书进行重审。

（3）如果

（a）局长已经开始对一件革新专利的完整说明书进行重审；并且

（b）涉及该专利的有关法律程序被启动；

局长不得继续该重审。

101L. 报告的副本应送交法院

如果重审是根据法院依第 101K 条第（1）款作出的指示进行的，根据第 101G 条第（2）款（b）项作出的报告和对该报告根据第 101H 条提交的任何声明的副本，必须给予作出上述指示的法院。

第 3 部分　对革新专利的异议

101M. 对革新专利的异议

部长或者任何其他人可以按照条例的规定，基于一个以上的下列无效理由，而不能基于其他理由，对一件已经被颁发证明书的革新专利提出异议，并请求撤销专利的：

（a）专利权人具有下列情形之一：

（i）无权获得该专利；或者

（ii）有权获得该专利，但仅在和另外的人一起时；

（b）该发明因为不符合第 18 条第（1A）款（a）或者（b）项的规定，不是可获得专利的发明；

（c）该发明根据第 18 条第（2）款或者第（3）款不是可获得专利的发明；

（d）该完整说明书不符合第 40 条第（2）款或者第（3）款的规定。

101N. 局长听取意见和作出决定

（1）如果一件革新专利已经被根据第 101M 条提出异议，局长必须按照条例的规定对该案件作出决定。

（2）在对该案件作出决定之前，局长必须给予异议人和专利权人一个合理的陈述意见机会。

（3）在决定是否撤销该专利时，局长可以考虑一件革新专利的授予可以被提出异议的任何理由，而不论该理由是否为异议人所依凭。

（4）在不违反第（6）款的情况下，如果局长确信一件革新专利的某项撤销理由存在，局长可以书面决定全部撤销或者撤销所涉及的特定的权利要求。

（5）如果局长撤销该专利：

（a）局长必须通知专利权人和异议人该撤销；并且

（b）对该撤销进行登记。

（6）局长不得根据本条撤销一件专利，除非局长已经在合适时给予专利权人一个合理的修改有关说明书的机会以消除任何撤销理由，而专利权人未能这样做。

（7）对局长按照本条的规定作出的决定，专利权人和任何异议人可以上诉至联邦法院。

101P. 有关法律程序和异议

如果涉及一件革新专利的有关法律程序尚未结案，局长不得未经法院许可，按照本部分的规定，就该专利作出某项决定。

第 10 章　修　改

第 1 部分　不允许的修改

102. 哪些修改是不允许的

如果修改后的说明书将要求保护实质上未在所提交的原说明书中被披露的事项，完整说明书的修改是不允许的

（1）完整说明书的修改是不允许的，如果作为该修改的结果，该说明书将要求保护实质上未在所提交的原说明书中被披露的事项。

在相应时间之后，对完整说明书的某些修改是不允许的

（2）在相应时间之后，完整说明书的修改是不允许的，如果作为该修改的结果：

（a）该说明书的某项权利要求将不再在实质上处于修改之前的说明书的权利要求的范围内；或者

（b）该说明书将不符合第 40 条第（2）款或者第（3）款的规定。

相应时间的含义

（2A）在第（2）款中，相应时间指：

（a）涉及拟对一件标准专利的完整说明书进行的修改——在该说明书已经被审定之后；或者

（b）涉及拟对一件革新专利的完整说明书进行的修改——在局长已经根据第 101E 条（a）和（aa）项就该专利作出决定之后。

在某些情况下，修改革新专利请求书是不允许的

（2B）对一件革新专利申请的专利请求书的修改是不允许的，

如果：

（a）该专利申请是第79C条中规定的申请的；并且

（b）拟进行的修改将会使该申请从一件革新专利申请转变为一件标准专利申请。

如果信息未被提供，修改是不允许的

（2C）一件专利的完整说明书的修改是不允许的，如果：

（a）专利权人或者专利权人之前的权利人未能确保向局长提供涉及该专利的第45条第（3）款或者第101D条所要求的信息；并且

（b）拟进行的修改将会消除因全部或者部分存在上述未被提供的信息而根据第18条（1）（b）项或者第18条（1A）（b）项驳回说明书的法定理由。

（3）本条不适用于为了改正在完整说明书中出现的或者涉及完整说明书的笔误或者明显错误而进行的修改。

103. 需要抵押权人或者独占被许可人的同意

（1）当某人被登记为一件专利的抵押权人或者独占被许可人，除非该抵押权人或者独占被许可人已经书面同意该修改，对该完整说明书的修改是不允许的。

（2）如果抵押权人或者独占被许可人拒绝同意拟进行的修改，根据申请人或者专利权人的请求，如果局长确信该拒绝是不合理的，局长可以作出不必经过抵押权人或者独占被许可人同意的指示。

第2部分　修改专利请求书、说明书和其他提交的文件

104. 申请人和专利权人请求修改

（1）一件专利的申请人或者专利权人，为任何包括下列之一或者两者的目的，可以在不违反本法和条例的情况下，按照条例的规定，请求局长同意对有关专利请求书或者完整说明书或者任何其他提交的文件进行修改：

（a）消除对该请求书或者说明书提出异议的某项法定理由，不论该异议是在实质审查期间被提出，或者重审期间，或者另外的期间；

（b）改正一项笔误或者明显错误。

（2）当申请人或者专利权人请求同意对专利请求书或者完整说明书或者任何其他提交的文件进行修改，局长必须按照条例的规定考虑和处理该请求。

（4）部长或者任何其他人，可以在不违反条例的情况下，按照条例的规定对同意一项修改提出异议。

（5）局长不得同意一项根据第102条是不允许的修改。

（6）在一项修改被允许之后，该修改被视为已经被提出。

（7）对局长同意或者拒绝同意一项修改请求的决定，但不包括规定的决定，可以向联邦法院提出上诉。

105．法院指示的修改

（1）在涉及一件专利的任何有关法律程序中，法院可以根据专利权人的请求，通过命令指示对该专利、专利请求书和完整说明书以该命令中所指明的方式修改。

（2）法院认为适当时，发布命令可要求满足关于费用、公告或者其他方面的条件（如果有的）。

（3）专利权人必须将希望获得上述命令的请求通知局长，局长有权出庭并陈述意见，而且如果法院指示，局长必须出庭。

（4）法院不能指示进行一项根据第102条是不允许的修改。

（5）专利权人必须在规定的期限内提交上述命令的副本。

（6）在提交上述命令的副本之后，该专利、专利请求书或者完整说明书被视为已经按照该命令中所指明的方式被修改。

106．局长指示的修改：专利

（1）当：

（a）一件专利已经被授予；并且

（b）在下列过程之后，局长确信该专利被无效的理由可通过对说明书的适当修改而被消除的：

(i) 对于标准专利——该专利的重审；或者

(ii) 对于革新专利——该专利的实质审查、重审或者异议；

局长可以按照条例的规定，指示专利权人在局长所允许的时间内，提交一项对该说明书拟进行的修改的声明以消除上述理由。

(2) 局长在作出指示之前，必须首先给予专利权人一个合理的陈述意见机会。

(3) 专利权人可以按照条例的规定，对一项修改声明进行修改。

(4) 如果局长确信在一项声明（或者一项修改后的声明）中所列明的修改是被允许的，而且如果提出上述修改，将消除使该专利无效的理由，则局长必须允许上述修改。

(5) 在一项修改被允许之后，该修改被视为已经被提出。

107. 局长指示的修改：标准专利申请

(1) 当：

(a) 一件标准专利的完整申请已经被提出；并且

(b) 局长确信对该专利请求书或者完整说明书存在法定异议理由，但上述异议理由可以通过对该请求书或者说明书的适当修改而被消除；并且

(c) 申请人尚未采取措施对该请求书或者说明书进行修改以消除上述异议理由；

局长可以按照条例的规定，指示申请人在局长所允许的时间内，提交一项对该请求书或者说明书拟进行的修改的声明以消除上述异议理由。

(2) 局长在作出指示之前，必须首先给予申请人一个合理的陈述意见机会。

(3) 申请人可以按照条例的规定，对一项修改声明进行修改。

(4) 如果局长确信在一项声明（或者一项修改后的声明）中

所列明的修改是被允许的，而且如果提出上述修改，将消除对该专利请求书和完整说明书的所有法定异议理由，则局长必须允许上述修改。

（5）在一项修改被允许之后，该修改被视为已经被提出。

109. 上诉

对局长按照第 106 条或者第 107 条的规定作出的指示，可以向联邦法院提出上诉。

第 3 部分 其他规定

110. 完整说明书的修改的公告

必须在公报上通告，对完整说明书的修改是公开的，可供公众查阅。

112. 未决的法律程序

当涉及该专利的有关法律程序尚未结案的，除了根据第 105 条，该专利的完整说明书不得被修改。

113. 根据转让或者协议主张权利的人

（1）当：

在一件专利被授予之前，如果该专利稍后被授予，某人将根据转让或者协议，或者因法律的实施，有权获得：

（a）该专利或者其中的权益；或者

（b）该专利或者其中的权益中的未分割的份额；

局长可以根据此人按照条例的规定提出的请求，根据情况，指示该申请以此人的名义继续进行，或者以此人和申请人，或者以此人和一个或者多个其他共同申请人的名义继续进行。

（2）当局长作出上述指示：

（a）根据情况，此人被视为申请人或者共同申请人；并且

（b）该专利请求书被视为已被修改成将专利授予给此人的请求书，根据情况，此人或者作为单独专利权人或者作为共同专利权人。

114. 某些修改后的权利要求的优先权日

（1）当一件完整说明书中的某项权利要求请求保护的实质上是作为修改说明书的结果而被披露的主题，则该权利要求的优先权日必须根据条例另行确定。

114A. 对某些修改后的权利要求不能提出异议

（1）本条适用，如果：

（a）一件完整说明书（原始说明书）已经被修改；并且

（b）在上述修改之后，该修改后的说明书要求保护的实质上是作为上述修改的结果而被披露的主题；并且

（c）在上述原始说明书的申请日之后，该原始说明书中描述的发明已经被公布或者使用。

（2）如果本条适用，对该修改后的说明书不能提出异议，而且不能因为在修改后的说明书中被要求保护的该发明，相对于已公布或者使用原的始说明书中描述的发明，不具有下列特征是无效的：

（a）对于标准专利——创造性；或者

（b）对于革新专利——革新性。

115. 损害赔偿的限制

（1）当一件完整说明书在其已公开供公众查阅之后被修改，就在允许或者指示上述修改的决定或者命令作出日之前对该专利的任何侵权而言，不应被判决给予赔偿，而且不应被命令交出所得利润：

（a）除非法院确信修改前的说明书是被出于真诚并用合理的技能和知识拟定；或者

（b）如果该说明书中的被侵犯的项权利要求是第 114 条第（1）款中所述权利要求。

（2）第（1）款在受第 57 条第（3）款和第（4）款限制的情况下具有效力。

116. 修改后的说明书的解释

局长或者法院可以在解释修改后的完整说明书时，参考修改前的说明书。

第 11 章 侵 权

第 1 部分 侵权和侵权法律程序

117. 提供产品构成侵权

(1) 如果某人对一件产品的使用将侵犯一件专利权，则他人向该人提供该产品属于提供者对该专利权的侵犯，除非提供者是专利权人或者该专利的被许可人。

(2) 第 (1) 款中对某人对一件产品的使用是指：

(a) 如果考虑到该产品的性质或者设计，该产品仅可有一种合理的使用——该使用；或者

(b) 如果该产品不是常用的商业产品——对该产品的任何使用，如果提供者有理由相信该人将把该产品作该种使用；或者

(c) 在任何情况下——按照提供者给予的或者包含在提供者出版或者授权的广告中的，关于该产品的使用的指示或者诱导，而对该产品进行的使用。

118. 侵权豁免：在外国船只、航空器或者陆上交通工具内或者上的使用

专利权人的权利未被侵犯：

(a) 通过在一艘外国船只的甲板上，在该船只的船身内，或者在该船只的机器、索具、仪器或者其他附件内使用专利发明，如果该船只仅暂时或者偶然进入专利地域，并且该发明纯粹用于该船只的需要；或者

(b) 通过在一艘外国航空器或者一辆外国陆上交通工具的建造或者运行中，或者在该航空器或者交通工具的附件内使用该专利发明，如果该航空器或者交通工具仅暂时或者偶然进入专利

地域。

119. 侵权豁免：在先使用

（1）某人在某项权利要求的优先权日之前，实施下列行为的，可以继续实施如没有本款将构成侵权的实施产品、方法或者工艺的行为：

（a）在专利地域内实施产品、方法或者工艺；或者

（b）已在专利地域采取具体的措施（不论是以合同方式或者其他方式）以实施该产品、方法或者工艺。

（2）第（1）款不予适用，如果在优先权日之前该人已经：

（a）停止（非暂时地）在专利地域内实施产品、方法或者工艺；或者

（b）放弃（非暂时地）在专利地域内制造产品、方法或者工艺的措施。

关于从专利权人处获取的衍生产品、方法或者工艺的限制

（3）第（1）款不适用于从专利权人或者其在前权利人处获得产品、方法或者工艺的情形，除非该产品、方法或者工艺是从公开的信息中获得，并且：

（a）该公开已经获得专利权人或者其在前的权利人的同意；并且

（b）通过该发明在第 24 条第（1）款（a）项规定的情况下的任何公布或者使用导致上述信息的公开。

权利继受人的豁免

（4）某人（处置人）可以将第（1）款中规定的所有权利转移给另一个人（接受人）而不侵犯专利权。如果处置人这样做，本条前三款适用于接受人，就如前三款中提到的人是：

（a）处置人；或者

（b）如果处置人的权利源于因为本款的一次或者多次适用，那么是：

（i）根据第（1）款而获得权利从事相关行为而不承担侵权责任的人；并且

（ii）处置者的权利的直接或者间接来源者。

定义

（5）在本条中，实施包括：

（a）在与产品相关时：

（i）制造、租赁、销售或者以其他方式处置产品；以及

（ii）许诺制造、许诺租赁、许诺销售或者其他方式许诺处置产品；以及

（iii）使用或者进口产品；以及

（iv）为上述（i）、（ii）或者（iii）的目的而储藏该产品；

（b）在与产品制造方法或者工艺相关时：

（i）使用该方法或者工艺；以及

（ii）对使用该方法或者工艺造出的产品进行上述（a）（i）、（ii）、（iii）或者（iv）中的行为。

119A. 侵权豁免：为获得医药品监管批准而采取的行为

（1）仅当下列情形发生时，对药品专利中要求保护的发明创造进行使用不视为对专利权人权利的侵犯：

（a）为将下列物品列入澳大利亚医疗商品名录中：

（i）用作治疗目的；并且

（ii）不属于1989年医疗产品法案中所规定的医疗器械或者治疗设备，或者

（b）使用目的是根据外国或者外国部分地区的法律获得类似的监管批准。

（2）第（1）款不适用于为第（1）款（b）项目的从澳大利亚向外出口产品的情形，除非专利的期限已经根据第六章第三部分的内容进行了扩展，并且产品由下列内容组成或者包含下列内容：

（a）一种实质上已经由专利完整说明书披露，并且实质上落入说明书中的权利要求保护范围的药品物质；或者

（b）一种涉及DNA基因重组技术获取的药品物质，这种重组技术上已经由专利完整说明书披露，并且实质上落入说明书中

的权利要求保护范围。

（3）在本条中，药品专利是指要求保护下列内容的专利：

（a）一种医疗物质；或者

（b）一种与医疗物质相关的方法、用途或者产品，包括下列任意一种内容：

（i）一种制造药品物质所需原材料的方法；

（ii）一种制造药品物质所需的原材料；

（iii）一种药物原形、代谢物或者衍生物产品。

120. 侵权法律程序

（1）在符合第（1A）款的情况下，侵权法律程序可以在规定的法院或者享有审理和裁定该事项的管辖权的其他法院，由专利权人或者独占被许可人启动。

（1A）涉及一件革新专利的侵权法律程序不能被启动，除非已经对该专利颁发实质审查证明书。

（2）如果独占被许可人启动侵权法律程序，专利权人必须被加入作为被告，除非其已经作为原告加入。

（3）被加入作为被告的专利权人不对诉讼费用承担责任，除非该专利权人出庭并参加该法律程序。

（4）侵权法律程序必须在下列期限内被启动：

（a）从相关的专利被授予之日起3年；或者

（b）从侵权行为被作出之日起6年。

以后届满的期限为准。

121. 撤销专利的反诉

（1）侵权法律程序中的被告可以通过在该法律程序中提出反诉的方式请求撤销该专利。

（2）本法关于撤销专利的程序的规定在作必要的改变后适用于反诉。

121A. 举证责任——方法专利的侵权

（1）本条仅适用于获得一件产品的方法专利。

（2）如果在由专利权人或者独占被许可人启动的一件专利的侵权法律程序中：

（a）被告宣称他/她已经使用一个与该专利方法不同的方法获得一件与通过该专利方法所获得的产品相同的产品（被告的产品）；并且

（b）法院确信：

（i）被告的产品很可能是通过该专利方法制造的；并且

（ii）专利权人或者独占被许可人已经采取合理的措施来查明被告实际上所使用的方法，但尚未能够做到。

那么，在缺乏由被告承担举证责任的相反证据时，被告的产品被视为已经通过该专利方法获得。

（3）为适用第（2）款在决定被告提供证据的方式时，法院须考虑被告在商业和制造秘密的保护方面所享有的合法权益。

122. 专利侵权救济

（1）法院可以就专利侵权准予的救济包括禁令（受到法院认为合适的条件的限制），和根据原告的选择，或者损害赔偿金，或者交出所得利润。

（1A）法院在以下一些因素后认为有必要的，可将附加数额计入专利侵权所造成的损失：

（a）侵权情节极为恶劣；以及

（b）必须严惩以震慑阻止类似专利侵权发生；以及

（c）侵权者的侵权行为发生在：

（i）已经被认定构成侵权之后；或者

（ii）在已经收到被侵权人声明其侵权之后；以及

（d）有证据显示侵权者因为侵权而获得的额外利益；以及

（e）其他相关情形。

（2）根据任一当事人的请求，只要法院认为合适，法院可以对在任何陆上交通工具、船只、航空器或者处所之内或者之上的任何物品的检查作出相关命令，并可以附加相关期限和作出关于该检查的相关指示。

123. 不知情的侵权

（1）法院可以拒绝就某专利侵权判给损害赔偿金或者作出交还所得利润的命令，如果被告使法院确信在侵权之日，被告并不知道，而且也没有理由相信，该发明存在专利。

（2）如果在侵权日之前，被作上标记以便显示它们在澳大利亚是受专利保护的专利产品，在专利地域被出售或者使用已经达到实质性程度，则视为被告已经知道该专利的存在，除非相反事实被证实。

（3）本条不影响法院以禁令的方式给予救济的权力。

第2部分　不侵权宣告

124. 解释

在本部分中：专利权人包括独占被许可人。

125. 不侵权宣告的请求

（1）任何想要实施一项发明的人，可以请求规定的法院作出对该发明的实施将不侵犯一件特定的完整说明书的某项权利要求的宣告。

（2）可以在下列时间提出上述请求：

（a）在该完整说明书已公开供公众查阅之后的任何时间；并且

（b）不论具名的人或者专利权人是否已经作出表明对该发明的实施将侵犯该权利要求的声明。

（3）具名的人或者专利权人必须被加入作为该法律程序的被告。

126. 不侵权宣告的法律程序

（1）规定的法院不得作出一项不侵权宣告，除非已经就有关的发明授予一件专利，并且：

（a）该宣告的请求人：

（i）已经书面要求具名的人或者专利权人作出拟进行的实施

将不侵犯该完整说明书的某项权利要求的书面准许；并且

（ii）已经将拟进行的实施的完整书面详细资料给予具名的人或者专利权人；并且

（iii）已经承诺，关于具名的人或者专利权人在获得拟进行的实施是否将侵犯该权利要求的法律意见所付出的费用，支付一笔合理的款项；并且

（b）具名的人或者专利权人已经拒绝或者未能作出该准许；并且

（c）如果该专利是革新专利——该专利已经颁发证明书。

（2）一项权利要求的有效性不能在不侵权宣告的程序中受到质疑。

（3）不侵权宣告程序中所有当事人的诉讼费用必须由该宣告的请求人支付，除非法院另外有命令。

127. 不侵权宣告的效力

如果：

（a）具名的人或者专利权人已经给予某人对一项发明的实施将不侵犯其任何一项权利要求的书面准许，或者规定的法院已经就该发明作出不侵权宣告；并且

（b）专利权人后来获得一项制止该人按照上述准许实施该发明的禁令，或者上述宣告被撤销。

该人无须：

（c）向专利权人交还其在上述禁令被准予之日或者上述宣告被撤销之日之前，从按照上述准许或者宣告对该发明的实施中所获得的任何利润；或者

（d）向专利权人在上述日期之前作为上述实施的结果而遭受的任何损失支付损害赔偿金。

第3部分　就不正当的侵权威胁起诉

128. 就不正当的威胁提出救济请求

（1）当某人通过传单、广告或者其他方式以提起侵权法律程

序或者其他相似的法律程序来威胁他人的，受损害的人可以请求规定的法院或者另外的享有审理和裁定该请求的管辖权的法院作出：

（a）宣告上述威胁是不正当的；和

（b）禁止继续上述威胁的禁令；和

（c）作为上述威胁的结果的该请求人所蒙受的任何损害的补救。

（2）不论作出上述威胁的人是否有权获得该专利或者专利申请，或者是否对该专利或者专利申请享有权益，第（1）款仍然适用。

129. 如果威胁涉及标准专利或者标准专利申请，法院准予救济的权力

如果根据第128条提出的一项救济请求涉及就一件标准专利或者一件标准专利申请所作出的威胁，法院可以准予该请求人其所请求的救济，除非被告使法院确信上述威胁所涉及的行为已侵犯或者将侵犯：

（a）未被该请求人证明是无效的某项权利要求；或者

（b）就未被该请求人证明是如果已经被授予专利将是无效的一项权利要求的某项权利要求而言，第57条中所规定的权利。

129A. 涉及革新专利申请或者革新专利的威胁，法院准予救济的权力

某些侵权法律程序的威胁总是不正当的

（1）如果：

（a）某人：

（i）已经申请了一件革新专利，但该申请尚未被作出决定；或者

（ii）拥有一件尚未颁发证明书的革新专利；并且

（b）此人通过传单、广告或者其他方式以就该被申请的专利或者该专利（视属何情况而定）提起侵权法律程序或者其他相似

的法律程序来威胁另一个人；

那么，就被威胁的人根据第 128 条提出的救济请求而言，上述威胁是不正当的。

就革新专利的申请人或者未颁发证明书的革新专利的专利权人所作出的威胁，法院准予救济的权力

（2）如果根据第 128 条提出的一项救济请求涉及就一件尚未被颁发证明书的革新专利或者一件革新申请所作出的威胁，法院可以准予该请求人其所请求的救济。

就一件已颁发证明书的革新专利的专利权人所作出的威胁，法院准予救济的权力

（3）如果根据第 128 条提出的一项救济请求涉及就一件已颁发证明书的革新专利所作出的威胁，法院可以准予该请求人所请求的救济，除非被请求人使法院确信上述威胁涉及的行为已侵犯或者将侵犯未被该请求人证明为无效的某项权利要求。

130. 反诉侵犯专利权

（1）第 128 条规定的法律程序的被告可以通过提出反诉的方式，请求获得单独就该请求人侵犯上述威胁所涉及的专利的诉讼中被告将有权获得的救济。

（2）当被告通过反诉的方式请求获得救济，则该请求人无须根据第 12 章提出一项单独的请求，即可在该法律程序中请求撤销该专利。

（3）本法涉及侵权法律程序的条款在作必要的改变后适用于反诉。

注：不能启动涉及一件革新专利的侵权法律程序，除非该专利已被颁发证明书［参见第 120（1A）款］。

（4）本法涉及根据第 138 条撤销一件专利的诉讼的条款在作必要的改变后适用于根据第（2）款提出的请求。

注：第 138 条所规定的撤销诉讼在涉及一件革新专利时不能被启动，除非该专利已被颁发证明书［参见第 138（1A）款］。

131. 通知存在专利不是威胁

单纯告知存在一件专利或者一件专利申请的通知不构成第128 条所指的法律程序的威胁。

132. 法律执业者或者专利代理人的法律责任

法律执业者或者注册专利代理人不就以他/她的专业身份代表委托人所为的行为而对第128 条所规定的法律程序承担法律责任。

第12章　强制许可和对专利的撤销

133. 强制许可

（1）在符合第（1A）款的情况下，任何人可以在规定的期限结束之后，请求联邦法院作出一项要求专利权人授予其一项实施该专利发明的许可的命令。

（1A）任何人不能就一件革新专利请求上述命令，除非该专利已被颁发证明书。

（2）在审理上述请求之后，在符合本条的情况下，法院可以作出上述命令，如果法院确信：

（a）符合下列所有条件：

（i）申请人以合理条款和条件请求专利权人给予其实施专利的许可，但在合理长的时间未能成功；

（ii）公众对于该专利的合理需求未能得到满足；

（iii）专利权人未能就其不实施专利给出合理理由；或者

（b）专利权人与该专利相关的行为已经或者正在违反1974 年贸易行为法第四部分或者适用的法律（如该法第150A 条所规定的）。

（3）上述命令必须指明该许可：

（a）不是给予被许可人或者获得被许可人授权的人实施该专利发明的独占权利；并且

（b）仅在连同与该被使用的许可有关的企业或者商誉一起时是可转让的；

并且可以指明该许可根据该命令中所写明的其他条款被授予。

（3B）如果专利发明被该请求人实施将导致他/她侵犯另外一件专利：

（a）只有在法院进一步确信该专利发明与上述其他专利所涉及的发明（其他发明）相比，具有重要经济意义的重大技术进步的情况下，法院须作出上述命令；并且

（b）法院必须进一步命令其他发明的专利权人：

（i）必须在实施该专利发明所必要的范围内，授予该请求人一项实施其他发明的许可；并且

（ii）如果他/她要求，须被授予一项以合理的条件实施该专利发明的交叉许可；并且

（c）法院必须指明其他发明的专利权人授予请求人的许可可以由该请求人在下列情况下转让：

（i）只有在他/她转让就该专利发明所授予的许可的情况下；并且

（ii）仅转让给前述许可的受让人。

（4）上述命令的实施不影响任何其他权利行使方法，犹如它被包含在授予一项许可的契约中，并被专利权人和所有其他必要的当事人执行。

（5）专利权人须就一项根据上述命令授予该请求人的许可而被支付：

（a）专利权人和该请求人之间协商一致的数额；或者

（b）如果（a）项不适用——则为联邦法院，在考虑该许可的经济价值，或者阻止违反1974年贸易行为法第四部分或者适用的法律（如该法第150A条所规定的）的行为的必要性后，所确定的公正、合理的数额。

（6）专利权人或者联邦法院可以撤销上述许可，如果：

（a）专利权人和被许可人协商一致，或者法院根据任一当事人提出的请求，发现证明上述许可的授予是正当的情况已经不再存在，并且不可能再出现；并且

（b）被许可人的合法权益不可能因该撤销而受到不利影响。

134. 在强制许可的授予之后对专利的撤销

（1）当一项涉及一件专利的强制许可被授予，任何利害关系人可以在规定的期限结束之后，请求联邦法院作出一项撤销该专利的命令。

（2）在审理上述请求之后，法院可以作出撤销专利的命令，如果法院确信：

（a）同时满足：

（i）公众对于该专利发明的合理需求尚未得到满足；并且

（ii）专利权人未能就其不实施专利给出令人满意的理由；或者

（b）专利权人与该专利相关的行为违反1974年贸易行为法第四部分或者适用的法律（如该法第150A条所规定的）。

135. 公众的合理需求

（1）在第133条和第134条中，公众在该专利发明方面的合理需求被视为尚未被满足，如果：

（a）在澳大利亚的一项现有的商业或者工业，或者在澳大利亚的一项新的商业或者工业的建立被不公正地损害，或者在澳大利亚对该专利产品或者从该专利方法所获得的产品的需求，没有被合理地满足，因为专利权人未能：

（i）在足够的范围内制造该专利产品，并以合理的条件提供该产品；或者

（ii）在足够的范围内制造对该专利产品的有效实施所必需的该专利产品的部件，并以合理的条件提供该部件；或者

（iii）在合理的范围内使用该专利方法；或者

（iv）以合理的条件授予许可；或者

（b）在澳大利亚的一项商业或者工业因专利权人（不论是在生效日之前或者之后）附加在该产品的购买、租用或者使用，或者该专利方法的使用或者实施上的条件，而被不公正地损害；或者

（c）如果该专利方法在澳大利亚没有正在以商业规模被实施，但能够在澳大利亚被实施。

（2）当第（1）款（c）项适用时，如果法院确信自该专利被加盖印章之日起经过的时间，因为该发明的性质或者某些其他原因，对使该发明在澳大利亚以商业规模被实施来说尚不够，法院可以中止该请求的审理，等待法院认为对上述目的来说是足够的一段期限。

136. 命令须与国际协定一致

不得根据第133条或者第134条被作出与联邦和某一外国之间的条约不一致的命令。

136A. 对违反适用的法律的指控的处理

在第133条或者第134条规定的法律程序中，关于违反适用的法律的判断，如果适用的法律是州法的，必须将该法律当作联邦法来进行判断。

注：这些是联邦法院的程序，这些程序只能适用于联邦的司法管辖权。本条规定能够使法院全面处理这些程序，不必再由州法院来确定是否违反了适用的法律。

137. 基于放弃而撤销专利

（1）任何专利权人可以在任何时间通过书面通知局长，提议放弃该专利。

（2）局长必须按照条例的规定对该提议进行通告。

（3）在听取按照条例的规定通知局长想要陈述意见的所有利害关系人的意见之后，局长可以认可该提议并撤销该专利。

（4）当涉及一件专利的有关法律程序尚未结案，局长未经法院的许可或者该法律程序的当事人的同意，不得认可放弃该专利

的提议。

（5）当一项涉及专利的强制许可尚有效，局长不得认可放弃该专利的提议。

138. 在其他情况下对专利的撤销

（1）在符合第（1A）款的情况下，部长或者任何其他人可以请求规定的法院作出撤销一件专利的命令。

（1A）任何人不能就一件革新专利请求上述命令，除非该专利已被颁发证明书。

（2）在审理该请求中，被告有权首先开始并提出支持该专利的证据，而且如果该请求人提出反驳该专利的有效性的证据，被告有权答辩。

（3）在审理上述请求之后，法院可以通过命令基于一个以上的下列理由，而不能基于其他理由，全部撤销该专利或者只撤销所涉及的某项权利要求：

（a）专利权人无权获得该专利；

（b）该发明不是可获得专利的发明；

（d）该专利是通过欺诈、虚假或者失实陈述获得；

（e）该专利请求书或者完整说明书的某项修改是通过欺诈、虚假或者失实陈述提出或者获得；

（f）该说明书不符合第 40 条第（2）款或者第（3）款的规定。

139. 法律程序当事人

（1）专利权人和作为独占被许可人或者其他对该专利中主张权益的任何人，是第 133 条、第 134 条或者第 138 条中所规定的任何法律程序中的当事人。

（2）在第 133 条、第 134 条或者第 138 条中所规定的任何法律程序中：

（a）该请求人必须向局长送交该请求的一份副本；并且

（b）局长可以在该法律程序中到庭并陈述意见。

140. 局长须被给予命令的副本

根据本章作出的命令的正式副本必须由作出该命令的法院的书记员或者其他合适的法院人员向局长送达。

第 13 章　申请的撤回、失效及专利的终止

141. 申请的撤回

（1）一件专利申请可以在任何时间被撤回，但在为本条而规定的期间内除外。

（2）只有在申请人提交了一项由申请人签章的撤回的书面通知的情况下，一件专利申请才能被视为已经被撤回。

142. 申请的失效

（1）一件专利的临时申请在为第 38 条而规定的期限结束时失效，或者如果该期限被延长，在被延长的期限的结束时失效。

（2）一件标准专利的完整申请失效，如果：

（a）申请人在为实施第 44 条第（1）款、第（2）款或者第（3）款（视属何情况而定）而规定的有关期限内未请求对该专利请求书和完整说明书进行实质审查；或者

（c）该专利请求书和完整说明书的实质审查已经根据第 46 条被延期，且申请人在为实施本项而规定的期限内未请求实质审查；或者

（d）申请人在为实施本项而规定的期限内未支付该申请的维持费；或者

（e）该专利请求书和完整说明书在为实施本项而规定的期限内未被审定。

（3）一件标准专利的完整申请失效，如果申请人在局长根据第 107 条所允许的时间内未遵守局长根据该条所作出的指示。

143. 专利的终止

一件标准专利终止，如果专利权人：

（a）未在规定的期限内支付该专利的续期费；或者

（b）未在规定的期限内提交规定的文件（如果有的）。

143A. 革新专利的终止

一件革新专利终止，如果：

（a）未按照条例的规定支付提交一件革新专利申请的请求书和所附说明书的费用；或者

（b）在根据第101A（b）项请求对该专利的实质审查之后，专利权人在规定的期限内未支付规定的该实质审查的费用；或者

（c）局长在为本项而规定的期限内未作出第101E（a）和（aa）项规定的决定；或者

（d）专利权人在规定的期限内未支付该专利的续期费；或者

（e）专利权人在局长根据第106条所允许的时间内未遵守局长根据该条所作出的指示。

143B. 费用的支付

为避免异义，本章所述申请人或者专利权人支付继续费或者续期费视为包括非申请人或者专利权人人支付上述费用。

第14章 合 同

144. 无效条款

（1）在合同中涉及专利发明的销售或者租赁或者实施许可的条件是无效的，如果该条件的效力将：

（a）禁止或者限制购买者、承租人或者被许可人使用出售者、出租人或者许可人或者出售者、出租人或者许可人所指定的人以外的人所提供或者拥有的产品或者方法（不论是否已取得专利）；或者

（b）要求购买者、承租人或者被许可人从出售者、出租人或者许可人或者出售者、出租人或者许可人所指定的人处获得不受该专利保护的产品。

（1A）在合同中涉及作为一件革新专利的主题的发明的销售或者租赁或者实施许可的条件是无效的，如果该条件的效力将：

（a）禁止购买者、承租人或者被许可人请求对该专利进行实质审查；或者

（b）在购买者、承租人或者被许可人可以请求对该专利进行实质审查的情况下，附加限制条件。

（2）第（1）款不适用，如果：

（a）出售者、出租人或者许可人证明，在合同签订的时候，购买者、承租人或者被许可人享有以合理的条款而不是该条件，购买该产品，或者获得租约或者许可的选择权；并且

（b）该合同给予购买者、承租人或者被许可人免除遵守该条件的法律责任的权利，条件是书面通知其他当事人 3 个月后，并作为救济支付补偿：

（i）在销售的情况——部长所委派的仲裁人所确定的款项；或者

（ii）在租赁或者许可的情况——根据该合同期限的剩余部分所确定的租金或者使用费。

（3）不能仅因为某人对提供给他的第（2）（a）项中的条款的合理性的承认，不阻止此人在本法所规定的任何法律程序中请求或者获得救济。

（4）该专利发明是，或者在法律程序被启动的时候已是一件包含某项被专利权人加入的、根据本条是无效的条款的合同的主题，则构成对侵犯该专利权的诉讼的抗辩。

（5）如果专利权人提供第（4）款所述合同的其他当事人不包含上述无效条件的新的合同，但在其他方面给予其他当事人和现有的合同相同的权利，那么，无论其他当事人是否接受新的合同以代替现有的合同，第（4）款不再适用，但专利权人无权就新的合同被提供之前所作出的专利侵权行为获得损害赔偿金或者责令侵权人交还所得利润。

145. 在专利不再有效之后合同的终止

（1）在合同签订时保护发明的专利或者所有专利失效之后的任何时间，涉及该专利发明的租赁或者实施许可的合同可以被任一当事人终止。

（2）第（1）款仍然适用，即使在该合同或者任何其他合同中的任何相反规定。

146. 本章的效力

不得因本章的任何规定而：

（a）影响合同中的一项禁止某人销售所有人而非特定的人的产品的条件；或者

（b）使一件将在其他方面是无效的合同有效；或者

（c）影响终止合同的权利，或者终止合同中的具有独立于本条的执行力的某项条件的权利；或者

（d）影响有关某件专利产品的租赁或者实施许可的合同中的、保留出租人或者许可人对需要保持维修良好的专利产品提供新的部件的权利的一项条件。

第 15 章　涉及关联技术的特殊条款

147. 预防核扩散局负责人作出关于关联技术的证明书

（1）当局长认为涉及某件申请的说明书可能包含《安全措施法》第 4 条第（1）款关于关联技术的定义中所提到的种类的信息的，局长必须向预防核扩散局负责人作出示明此事的书面通知及该专利请求书和说明书的一份副本。

（2）在收到上述通知之后，如果向预防核扩散局负责人确信该说明书包含上述种类的信息，可以发布一项示明此事的证明书。

（3）当预防核扩散局负责人确信：

（a）申请人或者具名的人对包含上述信息的关联技术的拥有

不符合某项许可证；或者

（b）在提出该申请中所涉及的上述信息的传播不符合某项授权书；

预防核扩散局负责人可以在该证明书中包括：

（c）如果该申请不是一件相关国际申请——该申请应当失效的指示；或者

（d）如果该申请是一件相关国际申请——该申请不应当被视为一件国际申请的指示。

（4）当预防核扩散局负责人发布一项证明书，其必须将该证明书的一份副本给予局长，局长必须将一份副本给予申请人。

148. 申请的失效等

（1）当：

（a）局长收到一项根据第147条第（2）款作出的涉及一件申请的证明书的一份副本；并且

（b）该证明书包括根据第147条第（3）款作出的一项指示；

那么，在局长收到该副本时：

（c）如果该申请不是一件相关国际申请——该申请失效；或者

（d）如果该申请是一件相关国际申请——该申请必须不再被视为一件国际申请。

（2）当一件申请根据本条已经失效，局长必须在公报上公布一项示明此事的通告。

149. 指示的撤销

当一件申请因为一项局长根据第147条作出的指示，根据第148条已经失效，或者已经不再被视为一件国际申请，申请人可以书面请求预防核扩散局负责人撤销该指示。预防核扩散局负责人可以撤销该指示。

150. 失效申请的恢复

（1）当一件申请根据第148条已经失效，申请人可以书面请求局长恢复该申请。

（2）在收到上述请求之后，局长必须恢复该申请，如果局长确信：

（a）预防核扩散局负责人的有关指示不再有效；并且

（b）不存在不这样做的其他理由。

（3）当局长恢复一项申请，局长必须在公报上公布一项示明此事的通告。

（4）当一项申请根据本条被恢复，本法中有关条款对在该申请的失效之后并在公报上通告恢复之前实施（或者通过合同或者其他形式采取一定措施以实施）该有关发明的人的保护或者补偿具有效力。

（5）对于在自该申请失效之日（含改日）起至该申请的恢复在公报上被通告之日（含改日）止的期限内所为的任何事情，不得根据第 57 条被启动法律程序。

151. 申请复原为一件国际申请

（1）当一件相关国际申请根据第 148 条已经不再被视为一件国际申请，申请人可书面请求局长复原该申请。

（2）在收到上述请求之后，局长必须复原该申请为一件国际申请，如果局长确信：

（a）预防核扩散局负责人的有关指示不再有效；并且

（b）不存在不这样做的其他理由。

（3）当局长复原一件申请为一件国际申请，该申请必须被视为一件国际申请。

（4）当：

（a）相关国际申请指定澳大利亚为指定国；并且

（b）局长不能复原该申请，而原因仅为根据 PCT 条约该申请被视为已经被撤回；并且

（c）申请人在规定的期限内提交了一项由申请人签章的、要求将该申请视为本法所规定的一件标准专利申请的书面请求；并且

（d）申请人提交了任何规定的文件并支付了规定的费用；

那么，除另有规定外：

（e）该申请必须按照请求被视为本法所规定的一件标准专利申请；并且

（f）该申请中的说明书、权利要求书和附图必须被视为该申请中所提交的完整说明书；并且

（g）该申请和完整说明书必须被视为在相关国际申请提出之日已经被提出。

152. 禁止或者限制公布的通知

（1）当预防核扩散局负责人根据第 147 条就一件申请发布一项证明书，其可以将其认为合适的、对该说明书或者相应摘要中的信息的公布或者传播的任何禁止或者限制，书面通知局长。

（2）在收到上述通知之后，局长必须采取必要的或者适当的措施来执行该通知。

（3）不影响第（2）款的一般性原则，局长可以通过书面命令禁止或者限制关于该申请的主题的信息的公布或者传播，不论一般的还是涉及一个特定的人或者特定的一类人。

（4）除按照局长的书面同意之外，任何人不得在违反上述命令的情况下公布或者传播信息。

罚则：监禁 2 年。

153. 命令的效力

（1）当涉及一件标准专利申请的前款所述命令生效的，该申请可以继续进行直到该专利请求书和完整说明书的审定，但该完整说明书不得被公开供公众查阅，该审定不得在公报上被通告，并且不得基于该申请授予一件专利。

（2）当涉及一件革新专利申请的上述命令是有效的，该申请可以继续进行直到该专利请求书和完整说明书的审定，但不得基于该申请授予一件专利。

（3）当涉及一件标准专利申请的上述命令在该专利请求书和

完整说明书的审定之后已经被撤销，该审定必须在规定的期限内在公报上被通告。

（4）不得因本法的任何规定而妨碍关于一项发明的信息为使预防核扩散局负责人获得关于上述命令是否应当被作出、修改或者撤销的意见的目的而向其披露。

第 16 章　法院的管辖权和权力

154．联邦法院的管辖权

（1）联邦法院就根据本法所产生的事项享有管辖权。

（2）联邦法院对审理和裁决局长作出的决定或者指示具有专属管辖权，排除任何其他法院的管辖权，除了澳大利亚高等法院根据宪法第75条的管辖权。

（3）不得在联邦法院对本法规定的违法行为启动诉讼。

155．其他规定的法院的管辖权

（1）每个规定的法院（不含联邦法院）对于根据本法可以在规定的法院启动法律程序的事项有管辖权。

（2）第（1）款授予各领地的最高法院的管辖权的行使必须：

（a）在专利侵权法律程序或者第125条第（1）款或者第128条所规定的法律程序，或者根据本法所产生的、可以在上述法律程序的过程中被审理和裁决的某一事项的情况下——在宪法所许可的范围内；和

（b）在任何其他情况下——仅限于在法律程序启动时为该领地居民的自然人或者主要营业地在该领地的法人所提起的诉讼。

156．管辖权的行使

规定的法院根据第154条或者第155条所享有的管辖权由一名法官行使。

157．法律程序的移送

（1）本法所规定的法律程序已经在一个规定的法院启动的，

该法院可以根据一方当事人在该法律程序的任何阶段所提出的请求，通过命令，将该诉讼移送给享有审理和裁决该诉讼的管辖权的另一个规定的法院。

（2）当一个法院将法律程序移送给另一个法院：

（a）在移送的法院所提交的与上述法律程序有关的所有档案文件应由该法院的书记员或者其他合适的法院人员送交给受移送的法院；并且

（b）受移送的法院应继续进行该法律程序，犹如该法律程序在该法院已经被启动一样，并且在移送的法院已经采取的相同措施犹如已经在该法律程序中被采取一样。

158. 上诉

（1）对下述法院作出的判决或者命令，可以向联邦法院提出上诉：

（a）根据本法行使管辖权的规定的法院；或者

（b）任何其他法院在第 120 条第（1）款或者第 128 条所规定的法律程序中。

（2）除经联邦法院许可之外，对联邦法院在行使它的审理和裁决局长作出的决定或者指示的管辖权时其单一名法官作出的判决或者命令，不能向联邦法院的合议庭提出上诉。

（3）经澳大利亚高等法院的特别许可，对第（1）款中所提到的判决或者命令可以向澳大利亚高等法院提出上诉。

（4）除本条另有规定外，对第（1）款中所提到的判决或者命令不能提出上诉。

159. 局长在上诉中可以出庭

局长可以在审理对其作出的决定或者指示不服向联邦法院提出的上诉时，出庭并陈述意见，即使局长不是该上诉的一方当事人。

160. 联邦法院的权力

在审理不服局长作出的决定或者指示的上诉时，联邦法院可以作出一个以上的下列行为：

（a）以口头形式或者书面形式或者其他形式接受进一步证据；

（b）准许对证人的询问和交叉询问，包括曾向局长提出证据的证人；

（c）命令对一项事实争论按照其指示的方式审理；

（d）确认、撤销或者改变局长的决定或者指示；

（e）作出法院综合全部情况下认为合适的任何判决或者命令；

（f）命令一方当事人向另一方当事人支付讼费。

第 17 章　王　国

第 1 部分　绪　论

161. 具名的人或专利权人

本章所述具名的人或者专利权人，包括该具名的人或者专利权人的权利继承人，或者该具名的人或者专利权人的独占被许可人。

162. 联邦和州主管当局

本章所述联邦，包括联邦的某个主管当局；所述州，包括对州的某个主管当局。

第 2 部分　王国的实施

163. 王国实施发明

（1）在一件专利申请已经被提出之后的任何时间，当所涉及的发明被联邦或者一个州（或者由联邦或者该州书面授权的人）为联邦或者该州的公共事务而实施的，该实施不构成对以下事项的侵权：

（a）如果该申请尚未结案——具名的人对该发明的权利；或者

（b）如果一件专利已经授予该发明——该专利。

（2）为实施第（1）款，一个人可以被授权：

（a）在该授权所批准的任何行为被作出之前或者之后；并且

（b）在一件专利授予该发明之前或者之后；并且

（c）即使此人直接地或者间接地被具名的人或者专利权人授权实施该发明。

（3）在符合第 168 条的情况下，一项发明被视为本部分所规定的为联邦或者一个州的公共事务被实施，如果该发明的实施对那些公务在澳大利亚内的适当提供来说是必要的。

164. 将实施告知具名的人或者专利权人

在一项发明已经根据第 163 条第（1）款被实施之后，相关机构必须于切实可行的范围内尽快将该实施告知申请人和具名的人或者专利权人，并给予他/她不时地且合理地要求获得的关于该实施的任何信息，除非该相关机构觉得这样做将违反公共利益。

165. 实施的报酬和条件

（2）实施发明的条件（包括关于应支付给具名的人或者专利权人的报酬条件），应是由相关机构与具名的人或者专利权人之间通过协商一致的条件，或者通过协商一致的方法确定的条件，或者在未能达成协议时，由规定的法院根据任一当事人的请求确定的条件。

（3）在第（2）款中，上述条件或者方法可以在实施之前、之中或者之后协商一致。

（4）在确定上述条件时，法院可以考虑对该发明或者该专利享有权益的人已经直接地或者间接地就该发明从相关机构所收到的任何补偿。

165A. 根据法院命令停止实施发明

（1）规定的法院可以根据具名的人或者专利权人的请求，宣告联邦或者该州对发明的实施，对联邦或者该州的公共事务的适当提供来说不是或者不再是必要的，如果法院确信在该个案的所有情况下，作出该宣告是公正合理的。

（2）法院可以进一步命令联邦或者该州须停止实施该发明：

（a）在该命令中所指明的日期并自该日期开始；并且

（b）不违反该命令中所指明的任何条件。

在作出上述命令时，法院须保证联邦或者该州的合法权益不受该命令的不利影响。

166. 先前的协议不具有效力

在本法生效之后，根据第163条第（1）款规定确定联邦或者州以外的某人可以实施发明的条件的协议或者许可（不论是在本法生效之前或者之后签订或者授予）不具有效力的，除非该协议或者许可已经被下列人批准：

（a）如果相关机构是联邦——部长；或者

（b）如果相关机构是一个州——该州的总检察长。

167. 产品的销售

（1）第163条第（1）款所规定的实施一项发明的权利包括销售行使该权利而制造产品的权利。

（2）根据第163条第（1）款销售产品不是对下列权利的侵犯：

（a）专利；或者

（b）具名的人对该产品的权利；

购买者和通过该购买者主张权利的任何人有权处置该产品，犹如相关机构是专利权人或者指定的人一样。

168. 联邦向外国供应产品

当联邦已经和某一外国签订了向该国提供该国国防所需产品的一项协议：

（a）联邦或者由联邦书面授权的人，为上述产品的供应而对一件产品或者方法的使用，被视为本章所指的联邦为联邦的公共事务而对该产品或者方法的使用；并且

（b）联邦或者上述被授权的人可以根据上述协议将上述产品销售到上述国家；并且

（c）联邦或者上述被授权的人可以将超过前述目的的需要的产品销售给任何人。

169. 发明已经被实施的宣告

（1）在符合第（4）款的情况下，认为其该专利发明已经根据第163条第（1）款被实施的专利权人，可以请求规定的法院作出示明此事的宣告。

（2）在第（1）款所规定的法律程序中：

（a）被指控的相关机构是被告；并且

（b）被指控的相关机构可以通过在该法律程序中提出反诉的方式请求撤销该专利。

（3）本法涉及专利的撤销的条款在作必要的改变后适用于反诉。

（4）不能就一件革新专利提出第（1）款规定的请求，除非该专利已经被颁发实质审查证明。

170. 被没收物品的销售

不得因本章的任何规定而影响联邦或者某个州，或者直接地或者间接地从联邦或者某个州取得所有权的人，根据联邦或者该州的一项法律销售或者使用一件被没收的物品的权利。

第3部分　由王国征收和向王国转让

171. 联邦征收发明或者专利

（1）总检察长可以指示一件专利或者作为一件专利申请的主题的一项发明由联邦征收。

（2）当上述指示被作出，与该专利或者该发明有关的所有权利通过本款转移给联邦并归属于联邦。

（3）征收的通知必须被：

（a）给予申请人和具名的人，或者专利权人；并且

（b）在公报上和政府公告上公布，除非在征收作为一件专利申请的主题的一项发明的情况下，就该申请存在有效的一项禁止

令或者一项第 152 条所规定的命令。

（4）联邦必须向应予以补偿的人支付联邦和此人之间协商一致的补偿金，或者在未能达成协议时，由规定的法院根据他们中的任一方的请求确定的补偿金。

172. 向联邦转让发明

（1）发明人或者发明人的权利继承人可以转让发明和已经授予或者将要授予该发明的任何专利给联邦。

（2）该转让和在该转让中的所有契约和协议是有效的和有约束力的，即使与该转让的对价尚未给予，并且可以以部长的名义在法律程序得到强制执行。

第4部分　禁止令

173. 禁止公布关于发明的信息

（1）在不违反部长的任何指示的情况下，如果局长觉得这样做对联邦的国防来说是必要的或者适当的，局长可以通过书面命令：

（a）禁止或者限制关于一件专利申请（包括一件国际申请）的主题的信息的公布；或者

（b）禁止或者限制取用为实施第 41 条而被保藏在位于澳大利亚境内的规定的保藏机构的微生物。

（2）除按照局长的书面同意之外，任何人不得违反一项禁止令。

罚则：监禁 2 年。

（3）第（1）款中对准许取用微生物的提述包括对准许取用该微生物的样品的提述。

174. 禁止令的效力

（1）当涉及一件标准专利申请的上述禁止令是有效的，该申请可以继续进行，直到该专利请求书和完整说明书的审定，但该完整说明书不得被公开供公众查阅，该审定不得在公报上被通知，并且一件专利不得基于该申请被授予。

（2）当涉及一件标准专利申请的上述禁止令在该专利请求书和完整说明书的审定之后被撤销，该审定必须在规定的期限内在公报上被通知。

（3）当涉及一件革新专利申请的上述禁止令是有效的，该申请可以继续进行，直到该专利请求书和完整说明书的审定，但一件专利不得基于该申请被授予。

175. 向联邦官方机构的信息披露

不得因本法的任何规定而妨碍关于一项发明的信息为使联邦的某一部门或者机构获得关于上述禁止令是否应当被作出、修改或者撤销的意见的目的而向其披露，或者妨碍其为上述目的而取用微生物或者微生物的样品。

176. 国际申请被视为本法所规定的申请

当：

（a）一件国际申请指定澳大利亚为指定国；并且

（b）作为一项禁止令或者依据第175条所为的任何事情的结果，该申请根据PCT条约被视为已经被撤回；并且

（c）申请人在规定的期限内提交了一项由申请人签章的、要求将该申请视为本法所规定的一件标准专利申请的书面请求；并且

（d）申请人提交了任何规定的文件并支付了规定的费用；

那么，除另有规定外：

（e）该申请必须按照请求被视为本法所规定的一件标准专利申请；并且

（f）该申请中的说明书、权利要求书和附图必须被视为该申请中所提交的完整说明书；并且

（g）该申请和说明书必须被视为在该国际申请被提出之日已经被提出。

第18章　各种违法行为

177. **涉及专利局的虚假陈述**

(1) 任何人不得在与他/她的业务有关联的活动中使用一些词汇，将合理地令人相信他/她的办公场所与专利局相关，或者与专利局有官方联系。

罚则：罚金3 000澳元。

(2) 在不限制第（1）款的原则下，任何人：

(a) 在他/她的办公场所的建筑物上放置或者令人放置；或者

(b) 在为他/她的办公场所或者业务做广告时使用；或者

(c) 在文件中作为对他/她的办事处或者商业的描述而使用。

"专利局"或者"获得专利的局"的词汇，或者相似意思的词汇，不论是单独还是与其他词一起，都构成违反第（1）款的违法行为。

178. **涉及专利或者专利物品的虚假陈述**

(1) 任何人不得虚假地陈述他/她或者另外的人是一项发明的专利权人。

罚则：罚金6 000澳元。

(1A) 任何人不得虚假地陈述他/她或者另外的人是一项已经被颁发实质审查证明的革新专利的专利权人。

罚则：60个罚金单位。

(2) 任何人不得虚假地陈述他/她所出售的一件物品在澳大利亚已取得专利，或者是一件在澳大利亚的专利申请的主题。

罚则：罚金6 000澳元。

(3) 在不限制第（2）款的原则下：

(a) 如果"专利"或者"被专利"的词、"临时专利"的词汇或者任何暗示已在澳大利亚就该物品获得一件专利的词汇，被压印、刻印或者盖印在该物品上，或者通过其他方式被应用于该物品，则视为视为某人陈述了一件物品在澳大利亚已取得专利；

（b），如果"已申请专利"或者"专利尚未结案"的词汇或者任何暗示已经在澳大利亚被就该物品提出了一件专利申请的词汇，被压印、刻印或者盖印在该物品上，或者通过其他方式被应用于该物品，则视为某人陈述了一件物品是一件在澳大利亚的专利申请的主题。

（4）未经部长或者被部长授权的人的同意，不得对违反第（1）或者（2）款的违法行为启动诉讼。

179. 未能遵守传唤

（1）任何人：

（a）被局长传唤出席作证人；并且

（b）已经被提供合理开支的报偿；不得不遵守该传唤。

罚则：罚金1 000澳元。

（2）如果该人有合法理由，则第（1）款不适用。

注：被告对第（2）款中的事项负有举证责任，参见刑法典第13.3条（3）款。

180. 拒绝提供证据

（1）任何在局长前出面的人不得拒绝：

（a）宣誓或者作出证词；或者

（b）回答此人被合法地要求回答的问题。

罚则：罚金3 000澳元。

（2）如果此人有合法理由，则第（1）款不适用。

注：被告对第（2）款中的事项负有举证责任，参见刑法典第13.3条（3）款。

181. 未能出示文件或者物品

（1）任何人：

（a）被局长要求出示一件文件或者物品；并且

（b）已经被提供合理开支的报偿；

不得不出示该文件或者物品。

罚则：罚金 3 000 澳元。

（2）如果此人有合法理由，则第（1）款不适用。

注：被告就第（2）款中的事项负有举证责任，参见《刑法典》第 13.3 条（3）款。

182. 政府官员不得进行有关发明的交易

（1）局长、副局长或者任何雇员不得购买、出售、获得或者交易：

（a）一项发明或者一件专利，无论该专利是在澳大利亚或者其他任何地方被授予；或者

（b）一件专利的一项权利或者许可，无论该专利是在澳大利亚或者其他任何地方被授予。

罚则：罚金 3 000 澳元。

（2）违反本条所作出或者订立的购买、销售、获得、转让或者转移是无效的。

（3）本条不适用于发明人，也不适用于依法通过遗赠或者转移获得上述权益。

183. 雇员等未经授权的信息披露

局长、每个副局长和每个雇员不得披露关于已经被或者正在被根据本法或者 1952 年法处理的事项的信息，除非被本法、局长的一项书面指示或者法院的一项命令要求或者授权这样做。

184. 其他未经授权的信息披露

受安全措施法第 71 条约束的任何人不得披露关于已经被或者正在被根据本法或者 1952 年法处理的事项的信息，除非被安全措施法、本法、局长的一项书面指示或者法院的一向命令要求或者授权这样做。

罚则：监禁 2 年。

185. 局长等不得准备文件或者检索档案

局长、副局长或者任何雇员不得：

（a）准备或者帮助准备：

（i）说明书；或者

（ii）与说明书有关的任何其他文件（不包括规定格式的文件）；

除非局长、该副局长或者该雇员是该说明书的发明人；或者

（b）非以他/她的公务身份检索专利局的档案。

罚则：10 个罚金单位。

第 19 章　登记簿和官方文件

186. 专利登记簿

（1）专利登记簿应当保存在专利局。登记簿须包含如下 2 个部分：

（a）涉及标准专利的部分；和

（b）涉及革新专利的部分。

（2）登记簿可以全部地或者部分地使用计算机保存。

（3）如果登记簿全部地或者部分地使用计算机保存：

（a）本法所述登录于登记簿中，应当理解为包括对使用计算机保存的、组成该登记簿或者其部分的事项的记录。

（b）本法所述已被登记于或者登录于登记簿的事项，应当理解为包括对使用计算机保存的构成登记簿部分的事项的记录。

（c）本法所述对登记簿的纠正，应当理解为包括对被使用计算机保存的、组成该登记簿或者构成其部分的事项的记录的纠正。

187. 专利等的事项的登记

（1）有效的标准专利的事项，和与标准专利有关的其他规定的事项（如果有的），必须被登记在登记簿中涉及标准专利的那个部分。

（2）有效的革新专利的事项，和与革新专利有关的其他规定

的事项（如果有的），必须被登记在登记簿中涉及革新专利的那个部分。

188. 信托不可登记

与一件专利或者一项许可有关的任何信托的通知不是可被局长接收的，并不得被登记。

189. 专利权人处置专利的权利

（1）仅在不违反任何在登记簿中记载的其他人的权利的情况下，专利权人可以作为该专利的绝对所有权人处置该专利，并可以放弃上述处置的任何对价。

（2）本条不保护与专利权人进行交易的人，除非是善意地付出代价而且并不知悉专利权人方面的任何欺诈的购买者。

（3）衡平原则可以适用以对抗专利权人，但如损害善意地付出代价的购买者则除外。

190. 登记簿的查阅

（1）登记簿必须在专利局供任何人在专利局工作时间内查阅。

（2）如果事项的记录使用计算机保存，在该登记簿包括前述事项的范围内，通过准许公众人士使用计算机终端，使他们可以在屏幕上或者以计算机打印输出的格式查阅前述事项的，第（1）款被视为已被遵守。

191. 登记簿中不实的记载事项

任何人不得：

（a）提供虚假的事项登录于登记簿中；或者

（b）导致一项不实的记载事项被登录在登记簿中；或者

（c）提交一件虚假的声称是登记簿中的一项记载事项的副本或者摘录的文件作为证据。

罚则：监禁 2 年。

192. 纠正登记簿的命令

（1）因下列事项受损害的任何人：

（a）从登记簿中对一项记载事项的删除或者遗漏；或者

（b）没有充分理由而被登录在登记簿中的一项记载事项；或者

（c）错误地存在于登记簿中的一项记载事项；或者

（d）登记簿中的一项记载事项中的错误或者缺陷；

可以请求规定的法院作出一项纠正该登记簿的命令。

（2）在审理上述请求之后，法院可以：

（a）裁决对该登记簿的纠正作出裁决来说是必要的或者适当的任何问题；并且

（b）作出法院认为对该登记簿的纠正是合适的任何命令。

（3）局长：

（a）必须被通知上述请求；并且

（b）可以在该法律程序中出庭并陈述意见；并且

（c）如果被法院指示这样做，则必须出庭。

（4）上述命令的正式副本必须由该法院的书记员或者其他合适的法院人员向局长送达。

（5）在收到上述命令的正式副本之后，局长必须相应地纠正登记簿。

193. 文件的查阅

在与第 187 条规定事项的登记相关联的情况下提交的所有文件，必须在专利局供任何人在专利局开放工作的时间内查阅。

194. 可从局长处获得的信息

局长可以给予任何人关于下列内容的信息：

（a）一件专利；或者

（b）已公开供公众查阅的一件专利申请；或者

（c）任何规定的文件或者事项。

195. 证据——登记簿

（1）登记簿是被登记在该登记簿中的任何事项的初步证据。

（2）如果登记簿全部地或者部分地被使用计算机保存，一件由局长签章的、书面复制的所有或者任何组成该登记簿或者其部分的事项的文件，可在任何法律程序中被接纳为前述事项的初步证据。

196. 证据——未登记的事项

一件关于尚未被登录在登记簿中的事项的文件，不得在任何法律程序中被接纳为一件专利的所有权或者一项权益的证据，除非：

（a）进行该法律程序的法院或者法庭另外有指示；或者

（b）该法律程序是：

（i）为了作出一项第 192 条所规定的命令；或者

（ii）执行涉及一件专利或者一项许可的衡平原则。

197. 证据——证明书和文件副本

（1）一项表明下列事项的被签名的证明书：

（a）根据本法或者 1952 年法被要求或者被允许作出或者不作出的任何事情在该证明书中所指明的日期已经被或者未被作出；或者

（b）一件在专利局或者专利局图书馆中的文件在该证明书中所指明的日期已供公众查阅。是该证明书中的事项的初步证据。

（2）一项被签名的登记簿副本或者摘要可在任何法律程序中被接纳，犹如它是正本一样。

（3）一项被签名的一件在专利局或者专利局图书馆中的文件的副本或者摘要，可在任何法律程序中被接纳，犹如它是正本一样。

（4）在本法中：被签名指由局长签名。

第20章　专利代理人

第1部分　注册、特权和职业操守

198. 专利代理人的注册

（1）专利代理人名册须由指定管理人员保存。

注：指定管理人员被定义在第200A条中。

（2）专利代理人名册可以全部地或者部分地使用计算机保存。

（3）如果专利代理人名册全部地或者部分地使用计算机保存，本法所述专利代理人名册中的记载事项，应当理解为包括对使用计算机保存的、组成该专利代理人名册或者其部分的事项的记录。

（4）指定管理人员必须注册符合下列条件的人为专利代理人：

（a）其经常居住地在澳大利亚的人；并且

（b）拥有条例中所指明的或者按照条例的规定所确定的资格；并且

（c）已经按照规定被聘用了一段不少于规定期限的时间；并且

（d）名声良好、诚实正直和品格良好；并且

（e）在之前的5年时间内没有被判犯有一项规定的违法行为；并且

（f）未因为一项规定的违法行为而被判处监禁的刑罚。

上述注册须包括在专利代理人名册中登录此人的姓名。

（5）为实施第（4）款（b）项而设置的、在条例中所指明的或者按照条例的规定所确定的资格可以包括通过由职业标准委员会主持的考试。本条不限制第（4）款（b）项。

（6）第（4）款（e）项和（f）项不限制第（4）款（d）项。

（7）在本条中，一个人被视为其经常居住地在澳大利亚，

如果：

（a）此人在澳大利亚有他/她的家；或者

（b）澳大利亚是他/她的永久住所所在的国家，即使他/她暂时不在澳大利亚；

但是如果他/她仅为了特别的或者暂时的目的而居住在澳大利亚，则其不被视为经常居住地在澳大利亚的人。

（8）本条所述被判犯有一项违法行为，包括对 1914 年刑事法第 19B 条或者某一州或者领地涉及违法行为的法律中相应条款的规定而作出一项命令。

199. 撤销注册

已注册为专利代理人的人的姓名可以以规定的理由通过规定的方式从专利代理人名册中删除。

200. 特权

（1）注册专利代理人：

（a）就本法而言，有权准备所有文件、处理所有业务和进行所有程序。

（b）享有规定的其他权利和特权。

（2）注册专利代理人和其委托人之间在知识产权事务上的通讯，和为实施前述通讯所准备的任何记录或者文件，与律师和他/她的委托人之间的通讯所享有的特权一样，享有特权。

（3）本条的任何规定没有授权注册专利代理人准备将向法院提交的或者由法院发布的的文件，或者处理在法院中的业务或者进行在法院中的程序。

（4）在本条中，

知识产权事务指：

（a）与专利有关的事务；或者

（b）与商标有关的事务；或者

（c）与外观设计有关的事务；或者

（d）任何有关的事务。

200A. 指定管理人员

在本法中，一个人是指定管理人员，如果此人担任某一职位或者正在以某一职位行事，该职位：

（a）通常由一个 SES 雇员担任；并且

（b）已经被部门秘书书面宣告为指定管理人员的职位。

第 2 部分　违法行为

201. 违法行为：未注册的人等

（1）任何人不得以专利代理人的身份经营业务、执业或者行事，除非此人是注册专利代理人或者法律执业者。

罚则：罚金 3 000 澳元。

（2）合伙的成员不得以专利代理人的身份经营业务、执业或者行事，除非至少一个成员是注册专利代理人或者法律执业者。

罚则：罚金 3 000 澳元。

（3）除非是注册专利代理人，任何人不得描述或者显示他/她自己为，或者允许他/她自己被描述或者被显示为专利代理人或者代理获得专利的人。

罚则：罚金 3 000 澳元。

（4）除非至少一个成员是注册专利代理人或者法律执业者，合伙的成员不得描述或者显示该合伙为，或者允许该合伙被描述或者被显示为专利代理人或者代理获得专利的人。

罚则：30 个罚金单位。

（5）任何公司不得以专利代理人或者获得专利的代理人的身份经营业务、执业或者行事，或者描述或者显示他/她自己为，或者允许他/她自己被描述或者被显示为专利代理人或者获得专利的代理人。

罚则：罚金 15 000 澳元。

（6）下列行为不是违反第（1）款、第（2）款或者第（5）款的违法行为，如果一个已故的专利代理人的法定代表人：

（a）经营该专利代理人的业务，自该专利代理人死亡的不超过3年，或者规定的法院所允许的任何延续期间内；并且

（b）是注册专利代理人或者聘用了一个注册专利代理人来代表他/她处理该业务。

（7）在本条中，仅在一个人或者公司为获利代表其他人在澳大利亚从事或者承诺从事任何一种下列行为的情况下，此人或者公司被视为以专利代理人的身份经营业务、执业或者行事：

（a）向澳大利亚或者其他任何地方申请或者获得专利；

（b）准备本法或者其他国家的专利法所指的说明书或者其他文件；

（c）给予关于专利的有效性或者侵权的意见（非科学或者技术性质的意见）。

（8）某人以下列人员的雇员的身份所从事的或者所承诺从事的任何事情，不构成第（1）款所述违法行为：

（a）在任何情况下——此人的雇主；或者

（b）如果其雇主是一个联营公司集团的成员——该集团的其他成员。

（9）某个联营公司集团的成员公司为该集团的其他成员所从事的或者所承诺将从事的任何事情，不构成违反第（5）款所述违法行为。

（10）在本条中，联营公司集团指2个以上的公司的集团，该集团的每个成员与该集团的每个其他成员相关联。

（11）在本条中，一个公司是否与另外一个公司相关联的问题，以根据2001年公司法确定相同问题的方式确定。

202. 法律执业者准备的文件

法律执业者不得准备说明书或者与说明书的修改有关的文件，除非：

（a）该执业者正在根据一个注册专利代理人的指示行事；或者

（b）上述修改已经被一项第105条中规定的命令所指示。

罚则：罚金 3 000 澳元。

202A. 合伙的成员准备的文件

任何下列人：

（a）合伙的一个成员；并且

（b）不是一个注册专利代理人。

不得准备说明书或者与说明书的修改有关的文件，除非：

（c）此人正在根据一个注册专利代理人的指示或者监督行事；或者

（d）上述修改已经被一项第 105 条中规定的命令所指示。

罚则：30 个罚金单位。

203. 专利代理人出席办公场所

任何注册专利代理人不得在准备说明书或者其他文件的办公场所或者营业地点，以专利代理人的身份执业、行事，或者显示他/她自己以专利代理人的身份执业或者行事，除非他/她或者另外的注册专利代理人经常出席并连续主管该办公场所或者地点。

罚则：罚金 3 000 澳元。

204. 启动追诉的时间

尽管有 1914 年刑事法第 15 条的规定，对一项违反第 201 条第（1）款、第（2）款、第（3）款、第（4）款或者第（5）款或者第 202 条、第 202A 条或者第 203 条的违法行为的起诉，可以在该违法行为被作出之后的 5 年内的任何时间被启动。

第 21 章　行　政

205. 专利局和分局

（1）为实施本法，应当设立一个被称为专利局的政府机关。

（2）在每个州须有一个专利局的分局。

206. 专利局印章

须有一个专利局的印章，并且该印章的印记应当被司法认可。

207. 专利局局长

（1）须有一个专利局局长。

（2）局长享有本法或者任何其他法授予他/她的权力或者职能。

208. 专利局副局长

（1）须有至少一个专利局副局长。

（2）在不违反局长的任何指示的情况下，副局长享有本法或者任何其他法授予局长的所有权力和职能，除了第209条规定的局长的委托权力。

（3）本法或者任何其他法授予局长的一项权力或者职能，当被一个副局长行使时，就本法或者任何其他法而言，被视为已经由局长行使。

（4）一个副局长对本法或者任何其他法授予局长的一项权力或者职能的行使不妨碍局长对该权力或者职能的行使。

（5）当根据本法或者任何其他法，局长对一项权力或者职能的行使，或者本法或者任何其他法的某一规定的实施，取决于局长就某一事项的意见、观点或者思想，该权力或者职能可以被一个副局长行使，并且该条款可以基于该副局长就该事项的意见、观点或者思想而实施。

209. 局长的权力和职能的委托

（1）局长可以通过由他/她签章的法律文件，将所有或者任何根据本法或者其他法律享有的权力或者职能委托给一个规定的雇员，或者规定的一类雇员。

（2）如果委托文书要求，被委托人必须根据局长或者该文书中所指明的一个雇员的指示或者监督，行使或者履行受委托的权力或者职能。

210. 局长的权力

为实施本法，局长可以：

(a) 传唤证人；和

(b) 接纳经宣誓后的书面或者口头证据；和

(c) 要求出示文件或者物品；和

(d) 在局长面前进行的法律程序中判由一方当事人承担费用。

211. 局长判给的费用的追偿

局长判由一方当事人承担的费用可作为债务追偿。

第 22 章　其他事项

212. 实质审查报告副本的通知

与本法中所规定的实质审查或者重审有关的每项报告的副本，在符合第 15 章和第 17 章的情况下，必须给予申请人或者专利权人（视属何情况而定）。

213. 申请等的提出和签名

根据本法规定要求或者允许由一个人提出或者签名的申请、通知或者请求，可以由代表此人的一个注册专利代理人提出或者签名。

214. 文件的提交

一件文件可以通过亲自或者以邮寄或者任何其他规定的方式向专利局的一个分局递交该文件，向专利局提交。

215. 申请人或者具名的人的死亡

(1) 如果申请人在一件专利基于该申请被授予之前死亡，他/她的法定代表人可以继续进行该申请。

(2) 如果具名的人在一件专利基于该申请被授予之前死亡，该专利可以被授予给他/她的法定代表人。

（3）当在一件专利被授予之后的任何时间，局长确信专利权人在该专利被授予之前已经死亡（或者在法人团体的情况下，已经不再存在），局长可以通过用该专利应该被授予的人的名字取代该专利权人的名字来修改该专利。

（4）局长的上述修改具有效力，并且相应地被视为自始即具有效力。

216. 局长自由裁量权的行使

（1）局长在行使本法中所规定的一项自行裁量权时如果不利于任何请求该权力的行使的人，则必须首先给予此人一个合理的陈述意见机会。

（2）就局长指示申请人请求实质审查的权力而言，第（1）款不适用。

217. 技术顾问

如果其认为合适，规定的法院可以邀请技术顾问，以在本法所规定的任何法律程序的审理和审判或者裁决中协助该法院。

218. 专利部分无效时的费用

在一件专利的有效性受到争议的任何法律程序中，如果法院确信被主张是无效的完整说明书中的某些权利要求不是无效的，但其他的权利要求是无效的，法院可以在该法律程序的当事人之间按照法院认为是公正的标准分担费用。

219. 费用担保

如果既不在澳大利亚居住也不在澳大利亚开展业务的任何人：

（a）提出本法中所规定的异议；或者

（b）上诉至联邦法院。

局长或者联邦法院可以要求此人就该法律程序或者上诉的费用提供担保（视属何情况而定），并且当该担保没有以局长或者联邦法院满意的方式提供的，局长或者联邦法院可以驳回该法律程序或者上诉（视属何情况而定）。

220. 专利代理人出席的费用

当在本法所规定的法律程序的审理中，一个注册专利代理人为协助一方当事人而出席法院，并且作出一项支付该当事人费用的命令的，则前述费用可以包括注册专利代理人出席的津贴。

221. 文件的送达

当本法规定一件文件须送达或者给予或者发送给一个人，并且此人为文件的送达已经向局长提供了一个在澳大利亚的地址，则该文件可以通过邮寄到该地址的方式送达或者给予或者发送给此人。

222. 公报的出版等

（1）局长应该定期地出版包含规定的事项和局长认为合适的其他事项（如果有的）的公报。

（2）局长必须为出售公报的副本和已公开供公众查阅的完整说明书的副本作好安排。

（3）局长可以制作、出版和出售局长认为合适的与发明和专利有关的文件。

222A. 在专利局规定的期限届满之后完成相应手续

（1）如果本法（本条除外）规定的完成手续期限的最后一天，专利局或者其代办点不对外办公，该手续可以在以后的专利局或者其代办点对外办公的第一日完成。

（2）为本条的目的，专利局或者其代办点不对外办公的时间包括：

（a）细则规定的专利局或者其代办点不对外办公的时间；

（b）由规定的人以规定的方式书面公开宣告的专利局或者其代办点不对外办公的时间。

宣告

（3）上述第（2）款（a）或者（b）的宣告对日期的确认可以指明是某州或者领地法律规定的公共假日。这不影响宣告确定日期的方式。

（4）第（2）款（b）所述的宣告可以：

（a）可以在该日之前或者之后作出；以及

（b）不属于立法文件。

与其他法律的关系

（5）本条的法律效力不受本法其他条款影响。

（6）1901年法律解释法第35第（2）款不适用于本条第（1）款所述法律。

对规定的法律的豁免

（7）本条不适用于规定的法律。

注：1901年的法律解释法第36第（2）款与规定的法律有关。

223. 时间的延长

（1）局长必须延长作出某一被要求在特定的时间内作出的相关行为的时间，如果该行为因为下列人员的错误或者疏忽而在该时间内没有或者不能被作出：

（a）局长或者某一副局长；或者

（b）某一雇员；或者

（c）某一为专利局的利益提供或者拟提供服务的人。

（2）当因为：

（a）当事人或者他/她的代理人或者业务代理人的错误或者疏忽；或者

（b）非当事人所能控制的情况；

某一被要求在特定的时间内作出的相关行为在该时间内没有或者不能被作出的，局长可以根据当事人按照条例的规定所提出的请求，延长作出该行为的时间。

（2A）如果

（a）某一被要求在特定的时间内作出的相关行为在该时间内没有被作出；并且

（b）局长确信当事人按照情况采取了应有的谨慎以保证该行为在上述时间内作出；

局长必须根据当事人按照条例的规定并在规定的期限内所提出的请求，延长作出该行为的时间。

（2B）根据第（2A）款对时间的延长不能超过为实施该款而规定的期限。

（3）所允许的作出某一相关行为的时间可以被延长，不论是在该时间已经届满之前或者之后。

（3A）尽管有第（3）款的规定，允许的作出某一相关行为的时间根据（2A）款的延长仅在该时间已经届满之后。

（4）局长必须在公报上公告：

（a）请求延长的时间超过 3 个月的请求；或者

（b）就在规定的情况下作出某一规定的相关行为的时间的延长所提出的请求。

（6）在不违反第（6A）款的情况下，任何人可以按照规定，对根据第（2）款或者第（2A）款对上述请求的准予提出异议。

（6A）如果局长确信即使在没有第（6）款所规定的异议的情况下，一项第（2）款或者第（2A）款所规定的请求将不被准予：

（a）局长不需要按照第（4）款的规定公告该请求；并且

（b）不管第（6）款的规定，该请求不能被提出异议；并且

（c）局长必须拒绝准予该请求。

（7）当：

（a）因为未能在所允许的时间内作出一个或者多个的相关行为，导致一件专利申请失效，或者一件专利终止；并且

（b）作出上述那个或者那些行为的时间被延长；
该申请或者专利必须被视为已经被恢复。

（8）当：

（a）一件临时专利申请根据第 142 条第（1）款在为第 38 条而规定的期限结束时失效；并且

（b）上述期限被延长。
该申请必须被视为犹如它尚未失效一样。

（9）当局长：

（a）对作出某一相关行为准予延长的时间超过 3 个月；或者

（b）对在规定的情况下作出某一规定的相关行为的时间准予延长。

对在上述延长请求根据第（4）款被公告之日之前实施（或者通过合同或者其他形式采取一定措施以实施）因未能在所允许的时间内作出相关行为而失效的专利申请或者终止的专利（视属何情况而定）涉及的发明的人，规定的条款对其赋予保护或者补偿具有效力。

（10）不能对在下列时间内作出的侵权行为而提出侵权诉讼程序：

（a）在该专利申请失效之日和该申请被恢复之日之间；或者

（b）在该专利终止之日和该专利被恢复之日之间。

（11）在本法中：

相关行为指涉及一件专利、专利申请或者本法所规定的任何法律程序（不包括法院的法律程序）的行为（不包括规定的行为），包括在所允许的提出公约申请的时间内提出一件公约申请。

224. 决定的重审

（1）对下列决定的重审请求可以向行政申诉法庭提出：

（a）局长根据第 10 条、第 17 条、第 32 条、第 33 条、第 52 条、第 66 条、第 74 第（3）款、第 103 条第（2）款、第 113 条、第 137 条第（3）款、第 142 第（2）款（b）项，第 150 条第（2）款，第 151 条第（1）款至第（3）款，或者第 173 条、第 215 条或者第 223 条作出的决定；或者

（b）指定管理人员根据第 198 条作出的不注册一个人为专利代理人的决定；或者

（c）预防核扩散局负责人根据第 147 条第（2）款或者第（3）款、第 149 条或者第 152 条第（1）款作出的决定。

（2）当作出第（1）款中所述一项决定的人将该决定的作出书面通知受该决定影响的一人或者多人，在不违反 1975 年行政

申诉法庭法的情况下，该通知必须包括一项表明对该通知所涉及的该决定可以由权益受到该决定影响的一人或者多人或者其代表向行政申诉法庭提出重审请求的声明。

（3）就一项决定而言，未能遵守第（2）款不影响该决定的有效性。

（4）在本法中：

决定与1975年行政申诉法庭法中该词的含义相同。

225. 雇员和自然人的代理人的行为

（3）为对一项违法行为进行追诉，有必要证实一个人（不包括公司）从事该违法行为的精神状态的，则证明下列事项是足够的：

（a）该行为由该人的受雇人或者代理人在他/她的实际或者表面授权范围内作出；并且

（b）该受雇人或者代理人符合上述精神状态。

（4）任何由一个人（不包括公司）的受雇人或者代理人代表此人在他/她的实际或者表面授权范围内作出的行为，就一项违法行为的追诉而言，被视为已经同样被此人作出，除非此人证实他/她采取了合理的预防措施并作出了应尽的努力来避免该行为。

（5）本条所述本法所规定的一项违法行为包括对下列条文所规定的一项违法行为：

（a）涉及本法或者条例的1914年刑事法第6条；或者

（b）涉及本法或者条例的刑法典第11.1条、第11.2条、第11.4条或者第11.5条。

（6）当：

（a）一个人（不包括公司）被判犯有本法所规定的一项违法行为；并且

（b）若无第（3）款和第（4）款，则此人不会被判犯有上述违法行为；

则此人无须因为上述违法行为而被判处监禁。

（7）第（3）款所述一个人的精神状态包括对下列事项：

（a）此人的知识、意图、意见、信念或者目的；或者

（b）此人上述意图、意见、信念或者目的的理由。

（9）本条所述作出行为包括对未能作出行为或者拒绝作出行为。

注：与法人团体的违法行为的证明有关的条款，参见刑法典第2.5部分。

226. 已公布的说明书的复制不侵犯版权

一件已公开供公众查阅的临时或者完整说明书的全部或者部分的二维形式的复制，不构成对根据1968年版权法存在于任何文学或者艺术作品上的任何版权的侵犯。

227. 费用

（1）规定的费用应按照条例的规定支付。

（2）在不限制第（1）款的情况下，可以就一件行为的作出按照该行为被作出的时间规定不同的费用。

（3）条例可以对未能按照条例的规定支付一项费用的后果（为实施本法）作出规定。

注：本法的某些条款明示地或者暗示地对未能支付一项费用的后果作出规定［例如，参见第89条第（3）款和第142条第（2）款、第143条、第151条第（4）款和第176条］。条例不能规定与那些条款不一致的后果。

（4）特别地为实施本法，条例可以规定：

（a）一件行为没有被作出，或者被视为没有被作出，如果作出该行为的费用没有按照条例的规定被支付；或者

（b）一件文件没有被提交，或者被视为没有被提交，如果提交该文件的费用没有按照条例的规定被支付；或者

（c）一件专利申请失效，或者被视为失效，如果提交该请求书和所附的说明书的费用没有按照条例的规定被支付。

（5）第（4）款不限制第（3）款的效力。

227A. 专利和商标代理人职业标准委员会

（1）应当建立专利和商标代理人职业标准委员会。

（2）职业标准委员会享有下列职能：

（a）本法或者 1995 年商标法赋予职业标准委员会的职能；

（b）条例为实施任何下列条款而赋予职业标准委员会的职能：

（i）本法第 198 条第（4）款（b）项（该条款涉及专利代理人的资格）；

（ii）本法第 199 条（该条款涉及专利代理人的撤销注册）；

（iii）本法的第 228 条第（2）款（r）项（该条款涉及专利代理人的专业操守）；

（iv）1995 年商标法第 228A 条第（4）款（a）项（该条款涉及商标代理人的资格）；

（v）1995 年商标法第 228B 条（该条款涉及商标代理人的撤销注册）；

（vi）1995 年商标法第 231 条第（2）款（ha）项（该条款涉及商标代理人的专业操守）；

（c）从事附属于或者有益于任何上述职能的履行的任何事情。

（3）条例可以就下列事项作出规定：

（a）职业标准委员会的章程和成员资格；和

（b）职业标准委员会履行职能的方式；和

（c）职业标准委员会的会议所遵循或者涉及的程序，包括（但不限于）关于下列事项：

（i）该委员会会议的召集；和

（ii）构成法定人数的该委员会成员的人数；和

（iii）主持该委员会会议的委员会成员的选择；和

（iv）在该委员会会议中所产生的问题被决定的方式。

（4）职业标准委员会的成员须被支付由薪酬法庭所确定的薪酬。如果该法庭没有作出的前述薪酬决定，该成员须被支付规定的薪酬。

(5) 职业标准委员会的成员须被支付规定的津贴。

(6) 第 (4) 款和第 (5) 款的效力受到 1973 年薪酬法庭法的约束。

228. 条例

(1) 在不抵触本法的情况下,总督可以制定条例:

(a) 规定本法所要求或者所允许被规定的事项;

(b) 规定执行或者实施本法所必需或者适宜的事项;和

(c) 规定与专利局有关的任何业务的进行所必需或者适宜而被规定的事项;和

(d) 为了执行或者实施《布达佩斯条约》;和

(e) 为了执行或者实施 PCT 条约,不论是涉及 PCT 申请或者其他方面。

(2) 在不限制第 (1) 款的情况下,该款包括就下列事项制定条例的权力:

(a) 对专利请求书和完整说明书的实质审查的程序和完整说明书的重审的程序作出规定;和

(b) 对涉及实质审查和重审而被作出的报告作出规定;和

(c) 对专利请求书、临时和完整说明书和其他被提交的文件的下述修改作出规定:

(i) 改正一项笔误或者明显错误;或者

(ii) 消除某项法定异议理由,不论该异议是在实质审查期间,或者重审期间,或者另外的期间被提出;或者

(iii) 为任何其他目的;和

(e) 对登记簿中的记载事项为改正一项笔误或者明显错误或者任何其他目的的修改作出规定;和

(f) 对一件专利为改正一项笔误或者明显错误的修改作出规定;和

(g) 对完整说明书的摘要的准备、提交和公布作出规定;和

(h) 对异议法律程序作出规定;和

（ha）设定革新专利的形式检查程序，尤其包括下列事项：

（i）指明就一件革新专利申请而言必须被满足的形式要求（包括符合第 18 条第（2）款和第（3）款的要求）；和

（ii）授权局长指示一件革新专利的申请人作出必要的行为，以保证该申请符合条例关于准备拟提交的文件的有关要求；和

（iii）对如果上述指示在条例所指明的时间内未被遵守该申请的失效作出规定；和

（iv）对一件因上述情况失效的申请的恢复作出规定；和

（j）授权局长指示一件标准专利的申请人作出必要的行为，以保证该完整说明书符合条例关于准备拟提交的文件的有关要求，和：

（i）对如果上述指示在条例所指明的时间内未被遵守该申请的失效作出规定；和

（ii）对一件因上述情况失效的申请的恢复作出规定；和

（k）授权局长就某人是否是为了作出根据本法允许由利害关系人作出的任何行为的利害关系人的问题进行审理和决定；和

（m）对不服局长根据条例所作出的决定的上诉作出规定；和

（n）对在本法规定的法律程序中规定的法院的诉讼手续和程序作出规定，包括关于任何法律程序可以被启动或者其他任何事情可以被作出的时间的规定，以及对任何这样的时间的延长作出规定；和

（p）要求某些人就专利申请或者专利或者在本法所规定的法律程序（不包括法院法律程序）中作出法定声明；和

（q）对根据本法代表某个人的一项声明或者一件行为的作出作出规定，此人因为未成年或者身体的或者精神的无能力而不能作出该声明或者行为；和

（r）为了控制注册专利代理人的专业操守和该执业行为，并就此而言对所有或者任何下列事项作出规定：

（i）作出对注册专利代理人关于他们的专业操守的申诉，和

审理对注册专利代理人关于他们的专业操守的控诉；

（ii）对注册专利代理人判处罚则，包括警告和暂停或者撤销注册；

（iii）传唤证人；

（iv）要求某些人宣誓（不论口头地或者其他形式）后提供证据；

（v）监督提供证据的人的宣誓（不论口头地或者其他形式）；

（vi）要求某些人出示文件或者物品；和

（s）对下列事项作出规定：

（i）为实施本法、《布达佩斯条约》，微生物在规定的保藏机构的保藏，和该机构对微生物的存储和微生物的样品的测试和提交；和

（ii）位于澳大利亚境内的规定的保藏机构就第（i）项中所述的事项而言的费用的收取；和

（iii）位于澳大利亚境内的规定的保藏机构就上述事项而言的报告的作出；和

（iv）局长就规定的保藏机构关于上述事项而言的权力和职能；和

（t）就被视为本法所规定的专利申请的 PCT 申请而言，通过排除、改变或者以不同的条款取代本法的特定条款的方式对本法的实施进行变通；和

（u）对在销毁之前不少于 25 年前提交的与专利申请有关的文件的销毁作出规定；和

（w）对在特定情况下就一件文件的提交所支付的费用的全部或者部分的退还；和

（y）对特定类型的人的费用的全部或者部分免除或者豁免作出规定；和

（z）对违反条例的违法行为规定不超过 1 000 澳元的罚款的罚则；和

（za）制定作为 1952 年法的废除和本法的生效的结果所必需

或者适宜的过渡和保留条款。

（3）条例可以通过授权局长代表联邦与规定的保藏机构签定关于保藏事项的协议的方式来对第（2）款（s）项中所提到的事项作出规定。

（4）根据第（2）款（s）项和第（3）款所制定的条例可以对根据那些条例涉及的不同事项制定不同的条款，但本款不被视为限制本法的任何其他条款所授予的制定条例的权力。

（5）总督须制定条例，指明从本法生效日之后对澳大利亚有效的布达佩斯条约和 PCT 条约的英语文本，此后制定使这些英语文本保持最新版本所必要的条例。

（6）总督可以制定条例，指明条例制定时，一项澳大利亚参加的与发明保护有关的条约（不含《布达佩斯条约》或者 PCT 条约）的英语文本，此后制定使这些英语文本保持最新版本所必要的条例。

（7）不管本法对 1952 年法的废除，根据第（2）款（za）项所制定的条例可以规定 1952 年法中的特定条款就规定的人或者事项，或者在规定的情况下的继续实施。

229. 相应修改

附表 2 中指明的法律按照该附表中所列明的修改进行修改。

230. 废除

废除 1952 年专利法。

第 23 章　过渡和保留条款

231. 1989 年修正法案第Ⅲ部分的适用

不得因本法的任何规定而影响《1989 年修正法案》第Ⅲ部分的继续实施。

233. 根据 1952 年法所授予的专利

（1）在不违反本章和条例的情况下，就根据 1952 年法所授予的标准专利或者小专利而言，本法适用，犹如该专利根据本法被授予一样。

（2）第（1）款所述专利在该专利在紧接本法生效日之前不具有效力的任何地方不具有效力。

（3）就第（1）款所述专利而言，本法第9章不适用。

（4）不能对第（1）款所述专利提出异议，而且对于任一权利要求中要求保护的发明，不能基于1952年法没有规定的无效专利的理由，来认定其无效。

234. 1952年法的适用

（1）当在本法的生效日之前：

（a）已经根据1952年法提交一件专利申请和临时说明书；并且

（b）尚未就该申请根据该法提交一件完整说明书；并且

（c）该申请尚未被撤回；

那么，在不违反本章和条例的情况下，在本法的生效日或者之后，就该申请而言，本法适用，犹如该申请是本法所规定的一件临时申请一样。

（2）当在本法的生效日之前：

（a）已经根据1952年法提交一件专利申请；并且

（b）尚未就该申请根据该法提交一件完整说明书或者一件小专利说明书；并且

（c）该申请尚未被撤回或者被最终处理；

那么，在不违反本章和条例的情况下，在本法生效日和之后，本法对下列事项适用：

（d）就该申请而言，犹如该申请是本法所规定的一件完整申请一样；和

（e）就该小专利说明书而言，犹如它是根据本法就该申请所提交的一件完整说明书一样。

（3）就第（2）款所述申请而言，本法第5章不适用，但在紧接本法生效日之前有效的1952年法第Ⅴ部分对该申请继续

適用。

（4）就下列事项而言，本法第9章不适用：

（a）第（2）款所述申请；或者

（b）基于这样的申请所授予的专利。

（5）不能对下列提出异议：

（a）第（2）款所述申请；或者

（b）基于这样的申请所授予的专利。

而且在任一权利要求中要求保护的发明，不能基于《1952年法》没有规定的无效申请或者专利（视属何情况而定）的理由，认定该专利无效。

（6）适用第（2）款的一件小专利的说明书不能根据本法修改以包括超过一个权利要求。

235. 1952 年法所规定的其他申请和法律程序

（1）在不违反本章和条例的情况下，在本法生效日和之后，本法适用于任何根据1952年法所提出或者启动的，并且在该生效日之前未根据该法被最终处理的申请、请求、诉讼或者法律程序，犹如该申请、请求、诉讼或者法律程序已经根据本法的相应条款被提出或者启动一样。

（2）就本法第234条所涉及的申请而言，第（1）款不适用。

236. 微生物

就在 1987 年 7 月 7 日之前所提交的说明书而言，本法第 41 条和第 42 条不适用。

237. 1952 年法所规定的命令、指示等

任何根据1952年法所作出的，并且在紧接本法生效日之前有效的报告、命令或者指示在该生效日或者之后继续具有效力，犹如它已经根据本法的相应条款被作出一样。

238. 局长和副局长

在紧接本法生效日之前担任专利局局长和专利局副局长的人在该生效日或者之后继续担任相应职位。

239. 专利的登记簿和专利代理人的名册

(1) 在本法生效日或者之后，1952年法所规定的专利登记簿被视为构成本法所规定的专利登记簿的部分。

(2) 在本法生效日或者之后，1952年法所规定的专利代理人名册被视为构成本法所规定的专利代理人名册的部分。

240. 注册专利代理人

在本法生效日或者之后，对在紧接本法生效日之前是1952年法所规定的专利代理人的人而言，本法适用，犹如此人已经根据本法被注册为专利代理人一样。

附表　定　义

在本法中，除非相反意图出现：

"申请"，在第15章中，是指专利申请，并包括相关国际申请。

审定格式是指局长为实施出现该词语的条款所认可的格式。

关联技术与安全措施法中该词的含义相同。

澳大利亚包括每个外部领地。

澳大利亚大陆架是指1973年海洋和下沉陆地法所指的毗邻澳大利亚海岸（包括构成一个州或者领地的部分的任何岛屿的海岸）的大陆架。

澳大利亚医疗物品货物登记册是指根据1989年医疗物品法第9A条所设置的登记册。

"授权书"，在第15章中，与安全措施法中该词的含义相同。

基础申请是指在一个公约国家提出的要求保护一项发明的申请。

《布达佩斯条约》是指1977年4月28日在布达佩斯签署的、一直对澳大利亚有效的《国际承认用于专利程序的微生物保藏布达佩斯条约》，以及附加在该条约之后的、一直对澳大利亚有效的细则。

颁发证明书就一件革新专利而言（不包括第 19 条），是指局长根据第 101E（e）项就该专利所发布的实质审查证明书。

权利要求/要求保护是指：

（a）当被用来作为一个名词用于一件专利时——被授予专利的完整申请的说明书中的一项权利要求（包括一项从属权利要求）；和

（b）当被用来作为一个名词不是用于一件专利时——完整说明书中的一项权利要求（包括一项从属权利要求）；和

（c）当被用来作为一个动词时——在完整说明书中的一项权利要求（包括一项从属权利要求）中要求保护。

生效日是指本法生效的日期。

局长是指专利局局长。

应予以补偿的人是指：

（a）就一件由联邦征收的专利而言——专利权人和任何被记录在登记簿中对该专利享有权益的人；和

（b）就一项作为一件专利申请的主题并征收的发明而言——该申请中的具名的人。

完整说明书是指（不包括第 116 条中）一件完整专利申请中所提交的说明书，或者如果该说明书已经被修改，被修改的完整说明书。

强制许可是指根据一项依照第 133 条所作出的命令所授予的许可。

公约申请人，就一件基础申请而言，是指某个人（或者团体，无论是否为法人），此人：

（a）已经提出该基础申请；或者

（b）是该申请的受让人；或者

（c）如果基于该申请的一件专利的授予之后，将有权将该专利转让至自己名下；或者

（d）是（a）、（b）或者（c）项中所述人的法定代表人；或者

（e）取得（a）、（b）或者（c）项中所述人的同意基于该基础申请提出一件公约申请。

公约申请是指根据第8章第2部分所提出的专利申请。

公约国家是指条例宣布为本法意义下的公约国家的外国。

保藏要求是指第6条（a）至（d）项中所指明的要求。

保藏机构是指接收、认可和存储微生物并提交微生物样品的团体或者机构。

副局长是指负责专利事务的副局长。

指定管理人员具有第200A条所给予的含义。

负责人是指预防核扩散局负责人。

有资格的人，就一项发明而言，是指一项该申请的专利可以根据第15条授予给此人的人。

雇员是指局长或者副局长以外的下列人员：

（a）根据1999年公共服务法受雇并且供职于专利局；或者

（b）不是上述这样的人，但为或者代表联邦在专利局履行职责。

实质审查是指：

（a）就一件标准专利的请求书和完整说明书而言——第45条所规定的该请求书和说明书的实质审查，或者第48条所规定的该请求书和说明书的变通的实质审查；或者

（b）就一件革新专利而言——第101B条所规定的该专利的完整说明书的实质审查。

独占被许可人是指由专利权人所授予的一项许可中的被许可人，该许可可授予该被许可人，或者授予该被许可人与获得其授权的人，在该专利地域内排除专利权人和所有其他人实施该专利发明的权利。

实施，就一项发明而言，包括：

（a）当该发明是产品时——制造、出租、出售或者以其他形式处置该产品，许诺制造、出售、出租或者以其他形式处置该产品，使用或者进口该产品，或者为做任何上述事情而持有该产

品；或者

（b）当该发明是方法时——使用该方法或者对从这样的使用中所获得的产品做任何（a）项中所述行为。

联邦法院是指澳大利亚联邦法院。

提交是指向专利局提出申请。

外国航空器是指在规定的外国注册的航空器。

外国陆上交通工具是指经常居住地在规定的外国的人所拥有的陆上交通工具。

外国专利局是指在外国可以就一项发明给予保护的政府机关、机构或者其他团体。

外国船只是指在规定的国家注册的船只。

形式检查，就一件革新专利申请而言，是指使用条例中所列明的方法根据第 52 条所进行的检查程序。

侵权法律程序是指对专利侵权行为进行处理的法律程序。

革新专利是指根据第 62 条对一项发明所授予的专利证书。

利害关系人，就一件专利申请而言，是指申请人或者共同申请人，或者主张自己有权单独或者与其他人共同被授予一件基于该申请的专利的人。

国际申请与 PCT 条约中该词的含义相同。

国际保藏机构与《布达佩斯条约》中该词的含义相同。

国际申请日，就一件国际申请而言，是指：

（a）根据 PCT 条约第 11 条给予该国际申请的作为国际申请日的日期；或者

（b）如果该日期根据 PCT 条约第 14 条被修改——修改后的国际申请日。

［注：也可参见第 10 条。］

发明是指垄断法第 6 条所指的作为专利证书和特权授予范围的任何新的制造方式或者产品形式，并包括被指控的发明。

法律执业者是指有资格代理高等法院或者一个州或者领地最高法院中的案件的大律师或者律师。

法定代表人，就一个已故的人而言，是指不论在澳大利亚或者其他任何地方，该已故的人的遗嘱、遗产管理证书或者任何其他相似的授权证书授权的人，但不包括根据上述授权条款无权做涉及该词语表达的行为的人。

许可是指实施专利发明的许可，或者授权实施专利发明的许可。

主发明具有第81条所给予的含义。

变通的实质审查，就一件标准专利申请的专利请求书和完整说明书而言，是指第48条所规定的对该请求书和说明书的实质审查。

具名的人是指在专利请求书中被确定为专利将授予他或者她的人。

不侵权宣告是指第125条第（1）款所述宣告。

公报是指第222条所述公报。

专利是指标准专利或者革新专利。

专利申请是指标准专利申请或者革新专利申请。

专利地域是指：

（a）澳大利亚；和

（b）澳大利亚大陆架；和

（c）澳大利亚大陆架上部的海域；和

（d）澳大利亚和澳大利亚大陆架上部的领空。

增补专利是指根据第7章所授予的一项发明的专利证书，并包括为实施第25条，根据第83条已经成为一件独立专利的增补专利。

专利局是指根据本法所建立的专利局。

专利请求书是指要求授予具名的人某件专利的请求书。

可获得专利的发明是指第18条所述种类的发明。

专利方法是指已经被授予专利并有效的方法。

专利产品是指已经被授予专利并有效的产品。

专利权人是指在登记簿中被登录为该专利的持有人或者所有

人的人。

PCT 条约是指 1970 年 6 月 19 日在华盛顿签署的《专利合作条约》，如果该条约连同附加在该条约之后的细则一起一直对澳大利亚是有效的。

PCT 申请是指满足下列条件的国际申请：

（a）在该申请中，根据 PCT 条约第 4 条第（1）款（ii）澳大利亚被指定为一个指定国；并且

（b）该申请已经被给予国际申请日。

许可证，在第 15 章中，与安全措施法中该词的含义相同。

制药物质是指用作治疗用途的物质（包括物质的混合物或者化合物），该用途（或者该物质的申请之一）涉及：

（a）与人类生理系统的化学相互作用或者物理化学相互作用；或者

（b）对人体内的传染剂或者毒素或者其他毒药的作用；

但不包括仅用于在生物体外的诊断或者测试的物质。

规定的法院是指联邦法院，各州最高法院，澳大利亚首都地区最高法院，北领地最高法院，或者诺福克岛最高法院。

规定的保藏机构是指：

（a）国际保藏机构，不论在澳大利亚或者之外；或者

（b）为实施本项而规定的、在澳大利亚的任何其他保藏机构。

现有技术是指：

（a）就判断一项发明是否具有或者不具有创造性进步或者革新性进步而言：

（i）公众可获得的一件文件中的信息，不论是在专利地域之内或者之外；和

（ii）通过作出一件行为使公众可获得的信息，不论是在专利地域之内或者之外。

（b）就判断一项发明是否具有或者不具有新颖性而言：

（i）（a）项中所述种类的信息；和

（ii）已公布的一件完整申请中的说明书中所包含的信息，当：

（A）如果该信息是或者将是该说明书的某项权利要求的主题，该权利要求享有或者将享有的优先权日早于该被审查的权利要求的优先权日；并且

（B）该说明书在该被审查的权利要求的优先权日之后被公布；并且

（C）该信息在该说明书的提交日和公布时被包含在该说明书中。

注：文件的含义见 1901 年法律解释法第 25 条。

现有技术信息是指：

（a）就第 7 条第（1）款而言——属于判断一项发明是否具有或者不具有新颖性的现有技术的一部分的信息；和

（b）就第 7 条第（3）款而言——属于判断一项发明是否具有或者不具有创造性进步的现有技术的一部分的信息；和

（c）就第 7 条第（5）款而言——属于一项发明是否具有或者不具有革新性进步步骤的现有技术的一部分的信息。

职业标准委员会是指根据第 227A 条所建立的专利和商标代理人的职业标准委员会。

禁止令是指根据第 173 条所作出的命令。

临时说明书是指一件临时专利申请中所提交的说明书。

国际受理局与 PCT 条约中该词的含义相同。

重审是指：

（a）就一件标准专利申请的完整说明书而言——第 9 章所规定的该完整说明书的重审；和

（b）就一件革新专利而言——第 9A 章第 2 部分所规定的该革新专利的重审。

登记簿是指第 186 条所述专利登记簿。

已登记，就一件专利而言，是指已被登录在专利登记簿中。

注册专利代理人是指根据本法被注册为专利代理人的人。

相关机构是指：

（a）就由或者为联邦对一项发明的实施而言——联邦；和

（b）就由或者为一个州对一项发明的实施而言——该州。

相关国际申请，在第 15 章中，是指专利局是该申请的国际受理局的国际申请［即使澳大利亚在该申请中未根据 PCT 条约第 4 条第（1）款（ii）被指定为一个指定国］。

有关法律程序，就一件专利而言，是指有关下列事项的法院法律程序：

（a）专利侵权；或者

（b）专利撤销；或者

（c）在该法律程序中，该专利或者某项权利要求的有效性受到质疑。

与微生物有关的规则是指布达佩斯条约的规定，以及根据第 228 条规定的条例所制定的可适用的规定。

安全措施法是指《1987 年防止核武器扩散（安全措施）法》。

加盖印章是指被加盖专利局的印章。

说明书，就一件国际申请而言，是指该申请中所包含的说明书、权利要求书和附图。

标准专利是指根据第 61 条对一项发明所授予的专利证书。

州，在第 17 章，包括澳大利亚首都地区、北领地和诺福克岛。

垄断法是指名为垄断法的王国法律。

提供包括：

（a）通过销售、交换、租赁、租用或者分期付款购买的方式提供；和

（b）许诺提供（包括通过销售、交换、租赁、租用或者分期付款购买的方式提供）。

领地是指本法适用的或者本法适用延伸到的领地。

治疗使用是指为下列目的的使用：

（a）预防、诊断、治疗或者减轻人的疾病、缺陷或者伤害；或者

（b）影响、抑制或者修改人的生理过程；或者

（c）测试人对某项疾病的易受感染性。

本法包括条例。

实施，就一项专利发明而言，是指：

（a）当该发明是产品——制造或者进口该产品；或者

（b）当该发明是方法——使用该方法或者对使用所获得的产品做任何（a）项中所述行为。

1952年法是指1952年专利法。

1989年修正法案是指1989年专利修正法案。

巴西工业产权法[1]

（第 9279 号法案，1996 年 5 月 14 日生效，2001 年修正。）

基本规定

1. 本法规范与工业产权有关的权利和义务。

2. 工业产权关系到本国的社会利益和技术与经济发展，其保护通过以下方式实现：

Ⅰ. 授予发明和实用新型专利；

Ⅱ. 准予工业品外观设计注册；

Ⅲ. 准予商标注册；

Ⅳ. 规制假冒地理标志；

Ⅴ. 制止不正当竞争。

3. 本法的规定还适用于下列情形：

Ⅰ. 依据对巴西有效的条约或者公约受保护的当事人，在巴西提交的专利申请或者注册申请。

Ⅱ. 给予巴西公民或者居民互惠待遇或者平等权利的国家的公民或者居民。

4. 对巴西有效的条约的规定平等地适用于属于本国公民或者居民的自然人、法人。

5. 从法律效力上，工业产权被认为是动产。

---

[1] 根据世界知识产权组织网站（http：//www. wipo. int/wipolex/en/text. jsp? file _ id ＝ 125407，http：//www. wipo. int/wipolex/en/text. jsp? file_id＝125409）上提供的英文版翻译。翻译：胡安琪；校对：姜丹明。

第一编 专 利

第一章 权 属

6. 发明和实用新型的创造者有权根据本法规定的条件获得专利权，保障其财产权利。

（1）没有相反证据的，推定申请人有权获得专利。

（2）专利可以由创造者的继承人、创造者的继受人或者法律、雇用关系以及服务合同中确定的人以创造者的名义申请。

（3）在两个或者两个以上的人共同完成发明或者实用新型的情形下，可以由全体共有人或者其中的任何一个人申请专利，应当明确其他创造者并让其署名，以保障相关权利。

（4）应当明确发明人并让其署名，发明人也可以要求不公开其姓名。

7. 如果两个或者两个以上的创造者独立创造出同样的发明或者实用新型，获得专利的权利属于能够证明其最早提出申请的人，而不论作出发明的时间。

在先提出的申请在发生效力前放弃的，紧随其后提起的申请优先。

第二章 专利性

第一节 能够获得专利的发明和实用新型

8. 一项发明如果具有新颖性、创造性和工业实用性，就可被授予专利。

9. 一项能够实际使用或者部分能够使用的客体，如果可以进行工业上应用，有新的形状或者排列方式，在使用或者制造方面有功能上改进的发明效果，则可以作为实用新型获得专利。

10. 下列各项，不属于发明或者实用新型：

I. 发现、科学理论或者数学方法；

II. 纯抽象的概念；

III. 商业、会计、金融、教育、广告、抽奖、检查的方案、计划、原则或者方法；

IV. 文学、建筑、艺术、科学作品或者美学创作；

V. 计算机程序本身；

VI. 信息的表达；

VII. 游戏规则；

VIII. 外科手术方法，包括对人或者动物体的诊断和治疗方法；

IX. 自然存在的生物体或者其部分，在自然界发现的生物材料，即使它们被分离，包括任何生物体的基因组或者种质，以及自然的生物学方法。

11. 如果发明或者实用新型不属于现有技术的一部分，那么它们就被认为是新颖的。

（1）现有技术是指，专利申请的申请日前一切以书面或者口头方式通过使用或者其他任何方式在巴西或者国外为公众所知的技术，第12条、第16条和第17条规定的除外。

（2）为确定新颖性的目的，在巴西已经提交的尚未公布的申请的完整内容，如果即将公布或者随后即公布，那么自其申请日或者优先权日起也作为现有技术。

（3）上诉规定适用于依据对巴西有效的条约或者公约提交的并且进入国家阶段的国际专利申请。

12. 发明或者实用新型在专利申请的申请日或者优先权日前12个月内因下列情形公开的，不视为现有技术：

I. 由发明人进行的公开；

II. 国家工业产权局对未经发明人同意提交的专利申请进行的官方公开，而该申请是基于发明人提供的信息或者是其采取的行为的结果；

III. 第三方根据发明人提供的信息或者从其采取的行为中获得信息而进行的公开。

国家工业产权局可以依据条例中规定的条件要求发明人就前述公开行为作出声明，该声明可以附具证据也可以不附具证据。

13. 对本领域技术人员而言，发明不是从现有技术中以显而易见的方式获得，则其具有创造性。

14. 对本领域技术人员而言，实用新型不是从现有技术中以普通和平常的方式获得的，则其具有创造性。

15. 一项发明或者实用新型不必在任何产业中都能够使用或者制造，也可以认为是易于工业应用的。

第二节　优先权

16. 在与巴西签订协议的国家提交的专利申请，或者向国际组织提交的产生国家申请的效力的专利申请，在协议规定的期限内可以获得优先权，从而使申请不会因为上述期限内发生的情形而被视为无效或者受到影响。

（1）要求优先权应当在申请时提出，并且可以在 60 日内以巴西申请日前的其他优先权进行补充。

（2）要求优先权应当提交原始申请国的证明文件，包括编号、日期、名称、说明书，有权利要求和附图也应当提供；还应当附具含有确认该申请的信息的申请证书或者具有同等效力的文件的译文，申请人对其内容承担责任。

（3）申请时未提供上述证明文件的，应当在申请日起 180 日内提交。

（4）根据对巴西有效的条约提交的国际申请，第（2）款所述的译文应当在进入国家阶段之日起 60 日内提交。

（5）在巴西提交的申请完全复制原始申请国的文件的，申请人的相关声明可以代替译文。

（6）通过转让获得优先权的，相关文件应当在申请日起 180 日内提交，如果适用，应当在进入国家阶段后 60 日内提交，不需要原始申请国的领事认证。

（7）未在本条规定的期限内提交证明文件将导致丧失优先权。

（8）对于要求优先权的申请，早期公布应当包括优先权证明文件。

17. 对首次在巴西提交的未要求优先权也没有公布的发明或者实用新型申请，1 年内同一申请人或者其继受人在巴西就同样的技术方案提交在后申请的，享有优先权。

（1）优先权仅限于在先申请披露的技术方案，不得扩展到新的技术方案。

（2）在先申请仍然处于审查阶段的，最终应当被驳回。

（3）在先申请的分案申请不得作为优先权的基础。

第三节 不授予专利的发明和实用新型

18. 对下列各项不授予专利：

I. 违反道德、品行标准，危害公共安全、公共秩序和公共健康的；

II. 以原子核变换方式获得的任何种类的物质、材料、混合物、元素或者产品，包括对其物理化学形式的变换以及获取或者变换的方式。

II. 生物体或者其组成部分，但是满足第 8 条规定的授予专利的条件——新颖性、创造性和工业实用性，并且不仅仅是科学发现的转基因微生物除外。

基于本法目的，转基因微生物是指直接对遗传结构进行人工干预、具有在自然种群条件下通常无法获得的特征的有机体，但动物、植物及其组成部分除外。

第三章 专利申请

第一节 提交申请

19. 根据国家工业产权局规定的条件，一件专利申请应当包括：

I. 请求书；

II. 说明书；

III. 权利要求书；

IV. 有附图的，包括附图；

V. 摘要；

VI. 缴纳申请费的凭据。

20. 申请提交后应当进行初步的形式审查。文件齐备的应当记录在案，提交日作为该申请的申请日。

21. 一份申请在形式上虽然不符合第 19 条规定，但是包含有关发明内容、申请人、发明人信息的，可以自收到日起 30 日内满足国家工业产权局规定的条件，否则将退回申请文件或者不予受理该申请。

满足规定的条件后，该申请将自收到日起发生效力。

第二节 申请的条件

22. 一件发明专利申请应当限于一项发明或者是属于一个发明构思的一组相关的发明。

23. 一件实用新型专利申请应当限于一个装置，可以包括多个不同的附件或者是结构、构造方面的变化，只要其技术功能和单一性得以保持。

24. 说明书应当清楚、完整地描述发明，使所属领域的技术人员能够再现，还应当尽可能指出最佳的实施方式。

申请专利的发明的实施依赖于生物材料，而该生物材料无法以本条规定的方式描述也不能被公众得到的，应当在国家工业产权局认可的或者国际条约规定的机构保藏该材料，以补充说明书的内容。

25. 权利要求应当得到说明书支持，记载发明的详细特征，清楚、准确地界定要求保护的对象。

26. 在审查结束前，一件专利申请可以依职权或者根据申请人的请求分为两个或者多个申请，分案申请应当：

I. 指明原申请；

II. 不得超出原申请记载的范围。

不符合本条规定的分案请求应当被驳回。

27. 分案申请可以保留原申请的申请日，原申请享有优先权的，享有该优先权日。

28. 每件分案申请应当缴纳相应的费用。

29. 专利申请被撤回或者放弃的也应当公告。

（1）撤回请求应当在申请日或者最早的优先权日起 16 个月内提交。

（2）撤回一件未发生任何效力的在先申请的，随后提起的在后申请可以享有优先权。

第三节　申请的程序和审查

30. 除第 75 条规定的以外，一件专利申请应当自申请日或者最早的优先权日起 18 个月内保密，此后应当被公布。

（1）申请人可以请求提前公布申请。

（2）公布的文本应当包括识别该专利申请的信息，说明书、权利要求书、摘要及附图的副本应当在国家工业产权局保存供公众查阅。

（3）在第 24 条第 2 款规定的情形下，在进行本条规定的公布时，生物材料应当允许公众获得。

31. 申请公开后至审查结束前，利害关系人可以提交文件和数据帮助审查。

应当在申请公布 60 日之后开始进行审查。

32. 为了使专利申请更清楚地阐述或者更好地界定申请，申请人在请求审查前可以对申请进行修改，修改不得超出原始申请记载的范围。

33. 申请人或者其他利害关系人必须在申请日起 36 个月内对专利申请提出审查请求，否则该申请将被驳回。

申请人在专利申请被驳回后 60 日内提出请求，并缴纳相关费用的，申请可以恢复，否则该申请将最终被驳回。

34. 请求审查后，申请人应当按照要求在 60 日内提供下列材料，否则申请将被驳回：

I. 要求优先权的，其他国家对该申请的异议、现有技术检索或者审查结果的材料；

II. 处理申请程序和进行审查的必要文件；

III. 第 16 条第（2）款规定的证明文件的译文，如果其被第 16 条第（5）款规定的声明代替。

35. 进行技术审查时，应当就如下内容制作检索报告和意见：

I. 申请是否可以被授予专利；

II. 申请对于保护范围的界定是否适当；

III. 申请的修改或者分案；

IV. 技术性要求。

36. 检索意见认为申请不符合授权条件或者要求保护的范围不适当，或者提出某种要求的，应当通知申请人在 90 日内陈述意见。

（1）未答复相关要求的，申请应当最终被驳回。

（2）答复了相关要求的，即使未满足要求，或者其形式受到质疑的，也无论是否就申请能否被授予专利或者其适当性给予答复，审查都应当继续进行。

37. 审查结束，应当作出批准或者驳回专利申请的决定。

第四章　专利的授权和期限

第一节　专利的授权

38. 申请被批准并证明已经缴纳了相关费用后，应当颁发专利证书。

（1）申请被批准后 60 日内应当缴纳费用以及办理相关的缴费证明。

（2）无需发出通知，本条规定的费用可以在前款规定的期限届满后的 30 日内缴纳以及办理缴费证明，前提是缴纳特别费用，未缴纳费用的申请将最终被驳回。

（3）专利应当被视为在授权公告之日获得授权。

39. 专利证书应当包括专利号、名称、类型、符合第 6 条第 4 款规定的发明人的姓名、权利人的姓名或者名称和住所、期限、说明书、权利要求书，附图以及优先权的相关信息。

第二节　专利的期限

40. 一件发明专利自申请日起 20 年内有效，实用新型专利自申请日起 15 年内有效。

发明专利的期限自授权日起不得短于 10 年，实用新型的期限自授权日起不得短于 7 年，但国家工业产权局因尚未审结的司法纠纷或者不可抗力无法对申请进行审查的除外。

第五章　专利的保护

第一节　权　利

41. 专利的保护范围由权利要求的内容确定，可以用说明书和附图进行解释。

42. 专利赋予权利人有权禁止第三方未经其许可，制造、使用、许诺销售、销售或者进口：

I. 专利产品；

II. 专利方法或者依照专利方法直接获得的产品。

（1）专利权人有权禁止第三方帮助他人实施本条规定的行为。

（2）根据特别司法规则，持有人或者所有人无法证明其产品是通过不同于专利方法的制造方法获得的，则视为第 II 项规定的侵犯方法专利权成立。

43. 在下列情形下第 42 条的规定不适用：

I. 未经授权的第三人为私人和非商业性目的的行为，只要该行为没有损害专利权人的经济利益；

II. 未经授权的第三人为实验目的进行科学或者技术学习、研究行为；

III. 有资格的专业人员按医生处方为个人配制药品，包括该配制的药品；

IV. 根据方法或者产品专利制造的产品由专利权人直接投放或者经其许可投放国内市场；

V. 专利涉及生物材料的，第三人为非商业目的，使用专利产品作为获得其他产品的生物学变体或者繁殖的最初来源；

VI. 专利涉及生物材料的，第三人使用专利权人或者其被许可人合法投入商业领域的专利产品或者将其投放流通或者市场，只要该专利产品不是用于该生物材料的商业性增值或者繁殖；

VII. 未经授权的第三人，为在巴西或者其他国家获得允许在第 10 条规定的期限届满后实施专利或者将专利产品投放市场的行政许可，对被授予专利的发明进行的专为获得该行政许可所需信息、数据或者测试结果而进行的行为。❶

---

❶ 第 VII 项的内容是 2001 年 2 月 14 日发布的修正案新增的内容，同日施行。该修正案第 2 条同时对根据 2000 年 12 月 27 日生效的第 2.105-14 号临时法令作出的行为予以确认。——译者注。

44. 专利权人有权就不适当实施其专利的行为获得补偿，包括在申请公布日至专利授权日之间的行为。

（1）行为人不论以何种方式在已提交的申请公布前获知该申请的内容，基于补偿目的，不适当实施专利的时间应当自实施行为开始之日计算。

（2）专利申请涉及生物材料的，获得补偿的权利只能在公众根据第 24 条第 2 段的规定能够获得该生物材料时产生。

（3）就不适当实施行为获得补偿的权利，包括在授权日前的不适当行为，限于根据第 41 条确定的专利权的保护范围。

第二节　在先使用人

45. 在专利申请日或者优先权日前，善意在本国实施该专利的人有权以同样的方式在同样的条件下继续实施，而无须承担责任。

（1）本条授予的权利只能与业务或者公司一同转让，或者移转或者出租直接与实施专利相关的部分。

（2）通过第 12 条规定的公开行为获知专利内容的人，不享有本条规定的权利，前提是该专利申请在公开后 1 年内提交。

第六章　专利的无效

第一节　总　则

46. 不符合本法规定授予的专利权无效。

47. 无效可以不适用于所有的权利要求，部分无效的条件是剩余的权利要求属于可以授予专利的主题。

48. 专利的无效自申请日起发生效力。

49. 在不符合第 6 条规定的情形下，发明人可以要求在司法程序中对专利权的归属作出判决。

第二节　宣告专利无效的行政程序

50. 在下列情形下应当通过行政程序宣告专利无效：

I. 不符合任何一项法定条件；

II. 说明书和权利要求书分别不符合第 24 条、第 25 条的规定；

III. 专利权的内容超出原始申请记载的内容；

IV. 在程序中遗漏了任何一项有关授权的必要手续。

51. 无效宣告程序可以依职权或者依据任何利害关系人的请求在授予专利权后的 6 个月内启动。

即使专利权终止，无效程序也应当继续。

52. 应当在 60 日内通知权利人提交陈述意见。

53. 第 52 条规定的期限届满后，无论是否提交了陈述意见，国家工业产权局都应当作出评价，并通知权利人和申请人在 60 日内提交陈述意见。

54. 第 53 条规定的期限届满后，即使没有提交陈述意见，国家工业产权局局长也应当作出决定，行政职权终止。

55. 本节的规定适用于增补证书。

第三节　宣告专利无效的司法程序

56. 在专利有效期内，国家工业产权局或者利害关系人可以启动宣告专利无效的司法程序。

（1）专利应当无效可以在任何时候作为抗辩理由提出。

（2）已经满足了正当的程序性要求的，作为预防性或者附带措施，法官可以命令中止专利权的效力。

57. 宣告专利无效的司法程序应当在联邦法院进行，国家工业产权局不作为原告的也应当出庭。

（1）作为被告的专利权人的答辩期限为 60 日。

（2）一旦宣告无效的司法程序作出终局判决，国家工业产权局应当据此公布著录项目，以便第三人能够获知。

第七章　转让和著录项目

58. 一件专利申请或者专利的内容不可分割的，可以一并或者部分转让。

59. 国家工业产权局应当对下列著录项目进行登记：

I. 转让的，受让人的详细身份；

II. 对该申请或者专利的任何限制或者责任；

II. 申请人或者权利人名称、总部或者地址的变更。

60. 著录项目自公布之日起对第三人发生效力。

第八章　许　可

第一节　自愿许可

61. 专利权人或者申请人可以签订专利实施许可合同。

专利权人可以授予被许可人采取措施保护专利的全部权利。

62. 许可合同必须在巴西国家工业产权局登记后对第三人产生效力。

（1）登记自公布之日起对第三人产生效力。

（2）为了作为许可实施的证据，许可合同则不需要在国家工业产权局备案。

63. 对被许可的专利作出的改进属于作出改进的一方，另一方有优先获得许可的权利。

第二节　当然许可

64. 专利持有人可以以实施为目的向国家工业产权局提出发放许可的要约。

（1）国家工业产权局应当公布上述要约。

（2）除非持有人终止当然许可的要约，独占自愿许可合同不必在国家工业产权局登记。

（3）已给予独占自愿许可的专利不得作为当然许可的对象。

（4）权利持有人在其他利益方接受许可条件前撤回当然许可要约的，不适用第 66 条的规定。

65. 权利持有人与被许可人之间未签订合同的，双方可以要求国家工业产权局裁决使用费。

（1）为实现本条的目的，国家工业产权局应当遵守第 73 条第 4 款的规定。

（2）使用费可以在实施满 1 年后进行调整。

66. 被当然许可的专利在当然许可的要约发出至以任何方式授予第一个许可的期限间内，年费减半。

67. 被许可人在被授予许可之日起 1 年内未开始有效实施许可的，或者中断实施超过 1 年的，或者不符合实施条件的，专利持有人可以要求撤销许可。

第三节　强制许可

68. 专利持有人行使权利依法被行政或者司法决定认定为滥用权利或者以其他方式滥用经济优势的，应当就其专利给予强制许可。

（1）下列情况也可以颁发强制许可：

I. 在巴西境内未实施其专利，包括未制造或者未充分制造其产品，或者未充分使用其专利方法，但经济上不可行而允许进口的除外；

II. 商业化程度不能满足国内市场需求。

（2）有法律上利害关系并且具备经济和技术能力、能够有效实施该专利的人才能请求强制许可，但这应当主要满足国内市场的需要，在此情形下，前款第 I 项的例外规定不适用。

（3）以滥用经济优势为由给予强制许可的，打算进行当地制造的被许可人应当有权在第 74 条规定的期限内，进口由专利持有人直接投放市场或者经其同意投放市场的产品。

（4）在以进口方式实施专利以及前款中规定的进口的情形

下，应当允许第三方进口根据方法专利或者产品专利制造的、由专利持有人直接投放市场或者经其同意投放市场的产品。

（5）专利权被授予满 3 年才能请求给予第（1）款所述的强制许可。

69. 专利持有人在强制许可申请日有下列情形之一的，不得给予强制许可：

I. 证明基于合法的理由没有实施；

II. 证明已经为实施进行了认真且有效的准备；

III. 证明无法制造或者投放市场的原因是由于法定的自然障碍。

70. 满足下列所有条件的，应当给予强制许可：

I. 一项专利的实施依赖于一项现有专利；

II. 与现有专利相比，从属专利有实质的技术进步；

III. 从属专利的持有人与现有专利的持有人未能就实施依存专利达成协议。

（1）基于本条的立法目的，从属专利是指其实施必须依赖于一项现有专利的专利。

（2）基于本条的立法目的，方法专利可能依赖于相关的产品专利。同样的，产品专利也可能依赖于方法专利。

（3）根据本条规定被许可的现有专利的持有人有权获得对从属专利的交叉许可。

71. 根据联邦权力行使法宣布国家紧急状态或者为了公共利益，并且专利持有人或者其被许可人未能满足需要的情况下，可以依职权给予临时的、非独占的实施专利的强制许可，但是不得损害相关权利持有人的利益。

给予强制许可的决定应当规定强制许可的期限以及能否被延长。

72. 强制许可通常应当是非独占的，并且不得再许可。

73. 强制许可请求应当写明提供给专利持有人的各项条件。

（1）提交强制许可请求后，应当通知权利持有人在 60 日内陈述意见，期满未答复的，视为接受该建议所提供的条件。

（2）以滥用专利权或者经济优势提出强制许可请求的，应当附具相关证明文件。

（3）以未实施为由请求强制许可的，专利持有人应当证明其实施情况。

（4）如果对请求有异议，国家工业产权局可以组织必要的咨询，包括建立含有不是本部门职员的独立专家的委员会，就向权利持有人支付的报酬进行仲裁。

（5）直接或者间接涉及的机构和组织，联邦、州、地方的公共行政部门应当应要求向国家工业产权局提供协助进行报酬仲裁的信息。

（6）在对报酬进行仲裁时，应当考虑每个案件的情况，在必要时还应当考虑给予许可的经济价值。

（7）证据收集完毕后，国家工业产权局应当在 60 日内决定给予强制许可的条件。

（8）对给予强制许可的决定提起的上诉不影响其效力。

74. 除非基于合法的理由，应当在给予强制许可后 1 年内实施，允许中止 1 年。

（1）违反本条规定的，权利持有人可以要求撤销许可。

（2）被许可人被授予采取行动保护专利的完整权利。

（3）给予强制许可后，该强制许可只能与实施许可的企业的部分一同转让、转移或者租借。

第九章　与国防有关的专利

75. 来源于巴西的主题涉及国防的专利申请应当进入保密程序处理，不得依照本法的规定公开。

（1）国家工业产权局应当立即将申请转送有权处理该申请的行政主管机关，该机关应当在 60 日内声明该申请是否需要保密。60 日内没有行政机关作出上述声明的，该申请将按一般程序处理。

（2）禁止向另一个国家提交主题涉及国防的专利申请或者披露该申请，除非得到有关主管机构的授权。

（3）实施和转让主题涉及国防的专利申请或者专利的，应当获得主管机关的事先授权。申请人或者权利持有人的权利受到限制的，应当给予补偿。

第十章　增补专利证书

76. 在缴纳特别费的情况下，发明专利申请人或者权利持有人可以要求授予增补证书，以保护对其发明创造作出的改进，即使其缺乏创造性，只要其主题与基础申请的主题属于同一发明构思。

（1）基础申请已经公布的，应当立即公布增补证书申请。

（2）除本条另有规定外，对增补证书申请的审查应当遵守第30条至第37条的规定。

（3）增补证书申请的内容与基础申请的内容不属于同一发明构思的，应当驳回。

（4）在规定的上诉期限内，并且缴纳请求费后，申请人可以要求将增补证书申请转换为专利申请，自证书申请之日起享有相关利益。

77. 增补证书从属于基础专利，保护期同日终止，并且有同样的法律后果。

在无效宣告程序中，权利持有人可以要求分析增补证书中的技术方案，以确定其是否能够维持，但不影响专利的期限。

第十一章　专利权的终止

78. 一项专利权在下列情况下终止：

I. 期限届满；

II. 权利持有人放弃，但不得损害他人的权利；

III. 权利被剥夺；

IV. 未在第 84 条第 2 款和第 87 条规定的期限内缴纳年费的；

V. 违反第 217 条的规定。

专利权一旦终止，其技术方案就进入公有领域。

79. 只有在未损害第三人利益的前提下，才允许放弃专利。

80. 除非有正当理由，第一次授予强制许可 2 年后，因该期间仍不足以防止或者阻止滥用行为、不实施行为的，可以依职权或者应任何利害关系人的请求剥夺专利权。

（1）在请求剥夺专利权之日或者行使职权的机构启动相关程序之日，尚未开始实施的专利权应当被剥夺。

（2）在基于请求的剥夺专利权程序中，请求人放弃的，国家工业产权局可以继续审理。

81. 在 60 日内应当以公告形式通知权利持有人提交陈述意见，由其承担已实施的举证责任。

82. 在第 81 条所述的期限届满后 60 日内应当作出决定。

83. 剥夺专利权的决定自请求剥夺之日或者行使职权的机构启动相关程序之日起生效。

第十二章　年　费

84. 自申请日起第 3 年，申请人和专利持有人应当缴纳年费。

（1）预交的年费数额应当由国家工业产权局规定。

（2）应当在每个缴费年度的前 3 个月缴纳，也可以在随后的 6 个月内依通知缴纳，并缴纳附加费。

85. 第 84 条适用于依据对巴西有效的国际公约提交的国际申请；在进入国家阶段之日前的年费应当在该日期后 3 个月内缴纳。

86. 未依照第 84 条和第 85 条缴纳年费的，申请应当被驳回或者专利权应当被终止。

第十三章　恢　复

87. 在收到驳回申请或者专利权终止通知后 3 个月内，申请人或者权利持有人请求并且缴纳特别费的，专利申请或者专利权可以恢复。

第十四章　雇员或者服务提供者作出的发明和实用新型

88. 在巴西履行的、目的在于研究或者作出创造性方案的雇用合同产生的或者基于雇员从事的服务本身所产生的发明或者实用新型，专属于雇主。

（1）除合同另有规定外，本条所指的工作报酬限于约定的工资。

（2）除有相反证据，雇员在雇佣关系终止后 1 年申请的发明或者实用新型专利视为是在合同期间作出的。

89. 通过与相关利益方的谈判或者根据公司的规章制度，雇主、专利持有人可以与雇员、发明创造完成者或者改进人分享专利实施获得的经济收益。

本条所述的收益分享不得以任何方式计入雇员的工资。

90. 雇员作出的发明或者实用新型，与雇佣合同无关并且没有利用雇主的资源、工具、数据、资料、设备、装置的，专属于其个人。

91. 除合同有相反规定外，基于雇员的个人贡献并且利用雇主的资源、工具、数据、资料、设备、装置完成的发明或者实用新型应当平等共有。

（1）除有相反约定，雇员超过一人的，归属于雇员的份额应当平均分配。

（2）雇主有独占的许可实施权，雇员有权获得公平的补偿。

（3）合同没有约定的，雇主应当在授权之日起1年内实施专利，除非未实施有合法理由，否则专利的独占权将转移给雇员。

（4）在权利转移的情形下，任何共有权利人在同等条件下有优先权。

92. 前述条款的规定适用于自由执业者、接受培训者与与之签约的公司之间，以及相互签约的公司之间。

93. 本章规定适用于直接的、间接的、基础性的、联邦的、州的或者地方的公共行政机构。在第88条规定的情形下，应当依照法令或者本条所述机构的内部规章规定的方式和条件，将从申请或者专利中获得的收益的一部分给予发明人，作为激励手段。

第二编　工业品外观设计

第一章　权　属

94. 应当保证创造者能够根据本法规定的条件获得工业品外观设计注册，保障其财产权利。

第6条和第7条的规定适用于工业品外观设计注册。

第二章　注册条件

第一节　可以获得注册的工业品外观设计

95. 工业品外观设计是对产品的具有装饰性的造型或者是用于产品上的线条、颜色具有装饰性的排列，作出的新的和独创的，并且可以进行工业制造的设计。

96. 工业品外观设计不属于现有设计的，就认为是新的。

（1）现有设计是指申请日前一切以使用或者其他任何方式在巴西或者国外为公众所知的设计，但不影响适用本条第3款和第99条的规定。

（2）基于确定新颖性的目的，在巴西提交的尚未公布的专利申请或者注册申请的完整内容，只要即将公布或者随后即将公布的，自申请日或者优先权日起也作为现有设计。

（3）在第12条第Ⅰ项和第Ⅲ项规定的情形下，申请日或者优先权日前180日内公开的工业品外观设计不作为现有设计。

97. 与现有设计相比，工业品外观设计产生独特的视觉效果的，就认为其是独创的。

独创的视觉效果可以源于对已知要素的组合。

98. 单纯的艺术作品不是工业品外观设计。

第二节　优先权

99. 第16条规定的期限，适用于工业品外观设计注册申请时，除该条第3款规定的期限外，其他期限应当为90日。

第三节　不予注册的工业品外观设计

100. 以下不得作为工业品外观设计注册：

Ⅰ. 与道德、品行标准相悖或者贬损人的荣誉、形象，试图干涉公正、信念、宗教信仰和思想自由以及理应产生的尊重和崇敬感的；

Ⅱ. 物体通用或者普遍必需的形状，或者主要由技术或者功能确定的形状。

第三章　注册申请

第一节　提交申请

101. 根据国家工业产权局规定的条件，一件工业品外观设计注册申请应当包括以下内容：

  I. 请求书；

  II. 如果适用的，包括说明书；

  III. 如果适用的，包括权利要求书；

  IV. 图片或者照片；

  V. 申请的产品的类别；

  VI. 缴纳申请费的凭证。

注册申请的各项文件应当以葡萄牙语提交。

102. 提交申请后应当进行初步形式审查，文件齐备的应当记录在案，提交日即为申请日。

103. 注册申请在形式上不符合第 101 条的规定，但是包含足够的与申请人、工业品外观设计、设计人相关的信息的，也可以提交。国家工业产权局应当要求自收到日起 5 日内满足申请条件，否则该申请将被视为不存在。

满足条件后，文件视为在申请递交日提交。

第二节 申请的条件

104. 一件工业品外观设计注册申请应当限于一项设计。基于同一个构思、具有共同显著特征的多项设计可以作为一件申请提出。每件申请最多限于 20 项不同变化的设计。

设计应当清楚完整地显示保护客体及其变化，以本领域的技术人员能够再现为准。

105. 依据第 106 条的规定要求保密的申请，可以自申请日起 90 日内撤回。

撤回一件未发生任何效力的在先申请的，随后提起的在后申请可以享有优先权。

第三节 申请的处理和审查

106. 提交的工业品外观设计注册申请符合第 100 条、第 101 条和第 104 条规定的，应当自动公布、同时授权，并且颁发相应证书。

（1）根据申请人在申请日的请求，可以自申请日起 180 日内对申请予以保密，期满后再进行处理。

（2）申请人依据第 99 条的规定要求优先权的，应当等待其提交涉及该申请的优先权文件。

（3）不符合第 101 条和第 104 条规定的，应当发出通知，申请人应当在 60 日内答复，否则申请将最终被撤销。

（4）不符合第 100 条规定的，注册申请应当被驳回。

第四章　授权和注册的保护期限

107. 证书应当包括注册号、名称、符合第 6 条第 4 款规定的设计人的姓名、权利持有人的姓名或者名称、国籍、住所、保护期限、图片、与外国优先权相关的信息，如果有，还应当包括说明书和权利要求书。

108. 注册自申请日起 10 年有效，可以续展 3 次，每次为 5 年。

（1）续展请求应当在注册有效期的最后 1 年内提出，并且应当附具缴纳相关费用的凭证。

（2）续展请求未在注册有效期结束前提出的，权利持有人可以在之后 180 日内请求续展，并且缴纳附加费。

第五章　注册获得的保护

109. 工业品外观设计权的获得基于有效给予的注册。第 42 条和第 43 条第 I 项、第 II 项和第 IV 项的规定适用于工业品外观设计注册。

110. 在工业品外观设计注册申请的申请日或者优先权日前，善意在本国实施该设计的人有权以同样的方式在同样的条件下继续实施，无须承担责任。

（1）本条授予的权利只能与业务或者公司一同转让，或者移转或者出租直接与实施该设计相关的部分。

（2）根据第 96 条第 3 款规定的公开行为获知设计内容的人不能获得本条规定的权利，只要在该公开行为后 6 个月内提交注册申请。

第六章　实质性审查

111. 注册有效期内的任何时间，工业品外观设计持有人可以要求对已注册的设计的新颖性、独创性进行审查。

国家工业产权局应当对该工业品外观设计进行评价。不符合第 95 条至第 98 条规定的任何一项条件的，应当以此为理由依职权启动对已注册工业品外观设计的无效宣告程序。

第七章　注册的无效

第一节　一般规定

112. 不符合本法规定的注册是无效的。

（1）工业品外观设计注册被无效的，自申请日起无效。

（2）不符合第 94 条规定的，设计人有权选择要求法院对该注册作出判决。

第二节　无效宣告的行政程序

113. 注册不符合第 95 条至第 98 条的，应当向行政机关请求宣告无效。

（1）自注册之日起 5 年内，无效宣告程序可以依职权或者依利害关系人的请求启动，不影响适用第 111 条第 2 款的规定。

（2）在注册之日起 60 日内提交无效宣告请求或者依职权启动无效宣告程序的，准予的注册应当暂停生效。

114. 应当通知权利持有人在无效宣告请求公告日起 60 日内

提交陈述意见。

115. 第 114 条规定的期限届满的，无论权利持有人是否提交陈述意见，国家工业产权局应当作出评价，并通知权利持有人和请求人在 60 日内提交陈述意见。

116. 第 115 条规定的期限届满的，即使没有提交陈述意见，国家工业产权局局长应当作出决定，行政程序终结。

117. 注册终止的，无效宣告程序仍然应当继续进行。

第三节　无效宣告的司法程序

118. 第 56 条和第 57 条的规定适用于宣告工业品外观设计注册无效的司法程序。

第八章　注册的终止

119. 注册在下列情形下终止：

I. 保护期限届满；

II. 权利持有人放弃，但不得损害第三人的权利；

III. 未缴纳第 108 条和第 120 条规定的费用；

IV. 不符合第 217 条的规定。

第九章　五年年费

120. 自申请日起的第二个五年开始，注册权利持有人应当缴纳后五年年费。

（1）应当在注册保护期的第五年缴纳后五年年费。

（2）应当在依据第 108 条请求续展时缴纳另外五年年费。

（3）可以在前款规定的期限后 6 个月内缴纳五年年费，但应当缴纳附加费。

第十章 附 则

121. 第58条至第63条、第88条至第93条关于雇员和服务提供者权利的规定适用于本编。❶

第五编 侵犯工业产权的犯罪

第一章 侵犯专利的犯罪

183. 任何人实施下列侵犯发明或者实用新型专利的犯罪，处3个月至1年监禁，或者罚金：

I. 未经权利持有人许可制造发明或者实用新型专利产品；

II. 未经权利持有人许可使用专利方法。

184. 任何人实施下列侵犯发明或者实用新型专利的犯罪，处1个月至3个月监禁，或者罚金：

I. 出口、销售、展示、许诺销售或者为经济目的而仓储、隐藏、接收侵犯发明或者实用新型专利的产品，或者依照专利方法获得的产品；

II. 为实施前项所述行为，进口不是直接由专利持有人或者经其同意投放外国市场的发明或者实用新型专利产品，或者依照专利方法获得的产品。

185. 提供专利产品的零部件、实施专利方法的材料和设备，并且最终使用上述零部件、材料和设备对于实施专利是必需的，处1个月至3个月监禁，或者罚金。

186. 即使侵权行为未涉及专利的所有权利要求，或者仅是

---

❶ 第122条至第182条是关于商标和地理标志的规定，分别属于第三编和第四编，未译。——译者注。

实施与专利等同的方法，也构成本章所列的犯罪。

第二章 侵犯工业品外观设计的犯罪

187. 未经权利持有人许可，制造含有已注册的工业品外观设计的产品，或者可能引起混淆和误认的仿制品，处 3 个月至 1 年监禁，或者罚金。

188. 任何人实施下列侵犯已注册工业品外观设计的犯罪，处 1 个月至 3 个月监禁，或者罚金：

I. 出口、销售、展示、许诺销售或者为经济目的仓储、隐藏、接收含有已注册工业品外观设计的非法产品，或者可能引起混淆和误认的仿制品；

II. 为实施前项所述行为，进口不是直接由权利持有人或者经其同意投放外国市场的、融入已注册工业品外观设计的产品，或者可能引起混淆和误认的仿制品。❶

第七章 一般规定

196. 实施本编第一章、第二章和第三章的犯罪行为被处以监禁的，在下列情形下可以延长 1/3 或者 1/2 刑期：

I. 行为人是专利持有人或者注册权利持有人及其被许可人的代表人、被委托人、代理人、合伙人或者雇员的；

II. 更改、复制或者摹仿驰名商标、证明商标或者集体商标的。

197. 依据刑法规定，本编规定的罚金每天最少为 10 元，最多为 360 元。

罚金可以根据代理人的个人情况以及获得的利益增加或者减

---

❶ 第 189 条至第 195 条（第三章至第六章）是关于侵犯商标和地理标志犯罪的规定，未译。——译者注。

少最多 10 倍，在此不考虑前款的规定。

198. 在核查程序中，海关可以依职权或者根据利害关系人的请求扣押涉嫌假冒、篡改、摹仿商标或者标志虚假来源的产品。

199. 除第 191 条规定的犯罪行为应当公诉外，对本编规定的其他犯罪行为采取法律行动只能基于告诉。

200. 刑事诉讼、对侵犯工业产权犯罪的调查、扣押的程序应当依据刑事程序法和本章的变通规定进行。

201. 在调查、扣押程序中，侵犯专利权的犯罪针对的是方法发明的，法庭工作人员应当由初步查证是否存在违法行为的专家陪同，法官可以责令扣押被控侵权人实施专利方法获得的产品。

202. 除调查和扣押程序外，利害关系人还可以提出以下请求：

I. 在制造地、发现地扣押用于犯罪目的的假冒、更改或者摹仿的标记；

II. 在销售前清除包装或者产品上的假冒标志，即使将导致包装或者产品本身的损毁。

203. 当从事的工业生产或者商业行为是合法组织并且公开进行的，初步程序应当限于根据法官指令对产品的调查和扣押，合法的经营活动毋须停止。

204. 一旦启动调查和扣押程序，任何恶意、出于不正当竞争目的、假想或者明显错误启动该程序的人应当承担赔偿责任。

205. 主张刑事程序中涉及的专利或者注册无效，可以成为实质性的抗辩。但是被告被宣告无罪并不导致专利或者注册无效，对此应当提起专门的诉讼解决。

206. 为维护任何一方当事人利益而在法庭公开的信息是保密的，不论涉及的是技术秘密还是商业秘密。法官应当命令对庭审进行录像，另一方不得为其他目的使用上述信息。

207. 独立于刑事诉讼，受害方可以根据民事诉讼法提起其认为适当的民事诉讼。

208. 赔偿按照假如没有犯罪行为发生受害方将获得的利润来确定。

209. 本法未规定的侵犯工业产权的行为或者不正当竞争的行为，将对他人的声誉或者经营造成损害，或者对商品销售者、工业制造者或者服务提供者造成混淆，或者对市场销售的产品或者提供的服务造成混淆的，受害方有对其损害获得补偿的权利。

（1）在诉讼程序中，为了避免不可挽回或者难以弥补的损害，在传唤被告之前，法官认为必要时可以临时责令停止侵权行为或者可能侵权的行为，或者责令提供现金保证金或者保证人。

（2）在复制或者明显摹仿已注册商标的案件中，法官可以责令扣押所有商品、产品、物品、包装、标签以及其他任何包含被侵权或者被摹仿的标志的物品。

210. 利润损失应当从下列方法中选择最有利于受害方的标准计算：

I. 如果未发生侵权行为受害方可能获得的利益；

II. 犯罪行为人因侵权获得的利益；

III. 通过颁发许可允许其合法实施权利时，犯罪行为人将向被侵犯的权利的所有人支付的报酬。

第六编　技术转让和特许经营

211. 巴西国家工业产权局应当对涉及技术转让、特许经营以及与之类似的合同进行登记，以便对第三人产生效力。

对本条所述的有关合同登记申请的决定应当在申请登记之日起 30 日内作出。

第七编 一般规定

第一章 申 诉

212. 除另有明确规定外，对本法规定的决定可以自作出之日起 60 日内提起申诉。

（1）申诉应当具有暂缓执行和转换的效力，与审查相关的规定应当在一审程序中全部适用。

（2）对最终驳回专利或者注册申请、批准专利申请、增补证书申请或者商标注册申请的决定不得申诉。

（3）申诉由国家工业产权局局长作出决定，自此行政权力终结。

213. 应当通知利害关系人在 60 日内针对申诉提交意见。

214. 为了对通过申诉提交的意见进行补充，国家工业产权局可以明确 60 日内应当满足的要求。

上款规定的期限届满，应当对申诉作出决定。

215. 申诉决定在行政程序中是终局裁决，不得再进行申诉。

216. 本法规定的行为应当由当事人或者其委托的具有资格的代理人作出。

（1）有关代理人权限的原始文件、副本或者证明文件影印本应当是葡萄牙语的，但是不要求对签名进行领事认证或者公证。

（2）代理人权限应当在当事人首次实施行为之日起 60 日内明确，包括单独的通知或者提出请求、撤销行为的处罚、在驳回专利申请、申请工业品外观设计或者商标注册时提供意见。

217. 在国外居住的人应当委托并且保留一名具有资格、在本国居住的代理人，其有权在行政或者司法程序中代表委托人，包括接受传唤。

218. 在下列情形下提出的请求不予考虑：

I. 超过法定期限提出的；

II. 未能同时提交证据证明已经缴纳了要求在提交日缴纳的费用。

219. 在下列情形下提出的请求、异议或者上诉不予考虑：

I. 超过本法规定的期限提出的；

II. 未包含法律理由；

III. 未能同时提交证据证明已经缴纳了相关费用。

220. 国家工业产权局应当对当事人的行为制定适当的要求。

第三章　期　限

221. 本法规定的期限是连续的，并且实施行为的权利在超过时效后自动消灭，除非当事人证明未行使权利是基于正当理由。

（1）正当理由是指当事人不能预见、不能控制的事件致使其无法行使权利。

（2）正当理由一经确认，当事人应当在国家工业产权局规定的期限内行使权利。

222. 计算期限不包含第一天，但是期限届满的最后一天计算在内。

223. 期限自以国家工业产权局的官方公报形式作出通知后的第一个工作日起计算。

224. 本法没有特别规定的，实施行为的期限应当为 60 日。

第四章　法定时效

225. 工业产权损害赔偿的诉讼时效为 5 年。

第五章 国家工业产权局的行为

226. 除下列情形外，国家工业产权局在工业产权相关行政程序中的行为仅在适当的官方公报中公布后方能生效：

I. 本法没有明确要求通知或者公告的；

II. 在程序中已经通过邮件通知或者将信息告知利害关系人的行政性决定；

III. 无须通知当事人的内部意见或者指示。

第六章 分 类

227. 对巴西有效的国际条约或者公约对第一编、第二编、第三编中涉及的工业产权没有建立分类表的，由国家工业产权局建立分类表。

第七章 费 用

228. 获得本法规定的服务应当缴纳费用，费用的数额和收取方式应当由国家工业产权局所属的联邦公共行政机构的首长颁布命令予以规定。

第八编 过渡规定和最后规定

229. ❶ 本法规定应当适用于所有未结案的申请，但是判断1994 年 12 月 31 前提交的，保护对象含有通过化学方法或者工

---

❶ 本条的规定是 2001 年 2 月 14 日公布的修正案修改后的内容，同日施行，未译。——译者注。

艺获得的物质、材料或者产品，食品，化学药物的物质、组分、化合物或者产品，任何种类的药剂，包括相关的制备或者改进方法，且申请人未行使本法第 230 条和第 231 条规定的权利的申请的专利性除外。这些申请应当基于所有目的被驳回，巴西专利商标局应当公布上述驳回决定的规定也除外。

从在巴西有效的申请日或者优先权日起，本法规定的专利性标准适用于在 1995 年 1 月 1 日至 1997 年 5 月 14 日之间提交的农业药品化学产品的申请。从授权之日获得保护，保护期限为自在巴西的申请日起计算的剩余期限，并且不超过第 40 条规定的保护期限。

229.—A. 1995 年 1 月 1 日至 1997 年 5 月 14 日之间提交的、根据 1971 年 12 月 21 日生效的第 5772 号法案第 9 条 c 款的规定不给予保护的有关方法的专利申请应当被驳回，巴西专利商标局应当公布上述驳回决定。

229.—B. 1995 年 1 月 1 日至 1997 年 5 月 14 日之间提交的、根据 1971 年 12 月 21 日生效的第 5772 号法案第 9 条 b 款和 c 款的规定不给予保护的有关产品的专利申请，申请人未获得第 230 条和第 231 条规定的权利的，应当依照本法在 2004 年 12 月 31 日作出决定。

229.—C. 授予医药产品或者方法专利权应当获得国家卫生监督机构的事先同意。

230. 关于化学方法或者工艺获得的物质、材料或者产品，食品，化学药物的物质、组分、化合物或者产品，任何种类的药剂，包括相关的制备或者改进方法，可以由依据对巴西有效的条约或者公约享有保护的当事人提交专利申请，前提条件是在外国提交的第一份专利申请有确定的申请日，权利持有人未主动投放巴西市场或者许可第三人投放巴西市场，并且在巴西没有第三人为实施该申请作好认真有效的准备。

（1）应当在本法公布后 1 年内提交申请，指明在外国提交的第一份专利申请的申请日。

（2）根据本条提交的专利申请应当自动公布，任何利害关系人可以在 90 日内就该申请是否满足本条规定的条件提出意见。

（3）符合本法第 10 条和第 18 条的规定，且符合本条规定的条件，已证实在外国提交的第一份申请已被授予专利权的，在巴西也应当被授予专利权，如同在原始国一样。

（4）根据本条授予的专利权的保护期限为第一份申请在原始国剩余的保护期限，从在巴西的申请日起计算，但不超过第 40 条规定期限。第 40 条第 2 款的规定不适用。

（5）有关化学方法或者工艺获得的物质、材料或者产品，食品，化学药物的物质、组分、化合物或者产品，任何种类的药剂，包括相关的制备或者改进方法的专利申请尚未作出决定的，申请人可以在本条规定的期限内根据本条规定的条件提交新申请，但应当附具放弃未结案申请的证明。

（6）根据本条提交的申请和授予的专利权，适用本法的规定。

231. 巴西国民或者居民可以就第 230 条规定的相关主题提交一份专利申请，只要权利持有人未主动投放任何市场或者许可第三人投放任何市场，并且在本国没有第三人为实施该申请作好实质性和有效的准备，且有确定的发明公开日。

（1）应当在本法公布后 1 年内提交申请。

（2）根据本条提交的专利申请应当依照本法处理。

（3）根据本条授予的专利权的保护期限为发明公开日后 20 年中的剩余期限，自申请日起计算。

（4）与前述条款涉及内容相关的专利申请尚未作出决定的，申请人可以在本条规定的期限内根据本条规定的条件提交新申请，但应当附具放弃未结案申请的证明。

232. 依据以前的法律的规定，化学方法或者工艺获得的物质、材料或者产品，食品，化学药物的物质、组分、化合物或者产品，任何种类的药剂，包括相关的制备或者改进方法，即使依据对巴西生效的条约或者公约的规定在其他国家受到产品或方法专利的保护，也可以按照本法生效前的同等条件继续制造和使用。

（1）对于根据本条在巴西制造的产品或者实施的方法不进行追溯，将来也不允许以任何理由提出控告。

（2）同样地，即使在其他国家受到产品或方法专利的保护，对于在本法生效前已就实施本条规定的产品或者方法作出重要投资的，也不允许以任何理由提出控告。

234. 本法确认 1971 年 12 月 21 日生效的第 5772 号法案第 7 条规定的优先权在期限内有效。

235. 本法确认 1971 年 12 月 21 日生效的第 5772 号法案规定的生效期限。

236. 在 1971 年 12 月 21 日生效的第 5772 号法案施行期间提交的工业模型或者设计的专利申请应当自动被指定为工业品外观设计注册申请，已经进行的公布仍然具有完全法律效力。

针对此类申请，为计算 5 年应得的报酬，应当考虑支付的费用。

237. 第 111 条的规定不适用于依照 1971 年 12 月 21 日生效的第 5772 号法案进行审查的工业模型或者设计的专利申请。

238. 在 1971 年 12 月 21 日生效的第 5772 号法案施行期间提交的申诉应当依据该法作出决定。

239. 为确保财政和行政上的自主，授予国家工业产权局进行以下必要的改革：

I. 公开招聘技术和行政管理人员；

II. 经国家工业产权局所属部门的批准确定雇员的薪酬标准；

III. 经国家工业产权局所属部门的批准就基本组织机构及内部规章作出决定。

执行本条规定的支出由国家工业产权局的自有资金负担。

240. 1970 年 12 月 11 日生效的第 5772 号法案第 2 条应当做如下理解："2. 建立国家工业产权局的目的是在国家层面执行与工业产权相关的法律，发挥其在社会、经济、法律和技术方面的作用，在签署、批准、终止工业产权条约、公约、协定、协议方面提供评论意见。"

241. 授予组建专门法院处理涉及知识产权案件的司法权。

242. 行政机构应当在必要时行使就本法与南方共同市场成员国（MERCOSUL）进行工业产权政策协调而向国会提交法案的权力。

243. 第 230 条、第 231 条、第 232 条以及第 239 条规定的内容自本法公布之日起生效，其他条款规定的内容自公布之日起一年后生效。

244. 废止 1971 年 12 月 21 日生效的第 5772 号法案、1976年 7 月 7 日生效的第 6348 号法案、1940 年 12 月 7 日生效的第2848 号法令第 187 条至第 196 条、1945 年 8 月 27 日生效的第7903 号法令第 169 条至第 189 条，以及其他与本法不一致的规定。

南非专利法^❶

1978 年第 57 号

（1978 年 4 月 26 日通过）

（实施日：1979 年 1 月 1 日）

（除非另有说明）

（英文文本由国家总统签署）

历经以下修改

专利法修正案，1979 年第 14 号

专利法修正案，1983 年第 67 号

专利法修正案，1986 年第 44 号

专利法修正案，1988 年第 76 号

综合性法律修正案，1996 年第 49 号

（1996 年 10 月 4 日生效）

知识产权法修正案，1997 年第 38 号

专利法修正案，2001 年第 10 号

专利法修正案，2002 年第 58 号

专利法修正案，2005 年第 20 号

总注

依据 1997 年第 38 号法案第 48 条，"南非专利代理研究所"

---

❶ 根据南非公司与知识产权委员会网站（www.cipc.co.za/Patents_files/Patent_Act.pdf）上提供的《专利法》（1978 年第 57 号）和《专利法修正案》（2005 年第 20 号）（www.legalb.co.za/SANatTxt）的英文版翻译。为便于阅读和保持法案的完整，已将《专利法修正案》（2005 年第 20 号）的修改内容整合进《专利法》（1978 年第 57 号）。翻译：叶娟；校对：马文霞。

这一表述，无论出现在何处，均以"南非知识产权法研究所"这一表述替换。

法案

提供发明专利注册和授权及其相关事宜

（依据 1997 年第 38 号法案第 49 条替换的长标题）

目　录

前　言

第 1 条　本法的分章

本法分成涉及下列内容的各章：

第一章　行政机构　　　　　　　　　　　　第 5～9 条

第二章　专利登记主任和专利公报　　　　　第 10～14 条

第三章　登记主任和委员的权力和职责　　　第 15～19 条

第四章　专利代理人和专利律师　　　　　　第 20～24 条

第五章　专利申请　　　　　　　　　　　　第 25～43 条

第五 A 章　根据专利合作条约提出的国际申请

　　　　　　　　　　　　　　　　　第 43A～43F 条

［第1条依据1997年法案第38号第26条修改。］

第2条　定义

本法中，除非另有说明，

"代理人"，除第56条第（2）款（e）项，是指第20条所述的专利代理人或者专利律师，或者第22条所述的律师；

"申请人"，包括已死亡申请人或者无法律行为能力的申请人的法定代理人；

"在公约国提交的申请"指：

（a）在公约国提出的任何专利申请，

（b）在公约国提出的任何实用新型申请，或者

（c）在申请人有权就所涉及的发明选择申请专利或者发明人证书的公约国提出的任何发明人证书申请。

"委员"，指根据第8条任命的专利委员；

"公约申请"，指在共和国提出的要求公约国相关申请优先权的专利申请；

"公约国"，就本法任何条款而言，是指总统为履行任何条约、公约、协定或者约定已经通过在政府公报中宣布的方式宣告成为该条款目的的公约国的国家，包括任何国家集团和任何其国

际关系由另一国家为其负责的地域在内，"公约国航空器"、"公约国陆地交通工具"以及"公约国船只"具有相应含义；["公约国"的定义依据 1997 年第 38 号法案第 27 条（a）项替换。]

"法院"，是指在相关事务上具有管辖权的南非最高法院的分支机构；

"申请日"，就专利申请而言，是指第 30 条第（5）款所述的日期；

"遗传资源"，是指：

（a）任何本土遗传材料，或者

（b）任何本土物种的遗传潜力或者特征；

"本土生物资源"，是指 2004 年国家环境管理：生物多样性法第 1 条定义的本土生物资源；（"遗传资源""本土生物资源"的定义依据 2005 年第 20 号法案第 1 条插入。）

"发明"，是指可以根据第 25 条被授予专利权的发明；

"公报"，是指根据第 14 条出版的专利公报；

"法律协会"，是指 1979 年代理人法（1979 年第 53 号法案）第 56 条所述的法律协会；（"法律协会"的定义依据 1996 年第 49 号法案第 1 条替换。）

"部长"，是指经济事务和技术部的部长；（"部长"的定义依据 1988 年第 76 号法案第 1 条替换。）

"专利"，是指一份具有规定形式的证书，表明一项发明专利权已在共和国被授予；

"专利合作条约"，是指共和国同意加入且在共和国生效的历经不时修订的 1970 年 6 月 19 日专利合作条约；["专利合作条约"的定义依据 1997 年第 38 号法案的第 27 条（c）增加。]

"专利产品"，是指任何涉及已被授予的专利权且处于有效期内的产品；

"专利权人"，是指其姓名在进入登记簿时是作为专利权的被授予人或者所有人的人；

"专利局"，是指根据第 5 条设立的专利局；

"规定的"，是指细则规定的；

"优先权日"……；〔"优先权日"的定义依据 1997 年第 38 号法案第 27 条（d）项删除。〕

"登记簿"，是指第 10 条所述保存在专利局的登记簿；

"登记主任"，是指按照第 7 条任命的专利登记主任；

"细则"，是指根据本法制定的任何细则；

"说明书"，是指第 32 条第（1）款所述的，视情形需要为临时的或者完整的说明书；

"废止的法律"，是指 1952 年的专利法（1952 年第 37 号法案）；

"本法"包括细则；

"传统知识"，是指本土社区就本土生物资源或者遗传资源的用途所具有的知识；以及

"传统用途"，是指本土社区利用本土生物资源或者遗传资源的方式或者目的。（"传统知识""传统用途"的定义根据 2005 年第 20 号法案第 1 条插入。）

第 3 条　本法的适用

（1）本法的规定适用于本法生效日之前或者之后授予的所有专利权；条件是一项基于上述生效日之前提出的申请而授予的专利权应当——

（a）除了根据已废止法律本可撤销的理由，不应因其他理由被撤销；

（b）不受本法第 44 条第（4）款约束；

（c）除非根据本条（a）项被撤销，在根据已废止法律本应失效的日期失效；

（d）受已废止法律第 39 条约束，除了此类专利的保护期不得被延长超过 5 年的期限，并且从 1979 年 1 月 1 日开始，对该延期是不必缴纳维持费的；〔(d) 项依据 1979 年第 14 号法案第 1 条第（1）款和 1997 年第 38 号法案第 28 条替换。〕

（2）根据已废止法律已经开始的所有申请和程序应当根据已

废止法律处理。

第4条 专利对国家的约束力

专利对国家的效力应当在各方面与对个人的效力类似；但国务部长可以为了公共利益的目的，根据与专利权人之间的协议约定的条件使用发明，或者在无协议的情况下，根据由委员应国务部长或者其代表提出的申请，在听取专利权人意见后确定的条件使用发明。

第一章　行政机构

第5条 专利局的设立

（1）在比勒陀利亚建立专利局；

（2）依据已废止法律第3条第（1）款设立的专利局应被视为依据本条设立。

第6条 专利局的印章

专利局应当设有印章，该印章的印记应得到司法认可。

第7条 专利登记主任

（1）部长应依据管理公共服务的法律任命一名专利登记主任，专利登记主任应依据本法行使权力和履行职责，其接受部长的指导，对专利局具有主要控制权。

（2）根据已废止法律第5条第（1）款（a）项任命的专利登记主任应被视为已经按照本条任命为专利登记主任。

（3）依据本法赋予登记主任的任何权力或者分配给其的任何职责，可由登记主任本人或者由从事公共服务的官员经登记主任授权后或者在其控制或者指令下行使或者完成。

第8条 专利委员的任命

南非最高法院德兰士瓦省分院院长应不时任命该法院一名或者多名法官或者代理法官作为一名或者多名专利委员依据本法行使权力和履行职责。

第 9 条 仅处理本法所述事务的代理人

依据第 19 条第（3）款和第 22 条的规定：

（a）除南非最高法院分支机构的程序，本法所述任何事务或者程序的当事人，仅能指定一名代理人，且对于在最高法院的省分院或者上诉分院进行的程序应该遵照适用于该程序的一般程序法处理。

（b）除非经代理人签字，否则按照第 34 条提交的完整说明书不能被接受，对完整说明书的修改请求不能被允许。

第二章 专利登记主任和专利公报

第 10 条 专利登记簿

（1）专利局应保存登记簿，其中应登录以下事项——

（a）专利申请人、专利权人和发明人的姓名和地址，专利的分类，以及

（b）规定的其他事项。

（2）需记载于登记簿中的所有契约、协议、许可及其他影响专利和专利申请的文件的副本，应当以规定的向专利局递交的形式提交给登记主任。

（3）登记主任应当将与根据第（1）款规定登录在登记簿中的事项相关的信息留存在专利局。

（4）依据已废止法律第 6 条第（1）款保存的登记簿应当并入根据本条保存登记簿中，构成其一部分；根据已废止法律第 6 条第（2）款提交给专利登记主任的所有契约、协议、许可和其他文件的副本应当视为已经按照本条第（2）款的规定提交给登记主任。

第 11 条 ……

（第 11 条依据 1997 年第 38 号法案第 29 条废止。）

第 12 条 登记簿的查阅

（1）依照本法规定，在已缴纳规定费用的情况下，登记簿或者存放于专利局的任何文件应在规定时间内向公众开放查阅。

（2）第（1）款规定的查阅权利不包括，通过机械方法对登记簿或者该文件制作副本或者从其中或者其中部分作摘录；但如果因不可抗力导致第 13 条所需任何文件将过度延迟而提供，登记主任可以允许任何人通过机械方法制作这样的副本。

第 13 条 登记主任基于请求提供登记簿中的信息

基于任何人的请求，在其已缴纳规定费用的情况下，登记主任应当提供保存在专利局的任何文件副本供公众查阅，或者提供登记簿中的事项，或者提供相关证书。

第 14 条 专利公报

登记主任应当定期出版专利公报，该公报应包含指明相关发明性质和目的所需的已被接受的全部完整说明书的内容，以及登记主任认为需要公告的或者本法规定应当公开的其他任何事项。

第三章　登记主任和委员的权力和职责

第 15 条 登记主任的权力

（1）为本法的目的，登记主任可以

（i）接受证据，和确定是否应通过宣誓书或者誓言作证以及到何种程度；

（ii）对其所处理程序中任一方判给讼费；

（iii）对按照规定的价目清单裁定的费用收税。

但判费和税收应当接受委员的复查。

（2）所判支付的任何费用及税费，以及如果需要复查的话已复查的任何费用及税费，可以按照南非最高法院德兰士瓦省分院民事程序的法官所裁判的任何费用的同等方式执行。

第 16 条 登记主任和委员的自由裁量权

（1）对于本法所授予登记主任或者委员的自由裁量权，登记主任和委员不应当在未给予申请人、异议人或者登记簿显示有利害关系的任何他人听证机会的情况下（如果申请人、异议人或者利害关系人需要在登记主任或者委员指定的时间内听证），以不利于申请人、异议人或者其他利害关系人的方式执行。

（2）对于本法所规定的实施特定行为或者事项的时间，登记主任或者委员根据情况可以在该期限界满之前或者之后延长该期限，除非另有明确规定。

第 17 条 委员的一般权力

（1）一般而言，委员对于其所处理的任何程序具有与在委员处理程序地具有管辖权的南非最高法院省级分院所处理民事诉讼的单一法官相同的权力和管辖权，包括第 75 条所规定的上诉权。

（2）（a）委员也可以要求向其提起程序的任何一方提供担保以满足委员在这些程序中可能裁定的不利于该方的费用，如果未能提供担保，委员可以拒绝进行该程序。

（b）委员在考虑是否应当提供该担保时，可以考虑任何一方的成功预期或者信誉。

（3）委员裁定的任何费用应当按照规定的税率由登记主任收取税费，该税费应由委员复查；所判支付的任何费用及税费，以及如果需要复查的话所复查的任何费用及税费，可以按照南非最高法院德兰士瓦省分院法官在民事程序中所裁判的任何费用的同等方式执行。

第 18 条 委员审理程序

（1）除非本法另有规定，除委员外，任何其他审判庭均不具有对涉及本法事项的除刑事程序之外的程序的一审审理和裁判权力。

（2）依本法规定由委员审理和裁判的程序应由委员在登记主

任指定位于比勒陀利亚的地点审理和裁判：倘若在委员看来该程序在另一地点进行审理和裁判更为便利和适当，则委员可以在该另一地点审理和裁判该程序。

（3）如果在委员程序的审理过程中，任何人蓄意打断该程序或者蓄意侮辱委员或者参加该程序的任何人，或者在审理中行为不当，委员可以下令对此人监禁不超过 1 个月或者下令对此人处以不超过 100 兰特的罚金，或者在不缴纳该罚金的情况下监禁不超过 1 个月。

第 19 条 参照最高法院程序的委员审理程序

（1）除非本法另有规定，只要具有可操作性，委员处理程序应当与南非最高法院德兰士瓦省分院审理民事案件的程序法一致。在该程序法无规定并且本法也没有相关规定的情况下，委员应当以最大限度地保证实体公正和执行本法目标和规定的方式和原则操作。

（2）在符合第 17 条第（3）款规定的情况下，委员作出的任何决定或者命令，包括任何关于费用的命令，应当具有与南非最高法院德兰士瓦省分院的决定或者裁定相同的效力且应被视为由该分院作出。

（3）委员程序中的当事人可以由本人或者由以下人员代表参与该程序：

（a）辩护律师；

（b）代理人；或者

（c）按照 1995 年出席法庭权利法（1995 年第 62 号法案）第 4 条的规定被授予出席高等法院权利的律师。

［第（3）款依据 2001 年第 10 号法案第 1 条替换。］

第四章 专利代理人和专利律师

第 20 条 专利代理人和专利律师的资质和登记

（1）自本法生效日后的 5 年内，任何居住在本国的人在通过规定的考试和向登记主任交付规定费用后，可以注册成为专利代理人。

（2）在本法生效时，任何人根据已废止法律已注册为或者视为注册为专利代理人的，应当视为根据本法已注册为专利代理人，任何人在本法生效后被授权注册的，应当有权基于本法注册。

（3）在共和国执业的律师，在通过规定的考试和向登记主任交付规定费用后，可以注册为专利律师。

（4）根据本法已注册或者视为注册为专利代理人并且有资格作为律师执业的任何人，可以提出请求，且不需交纳费用，由登记主任注册为专利律师。

第 21 条 专利考试委员会

（1）设立专利考试委员会。

（2）该委员会应当由以下人员构成：

（a）专利登记主任或者由其提名并由部长决定的人，作为委员会主席；

（b）至少一名由法律协会提名并由部长任命的成员；

（c）至少一名来自大学的法学全职教师，其应当由部长任命；

（d）至少两名由南非知识产权法研究院提名并由部长任命的成员；以及

（e）其他部长可以任命的成员。

（3）（a）该委员会可——

（i）规定第 20 条所述的规定考试的考试大纲；

（ii）规定报考人通过该规定考试所需的最低资格；

（iii）规定报考人应当接受的学位和实践教育期限；

（iv）基于报考人通过由经委员会认可的任意机构设立的相关课程的考试，对其豁免全部或者任意大纲课程；

（v）认可由大学进行的任何考试作为第 20 条所述的规定考试；

（vi）与任何机构或者个人合作，安排对第（ii）小项所述的报考人的培训、指导和测试；

（vii）制定有关报考人行为、培训和指导的纪律规则，并推动实施；

（viii）在需要的时候任命主考官和主持人；以及

（ix）做任何在其看来必需或者便于落实本节条款的事情；

以及该委员会应当——

（aa）举行第 20 条所述的规定考试；和

（bb）向通过规定考试的人颁发证书。

（b）由该委员会根据（a）项规定的任何事务应当由其出版在公报中。

（4）部长可以在财政部长的同意下决定——

（a）报考人应付的第 20 条所述考试的费用；

（b）应付给主考官和主持人的费用；以及

（c）应付给委员会成员的报酬和津贴。

（实施日：1978 年 5 月 17 日。）

第 22 条 *律师的权利*

（1）任何有资格执业为律师的人，在本法实施日后 5 年内或者不超出 5 年的延长期限内，有权就本法规定的事宜和程序代表当事人，如同此人在已废止法律下就已废止法律的事宜和程序代表当事人，所述延长期限由登记主任基于在所述第一个 5 年内以规定方式向其提出的申请，在咨询此人所属的法律协会以及南非知识产权法研究院后依其自由裁量准许。

（2）在所述期限界满后，任何这样的人均不再具有这样的权力，除非他根据本法第 20 条已经注册成为专利代理人或者专利律师。

第 23 条 *专利代理人和专利律师的登记除名和暂停执业*

（1）（a）任何已注册或者被视为已注册为第 20 条规定的专利代理人或者专利律师的人的姓名，在按照规定通知南非知识产权法研究院以及可能存在的有权被告知的相关法律协会之后，可以在此人本人的要求下，由登记主任从专利代理人或者专利律师登记簿中除去。

（b）任何已注册或者被视为已注册为第 20 条规定的专利代理人或者专利律师的人的姓名，可以应下列人员的申请，基于法院足以认为去除其姓名是正当的行为，由法院从专利代理人或者专利律师登记簿中除去——

（i）登记主任，在按照规定通知南非知识产权法研究院以及可能存在的有权被告知的相关法律协会之后；或者

（ii）南非知识产权法研究院，在按照规定通知可能存在的有权被告知的相关法律协会之后。

（2）登记主任应当从登记簿中去除已注册或者被视为已注册为第 20 条的专利律师的人的姓名，如果且只要其姓名已从律师名册中去除。

（3）已注册为第 20 条规定的专利律师的人应被视为暂停专利律师执业，如果且只要其被暂停作为律师执业。

（4）法院可以应下列人员的申请，根据情况而定，暂停任何已注册为或者被视为已注册为第 20 条规定的专利代理人或者专利律师的人作为第 20 条的专利代理人或者专利律师执业，如果法院确信此人不适于继续执业为专利代理人或者专利律师——

（a）登记主任，在按照规定通知南非知识产权法研究院以及可能存在的有权被告知的相关法律协会之后；或者

（b）南非知识产权法研究院，在按照规定通知可能存在的有权被告知的相关法律协会之后。

（5）如果在第（1）款（b）项或者第（4）款的任何程序中，法院确信相关专利代理人或者专利律师的有关行为不足以正当地将其从专利代理人或者专利律师登记簿中除名或者暂停其执业，法院可以对其予以训诫或者处以不超过 1 000 兰特的罚金。

（6）在符合第（2）款规定的情况下，基于向法院提出的在专利代理人或者专利律师登记簿中恢复已经从其中除去的姓名的

申请，在按照规定通知登记主任、南非知识产权法研究院以及可能存在的有权被告知的相关法律协会之后，这样的姓名可以由登记主任根据法院的决定恢复到登记簿中。

（7）发送根据本条的任何命令的法院书记员，应当向登记主任发送一份该命令的副本，由登记主任将其出版于公报中。

（8）登记主任根据本条提出任何申请的，应当在该申请之前至少1个月向南非知识产权法研究院和可能存在的相关法律协会递交一份该申请副本以及其中提到的和所涉及的所有文件的副本，而且南非知识产权法研究院在提出这样的申请时也应当向可能存在的相关法律协会递交这样的副本。

第 24 条 有资格作为专利代理人和专利律师执业的人

（1）除第 22 条的规定外，任何人不得——

（a）作为专利代理人或者专利律师执业，除非他已经根据第 20 条注册；或者

（b）以任何方式声称其为专利代理人或者专利律师，或者使用表示或者蓄意使人推测其为专利代理人或者专利律师或者已被法律所认可的任何言语或者任何名称、头衔或者描述，除非——

（i）他已经根据第 20 条注册成为专利代理人或者专利律师；或者

（ii）他在与已注册为第 20 条规定的专利律师的合伙企业中执业为律师。

（2）本法中的任何内容不得解释为阻碍执业律师，为了或者代表任何他人，就本法的任何事宜或者程序，指导代理人和与代理人通信，只要该律师仅作为该他人与该代理人之间的中介且不从事根据本法仅可由代理人从事的事务。

（3）无论在本法中是否存在相反规定，第 20 条所述且受雇于非专利代理人的专利代理人，可以在本法的任何事务或者诉讼出中代表此人或者由此人所指定的任何人。

（4）任何已从专利代理人或者专利律师登记簿中除名或者已暂停作为专利代理人或者专利律师执业的人，在被除名或者被暂

停执业期间，其本人不得作为专利代理人或者专利律师执业，以及不得与任何他人合伙或者联合作为专利代理人或者专利律师执业，亦不得受聘于任何与专利代理人或者专利律师职业有关的职位，除非在按照规定通知南非知识产权法研究院后获得登记主任的书面同意。

（5）除非在按照规定通知南非知识产权法研究院后获得登记主任的书面同意，任何代理人不得在任何职位明知而雇用已从专利代理人或者专利律师登记簿除名或者已被暂停作为专利代理人或者专利律师执业，且正处于被除名或者被暂停执业期间的人。

（6）任何违反本条规定的人即属犯罪，经定罪后应被处以不超过1 000兰特的罚金或者不超过12个月的监禁。

（7）针对违反本条规定的任何人，登记主任或者南非知识产权法研究院有权向委员申请禁令或者其他适当的救济。

［第（7）款依据1997年第38号法案第30条（a）项替换。］

（8）任何执业为专利律师的人应被视为依照律师法执业为律师。

（9）任何以专利代理人身份作出或者向其发出的通信，在法律程序中有不公开的特权，如同以律师身份作出或者向其作出的通信在法律程序中所具有的特权。

［第（9）款依据1997年第38号法案第30条（b）项增加。］

第五章　专利申请

第 25 条　可授予专利权的发明

（1）根据本条规定，对任何具有创造性且能被应用于商业、工业或者农业的新发明可以授予专利权。

（2）由下列构成的任何事物，不属于本法意义下的发明：

（a）发现；

（b）科学理论；

（c）数学方法；

（d）文学、戏剧、音乐或者艺术作品以及任何其他美学创造；

（e）用于完成一定智力行为、做游戏或者进行商业活动的方案、规则或者方法；

（f）计算机程序；或者

（g）信息呈递。

（3）第（2）款的规定应仅限于，对一件专利或专利申请涉及第（2）款所述事物本身的情形不视作本法意义下的发明。

（4）以下情形不应当被授予专利权：

（a）一项发明的出版或者利用通常被认为会鼓励违法或者不道德的行为；或者

（b）任何动物或者植物品种或者实质上为生物学方法的动物或者植物生产方法，不包括微生物生产方法或者该方法的产物。

（5）如果一项发明不构成优先权日之前的现有技术的一部分，则该发明应被视为是新的。

［第（5）款依据1997年第38号法案第31条（a）项替换。］

（6）现有技术应当包括公众可通过书面或者口头说明、使用或者任何其他方式获得的（无论其是在共和国内或者其他地方）所有事物（无论是产品、方法、与之有关的信息或者其他任何事物）。

（7）现有技术还应当包括开放给公众查阅的专利申请中所包含的内容，即使该申请在相关发明的优先权日或者之后提交给专利局和开放给公众查阅，如果：

（a）该内容包含于提交给专利局且向公众开放查阅的申请中；且

（b）所述内容的优先权日早于相关发明的优先权日。

［第（7）款依据1997年第38号法案第31条（b）项替换。］

（8）在共和国内以一定商业规模秘密使用的发明也被视为构成第（5）款的现有技术的一部分。

（9）对于一项由物质或者组合物构成的发明，所述物质或者组合物应用于通过外科手术或者治疗方案治疗人或者动物体的治疗方法中或者人或者动物体的诊断方法中，如果该物质或者组合物在所述方法中的用途不构成该发明优先权日之前的现有技术一部分的话，则该物质或者组合物在该发明的优先权日之前已经构成了现有技术的一部分这一事实，不应当阻碍对该发明授予专利权。

［第（9）款依据 1997 年第 38 号法案第 31 条（c）项替换。］

（10）除第 39 条第（6）款另有规定外，在已经考虑了依据第（6）款（不考虑第（7）款和第（8）款）的构成发明优先权日之前现有技术的所有事项的情况下，如果一项发明对于本领域技术人员而言是非显而易见的，则该发明应被视为具有创造性。

（第（10）款依据 1997 年第 38 号法案第 31 条（d）项替换。）

（11）通过外科手术或者治疗方案治疗人或者动物体的治疗方法，或者实践于人或者动物体的诊断方法，应被视为不能应用于商业、工业或者农业。

（12）不能仅仅因为由某种物质或者组合物构成的产品是被发明用于任何第（11）款的方法，而将该产品视为不能够在商业或者工业或者农业中利用或者应用。

第 26 条　特定情形下可允许的有关该发明的现有知识或者公开

一项专利不应仅因为据以授予专利权的发明或者其任何部分在该发明的优先权日之前已经被公开、使用或者已知这一事实而无效——

（a）如果专利权人或者其之前的权利人证明，这样的知识的获得或者这样的公开或者使用未经其知晓或者同意，且所获得的知识或者所公开、使用的事物来自或者得自于其，以及如其在该发明的优先权日前得知了该公开、使用或者知识，证明在其得知了该公开、使用或者知识后，其经过所有合理的努力申请并获得了对其发明的保护；或者

（b）申请人或者专利权人或者其之前的权利人以申请人或者专利权人的身份经过合理技术试验或者实验在共和国内工作得到的发明的结果。

（第 26 条依据 1997 年第 38 号法案第 32 条替换。）

第 27 条　专利申请人

（1）一件发明的专利申请可以由发明人、任何从其获得申请专利的权利的他人或者发明人与这样的他人共同提出。

（2）在未作出相反约定的情况下，共同发明人可以同等不分割的份额申请专利。

第 28 条　有关发明或者专利的纠纷

（1）若对于就一项发明获得专利的权利，或者制造、使用、实施或者处分一件发明的权利，或者对于专利权的权利或者归属，在当事人之间发生纠纷，任何这样的当事人均可向委员申请对争议事项作出决定，委员应当就该争议事项作出决定。

（2）如果委员确信，某人并非基于被迫而不能或者不愿意行使其参与专利申请的权利，委员可以要求此人转让，以使得无需此人的参与即可进行申请：如果在委员看来这是公平公正的，他可以要求向未参与的人给付补偿金。

（3）在任何宣告某人有权排除任何他人申请专利的命令中，委员可以要求该他人签署执行任何所需的转让契约并且该转让契约的效力延伸到共和国以外的国家。

第 29 条　共同申请人

（1）根据第（2）款的规定，共同专利申请人在无相反约定的情况下，应当在申请中享有同等的不分割份额，且其中任何人都不可以在未经其他共同申请人同意的情况下以任何方式处置该申请，但如果需要任何程序挽救该申请使其免遭放弃，任一申请人均可为自己及任何其他共同申请人的利益提起该诉讼。

（2）（a）如果在共同申请人之间发生了有关专利申请的各自权利或者有关以何种方式进行专利申请或者他们应当如何处置该

申请或者使用该发明的任何纠纷，任何共同申请人均可向委员申请就争议事项作出决定。

（b）除非委员另外指示，这样的申请人有义务承担因（a）项的程序引起的所有费用。

（3）如果委员确信，共同申请人并非基于被迫而不能或者不愿意继续作为共同申请人，委员可以要求此人将其权利转让给任意能够且愿意继续的共同申请人。如果在委员看来这是公平公正的，他可以要求向转让人给付补偿金。

（4）在根据第（2）款（a）项进行的任何程序中，委员应当以导致维持该申请并授予专利权的方式解决纠纷，除非在他看来有适当的相反理由。

第 30 条　专利申请的形式

（1）专利申请应当以规定的方式提出，缴纳规定的费用，并同时提交一份临时说明书或者完整说明书。

（2）每一份这样的申请应当包含一个在共和国内的可向其送交所有通知书的送达地址，且每份专利申请在被接受为申请之前应当按照规定格式向登记主任提交一份声明。

（3）根据已废止法律第 9 条第（2）款提供的送达地址，应被视为已经按照本条第（2）款提供。

（3A）每位提交附有完整说明书的专利申请的申请人应当在该申请被审定之前，向登记主任提交一份符合规定格式的声明，说明所要求保护的发明是否基于或者来自本土生物资源、遗传资源、传统知识或者传统用途。

［第（3A）款依据 2005 年第 20 号法案第 2 条插入。］

（3B）如果申请人提交了一份承认所要求保护的发明是基于或来源于本土生物资源、遗传资源、或传统知识或用途的声明，登记主任应当要求申请人以规定形式就其利用的该本国生物资源、遗传资源、传统知识或者传统用途的资格或权利提供证据。

［第（3A）款依据 2005 年第 20 号法案第 2 条插入。］

（4）发明人以外提出或者加入专利申请的任何人应当按照规

定的方式提供规定的其申请专利的权利或者授权证明。

（5）除非在本法中另有规定，一件申请应当从向专利局提交之日计算日期。

（6）（a）一件申请不应当仅因为其不符合第（1）款的要求而被拒绝确定正式的递交日，如果它同时——

（i）缴纳了规定的费用；

（ii）提交了由申请人或者其代理人签名的规定的申请表；

（iii）提交了一份以共和国的官方语言之一或者任何公约国官方语言撰写的说明书；以及

（iv）如果有附图的话，提交了一份附图，无论它们是否符合规定的格式。

（b）对于公约申请，通过在规定的表格中记载该公约申请所要求优先权的公约国相关申请的申请号、申请日和名称以及公约国名称，如果有说明书及附图的话，说明书和附图已在申请提交日后14日内递交，应视为其已经符合（a）项第（iii）和（iv）小项的要求；

〔（b）项依据1997年第38号法案第33条替换。〕

（c）任何非以共和国官方语言撰写的说明书应当在递交日后3个月内用以共和国官方语言撰写并经登记主任核准的译本进行替换。

（7）为要求优先权，任何申请均可在自递交日起2个月内作出修改。

第 31 条　要求优先权

（1）附有完整说明书的申请可以要求以下优先权——

（a）附有临时说明书的涉及相同主题的在先申请的递交日；

（b）附有完整说明书且未要求优先权的涉及相同主题的在先申请的递交日；或者

（c）涉及相同主题的在公约国提交的申请的申请日，如果——

（i）该申请要求（a）或者（b）项规定的优先权，该在先申请的递交日不早于该要求优先权的申请日之前 1 年，或者在缴纳规定的费用后，不早于该要求优先权的申请日之前 15 个月；

［第（i）小项依据 1983 年第 67 号法案第 1 条（a）项替换。］

（ii）……

［第（ii）小项依据 1983 年第 67 号法案第 1 条（b）项删除。］

（iii）该申请要求（c）项的优先权，在公约国提出的该申请递交日不早于该公约国申请 1 年且是在公约国就相关主题第一次提出的申请；和

（iv）要求优先权的申请的申请人是（a）项或者（b）项所述的在先申请或者（c）项所述的在公约国提交的申请的所有权人，或者该申请人已获得在共和国要求优先权的权力。

［第（iv）小项依据 1997 年第 38 号法案第 34 条替换。］

（2）在公约国就任一发明提出首次申请之后，在该国就同样的发明提出后续申请，该后续申请应被视为在该国就该发明的首次申请，如果在其提出之时：

（a）在先申请已经被撤回、放弃或者驳回而未被公开让公众查阅；

（b）该在先申请没有被要求过优先权；和

（c）在所涉公约国没有有关该在先申请的未决权利。

（3）在已经提出涉及相同主题的在后申请之后，已被撤回、放弃或者驳回的申请应当不能作为本条要求优先权的基础，除非与该申请相关的任何权利在共和国或者任何公约国未决。

（4）若某人已经申请通过一件专利申请来保护一项发明，则为本条目的其应当被视为已经在公约国提交的申请，只要所述专利申请：

（a）根据存在于两个或者更多个公约国之间的条约的规定，等同于在这些公约国适当提出的任何申请；或者

［（a）项依据 1986 年第 44 号法案第 1 条替换。］

（b）根据任一公约国的法律，等同于在该公约国提出的

申请。

（5）如果在第（1）款（c）项第（i）小项规定的时限内，一件带有临时说明书的专利申请未要求优先权，则该专利申请失效。

［第（5）款依据 1979 年第 14 号法案第 2 条替换。］

第 32 条 说明书的内容

（1）说明书应当指明其为临时说明书或者完整说明书，且应当以足以指明相关发明主题的名称开头。

（2）临时说明书应当适当地描述发明。

（3）完整说明书应当：

（a）带有规定的摘要；

（b）充分描述、确定，并在必要时举例阐述和证明发明以及实现该发明的方式，以使得该发明的本领域技术人员能够实现该发明；和

（c）……

（d）以限定所要求保护的发明的一项权利要求或者多项权利要求结尾。

［第（3）款依据 2002 年第 58 号法案第 1 条替换。］

（4）完整说明书的一项权利要求或者多项权利要求应当涉及单个发明，应当清楚，并适当地以说明书公开的内容为基础。

（5）如果有的话，附图和图表应当符合规定的格式。

（6）如果完整说明书要求保护一种微生物方法或者其产品，为完成该发明需要使用公众在申请日无法获得亦无法根据说明书的描述制备或者得到的微生物，该微生物应当按照规定的方式处理。

［第（6）款依据 1986 年第 44 号法案第 2 条第（1）款替换。］

（实施日：1997 年 7 月 14 日。）

第 33 条 优先权日

（1）为本法的目的，一件专利申请涉及的发明的优先权日，

以及此类申请中所包含任何内容的优先权日，无论该内容是否与该发明相同，除非在本法中另外指明，均应为该申请的递交日。

（2）若一件申请根据第 31 条第（1）款要求一件或者多件在先申请或者公约国在先申请或者二者的优先权，且在该申请中所要求保护的发明恰当地以一件或者多件所述在先申请公开的内容为基础，则该发明的优先权日应为记载该主题的最早一份在先申请的递交日，只要该申请恰当地以该最早的在先申请为基础。

［第（2）款依据 2002 年第 58 号法案第 2 条替换。］

（3）一件申请中所要求保护的任何发明可以有一个或者多个优先权日。

（4）直到相反证明成立，发明的优先权日应当为申请中所要求的最早优先权日。

（5）在确定一件申请中所要求保护的发明是否适当地以在先申请或者公约国在先申请中公开的内容为基础时，应当考虑与该在先申请或者在先公约国申请同时提交并用于支持其的所有文件中所包含的公开内容。

（6）根据第 51 条第（8）款通过补充记载的方式所引入的新内容的优先权日应为该补充记载内容的提交日。

（第 33 条依据 1983 年第 67 号法案第 2 条修改，以及依据 1997 年第 38 号法案第 35 条替换。）

第 34 条　对申请和说明书的审查

登记主任应当以规定的方式审查每件专利申请以及该申请所附的或者根据该项申请提交给专利局的每份完整说明书，若其符合本法的要求，则登记主任应当予以审定。

第 35 条　对申请文件的审查结果不利于申请人的程序

（1）如果对专利申请或者对该申请所附说明书的审查结果不利于申请人，登记主任可以拒绝审定该申请或者要求按照必要方式修改该申请或者其所附说明书。

（2）如果对于公约申请，未附有规定的文件或者规定的文件在规定期限内未提交，登记主任可将该申请作为普通申请处理。

第 36 条 在特定情况下驳回申请的权利

（1）如果在登记主任看来：

（a）由于该申请要求保护显然违反公认的自然法则的发明因而是无意义的；或者

（b）该申请所涉及的发明的利用通常被认为鼓励违法或者不道德的行为；

登记主任可以驳回该申请。

（2）如果在登记主任看来，专利申请所涉及的发明可能是通过使用任何违反法律的方式得到的，则登记主任可以驳回该申请，除非说明书已经通过增加对相关发明的放弃，或者有关其不合法的其他说明，作出了登记主任认为适当的修改。

第 37 条 修改申请文件以及提交新申请的程序

（1）如果在向专利局递交申请之后和该申请被审定之前的任何时间，相同申请人就该申请中所公开的部分内容按照规定的形式提出一件新的申请，登记主任可以基于在该申请被审定之前按照规定形式向其提出的申请，指示这样的新申请的提交日期可以提早至不早于原申请的递交日。

（2）基于此新申请授予的专利权不应仅因该新申请中所要求保护的发明相对于原申请中所公开的内容不是新的而被撤销或者无效。

［第（2）款依据 1997 年第 38 号法案第 36 条增加。］

第 38 条 完整说明书改为临时说明书的情形，以及申请日推后

（1）若一件专利申请［非第 31 条第（1）款（c）项所述的申请］附有声称为完整说明书的说明书，如果在该申请被审定之前且不晚于该申请向专利局递交日起 12 个月内的任何时间，申请人以规定的形式作出如此要求的话，为本法的目的，登记主任可以指示将其视为临时说明书并相应处理该申请。

（2）在向专利局提交申请后且完整说明书被审定之前的任何时间，登记主任可以应申请人以规定形式作出的请求，指示该申请日被推迟到请求书中所指定的时间；但是

（a）在本款下，任何申请不得被推迟到自该申请实际提交日或者非为本款目的被视为提交日（为本款之外的目的）起 6 个月之后的日期；

（b）要求优先权的申请在本款下不得推迟至晚于根据本法的规定应提交该申请的最后日期；和

（c）任何申请不得推迟日期，如果申请人或者有权继承人或者前任权利人已经在共和国内或者其他地方在一件存在未决权利的后续申请中将该申请作为要求优先权的基础。

第 39 条 增补专利权的获得方式及效力

（1）如果就一项发明专利（下称"主发明"）已经提出专利申请或者已被授予了专利权，申请人或者专利权人以规定的形式就主发明完整说明书中所描述的或者所要求保护的发明，通过任何增加、改进或者修改又申请专利权，他可以被授予一项增补专利。

（2）增补专利权的期限应当与未到期的主发明专利期限相同，且无需缴纳增补专利的维持费。

（3）若一项由对主发明的增加或者改进或者修改构成的发明是一项独立专利的主题，且该独立专利的专利权人，亦为主发明的专利权人，作出如此要求的话，登记主任可以撤销该独立专利并就该增加、改进或者修改授予一项增补专利，该增补专利具有与被如此撤销的独立专利相同的申请日，且自该独立专利生效之日起生效。

（4）（a）若主发明专利权被转移、撤销、驳回或者放弃，则除非委员或者登记主任另外指示，增补专利应成为独立专利，且该独立专利的期限应当不超过若主发明专利未被转移、撤销、驳回或者放弃时本应到期的时间。

（b）本应就主发明专利缴纳的规定的维持费应当，自一件专

利根据（a）项规定成为独立专利时，就该独立专利缴纳。

［第（4）款依据 1983 年第 67 号法案第 3 条替换。］

（5）在主发明专利申请被审定之前不应当审定增补专利申请：如果对于主发明未授予专利权，该增补专利申请可作为普通专利申请处理。

（6）增补专利权的授予应当确保该发明属于被授予专利权的适宜主题，不能仅因为完整说明书所要求保护的发明相对于主发明不具有创造性，而拒绝授予增补专利权，或者无效或者撤销这样的专利。

（7）主发明专利及其增补专利不得分别转让。

第 40 条　申请的失效

如果自申请日 18 个月内完整说明书未被审定，则该申请失效，除非：

（a）已就该申请提起了申诉；

（b）未超出可提起申诉的时间；或者

（c）说明书的延迟审定并非由于申请人的任何行为或者疏漏：如果一件申请要求对审定完整说明书的期限进行延长，则登记主任可以在规定费用已经缴纳的情况下，允许延期至所申请的延长时间，但是不得超出 3 个月；登记主任根据所显示的正当理由以及在规定费用已经缴纳的前提下，可以允许再一次延期。

第 41 条　对已失效专利中说明书的处理

如果一件带有临时说明书的申请未曾根据第 31 条第（1）款（a）项的规定被要求过优先权且该申请已经失效，或者一件申请和以其为基础要求优先权的每件申请都已经失效或者已被放弃或者最终被驳回，则登记主任应当应申请人按照规定形式提出的请求向其返回所提交的与该申请有关的任何说明书：但是含有缴费证明的任何文件不得返还给申请人。

第 42 条　完整说明书审定接受的通知和公布

（1）若完整说明书被审定，登记主任应当向就这一事实向申请人发出书面通知。

（2）该通知应当包括：

（a）审定说明书的日期；和

（b）一份声明，其内容为：基于申请人同意在该公报中公布对该说明书的审定，相关专利应视为自该公布之日已被封印和授权。

（3）除非在规定期限内，或者在登记主任基于向其提出的申请、所显示的正当理由和在已缴纳规定费用的前提下可允许的延长期限内，该审定已在公报中公布，否则该申请将失效。

第 43 条 公众查阅

（1）在第 42 条规定的公布之后，或者在根据本条第（3）款规定向公众开放查阅之后，在缴纳规定费用的基础上，专利和专利申请以及提交用于支持该专利的所有文件应当在专利局向公众开放查阅。

（2）若根据第 31 条第（1）款要求了优先权日的申请向公众开放查阅，任何其他作为优先权基础的申请以及所有提交用于支持该申请的文件均应当同时向公众开放查阅。

（3）如果对于根据第 31 条第（1）款要求了优先权日的申请的审定未根据第 42 条的规定在自要求自公约国相关申请的最早优先权日起 18 个月内公布，则其应当按照第（1）款向公众开放查阅。

［第（3）款依据 1983 年第 67 号法案第 4 条替换。］

（4）（a）自专利申请日起满 5 年，任何人均可向登记主任申请，要求专利权人向申请人提供在另一国家作出的在该国就相同主题提出的专利申请的任何检索报告的规定细节。

（b）在收到该申请之后，登记主任应当根据专利权人的送达地址向专利权人送交一份申请副本。

（c）如果专利权人在收到寄送到专利权人送达地址的该申请副本之后 3 个月内没有满足该请求，申请人可以向委员申请要求满足该申请的命令。

(d) 基于该要求专利权人满足的申请，委员可以命令专利权人予以满足。如果该命令得不到遵从，委员可以进一步作出其认为适当的命令。

［第（4）款依据 1997 年第 38 号法案第 37 条增加。］

第五 A 章　根据《专利合作条约》提出的国际申请

（第五 A 章依据 1997 年第 38 号法案第 38 条插入。）

第 43A 条　说明

本章中，除非另有说明——

（a）《专利合作条约》中定义的任何用语或者表达具有与在该条约中相同的含义；和

（b）"国际申请的国家阶段"意指，其申请人符合第 43E 条规定的，如第 43B 条规定的共和国专利申请。

（第 43A 条依据 1997 年第 38 号法案第 38 条插入，并依据 2002 年第 58 号法案第 3 条替换。）

第 43B 条　国际申请指定共和国的效力

依据本章，指定共和国的国际申请应视为根据本法向专利局提交的申请。

（第 43B 条依据 1997 年第 38 号法案第 38 条插入。）

第 43C 条　专利局作为受理局、指定局和选定局

专利局应当作为

（a）由共和国居民或者国民向其提交的国际申请的受理局；

（b）指定共和国的国际申请的指定局；

（c）选定局，如果指定了共和国的国际申请的申请人为专利合作条约第二章规定的国际初步审查目的选定了共和国。

（第 43C 节依据 1997 年第 38 号法案第 38 条插入。）

第 43D 条　国家阶段的处理

在第 43E（1）所述期限界满之前，专利局作为指定局或者

选定局不应当开始对指定或者选定共和国的国际申请国家阶段的处理，除非申请人符合 43E（1）并向专利局提交了提早进行该处理的书面请求。

（第 43D 条依据 1997 年第 38 号法案第 38 条插入，并依据 2002 年第 58 号法案第 4 条替换。）

第 43E 条 *国家阶段的开始*

（1）在《专利合作条约》第 22 条或者第 39 条规定的可适用期限或者根据本法制定的实施细则所规定的延长期限届满前，指定或者选定共和国的国际申请的申请人应当：

（a）向专利局缴纳规定的国家费用；和

（c）如果根据《专利合作条约》该国际申请未以英文提交和公开，在规定期限内向专利局提交以共和国官方语言撰写的包含规定内容的国际申请译本。

［（b）项依据 2002 年第 58 号法案第 5 条（a）项替换。］

（2）如果申请人在第（1）款的期限内未满足该款规定，相关的指定或者选定了共和国的国际申请，为本法之目的应被视为已被放弃。

［第（2）款依据 2002 年第 58 号法案第 5 条（b）项替换。］

（3）登记主任可以基于在第（1）款中规定的延长期限界满之前或者之后提出的申请，进一步延长该期限不超过 3 个月。

［第 43E 条依据 1997 年第 38 号法案第 38 条插入。第（3）款依据 2002 年第 58 号法案第 5 条（c）项增加。］

第 43F 条 *行政*

（1）在处理国际申请的国家阶段时，专利局应当受第（2）、（3）和（4）款的约束，适用专利合作条约、其细则、根据这些细则发布的行政规程以及本法中的其他规定。

（2）在处理国际申请的国家阶段时，若与本法冲突，则《专利合作条约》、其细则、根据这些细则发布的行政规程优先。

（3）在处理指定共和国的国际申请的国际阶段时：

（a）（i）第 9 条（b）项不适用；以及

（ii）申请人应由在规定期限内授权的代理人代表；

（b）第 10 条仅在申请人符合第 43E 的规定时适用，且满足该规定的申请人，为第 10 条的目的，应被视为国际申请在国家阶段的申请人；

（c）第 16 条第（2）款应当适用《专利合作条约》、其细则、根据这些细则发布的行政规程中规定的时限，除非另外指明；

（d）（i）第 30 条第（1）、（5）和（6）款不适用；

（e）（i）《专利合作条约》第 3 条第（2）款所指的说明书、权利要求书、附图（如果有）及摘要应被视为一份完整说明书；和

（ii）第 32 条第（5）款不适用；

（f）如果：

（i）国际申请是公约申请；

（ii）申请人符合《专利合作条约》的细则第 17.1 条；和

（iii）所述细则第 17.1 条所指的优先权文件是为第 35 条第（2）款目的规定文件，

申请人应被视为已经在第 35 条第（2）款规定的期限内提交了优先权文件的副本；

（fA）如果第 37 条规定的原申请是国际申请的国家阶段，则该申请向专利局提交的日期应为满足《专利合作条约》规定的国际申请日；

（g）第 38 条不适用；

（h）自申请日起的 18 个月期限，为第 40 条的目的，是自申请人符合第 43E 条要求之日起的 12 个月期限；

（i）第 43 条第（3）款不适用，但当申请人符合第 43E 条规定时且该国际申请已经根据《专利合作条约》第 21 条公开，该国际申请的国家阶段应按照第 43 条第（1）款的规定向公众开放查阅；

（j）第 43 条第（4）款不适用；

（jA）国际申请的国家阶段的申请日应当为第 46 条的目的，为符合专利合作条约规定的国际申请日；

（k）根据《专利合作条约实施细则》作出的任何更正或者补正应视为根据第 50 条作出的更正或者修改；

（l）（i）如果修改国际申请国家阶段的请求是在根据第 42 条规定公布之前作出的，则该修改请求不应当如第 51 条规定的那样进行公布；

（m）任何根据以下规定作出的修改应视为已符合第 51 条的规定，但如果该修改不符合该条第（6）款或者第（7）款之规定的话，则其可能因该条第（10）条的规定而被搁置——

（i）《专利合作条约》第 19 条，且未超出国际申请提交时记载的范围；或者

（ii）《专利合作条约》第 34 条，并附在国际初步审查报告后。

（4）除本章另有规定外，涉及附有完整说明书的专利申请的规定应比照适用于国际申请的国家阶段，以及任何据此授予的专利权。

（第 43F 条 1997 年第 38 号法案第 38 条插入，并依据 2002 年第 58 号法案第 6 条替换。）

第六章　专利的授权、保护期限及效力

第 44 条　专利权的授予和封印

（1）如第 42 条所规定的公布之后一旦可行，即应当向申请人授予具有规定形式的专利权，且登记主任应当安排用专利局印章对该专利封印，如此封印的专利应被视为在公布之日即已生效。

（2）封印被视为已经生效之日，为本法之目的，应为专利封印之日。

（3）专利应从第（1）款所提到的公布之日起生效。

（4）从专利封印之日起 9 个月内不能提起专利侵权诉讼；但是委员可以基于所显示的正当理由在专利封印之后的任何时间许可提起这样的诉讼。

第 45 条 专利权的效力

（1）专利权的效力应当赋予专利权人在共和国内，根据本法的规定，在专利保护期限内，以排除他人制造、使用、实施、处分或者许诺处分、进口该发明的权利，由此他或者她可具有并享受由该发明带来的全部利益。

［第（1）款依据 1997 年第 38 号法案第 40 条替换。］

（2）专利权人或者其被许可人对专利产品的处分，或者为专利权人或者其被许可人的利益对专利产品的处分，在受专利的其他权利约束的前提下，应当给予购买者使用、许诺处分或者处分该产品的权利。

［第（2）款依据 2002 年第 58 号法案第 7 条替换。］

第 46 条 专利权的保护期限

（1）除非本法另有规定，在相关专利权人或者代理人已缴纳规定的维持费基础上，专利保护期限应为自申请日起 20 年。

［第（1）款依据 1983 年第 67 号法案第 5 条和 1997 年第 38 号法案第 41 条替换。］

（2）如果在缴纳规定的维持费的期限内未缴纳该费用，则专利权将在该期限末失效。但是登记主任可以在已缴纳可能规定的附加费用情况下，应请求将缴纳任何此类费用的期限延长不超过 6 个月。

第 47 条 失效专利的恢复

（1）若专利权因未在规定期限或者未在第 46 条第（2）款所述的延长期限内缴纳任何规定的维持费而失效，专利权人可以以规定的方式在缴纳规定费用的基础上向登记主任申请恢复该专利权。

［第（1）款依据 1983 年第 67 号法案第 6 条替换。］

（2）如果登记主任确信该疏忽不是蓄意的，且提出申请未曾发生不适当的拖延，他可以以规定的方式公告该申请，由此任何人（本节中以下简称"异议人"）可以在规定的期限内，以规定的方式通知对该专利权恢复的异议。

（3）如果没有对该恢复的异议，登记主任可以，在符合第（5）款规定的前提下，颁布恢复该专利权或者驳回该申请的命令。

（4）如果存在异议通知，委员将在对申请人和异议人听证后，对该事项作出决定并发布一项恢复该专利权或者驳回该申请的命令。

（5）任何恢复专利权的命令应当在缴纳了发布命令时尚未缴纳的规定费用后才生效。

第 48 条　被恢复专利的专利权人的权利

（1）依据本法的规定，根据第 47 条被恢复的专利的专利权人不能针对下列人员提起诉讼或者向下列任何人员要求损害赔偿——

（a）自维持费到期日起 6 个月之后以及公告专利权恢复申请之前侵犯该专利权的人；

（b）在（a）项期限内使用、许诺处分或者处分任何制备或者进口物品的人；或者

［（b）项依据 2002 年第 58 号法案第 8 条（a）项替换。］

（c）（i）在（a）项所规定期限内开始使用或者实施该专利权所涉及的发明，且之后继续使用或者实施该发明的人；或者

（ii）使用、许诺处分或者处分由（i）小项所述继续使用或者实施所生出的任何物品或者产品：

［第（ii）小项依据 2002 年第 58 号法案第 8 条（b）项替换。］

对本条规定的豁免应视情况不同而限于（c）项（i）或者（ii）小项所述的人、其遗嘱执行人、财产管理人、继承人、受让人或者收购人。

（2）根据第 47 条恢复的专利权，任何在第（1）款（a）项所述期限内已经为制造、使用、实施、许诺处分、处分或者进口该发明而花费了金钱、时间和劳力的人可以通过规定的方式向委员申请所花费的金钱、时间和劳力补偿。

［第（2）款依据 2002 年第 58 号法案第 8 条（c）项替换。］

（3）在对相关当事人听证后，如果在委员看来该申请应当被许可，其可以评估该补偿的数额，并确定应当给付该补偿的期限。

（4）根据第（3）款评估的任何数额均不得作为债务或者损害赔偿。但是，如果在委员确定的期限内该数额未能给付，则该专利将失效。

第 49 条 专利权共有

（1）如果一件专利权被共同授予两人或者多人，在无相反约定的情况下，各共同专利权人应对该专利享有相等的不可分割的份额。

（2）除第（4）款另有规定外，在无相反约定且未经其他共有专利权人同意的情况下，任何共有专利权人无权——

（a）制造、使用、行使、许诺处分、处分或者进口该专利发明；

［（a）项依据 2002 年第 58 号法案第 9 条替换。］

（b）授予许可或者转让其在该专利中的全部或者部分利益；或者

（c）采取措施或者提起任何涉及该专利的诉讼；

但他可以不征得任何其他专利权人的同意缴纳任何维持费，除非委员在第（6）款的程序中另有指示。

（3）如果共有专利权人之一处分了专利物品，则收购人或者任何通过其主张权利的人应有权以同样的方式处分该物品，如同该物品是被全体共有专利权人处分的。

（4）任何共有专利权人均可提起侵权诉讼并应当通知所有其他共有专利权人，任何这样的其他专利权人可以作为共同原告加人，并就其可能因侵权而遭受的损害获得损害赔偿。

（5）如果在第（4）款的任何诉讼中，判决向一个原告给付损害赔偿，应当将该原告视为全部专利权人来判决向其损害赔偿，且被告没有义务就被诉侵权向任何其他专利权人作出赔偿。

（6）如果共同专利权人之间就其对专利权的各自权利、与专利权相关的诉讼程序的提起或者处置专利或者专利发明的方式产生了纠纷，任何共有专利权人均可向委员申请对争议事项作出决定。

［第（6）款依据1997年第38号法案第42条替换。］

（7）如果在考虑第（6）款的任何申请时，委员确信共有专利权人之一不是基于被迫而不能或者不愿继续作为专利权人，委员可以命令其将其权利转让给任何其他能够且愿意继续的共有专利权人；如果在委员看来是公平公正的，他可以命令向依照其命令转让出权利的该共有专利权人给付赔偿。

（8）在考虑第（6）款的任何申请时，除非在其看来有正当的相反理由，委员应当以导向维持和利用该专利权的方式解决纠纷。

第七章　更正和修改

第50条　笔误的更正和文件的修改

（1）登记主任或者委员可以批准：

（a）任何专利、专利申请或者依该申请提交的文件或者登记簿中的任何笔误或者翻译错误；

（b）本法对其修改没有直接规定的其他任何文件的修改。

（2）可以基于附有规定费用的书面请求书或者无需请求书依据本条进行更正。

（3）如果更正不是基于请求书提出的，登记主任应当将该建议的更正通知专利权人或者专利申请人，以及根据情况通知任何其他在登记主任看来相关的人，并应当在更正作出前给予任何这样的人以听证的机会。

（4）如果对任何这样的更正提交了请求书，且在登记主任看来该更正将在实质上改变请求书所涉及的文件的范围，则登记主任可在公报中公布以通知该请求书，并送达他认为必要的人。

（5）如果这样的通知没有被公布和送达或者如果它已被公布但没有对该更正的异议，则登记主任可以对该事项作出决定或者将该事项提交给委员，该委员应当对该事项作出在他看来合适的决定。

（6）如果这样的通知已被公布或者送达，任何人可在规定期限内以规定的方式对第（2）款提到的请求书提出异议，对此委员应当按照他看来合适的方式处理该事项。

第51条 对说明书的修改

（1）专利申请人或者专利权人可以在任何时间以规定的方式向登记主任申请修改相关临时说明书或者相关完整说明书，并且在提出该申请时，应当说明所提出的修改的性质并提供充足的理由。

（2）修改已对公众开放查阅的说明书的申请应当以规定的方式公布，除非专利申请是根据第43条第（3）款供公众查阅的。

（3）（a）任何人均可在规定的期限内以规定方式对这样的修改申请提出异议。

（b）对这样的修改申请的异议应当由委员以规定的方式处理，委员应当决定是否允许以及，如果有的话，在何种条件下允许该修改。

（4）如果对相关说明书的审定尚未根据第42条公布，或者不存在根据本条第（3）款（a）项的异议，登记主任可以决定是否允许以及，如果有的话，在何种条件下允许该修改。

［第（4）款依据1983年第67号法案第7条（a）项替换。］

（5）对临时说明书的修改如果是通过更正的方式作出的，包括对明显错误的更正，则该修改应当被允许，如果对临时说明书的修改将引入新的或者未在期望修改的说明书中实质公开的内容，则该修改不应被允许。

（6）对于根据第 42 条公布对说明书的审定之后将对公众开放查阅的完整说明书，如果：

（a）修改的效果是将引入新的内容或者未在修改前的说明书中实质性公开的内容；或者

（b）修改后的说明书将包括任何未完全以修改前的说明书公开的内容为基础的权利要求。

则无论是在向公众开放之前还是之后，均不得对其作出修改。

［第（6）款依据 1983 年第 67 号法案第 7 条（b）项修改。］

（7）对于根据第 42 条公布对说明书的审定之后已经向公众开放的完整说明书，如果对该说明书的修改将包括任何并非完全落入修改前说明书中所包括的权利要求范围内的权利要求，则不应允许对其作出修改。

（8）如果一项修改可能因第（6）款（a）项规定的禁止原因不被允许，但是该修改描述的内容可能与说明书描述的内容非常相关，且对相关说明书的审定并未根据第 42 条公布，则该新内容可以通过附加于该说明书的补充公开的方式引入，并根据提出修改申请的日期确定日期。但在根据本法确定该专利的有效性时，应当考虑通过补充公开方式所引入的新内容的优先权日。

［第（8）款依据 1986 年第 44 号法案第 3 条（a）项替换，并依据 1997 年第 38 号法案第 43 条修改。］

（9）如果与专利申请或者专利权相关的任何诉讼程序在法院未决，则对相关说明书的修改申请应当向该法院提出。如果该法院认为该修改申请是适当的但属于第（5）、（6）或者（7）款规定的情形，则可以处理该修改申请，或者可以暂停该未决诉讼程序并将该修改申请传送给登记主任根据第（2）、（3）和（4）款的规定进行处理。

［第（9）款依据 1986 年第 44 号法案第 3 条（b）项替换。］

（10）除了被委员或者法院允许的修改，任何与本节规定相冲突的对说明书的修改均可以在任何时候由委员基于向其提出的申请不予考虑。

第 52 条　登记簿的更正

登记主任可以命令通过增加、修改或者删除其中的任何条目对登记簿作出更正，且这样的命令可以基于规定形式的请求书或者不基于请求书作出。但是如果登记主任意图不基于请求书作出该命令，他应当将这样做的意图通知专利权人或者专利申请人，以及根据情况通知在其看来相关的任何他人，并应当在作出该命令前给予这样的专利权人或者专利申请人或者其他人以听证的机会。

第八章　许　可

第 53 条　许可权

（1）在专利封印后的任何时间，专利权人均可向登记主任申请对该专利背书"许可权"，且这样的申请经提出后，登记主任应当相应地对该专利背书，如果其确信专利权人未通过合同被禁止同意对该专利权的许可。

（2）如果专利权已经根据本节得到背书——

（a）在此后的任何时间任何人应有权，在没有协议的情况下，按照委员基于专利权人或者需要许可的人的申请确定的条件，享有该专利权的许可权；

（b）委员可以，基于在背书前已授予的任何对该专利的许可的持有人之申请，根据由委员确定的条件命令用依据背书的许可来替换上述许可；

（c）在专利侵权诉讼程序（除进口货物外）中，如果被告同意依照由委员确定的条件获得许可，则不应对被告颁发禁令，并且如果有的话，从被告获得的损害赔偿数额应当不超过若在最早侵权之前即已批准许可应已由被告支付的数额的 2 倍；

（d）背书日后应支付的该专利维持费应为未背书时所应支付

维持费的一半。

（3）根据本条规定的专利背书获得的许可的被许可人可以（除非许可的条件是通过协议确定的，在该许可中另有明文规定）要求专利权人提起任何对该专利的侵权诉讼。如果专利权人在被告知后2个月内没有这样做，被许可人可以自己的名义提起侵权诉讼如同其本人即为专利权人，并将专利权人引入作为被告。

（4）被如此引入作为被告的专利权人不应支付任何费用，除非他出庭并参与到该诉讼程序中。

（5）申请本条规定的专利背书应当包括一份其内容为专利权人并未受合同禁止同意对该专利的许可的声明，该声明须经可能规定的方式进行核实。登记主任如果认为需要的话可以要求申请人提供进一步的证据。

（6）处理依据本条对一件增补专利提出的背书申请，应当视为同时提出对主发明的专利背书申请，处理依据本条对其增补专利处于有效期的一件专利提出的背书申请，应当视为同时对该增补专利提出背书申请。如果对已依据本条背书的一件专利授予一件增补专利，则该增补专利也应当被背书。

（7）每次依据本条的专利背书均应当记录在登记簿中，且应当在公报中以及登记主任可能指示的其他方式公布，以将该背书通知到利益相关人。

第 54 条 专利背书的撤销

（1）根据第53条作出专利背书后的任何时间，专利权人均可向登记主任申请撤销该背书。

（2）如果提出这样的申请，并且补齐如果该专利未曾被背书所应支付的全部维持费，登记主任如果其确信没有现存的对该专利的许可或者全部被许可人均同意撤销，则其可以撤销该背书。

（3）在已经根据第53条背书专利之后的规定期限内，任何人声称与其有利害关系的合同禁止专利权人授予该专利权的许可，且专利权人在背书时亦受此约束的，可以向登记主任申请撤销该背书。

（4）如果登记主任基于第（3）款的申请确信，专利权人受到且曾受到如前所述的约束的，其应当撤销该背书，并且因此专利权人应当在规定期限内向登记主任补齐若该专利未曾被背书所应支付的全部维持费的金额，如果该金额在所述期限内未缴纳，则该专利将在该期限界满时失效。

（5）处理申请撤销增补专利的背书，应当视为同时申请撤销主发明专利的背书，处理申请撤销其增补专利处于有效期的一项专利的背书，应当视为同时申请撤销该增补专利的背书。

（6）若专利背书根据本条被撤销，则专利权人此后的权利和义务应当与未曾作出过该背书的情况相同。

第 55 条　从属专利的强制许可

如果一项不侵犯在先专利权的专利权（下文简称"从属专利"）的实施有赖于获得该在先专利的许可，该从属专利权的持有人不能就该许可与在先专利权的持有人达成协议，则其可以向委员申请该在先专利的许可，委员可以基于其所提出的条件批准该许可，但其中必须包括该许可应仅被允许用于该从属专利的实施这一目的而无其他目的这一条件，且委员不得批准该许可除非：

（a）从属专利所保护的发明与在先专利所保护的发明相比具有显著经济意义的重要技术进步；

（b）从属专利权的持有人同意在先专利的持有人以合理的条件交叉使用从属专利所保护的发明；且

（c）对在先专利授权的使用不得转让，除非与从属专利一并转让。

（第 55 条依据 1997 年第 38 号法案第 44 条修改。）

第 56 条　专利权滥用时的强制许可

（1）任何能表明专利权被滥用的利益相关人可以通过规定的方式向委员申请对该专利的强制许可。

［第（1）款依据 1997 年第 38 号法案第 45 条（a）项替换。］

（1A）……

［第（1A）款依据 1988 年第 76 号法案第 2 条（a）项插入，并依据 1997 年第 38 号法案第 45 条（b）项删除。］

（2）以下情况下专利权被视为滥用：

（a）在专利申请日之后 4 年或者专利封印后 3 年期限界满后，以后到期为准，该被授予专利权的发明在共和国内未得到一定经济规模或者充分程度的实施，且在委员看来该不实施无正当理由；

（b）……

［（b）项依据 1997 年第 38 号法案第 45 条（b）项删除。］

（c）共和国对该专利物品的需求在合理时间内得不到充分满足；

（d）由于专利权人拒绝授予许可或者合理期限的许可，使得共和国的贸易或者工业或者农业、共和国内任何人或者任何一类人的贸易、共和国内任何新贸易或者产业的建立，遭到损害，为了公共利益应当批准许可；或者

（e）共和国内对专利物品的需求是通过进口来满足的且价格受专利权人控制，其被许可人或者代理人在由此掌控的价格上大大超过了在由专利权人或者其前任或者继受人或者根据他们的许可生产专利物品的国家中的价格。

（3）专利权人或者任何出现在登记簿中与该专利利益相关的其他人均可通过规定的方式反对该申请。

（4）（a）委员应当从实体上考虑该申请，且可以基于其认为适当的条件下令批准该许可申请，所述条件包括禁止被许可人向共和国进口任何专利物品。

［（a）项依据 1997 年第 38 号法案第 45 条（c）项替换。］

（b）如果委员认为批准一项许可是不公正的，则其可以驳回该申请。

（c）根据本条批准的许可应当包括一项规定，即在充分保护被许可人的合法利益的前提下，若导致该许可被批准的情形不再

存在且在委员看来不太可能再发生，基于专利权人的申请，应当终止该许可。

［(c) 项依据 1997 年第 38 号法案第 45 条（d）项增加。］

（5）任何根据本节批准的许可应为非独占性的，且不可转让，除非转让给已受让与许可权的行使相关的业务或者部分业务的人。

［第（5）款依据 1997 年第 38 号法案第 45 条（e）项替换。］

（6）……

［第（6）款依据 1997 年第 38 号法案第 45 条（f）项删除。］

（7）在确定基于何种条件可批准许可时，委员应当考虑任何相关的事实，包括获被许可人承担的风险，专利权人从事的研究和开发，以及就相关发明主题自愿达成的许可协议中通常规定的条件和期限。

（7A）委员可以下令根据本条批准的许可应视为在登记主任收到该申请之日起即已得到批准。

［第（7A）款依据第 1988 年第 76 号法案第 2 条（b）项插入。］

（8）任何本条下的委员命令须以避免委员确认的已成立的滥用为目的作出。

（9）委员可以修改或者撤销根据本条批准的许可。

（10）在可附属于许可的条件的约束下，本法的被许可人应具有与任何其他专利被许可人相同的权利和义务。

［第（10）款依据 1997 年第 38 号法案第 45 条（g）项替换。］

（11）……

［第（11）款依据 1997 年第 38 号法案第 45 条（h）项删除。］

（12）……

［第（12）款依据 1997 年第 38 号法案第 45 条（h）项删除。］

（13）（a）委员在下令批准第（4）款（a）项的许可时，可以判令相关申请人或者专利权人或者任何其他反对该申请的人承担费用；

（b）在判决费用时，委员尤其应当考虑：

（i）其发现的已存在的滥用的性质和程度；和

（ii）通过批准该申请相关专利权人基于合理条件的自愿许可，是否已经可以避开根据本条的许可申请。

（14）为本条目的，"专利物品"包括依照专利方法获得的任何组合物、任何产品或者用专利器械生产的任何产品。

第 57 条 许可合同的终止

（1）涉及制造、使用、实施、许诺处分、处分或者进口已授权发明的专利许可的任何合同，均应在被许可的专利到期、被撤销或者终止保护该发明之日终止。如果该合同涉及不止一项专利，合同中涉及任何特定许可的部分应当在据以批准许可的专利已到期、被撤销或者终止保护相关发明时终止，并且在据以批准全部许可且在合同生效时有效的全部专利均已到期、被撤销或者终止保护相关发明时，该合同应全部终止。

〔第（1）款依据 2002 年第 58 号法案第 10 条替换。〕

（2）本条规定不影响任何终止一份不同于本条的合同或者一项不同于本条的合同条件的权利。

第 58 条 许可的效力

若无相反约定：

（a）一项制备专利产品的许可应包括使用或者许诺处分或者处分专利产品的权利；和

〔（a）项依据 2002 年第 58 号法案第 11 条替换。〕

（b）一项使用或者实施专利方法的许可应包括制造、使用或者许诺处分或者处分由该方法制得的产品的权利。

〔（b）项依据 2002 年第 58 号法案第 11 条替换。〕

第九章 专利权和专利申请权的
转让、扣押和质押

第 59 条 *专利权的依法转让和转移*

（1）在符合第 39 条第（7）款的情况下，专利权人或者专利申请人享有的权利应能依法转让或者转移。

（2）雇用合同中任何——

（a）要求雇员向其雇主转让由其在其工作过程和范围之外创造的发明；或者

（b）在终止雇用合同超过 1 年后限制雇员创造发明的权利，的条件都是无效的。

第 60 条 *专利权或者专利申请权的转让、扣押和质押*

（1）（a）专利申请人或者专利权人可以向任何他人书面转让其专利申请权或者专利权；

（b）基于以规定形式提出的申请和向登记主任缴纳规定的费用，该转让可在登记簿中登记；

（c）除非该转让已登记，否则该转让除在当事人之间的效力外为无效。

（2）专利权或者专利申请可以通过以规定方式在登记簿中记录执行担保或者相关扣押令而被扣押。

（3）任何扣押解除后，致使该担保或者扣押令载入登记簿的人应当使该登录条目得以删除。但任何其他利益相关人可以向登记主任申请将该条目删除。

（4）自第（2）款的登记日起 3 年界满时，应当停止该扣押，除非在该期限内被续期。

（5）专利权或者专利申请权的质押可以应申请以规定形式登记进登记簿中。

（6）依据本条登记扣押或者质押后，专利权人或者专利申请人不得转让该被扣押或者质押的专利或者专利申请，或者对其设立义务，或者对该专利授予任何许可。

第十章　专利权的撤销

第 61 条　申请撤销专利权的理由

（1）任何人可以在任何时候通过规定的方式基于以下任一理由申请撤销专利权——

（a）专利权人不是第 27 条规定的有权申请专利的人；

（b）专利权是基于对申请人或者任何依其或者经其主张权利的人的权利欺诈授予的；

（c）根据第 25 条相关发明是不能被授予专利权的；

（d）相关完整说明书中所阐明或者例证的发明不能实施或者不能产生该完整说明书中所列出的结果及益处；

（e）相关完整说明书未充分描述、确定以及必要时阐明或者例证发明及完成发明的方式，以使该发明所属领域技术人员能够实施该发明；

［（e）项依据 2002 年第 58 号法案第 12 条替换。］

（f）相关完整说明书的权利要求书是：

（i）不清楚的；或者

（ii）未完全以该说明书公开的内容为基础；

（g）就专利申请提交的规定的声明或者根据第 30 条第（3A）款提交的声明包含一项实质性的虚假陈述或者表述，且专利权人在该陈述或者表述作出时已知或合理应知其是虚假的；

［（g）项依据 2005 年第 20 号法案第 3 条替换。］

（h）根据第 36 条该专利申请应予驳回；

（i）完整说明书要求保护微生物方法或者其产品，但不符合第 32 条第（6）款的规定。

（2）撤销申请应当送达至专利权人并以规定的形式提交给登记主任，之后应按照规定的方式处理。

（3）委员应当决定该专利权是否应予撤销或者维持，如若维持，应对其说明书或者权利要求书作何修改，如果有修改的话，但委员不应允许任何不符合第 51 条第（6）或者（7）款规定的修改。此外，委员可以就费用问题酌情考虑专利权人撰写说明书和权利要求书的方式以及保持该撰写方式的行为。

第 62 条 *包括不止一项发明的专利权*

对一项发明仅能授予一件专利权，但任何人不得在任何程序中以一件专利权包含多项发明为由对该专利权提出异议。

第 63 条 *在因欺诈被撤销后，特定情况下发明人可获得专利权*

若一件专利权因欺诈而被撤销，或者一件欺诈获得的专利权已被放弃或者撤销，则基于相关发明的发明人或者其受让人或者其法定代表人依据本法规定提出的申请，委员可以指令就该发明全部或者部分向其授予专利权，该专利权具有与被撤销专利权相同的日期。

第 64 条 *专利权的主动放弃*

（1）专利权人可以在任何时候，以规定方式告知登记主任，表示放弃其专利权。登记主任应将该表示通知登记簿中所列任何就该专利权享有利益的人。

（2）任何利益相关人均可在规定期限内以书面形式向登记主任提出对该放弃专利权的异议。

（3）如果未提出异议，或者异议已在给予专利权人和异议人听证的机会之后被委员否决，则该专利权应被视为自登记主任收到放弃表示之日被撤销，且登记主任应在公报中公布对该专利的撤销并在登记簿中作必要的记录。

（4）只要任何侵权诉讼或者专利撤销在委员处或者任何法院仍处于未决状态，就不应对放弃专利权的表示作考虑，除非所述程序中的双方当事人均同意。

第十一章　侵　权

第 65 条　侵权诉讼程序

（1）除第 53 条第（3）款另有规定外，专利侵权诉讼程序可由专利权人提起。

［第（1）款依据 2002 年第 58 号法案第 13 条替换。］

（2）侵权诉讼程序应以规定的方式启动。

（3）侵权诉讼的原告有权享有以下救济——

（a）禁令；

（b）交付任何侵权产品或者侵权产品构成其不可分之部分的任何物品或者产品；和

（c）赔偿金。

（4）在侵权诉讼程序中被告可以依据任何可撤销专利权的理由，通过抗辩的方式，反诉撤销专利权。

（5）任何此类诉讼中的原告，在提起该诉讼之前，应将此通知其名称被登载在登记簿中的涉案专利的每位被许可人，任何此类被许可人应有权作为共同原告介入。

［第（5）款依据 1988 年第 76 号法案第 3 条（b）项替换。］

（6）对于赔偿，原告可以根据自己的选择，要求获得根据被许可人或者分被许可人就相关专利所应支付的合理使用费计算的数额。

［第（6）款依据 1988 年第 76 号法案第 3 条（c）项增加，并依据 1997 年第 38 号法案第 46 条替换。］

第 66 条　对侵权损害赔偿的限制

（1）如果被告证明侵权行为发生时其未知且无法通过合理途径知晓专利的存在，则专利权人无权从被告就侵犯专利权获得损害赔偿。通过在物品上盖章、雕刻、盖印或者其他方式在物品上标记用语"专利"或者"已被授予专利权"或者任何表达或者暗示该物品已取得专利权的用语，不得视为构成存在专利权的告示，除非这些用语伴有专利号，但本节规定不影响任何诉讼发布禁令。

（2）任何人声明发明已被授予专利权，但未伴随该声明披露相关专利号，且任何未知该专利号的他人已通过挂号信书面要求过从此人处获知此专利号，则此人不能就该他人在该声明开始至此人向该他人告知相关专利号之日2个月内的期间实施的、对该专利的侵权行为从该他人处获得损害赔偿，或者获得针对其的禁令。

（3）任何在第（2）款所述期间为制造、使用、实施、许诺处分、处分或者进口发明花费了任何费用、时间和劳力且已根据第（2）款规定提出了请求的人，可通过规定形式就所花费的金钱、时间和劳力向委员申请补偿，如果委员认为适当的话可以发布该命令。

［第（3）款依据2002年第58号法案第14条替换。］

（4）如果诉讼程序是就在规定期限内未缴纳任何规定维持费之后且在该费用延期之前实施的专利侵权提起的，委员如果认为适当的话，可以驳回就该侵权行为判决给付损害赔偿。

（5）如果已经根据第51条规定允许了对说明书的修改，则委员可以酌情驳回就允许该修改之前实施的任何侵权行为判决给付损害赔偿，且委员可酌情考虑专利权人对说明书的撰写方式和使其保持未修改形式的行为。

第67条 新物质推定

（1）生产任何产品的方法或者装置专利的权利要求延及由所保护的方法或者装置生产的产品。

（2）如果据以授予专利权的发明是获得新物质的方法，则由专利权持有人或者该专利的被许可人之外的其他人生产的相同产品在任何诉讼程序中均应被视为是由该方法获得的，除非有相反证明。

（3）在考虑任何人是否已经履行了第（2）款赋予其的义务时，如果在委员看来要求其公开其在生产相关产品时所使用的任何保密方法是不合理的，则委员不得如此做。

第 68 条　部分有效的说明书的侵权救济

如果在专利侵权诉讼中，委员发现完整说明书中据以声称侵权的任何权利要求是有效的，但任何其他权利要求是无效的，则应适用以下规定，尽管已有第 66 条第（5）款的规定：

（a）如果在诉讼中已因说明书中任何权利要求应予无效为由提起了撤销专利权的反诉，委员可以推迟发布命令一段时间，使得专利权人能够依据委员提出的条件修改说明书，如果委员认为适当的话，可以将所述条件附于基于反诉发布的任何命令；和

（b）如果说明书已经依据（a）项作出修改，委员可以，依据他可能发布的有关费用的命令以及应开始计算损害赔偿的日期，就任何修改前即可被认定为有效且被侵权的权利要求批准救济，并酌情考虑专利权人对修改前将被认定为无效的权利要求写入说明书或者保留这些权利要求的行为。

第 69 条　不侵权声明

（1）如果可以证明：

（a）任何人已书面申请专利权人对该人所主张的声明的效力作出书面确认，并已向专利权人提供了所涉方法和产品的全部细节；且

（b）专利权人未作出确认。

委员可以在该人与专利权人之间的诉讼过程中发布一项声明，宣布此人对方法的使用或者对物品的制造、使用、许诺处分、处分或者进口不构成侵犯专利权，即便专利权人没有作出相反的主张。

［第（1）款依据 2002 年第 58 号法案第 15 条替换。］

（2）根据本法提出的声明中的所有诉讼当事人的费用应按照委员认为适当的方式裁决。

第 69A 条　不侵权的行为

（1）以非商业规模且仅为依据规范产品的制造、生产、发

行、使用或者销售的任何法律的要求合理地获得、开发或者提供信息之目的制造、使用、实施、许诺处分、处分或者进口已授权发明，不是专利侵权行为。

（2）除为获得、开发或者提交第（1）款所述信息外，不得允许为任何目的占有根据第（1）款制造、使用、进口或者获得的已授权发明。

（第 69A 条依据 2002 年第 58 号法案第 16 条插入。）

第 70 条　对以侵权诉讼进行无理威胁的救济

（1）如果任何人通过信件、广告或者其他方式以专利侵权诉讼来威胁任何其他人，则无论作出该威胁的人是否对专利或者专利申请享有权利或者利益，由此受到不法侵害的人可以对其提起诉讼并获得一项表明该威胁是无理的声明和禁止继续该威胁的禁令，并且如果有的话可以就此依据其所遭受的损害获得赔偿，除非作出威胁的人证明据以被威胁诉讼的行为，将构成或者如果已作出的话本将构成，对有关原告未证明其无效的说明书权利要求的专利权的侵犯。但送达任何人的仅告知专利权人赖以保护其利益的一件特定专利权存在的信函、广告或者信件本身不应被视为侵权诉讼威胁。

（2）任何此类诉讼中的被告可通过在诉讼中提出反诉来申请任何其有权在单独诉讼中就原告对任何侵犯该威胁所涉专利权享有的救济。

第 71 条　有关公约国船只、航空器和陆地交通工具的特殊规定

（1）依据本法规定，以下情况不视为侵犯专利权人的权利：

（a）在公约国船只的船体上或者其机械、工具、装置或者其他附件上使用专利保护的发明，如果该船只是暂时或者偶然进入共和国水域，且该发明专用于该船只的实际需要；或者

（b）在航空器或者陆地交通工具或者其附件的建造或者运行中使用专利保护的发明，若该航空器或者陆地交通工具仅暂时或

者偶然进入共和国。

（2）为本法目的，船只或者航空器应视为其注册所在国的船只或者航空器；陆地交通工具应视为其所有人经常居住地所在国的交通工具。

第十二章 证 据

第 72 条 登记簿作为证据

（1）在登记簿中以专利权的所有人或者专利申请人出现的人，在受到登记簿所显示的授予他人的任何权利的限制的情况下，有权作为其专利权或者专利申请的所有人处置该专利权或者专利申请。

（2）第（1）款的规定不保护任何与前述专利权人或者申请人交易的人，除非其是善意的被许可人、购买人、质权人或者判决债权人，且不知道该权利人或者申请人方面的任何欺诈。

（3）除为第 52 条目的外，未根据第 10 条登录于登记簿中的任何文件或者文书，均不应在任何诉讼程序中被承认作为证明专利或者专利申请或者其中任何利益的资格的证据，除非委员或者法院基于所显示的正当理由作出另外指示。

（4）除为第 52 条目的外，任何在登记簿中未显示对专利或者专利申请享有利益的人，均不得被允许在任何诉讼程序中证明该利益，除非委员或者法院基于所显示的正当理由作出另外指示。

（5）登记簿应作为根据本法指示或者授权登记的事项的初步证据。

第 73 条 登记主任证明作为初步证据

（1）一份据称由登记主任签署的、其内容为根据本法授权登记的项目已经或者尚未登记，或者根据本法授权的任何其他事情已经或者尚未实施的证明，应成为该证明中所说明事项的初步证据。

（2）一份据称为登记簿中登记条目副本或者专利局所保存文件副本或者登记簿摘录或者任何此类文件摘录，且据称其经登记主任鉴定并以专利权印章封印的副本或者摘录，在委员处及所有法院中应被承认为证据而无需进一步证明或者提供原件。

（3）若任何文件或者书籍载有看来在该日期该文件或者书籍能够为公众获得的日期，则若无相反证据，该日期应被视为公众能够获得该文件或者书籍的日期。

第 74 条　有效性证明

（1）如果在任何程序中，完整说明书中任意权利要求的有效性遭到质疑，委员或者法院，视情况，发现该权利要求是有效的，可以证明该效力。

（2）如果在任何后续程序中任意当事人未能成功否定该权利要求的有效性，则该当事人应当，除非委员或者法院视情况作出另外的指示，向另一方当事人支付其发生在专利代理人或者专利律师或者律师与客户之间的全部花费、收费，只要该费用与该权利要求相关。

第十三章　向委员或者法院申诉

第 75 条　从登记主任向委员申诉

针对登记主任作出的任何决定应当向委员提出申诉，委员应对当事人和登记主任，如果登记主任愿意的话，进行听证，如果委员认为适当的话其应当就该事件发布命令。

第 76 条　从委员向法院上诉

（1）除本法另有规定外，进入委员程序的任何当事人可在该程序后就委员作出的任何命令或者决定提出上诉。

［第（1）款依据 1988 年第 76 号法案第 4 条（a）项替换。］

（2）（a）每件上诉都应以关于对单独法官作出的民事命令或者决定提出上诉的法律规定的方式标注和提出，且应比照适用最高法院法案（1959 年第 59 号法案）第 20 和 21 条；

[（a）项依据 1986 年第 44 号法案第 4 条和 1988 年第 76 号法案第 4 条（b）项替换。]

（b）法院就任何此类上诉可以：

（i）出于公平，确认、改变或者撤销该上诉起诉所针对的命令或者决定；

（ii）如果档案未能提供足以对该上诉作出判决的证据，可以将该事项返还给委员指示其提供进一步的证据和给出进一步的资料；

（iii）采取任何其他可以导致公正、高效且尽可能经济地结案的程序；和

（iv）出于公平需要就费用作出裁决。

（3）至（5）……

第 77 条 接受以委员的决定作为终局决定的协议

在任何委员处理程序中，当事人可以在审理前书面协议向委员提出争议事项获得终局决定，并按照规定的方式向委员提出申请。如果存在这样的协议，则委员的命令或者决定应对所述当事人构成约束且为终局的，不得就其起诉。

第十四章　国家就发明或者专利权获得权利

第 78 条 国家获得发明或者专利权

部长可以代表国家，基于可能达成的一定期限和条件，获得任何发明或者专利。

第 79 条 向国家转让特定专利权

（1）涉及 1968 年武器开发和生产法（1968 年第 57 号法案）第 1 条中所定义的任何武器的发明的所有者，应国防部长代表国家的要求，将其发明或者就该发明所得或者将得的专利权转让给该部长。

（2）所述转让及其中包含的任何协议应是正当有效的，并以国防部长的名义通过适当的程序强制执行。

（3）若一项发明经此转让，国防部长可以书面通知登记主任，指示该发明及实施该发明的方法应予保密。

（4）专利局收到的每份涉及已得到第（3）款所述通知的任何发明的申请、说明书、说明书的修改或者附图，应由登记主任封印，未经国防部长书面许可，该申请、说明书、附图或者其他文件的内容不得泄露。

（5）任何此类发明的专利权可以以所有者的名义作出，但是该专利权应交付给国防部长而非所有者。该专利权属于国家财产，且对该专利权无撤销程序。

（6）向国防部长或者任何由国防部长授权调查该发明的人传送任何此类发明，以及由此人为调查目的所作的任何事情，均不应视为发明公开或者使用从而阻碍对该发明授予任何专利权或者影响该专利权的有效性。

（7）国防部长可以通过书面通知登记主任作出指示，任何被指示应予保护的发明不再需要保密，且由此其说明书和附图可以公布。

（8）国防部长应向发明和专利权所有者支付协议的，或者在无协议的情况下经仲裁确定的，或者如果当事人同意的话由委员确定的，合理补偿。

第 80 条 特定情形下部长可要求对发明保密

（1）如果部长认为，为国家利益，任何发明的申请书、说明书、附图或者其他文件应予保密，他可以指令登记主任对该发明保密并相应通知申请人，如果任何国务部长为国家利益想要获得任何此发明，应尽可能适用第 79 条的规定，且为该目的在第 79 条中述及国防部长时应视为述及前述国务部长。

（2）由部长根据本条发布的任何命令无论何时被撤销，任何在该命令日之前根据本法采取的、与作为所述命令目标的申请相关的，且因该命令而中断的措施，可以继续进行，如同该中断未曾发生过，且在计算由本法所规定或者根据本法所规定的任何期限时不应考虑自向登记主任提出该命令之日至该命令被撤销之日间所损耗的时间。

（3）如果发明的所有者因该发明遵照第（1）款的命令被保密而遭受损失或者损害，部长应向其支付协议的，或者在无协议的情况下经仲裁确定的，或者如果当事人同意的话由委员确定的，合理补偿。

第十五章　违法行为及处罚

第 81 条　对在登记簿中作错误登录，或者制作、出示或者提交错误登录或者副本的处罚

任何人，明知为虚假，仍：

（a）作出或者导致登记簿中作出错误登录；

（b）制作或者导致制作假称为登记簿中登录条目副本的文件；或者

（c）出示或者提交，或者导致出示或者提交任何所述条目或者其副本作为证据；

即属犯罪，一经定罪，可处不超过 1 000 兰特的罚金或者不超过 12 个月的监禁，或者二者并处。

第 82 条　对为欺骗或者影响委员、登记主任或者官员而作出虚假陈述的处罚

任何人：

（a）为欺骗登记主任或者委员或者本法所规定行政程序中的任何官员；或者

（b）为促使或者干扰本法所涉任何事情或者依据本法的任何事项的作为或者不作为，在明知为假的情况下，作出虚假陈述；

即属犯罪，一经定罪，可处不超过 1 000 兰特的罚金或者不超过 12 个月的监禁，或者二者并处。

第 83 条 禁止专利局官员或者雇员就专利作非法交易

（1）任何购买、出售、获得或者非法交易任何发明或者专利或者任何专利权力的专利局官员或者雇员应属犯罪，一经定罪，可处不超过 500 兰特的罚金。

（2）任何所述官员或者雇员所作或者向其所作的对发明或者专利的购买、销售或者获得以及转让，均无效。

（3）本条不适用于发明人或者任何通过遗赠或者通过法律途径转移的获得者。

第 84 条 对不当使用"专利局"这一用语的处罚

任何在其营业地点或者由其或者他人发出的文件上使用"专利局"这一用语，或者任何其他暗示其营业地点与专利局有官方联系或者即为专利局的用语的人，应属犯罪，一经定罪，可处不超过 100 兰特的罚金或者不超过 3 个月的监禁，或者二者并处。

第 85 条 对某些虚假表示的处罚

（1）任何人：

（a）虚假表示某物品为专利物品；或者

（b）表示任何物品为某专利申请的主题，却明知未曾有过该申请或者就该物品提出的申请已被驳回或者撤回或者已终止；

即属犯罪，一经定罪，可处不超过 1 000 兰特的罚金或者不超过 12 个月的监禁，或者二者并处。

（2）如果任何人销售了其上盖有、雕刻或者印有或者以其他方式应用"专利""已被授予专利"的用语，或者任何其他明示或者暗示该物品已被授予专利的用语，或者使用了明示或者暗示该物品已被授予专利权的任何标记的物品，则依据本条此人应被视为表示了该物品为已被授予专利权的物品。

（3）第（2）款规定不适用于在正常贸易中善意销售物品的人，如果其被要求时，其将提供其据以获得该物品的人的身份。

（4）任何人认为其受到第（1）款（a）或者（b）项所述表示的损害，可以向委员申请禁止继续该表示的禁令。

（第 85 条依据 1983 年第 67 号法案第 8 条替换。）

第十六章　附　则

第 86 条　可邮寄送交的文件

任何由本法授权或者根据本法需要向专利局或者登记主任或者任何他人提交作出或者发出的申请、通知或者文件，可面交或者邮寄送交。

第 87 条　送达地址

（1）在由本法授权或者根据本法需要提交或者发出的申请、通知或者文件中，申请人或者其他相关人员应按规定格式提供共和国内的地址作为送达地址。该地址为本法目的应视为该申请人或者该他人的地址，且与该申请、通知或者其他文件相关的所有文件可通过留置或者送交至该送达地址来送达。

（2）送达地址可以规定的方式通知变更。

第 88 条　期限的计算

（1）凡本法规定从实施任何行为开始计算的期限，均应从实施该行为次日开始计算。

（2）若根据本法规定可能或者必须完成某行为或者可能或者必须提交某文件的最后一天为专利局休假日，则可在下一个专利局开放业务处理之日完成该行为或者提交该文件。

第 89 条　违规程序的宽恕或者补正

登记主任或者委员可以批准对其所处理程序中的任何违规程序的宽恕或者补正，只要该宽恕或者补正不妨碍他人利益。

第 90 条　合同不得含有的条款

（1）合同中任何涉及专利物品的销售或者专利许可且其效果为如下所列的条款均是无效的：

（a）禁止或者限制购买者或者被许可人购买或者使用由销售者或者许可人或者其指定人之外的任何他人提供或者所有的任何

物品或者该类物品，无论其是否被授予专利权；

（b）禁止或者限制被许可人使用不受该专利保护的任何物品或者方法；

（c）要求购买者或者被许可人从销售者或者许可人或者其指定人获得不受该专利保护的任何物品或者该类物品；

（d）要求或者诱导购买人就该受专利保护的物品或者该类物品遵循规定的最低转售价格；或者

（e）禁止或者限制在该发明未获得专利权的任何国家中制造、使用、实施或者销售相关发明。

（2）本条不：

（a）影响合同中禁止某人销售来自特定人之外的物品的条款；或者

（b）影响合同中租用或者许可使用专利物品的条款，由此出租人或者许可人保留其或者其指定人根据维修所需对该专利物品，而非普通商业物品，提供新部件的权利。

第 91 条 *细则*

部长可以制定细则：

（a）与财政部长会商就应缴费用以及该费用的税率有关事项作出规定；

（b）规定可允许的与登记主任或者委员审理的程序相关的征税费用表；

（c）规定登记主任或者委员审理程序；

（d）规定根据本法应送达的与登记主任或者委员审理程序有关的通知或者其他文件的送达；

（e）规定专利局的行为和行政管理，包括任何档案在专利局的保管或者保存，从该局将所述档案转出至其他地方进行保存，以及可销毁所述档案的条件；

（f）规定为本法所提交的任何申请、通知或者表格的内容；

（g）通过细则对本法要求或者允许的任何其他事项作出规定；以及一般地，就部长认为为进行或者落实专利合作条约或者为实现本法目的所需或者适宜的任何事项制定细则。

（第 91 条依据 1997 年第 38 号法案第 47 条修改。）

第 92 条 删除 1955 年第 61 号法案大学法第 16 条之二第
（1）款（c）和（g）项。

第 93 条 对 1955 年第 61 号法案大学法第 16 条之十二第
（1）款（a）项作如下修改：（a）项删除第（v）小项；以（v）
项替换第（vi）小项。

第 94 条 删除 1955 年第 61 号法案大学法第 16 条之十三第
（2）款。

第 95 条 法律的废止

除第 3 条、第 5 条第（2）款、第 7 条第（2）款、第 10 条
第（4）款、第 20 条第（2）款、第 22 条第（1）款和第 30 条第
（3）款外，附表所列法律现按附表第 3 栏所列范围废止。

第 96 条 短标题和生效

本法应称作 1978 年专利法，且除第 21 条和第 32 条第（6）
款外，应于 1979 年 1 月 1 日开始实施，第 21 条应于本法颁布之
时开始实施，第 32 条第（6）款应于国家总统在政府公报中宣布
的指定日期开始实施。

附　表

已废止的法律

年份及法案号	缩写名称	废止的范围
1952 年第 37 号法案	1952 年专利法	全部
1953 年第 28 号法案	1953 年专利法修正案	全部
1959 年第 82 号法案	1959 年大学法修正案	第 14 条和第 15 条
1960 年第 50 号法案	1960 年专利法修正案	全部
1963 年第 61 号法案	1963 年专利法修正案	全部
1964 年第 80 号法案	1964 年一般法修正案	第 16 条、第 17 条、第 18 条和第 19 条
1967 年第 54 号法案	1967 年专利法修正案	全部

专利法修正案

2001 年第 10 号

[2001 年 7 月 13 日通过]

[实施日：2001 年 7 月 18 日]

（英文文本由临时总统签署）

法案

　　对 1978 年专利法作出修改，以扩展由已经根据 1955 年出庭权利法获得在高等法院出庭权利的法律代理人所代表的参加任何委员审理程序的当事人的权利；以及规定与之相关事宜。

　　由南非共和国国会制定颁布如下：

　　1. 通过替换第（3）款对 1978 年第 57 号专利法第 19 条作出修改。

　　2. 缩写名称——本法案称作 2001 年专利法修正案。

专利法修正案

1988 年第 76 号

（1988 年 6 月 3 日通过）

（实施日：1988 年 7 月 6 日）

（英文文本由国家总统签署）

法案

对 1978 年专利法作出修改，以配合相关部长的指示；进一步规范对强制许可的批准；进一步制定与由原告提起的专利侵权诉讼相关的规定；进一步规范针对专利委员作出的决定的上诉程序；并规定与之相关事宜。

1. 通过替换"部长"的定义对专利法（1978 年第 57 号法案）的第 2 条作出修改。

2. 对专利法（1978 年第 57 号法案）第 56 条修改如下：（a）项插入第（1A）款；（b）项插入第（7A）款。

3. 对专利法（1978 年第 57 号法案）第 65 条修改如下：（a）项替换第（3）款；（b）项替换第（5）款；（c）项增加第（6）款。

4. 对专利法（1978 年第 57 号法案）第 76 条修改如下：（a）项替换第（1）款；（b）项替换第（2）款（a）项；（c）项删除第（3）、（4）和（5）款。

5. 缩写名称——本法案称作 1988 年专利法修正案。

专利法修正案

1983 年第 67 号法案

（1983 年 5 月 20 日通过）

（实施日：1983 年 6 月 1 日）

（南非荷兰语文本由国家总统签署）

法案

对 1978 年专利法作出修改，以就特定专利申请中要求优先权和优先权日期作出其他规定；对成为独立专利的增加专利的特定费用缴纳作进一步规定；制定其他涉及公众对特定专利申请的监督的规定；对专利维持费作进一步规定；对说明书的修改作进一步规定；和扩充有关违法行为的规定；以及提供与之相关事宜。

1. 对专利法（1978 年第 57 号法案）第 31 条第（1）款修改如下：（a）项替换第（i）小项；（b）项删除第（ii）小项。

2. 对专利法（1978 年第 57 号法案）第 33 条修改如下：（a）项替换第（1）款；（b）项删除第（4）款。

3. 通过替换第（4）款对专利法（1978 年第 57 号法案）第 39 条作出修改。

4. 通过替换第（3）款对专利法（1978 年第 57 号法案）第 43 条作出修改。

5. 通过替换第（1）款对专利法（1978 年第 57 号法案）第 46 条作出修改。

6. 通过替换第（1）款对专利法（1978 年第 57 号法案）第 47 条作出修改。

7. 对专利法（1978 年第 57 号法案）第 51 条修改如下：（a）项替换第（4）款；（b）项替换第（6）款中（a）项前的文字；（c）项替换第（7）款。

8. 替换专利法（1978 年第 57 号法案）第 85 条。

9. 缩写名称——本法案称作《1983 年专利法修正案》。

专利法修正案

1979 年第 14 号法案

［1979 年 3 月 6 日通过］

［实施日：1979 年 3 月 14 日］

（英文文本由国家总统签署）

法案

对 1978 年专利法作出修改，以对特定专利保护期限延长作出规定；并对原文作一些改进；以及提供附带事宜。

1. （1）通过替换（d）项对专利法（1978 年第 57 号法案）第 3 条第（1）款作出修改。

（2）任何根据该法第 3 条第（1）款（d）项对在 1979 年 1 月 30 日之后授权的专利保护期限延长超过 5 年的，应当视为已被许可了不超过 5 年的期限。

2. 通过替换第（5）款对专利法（1978 年第 57 号法案）第 31 条作出修改。

3. 缩写名称——本法案称作 1979 年专利法修正案。

专利法修正案
1986 年第 44 号法案
（1986 年 4 月 22 日通过）
（实施日：1986 年 4 月 30 日）
（英文文本由国家总统签署）
法案

对 1978 年专利法作出修改，以进一步提供依据第 31 条的目的，从公约国收到的何种申请应被视为已经在公约国提出的申请；为要求保护特定发明的权利要求提供另一种确定微生物的方法；进一步规定对说明书的修改；并对就委员程序向高等法院起诉有关事宜作出新的规定；以及提供与之相关事宜。

1. 通过替换（a）项对专利法（1978 年第 57 号法案）第 31 条第（4）款作出修改。

2. 通过替换第（6）款对专利法（1978 年第 57 号法案）第 32 条作出修改（实施日：1997 年 7 月 14 日）。

3. 对专利法（1978 年第 57 号法案）第 51 条修改如下：（a）项替换第（8）款；（b）项替换第（9）款。

4. 通过替换（a）项对专利法（1978 年第 57 号法案）第 76 条第（2）款作出修改。

5. 缩写名称——本法案称作 1986 年专利法修正案。

专利法修正案

2002 年第 58 号法案

（2002 年 12 月 30 日通过）

（实施日：2003 年 1 月 15 日）

（英文文本由国家总统签署）

法案

对 1978 年专利法作出修改，以使某些规定符合《与贸易有关的知识产权协议》；使得有关根据专利合作条约提出的申请的程序和修改的规定与其他申请一致；使得对某些规定的技术更正生效以及澄清其他错误；规定某些情况下不构成对专利权的侵犯；以及提供与之相关事宜。

由南非共和国国会制定颁布如下：

1. 通过替换第（3）款对专利法（1978 年第 57 号法案）第 32 条作出修改。

2. 通过替换第（2）款对专利法（1978 年第 57 号法案）第 33 条作出修改。

3. 替换专利法（1978 年第 57 号法案）第 43A 条。

4. 替换专利法（1978 年第 57 号法案）第 43D 条。

5. 对专利法（1978 年第 57 号法案）第 43E 条修改如下：（a）项替换第（1）款（b）项；（b）项替换第（2）款；（c）项增加第（3）款。

6. 替换专利法（1978 年第 57 号法案）第 43F 条。

7. 通过替换第（2）款对专利法（1978 年第 57 号法案）第 45 条作出修改。

8. 对专利法（1978 年第 57 号法案）第 48 条修改如下：（a）项替换第（1）款（b）项；（b）替换第（1）款（c）项第（ii）小项；（c）项替换第（2）款。

9. 通过替换（a）项对专利法（1978 年第 57 号法案）第 49 条第（2）款作出修改。

10. 通过替换第（1）款对专利法（1978年第57号法案）第57条作出修改。

11. 通过替换（a）和（b）项对专利法（1978年第57号法案）第58条作出修改。

12. 通过替换（e）项对专利法（1978年第57号法案）第61条第（1）款作出修改。

13. 通过替换第（1）款对专利法（1978年第57号法案）第65条作出修改。

14. 通过替换第（3）款对专利法（1978年第57号法案）第6条作出修改。

15. 通过替换第（1）款对专利法（1978年第57号法案）第69条作出修改。

16. 在专利法（1978年第57号法案）中插入第69A条。

17. 缩写名称——本法案称作《2002年专利法修正案》。

专利法修正案

2005年第20号法案

［2005年12月7日通过］

［实施日：2007年12月14日］

（英文文本由国家总统签署）

法案

对1978年专利法作出修改，以插入特定定义；并要求专利申请人提供关于本土生物资源、遗传资源、传统知识或者传统用途在发明中所起的任何作用的信息；以及提供相关事宜。

本法案由南非共和国国会制定如下：

1. 对专利法（1978年第57号法案）第2条修改如下：（a）增加"遗传资源""本土生物资源"的定义；（b）增加"传统知识""传统用途"的定义。

2. 通过插入（3A）款和（3B）款对专利法（1978年第57

号法案）第 30 条作出修改。

3. 通过替换（g）项对专利法（1978 年第 57 号法案）第 61 条第（1）款作出修改。

4. 缩写名称——本法案称作 2005 年专利法修正案。

南非外观设计法[1]

1993 年第 195 号

（1993 年 12 月 22 日通过）

（实施日期：1995 年 5 月 1 日）

［英文版本由总统签署，经知识产权法修订案

（1997 年第 38 号）修订］

本法就外观设计注册及其相关事宜作出规定

目　　录

---

　　[1]　根据南非公司与知识产权委员会网站（www. cipc. co. za/Designs_files/Design_Act. pdf）上下载的英文版翻译。翻译：李昭、姚忻；校对：曲新兴。

第 1 条　定义

（1）在本法中，除非另有解释：

"美感性外观设计"，是指应用于任何物品上的任何外观设计，无论该外观设计是属于式样、外形、构造或者其装饰，或者是上述两个或多个要素，而且不论是通过任何方式予以应用，具备为视觉感知并仅以视觉判断的特征，无论其美感程度。

"代理人"，是指 1978 年专利法（1978 年第 57 号）第 20 条所述的专利代理人或者律师。

"申请人"，包括已死亡的申请人或者无法律行为能力的申请人的法定代理人。

"物品"，是指任何制造的物品，包括可单独制造的该物品的部件。

"受让人"，包括受让人的法定代表人，对任何人的受让人的述及应被理解为包括其法定代表人的受让人。

"公约国"，是指就任何国家或者国家集团而言，存在本法第43条规定的公告，宣布该国家或者国家集团为本法意义下的公约国。

"法院"，就任何事务而言，是指对该事务具有管辖权的南非最高法院的分支机构。

"申请日"：

（a）就根据本法第44条提出的申请而言，是指就相关外观设计向某公约国提交申请的日期；以及

（b）就任何其他申请而言，是指向外观设计局提交申请的日期。

"外观设计"，是指一件富有美感的或者功能性的设计。

"外观设计局"，是指本法第4条规定的外观设计局。

"功能性外观设计"，是指应用于任何物品之上的外观设计，无论其针对的是图案、形状、构造或者其中任意两个或多个元素，以及无论其以任何方式应用，只要具有应用该外观设计的物品的功能而必须具备的特征，包括集成电路布图设计、掩膜作品或者一系列掩膜作品。

"集成电路"，是指包含电气、电磁或者光学元件以及电路的中间产品或者最终产品，其能够执行电气或者光学功能，并且电气、电磁或者光学元件和电路中至少有一个已根据预设拓扑图被集成入半导体材料。

"集成电路布图设计"，是指由集成电路的电气、电磁或者光学元件和电路的三维布置图案、形状或者构造所作的功能性外观设计。

"公报"，是指根据1978年专利法（1978年第57号）第14条出版的专利公报。

"掩膜作品"，是指是由一套已固着或者已编码的图案组成的功能性外观设计，具有或者表示集成电路的至少一个部分。

"部长"，是指贸易和工业部的部长：

"法定代表人"

（其定义已被 1997 年第 38 号法案第 69 条删除。）

"规定的"，是指条例规定的。

"所有人"，就外观设计而言，是指

（a）外观设计的设计人；或者

（b）当外观设计的设计人受委托为他人完成该作品时，该委托人；或者

（c）当某人或其雇员在受雇佣工作过程中，依据协议为他人完成外观设计时，该他人；或者

（d）外观设计的所有权被让与其他人的时候，该受让人。

"登记簿"，是指由外观设计局保存的第 7 条规定的外观设计登记簿。

"注册所有人"，是指在外观设计获得注册时以所有权人的身份将其名字列入登记簿的人。

"注册主任"，是指根据本法第 6 条被任命或者被视为任命的外观设计注册主任。

"条例"，是指根据本法制定的任何条例。

"公开日"，就外观设计而言，是指该外观设计经所有人或者任何其在先权利人的同意，首次为公众所知的日期（无论是在共和国内还是之外）。

"掩膜作品系列"，是指一组相关的掩膜作品，它们共同表现由集成电路的电气、电磁或者光学元件和电路形成的三维空间图形。

"已废止的法律"，是指 1967 年外观设计法（1967 年第 57 号）。

"本法"包括条例。

（2）本法所称的物品，应依据其上下文被视为：

（a）一套物品；或者

（b）构成一套物品部分的每件物品；或者

（c）一套物品和构成该套物品部分的每件物品。

（3）为本法目的，"一套物品"是指具备相同特征且通常同

时销售或者同时使用的多个物品，且相同的设计或者虽有变化或者改变却并不足以改变物品的特性或者实质影响同一性的设计应用于每个独立物品；但是，一系列掩膜作品不得作为一套物品。

（4）根据本法就多个物品是否构成一套物品产生的疑问，应当由注册主任进行判断。

第 2 条 本法的适用

（1）本法的规定适用于所有的注册外观设计，无论其注册日期是在本法实施之前还是之后；但是，根据在本法实施日之前提交的申请而注册的外观设计，不得因本法实施而被撤销，除非根据已废止的法律该外观设计也应当被撤销。

（2）所有根据已废止的法律进行的申请和程序，继续依据已废止的法律进行处理，就像该法律尚未被废止一样。

第 3 条 国家受到约束

注册外观设计在各个方面均如同对任何个人一样对国家有约束力。

第 4 条 外观设计局的延续

根据已废止的法律第 2 条设立的外观设计局继续存在。

第 5 条 外观设计局的印章

外观设计局应当拥有印章，并且该印章的印痕应当依法公告。

第 6 条 外观设计注册主任

（1）部长应当根据管理公共服务的法律，任命一名依本法行使权力履行义务的外观设计注册主任；其在部长的领导下，全面管理外观设计局的事务。

（2）同样的，部长应当任命一名或多名外观设计注册副主任，他们在注册主任管理下，享有本法赋予外观设计注册主任的所有权力，其中，高级注册副主任将在注册主任因任何原因不能履行其职责时暂时替代其职位。

（3）根据已废止的法律第 3 条任命的外观设计注册主任和外观设计注册副主任，应被视为根据本条获得任命。

（4）本法赋予外观设计注册主任的任何权力或者义务，均可由主任本人或者在其委托、指导或者监督下由公共服务官员行使或者履行。

第 7 条 外观设计登记簿

（1）外观设计局应当设立登记簿，记载下列内容：

（a）外观设计注册申请人及获得注册者的姓名和地址，以及根据该外观设计对应的主题进行的分类；以及

（b）规定的其他事项。

（2）所有文书、协议、许可及其他影响任何已注册外观设计或者外观设计注册申请的文件的副本，凡是被要求在登记簿中予以记录的，均须按照外观设计局规定的方式提交给注册主任。

（3）对于根据第（1）款及其可能规定而记载在登记簿中的事项，外观设计注册主任应当在外观设计局建立相关事项的索引。

（4）根据已废止的法律第 9 条第（1）款设立的登记簿，应当并入根据本条设立的登记簿并成为其一部分；根据已废止的法律第 9 条提交给外观设计注册主任的所有文书、协议、许可及其他文件的副本，应被视为已根据本条第（2）款提交给了注册主任。

（5）登记簿应当包括两部分，即关于美感性外观设计的 A 部分和关于功能性外观设计的 F 部分。

（6）现存的登记簿应被视为登记簿的 A 部分的一部分。

第 8 条 登记簿的查阅

（1）在符合本法规定的情况下，外观设计局所保存的登记簿或者其他文件应当在支付规定费用的前提下在规定的时间向公众开放查阅。

（2）第（1）款赋予的查阅权不包括以机械方式复制、摘录

该款所指的登记簿或者其他文件；但是出于不可控制的情况，第9条要求提供的任何文件的副本不可能不过度延迟而提供，外观设计注册主任可以许可任何人通过机械方式制作副本。

第 9 条　注册主任基于请求提供登记簿记载的信息

当任何人提出请求并缴纳规定的费用的情况下，注册主任应当提供外观设计局保存的可供公众查阅的任何文件、登记簿所记载事项的副本，或者出具相应的证明书。

第 10 条　在公告中公布

注册主任应当安排在公报中出版他认为根据本法需要公布或者必须公布的外观设计相关细节。

第 11 条　注册主任的权力

（1）注册主任可以为本法的目的：

（a）接受证据，并决定是否需要书面宣誓书或者口头宣誓作证以及到何种程度；以及

（b）对其处理任何程序中的任何一方判给费用；以及

（c）根据规定的价格表对上述费用进行代扣税。

如果发生收取费用和代扣税，该行为应当受法院监督。

（2）对上述要求支付的费用或者代扣税，可以视为等同于由南非最高法院民事法庭德兰士瓦省分庭法官作出的决定一样被强制执行。

第 12 条　注册主任自由裁量权的行使

（1）无论本法在何时赋予注册主任以自由裁量权，他均不得在未给予申请人、异议人或者登记簿显示有任何利害关系的其他人听证机会的情况下行使（如果申请人、异议人或者其他利害关系人在注册主任确定的时间内提出听证请求）。

（2）无论本法规定在任何时间内执行或者完成某些事项，除另有明确规定之外，注册主任可以在期满前或者期满后延长该期限。

第 13 条 代理

任何人均可以委托代理人代为履行本法规定的任何事务或者程序。

第 14 条 注册申请

（1）外观设计的所有人：

（a）如果是美感性外观设计，为

（i）新颖的，并且

（ii）原创的；

（b）如果是功能性外观设计，为

（i）新颖的，并且

（ii）在所属技术领域不是公知常识；

可以在缴纳规定费用的前提下以规定的方式申请对上述外观设计注册。

（2）一件外观设计在下列情形下将被视为新颖的：它不与注册申请日或者公开日（以较早者为准）之前的现有外观设计相同，也不是其中的一部分，但是在公开日较早的情况下，在下列情形下，该外观设计将被视为不具有新颖性：

（a）对于集成电路布图设计、掩膜作品或者系列掩膜作品，未在公开日起两年内提出注册申请；或者

（b）对于其他外观设计，未在公开日起 6 个月内提出注册申请。

［第（2）款根据 1997 年第 38 号法案第 70 条（a）项修订。］

（3）现有外观设计应包括：

（a）以书面描述、使用或者其他任何方式可以被公众（无论是在共和国内还是之外）所知的所有事项；以及

（b）下述申请中包含的所有事项：

（i）在南非共和国提交的外观设计注册申请；或者

（ii）在公约国提交并随后根据本法第 44 条在南非共和国获得注册的外观设计注册申请。

且上述在南非共和国或者公约国提出申请的申请日，早于第
（2）款所述的申请日或者公开日。

［（b）项根据 1997 年第 38 号法案第 70 条（b）项替换。］

（4）对不可工业化生产的物品所作的外观设计，不得根据本
法获得注册。

（5）不得赋予美感性外观设计的注册所有人就下列特征、方
法或者原理享有任何本法规定的权利：

（a）仅为实现物品本身功能而必须具备的特征；

（b）构造的方法或者原理。

（6）如果物品属于机器、车辆或者设备的部件，则该物品的
式样、形状或者构造特征均不得获得应用于该任何一件物品的功
能性外观设计注册，也不得对这些特征获得本法规定的任何
权利。

（7）除非有合同作相反约定，外观设计共同所有人可以相等
的不可分割的份额申请对该外观设计注册。

第 15 条 外观设计的注册

（1）注册主任应当以规定的方式对外观设计注册申请进行审
查，如果该申请符合本法要求，属于美感性外观设计的在登记簿
的 A 部分予以注册，属于功能性外观设计的在 F 部分予以注册。

（2）外观设计一旦获得注册，应当被视为从申请日起即获得
注册。

（3）同一项外观设计既可以在登记簿的 A 部分也可以在 F
部分进行注册。

（4）同一项外观设计可以就多类物品注册。如果对于外观设
计应当注册的物品类别存在疑问，注册主任应当决定该类别。

（5）如果已经针对一项外观设计提出注册申请或者该外观设
计已经获得注册，并且同一申请人另外就同样的外观设计或部分
外观设计，提出在登记簿的相同或者不同部分就相同类别的物品
或者一个或者多个其他类别的物品予以注册的申请，这种后续申
请不得因为该外观设计存在下列情形被判定为无效：

（a）仅因为该外观设计构成在先申请或者注册的主题，在该外观设计属于：

（i）美感性外观设计的情况下，其不具有新颖性或者不是原创的；

（ii）功能性外观设计的情况下，其不具有新颖性或者在本领域属于常规外观设计；

（b）仅因该外观设计已经应用于先提交的申请或者注册所属类别的物品而使公众先在后续申请前得以获知。

［第（5）条根据 1997 年第 38 号法案第 71 条添加。］

第 16 条 申请的驳回

如果注册主任认为申请未以规定的方式进行，则应驳回该申请。

第 17 条 未经所有人知晓或同意的披露

如果外观设计在公开日之前已经被披露、使用或者获知，而其所有人能够证明这种获知、披露或者使用未经其知晓或者同意并且源自或获取自所有人，同时所有人在知悉这种披露、使用或者获知后付出了合理的努力来申请并获得对该外观设计的保护，则对于该外观设计注册不得仅仅因该披露、使用或者获知而无效。

第 18 条 注册证书

在根据本法第 15 条（1）款的规定对一项外观设计进行注册之后，注册主任应当尽快：

（a）向申请人发出注册通知；并且

（b）以规定的格式在公报上公布该注册信息，并且在上述公布的基础上，向注册所有人颁发注册证书。

（第 18 条根据 1997 年第 38 号法案第 72 条替代。）

第 19 条 公众查阅

在根据 18 条进行的公布完成之后，载入登记簿的内容，以及申请和所有相关支持性文件，均应在收取规定费用后在外观设计局向公众开放查阅。

第 20 条 外观设计注册的效力

（1）外观设计注册所有人在该注册的有效期内享有在南非共和国所产生的效力，即在符合本法规定的情况下，禁止他人制造、进口、使用或者销售任何属于该外观设计注册的类别并实施了该注册外观设计或与之无实质性区别的外观设计的物品的权利，从而充分享有注册所赋予的完全利益和优势。

（2）外观设计注册所有人或者以其名义或其被许可人对实施该注册外观设计的物品处分后，应当赋予购买者使用和销售该物品的权利。

（3）尽管有第（1）款的规定，下列行为不应被视为侵犯集成电路布图设计注册所有人的权利：

（a）为个人目的或者仅为评价、分析、研究或者教学而制造实施该注册外观设计或者与之无实质性区别的外观设计的物品；

（b）进口或者销售非法制造的实施注册外观设计的集成电路或者包含上述集成电路的物品，但是他或者她能够证明在获取该集成电路或者物品时并不知道也不具有合理理由能够知道该实施了注册外观设计的集成电路或者物品是非法制造的。但是，当其收到关于非法实施注册外观设计的足够声明时，他可以销售库存的该集成电路或者物品，但是应当以相当于该注册外观设计的被许可人或者分许可人所应支付的合理使用费率向外观设计注册所有人一并支付使用费。

［第（3）条根据 1997 年第 38 号法案第 73 条添加。］

第 21 条 在滥用权利时颁发的强制许可

（1）任何利害关系人，只要能够证明注册外观设计的权利被滥用的，即可以规定的方式向法院申请颁发针对该注册外观设计的强制许可。

（2）如果存在下列情况，注册外观设计的权利被视为滥用：

（a）在注册之日后，实施该注册外观设计的物品未在南非共和国境内以市场规模或者足够供应的程度为公众所获得，并且在法院看来并无令人信服的合理理由；

（b）如果实施注册外观设计的物品因进口而无法在南非共和国境内以市场规模或者足够的程度进行供应；

（c）南非共和国国内市场上对实施该注册外观设计的物品的需求未以合理的条件得到充分的满足；

（d）由于注册外观设计所有人拒绝以合理条件颁发许可，南非共和国的贸易、产业或者农业，或者进行贸易的任何国内个人或一类人，或者在国内创立任何新的贸易或者产业，受到损害，并且出于公共利益的需要应当颁发强制许可；

（e）共和国内对于实施该注册外观设计的物品的需求已通过进口得到满足，但所述物品的注册所有人、其被许可人、代理人收取的价格相对于在根据注册所有人或者其在先权利人或者受让人的许可而制造该物品的国家收取的价格过高。

（3）注册外观设计所有人或者任何被登记簿记载为对注册外观设计享有权利的人均可以规定的方式对该申请提出异议。

（4）（a）法院可以下令以其认为适当的条件向申请人颁发许可。这些条件包括排除被许可人向国内进口任何实施该注册外观设计的物品。

（b）如果法院认为下令颁发许可是不合理的，则可以驳回该申请。

（5）如果法院认定成立的唯一滥用行为属于第（2）款（a）项所列的情形，那么颁发的任何许可应当是非独占的并且不得转让，除非转让给受让与该许可下的权利的行使相关的业务或者其部分的人。

（6）在考虑到所有相关情况并认为合理的所有其他情况下，法院均可颁发独占许可。为该目的，法院可以在其认为适当的情形下撤销任何现有的许可。

（7）在确定颁发许可的条件时，法院应当考虑到所有的相关事实，包括被许可人可能承担的风险，注册外观设计所有人或其在先权利人已进行的研究和开发，以及在对注册外观设计自愿达成的类似许可协议中通常所规定的期限和条件。

（8）法院根据本条所作出的任何指令，均应出于纠正法院已认定的滥用行为而作出。

（9）法院可以修改或者撤销根据本条所颁发的强制许可。

（10）在符合第（11）款以及许可所附加的条件的前提下，根据本条颁发的许可的被许可人应当具有与其他注册外观设计被许可人相同的权利和义务。

（11）根据本条的独占被许可人，可以根据该许可所附加的条件，如同其是注册所有人一样，启动制止侵权的必要程序，并就他人侵犯该注册外观设计对其造成的损失获得赔偿，前提是：

（a）该外观设计的注册所有人必须参加上述程序并作为当事人；

（b）注册所有人或者作为共同原告或者作为共同被告参与该程序；

（c）注册所有人不应当负担上述程序的相关费用，除非他出庭并参与了上述程序。

（12）尽管有第（11）款的条款，根据本条被颁发独占许可的外观设计注册所有人有权启动制止侵权的必要程序，并就他人侵犯该注册外观设计对其造成的损失获得赔偿，前提是：

（a）该独占许可的被许可人必须参加上述程序并作为当事人；

（b）该独占许可的被许可人或者作为共同原告或者作为共同被告参与该程序；并且

（c）该独占许可的被许可人不应当负担上述程序的相关费用，除非他出庭并参与了上述程序。

（13）（a）在根据第（4）款（a）项颁发许可时，法院可以判定申请人、注册所有人或者任何对相关申请提出异议的人承担费用。

（b）在确定上述费用时，法院应当考虑如下因素：

（i）导致颁发许可的滥用行为的性质和程度；以及

（ii）根据本条申请许可的申请人是否可能被注册外观设计所有人拒绝以合理的条件达成自愿许可协议。

（14）如果根据第（1）款提出的申请所针对的注册外观设计属于集成电路布图设计、掩膜作品或者系列掩膜作品：

（a）第（2）款（b）项、第（5）款、第（6）款、第（11）款和第（12）款不适用；

（b）法院在判断是否依据第（4）款颁发许可时，应对该申请中的实质问题进行考虑；

（c）根据第（4）款对该申请颁发许可，应当包括一个条款，申明出于充分保护被许可人法定利益的需要，该许可应当应外观设计注册所有人的请求，在导致颁发理由已经消失并且在法院看来不会再次发生的情形下终止该许可；以及

（d）根据第（4）款对该申请颁发的许可，应当是非独占的并且不可转让，除非转让给受让与该许可下的权利的行使相关的业务或者其部分的人。

［第（14）条根据 1997 年第 38 号法案第 74 条添加。］

第 22 条　注册的期限

（1）注册的期限为：

（a）美感性外观设计，15 年；

（b）功能性外观设计，10 年；

（c）期限自注册日或者公开日起算（以较早者为准），并且需要缴纳规定的续期费。

（2）如果未在规定的期限内缴纳规定的续期费，外观设计的注册将在已缴纳续期费的规定期限结束时失效；注册主任基于申请以及可能规定的附加费的缴纳，可以对缴纳上述费用的期限延长不超过 6 个月的期限。

第 23 条　失效注册的恢复

（1）在本法实施之后，如果外观设计注册因未在规定的期限

或者第 22 条第（2）款所指的延长期限内支付规定的续期费，则注册所有人可以按照规定的方式，在缴纳规定费用之后，向注册主任申请恢复其注册。

［第（1）项根据 1997 年第 38 号法案第 75 条替代。］

（2）如果注册主任认为未缴纳规定的续期费的行为是非故意的，并且提出恢复申请不存在不适当的延迟，则应当以规定的方式将该申请进行公开。此后任何个人（本条以下简称"异议者"）可以在规定的期限内以规定的方式就该注册的恢复提出异议。

（3）如果无人就恢复提出异议，注册主任可以在符合第（5）款的情况下颁发指令恢复该注册或者驳回恢复申请。

（4）如果有人就恢复提出异议，注册主任应当在听取申请人和异议者的意见之后，就此事作出决定，并颁发恢复该注册的指令或者驳回恢复申请。

（5）任何恢复外观设计注册的指令，必须在缴纳截至颁发指令日尚未缴纳的规定费用之后方能作出。

第 24 条　因恢复产生的补偿

（1）如果外观设计注册已经根据第 23 条的规定进行了恢复，则任何在该注册失效到恢复期间已经花费时间、金钱或者劳动致力于生产或者销售实施该注册外观设计的物品的人，可以以规定的方式向法院申请就其花费的金钱、时间或者劳动进行补偿。

（2）法院在听取当事人意见之后，如果认为申请人应当获得补偿，则应评估决定该补偿的数额并决定支付补偿的时间期限。

（3）根据第（2）款评估决定的数额，不应作为债务或者损害赔偿。但是，如果未在法院指定的期限内支付该补偿，该外观设计的注册应当失效。

第 25 条　注册外观设计的共同所有

（1）如果外观设计注册被颁发给两个以上的人共同所有，则每一位共有人应当对该注册外观设计享有平等而不可分割的权利，除非有合同作出了相反的约定。

（2）在符合第（4）款和第（6）款规定的前提下，除非有合同作出了相反的约定或者其他共有人同意，一名共有人无权单独进行下列行为：

（a）本法第 20 条规定的仅能由注册所有人进行的行为；或者

（b）颁发许可，或者转让其对该注册外观设计的全部或者部分权益；或者

（c）启动与该注册外观设计有关的任何步骤或者程序。

但是，其可以无需任何其他共有人的同意而单独支付到期的续期费。

（3）如果一名共有人销售实施该注册外观设计或者与之无实质性差别的外观设计的物品，则获得者或者通过其主张权利的人，有权处理该物品，就像该物品是全体注册所有人销售的一样。

（4）任何一名共有人都可以就侵权行为启动相关程序，并就此通知所有的其他共有人；其他共有人可以以共同原告的身份参与该程序，并且就他因该侵权行为而遭受的损害获得赔偿。

（5）如果一名原告在第（4）款所述程序中获得损害赔偿，则应当将其视为唯一的注册所有人而确定赔偿；不应要求被告向任何其他共有人就同一侵权行为再进行赔偿。

（6）如果共有人之间关于各自对注册外观设计享有的权利、就该注册外观设计提起程序或者他们应当处理该注册外观设计的方式产生争议，任何共有人均可向法院申请判定争议事项。

（7）在根据第（6）款就争议事项进行判定的过程中，如果法院认为某一共有人非因被迫的原因无法或者不愿意继续作为共同所有人，则可以指令其将权利让渡给其他有能力且愿意享有该权利的共有人。在法院认为公正且合理的前提下，法院还可以判定对被指令让渡其权利的共有人进行相应的补偿。

（8）在考虑根据第（6）款提出的申请时，法院应该以有利

于保存并利用该注册外观设计的方式解决纠纷，除非有合理理由
证明应当采取相反的做法。

第26条 文字性错误的修改和文件的更正

（1）注册主任或者法院可以批准：

（a）对外观设计注册证书、注册申请或者为申请目的而提交
的文件以及登记簿中的任何文字性错误或者翻译错误进行修改；

（b）本法没有对其修改没有作出明确规定的任何其他文件的
修改。

（2）根据本条所作的修改，既可以基于交纳了相关费用的书
面请求，也可以在无前述请求的情况下进行。

（3）如果一项修改将不基于请求而进行，注册主任应当向外
观设计注册所有人或者注册申请人以及有可能影响到的任何其他
人就此情况予以告知，并且在进行修改之前给予该人一次听证的
机会。

（4）如果应请求进行修改，并且注册主任认为该修改将实质
性改变与该申请相关且允许公众查阅的文件的范围，注册主任可
以要求将该请求信息在公报上予以公布，并向其认为必要的人
送达。

［第（4）项根据1997年第38号法案第76条替代。］

（5）如果注册主任并未要求上述公布以及送达，或者已经进
行了公布和送达并且没有对该修改的反对意见，则注册主任可以
自行决定或者在后一种情形在其认为适当时提交给法院。

［第（5）项由1997年第38号法案第76条替代。］

（6）当公布或者送达了上述通知时，任何人可以就第（2）
款所述请求在规定的时间内以规定的方式提出异议。法院如果认
为适当，则将对此进行处理。

第27条 对注册外观设计申请文件、注册外观设计文件的
修改

（1）外观设计注册申请人或者注册所有人可以在任何时间以

规定的方式，向注册主任请求对外观设计注册申请或者外观设计注册文件进行修改，并在提出修改请求时阐明修改建议的性质，并附上充分的理由说明。

（2）修改请求应当以规定的方式进行公布。

（3）（a）如果请求进行修改的注册外观设计是公开供公众查阅的，则任何人可以在规定的时间内以规定的方式对该修改请求提出异议。

［第（a）款根据1997年第38号法案第77（a）条替代。］

（b）法院应当以规定的方式处理上述异议，并决定是否以及在什么情况下（如果有的话）应当允许该修改。

（4）如果没有人按照第（3）款（a）项对修改请求提出异议，则注册主任可以决定是否以及在什么情况下（如果有的话）应当允许该修改。

（5）对外观设计注册申请文件或者注册文件的修改请求，可以修订，包括修订一项错误的方式予以接受。

（6）以下情形，不得修改：

（a）下列情形下对外观设计注册申请或者注册文件提出的修改请求：

（i）修改的效果，将是引入外观设计注册申请文件或者注册文件在修改前不存在的新内容或者实质上未披露的内容；或者

（ii）修改后的外观设计注册文件将包含并不完全基于修改前的注册文件所披露内容的任何内容。

（b）在下列情况下，对外观设计注册文件的修改：

（i）结果将使外观设计的注册依据已废止的法律从第A部分变为第F部分；或者

（ii）修改后的注册范围将比修改前更大。

［第（6）项根据1997年第38号法案第77（b）条替代。］

（7）任何不符合本条规定的修改，除非法院允许的修改，应当由法院随时依申请撤销。

（8）在本法实施之后提出的外观设计注册申请，可以被从第

A 部分修改至第 F 部分，反之亦可，但是授权之后不得作此变更。

第 28 条 *登记簿的修正*

注册主任可以通过增加、修改或者删除相应记载的方式要求对注册簿进行修正。此种要求既可以依照规定的方式提出的请求作出，也可以在无请求的情形下作出。但是，注册主任准备不依申请而作出修正指令的，应当将这种意愿告知注册申请人或者注册所有人以及其他任何可能有利害关系的人，并且在作出要求前给予该申请人、所有人或者其他利害关系人听证机会。

第 29 条 *转让或依法转移*

（1）注册申请申请人或注册所有人享有的权利可以被转让或者依法转移。

（2）在任何情况下，雇用合同中规定的下列条款无效：

（a）要求雇员将其雇用关系之外完成的外观设计转让给雇主；或者

（b）对于雇员在雇佣合同终止 1 年之后完成的外观设计的权利加以限制。

第 30 条 *权利的转让和注册外观设计的扣押或者担保*

（1）（a）外观设计注册申请人或者注册外观设计所有人可以向他人转让其外观设计申请权或者外观设计权，转让应当以书面方式进行，否则无效；

（b）在以规定方式提出申请并向注册主任缴纳规定费用之后，上述转让将被记载入登记簿；

（c）除非上述转让已被记载入登记簿，该转让不应有效，但是对当事人之间除外。

（2）注册外观设计或者外观设计注册申请可以通过以规定的方式在登记簿中记载执行令或者扣押令而被扣押。

（3）随着任何扣押的撤销，要求该执行令或者扣押令被载入登记簿的人应当要求该记载被删除。但是，任何其他利害关系人也可要求注册主任删除该记载。

（4）扣押自根据第（2）款载入登记簿之日起 3 年期限届满即自动失效，除非在期限届满前续延。

（5）注册外观设计或者外观设计注册申请的担保可以依申请按照规定的方式载入登记簿。

（6）在扣押或者担保根据本条被载入登记簿之后，注册外观设计所有人或者外观设计注册申请人不得对已扣押或者担保的注册外观设计或者外观设计注册申请让渡权利或者设定义务，或者对该注册外观设计颁发许可。但是，该扣押或者担保不影响颁发第 21 条规定的许可。

第 31 条　请求撤销注册外观设计的理由

（1）任何人可以在任何时间按照规定的方式，以下述理由向法院提出注册外观设计撤销请求：

（a）该外观设计注册申请不是由第 14 条规定的有权的人提出的；

（b）外观设计注册是通过对申请人或者任何依其或者经其主张权利的人的权利进行欺诈而获得；

（c）该外观设计根据第 14 条不应被授权；

（d）该外观设计注册申请中包含实质性的虚假声明或者陈述，并且外观设计注册所有人在作出该声明或陈述时明知其虚假；

（e）该外观设计的注册申请应当依据第 16 条被驳回。

（2）撤销请求应当按照规定的方式送达注册所有人并抄送注册主任。此后，注册主任应当按照规定的方式予以处理。

（3）法院应当决定注册是否应被撤销。

第 32 条　含有多项外观设计的注册

一项外观设计注册应当仅包含一项外观设计，但是即使包含多项外观设计，也不能在任何程序中以此理由对该注册提出撤销请求。

第 33 条　在因欺诈而撤销注册之后，所有人在特定情形下

可以重新注册外观设计

当外观设计注册因欺诈被撤销注册的，或者以欺骗手段获得的注册被放弃并撤销的，法院可以应相关外观设计的所有人或其受让人、代理人根据本法相关条款提出的请求，下令将上述外观设计的注册直接转授给他。转授后的外观设计注册享有与被撤销的外观设计注册相同的日期。

第34条 *外观设计注册的主动放弃*

（1）注册所有人可以在任何时间按照规定的方式通知注册主任其放弃外观设计注册的意愿。注册主任应当将该意愿通知登记簿中显示的任何可能对该外观设计享有利益的人。

（2）任何利害关系人可以在规定的期限内以书面方式向注册主任提交对放弃该外观设计的反对意见。

（3）如果注册主任没有收到反对意见，或者虽有反对意见但是法院在给予注册所有人和反对者一次听证机会之后驳回该意见，该注册应当被视为自注册主任收到放弃意愿之日起被撤销。注册主任应当将该注册被撤销的情况在公报上予以公布，并在登记簿上进行必要的记载。

（4）任何针对某注册外观设计的侵权诉讼、撤销程序在法院尚未结案的，不应对放弃注册外观设计的意愿作出决定，除非得到侵权诉讼、撤销程序的各方当事人的同意或者法院的许可。

第35条 *侵权诉讼程序*

（1）外观设计注册所有人可以对侵犯该外观设计的行为提起诉讼程序。

（2）在外观设计注册所有人提起上述程序之前，他应当就此通知其名字被载入该注册外观设计登记簿的每一位被许可人。每一位被许可人均有权作为共同原告参与诉讼。但是，在根据第21条颁发强制许可的情况下，则不需作出该通知。

（3）侵权诉讼程序的原告有权获得下列方式的救济：

（a）禁令；

（b）交出任何侵权物品，或者侵权物品构成其不可分割部分的任何物品或者产品；

（c）损害赔偿；以及

（d）对于赔偿，原告根据其选择，要求获得根据被许可人或者分被许可人就该注册外观设计所应收取的合理许可使用费计算数额。

〔第（d）项根据 1997 年第 38 号法案第 79 条替代。〕

（4）为确定根据本条应当支付的损害赔偿或者合理许可使用费的数额，法院可要求举行质询，并且可以规定进行上述质询的其认为是适当的程序。

（5）在任何侵权诉讼程序中，被告基于该外观设计注册可被撤销的理由，可以通过答辩对注册外观设计提出撤销的反诉。

（6）任何声称任何外观设计已被注册但是未能披露该注册外观设计号码的人，如果其他不知道该号码的人以书面形式通过挂号邮件向其询问该注册外观设计号码，则对于后者在前者声称注册之日起到前者以书面形式告知后者注册外观设计号码 2 个月的期限内的侵权行为，前者不能主张损害赔偿或者禁令。

（7）任何发出第（6）款所称询问，且在该条所指期限内花费了金钱、时间和劳动以制造、使用或者销售任何实施该注册外观设计或者与之没有实质性不同的外观设计的物品的，可以以规定的方式向法院申请对合理消费的金钱、时间和劳动的补偿，而法院在认为合适时应当发出这样的指令。

（8）对于发生在未在规定期限内缴纳规定的续期费之后和延长该缴纳期限之前的侵权行为提起的诉讼，法院认为合适时可驳回就该侵权行为要求赔偿的请求。

（9）根据本法，任何人在外观设计注册日之前实施第 20 条第（1）款规定的行为的，注册外观设计所有人无权干涉或者限制其实施该行为。

（10）当一项外观设计已经被注册的，在该外观设计注册日之前花费了金钱、时间和劳动以实施第 20 条第（1）款规定的行为，但是根据该外观设计的注册其实施任何上述行为受到禁止的，可以以规定的方式向法院申请注册外观设计所有人对合理花费的金钱、时间和劳动的补偿。

（11）法院在听取相关方的意见之后如果认为这样的申请应当予以支持的，则应评估该补偿数额并决定应当支付该补偿的时间。

（12）根据第（11）款评估的数额，不应作为债务或者损害赔偿。但是如果未在法院所决定的时间内支付，则外观设计的注册应当失效。

第 36 条　不侵权宣告

（1）即使注册外观设计所有人或者其被许可人没有提出反对意见，如果有证据表明存在以下情形，则法院可以在行为人和注册外观设计所有人之间的诉讼程序中宣告任何人制造、进口、使用、销售或者复制物品的行为并未或者不会构成对注册外观设计的侵犯：

（a）该行为人已经以书面形式要求注册外观设计所有人或者其被许可人出具一份具有上述效果的书面认可，并且已经向其提供了关于该争议物品的详细说明；并且

（b）注册外观设计所有人或者被许可人未能提供上述书面认可。

（2）对于根据本条提起的宣告程序的所有各方的费用，应当以法院认为适当的方式进行承担。

第 37 条　对以提起侵权诉讼进行无理威胁的救济

（1）如果任何人通过函件、广告或者其他形式以提起侵犯注册外观设计的诉讼来威胁任何其他人，无论该威胁的提出者就该项注册外观设计或者外观设计注册申请是否获享有权利或者利益，由此受到不法侵害的人均可以对其提起诉讼，并获得关于该威胁是不正当的宣告和禁止继续该威胁的禁令。如果有损失，可就该损失获得赔偿。除非该威胁的提出者证明，诉讼所针对的行

为，将构成或者如果已作出的话本将构成，对原告未能证明其无效的一项注册外观设计的侵犯；如果送达任何人的仅告知注册所有人赖以保护其权利的特定注册外观设计存在的信函、广告或者信件本身，不应被视为侵权诉讼的威胁。

（2）此类诉讼中的被告可以在诉讼中通过反诉的方式，申请获得其在单独诉讼中就原告对任何侵犯该威胁涉及的注册外观设计的将有权获得的救济。

第 38 条　关于公约国船舶、航空器和陆路交通工具的特殊规定

（1）依照本条规定，对于注册权利人的权利，下列情形不视为侵权：

（a）在公约国的船舶上，将注册外观设计使用于船体或者机器、装备、仪器或者其他附件，且该船舶只是临时或者偶然进入共和国领水，并且该外观设计专为该船的实际需要而使用；或者

（b）将注册外观设计使用于公约国的航空器、陆上交通工具或其附件的制造或者使用，且该航空器或者交通工具只是临时或者偶然进入共和国。

（2）为了本条目的，船舶和航空器应当理解为其登记国的船舶和航空器，陆上交通工具应当理解为所有人经常居住地所在国的交通工具。

第 39 条　作为证据的登记簿

（1）登记簿上显示为外观设计注册所有人或者注册申请人的人，在受到登记簿所显示的授予他人的权利的限制的情况外，有权作为所有人，处分注册外观设计或者外观设计注册申请。

（2）第（1）款的规定不应保护任何与前述所有人或者申请人交易的人，除非是善意的被许可人、买受人、质权人或判决确定的债权人，并却不知道该所有人或者申请人方面的任何欺诈。

（3）除了为第 28 条目的外，没有依照第 7 条进行登记的文件或者文书，在任何诉讼过程中不得被承认为证明对注册外观设

计或注册外观设计申请享有权利或者其他利益的证据，除非法院基于所显示的正当理由另有指令。

（4）登记簿应当作为本法指示或者授权登记的事项的初步证据。

第 40 条 注册主任签署的证书作为初步证据

（1）声称由注册主任签署的证书，其内容为本法授权登记的项目已经或者尚未登记，或者本法授权的其他事项已经或者尚未完成的，应当作为该证书所列事项的初步证据。

（2）声称是注册登记条目副本或者外观设计局所保存文件的副本或者登记簿摘录或者任何此类文件的摘要，声称已由注册主任确证且经外观设计局封印的，应当在法院上认定为证据，而无需进一步证据或者原始物品时。

（3）如果任何文件或者卷簿载有声称该文件或者书籍在该日期能够为公众获得的日期，则该日期应当被视为公开日，除非被证明情况相反。

第 41 条 有效性证明

（1）外观设计登记的有效性在诉讼中受到争议，法院裁定注册有效的，则可以证明该效力。

（2）如果在后续程序中任何当事人未能成功否定该注册的有效性的，则该当事人应当支付另一方委托代理人或者律师的全部成本、费用和支出，只要其与该注册相关，除非法院另有指令。

第 42 条 向法院上诉

（1）注册主任的程序中的任何一方均可就注册主任在该程序中作出的命令或者决定向法院提起上诉。

（2）第（1）款所称注册主任的命令或者决定应当理解为地方法院在其审理的民事诉讼中作出的命令或者决定。

第 43 条 关于公约国的公告

（1）为了履行条约、公约、安排或者承诺，国家总统可以通过在公报中的公告，宣告由公告列出的一个或者一些国家是为了本法某一或者全部规定目的的公约国。

（2）为了第（1）款目的，由另一国家承担其国际关系的地区，应被视为依照前款可就其作出宣告的国家。

第 44 条 已在公约国申请保护的外观设计的注册

（1）对于一项已经通过外观设计或者近似权利的注册申请方式在公约国申请保护的外观设计，其注册申请可以依照本法由在该公约国提出保护申请的人或者其受让人提出。但是，在公约国提出该保护申请之日起，或者提出多个此类申请的，从首次申请之日起 6 个月期限届满之后，不得依照本条规定提出申请。此外，在公约国就保护外观设计或者类似权利提出的首次申请提交之后，又就同一外观设计或者类似权利提交后续申请，如果这一后续申请在提交时符合下列条件的，则应被视为在该国的首次申请：

（a）在先申请尚未公开即已撤回、放弃或者驳回；以及

（b）在先申请并未主张优先权；以及

（c）在与在先申请有关的公约国并未产生相关权利

［第（1）款根据 1997 年第 38 号法案第 79 条修改。］

（2）一件已经撤回、放弃或者驳回的申请，在后续申请提交之后，不得支持依照本条提出的优先权主张。

（3）基于本条提出的申请而注册的外观设计，应当以其申请日进行注册，存在多个申请的，以第一件申请或者视为第一件申请的日期进行注册。但是，对于在依照本法颁发外观设计注册证书之日前实施的侵权行为，不得启动任何诉讼程序。

（4）某人以如下申请请求保护外观设计的：

（a）依照两个或两个以上公约国达成的公约所规定的条件，相当于在这些公约国中的任何一个提出的正规申请；或者

（b）依照任一公约国法律，相当于在该国提出的正规申请；依照本条目的，其应被视为在该公约国提出了申请。

第 45 条 特定情况下申请时间的延长

（1）如果部长认为，本条作出的或者依照本条的规定与任一

公约国法律已经作出或者将要作出的规定充分对等，其可以通过公报中的通知作出规定，授权注册主任在第 44 条第（1）款但书中规定的期限已经届满的情况下，延长就在该国已申请保护的外观设计提出注册申请的时间。

（2）依照本条制定的条例可以：

（a）在共和国政府与公约国政府之间就信息或者物品提供或者相互交换达成协议或者安排的，可以概括或者针对具体情况的类型加以规定，除非该外观设计已经依照协议或者安排进行交换，否则不得根据本条准予延长时间；

（b）概括或者针对具体情况的类型，确定本条准予延长的时间上限；

（c）规定或者允许依照本条提出申请的专门程序；

（d）授权注册主任就依照本条提出的申请，在受到条例规定条件（如果有）的限制的情况下，延长本法前述条款所规定的作出行为的时间；

（e）确保基于根据本条提出的申请的注册而授予的权利，应当遵守以条例列明或者规定的限制或者条件，特别是保护以下人员的限制或者条件，即并不是依照第（a）项所述协议或者安排进行交换的结果的情况下，该人在该申请的申请日或者条例所允许的更晚的日期之前，已经进口或者制造实施该设计的物品，或者已经就该外观设计的注册提出了申请。

第 46 条　部长可以在特定情况向下要求对外观设计保密

（1）部长认为外观设计申请或者其文件为了国家利益需要保密的，可以命令注册主任对外观设计保密并通知申请人。

（2）部长依照本条所发出的命令被撤回的，在依照本法发出命令之日前与受该命令影响的申请相关并因该命令中断的步骤继续照常进行，命令发出至撤回期间丧失的期限在本法规定的期限计算时不算在内。

（3）外观设计的所有人由于外观设计依照第（1）款所称命令被保密而受到损害或者损失的，部长应当给予合理赔偿。赔偿数额依照协议确定；未达成协议的，通过仲裁或者依照当事人协议由法院确定。

第 47 条　对于在登记簿中错误登录，或者制作、出示或者提交错误的登录或者副本的处罚

任何人

（a）作出或者导致登记簿作出错误登录的；

（b）制作或者导致制作假称为登记簿中登录条目副本的文件；或者

（c）出示或者提交，或者导致出示或者提交任何所述条目或者其副本作为证据；

即属犯罪，一经定罪，并应处以罚款或者不超过 1 年的监禁。

第 48 条　为欺骗或者影响注册主任或者官员的目的而作出虚假陈述的处罚

任何人

（a）为了欺骗注册主任或者执行本法规定的任何官员的目的；或者

（b）为了促使或者干扰本法所涉任何事情或者依据本法的任何事项的作为或者不作为，在明知是虚假的情况下作出虚假陈述或者表述；

即属犯罪，一经定罪，并应处以罚款或者不超过 1 年的监禁。

第 49 条　对某些虚假表示的处罚

（1）任何人

（a）虚假地表示，某一物品享有一项注册外观设计；或者

（b）明知一件申请并不存在或者相关申请已经被驳回、撤销或者失效，而提出某一物品是该件外观设计注册申请的主题；

即属犯罪，一经定罪，并应处以罚款或者不超过 1 年的监禁。

（2）如果任何人销售某物品，而该物品上盖有、刻有或印有或者以其他方式使用"外观设计"或者"注册外观设计"，或者其他明示或者暗示下列情况的字样：

（a）该物品享有一项注册外观设计，或者

（b）该物品是一件注册外观设计申请的主题，或者用任何记号以任何方式如此明示或者暗示，为了本条目的，其应被认为表示了就该物品享有一项注册外观设计或者该物品是一件外观设计注册申请的主题。

（3）第（2）款规定不应适用于在正常的贸易过程中善意销售物品的人，如果其被要求，其将披露了其据以获得该物品的人的身份。

（4）任何人认为其受到第（1）款（a）或者（b）项所述表示的损害的，可向法院申请禁止继续该表示的禁令。

第 50 条 *可邮寄的文件*

任何由本法授权或者要求向外观设计局或者注册主任或者任何其他人提出、作出或者发出的任何申请、通知或者文件，可以面交或者通过邮寄送交。

第 51 条 *送达地址*

（1）在由本法授权或者根据本法需要提交或者发出的每一件申请、通知或者其他文件中，申请人或者其他有关的人应当按照规定方式提供共和国内的地址作为送达地址。为了本法目的，该地址应被认为是该申请人或其他人的地址，与该申请、通知或者其他文件相关的所有文件可通过留置或者送交至该地址而送达。

（2）任何送达地址均可通过规定方式的通知进行更改。

第 52 条 *期限的计算*

（1）凡本法规定自行为履行时起计算的任何期限，自该行为履行的次日起计算。

（2）凡依照本法规定可以或者必须履行任何行为或者可以或者必须提交的任何文件的最后一日，为外观设计局的休息日时，则该行为或者该文件应当在此后外观设计局办理业务的第一日履行或者提交。

第 53 条 对于程序中违反规则的宽限或者改正

注册主任或者法院对于其所处理的程序中违反程序规则的情况，只要其不侵害任何人的利益，可以批准宽限或者改正。

第 54 条 条例

（a）与国家预算部长会商，规定应当支付费用的事项以及这些费用的税率；

（b）规定可允许的与注册主任或者法院审理程序征收的费用或者税率；

（c）规定注册主任或者法院的审理程序；

（d）规定与注册主任的程序有关的本法所要求的通知和其他文件的送达；

（e）规定外观设计局的行为和管理，包括外观设计局任何记录的保管和保存，这些记录从该局的移除及其在其他地方的保存，以及这些记录可被销毁的情况；

（f）规定本法规定的任何申请、通知或者表格的内容；

（g）本法要求或者允许由条例规定的任何其他事项，以及一般地，其认为对于实现本法之目的有必要或者有利的任何其他事项。

第 55 条 法律的废止

（1）1967 年外观设计法（1967 年第 57 号法）在此废止。

（2）任何依照已废止的法律进行的宣告任何国家为公约国的公告，以及依照该法制定的任何条例，应持续有效，直至被依照本法发布的宣告或者依照本法制定的条例废止或者修改。

第 56 条 简称和实施时间

本法应称为 1993 年外观设计法，并于国家总统在公报中的宣告上所确定的日期开始实施。